Isabel Synnatschke
Hans-R. Grundmann

USA Nordwesten

mit Routen durch Südwest-Kanada

Statuen vor dem Makah Museum beim Olympic Nationalpark

Isabel Synnatschke
Hans-R. Grundmann

USA Nordwesten
mit Routen durch SW-Kanada

2. Auflage 2024
ist erschienen im

Reise Know-How Verlag

ISBN 978-3-89662-772-8

Gestaltung
Umschlag: Isabel Synnatschke, Hans-R. Grundmann, Carsten Blind
Satz und Layout: Isabel Synnatschke, Hans-R. Grundmann
Karten: map solutions, Karlsruhe,
Beigelegte Karte: Kartographie Peh & Schefcik GbR
Bildredaktion: Isabel Synnatschke

Fotos: Nachweis auf den Seiten 745f
Titelfoto: Küste im Samuel H. Boardman State Scenic Corridor

Druck
MediaPrint, Paderborn

Dieses Buch ist in jeder Buchhandlung
in Deutschland, Österreich und der Schweiz erhältlich.
Die Bezugsadressen für den Buchhandel sind

- Prolit Gmbh, 35463 Fernwald
- AVA, CH-8910 Affoltern
- Freytag & Berndt, A-2120 Wolkersdorf
- Barsortimenter

Wer im lokalen Buchhandel Reise Know-How-Bücher nicht findet, kann diesen und andere Titel der Reihe auch im Online-Buchshop des Verlages bestellen: **www.reise-know-how.de**

Über die Autoren:

Hans-R. Grundmann ist Autor und Ko-Autor mehrerer RKH-Reiseführer für Nordamerika und seit Jahren für Recherchen und Aktualisierungen immer wieder in den USA und Kanada unterwegs. Über 400.000 km Reiseerfahrung auf Nordamerikas Straßen sind die Basis für die Praxisnähe seiner Bücher.

Isabel Synnatschke ist Ko-Autorin mehrerer RKH-Reiseführer (USA/Kanada). Sie bereist und fotografiert Nordamerika seit über 20 Jahren und konnte sich gemeinsam mit ihrem Mann Steffen auch als Natur- und Landschaftsfotografin einen Namen machen. Zu ihren Bildern geht's unter www.synnatschke.com

Zur Konzeption dieses Reiseführers

Dieses Buch wendet sich in erster Linie an Leser, die den Nordwesten der USA und den Südwesten Kanadas **auf eigene Faust** entdecken möchten. Es stellt praktische Fragen, wie sie sich bei Planung/Vorbereitung und immer auch unterwegs im »touristischen Alltag« ergeben, konsequent in den Vordergrund. Die einführenden Kapitel (**»rote« Griffmarken**) liefern alle relevanten Informationen zu beiden Reiseländern, erläutern die wesentlichen Möglichkeiten der Urlaubsgestaltung und weisen auf die besten Reisetermine und -regionen hin. Auch das Kapitel **Flüge** (in die USA und nach Kanada) und die Abschnitte über die **Art des Reisens** (Wohnmobil/Pkw/SUV, Motel oder Zelt, nur eventuell per Bus/Eisenbahn) gehen in ihrer Ausführlichkeit und Aktualität weit über das gewohnte Maß hinaus. **Kostenvergleichsrechnungen** erleichtern die Entscheidungsfindung. Viele Tipps und Hinweise helfen, **unterwegs in Nordamerika** problemlos zurechtzukommen und unnötige Ausgaben, Zeitverlust und Ärger zu vermeiden.

Beide Länder können entweder einzeln bereist oder zu einer größeren mehrwöchigen Rundtour kombiniert werden. An den jeweiligen Grenzstationen sind dabei in der Regel nur geringfügige Verzögerungen zu erwarten. Im **Reiseteil** findet sich ein dichtes Routennetz ausgehend von den Metropolen **Seattle, San Francisco, Salt Lake City, Denver, Vancouver** oder **Calgary**, denen ausführliche City-Kapitel gewidmet sind. Die Teilstrecken wurden so gewählt, dass sie sich auch anders als beschrieben im Baukastensystem zusammenstellen lassen und Abstecher ins Nachbarland sowie grenzübergreifende Routen ermöglichen. Um die Urlaubsplanung zu erleichtern, sind Sehenswürdigkeiten, Streckenabschnitte, Quartiere und Campingplätze in diesem Buch nicht nur aufgelistet und erläutert, sondern – wo immer möglich und sinnvoll – mit Wertungen versehen (ohne »rosarote Brille«). Großer Wert gelegt wurde auch auf Wanderziele und -empfehlungen.

Die 70 **Karten** und die separate **Gesamtübersicht (Beileger)** sind auf den Text abgestimmt. Unterschiedlich gefärbte **Griffmarken** (Strecken in den USA **»grün«**, durch Kanada **»blau«**,), das **Stichwortverzeichnis** ganz hinten im Buch (➢ Seite 752ff) und das **Routennetz** wie auch **Kartenschnittverzeichnis** in den Umschlagklappen unterstützen das rasche Auffinden der Beschreibungen. Zusätzlich zu den im Text verfolgten Routen runden regionen- und grenzübergreifende **Tourenvorschläge** die Reisekapitel ab (➢ Seite 730ff).

Wissenswertes zu den US-Bundesstaaten und kanadischen Provinzen wird im einleitenden Kapitel sowie im Anhang behandelt. Darüber hinaus stehen immer wieder **Themenkästen** an geeigneter Stelle im laufenden Text.

Alle Details zu Konzeption und Aufbau des Reiseführers samt Bedeutung der **Piktogramme** finden sich auf den Seiten 148ff.

Eine schöne Reise wünschen Ihnen

Isabel Synnatschke und Hans-R. Grundmann

Ob per Wohnmobil, mit dem Zelt, zwischendurch vielleicht auch mal auf Schusters Rappen, auf dem Pferderücken oder im Kanu, Naturerlebnis und Lagerfeuerromantik gehören zu den selbstverständlichen »Zutaten« jeder Nordamerika-Reise

Reiseziel USA Nordwesten

Abends beim Spaziergang durch die Blumenwiesen zu Füßen des Mount Rainier im gleichnamigen Nationalpark

PLANUNG, VORBEREITUNG UND ORGANISATION einer Reise nach Nordamerika

THE "BIG TREE"
THIS WAY TO MORE BIG TREES!

Tulpenfelder im Skagit Valley

Sylvan Lake in den Black Hills

Marshall Beach in San Francisco

ROUTEN DURCH DEN SÜDWESTEN KANADAS

Broken Group Islands im Pacific Rim Nat'l Park

TOP 75
BEST of the WEST

(* jeweils auf dem Foto links abgebildet)

NP = National Park, PP = Provincial Park
NM = National Monument, SP = State Park

TOP US-Parks

Yellowstone NP* 319

Glacier NP 218

Olympic NP 182

Mount Rainier NP 234

Redwoods Parks 509, 515

Custer State Park 358

TOP Kanada-Parks

Banff NP* Seite 590

Jasper NP 579

Yoho NP 614

Mount Robson PP 576

Garibaldi PP 555

Pacific Rim NP 719

TOP Scenic Highways in den USA:

Going-to-the-Sun Rd 219

Hwy 101 (Oregon-Küste 430

Hwy #1 (Kalifornien) 503

North Cascades Hwy #20 202

Howland Hill Road* 521

Million Dollar Hwy 280

TOP Scenic Hwys in Kanada:

Icefields Parkway* (Jasper – Lake Louise) 585

Kananaskis Trail 629

Smith Dorrien/ Spray Trail 626

TOP Wanderwege in den USA:

Olympic Coast 185, 187

Grinnell Lake/Glacier* 221

Enchantments 210

Regenwälder am Hoh River Trail 188

Oregon Coast 433, 445, 448

Columbia River Gorge 253

TOP Wanderwege in Kanada:

Mount Assiniboine 627

Lake O'Hara* 615

Bergwelt rund um Lake Louise 596

West Coast Trail 708

Berg Lake Trail 577

TOP Städte

Typische Wildwest-Towns 61

San Francisco 452

Vancouver 524

Victoria 692

Seattle* 156

TOP Museen

Museen zur Kultur der Ureinwohner 66

Oregon Trail Center 397

Boeing-Werke & Museum of Flight 175

Royal Tyrrell Museum* 684

TOP Wasserfälle

Palouse Falls 201

Multnomah Falls* 254

Falls Creek Falls 243

Lower Proxy Falls 411

Silver Falls SP 415

Takakkaw Falls 616

Helmcken Falls 564

TOP Wüstenareale

Badlands NP* 363

Dinosaur NM 290

Painted Hills 402

Dinosaur PP 685

Bonneville Salt Flats 306

Leslie Gulch 383

TOP Rafting-Trips

Green & Yampa River* 291

Snake River
- bei Jackson/WY 312
- beim Hells Canyon 392

Athabasca River 581

Fraser River 571, 576

Kicking Horse River 618

TOP Canyons

Harpers Corner 292

Hells Canyon 392

Maligne Canyon 582

Johnston Canyon 603

Red Rock Canyon bei Waterton* 632

TOP Erlebnisse

HEISSE QUELLEN:

- Cougar Hot Springs* 411
- Umpqua Hot Springs 424
- Goldbug Hot Springs 389
- Maquinna Marine PP 727

WALE BEOBACHTEN:

- Vancouver Island 698
- Depoe Bay 439

TOP Strände

ZUM SPAZIEREN:

- Cannon Beach* 433
- Face Rock Wayside 446

ZUM SURFEN:

- Tofino auf Vancouver Island 724
- Fort Point in San Francisco 482

Grand Prismatic Spring im Yellowstone Nationalpark

Planung, Vorbereitung und Organisation

einer Reise nach Nordamerika

1. REISEPLANUNG

So ziemlich alle Klischees, die man als Europäer vor seinem inneren Auge hat, werden im Westen des nordamerikanischen Kontinents tatsächlich bedient: Glasklare, türkisblaue oder smaragdgrüne Seen vor himmelhoch ragenden Gipfeln, moosbehangene Regenwälder und wild zerklüftete Küsten, heiße Quellen, dampfende Geysire und gletscherüberzogene Feuerberge, dazu noch Bären, Bisons, Elche sowie andere Wildtiere allerorten – eine abwechslungsreiche Vielfalt, die ihresgleichen sucht. Vor allem Kanada gilt als Inbegriff für unberührte Wildnis und Abenteuer fernab der Zivilisation, aber auch die Einwohner des US-Nordwestens leben im Einklang mit der Umwelt und profitieren im hohen Maße vom Tourismus, der durch die Fülle an einzigartigen und großflächigen Schutzgebieten generiert wird.

So viel augenscheinlich »intakte Natur« kennt man aus Mitteleuropa kaum – und schon gar nicht so leicht zugänglich wie in Übersee. Nicht weiter verwunderlich also, dass man mancherorts auf schier zahllose Gleichgesinnte trifft, die ebenso dem »Ruf der Wildnis« folgten. Früher packte das Goldfieber im »Wilden Westen« Abenteurer aus aller Herren Länder, heute sind es die spannenden und entspannenden Momente in Nordamerikas »***Great Outdoors***«, die alljährlich Millionen von Touristen anlocken. Zur Hochsaison kann es so selbst in den Weiten Nordamerikas schon mal eng werden. Bei entsprechender Vorausplanung, wird aber auch das kaum die Idylle und Urlaubsfreude trüben. In diesem Buch geht es daher nicht nur um die reine Auflistung und Beschreibung von Sehenswürdigkeiten, es soll den Leserinnen und Lesern auch einen Überblick vermitteln, wo sie zu welcher Jahreszeit jene Reiseziele finden, die am besten mit ihren persönlichen Wünschen und Vorstellungen vereinbar sind.

Wobei keinesfalls überall zivilisationsferne Attraktionen im Vordergrund stehen müssen. Auch die Citys der Region versprühen Charme, so zum Beispiel **Victoria**, »britisches Musterstädtchen« und Regierungssitz von British Columbia. **Vancouver** landet meist auf den ersten Plätzen im Ranking der Metropolen mit der höchsten Lebensqualität weltweit. Zwischen Meer und Küstengebirge gelegen und mit Badestränden in Zentrumsnähe, Resten von Regenwald in seinen Parks und Skipisten unweit der nördlichen Vororte ist diese Stadt tatsächlich schwer zu toppen, wenngleich der südliche Nachbar **Seattle** ebenfalls einiges zu bieten hat und **San Francisco** noch immer Hippie-Flair ausstrahlt. Die »Mile High City« **Denver** und die Ölhauptstadt Albertas **Calgary**, Heimat der größten Rodeo-Show Amerikas, besitzen beide den Vorzug einer kurzen Distanz zu den Rocky Mountains.

In den drei einleitenden Kapiteln werden für die optimale Reiseplanung zunächst alle wichtigen Punkte erörtert, die man z.T. noch **vor** der Flug- und Fahrzeug-Buchung oder Festlegung der

Route bedenken sollte. Nach der »Einkreisung« dessen, was man unbedingt sehen und erleben möchte, betrifft das vor allem die **ideale Reisezeit** sowie das optimale **Transportmittel** (Pkw, SUV, Wohnmobil etc.) und – damit verbunden – auch die Art der **Übernachtung** (H/Motel, B&B, Jugendherberge, Camping oder Glamping) einschließlich der jeweils zu erwartenden Kosten.

Außerdem sollen die folgenden Abschnitte neben einer kurzen Einführung in die Geographie, Fauna und Flora der Region einen Einblick geben, was beide Länder – neben dem reinen »Sightseeing« – noch so an möglichen Urlaubsaktivitäten und Ferienspaß zu bieten haben. Die Palette ist groß und in ähnlicher Breite kaum anderswo zu finden – schon gar nicht zum Null- oder moderaten Pauschaltarif wie in Nordamerika öfters der Fall.

Der weithin sichtbare Vulkan Mount Rainier von Gig Harbor am Puget Sound nordwestlich von Tacoma

1.1 Allgemeines zum Reiseziel Nordamerika

1.1.1 Der Nordwesten der USA und Kanadas Südwesten als zusammenhängende Reiseregion

Im *Oregon Treaty* von 1846 teilten sich das Vereinigte Königreich und die USA den bis dahin kaum besiedelten »Wilden Westen« auf. Der **49. Breitengrad** (Karlsruhe) wurde zur Trennlinie zwischen den Vereinigten Staaten und ihrem nördlichen Nachbarn – nur das etwas weiter nach Süden reichende Vancouver Island bildete dabei eine Ausnahme. Dieser Reiseführer macht jedoch an dieser von Menschen geschaffenen Barriere nicht halt, sondern umfasst beiderseits der Grenze die Region zwischen Pazifik und den Prärien des Mittleren Westens: die südliche Hälfte der zwei großen kanadischen Provinzen **British Columbia** und **Alberta** sowie die benachbarten US-Bundesstaaten **Washington**, **Idaho** und **Montana**, außerdem **Oregon** und **Wyoming** mit Abstechern in den nördlichen Teil von **Kalifornien**, **Utah**, **Colorado** und ins westliche **Nebraska** sowie **South** bzw. **North Dakota**.

Balsamwurzeln vor den majestätischen 4000er-Gipfeln der Teton-Bergkette

Bevölkerung

Unglaubliche Weiten kennzeichnen das zweit- und drittgrößte Land der Welt. Kanada umfasst eine Fläche von **9,98 Mio. km²**, zählt aber nur **38,3 Mio.** Einwohner. In den USA sind es **332 Mio.** auf **9,83 Mio. km²**, aber nur ein Bruchteil lebt im Westen (79 Mio.) und davon gut die Hälfte an der kalifornischen Küste. Während Deutschland auf 238 Einwohner pro km² kommt (Österreich 109, Schweiz 220), weisen die westlichen US-Staaten und kanadischen Provinzen eine relativ geringe **durchschnittliche Bevölkerungsdichte** (EW/km²) auf: Colorado 22, Idaho 9, Kalifornien 98, **Montana 3**, Nebraska 10, North Dakota 4, Oregon 17, South Dakota 5, Utah 15, Washington 45, **Wyoming 2**, British Columbia 5, Alberta 7. Angesichts dieses recht plastischen Vergleichs wird klar, wie dünn die immense Ausdehnung zwischen den Gebirgen der Sierra Nevada, den Kaskaden und den *Great Plains* besiedelt ist. Dass im Westen Nordamerikas die Natur abseits der großen Städte noch weitgehend »in Ordnung« scheint und sich ökologische Schäden in Grenzen halten, ist auch darauf zurückzuführen.

Geographie

Landschaft

Die **geographischen und landschaftlichen Ähnlichkeiten** beider Länder sind in diesem Bereich auffällig. Topographie und Vegetationszonen entsprechen sich größtenteils. Mächtige, parallel von Nordwesten nach Südosten verlaufende Gebirgsketten verbinden die USA und Kanada: Die 4.800 km langen **Rocky Mountains** (kurz: *Rockies*) reichen vom nördlichen British Columbia bis hinunter nach New Mexico und **Küstengebirge** erstrecken sich von Kanada bis nach Nordkalifornien. Nationalparks schützen beiderseits der Grenze die fantastischen Bergwelten und bilden im Falle des *Glacier/Wateron Lakes National Park* sogar ein gemeinsames *International Peace*-Biosphärenreservat und Weltnaturerbe.

Rocky Mountains

Die *Rockies* im Grenzbereich der Provinzen Alberta (AB) und British Columbia (BC) sind erklärte Lieblingsziele ausländischer Touristen. Dort befinden sich mit **Banff** und **Jasper** zwei der populärsten Nationalparks Nordamerikas. Ähnlich südlich der Grenze, wo der einzigartige **Yellowstone Nationalpark** mit seinen niemals ruhenden Geysiren, brodelnden farbigen Pools und Schlammtöpfen alljährlich ebenfalls einige Millionen Besucher anzieht.

Prominenteste Erhebung in den kanadischen Rocky Mountains ist der **Mount Robson** (**3.954 m**), er wird in den USA gleich mehrfach getoppt. Am höchsten empor ragt der **Mount Elbert** (**4.401 m**) südwestlich von Denver. Die majestätischen Gipfel sind vielerorts zum Greifen nah. So wirkt der **Grand Teton** (4.197 m) mit seinen Nachbarn (➤ Foto links) von der Parkstraße nur deshalb nicht so gewaltig hoch, weil diese bereits durch einen 2.000 m hohen Talkessel verläuft.

Beachtliche Höhen lassen sich in den USA sogar ganz bequem mit dem Auto erklimmen. So führt z.B. die ***Trail Ridge Road*** im Rocky Mountains Nationalpark auf **3.713 m**, noch höher hinauf geht es auf dem ***Mount Blue Sky Scenic Byway***. Der Parkplatz unterhalb des Gipfels liegt dort auf **4.307 m**!

Continental Divide

Parallel zum Bergkamm der *Rockies* verläuft nicht nur die südliche Grenze der kanadischen Provinzen British Columbia und Alberta, sondern auch die kontinentale Wasserscheide. Östlich der ***Continental Divide*** münden alle Flüsse in den Atlantik, westlich davon in den Pazifischen Ozean. Mächtige Ströme durchziehen das Land, versorgen die Bevölkerung mit Trinkwasser, dienen zur Stromerzeugung sowie künstlichen Bewässerung und bieten an zahlreichen aufgestauten Badeseen jede Menge Erholung und Ferienspaß. Der knapp 2.000 km lange, weit ausladende **Columbia River**, der die Grenze zwischen den US-Bundesstaaten Oregon und Washington markiert, bevor er in den Pazifik mündet, entspringt in Kanada im südlichen Columbia Valley. Sein größter Zufluss ist der **Snake River**, der den ***Hells Canyon*** (mit über 2.400 m tiefste Schlucht Nordamerikas!) ausgebildet hat. Der **Fraser River** verläuft von der AB/BC-Grenze zunächst in nördliche Richtung, um schließlich im Süden von Vancouver auf den Pazifik zu treffen.

Auch der **Colorado River**, der weite Teile des US-Südwestens mit Wasser versorgt, entspringt als kleiner Gebirgsbach im Rocky Mountains Nationalpark bei Denver. Der längste Strom der USA (4.087 km), der **Missouri River**, fließt von seinen Quellflüssen beim Yellowstone Nationalpark ostwärts durch die Dakotas und mündet bei St. Louis in den Mississippi.

Die *Rockies* sind kein durchgehendes Gebirge, sie bestehen vielmehr aus einer ganzen Reihe von häufig nicht einmal direkt miteinander verbundenen Teilformationen (Bighorn Mountains in Wyoming, Bitterroot und Sawtooth Mountains in Idaho, Wasatch Mountains in Utah und San Juan Mountains in Colorado).

1

Westen der USA/Kanadas Landschaftliche Gliederung

Columbia Mountains

Ähnliches gilt für die **Columbia Mountains** im südöstlichen British Columbia, die sich bis hinunter nach Washington, Idaho und Montana erstrecken und eine **eigenständige Gebirgskette** bilden. Auch sie setzten sich wiederum aus diversen Abschnitten zusammen (Cariboo, Monashee, Selkirk und Purcell Mountains).

Küstengebirge

Das Landschaftsbild des Westens wird außerdem durch Küstengebirge geprägt, dazu zählen die kanadischen **Coast Mountains** sowie ihre südlichen Fortsetzungen, die US-amerikanische **Kaskadenkette** und zusätzlich noch die **Oregon Coast Range** jenseits des

Columbia River. Diese Gebirgszüge umfassen einige der **mächtigsten Vulkane** des nordamerikanischen Kontinents, darunter der erst 1980 ausgebrochene **Mount St. Helens** (2.549 m) wie auch die gletscherbedeckten »**Mounts**« **Rainier** (4.394 m), **Baker** (3.286 m), **Adams** (3.743 m) und **Hood** (3.429 m) – alle in bedrohlicher Distanz zu den US-Metropolen Seattle oder Portland.

Intermontane Zone

Zwischen Küstengebirge und Rocky Mountains erstrecken sich **intermontane Hochebenen**, die in ihren südlichen Ausdehnungen durchweg ariden, sommerheißen Gebieten gleichen und wegen ihres geringen landwirtschaftlichen Wertes menschenleer blieben, darunter der Südosten Oregons mit dem Wüstengebiet *Alvord Desert* oder das nordwestliche Utah mit dem großen Salzsee, der sich vor den Toren von Salt Lake City ausbreitet (➤ Foto Seite 38). Beide sind bereits Teil des ***Great Basin***, zu dem auch das berühmte *Death Valley* weiter im Süden zählt.

Nach einer Unterbrechung durch die Blue Mountains, die im zentralen Osten Oregons die Kaskaden und Bitterroot Mountains (Teil der *Rockies*) verbinden, gelangt man in eine durch Trockenheit und hohe sommerliche Temperaturen gekennzeichnete Tafellandschaft. Das vulkanische **Columbia Plateau** reicht bis weit nach Kanada hinauf und unterliegt einer intensiven landwirtschaftlichen Nutzung dank eines ausgeklügelten, grenzübergreifenden Systems von Staudämmen, die für ausreichend Bewässerung und nie versiegende Wasservorräte sorgen. Weizenfelder enormen Ausmaßes bestimmen das Bild im Norden Oregons sowie im benachbarten Washington. Die sonnenverwöhnten **Obst- und Weinanbaugebiete** setzen sich auch noch bis ins zentrale British Columbia fort. Im Tal des **Okanagan River** wartet eine Art kanadisches »Oberitalien« mit warmen Badeseen, hübschen Weinterrassen und Obst in Hülle und Fülle. Auf dem ***Fraser Plateau***, einer bewaldeten Hügel- und Seenlandschaft noch weiter nördlich in BC, sind die heißen Sommer nur mehr von kurzer Dauer.

Die Prärien

Östlich der Rocky Mountains erstrecken sich in beiden Ländern weitläufige Prärielandschaften – in den USA ***Great Plains*** genannt und in Kanada einfach nur ***The Prairies*** – mit spärlichen Niederschlagsmengen von 500 mm oder weniger pro Jahr. Sie werden im Norden durch den Kanadischen Schild begrenzt und reichen im Süden fast bis an den Golf von Mexiko. Im Bereich dieses Buches umfassen die *Plains* die US-Bundesstaaten Nebraska, North Dakota, South Dakota, den Großteil Montanas, die östlichen Regionen von Colorado und Wyoming sowie den südlichen Bereich der kanadischen Provinz Alberta.

Einst Heimat riesiger Bisonherden, dienen sie heute primär als **Weidegrund** für die Viehzucht sowie als **Kornkammer** beider Länder. Nur hier und da werden die scheinbar endlosen Ebenen von farbenfrohen ***Badlands*** unterbrochen, die reich an Dinosaurierknochen sind und mit ihren »Steinpilzen« (*hoodoos*) entfernt an den US-Südwesten erinnern.

Seit Mitte des letzten Jahrhunderts erfuhren einige Prärieregionen einen großen Aufschwung durch den Ölboom. Mancherorts hat sich das Landschaftsbild im 21. Jahrhundert dramatisch verändert, so z.B. das westliche North Dakota durch intensives Fracking. 2020 zählte man dort knapp 17.000 Bohrlöcher.

Nur wenige isolierte Bergketten erheben sich aus den *Great Plains*, darunter die über 2.200 m hohen **Black Hills** in South Dakota. Die schneebedeckten Gipfel der Rocky Mountains lassen sich vielerorts schon aus großer Entfernung ausmachen, vollkommen abrupt erfolgt der Übergang zwischen Prärie und Hochgebirge z.B. im kanadischen *Waterton Lakes National Park*.

Pazifikküste/ Inseln

Der Westküste bei Seattle/Vancouver vorgelagert ist eine kaum zu beziffernde Menge an Inselchen, das Archipel der **San Juan Islands** und **Gulf Islands**, sowie **Vancouver Island**, die größte und bedeutendste Insel Kanadas. Mit einer Fläche von **31.285 km^2** besitzt Vancouver Island die Ausmaße eines kleinen europäischen Staats. Dank unterschiedlicher Klimazonen und Landschaftsformen stellt die Insel ein **»Kanada im Miniaturformat«** dar – mit flachen (Bade-)Sandstränden im Südosten, nahezu undurchdringlichen Regenwäldern an der verregneten Pazifikküste im Norden, bis zu 2.200 m hohen Berggipfeln, schillernden Gletschern und kaum erschlossenen, langgezogenen Fjorden.

Die malerische, teils nur über längere Wanderwege zugängliche Küste im Olympic Nationalpark kann sich mit jener auf Vancouver Island messen. Auch Oregon und Kalifornien halten traumhafte Pazifikabschnitte bereit, sind vielerorts allerdings stärker durch menschliche Besiedlung gekennzeichnet.

Bilderbuch-Leuchtturm Heceta an der zentralen Oregon-Küste

1.1.2 Flora und Fauna im Westen Nordamerikas

Unterwegs informieren die Besucherzentren der ***National***, ***Provincial*** und ***State Parks*** immer wieder ausführlich über die Pflanzen- und Tierwelt des jeweiligen Gebiets. Ein Besuch deren Ausstellungen und ein Blick in die dort verfügbaren Publikationen lohnt sich immer, ebenso die meist kostenlose Teilnahme an Multivisionsshows oder oft guten, themenspezifischen von Rangern geführten Touren. In diesem Kapitel soll es vorrangig Hinweise zu Pflanzen und Tieren geben, die typisch für den Westen und unübersehbar sind oder wegen ihres besonderen Charakters sowieso auf der Liste dessen stehen, was man dort sehen möchte. Zusätzliche Einzelheiten zu der jeweiligen Flora und Fauna finden sich auch noch an entsprechender Stelle im Reiseteil.

Pflanzenwelt

So facettenreich die Landschaften in Nordamerikas Westen, so vielfältig auch die dort heimische Flora. In Abhängigkeit klimatischer und topographischer Gegebenheiten präsentiert allein British Columbia bereits die ganze Palette von üppig grünen Bergregionen und urwüchsigen Regenwäldern bis hin zur staubtrockenen Kakteenwüste. Die **Baumgrenze** liegt in Übersee mancherorts jenseits der 3.000 m und somit deutlich höher als in den Alpen.

Wälder

Während die **Laub- und Nadelwälder** durchaus an Europa erinnern können und große Gebiete in Kalifornien von *Chaparral* (ähnlich wie am Mittelmeer) bedeckt sind, so trifft man gerade dort auch auf so manchen interessanten Rekordhalter aus dem Pflanzenreich, darunter die höchsten Lebewesen der Erde: Einzelne Vertreter der Küstenmammutbäume (***coastal redwoods***) bringen es auf über 110 m Höhe. Für ihr Wachstum benötigen sie feuchtes, nebliges Meeresklima wie in Nordkalifornien. Besuchenswerte Bestände findet man – neben dem oft überlaufenen *Muir Woods National Monument* unweit von San Francisco – vor allem nahe der Grenze zu Oregon (bewahrt vor den Sägen der Holzfällerindustrie an der *Avenue of the Giants* und im *Redwood National Park* sowie in diversen *Redwood State Parks*). Der Standtort des Rekordhalters (*Hyperion* mit 116 m) wird geheim gehalten.

Unterwegs zwischen riesigen Küstenmammutbäumen im Muir Woods National Monument

Wildblumen im Westen Nordamerikas

California poppies

Wer im Frühjahr oder Sommer unterwegs ist, wird sicher fündig – irgendwo blüht es immer! Ab März zeigen sich erste Frühblüher in tieferen Lagen rund um den Puget Sound und an der ***Sonoma Coast*** leuchtet der Goldmohn (***California poppies***, ➢ Foto rechts) in der Sonne. Die Anhöhen der Columbia River Gorge sind ab Mitte April überzogen von gelben Balsamwurzeln (***balsamroot***) und blauen ***lupines*** (Dog Mountain, Rowena Plateau, Foto ➢ Seite 258). Nur wenig später schmücken sich die sonst so kargen Lehmhügel der ***Painted Hills*** in Oregon mit zahllosen gelben Tupfern (***golden bee plants***) und gegen Ende Mai verzaubern zart rosa blühende Rhododendren die Besucher in den kalifornischen *Redwood*-Wäldern.

Bereits Anfang/Mitte Juni hält der Sommer Einzug in das Tal des ***Grand Teton National Park***, die ausgedehnten Wiesen zu Füßen der hohen Berge sehen dann traumhaft schön aus (➢ Foto Seite 22). Bis Anfang Juli gesellen sich dort noch Lupinen, Rittersporn (***larkspur***), ***indian paintbrush*** u.v.m. dazu. Blauer Eisenhut (***monkshood***) und rosarote Weideröschen (***fireweed***) bevorzugen es etwas schattiger und gedeihen in Waldnähe.

In noch höheren Lagen ist die Saison kurz. Etwa Mitte Juli erreicht die Bärengrasblüte (***beargrass***) ihren Höhepunkt und das im wahrsten Sinne des Wortes: Bis über 1 m hoch ragen dann die dekorativen lilienartigen Gewächse aus den Wiesen im US-Nationalpark ***Glacier*** (➢ Foto Seite 218). Kaum zu toppen sind die bunten Teppiche, die sich unterhalb der mächtigen Vulkankegel ausbreiten, allen voran im ***Mount Rainier National Park*** unweit von Seattle (➢ Foto Doppelseite 4/5). Während die Winterschneedecke langsam schmilzt, überziehen dort Abertausende von weißen Gletscherlilien (***avalanche lilies***) und gelben Hunds-Zahnlilien (***glacier lilies***) die Bergwiesen. Kurz darauf, etwa Ende Juli, folgt ein buntes Potpourri aus knallrotem ***paintbrush***, lilafarbenen ***alpine astern***, blauen ***lupines***, gelben Butterblumen (***buttercup***), weißen ***western anemones*** und roten Akeleien (***columbines***). Herrlich blau, manchmal leicht lilafarben, zeigt sich dann auch Colorados Staatsblume, die Rocky-Mountains-Akelei (***blue columbine***), in Höhenlagen zwischen 2.100 und 3.700 m. In etwa zur gleichen Zeit präsentieren sich auch in Kanada die Anhöhen beim **Mount Revelstoke** von ihrer farbenprächtigsten Seite (➢ Foto Seite 637). Im Laufe des Augusts klingt die Wildblumensaison überall allmählich ab.

Indian paintbrush beim Mount Rainier

Columbines bei Silverton/CO

1

Ende Mai bis Mitte Juni sorgen die Blüten **wild wachsender Rhododendren** für hübsche Farbtupfer zwischen den Baumriesen.

Nicht unerwähnt bleiben dürfen die **gemäßigten Regen(ur)wälder** (***rain forests***) noch etwas weiter nördlich. Niederschlagsmengen von gut 4.000 mm im Jahr und der unaufhaltsam vom Ozean aufziehende Nebel sorgen für sattgrüne, über und über mit Moos behangene Märchenwälder, die sich nahezu undurchdringlich über weite Teile des westlichen British Columbias und der Olympischen Halbinsel ausbreiten (besonders schön der *Hoh Rain Forest*!). Auch im Landesinneren sind sie vereinzelt noch zu finden, u.a. in Oregon in der *Columbia River Gorge* und im *Silver Falls State Park* oder auch beim kanadischen Mount Revelstoke Nationalpark.

Anders als sein tropischer Namensvetter setzt sich der nördliche Regenwald in erster Linie aus Nadelbäumen zusammen. Die dominierenden Sitka-Fichten (***Sitka spruce***), Helmlocktannen (***western hemlock spruce***), Douglasien (***Douglas fir***) und Riesenlebensbäume (***western red cedar***) können auch beachtliche Dimensionen annehmen. Die Umgebung von Quinault (*Olympic National Park*) sowie Port Renfrew auf Vancouver Island hat gleich etliche Rekordbäume hervorgebracht.

Nach Norden hin nimmt die Baumgröße immer mehr ab und das Wuchsbild verschmälert sich zusehends. Auffällig sind bereits im Jasper Nationalpark die gertenschlanken Felsengebirgstannen (***subalpine fir***) sowie Schwarzfichten (***black spruce***).

Im Herbst liefern die **Laubwälder** ein lebhaftes Farbenspiel vor imposanter Bergkulisse. Mitte September vergolden sich u.a. die Lärchen (***larch***) in den Kaskaden bei Leavenworth und oberhalb des Moraine Lake sowie die Espen (***aspen***) im Rocky Mountains Nationalpark und am *Icefields Parkway*. Wenig später sind dann die Bäume im Grand Teton Nationalpark an der Reihe. Der Großblättrige Ahorn (***big leaf maple tree***) in den Regenwäldern erreicht in der Regel seinen ***fall foliage peak*** erst Ende Oktober.

Tundra

Auch die Beerensträucher der **Tundra**, die sich jenseits der Baumgrenze bis ans Nordpolarmeer ausbreiten, sorgen Anfang September u.a. beim *Wilcox Pass* am *Icefields Parkway* für einen unglaublichen Farbrausch. Trotz der ausgesprochen kurzen Wachstumsperiode und allgemein widrigen Bedingungen konnte sich selbst in diesen Höhen eine bemerkenswert vielfältige Vegetation durchsetzen.

Buschsteppe

Für ebenfalls nur karges Wachstum sorgen Trockenheit und hohe Sonneneinstrahlung in der nordamerikanischen Buschsteppe. Im Regenschatten der Kaskaden reichen die Ausläufer der ***shrub steppe*** bis hinauf in die kanadischen Provinzen. In Grenznähe gedeihen dort sogar Kakteen und Palmen. Semi-aride Witterungen herrschen im Okanagan Valley bis nach Kamloops und westlich davon, die bewässerten Weinberge täuschen darüber hinweg.

Prärien

Ähnliches trifft auf die **Kurzgrasprärien** östlich der Rocky Mountains in Alberta sowie im Mittleren Westen der USA zu – sofern sie nicht dem Weizenanbau oder der Viehaufzucht weichen mussten.

*Solch imposante Schaufeln bilden sich meist erst im 5. Lebensjahr aus, bis zu dem Zeitpunkt tragen selbst Elchbullen nur ein simples Stangengeweih. Auf Englisch heißen diese Tiere **moose** (**elk**=Hirschart)!*

Tierwelt

Aus mitteleuropäischer Sicht ist die Anzahl an wild lebenden Tieren, denen man während eines Aufenthalts im Westen Nordamerikas begegnet, mitunter überwältigend. Dies gilt insbesondere für die höher gelegenen, gebirgigen Regionen sowie für Nationalforste. Schon beim ersten Picknick in der Natur macht fast jeder Bekanntschaft mit bettelnden Zieseln (***ground squirrel***) und Streifenhörnchen (***chipmunk***), Verwandte der oft auch frechen Eichhörnchen (***squirrel***). Ebenso wie die auffällig blauen Diademhäher (***Steller's jay***) und die mit ihrer »Banditenmaske« über den Augen unverkennbaren Waschbären (***raccoon***) haben sie es meistens auf die Essensreste und Vorräte der Camper abgesehen.

Berg- und Waldbewohner

Zahlreich in ihrem Vorkommen sind auch nordamerikanische Hirscharten, zu denen die mächtigen Wapitis (***elk***), der Weißwedelhirsch (***white-tailed deer***) und die Maultierhirsche (***mule deer***) mit ihren etwas überdimensionierten Ohren zählen. Sie teilen sich Nationalforste/-parks mit etwas scheueren Füchsen (***fox***), Dachsen (***badger***), Stinktieren (***skunk***), Rotluchsen (***bobcat***) und Kanadischen Luchsen (***lynx***). In den felsigen Gebirgsregionen sind außerdem Schneeziegen (***mountain goat***; ➤ Foto Seite 275), kleine hamsterähnliche Pfeifhasen (***picas***; ➤ Foto Seite 288) und Dickhornschafe (***bighorn sheep***) weit verbreitet.

Bighorn sheep

***Least Chipmunk**, die kleinste Hörnchenart (nur 11 cm lang)*

Zurückgezogen in den Weiten Kanadas leben Wolfsrudel (***wolve packs***), mit etwas Glück kann man sie aber auch im Yellowstone Nationalpark bei der Jagd beobachten. Die in den *Rockies* beiderseits der Grenze beheimateten Elche (***moose***) ernähren sich den Sommer über vorwiegend von Wasserpflanzen und stehen dann nicht selten bis zum Bauch eingetaucht in Teichen oder Flussläufen, wo auch die einst bedrohten Biber (***beaver***), meist nicht lange auf sich warten lassen.

Bären

Schwarz- und Braunbären (***black/brown bear***) halten sich bevorzugt abseits des großen Rummels im Hinterland auf. Zur **Beerensaison** (meist Mitte Juli bis Ende August) sieht man sie im Glacier Nationalpark und in den kanadischen *Rockies* auch vermehrt am Straßenrand beim Naschen. Bis zu 200.000 wohlschmeckende *buffaloberries* können dann an nur einem Tag in ihrem Bauch landen! Ausführliches zu den Verhaltensmaßnahmen bei Begegnungen mit Bären ➤ Exkurs umseitig.

Pumas

Für Menschen ebenfalls nicht ganz ungefährlich sind Pumas (***cougar*** oder ***mountain lion***). Diese große Raubkatze liebt die einsamen Bergregionen der Nationalparks, ist aber ausgesprochen anpassungsfähig und dringt bisweilen bis in bewohnte Gebiete vor.

Präriebewohner

Nahezu ausgerottet waren einst die Büffel (***bison***), die vor Eintreffen des »weißen Mannes« zu Millionen durch die Prärien des Westens streiften. Aus den seinerzeit gerade mal knapp 800 überlebenden Exemplaren wuchs dank erfolgreicher Schutzmaßnahmen der Bestand auf wieder mehrere Hunderttausend. Inzwischen sind Präriebisons sogar zu begehrten Fleischlieferanten geworden. In größeren Herden sind sie u.a. in den Nationalparks Badlands, Yellowstone und Grand Teton unterwegs, außerdem in Montanas *Bison Range*, im *Custer State Park* in Süddakota, auf Antelope Island bei Salt Lake City sowie im kanadischen *Waterton Lakes National Park*.

Burrowing owl

Weniger offensichtlich ist die Anwesenheit der Fauna in den weiten Prärieebenen. Dabei existieren dort ganze »Städte«, sog. ***prairie dog towns***. Die geselligen Präriehunde gehören zu den Erdhörnchen und leben in Kolonien (➤ Foto Seite 367). Sie teilen sich ihre unterirdischen Bauten mit Kaninchenkauzen (***burrowing owl***) und – etwas unfreiwillig – mit Klapperschlangen (***rattlesnake***). Diese für erwachsene Menschen zwar nur in den seltensten Fällen tödlichen, aber dennoch hochgiftigen Reptilien können nicht nur in den Grasländern, sondern auch im südlichen Okanagan Valley/British Columbia sowie in nahezu allen tiefergelegenen Regionen des US-Westens anzutreffen sein. Bisse sind sehr selten, denn meist machen sie mit unverkennbarem Rasseln rechtzeitig auf sich aufmerksam.

Pronghorn

Bei allzu großer Hitze zeigen sich viele Bewohner in den wüstenartigen Gebieten nur nachts sowie in den Morgen- oder Abendstunden. Wahre Überlebenskünstler sind dort neben eleganten Gabelantilopen (***pronghorn***) und Kojoten (Nordamerikanischer Präriewolf, ***coyote***) auch zwei Hasenarten: Das Verbreitungsgebiet der langohrigen Eselhasen (***jackrabbit***) reicht bis ins südliche Alberta und die etwas gedrungeneren, niedlichen ***cottontail rabbits*** hoppeln mit ihrem namensgebenden buschigen weißen Schwanz durch nahezu den gesamten Westen der USA.

You are in Bear Country!

Von den drei großen in Nordamerika beheimateten Bärenarten (Schwarz-, Braun- und Eisbären) leben nur die zwei Erstgenannten in dem von diesem Reiseführer abgedeckten Gebiet. In den Wald- und Bergregionen beiderseits der Grenze begegnet man immer wieder **Schwarzbären** (*black bear*), auch die Strände der Olympischen Halbinsel vor den Toren von Seattle sowie Vancouver Island (➤ Foto Seite 395) sind beliebte Reviere. In West-Kanadas einsamem Hochgebirge und an unberührten Küstenabschnitten (mit Ausnahme von Vancouver Island) muss zudem allerorten mit der Anwesenheit von **Braunbären** (*North American brown* bzw. *grizzly bear*) gerechnet werden. In den USA beschränkt sich ihr Verbreitungsgebiet auf den North Cascades Nationalpark sowie die nördlichen Rocky Mountains (dort in erster Linie auf die Nationalparks Glacier, Grand Teton und Yellowstone). Beide Bärenarten kommen sich aufgrund ihrer unterschiedlichen Lebensgewohnheiten eher selten in die Quere.

Allein in British Columbia leben ca. 15.000 Braun- und an die 150.000 Schwarzbären, wobei Vancouver Island die dichteste Population an Schwarzbären aufweist (man schätzt sie auf über 7.000). Die vielerorts einschlägigen Warnhinweise sind ernst zu nehmen. Je weiter man in einsame Gebiete vordringt, umso größer sind die Chancen – oder das Risiko, wie man's nimmt – auf »Meister Petz« in freier Wildbahn zu treffen. Sie können dank ihres ausgeprägten Geruchssinns Menschen bis zu einer Entfernung von 3 km wahrnehmen und suchen dann im Normalfall das Weite. Beim Lachsfang oder Beerennaschen sind sie allerdings manchmal unachtsamer und können leichter unangenehm überrascht werden.

Als Wanderer sollte man daher auf der Hut sein und wissen, wie man sich im Notfall zu verhalten hat. Dabei ist es sinnvoll, die beiden **Bärenarten voneinander unterscheiden** zu können, denn je nachdem ob einem dann ein Braun- oder Schwarzbär gegenüber steht, gibt es andere Verhaltensempfehlungen. Ihr Name täuscht: Der Pelz der Schwarzbären kann sogar **hellbraun** gefärbt sein und ihr Körperbau ist zwar meist kleiner und schlanker, nimmt aber auch beachtliche Dimensionen an (bis zu 400 kg; Grizzlys bis zu 680 kg). Am leichtesten zu identifizieren sind die dicken Brummer durch den ausgeprägten muskulären **Höcker** (*hump*) zwischen den Schultern, den nur Braunbären haben, ➤ Fotos unten. Zudem weisen Schwarzbären ein eher geradliniges Profil zwischen Ohren und Nase auf, während das Gesicht der Grizzlys an diese Stelle deutlich gewölbter ist. Die wesentlich längeren Klauen der Braunbären hinterlassen außerdem unverwechselbare Fußspuren.

Schwarzbär

Grizzly

Wandern im »Reich der Bären«

Wanderwege in den Rocky Mountains führen oft durch Bärengebiete. Bimmelnde Glöckchen (***bear bells***) werden dort gerne an den Rucksack gehängt, alternativ reicht auch eine mit Kieselsteinen gefüllte Getränkedose um Bären rechtzeitig auf einen aufmerksam zu machen. Noch besser dafür geeignet ist aber die menschliche Stimme. In unübersichtlichem Gelände werden **laute Unterhaltungen** empfohlen (ggf. auch Selbstgespräche, Singen, Klatschen oder Trillerpfeife). Dabei sollte der Geräuschpegel möglichst immer Wind und rauschendes Wasser übertönen. Den besten Schutz – auch gegen Grizzlys – bieten **Wandergruppen von 4 Personen oder mehr**. Es wird allerdings betont, dass es »tight groups« sein müssen. Denn nur wenn alle eng beisammen bleiben, zeigt diese Verhaltensmaßnahme auch die gewünschte Wirkung.

Begegnet man trotz aller Vorsichtsmaßnahmen einem Bären, hilft nur **besonnenes Verhalten**. Panisches Wegrennen lädt sie zur Verfolgung ein. Die tapsig wirkenden Tiere erreichen Sprintgeschwindigkeiten bis zu 56 km/h (selbst Usain Bolt hat hier keine Chance!). Zuflucht auf dem nächsten Baum ist allenfalls bei Grizzlys im Erwachsenenalter eine Lösung (*nur woher weiß man, wie erwachsen der aufgetauchte Bär ist*?), vorausgesetzt man kommt selber hoch genug und wird nicht wieder heruntergeschüttelt ... Die schweren Grizzlys klettern nicht mehr gerne, aber jüngere Artgenossen und Schwarzbären erklimmen Bäume erstaunlich elegant und schnell zwecks Futtersuche oder manchmal zum eigenen Schutz. Denn auch das kann der Fall sein: Auf dem Foto ➤ oben hat ein scheuer Schwarzbär am *Icefields Parkway* die Flucht vor den (viel zu aufdringlichen) Menschen ergriffen. *Park Wardens* mussten ihn dann aus seiner misslichen Lage befreien, indem sie den Zugang zum Wald vorübergehend gesperrt haben.

Bei einem plötzlichen Zusammentreffen beim Wandern wird geraten, **gelassen zu bleiben**, kleine Kinder sofort aufzuheben und **langsam** (!) den **Rückzug** anzutreten, dabei **Augenkontakt meiden** und dem Tier klar machen, dass man ein Mensch und keine Beute ist (am besten **im ruhigen Ton ansprechen**).

Als Wunderwaffe und letzte Notbremse gilt ***bear spray*** , das indes nicht ganz billig ist. Sein Wirkstoff, der von Chilischoten (*Capsicum*) stammt, greift umgehend Nase, Ohren und Augen des Bären an; www.nps.gov/yell/learn/nature/bearspray.htm. Bei kranken, verletzten oder hungrigen Tieren, deren Verhalten nicht berechenbar ist, bleiben – wenn man Pech hat – alle genannten Maßnahmen wirkungslos. Gleiches gilt für Bärinnen mit Jungen, wenn man versehentlich zwischen Mutter und Nachwuchs gerät.

Attacken von Schwarz- oder Braunbären soll man unterschiedlich begegnen, es gilt die Devise »***If it's black, attack. If it's brown, lay down!***«.

- Bei **Schwarzbären** kann man sich angeblich (vor allem in einer Gruppe) einigermaßen gut wehren (Steine in Richtung Augen/Nase werfen usw.). Wer sich nicht doch noch an einen sicheren Ort bringen kann (Fahrzeug, Hütte etc.), dem raten die Parkranger: »***Fight back!***«, um den Tieren verständlich zu machen, dass man keine »leichte Beute« ist. Damit darf man indessen erst beginnen, wenn klar wird, dass der Bär keinen **defensiven Scheinangriff** inszeniert, bei dem er nur wenige Meter vor dem Menschen stoppt und in letzter Sekunde dann doch noch abdreht.
- Bei einem starken **Grizzly**, der sich selbst, seine Jungen oder den Futterplatz verteidigt, hilft absolut keine Gegenwehr. Hat das Spray seine Wirkung verfehlt und greift der Bär an, kann man sich nur noch »**tot stellen**«: mit dem Bauch auf dem Boden einkugeln und dabei Gesicht, Kopf und Nacken mit den Armen schützen und den Angriff über sich ergehen lassen. Zumindest hat man so eine gute Chance, mit dem Leben davonzukommen, wenngleich mit sehr schweren Verletzungen zu rechnen ist.

Generell empfiehlt es sich, eine **Mindestdistanz von 100 m** einzuhalten, auch dann wenn man den Bären beim Vorbeifahren zwischen den Büschen am Straßenrand entdeckt. Gewöhnen sich die Tiere an die Anwesenheit der Menschen, werden sie schnell zu »**Problembären**«, was oftmals ihr Todesurteil bedeutet. Jedes Jahr sterben zahllose Tiere im von neugierigen Touristen verursachten Stau/Verkehrschaos, andere müssen aus Sicherheitsgründen in weit entfernte Wildnisgebiete deportiert werden oder ihr Leben in Gefangenschaft fortführen (➢ Seite 331).

Campen im Bärengebiet

Um die »kulinarischen Verlockungen« zu minimieren, findet man im Bärengebiet immer **verriegelte Abfallcontainer**. In etlichen Parks wurden auf den Campingplätzen zusätzlich bärensichere Kästen aufgestellt, sog. ***food locker***, in die man nachts sämtliche potentiellen »Gefahrenstoffe« einschließen muss (➢ Foto oben). Nicht nur Nahrungsmittel üben eine starke Anziehungskraft auf Bärennasen aus, auch im Zelt befindliche Kosmetika und Zahnpasta oder angebrannte *marshmellows* in der Asche des Lagerfeuers werden schnell zum Objekt ihrer Begierde.

Wildniscamper nehmen entweder einen ***Bear Canister*** zur Proviantsicherung mit oder hängen ihre Lebensmittel nachts für Bären unerreichbar an ein Seil zwischen zwei Bäume. Beim Kochen sollte man Abstand zum Zelt halten und darauf achten, dass der Wind die Essensdüfte nicht in Richtung Schlafplatz weht. Keine schlechte Idee sind auch ein Wäschewechsel vor dem Schlafengehen und ein generell sparsamer Umgang mit Parfüms oder Deos in Bärengebieten.

Link-Tipp:

Ausführlicheres zum Thema »Bear Safety« im Web unter: www.nps.gov/subjects/bears/safety.htm oder https://parks.canada.ca/pn-np/mtn/ours-bears/securite-safety/ours-humains-bears-people.

Gefährlicher als Bären: Die meisten Vorfälle im Yellowstone Park ereignen sich mit Bisons, sie fühlen sich – ähnlich wie Elche – schnell bedroht. Mindestdistanz bei beiden: 25 m!

Meeresbewohner

Bei Niedrigwasser können sich mancherorts an der Pazifikküste tolle Gezeitenbecken (***tide pools***) ausbilden, u.a. auf der Olympischen Halbinsel und beim *Haystack Rock*/Cannon Beach. Seit 2013 grassiert unter den bunten Seesternen (***starfish*** oder ***sea star***) allerdings eine rätselhafte Seuche, ein sog. *wasting syndrom*. Die bis zu 80 cm großen vielarmigen Sonnenblumenseesterne (➤ Foto Seite 182) sind mittlerweile sogar vom Aussterben bedroht.

Männlicher elephant seal

Weiblicher elephant seal

Auf größere Strand- und Meeresbewohner wie Seehunde, -löwen und -elefanten (***seal***, ***sea lion*** und ***elephant seal***) stößt man bei Fahrten entlang der Küste fast automatisch, auch außerhalb zivilisationsnaher Ruhezonen wie etwa *Pier 39* in San Francisco oder am Hafen von Newport/Oregon. Gelegentlich gesellen sich die immer noch gefährdeten Seeotter (***sea otter***) zu ihnen.

Besonders gute Aussichten auf ein erfolgreiches ***Whale Watching*** hat man rund um Seattle und Vancouver Island (z.B. bei den San Juan Islands). Schwertwale (***orcas***) und Schweinswale (***porpoise***) zählen dort Mitte Mai-Mitte Oktober zu den Dauergästen. Auch Grau- (***gray whale***), Blau- (***blue whale***) und Buckelwale (***humpback whale***) ziehen an der Pazifikküste entlang und verweilen dabei auch länger in nährstoffreichen Gewässern, u.a. bei Depot Bay/Oregon.

Sea otter

Migration der Lachse (im Buch mit Fischsymbol gekennzeichnet)

Ein einzigartiges Naturschauspiel ereignet sich jedes Jahr im Sommer/Herbst in Westkanada sowie in den US-Bundesstaaten Oregon, Washington und Idaho. Dann kämpfen sich **Abermillionen von Lachsen** zu den Oberläufen der Flüsse bis zu ihren Laichgründen (*spawning grounds*) durch – vom Königslachs (*chinook* bzw. *king salmon*) über den Silberlachs (*coho*), Ketalachs (*chum* bzw. *dog salmon*) und roten Blaurückenlachs (*sockeye*) bis hin zum kleinen Buckellachs (*pink salmon*). Der ***Fraser/Thompson/Adams River Salmon Run***, der nach knapp 500 km im *Tsútswecw Provincial Park* in British Columbia endet, ist einer der beeindruckendsten. Zu den Laichgründen rund um Tête Jaune Cache schaffen es nur die allergrößten Königslachse (bis zu 1,6 m lang und 57 kg schwer!), denn der Platz liegt knapp 1.300 km vom Pazifik entfernt. Beachtliche 1.450 km ist auch der *Sockeye Salmon Run* bis zum **Sawtooth Valley** in Idaho. Rekordhalter ist aber der *Teslin River Salmon Run* weit im Norden an der Grenze zum Yukon, wo die *Chinook* sagenhafte 3.200 km im Süßwasser zurücklegen.

Vögel

An fischreichen Gewässern erfreuen sich gleichermaßen Angler wie Weißkopfseeadler (***bald eagle***). Gute Chancen dem **Wappentier der USA** zu begegnen, hat man im Yellowstone Nationalpark, an einsameren Pazifikstränden sowie vielerorts in Kanada zu Zeiten des Lachszugs. Den typischen weißen Kopf (*bald* = kahl) haben sie erst ab dem 5. Lebensjahr. Auf dem Foto (➤ unten) ist im Hintergrund ein brauner Jungvogel zu sehen. So sind sie schwieriger von ihrem nahen Verwandten, dem Steinadler (***golden eagle***), zu unterschieden, der allerdings die bergigen Regionen bevorzugt und dort im Flug mit dem nur wenig kleineren, weit verbreiteten Truthahngeier (***turkey vulture***) verwechselt werden kann. Bei genauem Hinsehen offenbart sich aber der knallrote Geierkopf. Fischadler (***osprey***) nisten gern auf den für sie errichteten Masten vielerorts direkt neben der Straße oder sogar auf Brückenkonstruktionen. In weniger besuchten Gebieten entlang der Küsten jagen außerdem Wanderfalken (***peregrin falcon***) sowie allerlei andere kleinere Falkenarten (***hawk***).

Bald eagle

Tufted puffins

Gelbschopflunde (***tufted puffin***) bevorzugen hohe Felsen und vorgelagerte Inseln. Den Sommer über kann man sie u.a beim Cape Flattery oder am *Hackstack Rock*/Cannon Beach beobachten.

Markant sind die Rufe der Eistaucher (***common loon***; auf der kanadischen $1-Münze abgebildet), die in der Nähe klarer Bergseen oftmals weit durch die Täler hallen und Besucher eventuell eher an einen Kojoten erinnern. Eine Augenweide sind Kolibris (***hummingbird***), die wie funkelnde Edelsteine von Blüte zu Blüte flattern. 6-7 Arten leben in den feuchten Küstenwäldern von Kalifornien bis ins nördliche British Columbia, aber auch in trockeneren Gebieten weit im Landesinneren. »*Feeder*« (Nektarspender) und ihre Lieblingsblumen locken sie in Gärten und auf *Campgrounds*.

1.1.3 Klima und Reisezeiten

Die klimatischen Gegebenheiten

Wetterextreme

Westwinde am Pazifik und stabile Hochdrucklagen im Zentrum prägen im großen Maße das Klima im Westen Nordamerikas. Die regionalen Unterschiede sind – wie bei einem so riesigen Gebiet nicht anders zu erwarten – extrem. Von kurzen Schneefällen bis hin zu angenehmen Badetemperaturen und sengender Hitze, alles ist im Hochsommer zwischen Küste, Hochgebirge und Prärien möglich.

Höhenlagen

Der Frühling kehrt erst spät in die Bergregionen ein. Tiefere Lagen sind dort meist ab Mai eisfrei, die Täler erstrahlen dann im frischen Grün. Weiter oben ist die Saison sehr kurz: Der erste Schnee lässt ab Mitte September nicht mehr lange auf sich warten und bleibt vielerorts dann bis in den Juli hinein liegen. Für unliebsame Überraschungen gut sind grundsätzlich alle Hochlagen über 3.000 m. An sich überwiegende Schönwetterperioden mit Tagestemperaturen jenseits der 20°C können in den Rocky Mountains und Küstengebirgen auch recht unstabil ausfallen und durch einige ungemütliche Regentage in Folge unterbrochen werden.

Zentrale Täler

Während Wolkenfelder an den windzugewandten Seiten der Coast Mountains auch im Juli/August häufig kühle Witterung und Regen mit sich bringen, fühlt es sich es in geschützten Tälern richtig hochsommerlich an. So z.B. im kanadischen Okanagan Valley, wo dann regelmäßig die 30°C-Marke geknackt wird und die Badesaison bis in den September hineinreicht. Noch etwas heißer wird es in den Trockengebieten des nördlichen Utahs sowie des südlichen Idahos und östlichen Oregons. In der Salzpfanne des Great Salt Lake flimmert die Luft von Mai bis September, ähnlich beim *Dinosaur Nat'l Monument*. In diesen intermontanen **Gutwettergebieten** sind Regenperioden meist nur von kurzer Dauer.

Prärien

An den Flanken der Rocky Mountains, der Klimascheide des westlichen Nordamerikas, regnen sich die feuchten Westwinde endgültig ab. Dahinter, in den Prärien, bleibt es daher relativ trocken mit Jahresniederschlägen um die 400 mm. Verantwortlich für das Wettergeschehen ist dort das »**Kanadische Hoch**«. Es erlaubt kontinental-arktischen Luftmassen aus dem Norden den ungehinderten Zugang nach Süden bis tief in die USA hinein. Da keine von Ost nach West verlaufenden Gebirgszüge existieren, die sie aufhalten könnten, dominieren nach einem meist frühen Wintereinbruch trockene Witterungen und Temperaturen, die um ca. 20°C tiefer liegen als in Europa auf demselben Breitengrad.

Der kräftige Fallwind an der Ostseite der *Rockies* (***chinook***) vermag im Winter innerhalb weniger Stunden einen Temperaturanstieg von 40°C und mehr zu bewirken. Er kann Sattelschlepper umkippen oder Züge entgleisen und 30 cm dicke Schneedecken über Nacht verschwinden lassen (»snow-eater«). Betroffen davon sind neben Calgary und Denver vor allem der Süden Albertas sowie der US-Bundesstaat Montana, außerdem die Ostflanke der Black Hills.

Weite Salzflächen breiten sich im Westen des Great Salt Lake aus

Im Sommer verzeichnen die Prärien oft wochenlang stabiles Hochdruckwetter mit Höchstwerten durchgehend um die 30°C. Prallen Ausläufer feuchtwarmer Strömungen aus dem Süden auf die trockenen kontinental-arktischen Luftmassen, bilden sich vorübergehend gewittrige **Sturmwetterlagen**, die aber mit den vorherrschenden Westwinden meist rasch nach Osten weiterziehen.

Pazifikregion

Alaska- und Kalifornienstrom sorgen für ein mildes Klima in der Küstenregion. Das Thermometer zeigt dort nur selten Werte unter dem Gefrierpunkt, dafür wird es selbst im Hochsommer nicht richtig heiß. Die kühle Meerestemperatur (selten mehr als **15°C**!) begünstigt – bei gleichzeitig hoher Sonneneinstrahlung und Hitzeentwicklung im Landesinneren – die Bildung von **Nebelbänken** und länger anhaltend trübes Wetter. Die Aussichten auf erfreulich warme, sonnige Tage sind an der Küste zwischen San Francisco und Seattle etwas später im Jahr (September) ungleich besser.

In den Regenwäldern des **Olympic Nationalparks** und auf **Vancouver Island** ist es den Sommer über etwas »trockener«, im Einzugsbereich des Pazifiks muss aber selbst im Juli/August jederzeit mit **Regen** gerechnet werden. *Estevan Point* an der Westküste der Insel bringt es auf rekordverdächtige 3.200 mm Niederschlag/Jahr. Eine Sonderstellung nehmen die Städte im Windschatten der Gebirgszüge ein. So erfreut sich **Victoria** durchweg sonniger Sommertage (oft werden dann über 25°C gemessen) und die Wintermonate sind ebenso angenehm (im Schnitt nur ein Tag Frost).

Café auf der Olympischen Halbinsel, der Name ist Programm

Nicht zu unterschätzen sind die **Herbst- und Winterstürme**. Von Oktober bis Mai herrscht an der Küste ***storm season***, dann türmen sich vor Vancouver Island und Oregon (u.a. *Shore Acres*) nicht nur wahre Monsterwellen auf, sondern es regnet mitunter *»cats and dogs«* (wie aus Eimern und das nahezu unentwegt). Die Regengüsse klingen dann erst im späten Frühjahr allmählich wieder ab.

Die Übersicht auf den folgenden Seiten zeigt durchschnittliche Höchst- und Tiefsttemperaturen sowie die Verteilung der Regenmenge über das Jahr an ausgewählten Orten.

Urlaubszeit der Nordamerikaner

Hochsaison Die Hauptsaison (***tourist*** bzw. ***high season***) dauert von Mitte Juni bis Mitte September. In diesen Zeitraum fallen traditionell die Universitätsferien sowie mit unterschiedlicher Länge die Sommerferien der Schulen. Der »inner-nordamerikanische« Urlaubsboom beginnt Ende Juni, nimmt in der zweiten Augusthälfte schon wieder spürbar ab und endet mit dem ***Labor Day*** schlagartig.

Wochenende Eine große Ausnahme bilden dabei die Wochenenden. Denn wegen der aus unserer Sicht teils sehr kurzen Urlaubszeiten (nur wenige Berufstätige haben oder nehmen sich dort mehr als 2-3 Wochen Ferien pro Jahr) spielt das *weekend* eine weit größere Rolle als bei uns. Die Bereitschaft, für den Wochenendspaß lange Strecken zu fahren, Ausgaben und Anstrengungen auf sich zu nehmen, ist deutlich ausgeprägter als unter Europäern. Bei gutem Wetter ist dann überall mit viel Betrieb und den daraus resultierenden Problemen zu rechnen: überfüllte Parkplätze an touristischen Brennpunkten, ausgebuchte Quartiere und Höchsttarife, vor Mittag schon besetzte Campingplätze, Wochenend-Rückreiseverkehr in Richtung der großen Citys etc. Verlängerte Wochenenden (***Victoria Day*** und ***Memorial Day Weekend***, beide Ende Mai), andere nordamerikanische Feiertage und größere Events/Veranstaltungen verschärfen mancherorts die Situation, Übersicht ➤ Seite 138 bzw. 742.

Eine Region im (Klima-)Wandel

Auch mächtige Bergketten wie die Rocky Mountains oder Kaskaden bleiben vom Klimawandel nicht verschont – mit deutlich kürzeren Wintern, früher einsetzender Schneeschmelze und spürbar heißeren Sommern. Schneereiche Winter wie in der Saison 2022/23 sind mittlerweile eher die Ausnahme. Vielerorts fallen Niederschläge vermehrt in Form von Regen. Die Auswirkungen sind besorgniserregend: So soll u.a. in nicht allzu ferner Zukunft das letzte »ewige Eis« aus dem US-Nationalpark *Glacier* gewichen sein, der Anfang des 20. Jahrhunderts wegen seiner zahlreichen Gletscher gegründet wurde (damals waren es noch an die 80!). Schon heute haben Landwirte in der Umgebung mit großen Herausforderungen zu kämpfen. Kaum vorhersehbar die Tragweite, wenn dort in den kommenden Dekaden die meisten Wasserläufe im Sommer versiegen sollten. Auch Touristen erleben mancherorts den Wandel bereits hautnah mit. Denn immer wieder müssen Nationalforste uhd -parks wegen **Waldbränden** vorübergehend für die Öffentlichkeit gesperrt werden. Eine Luft zum Schneiden die den Aufenthalt im Freien vermiest und weiträumig für katastrophale Fernsicht sorgt. Die zurückbleibenden, abgebrannten Flächen sind dann jahrzehntelang nicht zu übersehen. Trockenheit und ein konstanter Anstieg der durchschnittlichen Höchsttemperaturen während der letzten 100 Jahren verschärfen die Lage. So hat sich die Anzahl der Sommertage im Glacier Nationalpark mit über 32°C in dem Zeitraum verdreifacht. Die Tabellen auf den folgenden Seiten beruhen auf Langzeitmessungen, die Durchschnittswerte der letzten Jahre können daher inzwischen eine Spur höher liegen. Wie es aktuell um die **Luftqualität** bestellt ist, zeigt die Karte unter https://tools.airfire.org/airtools/v1/pnw-smoke.html oder https://fire.airnow.gov.

Badlands Nationalpark

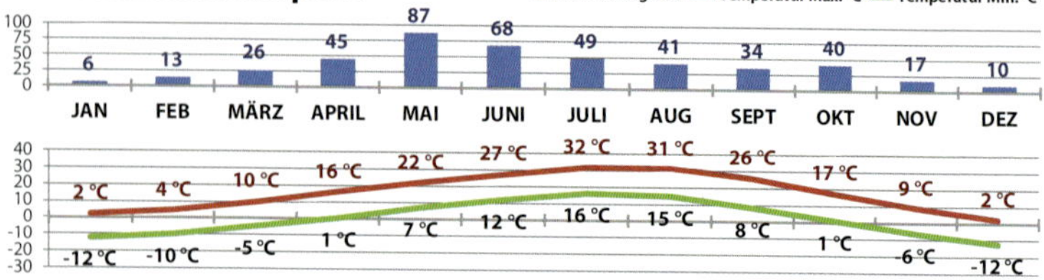

Denver

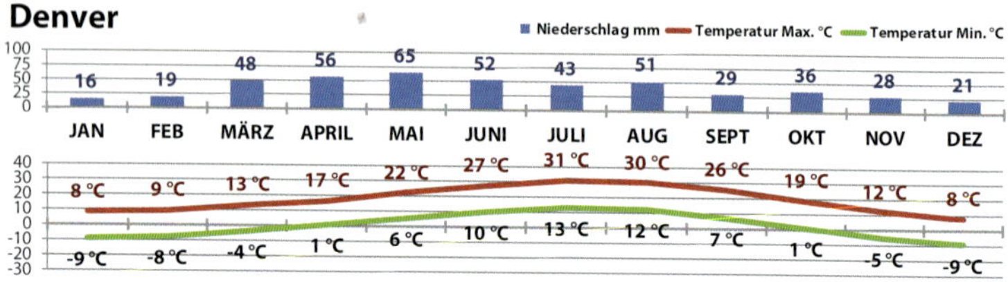

Portland

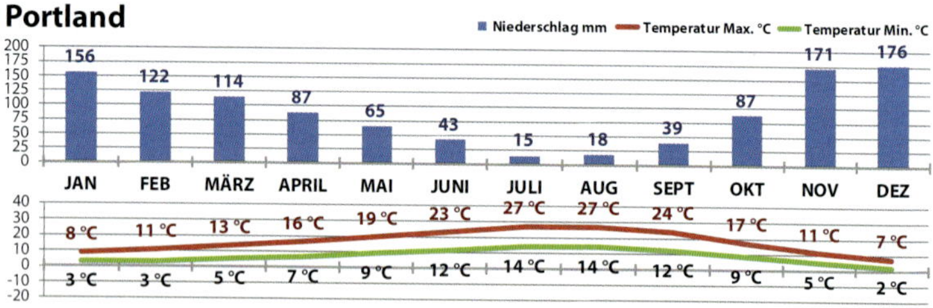

San Francisco

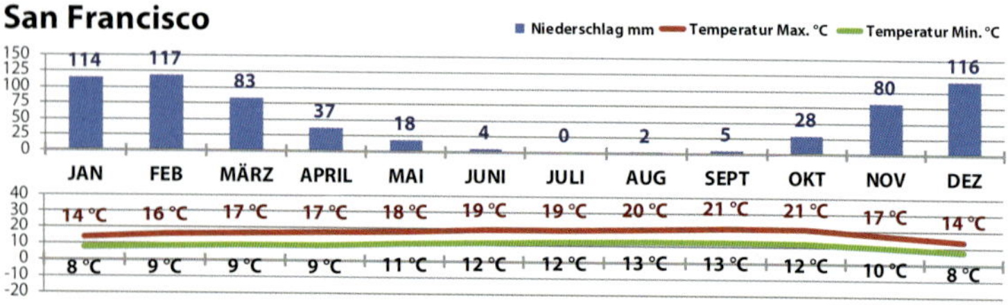

Seattle

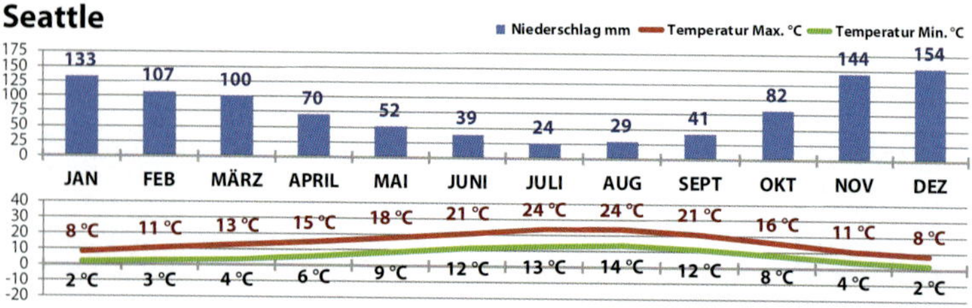

West Glacier

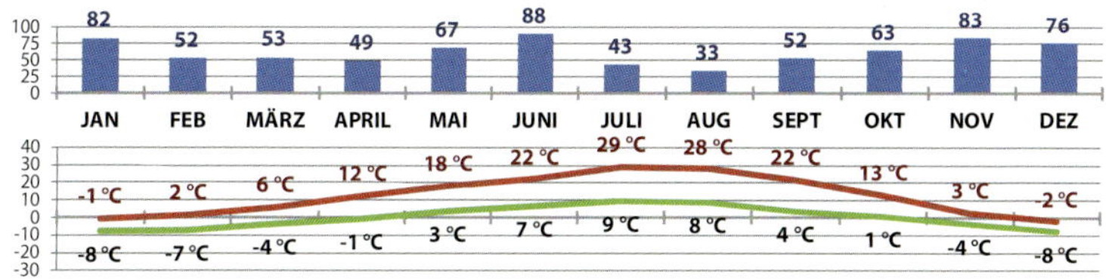

Yellowstone Nationalpark

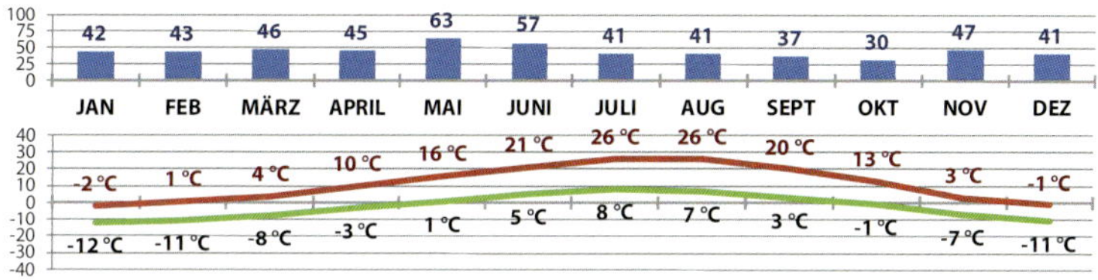

Banff /Kanada

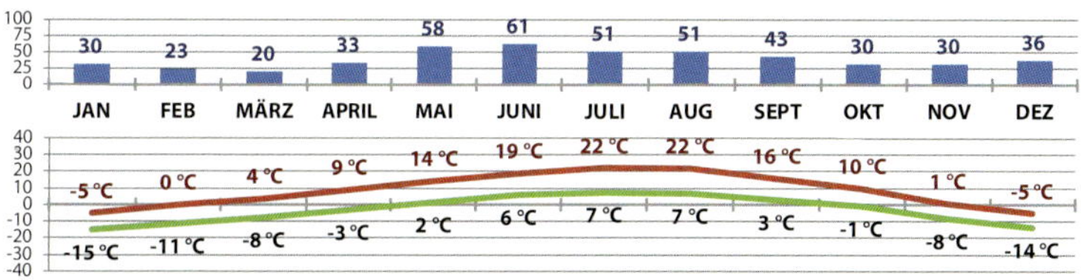

Vancouver /Kanada

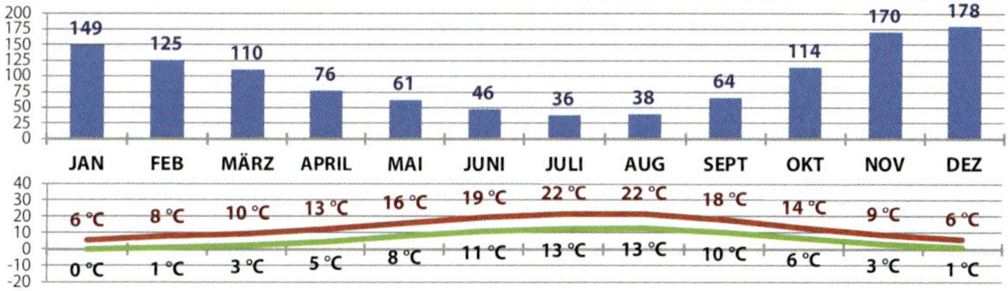

Victoria /Kanada

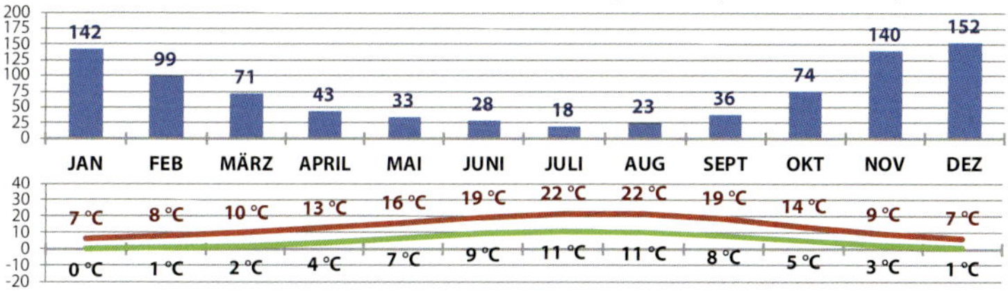

1

Sommer ist Badesaison, jeder warme Stau- und Bergsee oder Flusslauf wird dafür genutzt, hier am Firehole River im Yellowstone Nationalpark

Tipps zur Hauptreisezeit

Generell empfiehlt sich während der Hauptsaison, die **Top-Sehenswürdigkeiten möglichst an Werktagen anzusteuern**. In Nationalparks wie dem *Mount Rainier*, *Yellowstone* oder *Grand Teton* sichert man sich den Parkplatz am Ausgangspunkt populärer Wanderwege am besten gleich **früh morgens**. Überall sonst verlaufen sich die Leute meist recht gut. Vor allem wer sich ins Hinterland von Oregon (z.B. *Leslie Gulch*), Idaho (*Gooding City of Rocks*) oder Wyoming (*Hell's Half Acre*) begibt, wird nur noch wenige andere Touristen/Einheimische antreffen.

Ähnlich in Kanada: An Orten wie Lake Louise herrscht dann oft Verkehrschaos, aber außerhalb der zwei berühmtesten Nationalparks Banff und Jasper wird man im Westen Kanadas nur selten einen – nach unseren Begriffen – starken Andrang erleben. Weniger bekannte Gebiete wie der *Juan de Fuca Provincial Park* auf Vancouver Island können selbst im Hochsommer in weiten Teilen einer Ruheoase gleichen. Und wer sich im *Banff/Jasper Nat'l Park* etwas abseits der touristischen Hauptpfade hält, entkommt auch meist erfolgreich dem allergrößten Trubel. Auf solche Optionen wird im Reiseteil (**grüne**/**blaue** Griffmarken) immer wieder hingewiesen.

Reservierung nötig

Auch die Amerikaner haben während der Pandemie die Liebe zur Natur entdeckt. Einige Parks waren dem Ansturm kaum gewachsen. Maßnahmen zur Besucherlenkung mussten eingeführt werden. So darf man im Sommer z.B. in alle Bereiche des Rocky Mountains Nationalparks nur noch mit einem zeitgebundenden ***timed entry ticket*** hinein, ähnlich beim *Mount Blue Sky Scenic Byway* oder Glacier Nationalpark. Solch ein Permit ist mitunter lange im Voraus zu erwerben und der Ansturm groß. Für den Besuch des Moraine Lake im kanadischen *Banff NP* muss man sich auch schon vor der Reise um seine (Pflicht-)Shuttletickets kümmern.

Alle aktuell betroffenen Gebiete mitsamt Internet-Links finden sich im Kapitel 2.8.3 (➤ Seite 102). Tipps zum Thema »Vorbuchen von Unterkünften« stehen auf den Seiten 100/101.

Die beste Reisezeit

Das im vorliegenden Buch beschriebene Gebiet unterliegt größeren klimatischen Schwankungen (➤ Seite 37), so dass es keine Reisezeit gibt, die überall als optimal angesehen werden kann. Als Vor- bzw. Nachsaison (***shoulder season***) gilt der Zeitraum April-Mai oder Mitte September-Oktober. Dann schont man zwar den Geldbeutel, muss aber jede Menge Kompromisse eingehen und hinsichtlich Outdoor-Aktivitäten (➤ Seite 52) Abstriche machen.

Vorsaison

Liegt das Augenmerk auf der **US-Küste**, ist man zeitlich etwas flexibler. Die Winterniederschläge klingen im **April/Mai** langsam ab und die Tagestemperaturen – vorausgesetzt die Sonne scheint – liegen im Mai schon im angenehmen Bereich (über 15°C). Ähnliches gilt für **Vancouver Island**, wo auf Stränden wie *Long Beach* im Mai bereits einiges los sein kann (Surfer!). Im Frühjahr zeigen sich sämtliche Wasserfälle in tieferen Lagen von ihrer schönsten Seite, nicht nur auf der Insel, sondern auch in den US-Bundesstaaten Washington und Oregon (*Columbia River Gorge*, *Silver Falls State Park* usw.). Auch die spontane Quartiersuche bereitet bis Mitte Mai – mit nur wenigen Ausnahmen – eher keine Probleme.

In den **Prärien** fällt der meiste Jahresniederschlag in den Monaten Mai/Juni. Dann herrschen noch kühle/angenehme Wandertemperaturen und die saftig grünen Graslandschaften z.B. im **Badlands Nationalpark** bilden einen herrlichen Kontrast zu den kargen Lehmhügeln (im Sommer werden die Gräser genauso graubraun).

In den Bergen

Steht das **Naturerlebnis in der Bergwelt** im Vordergrund, eignet sich der Zeitraum **Juni bis Mitte September** am besten dafür. Vorher bzw. nachher muss man je nach Region mit witterungsbedingte Unbilden rechnen (längere Regenperioden bzw. in den Höhenlagen Schnee+Eis). Im Winter entstandene Straßenschäden sind oft im Mai, gelegentlich auch erheblich später, noch nicht beseitigt.

Außerhalb der Hauptsaison genießt eine Schneeziege den Ausblick auf den Hidden Lake im Glacier Nationalpark

Blutsauger allerorten (von Juni bis September)

Von Anfang Juni bis etwa Mitte September sind sie im Nordwesten der USA und in Kanada allgegenwärtig: lästige Stechmücken (***mosquitoes***), Kriebelmücken (***black flies***; wie kleinere Fliegen) und Bartmücken/Gnitzen (***sand flies*** oder ***no-see-ums***; 1-4 mm groß, man sieht sie kaum!). Alle Quälgeister bevorzugen zwar Feuchtregionen und schattige Waldgebiete, aber vor allem im Juni und Juli entkommt man ihnen praktisch nirgendwo. Selbst in höheren Gebirgslagen und am offenen Wasser, bei Wind und Kälte suchen sie nach Opfern.

Schwarze Fliegen sind immer hungrig, sie beißen auch tagsüber. Stechmücken greifen vorzugsweise im Morgengrauen und abends in der Dämmerung an, wenn der Urlauber – gemütlich vor dem Camper oder Zelt sitzend – die Abendstimmung in Ruhe genießen möchte. Ein Lagerfeuer bringt nur Entlastung, wenn es ordentlich qualmt. Aber dann vertreibt es meist nicht nur die Insekten. Mit kleinen regionalen Unterschieden lässt die Plage ab August spürbar nach und verschwindet mit den ersten Nachtfrösten ganz.

Europäische Sprays und Lotionen richten gegen nordamerikanische Moskito-Damen (nur sie stechen) wenig aus. Am besten hält man sie sich mit einheimischen ***Insect Repellents*** wie dem bewährten ***Off***, ***Muskol***, ***Repel*** oder ***Cutter*** vom Leibe. Der darin enthaltene Anti-Mücken-Wirkstoff ***DEET*** greift indessen auch Haut, Kleidung, Uhren-Armbänder etc. an. Weitab städtischer Zivilisation sind die ohnehin schon saftigen Preise für den *Mosquito*-Schutz am höchsten. Es empfiehlt sich daher, rechtzeitig an die Anschaffung zu denken. Hilfreich für Camper sind *mosquito coils,* Mücken-Spiralen, die im Freien vor sich hinkokeln. Summgeräte und andere technische Neuerungen scheinen die Tiere in Übersee nicht sonderlich zu beeindrucken. Selbst Kleidung bietet nur begrenzten Schutz. Was ein richtiger *mosquito* ist, der sticht sogar durch relativ dicke Stoffe wie Zeltwände und Jeans. Empfehlenswert sind weite Textilien, die an Hals, Handgelenken und Knöcheln aber unbedingt dicht anliegen sollten.

Trotz gewissenhaften Einreibens, Sprayens und anderer Maßnahmen wird ein Urlaub in Nordamerikas Westen kaum ganz ohne Mückenstiche ablaufen. Kratzen gegen den Juckreiz hilft bekanntlich nicht, sondern verschlimmert ihn nur. Doch auch dagegen gibt es geeignete Präparate. Beruhigend ist immerhin, dass diese *mosquitoes* im Gegensatz zu ihren tropischen Verwandten im Allgemeinen keine Krankheiten übertragen, wiewohl zur Jahrtausendwende das sog. ***West Nile virus*** eingeschleppt wurde. Infizierte Mücken können den Erreger auf den Menschen übertragen. Die dadurch ausgelösten Symptome reichen von Fieber bis Meningitis. Eine Impfung oder Medikation dagegen ist (noch) nicht bekannt. 2022 wurden in den USA insgesamt 1.126 Fälle gemeldet, die meisten davon im Osten sowie in den Präriestaaten Wyoming, North und South Dakota (www.cdc.gov/westnile/statsmaps/historic-data.html). In Kanada waren es nur 47 Fälle und ebenso fast ausschließlich im Osten des Landes. Ausführliche Infos zu dem Virus unter www.canada.ca/en/public-health/services/diseases/west-nile-virus.html.

Zecken: Nicht unbedenklich sind Begegnungen mit Zecken (***ticks***). Die Palette an Krankheitserregern, die sie beim Blutsaugen übertragen können, ist in Nordamerika größer als in Mitteleuropa – neben der Borreliose *(lyme disease)* sind dies allerlei Arten von Rückfall- und Fleckfieber (*relapsing* bzw. *spotted fever*), die eine lange Antibiotikabehandlung erfordern, sowie die durch Toxine verursachte Lähmung *(tick paralysis)*. Am aktivsten sind Zecken meist im späten Frühjahr. Am besten gut schützen!

Gravel und speziell *dirt roads* können bis zum Frühsommer nicht befahrbar sein (zu den Straßenkategorien ➤ Seite 108). Auch asphaltierte Strecken werden mitunter relativ spät für den Verkehr freigegeben, so z.B. in manchen Jahren die *Going-to-the-Sun Road* im Glacier Nationalpark erst Anfang Juli und die dicke Schneedecke bei der Gipfelstraße des Mount Revelstoke ist bisweilen erst Ende Juli/Anfang August geschmolzen. Mancherorts schneien bei Schlechtwettereinbrüchen selbst im Juni Straßen vorübergehend wieder zu, so u.a. Abschnitte des *Icefields Parkway* in Kanada.

Noch oder bereits **geschlossene Einrichtungen** (Seilbahnen, Campingplätze, Berghütten oder andere Unterkünfte) und stark eingeschränkte bzw. eingestellte Angebote (Boots-, Fahrrad- und Pferdeverleih, Veranstaltungen in Nationalparks, Wildwasserfahrten) beeinträchtigen in der Vor-/Nachsaison die Urlaubsfreude in den Bergen. Oberhalb der Baumgrenze können Wanderwege bis in den Juli hinein verschneit/unzugänglich bleiben.

Wer die Nächte im Freien verbringen und dabei möglichst selten frieren möchte, sollte die Hauptreisemonate Juli und August favorisieren. Denn selbst an heißen Sommertagen kann in Höhenlagen ab 2.000 m **Nachtfrost** auftreten. Zelten in den Bergen zur Nebensaison ist eher nur etwas für abgehärtete Naturen. In Wohnmobilen hingegen sind Minusgrade ein geringeres Problem.

Bei Reiseplänen, die den ***Yellowstone*** einschließen, erweist sich der Hochsommer als günstig, zumal dann die heißen Quellen am wenigsten dampfen und sich von ihrer buntesten Seite zeigen. Mit entsprechend vielen anderen Besuchern teilt man sich dann allerdings die Bretterstege durch die Geothermalgebiete. Unterkünfte in oder bei den bekanntesten Naturschutzgebieten sollten so früh wie nur möglich reserviert werden (mitunter über ein Jahr im Voraus).

Rechtzeitig zur Touristensaison tritt außerdem nahezu überall ein mehr oder minder lästiges **Mückenproblem** auf (➤ Exkurs links). Die Plage nimmt erst im Laufe des Augusts langsam ab, spätestens im September setzen Nachtfröste den Quälgeistern ein Ende. Hinzu kommen großflächige **Waldbrände**, die den Sommer über in den USA und Kanada wüten können. Immer wieder sind Parks oder zumindest Bereiche davon betroffen. In den umliegenden Gebieten lassen Luftqualität sowie Fernsicht dann sehr zu wünschen übrig (➤ Exkurs Seite 39).

Reisestart Mitte August

Vorausgesetzt das Wetter spielt mit, kann ein Reisestart Mitte August für einen **Urlaub in den Rocky Mountains** optimal sein. Denn nicht nur die Zahl der Besucher, Mücken und Waldbrände sinkt, mancherorts purzeln langsam auch die Preise und wer einen Abstecher in die heißen Trockengebiete unternehmen möchte, entgeht so der allergrößten Hitze. In den Bergen ist es tagsüber im Allgemeinen noch recht angenehm und man kann die Natur in aller Ruhe genießen. Auf den Campingplätzen trifft man überwiegend europäische Touristen oder kanadische wie US-Rentner mit ihren Wohnmobilen an. Und gelegentlich findet sich dann auch schon mal ein ganzes Seeufer ohne »Nachbarn«.

Das späte Frühjahr (Ende Mai bis Anfang Juli)

- Besonders lange Urlaubstage und ausgedehnte Dämmerlichtzeiten mit guten Möglichkeiten zur Tierbeobachtung – zahlreiche Jungtiere!
- Wasserfälle sind am imposantesten, Regenwälder und Prärien saftig grün
- Blütezeit der Wildblumen in tieferen Lagen
- Bergspitzen sind noch hübsch verschneit, aber Schneefelder können in größeren Höhen noch Straßenpässe und Wanderwege blockieren.
- Das Wetter neigt zu Schauer- und Gewitterbildung.
- Zahllose *black flies* und *mosquitos* vergällen bisweilen die Ferienfreude.

Hochsommer (Mitte Juli bis Mitte August)

- Nebenstrecken und Wanderwege sind nun weitestgehend schneefrei.
- Ende Juli/Anfang August: Höhepunkt der alpinen Blumenblüte
- Höchste Temperaturen – angenehm in den Bergen, in tieferen Lagen im Landesinneren mitunter sehr heiß, vor allem in den Prärien Kanadas und den Trockengebieten des US-Nordwestens
- Immer wieder hartnäckiger Seenebel an der nördlichen US-Pazifikküste
- Alle Attraktionen haben bis in den Abend hinein geöffnet.
- An beliebten Ausflugszielen herrscht großer Andrang.
- Motels und Campingplätze sind in populären Urlaubsgebieten (Nationalparks und Umgebung) meist ausgebucht und verlangen Höchstpreise.
- Heerscharen von *black flies* und *mosquitos* allerorten
- Seen und Flussläufe vielerorts mit Badetemperaturen
- Waldbrandsaison; gesperrte Parkbereiche und weiträumig schlechte Luft und katastrophale Fernsicht sind in Kanada/USA dann keine Seltenheit

Spätsommer/Frühherbst (Ende August bis Anfang Oktober)

- Die Urlaubstage werden gegen Ende des Sommers spürbar kürzer, so dass man auch weniger Programm schafft.
- Viele Campingplätze in den Bergen schließen mit dem *Labor Day*.
- Nach den ersten Nachtfrösten (ab Anfang Sept) leuchten die Laub- und Lärchenwälder farbenprächtig. Das Röhren der brunftigen Wapiti-Hirsche hallt durch die Täler im *Rocky Mountains NP* und am Athabasca River.
- Sämtliche Blutsauger erlahmen in ihrer Angriffslust.
- Im Allgemeinen darf man noch mit einer relativ stabilen Gutwetterlage rechnen. Die Nächte sind schon kühl; über 1.000 m liegen die Nachttemperaturen unter dem Gefrierpunkt. Ab Mitte September kann es in höheren Lagen (ab 2.000 m) den ersten Schnee geben.
- Wasserfälle und Wildbäche führen nur noch wenig Wasser; Stauseen stehen oft halbleer. Feuchtgebiete liegen trocken, ganze Landstriche (nicht nur die Prärien) wirken wie ausgedörrt.
- Im Herbst wird die Luft in den Bergen allmählich klarer und die Weitsicht besser, denn die Waldbrandsaison klingt dann langsam ab. Endgültig endet sie aber erst mit dem Einsetzen der ersten Schneefälle.

Herbst

Mitte September setzt das **Herbstlaub** entlang des *Icefields Parkway* neue Akzente, ebenso die Lärchen auf den Plateaus oberhalb vom Lake O'Hara bzw. Moraine und im Kaskadengebirge Washingtons. Die **Tundra** in Gletschernähe verfärbt sich bereits Anfang September wunderbar. In den südlicheren Abschnitten der *Rockies*, z.B. beim Grand Teton Nationalpark, fällt der Höhepunkt des »Goldrausches« meist in die letzte Septemberwoche. Erste Schneeverwehungen, Straßenglätte und frostige Nächte gehören dann aber in allen Höhenlagen schon zu den Begleiterscheinungen.

Ab Oktober werden Routen wie die *Going-to-the-Sun Road* im Glacier Nationalpark, die *Trail Ridge Road* im *Rocky Mountain NP* oder der Rundparcours am Crater Lake sowie die Zufahrten in den Yellowstone nach und nach unpassierbar. Auf höher gelegenen Straßen (auch Autobahnen!) kann es dann vorübergehend sogar schon zu einer Schneekettenpflicht kommen, die mit den meisten Mietautos problematisch ist, ➤ Seite 85.

Spätestens Anfang November führen nur noch wenige Routen durch die Bergwelt. Der *Icefields Parkway* im Banff sowie Jasper Nationalpark bleibt ganzjährig geöffnet, von November bis Ende März sind Winterreifen aber Pflicht, ggf. auch Schneeketten. Am *Trans-Canada Hwy* muss im Bereich des *Roger Pass* von Dezember bis Mai aus Lawinenschutzgründen mit zeitweiligen Sperrungen gerechnet werden.

Winter

Wer nicht **Wintersport** betreiben (➤ Seite 58) oder das *Winter Wonderland* des Yellowstone Nationalpark mit dem Schneemobil erkunden möchte, sollte die kältere Jahreszeit in den Bergen lieber meiden. Die meisten Parks haben zwar ganzjährig geöffnet, aber außerhalb der Saison bleiben die Mehrzahl der Einrichtungen für Besucher geschlossen und etliche Bereiche unzugänglich.

Als zusätzliche Hilfestellung zur Entscheidung für die persönlich optimale Reisezeit sind im Kasten ➤ links alle relevanten Charakteristika der Reisebedingungen für Früh-, Hoch- und Spätsommer nochmals zusammengefasst.

Erste Schneefälle in den Rocky Mountains sind schon ab Ende September möglich; hier am Bow Lake in Kanada

1.2 Naturschutzgebiete

1.2.1 Nationalparks in den USA und Kanada

Das Nationalparkkonzept beider Länder verfolgt zwei Ziele: zum einen geht es um den Schutz außergewöhnlicher Natur sowie historisch bedeutsamer Stätten vor kommerzieller Ausbeutung, zum anderen dienen die Parks als Erholungs- und Freizeitlandschaft. In den USA stehen diese Gebiete unter der Obhut des ***National Park Service*** (***NPS***), in Kanada werden sie von ***Parks Canada*** verwaltet. Beide Organisationen haben die Nationalpark-Idee in absolut vorbildlicher und weltweit nachgeahmter Weise in die Praxis umgesetzt. Der erste seiner Art und bis heute wohl berühmteste von allen ist der 1872 gegründete Yellowstone Nationalpark. Erst 13 Jahre später folgte Banff als erster kanadischer Nationalpark.

Unterschiedliche Schutzgebiete

Bei den ***National Parks*** (***NP***) handelt es sich meist um größere Gebiete, die geographische, biologische und/oder geologische Besonderheiten aufweisen. Wird eine Lokalität wegen ihrer historischen Bauwerke oder wichtiger Ereignisse für schützenswert befunden, nennt man sie ***National Historic Site*** (***NHS***) bzw. ***National Historic Park*** (***NHP***). In den USA gibt es zusätzlich noch:

- ***National Monuments*** (***NM***), die sowohl landschaftlich oder historisch bedeutsame Plätze unter Naturschutz stellen, und
- ***National Recreation Area***s (***NRA***), die mehrheitlich um die größten Stauseen entstanden, aber auch Dünen (*Oregon Dunes*) oder Schluchten (*Hells Canyon*) umfassen können.

Besonders geschützte Bereiche an den Küsten fallen in den USA unter die Kategorie ***National Seashore***, das kanadische Pendant sind die ***National Marine Conservation Areas*** (***NMCA***). Gemeinsam mit der *First Nation* verwaltete Parks werden in Kanada zudem als ***National Park Reserve*** bezeichnet.

Verkehrsanbindung der NPs

Die meisten Nationalparks liegen abseits der großen urbanen Zentren und lassen sich in der Regel nur mit dem Auto problemlos erreichen. Busverbindungen existieren nur zwischen besonders populären Parks und den jeweils nächstgelegenen Ortschaften. Auch Schienenanschlüsse gibt es mit Ausnahme des *Glacier National Park* (USA) und *Jasper NP* (Kanada) keine.

In den USA sind die Einfahrtsschilder in die Parks oftmals ein beliebtes Fotomotiv

Auf ein eigenes Fahrzeug ist man erst recht innerhalb der Parks angewiesen, denn zwischen den oft weit auseinanderliegenden Sehenswürdigkeiten, Wanderwegen und Campingplätzen verkehren fast nirgends Shuttlebusse.

Eintritt

Der Besuch der Schutzgebiete kostet Eintritt. In Kanada verlangt man für **Tagespässe bis zu CAD 11/Person** (Kinder bis 17 Jahre frei). Sie sind **bis 16 Uhr (!) des Folgetages** gültig. Zusätzlich gibt es Gruppentickets für bis zu 7 Personen/Auto für **CAD 20**. Wichtig zu wissen: Die zusammenhängenden ***Jasper***, ***Banff***, ***Yoho*** und ***Kootenay NPs*** werden dabei wie ein Park behandelt.

In den USA zahlt man vielerorts den Eintritt gleich für sieben aufeinanderfolgende Tage (bis zu USD 35 pro Fahrzeug).

Jahrespässe

Für sämtliche Nationalpark-Einrichtungen (*National Parks, National Monuments, National Historic Sites* etc.) wird in beiden Ländern auch ein Jahrespass angeboten, (gültig immer für 12 Monate ab Kaufdatum), den man am besten vor Ort gleich beim ersten Parkbesuch bei der Einfahrt erwirbt:

- **In den USA:** Der ***America the Beautiful*** oder ***Interagency Pass*** für USD 80 gilt für einen Passinhaber (bis 2023 waren es zwei!) sowie alle im selben Fahrzeug sitzenden Begleitpersonen (Kinder unter 16 Jahre frei). Anerkannt wird der Pass außerdem auf den ***Federal Recreational Lands*** des *National Forest Service*, in allen Gebieten des *Bureau of Land Management* (BLM) etc.; www.nps.gov/fees_passes.htm.
- **In Kanada:** Der ***Parks Canada Discovery Pass*** kostet CAD 72 pro Kopf; Kinder/Jugendliche bis 17 Jahre zahlen nichts. Mehrere Personen im Auto fahren ggf. preiswerter mit dem Gruppenpass für CAD 145; https://parks.canada.ca/voyage-travel/admission.

Während sich in Kanada die Anschaffung eines Jahrespasses bei kürzeren Aufenthalten nicht immer bezahlt macht (meist erst ab dem 7. Tag in *NP*-Gebieten), so lohnt sich der *Interagency Pass* in den USA oftmals schon, wenn man nur drei Parks besuchen möchte. Allein der Eintritt in den *Yellowstone* gemeinsam mit dem *Grand Teton NP* beläuft sich auf USD 70!

Besucherzentren

Im Eintritt eingeschlossen ist überall ein Faltblatt mit Karte des Parks/Monuments und Basisinformationen zu Geschichte, Entstehung, Fauna/Flora und spezifischen Einzelheiten, das man entweder gleich bei der Einfahrt oder im so gut wie immer vorhandenem ***Visitor Center*** (Kanada: ***Centre***) erhält. Diese machen zudem meist eindrucksvoll durch Schaubilder und Ausstellungen mit Geschichte, Geologie, Flora, Fauna und Höhepunkten des Schutzgebiets vertraut. In stärker frequentierten Parks gehören Filme/Videos oder Multivision-Shows zum Standardprogramm, gelegentlich erhält man dort sogar ergänzende Broschüren in deutscher oder anderen Sprachen. ***Park Ranger*** (in Kanada: ***Park Warden***) sind Aufsichtsbeamte und Besucherbetreuer zugleich sowie Wanderführer, Vortragsredner und Ansprechpartner für sämtliche »ihren« Park betreffende Fragen.

Camping/ Aktivitäten

In den Nationalparks Nordamerikas ist das **Campen** ausgesprochen **populär**. Die meisten Plätze sind dort erfreulich in Bezug auf Lage und Anlage, aber selten superkomfortabel, ➤ Seite 122. Die Palette an weiteren Aktivitäten in den Parks ist groß, einen kleinen Überblick liefert Kapitel 1.3, ➤ Seite 52.

Internet

Offizielle Informationen findet man im Internet unter

- https://parks.canada.ca für alle kanadischen Parks
- www.nps.gov für sämtliche US-Nationalparks.

1.2.2 State & Provincial Parks

State Parks

Was zu den Nationalparks angemerkt wurde, gilt im Wesentlichen auch für die ***State Parks*** (**SP**). Naturschutz und Erholung stehen dort ebenso im Vordergrund wie Bewahrung und Pflege interessanter historischer Stätten. Ihre Verwaltung obliegt jedoch nicht einer nationalen Behörde, sondern den jeweiligen US-Bundesstaaten.

Felsbogen im Salt Point State Park

Diese Parks schützen teils ausgesprochen attraktive Landstriche (z.B. *Smith Rock State Park* oder *Samuel H. Boardman State Scenic Corridor* etc.), aber nicht selten verstecken sich hinter dem Begriff nichts weiter als gepflegte öffentliche Anlagen mit Badestränden (***State Beach***), Bootsanleger- sowie Angelstellen, Picknicktischen oder – meist großzügig und komfortabel gestaltete – ***Campgrounds***. Sofern es sich nicht um reine Rastplätze oder Strandzugänge handelt, zahlt man in *State Parks* **bis zu $20 Eintritt** für den sogenannten ***day-use*** (Tagsüber-Nutzung).

Aus Geldmangel wurden in den letzten Jahren immer wieder etliche weniger frequentierte, defizitäre *State Parks* vorübergehend oder sogar komplett geschlossen, allen voran in Kalifornien. Zugleich wurden vielerorts Eintritts- und Campinggebühren erheblich angehoben.

Provincial Parks

Reservierung für Besuch nötig:
- Garibaldi
- Golden Ears
- Joffre Lakes

➤ https://reserve.bcparks.ca/dayuse

Das kanadische Pendant zu den *State Parks* sind die ***Provincial Parks*** (**PP**), die von der jeweiligen Provinz verwaltet werden. Hinsichtlich landschaftlicher Highlights können gleich etliche von ihnen mit den Nationalparks mithalten. Herausragende Beispiele sind u.a. *Mount Assiniboine*, *Wells Gray*, *Mount Robson* oder *Manning* in British Columbia sowie *Peter Lougheed* oder *Dinosaur* in Alberta. Viele der Parks verfügen über **Campingplätze**. Eine Besonderheit von British Columbia sind reine ***Campgrounds*** unter Provinzverwaltung. Sie tragen allesamt, ob groß oder klein, überdurchschnittlich reizvoll oder nur durchschnittlich gelegen, ebenfalls die Bezeichnung ***Provincial Park***.

Beliebt bei Kletterern, die steilen Felswände im Smith Rock State Park im zentralen Oregon

1.2.3 Weitere Naturschutzgebiete

Vielerorts setzen sich die typischen landschaftlichen Merkmale der Parks in den umgebenden ***National Forests*** (***NF***) fort. Diese sind dann vor allem in der Hochsaison ein Geheimtipp für alle, die sich gerne zwischendurch auch etwas abseits der Hauptbesucherströme halten möchten. Die Straßen durch Nationalforste (***forest roads***) erfreuen sehr oft mit schöner Streckenführung und geringer Verkehrsdichte, soweit sie nicht gleichzeitig als Zufahrt zu bekannteren touristischen Zielen dienen.

Der ***National*** (**NFS**) bzw. ***Canadian Forest Service*** (**CFS**), die die riesigen Nationalforste verwalten, das ***Bureau of Land Management*** (**BLM**), eine für viele andere US-Ländereien verantwortliche Organisation, das ***Corps of Engineers*** (***CoE***, Pioniereinheit der US-Armee) und weitere Bundesbehörden erheben oft **Gebühren** auf den von ihnen betreuten Arealen. Wer also wandern, in heißen Quellen baden oder einen Picknickplatz benutzen möchte, wird ziemlich lückenlos zur Kasse gebeten. Gelegentlich findet man »Minitresore« zum Einwurf von Bargeldumschlägen, oft aber lediglich Gebührentafeln mit Hinweisen, wo Parkausweise zu erstehen sind (selten unter $5/Tag bzw. Einmalnutzung und oft meilenweit weg). Inhaber eines ***Interagency Pass*** brauchen sich in den USA darum in der Regel nicht zu kümmern, denn der Pass gilt durchweg auch in Nationalforsten und auf BLM-Land (➢ Seite 49).

Camping

Die riesigen Wälder Nordamerikas und BLM-Wildnisgebiete sind außerdem ein tolles Ziel für Camper mit zahllosen preiswerten und hervorragend gelegenen, ruhigen Plätzen. In kanadischen Erholungsgebieten (***recreation sites***) darf »wild« gecampt werden (überwiegend rustikale Anlagen mit Toilettenhäuschen, aber ohne Trinkwasser oder Strom). In den USA zahlt man an ausgewiesenen *NF-Campgrounds* normalerweise eine geringe Gebühr, nur etwas abseits davon oft schon nichts (*boondocking*; Details ➢ Seite 122).

1.3 Naturerlebnis und Abenteuer

Im »Land der unbegrenzten Möglichkeiten«, wie sich die USA gern bezeichnen, lassen sich aktive Ferien so abwechslungsreich wie kaum irgendwo gestalten, ebenso in Kanada. ***Outdoor Activities***, also sportliche Betätigungen an frischer Luft, stehen überall hoch im Kurs. Das Angebot reicht vom klassischen Wandern, Bergsteigen, Reiten, Schwimmen, Angeln oder Kanupaddeln bis hin zum actionreichen Ziplining, Bungee-Springen oder Heliskiing. Alles ist in Übersee machbar und oftmals zu relativ gemäßigten Tarifen.

Wandern

Dem Wanderfreund stehen buchstäblich alle Wege offen. Insbesondere in den *National*, *Provincial* und *State Parks* findet man hervorragende ***hiking trails***, Wanderwege aller Schwierigkeitsgrade und in unterschiedlichster Länge. Kürzere Naturlehrpfade (***interpretive*** oder ***nature trails***) führen durch Bereiche im erschlossenen Teil eines Parks, deren geologische Beschaffenheit und/oder Flora besondere Aufmerksamkeit verdient. Am ***trailhead*** (Startpunkt) gibt es meist einen Überblick und ggf. Begleitbroschüren.

Backpacking

Längere anspruchsvolle ***backpacking trails*** verlaufen durch das ***backcountry*** (Hinterland) der Parks und Nationalforste. Für das Übernachten/Zelten entlang dieser Routen ist nicht nur ein *backpack* (Rucksack), sondern oftmals auch ein ***permit*** (Genehmigung) erforderlich. Man erhält es nach Erläuterung seiner Pläne und der unvermeidlichen Belehrung durch einen *Ranger/Warden* in den Besucherzentren. Diese Maßnahme dient einerseits dazu, den Zutritt zu kontrollieren/begrenzen, um Wanderern eine gewisse »Wildnis-Erfahrung« zu garantieren und die Natur nicht übermäßig zu belasten. Andererseits möchte man auch so manchen »City Slicker« von allzu ehrgeizigen Plänen abhalten und ggf. Anhaltspunkte über deren möglichen Verbleib haben. Die Permits kosten meist unter €10 pro Person und Nacht, mitunter werden sie sogar umsonst ausgestellt.

Auf Schusters Rappen kann man selbst zur Hochsaison schnell den »großen Massen« entfliehen; so am Hole-in-the-Wall der Rialto Beach im Olympic NP (nur etwa 2,5 km vom Parkplatz entfernt)

Bei besonders beliebten Wanderdestinationen kommt es jedes Jahr aufgrund der Zugangsbeschränkungen zu Engpässen. Im Reiseteil wird darauf hingewiesen, wo Urlauber sich die Bewilligung schon früh im Jahr besorgen müssen. Davon betroffen sind nicht ausschließlich **Mehrtagestrips** der *Wonderland Trail* rund um den Mount Rainier oder die Route durch die *Enchantments*/Washington, sondern **auch Tagesausflüge** wie z.B. im Bereich des Lake O'Hara im Yoho Nationalpark.

Achtung Giardien! Das Wasser aus Bächen, Flüssen usw. darf in Nordamerika nicht unbehandelt getrunken werden. Die häufig darin lebenden Parasiten verursachen Magendarmbeschwerden mit Durchfall und Erbrechen. Wasser immer filtern oder abkochen!

Zu den berühmtesten Fernwanderrouten auf dem nordamerikanischen Kontinent zählt der ***Pacific Crest Trail***, der von Kanada bis hinunter nach Mexiko verläuft (4.265 km lang). Im Bereich dieses Buches verbindet er – immer den Höhenzügen der Kaskaden folgend – den Crater Lake in Südoregon mit dem *Manning Provincial Park* im Südwesten Kanadas; www.pcta.org.

Bergsteigen/ Klettern

Wer hoch hinaus will, findet in Übersee fabelhafte Möglichkeiten zum **Bergsteigen**. Es locken die Gipfel des *Grand Teton* und *Glacier NP* sowie in den kanadischen Nationalparks *Banff*, *Jasper*, *Kootenay* und *Yoho*. Sogar aktive Vulkane lassen sich erklimmen in den USA (Mount Rainier und St. Helens). Besonders beliebt unter **Kletterern** sind neben dem *Grand Teton NP* auch die Steilwände im *Smith Rock State Park*/Oregon und die Granitfelsen in der *City of Rocks National Reserve* in Idaho.

Bootstouren

So manches Ziel in entlegenen Bergtälern ist am einfachsten per Boot zu erreichen, so z.B. das kanadische Postkartenmotiv *Spirit Island* im *Jasper NP* oder der Südostzipfel des *North Cascades NP* ab Chelan/Washington. Im *Grand Teton* oder *Glacier NP* kürzt die Fahrt übers Wasser auch manche Wanderung signifikant ab.

Kajaks/ Kanus

Wer selber das Paddel in die Hand nehmen möchte, hat in den Parks auch reichlich Gelegenheit dazu. Zahllose Seen und Flüsse bieten hervorragende Bedingungen für Anfänger, Fortgeschrittene und Wildnisenthusiasten. Auch die Meeresstraßen zwischen den San Juan Islands vor den Toren von Seattle sind ein tolles Revier für meerestüchtige Kajaks. Tierbeobachtungen (Delfine und Orca-*Watching*) sind dabei häufig inklusive.

Man unterscheidet zwischen ***canoes*** (=Kanadier, offene Boote mit Stechpaddel) und ***kayaks*** mit Sitzluke(n) und Doppelpaddel. Traditionell knien die Ureinwohner in offenen, aus ausgehöhlten Baumstämmen oder -rinden konstruierten Booten und bewegen es per Stechpaddel. In solchen »Einbaumkanus« gingen z.B. die beim *Olympic NP* beheimateten *Makah* sogar auf Walfang.

Spannende Wanderziele auch mit Kindern, die XXL-Trolle des Künstlers Thomas Dambo, ➢ *Seite 198*

Rafting

Wer **Wildwasser-Abenteuer** im Schlauchboot sucht, kommt ebenso auf seine Kosten. ***White Water Rafting*** wird mit den Schwierigkeitsgraden von I (kaum Hindernisse oder Stromschnellen) bis VI (nahezu unbefahrbar) bewertet. Kommerzielle Veranstalter bieten in der Regel Touren von Grad II (mittlere, kindergeeignete Stromschnellen) über III (lange, hohe Stromschnellen und enge Passagen) bis IV (anspruchsvolles Wildwasser) an. Ab ca. €100 für die Halbtagestour (mit Vorbereitung sowie Hin- und Rücktransport) ist man dabei und der Nervenkitzel garantiert. Kurze Trips lassen sich auch vor Ort mit einem Tag Vorlauf buchen. Wer aber einen festen Reiseplan besitzt oder *Rafting* mit Zwischenübernachtung plant, ist gut beraten schon vorher zu reservieren.

Abenteuerliches *Rafting* versprechen in den USA u.a. der **Rogue River** in Südoregon und der **Snake River** im *Hells Canyon*/Idaho oder unweit von Jackson/ Wyoming. Zu den landschaftlich reizvollsten zählen die Exkursionen durch die einsamen Canyons des *Dinosaur National Monument* (**Yampa** und **Green River**) und auf dem **Middle Fork of Salmon River**, die ab Stanley in die nahezu unberührte Wildnis des zentralen Idahos entführen. Auch **Wenatchee** (bei Leavenworth/WA), **Deschutes** (bei Maupin/OR), **Skagit** (im *North Cascades NP*) und der **McKenzie River** (östlich von Eugene/OR) sind spannende Wildwasserreviere.

Die populärsten Gewässer in Kanada sind der **Fraser** und **Thompson River** bei Lytton (*Hell's Gate*!), außerdem der **Kicking Horse River** in Golden und der **Clearwater River** beim *Wells Gray PP*. In den *Rockies* werden im *Jasper NP* ruhigere Fahrten auf dem **Athabasca River** oder etwas wildere auf dem **Sunwapta River** angeboten.

Jetboats

Abgerundet wird das Wildwasser-Abenteuer durch ***Jetboat Excursions***, rasante Fahrten durch teils enge, hohe Schluchten, so z.B. ab Grants Pass/Oregon durch den *Hellgate Canyon* oder ab Lewiston /Idaho durch den nicht minder »höllischen« *Hells Canyon*.

Hausboote

Fishing License (USA)/Angling Licence (CAN) in Lebensmittelläden, an der Tankstelle usw. erhältlich; in Nationalparks häufig noch zusätzliche Genehmigung nötig

Ein schönes, wenn auch sehr kostenintensives Urlaubsvergnügen ist die Anmietung eines ***houseboats*** (ab ca. €1.500/3 Tage ist man dabei). Beste Voraussetzungen bietet der **Lake Roosevelt** im östlichen Washington oder das Seengebiet **Shuswap Lake** in BC. Im Hochsommer unbedingt langfristig vorbuchen! Nach dem *Labor Day* im September sind nicht nur die Miettarife deutlich niedriger, man kann ggf. mit etwas Glück auch spontan eine »schwimmenden Ferienwohnung« finden, mit der sich die dann relativ einsamen Gewässern erkunden lassen. Tagsüber ist es noch angenehm warm, und die kühleren Nächte stören im komfortablen Hausboot ohnehin nicht. Anstelle der für europäische Hausbootreviere typischen kleinen Uferdörfer mit urigen Kneipen, darf man sich dort auf idyllische Buchten und romantische Abende am Lagerfeuer freuen, wo dann der selbstgefangene Fisch in der Pfanne brutzelt.

Schwimmen

Nordamerika hat hervorragende Wassersportreviere: von städtischen Badeseen, diversen riesigen aufgestauten **Reservoirs** bis hin zu traumhaften **Bergseen**. Im Sommer ist nahezu überall viel los. Selbst in von Geothermalquellen angewärmten Flussläufen tummeln sich dann die Badegäste (➤ Foto Seite 42). Und am **Great Salt Lake** kann man (im modrig riechenden Wasser) das Schweben in scheinbarer Schwerelosigkeit ausprobieren. Der Ozean bleibt jedoch selbst in Nordkalifornien immer kalt. Nur an dem populären Küstenabschnitt zwischen Nanaimo und Qualicum Beach im Südosten von Vancouver Island erwärmt sich das flache Wasser im Sommer bis auf angenehme 21°C.

In Südkanada locken außerdem noch Seen mit schönen Sandstränden. So wetteifert etwa der **Osoyoos** mit dem **Christina Lake** am *Crowsnest Highway* um die Ehre des wärmsten kanadischen Sees (im Hochsommer ca. 24°C). Ähnlich viele Besucher verzeichnen die Gewässer weiter nördlich im Okanagan Valley sowie die *Kitsilano* und *Wreck Beach* in Vancouver.

Surfen/ Kiteboarden

Angesagt ist der Pazifik in erster Linie bei Wellenreitern. Hot Spots der Surfer-Szene sind u.a. bei San Francisco die **Ocean Beach** und die Bay unterhalb der *Golden Gate Bridge* beim ***Fort Point*** sowie die Strände südlich von **Tofino** auf Vancouver Island. ***Kiteboarding*** wird u.a. am Columbia River bei Hood River/Oregon sowie im Howe Sound bei Squamish/BC ausgeübt.

Inner Tubing

Großer Beliebtheit erfreut sich auch das ***Inner Tubing***, ein bei uns kaum bekanntes Vergnügen. Die Amerikaner benutzen Schläuche (*inner tubes*) aus Lkw-Reifen und daraus entwickelte Schwimmringe mit Boden, um sich auf Flüssen und Bächen durch die Landschaft treiben zu lassen. Diese Gewässer zeichnen sich durch geringe Tiefen, wenige Stromschnellen ohne ernste Gefahrenstufen und – im Sommer – angenehme Wassertemperaturen aus. *Rental Companies* vermieten nicht nur *tubes* und kleine Schlauchboote, sondern transportieren ihre Kunden per Shuttle zum etliche Kilometer entfernten Start-/Endpunkt. Fürs *Inner Tubing* wie geschaffen sind z.B. der Deschutes River (durch die *Lava Lands* im zentralen Oregon) oder in British Columbia der *Okanagan River Channel* bei Penticton sowie der Cowichan River auf Vancouver Island.

Surfer an der Cox Beach bei Tofino

Hot Springs

Verteilt über den gesamten Westen existieren wohltemperierte Thermalquellen, etliche an oder in der Nähe touristisch interessanter Strecken. Größere Pool-Anlagen, wo entsprechend viel los ist und üblicherweise etliche $$ Eintritt verlangt werden, findet man bei **Jasper** *(Miette Hot Springs)*, in **Banff** (*Upper Hot Springs*) sowie in ***Resorts***, darunter der fabelhafte *Halcyon Hot Springs*-Komplex, die Becken bei *Sol Duc* im *Olympic NP* oder in der *Warm Springs Indian Reservation*. Auch manche Stadtnamen weisen explizit auf die heißen Quellen hin, denen nicht selten ihre Gründung zu verdanken ist (z.B. ***Radium***, ***Fairmont*** oder ***Lava Hot Springs***).

Zudem verstecken sich in den gemäßigten Regenwäldern Oregons noch zahlreiche **natürliche Felsbecken**, in die das heiße Wasser sprudelt, so z.B. bei den auf steilen Terrassen angeordneten *Umpqua Hot Springs* oder den *Cougar Hot Springs*; Infos mit Karte: https://soakoregon.com. Die Nutzung dieser meist kleineren Pools kostet nur wenige Dollar oder ist mitunter sogar gratis. Anders als in den sonst so prüden USA sind Badesachen dort nicht überall üblich (»*nudity is common/clothing optional*«). Einzigartig sind auch die heißen Badeplätze mit Wasserfällen im abgeschiedenen *Maquinna Marine Provicial Park*, den man ab Tofino/Vancouver Island nur per Boot oder Wasserflugzug erreicht.

Jeder der vier von Steinen eingerahmten Pools der Terwilliger (Cougar) Hot Springs in Oregon weist eine andere Temperatur auf; der oberste hat etwa 44°C, der unterste nur noch 29°C

Horseback Riding

Das Reiten, im Western-Stil betrieben, ist überaus populär. In vielen touristisch erschlossenen Regionen werden geführte Ausritte stunden- oder tageweise ab den ***riding stables*** (Reitställen) angeboten, so rund um Jackson/Wyoming, aber ebenso vielerorts in Colorado, Idaho oder Montana sowie in den kanadischen Nationalparks Banff und Jasper. An der Oregon-Küste in Florence sind sogar *Beach, Dune Trails* oder *Sunset Rides* möglich. Die Stundensätze liegen häufig unter den Tarifen in Europa. Daran kann man häufig spontan und ohne langfristige Voranmeldung teilnehmen. Im Voraus organisiert werden müssen ***horsepacking*** (mit Übernachtung in Hütten/

Ausritt in den Bergen Colorados mit Blick auf Ouray

Zelten) oder komplette ***horse riding holidays*** (Reitferien) auf ***guest ranches*** mit Mehrtagestouren in die Wildnis. Ein unvergesslicher Ausflug führt auch in Kanada ins entlegene *Tonquin Valley* des *Jasper NP*.

Bei einer ***working ranch*** wird man in den Tagesablauf eingebunden. Der Gast erlebt die Arbeit der Cowboys/-girls hautnah und meist auf sehr familiäre Weise mit. Im Frühjahr/Herbst darf er/sie auch bei den *cattle drives* helfen, wenn die Rinderherden von der Ranch auf höher gelegene Weideplätze verlegt werden oder umgekehrt. Bei Interesse wendet man sich am besten an Spezialisten, z.B. www.argusreisen.de/working-ranches-und-cattle-drives-und-horse-drives.

Radfahren/ Biking

Derselbe Ausdruck wird auch fürs Fahrrad verwendet. »***Riding a bike***« – bzw. ***bicycling***, ***cycling*** oder ***biking*** – ist in Nordamerika eine ausgesprochen beliebte Freizeitaktivität, speziell seit der Erfindung der ***Mountain Bikes*** (**MTB**) am Mount Tamalpais bei San Francisco in den 1970er-Jahren. Verleihstationen (*rent-a-bike*) hat jede größeren **Stadt**, aber auch viele **Naturparks/Nationalforste**.

Nicht selten lässt sich vieles besser mit dem Fahrrad als per Auto erkunden. Empfehlenswert ist u.a. eine Tour durch die *Golden Gate Recreation Area* in San Francisco sowie die *Seaside Bicycle Route* durch den *Stanley Park* und um die English Bay in Vamcouver. Massig *Bike Trails* bietet auch Boulder, ein Vorort von Denver.

Eine tolle Sache ist in den USA u.a. der anspruchsvolle ***McKenzie River (MTB) Trail***, der westlich von Bend/Oregon 40 km lang durch raues Terrain, vorbei an vulkanischen Formationen sowie durch fantastische Regenwälder mit kristallklaren Seen und rauschenden Wasserfällen führt. Die populärsten Treffpunkte für **MTB-Fahrer** in Kanada sind der *Calgary Olympic Park*, der *Silver Star Mountain* bei Vernon, der *Whistler Mountain*, das *Mount Washington Alpine Resort* auf Vancouver Island und – obwohl ohne Sommerliftbetrieb – auch die Bergwelt rund um Rossland.

Ein Highlight ist der ***Myra Canyon*** mit seinen zahlreichen verwegenen Brückenkonstruktionen und Tunnel bei Kelowna im Süden von British Columbia. Er ist Teil des ***Kettle Valley Rail Trail*** von Hope bis Castlegar, ein 650 km langes Wegesystem entlang einer stillgelegten Eisenbahntrasse. Obwohl mit nur 2,2% Maximalsteigung prinzipiell gut befahrbar ist der *KVR Trail* wegen Trassenschäden sowie gelegentlich steiler Umleitungen bei zerstörten Brücken/Tunnel mancherorts Mountainbikern vorbehalten.

Backroads/ Hinterland-Straßen

Ausgesprochen beliebt in Übersee sind (Auto-)Fahrten über sogenannte ***backroads***, kleine, aber in der Regel ohne Einschränkungen befahrbare Straßen, die abseits der Hauptverbindungsrouten, durch das Hinterland (=*backcountry*) führen. Vergleichbares gibt es in Mitteleuropa kaum. In abgelegenen Ebenen der intermontanen Plateaus können solche Strecken recht langweilig sein, andernorts aber durch landschaftliche Kleinode führen, die in keinem Reiseführer verzeichnet sind. An ihnen findet man das *Good Old America* und idyllische Dörfer, in denen die Zeit fast stehengeblieben zu sein scheint. Sehr schöne *backroads* gibt es z.B. in Oregon durch die Nationalforste *Umqua* oder *Willamette*.

4x4 Trails

Weitaus abenteuerlicher ist das »***4-Wheeling***«. Hierbei bewältigen geländegängige *Jeeps* oder andere *Off-Road*-Fahrzeuge ***4x4-Trails***, bei denen man es z.T. nie für möglich halten würde, dass sie sich tatsächlich noch mit vier Rädern befahren lassen. Die *Rockies* in Colorado werden von zahlreichen Pisten dieser Art durchzogen.

ATVs/ ORVs

Etwas familientauglicher sind die kleineren *buggies*, mit denen man sich auf Sandflächen und -dünen austoben darf. Bei uns unter dem Begriff »Quad« geläufig, werden sie drüben ***All Terrain*** oder ***Off-Road Vehicle*** (**ATV** bzw. **ORV**) genannt. Sie wiegen nicht viel, sind simpel in der Handhabung und verfügen dank geringer Untersetzung und Grobprofilen auf den Ballonreifen über ein sagenhaftes Steigvermögen. Ein Festfahren ist fast unmöglich, und wenn, dann kann meist eine Person die Maschine ohne Probleme wieder aus dem Sand/Matsch ziehen. ORV-Fahren bringt einen Mordsspaß, oft sind schon die Kleinsten dabei. Wo Krach und Flurschäden noch nicht zu Verboten geführt haben, lassen sich die Vehikel zu hohen Stunden- und Tagessätzen mieten. Beliebte ORV-Areale findet man an der Oregon-Küste in der *Oregon Dunes NRA* oder in Wüstenregionen wie den *Killpecker Sand Dunes* in Wyoming.

Hochseil- und Kletterparks

Hochseil- und Kletterparks haben sich in bevölkerungsnahen Waldgebieten und Gebirgsregionen Nordamerikas in den letzten Jahren rasant ausgebreitet mit Bezeichnungen wie *Zipline Canopy Tours, Treetop Trekking, High Ropes* oder *Aerial Adventures*. Im Bereich dieses Buches gibt es Dutzende solcher Einrichtungen. Eine gute Übersicht bietet das Portal www.ziplinerider.com.

Sonstiges

Soviel zu den gängigsten Sommeraktivitäten in der Natur, aber auch ausgefallenere Urlaubswünsche lassen sich in Nordamerika realisieren, vom Heißluftballon (***ballooning***) über Drachenfliegen (***hang gliding***) bis hin zum ***survival*** – nichts ist unmöglich. Hinweise finden sich in nahezu allen Touristeninfos.

Wintersport

Sogar fürs Skifahren muss man nicht zwangsweise im Winter anreisen. Fast 10 Monate dauert die Saison beim **Mount Hood**. Sessellifte befördern dort die Sommergäste der *Timberline Lodge* hinauf zum *Palmer Glacier* direkt unterhalb des Vulkangipfels. Schneesicher ist auch der **Mount Bachelor** (meist bis Ende Mai).

Das Bergpanorama kann sich vielerorts sehen lassen, einige der schönsten Wintersportorte der Welt befinden sich in Nordamerika.

Utah hat – laut Eigenwerbung – den »*Greatest Snow on Earth*«. Damit gemeint ist der federleichte Pulverschnee von **Park City**. Er wird auch als ***Champagne Powder*** bezeichnet und liegt vielerorts in den Rocky Mountains (z.B. in den Tetons bei **Jackson Hole** in Wyoming) und ebenso in der ***Big White Ski Area*** in den Monashee Mountains bei Kelowna/BC. Die geringe Feuchtigkeit und Höhenluft sorgen dafür, dass er in den nordamerikanischen Skigebieten über lange Zeit extrem trocken bleibt. Hinzu kommt, dass die Pisten drüben im Allgemeinen nicht so voll sind, die Wintersportler verteilen sich meist deutlich besser als in den Alpen.

Die kanadischen Skigebiete **Lake Louise** oder **Whistler & Blackcomb** (Olympische Spiele 2010) sind über die Landesgrenzen hinweg bekannt, dasselbe gilt für Aspen, Beaver Creek oder Vail (alle westlich von Denver/Colorado). Unübertroffen für den Ski-Jetset ist aber ***Sun Valley*** im zentralen Idaho, das »St. Moritz der USA«. Die Saison startet meist im November und reicht bis in den April, gelegentlich bis in den Mai hinein. Selbst auf Vancouver Island muss man nicht auf den Skispaß verzichten, im *Mount Washington Alpine Resort* sind die Abfahrten sogar überdurchschnittlich lang.

Nur absolute Profis dürfen sich an mit »double black diamond«-Schildern ausgewiesene Pisten heranwagen (maximaler Schwierigkeitsgrad, unglaublich steil und voller Buckel/Felsabbrüche). »Green circles« markieren die Abfahrten für Anfänger, der »blue square« jene für mäßig Fortgeschrittene.

Snowboarden

Die schneereichste ***Ski Area*** in den USA liegt am **Mount Baker**/ Washington und ist überaus beliebt unter **Snowboardern**. Die Saison dauert dort in der Regel von November bis in den April. Im Januar findet am Mount Baker der *Legendary Banked Slalom* statt.

Schneemobil-Touren

Nicht unerwähnt bleiben darf das Winterwunderland des **Yellowstone Nationalparks**. Der Anblick mystisch dampfender Geysire, Pools und Flüsse ist Teilnehmern **geführter *Snowmobile*- und *Snowcoach*-Touren** vorbehalten. Übersicht der Anbieter unter: www.nps.gov/yell/planyourvisit/snowmobiles-snowcoaches.htm.

»Snow Fun« im Winter in den Tetons bei Jackson Hole/Wyoming

1.4 Vergnügungsparks und Shopping

Das Kontrastprogramm zum Ferienerlebnis in freier Natur bieten die kommerziellen Anlagen für Urlaubs-, Feierabend- und Wochenendspaß im Umfeld der *Big Cities* und an den Hauptschlagadern des Tourismus – von kleineren ***Aqua Parks*** mit Wasserrutschen aller Art bis hin zu großen ***Amusement Parks*** wie z.B. der *Rollercoaster*-Park ***Six Flags*** bei San Francisco. Selbst Einkaufszentren erhalten in oftmals Freizeitpark-Charakter und sorgen bis in die späten Abendstunden für »**Shoppertainment**«. Der Begriff »***mall***« steht für einen überdachten Komplex.

Die größten und besten Outlets

- bei **Denver**: 2x an der I-70 und 2x an der I-25, ➢ Seite 267
- bei **Seattle** u.a. 2x an der I-5 sowie an der #167 und I-90, ➢ Seite 161
- in **Burlington**, 65 mi nördlich von Seattle; I-5, Ausfahrt 229
- bei **Salt Lake City** an der I-25 und I-80, ➢ Seite 301
- bei **San Francisco** an der #550 und an der #680, ➢ Seite 467

Tax free in **Oregon**:

- in Woodburn an der I-5 zwischen Portland und Salem, ➢ Seite 416
- in Bend, ➢ Seite 407
- in Troutdale, ➢ Seite 247
- an der Küste in Seaside, ➢ Seite 433
- sowie in Lincoln City➢ Seite 438

In **Alberta/Kanada** nördlich von Calgary die CrossIron Mills, ➢ Seite 682

Für Touristen von Interesse sind sicher *outlet center/malls*, die konventionellen Einkaufszentren ähneln, aber stark rabattierte Markenartikel »direkt ab Hersteller« anbieten. Textilien von *Nike*, *Adidas*, *Levi's Jeans*, *Guess*, *Victoria's Secret* etc. sind in ***factory stores*** oft deutlich preiswerter als bei uns, vor allem wenn man Coupons nutzt. *Outlets* liegen meist direkt an Interstates oder Ausfallstraßen großer Städte, sind aber nicht immer gut ausgeschildert. Besonders günstig sind die Einkäufe in **Oregon** und **Montana**, dort wird keine Mehrwertsteuer erhoben.

Information im Internet auf den Portalen der zwei größten Betreiber (www.simon.com/mall und www.tanger.com) und die Gesamtübersicht USA unter www.outletbound.com/outlet-malls.

»Shop till you drop« zu Fabrikpreisen in den Outlets; hier die Premium Outlets nördlich von Seattle

1.5 Der »Wilde Westen«

Western/Ghost Towns und Freilichtmuseen

Richtig spannend für alle Urlauber – egal ob männlich oder weiblich, ob noch ganz jung oder schon etwas älter – sind sicherlich die diversen Wildwest-Dörfer, die entweder als authentische Geisterstadt (***ghost town***) oder als Freilichtmuseum (***living museum***) mit zeitgemäß kostümierten Darstellern und reichlich Action die Erinnerung an die Pionier- und Goldrauschära wach halten.

Authentische Western Towns

- **Virginia City**/MT mit Museumsdorf Nevada City nebenan, ➢ Seite 230
- **Deadwood**/SD, mit *shootouts* und Ermordung von *Wild Bill*, ➢ Seite 352
- **Republic**/WA, Goldrauschsiedlung mit intakten Minen, ➢ Seite 208
- **Idaho City**/ID, ➢ Seite 389
- **Cody**/CO, ➢ Seite 342
- **Black Hawk/Central City**/CO, ➢ Seite 273
- **Cheyenne**/WY; mit *shootout*, ➢ Seite 335

Mit schönen Wildwest-Fassaden:

- **Jackson**/WY; *shootouts*, ➢ Seite 313
- **Wintroph**/WA, ➢ Seite 206

Sehenswerte (echte) Ghost Towns

Gut erhalten, mit musealen Charakter:

- ***South Pass City State Historic Site***/WY, wunderbar erhalten, teils noch mit Mobiliar, ➢ Seite 338
- ***Garnet Ghost Town***/MT, tolle Holzhäuschenansammlung mit Inneneinrichtung, ➢ Seite 216
- ***Bannack State Park***/MT, gut erhaltenes Örtchen mit Goldrausch-Flair, ➢ Seite 231
- ***Shaniko Ghost Town***/OR, kleines *Old West*-Relikt, ➢ Seite 404

Übersicht unter www.ghosttowns.com

Und auch das gibt es noch: bilderbuchartige Städtchen und Straßenzüge. Sie überstanden in mehr oder minder restaurierter Form – und vielleicht um ein paar originalgetreue Nachbauten ergänzt – die Jahre im Rahmen eines funktionierenden Gemeinwesens. Trotz »Touristifizierung« versprühen sie reichlich Charme. Für einen Besuch braucht man keinen Eintritt zu entrichten, sondern kann einfach durch die Straßen bummeln und urige **Saloons** mit Live-Musik oder ein ***Wild West Theater*** besuchen, die zur Hauptsaison mitunter recht gute Melodramen, Cancan und andere Shows zeigen. Eine tolle, ausgelassene Stimmung herrscht z.B. immer im ***Jackson Hole Playhouse***, ➢ Seite 313.

Wie es sich für eine richtige *Western Town* gehört, werden auch regelmäßig ***gunfights*** bzw. ***shootouts*** auf den Straßen inszeniert. Zu festgesetzten Zeiten geraten Sheriff und Gangster aneinander. Sie wechseln ein paar Worte und Schüsse (Platzpatronen) und der Bösewicht endet meist hinter Gittern oder am Galgen. Wer es noch actionreicher mag: Man kann auch Zugüberfälle »hautnah« miterleben (➢ Seite 63).

Neben den historischen Goldrauschgebieten – Sierra Nevada (1848), Colorado (1858), Black Hills (1874), Klondike River (1896) – gilt ein breiter Streifen von Mexiko bis in den hohen Norden als ***Gold Country***. In fast allen US-Weststaaten finden sich daher ***Gold Panning***-Angebote. Mit ***pay dirt*** in den präparierten Waschpfannen sind sogar Ungeübte erfolgreich und dürfen die hauchdünnen Goldflocken (***flakes***) behalten. Anschließend lässt man sich noch als bewaffneter Bankräuber oder verruchtes *can-can girl* im ***Old Tyme Photo Shop*** ablichten.

Die besten Freilichtmuseen

Authentische Pionier-Atmosphäre schnuppern lässt sich u.a. in:

- ***Nevada City***, ein richtiges Museumsdorf bei Virginia City/MT, ➢ Seite 231
- ***Old Trail Town***, Originalhäuser teils mit Inventar, Cody/WY, ➢ Seite 344
- ***This is the Place*** in Salt Lake City/UT (Mormonen-Siedler), ➢ Seite 303
- ***Fort Nisqually*** der Hudsons's Bay Company bei Seattle, ➢ Seite 191
- ***Museum of the Rockies*** mit einem *Living History Farm House* in Bozeman/MT, ➢ Seite 229
- ***Oregon Trail Center***/OR, ➢ Seite 397

In British Columbia/Alberta:

- ***Fort Steele***/BC, große Anlage mit 60 Gebäuden, ➢ Seite 624
- ***Hat Creek Ranch***/BC, ➢ Seite 560
- ***Bar U Ranch***/AB, ➢ Seite 630
- ***O'Keefe Ranch***/AB, ➢ Seite 649
- ***Heritage Park Historical Village***, in Calgary/AB, ➢ Seite 681
- ***Burnaby Village***/BC, ➢ Seite 542

Die größten Rodeos

- ***Pendleton Round-up***/OR, ➢ Seite 399
- ***Frontier Days*** in Cheyenne/WY, ➢ Seite 335
- ***Calgary Stampede***/Kanada, ➢ Seite 670

Ebenfalls sehenswert sind:

- ***Cody Stampede***/WY (4-tägig) und auch gute ***Nite Rodeos***, ➢ Seite 344
- ***Snake River Stampede*** in Nama/ID
- ***Sheridan WYO Rodeo***/WY (4-tägig)
- ***Last Chance Stampede*** 4-tägiges Event in Helena/MT, ➢ Seite 228
- ***Caldwell Night Rodeo***/ID
- ***Ellensburg Rodeo***/WA
- ***Days of 76*** , große Festivitäten in Deadwood/SD, ➢ Seite 352

Alle unter https://rodeosusa.com/rodeos

Echte, lang verlassene Siedlungen aus den Gold- und Silber-Boomjahren verteilen sich praktisch über den gesamten Westen Nordamerikas. Sie wurden nach rascher Erschöpfung zunächst vielversprechender Funde oftmals schnell wieder aufgegeben. Viele von diesen ***Ghost Towns*** sind stark verfallen und kaum sehenswert, aber mancherorts sind noch die von abziehenden Prospektoren zurückgelassenen Holzhäuser mitsamt Originaleinrichtung sowie Schürfgeräte und Planwagen zu sehen.

Der Übergang zu einem ***Living Museum*** (»*Where history comes to life*«) kann fließend sein. Wie die Geisterstädte schmiegen sich auch die originalgetreuen Rekonstruktionen historischer Dörfer und Befestigungsanlagen meist perfekt in die Landschaft und zählen mit ihren »Bewohnern«, die die Tätigkeiten der Siedler möglichst authentisch nachstellen, zu den besonderen Sehenswürdigkeiten Nordamerikas.

Aus populären Touristenzielen in den Cowboy-Staaten ebenso nicht wegzudenken sind **Rodeos** – entweder in Form von mehrtägigen Großveranstaltungen oder auch als zur Hauptsaison teils allabendliche, kleinere Events. »Dorfrodeos« für nur wenige Dollar Eintritt vermitteln mitunter sogar mehr »echte Atmosphäre« als überregional bekannte Wettbewerbe. Was auf dem Lande im Sattel gezeigt wird, kann sich oft genug sehen lassen und messen mit den Leistungen der Profis. Und für Abwechslung wird gesorgt: So kommen in Buffalo/Wyoming z.B. öfters auch die Cowgirls zum Zug

Gern besucht werden auch ***Chuckwagon Dinner/Supper***. An langen Tischen verzehren die Gäste auf Blechtellern Steak mit Bohnen oder gegrilltes Huhn, für das meist am Planwagen (*chuckwagon*) angestanden werden muss. Dazu gibt's buntes Zuckerwasser und Kaffee (Alkohol ist verpönt zumal viele Kinder teilnehmen) und danach steigt die große ***Western Show*** mit (sprachlich) schwer verständlichem Cowboy-Kauderwelsch und *Country*-Musik; angeboten u.a. in Jackson/WY, Durango/CO oder in den Black Hills.

»Raubüberfälle« sind mancherorts im »Wilden Westen« noch immer an der Tagesordnung, u.a. bei der Sumpter Valley Railroad in Oregon

Historische Eisenbahnen

Eisenbahn-Fans kommen während der Reise garantiert auf ihre Kosten. Vor allem in Colorado und Kanada »schnauben« die Loks regelmäßig durch schöne Landschaften. Historische und prächtig restaurierte Dampflokomotiven stehen auch in Museen oder Parks, darunter eine der größten weltweit: die ***Big Boy No. 4004*** der *Union Pacific Railroad* im *Holliday Park* von Cheyenne/Wyoming. Kleiner, aber immer noch beeindruckend sind die ***CP 5468*** der *Canadian Pacific Railway* im ***Railway Museum*** von Revelstoke/British Columbia und die *Royal Hudson* im ***West Coast Railway Heritage Park*** von Squamish/BC, wo auch noch eine ganze Reihe von weiteren Loks ausgestellt ist. Interessante Museen finden sich außerdem in Snoqualmie/WA, Chiloquin/OR, Golden/CO (mit *Thomas*-Lokfahrten für die Kleinen) und Cranbrook/BC.

Nostalgische Eisenbahnen in »Aktion« sieht man an folgenden Orten

- Vielerorts in **Colorado** (u.a. fantastische Fahrten bei Durango), Übersicht ➢ Seite 276
- ***Golden Spike NHS***, nachgestelltes Zusammentreffen der Loks bei der Fertigstellung der ersten transkontinentalen Verbindung in Utah, ➢ Seite 307
- ***Skunk Train*** durch *Redwood*-Wälder in Fort Bragg/CA, ➢ Seite 507
- ***Oregon Coast Scenic Railroad*** an der Küste bei Rockaway Beach, ➢ Seite 435
- ***Mt Rainier Railroad*** mit *Logging Museum* in Elbe/WA, ➢ Seite 233
- ***Oregon Rail Heritage Center*** in Portland/OR, ➢ Seite 250
- ***Fort Steele***, tägliche Fahrten durch das historische Fort/BC, ➢ Seite 624
- ***BC Forest Discovery Centre***, Schmalspurlok in Duncan/BC, ➢ Seite 712
- ***Heritage Park***, Lok auf dem Museumsareal in Calgary/AB, ➢ Seite 681

Fahrten mit inszenierten Raubüberfällen:

- ***1880 Train*** von Hill City nach Keystone/South Dakota, ➢ Seite 356
- ***Kettle Valley Steam Railway*** ab Summerland/BC, ➢ Seite 652
- ***Sumpter Valley Railway*** ab Sumpter/Oregon, ➢ Seite 401
- ***Mount Hood Railroad*** ab Hood River/Oregon, ➢ Seite 257
- ***Eagle Cap Excursion Train*** ab Elgin/Oregon, ➢ Seite 395

1.6 Die Ureinwohner Nordamerikas

Als Kolumbus 1492 die Neue Welt entdeckte und sich in Indien wähnte, nannte er die dort beheimateten Menschen irrtümlicherweise ***Indians***. In den USA werden sie mittlerweile gern respektvoller als ***Native Americans*** bezeichnet, in Kanada ist vorrangig von der ***First Nation*** die Rede. In beiden Ländern gebräuchlich ist auch der Begriff ***Indigenous People***. Zu ihnen zählen heute rund 6,5 Mio. Menschen in Nordamerika; sie bilden die kleinste ethnische Gruppe. Die überwiegende Mehrheit wohnt – vom »durchreisenden« Besucher meist unbemerkt – in Regionen und Städten außerhalb der Reservate. In den USA nehmen die ***Indian Reservations*** eine Gesamtfläche von 227.000 km² ein, etwa die Größe von Idaho. Zu ihrer Haupteinnahmequelle wurde die Spielwut der Amerikaner. Seit 1988 ein Bundesgesetz das Glücksspiel dort erlaubte, gibt es faktisch keine Reservate mehr ohne **Spielkasino(s)**.

Karte mit den »First Nations« in British Columbia:

https://maps.fpcc.ca

In Kanada gehören rund 700.000 Menschen den »ersten Nationen« an. Die Liste der offiziell anerkannten Stämme ist lang (über 600!) und die Anzahl der »***Indian Reserves***« ebenso beachtlich (~ 3.000). Überwiegend sind die Ureinwohner in Kanada auch integriert und Teil der Gesellschaft, wenngleich – wie in den USA – mehrheitlich auf den unteren Sprossen der Sozialhierarchie angesiedelt. Zu den aktuellen Ereignissen ➤ auch Exkurs »Canada Day« Seite 682.

1.6.1 Geschichte der Ureinwohner

Als Kolumbus eintraf, war Nordamerika zwar dünn, aber – in den klimatisch gemäßigten, warmen Zonen – weiträumig besiedelt durch zahlreiche kleine und größere Völker unterschiedlichster ökonomischer, sozio-kultureller und sprachlicher Ausprägung. Im heutigen US-Südwesten lebten sie in vergleichsweise hoch entwickelten gemeinschaftlichen *Pueblo*-Dorfanlagen, in den Pazifikregionen des heutigen Oregon, Washington, British Columbia und des südlichen Alaska ebenfalls in Siedlungen. Die Küstenbewohner konzentrierten sich auf Jagd und Fischfang, errichteten Plankenhäuser und hatten reichlich Zeit für die »Höhere Kunst« (Schnitzerei etc.). Sesshaft waren auch die ***Nez Percé*** und ***Spokane*** auf dem *Columbia Plateau*, Halbnomaden hingegen die ***Flathead*** in West-Montana. Im *Great Basin* schweiften nur wenige Sammler und Kleintierjäger herum, darunter die ***Shoshone*** und ***Paiute***.

Massengrab am Wounded Knee Hill

Traditionelles Teepee (oft auch Tipi geschrieben)

In den Prärien Nordamerikas hielten sich überwiegend vom Ackerbau lebende Völker auf (***Cheyenne***, ***Dakota***, ***Apache***, ***Comanche*** und ***Blackfeet*** bzw. in Kanada ***Blackfoot***). Einige widmeten sich bereits der **Bisonjagd**, in dem sie die Tiere geschickt in die Nähe steiler Klippen trieben. Das *Head-Smashed-In Buffalo Jump*, heute UNESCO-Welterbestätte auf kanadischem Boden, ist das beste Beispiel für solch einen Jagdplatz. Erst mit Pferden und Gewehren (beides wurde durch die Europäer nach Übersee gebracht!) folgten einzelne Stämme den Herden als Nomaden. Sie sind es, die unsere Vorstellung in so starker Weise prägten: Berittene, Büffel jagende Krieger und im Hintergrund ihre ***Teepee***-Zelte. Die über ein Stangengestell gespannten Büffelhäute (oft mit kunstvollen Applikationen) bildeten die perfekte mobile Behausung für die rasche Verlegung der Dörfer.

Bei der »Eroberung des Westens« lief die organisierte Unterwerfung und Vertreibung der Urbevölkerung in beiden Ländern recht unterscheidlich ab. Während man in Kanada stets um möglichst friedliche Lösungen bemüht war und es – dank Einwirken der *Royal Canadian Mounted Police* (➤ Exkurs Seite 676) – nur wenige blutige Auseinandersetzungen gab, kam es in den Vereinigten Staaten immer wieder zu wahren »Gemetzeln«:

Indian Wars

Mit dem ***Indian Removal Act*** (1830) wurden zunächst die Stämme im Südosten in unwirtliche Gebiete westlich des Mississippi zwangsumgesiedelt. Im US-Westen folgten ab Mitte des 19. Jahrhunderts einige der schlimmsten Kämpfe. Die Prärievölker erwiesen sich als besonders »hartnäckige Störenfriede«, die ***Sioux Wars*** dauerten von 1854 bis 1890 an. Nach ihren Niederlagen wurden sie – wie alle anderen Stämme auch – in für sie geschaffene Reservate weggesperrt. Ein ähnliches Schicksal ereilte die *Nez-Percé*, die sich unter Chief Joseph 1877 zunächst erfolgreich zur Wehr setzten, aber nach einigen Monaten auf der Flucht doch geschlagen geben mussten (***Nez-Percé*-Krieg**). Als letzter großer Sieg der Ureinwohner ging die **Schlacht am Little Bighorn River** in die Geschichte ein. Angeführt von Sitting Bull, Crazy Horse und Gall gelang es ihnen, die US-Kavallerie unter General *Custer* am 25./26. Juni 1876 zu bezwingen. Mit dem Massaker von ***Wounded Knee***, wo am 29. Dezember 1890 geschätzt 300 wehrlose Ureinwohner (überwiegend Frauen und Kinder) niedergemetzelt wurden, war ihr Widerstand endgültig gebrochen.

Chief Joseph (1840-1904)

Situation heute

Mit der **Deportation in die Reservate** endet ihr Leidensweg jedoch noch nicht. In beiden Ländern fand bis weit ins 20. Jahrhundert hinein eine **Zwangsassimilation** statt. So wurden z.B. Jugendliche in Internate geschickt, wo man ihnen verbot ihre Sprache und Kultur auszuüben. Erst seit den 1970er-Jahren verbesserten sich allmählich die Selbstbestimmungsmöglichkeiten der Ureinwohner, aber viele fristen noch – wenn auch stammabhängig sehr unterschiedlich – ein Dasein am Rande der Gesellschaft in Armut, Arbeitslosigkeit und mit erhöhter Kriminalität und Alkoholismus.

1.6.2 Kultur der Ureinwohner

Die vergangene wie gegenwärtige Kultur der Ureinwohner Nordamerikas wird in unterschiedlicher Weise gewürdigt. So werden ihnen Ausstellungen in den Besucherzentren der *National/State/Provincial Parks* gewidmet oder spezielle Abteilungen in Geschichts-, Naturkunde- oder Kunstmuseen (➤ Liste links). Teilweise unterhalten sie auch **eigene Museen**, dazu zählt z.B. das *Tamástslikt Cultural Institute* sowie das Museum der *Warm Springs* in Oregon. Indigene Kunstgegenstände und Symbole einstiger Größe (Totempfähle, Skulpturen) sind allgegenwärtig, ebenso Felsmalereien/-ritzungen (***Pictographs/Petroglyphs***; ➤ Foto Seite 293). Aufwendig präparierte Tanzmasken, Stickereien, bemalte Kleidung und Schuhe (***Moccasins***) und Federschmuck bekommt man vielerorts bei Tanzfesten zu sehen.

Sehenswerte Museen

- ***Seattle Art Museum***, ➤ Seite 165
- ***Buffalo Bill Center*** in Cody, ➤ Seite 342
- ***Museum of the Plains Indian*** in Browning/MT, ➤ Seite 226
- ***Museum at Warm Springs***, ➤ Seite 413
- ***Tamástslikt Cultural Institute*** in Pendleton/OR, ➤ Seite 400
- ***The Journey Museum***/SD, ➤ Seite 355
- ***Wounded Knee Museum***, ➤ Seite 365

In Kanada: ***Glenbow Museum*** in Calgary (➤ Seite 675), ***Royal BC Museum*** in Victoria (➤ Seite 696) und ***Museum of Anthropology*** in Vancouver, ➤ Seite 539

Ein Denkmal kolossalen Ausmaßes haben sie sich mit dem ***Crazy Horse Memorial*** in den Black Hills selbst gesetzt. An dem aus Spenden finanzierten Ebenbild des *Oglala*-Häuptlings hoch zu Ross wird seit 1948 gemeißelt (Fertigstellung vermutlich erst in 100 Jahren).

Totempfähle und ihre Bedeutung

Geprägt von Karl Mays Abenteuern denkt man unweigerlich an Marterpfähle, ***Totem Poles*** hatten jedoch eine ganz andere Funktion. Sie dienen seit jeher als Markierung von Stammesgebieten und Gräbern oder stehen vor traditionellen Langhäusern (***longhouses***). Jedes der darauf oftmals sehr schemenhaft dargestellten Tiere verkörpert unterschiedliche Eigenschaften, und zusammen erzählen sie eine Geschichte (wie mächtig und wohlhabend ein Klan war, woher die Hausbewohner kamen usw.). Totempfähle »liest« man von unten nach oben.

So steht beispielweise der Adler für Macht und Klugheit, der Biber für Fleiß, der Lachs für Ausdauer und Langlebigkeit oder der Rabe für List und Schadenfreude. Dem Schwarzbär kam eine besondere Bedeutung als Beschützer zu, er schafft eine spirituelle Verbindung zwischen Mensch und Tier. Der Schwertwal drückt Stärke und Würde aus, kann aber auch als Reinkarnation des großen Häuptlings angesehen werden. Weit verbreitet ist ebenso der Donnervogel (***Thunderbird***) als Symbol für die Weisheit der Urahnen (➤ abgebildet ganz oben auf dem Foto links). Auch Häuptlinge oder Sonnen werden mitunter eingearbeitet. Das Zusammenspiel der einzelnen Figuren ergibt eine Botschaft, diese ist allerdings nur dem Schnitzer sowie den Familienmitgliedern bekannt und sonst kaum zu entziffern.

Man sieht sie vor allem in Kanada und Alaska, nur vereinzelt im Pazifischen Nordwesten, u.a. am Pioneer Square in Seattle (➤ Foto Seite 169), beim *Mahak Tribe* in Neah Bay oder im *Oregon Zoo* und beim *Chart House Restaurant* in Portland. Eine kleine Kollektion präsentiert das ***Burke Museum*** in Seattle.

Besonders schöne Sammlungen findet man in Vancouver in der hohen lichten Halle des ***Museum of Anthropology*** sowie unter freiem Himmel im ***Stanley Park*** sowie in Victorias ***Thunderbird Park***. Duncan, ebenfalls auf Vancouver Island, trägt nicht umsonst den Beinamen »**City of Totem**«.

Die hohe Kunst des Schnitzens wurde vor allem von den Küstenstämmen zelebriert, wo meist Nahrung in Hülle und Fülle und mehr Zeit für die Erschaffung von Meisterwerken vorhanden war. Die Pfähle errichtete man in der Regel im Zuge eines ***Potlatch***. Bei diesen Festlichkeiten wurden in ritueller Weise wertvolle Geschenke verteilt oder ausgetauscht, um die Hierarchie der Stammesmitglieder festzulegen oder zu bestätigen. Von 1884 bis 1951 waren *Potlatchs* in Kanada verboten, viele *Totems* wurden während dieser Zeit umgestürzt und entfernt.

Powwows

An den öffentlichen Zusammentreffen der Ureinwohner, den sog. ***Powwows*** (Aussprache: *»pauwaus«*), kann man auch als Tourist teilnehmen. Fast jedes Wochenende erklingen den ganzen Sommer über die Trommeln und Gesänge der Ureinwohner an einem anderen Ort in den USA oder Kanada. Lässt sich einer der *Powwow*-Termine mit der Reiseplanung vereinbaren, so sollte man sich den Besuch dieser überaus farbenfrohen und abwechslungsreichen Tanz- und Musikfestivitäten nicht entgehen lassen.

Teils werden sie nur im kleineren privaten Rahmen ausgetragen, meist aber während großer mehrtägiger Feiern (mit Rodeos, Miss-Wahlen etc.). Am kanadischen ***National Indigenous Peoples Day*** (21. Juni) finden z.B. landesweit Festivitäten statt und Anfang Juli feiern die Ureinwohner mit bei der *Calgary Stampede*, ➤ Seite 670. Sämtliche Termine auf dem nordamerikanischen Kontinent lassen sich unter https://calendar.powwows.com einsehen.

Fotografieren/Filmen ist bei den Tanzaufführungen oft erlaubt, wenn respektvoll und nicht zu aufdringlich. Am besten aber, man fragt vorher um Erlaubnis.

Die größten Powwows

- Mitte März: ***Denver March Powwow***
- Mitte Juni: ***Victoria Indigenous Cultural Festival*** in Victoria/British Columbia
- Ende Juni/Anfang Juli: ***Wildhorse Pow Wow*** in Pendleton/Oregon (3 Tage)
- Anfang August: ***Kamloopa Powwow*** in Kamloops/BC, eines der größten seiner Art in West-Kanada (3-tägig)
- Mitte August: ***Grand Ronde Contest Powwow*** im Willamette Valley/OR
- Mitte August: ***Shoshone-Bannock Indian Festival***, 4 Tage andauernde Festivitäten in Fort Hall/ID
- Ende August: ***Seattle Seafair Powwow***
- September: ***United Tribes Powwow*** in Bismarck/North Dakota
- Anfang Oktober: ***Black Hills Powwow*** in Rapid City/South Dakota

Tänzer beim Julyamsh Powwow in Coeur d'Alene, Idaho

2. REISEVORBEREITUNG UND -ORGANISATION

2.1 Einreise in die USA

Einreise ohne Visum

Voraussetzung einer (visumfreien) Einreise im Rahmen des sog. ***Visa Waiver Program*** (**VWP**) für deutsche, österreichische und schweizer Staatsbürger ist

- ein maschinenlesbarer **biometrischer Reisepass**, der für die Dauer des Aufenthalts gültig ist (selbst Babys benötigen einen; ein »Kinderreisepass«wird nicht akzeptiert!),
- eine **APIS-** und **ESTA-Anmeldung** (alle Details ➤ unten)
- sowie ein **Rückflugticket** innerhalb der **90-Tage-Frist**.

Für Personen, die mit ESTA-Autorisierung einreisen, muss der Pass – theoretisch – nur für die Dauer des geplanten Aufenthalts gültig sein. Vorsichtshalber sollte aber auch ein 2-Wochen-Tourist auf minimal 90 Tage Restlaufzeit des Passes achten, denn offizielle Regelung und Vorstellungen von Grenzbeamten sind u.U. zweierlei, von Erkrankung und verpassten Flügen nicht zu reden.

ESTA

https://esta.cbp.dhs.gov/esta

Das Eingabeprozedere dauert circa 10-15 min

Die Registrierung bei **ESTA** (*Electronic System for Travel Authorization*) muss **spätestens 72 Std vor der Abreise** erfolgen, damit man noch rechtzeitig seine Genehmigung erhält. Die elektronischen Formulare sind in sämtlichen wichtigen Sprachen verfügbar, neuerdings auch per **ESTA Mobile App**. Zunächst muss der Pass abfotografiert und kontrolliert werden (eine deutsche Pass-Nr. enthält nie den Buchstaben »O«!). Danach gilt es eine Vielzahl von Daten einzugeben – *National Identification Number* (= bei deut. Staatsbürgern die Personalausweis-Nr.), Eltern, Arbeitgeberadresse etc. – und abschließend ist noch eine Gebühr von **21 USD** per Kreditkarte oder PayPal zu entrichten. Mit Versand des Formulars bekommt jeder Antragsteller einen Zugangscode. Damit darf man sich meist wenige Minuten später nochmals einloggen und nachschauen, ob die Genehmigung erteilt wurde. Die erfolgreiche Registrierung bei der ***US Homeland Security*** kann auch die Fluglinie beim Check-in aufrufen. Sie gilt für **zwei Jahre** ab Ausstellungsdatum und für mehrere Einreisen, außer der darin angegebene Reisepass läuft vorher ab.

Für den Fall, dass der Antrag nicht bewilligt wurde, muss man sich ein teures und deutlich aufwendigeres Visum besorgen; ➤ rechts.

APIS

Die USA verlangen von allen Fluggästen noch die Übermittlung weiterer Daten (u.a. der ersten Adresse vor Ort = z.B. Hotel), die unter dem Begriff **APIS** (*Advance Passenger Information System*) zusammengefasst werden. Man gibt sie meist vorab auf der Airline-Webseite oder erst beim Einchecken an.

Umsteigen in den USA

Auch im **Transitverkehr** bzw. bei vorhandenem Anschlussflug ist **ESTA Pflicht**! Alle Passagiere müssen gleich am **ersten Ankunftsflughafen** die *Immigration* durchlaufen. Wer nur umsteigt, muss zudem die Koffer vom Gepäckband (*baggage claim*) holen und kurz darauf wieder **neu einchecken** (*baggage drop-off*). Das kann weit über eine Stunde dauern – immer ausreichend Zeit einplanen!

Immigration-Prozedur

An den meisten Großflughäfen werden die Passagiere zuerst zu einem sog. *global entry kiosk* geleitet, bei dem selbstständig der Pass sowie alle 10 Finger gescannt und ein Gesichtsfoto gemacht werden muss. Mit dem Automaten-Ausdruck geht es dann weiter zum Schalter, wo der ***immigration officer*** alles genau überprüft und die Ankömmlinge üblicherweise kurz zu ihren Reiseplänen befragt (*tourism, visiting friends* o.Ä.).

Wait Time an der Immigration: http://awt.cbp.gov

Er erkundigt sich mitunter auch nach Rückflugticket, Barmitteln und Kreditkarte und kann die Einreise sogar verweigern, falls ihn die Auskünfte des Touristen nicht befriedigen. Meist ist die Prozedur unproblematisch, nur die Wartezeit an den Schaltern kann bei gleichzeitiger Ankunft mehrerer Riesenjets schon mal 30 Minuten oder deutlich länger dauern. Der einmal genehmigte 90-Tage-Aufenthalt für die USA bleibt auch bei Wiedereinreise (z.B. nach einem Kanada-Abstecher) weiter gültig.

Zollerklärung

Bei der ***customs declaration*** lautet die kategorische Antwort auf »Ich habe noch Früchte, Gemüse, Fleischwaren etc. dabei und war kürzlich auf einem Bauernhof«: ***No***! Wer wursthaltige Marschverpflegung oder Obst von daheim in der Tasche hat, muss alles spätestens im Ankunftsflughafen entweder essen oder vernichten. Die Zollbeamten machen unter dem Schild »Nothing to declare« Stichproben, wollen aber in jedem Fall das Zollpapier stempeln.

Visum

Bei Urlaubsplänen, die 90 Tage Aufenthalt auf dem nordamerikanischen Kontinent übersteigen, wird ein Visum (engl. ***visa***) benötigt. Es kostet **185 USD** und wird allen Antragstellern über 13 und unter 80 Jahren nur **nach einem persönlichen Interview** im US-Generalkonsulat in München oder Frankfurt oder in der US-Botschaft in Berlin in den Pass geklebt. Welche Stelle zuständig ist, ergibt sich aus dem Wohnort. Österreicher und Schweizer wenden sich hierfür direkt an die *US Embassy*.

Antragsformular »DS-160« unter https://de.usembassy.gov/de/visa

Immer ein Visum beantragen müssen **bei uns lebende Bürger aller Staaten, die nicht am *Visa Waiver Program* (VWP) teilnehmen**, sowie jeder, der **nach dem 1.März 2011 Syrien, Libyen, Irak, Iran, Sudan, Jemen, Nordkorea** oder **Somalia** besucht hat bzw. eine doppelte Staatsangehörigkeit in Verbindung mit einem dieser Länder besitzt. Dasselbe gilt bei einem Aufenthalt in **Kuba** nach dem 12. Januar 2021 (auch für Transitreisende!).

Zollbestimmungen USA/Kanada:

Beschränkungen gelten nicht nur bei der Einfuhr von Alkoholika, Zigaretten, Geschenken oder Bargeld, sondern – je nach Flughafen oder Grenzübergang – auch bei Obst- und Gemüsesorten, Feuerholz (!) sowie Fleischwaren. Alle Details dazu unter:

USA ➤ https://help.cbp.gov/s/sidebar-top-5-travel?language=en_US

Kanada ➤ www.inspection.gc.ca/food/information-for-consumers/travellers/eng/1389630031549/1389630282362

2.2 Einreise nach Kanada

Einreise ohne Visum

Für die Einreise nach Kanada **mit dem Flugzeug** muss ein noch mindestens für die Dauer des Aufenthalts **gültiger Reisepass** vorliegen, APIS (➤ Seite 70) und bei allen ausländischen Staatsangehörigen, die nicht visapflichtig sind, zusätzlich noch eine im Vorfeld ausgestellte **elektronische Einreisegenehmigung eTA**:

eTA

- www.canada.ca/en/immigration-refugees-citizenship/services/visit-canada/eta.html

Ausfüllhilfe in deutscher Sprache unter

Ausfüllhilfe

- https://www.canada.ca/content/dam/ircc/migration/ircc/english/pdf/eta/german.pdf.

Die eTA-Genehmigung kostet 7 CAD und ist für 5 Jahre gültig oder bis der Reisepass abgelaufen ist. Sie wird im Normalfall innerhalb von nur wenigen Minuten per E-Mail zugestellt.

Das Einreiseprozedere läuft auch meist deutlich schneller als beim südlichen Nachbarn ab. Aus Übersee einreisende Touristen mit Rückflugticket erhalten den Sichtvermerk im Reisepass für eine **Aufenthaltsdauer bis zu 6 Monaten**. In der Regel stellen die Einwanderungsbeamten keine detaillierten Fragen und geben sich mit einer kurzen Auskunft zu Zweck/Dauer der Reise zufrieden. Oft wird auf Fragen ganz verzichtet.

Selbst wer sich **auf der Durchreise** befindet und auf einem kanadischen Flughafen nur umsteigen möchte, benötigt *eTA*!

Anders als in den USA, ist die Einreise auf dem Landweg (Auto, Schiff, Zug, Bus) noch ohne eTA möglich, ➤ Info-Kasten unten.

Einreise auf dem Landweg

Mit dem Auto von den USA nach Kanada (oder umgekehrt)

Wer eine Reise in den US-Nordwesten oder Südwesten von Kanada plant, liebäugelt nicht selten mit einem Abstecher ins Nachbarland. Nur rund 200 km Autobahn trennen die zwei Metropolen Seattle und Vancouver, spannend ist auch die grenzüberschreitende Fährfahrt durch die Juan-de-Fuca-Straße. Ähnliches gilt für den *Waterton-Glacier International Peace Park*, wo der Ausflug in den benachbarten Nationalpark einfach dazu gehört. Für **Spontanbesuche auf dem Landweg** oder **mit der Fähre** benötigt man beim kanadischen Grenzposten nach wie vor **kein eTA** (Stand Ende 2023), bei der Einreise in die USA ist aber seit 1.10.2022 die rechtzeitige Beantragung von **ESTA Pflicht** geworden.

Bei der Zollkontrolle schauen Beamte stichprobenartig in die Fahrzeuge, ob sich darin keine »verbotenen Dinge« befinden. Heikel sind in erster Linie frisches Obst und Gemüse oder bei der Einreise nach Kanada manche Sorten von US-Bärenspray, zumal das Mitführen von Pfefferspray-Dosen in Kanada gemäß Waffengesetz illegal ist. Auch auf die Höchstmenge an Alkohol, Zigaretten etc. muss geachtet werden; ➤ Kasten umseitig.

Ein **mehrmaliges Ein-/Ausreisen** während des Urlaubs verläuft meist unproblematisch. In der Regel wird man am ***US Port of Entry*** beim zweiten Mal relativ rasch durchgewinkt, zumal man schon im System zu finden ist. Bei der ersten Einreise aus Kanada muss aber jeder Tourist aus dem Auto aussteigen und ein ähnliches Einreiseprozedere wie am Flughafen durchlaufen. Das persönliche Vorsprechen beim *immigration officer* dauert auch dort – je nach Andrang und Warteschlangen – oft eine Stunde oder länger. Zusätzlich zu ESTA benötigt man auf dem Landweg ein **I-94-Formular** (kostet 6 USD und kann frühestens sieben Tage im Voraus online ausgefüllt werden: https://i94.cbp.dhs.gov/I94).

Das Portal https://bwt.cbp.gov zeigt die Öffnungszeiten der einzelnen Grenzposten an sowie die aktuellen Wartezeiten und die Anzahl an geöffneten Fahrstreifen (z.B. *Blaine*, *Lynden* oder ggf. *Sumas* auf der Strecke Seattle–Vancouver/*Trans-Canada Highway*). Das kanadische Pendant lautet https://www.cbsa-asfc.gc.ca/bwt-taf.

Die angeführten *wait times* gelten allerdings nur für die eigenen Staatsbürger. Die oben geschilderte *immigration* wird bei dieser Zeitangabe nicht berücksichtigt. An kanadischen Grenzposten geht es in der Regel schneller und man muss dabei im Normalfall nicht das Fahrzeug verlassen.

Bei der **Einreise mit der Fähre** empfiehlt es sich, überpünktlich zum Check-in zu erscheinen bei der Abfahrt in Victoria/BC oder Sydney/BC (mindestens 90 min vorher!), zumal man von der *US Homeland Security* noch auf kanadischem Boden kontrolliert wird. In der Gegenrichtung – von den USA nach Kanada – läuft auch hier alles etwas entspannter ab, die *Canada Customs* und *Immigration* finden erst nach dem Anlegen der Fähre auf Vancouver Island statt.

Den Grenzübertritt ins Nachbarland (USA/Kanada) mit dem **Mietfahrzeug** untersagen die allerwenigsten Verleihfirmen (nur Yukon/Alaska bildet hier eine Ausnahme). Man sollte aber lieber vor der Buchung sicherstellen, dass keinerlei Einschränkungen bestehen. Für die Ein-/Ausreise erhält man gelegentlich einen Auslands-Versicherungsbeleg. Wagenpapiere oder Führerschein werden oftmals nicht einmal kontrolliert. Ein Nachweis über die in Kanada vorgeschriebene Haftpflichtversicherung muss erst bei Unfällen und manchmal bei Verkehrskontrollen erbracht werden.

Für die Einreise mit der Fähre (z.B. hier mit der Coho Ferry von Port Angeles nach Victoria) gelten dieselben Modalitäten wie auf dem Landweg

2.3 Versicherungen

Krankenversicherung

Eine Reise nach Nordamerika ohne umfassenden Krankenversicherungsschutz anzutreten, wäre leichtsinnig. Denn ärztliche Behandlung und Krankenhausaufenthalte sind in Übersee extrem teuer. Nur einige private Krankenversicherer bieten ihren Kunden weltweiten Vollschutz. Wer nicht mit der Erstattung von in Nordamerika angefallenen Behandlungskosten rechnen kann – das sind u.a. alle gesetzlich Versicherten –, dem ist dringend zum Abschluss einer eigenen **Auslandskrankenversicherung** zu raten.

Im Jahresbeitrag für **»Edelversionen« von Kreditkarten** ist ein Versicherungsschutz für Auslandsreisen oft bereits enthalten.

Versicherter Zeitraum

Ein **wichtiger Punkt** bei Auslands-Krankenversicherungsverträgen ist der **maximal versicherte Zeitraum** bei ununterbrochener Abwesenheit; überwiegend beschränkt sich der Schutz auf 6-8 Wochen. Bei längeren Reisen muss ein gesonderter Vertrag über die gesamte Reisezeit abgeschlossen werden.

Kosten

Preisgünstig sind Verträge bis zu zwei Monaten Gültigkeit. Für kurze Fristen ist die Auswahl groß. Das Spektrum der Angebote beginnt bei nur €9,90 jährlich für Reisen bis zu 8 Wochen (ERGO /DKV, www.ergo.de), die gesamte Familie ist ab €19,80 versichert.

Spürbar teurer wird es für Senioren (meist ab 65 Jahre, manchmal auch schon ab 60 Jahre).

Behandlung und Zahlung

Im Krankheitsfall wird in Nordamerika häufig **vor** der Behandlung ein **Nachweis der Zahlungsfähigkeit** verlangt. Eine **Kreditkarte** ist dabei hilfreich bzw. fast unabdingbar. Ohne ausreichende Mittel und/oder Kreditkarte muss man sich bei teuren Behandlungen ggf. per Fax oder Telefon an seine Auslandskrankenversicherung wenden und um Vorschuss bzw. Kostenübernahme bitten. Die **Kopie des Vertrags** und die Rufnummer der Versicherung sollte man daher vorsorglich mitführen.

Erstattung

Wer Arzt- und Rezeptkosten vorstreckt, muss für die spätere Erstattung in der Heimat **detaillierte Aufstellungen** anfertigen mit Datum, Namen der behandelnden Ärzte, Behandlungsbericht etc.

Behandlungskosten, die aufgrund **chronischer Leiden** oder wegen Erkrankungen vor Reisebeginn anfallen, sind durch Reiseversicherungen nicht gedeckt. Zweifelsfälle sollten vor der Reise mit der Krankenversicherung erörtert werden.

Weitere Reiseversicherungen

Inwieweit man über die Krankenversicherung hinaus weiteren Versicherungsschutz (z.B. Reisegepäck- oder Reiserücktrittsversicherung) benötigt, hängt von den bereits in der Heimat bestehenden Versicherungen und dem individuellen Risikoempfinden ab. Vor dem Abschluss spezieller **Reiseunfall-** oder **-haftpflichtversicherungen** sollte man schon vorhandene Versicherungsverträge prüfen, ob sie außerhalb Europas Deckung bieten.

2.4 Finanzen

Bargeld

Bargeld (***cash***) spielt im Zahlungsverkehr insgesamt eine deutlich untergeordnetere Rolle als bei uns. Auch niedrige Beträge werden gerne per Kreditkarte oder NFC-Technik (*Tap to Pay*, *Google Pay*) beglichen. Touristen brauchen daher keine größeren USD- oder CAD-Beträge in bar mitzunehmen. Ein paar Dollarnoten sollten für die ersten Ausgaben aber in der Brieftasche zu finden sein. Und zwar in erster Linie **relativ kleine Scheine bis maximal $50**. Denn mit $100-Banknoten gibt es nicht selten Probleme bei der Annahme. Ein **Vorrat an $1-Noten** darf ebenfalls nicht fehlen, denn die werden u.a. allerorten fürs Trinkgeld benötigt.

Offizielle Kürzel:

Kanadische Dollar **CAD**

US-Dollar **USD**

Münzen

Kleine Münzen sind in **Kanada und USA** vom Aussehen her ähnlich und in der Größe so gut wie identisch. Kanada verwendet aber keine ***Pennies*** (1 Cent-Münzen) mehr, sondern rundet auf 5 Cents auf:

5 Cents: ***Nickel*** 10 Cents: ***Dime***
25 Cents: ***Quarter***

In **Kanada** sind darüber hinaus **$1- und $2-Münzen** im Umlauf. Auch für sie gibt es umgangssprachliche Bezeichnungen:

1 CAD: ***Loonie*** 2 CAD: ***Toonie***

Die in den **USA** kursierenden 50-Cent- und 1-USD-Münzen sind sehr selten. Die wichtigste Münze ist dort nach wie vor der ***Quarter***. Die 25-Cent-Münzen werden mitunter noch an älteren Getränkeautomaten, zum Duschen oder im Waschsalon benötigt.

Münzen braucht man gelegentlich auch an Parkuhren oder in den öffentlichen Verkehrsmitteln der Großstädte. Wer keinen Pass hat, muss oft den abgezählten Fahrpreis in einen gut gesicherten Behälter werfen. Die Fahrer verfügen als Vorsichtsmaßnahme gegen Überfälle grundsätzlich nicht über Wechselgeld.

Banknoten

Dollarnoten in den USA – die Scheine lauten auf 1, 2 (sehr selten), 5, 10, 20, 50 und 100 USD – unterscheiden sich nicht in der Größe und wiesen früher immer dieselbe Farbe auf: Zahlseite grauschwarz und die Rückseite grün (daher der Begriff »*greenback*« für die Dollarwährung). Beim Herausgeben ist mehr Aufmerksamkeit als hierzulande geboten. Neueren 5-, 10-, 20-, 50- und 100-Dollarscheinen wurde auf der »grauen« Seite ein **rosa Farbton** unterlegt. Der **Dollar** wird umgangssprachlich oft ***buck*** genannt. Beim Bezahlen auf Märkten oder an Imbissständen heißt es dann »***Five bucks, please!***«.

Die US-Währung wird in Kanada weitgehend akzeptiert, meist aber zu einem ungünstigeren Wechselkurs als in der Bank. Euros und Franken lassen sich ausschließlich in Großstädten und auch dort nur in wenigen Banken und an internationalen Flughäfen (zu schlechten Kursen) umtauschen.

Kanadische Geldscheine – 5, 10, 20, 50 und 100 CAD – haben auch eine einheitliche Größe, lassen sich allerdings dank unterschiedlicher Farben und Grafik besser auseinanderhalten. Das Papiergeld wurde weitgehend durch Banknoten aus einer Plastikfolie (***Polymer Bank Notes***) ersetzt. Sie sind extrem glatt und waschbar, verknittern nicht, lassen sich kaum falten und vor allem nicht fälschen, sagt die kanadische Zentralbank.

Cash only!

Trotz der großen Bedeutung der Kreditkarten, gibt es Situationen, wo sie nicht weiterhelfen. Für Touristen sind dies in erster Linie die **Campingplätze** in *National*, *State* und *Provincial Parks* und Nationalforsten, wo die Übernachtungskosten oft bar und abgezählt ohne Wechselmöglichkeit in einem Umschlag deponiert werden müssen. Wer in den USA zu *Discount*-Preisen tanken oder bei Läden wie *Winco Foods* einkaufen möchte, braucht ebenfalls Banknoten.

Kreditkarten

Wer tatsächlich noch keine Kreditkarte besitzt, sollte sich anlässlich der Reise nach Nordamerika eine zulegen. Die meisten Einheimischen nutzen gleich mehrere davon. **Ohne Plastikgeld** setzt man sich leicht dem Verdacht aus, nicht kreditwürdig zu sein. Es gibt tatsächlich viele Gelegenheiten, bei denen Barzahlung mit »Stirnrunzeln« quittiert, wenn nicht gar abgelehnt wird. Hotelzimmer, Fährpassagen, Campingplätze, Veranstaltungstickets und sogar Arzttermine (!) lassen sich nur mit einer Kreditkarte, deren Gültigkeit und Deckung sofort online überprüft wird, verbindlich reservieren. Auch der Autovermieter verlangt sie für das Hinterlegen einer Kaution.

VISA/ Mastercard

In Nordamerika grundsätzlich einsetzbar sind die weltweit verbreiteten Kreditkarten. Unter dem Aspekt der Einsatzfähigkeit (und der Höhe der Jahresgebühr) geht nichts über die ***Mastercard*** und ***VISA Card***. Ihre Embleme sind in den USA und Kanada allgegenwärtig. Mit diesen Karten lässt sich fast bargeldlos reisen, legt man es darauf an. Jahresgebühren und Konditionen hängen von der Vertragsgesellschaft ab. Auch der **Versicherungsschutz** (Auslandskrankenversicherung, Aufstockung unzureichender Haftpflicht-Versicherungssummen etc.) könnte bei Gold-, Platin- oder anderen »Edelkarten« ggf. von Interesse sein.

Die individuell ideale Karte lässt sich u.a. auf folgendem Portal ermitteln: www.cardscout.de. Gratis ist z.B. die *Advanzia Mastercard* von www.gebuhrenfrei.com.

Tipp: Es beruhigt, nicht nur auf eine Karte angewiesen zu sein. Man sollte sie aber dann am besten auch getrennt aufbewahren!

Diners/ AMEX ***Diners Club*** wird in Nordamerika erheblich seltener akzeptiert als die anderen Karten. Die ***American Express*** erfreut sich breiterer Akzeptanz, aber nicht vergleichbar mit *Mastercard/VISA*. Mit der *AMEX*-Karte kommt man am besten durch bei überdurchschnittlichen Ansprüchen und Ausgaben in höherpreisigen Unterkünften, »besseren« Restaurants sowie bei Autovermietern und Airlines.

Cashing Mit Kreditkarte und Vorlage des Reisepasses lässt sich zu unterschiedlichen Konditionen auch in allen angeschlossenen Banken – die man noch bis ins letzte Dorf findet – Bargeld beschaffen. Mit der Geheimzahl funktioniert es auch bei den Geldautomaten (**ATM**, *Automated Teller Machine*). Das ***cashing*** kostet in der Regel hohe Gebühren (3%-4% der Summe), sofern kein Guthaben bei der Kartenorganisation gehalten wird. Auch die häufige Entnahme kleiner Beträge ist nicht ratsam, da überwiegend jedes Mal eine Minimum- oder fixe Basisgebühr anfällt.

EC-Karten Wenig hilfreich sind zukünftig Girokarten, zumal durch die »**Abschaffung der Maestro-Funktion**« gleichzeitig auch die Möglichkeit mit ihnen Bargeld im Ausland abzuheben entfällt. Es heißt, bis zum Ablauf des Gültigkeitsdatums dürfen alle vor dem 1. Juli 2023 ausgestellten Maestro-Karten noch in den USA genutzt werden. Aber am besten vor der Reise mit der Bank klären!

Notfall Was tun, wenn die Kreditkarten und das Bargeld abhandengekommen sind und ein Ersatz nicht zu beschaffen ist? Mit Hilfe von ***Western Union*** und einem **Anruf in der Heimat** kommt man rasch wieder zu Geld; sämtliche Details ➤ »Notfälle« Seite 140. Wenn alle Stricke reißen, bleibt nur der Gang zum nächsten **Konsulat**; Kontaktadressen ➤ Seite 137.

Kreditkartenverlust

Bei Verlust der Kreditkarte ist die Haftung in allen Fällen auf €50 beschränkt, gleichgültig, welcher Schaden bis zur Benachrichtigung der Organisation eintritt. Nach der Verlustmeldung entfällt jede Haftung. Telefonnummern können in Nordamerika gebührenfrei angerufen werden, sollte die Karte verlorengehen oder andere Probleme auftauchen:

American Express	✆ **1-800-528-4800**
Mastercard	✆ **1-800-826-2181 oder** ✆ **1-800-627-8372**
VISA	✆ **1-800-847-2911 oder** ✆ **1-800-336-8472**

Für die meisten der in Deutschland ausgestellten Karten gilt der **zentrale Sperrnotruf** ✆ 116116; bei **Anruf aus Übersee** wählt man ✆ **01149-116116.**
Alternativ zu erreichen auch unter der Berliner Nummer ✆ **01149-30-40504050.**
Es wird die Kartennummer benötigt (Notfallzettel oder passwortgeschützte Datei hilft).

Ein **EC-Kartenverlust** ist unter dieser Nummer zu melden: ✆ **01149-69-740987**.

Flugbuchung im Internet?

Zahlreiche Portale listen die Angebote sämtlicher Agenturen nach Tarifen geordnet. Man sollte meinen, es sei damit ein Leichtes, für den eigenen Flugwunsch das passende und zugleich preisgünstigste Angebot herauszufiltern. Tatsächlich aber ist ein Großteil der dort vorgeschlagenen Verbindungen ab einem heimatnahen Flughafen oft völlig außerhalb jeder Diskussion mit Flug- plus Wartezeiten auf Airports von weit über 20 Std und mehrfachem Umsteigen, teilweise Übernachten. Und mitunter versucht man dem Kunden Versicherungen »unterzujubeln« und kassiert Service-Gebühren. Es empfiehlt sich, die gewünschten Flugdaten **direkt** auf den Webseiten der Airlines einzugeben. So bekommt man gleich die besseren Verbindungen zu günstigeren Tarifen angezeigt (**Bestpreisgarantie!**). Welche Fluggesellschaft an welchem Wochentag von A nach B fliegt, zeigt z.B. die ITA Matrix: https://matrix.itasoftware.com.

Wer Zeit und Arbeit sparen möchte, findet **aktuelle Flug- und Mietwagenangebote** bequemer über eine auf Nordamerika spezialisierte Reiseagentur. Das wird nicht zwangsweise teurer, ganz im Gegenteil. Die **persönliche Beratung** kann Gold wert sein und der »richtige« Zielflughafen die Gesamtkosten maßgeblich reduzieren. Ob z.B. Seattle oder Vancouver, San Francisco oder das nahegelegene San José bzw. Salt Lake City oder Denver angesteuert wird, macht mitunter einen großen Unterschied, ebenso die Reihenfolge bei Gabelflügen (Wegfall von Mietwagen-Einweggebühren). Beachtliche Abweichungen gibt es auch bei den Wohnmobil-Anmietstationen, so dass ein preislich attraktiver Camper schon mal ausschlaggebend bei die Wahl des Zielflughafens sein kann. Wer kein passendes **Reisebüro** kennt oder um die Ecke hat, nimmt z.B. mit C&L Tours (www.flugticket.de), www.canusa.de oder www.usareisen.com Kontakt auf. Schweizer sind u.a. bei www.globetrotter.ch gut aufgehoben.

Koffer und Handgepäck

Jede Airline hat ihre eigenen Hand-, Frei- und Übergepäckregeln, die – je nach Buchungsklasse – wiederum deutlich variieren können und immer wieder angepasst/geändert werden. Die aktuellen Infos (Menge, Gewicht, Abmessungen) entnimmt man daher am besten den jeweiligen Internetpräsenzen. Eine gute Gesamtübersicht liefert z.B. www.canusa.de/fluege/freigepaeckgrenzen-handgepaeckregelung.

Im Handgepäck (***carry-on bags***) sind **spitze Gegenstände** wie Taschenmesser oder Nagelscheren Tabu. Und auch wenn es an einigen europäischen Flughäfen schon anders gehandhabt wird, in den USA gelt noch die *liquid rules*: **Flüssigkeiten sowie wachs- oder gelartige Stoffe** dürfen nur in Flaschen oder Dosen mit einem maximalen Fassungsvermögen von 100 ml mitgeführt werden, die sich alle in einem transparenten, wiederverschließbaren Plastikbeutel (mit max. 1 Liter Volumen) befinden müssen. Am besten verwendet man dafür Gefrierbeutel mit Zipp-Verschluss.

Aufgegebene Gepäckstücke (***checked bags***) werden im Transatlantikverkehr stichprobenartig geöffnet. Verschlossene Koffer »knackt« man einfach. Also entweder alles von vornherein unverschlossen lassen oder – besser – ***travel safe locks*** verwenden, Zahlenschlösser in unterschiedlichsten Ausführungen und gesicherte Gepäckgurte, die von der amerikanischen Checkinstanz *TSA* mit einem Spezialwerkzeug geöffnet werden können. Erhältlich sind sie in Ausrüstungs-, Sport- und Gepäckshops ab ca. €10/Stück. Angeboten werden auch Koffer und Reisetaschen mit eingebauten ***TSA locks***.

2.5 Die Flugbuchung

Flugdauer

Hinweis: Anders als bei »nonstop« kann ein »Direktflug« eine Zwischenlandung zum Auftanken oder zum Aufnehmen und Absetzen von Passagieren beinhalten!

Ein entscheidendes Kriterium bei der Buchung ist die **Flugdauer**. **Nonstop**, ohne Zwischenlandung ab Mitteleuropa, erreicht man den Westen Nordamerikas in etwa 10-11 Stunden, zurück geht es etwas schneller. Mit Zubringerflug von 60-90 min und ausreichender Umsteigezeit (in Europa mindestens 90 min) sind Verbindungen mit **14-15 Stunden Gesamtdauer optimal**. Alles jenseits der 20 Stunden sollte meiden, wer nicht fix und fertig an- bzw. zurückkommen möchte.

Bedenken sollte man auch, dass bei einem **Umsteigen in Übersee** nicht nur die ***Immigration*** zu erledigen ist, sondern in den USA auch das **Gepäck entgegen genommen und wieder eingecheckt werden muss**, inklusive Zollkontrolle, Terminalwechsel und anschließender Warteschlange bei der *Security*. Bei zu knapp bemessenen Umsteigezeiten (unter zwei Stunden) riskiert man, den Anschlussflieger zu verpassen. Heimwärts ist das Umsteigen weniger problematisch; der Koffer geht direkt nach Europa.

Eine längere Flugunterbrechung in einer nordamerikanischen City ist manchmal möglich. Die Zusatzkosten für einen ***stopover*** sind abhängig von der Airline.

Flüge in den US-Nordwesten

DEN Denver
FRA Frankfurt
MUC München
PDX Portland
SEA Seattle
SFO San Francisco
SLC Salt Lake City

Die Zahl der **Nonstop-Verbindungen** in den US-Nordwesten ab Deutschland, Österreich oder der Schweiz ist relativ überschaubar (Stand Ende 2023):

- ***Lufthansa***: ab FRA/MUC nach SFO und DEN, zusätzlich von FRA/MUC nach SEA
- ***United Airlines***: ab FRA/MUC nach SFO und DEN sowie von Zürich nach SFO
- ***Condor***: von FRA nach SEA, SFO und PDX sowie von MUC nach SEA
- ***Swiss***: ab Zürich nach SFO
- ***Edelweiss Air***: von Zürich nach DEN

Auch unsere europäischen Nachbarn locken gern mit besonders niedrigen Ticketpreisen bei Start von einem deutschen Flughafen. Dazu zählen ***British Airways*** sowie die im *Sky Team* miteinander kooperierenden ***KLM*** und ***Air France***. Der für Reisen in den Yellowstone Nationalpark günstig gelegene Flughafen von **Salt Lake City** wird z.B. nicht nur von *Discover*, sondern auch über Paris und Amsterdam von *KLM/Delta* direkt angeflogen.

Mit den Briten geht es außerdem nonstop nach **San José** (**SJC**, *»Silicon Valley«*, nur etwas südlich von San Francisco).

Ob der Zubringerflug aus Dresden nun nach Frankfurt oder London, Amsterdam oder Paris geht (und von dort dann nonstop nach Nordamerika), ist zeitlich kein großer Unterschied und bei hohen Tarifdifferenzen durchaus erwägenswert.

DIE WICHTIGSTEN GEBÜHRENFREIEN TELEFONNUMMERN (toll-free in USA/Kanada):

Airline	Telefon	Internetadresse
Air Canada	1-888-247-2262	www.aircanada.com
Air France	1-800-237-2747	www.airfrance.com
American	1-800-433-7300	www.aa.com
Austrian Air	1-800-843-0002	www.austrian.com
British	1-800-247-9297	www.britishairways.com
Condor	1-866-960-7915	www.condor.com
Delta	1-800-221-1212	www.delta.com
Edelweiß	0041-438165060	www.flyedelweiss.com (☎-Gebühren)
Discover	1-845-709-8332	www.discover-airlines.com
Icelandair	1-800-223-5500	www.icelandair.com
KLM	1-800-618-0104	www.klm.com
Lufthansa	1-800-645-3880	www.lufthansa.com
SWISS	1-877-359-7947	www.swiss.com
United	1-800-864-8331	www.united.com

Flüge in den Südwesten Kanadas

FRA Frankfurt
MUC München
YVR Vancouver
YYC Calgary

Die beiden Großstädte Im Westen Kanadas (Calgary und Vancouver) erreicht man ab Deutschland oder der Schweiz **nonstop** mit:

- ***Lufthansa***: ab FRA oder MUC nach YVR
- ***Air Canada***: ab FRA nach YYC oder YVR sowie ab Zürich nach YVR
- ***Condor***: von FRA nach YVR und YYC
- ***Discover Airlines***: ab FRA nach YYR (ehemals *Eurowings*)
- ***Edelweiss Air***: von Zürich nach YYC oder YVR

Ab Österreich geht es mit ***Austrian Airlines*** nach Vancouver oder Calgary nur **über Toronto** (***YYZ***), dem größten kanadischen Flughafen, der nahezu auch von allen bedeutenden europäischen *Airlines* bedient wird.

Preislich interessant können auch hier wiederum die Möglichkeiten über die großen Airports europäischer Nachbarländer sein: ***KLM*** bietet z.B. gleich drei Nonstop-Verbindungen in den Westen von Kanada – von Amsterdam nach Vancouver, Calgary oder Edmonton (*YEG*). ***British Airways*** steuert ab London Vancouver und Calgary an, ***Air France*** ab Paris nur Vancouver.

Air Canada Maschine nach dem Start in Vancouver

Allgemeines zu den Flügen nach Nordamerika

Zubringer-flüge

Aber egal wo der Zwischenstopp eingelegt wird – ob in Deutschland oder im Ausland – wichtig ist, dass man den **Transatlantik-Flug immer gemeinsam mit dem Zubringerflug** bucht. Wer eigenständig anreist bzw. getrennte Tickets hat und dabei den Anschlussflieger verpasst, darf nicht darauf hoffen, von der Airline kostenfrei umgebucht zu werden.

Tarife

In der **Nebensaison** kann man schon ab ca. **€600-€700** inklusive aller Zuschläge in den Westen Kanadas/der USA und zurück fliegen. In der **Hochsaison** muss jedoch oft mit Tarifen deutlich über **€1.000** (*Economy Class*) nicht nur bei den Liniengesellschaften, sondern selbst bei Charterflügen gerechnet werden. Halbwegs preiswerte Tickets sind häufig lange im Voraus vergeben. Auch mit kleinen Kindern empfiehlt sich eine möglichst frühzeitige Buchung, so dass man Chancen auf einen Familienplatz mit ausreichend Freiraum hat. Die Zahl der Babybetten ist begrenzt.

Wer bequemer als in der »Holzklasse« fliegen möchte, findet bei den meisten Airlines eine Zwischenklasse oberhalb der *Economy* und unterhalb der *Business Class*. Meist beinhalten sie einen höheren Sitzkomfort (mit mehr Beinfreiheit, breitere Polster etc.), *Priority Boarding*, zusätzliches Freigepäck und ggf. auch eine bessere Bordverpflegung. Bei *British Airways* ist es die *World Traveller Plus Class* in einer separaten Kabine, bei *American Airlines* die *Main Cabin Extra* und bei *Lufthansa* spricht man von *Premium Economy*. Der Aufpreis schwankt – je nach Abflugtag und -zeit – pro Strecke meist zwischen €150 und €700. Bei *Condor* ist die *Business Class* meist deutlich erschwinglicher als bei der Konkurrenz.

Gabelflüge

Gabelflüge mit **unterschiedlichen Airports für Hin- und Rückflug** kosten oftmals nicht mehr als normale Flüge. Interessant wäre in Kanada beispielsweise die Strecke Vancouver -> Calgary, zumal in diese Fahrtrichtung einige Auto-/Camper-Vermieter keine/geringere Einweggebühren erheben. Im US-Nordwesten ist u.a. die Variante »Hinflug Denver/Heimflug San Francisco« eine Überlegung wert oder San Francisco -> Seattle. Bei Letztgenannter entfallen – bei ausgewählten Veranstaltern – nicht nur die Einweggebühren sondern auch die für den Zusatzfahrer. Wer mit einem Gabelflug liebäugelt, sollte sich daher unbedingt vorher mit den Bedingungen der einzelnen Vermieter vertraut machen.

Flug über Island

Icelandair hat ab **Berlin (BER), Frankfurt, München, Hamburg, Salzburg** und **Zürich** manchmal auffällig günstige USA-Flüge (selbst zur Hochsaison unter €1.000 nach **Denver, Seattle, Portland** oder **Vancouver**; www.icelandair.de). Voraussetzung ist allerdings meist eine langfristige Buchung, am besten 9-12 Monate im Voraus. Das dabei jeweils erforderliche **Umsteigen in Reykjavík** verläuft – außer im Winter – in der Regel unproblematisch, da bei Verspätung der Anschlussflieger wartet, und Island ohnehin fast auf der »Idealroute« in den Westen Nordamerikas liegt.

2.6 Vorbuchung des Transportmittels

Beurteilung

Für Rundreisen im Westen Nordamerikas gibt es **zum Mietwagen/-camper keine echte Alternative**. Das Streckennetz der öffentlichen Verkehrsmittel ist äußerst dünn. D.h., **mit Bus oder Bahn** (➤ Seite 98) lassen sich nur Ziele entlang der Hauptstraßen bzw. spärlichen Schienenstränge ansteuern. Wegen der durchweg niedrigen Verkehrsfrequenz (eine Abfahrt pro Tag, mitunter weniger) ist ein flexibles Reisen selbst in erschlossenen Bereichen kaum möglich und eine genaue Zeitplanung und -einhaltung erforderlich. Viele der schönsten Gebiete – so die meisten *National, State* und *Provincial Parks* – sind ausschließlich per Fahrzeug zu erreichen.

2.6.1 Die Pkw-/SUV-Miete

Führerschein

Im Westen Nordamerikas genügt meistens der nationale Führerschein – bei einigen Vermietern muss er aber **mindestens 1 Jahr alt** sein. Sofern man nicht schon einen Führerschein im Kreditkartenformat besitzt, dessen Aussehen in etwa dem amerikanischen Pendant entspricht, ist es ratsam zusätzlich eine ***International Driver's License*** mitzunehmen. Denn Regierungsabkommen und die Vorstellungen eines Sheriffs auf dem Land sind zweierlei. Bei Kontrollen oder Unfall leuchtet dem diese trotz der Symbolik eher ein. Auch manch kleinerer Autoverleiher vor Ort fragt gern nach dem Internationalen Führerschein.

Kreditkarte/ Mindestalter

Voraussetzung jeder Automiete in Nordamerika ist außerdem eine Kreditkarte (zur Hinterlegung der **Kaution**) und dass der Fahrer das **21. Lebensjahr** vollendet hat (Ausnahme: bei *Hertz* bereits ab 20 Jahren). Für jeden **Fahrer unter 25 Jahren** wird ein ordentlicher Zuschlag (***youthful surcharge***) berechnet, der vom jeweiligen Verleiher und meist auch vom Anmietort abhängt.

Sondertarif »Under 25«

Bei der Firma ***Alamo*** gibt es ein Sonderpaket, »***Under 25 Special***« oder »***Underage***« genannt, für 21- bis 24-jährige Mieter. Unter 25-jährige Mieter zahlen dabei – bei Entfall des Tageszuschlags – so etwa ab €150 pro Woche mehr als Mieter ab 25 Jahren (inkl. aller Fahrer unter 25 Jahre; bei nur einem Fahrer unter 25 Jahren wird's etwas preiswerter). **Wichtig**: Dieser Tarif ist nur erhältlich bei Vorausbuchung, nicht vor Ort am Schalter.

Vermieter, Kosten und Konditionen

Bei Reiseveranstaltern, Automobilclubs, Internetagenturen und Mietwagenvermittlern sind alle gängigen Fahrzeuge zu buchen, so z.B. bei ***Sunny Cars***, ***TUI Cars*** und ***DriveFTI*** in Reisebüros, aber auch im Web: www.sunnycars.de, www.tuicars.com bzw. www.fti.de/mietwagen.html. Nur online vertreten sind ***check24*** (https://mietwagen.check24.de) und ***billiger-mietwagen*** (www.billigermietwagen.de). Mit Abstand die größte Flotte in den USA hat die *Enterprise Holding*, zu der *Alamo*, *National* und *Enterprise Rent-A-Car* gehören. ***Alamo*** bietet häufig die günstigsten Tarife und ist auch bei den Amerikanern daher sehr beliebt.

Tipp: Sport Utility Vehicle (SUV)

Standard-SUV Hyundai Santa Fe

Ideal (nicht nur) für Zelturlauber sind SUVs mit/ohne Vierradantrieb. Sie bieten viel Platz, hohe Sitzposition und komfortable Be-/Entladung hinten. In größeren Modellen (Standard/Full Size) kann man zur Not sogar schlafen (➢ Exkurs »*Boondocking*«, Seite 122). Die kleinere Version, sog. **Midsize SUVs** (z.B. Nissan Rogue), handliche, ordentliche Autos mit erträglichem Benzindurst, sind mit Tarifen ab **€350/Woche**, mitunter gleich teuer wie ein Mid-/Fullsize-Pkw. An großen Stationen der Verleiher Alamo/National darf man sich in der ***choiceline*** das Wunschfahrzeug oft selber aus dem Bestand aussuchen.

Pkw-Kategorien

Pkw und Vans können nach **Größenklassen** von *Economy/Subcompact* (*Ford Fiesta*-Klasse) über *Compact* (wie *Ford Focus*) bis *Fullsize/Premium* (*Ford Lincoln*) und nach **Gattungskriterien** wie ***Convertible*** (Cabrio), **SUV** oder ***Minivan*** gebucht werden. Bestimmte Marken/Typen lassen sich nicht reservieren (Ausnahme: *4WD Jeep Wrangler* an einigen Alamo-Stationen). In den Flotten aller Vermieter befinden sich auch viele koreanische und japanische Autos. **Dieselfahrzeuge** werden normalerweise nicht angeboten.

Ausstattung

Amerikanische Mietwagen sind oft etwas komfortabler und besitzen immer ein Automatikgetriebe, *Air Condition* (AC) Radio und häufig USB-Anschluss. Ihr Verbrauch ist in der Regel um einiges höher als bei vergleichbaren Typen in Europa.

Tarife

Bei der Wahl der Größe sollte man sich nicht zu sehr vom Preis leiten lassen; die Unterschiede bei den Pkws sind von Größenklasse zu Größenklasse meist gering (nur etwa €20-€30 pro Woche mehr). Ein etwas geräumigerer Wagen bietet den Vorteil, dass der Kofferraum nicht ganz so knapp bemessen ist. Für Familien ist ein **SUV** ideal (➢ Kasten oben) und auf längeren Reisen könnte man durchaus auch an einen **Minivan** denken (ab ca. €600/Woche). **Kleine Pkws** werden im US-Nordwesten **ab ca. €330/Woche** angeboten. Die Wochentarife für **Cabrios** starten bei **€500**.

Vergleichen lohnt sich!

Häufig unterscheidet sich das Angebot bei den einzelnen Portalen kaum, dennoch gibt es immer wieder Gegenbeispiele. So war im Herbst 2023 z.B. exakt derselbe Autotyp (*Jeep Wrangler*) beim gleichen Verleiher (*Alamo Salt Lake City Airport*) mit identischem Versicherungspaket um ganze €100/Woche bei *TUI Cars* günstiger als über *DriveFTI*. Grundsätzlich sollte man aber immer genau auf das »Kleingedruckte« achten, damit das vermeintlich tolle Schnäppchen nicht letztlich teurer kommt.

Tipp: Es lohnt sich auch nach erfolgter Buchung, die Angebote zu vergleichen. Denn die Preise können beachtlich schwanken und oftmals werden Autos 2-3 Monate vorher plötzlich nochmals deutlich billiger. Wichtig daher: immer nur stornierbar buchen!

2

Kostenunterschiede USA/Kanada

Generell macht es keinen substanziellen Unterschied, ob man Pkw, SUV, Minivan in den USA oder in einer der westkanadischen Citys anmietet. Vor einigen Jahren waren die Tarife in € für Leihfahrzeuge in Kanada etwas günstiger als in den USA, derzeit (Ende 2023) ist es wieder umgekehrt. In Kombination mit einem besonders guten Flugangebot kann die Differenz schnell 'mal einige Hundert Euro betragen. Auch hier lohnt sich das Vergleichen!

Zuschläge

Für Anmietungen in den Monaten Juli/August werden in beiden Ländern **Hochsaison-Zuschläge** verlangt, die schnell €35/Woche oder mehr betragen können.

Grenzübertritt

Die großen Vermieter gestatten in aller Regel den **Grenzübertritt zwischen Kanada und den USA**, bei Bedenken hilft der Blick in die Mietbedingungen (➤ »Einreise auf dem Landweg«, Seite 72).

Einwegmiete

Ende 2023: Aktuell zahlt man z.B. bei SIXT keine »one-way fee« für die Strecke Denver–San Francisco

Alle Tarife gelten zunächst unter der Voraussetzung, dass das Fahrzeug an den Ausgangsort zurückgebracht wird. Im Fall von Einwegmieten (z.B. bei Gabelflügen) werden **Rückführungsgebühren** (*one-way service fee*) berechnet, die sich zwar an der Entfernung zwischen Anmiet- und Abgabestation orientieren, aber je nach Anbieter unterschiedlich hoch ausfallen können. Interessant sind ggf. **kostenlose Sonderangebote** bei einigen Vermietern – entscheidend dabei ist oft die **Fahrtrichtung**! Bei **Gabelflügen** kann die »richtige« Firma Extrakosten vermeiden. Am besten wendet man sich an ein auf Nordamerika spezialisiertes Reisebüro (Empfehlungen ➤ Seite 78). Egal ob kostenpflichtig oder gratis: *One-way* muss von dem Verleiher immer ausdrücklich bestätigt werden.

Zusatzkosten vor Ort

VORSICHT: Mietverträge unbedingt genau durchlesen vor der Unterschrift!

Neben den Gebühren für Einwegmieten sind u.a. noch folgende Positionen vor Ort zu begleichen: **Aufschläge** für junge/zusätzliche Fahrer, Mietkosten für den **US-Kindersitz** (Details ➤ Seite 105; muss immer schon bei der Reservierung angefordert werden!) oder die Kunden am Schalter gerne aufgeschwatzten, aber oft unnötigen **Zusatzversicherungen**. Bevor man Upgrade-Angebote auf die nächsthöhere Fahrzeugkategorie annimmt, ist es oft ratsam zuerst die ***choice line*** der gebuchten Klasse in Augenschein zu nehmen. An den großen Flughäfen darf man bei Anbietern wie Alamo/National normalerweise selber aus dem Bestand wählen. Recht heftige Gebühren können bei einigen Vermietern im Nachhinein auch auf **Mautstraßen** fällig werden (Infos ➤ Seite 86).

Zu den genannten Nettokosten kommen immer noch Steuern hinzu: In Kalifornien z.B. beträgt die ***sales tax*** (für den Staat plus lokale Zuschläge) günstigstenfalls **7,5%** plus ggf. noch weiterer Extras, die sich zu 10% und mehr addieren können. In den anderen US-Weststaaten liegen die Sätze der *sales tax* etwas niedriger.

Leistungspakete und Versicherungen

Tarifelemente

Bei **Vorausbuchung** sind – unabhängig vom Vermieter – auch im günstigsten Tarif üblicherweise bereits die **Basiskosten**, Umsatz- und Lokalsteuern, **Haftpflicht-** und **Vollkaskoversicherung** enthalten, außerdem **unlimitierte Meilen**. Auf den gängigen Internetportalen werden sämtliche Details recht übersichtlich gelistet.

Leistungspakete

TIPP: In Kalifornien ist der Zusatzfahrer (verwandt oder verheiratet) inklusive, ebenso meist bei den Paketen von ADAC und TUICars

Fast alle Tarife sind in **Leistungspakete** unterteilt, mit unterschiedlichen Bezeichnungen (je nach Anbieter »Standard«/»Premium«, »Spar Plus«/«Inklusiv Plus« etc.), aber durchweg fast identischen Inhalten. Die etwas teureren »besseren« Pakete umfassen neben den oben angeführten Punkten Zusatzversicherungen, Gebührenentfall für den zweiten Fahrer und ggf. einen vollen Tank »gratis« (der kommt beim günstigeren Paket vor Ort gerne zum Höchstpreis auf die Rechnung). Bei »*full/empty*« ist den Tank zu Beginn voll und dann leer abzugeben (für Restbenzin erfolgt meist keine Rückerstattung). Am besten fährt man mit der Variante »*full/full*«. Die **Eintragung des Zusatzfahrers** kann selbst im kleineren Paket schon inklusive sein. Bevor man den Vermieter/Vermittler endgültig wählt, sollte man die jeweiligen Tarifinhalte gut studiert haben.

Vollkasko CDW, SCDW und LDW

Für etwaige Schäden am eigenen Mietwagen wird unterschieden zw. ***CDW*** (»*collision damage waiver*« mit reduzierter Haftung oder Haftungsbefreiung), ***SCDW*** (»*super CDW*« ohne oder mit sehr geringem Selbstbehalt) und ***LDW*** (»*loss damage waiver*« mit Haftungsbefreiung auch bei Diebstahl/Verlust). Bei fast allen hiesigen Anbietern ist die **Vollkaskoversicherung ohne Selbstbeteiligung** für amerikanische Mietwagen längst Standard; anders aber bei **Buchung vor Ort**, in dem Fall ist Vorsicht geboten (➤ Seite 87).

2

Wenn die Versicherung erlischt – Spezialfälle

Der Versicherungsschutz bei den großen, international agierenden Vermietern in Nordamerika erlischt bei einem **nicht angemeldeten Fahrer** und meist beim **Verlassen befestigter Straßen.** Mitunter ist der Begriff »*unpaved*«/«unbefestigt« etwas dehnbar und bezieht sich nicht auf »*graded*«, »*improved*« oder »*maintained*« ***gravel roads***. Die allermeisten Vermittler und Versicherungsbroker schließen aber kategorisch (selbst bei Anmietung eines 4WD-Fahrzeugs!) alle nicht asphaltierten Straßen aus, so dass man dort entstandene Schäden am Auto dann selbst tragen darf. Hinweise im »Kleingedruckten« der Verträge (*prohibited use of the vehicle*) beachten!

Vorsicht ist auch bei **Reisen während der kälteren Jahreszeit** geboten: Auf einigen höher gelegenen Straßen müssen bei Schlechtwettereinbrüchen **Schneeketten mitgeführt** und ggf. angelegt werden. Betroffen davon sind nicht nur der kanadische *Icefields Parkway*, sondern auch vielbefahrene Autobahnen wie z.B. die Interstate 70 von Denver in Richtung Westen! Dabei hat jeder US-Bundesstaat seine eigenen, teils recht unterschiedlichen Vorschriften (sog. ***chain laws***). Bei Zuwiderhandlung drohen hohe Strafen. Hinzu kommt, dass die Verwendung von ***tire chains*** von den meisten Vermietern ausdrücklich verboten wird. Passiert dann ein Unfall, kommt auch keine Versicherung für die Schäden auf. Daher in den Bergen von Anfang September bis Ende Mai am besten immer die Wettervorhersagen und aktuellen *road conditions* im Blick behalten und ggf. umplanen!

Toll Roads im Nordwesten der USA (Stand Ende 2023)

KALIFORNIEN hat gleich eine ganze Reihe davon, sowohl Mautstraßen wie auch gebührenpflichtige Brücken. Und alle haben etwas gemeinsam: Bargeld wird heutzutage kaum mehr akzeptiert. Die beim Mautsystem ***FasTrak*** mit ihrem Kfz-Kennzeichen registrierten Einheimischen zahlen die Maut (***toll***) elektronisch per Transponder. Von allen, die über kein *FasTrak*-Konto verfügen, werden bei den Mautstellen die Nummernschilder erfasst und die Gebühren im Nachgang in Rechnung gestellt. Dieses Verfahren nennt sich ***pay-by-plate***. Und es hat meist einen Nachteil: Der offene Betrag ist zeitnah zu begleichen (***one-time payment***). Die Gebühr für die *Golden Gate Bridge* oder andere Brücken/Straßen in der San Francisco Bay Area ist schon innerhalb von **48 Stunden** fällig (online www.bayareafastrak.org oder telefonisch unter ✆ 1-877-229-8655, ***pay-by-call***). Wer auf Nummer sicher gehen möchte, kann die Straßen- oder Brückenmaut auch schon im Voraus bezahlen. Etwaige Säumniszuschläge werden prompt an den Vermieter übermittelt und dieser verrechnet dann noch zusätzliche Strafgebühren.

Wer seinen Roadtrip in San Francisco startet, sollte sicherheitshalber bei der Autoübernahme nachfragen, welche Service-Gebühren anfallen. Diese sind nicht nur unterschiedlich hoch, manche Vermieter kassieren sie sogar von Beginn an. Bei *Dollar, Thrifty* und *Sixt* können solche *All-Inclusive-Tolling-*»Flatrates« ganz schön kostspielig sein. Am fairsten verrechnen Ende 2023 ***Alamo***, ***National*** und ***Enterprise***: Dort zahlt man die Maut und $3,95-$4,95 *tollpass convenience charge* nur an Tagen, an denen man die *toll roads* tatsächlich nutzt, maximal aber $30 während der gesamten Mietdauer. Jeder, der über einen eigenen ***FasTrak***-Transponder verfügt oder die anfallende Maut in Eigeninitiative rechtzeitig begleicht (➤ Internetadresse oben), muss bei den drei letztgenannten Vermietern in Kalifornien mit keinen weiteren Kosten rechnen.

Heikel sind generell sog. ***express lanes***, auf denen man in der Regel deutlich schneller durch die nahezu immer »verstopften« Großstädte fährt. Sie dürfen meist nur mit einem aktiven ***FasTrak***-Transponder (www.bayareafastrak.org) genutzt werden, aber nicht mit dem *tollpass service* der Mietautos. Nur bei ***high-occupancy toll lanes*** (**HOT**) sind Fahrzeuge mit mehr Passagieren von der Maut befreit (bei 2+ reicht ein Beifahrer schon).

Neben diesen speziellen Fahrspuren, die man meiden kann, ist im US-Nordwesten nur noch an zwei weiteren Orten mit Mietfahrzeugen etwas Vorsicht geboten: in **SEATTLE/Washington** sowie in **DENVER/Colorado**. Die übrigen Staaten in dem Gebiet verfügen bis dato über keinerlei touristisch relevanten *all-electronic toll bridges/roads*.

In **Denver** lassen sich Mautstraßen leicht umgehen, indem man vom Flughafen kommend auf dem Peña Boulevard auf keinen Fall die klar mit dem Schriftzug »TOLL« markierten *Exits* 6A und 6B nimmt. Im gesamten Bundesstaat Colorado ist nur diese Nord-Ost-Umfahrung in Denver (E-470 mitsamt Northwest Parkway) von solchen Gebühren betroffen. Infos dazu finden sich auf dem Portal www.expresstoll.com/Roads.

Seattle verfügt derzeit nur über drei Maut-Strecken: der #99-Tunnel in Downtown, die *Evergreen Point Floating Bridge* (#502-Schwimmbrücke über den Lake Washington) und die *Tacoma Narrows Bridge* (#16; von Gig Harbor in Richtung Tacoma, sonst gratis). Der Staat Washington hat wiederum ein eigenes Verrechnungssystem namens ***Good To Go!***: https://wsdot.wa.gov/travel/roads-bridges/toll-roads-bridges-tunnels/good-go-accounts-passes.

Eine Übersicht aller von Gebühren betroffenen Straßen in den USA findet sich unter www.platepass.com/locations, weitere Infos auch unter https://tollguru.com/toll-wiki.

Im **Westen Kanadas** (Alberta/British Columbia) wird derzeit keine Maut kassiert.

Die Deckungssumme der Haftpflichtversicherung

Die Frage der Haftpflichtdeckung ist ein wichtiger Punkt. Es gibt drüben (sofern vor Ort gebucht wird) tatsächlich Miettarife, die lediglich die gesetzeskonforme **Minimaldeckung** beinhalten, die je Bundesstaat variieren und bei USD 5.000 liegen kann (in Kanada bei CAD 200.000). Ohne Zusatzversicherung haftet man persönlich, wenn bei einem selbstverschuldeten Unfall der gegnerische Sach- und Personenschaden diesen Betrag überschreitet.

Aufstockung der Deckung auf $1 Mio. oder mehr

US-Haftpflichtversicherungen sind **personen- oder haushaltsbezogen**, d.h., Amerikaner bringen meist ihre persönliche (bessere) Versicherung mit, die unabhängig vom Fahrzeug gilt. Der ausländische Tourist muss die **Erhöhung der Haftpflicht-Deckungssumme** erst erwerben, eine sog. *extended protection* (***EP***), *liability insurance supplement* (***LIS***) oder *additional liability insurance* (***ALI***) ab $12/ Tag (+ *tax*). Die Reiseveranstalter/-portale bei uns bieten ihren Kunden eine durchweg bereits im Basistarif enthaltene **Zusatzversicherung über mindestens $1 Mio.** an, teilweise auch **1,7- 2 Mio**. Wer Risiken minimieren möchte: Bei *TUI* und *Sunny Cars* ist man aktuell bis **€7,5 Mio.** zusatzversichert, bei *DriveFTI* (mit Ausnahme der Sparte *cars & camper*!) sogar bis zu **€10 Mio.** (Stand Ende 2023).

Bei einigen Anbietern beinhaltet das teurere Leistungspaket oft auch die *Underinsured Motorist Protection* (**UMP**), die wirksam wird, wenn der Unfallgegner unzureichend oder gar nicht versichert ist (in den USA kein Einzelfall!) oder Fahrerflucht begeht.

Goldene KK

Bei Zahlung der Mietkosten mit einer **goldenen Kreditkarte** hat man oft automatisch eine Kfz-Zusatz-Haftpflichtversicherung.

Automiete vor Ort

Vorbuchen oder Eigeninitiative vor Ort?

Meist ist man mit **Vorausbuchung** besser beraten. Das reservierte Fahrzeug steht bei Ankunft bereit und bei Reklamationen hat man den Vertragspartner im Heimatland. Bei Buchung/Zahlung vor Ort fallen auch auf sämtliche Nebenkosten Umsatzsteuern plus Sonderabgaben an, die speziell an Flughäfen hoch und in Summe **bis zu 30%** betragen können. Außerdem gehen niedrige Basistarife oft mit hohen Versicherungsprämien einher, die nur Inhaber bestimmter KK negieren können, ➤ oben. Die »Aufstockung« lassen sich nicht bei jedem Vermieter vor Ort erwerben. Ein Selbstbehaltausschluss sowie eine erhöhte Haftpflicht wird u.a. von *HanseMerkur* angeboten: www.hmrv.de/spezialversicherung/mietwagenschutz.

Längere Mietdauer

Nach einem maximalen Mietzeitraum – je nach Anbieter 30-56 Tage – muss man normalerweise zurück zu einer Vermiet-Station einen neuen Vertrag unterschreiben mit/ohne Fahrzeugwechsel.

Ein **Autokauf** in Nordamerika rentiert sich in der Regel erst ab dem dritten Monat. Der Aufwand (Suche, Anmeldung, Wiederverkauf etc.) sollte dabei nicht unterschätzt werden, allen voran die Versicherungen sind ein heikles Thema.

2

Übersicht der großen Wohnmobilvermieter

Mit Anmietstationen in USA und KANADA

Escape Campervans (www.escapecampervans.com):
San Francisco, Portland, Seattle, Salt Lake City, Denver, Vancouver, Calgary

El Monte (www.elmonterv.com): San Francisco, Seattle, Salt Lake City, Denver

USA

Britz Motorhomes (www.britz-usa.com): San Francisco, Seattle, Denver

Cruise America (www.cruiseamerica.com):
San Francisco, Portland, Seattle, Salt Lake City, Denver

Go North (www.gonorth-alaska.com): Seattle

Road Bear RV Rental (www.roadbearrv.com): San Francisco, Seattle, Denver

KANADA (jeweils in Vancouver und Calgary vertreten)

CanaDream (www.canadream.com) *Cruise Canada* (www.cruisecanada.com)

Four Seasons RV Rentals (https://fourseasonsrvrentals.ca)

Fraserway RV (www.fraserway.com) *Meridian RV Rental* (www.meridianrv.com)

Traveland (www.travelandrvcanada.com)

Wild West Campers (www.wildwestcampers.ch)

Die Fahrzeuge dieser Vermieter werden überwiegend auch von europäischen Reiseveranstaltern angeboten wie z.B. www.canusa.de, www.fti.de/camper.html, www.crd.de, www.sktouristik.de, https://kanadareisen.de oder www.cu-camper.com. Die Portale vermitteln schnell eine Marktübersicht. Unter Berücksichtigung von Versicherungen, Steuern und Nebenleistungen sind sie oftmals günstiger als bei Direktbuchung. Auch bei möglichen Umbuchungen und ggf. auftauchenden Probleme nach Unfällen, Beschädigung o.Ä. ist ein Vertrags- und Ansprechpartner in der Heimat von Vorteil.

Unter den angegebenen Webadressen der Vermieter sind die Fahrzeuginformationen aber oft detaillierter als beim hiesigen Veranstalter. Sie eignen sich daher gut zur Vorinformation und Entscheidungsfindung, auch wenn viele Campfahrzeuge sich technisch, im Grundriss und Aufbau sowie in der Ausstattung stark ähneln.

Welcher Anbieter hat das beste Preis-Leistungs-Verhältnis? Man darf davon ausgehen, dass die von deutschen Veranstaltern vermittelten Fahrzeuge der großen Wohnmobilverleiher im Allgemeinen technisch einwandfrei sind und unterwegs selten Ärger machen. Es gibt zwar Qualitätsunterschiede, die aber nicht auf den einzelnen Buchungsfall zutreffen müssen. Kaum Schlechtes kam den Autoren z.B. zu den von Schweizern und Deutschen geführten Firmen *El Monte* und *Road Bear* zu Ohren. Ähnliches gilt für das schon seit langem aktive neuseeländische Unternehmen *Escape Campervans*.

Ein interessanter Aspekt bei der Anmietung von Wohnmobilen sind die Übernahme-/Rückgabebedingungen sowie die Lage und Öffnungszeiten der *rental stations*. Nicht alle haben täglich geöffnet (viele nur Mo-Fr, einige aber auch an Wochenenden) und etliche liegen fernab des Flughafens (mitunter 50 km und mehr). Nicht jede ist leicht und unkompliziert per Shuttle zu erreichen, bei einigen muss man sich selber um den Transfer zur Anmietstation kümmern (Taxi, öffentliche Verkehrsmittel etc.).

19-Fuß RV von Cruise Canada am Tunnel Mountain Trailer Court Campground in Banff

2.6.2 Die Miete eines Campmobils

Grundsätzliches

Die Mitnahme eines internationalen Führerscheins wird empfohlen!

Campmobile, welcher Größe auch immer, dürfen in Nordamerika mit **Pkw-Führerschein** von Fahrern **ab 21 Jahren** bewegt werden, so heißt es. Kaum ein Veranstalter oder Vermittler fragt, ob der soeben eingetroffene Tourist jemals vorher hinterm Steuer eines vergleichbaren 8 m-Ungetüms saß und welche »*driver's license*« er besitzt. Grundsätzlich darf man nur mit einem Führerschein der deutschen **Klasse 3** Fahrzeuge bis 7,5 t bewegen. Das Limit des Führerscheins **Klasse B** (seit 1999!) liegt bei 3,5 t, einem Gewicht, das große Campmobile locker übertreffen. Der ADAC warnte daher bereits, dass Klasse B-Inhaber ungeklärte Risiken eingehen, wenn sie mit einem Fahrzeug über 3,5 t losfahren.

Campertypen

RVs

In Nordamerika gelten Camper vom kleinsten Modell bis zum Riesen-Motorhome als ***Recreational Vehicles*** – Kürzel ***RV*** (»*ar-wí*«). Sie verfügen in der Regel über großvolumige 8-12-Zylinder-Motoren, automatisches Getriebe, Servolenkung und -bremsen sowie eine motorabhängige und zusätzliche netzbetriebene 110 Volt-Klimaanlage. Damit verbunden ist ein ausgeprägter Benzindurst, der trotz niedriger Spritpreise die Urlaubskasse oft ganz schön strapaziert. Dieselmotoren hat kaum ein Anbieter im Programm.

Kategorien

Fuß/Meter:

19 ft = 5,79 m
24 ft = 7,32 m
31 ft = 9,45 m

Nimmt man die Angebote der großen Reiseveranstalter, findet man folgende grundsätzlich unterschiedliche Typen:

- ***Van Camper Class B***
- ***Motorhome Class C***
- ***Pick-up / Truck Camper***
- ***Compact RV*** (*Cruise America*)
- ***Motorhome Class A***
- ***Jeep Camper*** (*Escape*)

Man kann sich die Fahrzeuge mit allen Details am besten auf den Portalen der Vermieter ansehen (➤ Übersicht links) und dabei auch die kleinen firmenbezogenen Unterschiede entdecken.

Übersicht Campertypen in Nordamerika

Van Camper (meist für 2, max. 3 Personen ausgelegt): Er entspricht in seinen Ausmaßen etwa den auch bei uns bekannten Kompaktcampmobilen mit Stehhöhe im Innenraum. Die Ausstattung ist US-typisch komfortabel: Gasherd, Spüle und Kühlschrank fehlen nie; Klimaanlage, Heizung, Mikrowelle meist ebenso nicht. Eine tragbare Chemietoilette gehört selbst zum einfachsten Van, viele haben aber eine Spültoilette und ab 19 ft oft sogar ein Mini-Duschbad mit Warmwasserversorgung. Größere Modelle besitzen ein Alkovenbett über der Fahrerkabine. Den Abstand zwischen Matratze und Dach werden Erwachsene oft als zu gering empfinden. Die zweite (oft engere) Schlafgelegenheit besteht entweder aus einem Klappsofa oder aus der umzubauenden Sitzecke. Neuwertige Fahrzeuge werden im nordamerikanischen Westen u.a. von *CanadaDream* und *Fraserway* angeboten. Sie sind beliebt und daher oftmals teurer als weit größere Motorhomes.

Escape Van im Flowerpower-Look

Preiswerter sind die **älteren Van-Modelle** von ***Wild West Campers*** (www.wildwestcampers.ch) und des Münchner Unternehmens ***Roadsurfer*** (https://roadsurfer.com). Ähnliches gilt für die peppig bemalten, zum **Einfachcamper** umgerüsteten **Minivans** (GM oder Ford) der Firma ***Escape Campervans***. Die hintere Sitzbank verwandelt sich nachts zum Doppelbett, für zusätzliche Passagiere kann ein Zelt dazugemietet werden (www.escapecampervans.com). In Deutschland buchbar u.a. über die Portale www.usareisen.com oder www.cu-camper.com.

4WD-Jeep mit Dachzelt: Ohne eigene Dusche muss man auch im *Jeep Sahara* auskommen, der von *Escape Campervans* angeboten wird (vorerst allerdings nur ab San Francisco). Kochecke, Spülbecken und Kühlschrank sind aber vorhanden. Alle Details dazu unter www.escapecampervans.com/campervans/4x4-rooftop-jeep-camper.

Motorhome Class C (23-30 ft): Dieser Camper haben immer einen weit über die Fahrerkabine hinausragenden Dachüberhang, in dem sich ein breites Doppelbett verbirgt. Nachtelig ist die dadurch eingeschränkten Sicht nach oben (u.a. im Stadtverkehr bei höher hängenden Ampeln und generell wegen der Aussicht). Gasherd, Mikrowelle, Spüle und Kühlschrank haben Haushaltsgröße, Schränke und Schubladen ebenso. Ein Doppelbett füllt das Achterschiff zusätzlich zur immer auch zum Bett umzubauenden Sitzecke. Bequeme Sessel ergänzen die Inneneinrichtung. Ab 24 ft Länge kommt man in den Genuss eines richtigen »Bads«. Erkauft wird dieser Komfort mit abenteuerlichen Überständen des Aufbaus über die Hinterachse. Die C-Klasse gibt es oft mit ***slide-outs***, die den Sitzbereich auf »Wohnzimmergröße« (ca. 3x3 m) ausdehnen, aber den Benzindurst erhöhen.

Compact RV (19 ft): ***Cruise America*** und ***Cruise Canada*** haben noch eine kleine C-Klasse im Angebot (C19; ➤ Foto umseitig). Dieser Fahrzeugtyp ist wegen geringerer Breite ein guter Kompromiss zwischen den verkehrstechnischen Vorzügen von Camper Vans und *Class C*-Komfort (Toilette und Duschkabine), aber je nach Saison kaum billiger als ein 24-Fuß-Großcamper. Der geringere Verbrauch kompensiert das nur zum Teil.

31 ft Class C Motorhome von Road Bear RV mit zwei ausgefahrenen »slide-outs« im Wohn- und Schlafzimmer Ende Mai am noch winterlichen Crater Lake

Motorhome Class A: Ab 30 Fuß/9 m Länge wird aus dem typischen Motorhome ein meist über 6 t schwerer **Riesen-Campingbus** der *Class A*. Die Überhänge verschwinden zugunsten eines integrierten Cockpits über die volle Breite von ca. 2,50 m mit viel besserer Rundumsicht als in den »kleinen« Modellen. An die Stelle eines Alkovenbetts tritt ein Doppelbett, das nachts über den Vordersitzen abgesenkt werden kann. Das Schlafzimmer hinten ist vom Wohnbereich separiert, die Nasszelle angenehm groß.

Grundsätzlich ist jedes Motorhome nur dann so richtig komfortabel, wenn es auf dem Campingplatz voll angeschlossen werden kann (***full hook-up***): Wasserschlauch, armdickes flexibles Abwasserrohr und ein mindestens 7 m langes fest mit dem RV verbundenes Gummikabel liegen bereit, eventuell auch noch die Leitung für den TV-Kabelanschluss, wenn es nicht sowieso eine Satellitenschüssel gibt. Und sollte mal in der Wildnis kein Strom da sein, hilft der Generator, dessen Betrieb extra kostet. Mit den Wasser- und Abwassertanks kommt man zur Not 2-3 Tage auch ohne Anschluss hin.

Pick-up oder Truck Camper (mit und ohne 4WD): Die **Kleinlastwagen** mit guter Bodenfreiheit, auf deren Ladefläche ein **Campingaufsatz** mit variabler Ausstattung von beengt bis hochkomfortabel montiert wurde, sind bei ***Cruise America*** und bei kanadischen Verleihern erhältlich. Üblich ist eine 4-türige Fahrer-Doppelkabine mit Platz für 2 Erwachsene und 2 Kinder. Nachteilig sind die erhöhte Windempfindlichkeit sowie die eingeschränkte Sicht wegen der teils riesigen Alkoven, zu denen kein Durchgang besteht (Eingang im Heck oder im hinteren Überhang seitlich). Der Aufsatz kann meist wegen fehlender dazu nötiger Ausrüstung nicht vom Fahrzeug getrennt werden. Die *Truck Camper* von ***Fraserway*** mit Dieselmotor punkten zwar mit einem etwas geringeren Verbrauch, aber Diesel ist in Nordamerika fast immer teurer als Benzin.

Pick-up Camper von CanaDream

Miet-Tarife, Gesamtkosten und Konditionen

Hauptsaison

Wohnmobile sind in Nordamerika in der Hauptsaison (Juni-Sept) ein **teures Vergnügen**. Zu (täglich schwankenden!) Basistarifen kommen Übergabegebühren, Endreinigungskosten, Pauschalen für die Ausstattung (Campingutensilien, Bettwäsche), Zusatzversicherungen, Zuschläge für Wochenend-/Vormittagübernahme u.a.m.

Meilen und Meilenpakete

Die **Standardtarife** beziehen sich auf eine bestimmte Anzahl an Freikilometer/-meilen pro Tag. Es können aber noch zusätzliche Distanz-Pakete gebucht werden, auch **unbegrenzte km/mi** sind zum Pauschaltarif oder als Tageszuschlag auf den Grundtarif erhältlich. Die Variante »unbegrenzt« und einige Meilenpakete sind vor Ort nicht verfügbar. Sie **müssen vorgebucht werden**.

Das bedingt eine sorgfältige Planung mit einer relativ genauen Abschätzung der Gesamtdistanz. Für nicht verbrauchte km/mi gibt es keinen Ersatz, ebenso wenig bei der unlimitierten Variante, wenn man am Ende mit der Abrechnung der km/mi besser gefahren wäre. Und wer die Gesamtzahl an Freikilometer/-meilen überschreitet, wird nachträglich (ordentlich) zur Kasse gebeten.

Frühbucher-Rabatt

Frühbucher erhalten bei allen Vermietern unterschiedliche, z.T. beachtliche Rabatte. In Abhängigkeit von der Buchungslage finden sich auch Spezialangebote auf den Portalen der Vermieter.

Nebensaison

Während in der Hauptsaison die **Miettarife in Kanada** in etwa denen **in den USA** entsprechen, sind zu anderen Zeiten Campmobile in Kanada oftmals billiger. Im Juni und September gelten mitunter noch/schon erheblich niedrigere Tarife, wobei die genauen saisonalen Abgrenzungen vom jeweiligen Vermieter abhängen. In der absoluten Nebensaison (Mitte Oktober bis Mitte April) sinken die Tagestarife auf 50% der Hochsaisonrate und darunter, bei allerdings identischen Kilometerkosten.

Einwegmieten

Einwegmieten (***one-way***) erlauben u.U. attraktivere Reiserouten als eine Rückkehr zum Ausgangspunkt. Die Zuschläge dafür fallen recht unterschiedlich aus und reichen von €300 bis ca. €1.000.

Haftpflicht

Die **Haftpflichtversicherungssumme** kann in den USA ein problematischer Punkt sein. Wer dort bucht, sollte einen Veranstalter wählen, der seine Kunden zusätzlich gut absichert. In Kanada zugelassene Campmobile sind in der Regel deutlich besser haftpflichtversichert als beim südlichen Nachbarn.

CDW

Die **Abkürzung CDW** (*collision damage waiver*, manchmal auch **LDW**, L für *loss*) suggeriert Freistellung von Kosten im Schadensfall. Diese Versicherung ist zwar immer bei den Campertarifen dabei, beinhaltet aber oft hohe Eigenbeteiligung bei Schäden am Fahrzeug (unabhängig davon, wer der schuldig sein mag, zahlt der Mieter zunächst immer). Bei bestimmten Schäden, die nicht auf Verkehrsunfälle zurückgehen (vom Dach »abrasierte Klimaanlage, Unterboden etc.) oder auf unbefestigten/nicht öffentlichen Straßen eintreten (z.B. bei der Zufahrt zum Campingplatz), haftet der Mieter selbst mit vorhandener CDW unbegrenzt.

Mehr zum Thema »Reisekosten« ➢ Seite 96

Außerhalb der »Kernzeit« von ca 10.07 bis 20.08 ist die RV-Miete in Kanada oft deutlich günstiger als in den USA; ab Mitte September können die ersten Bergstraßen aber schon rutschig und vereist sein

VIP Die **Zusatzversicherung** mit der schönen Bezeichnung **VIP** *(vacation interruption policy)* ergänzt CDW. Sie kostet vor Ort bis zu €20 /Tag, ist aber heute ebenfalls in vielen bei uns angebotenen Tarifen enthalten (worauf man achten sollte!). Sie reduziert von CDW nicht abgedeckte Schäden und in anderen Fällen die Selbstbeteiligung. Letztere kann durch eine Sonderversicherung (€4/Tag) über den Veranstalter (nicht vor Ort) weiter reduziert bis ganz eliminiert werden.

Kleingedrucktes Sämtliche Detailregelungen stehen »kleingedruckt« in den Unterlagen, die bei Fahrzeugübernahme – oft ungelesen – unterschrieben werden. Ggf. vorher im Internet die AGBs durchlesen!

Kaution Die Höhe der Kaution hängt nicht nur vom Fahrzeugmodell, sondern von den jeweils abgeschlossenen Zusatzversicherungen ab. Sie fällt auch bei Vorbuchung aus dem Ausland an und kann üblicherweise nicht in bar geleistet werden, sondern meistens nur per Blankounterschrift auf einem Kreditkartenformular.

Welchen Camper?

Bei der Entscheidung für den »optimalen RV« darf man seine Urlaubsabsichten nicht aus dem Auge verlieren. Wer mit einem Van nicht auskommt, sollte den C19 von *Cruise America/Canada* in Erwägung ziehen. Es sei denn, ruhiges Reisen mit langen Verweilperioden und/oder höherer Komfort- und Platzbedarf (mehr als zwei Personen) stehen im Vordergrund. Größere *Motorhomes* haben auch Nachteile: Wegen eingeschränkter Wendigkeit erfordern sie eine hohe Konzentration im Stadtverkehr und sind auch meist wenig geeignet für spontane Abstecher auf engeren Straßen zu besonders reizvollen Zielen oder Campingplätzen. Die Kosten sind trotz des Mehrverbrauchs oft nicht höher. Bei Vans und *Compact RVs* muss mit mindestens 16 l/100 km gerechnet werden, bei größeren C31-Modellen mit 25 l/100 km im Schnitt. Das führt – obwohl Sprit in den USA vergleichsweise günstig ist – bei einem 4.000-km-Roadtrip schnell zu einer Differenz von 400-500 USD. Allerdings liegen die Miettarife für kleinere Modelle oftmals mehrere Hundert Euro höher, so dass man am Urlaubsende nicht selten eine Nullsummenrechnung hat.

Übernahme, Wartung und Rückgabe des Campmobils

Die Camperübernahme ist zeitintensiv. Sie darf normalerweise aus versicherungstechnischen Gründen nicht am **Tag der Ankunft** bzw. direkt nach einem Transatlantikflug erfolgen. Manche Unternehmen holen ihre Kunden auf Wunsch und meist gegen Gebühr in bestimmten Airport-Hotels ab. War es früher bei den Camperverleihern üblich, den Vormittag weitgehend für die Rückgabe einlaufender Wagen zu reservieren und die Neukunden frühestens ab 11-13 Uhr »anzukarren«, ist heute der *Early Pick-up* am Vormittag bei allen großen Vermietern möglich (Sonderregelung, meist mit Zusatzkosten verbunden).

Mehr oder weniger identisch ist bei allen Firmen das Formale. Die Kaution bzw. Blanko-Kreditkartenunterschrift deckt nicht nur Risiken ab, sondern bezieht sich auf eine lange Liste von Extrakosten (Übergabegebühren, Zusatzversicherungen, Mehrmeilen, ev. noch nicht bezahlte *Convenience Kits*, Kindersitze, Generator, Steuern und ggf. Schäden. Die Abrechnung erfolgt erst nach der Rückgabe.

Nach Klärung der Formalitäten erfolgt die **Inspektion des Fahrzeugs** verbunden mit einer **Einweisung**. Schließlich muss der Kunde wissen, was es mit Umbauliegen, Nebenaggregaten, Wasser- und Schmutzwassertanks, Gasherd, Kühlschrank, Dachklima etc. auf sich hat. Bei Andrang sind die unter Zeitdruck gegebenen Erläuterungen nicht immer optimal. Bedienungsanleitungen liegen bei den größeren Verleihern meist auch auf Deutsch vor. Fragen kann man auch nach **Unterleghölzern**, die beim Niveauausgleich und gegen eine schlafstörende Schieflage des RVs helfen.

Ratsam ist, sich nach der Einweisung noch einmal gründlich mit der Technik des Fahrzeugs vertraut zu machen und die wichtigen Funktionen zu checken, bevor man den Hof verlässt. Wenn sich erst später herausstellt, dass der Kühlschrank nicht richtig funktioniert oder der Wasserschlauch fehlt, verursacht das nötige Zurückfahren ggf. einen erheblichen/problematischen Zeitverlust.

Checklisten: Unter www.womo-abenteuer.de/downloads (eine gute Adresse für alle Fragen rund um die Wohnmobil-Miete!) findet sich eine ausführliche Anleitung für die RV-Übernahme. Auch das PDF zur »An- und Abfahrt auf dem Campground« mit Abfahrtscheckliste ist hilfreich. Denn vor dem Aufbruch muss allerhand verstaut, verzurrt und festgemacht sein, auch außen 'rum darf nichts hängengeblieben sein oder noch offenstehen. Der folgende ***Check* nach jedem Stopp** wird rasch zur festen Gewohnheit:

- Ist im Innenraum alles wieder rutschfest verstaut?
- Ist die Kühlschranktür gesichert?
- Ist das Dachfenster geschlossen?
- Ist das Gas abgedreht? (muss nicht, ist aber keine schlechte Idee)
- Ist der Tritt unter der hinteren Tür (automatisch) eingeklappt?

Wartung: Ebenso wie bei der Pkw-Miete sind Wartungsfragen bei den RVs normalerweise kein Thema. Nur bei sehr langen Mietzeiten können Ölwechselintervalle schon mal überschritten werden. In dem Fall erhält der Mieter bei der Übernahme dazu Anweisungen. Bei großer Hitze (und daher höherem Verbrauch des Kühlaggregats) und Kälte (hoher Verbrauch für die Heizung) müssen Mieter unterwegs gelegentlich **Gas auffüllen** lassen. Das geht problemlos auf vielen Campingplätzen und an Tankstellen.

Reparaturen: Reparaturen dürfen – wenn sie minimale Kosten übersteigen – **erst nach Rücksprache mit der Verleihfirma** ausgeführt werden. Dazu gehört auch der Ersatz unterwegs verschlissener Reifen. Die größeren *Rental Companies* haben Verträge mit landesweit operierenden Reifenfirmen wie ***Goodyear***, ***Big O Tires*** oder ***Canadian Tire***, die nicht nur aufs Reifengeschäft fixiert sind, sondern auch gängige Routinereparaturen durchführen. Deren Ableger sind sogar noch in relativ kleinen Ortschaften zu finden. Der Mieter kann sie ggf. von sich aus anlaufen. Das hat den Vorteil, dass die Kommunikation mit dem Vermieter von der Werkstatt übernommen wird.

Pannen: Spätestens bei der ersten Panne wird man feststellen, dass **kaum Bordwerkzeug** vorhanden ist. Einige Verleiher entfernen sogar Wagenheber und Radschlüssel. Hintergrund dafür ist, dass der Vermieter über die dann notwendige Hilfe durch den AAA/CAA-Pannendienst oder eine lokale Werkstatt objektiv erfährt, wo und wie die Panne erfolgte. Der Mieter darf sie also ggf. selber bezahlen, sollte er z.B. unbefestigte Straßen befahren haben. Das hört sich dramatisch an, bleibt aber die Ausnahme. Ernster Ärger mit den vor jeder Miete durchgecheckten (das versichert man zumindest), überwiegend ziemlich neuen Fahrzeugen der großen Vermieter tritt eher selten auf.

Rückgabe des Campers: Vor der Abreise steht die Rückgabe des Campers meistens am Vormittag an. Möchte man **Endreinigungskosten vermeiden**, muss das Wohnmobil besenrein und mit entleerten Abwassertanks zurückgegeben werden, auch mit gefülltem Frischwasser- und Benzintank, so man sie voll übernommen hat. Die Vermieter akzeptieren im Allgemeinen äußerlich »normal verschmutzte« Fahrzeuge. Es wird aber erwartet, dass der Kunde groben Dreck (an einer der vielen Waschanlagen mit Druckreinigern) vor der Rückgabe entfernt hat. Andernfalls bittet man zur Kasse. Ist nichts beschädigt, sind die **Formalitäten** (Inspektion des Wagens, Abrechnung von Mehrmeilen, Steuern etc.) rasch erledigt.

Der Vermieter sorgt üblicherweise für den Transport zum Hotel bzw. zum Airport. Bei Planung von **Rückgabe und Abflug am selben Tag** sollte auf reichlich Zeit geachtet werden: besser nicht unter 5 Stunden zwischen Ankunft in der Station und Abflug bei einer angenommenen **Transferzeit** von etwa 1 Stunde. Denn gelegentlich entstehen Wartezeiten, etwa auf andere Kunden, die im selben Fahrzeug oder zu anderen Zielen transportiert werden müssen. Auch Verkehrsstaus sind in den großen Citys immer möglich. Am entspanntesten verläuft die Rückgabe einen Tag vor Abflug.

*Typischer Vollanschluss (**full hook-up**) für RVs mit Steckdose, Wasserhahn und Abwasserloch (»grey water« aus Dusche und Spüle). Letzteres fehlt bei normalen hook-up sites. Das Toilettenwasser (»black water«) muss – oft gegen Gebühr – an zentralen **dump stations** abgelassen werden. Diese werden auch sani dumps oder sewage stations genannt und sind zusätzlich an Tankstellen, truck stops und bisweilen sogar vor Besucherbüros zu finden.*

2

2.6.3 Reiseformen im Vergleich

Die Vor- und Nachteile des Reisens per Pkw/Zelt, SUV/Motel oder im Campmobil lassen sich nur begrenzt verallgemeinern, zu unterschiedlich sind die individuellen Vorstellungen und Ansprüche. Aber es gibt einige in Nordamerika wichtige, teilweise eventuell nicht offenkundige Aspekte, die vor der Entscheidung für die eine und gegen eine andere Reiseform bedacht werden sollten. Die recht unterschiedlichen **Kosten der drei Alternativen** klären vielleicht schon im Vorfeld, welche Möglichkeit in Frage kommt – ganz unabhängig von weiteren Überlegungen:

Kostenvergleich Amerika-Urlaub für 2 Personen und 5.000 km in €

3 Wochen Hauptsaison Juli/August und Zwischensaison Mai bzw. September
ohne Eintrittsgelder, Einkäufe und sonstige Nebenkosten; 1 USD = €0,95 / 1 CAD = €0,68

Kostenart	Pkw+Zelt	SUV+Hotel	Wohnmobil 21 Fuß
Fahrzeugkosten[1)]	(Kompaktklasse)	(Midsize)	(Frühbucherrabatt)
Hauptsaison	1.085	1.212	4.502
Zwischensaison	894	988	2.833
Benzinkosten[2)]	400	500	1.100
	8l/100 km	10l/100 km	22l/100 km
Übernachtung[3)]			
Hauptsaison	1.105	2.860	1.465
Zwischensaison	935	2.420	1.385
Verpflegung[4)]	1.050	1.680	1.050
Flüge			
Hauptsaison	2.000	2.000	2.000
Zwischensaison	1.300	1.300	1.300
Gesamtkosten Hauptsaison	**5.640**	**8.252**	**10.117**
Gesamtkosten Zw.saison	**4.579**	**6.888**	**7.668**

Basis aller Annahmen generalisiert (müssen im Einzelfall nicht immer ganz zutreffen):

1) **Fahrzeugkosten:** jeweils inklusive sämtlicher Steuern und Premiumversicherung; bei Campern mit 250 Freikilometern/Tag und den üblichen Neben(zusatz)kosten wie Transfer, *Camping Kit* (➢ Seite 105), Endreinigung etc.
2) **Benzinpreis:** €1 pro Liter – grob geschätzt für beide Länder (➢ Seite 112)
3) **Übernachtung:** Zeltcamping ca. €25/Nacht und bei RV-Camping (mit nur selten *Full hook-up*-Anschluss) können im Schnitt €45 ausreichen (➢ auch Seite 120ff); für alle die erste und letzte Nacht im Airport/City-Hotel (€170, Nebensaison €130), zusätzlich für Hotel-Urlauber 18 Nächte in Mittelklassehäusern (durchschnittlich €140 inkl. Steuern, Zwischensaison €120 möglich) und bei Pkw-Zelt-Camping auch drei Nächte zu €130 (Nebensaison €100) in preiswerteren Bleiben an Schlechtwettertagen oder bei Stadtbesuchen; ➢ auch Seite 116ff
4) **Verpflegung:** Lebensmittel sind sehr teuer, selbst bei Camping eher nicht unter €50/Tag (für 2 Personen) einschließlich gelegentlichem Fast Food, aber ohne Alkoholika und Restaurantbesuche; bei Hotel-Urlauber nicht unter €80/Tag

Pkw mit Zelt

- Unter dem Aspekt der **Kostenminimierung** ist diese Kombi selbst dann unschlagbar, wenn ab und zu ein Motel aufgesucht wird. ***Boondocking*** ist Zelt- und RV-Urlauben vorbehalten und vielerorts gestattet. So zahlt man gar nichts fürs Übernachten (➢ Seite 122).
- Ein weiterer Vorteil: Der **Kontakt zu Einheimischen und anderen Reisenden** fällt auf Campingplätzen meistens leicht. Geselligkeit, so man sie sucht, ergibt sich zwanglos. Ähnliches gilt auch für alle, die in Jugendherbergen oder B&Bs übernachten!
- Zu den Nachteilen dieser Reiseform gehören in erster Linie **Komfortmängel**, speziell bei Regen und Nässe (häufig in Pazifiknähe) sowie durch die Kälte in den Höhenlagen. Mitten im Sommer können auf 2.000 m Nachtfröste auftreten. Und bis Mai/ab September wird es nach Sonnenuntergang über 1.000 m immer empfindlich kühl.

Pkw und Hostels

- Im Mehrbettzimmer bewegt man sich kostenmäßig nur geringfügig über dem Zelt-Urlauber (im Schnitt etwa €30/Nacht). Bei Nutzung von EZ und DZ (ab €90/Nacht) zahlt man deutlich weniger als in Motels, aber meist mehr als für einen RV-Stellplatz.

SUV und Motelübernachtung

- Die **Übernachtungskosten** können in der Tabelle (➢ links) zur Hauptsaison noch immer zu tief angesetzt sein, vor allem bei mehrtägigem Aufenthalt an teuren Orten.
- Größter Nachteil ist das höhere Maß an **Unflexibilität**: Im Umfeld vielbesuchter Parks müssen Zimmer langfristig reserviert werden, auf neue Eingebungen oder widriges Wetter kann man schlechter reagieren. Eine spontane Quartiersuche zur Hochsaison artet oft in Stress und Frust aus. Campingplätze können zwar auch voll belegt sein, aber die Ausweichmöglichkeiten (Nationalforste usw.) sind ungleich besser.
- Wegen **begrenzter Möglichkeiten zur Selbstverpflegung** sind bei zwei Personen €80 pro Tag kaum zu unterbieten; mit wenig Fast Food und häufigeren Restaurantbesuchen werden es schnell €150 und mehr! Wer sparen möchte, führt einen Kocher im Kofferraum mit oder nutzt die gratis Grillroste im nächsten Stadtpark, am Strand und auf *picnic areas*. Dort kann man auch den Tag ausklingen lassen, denn die Abendgestaltung kann für Hotelgäste ein heikles Thema sein, zumal eigene Hausbars unüblich sind und selbst die Kleinstädte an touristischen Brennpunkten nach 21 Uhr wie ausgestorben wirken. Da ist es beim Campen rund ums Lagerfeuer meist gemütlicher!

Reise im Campmobil

- Anders als im Zelt sitzt man im RV auch bei Schlechtwetter trocken und warm. Mit eigenem Generator, Mikrowelle und Satelliten-TV gibt es kaum einen langweiligen Abend. Um den teuer erkauften **Komfort** (im Vergleich zum Zelt-Urlauber viel höhere Fahrzeugkosten und teils **happige Stellplatzgebühren**) richtig genießen zu können, müssen aber vorher allerlei Schläuche und Kabel entrollt, festgemacht und wieder eingepackt, Frischwasser-/Abwassertanks aufgefüllt bzw. abgelassen werden und die Strom-/Gasversorgung darf man auch nicht außer Acht lassen. Hotelgäste können schneller »ins Bett fallen« und müssen auch kein Zelt aufbauen.

Im Endeffekt stehen sich hier aber eher **Philosophien** und persönlichen Präferenzen gegenüber als die reine Kalkulation. **Ohne Kostenüberlegung** ist für den Roadtrip durch die nordamerikanischen Weiten ein Wohnmobil das **optimale Fahrzeug für Familien mit Kindern**. Für die Kleinen bietet es im Normalfall mehr Spaß und Abwechslung.

2.7 Nordamerika per Bus oder Bahn

Das **öffentliche Verkehrssystem** ist in den USA und Kanada nicht ansatzweise so flächendeckend angelegt wie in Europa. Vor allem im Westen ist das **Eisenbahn-** wie auch **Busnetz extrem »weitmaschig«** und beide weisen eine sehr **niedrige Verkehrsfrequenz** auf. Die meisten Staaten sind gerade mal von ein oder zwei Schienensträngen durchzogen, auf denen Personenverkehr oft nur 1x täglich oder weniger je Fahrtrichtung abgewickelt wird. Auch haben Güterzüge immer Vorrang, so dass auf längeren Strecken **Verspätungen von mehreren Stunden** eher die Norm als die Ausnahme sind. Fast alle Nationalparks und die schönsten Plätze liegen fernab der Bahngleise und können – falls überhaupt – nur mit viel Aufwand und beachtlichen Extrakosten besucht werden.

Ist die Reise ausschließlich als **City-Trip** geplant, sollte man wissen, dass selbst Metropolen keinen zentrumsnahen Bahnhof aufweisen müssen. So befindet sich z.B. in San Francisco die nächstgelegene Station auf der anderen Seite der Bay in der Kleinstadt Emeryville. Wer also in Nordamerika nur mit »Bus & Bahn« unterwegs sein möchte, hat vorab jede Menge Logistik zu bewältigen.

AMTRAK (USA)

Da Einzeltickets des Passagier-Schienenverbundes **AMTRAK** meist eine ziemlich kostspielige Angelegenheit sind, kommt für Rundreisen – wenn überhaupt – nur ein für das gesamte US-Netz gültiger ***Rail Pass*** in Frage: www.amtrak.com/tickets/departure-rail-pass.html. **Ohne Fahrausweis** (werden immer extra ausgestellt!) und ohne **Reservierung** darf man nicht in den Zug steigen. Für spontane Entschlüsse bleibt so nur wenig Raum. Einfach zum Bahnhof gehen, rasch ein Ticket kaufen und in den Zug springen, funktioniert im Allgemeinen nicht oder nur mit Glück.

Komfort wie etwa *WiFi* oder einen Waggon mit tollem Blick (*observation car*) wird nur auf wenigen ausgewählten Routen geboten. Für den Liegewagenplatz werden Zuschläge fällig und für **nostalgische Spezialzüge** (➤ Seite 63) gelten die *Rail*-Pässe nicht. D.h., ein Trip durch den Nordwesten der USA per Schiene ist eher nur 'was für **eingefleischte Eisenbahn-Fans**.

Zu den interessanteren Strecken zählt der ***Cascades***-Zug, der die Städte Vancouver, Seattle, Portland, Salem und Eugene verbindet.

VIA Rail (Kanada)

Das Streckennetz, auf dem kanadische Eisenbahnen unter der Verbundbezeichnung ***VIA Rail*** Personen befördern, beträgt heute nur noch 10.300 km. Dabei bezieht sich weit über die Hälfte dieser Gesamtdistanz auf die Transkontinentalverbindung **Halifax–Montréal–Toronto–Vancouver**. Ab Toronto fährt Kanadas berühmtester Zug, der ***Canadian***, die 4.466 km über Edmonton und Jasper nach Vancouver in nur 86 Stunden. Im Westen bieten einige Streckenabschnitte immerhin viel fürs Auge, speziell gilt das auf der Fahrt durch die Rocky Mountains und weitere Bergketten in British Columbia. Wer allerdings die Reise für einen Zwischenstopp unterbricht, wartet mindestens zwei Tage auf den nächsten Zug.

Luxuszug »Rocky Mountaineer« www.rockymountaineer.com

Eine Sonderstellung nimmt der ***Rocky Mountaineer*** ein. Dieser Luxuszug fährt bei der Route »First Passage to the West« in zwei Tagen von **Vancouver** über die Nationalparks Glacier, Yoho und Banff **nach Calgary**. Der Preis für die 2x wöchentlich stattfindende Tour schließt Verpflegung und Übernachtung in Kamloops ein (in der Hochsaison ab CAD 2.000 p.P.). Die Streckenführung durch die ***Canadian Rockies*** ist attraktiver als die ***VIA Rail***-Route von Kamloops nach Edmonton über Jasper.

Hier wird der rote Teppich ausgerollt, der Rocky Mountaineer in Jasper

Ein Highlight ist die ***Skyline Dome Car***, ein verglaster Aussichtswagen in den Transkontinentalzügen – zugänglich für jeden Fahrgast unabhängig von der Ticketklasse. Reserviert werden müssen Einzel- und Doppelabteile mit Nasszelle, die nachts zu privaten Schlafzimmern umgebaut werden können, Liegeabteile (*berth*) und die *Coach*-Klasse (abteillose Großraumwagen).

Der früher günstige ***CANRAILPASS*** wurde im Sommer 2022 abgeschafft, die angekündigten neuen Discount-Tickets der Bahn lassen bisher auf sich warten. Aktuelles unter: www.viarail.ca.

Fernbusse

Sehr rosig sieht es auch bei den Fernbussen nicht aus. Für individuelle Reisen sind sie schon lange unattraktiv, auch unter ökonomischen Aspekten. So ist es nicht weiter verwunderlich, dass sich ***Greyhound***, der einstige Monopolist in Nordamerika, wegen anhaltend rückläufiger Passagierzahlen 2021 ganz aus Kanada zurückgezogen hat und kurz darauf vom deutschen Busanbieter ***FLIXBUS*** aufgekauft wurde. Primär werden die größeren Städte bedient, so geht es z.B. mehrfach täglich von Seattle nach Portland, Spokane oder für $33 nach Vancouver. Tickets sind i.d.R. recht günstig. Übersicht unter www.flixbus.com/bus-routes.

Generell gilt in Nordamerika: Fernbusse werden seit jeher primär von den ärmeren Bevölkerungsschichten genutzt. Jeder, der es sich nur irgendwie leisten kann, fliegt oder benutzt sein eigenes bzw. gemietetes Fahrzeug. Ob ***FLIXBUS*** und höhere Sprit-Preise daran in den kommenden Jahren etwas ändern, bleibt abzuwarten ...

Innerstädtische Verkehrsmittel

Was öffentliche Verkehrsmittel betrifft, hat die USA nicht zu Unrecht einen schlechten Ruf. Die Pauschalisierung trifft aber nicht auf **Metropolen** wie San Francisco, Seattle, Salt Lake City oder Denver zu. Dank hoher Subventionen sind die städtischen Systeme gut ausgebaut und obendrein sehr preiswert.

2.8 Wo ist langfristiges Vorbuchen nötig?

2.8.1 Übernachtungen reservieren

Eine Fahrt ins Blaue oder doch lieber das Gros der Übernachtungen schon im Voraus buchen – vor dieser Entscheidung stehen viele Nordamerika-Urlauber, sobald sie ihre Reiseroute grob zusammengestellt haben. Ein gewisses Maß an Flexibilität möchte man sich bewahren und abends trotzdem nicht stundenlang ein Quartier suchen müssen.

Zeltplätze

Wer mit dem **Zelt oder Camper** unterwegs ist, genießt in der Regel die größten Freiheiten und kann zur Not in die umliegenden Gebiete des *National Forest* oder BLM ausweichen. Wer allerdings den Sommer über gewisse Plätze in Städten oder in den Naturparks ansteuern möchte, muss meist langfristig reservieren; alle Details dazu ➤ Seite 120ff.

Zimmer, Cabins

Außerhalb der Hochsaison (➤ Seite 39, »Hauptreisezeit der Amerikaner/Kanadier«) sollte die Quartiersuche auch bei einer **Autorundreise** keine größeren Probleme verursachen. Bei den Touristenmagneten muss aber selbst in der Nebensaison eine gewisse örtliche/preisliche Flexibilität mitgebracht werden. An Wochenenden und Feiertagen empfiehlt sich grundsätzlich eine Reservierung. Abseits dieser »Hotspots«, im Umfeld kleinerer nordamerikanischer Städte, kommt es – saisonabhängig – sogar zu Überkapazitäten mit erfreulichen Auswirkungen auf die Effektivpreise. Dann profitiert man von der *best rate* und übernachtet dort ohne Vorbuchung oft preiswerter. Es gibt aber gleich **eine ganze Reihe von Ausnahmen**, bei denen man sich gar nicht früh genug um die Unterkunft kümmern kann, dazu zählen folgende Gebiete:

Rund um die beliebtesten Nationalparks

Zur (kurzen) Sommersaison ist in und rund um die berühmtesten Parks meist sehr viel los, vor allem im *Yellowstone, Grand Teton* und *Glacier NP* bzw. in Kanada im *Banff* oder *Jasper NP*. Städte wie **Jackson**, **West Yellowstone**, **Lake Louise**, **Banff** und **Jasper** sind dann üblicherweise lange im Voraus hoffnungslos ausgebucht. Und wer das Glück hat, kurz vorher dort doch noch ein Zimmer zu ergattern, staunt meist nicht schlecht über die Tarife ...

Old Faithful Inn und Lodge - bei der Lage nicht weiter verwunderlich, dass die Zimmer und Cabins langfristig ausgebucht sind

Noch prekärer ist die Situation in den Parks selbst. Die Zimmer oder *cabins* der ***Park Lodges*** bucht man am besten mit einem Jahr Vorlauf; beim **Glacier** und **Yellowstone Nationalpark** vorzugsweise sobald der Kalender freigesschaltet wird, wenn man dort möglichst kostengünstig unterkommen möchte. Ähnlich begehrt sind die Zimmer im »Paradies« unterhalb des **Mount Rainier** oder im *Prince of Wales Hotel* (***Waterton Lakes National Park***).

Generell gilt: Die preislich attraktiveren Unterkünfte **im weiten Umfeld** der beliebtesten Parks füllen sich nach dem Freischalten der Buchungsseiten ebenfalls sehr rasch. Bei knapp bemessener Zimmerkapazität betrifft das zunehmend auch kleinere Ortschaften wie **Forks** beim *Olympic National Park* oder **Estes Park** beim *Rocky Mountains National Park*.

Selbst das Bett in den ***HI Hostels*** am ***Icefields Parkway*** sollte man sich unbedingt vorab sichern, wenn auch nicht ganz so langfristig – einige Monate vor der Reise reicht in dem Fall meistens aus.

2

Wo und wann noch vorbuchen?

Richtig teuer kann es ohne rechtzeitige Reservierung in den ***Big Citys*** San Francisco, Seattle und Vancouver wie auch in deren Einzugsgebiet werden. Jede für sich gilt als nationale wie internationale Touristenattraktion und sie sind nicht nur den **Sommer** über stark gebucht, sondern generell zwischen den zwei verlängerten amerikanischen Wochenenden ***Memorial Day*** und ***Labor Day*** (letzter Montag im Mai bis erster Montag im September). Ganz besonders heikel sind dabei die Termine rund um die **Nationalfeiertage** (**1. Juli** in Kanada und **4. Juli** in den USA), aber auch der **19. Juni** (*Juneteenth* in den USA).

Ähnliches trifft auf bestimmte populäre Orte wie **Victoria** (Vancouver Island), **Cannon Beach** an der Oregon-Küste und Bereiche mit begrenzter Kapazität wie z.B. die *Redwood Parks* zu. Auch in **Coeur d'Alene** und **Sun Valley** (beide Idaho) sowie **Cody** (Wyoming) findet man dann – falls überhaupt – Zimmer nur zu Höchstpreisen.

Bei Events ➢ Seite 742

Problematisch wird es auch in Zeiten sportlicher Superevents, vielbesuchter Messen sowie spezieller **Großveranstaltungen** wie z.B. die *Calgary Stampede*, das *Pendleton Round-up* in Oregon oder die *Motorcycle Rally* in den Black Hills.

Erste/letzte Nacht

Ein Bett für die **erste Nacht in Übersee** sollte man nach dem langen Flug sicher haben (diese erste »Adresse« wird in den USA ohnehin bei der Einreise verlangt und auch Wohnmobile dürfen in der Regel nur am Folgetag übernommen werden). Falls der Rückflug schon am Vormittag anliegt, empfiehlt es sich auch, die **letzte Nacht** in Airport-Nähe zu verbringen.

2.8.2 Zeitgebundene Tickets bei Museen, Aquarien etc.

Vereinzelt sind bei vielbesuchten Attraktionen sog. ***timed entry tickets*** nötig (=Einlass nur zu einer bestimmten Zeit mit Reservierung). Die Details dazu stehen an entsprechender Stelle im Reiseteil; sie können sich aber immer ändern (da oft noch Pilotprojekte).

2.8.3 Erforderliche Reservierungen in Naturparks

Die während der letzten Jahre stark gestiegenen Besucherzahlen und die damit verbundenen immer größer werdenden Probleme (Staus, Wartezeiten, Überfüllung usw.) haben dazu geführt, dass man in einige Naturparks zur Hauptsaison nur noch mit **Reservierung** hineindarf. Mitunter muss man sich schon lange im Voraus an einem Stichtag darum kümmern, was die Urlaubsplanung etwas erschwert und deutlich unflexibler macht.

Ein ***day-use permit*** gilt für einen bestimmten Tag, ein ***timed entry ticket*** erlaubt die Einfahrt dann nur während eines gewissen Zeitfensters (die Dauer des Aufenthalts wird dadurch nicht festgelegt!). Davon ausgenommen sind **Biker** oder **Fußgänger** und meist auch alle, die in den Parks übernachten (*lodge/campground*), Touren gebucht haben oder sich ein *backcountry permit* sichern konnten. Bei besonders populären Naturschutzgebieten werden Zutrittsbewilligungen sogar verlost. Findet die Online-Vergabe auf *First-come, first-served*-Basis statt, muss man vor allem bei den unten mit *** gekennzeichneten Parks **am Stichtag** möglichst **pünktlich und schnell** sein. Zu dem Zeitpunkt sollte auch schon ein Account bei www.recreation.gov vorhanden sein! Wer erfolgreich war, erhält per E-Mail einen QR-Code zugeschickt, den er/sie dann bei der Einfahrt gemeinsam mit einem Lichtbildausweis vorzeigen muss; am besten abspeichern, falls vor Ort das Netz »schwächelt« (oftmals der Fall in Naturparks).

Die folgende Auflistung beinhaltet Termine, die relevant sein könnten (ausführlicher, aktueller und alle Links zum Anklicken unter: https://blog.synnatschke.de/usa/reservierungen-in-nationalparks-deadlines-2024). Sicherheitshalber die Angaben aber vorher auch noch auf den jeweiligen Websites überprüfen, denn die Modalitäten ändern sich immer wieder. Mancherorts laufen Pilotprojekte, die von den Parkverwaltungen bei Bedarf selbst unter dem Jahr noch angepasst werden. 2025 kann es zudem neue Termine und weitere Maßnahmen (auch in anderen Naturschutzgebieten) geben.

Stichtage für die Vergabe der »Permits« und »Entry Tickets«

(MT Mountain Time, PT Pacific Time; ➤ Seite 145)

Alpine Lakes Wilderness (in den Kaskaden):
Permits für Mehrtageswanderungen in den Enchantments 15.5.-31.10.2024 erforderlich; Mitte-Ende Feb -> Teilnahme an der Lotterie für alle Termine im laufenden Jahr; Restplätze in der Kalenderreservierung am 1. April um 7 Uhr PT und bei den *walk-up lotteries* Mo-Sa in der Leavenworth Ranger Station; www.recreation.gov/permits/233273

Columbia River Gorge:
Multnomah Falls*** – von Ende Mai bis Anfang Sept. 9-18 Uhr *timed use permit* für den Besuch bzw. den Parkplatz (I-84/Exit 31); www.recreation.gov/timed-entry/10089144 (2022 war das Befahren des Historic Hwy zwischen den I-84 Exits 28 und 35 erstmals nur mit Zeitticket möglich, 2023 wurde diese Maßnahme wieder ausgesetzt)
Dog Mountain Trail – Park-Erlaubnis zur Wildblumenblütezeit von 29.4.2024 bis Mitte Juni an Wochenenden sowie an Feiertagen erforderlich; die Vergabe erfolgt am 15. März sowie jeweils 3 Tage im Voraus unter www.recreation.gov/timed-entry/10091444

Glacier National Park:
Going-to-the-Sun Road*** 24.5-8.9.2024 (6-15 Uhr) ab der West-Einfahrt nur mit *vehicle reservation* gestattet (alternativ aber freier Besuch ab St. Mary/Ost-Einfahrt oder per

Shuttle), das Gleiche gilt im Bereich North Fork und 1.7-8.9.2024 in der Many Glacier Area; Vergabe 120 Tage im Voraus und zusätzliche *last minute permits**** jeweils am Vortag um 7 Uhr MT; www.recreation.gov/timed-entry/10087086

Mount Blue Sky Scenic Byway (ehemals Mount Evans)*:**
75% der *timed entry tickets* exakt 2 Monate vorab *first-come, first-served* um 8 Uhr MT, die restlichen 25% dann 2 Tage vorher: www.recreation.gov/timed-entry/10087438

Mount St. Helens*:**
Climbing permits (1.4-31.10) jeweils 1 Monat vorab am Monatsersten *first-come, first-served* um 7 Uhr PT (1.3. für Apriltermine usw.); www.recreation.gov/permits/4675309
Für ***Ape Cave*** *timed entry ticket* nötig: www.recreation.gov/timed-entry/10086990

Muir Woods National Monument:
Parkplatz- oder Shuttlereservierung erforderlich, an Wochenenden und Feiertagen unbedingt schon etliche Tage vorher buchen: https://gomuirwoods.com

Newberry National Volcanic Monument:
Tickets für die Zufahrt zur Lava River Cave Mai-Mitte Sept exakt 30 Tage im Voraus um 7 Uhr PT, die übrigen werden dann am Tag selbst nach und nach im 30-Minuten-Takt freigeschaltet: www.recreation.gov/timed-entry/10089508

Redwoods National Park:
Tall Trees Grove – Zufahrt zum *trailhead* nur mit *permit*, erhältlich bis zu 6 Monate im Voraus unter https://redwoodparksconservancy.org/permits/tall-trees;
Gold Bluffs Beach & Fern Canyon – das *day-use permit* (1.5.-30.9.) ist bis spätestens am Vorabend zu beantragen: www.nps.gov/redw/planyourvisit/ferncanyonpermits.htm

Rocky Mountain National Park*:**
An allen Einfahrten Zeitticket 24.5.-15.10.2024 (9-14 Uhr) nötig, im Bereich »Bear Lake Road« sogar 24.5.-20.10.2024 (5-18 Uhr); Vergabe *first-come, first-served* ein Monat im Voraus am Monatsersten um 8 Uhr MT (1.5. für Mai/Juni, 1.6 für Juli, 1.7 für August usw.): www.recreation.gov/timed-entry/10086910. Auch die alternative Anreise zu den *trailheads* an der Bear Lake Road per »**Hiker Shuttle**« muss Ende Mai-Mitte Okt reserviert werden, auch am Monatsersten oder last minute einen Tag vorher um 19 Uhr MT (meistens sehr schnell ausgebucht): www.recreation.gov/timed-entry/10088647

Timpanogos Cave National Monument:
Zeitgebundenes Ticket erforderlich; bis zu 30 Tage vorher online erhältlich, Restplätze meistens täglich um 7 Uhr MT; www.recreation.gov/ticket/facility/249993.

IN KANADA

Anmeldung unter https://parks.canada.ca/voyage-travel/reserve beim:

- **Banff NP** – Besuch des **Moraine Lake***** nur mit Shuttle (40% der Sitzplätze Mitte April, die übrigen 2 Tage vorher um 8 Uhr MT)
- **Yoho National Park** – Vergabe der Shuttlebus-Tickets für **Lake O´Hara** per Losverfahren meist im März/April

Drei populäre **Provinzparks** erfordern eine Reservierung 2 Tage im Voraus um 7 Uhr PT unter https://reserve.bcparks.ca/dayuse:

- **Garibald PP** (meist Mitte Juni-Mitte Okt) *timed entry* am Cheakamus Trailhead sowie *day-use* bei Diamond Head und Rubble Creek
  - **Joffre Lakes Provincial Park***** (meist Mai bis Mitte Oktober)
  - **Golden Ears Provincial Park** (meist Mitte Juni bis Anfang Sept).

2.9 Was muss mit, was nicht?

In den Koffer gehört alles, was man auch für eine ähnliche Reise in Europa mitnehmen würde – klimabezogen und aktivitätsabhängig. Wenn trotzdem etwas vergessen wurde, dann lässt es sich in Nordamerika meist leicht nachbeschaffen.

Speicherchips

Speicherkarten für Digitalkameras erhält man zum Beispiel in den Fotoabteilungen der Kaufhäuser wie *Target, K-* oder *Walmart* und in den Läden der Elektronik-Kette *Best Buy*.

Steckdosen-/ Kfz-Adapter

Anders sieht es bei den **Adaptern** für die amerikanische Steckdose aus, diese findet man bei uns problemlos in *travel shops* oder Kaufhäusern, nicht so in Übersee. Unbedingt mitnehmen! Zu beachten ist auch, dass einfache Elektrogeräte wie Föhn oder Rasierapparat sich nur benutzen lassen, wenn sie auf **110/125V** umschaltbar sind.

Die allermeisten Mietautos verfügen über USB-Stecker!

Als sehr praktisch erweisen sich auch **USB-KFZ-Adapter** (ggf. mit Dual Port) zum Laden von Smartphones und Digitalkameras während der Fahrt. Alternativ kann man dafür jeweils ein **Ladegerät fürs Auto** (12 V) mitnehmen; der Stecker passt auch drüben.

Medikamente

Die Reiseapotheke lässt sich in ***drugstores*** wie *Walgreens* oder *CVS*, aber auch in ganz normalen Supermärkten wie *Safeway* mit umfangreichem und preiswertem Sortiment an rezeptfreien Medikamenten, komplettieren (Selbstbedienung sogar bei manchem Präparat, das es bei uns nur auf Rezept gibt). Wer **rezeptpflichtige Medikamente** benötigt, sollte unterwegs lieber nicht auf nordamerikanische Ärzte angewiesen sein, sondern einen ausreichenden Vorrat dabei haben. Außer in Notfällen (➤ Seite 136) ist ein Arzttermin für durchreisende Touristen schwer zu bekommen.

Medikamente, die abhängig machende Stoffe enthalten, können bei der Einreise zu Problemen führen. In diese Kategorie fallen etliche Herzmittel, Schlafmittel, Antidepressiva usw. Es schadet in solchen Fällen nicht, wenn man eine schriftliche Erklärung zur »medizinischen Notwendigkeit« des Hausarztes bei sich hat.

Brille

Brillenträgern sei empfohlen, neben einer **Reservebrille** den **Brillenpass** mitzunehmen. Damit kann man notfalls ohne den Umweg über einen Augenarzt (obligatorisch drüben) direkt einen Optiker aufsuchen. In großen Optikerläden gibt es angestellte Augenärzte.

Drogerie-Artikel

Recht teuer sind Drogerie-Artikel wie Zahnpasta, Shampoo, Handcreme, Sonnenschutzmittel u.ä. Den Reisebedarf mitzubringen schadet nicht. Gegen Mücken und andere Quälgeister helfen Essenzen aus Europa nicht gut. Mit (hautschädlicheren) amerikanischen Mitteln hält man sich sämtliche Biester deutlich besser vom Leib.

Bekleidung/ Schuhe

Textilien und (Sport-)Schuhe sind in den USA allgemein recht preiswert, selbst Markenware von *Nike, Puma* oder *Hugo Boss* gibt's in den ***Outlet Malls*** im Umfeld größerer US-Städte unter den bei uns gewohnten Preisen. So kostet die ***Levi's Jeans*** meist deutlich weniger als hierzulande. Ähnliches gilt für die Bluse oder den Pulli bei *Guess* oder die Winterjacke von *Columbia*. Größentabellen für Bekleidung und Schuhe ➤ Seite 139 bzw. 142.

Autokindersitze

Autokindersitze fallen nicht unter die Gewichtsbeschränkung fürs Gepäck und sind bei Kleinkindern auch praktisch im Flugsessel. Zu bedenken ist allerdings, dass es bei Mitnahme des eigenen Kindersitzes im Falle eines Unfalls ggf. zu **Problemen mit der Versicherung** kommen kann. Deutsche Kindersitze sind nordamerikanischen Mietsitzen zwar meist qualitativ überlegen, haben dort aber in der Regel keine Zulassung. Wer auf Nummer sicher gehen möchte, besorgt sich daher vor Ort einen (gebrauchten) Kindersitz oder bucht sie beim Autoverleiher für teures Geld dazu.

Zu bedenken für WoMo-Mieter

Die Ausrüstung kann bei Bedarf bei *Wal-/K-Mart* oder *Target* komplettiert werden

Für eine Campingreise könnte man außer ohnehin selbstverständlichen Utensilien ggf. noch Folgendes einpacken, sofern das Freigepäck dies zulässt (bzw. je Zusatzs- oder Übergepäckkosten):

- Eine **Taschenlampe** ist für Autofahrer bei einer Panne in der Dunkelheit unverzichtbar; ebenso beim Camping (mitbringen oder ggf. drüben preiswert erstehen).
- Individuell wichtigen (leichten!) **Küchen-Kleinkram**, z.B. Salz-/Pfefferbehälter, Knoblauchpresse oder Salatbestecke. Man verliert Geld und Zeit für den Einkauf von Gegenständen, die unterwegs fehlen, aber nach wenigen Wochen obsolet sind und am Ende weggeworfen werden, da sich die Mitnahme nicht lohnt. Ggf. auch **Besteck**, denn was von den Camper-Verleihern im teuer extra berechneten *Convenience* oder *Camping Kit* geboten wird, erreicht kaum untere Kantinenqualität.
- **Eigenen Schlafsack und Bettwäsche**. Die in den Campmobilen vorhandenen Decken (üblicherweise im *Kit* enthalten) können ebenfalls häufig nicht befriedigen. Da die Camper-Vermieter meist nur Laken liefern (jeweils zwei davon pro Schläfer), sind außerdem eigene Bettbezüge für viele sicher eine gute Idee.
- Wer Laptop, digitale Kamera und mehr dabei hat, das per Akku versorgt wird, könnte sich vor der Reise einen **Spannungsumwandler** beschaffen (im Internet recht preiswert), der aus 12 V aus der Autosteckdose 110-230 V macht und während der Fahrt die Geräte wieder auflädt. Das ist ein wesentlicher Aspekt für Zelturlauber, die sonst ab und zu teurere Campingplätze mit Stromanschluss oder ein Motel buchen müssten. Es gibt auch kleine Solarzellenladegeräte, die für Handys etc. geeignet sind.

Outlet Malls sind in den USA ein guter erster Anlaufpunkt, sollte man Schuhe oder wichtige Kleidungsstücke zu Hause vergessen haben, ➤ *Seite 60*

Unterwegs in Nordamerika

Going to the Sun Road im Glacier Nationalpark/Montana

3. UNTERWEGS IN NORDAMERIKA

3.1 Autofahren

3.1.1 Straßensystem und Orientierung

Ähnlich wie bei uns setzt sich das Verkehrsnetz in Nordamerika aus *national roads* (Bundesstraßen), regionalen *state* bzw. *provincial roads* und *county roads* (Kreis-/Gemeindestraßen) sowie weiteren Untergruppierungen wie z.B. *forest roads* (Forststraßen) oder *logging roads* (von der Holzindustrie genutzt) zusammen. Jede längere, durchgehend asphaltierte Straße (***paved road***, **Rd**) ist auch ein ***highway*** (**Hwy**). Bei ***toll roads*** oder ***tollways*** handelt es sich um Strecken, auf denen eine Gebühr (*toll*) fällig wird (➢ Seite 86).

Autobahnen

Für alle mehrspurig ausgebauten Straßen ohne Kreuzungen existiert zudem der Begriff ***freeway*** (**Fwy**; »*free*« im Sinne von freie Fahrt). Etwas ungewöhnlich am Freeway-System sind die gelegentlichen Auf- und Ausfahrten auf der linken Seite. Die wichtigsten Autobahnen im US-Fernstraßennetz sind die **Interstates** (abgekürzt I-25 usw.). Sie verbinden benachbarte Bundesstaaten und dienen zur schnelleren Überwindung größerer Distanzen. Außerhalb der Ballungsgebiete häufig anzutreffen sind großzügig angelegte Rastplätze (***picnic/rest areas*** oft mit Picknicktischen/Grillrosten ausgestattet).

Gravel & Dirt Roads

Für uns ungewohnt sind ***gravel*** oder ***unpaved roads***. Im Westen existieren erstaunlich viele Ortschaften, die nur über **Schotterstraßen** erreicht werden können. Bei anhaltender Trockenheit sind sie mitunter grausam staubig, bei Nässe rutschig und nach längerem Regen voller »Schlammlöcher«. Frequentiertere Strecken werden durch ***grading*** regelmäßig instand gesetzt. Der niedrigsten Stufe in der Straßenqualität entspricht die ***dirt road***. Die »Dreckstraße« ist üblicherweise ein besserer Feldweg, der sich bei Trockenheit manchmal angenehmer befahren lässt als eine *gravel road*, jedoch bei Regen verschlammen kann und dann selbst mit Vierradantrieb schnell **unpassierbar** wird.

Infos zu den Restriktionen bei den meisten Verleihfirmen ➢ auch Seite 85

Nicht unterschätzen darf man das **Schleuderrisiko** – besonders für RVs. Auf *gravel/dirt* bilden sich gerne waschbrettartige Rillen quer zur Fahrbahn aus, auf denen man leicht die Bodenhaftung verliert. Ganz vermeiden lassen sich solche Abschnitte nicht, z.B. bei Straßenbauarbeiten, wenn die Autoschlange einem sog. *pilot car* über »Stock und Stein« folgen muss. Außerdem sind gleich eine ganze Reihe von Naturparks sowie etliche Campingplätze und *trailheads* nur über *gravel* (Schotter) zugänglich.

Systematik

Zur Orientierung dient in erster Linie die **Nr (#)** in Verbindung mit der Himmelsrichtung, z.B. I-70 W(est). **Interstates** mit **geraden Ziffern** verlaufen in Ost-West- und mit **ungeraden** in Nord-Süd-Richtung. **3-stellige Ziffern** mit gerader Anfangszahl bezeichnen Stadtumgehungs-Freeways, mit ungerader Anfangszahl in die Zentren führende Stich(schnell)straßen. Jeder US-Staat und jede kanadische Provinz besitzt ihr eigenes Nummerierungssystem, so dass grenzüberschreitende Routen normalerweise die Bezeichnung wechseln.

Ausnahme sind hier nur Interstates oder wichtige Verkehrsverbindungen wie der *Trans-Canada* oder *Yellowhead Hwy*. Wenn zwei Straßen aufeinandertreffen und dann gemeinsamen über das Land führen, können sie sogar zwei oder mehr Nummern tragen. Historisch relevante Highways haben oft einen hübschen Beinamen und sind mit extra Schildern ausgewiesen wie z.B. das untermalte Ahornblatt beim *Trans-Canada Hwy*. Landschaftlich reizvolle Routen bezeichnet man gerne als ***Scenic Byway***.

km-/mi-Angaben

Entfernungen/Geschwindigkeiten werden in den USA in **Meilen** (**1 mi = 1,609 km**) angegeben, in Kanada gilt das metrische System. Die Nummern der Autobahn-Ausfahrten (**Exits**) zeigen meist die Entfernung in mi/km ab der Grenze oder dem Beginn der Straße an.

Orientierung in Städten

Highways werden innerhalb kleinerer Städte oft zur ***Main Street*** (Hauptstraße). Zusätzlich erleichtert eine meist schachbrettartige Anordnung der Straßen die Orientierung. Vielerorts verlaufen **Streets (St)** in Nord-Süd- und **Avenues (Ave)** in Ost-West-Richtung. Ausgehend von Downtown unterscheidet man oft **vier Quadranten**: Adressen im Südosten z.B. erhalten den Zusatz »SE« (*Southeast*). Da Straßen oft mit aufsteigenden Ziffern bis zu den Stadtgrenzen durchnummeriert werden, heißt dann die erste nordwestlich des Zentrums ***1st Street NW*** und geht östlich davon in die ***1st Street NE*** über. Dieses Grundschema wird aber auch variiert.

Adressen

Die Adressen sind mancherorts analog zum Straßensystem aufgebaut. Häuser werden nicht wie bei uns durchnummeriert, sondern ihre Ziffern zeigen häufig die Distanz (in Fuß oder Metern) bis zum nächstgelegenen Stadtzentrum an. Hausnummern können daher 4- oder 5-stellig sein und nicht selten beginnt an jeder Querstraße ein neuer 100er-Abschnitt. Durch die vier »Stadt-Quadranten« können oft zwei Gebäude mit der gleichen Hausnummer auf derselben *Avenue* bzw. *Street* stehen, die sich nur am Zusatz der Himmelsrichtung unterscheiden.

In einigen kanadischen Städten ist das System oft leicht zu durchschauen: In Vancouver und Calgary stehen z.B. an erster Stelle die Ziffern der vorangegangenen Querstraße, dann erst folgt die eigentliche zweistellige Haus-Nr. Die Adresse **»2566, 7th Street SW«** kennzeichnet also das Gebäude mit der Nr. 66 auf der 7. Straße, südlich der 25th Avenue bzw. zwischen 25th und 26th Avenue.

*Zaunlose Weideflächen (»**open range**«) sind allgegenwärtig in den Weiten Amerikas; in Nationalparks beanspruchen auch Wildtiere oftmals die Straßen, hier ist gerade eine Bisonherde im Theodore Roosevelt NP unterwegs*

3

3.1.2 Abweichende Verkehrsregeln

Europäer finden sich im nordamerikanischen Straßenverkehr gut zurecht. Man gewöhnt sich schnell an die Tempolimits sowie an die meist deutlich gelassenere und rücksichtsvollere Fahrweise. Verkehrszeichen und -regeln entsprechen weitgehend den europäischen, es gibt aber einige wichtige Unterschiede, die man unbedingt beachten muss:

Vorfahrt (right of way)

An vielen Kreuzungen weisen alle Straßen ein **Stoppschild** auf (*all-way* oder *4-way stop*). Dort muss jeder Verkehrsteilnehmer anhalten und man darf nur in **Reihenfolge der Ankunft** weiterfahren. Bei aufgestautem Verkehr zählt das Erreichen des weißen Fahrbahnbalkens. Das Anhaltegebot gilt auch bei leeren Querstraßen und wird strikt befolgt. Unklarheiten löst man überwiegend höflich durch Handzeichen und Zuvorkommenheit.

Schulbus

Die **gelben Schulbusse** dürfen weder überholt noch vom **Gegenverkehr** passiert werden, wenn sie anhalten und Kinder ein-/aussteigen lassen. Warnblinker an den Ecken der Busse und seitliche Stoppschilder markieren die Stopp-Phase. Ein Nichtbeachten gilt als schweres Verkehrsdelikt.

Bei ROT rechts abbiegen

Steht die Ampel auf **ROT**, darf unter Beachtung der Vorfahrt des Querverkehrs rechts abgebogen werden, es sei denn, es ist untersagt (Schild »*No Turn on Red*«). Im Fall einer gesonderten Abbiegerspur **muss** sogar bei Rot abgebogen werden, solange dies der Querverkehr zulässt. Die Lichterfolge an der Ampel ist Grün-Gelb-Rot-Grün; die Rot/Gelb-Phase vor dem Grün entfällt.

Parken in Nordamerika

Die Parkvorschriften sind generell streng. Kontrolleure sind ständig unterwegs, verteilen teure Strafzettel (***tickets***) oder lassen abschleppen. Auf Plätzen ohne Parkuhr werden gerne zur Kontrolle die Reifen mit Kreide markiert. Das Bußgeld (***fine***) beträgt in Städten schnell $100 und noch viel mehr. Park- bzw. Halteverbote (»*No parking any time*«) sind mit Verkehrszeichen und/oder durch farbige Bordsteine gekennzeichnet:

ROT signalisiert ein absolutes Halteverbot, **BLAU** die *Accessible Parking Zone* für Behinderte, **GRÜN** eine begrenzte Parkerlaubnis, **GELB** Ladezonen mit Zeitangaben (Parkverbot oft nur bis 18 Uhr), **Weiß** bedeutet Kurzzeitparken zum *Drop-off* von Passagieren.

Als ***tow away zones*** (Abschleppzonen) sind Straßenabschnitte gekennzeichnet, auf denen abgestellte Fahrzeuge ohne »Vorwarnung« sofort abgeschleppt werden. Bei **Hydranten** – sie stehen drüben alle naselang – müssen auf beiden Seiten etwa 5 m frei bleiben.

Rechts überholen

Auf mehrspurigen Straßen wird in Nordamerika **legal rechts überholt**. Daran muss man sich erst gewöhnen und den rechten Fahrspuren auf den Autobahnen hohe Aufmerksamkeit schenken. Außer in Bereichen mit einem »*Slower Traffic Keep Right*«-Schild (selten!) ist das **sture Spurhalten** normal. Häufiger, unmotivierter Fahrbahnwechsel kann sogar geahndet werden (*stay in lane*).

Expressspuren auf Autobahnen

Zur Förderung von Fahrgemeinschaften während der Stoßzeiten (*rush hour*) wurden auf Autobahnen ganz links ***High-Occupancy Vehicle*** (**HOV**), ***Diamond*** (mit Rautenzeichen), ***fast*** oder ***carpool lanes*** eingerichtet. Sie dürfen zu definierten Zeiten ausschließlich von Bussen, Taxis und »besser belegten« Fahrzeuge benutzt werden, z.B. »*HOV-3*«-Spuren nur ab drei Insassen. Mancherorts kann man selbst als Einzelperson ***express lanes*** nutzen, muss dafür aber zahlen. Mit digitalen Anzeigetafeln werden die oftmals variierenden Gebühren auf diesen ***High-Occupancy Toll (HOT) Lanes*** angezeigt. Mit Glück entgeht man so einem Stau, muss sich aber beim Abfahren von der Autobahn vorher durch 3-6 dicht besetzte Normalspuren kämpfen. Alle Schnellspuren kann man nur an bestimmten Stellen verlassen, im ungünstigsten Fall nicht beim vom Navi angezeigten *Exit*.

U-turn = Wendemöglichkeit

Linie/ Doppellinie

Durchgezogene **Fahrbahn-Trennmarkierungen** dürfen zum Überholen oder Abbiegen überfahren werden. Die Funktion der bei uns einfachen Linie übernimmt eine **auf keinen Fall zu überfahrende Doppellinie**. Diese werden mittlerweile z.T. auch bei *toll lanes* elektronisch kontrolliert, ein *ticket* ist dann unausweichlich!

Move over

Gesetzlich vorgeschrieben ist in den meisten US-Bundesstaaten sowie in West-Kanada das Ausweichen, wenn am Straßenrand ein **blinkendes Fahrzeug** (Polizeiauto, Rettungs- oder Abschleppwagen etc.) steht. Wer diesem Fall nicht abbremst und die **Spur wechselt**, wird schnell mit Bußgeld belegt. Nur wenn das Verkehrsaufkommen zu groß für solch ein Manöver ist, darf man langsam (!) daran vorbeifahren; www.moveoveramerica.com.

Tempolimits

In den **USA** gelten auf Interstates und autobahnähnlichen Straßen *speed limits* von 65-80 mph (105-129 km/h), auf allen anderen 55 mph und in Städten 30 mph (48 km/h), sofern nicht ausdrücklich anderes erlaubt bzw. vorgeschrieben. In **Kanada** beträgt die Höchstgeschwindigkeit auf Autobahnen meist 110-120 km/h, auf anderen Straßen 80 km/h (gelegentlich bis zu 100 km/h) und innerorts 50 km/h. Stationäre Radargeräte sind selten, die Einhaltung des Tempos wird überwiegend aus Polizeifahrzeugen kontrolliert (auch in entgegen kommender Richtung!). Wer zu schnell am Sheriff vorbeibrettert, hat bald einen Wagen mit »Christbaumbeleuchtung« im Rückspiegel und muss rechts ranfahren, ➤ Exkurs umseitig.

3

Polizeikontakt und Driving under the Influence (DUI)

Um einen Autofahrer zu stoppen, bleibt die Polizei hinter ihm und betätigt kurz die Sirene und die rote Rundumleuchte, das Zeichen zum »Rechtsranfahren«. Nach dem Anhalten wartet man im Wagen, alles andere könnte falsch gedeutet werden. Es ist auch nicht ratsam, unbedachte Bewegungen zu machen, etwa in der Absicht, die Papiere aus dem Handschuhfach zu kramen. In den USA könnte das als Griff zur »Knarre« interpretiert werden. Am besten bleiben die Hände auf dem Lenkrad. Ein solches Verhalten ist üblich, um der Polizei – die immer mit überraschendem Schusswaffengebrauch rechnen muss – eine defensive Position zu signalisieren. Polizisten verhalten sich in Kontrollsituationen im Allgemeinen sachlich-korrekt, nach dem ersten »Abtasten« und kooperativer Haltung des Gestoppten auch bei Übertretungen – speziell gegenüber Touristen – freundlich. Die respektvollen Anreden lauten »***Sir***« oder »***Officer***«. In *National* und *State Parks* besitzen die ***Ranger*** oder kanadische ***Warden*** einen ähnlichen Status wie sonst die Polizei. Wer ein Strafzettel (***ticket***) erhält, darf entweder im beigelegten Umschlag Dollars bar verschicken oder bei einer Bank per ***money order*** die Bußgeldsumme einzahlen. Bei Versäumnis hat man die Aufforderung zur Zahlung bald auch in Europa zu Hause auf dem Tisch, denn der Autovermieter muss die Adresse herausrücken.

Alkohol am Steuer wird härter geahndet als bei uns. Es gilt zwar die **0,8-Promille-Grenze (Utah und British Columbia 0,5‰)**, wer sie aber überschreitet, muss mit hohen Strafen rechnen ($500 und mehr). Laut *Open- Container*-Gesetz darf sich keine geöffnete Flasche mit einem alkoholischen Getränk im Innenraum des Fahrzeugs befinden – streng genommen nicht einmal die bereits entkorkte, aber nicht geleerte Weinflasche vom Vorabend im Kühlschrank des Campers. Auch trinkende Mitfahrer rund um einen stocknüchternen Fahrer zählen schon zum Tatbestand »Alkohol im Verkehr«. Gegenüber **Drogen** am Steuer gilt ***zero tolerance***. Wer in dieser Beziehung auffällt, wird registriert und nach Bestrafung und Heimreise in Zukunft nicht wieder ins Land gelassen.

3.1.3 Tanken, Wartung und Pannenhilfe

Benzin

Die Preise schwanken in Nordamerika mit dem Rohölpreis und je nach Region stark, ***unleaded gas*** (unverbleites Benzin) ist grundsätzlich überall deutlich günstiger als bei uns. An den Küstenregionen, vor allem in Washington und Kalifornien, zahlt man aber immer deutlich mehr als im Mittleren Westen. Die aktuellen **Spritpreise** in den USA entnimmt man der Karte unter www.gasbuddy.com/GasPriceMap (**1 Gallone = 3,8 Liter**).

Die kanadischen Städte sind auf demselben Webportal unter www.gasbuddy.com/can gelistet (Angaben in **cents/Liter**).

Mietfahrzeuge kommen meistens sogar mit der billigsten Sorte (*regular* bzw. 87) zurecht. Amerikanische Oktanzahlen (***grades***) unterscheiden sich von den europäischen.

Tanken

Oft lohnt es sich ein paar 100 m weiter in die Städte hineinzufahren, die Unterschiede können beachtlich sein. Etwas befremdlich sind die zuweilen an einer Straßenkreuzung angeordneten Tankstellen mit abweichenden Tarifen.

Wer bei Supermärkten günstiger tanken möchte, muss zuerst die Kundenkarte (➢ Seite 127) einscannen

Bei **Discount-Tankstellen** – mit oder ohne ***mini mart*** – zahlt man mit Kreditkarte oftmals mehr. Gelegentlich überraschen sie auch damit, dass sie nur ***cash*** akzeptieren (daher am besten gleich bei der Einfahrt auf die *Mastercard/VISA*-Symbole achten).

Self-service stations sind im US-Westen die Regel, mit Ausnahme von Oregon (nur der Tankwart darf dort die Einfüllpistole halten). Wer selbst tankt, muss Vorkasse leisten, die Benzinsorte auswählen und gelegentlich sogar einen Hebel (*level*) an der Tanksäule ziehen, drücken oder umlegen, sonst fließt kein Sprit.

Tanken mit Kreditkarte

Die **Kreditkarten-Tanksäulen** machen den Gang zur Kasse für Einheimische überflüssig, für Urlauber nicht immer. Fragt der Computer nicht nach der PIN, sondern nach der 5-stelligen **Postleitzahl** (***zip code***) der Rechnungsadresse, ist er mit der korrekten deutschen Angabe oder einem beliebigen amerikanischen *code* wie z.B. *90210* oft nicht zufriedengestellt und fordert »*see cashier!*«. Die Option »*fill up*« gibt es an der Kasse nicht, dort muss der Kunde einen $-Betrag nennen, der dann auf der Kreditkarte vorautorisiert und an der »***pump***« (Zapfsäule) freigegeben wird. Ist das Guthaben verbraucht, stoppt das Gerät automatisch. Überschüssige Vorauszahlung wird im Anschluss zurückerstattet, sicherheitshalber sollte man sich immer den Beleg aushändigen lassen. Ist Barzahlung erforderlich, muss auch hier beim Volltanken zunächst ein höherer Betrag über den Tresen wandern.

40 USD an der Zapfsäule Nr.6 = *forty on pump number 6 please*

Reifendruck

An vielen Tankstellen findet sich nur ein sperriger Schlauch, dessen Ventil unter Druckbelastung eine Skala freigibt. Fehlt diese, muss man selber mir einem (billigen) Prüfer im Kugelschreiberformat nachchecken. Reifendruckempfehlungen stehen oft an der Tür (Fahrerseite), gelegentlich auch im Handschuhfachdeckel.

Wartung/ Ölwechsel

Nur bei sehr langfristig ausgeliehenen Fahrzeugen stellt sich die Wartungsfrage. **Service-Stationen** mit Bezeichnungen wie ***Quick Lube*** an (*to lube* = abschmieren/ölen) sind allerorten vorhanden. Die für Öl-/Filterwechsel usw. anfallenden Kosten verrechnet der Vermieter bei der Rückgabe. Ein guter Anlaufpunkt ist ***Midas***, eine der größten Kfz-Werkstatt-Ketten in Nordamerika.

Unfall/ Panne

Alle Auto- und Campervermieter geben ihren Kunden eine Notrufnummer mit auf den Weg für Panne oder Unfall. Bei den landesweit operierenden Firmen ist das Telefon Tag und Nacht besetzt.

AAA

Sofort helfen kann auch der ***Triple A*** (AAA=A*merican Automobil Association*), der einen ***Emergency Road Service*** unterhält. Einsatzwagen patrouillieren auf vielbefahrenen Strecken. Im Falle einer Panne wählt man **gebührenfrei ✆ 1-800-222-4357 (=1-800-*AAA-HELP*)**. Mitglieder europäischer Automobilclubs, die ihre *membership card* vorweisen können, sind AAA-Mitgliedern weitgehend gleichgestellt und genießen auch Rabatte, ➢ Seite 141.

CAA, das kanadische Pendent, ist unter derselben Rufnummer zu erreichen

3

3.2 Unterkünfte

3.2.1 Hotels, Motels, Motor Inns und Lodges

Rabatt mit AAA (5%-10%), Coupons und für Senioren (teils ab 55 Jahren) ➢ Seite 142

H/Motels konzentrieren sich in Nordamerika unübersehbar an den Ausfallstraßen von Städten und Ortschaften, an typischen Ferienrouten, in der Nähe der Flughäfen und in bestimmten Bereichen der großen Citys. Touristen wird auch die spontane Suche nach einer geeigneten Unterkunft leicht gemacht: Bei vielen Motels leuchten Schilder mit **Vacancy**/**No Vacancy**, **Welcome**/**Sorry** oder **Yes**/**No**, so dass meist klar ist, ob die Nachfrage nach einem freien Zimmer lohnt. Wobei man sich aber nicht nach einem – sprachlich naheliegendem – »free room« erkundigen sollte (=gratis Zimmer!).

Folgende Begriffe werden ohne klare Abgrenzung verwendet und spielen für die Qualitätseinstufung eine eher nachrangige Rolle:

Motels

Motels verfügen über ebenerdige oder 2-stöckige (selten mehr) – von außen unkontrolliert zugängliche – Zimmertrakte. Eine eigene Gastronomie ist nicht vorhanden; gegen den Durst gibt's Automaten (Cola etc., nie Bier!) und zur Kühlung mitgebrachter Getränke Eiswürfelmaschinen. Auf dem Lande besteht manches Motel aus einer Ansammlung von ***cottages*** oder ***cabins***, zimmergroße Holzhäuschen mit eigenem Bad und teils mit Küchenzeile ausgestattet.

Motor Inns

Motor Inns unterscheiden sich prinzipiell kaum vom Motel. Oft verfügen sie aber über Restaurant/Bar und der Zutritt zu den Zimmern erfolgt teils wie im Hotel über die Rezeption.

Hotels, Guesthouses

Gemeinsames Merkmal fast aller Hotels ist die zum Haus gehörende **Gastronomie** (oft mit Bar). In Downtown-Hotels werden häufig hohe Gebühren für **bewachte Parkplätze** berechnet und beim sog. ***valet parking*** (der Portier fährt das Auto in eine Parkgarage) fällt noch zusätzlich Trinkgeld an. Auch bei Hotels gilt: Zwischen den »Absteigen« in Randbezirken und oft nur wenige Blocks entfernten Luxusherbergen aus Glas und Marmor liegen Welten. Kleine Hotels nennt man manchmal als ***Guesthouses***.

Resorts, Lodges

Mit der Bezeichnung »***Lodge***« signalisieren Hotelkomplexe in häufig landschaftlich reizvollen Gebieten und Nationalparks, dass **Aktivitäten** wie Reiten, Fischen, Kanufahren, *White Water Rafting* etc. geboten werden oder im Umfeld möglich sind. Ähnliches trifft auf ***Resorts*** zu, die mit ihren meist großzügigen Anlagen voll auf Familien- und Sporturlaub zugeschnitten sind.

Zimmer

Üblich sind ***smoking*** und ***non-smoking rooms***, wobei viele Quartiere keine Raucherzimmer mehr haben. Entscheiden muss man sich auch zwischen ***first*** (= ebenerdig) ***or second floor***, in Motels

Hinweis: Weiß man schon, wo am nächsten Tag übernachtet werden soll, ist eine telefonische oder Internet-/App-Reservierung ratsam. In der Nebensaison genügt es oft, wenn man **am nicht zu späten Nachmittag** mit der Quartiersuche beginnt. Es gibt aber auch **Ausnahmen** (populäre Resort-Hotels, typische Wochenendziele, Regionen/Orte mit begrenztem Angebot, Veranstaltungstage etc., ➢ »**Vorbuchen von Unterkünften**«, Seite 100. Wer auf eine ***refundable rate*** achtet, vermeidet im Fall einer Änderung/Stornierung Kosten.

mit Außenkorridoren also zwischen den Alternativen »gepäckgünstig« (das Auto parkt ***downstairs*** direkt vor der Zimmertür) oder »ruhiger ***upstairs***« (dafür mehr Schlepperei). ***Connecting rooms*** mit doppelter Verbindungstür sind nur für Familien ideal.

Bettengröße:
king size 1,93 x 2,03 m
queen bed 1,52 x 2,03 m
double bed (eher selten) 1,35 x 1,90 m

Die Innenausstattung amerikanischer Unterkünfte zeichnet sich durch eine **weitgehende Uniformität** aus: Je nach Größe des Raums ein *king/queen bed* oder zwei Betten (üblicherweise *queen size*), gegenüber der Fernseher, ggf. eine Schreibplatte mit Stuhl/Sessel; oft noch Kühlschrank, Kaffeemaschine/Mikrowelle. Man schläft zwischen zwei Laken unter einer Wolldecke, deren Zustand (nicht nur) in billigen Häusern schon mal zu wünschen übrig lässt. Ein **eigenes Bad** (***ensuite***) ist Standard in H/Motels, mit nur wenigen Ausnahmen in Metropolen und kleineren Orten in den Bergen. In sommerheißen Gebieten darf überall mit einer **Klimaanlage** gerechnet werden, die aber in einfachen Quartieren häufig laut ist.

EZ/DZ

Da sich in jedem Raum immer mindestens ein Doppelbett befindet und es so gut wie nirgends echte **Einzelzimmer** gibt, gilt der Tarif für zwei Personen meist auch für Alleinreisende (*single occupancy*). Kostengünstig wird es für **Familien mit zwei Kindern**, wenn man ein Zimmer mit zwei Doppelbetten gewählt hat.

WLAN/WiFi

Ab der unteren Mittelklasse bieten heute fast alle H/Motels gratis Zugang zum Internet (***free WiFi***), nur gelegentlich sind noch Gebühren dafür fällig (eher in der ohnehin teuren Hoteloberklasse).

Frühstück

Ein **Frühstück**, wie wir es aus Mitteleuropa kennen, ist selten im Zimmerpreis enthalten. Das gängige ***free continental breakfast***, mit dem man – oft vollmundig – wirbt, ist meist dürftig und kann auch nur aus gewöhnungsbedürftigen Pumpkannen-Kaffee im Styroporbecher mit einem klebrigsüßen Donut oder Muffin bestehen. Das ***free hot breakfast*** umfasst i.d.R. ein Waffeleisen zur Selbstbedienung. In der gehobenen Mittelklasse erfreut man den Gast oft noch mit Rührei oder Omeletts. Haferbrei, Bagels, Toastbrot, Joghurt, Äpfel, Bananen oder Orangen fehlen dort ebenfalls nicht.

complimentary = free (gratis)

Glossar ➤ Seite 130

Die Alternative für den größeren Appetit sind *Fast Food Places* mit preisgünstigen Frühstückskombis oder Kettenrestaurants wie ***Denny's*** mit ***American Breakfast*** o.Ä., ➤ Seite 130.

Typisches »Hot Breakfast Buffet« in Mittelklasse-Motels mit einem Waffeleisen (links), ein paar Muffins, Äpfel, Orangensaft, Milch und Cerealien (rechts)

Die wichtigsten Hotel-/Motelketten im Westen Nordamerikas

		toll free ✆ USA	www.
Obere Preisklasse ab $200	Crowne Plaza	1-800-HOLIDAY	igh.com
	Hilton	1-800-HILTONS	hilton.com
	Hyatt	1-800-233-1234	hyatt.com
	Marriott	1-888 236-2427	marriott.com
	Radisson	1-800-967-9033	radisson.com
	Sheraton	1-888 236-2427	marriott.com
	Westin	1-888 236-2427	marriott.com
	Wyndham	1-877-999-3223	wyndham.com
Bessere Mittelklasse ab $150	Baymont Inn	1-877-4CHOICE	choicehotels.com
	Best Western	1-800-780-7234	bestwestern.com
	Clarion	1-877-4CHOICE	choicehotels.com
	Comfort Suites	1-877-4CHOICE	choicehotels.com
	Country Inns	1-800-967-9033	radisson.com
	Courtyard	1-888-236-2427	marriott.com
	Doubletree	1-855-610-TREE	doubletree.com
	Embassy Suites	1-800-HILTONS	hilton.com
	Fairfield Inn	1-888-236-2427	marriott.com
	Four Points	1-888 236-2427	marriott.com
	Hampton	1-800-HAMPTON	hamptoninn.com
	Holiday Inn/HI Express	1-800-HOLIDAY	igh.com
	Residence Inn	1-888 236-2427	marriott.com
Mittlere Preisklasse $80-$250	Comfort Inn	1-877-4CHOICE	choicehotels.com
	Days Inn	1-877-999-3223	wyndham.com
	Econo Lodge	1-877-4CHOICE	choicehotels.com
	Hampton	1-800-HILTONS	hilton.com
	Howard Johnson	1-877-999-3223	wyndham.com
	La Quinta	1-877-999-3223	wyndham.com
	Quality Inn	1-877-4CHOICE	choicehotels.com
	Ramada Inn	1-877-999-3223	wyndham.com
	Rodeway Inn	1-877-4CHOICE	choicehotels.com
	Sleep Inn	1-877-4CHOICE	choicehotels.com
	Super 8	1-877-999-3223	wyndham.com
	SureStay	1-800-780-7234	bestwestern.com
	Travelodge	1-877-999-3223	wyndham.com
	Vagabond Inn	1-800-522-1555	vagabondinn.com
Budget $50-$150	Budget Host	1-800-BUD HOST	budgethost.com
	Americas Best Value Inn	1-800-RED LION	redlion.com
	Knights Inn	1-800-RED LION	redlion.com
	Motel 6 (➢ Foto Seite 119)	1-800-4MOTEL6	motel6.com
	OYO	1-844-BOOK-OYO	oyorooms.com
	Red Carpet Inn	1-800-892-8405	hifranchise.com
	Red Roof Inn	1-800-RED-ROOF	redroof.com

Unterkünfte findet man in den USA relativ leicht, indem man sich an der Werbung entlang von Autobahnen und an Ausfallstraßen orientiert. Eine gute Übersicht liefern zudem Portale wie www.booking.com oder www.expedia.com. **Unabhängige Häuser** locken dort manchmal mit günstigeren Tarifen als bei Direktkontakt. **Kettenhotels** bucht man lieber mit Best-Preis-Garantie über deren Internetpräsenz oder gebührenfreie Telefonnummern. Die Empfehlungen in diesem Buch, das Ranking bei *booking.com* und *Tripadvisor* (www.tripadvisor.com) können bei der Auswahl helfen. Generell haben die Tarife während der letzten Jahre stark angezogen und selbst einfache Kettenmotels verlangen vielerorts $150 und mehr. Sonderfaktoren wie Airportnähe, Wochenenden, Events etc. lassen die in der Tabelle angegebenen Kosten (➤ links) in die Höhe schnellen.

Preisangaben in den USA sind netto; hinzu kommt immer die ***sales tax*** und teils noch diverse andere lokale Steuern/Gebühren. Die Zimmerpreise unterliegen erheblichen regionalen und saisonalen **Schwankungen**. Sieht man aber ab von großen Citys (San Francisco, Seattle oder Denver) und bestimmten Brennpunkten des Tourismus zur jeweiligen Saison (z.B. *Yellowstone* und *Glacier National Park*) werden mitunter auch noch moderate Tarife verlangt. Auf dem Land und in kleinen Ortschaften findet man nach wie vor einfache Motels, die selbst in der Hochsaison nur bis zu $100/Nacht fordern. Diese **(meist unabhängigen) Häuser** sind vielfach nicht in den gängigen Buchungsportalen gelistet. Deren Zimmer sollte man grundsätzlich lieber erst nach **Inaugenscheinnahme** reservieren. Fotos auf den hoteleigenen Webseiten sind oft wenig ver- lässlich. Man erkennt erst vor Ort, ob man sich für $79 eine heruntergekommene Absteige einhandelt oder ein Sonderangebot in einem gerade halbleeren Motelkleinod.

Die Verteilung und Dichte von H/Motels ist sehr unterschiedlich. Die **Ober- und Luxusklasse** konzentriert sich auf Großstädte und populäre Zielregionen, auf die Häuser der (im weitesten Sinn) **Mittelklasse** stößt man auch in kleineren Orten und an allen wichtigen Verkehrsknotenpunkten. Viele von ihnen gehören zu Ketten, die wiederum großen, teils international agierenden Hotelgruppen untergeordnet sind; ➤ Übersicht links.

Während die Oberklasse und gehobenere Mittelklasse in den meisten Fällen einen Standard bieten, der den Erwartungen gerecht wird, so trifft das bei Weitem nicht auf alle Häuser der Mittelklasse zu. Es gibt starke Abweichungen. So ist bei ***Choice Hotels*** etwa das *Comfort Inn* oft der besseren Mittelklasse zuzuordnen, während eine *Econo Lodge* mitunter kaum besser als so manch renoviertes und gut geführtes *Motel 6* sein kann (untere Preiskategorie). Nicht selten werden Unterkünfte nach einigen Jahren – und mit schon deutlich sichtbarer Abnutzung – innerhalb der Hotelgruppe herabgestuft und umbenannt. Auch bei ein und derselben Kette, deren Häuser überall einen in etwa identischen Standard aufweisen sollten, findet man in der Praxis erhebliche Unterschiede – ganz in Abhängigkeit davon wie strikt die Vorgaben des übergeordneten Franchise-Unternehmens sind. Während man z.B. in allen ***Holiday Inn (Express)***-Unterkünften mit einer vergleichbaren Qualität rechnen darf, treten bei den billigeren Ketten der ***Choice Hotels*** (z.B. *Econo Lodge*, *Rodeway Inn*) oder ***Wyndham***-Gruppe (*Travelodge*, *Super 8* etc.) mächtige Schwankungen zwischen den Standorten auf, auch hinsichtlich Sauberkeit. Es hängt alles in erster Linie vom jeweiligen Hotelmanagement ab. Ähnliches gilt auch für Ketten wie *Canadas/Americas Best Value Inn*, *Red Lion* oder *Vagabond Inn*, bei denen die ganze Palette des Kundenurteils von »*tadellos*« bis »*nie wieder!*« vertreten sein kann.

Trinkgeld (➤ auch Seite 144): Der Hotelpage (*bellhop*) erwartet fürs Koffertragen $1 pro Gepäckstück, der Türsteher (*doorman*) $2 fürs Taxiholen, der Fahrer beim *valey parking* $3-$5 oder im kostenlosen Airport-Shuttle $2-$3/Person und das Zimmermädchen (*room maid*) $2-$3, die man täglich in einem dafür vorgesehenen Umschlag hinterlässt.

3

3.2.2 Sonstige Unterkünfte

Bed & Breakfast

Attraktive Übernachtungsmöglichkeiten bieten *Bed & Breakfast Places*, sowohl in Privathäusern wie auch als Pensionen. In ländlichen Regionen wird man **B&B-Schilder** häufiger entdecken als in größeren Städten, wo manche Gastgeber ihr Angebot nicht am Haus annoncieren. Bei den exzellent gelegenen und/oder architektonisch/historisch besonderen Anwesen ist der Übergang zum ***Country Inn***, faktisch einem Hotel, fließend. Sie besitzen häufig separat angelegte Räume mit Bad, TV etc. Bei mancher ***B&B Ranch*** bietet man sogar diverse Outdoor-Aktivitäten an.

Buchen

Vereinzelt sind **Listen mit allen B&Bs** einer Stadt oder Gegend in den Büros der *Tourist Information* erhältlich. Buchungsmöglichkeit zu B&B findet man u.a. auf folgenden Internetportalen:

- www.vrbo.com und https://m.bbcanada.com (Kanada).

Regionale Webseiten sind u.a.

- https://cabbi.com (Kalifornien), www.mtbba.com (Montana),
- www.obbg.org (Oregon) oder www.wainns.com (Washington).

Kosten

B&Bs sind weder in den USA noch in Kanada eine billige Alternative zum Motel. Das Preisniveau liegt im Rahmen der Mittelklasse, aber oft auch höher (ab ca. $150/DZ inkl. Frühstück). Für manchen reizvoll an B&Bs mag auch der »Familienanschluss« sein.

Privatzimmer

Günstigere Angebote – allen voran in den großen Citys – findet man bei Privatzimmer-Vermittlern wie www.airbnb.com oder www.vrbo.com. Neben den »Schnäppchen« für Sparfüchse gibt es dort viel Originelles wie Kabinen auf der Segeljacht oder gleich ein ganzes Hausboot. Der Kontakt zu Amerikanern ist dabei oft inklusive.

George Washington Inn, Mount Vernon Replika und Luxus B&B auf der Olympischen Halbinsel bei Port Angeles

*Typisches Zimmer im **Motel 6:** kaum Elektrogeräte außer Fernseher und ggf. Radiowecker. Kühlschrank, Föhn, Kaffeemaschine oder Mikrowelle gehören so gut wie nie zur Standardausstattung dieser Low-Budget-Kette, die mancherorts preislich mit Hostels konkurriert.*

Jugendherbergen

Im Vergleich zu Europa ist das Jugendherbergswesen in Nordamerika zwar unterentwickelt, aber einige Hostels stehen in günstiger Lage im Brennpunkt der Citys oder in einem besonders attraktiven Umfeld. Die Kosten (inkl. Küchenbenutzung) sind **für Einzelreisende** konkurrenzlos billig, selbst wenn man an Touristen-Hotspots bis zu $70 fürs Bett im Mehrbettzimmer hinlegen muss. Ab zwei Personen kann manche Jugendherberge schon teurer als die untere Motelkategorie sein. Es werden in Hostels auch vermehrt EZ/DZ angeboten, teilweise sogar mit einem eigenen Bad.

Buchung

Jugendherbergen sind überaus beliebt, gute Häuser in den Großstädten oder in der Nähe touristisch bedeutsamer Ziele (Nationalparks/Pazifikküste) müssen in der Regel **viele Monate im Voraus** gebucht werden. Bei *Hostelling International (**HI**)* haben beide Länder dieselbe Rufnummer ✆ 1-800-663-5777, aber unterschiedliche Portale: www.hiusa.org und www.hihostels.ca.

Eine **Alternative** zu den traditionellen *HI Hostels* bieten unabhängige Häuser unter freier Trägerschaft, bei denen es tendenziell (noch) etwas lockerer zugeht. Im Internet vertreten sind sie u.a. bei www.hostelworld.com oder www.hostelsclub.com.

Backpackers Hostels Canada ist ein weiterer Hostelverbund neben *Hostelling International* in Kanada: www.backpackers.ca.

Studentenwohnheime

Übernachtungsmöglichkeiten bieten auch die in den Sommermonaten (Ende Mai bis einschließlich August) teilweise leerstehenden Studentenwohnheime, die ***University Residences*** oder ***College Dormitories***. Fast jede größere Stadt verfügt über mindestens ein *College*. Das ***Department of Housing*** der jeweiligen Institution ist zuständig für die Vermietung, wobei die Bedingungen (z.B. keine Einzelübernachtungen) und Preise stark variieren.

3.3 Camping in Nordamerika

In den Wäldern, Bergen und der unendlichen Weite ihres Landes genießen Amerikaner die *Great Outdoors*, Camping und Freizeitaktivitäten draußen in der Natur. Daran teilzuhaben, gehört zu den besten Erfahrungen jeder Amerikareise und kann nicht genug empfohlen werden. Bei uns in Mitteleuropa gibt es nichts Vergleichbares.

3.3.1 Nordamerika hat es besser

Ausstattung der Plätze

Nordamerika bietet dem Camper alles, was sein Herz begehrt, sei es komfortabel im Wohnmobil oder im Zelt weitab der Zivilisation. Platz ist genug, und so sind auch die meisten ***Campgrounds*** angelegt. Ein Stellplatz (engl.: ***campsite***) beschränkt sich nicht auf wenige Quadratmeter Wiese, sondern umfasst durchweg ein eigenes **Areal mit Picknicktisch, Feuerstelle und separatem Grillrost**. Auf staatlichen *Campgrounds* geraten die »Nachbarn« schon mal aus dem Blickfeld. Dann künden nur noch abendlicher Feuerschein und appetitanregende Grilldüfte von der Anwesenheit anderer. Zwar sind nicht alle Plätze so großzügig angelegt, aber **Lagerfeuer und *Barbecue*** (**BBQ**) gehören zur Campingtradition. Gelegentlich liegt schon grobes **Feuerholz** geschlagen und gratis bereit (in Nationalparks ist oft ein sog. ***fire permit*** erforderlich).

Campingführer

Bei den im ***Play*** bzw. ***iTunes Store*** verfügbaren ***Camping Apps*** (z.B. www.allstays.com) können selektiv auch Plätze nur für Zeltcamper, nur für Wohnmobile, nur in Nationalparks etc. aufgerufen werden. Hinter den Kurzinformationen der App-Liste steht damit auf dem Monitor jeweils das ganze Paket mit allen Detailinformationen einschließlich Anfahrtskarten zur Verfügung.

In einigen Miet-RVs vorhanden ist der ***Good Sam RV Travel Guide***, ein stark auf kommerziell betriebene Plätze ausgerichteter Führer. Sein Aufbau macht die Benutzung mühsam und viele Plätze – so des *Corps of Engineers*, *National Forest Service* und *BLM* –

Übernachten in »America's Great Outdoors« am Cedar Pass im Badlands Nationalpark

bleiben in diesem telefonbuchdicken Band unerwähnt. Die Campervermieter versorgen ihre Kunden oft auch mit dem ***KOA Directory*** (➢ Seite 126) und Broschüren privater Platzbetreiber.

Kosten

Auf **staatlichen Plätzen** gilt eine pauschale Einheitsgebühr (***fee***) pro Stellplatz unabhängig von der Personenzahl (in der Regel bis zu 6 Personen mit 2 Zelten und einem Fahrzeug). Die Gebühren werden überwiegend im ***self-registering*** erhoben. Dabei steckt man Bargeld (***cash***) in den bereitliegenden Umschlag und wirft diesen anschließend in eine gesicherte ***deposit box***. Hier und dort finden sich vermehrt Automaten für Kreditkartenzahlung oder Möglichkeiten Apps zu nutzen. Auf **privaten Plätzen** überwiegt eine Basisgebühr für 2 Personen plus Aufschlag für jeden zusätzlichen Gast.

Hook-up

Die meisten kommerziellen Campingplätze und einige *National, State* und *Provincial Parks* verfügen über ***full hook-up***, einen Dreifach-Anschluss mit Steckdosen, Wasserhahn und Abwasserloch (➢ Foto Seite 95). Weit verbreitet sind auch ***semi-serviced campsites***, bei denen nur ***electricity & water*** zur Verfügung stehen (***hook-up***). Ganz ohne Anschlüsse spricht man von ***dry sites***.

Bei guter Vorausplanung kommen Campmobilfahrer aber ganz gut ohne *full hook-up* aus. Denn auf manchen Rastplätzen und vielen *Campgrounds* ohne Anschlüsse an den Stellplätzen stehen ***dump, sani*** oder ***sewage stations*** zur Verfügung, wo – gegen eine geringe Gebühr – Schmutzwasser abgelassen und Trinkwasser aufgefüllt werden kann. Auch **Tankstellen**, ***truck stops*** und lokale Besucherbüros bieten bisweilen diesen Service an.

Strom benötigt man im Camper an sich nur zum Betreiben der Dachklimaanlage bei großer Hitze oder für die Mikrowelle, Fernseher und Haartrockner, sowie fürs Aufladen von Akkus, obwohl das auch mit der 12-V-Steckdose funktioniert, ➢ Seite 104. Fürs Licht genügt die Kapazität der in WoMos vorhandenen zweiten Batterie (sie wird automatisch neben der Motorbatterie mit aufgeladen), sofern man keine längeren Standzeiten einlegt. Bei Fahrzeugen ab 23 Fuß ist außerdem fast immer ein Generator mit an Bord, der im Notfall für »Saft« sorgen kann.

3.3.2 Zu den Campingplätzen

Staatliche Plätze – Public Campgrounds

National Parks/ Monumente

Die Campingplätze in Einrichtungen des Nationalparksystems liegen überwiegend in reizvoller Umgebung, beanspruchen meist große Flächen und zeichnen sich daher durch eine großzügige Aufteilung aus. Die Mehrheit verfügt neben den üblichen Ausstattungsmerkmalen (➤ umseitig) nur über einfache sanitäre Anlagen. Lediglich Großkomplexe in einigen besonders stark besuchten Parks bieten mehr Komfort (*Yellowstone* und *Grand Teton NP* haben z.B. *full-hook-up sites*).

Die Kosten liegen in der Regel unter **$40 pro Nacht** und Stellplatz. Manchmal gratis sind abseits der Straßen und nur zu Fuß zugängliche ***walk-in sites***. Das dort benötigte ***camping permit*** wird in Besucherzentren und Ranger-Stationen ausgestellt.

BOONDOCKING – Übernachten »for free«

Wer auf Schotterstraßen in die Einsamkeit der ***National*** oder ***Provincial Forests*** vordringt, findet dort mit ein bisschen Glück ein Fleckchen Erde am Gebirgsbach oder an einem einsamen See, wo man wunderbar die Nacht oder sogar einige Tage verbringen kann. In *National Forests* (öffentliches Land) ist meist unweit der offiziellen Plätze **kostenlos Camping** gestattet, sofern man mindestens 400 m Abstand zum nächsten ausgewiesenen *Forest Campground* hält und nicht ausdrückliche Verbotsschilder dies untersagen (auch die Distanz zu Tiertränken beachten!). Alle Details zum »Wildcampen« sind bei den örtlichen Forstbehörden zu erfragen.

Das gilt ähnlich auch für Landstriche unter der Obhut des ***Bureau of Land Management*** (**BLM**) und z.T. in den Gebieten des ***National Park Service***. Für sog. ***primitive campsites*** wird dort oft nur ein (gratis) *overnight permit* benötigt, das man sich zuvor im Besucherzentrum besorgen muss. Solche Plätze sind mit einem Wohnmobil größer als *Van Camper* bisweilen nur schwer oder gar nicht erreichbar. Mit ihnen darf man dafür ganz offiziell bei ***truck stops*** wie ***Flying J*** im Umfeld der Interstates (laut, aber relativ sicher) über Nacht stehen, ebenso auf den **Parkplätzen einiger Kasinos und *Walmart*-Filialen**. Unter www.walmartlocator.com/no-park-walmarts erfährt man, welche *Walmarts* diesen Service einschließlich Toilettenbenutzung des Hauses zu den Öffnungszeiten bieten. Wer in den Abendstunden einen weitgehend autofreien Parkplatz vor einem dieser Supermärkte oder *K-Mart, Target, Sam's Club* oder *Cracker Barrel* etc. mit ein paar einsamen RVs passiert, darf eine *Overnight*-Parkerlaubnis vermuten – fragen muss man aber den Manager immer sicherheitshalber! Das Übernachten auf anderen Parkplätzen oder in städtischen Parks abseits offizieller *Campgrounds* ist in größeren Citys nicht nur gefährlich, sondern illegal. Wichtig ist in ganz Nordamerika das Respektieren von Privatgrund, *private property* besitzt dort einen sehr hohen Stellenwert.

Kostenloses Camping heißt drüben ***boondocking*** (*in the boondocks* = »in der Pampa«), die Bezeichnungen ***wild*** oder ***dispersed camping*** sind ebenso geläufig. Die Online-Plattform www.freecampsites.net liefert tolle Infos zu diesem Thema (mit Kartenansicht!), ebenso die Portale www.ioverlander.com und https://thedyrt.com. Eine gute Adresse für RVler ist außerdem www.campendium.com.

Reservieren der NP-/NM-Stellplätze in Nordamerika

Die Stellplätze lassen sich meist viele Monate im Voraus reservieren, sofern sie nicht täglich in der Reihenfolge der Ankunft (***first-come, first-served***) vergeben werden. In besonders populären Parks empfiehlt es sich nach Freischaltung der Kontingente möglichst rasch zu buchen (auf die Termine achten!). Es wird eine fixe Zusatzgebühr (*service fee*) erhoben, unabhängig davon ob man eine oder mehrere Nächte bleiben möchte:

- ***National Park Service***: www.recreation.gov, ✆ 1-888-444-6777
- ***Parks Canada***: https://reservation.pc.gc.ca, ✆ 1-877-737-3783.

National-forste

Achtung Giardien: Das Wasser aus Bächen usw. nicht trinken ➤ Seite 53

Einige NF sites kann man **nur bar** bezahlen, andere auch per App: www.recreation.gov/mobile-app

In den riesigen Wäldern hat die Forstverwaltung unzählige Campingplätze der – sanitär gesehen – Einfachkategorie angelegt, darunter **traumhafte Anlagen** inmitten sonst unberührter Natur. Ein paar Extrameilen auf *forest roads* lohnen sich fast immer, wenn man ein hübsches, ruhiges Plätzchen für die Nacht sucht. Selbst in der Hochsaison sind abgelegenere ***NF Campgrounds*** nur in Ausnahmefällen voll belegt. Und wenn, dann dürfen Reisende mitunter gleich nebenan gratis übernachten, ➤ links »***Boondocking***«.

NF-Plätze sind nur sporadisch in den konventionellen Campingführern verzeichnet, dafür aber in *Camping Apps* und z.T. unter www.freecampgrounds.com oder www.forestcamping.com.

Genaues Kartenmaterial liegt in den regionalen Büros des *(US) National Forest Service* aus. Die reservierbaren Stellplätze finden sich lückenlos unter www.recreation.gov (✆ 1-877-444-6777). Und für British Columbia listet www.sitesandtrailsbc.ca selbst noch den kleinsten *Campground*.

Die **Übernachtungskosten** betragen zwischen **$0 und $30**. Da diese *campsites* meist der **Selbstregistrierung** unterliegen, sollten genaue Dollarbeträge zur Hand sein. Der Preis richtet sich weniger nach der Ausstattung – die über Kaltwasserhähne/Wasserpumpe und Plumpsklos/Chemietoiletten (*pit/chemical toilets*) selten hinausgeht – als nach ihrer verkehrstechnischen Lage. Am teuersten sind leicht erreichbare *campsites*, jene »weitab vom Schuss« können auch schon mal gratis sein.

Boondocking auf BLM-Land (Slocum Creek campsite in der Leslie Gulch, Oregon)

Reservieren der SP-Stellplätze in den USA (bzw. PP in Kanada)

Unter www.reserveamerica.com können staatliche *campsites* reserviert werden sowie viele der kommerziell betriebenen Campingplätze (nicht nur *KOA*). Die dabei anfallende Buchungsgebühr ist meist unabhängig von der Anzahl der Nächte. Die ***SP campsites*** in **Montana** lassen sich auch telefonisch reservieren unter ✆ 1-855-922-6768 und die in **Utah** unter ✆ 1-800-322-3770. Folgende Staaten verfügen über zusätzliche Portale:

Idaho	✆ 1-888-922-6743, https://parksandrecreation.idaho.gov/camping
Kalifornien	✆ 1-800-444-7275, www.reservecalifornia.com
Nebraska	✆ (402) 471-1414, https://outdoornebraska.gov
Oregon	✆ 1-800-452-5687, https://stateparks.oregon.gov
South Dakota	✆ 1-800-710-2267, https://gfp.sd.gov/camp
North Dakota	✆ 1-800-807-4723, www.parkrec.nd.gov/stay/camping
Washington	✆ 1-888-226-7688, https://washington.goingtocamp.com
Wyoming	✆ 1-877-996-7275, https://wyoparks.wyo.gov.

Ein Sonderfall ist **Colorado** (✆ 1-800-244-5613, www.cpwshop.com), dort **müssen** alle ***State Park*-Stellplätze vorab gebucht** werden (bis zu 6 Monate im Voraus möglich). Bei *walk-in* (ohne Reservierung) riskiert man seine *campsite* bei Bedarf verlassen zu müssen.

Die Reservierung in **kanadischen** *Provincial Parks Campgrounds* erfolgt unter:

Alberta	✆ 1-877-537-2757, https://reserve.albertaparks.ca
Brit. Columbia	✆ 1-800 689-9025, https://camping.bcparks.ca

Derzeit werden zahlreiche *PP sites* den Reservierungsportalen hinzugefügt. *First-come, first-served* wird auch dort seltener, daher am besten immer kurz vorher nochmal checken!

State/Provincial Parks

Alle US-Staaten unterhalten ***State Parks***, in denen die Bürger Erholung finden und die *Great Outdoors* genießen können. In Kanada entsprechen ihnen die ***Provincial Parks***. Es existieren auch Gebiete mit reinem *Day-use*-Charakter (Spielplatz, Badestrand, Natur- und Joggingpfade etc.), aber zu den meisten gehört mindestens ein *Campground*. Sie sind außerdem ausnahmslos in Campingführern verzeichnet und auf den meisten Karten deutlich markiert. Manche verfügen über hohen sanitären Komfort mit Wasser- und Stromanschluss an allen Stellplätzen (zunehmend auch *WiFi!*), andere wiederum sind eher mit den einfachen *NF Campgrounds* vergleichbar. So oder so, die *SP*- oder *PP*-Areale sorgen meist für sehr **erfreuliche Campingbedingungen** zu passablen Preisen ($20-$40 pro Nacht). Nur Kalifornien ist teurer: bis zu $60 am Pazifik.

Overflow Areas

Bei Andrang öffnet die Parkverwaltung z.B. in den *Alberta Rocky Mountain Parks* Reserveplätze, sogenannte ***Overflow Areas***. Sind auch sie voll, bleibt nur, das Naturschutzgebiet zu verlassen. Das Campen oder Übernacht-Parken außerhalb offizieller Plätze ist in *National*, *State* und *Provincial Parks* streng untersagt.

Cities & Counties

Auch **Städte** und **Landkreise** unterhalten Campingplätze (***Municipal*** bzw. ***County Campgrounds***) recht unterschiedlicher Güte. Die **Kosten** variieren entsprechend. Auch Organisationen wie der *Lions Club* gehören gelegentlich zu den Trägern.

BLM
(nur USA)

Das **Bureau of Land Management** (des US-Innenministeriums) unterhält **sanitär einfache *Campgrounds*** auf Ländereien, die nicht in die Zuständigkeit des *National Forest Service* fallen. Sie liegen vielfach in Wüstengebieten abseits großer Straßen mit bisweilen sehr rauen Zufahrten. Die Gebühren für solche Plätze sind im Allgemeinen niedrig; alle Details unter www.blm.gov.

US-Army Corps of Engineers
(nur USA)

Die von den **Pionieren der US-Armee** (**CoE**) an Stauseen angelegten Plätze gehören oft zur preiswerten Einfachkategorie und eignen sich gut für Zwischendurchübernachtungen. Sie sind eher ein Geheimtipp und gut gepflegt. Einige bieten sogar *full hook-up*; Übersicht: https://corpslakes.erdc.dren.mil/visitors/visitors.cfm.

Wie findet man diese Plätze?

Die Plätze des **BLM**, des **CoE** sowie der **Städte** und **Landkreise** werden überwiegend in *Camping Apps* gelistet, die preiswerteren auch in *Boondocking*-Webportalen berücksichtigt, ➤ Exkurs Seite 122. Sofern sie nicht *first-come, first-served* vergeben werden, lassen sie sich unter www.reserveamerica.com buchen. Im Normalfall muss man außerhalb der Monate Juni-August nur an bestimmten Wochenenden (*Memorial/Victoria* und *Labor Day*) reservieren und im Hochsommer finden sich bei nicht zu später Ankunft in diesen Gebieten meist noch ein freies Plätzchen.

Indian Reservations

Die ***Campgrounds*** in der Nähe der Sehenswürdigkeiten auf ***tribal land*** gehören überwiegend zur Einfachkategorie. Praktisch sind dort die oftmals kostenlosen Übernachtungsoptionen für Wohnmobilisten auf den Großparkplätzen einiger **Spielkasinos**.

GLAMPING
»glamorous camping«

Wer Naturnähe und Lagerfeuerromantik mit Bequemlichkeit kombinieren möchte, findet in Übersee reichlich Auswahl, darunter hübsche *Teepees*, private Luxusgroßzelte (*under canvas*) oder nostalgische *Airstream Trailer*. Mit einem Doppelbett (inkl. Bettwäsche) und eigenem Bad ist das Ganze dann natürlich nicht so preiswert wie das »normale Zelten«. Infos und Angebote z.B. unter www.glamping.com/destinations/north-america.

Auf staatlichen Campgrounds stehen häufig auch Jurten (yurts); ihr Komfort variiert stark und reicht vom simplen stromlosen »Dach über dem Kopf« bis hin zur »Luxuswohnung« mit Bad und Küche

3

Kommerziell betriebene Plätze

Ausstattung und Preise

Bei den privat betriebenen *Campgrounds* überwiegen solche mit ***Hook-up*-Angebot**. Die Tarifgestaltung orientiert sich an der Ausstattung und der Nähe zu touristischen Reiserouten und -zielen. Die **preisliche Untergrenze** für abgelegene *sites* liegt bei **etwa $30**. Im Umfeld von Attraktionen (Nationalparks, Badeorte etc.) und im Einzugsbereich der Großstädte wird es rasch teurer (**$45/Nacht** oder weitaus mehr). Grundsätzlich darf man dort aber mit Sanitäranlagen (oft ein recht wunder Punkt), Duschen, Pool, Shop, Waschautomaten, TV-Anschluss und *free WiFi* rechnen. Auf den üblicherweise knapp zugeschnittenen, ebenen Plätzen hat man die Nachbarn auf engerer Tuchfühlung als in *State* oder *National Parks*.

Lage

Auch in puncto landschaftliche Einbettung und Attraktivität der Anlage können es nur wenige kommerziell geführte *Campgrounds* mit der staatlichen Konkurrenz aufnehmen. Zwecks guter Auslastung liegen sie eher in verkehrstechnisch **günstiger Position** in der Nähe vielbefahrener Straßen und Interstates. Ist der Lärmpegel dort selbst im Camper noch hoch, überschreitet er im Zelt oft das erträgliche Maß. Die Kunden der Privaten sind auch deshalb mehrheitlich Wohnmobilbesitzer, für die es in erster Linie auf den Vollanschluss ankommt. Von den großartigen Camp-Möglichkeiten in Nordamerikas *Great Outdoors* lassen solche Anlagen, speziell RV-Parks, nichts ahnen. Denn in puncto landschaftlicher Einbettung und Attraktivität können es nur wenige kommerziell geführte *Campgrounds* mit der staatlichen Konkurrenz aufnehmen.

Camping-Ketten

Ähnlich wie in der Hotel- und Restaurantbranche existieren auch beim Camping Ketten: Während man bei ***Good Sam*** (www.goodsamclub.com) nur als loser Verbund privater Betreiber zusammenarbeitet und die Einhaltung bestimmter Richtlinien garantiert, gehören rund 500 Plätze in ganz Nordamerika zum Franchise-Geber ***Kampgrounds of America*** (www.koa.com, ✆ 1-888-562-0000).

KOA kooperiert mit Campmobilvermietern und lockt deren Kunden mit der ***KOA Value Card*** ($36), die **10%-Rabatt** und andere ***hot deals*** verspricht. Aber selbst damit bleibt *KOA* in der preislichen Oberklasse. Für Zelte zahlt man ab ca. **$35** bzw. RVs ab **$50** und häufig noch erheblich mehr. Der Erfolg von *KOA* lässt sich neben gutem Marketing und der günstigen Lage vieler Plätze am besten mit der sanitären Nachlässigkeit der Konkurrenz erklären. Bei *KOA* kann man sicher sein, dass **Toiletten- und Duschanlagen** einen zumindest akzeptablen, meist sogar guten Standard aufweisen. Auch sonst bietet die Kette einen etwas höheren Komfort und erlaubt in der Regel das Grillen am Lagerfeuer (bei einigen privaten Plätzen nicht gestattet!).

Eine (nicht nur) *KOA*-Spezialität sind kleine Blockhäuser, ***cabins*** (auf 90% aller *KOA*-Anlagen) und ***cottages***, für bis zu 4 Personen für $50-$200/Nacht (die teuren Varianten verfügen über Badezimmer und Küche). Der Schlafsack ist selbst mitzubringen.

Preiswerter einkaufen mit Kundenkarte

»Gute« Kunden sind über eine ***Loyalty***, ***Rewards***, ***Value*** oder ***Club Card*** definiert. Mit ihr können auch Touristen den relativ hohen regulären Supermarktpreisen Paroli bieten und wie Einheimische **erheblich reduzierte »Sonderpreise«** nutzen. Letztere gelten vielfach für gut 50% des Sortiments bei *Safeway* & *Vons* (die Karten dieser beiden werden wechselseitig anerkannt), *Smith's*, *City Market* sowie etlichen anderen Läden. Einsparungen von $5-$20 oder mehr sind bei Großeinkäufen keine Seltenheit. Für die bei einigen Ketten angeschlossenen Tankstellen sammelt man automatisch Bonuspunkte und zahlt dort dann $0,10-$0,30 weniger pro Gallone. Um eine Kundenkarte zu erhalten, muss man sich nur mit einer beliebigen Adresse (Freunde, Hotel etc.) registrieren lassen. Das geht meist rasch und problemlos direkt vor dem Bezahlen an der Kasse oder beim *service desk*.

3.4 Essen und Trinken

3.4.1 Selbstverpflegung

Supermärkte

Die Selbstversorgung in Nordamerika ist unproblematisch. Lebensmittelgeschäfte (***grocery stores***) von oft kolossalen Ausmaßen der US-Ketten ***Safeway***, ***Vons***, ***Albertsons, Smith's***, ***Fred Meyer*** oder ***City Market*** findet man praktisch an jeder Ecke, ähnlich in den beiden kanadischen Provinzen (***Save-on-Foods***, ***IGA*** und ***Real Canadian Superstore***). In größeren Städten sind sie an den Ausfallstraßen in *Shopping Plazas* integriert und haben fast ausnahmslos **bis 21 Uhr** geöffnet, häufig sogar »**24/7**« (= rund um die Uhr, 7 Tage die Woche). Die oben genannten Supermärkte führen – je nach Standort – meist ein gutes Sortiment an Bio-Waren (***organic food***) und zu besseren Preisen als die darauf spezialisierten ***Whole Foods Markets*** oder die *Aldi-Nord*-Tochter ***Trader Joe's***.

> **Preisniveau:** Lebensmittel sind im Schnitt **20-30% teurer** als hierzulande, insbesondere **Gemüse/Obst** (engl: ***produce***), sieht man von Erntezeiten im Anbaugebiet ab

> Es gilt die engl. Maßeinheit *pound* (1 lb= **~450 Gramm**); der Endpreis für ein Kilo beträgt daher das 2,2-Fache **(+ Steuern)**

Mancherorts in diesen Läden angeboten werden Antipasti-/Salatbars zur Selbstbedienung, frische Backwaren sowie eine Auswahl an heißen Gerichten zum Sofortverzehr (Grillhähnchen u.v.m.).

Günstige Lebensmittel kaufen Amerikaner gerne bei ***Walmart***, aber auch dessen Preisniveau ist nicht vergleichbar mit *Aldi* oder *Lidl* in Europa. Die deutschen Discounter mischen aktuell den US-Markt auf, allen voran im Osten des Landes, aber ***Aldi (Süd)*** ist vielerorts auch schon gut im Westen vertreten. Eine Sonderrolle nimmt ***WinCo*** ein, wo man an der Kasse nur Debitkarten oder Barzahlung akzeptiert. Viele Produkte sind dort am billigsten.

Sonstige Läden

Lebensmittel, aber kaum Obst, Gemüse und Frischprodukte, führen die oft rund um die Uhr betriebenen ***mini marts***. Sie sind vergleichsweise teuer, mit Tankstellen kombiniert und fungieren mit *coffee, ice cream, hot dogs* und Snacks primär als Versorgungsstationen für Autofahrer. In manchen Dörfern stößt man auch noch auf den ***general store***, den klassischen ländlichen Gemischtwarenladen, der nahezu alles führt, was im Einzugsbereich benötigt wird.

Alcoholic beverages

Jeder Bundesstaat in den USA hat seine eigenen Alkohol-Gesetze. Vielerorts muss man für Hochprozentiges einen ***liquor store*** aufsuchen. Die Öffnungszeiten dieser Läden variieren stark und passen sich an die Nachfrage an, mitunter ist aber der Verkauf zu bestimmten Uhrzeiten oder an Sonn- und Feiertagen untersagt. Sie sind meist selbst im kleinsten Dorf noch zu finden und führen alles, was auf dem Weltmarkt alkoholisch Rang und Namen hat, wiewohl zu extrem hohen Preisen.

Überall verboten ist die Abgabe von Alkohol an **Personen unter 21 Jahren** (in Alberta 18, in BC 19). Auf die Einhaltung dieser Vorschriften wird streng geachtet, die Vorlage einer ***ID*** (*Identity*=Personalausweis/Führerschein) oft verlangt, auch im Supermarkt oder bei amerikanischen Airlines. Alkoholika dürfen außerdem nur **auf privaten Grundstücken** (dazu gehören auch der Stellplatz auf dem *Campground* und das Open-Air-Lokal an der Straße) **und in Räumen** konsumiert werden. Öffentlicher Alkoholgenuss ist *prohibited by law* und etwa beim Picknick am Strand ein klares »NO GO«.

Lediglich ***licensed restaurants*** dürfen alkoholische Getränke ausschenken und das auch nur in Verbindung mit einer Mahlzeit. Dazu reicht zwar oft ein preiswerter *appetizer* oder die *intention of order*, also die Absicht ein Gericht zu bestellen. Ausgedehnteres Verweilen und der Wunsch nach alkoholischem Nachschub, wenn die Mahlzeit eigentlich beendet ist, ruft Befremden hervor. D.h., wer noch ein paar Gläser mehr konsumieren möchte, geht dazu an die **Bar** desselben Hauses oder in einen der vielen **originell ausgestattete Saloons** im Westernstil, wo Drinks auch ohne Essen serviert werden dürfen und oft *Country*-Bands für gute Unterhaltung sorgen. Eine uramerikanische Besonderheit sind noch ***Sports Bars***, Bierkneipen, in denen an den Wänden Fernseher hängen, die laufend die unterschiedlichsten Sportübertragungen zeigen, in erster Linie American Football, Baseball, Basketball und Eishockey. Zur »Happy Hour« (meist 16-19/20 Uhr) wird's etwas billiger, ansonsten sind alkoholische Getränke drüben ein eher teurer Spaß, zumindest spürbar preisintensiver als hierzulande.

Hochprozentiges wird in reinem Zustand selten konsumiert, sondern meist zum Mixen benutzt. In den Kneipen trinkt man überwiegend **Bier**. Kanadische Biere weisen in der Regel mehr Würze auf als die mehrheitlich geschmacklich indifferenteren, leichten US-Sorten. Letztere sind wegen der geringen Bitternote für deutsche Biertrinker mitunter eher nur »gute Durstlöscher«. In vielen Orten wurde allerdings die alte Tradition kleiner Brauereien wiederbelebt, vor allem in Oregon (Portland, Bend) und Colorado (Denver, Boulder), aber auch in Kalifornien (San Francisco) und Washington (Spokane, Seattle, Tacoma). Diese ***microbreweries*** – häufig mit eigenem Schankraum (***tap room***) und Kneipen – erzeugen qualitativ gute, teilweise ungewöhnlich schmeckende Biere. Voll im Trend liegen stark hopfenbetonte ***craft beers*** wie das ***India Pale Ale*** (*IPA*) von diversen Brauereien. Fassbier (***draft beer***) gibt es auch als ***pitcher*** in Karaffen mit 48 oder 60 oz (1,42 bzw. 1,77 l), aus denen sich die Freundesrunde das Bier selbst ins Glas einschenkt.

Speziell **kalifornische Weine** können es mit europäischen Produkten ohne Weiteres aufnehmen, auch Erzeugnisse aus Oregon und Washington werden sehr geschätzt. Die besseren Tropfen sind aber allesamt nicht ganz billig. **Kanadische Weine** stammen vorwiegend aus dem heißen, südlichen Okanagan Valley oder von der Niagara-Halbinsel im klimatisch begünstigten Süd-Ontario. Nur »feinere« Restaurants führen eine ***wine list***. Das ***glass of wine*** (meist nur unterteilt nach *red or white* ohne weitere Differenzierung), sofern man sich darauf einlässt, ist Geschmack- bzw. Glücksache.

Den nordamerikanischen ***Whiskey*** (US-Schreibweise, in Kanada ohne »e«) gibt es in drei Spezifikationen: Aus den USA kommen der aus mindestens 50% Mais gebrannte ***Bourbon*** und der aus wenigstens 51% Roggen gebrannte ***American Rye***, aus Kanada stammt der ***Canadian Rye***, der aus Roggen, Mais und Gerste gebrannt wird. Die Angabe der Prozente (***proof***) bei den Spirituosen entspricht dem doppelten der in Deutschland üblichen Kennzeichnung; *84 proof* sind also 42 Volumenprozente.

Details zum Thema »**Driving under the Influence**« ➢ Exkurs Seite 112.

Lebensmittel

Brotsorten, die unserem Misch- oder Vollkornbrot nahekommen, sind so gut wie nicht existent. Hochwertigeres **Brot** ist sehr teuer, das allgegenwärtige weiße Einfachbrot in Scheiben dagegen billig. Am besten schmeckt oft das baguetteähnliche *french bread*, gewöhnungsbedürftig die Weißbrotsorten mit Sauerteig (*sourdough*, ausgesprochen »sauerdou«). Für die überwiegend vakuumverpackten Käsesorten und Wurstwaren wird erstaunlich viel Geld verlangt.

Metzgereien gibt es faktisch nirgends, Fleisch kauft man im Supermarkt. Für den **Grill** eignen sich gut *rib eye, sirloin, T-bone* und *New York steaks*. Filetsteak (*tenderloin*) ist noch teurer als *rib eye* und seltener zu finden. Man hüte sich vor *brisket, chuck-* und *roundsteak*, auch wenn sie gut aussehen; sie sind häufig zäh wie Leder und nur nach Behandlung mit *meat tenderizer* (»Weichmacher«) zu genießen. Toll sind oft die Fischtheken, vor allem entlang der ganzen Pazifikküste ist die Vielfalt an Frischfisch groß.

Getränke

Alkoholfreie Getränke

Als ***soda*** oder ***pop*** werden sämtliche ***soft drinks*** bezeichnet, von *Sprite, Coke* bis hin zum *Mountain Dew* mit einem noch höheren Koffeinanteil. Das ***root beer*** gilt als Erfrischungsgetränk, ist alkoholfrei, klebrigsüß und erinnert an Medizin.

Trinkwasser

Achtung Giardien: Wasser aus Bächen usw. nicht unbehandelt trinken ➢ Seite 53

Das Leitungswasser (***tap water***) fällt in Nordamerika geschmacklich oft in die Kategorie »Schwimmbad«. Für einen optimalen Kaffee- oder Teegenuss kauft man daher am besten ***purified water*** (filtriert und gereinigt) im Supermarkt in 1- bis 2-Gallonen-Behältern. Wirklich schmecken tut aber selbst das nicht. Wer zu Hause gerne reines Wasser trinkt, greift lieber zu ***spring water*** z.B. von *Crystal Geyser* oder *Arrowhead*. Kohlensäurehaltiges Wasser ist in 1- oder 1,25-Liter-Flaschen erhältlich, aber nicht überall: ***seltzer*** (ohne Mineralstoffe), ***club soda*** (mit zugesetzten Mineralstoffen) und ***sparkling water*** (natürliches Mineralwasser).

3

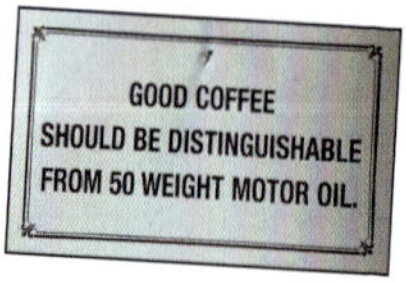

3.4.2 Mahlzeiten

Frühstück

Kaffee & Süßes

An der Westküste hat sich eine »Kaffeehaus-Kultur« entwickelt und das, was in so manchen ***coffee shops*** zum frühen Morgen serviert wird, kann sich sehen lassen. Anderorts spaltet der ***cup of coffee*** aber die Besucher aus Europa in zwei Lager: Die einen empfinden ihn nur als »braune Plörre«, die anderen genießen ihn wie die Einheimischen gleich literweise, zumal ein ***refill*** – ein-, zwei- oder mehrmals nachgeschenkt – in vielen Restaurants mit Bedienung kostenlos ist. Dem eiligen Amerikaner reicht oftmals ein Muffin oder Donut dazu. Wer Süßes liebt, findet z.B. bei ***Krispy Kreme*** eine kunterbunte Vielfalt an weichen Hefekringel (meist frischer und besser als ***Dunkin' Donuts***!). Diesem Kultgebäck widmet man sogar den ersten Freitag im Juni, dann wird in den USA der *National Doughnut Day* gefeiert.

Typische Zutaten/Gerichte beim »American Breakfast«

bacon strips	Speckscheiben (kross gebraten)
biscuits & gravy	Brötchen zu einer fleischhaltigen Béchamelsauce
bread	Brot: white (Weißbrot), corn (aus Maismehl), rye (Roggen), wheat (Weizen), sourdough (Sauerteig, »*sauer-DOU*«)
cereals	alle Arten von Frühstücksflocken
cream & sugar	Kaffeesahne und Zucker
dairy products	Milcherzeugnisse (ausgesprochen »*DÄ-ri*«)
English muffin	flaches Hefeteigbrot
French toast	in Ei getauchte Brotscheiben in der Pfanne gewendet (süß!)
ham and eggs	Schinken und Eier aus der Pfanne
hash browns	kleine Kartoffelrösti
juice	Saft (meist orange juice)
oatmeal	Haferbrei
pancakes	fluffige Pfannkuchen (süß oder mit salziger Butter)
peanut butter	Erdnußbutter
rolls	weiche Brötchen
sausages	würzige Frühstückswürstchen
waffles	Waffeln mit maple syrup (Ahornsirup) oder Billigzuckersirup

Vor allem entlang der nördlichen US-Pazifikküste stehen die kleinen Drive-thru-Häuschen, die außen wie innen recht originell aussehen können, praktisch an jeder Ecke. Neben aromatisierten Kaffeesorten wird Cappuccino, Latte oder Americano (mit heißem Wasser verdünnter Espresso) zu ***pastries*** (Gebäck) gereicht. Aber selbst der teuerste Edelkaffee kommt meist nur im Papp- oder Styroporbecher.

How would you like your eggs ma'am/sir?

Während bei uns die Frage meist schnell beantwortet ist, wird es in Nordamerika schon am frühen Morgen richtig kompliziert: ***Soft*** oder ***hard boiled***, weich oder hart gekochte Eier, werden eher selten gegessen, dafür schätzt man sie umso mehr ***scrambled*** (Rührei) oder mit der Sonnenseite nach oben (***sunny side up*** = klassisches Spiegelei). Bei ***over easy*** oder ***over light*** werden die ***fried eggs*** (Spiegeleier) einmal gewendet, das Eigelb bleibt dabei noch flüssig. ***Over medium eggs*** werden etwas länger gebraten und bei ***over well*** ist der Dotter dann durch bzw. fest, aber noch intakt (ganz anders als bei der Variante ***over hard***, bei der er sich mit Eiweiß etwas vermengt!). Intakt und weich bleibt der Dotter bei den ***poached eggs*** (in Wasser ohne Schale gegart) sowie bei den ***Eggs Benedict***, dem amerikanischen **Frühstücksklassiker** schlechthin mit *poached eggs*, Speck oder Schinken und Sauce Hollandaise auf englischem *Muffin*-Weißbrot.

American Breakfast

Für ein typisches amerikanisches Frühstück geht man aber zu ***Denny's***, ***IHOP*** oder in andere *Family Restaurants* in den USA (➤ Seite 133) sowie ***Tim Hortons*** in Kanada. Ein ***American Breakfast*** ist reichhaltig und schwer. Es besteht aus allerlei Ei-Variationen (➤ Exkurs oben), Speck oder Würstchen, Kartoffelrösti, je nach Geschmack kombiniert mit Omelett, Pfannkuchen, Waffeln, Sandwiches, Wraps oder auch nur schlicht Toastbrot. Diese Art Frühstück wird in angepasster Form auch bei *McDonald's* und Co angeboten – gelegentlich sogar als ***all-day breakfast***. Rund um die Uhr herzhafte Portionen zu bezahlbaren Preisen werden außerdem bei ***truck stops*** an großen Highways serviert und das Frühstück schmeckt dort manchmal auch nicht schlechter als woanders.

Continental Breakfast

Das Gros der H/Motelketten zieht sich mit einem teils bescheidenen ***continental breakfast*** aus der Affäre ➤ Seite 115.

3

Mittagessen

Lunch fällt in den USA meist recht bescheiden aus. Sandwich oder Salat sind typische Mittagsspeisen. Viele Lokale offerieren dann nur leichte Kombinationen wie ***soup & salad*** und berechnen niedrigere Preise als abends für identische Gerichte. Vor allem ***Steak Restaurants*** verfügen oft über eine ***salad bar***, an der mehrfach nachgefasst werden darf. Ggf. sogar ohne ein Hauptgericht zu bestellen. Das kostet wenig und ersetzt leicht eine volle Mahlzeit. ***Brunch*** eine Kombination aus Breakfast und Lunch, wird gerne in Form eines *All-you-can-eat*-Buffets an Wochenenden angeboten.

Abendessen

Die Speisekarte nennt man ***menu***, (*»mänjuh«*)

Hauptmahlzeit der Amerikaner ist das ***dinner*** (nicht zu verwechseln mit dem *diner*, einem besseren Schnellimbissrestaurant). Das Abendessen besteht aus mehreren Gängen. Man beginnt mit ***starters*** bzw. ***appetizers*** (Vorspeisen), widmet sich danach dem ***main course/entree*** (Hauptgericht) ggf. mit ***side orders*** (Beilagen) und schließt mit ***sweets*** oder ***dessert*** (Nachspeise) und Kaffee ab. Es wird generell sehr früh gegessen (mitunter schon ab 17.30 Uhr) und außerhalb großer Städte und Touristenhochburgen ist dann nicht selten **ab 20 Uhr kein warmes Essen** mehr zu bekommen.

3.4.3 Von Fast Food bis zu Feinschmecker-Restaurants

Schnell etwas zu essen findet man in Nordamerika an jeder Ecke. Hungrige haben – neben den angeführten Möglichkeiten in Supermärkten (➤ Seite 127) – die Wahl zwischen:

Fast Food

Von der Kleinstadt aufwärts besetzen Fast-Food-Lokale die Hauptverkehrsstraßen in dichter Folge. Etliche Ketten kennt man inzwischen von zu Hause. Die Kunden werden mit *coupons* und Sparmenüs (***value meals***) angelockt sowie mit übergroßen Spielplätzen, *free WiFi* und ***free refill*** für Limonaden (➤ rechts).

Burger und andere Brötchen

Die Marktführer (*McDonald's, Burger King*) qualitativ in Schach hält die aufstrebende Kette ***Five Guys***, mit individuell zubereiteten Burgern. Dort zahlt man einen Grundpreis für zwei Hackfleisch-Pattys und kann dann so viele ***toppings*** hinzufügen, wie man möchte (Jalapeños, Zwiebelringe, Champignons u.v.m.). Dazu werden leckere in Erdnussöl gebratene ***french fries*** (Pommes) angeboten. Nicht nur die »Showküchen« sorgen meist für einen guten Eindruck, sondern vor allem die Fleischqualität (Angusrind). Damit können auch die einfacheren, preiswerten ***In-N-Out Burger*** punkten, außerdem noch ***Shake Shack***, wo aber vergleichweise kleine und teurere Brötchen (*buns*) gereicht werden. Die Filialen dieser drei Ketten findet man überwiegend nur in Großstädten.

Weit verbreitet sind noch ***Carls Jr.*** mit überraschend guten »***charbroiled burgers***« (vom Holzkohlegrill) sowie ***SONIC***, wo ein (oft rollschuhfahrender) Mitarbeiter das Tablett direkt ans Auto bringt, das an einem tankstellenähnlichen *drive-in* im 1950er-Look parkt. Weniger begeistern konnten die Autoren ***Wendy's*** und ***Jack-in-the-Box***. In Kanada sticht bei ***A&W*** das Essen auch eher durch originelle Namen als durch besonderen Geschmack hervor. Dort serviert man u.a. *Uncle, Baby, Mama* oder *Grandpa Burgers*.

Lettuce (grüner Salat) wird »lät-tis« ausgesprochen

Bei ***Arby's*** kommen Geflügel-Wurstscheiben, Roastbeef oder warm geräuchertes *brisket* (aus der Rinderbrust) ins runde Brötchen, bei ***Subway*** ins 30-cm-*footlong* oder halb so große *6-inch sandwich*.

»Mexikaner«

typisch mexikanische Gerichte ➤ Seite 134

Bestens vertreten im US-Westen sind Ketten mit mexikanischem Fast Food. Kaum irgendwo sonst lässt sich für so wenig Geld gut der Magen füllen, allen voran bei ***El Pollo Loco*** und ***Moe's Southwest Grill*** oder bei der etwas einfacheren Konkurrenz wie etwa ***Taco Bell***, ***DelTaco*** oder ***Taco Time***. Meist etwas schmackhafter gewürzt wird in den »richtigen« Restaurants (➤ unten) oder bei den »***Fast Casual***«-Ketten ***Qdoba*** und ***Chipotle***, wo man versucht Fast-Food-Schnelligkeit mit der frischen Qualität eines *Fullservice*-Restaurants zu vereinen. Beide haben das *Subway*-Prinzip übernommen. Der Gast lässt sich an der Theke die *tacos, burritos, bowls* (Schalen) oder Salate nach seinen Wünschen zusammenstellen und kann das Essen mitnehmen oder vor Ort konsumieren. Dazu werden Limonaden und kostenlos Wasser gereicht, bei *Chipotle* an einigen Standorten sogar Bier und Margaritas.

Einige Fast-Food-Lokale sind von außen kaum als solche zu erkennen, hier eine Filiale von Five Guys

Asiatisches Asiatisches bzw. in erster Linie chinesische Schnellgerichte mitsamt Glückskeks bietet die beliebte Kette ***Panda Express***.

Eisdielen Erwähnenswert wäre noch ***Baskin-Robbins***, eine der beliebtesten *Ice-Cream*-Ketten mit hervorragendem, aber sehr teurem Eis (bis zu 35 Sorten!). Eine der größten Schnellrestaurantketten der USA ist ***Dairy Queen*** (***DQ***). Die ursprünglich auf Milch-Mixgetränke, **Softeis** und Joghurt spezialisierten Lokale servieren mittlerweile zusätzlich noch (eher wenig überzeugende) Hamburger-Varianten.

Family Restaurants

Familienrestaurants sind zwischen Fast Food und *Full Service*-Lokalen anzusiedeln. Man wird dort in der Regel am Tisch bedient – wie in »richtigen« Restaurants, aber schneller. Die durchweg üppigen Portionen sind preislich noch moderat, so dass sich auch Familien der unteren Mittelklasse das Essengehen leisten können.

Free refill: Eiswasser und *soft drinks* wie Cola oder Sprite werden immer kostenlos nachgeschenkt, Kaffee häufig auch

Das **klassische *Family Restaurant*** im alten *American Diner*-Stil ist ***Denny's*** mit Filialen nahezu überall in den Vereinigten Staaten. Serviert wird Reichhaltiges – oftmals rund um die Uhr. Alles was den Tag versüßt, bereitet auch das »International House of Pancakes« ***IHOP*** zu. Wer es gesünder mag, bekommt dort aber außerdem Salat, Suppen oder ein Sandwich. In diese Restaurant-Kategorie fällt u.a. noch ***Cracker Barrel*** (rustikal eingerichtet und meist mit *Old Country Gift Store*) sowie ***Shoney's*** oder ***Village Inn*** (auch auf Frühstück spezialisiert).

Immer einen neuen Teller beim nächsten Gang zum Buffet holen, die Wiederverwendung gilt als unhygienisch und ist ein NO GO

Eine Lizenz zum Alkoholausschank hat ***Red Robin*** (mit *Gourmet Burger*) sowie ***Sizzler (Family) Steakhouse*** (mit *hand-cut steak* mit meist gutem *All-you-can-eat*-Salatbuffet).

Auch die Kette ***Golden Corral*** mit Niederlassungen im US-Nordwesten u.a. in Spokane, Boise oder Twin Falls lockt mit einem überbordenenden *All-you-can-eat*-Buffet. Das Angebot reicht vom *homemade cooking* und mexikanischen Spezialitäten, Steaks frisch vom Grill und Salat bis hin zum »Schokobrunnen«, in den man zur Nachspeise Früchte tunken kann.

Full service Restaurants (Fine Dining)

An »richtigen« Restaurants mangelt es auch nicht in Nordamerika, vor allem in den Großstädten ist die Vielfalt enorm.

Seafood

An den Küsten sind Meeresfrüchte, ***oysters*** (Austern) oder der fangfrische ***catch of the day*** angesagt, darunter auch Lachs in gleich fünf Gattungen: *Sockeye, Chinook (King), Chum (Dog), Coho, Pink (Humpback)* und *Kokanee Salmon* (kleinerer, nicht wandernder Süßwasservertreter des *Sockeye*). Fisch wird frittiert (*deep fried*) oder gegrillt (*grilled, broiled*, über Holzkohle *charbroiled*), an der Küste auch traditionell über der Glut an **Zedernholzstäben** befestigt (*roasted*); ➤ Foto.

Fleisch

Frisch von den Weiden auf den Tisch kommen in den Cowboy-Staaten saftige **Rindersteaks** (*sirloin* = Rumpsteak; *rib-eye* = stark marmoriertes Steak aus der Hochrippe; *tenderloin* = allerfeinstes Filet; *New York strip steak* = beliebtes Lendenstück mit sichtbarem Fettrand; *T-bone-* und *Porterhouse steak* = flaches Stück Roastbeef mit T-förmigen Knochen). ***Prime Rib*** ist ein hervorragendes Stück Rinderbraten, das sehr langsam bei niedriger Temperatur gegart wird. **Bisonfleisch** (von Zuchtfarmen) schmeckt ebenfalls fein, ist sehr mager und nicht so marmoriert wie das vom Rind.

Tex-Mex-Küche

Amerikaner lieben mexikanisches Essen. Basis vieler Gerichte sind ***tortillas***, Mais- oder Weizenfladen. Eingerollt mit Bohnen, Zwiebeln und Fleischvariationen – *ground meet/minced beef* (Hackfleisch), *chicken* (Huhn) und *pork* (Schwein) – werden sie zu ***soft tacos***, ***burritos*** oder ***enchiladas*** (meist noch mit Chili-Sauce/Käse überbacken). Kross frittierte *tortillas* belegt man mit denselben Zutaten zu ***tostadas*** oder klappt sie zu (*hard shell*) ***tacos*** zusammen, nur mit Käse heißen sie ***quesadillas***. Bei ***fajitas*** werden üblicherweise marinierte und gegrillte Steakstreifen mit Zwiebeln, Paprika und Champignons brutzelnd in einer heißen gusseisernen Pfanne gereicht, die leeren weichen Teigfladen darf der Gast selber füllen. Für Vegetarier steht auch Gemüse zur Auswahl. Oft finden sich zudem noch modische Abwandlungen wie *spinach enchiladas* oder *shrimp burritos* auf dem Menü.

Als Beilagen dienen immer *refried beans* (braunes Bohnenmus), *black beans* (schwarze Bohnen), *Spanish rice* (gewürzter Reis), *corn* (Mais), *salsa* (*roja* mit Tomaten oder *verde* aus grünen Tomatillos) und *sour cream* (Sauerrahm), oft auch gemischter Salat, *pico de gallo* (gehackte Tomaten, Zwiebeln, scharfe Jalapeños und frische Korianderblätter) und *guacamole* (Avocado-Dip). Ganz ohne *tortillas* kommt das **Chili con Carne** aus, sofern der pikante Fleisch-Bohnen-Eintopf nicht mit Tortilla-Chips serviert wird.

Rund ums Restaurant - wichtig zu wissen

Für das Verhalten in Restaurants gibt es in Nordamerika eine Reihe **ungeschriebener Gesetze**, die es zu beachten gilt, wenn man nicht unangenehm auffallen möchte.

Please wait to be seated

In den USA werden Restaurantbesucher »platziert«. Auch wenn freie Tische vorhanden sind, wartet der geduldige Gast, bis sich ein ***waiter/host*** oder eine ***waitress/hostess*** seiner annimmt und einen Tisch zuweist. Ist kein Tisch frei oder noch nicht voll abgeräumt, werden die **Namen** der ankommenden Gäste **notiert** und der Reihe nach aufgerufen. »*Muller, party of three!*« bedeutet, für den Gast Müller und insgesamt 3 Personen ist nun alles bereit. Bis dahin können sich Müllers die Zeit mit einem Drink an der Bar vertreiben, so vorhanden. **Warteschlangen** vor Restaurants sind in den USA kein ungewöhnliches Bild.

Ende der Veranstaltung

Ein Restaurantbesuch ist in Nordamerika keine abendfüllende Angelegenheit. Selbst nach einem üppigen Mahl mit Vor-, Haupt- und Nachspeise hat es die Bedienung häufig störend eilig. Nach einem knappen, eher rhetorischen »*Anything else*?« wird rasch die Rechnung (***check***/***bill***) präsentiert. Gezahlt wird häufig an einer Kasse am Ausgang, das Trinkgeld (***tip*** oder ***gratuity***) meist bar auf dem Tisch hinterlassen oder auf dem Kreditkartenbeleg vermerkt.

Achtung: Mancherorts ist das Trinkgeld – aufgrund schlechter Erfahrung mit Touristen – schon in der Endabrechnung enthalten: »***tip is included***«!

Zu den **Nettopreisen** auf den Speisekarten kommen immer noch die Steuern hinzu (ca. **6%-11%** ***sales tax*** inkl. lokal unterschiedlicher Aufschläge; in Kanada gibt es mitunter Ausnahmen) sowie ein für europäische Verhältnisse **sehr üppiges Trinkgeld** (**15%-30%**). Dieses ist jedoch keine Dankerweisung für ausgezeichneten Service wie bei uns, sondern die Lebensgrundlage für das Bedienpersonal (Details ➤ Seite 144). Ein »Aufrunden« oder »*passt so*« kennt man nicht. Auch wer in Restaurants bar bezahlt, wird grundsätzlich den gesamten Differenzbetrag zurückerhalten.

Die Effektivkosten lassen sich daher nicht so leicht abschätzen, in der Regel muss man zu Speisen und Drinks aber **rund 30% dazu addieren**. Essengehen in Nordamerika ist – außer bei Fast Food oder *All-you-can-eat*-Buffets – meist kein billiges Vergnügen.

Meist schön gestaltet sind die Filialen der Old Spaghetti Factory in Kanada; hier in Gastown/ Vancouver auch mit Esstischen in einer ausrangierten Straßenbahn

3

3.5 Alles Weitere von A bis Z

Apotheken und Drugstores

Reine Apotheken (***pharmacies***), wiewohl hier und dort vorhanden, findet man relativ selten. Meistens ist bestimmten ***drugstores*** und großen Supermärkten eine *pharmacy* zugeordnet, wo es nicht verschreibungspflichtige Medikamente in Selbstbedienung gibt. Rezeptpflichtige Medikamente werden an Sondertheken für ***prescriptions*** ausgegeben, u.a. bei *Walgreens, CVS* oder *Rite Aid.*

Ärzte und Zahnärzte

Vor einem Nordamerika-Urlaub sollte unbedingt eine Reisekrankenversicherung (➤ Seite 74) abgeschlossen werden. Es kommt vor, dass eine Behandlung auch im Notfall verzögert oder sogar abgelehnt wird, wenn unklar ist, wie und ob sie bezahlt werden kann. Trotz einer insgesamt hohen Dichte bei der ärztlichen und zahnärztlichen Versorgung ist es für Touristen bisweilen nicht einfach, einen kurzfristigen Termin bei einem Arzt (***physician***, auch »*medical doctor*«) oder Zahnarzt (***dentist***) zu bekommen. Eine Ausnahme bilden die ***walk-in clinics***, auf »Laufkundschaft« eingestellte Gemeinschaftspraxen verschiedener Spezialisten in großen wie auch kleineren Städten. Mit **akuten Beschwerden** und **Verletzungen** kann man sich direkt zum ***emergency room*** (Notaufnahme) des nächstgelegenen Hospitals begeben.

CVS und *Walgreens* verfügen außerdem über sog. ***minute clinics***, die meist einen Bruchteil von anderen ***urgent cares*** verlangen. Die anwesenden Ärzte können u.a. Antibiotika verschreiben, die man sich im Anschluss gleich vor Ort kaufen kann.

Notfälle 911

Die in den USA und Kanada gültige Telefonnummer für **Notfälle aller Art** *(Emergencies)* ist ✆ **911**, ➤ auch Seite 140.

Banken

Bankfilialen finden sich noch im kleinsten Ort. Sie haben Mo-Fr (selten auch samstags) ab 9 Uhr geöffnet bis mindestens 14/16 Uhr.

Amerikaner erledigen auch ihre Geldangelegenheiten gern mal am Drive-thru-Schalter

Für die Auszahlung von Bardollars (***cashing***) muss dort üblicherweise der Pass vorgelegt werden. Geldautomaten (**ATM**, ***Auto****mated* ***T****eller* ***M****achine*) stehen für Abhebungen mit Kreditkarte rund um die Uhr zur Verfügung.

Botschaften und Konsulate

Die diplomatischen Vertretungen des eigenen Landes sind für Touristen normalerweise nur von Interesse, wenn **Not am Mann** ist, in erster Linie bei Verlust der Finanzen und der Papiere. Soweit »lediglich« die Kreditkarten abhandengekommen sind, helfen die ausgebenden Organisationen, ➤ Seite 77. Ist der **Pass weg**, lässt sich der Gang zu den Konsulaten nicht vermeiden. Kopien der wichtigsten Dokumente sind dabei sehr hilfreich!

Deutsche Generalkonsulate in den US-Weststaaten und BC/AB
(www.germany.info, weiter unter Menüpunkt »*Consulates General*«)

Los Angeles	zuständig für Südkalifornien, Arizona, Nevada, Utah und Colorado: 6222 Wilshire Blvd, Suite 500, ✆ (323) 930-2703
San Francisco	zuständig für Nordkalifornien und nordwestliche US-Staaten: 1960 Jackson Street, ✆ (415) 775-1061
Vancouver	Suite 704, World Trade Centre, 999 Canada Place, ✆ (604) 684-8377

Botschaften von Österreich und der Schweiz

Schweiz	Embassy of Switzerland, 2900 Cathedral Ave NW, Washington DC 20008; ✆ (202) 745-7900, www.eda.admin.ch/washington
Österreich:	Austrian Embassy, 3524 International Court NW, Washington DC 20008; ✆ (202) 895-6700; www.austria.org

Datum

Das Datum wird in einer anderen Reihenfolge geschrieben als bei uns: **Monat/Tag/Jahr**, also 09/30/2025 für den 30. September 2025.

Elektrischer Strom

Nordamerika hat ein Wechselstromnetz mit **110-125 Volt** Spannung und einer Frequenz von 60 Hz. Geräte, die sich auf 110/125 V umschalten lassen bzw. sich automatisch anpassen (Ladegeräte für Kamera, Handy oder Laptop), schadet der Frequenzwechsel von 50 auf 60 Hz nicht; Rasierapparate laufen etwas rascher. Stecker aus Europa passen nicht in nordamerikanische Steckdosen (die auch in RVs eingebaut sind). Adapter findet man bei uns in Elektroläden oder Kaufhäusern. In Übersee ist ein *travel adapter plug* ungleich schwerer aufzutreiben (ggf. bei *Walmart, Home Depot*).

Feiertage (Federal Holidays)

Schulen, Behörden, Postämter und **Banken** haben an Feiertagen geschlossen, die meisten Sehenswürdigkeiten, Vergnügungsparks und Geschäfte (Supermärkte, Einkaufszentren etc.) aber **immer geöffnet**. Die **Sommerferien** der Schulen variieren je nach Landkreis, sie beginnen i.A. Mitte Juni und enden Mitte der zweiten Augusthälfte.

Feiertage in den USA		Erläuterung/Bedeutung
New Year's Day	1. Januar	Neujahrstag wie bei uns
Martin Luther King Day	3. Montag im Januar	Gedenktag an den ermordeten Prediger wider den Rassenhass
President`s Day	3. Montag im Februar	an sich Washingtons Geburtstag, heute Feiertag zu Ehren aller ehemaligen Präsidenten
Good Friday	Freitag vor Ostern	Karfreitag, nicht überall Feiertag
Memorial Day	Letzter Montag im Mai	Tag zur Ehrung aller Gefallenen; das Wochenende läutet den Sommer ein
Juneteenth	19. Juni	Ende der Sklaverei
Independence Day	4. Juli	Unabhängigkeitstag, wichtigster Feiertag der USA
Labor Day	1. Montag im September	Tag der Arbeit, wie bei uns der 1. Mai. Ende der Feriensaison
Columbus Day	2. Montag im Oktober	Tag der Entdeckung Amerikas
Veteran`s Day	11. November	Ehrentag für die Veteranen der US-Armee
Thanksgiving (»Turkey Day«)	4. Donnerstag im November	Erntedankfest, großer Familientag
Christmas Day	25. Dezember	nur **ein** Weihnachtstag

Hinweis: Auf einen Samstag fallende Feiertage, realisiert man bereits am Freitag, auf einen Sonntag fallende am Montag.

Feiertage in Kanada (AB Alberta, BC British Columbia)	
New Year's Day	1. Januar
Family Day	2. Mo im Februar (nur in BC)
Alberta Family Day	3. Mo im Februar (nur AB)
Good Friday	Karfreitag
Easter Monday	Ostermontag
Victoria Day	Montag vor dem 25. Mai
Canada Day	1. Juli (Nationalfeiertag), bei Sonntagen erst am 2. Juli
Civic Holiday	1. Mo im August
Labo<u>u</u>r Day	1. Montag im September
Thanksgiving	2. Montag im Oktober
Remembrance Day	11. Nov (Volkstrauertag)
Christmas Day	25. Dezember
Boxing Day	26. Dezember

Polizeiparade mit traditionellen »Rotröcken« (Mounties) bei den Canada-Day-Festivitäten

FKK

Prüderie ist weitverbreitet in der amerikanischen Gesellschaft und Nacktheit in der Öffentlichkeit kann Geldbußen nach sich ziehen. FKK ist nur an ganz wenigen *nude / clothing optional beaches* erlaubt, u.a. in San Francisco an der ***Baker Beach*** oder in Seattle beim ***Denny-Blaine*** oder ***Howell Park***. Ausnahmen werden auch bei einigen *Hot Springs* gemacht, ➤ Seite 56. »Oben-ohne« toleriert man ebenfalls nur in ganz wenigen US-Bundesstaaten.

Internet

Tipp: eSIM ➤ Seite 143

***Prepaid*-Daten-SIM-Karten** holt man sich am besten schon hierzulande; nur Datenvolumen oder in Kombination mit Gesprächsguthaben z.B. bei www.simlystore.com. Die einst sehr lückenhafte **Netzabdeckung** (*cell service*) im US-Westen hat sich in den letzten Jahren deutlich verbessert. Abseits der Städte ist *AT&T* der Konkurrenz (*T-Mobile* und *Verizon*) häufig überlegen. Probleme können mit ***LTE*-Bändern** auftreten. Die großen US-Anbieter nutzen die Bänder 2, 4 und 5 (1900, 1700 und 850 MHz). Ältere wie auch billigere europäische Smartphones unterstützen diese oftmals nicht. In den großen Citys und an den Interstates ist auch **5G** schon vorhanden. In den endlosen Weiten Kanadas gibt es allerdings auch bei *Bell, Rogers* oder *Telus* noch viele »weiße Flecken«.

Die meisten H/Motels und die Mehrzahl der kommerziellen Campingplätze werben mit ***free WiFi*** (*__wi__reless __fi__delity* = WLAN). Gratis Internetzugang bieten auch viele Cafés, Restaurants, Touristeninformationen und einige Supermärkte (z.B. *Fred Meyers*).

Kinder

Nordamerika ist ein ausgesprochen **kinderfreundliches** Reiseziel. Restaurants haben Stühle und Gerichte für die Kleinen, viele **Museen** spezielle Abteilungen, in denen die Inhalte spielerisch vermittelt werden, Fast-Food-Ketten und *Campgrounds* locken mit attraktiven Spielplätzen. Nationalparks bieten »Junior Ranger«-Programme und Feuerwehrstationen sind oft auf den Besuch von Kindern eingestellt und verschenken Feuerwehrhelme, Aufkleber u.v.m.

Kleidergrößen/Umrechnungstabellen

Damen DE	32	34	36	38	40	42	44	46	48
Damen USA	4	6	8	10	12	14	16	18	20
	XS	XS	S	S	M	M	L	L	XXL

Herren DE	44	46	48	50	52	54	56	58	60
Herren USA	34	36	38	40	42	44	46	48	50
	S	S	M	M	L	L	XL	XL	XXL

Kriminalität

In erster Linie ein Problem der Großstädte, ➤ Exkurs Seite 460 (San Francisco), auf dem Land hat man i.A. eher wenig zu befürchten.

Maße & Gewichte

USA

Metrische Maß- und Gewichtseinheiten werden in den USA kaum verwendet. Es gelten Meilen, Gallonen, Pfund usw.:

1 inch		2,54 cm
1 foot	12 inches	30,48 cm
1 yard	3 feet	91,44 cm
1 mile	1760 yards	1,609 km
1 acre	4840 square yards	0,405 ha
1 square mile	640 acres	2,59 km^2
1 fluid ounce		29,57 ml
1 pint	16 fluid ounces	0,47 l
1 quart	2 pints	0,95 l
1 gallon	4 quarts	3,785 l
1 barrel	42 gallons	158,97 l
1 ounce		28,35 g
1 pound (lb)	16 ounces	453,59 g
1 ton	2000 pounds	907,18 kg

Kanada

Kanada führte bereits in den 1970er-Jahren das metrische System ein, ein paar wenige Abweichungen findet man dennoch. So enthalten Getränkedosen weiterhin 12 oz (Flüssigunzen, *Fluid Ounces* = 355 ml), und die Preise bei Fleisch, Obst und Gemüse beziehen sich im Supermarkt noch oft auf das *Pound* (1 lb = 454 g).

Notfälle Notfall-Rufnummer ✆ 911

Die ***emergency number*** ✆ **911** gilt überall in Nordamerika, egal ob es sich um Verkehrsunfälle, Verbrechen oder Feuer handelt. An den Autobahnen stehen kaum Notrufsäulen (*motorist aid call boxes*). Fahrer liegengebliebener Vehikel signalisieren durch die geöffnete Motorhaube, dass sie Hilfe benötigen. Die Telefonnummer des lokal zuständigen Straßendienstes erfährt man gebührenfrei beim

Notfall-Service der nordamerikanischen Automobilklubs
✆ 1-800-222-4357 (=CAA-HELP bzw. AAA-HELP)

In *National* und *State Parks* sind die **Ranger** Ansprechpartner und meist sehr hilfsbereit. Bei Problemen hilft ggf. in einigen Orten auch die Organisation ***Traveler's Aid*** weiter: www.travelersaid.org.

Alles weg?

Sind alle Unterlagen und auch die Kreditkarten abhandengekommen, kann man sich an ***Western Union*** (Büros in vielen Städten der USA) wenden. Schon wenige Minuten nach Einzahlung bei der **Post** oder **Reisebank** (in Flughäfen und Bahnhöfen deutscher Großstädte) kann der Empfänger bei der *Western Union*-Filiale über den Betrag verfügen; die Gebühren sind allerdings sehr hoch; ✆ 1-800-325-6000, www.westernunion.de. Einen ähnlichen Service bietet ***MoneyGram***; ✆ 1-800-666-3947, www.moneygram.de.

Pass

Bei Verlust des Passes helfen die **Konsulate**, ➤ Seite 137.

Polizei ➤ »Polizeikontakt« auf Seite 112

Winzige Postfiliale in den Rocky Mountains in Colorado

Post

Postämter stehen in Nordamerika noch im kleinsten Dorf und sind dank der zu den Schalterstunden stets aufgezogenen Nationalflaggen leicht zu finden; www.usps.com bzw. www.canadapost.ca. Postkarten und Briefe (bis 28 g) nach Europa kosten 1,50 USD (USA) und 2,71 CAD (Kanada). Briefe mit *air mail stamps* gehen per Luftpost und dauern bis zu einer Woche.

Adressen in Nordamerika schreibt man wie folgt:

Mr./Mrs. + Vorname + Nachame des Empfängers
Hausnummer + Straßennamen
Stadt + Abkürzung des US-Staats/der Provinz + Postleitzahl
United States of America oder Canada

Die Postleitzahl besteht in den USA (***zip code***) aus fünf Ziffern, in Kanada (***postal code***) – ähnlich wie in Großbritannien – aus einer sechsstelligen Buchstaben- und Ziffernkombination.

Rabatt - Coupons, Discounts und Special Offers

Die USA sind das Land der Rabatt-Coupons und Kundenkarten. Die Einheimischen nutzen sie eifrig und zahlen so vielerorts selten den vollen Preis – im Supermarkt (➤ Seite 127), bei diversen Attraktionen, Touren etc. lassen sich so mitunter sogar recht beachtliche Summen sparen. Besonders viel Rabatt wird Senioren gewährt (teilweise schon ab 55!), ➤ umseitig. Info-Material mit *Discount Coupons* liegt am Airport, in Touristeninfos und Unterkünften aus. Mitglieder europäischer Automobilclubs fragen in H/Motels am besten nach der »*Triple A rate*« (mit AAA oft minus 5%-10%). Auch diverse Museen und Vergnügungsparks bieten AAA-Rabatt.

AAA Show Your Card & Save

Rauchen

Die USA sind eine weitgehend »rauchfreie Zone«. Tabakwaren sind noch teurer als in Europa. Ein striktes Rauchverbot gilt nicht nur in sämtlichen öffentlichen Gebäuden (Flughäfen, Restaurants, Bars etc.) und Verkehrsmitteln, sondern manchmal selbst an Stränden, in Naturschutzgebieten, Parks sowie in der Nähe von Schulen oder Kinderspielplätzen. Einige Städte in den USA verbieten es sogar auf sämtlichen Fußwegen oder Straßen. Raucher sollten sich daher unbedingt vorab gut informieren.

3

Schuhgrößen/Umrechnungstabellen

Damen DE	35	36	37	38	39	40	41	42
Damen USA	4	5	6	7	8	9	10	11

Herren DE	40	41	42	43	44	45	46	47
Herren USA	6,5	7,5	8,5	9,5	10,5	11,5	12,5	13,5

(können bei Sportschuhen je nach Hersteller aber leicht abweichen)

Senioren

55+

Der Begriff »***senior***« für alle älteren Mitbürger ist eine amerikanische Erfindung, die sich auch bei uns durchgesetzt hat. Seniorenrabatt wird in den USA nicht nur beim **Museumsbesuch**, sondern auch in ***Family Restaurants***, beim **Camping** und in **Hotels** gewährt. Als Senior gilt in der Regel, wer **60 Jahre** alt ist, bisweilen aber auch schon früher! Zum Beispiel bei der *Best Western*-Kette gibt es die 15% Nachlass **schon ab 55 Jahren**. Vielerorts zahlt man sogar bis zu 30% weniger. D.h., es macht durchaus Sinn bei Dienstleistungen und Eintrittsgeld nach dem ***senior discount*** zu fragen.

Telefon (national und international)

Nordamerika verfügt über ein vereinheitlichtes Telefonsystem. Jeder US-Staat und jede kanadische Provinz besitzt eine 3-stellige Vorwahl (***area code***), dicht besiedelte haben sogar mehrere davon. Der Vorwahl folgt eine 7-stellige Rufnummer. Bei Gesprächen über den regionalen *area code* hinaus muss die **»1« vorgewählt** werden.

toll free

1-800/833/844/855/866/877/888

Bei ***toll free numbers*** gehen die Kosten zu Lasten des Angerufenen (in H/Motels dennoch minunter mit Aufschlägen versehen, vorher lieber fragen!). Die gebührenfreien Nummern sind mit der Vorwahl 001 (statt »1«) auch vom Ausland aus zu erreichen, allerdings kommt dann der Anrufer für die Gebühren auf. Großer Beliebtheit erfreuen sich leicht zu merkende »***vanity numbers***«, wo die Ziffern durch Buchstaben/Wörter ersetzt werden, z.B. 1-800-FLOWERS.

1	2 ABC	3 DEF
4 GHI	5 JKL	6 MNO
7 PQRS	8 TUV	9 WXYZ

In Zeiten von Smartphones haben Münztelefone ausgedient

Das Gegenteil der gratis 800-Nummern sind **900-Nummern**, für die im Minutentakt eine Honorierung für den Angerufenen fällig wird.

Internationale Gespräche

Über die Vorwahl »011« öffnet man den Zugang zum internationalen Netz. Mit der »**49**« für Deutschland (**43** für Österreich, **41** für die Schweiz) und die um die Null reduzierte Ortsvorwahl sind Verbindungen in die Heimat (von Privattelefonen aus) leicht hergestellt.

Telefonieren mit dem eigenen Handy

Wer kein Auslandspaket gebucht hat, muss aufpassen. Die Roaming-Gebühren in den USA sind hoch. Am besten holt man sich daher schon zu Hause die passende **Prepaid SIM-Karte** und steckt diese dann für die Dauer der Reise ins eigene Handy – erhältlich z.B. bei www.simlystore.com. Faktisch hat man so eine nordamerikanische Rufnummer, unter der man drüben jederzeit auch von der Heimat aus erreicht werden kann. Pünktlich zu Urlaubsbeginn wird sie freigeschaltet und enthält je nach »*plan*« (=Tarif) ein Gesprächsguthaben und/oder Datenvolumen, ➤ auch »Internet« auf Seite 139.

eSIM

Noch praktischer ist aber eine **eSIM**, die auf neueren Smartphones einfach per **App** installiert wird und wo man ganz ohne Plastik-SIM auskommt. Die Tarife sind recht unterschiedlich und variieren stark, daher am besten nach dem aktuell günstigsten Angebot googlen. Ende 2023 gab es in den USA z.B. 20 GB schon ab €30.

Zwar bietet eine eSIM in der Regel nur Internetzugang, aber man kann so jederzeit über die gängigen Messenger (***WhatsApp*** etc.) mit anderen Usern sprechen. Wer relativ preiswert ins deutsche Festnetz bzw. Mobilnetz anrufen möchte, kann außerdem **VoIP-Dienste** nutzen – z.B. bei ***Skype*** ein Guthaben erwerben und gleich lostelefonieren: www.skype.com/de/credit.

Temperaturen

In Kanada werden Temperaturen in °Celsius (**C**) gemessen, in den Vereinigten Staaten in °Fahrenheit (**F**):

°F = 32° + 1,8 x°C bzw. **°C** = (**°F – 32°**) **: 1,8**

Näherungsformel: °F = 30° + 2 x°C bzw. **°C** = (**°F – 30°**) **: 2**

Grafik ➤ Seite 767

Celsius	-15°	-10°	-5°	0°	5°	10°	15°	20°	25°	30°	35°	40°
Fahrenheit	5°	14°	23°	32°	41°	50°	59°	68°	77°	86°	95°	104°

Toiletten

In den USA gibt es für das »stille Örtchen« vielerlei Bezeichnung – alles außer ***toilet***. Damit meint man eher das Porzellanbecken im Baumarkt. Wobei sich auch das mancherorts zu wandeln scheint, so stehen z.B. in San Francisco immer mehr grüne kioskartige ***pit stops*** mit der Aufschrift »TOILET«. Dennoch erkundigt man sich grundsätzlich lieber nach ***restrooms***, ***bathrooms*** oder einem ***Lady's Room*** für Frauen bzw. einem ***Men's Room*** für die Herren. Handelt es sich um ein Klohäuschen im Freien, dann ist es ein ***outhouse***.

Public restrooms, also öffentliche Toiletten, sind in Städten nicht ganz so leicht zu finden wie bei uns. Auch hat nicht jedes kleinere Lokal zwangsweise eine. Immer über eine Kundentoilette verfügen öffentliche Gebäude, Museen, Hotel-Lobbys, **Supermärkte** und größere Kaufhäuser. Unterwegs auf den Highways wird man an Tankstellen fündig, oft auch auf Autobahnrastplätzen (*rest areas*) oder *picnic areas*. Mit einigen Ausnahmen (z.B. auf Bahnhöfen) ist die Benutzung der öffentlichen Toiletten kostenlos.

Trinkgeld - *tip* oder *gratuity*

In der amerikanischen Dienstleistungsgesellschaft ist das Trinkgeld fester Bestandteil des Entlohnungssystems. Es wird nicht nur in der Gastronomie (Hinweise ➤ Seite 135), im Taxigewerbe oder bei einer Stadtrundfahrt erwartet, sondern auch in besseren Hotels von den diversen dienstbaren Geistern (➤ Seite 117) und im Supermarkt, falls der höfliche junge Mann hinter der Kasse beim Transport der Einkaufstüten zum Wagen behilflich ist. Münzgeld reicht selten aus, eine **Dollarnote** sollte es selbst bei kleinsten Handreichungen schon sein. Eine Liste mit Empfehlungen für alle Lebenslagen liefert das Portal https://money.cnn.com/pf/features/lists/tipping/.

Als „***Tipflation***" wird die derzeit ausufernde Trinkgeld-Inflation bezeichnet. Die zusätzlichen Dollar, die viele während der Pandemie zur Unterstützung der lokalen Gastronomie gerne gegeben haben, werden weiterhin gefordert und noch viel mehr. Das klassische Trinkgeldglas neben der Kasse wurde verbannt, der Kunde bekommt nun nahezu überall ein Tablet vorgehalten und fühlt sich genötigt – vor den Augen der miserabel bezahlten Angestellten – 18%-30% *tip* hinzuzufügen. Aber bei Selbstbedienung, in Fast Food-Lokalen wie auch beim *Take-away*-Kaffee wählen auch Amerikaner nicht selten die meist gut versteckte *No tip*- oder *Skip*-Taste. Es regt sich vielerorts massiver Widerstand gegen die außer Kontrolle geratene Trinkgeldkultur. Im Grunde genommen werden die Kosten immer mehr auf die Kunden abgewälzt und die Mitarbeiter immer weiter ausgebeutet. Der Mindestlohn für Berufe mit Trinkgeld liegt in manchen US-Staaten bei unglaublichen **$2.13/Stunde**, so z.B. in Wyoming oder Utah (Übersicht unter https://www.dol.gov/agencies/whd/state/minimum-wage/tipped). Nur mit *tips* kommt man auf den gesetzlichen Mindestlohn von $7.25/Stunde. Der Lebensunterhalt lässt sich aber auch mit dieser Summe kaum bestreiten.

Uhrzeit

In Nordamerika steht **»am«** (*ante meridiem*, vormittags) oder **»pm«** (*post meridiem*, nachmittags) hinter einer Zeitangabe:

9 Uhr = 9 am   21 Uhr = 9 pm

12.00 Uhr = 12:00 pm oder ***noon***
12.20 Uhr = 12:20 pm
24.00 Uhr = 12:00 am oder ***midnight***
0.20 Uhr = 12:20 am

In Fahr- und Flugplänen werden »am-Zeiten« häufig in Normalschrift, **»pm-Zeiten« in Fettschrift** gekennzeichnet.

Umsatzsteuer/Sales Tax

USA

In den USA hat man es nahezu überall **ausschließlich** mit **Netto**-Preisen (also *before tax*) zu tun. Je nach Bundesstaat gelten unterschiedliche Steuersätze (+lokale Zuschläge) **bis über 8%**, die erst an der Kasse auf die Preise aufgeschlagen werden. Eine Ausnahme bilden **Oregon** und **Montana**, dort wird keine *sales tax* erhoben.

Kanada

In Kanada werden außer beim Benzin ebenfalls nur **Netto-Preise** ausgezeichnet. Zur im ganzen Land einheitliche Mehrwertsteuer (***GST***, ***Goods and Services Tax***) von 5% kommt noch die Umsatzsteuer der jeweiligen Provinz (***PST***, ***Provincial Sales Tax***).

Zeitzonen

Im Westen der USA sowie den zwei kanadischen Provinzen BC/AB gelten zwei Zeitzonen: ***Mountain*** und ***Pacific Time*** liegen 8 bzw. 9 Stunden hinter der Mitteleuropäischen Zeit zurück (*MEZ*; drüben *CET* für *Central European Time*). Zum Beispiel entspricht 15 Uhr in Deutschland 6 Uhr morgens in Seattle oder Vancouver.

Zur **pazifischen Zeitzone** (***PT***) gehören Kalifornien, Washington, das Gros von Oregon, das nördliche Idaho und in Kanada British Columbia bis auf einen schmalen Streifen im Osten.

Die ***Mountain Time*** (***MT***) gilt in ganz Colorado, Utah, Wyoming, Montana, im südlichen Idaho, im Westen der beiden Dakotas und von Nebraska sowie in Alberta.

Beim Übergang von einer Zeitzone zur anderen gibt es vor Ort nicht immer Hinweisschilder.

Sommerzeit

In Nordamerika beginnt die Sommerzeit (***Daylight Saving Time***, ***DST***) am zweiten Sonntag im März, die Uhren werden dann um eine Stunde vorgestellt. Sie endet am ersten Sonntag im November.

Zollbestimmungen

Wer aus Nordamerika **nach Deutschland** zurückfliegt, braucht bis zu folgenden Werten **weder Zoll noch Umsatzsteuer** zu zahlen:

> **Mitbringsel** im Wert **bis zu €430 pro Person** (unbedingt Kaufbelege aufbewahren!)

und unabhängig davon max. **500 g Kaffee**, **50 g Parfüm**, **200 Zigaretten** sowie **1 l Spirituosen**, **außerdem noch 4 l Wein** und **16 l Bier**.

Für Kinder unter 15 Jahre gilt eine Obergrenze von nur **€150**!

Bei Warenwerten bis €700 pro Person zahlt man eine **Pauschalabgabe** von 15%-17%. Erst darüber kommen die vollen Sätze Zoll (überwiegend gering) zum Tragen, die mit der Warenart etwas variieren können. Immer aber sind dann 19% Einfuhrumsatzsteuern auf Warenwert plus Zoll fällig.

Zum Zoll bei der **Einreise in die USA (Kanada)** ➤ Seite 71.

3

Spaziergang durch den Hoh Rain Forest im Olympic Nationalpark

Reisen durch den Nordwesten der USA und den Südwesten Kanadas

ZUR KONZEPTION DES REISETEILS

Wichtige Aspekte der Routenplanung

Der US-Nordwesten wie auch der kanadische Südwesten bieten mit ihrer enorm großen Dichte an Sehenswürdigkeiten und attraktiven Strecken viele Möglichkeiten für die Routenzusammenstellung. In Abhängigkeit von Jahreszeit, Reisedauer und persönlichen Präferenzen können selbst Besucher mit identischen Hauptzielen auf unterschiedlichsten Wegen unterwegs sein. Dieser Reiseführer bietet nicht nur feste Vorschläge, sondern hilft auch bei der Erstellung einer **individuell optimalen Reiseroute**. Drei wichtige Aspekte gilt es dabei zu beachten:

Distanzen

- **die zur Verfügung stehende Zeit und maximale Strecke:**

  Das Prinzip »weniger ist mehr« lässt sich erfahrungsgemäß in Nordamerika nur schwer realisieren. Zu groß ist die Zahl der Ziele, die man unbedingt sehen »muss«. Wer die Natur in Ruhe genießen und die Städte intensiver erleben und nicht nur einfach abhaken möchte, sollte sich dennoch nicht zu viel vornehmen.

  Ein guter Maximalwert für eine 3-Wochen-Reise sind 3.100 mi/ 5.000 km (100 mi = 160 km). Wobei man aber unbedingt berücksichtigen sollte, dass zu den rein rechnerisch per Google Maps ermittelten Distanzen erfahrungsgemäß **noch 20-30%** dazukommen: spontane Umwege, Anfahrten zu Unterkünften, Campingplätzen und Einkaufszentren, Straßen innerhalb der Nationalparks usw. dürfen nicht unterschätzt werden. Zu bedenken gilt auch, dass man selbst auf nordamerikanischen Autobahnen und Fernstraßen wegen der geringeren Tempolimits, zwar entspannter, aber nicht ansatzweise so flott wie in Deutschland an sein Ziel kommt – geschweige denn auf kurvenreichen, engen Straßen in den Bergen oder im Hinterland. Mehr als 200 mi (bzw. 320 km) pro Tag – im Schnitt und Ruhetage nicht mitgerechnet – sollte man sich lieber nicht zumuten.

Ziele

- **die Auswahl der Reiseziele im Einzelnen:**

  Wegen dieser Zeit- und Meilenproblematik sollte man nach dem Einkreisen der »unverzichtbaren« Ziele und Überschlagen der vermutlichen Gesamtdistanz einer zunächst optimal erscheinenden Route bei Überschreiten des oben genannten Richtwertes (ca. 1.050 mi/1.700 km pro Woche) erwägen, das eine oder andere Zwischenziel zu streichen. Erhebliche Mehrmeilen führen am Ende leicht dazu, dass die Reise in Hetzerei ausartet.

Haupt- und Alternativ-Routen

- **die Verbindungsrouten zwischen Citys und Landschaftsparks:**

  Vor allem dieser Punkt wird in manchen Reiseführern vernachlässigt, dabei kann er entscheidend für das Reiseerlebnis sein. Populäre Eckpunkte sind meist gut über **touristische Hauptpfade** zu erreichen, aber nicht selten auch über weniger belebte, **reizvollere Alternativstrecken**. Nur mit Straßenatlas oder Navi-Gerät vor Augen kann man vielleicht die verkehrstechnisch sinnvollste Route bestimmen, selten aber die beste oder ergiebigste.

Die Kennzeichnung der Straßen mit schöner Streckenführung auf den üblichen Karten hilft da auch nicht immer. Denn sie werden – wie es scheint – mitunter nach dem »Gießkannenprinzip« verteilt und berücksichtigen **Nebenrouten** kaum. Es kann daher gar nicht genug empfohlen werden, der **Routenplanung besonders hohe Aufmerksamkeit** zu schenken. Nicht nur die großen Nationalparks bestimmen die Intensität des Nordamerika-Erlebnisses, sondern auch im hohen Maße die vielen Eindrücke und bisweilen überraschenden »kleinen Sensationen« am Weg dorthin.

Zu den beschriebenen Routen

Ankunfts-Citys und Startrouten

Der Reiseteil dieses Buches umfasst ein dichtes Routennetzwerk, das durch die touristisch wichtigsten Regionen im **Nordwesten der USA** (**grüne Griffmarken**, ➤ Seite 154ff) und in **Kanadas Südwesten** (**blaue Griffmarken**, ➤ Seite 522ff) verläuft. Die Erfassung aller besuchenswerten Ziele und interessanten Straßenverläufe erfolgt ab den wichtigsten Ankunfts-Airports über sinnvoll ausgearbeitete **Rundstrecken**, die sich im Baukastenprinzip voll oder teilweise für die eigenen Pläne übernehmen lassen.

Highway 101 beim Cape Sebastian in Süd-Oregon

Rundreise durch den US-Nordwesten

Der Nordwesten der USA umfasst ein ausgesprochen abwechslungsreiches Urlaubsgebiet, in dem man nicht nur Vulkangipfel erklimmen und an ihren Hängen durch bunte Wildblumenwiesen spazieren gehen kann, sondern auch die Möglichkeit hat, im ewigen Eis im Sommer skizufahren, in heißen Quellen zu entspannen, durch verwunschene Regenwälder zu wandern, sein Zelt an wildromatischen Küsten aufzuschlagen, dort Ausschau nach farbenfrohen Seesternen sowie Walen zu halten oder im Landesinneren fantastisch erodierte *Badlands*-Landschaften zu erkunden, die man eher im US-Südwesten vermutet hätte.

Der Nordwesten lässt sich wegen günstiger internationaler Fluganbindungen (➢ Seite 79) am besten ausgehend von den großen Metropolen **Seattle**, **Denver** und **San Francisco** besuchen; ggf. auch ab **Portland** (Nonstop-Flugziel von *Condor*) oder **Salt Lake City** (mit *KLM* über Amsterdam oder *Delta Air Lines* über Paris). Strenggenommen liegen San Francisco und Denver nicht im US-Nordwesten, beide Städte sind aber wegen der guten Erreichbarkeit und ihrer Nähe zu den Sehenswürdigkeiten ein idealer Ausgangspunkt: kurze, schöne Verbindungsroute von San Francisco hinauf zur Oregon-Küste, und Denver ist faktisch das »Tor« zum südlichen Abschnitt der Rocky Mountains in den USA. Auch **Vancouver**, gerade mal 200 km nördlich von Seattle und Nonstop-Ziel vieler europäischer Airlines, ist nur mit einem kleinen Schlenker einfach und schnell in die Rundreise integriert. Die kurze Strecke zwischen beiden Größstädten ist im **Kapitel 2.2** (➢ Seite 194) thematisiert.

Start in Seattle

In aller Ausführlichkeit werden folgende **Startrouten ab Seattle** im vorliegenden Buch beschrieben:

Übersicht mit allen Routen ➢ in der **vorderen Umschlagklappe**

- Zwei **Strecken durch die Kaskaden**, eine **nördliche** durch den North Cascades Nationalpark (**Kapitel 2.3.2**, ➢ Seite 202ff) und eine **südliche** über Leavenworth (**Kapitel 2.3.3**, ➢ Seite 209ff); beide können entweder über den Lake Chelan zu einer kurzen 4-5-tägigen Rundfahrt kombiniert werden (*Cascades Scenic Loop*, ➢ Seite 199) oder am Beginn einer mehrwöchigen US-Nordwest-Rundreise stehen, die dann auf der Ruckseite der Kaskaden weiter in Richtung Osten bis zu den Rocky Mountains führt (Glacier und/oder Yellowstone Nationalpark).

  Für noch mehr Abwechslung sorgen dann bei der Rückkehr nach Seattle die bunten, fossilienreichen *Badlands* im *John Day Fossil Beds NM*, Vulkangebiete (*Craters of the Moon NM*, *Crater Lake NP*, rund um Bend etc.) und die fantastische **Oregon-Küste**; ➢ Strecke durch Südidaho und Oregon (**Kapitel 5**, Seite 374ff). Siehe hierzu auch **Routenvorschlag Nr. 3** im Anhang (➢ Seite 734). Als Ergänzung dient **Routenvorschlag Nr. 2** (➢ Seite 733), eine **grenzübergreifende Rundreise**, die die schönsten Ziele in den Kaskaden und Rocky Mountains beiderseits der Grenze umfasst – mit Seattle, Vancouver oder Calgary als Start- und Endziel.

- Hinsichtlich landschaftlicher Höhepunkte klar hinter den zwei oben erwähnten Kaskaden-Routen einzuordnen ist die schnellste Verbindung zwischen Seattle und den Rocky Mountains-Parks über die Interstate #90 und Spokane, ➤ **Kapitel 2.3.1**, Seite 199ff.
- Auf der Interstate #5 sind **Oregon** und die Hauptstadt **Portland** ab Seattle schnell erreicht. Kaum weiter ist es hinaus an den Pazifik bis zur berühmten **Oregon-Küste**, ➤ **Kapitel 5.3**, Seite 430ff. Die *Oregon Coast* kann man entweder im Anschluss an eine Rundfahrt auf der Olympischen Halbinsel oder ab Portland ansteuern; ggf. mit Rückkehr über den *Crater Lake NP* und Bend; **Routenvorschlag Nr. 5** (➤ Seite 736) gegen den Uhrzeigersinn.
- Der Besuch der **Olympischen Halbinsel** lässt sich ebenso gut am Ende des Urlaubs einbauen, ggf. mitsamt Abstecher nach Kanada: per Autofähre über die Juan-de-Fuca-Straße nach Victoria auf Vancouver Island und dann ab Nanaimo mit einer zweiten Fährfahrt nach Vancouver und von dort auf dem Landweg zurück nach Seattle; siehe dazu auch »Erweiterungsmöglichkeiten« bei **Routenvorschlag Nr. 2**, ➤ Seite 734.

Start im zentralen Nordwesten

Die zwei großen Highlights des zentralen Nordwestens – Yellowstone und Glacier Nationalpark, an denen sich die meisten Rundstrecken orientieren – erreicht man noch schneller über Routen ab **Denver** oder **Salt Lake City**. Alle Details hierzu sowie zu den Verbindungsstrecken von Salt Lake City ins **zentrale Oregon** (Portland/Bend) stehen auf den ➤ Seiten 262/263.

Start in San Francisco

Auch interessant für Reisende in den US-Nordwesten könnte ein **Start in San Francisco** sein mit Fahrzeugrückgabe in Seattle. In Fahrtrichtung Norden wird bei Pkws/SUVs bei manchen Vermietern keine oder nur eine geringfügige Einweggebühr erhoben, außerdem ist der Zusatzfahrer in Kalifornien in der Regel schon im Miettarif inbegriffen. Ab der einstigen Hippie-Hochburg werden zunächst die Küstenmammutbaum-Wälder und die hübsche nordkalifornische Küste erkundet, die sich durchaus mit der darauffolgenden *Oregon Coast* messen kann; **Route 6.2** (➤ Seite 492ff) + **Route 5.3** (➤ Seite 430ff) sowie als ausgearbeiteter **Routenvorschlag Nr.6** im Anhang, ➤ Seite 736.

Nicht in diesem Buch behandelt werden die 740 Interstate-Meilen zwischen San Francicso und Salt Lake City. Westlich der *Bonneville Salt Flats* (➤ Seite 306) führt die Strecke durch die Einsamkeit Nevadas und wird erst vor der Grenze zu Kalifornien wieder spannender – mit dem Spielerparadies Reno, Virginia City (NV) sowie Lake Tahoe und später, 90 mi vor San Francisco, noch die CA-Kapitale Sacramento mit einer *Old Town* im Wildwest-Look.

Grenzübergreifende Rundreise

Bei populären **Reisezielen** wie den Metropolen Seattle und Vancouver oder die Nationalparks Glacier/USA und Waterton Lakes/Kanada ist man vom jeweils anderen Land nur einen »Katzensprung« entfernt, so dass ein Abstecher zum Nachbarn nahe liegt.

Ähnliches gilt für Vancouver Island und die Olympische Halbinsel, die über die Juan-de-Fuca-Straße und eine spannende Fährfahrt miteinander verbunden sind. Durch Einbeziehen von Anlaufpunkten in beiden Ländern lassen sich auch größere grenzübergreifende **Rundtouren** mit gleichem Ausgangs- und Endpunkt besonders reizvoll gestalten; siehe hierzu z.B. **Routenvorschlag Nr. 2** (➤ Seite 733), der viele der schönsten kanadischen und US-Nationalparks über möglichst **abwechslungsreiche** Etappen miteinander kombiniert.

Die mehrmaligen Grenzüberquerungen verlaufen in der Regel unkompliziert (➤ Einreise auf dem Landweg, Seite 72) und stoßen bei den gängigen Auto-/Wohnmobil-Vermietern nur in Ausnahmefällen auf Hindernisse. Sicherheitshalber sollte man aber seine Reiseabsichten bereits bei der Buchung erläutern und sich vergewissern, dass der Grenzübertritt ohne Aufpreis gestattet ist. Zu beachten sind dann auch die Einreisemodalitäten beider Länder, ➤ Seite 70 bzw. 72.

TIPP: Preisvergleich

Bei **Start ab Seattle/Vancouver** lohnt sich ein **Preisvergleich**, denn mitunter sind die Angebote für Flug **plus** Pkw-/SUV-Miete beim Nachbarn oft um €200-300 günstiger. Hinsichtlich Wohnmobile bieten kanadische Vermieter oft eine größere Auswahl an Modellen – speziell was kompakte *Van Camper* oder *Truck Camper* mit 4WD betrifft. Außerdem haben sie aufgrund geringerer Nachfrage vor Juni bzw. nach dem *Labo(u)r Day* (Anfang September) häufig interessante *Off-season*-Angebote. In den USA sind Herbst und Frühsommer im Allgemeinen besser gebucht.

Rundreise durch den Südwesten Kanadas

Rundreise durch SW-Kanada

Dieses Buch wurde so konzipiert, dass man sich auch überwiegend auf kanadischen Boden aufhalten kann – mit nur kürzeren Abstechern über die Grenze. Als Ausgangspunkt dafür sind die kanadischen Großstädte mit Direktverbindung ab europäischen Flughäfen prädestiniert: **Vancouver** und **Calgary**. Die im Buch beschriebenen Startrouten ab Vancouver führen auch nach Calgary, so dass man ebenso gut von dort losfahren kann. Dass die berühmten Rocky Mountains-Nationalparks Banff und Jasper praktisch schon vor Calgarys »Haustür« liegen, kann für Kurzurlauber sogar von großem Vorteil sein. Alle Details zu den alternativen Startmöglichkeiten ab Vancouver finden sich im **Kapitel 1** (➤ Seite 522) und ab Calgary im **Kapitel 5** (➤ Seite 668).

Unterschiedliche Einheiten: Nur in Kanada wird das auch bei uns übliche metrische System benutzt, in den USA sind Entfernung in Meilen ausgewiesen (1 mi=1,609 km) und Geschwindigkeiten in mph (Meilen pro Stunde), daher finden sich auch in den zwei Buchteilen unterschiedliche Einheiten. Wanderwege sind durchgehend mit den uns vertrauten Kilometern beschrieben, so dass man die Entfernungen leichter einschätzen kann. Ähnliches gilt für die **Preisangaben** im Buch: in den USA (grüne Griffmarken) sind sämtliche Kosten in US-Dollar ($, 1USD=€0,95; aktueller Wechselkurs) und in Kanada (blaue Griffmarken) in kanadischen Dollar ($, 1CAD=€0,68) angeführt. Für die wichtigsten Abkürzungen ➤ Seite 767.

Karten und Piktogramme in diesem Buch

Karten

Übersicht mit allen Kartenschnitten ➤ in der **hinteren Umschlagklappe**

Alle Karten wurden geographisch so korrekt wie möglich **eigens für dieses Buch** angefertigt. Sie erheben zwar keinen Anspruch auf Vollständigkeit, enthalten aber i.d.R. sämtliche wichtige Straßen, Orte, ***National***, ***Provincial*** **&** ***State Parks***, Gewässer, Sehenswürdigkeiten und Wanderwege, wie sie auch im Text erwähnt werden.

Die **Regionenkarten** sind in erster Linie gedacht zur Orientierung bei der Lektüre dieses Buches. Darüber hinaus leisten sie in **Ergänzung zur separaten Gesamtübersicht** gute Dienste bei der Reiseplanung. Rot gekennzeichnete Straßen entsprechen weitgehend den beschriebenen Routen und möglichen Alternativen.

Die **Stadt- und Nationalparkpläne** vermitteln ein ausreichend klares Bild von den Gegebenheiten vor Ort; dort bezieht sich die rote Kennzeichnung auf Hauptstraßen. Genaue Ortskarten ersetzen sie nicht. Diese erhält man gratis in den *Tourist Info*-Büros.

Zusätzliche Karten

Unterwegs benötigt man zusätzlich noch gute Straßenkarten und fürs Navi auch Offline-Karten, denn die Netzabdeckung lässt mancherorts abseits der Städte noch zu wünschen übrig.

Piktogramme

Auf mehrheitlich persönlicher Erfahrung der Autoren beruhen die **Empfehlungen**. Die Bedeutung der nebenstehenden **drei Campingsymbole** dürfte klar sein. Die meisten Plätze eignen sich für Campmobile und Zelte; einige ausschließlich für Zelte, andere nur für Wohnmobile. Die positive Einschätzung bezieht sich überwiegend auf landschaftliche Einbettung und Großzügigkeit der Anlage, berücksichtigt aber auch die relative Höhe der Übernachtungskosten. Die Qualität sanitärer Anlagen und anderer zivilisatorischer Einrichtungen standen bei der Empfehlung meist nicht im Vordergrund.

Die **Quartierempfehlungen** beziehen sich auf außergewöhnliche Unterkünfte, solche mit gutem Preis-Leistungs-Verhältnis und auf günstige Einfachquartiere (Jugendherbergen etc.). Das Hinweisschild findet sich auch, wenn eine lokale Unterkunftssituation nur generell erläutert wird.

Das Piktogramm des Wanderers weist vor allem auf tolle **Tageswanderungen** von kurzer bis mehrstündiger Dauer hin.

Die weiteren Symbole sind ebenso leicht zu deuten: Die oberen beiden kennzeichnen die Aussicht auf eine **Kaffeepause**, einen **Drink** oder eine gute **Kneipe**. In der zweiten Reihe geht's links um einen guten Snack oder **Fast Food** bzw. rechts um ein empfehlenswertes **Restaurant**.

Die Schwimmerpiktos beziehen sich auf **Badegelegenheiten** in Seen sowie Flüssen, selten im Ozean und – mit Leiter – in öffentlichen Pools, heißen Quellen oder Aquaparks.

Die Kamera weist auf besonders lohnenswerte Ausflüge und **tolle Fotostandorte** hin (teilweise auch auf die beste Tageszeit für den Besuch oder andere Besonderheiten).

An Tagen mit guter Fernsicht zum Greifen nah, der Vulkan Mount Rainier hinter Downtown Seattle – aufgenommen vom Kerry Park

Start in der Küstenmetropole SEATTLE

1. SEATTLE

1.1 Allgemeine Infos

1.1.1 Geschichte, Klima und Geographie

Geschichte

Die **Ursprünge** des heutigen Seattle (benannt nach einem Häuptling der *Squamish*) liegen nur wenig mehr als hundert Jahre zurück: 1889 brannte die damals 30 Jahre junge 20.000-Seelen Stadt bis auf die Grundmauern nieder und wurde beim Wiederaufbau um rund 10 m »geliftet« (➤ *Underground Tours,* Seite 169). Die Fertigstellung (1893) des nördlichsten transkontinentalen Schienenstrangs durch die USA kam dann gerade recht, um die Hafenstadt an der Elliott Bay ab 1896 für unzählige Abenteurer zum Hauptausgangspunkt der Reise in die Goldrauschgebiete am Klondike River und in Alaska zu machen und um gleichzeitig in die weitere Versorgung des hohen Nordens einzusteigen.

Der Schiffbau florierte, Seattle wurde zur maritimen Drehscheibe für den nördlichen Pazifik und später **Luftkreuz** der Region. Der größte Teil der dort startenden und landenden Flugzeuge wird in der Stadt selbst und im nahen Everett gebaut.

Boeing ist bedeutendster Arbeitgeber nicht nur in Seattle, sondern aller Nordweststaaten (geführte Besichtigung von *Boeing,* ➤ Seite 175). Eine seinerzeit international noch größere Beachtung findende **Weltausstellung** brachte Seattle 1962 wichtige ökonomische und infrastrukturelle Impulse, die das Stadtbild stark veränderten. Das *Seattle Center* mit der *Space Needle* und großangelegte Maßnahmen der Innenstadtsanierung gehen auf dieses Ereignis zurück.

Wer mehr zur Geschichte von Seattle und Washington State wissen möchte, wird bestens informiert unter www.historylink.org.

Lage und Klima

Die nördlichste City (über 700.000, Großraum 4 Mio. Einwohner) der kontinentalen USA liegt auf einer im zentralen Bereich nur 4 km breiten Landenge zwischen einem tief nach Süden reichenden Meeresarm, dem **Puget Sound** [*PIUD-schet*], und dem fast 35 km langen Binnensee **Lake Washington**. Die **Kaskaden** im Osten und die ***Olympic Peninsula*** mit dem gleichnamigen Gebirge und Nationalpark im Westen bewahren Seattle vor extremen klimatischen Schwankungen. Warmes, wechselhaftes Sommerwetter mit Temperaturen, die selten 25°C übersteigen, und milde Winter mit hohen Niederschlagsmengen sorgten für den schönen Ruf der Stadt als ***rain capital*** der Vereinigten Staaten.

Gleichzeitig gibt es keine andere US-Großstadt, deren Einwohner ähnlich vielfältige Möglichkeiten zur Freizeitgestaltung haben. Jede Menge Salz- und Süßwasserreviere samt Inselwelt ringsum und Berglandschaften unterschiedlichster Charakteristik bieten beste Voraussetzungen für alle erdenklichen Sommeraktivitäten und Wintersport. Da sich das Wasser des Puget Sound stärker erwärmt als das des Pazifiks, eignen sich auch die Salzwasserstrände der Stadt im Juli und August gut zum Baden.

Toll Roads: Seattle verfügt über drei Maut-Strecken: der **#99-Tunnel** in Downtown, die ***Evergreen Point Floating Bridge*** (#520-Schwimmbrücke über den Lake Washington) und die ***Tacoma Narrows Bridge*** (#16; von Gig Harbor in Richtung Tacoma, westwärts gratis). Außer auf der #16 keine Barzahlung möglich, daher mit Mietwagen lieber meiden: https://wsdot.wa.gov/travel/roads-bridges/toll-roads-bridges-tunnels.

1.1.2 Orientierung, Information und öffentlicher Transport

1

Freeways durch Seattle

Drei Autobahnen führen in Nord-Süd Richtung durch *Metropolitan Seattle*. Während die **I-405** als östliche Stadtumgehung für den Durchgangsverkehr konzipiert wurde, tangiert die **I-5** auf über einer Meile unmittelbar das Zentrum. Parallel zur I-5 wurde der **Hwy #99** ausgebaut und verläuft im Citybereich auf Pylonen doppelstöckig zwischen Elliott Bay und Innenstadt. Nach Osten verbinden die **I-90** (Seattle-Boston) und **Straße #520** (beide über den Lake Washington) Seattle mit der I-405; »Maut« ➤ Kasten oben.

Die Mehrzahl der Sehenswürdigkeiten der Stadt konzentriert sich im Bereich **Downtown** (zwischen den Freeways #99/I-5 und Jackson/Pine Street) sowie im ***Seattle Center***, nur rund 1,5 km nordwestlich vom Geschäftszentrum.

Anfahrt ab Airport

Der internationale Flughafen *Sea-Tac* liegt 15 Autobahn-Meilen südlich des Zentrums. Außer zur morgendlichen und allabendlichen *rush hour* benötigt man für die Strecke in der Regel etwa 20 Minuten. Preiswert ($3) und rasch (38 min) geht es ab *Sea-Tac* auch mit der ***Link Light Rail*** zur *Westlake Station* in Downtown Seattle; Zugang zur Station über die *Skybridge* bzw. die Parkgarage in der 4. Etage; www.soundtransit.org.

Tipp: Die meisten H/Motels in Airport-Nähe sind günstiger als vergleichbare Häuser in der Innenstadt, so dass man sich für den Seattle-Besuch durchaus auch gleich dort einquartieren kann.

Parken

Wie in vielen Großstädten gibt es während der üblichen Bürozeiten erhebliche **Parkprobleme**. Für kurzfristige Besuche hat man an der ***Waterfront*/Alaskan Way** und südlich/östlich des ***Pioneer Square*** bzw. nördlich von Downtown noch die besten Aussichten

Downtown Seattle vom Columbia Center

auf eine **Parkuhr**. Pkw-/SUV-Fahrer finden dort auch viele (teure) Parkgaragen. Aber dank des gut ausgebauten öffentlichen Transportsystems könnte man das Fahrzeug weiträumig abstellen, etwa auf den großen Parkplätzen rund ums *Seattle Center*.

Eine gute Übersicht mit aktuellen Tagespreisen liefern die Portale www.bestparking.com/seattle-wa-parking und https://downtownseattle.org/parking. Abends gelten mitunter Sondertarife: z.B. Parken von 17 Uhr bis nach Mitternacht oder bis zum nächsten Morgen für $5 in der Nähe des *Pike Place Market*). Mit **Wohnmobilen** sollte man wegen der starken Steigung einiger Ost-West-Straßen mit *Stop-and-go*-Situationen die Innenstadt besser meiden bzw. nur die Nord-Süd-Achsen befahren.

Öffentliche Verkehrsmittel

Vom *Seattle Center* verkehrt eine ***Monorail*** ins Zentrum (Pine Street/5th Ave/*Westlake Center*). Tickets kosten *one-way* $3,50, für Kinder 5-12 Jahre $1,75; www.seattlemonorail.com. Bei den **City-Bussen** werden $2,75 verlangt, unter 18 fährt man gratis. Beim Einstieg muss jeweils der exakte Fahrpreis zur Hand sein, sofern man nicht mit der *ORCA Card* (erhältlich u.a. auch bei *Fred Meyer*, *Safeway*) oder mit der *Transit GO*-App zahlt; www.kingcounty.gov/depts/transportation/metro/fares-orca.aspx.

Zwei **Straßenbahnen** verkehren in Seattle: die ***South Lake Union Line*** zwischen Lake Union und dem *Westlake Center* in Downtown mit Anschluss an Bussystem/*Monorail* sowie die ***First Hill Street Car*** zwischen dem Pioneer Square und Capitol Hill. Eine Verbindung beider Route ist bereits im Bau. Tickets: $2,25/Fahrt, Kinder gratis; Tagespässe $4,50.

Die Distanzen zwischen den wichtigsten Sehenswürdigkeiten der Innenstadt lassen sich aber auch ganz **gut zu Fuß** bewältigen.

Info

Das zentrale ***Visitor Center*** befindet sich im Erdgeschoss des *Convention Center*; 701 Pike St/Ecke 7th Ave; im Sommer Mo-Fr 9-16.30 Uhr. Der **Info-Kiosk** am *Pike Place Market* hat täglich 10-17 Uhr, im Sommer bis 18 Uhr geöffnet. Sehr hilfreich sind der dort erhältliche ***Visit Seattle Guide*** (online unter https://visitseattle.org/visitor-information/visitors-packet) sowie das kleine Heftchen ***Seattle's Premier Attractions*** mit zahlreichen Rabatt-Coupons.

Hafenrundfahrt

Informativ und empfehlenswert sind auch die 1-stündigen **Hafenrundfahrten** ab *Pier 55*; $39/$20; www.argosycruises.com.

Nach Sonnenuntergang an der Alki Beach, *➤ Seite 174*

1.1.3 Übernachten, Essengehen & Shoppen

Unterkünfte

Airport

Der am Flughafen vorbeiführende International Boulevard (#99) und seine Nebenstraßen sind dicht besetzt mit H/Motels der Mittelklasse. Eine gute Wahl ist dort z.B. das ***Coast Gateway Hotel*** mit dem ***Sharp's Roaster & Ale House*** gleich gegenüber; 18415 International Blvd; Zimmer im Sommer ca. $200; ✆ 1-800-716-6199, www.coasthotels.com.

Downtown

Die Tarife variieren in Seattle stark. Preiswerte Unterkünfte existieren in der Innenstadt kaum. Erst in der **Aurora Avenue** nördlich des *Seattle Center* beidseitig des Washington Channel finden sich einfache **Motels mit regulären Preisen ab ca. $90**. Je näher man dem *Seattle Center* und Downtown rückt, umso teurer wird es. Tarife weit über $200 pro Nacht sind dort im Sommer üblich. Weniger zahlt man z.B. im:

- ***Moore Hotel***, 1926 2nd Ave, nostalgisches Haus beim *Pike Place*; ab $140; ✆ 1-800-421-5508, www.moorehotel.com
- ***Ace Hotel***, 2423 1st Ave, durchgestylt, aber viele Zimmer haben nur ein Gemeinschaftsbad; ab ca. $190; ✆ (206) 448-4721, https://acehotel.com/seattle
- ***Executive Hotel Pacific***, 400 Spring Street; auch noch zentral gelegen, gleich neben der *Library*; ab ca. $180; ✆ (206) 623-3900, https://executivehotelseattle.com.

Hostels

- ***HI Seattle at the American Hotel***, 520 S King Street, östlich des *Pioneer Square*; Betten ab $38, EZ, $87, DZ $104; unbedingt langfristig vorbuchen; ✆ (206) 622-5443, www.americanhotelseattle.com
- ***Green Tortoise Backpackers Hostel***, 105 Pike Street; Betten ab $37 direkt beim *Pike Place* inkl. Frühstück; ✆ (206) 340-1222, https://greentortoise.net.

Bed & Breakfast

Die Stadt verfügt über etliche **B&B-Quartiere**. Eine kleine Übersicht liefert das Portal www.lodginginseattle.com sowie die offizielle Touristen-Seite www.visitseattle.org/lodging. Unweit des *Volunteer Park* stilvoll in einem noblen Tudor-Haus untergebracht ist das gemütliche ***Shafer Baillie Mansion B&B***; 907 14th Avenue East; inkl. Frühstück etwa $160-$230; ✆ (206) 322-4654, www.sbmansion.com.

In den Hallen des Pike Place Market befindet sich einer der ältesten Fischmärkte der USA; die von Stand zu Stand »fliegenden Fische« sind dort eine Touristenattraktion; ➤ Seite 166

Camping (Karte ➤ Seite 178)

Einigermaßen citynah lässt sich in Seattle nur auf Privatplätzen campen. Einigermaßen günstig und wunderbar gelegen ist der

- ***Lake Pleasant RV Park*** am gleichnamigen See (ohne Bademöglichkeit), eine gepflegte Anlage etwa 20 mi nördlich des Zentrums; 24025 Bothell Everett Hwy in Bothell; *full hook-up* $62. Unbedingt reservieren da nur geringe Kapazität: ✆ (425) 487-1785 zww. www.lakepleasantrv.com. Ein Lesertipp!

Die zwei ***State Parks*** südlich von Seattle verfügen über (graue) **Badestrände** und *campsites*: Die Stellplätze bei ***Saltwater*** (bei Des Moines) liegen eng beieinander und außerdem unter der Einflugschneise des *Sea-Tac Airport*. Schöner ist daher

- ***Dash Point*** bei Tacoma, noch 10 mi weiter an der #509; 5700 SW Dash Point Road; schattige *campsites* $55 und auch geräumige *cabins* $80. Im Sommer ist eine Reservierung erforderlich: ✆ 1-888-226-7689 bzw. https://washington.goingtocamp.com.

Im Südosten, etwa 30 mi vom Flughafen und 30 mi von Downtown entfernt, an einem ruhigen See angesiedelt ist der:

- ***Kanaskat-Palmer State Park***, 32101 Cumberland-Kanaskat Rd in Ravensdalet; schöne Stellplätze im Wald für Zelte oder RVs (mit *hook-up*), Jurten und Badestellen am Fluss.

Restaurants

Das leibliche Wohl kommt in Seattle garantiert nicht zu kurz. In Downtown sind vor allem folgende Adressen eine gute Wahl:

Pike Place

Der ***Pike Place Market*** mit einer unüberschaubaren Palette von Lokalen jeden Stils und jeder Küche. Im Herzen des Marktes bietet ***Athenian Inn*** zum Seafood einen tollen Blick über die Elliott Bay; 1517 Pike Place/*Main Arcade*; www.pikeplacemarket.org.

Seafood

An der ***Waterfront*** steht ein **Seafood-Restaurant** am anderen, darunter auch das touristische ***The Crab Pot*** am *Pier 57* mit dem legendären *Seafeast*, bei dem die Meeresfrüchte einfach auf den Tisch gekippt werden (➤ Foto unten); www.thecrabpotseattle.com.

Von der Terrasse an der Elliott Bay des ***Salty's Seafood Grill*** unweit der Alki Beach genießt man eine fantastische Sicht auf die *Skyline* (abends in etwa wie auf dem ➤ Foto Seite 158); 1936 Harbor Ave SW oder mit Wassertaxi ab *Pier 50*); www.saltys.com.

Lachs, Seafood und ein toller Blick (➤ Foto Seite 172) stehen auch am Lake Union im ***Ivars Salmon House*** auf dem Menü, egal ob auf der Terrasse oder in den mit indigener Kunst geschmückten Räumlichkeiten; 401 NE Northlake Way; www.ivars.com.

Kneipen

Eine große Auswahl bei zum Teil gehobenerem Niveau findet man im ***Pioneer Square District***. Und nach dem *Dinner* sind es dort nur wenige Schritte bis zur nächsten **Kneipe** mit Live-Musik. Fein ist auch die ***Loupe Lounge*** in der ***Space Needle*** samt Aussicht über Stadt und Puget Sound (Zutritt ab 21 Jahre); www.spaceneedle.com.

Shopping

Im Großraum Seattle locken gleich mehrere ***Outlet Malls*** mit Designerware zu günstigen Fabrikpreisen:

- ***Seattle Premium Outlet Center***, 10600 Quil Ceda Blvd, Tulalip; 35 mi nördlich von Downtown direkt beim I-5 Exit 202; www.premiumoutlets.com/outlet/seattle
- ***The Outlet Collection***, 1101 Outlet Collection Way, Auburn; südlich vom *Sea-Tac*-Flughafen an der Straßenkreuzung #167/#18; https://outletcollectionseattle.com
- ***North Bend Premium Outlets*** an der I-90 gleich bei der Abfahrt 31; rund 30 mi östlich der Innenstadt.

Amazon

Versandgigant *Amazon* versuchte in Seattle auch im stationären Handel Fuß zu fassen und scheiterte. Die meisten der Buchläden und Supermärkte wurden bereits wieder geschlossen. Die erste ***Amazon Go***-Filiale (2018) an der 2131 7th Ave hat aber noch geöffnet. In diesem Supermarkt ohne Kassen werden entnommene Waren elektronisch erfasst und automatisch per App abgerechnet.

Hier »fliegt« das Essen auf den Tisch: »Seafeast« im Crab Pot Restaurant am Pier 57 in unmittelbarerer Nähe des Seattle Great Wheel

1.2 Stadtbesichtigung

Start beim Seattle Center

Ein erster guter Anlaufpunkt in der Innenstadt ist das *Seattle Center*; ausgeschilderte Zufahrt ab Exit 167/I-5. Dort kann man ggf. auch gleich das Fahrzeug für den Besuch von Downtown abstellen und in die *Monorail* umsteigen. Der Weltausstellungskomplex von 1962 wurde über die Jahre zu einem ***Entertainment Center*** umgestaltet. Das 30 ha große Parkgelände umfasst neben der *Space Needle* eine ganze Reihe von Museen sowie jede Menge *Public Art*. Übersichtskarte unter: www.seattlecenter.com/visitor-info/map.

Im *Seattle Center* findet alljährlich Anfang September das 3-tägige ***Bumbershoot Arts Festival*** statt, eines der größten Kunst- und Musik-Events in Nordamerika (www.bumbershoot.org), und Ende Mai am *Memorial Day*-Wochenende das ***Northwest Folklife Festival***, eine bunte Feier mit viel Folklore (https://nwfolklife.org).

Tipp: Der **Seattle CITY PASS** gilt 9 Tage und beinhaltet die Tickets für Space Needle und Seattle Aquarium sowie für drei der folgenden vier Attraktionen: Hafenrundfahrt mit Argosy Cruises, Museum of Pop Culture, Woodland Zoo und Chihuly Garden; Preis für Erwachsene $119, Kinder 4-12 $89; www.citypass.com/seattle.

Space Needle

Als Wahrzeichen der Stadt gilt die weithin sichtbare, 184 m hohe ***Space Needle***, eine elegante Stahlkonstruktion mit Aussichtsplattform und Longue an der 400 Broad Street. Vom ***Observation Deck*** genießt man einen fantastischen Blick über Seattle und den Puget Sound, bei guter Sicht auch auf die Olympic Mountains und die Kaskadengipfel Mount Rainier/Baker) und auch senkrecht nach unten (**beweglicher Glasboden**!). Die Auffahrt (meist 9-23 Uhr) kostet $39/$29. Wer 2x hinauf möchte (tagsüber+nachts) wählt am besten den *day/night pass* ($61/$46). Als **Kombiticket** (z.B. mit *Chihuly Garden* ca. $60/$45) oder mit *City Pass*, ➤ Kasten oben) spart man ein paar Dollar; www.spaceneedle.com.

MoPOP

Genial wirkt der futuristische Frank Gehry-Komplex mit seinem gewölbten Glitzerdach gleich nebenan, in dem das ***Museum of Pop Culture*** (früher ***E****xperience* ***M****usic* ***P****roject*) mitsamt ***Science Fiction Museum*** und *Fantasy Hall of Fame* untergebracht ist. Alles in allem sehr spannend, ein interaktives musikalisches *Rock'n Roll*-Abenteuer der Extraklasse! Täglich 10-17 Uhr; Tickets je nach Uhrzeit und Wochentag ab $31/$23; www.mopop.org. Den kleinen Hunger zwischendurch kann man bei Meisterkoch Wolfgang Puck in der 1. Etage stillen.

Der ***Chihuly Garden & Glass*** birgt eine Sammlung gigantischer Glaskunstwerke, sehr beeindruckend in Szene gesetzt in dunklen Räumlichkeiten sowie in Form von Riesenblüten und Gewächsen im Garten unterhalb der *Space Needle* (➤ auch Foto Seite 737). Sehr sehenswert; $35/$21; geöffnet im Sommer täglich ab 9 bis 20/21 Uhr, sonst kürzer; www.chihulygardenandglass.com.

Interessant für Familien kann auch das ***Pacific Science Center*** gleich nebenan sein; geöffnet täglich 10-17/18 Uhr; Eintritt $32, (3-17) $24; https://pacificsciencecenter.org. Es beherbergt ein auf Jugendliche zugeschnittenes Wissenschaftsmuseum experimentellen Typs inkl. technischem Abenteuerspielplatz. IMAX-Kino, Schmetterlingshaus, Lasershows und ein Planetarium ergänzen das Angebot.

Kostenfreie Ziele mit Kindern im *Seattle Center* sind der Spielplatz ***Artists at Play*** und die im Sommer erfrischende und originelle ***International Fountain***, deren Wasserspiele musikalisch untermalt werden. Weniger empfehlenswert ist das schon etwas in die Jahre gekommene ***Children's Museum***; $14.

Downtown Seattle, Pike Place und Waterfront

Downtown Rundfahrt /-gang

Um sich zunächst einen **Überblick** vom zentralen Seattle zu verschaffen, wäre eine Fahrt an den Piers entlang, verbunden mit einer »Runde« durch Downtown ein guter Einstieg. Vom *Seattle Center* führt die Broad Street hinunter zum *Alaskan Way*. Zurück ginge es z.B. ab *Pier 50* über Yesler Way, James Street und die 4th oder 6th Avenue. Wer per ***Monorail*** ins Zentrum anreist, hat auch von der Endstation ***Westlake Center*** einen guten Start.

Zu den architektonisch auffälligen Gebäuden gehören:

- ***Columbia Center*** (701 5th Avenue/Ecke Columbia Street), das höchste Gebäude der Stadt (286 m) mit einem großartigen ganz verglasten **360° *Sky View Observatory*** in der 73. Etage. Die Auffahrt ist 10-20 Uhr möglich und kostet $30, Kinder $24; https://skyviewobservatory.com; Ausblick ➤ Foto Seite 157 (links im Vordergrund ist darauf der 235 m hohe ***1201 Third Ave Tower*** an der 3rd Ave/Ecke Seneca Street zu sehen)
- die ***Rainier Towers*** – der erst 2020 fertiggestellte *Rainier Square Tower* an der 1400 5th Ave verjüngt sich schwungvoll bis auf 259 m und gleich nebenan steht der zweite *Rainier Tower*, zwar schon älteren Datums und nur 157 m hoch, aber dafür auf einem recht kurioseren schmalen Sockel.

Ein Hingucker sind auch der avantgardistische Bau der Stadtbibliothek an der 1000 4th Avenue (➤ Foto unten) sowie das kugelförmige Büro(gewächs)haus ***Amazon Spheres*** in der 2111 7th Ave.

Zwischen Seneca und Pike Street wurde die I-5 komplett überbaut vom ***Freeway Park***, einer grünen Betonkreation mit Wasserspielen (+gratis Internetzugang), und dem Glaspalast des ***Convention Center*** mit vielen beachtlichen **Kunstwerken**. Im Parterre (Zugang an der 705 Pike Street) befindet sich das **Besucherzentrum** der Stadt.

Rainier Tower 1301 5th Ave

Seattle Central Library

Die AMAZON SPHERES

Seit 2018 erheben sich im Zentrum von Seattle an der 2111 7th Avenue die drei Kugelgewächshäuser der ***Amazon Spheres***, das Hauptquartier des Handelsgiganten. Für jedermann zugänglich ist in einem abgetrennten Bereich der sog. ***Understory*** mit einer Ausstellung zur Architektur dieses ungewöhnlichen Gebäudes. Es hat Di-Sa 10-18 Uhr geöffnet. Im Inneren der *Spheres* wachsen über 40.000 Pflanzen aus 50 Ländern, darunter australische Baumfarne und ein 17 m hoher Feigenbaum.

Die Büroräume in der grünen Oase sind **jeweils am 1. und 3. Samstag eines Monats** 10-18 Uhr für die Öffentlichkeit zugänglich, allerdings nur mit Reservierung.

Der Andrang bei der Online-Vergabe ist groß, daher unbedingt am jeweiligen Stichtag die Uhrzeit beachten und schnell sein. Die Modalitäten haben sich im Lauf der letzten Jahre immer wieder geändert, daher am besten die aktuellen Infos der offiziellen Webseite entnehmen: www.seattlespheres.com (➤ *Visit / The Spheres*).

Shopping Ebenfalls viel Glas, Licht und Grün zeichnet das mehrstöckige ***Westlake Center*** aus (400 Pine Street/Ecke 5th Ave). Benachbart sind die Kaufhäuser ***Macy's*** sowie die viel größere ***Pacific Place Mall*** mit einem sehr gut sortierten ***Barnes & Noble Bookshop***.

Art Museum An der 1300 1st Ave/Ecke University Street steht der klotzige Bau des ***Seattle Art Museum*** (***SAM***). Die gut präsentierte Kollektion ist vielseitig und umfasst u.a. die Kunst der *Aborigines*, afrikanischer Völker und amerikanischer Ureinwohner sowie die Werke alter und moderner Meister. Geöffnet Mi-So 10-17 Uhr; $33, Jugendliche (15-19) $23; online minus 10%; www.seattleartmuseum.org.

Auffällig ist der 15 m hohe *Hammering Man* vor dem Eingang des Museums; die gleiche Figur ziert den Vorplatz der Messe Frankfurt. Zum *SAM* gehören auch die Kunstwerke im ***Olympic Sculpture Park*** an der Elliot Bay nördlich des *Pier 70*. Dieser Abstecher lohnt aber nur bedingt; allzuviel gibt es dort nicht zu sehen.

Hinter dem *Art Museum* an der Ecke 2nd Ave/University steht die ***Benaroya Concert Hall***; www.seattlesymphony.org.

Starbucks

Vor dem weltweit ersten ***Starbucks Coffee Shop*** (➤ Exkurs unten) »verkürzen« **Straßenkünstler und Musiker** die Wartezeit. Sie sorgen außerdem für Unterhaltung schräg gegenüber im *Victor Steinbrueck Park* mit Blick auf die Elliott Bay.

Pike Place Market

Der größte Publikumsmagnet in Downtown ist aber der ***Pike Place Market***, einer der besten Dauermärkte der USA. Unbestrittenes Highlight sind dort die Fischhändler, die sich gerne einen Spaß machen, indem sie sich lautstark ihre glitschige Ware zuwerfen (**»Fliegende Fische«**, ➤ Foto Seite 160). Zum Riesenkomplex gehören noch ein Obst- und Gemüsemarkt sowie diverse Shops, Galerien und *eateries*. Am meisten los ist täglich 10-17 Uhr, etliche Restaurants bieten aber Frühstück ab 7 und haben bis Mitternacht oder länger offen. Der Haupteingang befindet sich an der Ecke 1st Ave/Pike St. Übersichtplan unter www.pikeplacemarket.org/map.

Direkt hinter der *Market Info* geht's hinunter zur wohl ekligsten Sehenswürdigkeit der Stadt: Die Hausfassaden in der schmalen **Post Alley** sind über und über mit *chewing gums* zugeklebt. 2015 hatte man die Sauerei entfernt, aber kurz darauf waren die Wände erneut bunt. Besucher lieben die ***Gum Wall*** als Selfie-Spot. Und das »Kunstwerk« wird täglich größer ...

Coffee & Mo(o)re

Ausgehend von Seattle eroberte die Kaffeehaus-Kette ***Starbucks*** die Welt und sorgte dafür, dass der amerikanische *Cup of Coffee* nun in aller Munde ist. Nirgendwo herrscht so ein Gedränge wie vor der ersten Niederlassung (eröffnet 1971) am 1912 Pike Place, auch wenn nicht weit davon entfernt schon die nächste Filiale steht. Warteschlangen bilden sich meist ebenso vor dem riesigen und stylischen ***Roastery & Tasting Room*** des Konzerns, wo man nebenbei noch alles über den Herstellungsprozess erfährt (1124 Pike Street; geöffnet täglich meist 7-20 Uhr). Seattle verdankt seinen Ruf als Kaffeemetropole aber auch kleineren Röstereien wie *Caffe Vita, Victrola* oder *Espresso Vivace* (alle mit gemütlichen Kaffeehäusern). Außerdem wird ***Latte Art*** ganz groß geschrieben. Wer am Pike Place im *Storyville Coffee* Platz nimmt, wird staunen über das perfekt gegossene Herz im Milchschaum. Die aufwendigsten vergänglichen Kunstwerke kommen aber bei ***Moore Coffee*** an der 1930 2nd Avenue in die Tassen. Dort verzieren Pandabären, Eulen, Elefanten, Miezekatzen und Schmetterlinge selbst die *TO GO*-Pappbecher!

Pike Place Market

Waterfront

Über die Treppen des *Pike Place Hillclimb Walk* gelangt man von dort auch runter zur ***Seattle Waterfront***, die (parallel zum Alaskan Way) einen etwa 2 km langen Abschnitt zwischen *Pier 50* und *Pier 70* umfasst. Unterhalb der hochgelegenen Innenstadt reihen sich die Restaurants, Fastfood-Kneipen und *gift shops*.

Timed ticket erforderlich

Besuchenswert ist am *Pier 59* das ***Seattle Aquarium***, das die Unterwasserwelt des Pazifiks beleuchtet; geöffnet täglich 9.30-18 Uhr, Eintritt nur mit zeitgebundener Reservierung; Preise variieren ca. \$40/\$28, wochentags meist günstiger; www.seattleaquarium.org. Für 2024 ist eine große Erweiterung und die Eröffnung des *Ocean Pavilion* geplant.

Das 53 m hohe ***Great Wheel*** dreht 11-21 Uhr seine Runden am *Pier 57*. Die 12-min-Fahrt in der klimatisierten Gondel kostet \$18, für Kinder 3-11 Jahre \$13; https://seattlegreatwheel.com.

Fährterminal

Gleich südlich der *Waterfront*-Kommerzkonzentration legen von ***Pier 52*** mehrfach täglich die Autofähren nach **Bremerton** (60 min) und **Bainbridge Island** (35 min) in Richtung *Olympic NP* (➤ Seite 150) ab; https://wsdot.wa.gov/travel/washington-state-ferries. Die Fähren zu den **San Juan Islands** (➤ Seite 194) sowie der ***Victoria Clipper*** nach Vancouver Island (➤ Seite 688) starten ab ***Pier 69***.

Zum ***Tillicum Indian Village***, einem Museumsdorf auf **Blake Island**, ging es früher **per Boot ab *Pier 55*** (inkl. Lachsessen und Tanz-Vorführung). *Derzeit (Ende 2023) wird ein neuer Anbieter gesucht!*

Pioneer Square Historical District

Pioneer Square

Gleich hinter dem *Pier 50* erstreckt sich bis zur 5th Ave und zwischen Yesler Way und King Street der ***Pioneer District*** mit vielen Backsteinfassaden. Die einstige Altstadt von Seattle wurde 1889 durch einen Großbrand vernichtet und später herausgeputzt, begrünt und mit Restaurants, Bars, Antiquitätenläden, Galerien und vielen Shops wiederbelebt; www.pioneersquare.org.

Seattle – Die schönsten Aussichtspunkte

Hoch hinauf geht es in der ***Space Needle*** im *Seattle Center* (➤ Seite 163). Wer allerdings auch die »Weltraum-Nadel« mit auf dem Bild haben möchte, wählt dafür lieber das ***Sky View Observatory*** in der 73. Etage des *Columbia Center* in Downtown (701 5th Avenue/Ecke Columbia St; ➤ Foto Seite 157). Noch schöner und kostenlos ist der **klassische Blick** auf die *Space Needle* mit der *Skyline* und dem schneebedeckten Mount Rainier im Hintergrund vom kleinen ***Kerry Park*** (➤ Foto Doppelseite 154/155) am 211 West Highland Drive nordwestlich des Zentrums; Anfahrt vom *Seattle Center* oder der I-5 am besten über Mercer Street/Queen Anne Avenue.

Empfehlenswert zum Sonnenuntergang wäre noch die ***Alki Beach*** in West Seattle (➤ Foto Seite 158) sowie die Aussicht vom nahen und etwas höher gelegenen ***Hamilton Viewpoint Park*** (1120 California Way SW; ➤ Foto Seite 180). Interessant für Fotografen könnte abends außerdem noch die etwas ungewöhnlichere Sicht vom ***Dr. Jose Rizal Park*** in der Nähe der 12th Avenue-Brücke über die I-90 sein. Dort werden die Hochhäuser der Stadt von Autobahnen »eingerahmt«.

Blick auf Downtown Seattle vom Dr. Jose Rizal Park

An der Ecke Main Street/2nd Avenue rauscht Wasser über Felsen im ***Waterfall Garden Park***, ein Kleinod des Viertels.

Klondike Gold Rush Historic Park

Lohnenswert im *Pioneer District* ist der Besuch des ***Klondike Gold Rush National Historical Park*** mit ***Visitor Center*** & ***Museum*** an der 319 2nd Ave. Ansehen sollte man sich die laufend gezeigten Filme zum Goldrausch, für den Seattle Ende des 19. Jahrhunderts als Haupthafen der Einschiffung der Prospektoren gen Norden eine wichtige Rolle spielte. Auch die Dokumentation und die Exponate im Kellergeschoss sind aufschlussreich. Der Komplex hat Do-So 10-17 Uhr geöffnet, der Eintritt ist frei; www.nps.gov/klse.

Glasbläser

Von dort sind es nur wenige Schritte bis zum ***Glasshouse Studio***, in dem man Glasbläsern bei der Arbeit zuschauen kann; geöffnet Mo 10-14 Uhr, Di-Sa 10-17 und So 11-16 Uhr; 311 Occidental Avenue; www.glasshouse-studio.com.

City unter der City

Wer sich für die Geheimnisse der »City unter der City« interessiert, kann an einer ***Underground Tour*** teilnehmen, die am *Pioneer Square Park* startet. Sie führt durch Bereiche der Stadt, die 1889 abbrannten, aber unter dem darüber aufgebauten neuen Seattle teilweise erhalten blieben; im Sommerhalbjahr tägl. 9-17 Uhr, Tickets $22/$10; 608 1st Avenue; www.undergroundtour.com.

Smith Tower

Ganz in der Nähe steht an der Ecke 2nd Avenue/Yesler Way der ***Smith Tower*** in nostalgischem Kontrast zu den nahen Hochhäusern. Der Turm war bei Fertigstellung 1914 ***Tallest Building West of the Mississippi*** und besitzt heute ein öffentlich zugängliches *Observation Deck* im 35. Stockwerk; Auffahrten ($19) Mittwoch bis Sonntag 11-21/22 Uhr; www.smithtower.com.

Während tagsüber die Altstadt den Touristen gehört, überwiegen abends die Einheimischen. Nirgendwo sonst in Seattle findet man vergleichbar viele **Kneipen** mit Flair und **Live-Musik**.

Football & Baseball Stadium

Südlich des *Pioneer District* erhebt sich das riesige *Football*-Stadium ***Lumen Field***, Heimat der *Seattle Seahawks* und Multifunktionsarena (auch Rock/Pop-Konzerte usw.) mit einem Fassungsvermögen von bis zu 72.000 Zuschauern; 800 Occidental Ave S.

In unmittelbarer Nachbarschaft steht noch der ***T-Mobile Park*** (ehemals *Safeco Field*), ein großes Baseballstadium mit »Schiebedach« und Platz für bis zu 48.000 Gäste. Der Komplex kann zu spielfreien Zeiten im Rahmen von 1,5-stündigen Touren besichtigt werden; Info: www.mlb.com/mariners/ballpark/tours.

Chinatown

Südöstlich hinter dem *Pioneer Square* erstreckt sich der ***Chinatown International District***, Zufahrt über Jackson oder Main St. Anders als die *Chinatown* in San Francisco vermitteln die verstreuten asiatischen Fassaden, Restaurants und Spezialitätenshops in Seattle keine sonderlich exotische Atmosphäre. Das ***Wing Luke Museum*** thematisiert die Einwanderung aus Asien und bietet samstags um 11.30 Uhr *Chinatown Discovery Tours* an; 90 min; $25/$17 inklusive Eintritt; www.wingluke.org.

Das erste am Pioneer Square errichtete Totem Pole stammte aus Alaska und sorgte für viel Aufregung, da es 1790 den Ureinwohnern entwendet wurde; 1938 zerstörten Vandalen den Pfahl, heute steht dort eine Replika aus 1940

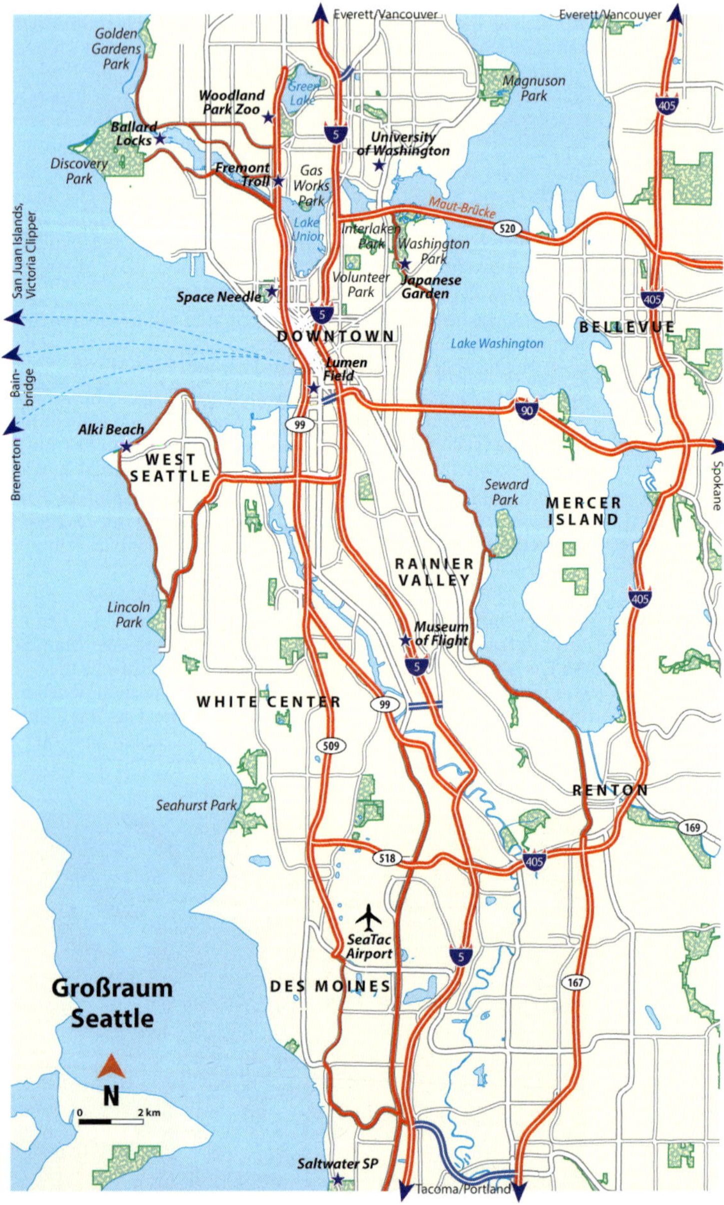
Großraum Seattle
Everett/Vancouver
Everett/Vancouver
Golden Gardens Park
Woodland Park Zoo
Green Lake
Magnuson Park
Ballard Locks
University of Washington
Discovery Park
Fremont Troll
Gas Works Park
Maut-Brücke
Lake Union
Interlaken Park
Washington Park
San Juan Islands, Victoria Clipper
Volunteer Park
Japanese Garden
Space Needle
DOWNTOWN
BELLEVUE
Lake Washington
Lumen Field
Bain-bridge
Alki Beach
WEST SEATTLE
Bremerton
Seward Park
MERCER ISLAND
Spokane
RAINIER VALLEY
Lincoln Park
Museum of Flight
WHITE CENTER
Seahurst Park
RENTON
SeaTac Airport
DES MOINES
N
0
2 km
Saltwater SP
Tacoma/Portland
5
99
405
520
90
509
518
169
167

Parks und Sehenswertes rund um die City

Washington Park

Von Downtown Seattle gelangt man über die Madison Street direkt zur südlichen Zufahrt des ***Washington Park Arboretum***. Die attraktivste Parkanlage der Stadt ist Teil der Botanischen Gärten der *University of Washington* und wird durch den East Lake Washington Blvd und dem East Arboterum Drive erschlossen (freier Zutritt mit Ausnahme des ***Japanese Garden***). Bevor man einen der zahlreichen Spazierwege, die sich durch die üppige Baum- und Pflanzenwelt winden, in Angriff nimmt, kann man sich noch täglich 9-17 Uhr im *Graham Visitors Center* mit Infos und Karten versorgen (in der Nordostecke des Parks). Übersichtsplan im Web unter https://botanicgardens.uw.edu/washington-park-arboretum/visit/maps-trails.

Unweit des Besucherzentrums startet auch der wunderbare ***Foster & Marsh Island Loop*** (2,5 km), der zunächst durch ein kleines Wäldchen verläuft, dann unter der #520 hindurch und weiter auf *Foster Island* zwischen Seerosen und Schilf zur *Marsh Island*. Der rege Verkehr auf dem Freeway #520 stört etwas die Idylle. Diese Wanderung und die Union Bay sind zudem sehr beliebt bei den »***Seattleites***« (Bewohner von Seattle; Aussprache: »*se-Ä-tel-laits*«), so dass am Wochenende in dem Bereich meist sehr viel los ist.

Universitätscampus

Wer nach dem Besuch des Arboretum noch den absolut beeindruckenden Campus der ***University of Washington*** sehen möchte, folgt dem East Lake Washington Blvd weiter bis zum Montlake Blvd. Dort geht es dann nach Norden (rechts) über die Union Bay Brücke zur 15 th Ave (immer der grünen Ausschilderung »*UW Visitor Info/Parking*« nach). Bei Anfahrt über die I-5 wählt man am besten Exit 169 und fährt dann auf der 45th St nach Osten bis zur 15th Ave. Wer keine freie Parklücke dort in der Umgebung findet (sonntags gratis), kann die gebührenpflichtige *Central Plaza Garage* der Uni nutzen; Lageplan: www.washington.edu/maps.

Timed ticket erforderlich

Das ***Burke Museum of Natural History & Culture*** auf dem Universitätsgelände wurde stark erweitert und im Herbst 2019 an dem neuen Standort eröffnet; 4300 15th Ave NE (Ecke 45th St). Es hat eine gute anthropologische Abteilung, die sich den Völkern an der nordamerikanischen Pazifikküste widmet. Interessant gestaltet für alle Altersgruppen; geöffnet Di-So 10-17 Uhr, aber Eintritt nur nach Reservierung; \$22/\$14; www.burkemuseum.org.

Die ***Henry Art Gallery*** unweit der *George Washington*-Statue und des Campus-Besucherzentrum ist relativ klein und kein Muss; Eintritt Spende; https://henryart.org.

Von dort sind es dann nur noch wenige Schritte bis zur Hauptplaza mit tollem Blick auf die *Drumheller Fountain*. Bei klarer Sicht erhebt sich dahinter der scheinbar nahe, tatsächlich aber 100 km Luftlinie entfernte, **schneebedeckte Mount Rainier** südlich der Stadt. Mitte/Ende März beeindrucken außerdem die vielen blühenden Kirschbäume auf dem Universitätsgelände.

Abendessen im Ivar's Salmon House am Nordufer des Lake Union – das Seafood ist gut, die Aussicht auf den See und Downtown Seattle gibt's gratis on top

Lake Union

Zwischen der I-5 und der #99 breitet sich nördlich von Downtown der »Haussee« von Seattle aus. An der Südspitze des **Lake Union** liegt an der Valley Street die Zufahrt zu einem kleinen Stadtpark. Dort kann man im *Center for Wooden Boats* Kanus, Kajaks oder Segelboote mieten (www.cwb.org) und im spannend aufbereiteten ***Museum of History & Industry*** (**MOHAI**) Interessantes über die Geschichte der Stadt lernen; 860 Terry Ave N, täglich 10-17 Uhr; Eintritt $22/$17, Kinder bis 14 frei; https://mohai.org.

Wasserflugzeuge der *Kenmore Air* heben in der Südwestecke des Sees zur 20-min Sightseeing-Tour ab; 950 Westlake Ave N; ca. $110; https://kenmoreair.com/seattle-scenic. Man kann sie auch nutzen für einen **City-Tagestrip nach Victoria** auf Vancouver Island; Flugzeit rund 45 Minuten mit Landung in dem an Downtown angrenzenden *Inner Harbour* (➢ Seite 689).

Hausboote

Bekannt ist der Lake Union vor allem für seine hübsch aufgereihte **Hausboot-Flotte**, die entlang der Fairview Avenue den Uferbereich säumt. Fest verankert an der Westlake Avenue liegt außerdem das *Floating Home* von Tom Hanks aus dem Kino-Blockbuster (1993) »**Schlaflos in Seattle**« mit Meg Ryan. Es ist in Privatbesitz; am besten sieht man es während einer Bootstour oder vom gegenüberliegenden ***Gas Works Park***, der die rostigen Überbleibsel einer Kohlevergasungsanlage aus dem frühen 20. Jahrhundert birgt. Der Besuch dieses Parks ist ansonsten kein Muss. Einen ähnlichen Blick auf die City-Skyline (➢ Foto oben) kann man auch beim Seafood-Brunch oder *Dinner* im ***Ivar's Salmon House*** genießen; 401 NE Northlake Way unweit der I-5.

Fremont Troll

Ein beliebtes Fotomotiv versteckt sich noch nordwestlich des Lake Union. Dort »residiert« unterhalb der Aurora Bridge (Kreuzung #99/North 36th Street) der ***Fremont Troll***, ein 5 m hoher Zementkobold mit einem VW Käfer in der Hand. Eine weitere Skulptur (*People waiting for the interurban*) befindet sich nahebei an der Ecke Fremont Ave/N 34th Street.

Woodland Park Zoo

Über die #99 (oder I-5 Exit 169) und die 50th St erreicht man den ***Woodland Park Zoo*, einer der besten in den USA**. Die Gehege sind sehr schön und weitläufig gestaltet, entsprechend groß ist daher der Zeitbedarf (mindestens 4-5 Stunden einplanen!). Im Sommer täglich 9-18 Uhr; $26/$16, online meist vergünstig. Parken kostet 1
extra (maximal $12 pro Tag; Wohnmobile können nur beim Südeingang an der 750 N. 50th Street stehen; www.zoo.org.

Beim **Green Lake** im Norden des *Woodland Park* warten gleich zwei populäre Badestrände, die *East* und *West Lake Beach*. Gelegentlich gibt es Probleme mit toxischen Algen, dann werden Schilder aufgestellt, die das Schwimmen verbieten.

Interlaken/ Volunteer Park

Östlich des Lake Union und der I-5 liegen unweit des Arboretums noch zwei weitere City-Parks: Durch den ***Interlaken Park*** und seinen verwunschenen Regenwald schlängelt sich eine enge und kurvenreiche Straße. Nichts deutet darauf hin, dass man sich dort noch mitten in der Großstadt befindet.

Sehenswerter – vom touristischen Standpunkt aus – ist aber der angrenzende ***Volunteer Park*** (15th Ave/Galer Street) mit dem ***Asian Art Museum***, einem Ableger des *Art Museum* in der 2nd Avenue (geöffnet Do-So 10-17 Uhr; $18/$13; www.seattleartmuseum.org), und dem ***Conservatory*** mit einheimischen wie auch tropischen Pflanzen (Di-So 10-16 Uhr; $6/$4; www.volunteerparkconservatory.org). Vom ***Observation Deck*** des alten Wasserturms bietet sich ein (etwas zugewachsener) Blick über Stadt und Bucht.

Lake Washington

Durchaus empfehlenswert ist auch der Besuch der **Parks** am **Lake Washington**. Eine Fahrt ab dem *Washington Park* (➤ Seite 171) auf den Uferstraßen des Binnensees führt durch beneidenswerte Wohnviertel sowie vorbei an Stränden und Marinas.

Weit in den Lake Washington hinein ragt die urwüchsig bewaldete Halbinsel des ***Seward Park*** mit Picknick- und Bademöglichkeiten, Wanderwegen und schöner Aussicht auf den Mount Rainier. In diesem Park nisten sogar Weißkopfseeadler!

Alki Point mit Leuchtturm

Strände am Puget Sound

Im Hochsommer eignen sich die Sandstrände am Puget Sound gut zum Baden. Die 4 km lange ***Alki Beach*** bietet zudem einen freien Blick auf die Skyline der Stadt und wird daher auch gerne zum Sonnenuntergang aufgesucht (➤ Foto Seite 158). Eine tolle seeseitige Rundfahrt in West-Seattle führt von dort über die Alki Avenue, den Beach Drive SW und den Fauntleroy Way hinunter zum attraktiven ***Lincoln Park*** mit einem beheizten Salzwasser-Pool, Spiel- und Picknickplätzen. In diesem Park versteckt sich ein kurioser Riesentroll von Thomas Dambo (***Bruun Idun***, ➤ Exkurs Seite 198), weitere in Ballard sowie auf den vorgelagerten Inseln Vashon und Bainbridge Island. Auch der ***Seahurst Beach Park***, noch südlicher und nur 15 min vom Flughafen entfernt, verfügt über hübsche Badestrände, Wald- und Uferpfade.

Northwest Seattle

Den weitgehend naturbelassenen ***Discovery Park*** im nordwestlichen Stadtteil Magnolia durchziehen **Wildnis-Wanderwege**. Ein Abstecher dorthin lohnt vor allem in Verbindung mit dem Besuch der *Hiram M. Chittenden Locks*, besser bekannt unter dem Namen ***Ballard Locks*** (*locks* = Schleusen). Zufahrt südlich des *Lake Washington Ship Canal*, der den Puget Sound und die Binnenseen verbindet, über den Commodore Way zum *Commodore Park*.

Interessant ist dort die **Fischtreppe (*fish ladder*) mit Sichtfenstern**, wenn von Ende Juni-Anfang Okt die Lachse vorbeiziehen: *Chinook* (die großen Königslachse in der 2. Augusthälfte), *Coho* (Silberlachse Mitte/Ende Sept) und *Sockeye* (die roten Blaurückenlachse während des gesamten Julis); tägl. 7-20.45 Uhr; Eintritt frei. Das Besucherzentrum der *Locks* (3015 NW 54th St) und die Schleusenanlage befinden sich am nördlichen Ufer des Kanals, beide sind aber auch vom Süden aus zugänglich; www.myballard.com/ballard-locks-seattle.

Wer vom *Visitor Center* der *Ballard Locks* die Rundfahrt in Richtung Küste fortsetzt, passiert an der Seaview Ave die größten Marinas von Seattle und erreicht dahinter den ***Golden Gardens Park*** mit einem meist stark frequentierten Sandstrand.

Fährverbindungen

Von **Edmonds**, noch etwas weiter nördlich, kann man per Autofähre nach **Kingston** übersetzen und auf diesem Weg die Olympische Halbinsel ansteuern (➤ Seite 179ff).

BOEING – Produktionshallen und Flugzeugmuseen

Neben Weltkonzernen wie *Microsoft* und *Starbucks* ist auch die Flugzeugindustrie nicht aus Seattle wegzudenken, schließlich stehen die größten Produktionshallen vom Luftfahrt-Giganten ***Boeing*** vor den Toren der Stadt. Die ***Boeing Typen 737 MAX*, *777*** und der ***Dreamliner 787*** werden in **Everett** montiert und man kann den Ingenieuren dabei sogar über die Schulter schauen (4 mi westlich der I-5, Abfahrt 189; ca. 25 mi nördlich von Seattle). Fotografieren ist allerdings nicht erlaubt, *no cameras please*!

Die 1,5-stündigen ***Boeing Factory Tour*** durch die riesigen freitragenden Montagehallen weden Do-Mo angeboten. Kinder müssen mindestens 1,22 m groß sein. Im Ticketpreis ($38/$28) eingeschlossen ist der Besuch des ***Future of Flight Aviation Center***, ein tolles Museum der zivilen Luftfahrt. Rechtzeitige Reservierung sehr angeraten, am besten online unter www.futureofflight.org oder telefonisch unter ✆ 1-800-464-1476. Der Besuch der ***Flight Aviation Center Gallery*** allein kostet $12/$6. Adresse fürs Navi: 8415 Paine Field Blvd, Mukilteo; Anfahrt über die #585 (I-5/Exit 182).

Mindestens so sehenswert ist das ***Museum of Flight*** auf dem *Boeing Field* im Süden von Seattle; geöffnet täglich 10-17 Uhr; $28, Kinder/Jugendliche $18; kostenlos immer am 1. Donnerstag des Monats von 17-21 Uhr; www.museumofflight.org. Verlässt man Downtown über die I-5 in südliche Richtung, passiert man nach gut 15 Minuten Fahrt bzw. noch vor dem internationalen *SeaTac-Airport* rechter Hand den Fracht-Flughafen *King Country* sowie den Gebäudekomplex und Außenbereich des Museums. Der Weg dorthin ist vom darauffolgenden Exit 158 gut ausgeschildert.

In der lichten Glashalle und im *Airpark* fanden über 150 Flugzeugtypen Platz – vom Doppeldecker der Frühzeit über Kampfflieger aus dem 1. oder 2. Weltkrieg, einer ***Concorde*** und älteren ***Air Force One*** bis zum modernen Abfangjäger, darunter eine ***Fieseler Fi 103*** und eine ***Lockheed M-21 Blackbird***. Auch die *Red Barn* – erste Montagehalle und offizielle »Geburtsstätte« von *Boeing* – wurde hierher verlegt und kann besichtigt werden. Kinder dürfen in den Cockpits Platz nehmen, und Flugsimulatoren sowie zahlreiche *hands-on* Exponate könnten ebenfalls für Begeisterung sorgen. Im Rahmen einer Sonderführung geht es auch an Bord eines ***Space Shuttles***, das einst in Houston stand und von den NASA-Astronauten zu Trainingszwecken genutzt wurde Sie kostet extra, wurde aber 2023 nicht angeboten.

Museum of Flight

Startrouten in Richtung Oregon, Kanada oder Kaskaden/Rockies

Blick in die Bucht südlich des Point of Arches im Olympic Nationalpark

Washington Westen
N
0 20 km
Vancouver, Kanada
Peace Arch
KANADA
USA
Juan de Fuga Strait
Vancouver Island
Sidney
Victoria
San Juan Islands NHP
Cape Flattery
Neah Bay
Shi Shi Beach
Sekiu
Ozette
Lake Crescent
Port Angeles
Hurricane Ridge
Fort Worden SP
Port Townsend
Flagler SP
Rialto Beach
Forks
La Push
Sol Duc Hot Springs
2nd Beach
3rd Beach
HOH RIVER RD
Mt Olympus 2918 m
Olympic National Park
Ruby Beach
Kalaloch
QUEETS VALLEY RD
Quinault
Quinault Lake
Taholah
Moclips
Hood Canal
Ocean Shores
Hoquiam
Aberdeen
Elma
Grays Harbor
Westport
Raymond
Oysterville
Willapa Bay
Long Beach
Cape Disappointment SP
Lewis & Clark Museum
Chinook
Columbia River
Fort Stevens SP
Astoria
Fort Clatsop NM
Seaside
Clatsop SF
Ecola SP
Cannon Beach
Rockaway Beach
Tillamook SF
Three Capes Scenic Drive
Cape Lookout SP
Tillamook
Bellingham
Artist Point
North Cascades National Park
Mt Baker 3286 m
Sedro-Woolley
Marblemount
Anacortes
N CASCADES HWY
Burlington
Darrington
Oak Harbor
Keystone
Whidbey Island
Everett
Boeing
Leavenworth
Winslow
Scenic Beach SP
Bremerton
North Bend
SeaTac
Seattle
Spokane
Saltwater
Dash Point
Kanaskat-Palmer SP
Tacoma
Buckley
Olympia
Mt Rainier National Park
Mowich Lake
Mt Rainier 4392 m
Sunrise
Elbe
Paradise
Chehalis
Packwood
Yakima
Randle
Toutle
Visitor Center
Castle Rock
Mount St Helens NVM
Mt St Helens 2550 m
Mt Adams 3743 m
Longview
Gifford Pinchot NF
Ape Cave
Cougar
Battleground
Carson
Hood River
Vancouver
Cascade Locks
The Dalles
Portland
Multnomah Falls
Mt Hood NF
542
5
9
20
530
112
113
101
3
405
2
90
16
169
410
162
165
7
161
706
8
12
109
105
103
30
26
205
84

2. STARTROUTEN AB SEATTLE

2.1 Rundfahrt auf der Olympischen Halbinsel

Von Seattle bis nach Aberdeen im Südwesten der *Olympic Peninsula* sind es – bei Fährbenutzung Seattle-Winslow – über die #305/#3/#104/#101 knapp 250 mi; zurück bis zum Ausgangspunkt sogar 350 Meilen. So richtig schnell kommt man auf der gesamten Halbinsel nicht voran. Die Straßen zwischen Port Angeles und Bainbrigde Island, Tacoma oder Olympia sind meist stark befahren und die Zugbrücke an der #3 sorgt für zusätzlichen Stau, wenn gerade Schiffe passieren. Außerdem verläuft die #101 im **Olympic Nationalpark** abschnittsweise sehr kurvenreich und die verschiedenen Parkbereiche sind nur über Stichstraßen zu erreichen.

Zeitaufwand

Der Besuch der Nationalparks ist daher mit einem recht hohen zeitlichen Aufwand verbunden und es stellt sich die Frage, ob sich der »Umweg« um die gesamte Olympische Halbinsel herum mit (mindestens!) **zwei Extratagen** lohnt. Bei gutem Wetter zählt der Nationalpark zu den **schönsten und abwechlungsreichsten Zielen im gesamten US-Nordwesten**. Neben großartigen Ausblicken im Hochgebirge locken dschungelartiger Regenwald und wildromantische Küstenabschnitte mit farbenprächtigen Gezeitenbecken. Der Olympic Nationalpark ist nicht umsonst einer der beliebtesten in den USA mit rund 3 Mio. Besuchern im Jahr!

Wer Strandspaziergänge und kleinere Wanderungen unternehmen möchte, sollte **2-3 Nächte vor Ort** einplanen. Es lässt sich auch locker eine ganze Urlaubswoche im Park spannend gestalten. Man sollte dabei aber unbedingt auch Folgendes bedenken:

Problem: Wetter

Hartnäckiger Küstennebel (während der wärmeren Jahreszeit keine Seltenheit!) oder **Dauerregen** (über 4 m Niederschlag jährlich!) kann nicht nur die Sicht tagelang trüben, sondern auch die Urlaubsfreude. Die traumhafte Landschaft bleibt einem dann verborgen, man nimmt allerorten nur das dumpfe Dröhnen der Nebelhörner wahr und es herrscht eine Stimmung wie in einem Hitchcock-Film.

Schlechtwetter ist zwar auch für den Besuch anderer Naturparks ungünstig, die Aussichten dafür sind in dieser Ecke Washingtons jedoch besonders hoch. D.h., der Blick auf das aktuelle **Wettergeschehen** und ein guter »Plan B« sind bei diesem Reiseziel wichtig.

Ruby Beach Anfang August nachmittags um 14 Uhr bei mehrtägigem Dauernebel

Fähre über den Puget Sound aufgenommen vom Hamilton Viewpoint Park

2.1.1 Anfahrt

Fähren ab Seattle

Am schnellsten von Seattle auf die Olympische Halbinsel gelangt man per **Fähre nach Winslow** auf Bainbridge Island (35 min; täglich mehr als 20 Abfahrten vom *Pier 52*). Zwei Personen mit Pkw zahlen im Sommer ca. $34, mit Campmobil nur etwas mehr; https://wsdot.wa.gov/ferries/fares. Eine weitere Fährverbindung besteht nach **Bremerton** (60 min). Bei **Umweg über Tacoma** (➤ Seite 191) mit schönem Blick zurück auf den Mount Rainer bei **Gig Harbour** (➤ Foto Seite 21) kommt man auch ganz ohne Schiff aus.

Strecke zum Olympic NP

Nach Ankunft auf Bainbridge Island geht es auf den Straßen #305/#3/#104 weiter in Richtung #101/Port Angeles. Kurz unterbrechen lässt sich die Fahrt gleich zu Beginn mit einer **Trollsuche** (➤ Exkurs »Thomas Dambo«, Seite 198), einem Spaziergang durch die unterschiedlichen, gepflegten Gartenanlagen der ***Bloedel Reserve*** (im Sommer 10-17/18 Uhr; $22/$5-$10, *timed ticket* erforderlich: https://bloedelreserve.org) oder mit dem Besuch des ***Suquamish Museum***, das einen guten Einblick in das Leben des am Puget Sound beheimateten *Salish Tribe* liefert; im Sommer 10-17 Uhr; $5/$3; https://suquamish.nsn.us/suquamish-museum. Beachtung verdient auch noch die **Schwimm-Schubbrücke** über den *Hood Canal*, ein abenteuerliches Konstrukt aus 23 verschraubten Pontons.

Umweg über Port Townsend

Nur 2 mi nach der Einmündung der #104 in die #101, zweigt die #20 in Richtung **Port Townsend** ab (13 mi). Alternativ kann man ab der #104 auch schon über die #14 dorthin fahren; auf diesem Weg erreicht man auch die Zufahrt (#116) zu dem hervorragenden *Campground* bei der Küstenbefestigung von 1897 im ***Fort Flagler State Park*** an der Nordspitze von Marrowstone Island; im Sommer ab $27, *full hook-up* $40-50 reservierbar: https://parks.wa.gov/find-parks/state-parks/fort-flagler-historical-state-park.

Port Townsend

Das wegen seiner alten Klinkerfassaden gelobte Städtchen ist für Europäer kein »absolutes Muss«, ebenso wenig das nahe gelegene ***Fort Worden***, das 1904 die Funktion als Hauptquartier der Küstenverteidigung am Puget Sound vom *Fort Flagler* übernahm. Wer aber auf die Fähre nach Coupeville (➤ Whidbey Island, Seite 196) möchte bzw. mit ihr ankommt, könnte sich etwas Zeit nehmen für einen Bummel durch die Kunstgalerien der Water Street. Zum Übernachten eignen sich am besten die in auffällig hübschen Privathäusern untergebrachten **B&Bs** oder eines der Motels an der #20.

Camper sind in einem der beiden ***Historical State Parks*** bestens aufgehoben, im ***Fort Worden*** an der nordöstlichen Spitze der Halbinsel (mit *full hook-up*, ganzjährig beliebt, daher Reservierung empfohlen) oder ***Fort Townsend*** einige Meilen südlich der Stadt im Wald (bietet auch ein paar *first-come, first-served walk-in sites*); https://washington.goingtocamp.com.

Der städtische ***RV Park*** befindet sich fußläufig zu Restaurants, Kneipen und Läden des Ortes und in toller Uferlage hinter der ***Hudson Point Marina*** am Ende der Water St; mit *hook-up* ab $59; ✆ (360) 385-2828, https://portofpt.com/rates-and-fees.

Sequim

An der #101 kann man auf der Weiterfahrt kurz vor Blyn einen kurzen Stopp bei der ***Northwest Native Expressions Art Gallery*** einlegen, die mit bunten Totempfählen rechter Hand der #101 auf sich aufmerksam macht. Einige Meilen weiter gibt es im **Sequim-Besucherzentrum** Infos und Karten zu den Lavendelfeldern der Umgebung; 1192 E Washington Street. Jedes Jahr Mitte Juli feiert der Ort das ***Lavender Festival***, die Felder stehen aber meist auch etliche Wochen davor/danach in voller Blüte; www.lavenderfestival.com.

Etwas weiter westlich an derselben Straße befindet sich das ***Highway 101 Diner*** im Stil der 1950er-Jahre; 392 W Washington St.

Nördlich der Kleinstadt breitet sich die ***Dungeness Recreation Area*** auf einer weit in die *San Juan de Fuca*-Meerenge ragenden Nehrung aus. Dort kann man auf bewaldeten Plätzen ($30) oberhalb der Steilküste im Zelt oder Wohnmobil schlafen, die Hälfte davon ist reservierbar: www.clallamcountywa.gov/683.

Wer sich eine Nacht in besonders luxuriösem Ambiente gönnen möchte, steigt auf der Weiterfahrt zwischen Meer und Lavendelfeld im **B&B *George Washington Inn*** ab, einem Nachbau vom Landsitz des ersten US-Präsidenten (Foto ➤ Seite 118). Für die *Presidential Suite* zahlt man dort ab $420 pro Nacht; 939 Finn Hall Road; ✆ (360) 452-5207, www.georgewashingtoninn.com.

Port Angeles

Der mit 20.000 Einwohnern größte Ort auf der Olympischen Halbinsel ist touristisch bedeutsam als Ausgangspunkt für Fahrten in die Hochlagen des Nationalparks (***Hurricane Ridge*** ➤ umseitig) und für die 90-min-Fährverbindung nach **Vancouver Island** (alle Details dazu ➤ Seite 688ff). **H/Motels** säumen die Ausfallstraßen. Allen, die möglichst preiswert unterkommen möchten, sei eine Reservierung im Sommerhalbjahr empfohlen (z.B. im *Super 8*).

Erwähnenswert ist in Port Angeles die Landzunge ***Ediz Hook***, die eine natürliche Bucht bildet. Zur Spitze des »Hakens« führt eine Straße über das Gelände des Kommerzhafens. Vom schmalen Strand unterhalb der *Coast Guard Station* kann man an schönen Tagen das Panorama der Olympic Mountains genießen.

Die Zeit (z.B. vor der Fährfahrt) lässt sich auch überbrücken in der Stadt mit dem *Mural Trail*. Infos dazu unter www.visitportangeles.com/mural-trail sowie im **Besucherzentrum** am Fährterminal; 121 E Railroad Avenue; Mo-Fr 9.30-17.30, Sa 10-17.30, So 10-15 Uhr.

2

2.1.2 Olympic National Park www.nps.gov/olym

Eintritt $30/Auto $15/Person oder Interagency Jahrespass

(Der Besuch der Küstenabschnitte ist frei!)

An der ausgeschilderten Zufahrt zum Nationalpark lassen sich in Port Angeles die ***Park Headquarters*** mit *Wilderness Information Center* und kleinem Museum an der 3002 Mount Angeles Road nicht verfehlen. Kaum ein Nationalpark in den USA verfügt über eine derart vielfältige Natur. Das als UNESCO-Biosphärenreservat und Weltnaturerbe ausgewiesene Gebiet vereint gemäßigt temperierten Regenwald, ewiges Gletschereis, heiße Quellen, malerische Steilküsten und langgezogene Sandstrände auf engstem Raum.

Während die Höhenstraße zur ***Hurricane Ridge*** raschen Zugang ins Hochgebirge ermöglicht, gelangt man auf der Westseite in einen dschungelartigen ***Rain Forest*** mit jährlichen Niederschlagsmengen von mehr als 4 m. Vom Hauptbereich (3.500 km^2) rund um den **Mount Olympus** (2.432 m) völlig separiert ist ein über 100 km langer **Küstenstreifen** mit zahllosen Felsbögen und vorgelagerten kleinen Inseln. An den naturbelassenen Stränden türmt sich Treibholz in unvorstellbaren Mengen und der bei Ebbe zurückweichende Ozean gibt Einblick in die bunte Unterwasserwelt. Auf den freigelegten Felsen und in den Gezeitenbecken (*tide pools*) sieht man dann nicht nur grüne oder rosarote Seeanemonen, sondern auch jede Menge lila- und orangefarbene Seesterne (*starfish* oder *sea stars*), Seeigel (*urchins*), Krebse und Muscheln. Früher wurden am *Point of Arches* und *Giant Graveyard* bei Werten unter **minus 1,5 ft** sogar immer etliche 40 cm große Sonnenblumenseesterne ➤ (Foto links) sichtbar. Seit 2017 sind sie aufgrund einer Seuche leider viel seltener geworden.

Sunflower Sea Star

Hurricane Ridge

Hurricane Ridge

Ab den *Headquarters* geht es in steilen Kehren hinauf auf den ***Hurricane*-Höhenzug** (keine Übernachtungsmöglichkeiten und seit im Mai 2023 das Besucherzentrum abgebrannt ist, auch ohne Speis und Trank!). Vom Parkplatz – 1,3 mi vor dem Straßenende und 19 mi von der #101 entfernt – genießt man eine wunderbare Aussicht auf die schneebedeckten über 2.000 m hohen Gipfel, ebenso von den Picknicktischen hinter dem ehemaligen *Visitor Center* oder 1,5 mi weiter bei der *Picnic Area A*. Kurze Rundwege führen ab dem Parkplatz zu *Viewpoints* mit Blick nach Norden auf die *Juan de Fuca*-Meerenge bis nach Vancouver Island hinüber. Dabei begegnet man häufig Murmeltieren, Schneeziegen oder Rehen.

Beurteilung

Bei knapp bemessener Zeit ist dieser Parkbereich kein absolutes »*Must See*«. Die Regenwälder (*Hoh Rain Forest*!) und die Strände auf der Westseite der Olympischen Halbinsel (allen voran *Ruby* und *Second Beach*!) bleiben unübertroffen in ihrer Einzigartigkeit.

Ranger Talk bei der Hurricane Ridge im Olympic NP

Die Küstenregion des Olympic National Park

#101 ab Port Angeles

Für die Weiterfahrt ab Port Angeles ist die #101 die bessere Wahl. Die Küstenstraße #112 verläuft außerhalb des Parks größtenteils uferfern, kurvenreich und damit zeitraubend durch eine hügelige Waldlandschaft, ohne besondere Reize zu bieten. Ein einziger guter Grund, der für die #112 ab Port Angeles spricht, ist der wunderbare ***Salt Creek County Park*** bei Joyce. Dort kann man campen ($26-$32) oder bei Ebbe die Muschelbänke und *tide pools* am inselartigen ***Tongue Point*** oder gleich nordöstlich des (großen) Parkplatzes erkunden; www.clallamcountywa.gov/588.

Elwha River Valley

Vom Stadtzentrum von Port Angeles sind es auf der #101 keine 9 mi bis zum nächsten Abzweig in den Norden des Nationalparks. Die Olympic Hot Springs Rd führt ins hübsche ***Elwha River Valley*** zum Ausgangspunkt des ***Madison Falls Trail*** (300 m retour). Dahinter bleibt die Straße wegen Flutschäden bis auf Weiteres gesperrt (Stand Ende 2023). Der Weg zu den Badepools der ***Olympic Hot Springs*** ist derzeit also nicht 4 km lang, sondern über 16 km (*one-way*!).

Lake Crescent

Zurück an der #101 erreicht man schon bald die kristallklaren blauen Gewässer des **Lake Crescent**, der eine Tiefe bis zu 190 m aufweisen soll, aber im Sommer mit angenehmen Temperaturen zum Verweilen einlädt. Am Ostende gibt es einige Badestellen, besonders beliebt ist der *Devil's Punch Bowl* an der Nordseite des Sees, den man über die *East Bench Road* bzw. den *Spruce Railroad Trailhead* erreicht: von dort dann ca. 20-minütige Wanderung.

Nahe der *Storm King Ranger Station* beginnt der Trail zu den hübschen ***Marymere*-Wasserfällen** (ca. 3 km retour). Die 10 Meilen am Ufer entlang des fjordartigen Lake Crescent bilden einen der reizvollsten Teilabschnitte der #101 auf der Halbinsel.

Am westlichen Ende des Sees verfügt der ***NP Campground Fairholme*** über schöne Stellplätze direkt am Wasser ($24; reservierbar). Es ist dort aber wegen der nahen Straße relativ laut.

Sol Duc Hot Springs

Westlich von *Fairholme* windet sich eine Stichstraße 12 mi kurvenreich hinauf zu den ***Sol Duc Hot Springs*** mit mehreren, unterschiedlich temperierten **Open-Air-Becken** ($18; 4-12 Jahre $12). Der Abstecher lohnt sich für Fans von heißen Quellen und Wasserfällen (*Sol Duc Falls Trail*; 2,5 km retour) oder bei Nutzung der schattigen ***NP campsites*** (Zelte $25, RVs $51; sehr populär daher unbedingt reservieren: www.recreation.gov). Einen Komfortcampingplatz und gemütliche Blockhütten bietet dort das ***Sol Duc Springs Resort***; Zelte $33, RVs $58; ✆ 1-888-896-3818; www.olympicnationalparks.com/lodging/sol-duc-hot-springs-resort.

Zum Cape Flattery?

Übersichtskarte

Rund 15 mi westlich der Sol Duc Road verschafft die #113 ab Sappho Zugang zur ***Makah Indian Reservation*** und der nordwestlichsten Ecke der kontinentalen USA. Der Abstecher dorthin ist kein »Muss«, aber lohnenswert bei gutem Wetter und mind. einem Tag extra für längere Hikes; 14 km retour zum *Point of Arches*, ➤ rechts. Wer diesen Bereich primär nur durchs Autofenster sieht und nur hier und da für ein paar Schritte und Fotos aus dem Fahrzeug springt, wird eher enttäuscht sein. *Backpacker* hingegen erleben dort definitiv **einen der eindruckvollsten Pazifikabschnitte des Nationalparks und des US-Nordwestens**; Karte: www.nps.gov/olym/planyourvisit/upload/OLYM-Wilderness-Trip-Planner.jpg.

Abstecher Cape Flattery, Shi Shi Beach und Ozette

Rund eine Stunde reine Fahrtzeit muss man für den 50-Meilen-Abstecher zum Cape Flattery einplanen (*one-way*!). Die Route über die gut ausgebauten **Straßen #113 und #112** bietet wenig und ist immer nur auf kurzen Teilstrecken am Wasser entlang reizvoll. Die beiden Orte am Wege, **Clallam Bay** und **Sekiu**, verfügen über eine recht bescheidene Infrastruktur. Es gibt nur Einfachstmotels und schlichte, enge RV-Parks direkt an der Küste, die überwiegend von Boot- und Angelenthusiasten bevölkert werden.

Das etwas desolat wirkende 900-Seelen-Dorf **Neah Bay** ist das Zentrum der kleinen ***Makah Indian Reservation***. Direkt am Ortseingang befindet sich das *Makah Museum* ($10; täglich 10-17 Uhr). Es thematisiert vor allem die über 2.000 Jahre alte Walfangtradition des Stammes. In Einbaumkanus nahm man es mit den bis zu 15 m langen und 30 t schweren Tieren auf. Bereits zweimal wurde den *Makahs* das ihnen 1855 von der US-Regierung zugesicherte Walfangrecht aberkannt; derzeit kämpfen sie erneut um eine Walfangquote; https://makah.com. Auch ohne Interesse an der Geschichte dieses Stamms, ist der Stopp in Neah Bay **Pflicht für alle, die Ausflüge in das Reservat** unternehmen möchten. Im Museum, beim *Tribal Center* oder in den Supermärkten erhält man das für den Besuch der Strände und des Cape Flattery erforderliche ***recreation permit*** ($20/Auto).

Ziel der meisten Tagesbesucher ist die **Kurzwanderung zum Cape Flattery** an der Spitze der *Olympic Peninsula*. Vom Ort sind es auf der Cape Flattery Road noch etwa 7 mi bis zum Ende der Zufahrt. Von dort geht es zu Fuß durch dichten Regenwald – zunächst auf Schotter, dann auf verwunschenen Wegen – hinaus zu den Klippen (1 km). Von den diversen Aussichtspunkten öffnet sich ein herrlicher Blick auf die wild zerklüftete Steilküste, vorgelagerte kleine Felsinseln und den Leuchtturm von *Tatoosh Island*. Mit etwas Glück lassen sich dabei Wale, Delfine und Seeotter beobachten. Quirlige Gelbschopflunde, Verwandte der Papageitaucher, nisten in den Klippen (➤ Foto Seite 36). Wer vorgesorgt hat, packt hier sein Picknick aus und lässt die Szenerie in Ruhe auf sich wirken.

Zelten am Point of Arches, einer der Lieblingsplätze der Autoren; gleich nebenan nisten Weißkopfseeadler

Von der Cape Flattery Road zweigt westlich von Neah Bay die **Hobuck Beach Road** nach Süden ab. Sie schafft Zugang zu den Stränden *Sooes* und *Hobuck Beach*, die ohne Campingabsicht eher nicht erwähnenswert sind: alle Stellplätze *first-come, first-served* (Zelte $25, *full hook-up* $50) und *cabins* ab $160; https://hobuckbeachresort.com.

Die wahre »Perle« dieser Gegend, ***Shi Shi Beach*** [*SCHAI-schai*], erreicht man nur zu Fuß ausgehend vom *trailhead* kurz vor dem Ende der Hobuck Beach Road. Nach 3 km Wald- und 4 km Strandwanderung steht man vor einem der eindrucksvollsten und urtümlichsten Küstenstriche des Pazifischen Nordwestens. Am Südende von *Shi Shi Beach* liegt der ***Point of Arches*** mit einer sagenhaften Ansammlung von Felsbögen, Gezeitenbecken und Inselchen (➢ auch Foto Seite 176/177 und Seite 768). Unbedingt *tide tables* beachten, einige der schönsten Plätze werden erst bei extremem Niedrigwasser zugänglich. Bunte und ungewöhnlich große Seesterne waren früher dort häufig, seit einigen Jahren sind sie leider viel seltener anzutreffen. Der Strand ist Teil des Olympic Nationalparks, aber Parkplatz und *trailhead* liegen noch im Reservat, so dass man sich für den Besuch ein *Makah Permit* holen muss (➢ links). Wer über Nacht bleiben möchte, benötigt außerdem noch einen Bärenkanister und ein ***wilderness camping permit*** (➢ Infos umseitig).

Zum Bereich »Ozette« geht es westlich von Sekiu von der #112 auf die **Hoko-Ozette Road**. Sie endet nach 21 mi bei der *Ranger Info* am Ozette Lake (mit *first-come, first-served sites* $20; RVs bis 21 ft). Bis zum Pazifik sind es noch gut 4-5 km zu Fuß; der gesamte Rundweg über Cape Alava und Sand Point ist 14 km lang (***Ozette Triangle Loop Trail***). Hartgesottene starten von dort aus mehrtägige *Backpacking*-Touren entlang des ***Coastal Trail***: nach Norden bis zur *Shi Shi Beach* (24 km; 2 Tage) und in Richtung Süden zur *Rialto Beach* (32 km; 2-3 Tage).

Küste am Cape Flattery

Über Nacht auf den Stränden des Nationalparks

Fürs Zelten an der *Olympic Coast* wird immer ein ***wilderness camping permit*** ($8) benötigt. Die Online-Vergabe startet meist schon am 15. April pünktlich um 7 Uhr *Pacific Time*. Die Nachfrage für den Zeitraum Juni-September ist hoch, vor allem weil es an einigen Locations (z.B. an der Ozette-Küste) keine *last minute walk-ins* gibt. Alle Details dazu unter www.nps.gov/olym/planyourvisit/wilderness-reservations.htm (➤ QR-Code). Pflicht ist auch ein ***food container/bear canister***, der vor Ort *first-come, first-served* im Besucherzentrum in Port Angeles oder Amanda Park (im Süden beim *Quinault Rain Forest*) gegen eine geringe Gebühr verliehen wird. Er ist zwar schwer und unhandlich, schützt aber nicht nur vor den diebischen Waschbären. In den einsamen Wäldern des Nationalparks leben auch heute noch Schwarzbären und viele andere Tiere.

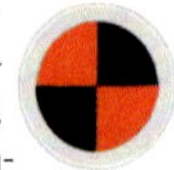

Auf längeren Hikes immer dabei haben sollte man den aktuellen Tidenkalender: www.tidesandcurrents.noaa.gov/noaatidepredictions.html?id=9442396. Bei weit hinausragenden, unpassierbaren Landzungen geht es von den Stränden über sog. ***overland trails*** die Klippen hinauf und auf der anderen Seite wieder runter, teilweise mit Hilfe eines Halteseils. Runde Schilder (➤ Foto rechts) markieren diese Auf- und Abstiege. Manche Bereiche des Küstenpfads (z.B. südlich des *Point of Arches* oder beim *Giant Graveyard*) sind aber trotzdem erst ab einem bestimmten Niedrigwasserstand begehbar. D.h., ein gutes Timing bei den Gezeiten ist selbst bei **Tageswanderungen** für ein Weiter- bzw. Retourkommen wichtig. In den Besucherzentren liegen topographische Karten aus, auf denen die *overland trails* und bei Flut heiklen Passagen eingezeichnet sind (mit Angabe des max. Wasserstands). Vor längeren Wanderungen empfiehlt es sich ohnehin dort Infos einzuholen, denn die Gegebenheiten vor Ort und der Zustand der Trails können sich rasch ändern.

Camping Permits

Gezeiten/Tides

Rialto Beach

Ein leicht per Straße zugänglicher Küstenbereich ist ***Rialto Beach*** mit steinigem Strand, Bergen von Treibholz und dem Felstor ***Hole-in-the-Wall*** (Foto ➤ Seite 52), das am nördlichen Ende der Bucht ca. 2,5 km vom Parkplatz entfernt steht. Von der Anhöhe oberhalb dieses Felstors eröffnet sich ein toller Blick zurück (Foto ➤ unten). Sofern man nicht an einem Wochenende unterwegs ist, hat man dort den Strand oft ganz für sich allein. Mit ***camping permit*** und ***bear canister*** darf im nördlichen Abschnitt von *Rialto Beach* auch gezeltet werden; ➤ Exkurs oben und www.nps.gov/olym/planyourvisit/rialto-beach.htm.

Rialto Beach und im Hintergrund die vorgelagerten Inseln der First Beach bei La Push

Sonnenuntergang beim Felsloch an der Second Beach

Der Abzweig zur *Rialto Beach* befindet sich nördlich der Ortschaft Forks. Ab der #101 sind es insgesamt 13 mi, zuerst auf der #110 und dann Mora Road. Knapp 2 mi vor dem Strand passiert man dabei den großen ***NP Campground Mora*** am Ufer des Quillayute River mit schattigen Plätzen im Regenwald, Picknicktischen und Grillstellen; $24, Mitte Mai-Mitte Sept reservierbar: www.recreation.gov.

La Push

Rialto Beach gegenüber liegt – getrennt durch die Mündung des Flusses – am Ende der Straße #110 das nicht sonderlich attraktive ***Quileute*-Indianerdorf La Push** mit einem einfachen Restaurant und dem ***Quileute Oceanside Resort***. Die Motelräume und *cabins* mit Küche und Balkon/Terrasse bieten teils freien Blick auf die *First Beach* und kosten im Sommer ab $135; Übersicht aller Optionen unter: https://quileuteoceanside.com/accommodations. Dieselben Betreiber sind auch für die Vergabe der Zelt- und Stellplätze direkt nebenan auf dem ***Lonesome Creek Campground*** zuständig; $25 bzw. $45 mit *full hook-up*.

Second & Third Beach

An der Zufahrt nach La Push starten gleich zwei kurze Wanderwege durch dichten Feuchtwald hinunter zur Küste:

- rund 1 mi vom *Resort* entfernt der kurzweilige Pfad zur ***Second Beach***, eine grandiose Bucht voller Treibholz und mit einem großen Felsloch (1,2 km, 60 Höhenmeter), und
- nach rund 3 mi geht es zur (im Vergleich zu den anderen Stränden nicht ganz so aufregenden) ***Third Beach***; 2,2 km, 80 HM.

Im Sommer sind beide Strände populäre Camping-Ziele (➤ links).

Ab der ***Third Beach*** lassen sich in Richtung Süden beliebig ausgedehnte Trips entlang der rauen, zerklüfteten *Olympic Coast* unternehmen – gutes Schuhwerk und eine Portion »Abenteuerlust« vorausgesetzt; Kraxelei über *overland trails*, ➤ Exkurs links! Besonders malerisch präsentiert sich die Küste beim ***Giant Graveyard*** mit einer unglaublichen Ansammlung an vorgelagerten Inseln und Felsnadeln (*sea stacks*) zwischen dem *Taylor* und *Strawberry Point*. Der Ausflug dorthin ist ausgehend vom Parkplatz ein anspruchsvoller Tageshike; besser mit Zelt und *camping permit*. Für Wildnis-Enthusiasten eine Traumgegend!

Weißkopfseeadler fühlen sich wohl an der Olympic Coast

Forks

In **Forks**, einem Nest mit zentraler Versorgungsfunktion auf der Westseite des *Olympic NP*, stehen nur ein *Thriftway*-Supermarkt, Tankstellen und ein paar einfache Kneipen. Es war einst Zentrum der Holzindustrie und trug sogar den Beinamen »*Logging Capital of the World*«. Mit dem Niedergang dieses Industriesektors in den 1990er-Jahren, ging es auch mit der Siedlung bergab. Autorin Stephenie Meyer sorgte allerdings mit ihrer Vampir-Saga, in der Forks zentraler Schauplatz war, für einen erneuten Boom. Zu den Nationalpark-Besuchern gesellten sich jede Menge ***Twilight*-Touristen** und es mangelte schon bald nicht an passenden Angeboten wie *Twilight pizza*, *Twilight weekends* etc. Mitte September wird außerdem das *Twilight Forever Festival* zelebriert und *Bella*'s *Truck* steht vor der Tür des **Besucherzentrums** an der Südeinfahrt; geöffnet im Sommer tägl. 10-17 Uhr. Dort liegt auch eine *map* mit den *Twilight*-Orten aus (online: https://forkswa.com/twilight).

Das ***Pacific Inn Motel*** bietet sogar *Twilight Rooms* für $190 (»normale« DZ ab $155); ✆ 1-800-235-7344, www.pacificinnmotel.com.

Die Anzahl der Unterkünfte ist sehr überschaubar, im Sommer ist daher eine langfristige Reservierung angeraten! Etwa $180 kosten dann die renovierten Zimmer im ***Forks Motel*** an der Hauptstraße #101 durch den Ort (zur Nebensaison ab $110; ✆ (360) 374-6243, www.forksmotel.com). Etwas weniger verlangt man im etwas in die Jahre gekommenen, aber sauberen ***Olympic Suites Inn*** am 800 Olympic Drive; ✆ 1-800-262-3433, www.olympicsuitesinn.com. In beiden lieber im 1. Stock buchen, der Boden knarrt ziemlich.

Hoh River Rain Forest

Auf keinen Fall auslassen, so es nicht gerade in Strömen regnet, sollte man die Fahrt – rund 40 mi hin und zurück – auf der **Hoh River Road** zum ***Rain Forest Visitor Center***. Besser erlebt man die nasse Welt des von Moosen und Farnen überwucherten Regenwaldes an keiner anderen Parkzufahrt. Als Ergänzung zu den Infos im Besucherzentrum gehört auch ein Ablaufen des 1,3 km langen Naturlehrpfads ***Hall of Mosses*** zum touristischen Pflichtprogramm. Der *Spruce Nature Trail* hingegen ist kein »Muss«. Vom Parkplatz am Ende der Straße startet auch der *Hoh River Trail* am gleichnamigen Fluss entlang, dem beliebig weit durch den grünen »Dschungel« gefolgt werden kann. Der offizielle Endpunkt ist erst nach 28 km an den Gletschern unterhalb des 2.432 m hohen Mount Olympus. Nicht selten scheint im Sommer hier im Landesinneren die Sonne, während die Strände im dichten Nebel versinken! Aber möglichst früh anreisen, es staut sich gerne vor der Parkeinfahrt.

Die ***Campgrounds*** am unteren Ende der *Upper Hoh Road* sind zwar auch gut, aber absolut unübertroffen ist der Platz zwischen Fluss und *Visitor Center* im Nationalpark. Da möchte bei gutem Wetter nicht wieder weg, wer ein Plätzchen am Flussufer ergattert hat; $24, von Mitte Mai bis Mitte September reservierbar.

Hostel

In großartiger Lage zwischen Hoh River und Küste befindet sich das kleine ***Rain Forest Hostel***, Meile 169 an der #101. Neben 20 Herbergsbetten ($10 bar!) gibt es einen *private room*. Reservierung unter ✆ (360) 374-2270 oder https://rainforesthostel.com.

Ruby Beach

Weiter südlich führt die #101 wieder hinaus an die Küste und passiert mehrere **Strände**. Am schönsten ist die leicht zugängliche ***Ruby Beach*** mit jede Menge Treibholz und bizarrer *sea stacks*. Die Ebbe legt die orange- und lilafarbenen Seesterne an den Felsen frei. Unbedingt vorab in die Gezeitentabelle schauen (➤ Seite 186).

Kalaloch

Der sehr empfehlenswerte *NP Campground* ***Kalaloch*** [*KLEY-log*] liegt westlich der Straße. Wer dort im Sommer in der 1. Reihe mit freiem Blick auf den Strand stehen möchte, sollte möglichst früh reservieren ($24). Immer auf *First-come, first-served*-Basis werden die Plätze oberhalb der ***South Beach*** vergeben ($20). Sehr auffällig sind die Sitka-Fichten in dieser Gegend mit z.T. riesigen »Geschwüren« an den Stämmen (wegen Parasitenbefalls).

Komfortable Räume sowie *cabins* bietet die teure ***Kalaloch Lodge*** an der *Beach #2*; ✆ 1-866-662-9928, www.thekalalochlodge.com.

Langgestreckte Sandstrände kennzeichnen die Küste bei Kalaloch. An der ***Beach #4*** bilden sich bei Ebbe Gezeitenbecken aus; den Sommer über kann man sich *guided tours* dorthin anschließen.

Lake Quinault

Ein bei Urlaubern aus der Region außerordentlich beliebter See ist der Lake Quinault. An seinem Südufer findet man außerhalb der Parkgrenze einige ***NF*-Campingplätze** und die ***Lake Quinault Lodge*** mit ***Roosevelt Dining Room*** – kostspielig aber mit tollem Blick auf den See! Dasselbe gilt für die Zimmer mit Kamin und eigener Terrasse; Tarife jenseits der $300/Nacht; ✆ 1-888-896-3818, www.olympicnationalparks.com/lodging/lake-quinault-lodge.

Quinault Rain Forest

Im ***Quinault Rain Forest*** vermittelt der kurze *Maple Glade Loop Trail* einen guten Eindruck vom üppigen Regenwald und bei den ebenfalls dort startenden, langen *Quinault River Trails* gilt - ähnlich wie am *Hoh River Trail* (➤ links): »Der Weg ist das Ziel!«

In **Amanda Park** steht – direkt am Fluss – das ***Quinault River Inn*** mit Zimmern für $195 im Sommer (sonst ab $139) und einem kleinen ***RV Park*** (*hook up* ca. $65); www.quinaultriverinn.com.

Der Quinault Rain Forest ist weniger überlaufen als die Trails im Hoh River Regenwald

Langgestreckte Sandstrände dominieren das Bild auf der Olympischen Halbinsel südlich von Kalaloch

Bei Quinault ist die Rundfahrt durch den *Olympic NP* beendet und die #101 verläuft im Landesinneren weiter nach Süden.

Straßen #101/#109

Landschaftliche Höhepunkte hat die Küste keine mehr zu bieten, so dass sich der Umweg über die #109 nicht lohnt. Nur Leute, die auf der Suche nach etwas Ruhe und Entspannung sind, könnten den Abstecher über den Moclips Hwy (S-26) hinaus an den Pazifik erwägen. Dort warten im Mini-Ort **Moclips** flache, endlos lange Sandstrände und das ***Hi-Tide Ocean Beach Resort*** mit guten Apartments ab ca. $120 für 4 Personen; https://hi-tide-resort.com.

Die fantastischen Steilküstenabschnitte rund um **Taholah** nördlich von Moclips liegen in der *Quinault Indian Nation* und wurden 2012 für Nicht-Stammesmitglieder (bis auf Weiteres) gesperrt. Aktuelle Infos unter www.quinaultindiannation.com.

Ocean Shores

Südlich von Moclips wird der breite Sandstrand nur von einigen Flussmündungen unterbrochen und endet nach 35 km auf der Landzunge von Ocean Shores, dem ersten Ort seit Port Angeles mit einer größeren Infrastruktur: Supermärkte, Spielcasino der *Quinault*, einige *RV Parks* und zahlreiche Kettenmotels (Ballung am Ocean Shores Boulevard).

Weiterfahrt

Bei **Hoquiam** stößt auch die Küstenstraße #109 wieder auf die #101. Ab Aberdeen geht es dann entweder über die #12 zurück nach Seattle (➤ rechts) oder auf der #101 weiter nach Süden in Richtung Oregon-Küste (➤ Seite 430ff).

Sehenswertes Automuseum in Tacoma

2.1.3 Rückfahrt nach Seattle

Olympia

Vorbei an den Städten Hoquiam und Aberdeen, denen man den Niedergang der einstmals blühenden Holzindustrie ansieht, ist nach etwa einer Stunde Fahrt auf den Straßen #12, #8 und #101 Olympia, die **Hauptstadt Washingtons**, und die I-5 erreicht. Das ***State Capitol*** beeindruckt zwar durch seine großzügige Anlage, die Gebäude im Einzelnen sind jedoch nicht sehr aufregend; ausgeschildert ab Exit 105 von der I-5; www.experienceolympia.com.

Tacoma

Auf der Weiterfahrt liegt die einstige Glasbläserei-Hochburg mit sehenswerten Museen und dem *Point Defiance Park*. Von der I-5 (Exit 133) geht es dafür zunächst auf der #705 ins hochliegende **Zentrum** mit Blick auf die Ausläufer der Commencement Bay.

Über die erste Ausfahrt (»Tacoma Dome«) der #705 erreicht man das ***LeMay - America's Car Museum*** mit der größten Automobilsammlung in Privatbesitz (über 350 Oldtimer und modernere Modelle); täglich 10-17 Uhr; $22/$16; www.americascarmuseum.org.

Nur wenig später an der #705 stehen im Umfeld der *University of Washington* gleich drei gute Museen: Im alten Bahnhof an der 1701 Pacific Avenue wurde das ***Art Museum*** untergebracht. Mit der Übernahme der Haub-Kollektion birgt es seit 2012 eine der größten Sammlungen an *Western American Art*; geöffnet Di-So 10-17 Uhr; Eintritt $18/$10; www.tacomaartmuseum.org. Das ***Washington State History Museum***, keine 500 m südlich davon, gehört auch zu den besseren seines Genres; geöffnet Di-So 10-17 Uhr; $14/$11; www.washingtonhistory.org/visit/wshm.

Ebenso sehenswert ist das ***Museum of Glass*** östlich der #705 an der 1801 Dock Street. Sagenhaft was dort an fragiler Kunst präsentiert wird und im ***Hot Shop*** führt man den Herstellungsprozess vor; geöffnet im Sommer täglich 10-17 Uhr, im Winter nur Mi-So; Eintritt $18/$10; www.museumofglass.org. Wer in Eile ist, sollte sich wenigstens die tollen Exponate auf der ***Chihuly Bridge of Glass*** anschauen (Fußgängerbrücke über die #705; gratis).

Zum Point Defiance Park

Vom *Museum of Glass* geht es auf dem *Schuster Parkway* und *Ruston Way* immer am Ufer der Bucht entlang auf sehr schöner Strecke bis zum ***Point Defiance Park***, der die gesamte gleichnamige Landspitze bedeckt. Wer nicht durch das Zentrum von Tacoma fahren möchte, kann auch schon den I-5/Exit 132 nehmen und der #16 nach Norden folgen und anschließend der #163 (North Pearl St). Eine 5-mi-Rundstraße und zahlreiche Wanderwege erschließen die bewaldete Halbinsel. Vor allem für Leute **mit Kindern** lohnt sich der Abstecher in den kleinen **Zoo mit Aquarium** (Eintritt $25/$18, online günstiger: www.pdza.org) oder an die ***Owens Beach***, die bei gutem Wetter zu einem Bad einlädt, sowie zu den schönen Gartenanlagen und Picknickplätzen.

Fort Nisqually

Eine echte Attraktion fast am Rundstraßenende ist das ***Fort Nisqually***, ein restauriertes Holzpalisadenfort der *Hudson's Bay Company* (➤ Seite 566) aus 1833 mitsamt gutem ***Living History Museum***; geöffnet täglich 11-16/17 Uhr; $12/$9; 5519 Five Mile Drive.

Die Lewis & Clark Expedition (1804-1806)

Die Eroberung des amerikanischen Westens ist eng verknüpft mit **Meriwether Lewis** und **William Clark**. Durch einen äußerst vorteilhaften Deal mit Napoleon und die Übernahme der *Louisiana Territories* im Jahr 1803 wurde das **US-Staatsgebiet** schlagartig **um über 2 Mio. km² erweitert** (ursprünglich sollte es bei den Verhandlungen nur um den Erwerb von New Orleans gehen!). Zur Erkundung und Kartierung dieser weitgehend unbekannten und unerforschten Region, die »irgendwo« im Westen bis in die Nähe des von den USA beanspruchten *Oregon Country* reichte, ließ **Präsident Thomas Jefferson** eine Expedition ausrüsten. Sie sollte vor allem auch eine mögliche **durchgehende Ost-West-Verbindung auf dem Landweg** auskundschaften. Die Wahl des Expeditionsleiters fiel auf Captain Lewis, den jungen Privatsekretär des Präsidenten. Dieser verpflichtete seinen Freund William Clark und heuerte zusätzlich eine 45 Köpfe starke Crew für das Vorhaben an. Mit ihnen legte er **am 14. Mai 1804** von St. Louis ab und kämpfte sich mit drei Booten den Missouri flussaufwärts. Nach einem Winterlager im heutigen South Dakota setzte die Expedition im Frühjahr 1805 ihren Weg auf dem Missouri fort und überquerte im Spätsommer die Bitterroot Mountains. Per Kanu ging es danach über die Flüsse Clearwater, Snake und Columbia in Richtung Pazifik. Am 7. November 1805 dann endlich die Notiz in Clarks Reisetagebuch: »*Ocean in view! O! The joy!*«, die Truppe hatte ***Cape Disappointment*** erreicht. ***Fort Clatsop*** (➤ Seite 432) diente ihnen als Winterquartier. Mitte März traten sie schließlich ihre Rückreise an und trafen erst am **23. September 1806** wieder in St. Louis ein. In fast 2,5 Jahren hatten Lewis & Clark mit ihren Männern über 8.000 Meilen (12.800 km) zurückgelegt und ihre bemerkenswert exakten Aufzeichnungen ebneten den Weg für die Eroberung des Westens. Der Expedition sind u.a. die ***Interpretive Center*** in Great Falls (➤ Seite 227) und am *Cape Disappointment* (➤ rechts) gewidmet.

Weiterfahrt Über die I-5 geht es nordwärts auf schnellstem Wege zurück nach Seattle oder zum *SeaTac*-Flughafen, in Richtung Süden weiter zum Mount St. Helens (➤ Seite 239) oder Portland (➤ Seite 245).

2.1.4 Auf der #101 bis Astoria bzw. zur Oregon-Küste

Zwischen dem Lake Quinault und **Raymond** hat die #101 nun zunächst nicht mehr viel zu bieten. Auch Abstecher an die Küste – etwa nach **Pacific Beach** oder zu anderen Badeorten – enttäuschen eher. Endlose graue, flache Strände und in niedrigen Dünengürteln oder Waldstreifen gelegene Ferienkolonien bestimmen auch noch das Bild südlich der Inlandsbucht **Grays Harbor** bis hinunter nach **Long Beach**. Die Ortschaften bestehen im Wesentlichen aus einer **Aneinanderreihung von Motels**, Tankstellen, Shoppingzentren und Fastfood-Filialen. Außerhalb der Hochsaison darf man an vielen Stellen den **Strand mit dem Auto befahren**, aber für Rundreisende aus Europa ist sonst wenig zu holen.

Hier sollte man in Anbetracht der wunderbaren Küstenstriche in Oregon nicht zu viel Zeit verlieren. Lediglich die Fahrt auf der z.T.

schön geführten **Straße #105** (speziell an der *Willapa Bay* entlang bis Raymond) wäre ein Abweichen von der Hauptroute wert.

Seaview/ Long Beach: Autostrand

Südlich von **Raymond** zeigt sich die #101 wieder von ihrer besseren Seite. Nach schöner Fahrt entlang der Süd- und Ostufer der Willapa Bay erreicht man in **Seaview** das offene Meer. Dort wird außerhalb der Sommersaison der Strand zum offiziellen *Washington State Highway* und ein 13,5 mi langer Küstenabschnitt nördlich von **Long Beach** darf immer mit dem Auto befahren werden. Aber Achtung: es gilt ein Tempolimit von 25 mph. *Overnight parking* bzw. Campen am Strand ist nicht gestattet.

Kite Festival

Besonders viel los ist in Long Beach immer in der 3. Augustwoche während des ***Kite Festival***; http://kitefestival.com. Im *World Kite Museum* sind Drachenflieger das ganze Jahr über zu bewundern.

Cape Disappointment State Park

Von **Ilwaco** führt eine Stichstraße zum ***Cape Disappointment SP***, der eine weit in die Mündung des Columbia River ragende Landzunge belegt; $10/Auto. Besuchen kann man dort das alte ***Fort Canby*** und ein ***Info Center***, das den Pionieren **Lewis & Clark** gewidmet ist, die hier ihren westlichsten Punkt erreichten (➤ links). Gleich zwei Leuchttürme thronen auf der Steilküste: das *North Head* sowie das schwarz-weiß gestreifte *Cape Disappointment Lighthouse*. Letzteres sieht man auch schön von der *Picnic Area* an der ***Waikiki Beach***. Der etwas ungewöhnliche Name (*disappointment* = Enttäuschung) führt zurück in das Jahr 1788 und auf den britischen Seefahrer John Meares, der damit seine erfolglose Suche nach dem Columbia River zum Ausdruck brachte.

Von den beiden **Campbereichen** ist ***Benson Beach*** zu Recht besonders beliebt und im Sommer oft ausgebucht; Zelte $25, *full hook-up* $45, *cabins* und Jurten ca. $80; https://parks.wa.gov/find-parks/state-parks/cape-disappointment-state-park.

Weiter zur Oregonküste

Den *State Park* trennen nur noch 12 mi von der Columbia River Brücke, die hinüber nach Astoria führt. Dort startet die Traumroute entlang der Oregon-Küste (➤ **Kapitel 5.3**, Seite 530ff).

Heftiger Wellengang beim Cape Disappointment Lighthouse aufgenommen von der Waikiki Beach

2.2 Von Seattle zu den San Juan Inseln und weiter in Richtung Kanada

Skagit Valley

Vorbei an den *Boeing*-Werken (Exkurs ➢ Seite 175), führt die Interstate #5 schon bald durch das **Skagit Valley**. Das fruchtbare Tal zu Füßen der Kaskaden ist berühmt für seine schönen, fast endlosen Blumenfelder und das alljährlich vom 1. bis 30. April in **Mount Vernon** stattfindende ***Tulip Festival***. Zu den nicht einmal 40.000 Einwohnern gesellen sich dann über eine Million Besucher, die sich u.a. auf den Feldern der »Tulip Town« sowie im »Roozengaarde« tummeln; Anfahrt ab Exit 226 von der I-5; https://tulipfestival.org.

Anacortes

Über die Straßen #536/#20 erreicht man ab Mount Vernon rund 70 mi nördlich von Seattle den Ort **Anacortes**, Ausgangspunkt für ***Whale Watching Trips*** und der Autofähre nach Vancouver Island. Anacortes ist dank des ***Washington Park*** in der westlichsten Ecke von Fidalgo Island so oder so einen Abstecher wert. Gleich hinter dem Fährhafen an der ***Sunset Beach*** beginnt die schmale ***Loop Road*** (RVs max. 23 Fuß) durch Regenwald und vorbei an herrlichen Stränden und ganz privaten Picknickplätzen. Der Sonnenuntergang ist dort kaum zu übertreffen. Auch der städtische *Campground* ist schön und bietet Plätze für $21, mit *hookup* kosten sie $27. Fast die Hälfte wird auf *first-come, first-served* Basis vergeben; www.cityofanacortes.org/560/Washington-Park.

San Juan Islands National Monument

Zwischen der Olympischen Halbinsel, Vancouver Island und dem Festland bilden Puget Sound und Strait of Georgia ein ausgedehntes über die Strait of Juan de Fuca mit dem Pazifik verbundenes Binnengewässer. Mittendrin liegt der Archipel der **San Juan Islands**, bestehend aus über 450 Inseln, die meisten von ihnen sind unbewohnt, namenlos und etliche ragen nur bei Ebbe aus dem Wasser. Auf die drei größten – San Juan, Orcas und Lopez Island – verteilen sich knapp 16.000 Einwohner.

Geführte Paddelboot-Tour durch die San Juan Islands vorbei am Lime Kiln Lighthouse

Springender Orca bei den San Juan Islands, im Hintergrund erhebt sich der Mt Baker

Whale Watching

Die Gewässer sind ausgesprochen ergiebig fürs ***Whale Watching***, entsprechend groß auch die Anzahl der Touranbieter, die von Anacortes, Bellingham, Port Townsend, Friday Harbor (auf San Juan Island) und Victoria (auf Vancouver Island) in See stechen.

Beste Chancen, einige der Meeressäuger zu Gesicht zu bekommen, hat man ab März, den Sommer über bis in den Herbst hinein: Schwertwale (*Orcas*) von Mai bis September, wenn die Lachse dort vorbeiziehen, Grauwale im März/April und Buckel- sowie Zwergwale im Oktober/November. Weißkopfseeadler, Otter, Seehunde und -löwen gibt es meist ganzjährig als Zugabe. Gute Tourveranstalter ab Anacortes ist u.a. ***Island Adventures*** (✆ 1-800-465-4604, https://island-adventures.com). 5-stündige Trips kosten dort ca. $110 pro Person (Kinder $70); online oft Rabatt. In kleineren Gruppen ist man mit ***Spirit of Orca*** unterwegs; ✆ (360) 378-0302, https://spiritoforca.com. Ein guter Tipp für Fotografen!

Kajaktouren

Ein besonderes Erlebnis können auch geführte Kajaktouren sein. Zahlreiche Anbieter haben ihren Sitz auf der Hauptinsel San Juan. Tagesausflüge führen dort beispielsweise von Snug Harbor hinunter zum *Lime Kiln Lighthouse* und wieder zurück (ab $125 u.a.. bei www.crystalseas.com oder https://discoveryseakayak.com).

Fähren nach Vancouver Island

Wer eine grenzüberschreitende Reise durch die USA und Kanada unternimmt und dabei einen Abstecher nach **Vancouver Island** macht (➤ **Kapitel 7**, Seite 688ff), kann mit etwas Glück Wale sogar von den **Fährschiffen** ab Seattle oder Anacortes beobachten.

2023 wurde die Verbindung Anacortes – Sidney wegen Peronalmangels nicht angeboten!

Die mit Abstand **beste Fährverbindung** ist die **von Anacortes** durch das San Juan Archipel **nach Sidney** auf Vancouver Island. Die *Washington State Ferry* verkehrt 1-2 x täglich und benötigt 2,5 Std.; https://wsdot.wa.gov/travel/washington-state-ferries. Nur Passagiere transportiert der Katamaran ***Victoria Clipper*** ab ***Pier 69*** von Seattle nach **Victoria**; 1-3 x täglich; 3 Stunden; www.clippervacations.com/clipper-experience. Weitere Details zu den Küstenfähren bis/ab Vancouver Island findet sich auf ➤ Seite 691.

Fähren zur Olympischen Halbinsel

Landwirtschaft und Wassersporttourismus kennzeichnen die langgestreckte **Whidbey Island** südlich von Anacortes. Beim *Fort Casey State Park* in Coupeville legen die Fähren nach **Port Townsend** hinüber zur Olympischen Halbinsel ab (➤ Seite 180).

Weiter nach Kanada

Von Mt Vernon an der I-5, 60 mi nördlich von Downtown Seattle, sind es keine 50 mi mehr bis zum **Grenzübergang Blaine (USA)/ White Rock (Kanada)**. Auch **Vancouver** (➤ Seite 524ff, British Columbia) ist in 2-3 Stunden Fahrt erreicht, je nach Verkehrsaufkommen auf der Autobahn und Dauer der Grenzkontrollen.

Mt Baker Wilderness

Ein letzter Abstecher auf US-Seite könnte der ***Mount Baker Wilderness*** mit dem gleichnamigen, knapp 3.300 m hohen Berg gelten. Unter seinem ganzjährig schneebedeckten Gipfel schlummert ein auch heute noch als »aktiv« geltender Stratovulkan, einer der jüngsten der Cascade Range.

Der schon weithin sichtbare **Mount Baker** rückt auf der #542 noch näher. Ab der Infostelle *Glacier Service Center* in Deming schraubt sich *der Scenic Byway* serpentinenreich und gegen Ende recht exponiert viele hundert Höhenmeter hinauf bis zum ***Artist Point*** auf 1.570 m (60 mi ab Bellingham, Exit 255 der I-5).

Eine besonders hübsche Postkartenansicht bietet der **Picture Lake** gleich neben der Straße mit dem sich darin spiegelnden Mount Shuksan (2.783 m). Ihr schönstes Herbstkleid legen sich die umliegenden *Heather Meadows* meist Ende September/Anfang Oktober an; ➤ Foto unten. Der große Parkplatz am Ende der Strecke, nur 3 Meilen weiter, ist in puncto Bergpanorama ebenfalls nur schwer zu toppen.

Der 1,5 km kurze, leichte ***Artist Ridge Trail*** (50 HM) sowie zahlreiche anspruchsvollere Wanderungen durch die *Mount Baker Wilderness* haben dort ihren Ausgangspunkt. Sehr beliebt ist die z.B. die ***Chain Lakes Loop***, ein 13 km langer Rundweg mit schönen Bergseen und tollen Ausblicken (530 HM). Selbst im Hochsommer ist in diesen Höhen noch mit Schneefeldern zu rechnen.

Traumhafter Herbsttag am Picture Lake

2.3 Nordrouten durch die Kaskaden: Von Seattle nach Osten zum Glacier und Yellowstone NP

Interstate #90

Die **Nationalparks Glacier** und **Yellowstone** sind bei einer Reise durch den Nordwesten der USA oft wichtige Eckpunkte der Routenplanung. Bei Start in Seattle fungiert die transkontinentale Autobahn #90 als rascher Zubringer. Bis zum Anschluss an die im ➤ **Kapitel 2.3.4** (Seite 216) beschriebene Route ab Missoula/ Montana sind es etwa 500 mi, die sich mit ein paar Zwischenstopps leicht in zwei Tagen machen lassen. Der Verlauf der I-90 durch *Washington State* ist jedoch bis auf die ersten 60 mi nicht sehr reizvoll, durch Idaho und Montana dafür wieder attraktiver.

Schönere Alternative: Straße #20 oder #2

Mit ausreichend Zeit könnte man ab Seattle daher eine der in weiterer Folge beschriebenen nördlicheren Routen wählen: Die **Straße #20** durch den ***North Cascades National Park*** zählt zu den landschaftlich beeindruckendsten Bergstrecken im US-Nordwesten. Eine ähnlich reizvolle Alternative ist die in Everett startende **Straße #2** über die Kleinstadt Leavenworth im stolzen Alpenlook und vorbei am Wanderparadies *Alpine Lakes Wilderness Area*.

Die Riesentrolle des Recycling-Künstlers Thomas Dambo

Karte unter: https://trollmap.com

Der dänische Bildhauer Thomas Dambo ist bekannt für seine außergewöhnlichen, bis zu 6,5 m hohen Kunstinstallationen. Seine märchenhaften Giganten stehen – auf der ganzen Welt verteilt – meist mitten in der Natur, verborgen in Wäldern oder Parks. Über 100 Stück sind es schon, und jedes Jahr sollen noch etliche dazukommen. Eines haben alle gemeinsam: Sie bestehen zu 100% aus Abfallholz, lokalem Schrott und recycelten Materialien. Gleich fünf Trollskulpturen wurden auch in der Umgebung von Seattle aus diesen vermeintlich wertlosen Dingen angefertigt:

- ***Bruun Idun*** spielt in West Seattle im *Lincoln Park* auf seiner Flöte ein Lied für die Orcas; das Auto lässt man am besten am *Parking Lot* #2 stehen; 4699 SW Cloverdale Street
- ***Pia the Peace Keeper*** hat es sich im *Sakai Park* auf Bainbridge Island unweit der *Public School* (8489 Madison Ave N) gemütlich gemacht; www.bainbridgetroll.org
- ***Frankie Feetsplinter*** bewacht seit September 2023 das *National Nordic Museum* an der 2655 NW Market Street in Ballard/Seattle
- ***Oscar the Bird King*** sitzt umgeben von kleinen Vogelhäusern in einem Wäldchen unweit des *Point Robinson Lighthouse* an der Westspitze von Vashon Island
- ***Jakob Two Trees*** steht zwischen zwei Bäumen am *Rainer Trail* südlich des *Community Center* in Issaquah; 301 Rainier Blvd South; I-90/Exit 18 in Richtung Osten.

Etwas weiter südlich, am *Nordic Northwest Campus* bei Portland/Oregon, hockt Troll

- ***Ole Bolle*** und schaut neugierig in ein Holzhaus hinein; Parkplatz an der 8800 Southwest Oleson Road, Portland; www.nordicnorthwest.org/troll.

An einem Teich im *Rendezvous Park* bei Wilson (Foto ➢ Seite 53) breitet

- ***Mama Mimi*** ihre langen Füße aus; 6 mi westlich von Jackson/Wyoming an der #22.

Weitere Sagengestalten aus »Sperrmüll« wurden noch in Colorado aufgestellt:

- ***Rita, the Rock Planter*** kniet östlich von Victor auf dem Aussichtshügel Little Grouse Mountain; an der Straße #67 in Richtung Cripple Creek
- ***Isak Heartstone*** sitzt in Breckenridge am *Trollstigen Trail*, ab dem *Welcome Center* (203 South Main Street) in Downtown ca. 15 min zu Fuß

Jakob Two Trees

Troll Ole Bolle

Beide Routen führen auf der Rückseite der Kaskaden weiter über den Grand Coulee Dam, bevor sie dann bei **Spokane** auf die I-90 treffen – sofern man nicht weiter auf Nebenstraßen verweilen möchte; Exkurs ➤ Seite 208.

Rundreisen

Ist Seattle Start- und Endpunkt eines Urlaubs, kann man im Anschluss an eine dieser drei Kaskaden-Nordrouten ab dem *Glacier NP* die Reise über die **kanadischen Nationalparks** *Banff* und *Jasper* fortführen und über Vancouver wieder nach Seattle zurückkehren. Ebenso gut lassen sich die Routen ab Seattle (➤ **Kapitel 2.3** und **2.4**) mit der Westroute zurück nach Oregon (➤ Kapitel 5) zu einer mehrwöchigen **US-Nordwest-Rundreise** kombinieren mit Umkehrpunkt *Yellowstone National Park* oder Salt Lake City.

Cascade Loop Scenic Byways

Die *Scenic Byways* #20 und #2 (➤ **Kapitel 2.3.2** + **2.3.3**) ergeben mit der I-5 und #97 auch eine 4-5-tägige Rundtour ab Seattle. Hierbei fährt man die sog. ***Cascade Loop*** ab (ca. 420 mi).

2.3.1 Über die Interstate #90 nach Spokane

Issaquah

Nur 17 mi von Downtown Seattle entfernt, erstreckt sich am Südende des Lake Sammamish das beschauliche Issaquah (Exit 18), das als Standort für einen der Dambo-Trolle im Pazifischen Nordwesten auserkoren wurde (*Jakob Two Trees*, ➤ Exkurs links).

Snoqualmie

Für Eisenbahn-Liebhaber könnte sich der Abstecher zum ***Northwest Railway Museum*** lohnen; Ausstellung ($10, **Zeitticket** erforderlich!) und 2-stündige Zufahrten ($28); 9312 Stone Quarry Road (I-90/Ausfahrt 27); https://trainmuseum.org. Ähnliches gilt für Wasserfall-Fans: Nördlich der Interstate donnern die ***Snoqualmie Falls*** 82 m in die Tiefe; 4 mi ab Exit 25 über die #18/#202. Die Aussichtsplattform ist mit nur wenigen Schritten vom Parkplatz (kostenlos) erreicht und auch zu den Füßen der Fälle kann man hinunterlaufen. Laut lokaler Werbung handelt es sich um den berühmtesten und meistbesuchten Wasserfall im Bundesstaat Washington. Mächtig ist er auf jeden Fall, wesentlich schöner in die Natur eingebettete findet man aber auf der Weiterfahrt (z.B. *Palouse Falls*, ➤ Seite 201) sowie östlich von Portland (➤ Seite 243 bzw. 253).

Snoqualmie Falls unweit der I-90

Outlet Mall

Die #202 führt von den *Falls* weiter nach North Bend, wo direkt vor der I-90 Auf-/Abfahrt 31 eine größere *Outlet Mall* wartet.

Ginkgo Petrified Forest State Park

Noch ein Stopp bietet sich auf halbem Weg zwischen Seattle und Spokane am Ufer des Columbia River im ***Ginkgo Petrified Forest*** an (I-90/Exit 136). Auf einem 2,5 km langen Rundweg erkundet man dort einen kleinen, versteinerten Wald aus Ginkgo-Baumstümpfen. Fundstellen dieser Art sind weltweit selten. Fürs Auge bieten sie allerdings weniger und sind nicht ansatzweise so beeindruckend

Kurz vor Sonnenuntergang bei den Palouse Falls

und bunt wie die Hölzer im Südwesten der USA. Das *Interpretive Center* birgt eine abwechslungsreiche Fossiliensammlung (Mitte Mai-Mitte September täglich 10-17 Uhr, sonst meist nur Fr-So; November-März geschlossen). Im Außenbereich des Parks gibt es zudem jede Menge alte Felsritzungen der Ureinwohner (*petroglyphs*) zu sehen, die bei der Errichtung des *Wanapum Dam* entfernt und hierher gebracht wurden; $10 *day-use*; https://parks.wa.gov/find-parks/state-parks/ginkgo-petrified-forest-state-park.

Der **Wanapum Stausee** mit *Recreation Area* in **Vantage** bietet Badestrände und einen Campingplatz mit *full hook-up*; $35-$45; reservierbar unter https://washington.goingtocamp.com oder ✆ 1-888-226-7688; von November bis Ende Februar geschlossen.

Auf direktem Weg über die I-90 erreicht man von dort Spokane (➤ Seite 214) in gut zwei Stunden, der **im späten Mai/Juni reizvolle Umweg** (➤ Exkurs rechts) über Palouse und den Steptoe Butte (+100 mi) kostet locker 4-5 Stunden mehr. Im Hochsommer und Herbst ist die Gegend ausgedörrt und weniger sehenswert.

Blick von der Anhöhe des Steptoe Butte (1.100 m) auf die saftig grünen Felder und die sanft »rollenden« Hügel von Palouse

Umweg über die Palouse Falls & Fields
(ggf. mit Bootsausflug durch den Hells Canyon)

Ab Vantage wäre ein Abstecher zum ***Palouse Falls State Park*** eine Überlegung wert (I-90/ Exit 137, dann #26/#260/#261). Die Wasserfälle (61 m) und die tiefe Schlucht liegen zwar weitab vom Schuss, sind aber durchaus beeindruckend; $10 *day -use*. Nach nur wenigen Schritten steht man an der Abbruchkante (➢ Foto links), ein kurzer Pfad führt noch zum ***Fryxell Overlook***. Tolle Grill- und Picknickmöglichkeiten sowie einfache *first-come, first-served sites* für Zelte ($15) laden zum Verweilen ein. Die Einrichtungen sind sehr populär, so dass an Wochenenden die Parkplätze schon mal knapp werden; https://parks.wa.gov/find-parks/state-parks/palouse-falls-state-park-heritage-site.

Im **Mai/Juni** kann man nach dem Besuch der *Palouse Falls* – anstelle der Direktverbindung #261 nach Norden zurück zur I-90 (Auffahrt 221) zu folgen – die Reise auch über die Straßenkombination #26/#195 fortsetzen und den **weitschweifenden Blick** von der Anhöhe des **Steptoe Butte** genießen. In alle Himmelsrichtungen »wellen« sich dort die saftig grünen, hügeligen Ackerflächen der ***Palouse Fields*** bis an den Horizont. An klaren Tagen sieht man über 100 km weit! Anfahrt zum *State Park* und Aussichtspunkt auf der Scholz Road und Hume Road südlich der Mini-Siedlung **Steptoe**; https://parks.wa.gov/find-parks/state-parks/steptoe-butte-state-park-heritage-site.

Ab den *Palouse Falls* oder dem *Steptoe Butte* ist auch eine Stippvisite zum ***Hells Canyon*** denkbar. Ausgehend von den Wasserfällen sind es über die #261/#12 keine 80 mi bis nach Lewiston, ab Steptoe auf der #195 sogar nur 55 mi (1,5 bzw. 1 Std Fahrt). An der #195 fällt bei der Ortseinfahrt von **Uniontown** die Umzäunung der ***Dahmen Barn*** auf. Mit über 1.000 Metallrädern unterschiedlichster Provenienz ist der Zaun ein beliebtes Fotomotiv. Im Inneren der Scheune warten die Verkaufs- und Schauräume lokaler Künstler; www.artisanbarn.org.

Dahmen Barn

Kurz hinter der Grenze zu Idaho und der Einmündung der #95 empfiehlt sich ein Abweichen von der Hauptroute mit Stopp am ***Lewiston Hill Overlook*** und Weiterfahrt über den ***Old Spiral Hwy***. Auf den folgenden 7 mi überwindet diese alte, asphaltierte Bergstraße in 64 Kehren 600 Höhenmeter und bietet dabei eine grandiose Aussicht auf Lewiston und das Tal des Snake River.

Mit **Lewiston** ist das Tor zum ***Hells Canyon*** erreicht. Nach einer ganz- oder mehrtägigen **Bootstour** durch die 250 km lange »Höllenschlucht« (➢ Seite 392) kann man die Reise in Richtung Glacier Nationalpark über die #95 und Coeur d'Alene (➢ Seite 215) oder über die #12 und Missoula (➢ Seite 216) fortsetzen – jeweils eine recht lange Tagesetappe ab Lewiston (besser in zwei Tagen, da über 350 mi!). Für alle, die von Lewiston gleich den Yellowstone Nationalpark ansteuern möchten, empfiehlt sich die Route über die Sawtooth Range und das *Craters of the Moon National Monument* (➢ Seite 310) mit mindestens zwei Übernachtungen unterwegs.

2

2.3.2 Über den North Cascades Highway nach Spokane

NP-Eintritt frei

Die nördlichste Route von Seattle nach Osten führt mitten durch den ***North Cascades National Park***. Aufgrund von Lawinengefahr bleibt der *Scenic Highway* #20 zwischen Newhalem und Mazama üblicherweise von November bis in den April hinein gesperrt. Am schnellsten erreicht man den Nationalpark ab Seattle über die I-5 nach Norden bis Burlington und dann auf der #20 in Richtung Osten. Die zwei alternativen Anfahrtsrouten – #530 ab Arlington (Exit 208) oder der gut 2 Stunden mehr beanspruchende Umweg über den südlichen und östlichen Teil des *Mountain Loop Hwy* #92 – sollte nur in Betracht ziehen, wer sehr viel Zeit übrig hat.

Mountain Loop Hwy

Das Abfahren der gesamten ***Mountain Loop*** wäre ggf. eine Option für alle, die ausgehend von Seattle nur kurz mal »Kaskaden-Luft« schnuppern möchten. Hierfür verlässt man die I-5 bereits in Everett und folgt der #92 nach Nordosten. Durch dichte Wälder geht es vorbei an zahlreichen schön in Flussnähe gelegenen *NF Campgrounds*, Picknickplätzen und *trailheads*. Ein 13 mi langes Teilstück zwischen dem Barkow Pass und der Brücke über den White Chuck River ist unasphaltiert, aber meist gut instand gehalten.

Wer ab dem Mini-Ort Darrington auf der #530 nach Westen fährt, erreicht bei Arlington wieder die I-5 (Rundtour ab Everett: 120 mi). In Richtung Norden stößt die #530 nach 18 mi auf die #20 bei Rockport, 11 mi von der Westeinfahrt in den Nationalpark entfernt.

Anfahrt über die #20

Entlang der kürzesten Anfahrt (I-5/Exit 230 bei Burlington und dann #20 nach Osten) empfiehlt sich ein erster Stopp in Sedro-Woolley. Noch weit vor der Parkgrenze steht dort bereits eines der **Besucherzentren** für den ***North Cascades NP***. Es dient auch gleichzeitig als Info-Büro des *National Forest* und hat im Sommer täglich 8-16.30 Uhr geöffnet, sonst nur Mo-Fr; www.nps.gov/noca. Weiter östlich in Newhalem befindet sich noch ein *NP Info Center*.

Lake Baker Abstecher

Auch vom Hwy #20 ist ein Abstecher in Richtung **Mount Baker** (➤ Seite 196), dem nördlichsten der Kaskadenvulkane, möglich. An der Stichstraße #11 ab **Birdsview** und entlang des **Baker Lake** passiert man mehrere gute, einfache *NF Campgrounds*. Direkt am Seeufer, ca. 20 mi nördlich von Birdsview, bietet der populäre ***Swift Creek Campground*** (reservierbar; $35 ohne *hook-up*) auch noch Jurten ($65) und Bootsverleih. Von der nahegelegenen Forststraße #1130 führt ein Pfad (0,5 km) zu dem meist stark nach Schwefel riechenden ***Baker Hot Springs***-Badepool im Wald.

Nördlich der *Komo Kulshan Guard Station* an der #11 startet der nur 800 m lange ***Shadow of Sentinel Interpretive Trail*** und bietet eine schnelle Einführung in die Vegetation der Kaskaden.

Der ***Rasar State Park*** in Birdsview verfügt neben Zelt- und RV-Plätzen (*hook-up* $35) noch über kleine rustikale *cabins* ($103). Attraktiver ist aber der ***Rockport State Park*** im Regenwald oder die ***Recreation Area*** am Fluss im Ort Rockport.

Marblemount

Östlich der einstigen Beton-Hochburg Concrete werden die Berge langsam höher und mit **Marblemount** ist das Tor zum ***North Cascades NP*** erreicht. Dort und in Rockport gibt es die letzten (wenigen) Zimmer westlich der Kaskaden, u.a. im *North Cascades Inn*; ab $89 mit Gemeinschaftsbad; http://northcascadesinn.com.

Cascade River Road

Von Marblemount führen zwei Straßen in Richtung Nationalpark: die #20 weiter nach Winthrop sowie die nach Südosten abzweigende ***Cascade River Road***, auf der man nach 8 mi Fahrt (ab Marblemount) durch Regenwald u.a. den am Wildbach gelegenen ***NF Campground Marble Creek*** passiert.

Für Wohnmobile ist auf der *Cascade River Road* mit Ende der Asphaltierung nach ungefähr 10 Meilen Schluss, für alle anderen Fahrzeuge erst nach insgesamt 23 mi am ***Cascade Pass Trailhead***. Der Weg bis zum Pass ist 6 km lang und bietet fantastische Ausblicke (ca. 4 Std retour; 550 HM). Eine Mehrtageswanderung führt von dort zum ***High Bridge Camp*** (weitere 29 km), von wo im Sommer mehrmals täglich ein ***Bus*** nach Stehekin am Lake Chelan (➤ Seite 212) verkehrt. Ein zweiter schweißtreibender Backpacking-Trip endet nach 10 km und 1200 HM am ***Sahale Glacier Camp*** auf 2.250 m und entschädigt mit einem atemberaubenden 360°-Bergpanorama. Permit-Vergabe per Verlosung meist im März, zusätzlich noch einige *last minute* als *walk-up*; www.nps.gov/noca/planyourvisit/cascade-pass-trail.htm. Im Spätsommer verfärbt sich dort die Tundra und die Berghänge werden bunt: www.jacknicholsphoto.com/journal/2023-1-22/cascade-pass-and-sahale-arm.

Über Nacht auf dem Salem Glacier Camp des North Cascades Nationalparks

Fürs Zelten im Hinterland des **North Cascades Nationalparks** wird eine ***Backcountry Reservation*** benötigt. Üblicherweise werden 60% aller Permits im Voraus per Lotterie (www.recreation.gov) vergeben, die restlichen bis zu 24 Stunden vorher *first-come, first-served* als sog. *walk-up permits* vor Ort in den Besucherzentren. Der Andrang ist in der Regel groß, denn die Saison ist kurz. Viele der Plätze im Hochgebirge sind nicht vor Juli zugänglich und ab Mitte September ist bereits mit ersten Schneefällen zu rechnen. Sämtliche Details zum Prozedere im Web unter www.nps.gov/noca/planyourvisit/backcountry-reservations.htm (QR-Code oben).

Weiter an der #20

Eintritt frei im NP und in der NRA

Von Marblemount verläuft der *North Cascades Highway* durch die ***Ross Lake National Recreation Area***, die den Nationalpark in ein Nord- und Südareal teilt. In Newhalem steht ein ***NP*-Besucherzentrum**, außerdem das *Seattle City Lights Info Center,* dem Betreiber der Wasserkraftwerke des dort mehrfach gestauten Skagit River (Gorge, Diablo und Ross Lake). Die Straße passiert im weiteren Verlauf die Dämme der drei Seen.

Auf dem türkisgrünen, gletschergespeisten **Diablo Lake** werden tolle **Bootstouren** angeboten. Von Juli bis Anfang September sticht die *Alice Ross IV* in »See« für *Afternoon Cruises,* danach bis Anfang Oktober für *Fall Morning Cruises*; ab $30/$15 für 2 Stunden; Infos im *North Cascades Environmental Learning Center* am Nordufer des Sees (1-mi-Stichstraße 7 mi östlich von Newhalen); oder unter https://ncascades.org/signup/programs/skagit-tours.

Das darauffolgende 20 mi lange **Ross Lake Reservoir** ist – abgesehen von Zufahrten zu Marinas – nur per Boot oder auf Wanderwegen zugänglich, ebenso das wunderbare ***Ross Lake Resort***. Fürs Zelten am Ufer auf sog. *Boat-In Camps* wird ein *Backcountry Permit* benötigt, das man sich im Voraus besorgen muss, ➤ oben. Von Kanada aus führt eine Stichstraße an das Nordende des Sees bis zum ***Hozomeen Campground***; ➤ auch Seite 665.

In Newhalem und am Diablo Lake gibt es diverse Campmöglichkeiten, am besten ist ***Colonial Creek*** am *Thunder Creek Arm*.

Blick auf den Lake Anne entlang der Maple Pass Loop

Die Floating Cabins des Ross Lake Resort, erreichbar nur zu Fuß oder per Boot: www.rosslakeresort.com

Durch weiter grandiose Gebirgslandschaft gelangt man – bereits außerhalb der Nationalparkgrenzen bei Meile 158 – zur *Rainy Pass Picnic Area*. Dort startet einer der schönsten Rundwege durch die Kaskaden, die ***Maple Pass Loop*** (11,5 km; 620 HM). Highlight der Wanderung ist der Blick hinunter auf den Lake Anne mit der zackigen Bergkulisse im Hintergrund; schneefrei i.d.R. ab Mitte Juli und am populärsten zur Laubfärbung Anfang Oktober.

Washington Pass

Vier Meilen später, auf etwa halber Strecke von Diablo nach Winthrop am Fuß der Berge sollte man die Auffahrt zum ***Washington Pass Overlook*** nicht verpassen. Von diesem exponierten Aussichtspunkt auf 1.650 m eröffnet sich ein hübscher Blick auf die schroffen Gipfel des Liberty Bell und der Early Winter Spires. Etwas tiefer passiert man weitere ***NF Campgrounds***.

Verlauf der #20 unterhalb der markanten Spitzen des Liberty Bell (2.353 m) beim Washington Pass

Winthrop

Das Goldrauschstädtchen aus dem 19. Jahrhundert präsentiert sich im typischen ***Western Town*-Look**. Urige Holzhäuser mit Pfählen zum Anbinden der Pferde dürfen da nicht fehlen. Am Abend ist dort dank diverser **Restaurants** und dem ***Three Fingered Jack's Saloon*** mehr los, als man bei gerade mal 500 Einwohnern erwarten würde; https://winthropwashington.com.

Das ***Shafer Historical Museum*** widmet sich der Heimatkunde und zeigt in einem kleinen Komplex aus Blockhäusern ein Sammelsurium aus der »guten alten Zeit«. Geöffnet nur von *Memorial* bis *Labor Day* 10-17 Uhr; $5, unter 18 frei; www.shafermuseum.org.

Das kleine ***Methow Valley Rodeo*** in Winthrop wird alljährlich jeweils am *Memorial Day* und *Labor Day*-Wochenende abgehalten; www.methowvalleyrodeo.com.

Quartiere sind in und rund um Winthrop reichlich vorhanden, aber relativ teuer. Der ***Pearrygin Lake State Park*** ca. 5 mi nordöstlich von Winthrop verfügt über einen gut angelegten und komfortablen ***Campground***; https://parks.wa.gov/find-parks/state-parks/pearrygin-lake-state-park. Südlich campt man ortsnäher bei ***KOA***. Klimatisch begünstigt ist der ***Riverbend RV Park*** in **Twisp**, 11 mi südlich von Winthrop an der #20, mit Stellplätzen direkt am Methow River; Zelte ab $29, RVs ab $52; www.riverbendrv.com.

Anschluss an die Kanada-Routen

Über die Straße #97 von Okanogan nach Norden ist in nur einer Stunde die Kleinstadt **Osoyoos** jenseits der kanadischen Grenze erreicht und der Anschluss an den *Crowsnest Highway* und die Routen durchs *Okanagan Valley* geschaffen; ➤ Seite 661.

Colville-Reservat

Zweigt man 5 mi nördlich von Okanogan auf die **Straße #155** ab (besser als die Kombination #153/#17/#174 ab Twisp), führt die Strecke durch das Reservat des *Colville*-Stammes und vorbei an ihrem Hauptquartier in **Nespelem**. Dort befindet sich auch das Grab des berühmten *Nez Percé*-Häuptlings ***Chief Joseph***, einem Pazifisten, der nach seiner erfolglosen Flucht in Richtung Kanada hier im späten 19. Jahrhundert Asyl fand.

Grand Coulee Dam

15 mi später erreicht man dann die Ortschaften **Coulee Dam** und **Grand Coulee** mit einem gewaltigen Staudamm am Columbia River. Das Wasserkraftwerk des ***Grand Coulee Dam*** ist auch heute noch eines der größten weltweit (1,6 km lang, Baujahr 1941). Die geführten Touren dauern 50 min und sind gratis.

An der Straße #20 durch Winthrop

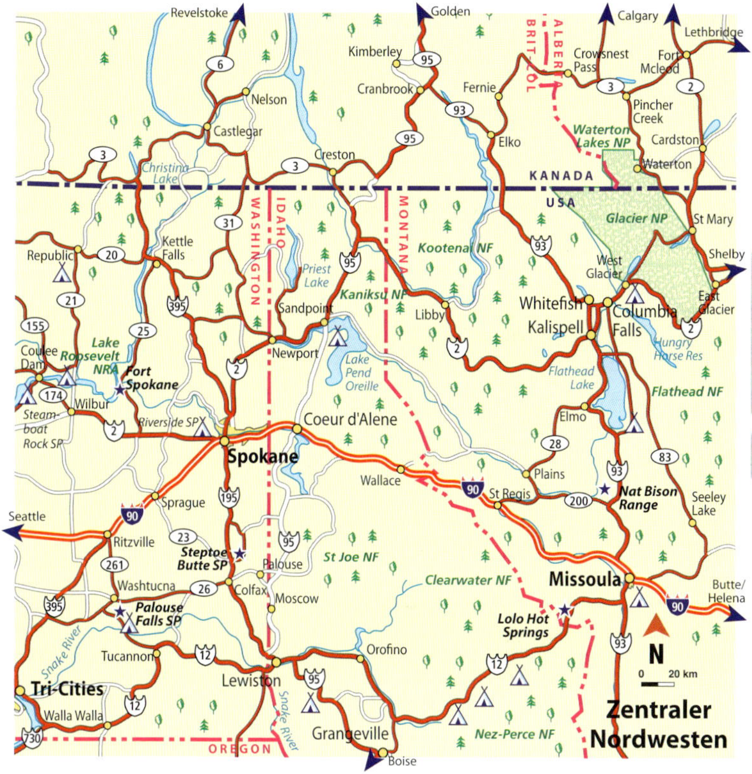

Lasershow Die über die *Spillway* des Dammes herunterrauschende weißen Wassermassen dienen während der Sommermonate allabendlich nach Einbruch der Dunkelheit als Projektionsfläche für eine **farbige Lasershow**; Beginn ca. 22 Uhr (Ende Mai-Juli), 21.30 Uhr (August), 20.30 Uhr (September). Begleitet wird sie von Musik und erbaulichen Botschaften nationaler wie unternehmensbezogener Art. Das große **Besucherzentrum** hat ebenfalls täglich geöffnet 8.30-22/23 Uhr bzw. vor/nach *Memorial/Labor Day* 8.30-17 Uhr.

Infos zu Führungen/Shows: www.usbr.gov/pn/grandcoulee/visit.

Kasino Anziehungspunkt in Coulee Dam ist außerdem ein **Spielkasino** des *Colville*-Stammes unmittelbar vor der Brücke über den Fluss.

Lake Roosevelt Hinter der Talsperre staut sich der Franklin D. Roosevelt Lake mit einer Gesamtlänge von 250 km bis hinauf zur kanadischen Grenze. Seine Ufer und angrenzende Gebiete gehören zur ***Lake Roosevelt Nat'l Recreation Area***, einem Freizeit- und Wassersportparadies mit zahlreichen Armen und Buchten; www.nps.gov/laro.

Der Lake Roosevelt ist zwar recht gut durch Straßen erschlossen, dennoch sind weite Uferbereiche völlig einsam und nur per Boot zu erreichen. Dank der Sommerhitze im zentralen Washington steigt die **Wassertemperatur** bereits Ende Juni auf über 20°C und sinkt erst Mitte September wieder unter dieses Niveau. In einigen Nebenarmen werden im Juli/August sogar bis zu 28°C gemessen.

Übernachten

Viele *Campgrounds* säumen das Seeufer. Ein schöner *NRA*-Platz mit Weitblick ist z.B. ***Spring Canyon***, etwa 5 mi östlich von Grand Coulee (in Strandnähe); $23. Am hohen Ufer des Banks Lake kann man im ***Coulee Playland Resort*** in Electric City campen ($38-$45) oder eine Jurte ($109) mieten; https://couleeplayland.com.

Diverse **Unterkünfte** warten in Electric City, Grand Coulee und Coulee Dam auf Gäste, darunter das empfehlenswerte ***Columbia River Inn*** gegenüber dem *Visitor Center*; ab ca. $150; ✆ 1-800-633-6421; https://columbiariverinn.com.

Weiterfahrt zum Glacier Nat'l Park

Das Ziel *Glacier Nat'l Park* wird mit viel Zeit von Coulee Dam über landschaftlich schönere Nebenstrecken (➤ Exkurs unten) erreicht oder deutlich schneller über die #174/#2 in Richtung Spokane, von wo man dann den Routen im **Kapitel 2.3.4** (➤ Seite 214ff) folgt.

Zum Glacier Nationalpark auf Nebenstraßen (#21/#20/#2)

Mit genügend Zeit bzw. einem zusätzlichen Reisetag ist vom North Cascades Nationalpark in Richtung Spokane ein schöner, größerer **Umweg durch die *Colville Indian Reservation*** (www.colvilletribes.com) möglich: Am besten wählt man hierfür die Verbindungsstrecke **ab Nespelem** an der #155 (ggf. mit Abstecher an den Owhi Lake) hinüber zur #21 oder alternativ die kurvenreiche Peter Dan Road **ab Coulee Dam**. Die **Straße #21**, ein **»Geheimtipp«** dieser Region, verläuft parallel zum malerisch durch die Kettle River Mountains schneidenden Sanpoil River hinauf nach **Republic**. Dieses urige alte Goldrauschstädtchen mit z.T. noch intakten Minen ist der einzige nennenswerte Ort weit und breit; www.republicwa.org. Heute können Hobbyschatzsucher im Steinbruch des ***Stonerose Interpretive Center*** nach Fossilien »buddeln«. Das Personal hilft beim Identifizieren der Fundstücke. Drei Fossilien (pro Tag) darf man dann sogar behalten; Mai-Okt; $15/$5; https://stonerosefossil.org. Republic liegt nur knapp 30 mi von der kanadischen Grenze entfernt. Die #21 – vorbei am ***Curlew Lake State Park*** mit ausgesprochen schönen Bade- und Campingmöglichkeiten – schafft Anschluss an den *Crowsnest Hwy* und die Routen durchs südliche British Columbia, ➤ Seite 654ff). Auf der **#20** überquert man östlich von Republic die Kettle River Mountains und fährt ab Kettle Falls 84 mi auf der **#25** am **Lake Roosevelt** entlang nach ***Fort Spokane*** (1880-1929), von dem aber nicht mehr viel übrig ist. Badestopps sorgen an Schönwettertagen für mehr Abwechslung. Über die #2 ab Davenport erreicht man schließlich Spokane an der I-90.

Noch besser: Bei Verzicht auf Spokane (sollte nicht allzu schwer fallen) und Ziel »Glacier Nationalpark«, kann man **hinter Republic weiter auf der Straße #20** bleiben und in Idaho/Montana dann auf der **#2.** Dieser Schlenker in den Norden entspricht der **schönsten Route in dieser Region** überhaupt, er nimmt aber allerdings relativ viel Zeit in Anspruch. Zwischen Newport und Bonners Ferry folgt man dabei einem Teil der ***International Selkirk (Mountains) Loop*** (Abstecher zum **Priest Lake** (➤ Seite 658) oder nach British Columbia/Kanada möglich.

Die North Cascades werden gern als »nordamerikanische Alpen« gefeiert; mittendrin Leavenworth, ein »echtes Alpendorf«

2.3.3 Über die Straße #2 und Leavenworth nach Spokane

Straße #2

Kürzer und schneller als der *North Cascades Hwy* (➤ Seite 202) ist die **Straße #2 durch die Kaskaden**. Man steuert sie von Seattle/Bellevue über die I-405 North (Exit 23) und #522 an. Die #2 ab Monroe führt erst am ***Skykomish River*** entlang und weiter durch eine herrliche Gebirgslandschaft – unbedingt (noch westlich des *Stevens Pass*) den ***Deception Falls Nature Trail*** durch Regenwald ablaufen (800 m). An dieser Strecke liegen mehrere ***NF Campgrounds*** (sehr gut *Tumbwater*, ca. 10 mi nordwestlich von Leavenworth). Auch der ***Lake Wenatchee State Park*** verfügt über einige schöne *campsites* (Zufahrt Straße #207).

Oberbayern in den USA

Am Osthang der Berge passiert man **Leavenworth**, das mit nahezu perfekten bayrischen Hausfassaden überrascht: ***Just like Bavaria, but so close***! Ein kluger Schachzug einer ehemaligen Holzfällersiedlung, die Mitte des 20. Jh. kurz vor dem Niedergang stand und in der heute der Tourismus floriert; https://leavenworth.org.

Wer dort die Nacht verbringen möchte, darf sich im ***Enzian Inn*** (teuer und gut), im ***Linderhof***, in der ***Pension Abendblume*** oder im ***Ritterhof Motor Inn*** wie in der Heimat fühlen. Das gilt auch fürs Essengehen; die Restaurants tragen Namen wie ***München Haus*** und ***King Ludwig's***. Das deutsche Herz lacht und man ordert *Francforters and Potato Salad* oder *Knodels with Sauerkraut*. Das Preisniveau ist bei so viel *Gemutlichkeit* nicht niedrig und beginnt bei ca. $140 fürs einfache Zimmer.

Ein **Nussknackermuseum** vervollständigt das »heimische« Programm, wobei man dort nicht nur die *nutcracker* aus dem Erzgebirge zu sehen bekommt. Das Sortiment reicht zurück bis in die Zeit der Römer. In einem 14-minütigen Video erfahren Besucher mehr zur Geschichte der Nussknacker; geöffnet täglich 13-17 Uhr; Eintritt $5, Kinder $2; www.nutcrackermuseum.com.

Verzaubernde Kaskaden - Hiking »the Enchantments«

Es gibt Orte auf dieser Erde, deren »Zauber« einem vom ersten Augenblick an gefangen hält: eine Kette kristallklarer Bergseen in denen sich zackige Gipfel und im Herbst leuchtend goldene Lärchen spiegeln, nur schwer zu erreichen und dennoch jeden noch so quälenden Höhenmeter wert. Die Wanderung hinauf zu den **Enchantment Lakes** weit abgeschottet inmitten der *Alpine Lakes Wilderness* ist eine der schönsten in den gesamten Kaskaden, allerdings auch mit ordentlichem Aufwand verbunden. Obwohl man erst im Sommer dort unterwegs sein wird (von November bis Mai liegt die Region unter einer geschlossenen Schneedecke), sind die dazu erforderlichen Camping-*Permits* bereits im Winter zu besorgen (Näheres dazu ➤ Seite 102). Postkartenansichten und euphorische Schilderungen von jenen, die schon mal dort waren, ziehen alljährlich Tausende von Wanderern an. Das hochalpine Terrain ist sensibel, die Naturschutzmaßnahmen entsprechend groß.

Hat man die bürokratischen Hürden erfolgreich hinter sich gebracht, fehlt nur noch die passende Ausrüstung: warme Kleidung, gute (!) Wanderschuhe und -stöcke sowie Campingsachen und Proviant für mindestens 2 Tage. Denn die Wanderung zu den Enchantment Lakes lohnt sich nur mit 1-2 Nächten vor Ort!

Los geht es vom ***Stuart Lake Trailhead*** auf 1.100 m; Zufahrt über die Icicle Creek Road (8,2 mi ab Leavenworth) und die *Forest Road* #7601 (weitere 3,7 mi bis zum Parkplatz). Der Waldweg ist zunächst im unteren Bereich noch gut ausgeschildert und gewinnt hinter der Brücke nach ca. 2,5 km langsam an Höhe. Der kurze Abstecher in Richtung »Toilette« bei Kilometer #7 gibt den Blick frei auf das erste kleine Highlight: die Spitze des **Dragontail** und **Colchuck Peak** oberhalb des gleichnamigen Sees, an dessen malerischem Ufer etliche Wanderer bereits ihr erstes Nachtquartier aufschlagen (1.700 m). An der Südseite des **Colchuck Lake** steht die Bezwingung des ***Aasgard Pass*** an, mit 2.400 m höchster Punkt entlang der Wanderung, wobei die Route dort hinauf wohl eher als »Kraxelei« zu bezeichnen ist. Immer auf der Suche nach der nächsten Steinpyramide bahnt man sich seinen Weg vorbei an riesigen Felsbrocken, über lockeres Geröll und alte Schneefelder. Und es ist unglaublich steil: knapp 700 Höhenmeter auf nur 1,6 Kilometer! Mit schwerem *Backpack* kann man da schon mal etliche Stunden unterwegs sein. Trittsicherheit erforderlich!

Der Eintritt in das ***Enchantment Basin*** wirkt im Endorphin-Rausch (nach all der Anstrengung) fast noch überwältigender. Größere und kleinere Bergseen begleiten einen auf diesem alpinen Hochplateau während der nächsten Kilometer – immer umgeben von schroffen Gipfeln und bei guter Fernsicht lässt sich zwischendurch sogar der Mount Rainier oder Baker blicken. Hinter dem Isolation Lake erhebt sich **Little Annapurna** (2.579 m) mit grandiosem Rundumpanorama (für alle, die noch extra Reserven haben). Lärchen mischen sich nun zunehmend zwischen die Granitfelsen und schon bald rücken die markanten Zacken des *Prusik* und *Temple Peak* ins Blickfeld (➤ Foto rechts). Wahrhaft »bezaubernd« ist dort die Aussicht von der Anhöhe südlich des **Inspiration Lake** hinunter auf den **Perfection Lake**. Und bevor es weiter zum Sprite Lake geht, lohnt auch noch der Abstecher in Richtung *Prusik Pass* zur *Gnome Tarn*, wo sich der steil aufragende Gipfel des *Prusik* in kleinen Tümpeln (»tarns«) spiegelt – traumhaft zum Sonnenaufgang!

Nach insgesamt 14,5 km eröffnet sich schließlich von einem Felsvorsprung hinter dem **Leprechaun Lake** (schöne Zeltplätze und meistens viele Schneeziegen; ➢ Foto links) der Blick hinunter auf den **Lake Viviane** am östlichen Ende der sogenannten »Core Zone« der *Enchantments*. Nun stellt sich die Frage, ob es auf gleichem Weg wieder zurück gehen soll oder bei **gebuchtem *Shuttle-Bus*** (www.leavenworthshuttle.com) weiter zum ***Snow Lake Trailhead***, der von dort noch gut 15,5 km entfernt und 1.700 m tiefer liegt. Übersichtskarte und Topomap zur Wanderung unter: www.fs.usda.gov/Internet/FSE_DOCUMENTS/stelprdb5428875.pdf

Für einen kurzen Spaziergang entlang der **Front Street**, stellt man das Fahrzeug am besten am großen Parkplatz an der #2 neben dem *Starbucks* (ebenso im Alpenlook) ab.

Alpine Lakes Wilderness

Die am westlichen Stadtausgang nach Süden abzweigende Icicle Creek Road verschafft Zugang zu den *trailheads* der ***Alpine Lakes Wilderness***, die einen der spektakulärsten Abschnitte der Kaskaden unter Naturschutz stellt (Exkurs ➢ links). Das Wandergebiet, kurz auch »**Enchantments**« genannt, wurde aufgrund seiner Schönheit und Beliebtheit bei Backpackern in fünf unterschiedliche ***Permit Areas*** gegliedert, für die von Mitte Mai bis Ende Oktober Campingbewilligungen nötig sind ($5 pro Person und Tag).

Wilderness Permits

Wer den beeindruckendsten Teil der *Wilderness* sehen möchte, den mittleren Bereich zwischen Inspiration Lake und Lake Viviane (beide in der ***core zone***), wird für die Mehrtageswanderung (anspruchsvolle 30 km!) auch gleich für mehrere Zonen *Permits* benötigen. Maximal 24 Leute dürfen täglich in der Kernzone übernachten. Die Permitbeschaffung ist kein leichtes Unterfangen – vor allem nicht für August, wenn der Wanderweg größtenteils schneefrei ist, oder für den späten September, wenn die Lärchen ihr gelbes Kleid anlegen, aber auch schon der erste Schnee fallen kann.

Ende September verfärben sich in der Enchantment Lakes Basin die Lärchen; hier am Ufer des Inspiration Lake mit Blick auf die Peaks Prusik und Temple

Die Online-Lotterie findet meist bereits im Februar/März statt ($6 Teilnahmegebühr). Danach hat man noch zwei Möglichkeiten: entweder man ist schnell genug am 1. April um 7 Uhr *Pacific Time* bei der Freischaltung der Kalenderreservierung oder man ergattert eines der wenigen *walk-up permits*, die Mo-Sa um 8.30 Uhr vor Ort im *Wenatchee River Ranger Office* verlost werden (600 Sherbourne Street, Leavenworth). Sämtliche Details zum Prozedere unter www.fs.usda.gov/recarea/okawen/recarea/?recid=79432.

ALT-97 oder #97

Rund 20 mi hinter Leavenworth stößt die Straße #2 auf der Rückseite der Kaskaden noch vor der Brücke über den Columbia River auf die #ALT-97 nach Chelan, die Alternative zur etwas »schnelleren« #97 am Ostufer des Lake Entiat. Die #ALT 97 läuft die letzten 5 mi am Lake Chelan entlang. Beide vereinigen sich in Chelan.

Östlich der Kaskaden

Da östlich des Gebirgzugs geringe Niederschläge fallen, unterscheidet sich der Charakter des zentralen Washington klimatisch und landschaftlich dramatisch von der Westregion. Gutes warmes Wetter, das Wasser aus den Bergen samt Stauseen des Columbia River begünstigen den Obst- und Gemüseanbau. Von Yakima bis Okanogan kann man allerorten an Straßenverkaufsständen ***fresh farm produce*** einkaufen oder das Obst selbst pflücken. Dies kombiniert mit dem Klima, Wassersportmöglichkeiten und der Nähe der Berge zieht bis in den Herbst hinein viele Besucher an. Besonders der **Columbia River Bereich** nördlich von **Wenatchee** (Stausee Lake Entiat) besitzt eine stark auf den Tourismus ausgerichtete Infrastruktur.

Lake Chelan

Zentralort der Region mit allen Einrichtungen der kommerziellen Ferienfreude (zahlreiche H/Motels) ist **Chelan**, 35 mi nördlich von Wenatchee am Südende des gleichnamigen Sees, der rund 80 km in die Kaskaden hineinragt. Der Lake Chelan füllt ein enges Gletschertal (Wassertiefe bis 450 m, im Schnitt um 140 m) und ist natürlichen Ursprungs. Um ihn auch zur Stromerzeugung nutzen zu können, wurde sein Wasserstand durch den Staudamm künstlich erhöht. Der Abfluss zum Columbia River erfolgt über die ***Chelan Gorge***, eine heute meist trocken liegende Schlucht.

Der von Hochgebirge eingerahmte See mit seinen vielen Kilometern einsamer Ufer, ungezählten Buchten und Anlegestellen (etliche ***NF Campgrounds***) gilt als **eines der schönsten Bootsreviere des Nordwestens**; www.lakechelan.com. Sehr empfehlenswert ist zum Baden und Campen der ***Lake Chelan State Park***, ca. 8 mi westlich des Ortes; https://parks.wa.gov/find-parks/state-parks/lake-chelan-state-park. Eine gute Übersicht aller Campmöglichkeiten bietet www.lakechelan.com/what-to-do/activities/camping.

Wer in Chelan dem Spieltrieb nachgeben möchte, findet an der Norduferstraße #150 ein **Spielkasino** des *Colville*-Stammes.

Per Boot in den North Cascades NP

Einzige Versorgungsbasis jenseits des ***25 Mile Creek State Park*** ist die nur per Boot, Wasserflugzeug oder zu Fuß erreichbare Siedlung **Stehekin** am Nordende des Sees. Die ***Lady Express*** fährt ganzjährig täglich von Chelan nach Stehekin und zurück ($75, ca.

7 Std), in der Hauptsaison zusätzlich die schnelle ***Lady Liberty*** und die ***Lady of the Lake***; Fahrpläne unter https://ladyofthelake.com. Mit welchem Boot auch immer, ein **toller Trip**!

Stehekin (https://stehekin.com) dient als Ausgangspunkt für *Trails* in die *Lake Chelan National Recreation Area* und für die Mehrtageswanderung über den ***Cascade Pass*** nach Marblemount (➢ Seite 203). Im Sommer verkehrt mehrfach täglich ein ***Shuttle***-Bus zwischen dem Bootsanleger/*Visitor Center* und dem ***High Bridge Camp*** bzw. ***Old Wagon Trailhead*** (ca. 60 min Fahrzeit; $10/$5).

Ein populäres Ziel bei Stehekin sind die majestätischen 95 m hohen ***Rainbow Falls***. Man erreicht sie mit einer geführten Tour oder zu Fuß ca. 1,8 km südlich der *Shuttle*-Station »Harlequin Bridge« entlang des *Rainbow Loop Trail*. Im späteren Sommer lohnt sich dieser Ausflug nicht mehr, da dann nur wenig Wasser fließt.

Weiterfahrt nach Coulee Dam, Spokane und Glacier

Ab Chelan verschafft die Straßenkombination #97, #17 und #174 Anschluss an das **Kapitel 2.3.2**. Von Coulee Dam (➢ Seite 206) geht es dann über Nebenstraßen (➢ Seite 208) oder über Spokane weiter in Richtung *Glacier National Park*.

Wer Chelan auslässt, bleibt bei Anfahrt ab Leavenworth auf der #2, überquert nördlich von Wenatchee den Columbia River und fährt an dessen Ostufer bis Orondo. Von dort geht es weiter in Richtung Coulee City und danach auf der #155 durch die Canyons und Felsabbrüche am Banks Lake entlang bis Coulee Dam. Ein komfortabler **Campingplatz** mit Strand wartet im ***Steamboat Rock State Park***; im Sommer reservierbar: https://parks.wa.gov/find-parks/state-parks/steamboat-rock-state-park.

Die Lady of the Lake benötigt 4 Stunden von Chelan nach Stehekin, eine Mini-Siedlung im südlichen Ausläufer des North Cascades National Park

2.3.4 Spokane und Weiterfahrt zum Glacier National Park

Spokane

Spokane

Die zweitgrößte Stadt von *Washington State* hat für ihre Einwohnerzahl (ca. 200.000) nicht sehr viel zu bieten. Die kleine **Innenstadt** liegt zwischen dem Spokane River/ I-90 und Browne/Monroe St. Zentraler Anlaufpunkt ist der unverfehlbare ***Riverfront Park*** (Zufahrt von der I-90/Monroe St, dann Spokane Falls Blvd), dem Überbleibsel einer seinerzeit kaum beachteten Weltausstellung 1974. Zu diesem Komplex am Fluss gehören ein IMAX-Kino und ein altes Kinderkarussell. Die ***SkyRide*-Gondeln** schaukeln Besucher über die heute nur noch mäßig interessanten ***Spokane Falls***, denen eine Staustufe den Zahn gezogen hat; www.visitspokane.com.

SkyRide in Spokane

Museen

Kulturelles Aushängeschild der Stadt ist das ***Northwest Museum of Arts & Culture*** (MAC) zur Besiedlung des Westens mit Naturkunde- und Kunst-Ausstellung sowie einer den Ureinwohnern gewidmeten Abteilung. Eine restaurierte **Villa des 19. Jahrhunderts** im englischen Tudor-Stil mit zeitgenössischer Möblierung gehört mit zum Komplex am westlichen Ende der 1st Avenue in einem schönen Villenviertel hoch über dem Spokane River; Anfahrt nur über die 2nd Ave; geöffnet Di-So 10-17 Uhr, Do bis 20 Uhr; Eintritt $18/$10; www.northwestmuseum.org.

Planschbad

Näher als Museumsbesuche liegt bei der in Spokane im Sommer vorherrschenden Hitze vielleicht der Planschpark ***Splashdown Waterslide*** im *Valley Mission Park* südlich der I-90, Exit 289; geöffnet täglich 11-18 Uhr, So ab 12 Uhr, Di+Do bis 20 Uhr; $20, unter 1,22 m $15; https://splashdownfamilywaterpark.com.

Unterkunft

Hohe M/Hotelkapazitäten an den Ausfallstraßen bzw. Ausfahrten von der I-90 sorgen in Spokane für eher moderate Tarife. Ein Glanzstück aus der guten alten Zeit ist das prunkvolle ***Historic Davenport Hotel*** in der 10 South Post Street mit Zimmern ab ca. $175; ✆ 1-800-899-1482, www.davenporthotelcollection.com.

Der ***Riverside State Park*** liegt gut 6 mi nordwestlich der City wunderbar über dem Fluss. Tolle Hängebrücke und Trails am Spokane River. Anfahrt am besten über den Northwest Blvd (ausgeschildert); ✆ 1-888-226-7688, www.exploreriversidestatepark.com.

Weiterfahrt zum Glacier National Park

Zum Glacier über die #2

Bei Ziel Glacier Nationalpark könnte man ab Spokane der **Straße #2** folgen (Exkurs ➢ Seite 473). Bis über Sandpoint/Idaho hinaus bringt diese Strecke aber zunächst wenig. Erst im einsamen Abschnitt zwischen Troy und Kalispell/Montana durch die **Purcell Mountains** wird man für den Umweg belohnt.

Zum Glacier über die I-90

Da auch die Autobahn in Richtung Osten landschaftlich überzeugt, sollte man ab Spokane die deutlich raschere Fahrt auf der **I-90** bevorzugen. Am Wege liegt bereits in Idaho der Ort **Coeur d'Alene** [*kor-da-LEYN*], laut einer Umfrage (unter Amerikanern) **eine der zehn schönsten Kleinstädte der USA**. Das Zentrum ist auffallend gepflegt und am gleichnamigen See erstrecken sich europäisch anmutende Parkanlagen, Marinas und Apartmentkomplexe der Luxuskategorie. Der öffentliche Zugang zum **Lake Coeur d'Alene** ist jedoch stark eingeschränkt, da seine Ufer mit Ferienhäusern besetzt und überwiegend in Privatbesitz sind. Außerhalb des Strandbades gibt es nur östlich der Stadt an einigen Stellen Bademöglichkeiten; https://coeurdalene.org.

2

Abkürzung zum Glacier

Eine gute Abkürzung zum *Glacier NP* bietet die Kombination **#135/#200/#28** ab St. Regis/Montana (Exit 33), die in Elmo am Flathead Lake auf die **Hauptzufahrt #93** zum Nationalpark stößt.

Zeitzonenwechsel an der Grenze zu Montana PT ➢ MT (Uhr 1h vorstellen)

Bei Interesse an dem großflächigen Büffelgehege in der *Flathead Reservation*, könnte man aber auch der #200 in Richtung Osten/Ravalli folgen. Rund 45 mi von der I-90 entfernt geht's links über die **Straße #212** nach Norden zum *Visitor Center* der ***Bison Range*** (geöffnet täglich 7-19 Uhr). Dort startet der *Red Sleep Drive*, ein **19-mi-Rundparcours** (auf Schotter) durch die hügelige Prärielandschaft. Neben 350-500 Bisons ist dieses Areal Heimat für zahlreiche Vogelarten und Säugetiere, darunter Dickhornschafe, Luchse, Kojoten, Pumas, Gabelböcke, Dachse sowie die unterschiedlichsten Hirscharten; Zufahrt nur Mai-Oktober 7-19/20 Uhr. Der 14 mi lange **Prairie Drive** bleibt ganzjährig geöffnet; Eintritt $20/Auto; https://bisonrange.org. Seit 2022 steht die *Bison Range* unter der Obhut der *Confederated Salish and Kootenai Tribes* (*CSKT*).

Zum Glacier über Missoula

Alternativ erreicht man den Glacier Nationalpark auch über **Missoula**, 60 mi östlich von St. Regis an der I-90, und folgt ab Ausfahrt #96 der **Straße #93** nach Norden. Für die *Bison Range* geht es nach 27 mi nach links auf die #200 und weiter bis zur #212, ➢ oben.

Büffelherde in der CSKT Bison Range

Missoula

In der Universitätsstadt Missoula ist das Waldbrandbekämpfungszentrum an der Verlängerung des Broadway (#93 West) in Nachbarschaft zum Airport eine wichtige Institution, denn fast jeden Sommer gibt es viel zu tun für die Männer. Im ***Smokejumper Visitor Center*** werden Besuchern Technik, Probleme und Gefahren der Brandbekämpfung aus der Luft nahegebracht; 45-min-Führungen, Spende erbeten; 5765 W Broadway St; https://smokejumpers.com.

Eine erwägenswerte Kombination **ab Missoula** bilden die verkehrsärmeren **Straßen #200/#83** durch das schöne Tal des Swan River bis zum Flathead Lake. Für Fans alter Geisterstädte empfiehlt sich an dieser Strecke noch ein 22-mi-Umweg ins ehemalige Garnet:

Garnet Ghost Town

In den Bergen östlich von Missoula versteckt sich die wunderbar erhaltene ***Garnet Ghost Town*** mit zahlreichen Holzstrukturen aus dem späten 19. Jahrhundert. Während der *Garnet Days* Mitte Juni wird sie wieder zum Leben erweckt. Abzweig von der #200 etwa 29 mi östlich von Missoula zwischen *mile marker* 22 und 23, dann noch 11 mi (davon die letzten 7 mi auf guter Schotterstraße); Eintritt $3 p.P.; www.garnetghosttown.org. Bei Mindestdistanz von 0,5 mi zu Garnet darf man auf *Public Land* (gratis) übernachten. Eine gute Karte dazu liegt im ***BLM Field Office*** in Missoula aus; geöffnet Mo-Fr 8-16.30 Uhr; 3255 Fort Missoula Rd.

Flathead Lake

Für die Weiterfahrt in Richtung Glacier Nationalpark gibt es zwei Alternativen: Die **Hauptstraße westlich des Flathead Lake** nach Kalispell ist die schnellste. Sie läuft allerdings überwiegend weitab vom Seeufer und ist somit weniger attraktiv. Die **Straße #35** auf der Ostseite verfügt über mehr Abschnitte direkt am Wasser und über einige ***State Parks***. Stellplätze unmittelbar am Kiesstrand bietet dort der ***Blue Bay Campground*** der *Salish und Kootenai Tribes; day use fee* $10; Zelte $20, *hook-up* $35.

Abkühlung an heißen Tagen und jede Menge *Family Fun* mit zahlreichen Wasserrutschen verspricht der ***Big Sky Waterpark*** an der Kreuzung #2/#206 bei **Columbia Falls**; Tageskarte $30/$25.

Hungry Horse

Von **Hungry Horse** an der #2 führt eine Stichstraße (4 mi) zum gleichnamigen, 30 mi langen Stausee. Jenseits des Dammes liegt der einfache ***NF Campground Doris Creek*** direkt am Ufer ($14).

Entlang der #93 am Westufer des Flathead Lale südlich von Rollins

Auch der Blick in die einzelnen Häuser ist in der Garnet (=Granat) Ghost Town spannend; die Inneneinrichtung ist dort teilweise noch in einem guten Zustand

Forstwege führen um diesen See herum. Dort ist nur an Wochenenden wirklich Betrieb, das Panorama aber schon fast so schön wie am vielgelobten Lake McDonald des Nationalparks. Beliebt bei Wasserraten ist auch der **Lion Lake** gleich im Südosten des Ortes.

West Glacier

Schlauchboottrips auf dem auch für Einsteiger geeigneten Flathead River werden von *Rafting Companies* in **West Glacier**, dem westlichen Einfallstor zum Nationalpark, angeboten.

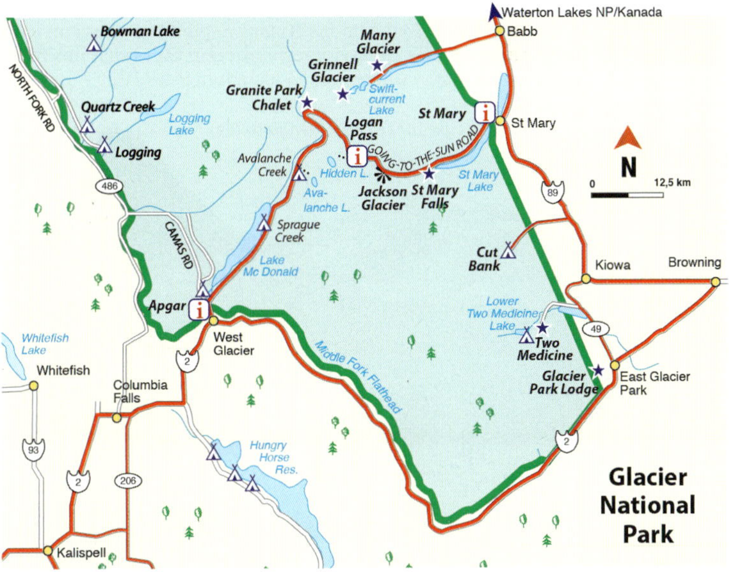

2.3.5 Glacier National Park www.nps.gov/glac

Eintritt $35/Auto oder Interagency Jahrespass

Anders als der Name vermuten lässt, gibt es **kaum noch größere sichtbare Gletscher** im *Glacier National Park*, der ein hochalpines Gebiet der Rocky Mountains an der kanadischen Grenze unter Naturschutz stellt. Bei seiner Gründung zu Beginn des 20. Jahrhunderts waren sie noch allgegenwärtig, über 80 sollen es gewesen sein. Ihr Rückzug wird jedoch immer dramatischer. Prognosen zufolge soll in den kommenden Dekaden auch das letzte »ewige Eis« aus diesem Teil der *Rockies* verschwunden sein.

Gemeinsam mit dem kanadischen Nationalpark ***Waterton Lakes*** (➤ Seite 631) bildet der *Glacier* den ***International Peace Park*** (»Friedenspark«) und ist Teil des UNESCO-Weltnaturerbes. Wanderwege führen von und zu Ausgangspunkten in beiden Ländern, ganz ohne Grenzkontrollen. Das einsame, raue Hinterland wird bis heute nur durch Grizzlys, Schwarzbären und Pumas »patrouilliert«.

2024: ***Entry ticket«*** erforderlich an der Going-to-the-Sun-Westeinfahrt und Many Glacier Area ➤ Seite 103

Die Straße #2 verbindet die Ortschaften West und East Glacier und umrundet dabei gemeinsam mit der #49/#89 den Nationalpark im Süden und Osten. Wirklich attraktiv ist auf dieser Strecke nur die #2, besonders auf der Westseite des Parks entlang des Middle Fork Flathead River.

Mitten durch den *Glacier NP* verläuft von West nach Ost die ***Going-to-the-Sun-Road***. Zwei weitere sehr schöne Bereiche im Osten des Parks, die ***Many Glacier*** und die ***Two Medicine Area***, sind nur über Stichstraßen ab der #89 bzw. #49 zu erreichen. In der Hauptsaison (Mai/Juni bis Anfang September) muss an einigen Einfahrten eine Reservierung vorliegen. Da es sich um Pilotprojekte handelt, variieren die Modalitäten jedes Jahr, ➤ links.

Hidden Lake zur Zeit der Bärengrasblüte

Private Unternehmen chauffieren seit 1936 Besucher in auffälligen, roten Bussen ab den Lodges durch den Glacier Park, anders als bei den NP-Shuttles ist dieser Service kostenpflichtig

Going-to-the-Sun Road

Aktuelle Straßenbedingungen unter: www.nps.gov/glac/planyourvisit/conditions.htm

Die ***Going-to-the-Sun Road*** durch den Nationalpark weckt mit ihrem klangvollen Namen große Erwartungen. Und tatsächlich gehört sie zu den **eindrucksvollsten Gebirgsstrecken Nordamerikas**. Selbst ohne Stopps sind für diese 50 Meilen gut 2 Stunden zu kalkulieren, mit Ausflügen und Wanderungen kann man locker einen Tag einplanen. Ihre Befahrbarkeit ist allerdings eingeschränkt:

- Schnee versperrt die Pässe bis Mitte Juni – bisweilen bis in den Juli hinein – und spätestens ab September/Oktober wieder. Wetterstürze mit sehr niedrigen Temperaturen sind selbst im Juli/August in Hochlagen keine Seltenheit. Der Bereich zwischen West Glacier und der *Lake McDonald Lodge* wird auch im Winter geräumt und bleibt ganzjährig geöffnet.
- **Wohnmobile länger als 21 Fuß und breiter als 8 Fuß** sind auf der gesamten Strecke zwischen den Campingplätzen *Avalanche* und *Rising Sun* **nicht zugelassen**. Selbst mit kleineren Campmobilen ist das Fahren – zumindest in Richtung Ost-West – wegen überhängender Felsen und der Gefahr, mit den Aufbauten »anzuecken«, bei Gegenverkehr kitzelig.
- Der Umstieg in einen der **kostenlosen Shuttlebusse**, die im Juli/August zwischen den Apgar und St. Marys Besucherzentren verkehren und an sämtlichen *Trailheads/Campgrounds* stoppen, ist nicht nur für Wohnmobil-Fahrer eine gute Option. Vor allem an sommerlichen Schönwettertagen und Wochenenden werden die **Parkplätze** am *Logan Pass* sowie bei diversen anderen populären Zielen an der *Going-to-the-Sun-Road* schnell zur Mangelware; www.nps.gov/glac/planyourvisit/shuttles.htm.

Shuttle-Info

Backcountry Permits

Kurz hinter dem Westeingang steht das ***Apgar Visitor Center*** (geöffnet Mitte Mai-Mitte Oktober). Dort erhält man die Last-Minute-Bewilligungen zum Zelten im Hinterland. 70% der *backcountry permits* ($10) werden bereits früh im Jahr (meist Mitte März) vergeben: www.nps.gov/glac/planyourvisit/backcountry.htm.

Was man bei Wanderungen durch den *Glacier NP* bedenken sollte: Praktisch das gesamte Hinterland des Parks ist **Grizzlyrevier**. Wanderwege können aufgrund der Bären für Besucher über einen längeren Zeitraum gesperrt bleiben. Und auch sonst kann man »Meister Petz« immer und überall antreffen. Mehr zu den Vorsichtsmaßnahmen in Bärengebieten ➢ Seite 32ff.

Lake McDonald

Entlang des größten Sees des Parks, dem 16 km langen **Lake McDonald**, warten malerische von auffällig bunten Steinen gesäumte Uferbereiche, Picknickplätze sowie der beste mit dem Fahrzeug leicht erreichbare *Campground* am Sprague Creek.

Knapp 5,5 Meilen östlich der rustikalen ***Lake McDonald Lodge*** befindet sich der Ausgangspunkt für den besonders reizvollen *Trail* entlang der engen ***Avalanche Gorge***, wo sich grünblaues Wasser seinen Weg durch rotbraunes Gestein bahnt. Wer keine Zeit für die komplette Tour bis hinauf zum **Avalanche Lake** hat (mind. 2-3 Stunden; 3,5 km *one-way*; 230 Höhenmeter), sollte hier wenigstens den kurzen Lehrpfad ***Trail of the Cedars*** ablaufen (Rundweg bis zur Brücke über die Schlucht und retour ca. 30-40 min; einfach und nur wenig Höhendifferenz).

Logan Pass

Im Anschluss folgt die Parkstraße dem türkisblauen ***McDonald Creek***, bevor sie sich parallel zur kontinentalen Wasserscheide hinauf zum ***Logan Pass*** windet. Ausgehend vom ***Visitor Center***, bereits oberhalb der Baumgrenze auf 2.025 m, empfiehlt sich der schöne **Trail** zum ***Hidden Lake Overlook*** mit Blick auf den gleichnamigen See und den aus dieser Perspektive dreieckig aufragenden Bearhat Mountain (4 km bis zum *Overlook* und retour, etwa 160 HM). Wanderer sind auf dem Weg meist zahlreich, mit etwas Glück Schneeziegen ebenso. Dieser Bereich des Parks ist zudem bekannt für seine ausgedehnten Bestände an **Bärengras**, ein bis zu 90 cm hohes, lilienartiges Gewächs, das sich Ende Juni/Anfang Juli mit übergroßen, weißen Blüten schmückt, ➢ Foto Seite 218.

Der ebenfalls am *Logan Pass* startende ***Highline Trail*** folgt teils in schwindelerregender Höhe der kontinentalen Wasserscheide nach Norden. Man muss nicht bis zum *Fifty Mountain Camp* bzw. bis nach Kanada wandern um großartige Ausblicke zu genießen. Auch der Bereich um die ***Garden Wall*** bis zum *Granite Park Chalet* und Zeltplatz ist spannend (ab *Logan Pass* 12 km *one-way* und nur wenige Höhenmeter oder recht steile 6,5 km ab dem *Loop Trailhead*).

Die hübsche Avalanche Gorge nur wenig nördlich der Brücke über den gleichnamigen Creek

Beide Wege können auch zu einem Rundweg kombiniert und per Shuttle ggf. verkürzt werden. Übernachten und Essen in dem sehr einfachen *Chalet* nur mit langfristiger Reservierung. Doppelzimmer mit eigenem Schlafsack ca. $225, mit Bettzeug werden noch $40 extra pro Person fällig; www.graniteparkchalet.com.

Sehr lohnend für sportliche und trittsichere Wanderer ist auch der Abstecher von der *Garden Wall* zum ***(Grinnell) Glacier Overlook***. Abzweig vom *Highline Trail* südöstlich des *Chalets*; zusätzliche 300 Höhenmeter, 3 km hin & zurück.

Jenseits des *Logan Pass* (schöner Blick zurück ➤ Foto Doppelseite 106/107) geht es hinunter zum 700 m tieferen St. Mary Lake. Der ***Jackson Glacier Overlook*** auf halbem Weg bietet die beste Möglichkeit, direkt von der Straße aus einen der wenigen im Park noch vorhandenen Gletscher zu sehen.

Die kleine Wild Goose Insel im U-förmigen, von Gletschern eingeschürften Tal des Saint Mary Lake am östlichen Ende der Going-to-the-Sun Road

St. Mary Falls

Vom *Jackson Glacier Overlook* erreicht man die von dunkelrotem Gestein umgebenen ***Deadwood Falls*** (2 km *one-way*; 200 HM). Noch schöner sind die Wasserfälle, die sich ab dem nächsten *trailhead* entlang der *Going-to-the-Sun Road* ansteuern lassen: Bis zu den ***St. Mary Falls*** sind es 1,8 km *one-way* und 65 Höhenmeter, auch der zusätzliche Aufwand bis zu den ***Virginia Falls*** lohnt sich (insgesamt dann 6 km retour bzw. 160 Höhenmeter).

Das Flussbett des Virginia Creek kann in puncto **Farbenpracht** sogar mit den berühmten *Red Rocks* im US-Südwesten mithalten.

Saint Mary Lake

Vorbei am beliebten Fotomotiv mit der von hohen Bergen eingerahmten *Wild Goose Island* im **Saint Mary Lake** (Foto ➤ umseitig; aufgenommen von der letzten Kurve vor dem *Rising Sun Campground* & *Motor Inn*) kommt man am östlichen Ende des Sees und der »Straße zur Sonne« schließlich zum ***St. Mary Visitor Center*** unweit des Osteingangs des Parks.

Über die #89 geht es von dort nach Süden zur *Two Medicine Lake Area* oder nach Norden zur *Many Glacier Area*.

Two Medicine Lake Area

Durch den Anschluss der Ortschaft **East Glacier** an die Eisenbahntrassen und der Eröffnung der rustikalen *Glacier Park Lodge* im Jahr 1913 avancierte der Bereich rund um den idyllischen **Two Medicine Lake** schnell zur populärsten Region des Nationalparks. Der *Glacier NP* ist nach wie vor der einzige mit der Eisenbahn erreichbare Nationalpark des ganzen Westens, mit einer weiteren ***Amtrak*-Station** in West Glacier.

Heute wird die *Two Medicine Lake Area* von Besuchern gern links liegen gelassen. Ihr Schattendasein kommt aber jenen zugute, die dem Trubel an der *Going-to-the-Sun Road* nicht viel abgewinnen können. Wer weniger frequentierte Wanderwege sucht, ist hier an der richtigen Stelle. Ein **Bootstrip** verkürzt die Wanderung zum Upper Two Medicine Lake, und ein kurzer Naturlehrpfad (eben, 1 km retour) führt zu den ***Running Eagle Falls***, die ihr Erscheinungsbild im Lauf des Frühlings/Sommers verändern und daher auch »Trick Falls« genannt werden. Bis in den Juli hinein sieht man dort zwei getrennte Wasservorhänge, die direkt übereinander stürzen. Danach versiegt der obere Teil der Fälle allmählich und der Fluss schießt nur noch aus der unteren Höhle.

Many Glacier Area

In traumhafter Lage auf 1.500 m steht das rustikale *Many Glacier Hotel*, der Blick aus den Zimmern auf den **Swiftcurrent Lake** (Foto ➤ nächste Seite) ist allerdings nicht ganz billig (ab $330 für den *Lakeview* bzw. $260 fürs *double bed* im Mini-Raum). Dort oder beim etwas preiswerteren *Swiftcurrent Motor Inn* startet die tolle Tagestour hinauf zum ***Grinnell Glacier*** und seinem mit Eisbergen gefüllten Gletschersee (17 km retour, 500 HM). Auch die Kurzvariante nur bis zum türkisblauen **Grinnell Lake** (ohne größere Höhenunterschiede) lohnt sich. Mittels **Bootsfahrten** am Swiftcurrent und Josephine Lake können beide Hikes verkürzt werden. In diesem Bereich steht – ähnlich wie am *Logan Pass* – das Bärengras meist spätestens zur Sommersonnenwende in voller Blüte.

Wer von sagenhaft rotem Gestein nicht genug bekommen kann, wird auch hier fündig. Ein gemütlicher Weg führt ab dem *Swiftcurrent Pass Trailhead* zu den ***Red Rock Falls***, die in der wärmeren Jahreszeit auch etwas Erfrischung bringen (7 km retour, 90 HM).

Ein Ausflug in diesen Bereich des Nationalparks über die Straße #464 ausgehend von Babb an der #89 lohnt sich bei gutem Wetter selbst ohne längere Wanderung oder Übernachtung!

Camping

Sechs der 13 *Campgrounds* des Nationalparks liegen an der *Going-to-the-Sun Road*. Sie sind unter www.recreation.gov möglichst frühzeitig zu reservieren. Nur bei ***Rising Sun*** werden alle 84 Stellplätze noch nach dem *First-come, first-served*-Prinzip vergeben, sie sind aber meist vormittags schon voll belegt ($20, ohne Anschlüsse). Bessere Aussichten auf freie Vakanzen hat man zur Hochsaison auf den einfachen *Campgrounds* in der abgeschiedenen

Kurze Pause während der Tageswanderung zum Grinnell Gletscher in der Many Glacier Area mit Blick auf den türkisblauen Grinnell Lake

2

North Fork Area (lange staubige Zufahrt nördlich von Apgar, am besten mit 4WD): *Quartz Creek*, *Logging Creek* und noch ruhiger am *Kintla Lake* (39 mi ab Apgar). Eine bessere Alternative ist *Cut Bank* im Osten des Parks 18 mi südlich von St. Mary ($10; nur 5 mi auf Schotter). In dem Ort bietet außerdem noch der kommerzielle ***KOA*** Zeltplätze ($64), *full-hook up* (ab $80) und *cabins* ab $130.

Ungewöhnlich viele ausschließlich per pedes anzusteuernde ***walk-in campgrounds*** befinden sich im Hinterland der Parks. Für sie ist ein *backcountry permit* notwendig, ➤ Seite 219.

Unterkünfte im und außerhalb des Parks

Wer im Park übernachten möchte, sichert sich sein Zimmer am besten bereits **ein Jahr im Voraus**. Bei einem längeren Aufenthalt sind einige der Park-Unterkünfte nahezu unerschwinglich und die günstigsten (ab ca. $180) sehr schnell ausgebucht. Dazu zählen das ***Rising Sun Motor Inn***, ***Swiftcurrent Motor Inn*** (*cabins* am preiswertesten) sowie das ***Apgar Village Inn*** (einfache Motelräume, teils mit Küche und 5-Bett-Zimmer). Mitte/Ende September ist die Saison vorbei und fast alle Quartiere schließen ihre Pforten, die sie dann frühestens Mitte Mai wieder öffnen. Reservierungen über das Portal www.glaciernationalparklodges.com, *Apgar* und *Lake McDonald Lodge* unter www.glacierparkcollection.com.

St. Mary

Ebenso gut gebucht wie die *NP Lodges* sind die Unterkünfte in den Einfallstoren St. Mary, West und East Glacier. Wer auch die *Many Glacier* und *Two Medicine Area* besuchen möchte, übernachtet am zentralsten im winzigen **St. Mary** an der Osteinfahrt:

- An der Kreuzung #89/*Going-to-the-Sun Road* steht das Resort ***St. Mary Village*** mit einem vergleichsweise guten Preis-Leistungs-Verhältnis; *queen bed rooms* ab $180, aber häufig schon

Der große Komplex des Many Glacier Hotels am Ufer des Swiftcurrent Lake im Osten des Glacier Nationalparks

über (!) ein Jahr vorab schon ausgebucht; ✆ 1-844-868-7474, www.glacierparkcollection.com. Zu diesem Komplex gehört noch eine Cafeteria, ein kleiner *grocery store* sowie eine Tankstelle. Das Essen im angeschlossenen ***Snowgoose Grill*** ist keine Offenbarung, hat aber im Ort nur das ***Johnson's Restaurant*** und die ***Rising Sun Pizza*** als Konkurrenz.

- Im $150-Einfachstzimmer des ***Red Eagle Motel*** darf man sich keinen Komfort erwarten, aber hinsichtlich Tarif ist es im *Glacier*-Umfeld kaum zu unterbieten. Die RV-Stellplätze kosten dort $50; ✆ (406) 732-4453, www.redeaglemotelrvpark.com.
- Sehr hübsch sind die großen *Cottages at Glacier* mit Küche und zwei Zimmern ($350 für bis zu 7 Personen); ✆ (406) 309-4231, www.thecottagesatglacier.com.

West Glacier

Eine ähnlich begrenzte Versorgungsinfrastruktur bietet beim westlichen Parkeingang das nur im Sommer belebte Mini-Touristendorf **West Glacier**. Die Motels, *Lodges* und kommerziellen *Campgrounds* konzentrieren sich entlang der Straße #2 zwischen West Glacier und Columbia Falls.

East Glacier

In **East Glacier** hat man die Wahl zwischen einer Handvoll Motels und der ***Glacier Park Lodge*** (hübsch im Blockhausstil, aber für Tarife ab $200 wenig exquisite DZ; www.glacierparkcollection.com). Außerdem steht dort eine Jugendherberge, das ***Brownies Hostel*** neben der gleichnamigen Bäckerei; DZ ab $75, Familienzimmer ab $95; ✆ (406) 270-2728, www.brownieshostel.com.

Weiter nach Kanada und zum Waterton Lakes NP

Über den ***Chief Mountain International Hwy*** (#17/#6) ist ab der *Many Glacier Area* schnell die kanadische Grenze und der *Waterton Lakes Nat'l Park* (➤ Seite 631) erreicht mit Anschlussmöglichkeiten zum *Crowsnest Hwy* (➤ Seite 654) oder über Calgary zu den Nationalparks Banff und Jasper.

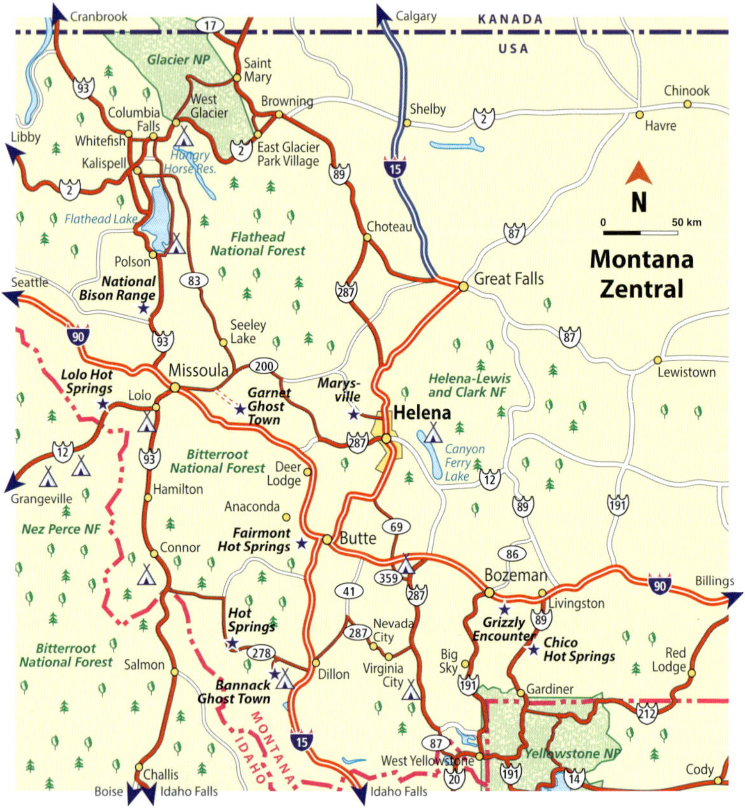

2.3.6 Vom Glacier zum Yellowstone National Park

Der direkte Weg vom *Glacier* zur Nordwesteinfahrt des *Yellowstone Park* (bis ***Mammoth Hot Springs*** ca. 370 mi) ist identisch mit dem schönen Verlauf der Straße #89 über Great Falls. Mehr Abwechslung bietet aber die in der Folge beschriebene **Route über Helena und Butte** nach Gardiner oder West Yellowstone.

Browning

In beiden Fällen geht es zunächst auf der #89 durch das Land der ***Blackfeet*** in Richtung Great Falls. Das ärmliche Browning ist Verwaltungssitz des Reservats. Am westlichen Ortseingang (Straßenkreuzung #2/#89) präsentiert das ***Museum of the Plains Indian*** eine informative Ausstellung zur Kultur der Prärievölker dazu zählen noch die *Crow, Northern Cheyenne, Sioux, Assiniboine, Arapaho, Shoshone, Nez Perce, Flathead, Chippewa* und *Cree*; Juni-Sept Di-Sa 9-16.45 Uhr und Eintritt $6/$2; Oktober-Mai Di-Fr 10-60 Uhr, dann gratis; www.doi.gov/iacb/museum-plains-indian.

»When Sioux and Blackfeet Met«, Kampfszene zwischen den zwei Stämmen, ein Gemälde von Charles M. Russell

Südlich von Browning liegen an der #89 zwei Einrichtungen des ***Montana Dinosaur Trail*** (➢ Exkurs Seite 371): Im ***Montana Dinosaur Center*** in **Bynum** dürfen Besucher gemeinsam mit Paläontologen selber nach Fossilien graben (Halb- oder Ganztagesexkursionen: https://tmdinosaurcenter.org), in **Choteau** steht das winzige ***Old Trail Museum*** mit Funden aus der Umgebung.

Es empfiehlt sich der Verbleib auf der #89, da der I-15-Abschnitt zwischen Great Falls und Helena besonders reizvoll ist und die kürzere #287 (direkt nach Helena) nicht viel fürs Auge bietet.

Great Falls

Beidseitig des Missouri River dehnt sich Great Falls aus. Die drittgrößte Stadt Montanas mit knapp 60.000 Einwohnern ist wirtschaftlich stark auf die nahe *Malmstrom Air Force Base* ausgerichtet und eher unattraktiv, hat aber zwei interessante Anlaufpunkte:

Charles M. Russell

Das ***C.M. Russell Museum*** beherbergt weit über 1.000 Werke dieses herausragenden Vertreters der ***Western Art***, dessen Heimat Great Falls war. Die oft fotografisch genau wirkenden Gemälde kreisen überwiegend um Trapper, Ureinwohner und die Eroberung des Westens. Das Museum ist ausgeschildert und nicht zu verfehlen im Villenviertel südlich des Flusses; 400 13th Street; im Sommer täglich 10-17 Uhr; sonst Do-Mo; $16/$5; https://cmrussell.org.

Lewis & Clark Center

Das ***Lewis & Clark National Historic Trail Interpretive Center*** steht östlich der Stadt am Ufer des Missouri und beherbergt ein **hervorragendes Museum** zur Expedition von Lewis & Clark (➢ Exkurs Seite 192). Geöffnet von Ende Mai bis September täglich 9-17 Uhr, sonst Di-Sa bis 17 Uhr, So ab 12 Uhr; Eintritt $8 ab 16 Jahre bzw. mit *Interagency Pass* frei.

Ein ***KOA*** liegt im Südosten der Stadt an der 500 51st Street South; schöne, schattige Plätze; https://koa.com/campgrounds/great-falls.

Gates of the Mountain Canyon

Die gelobte I-15 verlässt einige Meilen südwestlich von Great Falls die Prärie und läuft im Tal des Missouri grandios **durch die Ausläufer der *Rocky Mountains***. Kurz vor Helena durchbrach der Fluss die Beartooth-Höhen und bildete den ***Gates of the Mountains Canyon***. Er ist heute Teil des aufgestauten Holter Lake, unter dem einst gefährliche Stromschnellen verschwanden. Eine Stichstraße vom Freeway führt zu See und Anleger (Exit 209).

Helena

Die **Hauptstadt Montanas**, eines Staates mit etwa der Fläche Deutschlands, zählt knapp über 30.000 Einwohner. Dort gibt es nicht so ganz viel zu sehen, vornehmlich:

- das ***City Center*** mit der ***Last Chance Gulch Pedestrian Mall***, einer Shopping-Zone just dort, wo 1864 das erste Nugget im *Gold West Country* von Montana gefunden wurde
- das wie anderswo bombastische ***State Capitol***, ➢ Foto unten
- das ***Historical Society Museum*** direkt am *Capitol Park* mit einer guten Ausstellung zu Pionierzeit, Minentradition, Kultur der Ureinwohner und einer ***Western Art*-Abteilung** (überwiegend *C.M. Russell*); im Sommer Mo-Sa 9-17; $5/$1; https://mhs.mt.gov.

Ein Besucherzentrum befindet sich an der 105 Reeder's Alley, die *Chamber of Commerce* an der 225 Cruse Ave; www.helenamt.com.

Rodeo

Ende Juli kommt Leben in die Stadt, wenn die ***Last Chance Stampede*** auf den *Lewis & Clark County Fairgrounds* abgehalten wird mit Rodeo, Jahrmarkt und Landwirtschaftsschau.

Übernachten

Helena verfügt über eine große Auswahl an **Motels** und ***Lodges***, vor allem im unteren bis mittleren Preissektor, darunter *Days Inn, Comfort Inn, Holiday Inn, Super 8, Motel 6, Shilo* etc.

Stadtnah campt man am besten am **Hauser Lake**, einem weiteren Stausee des Missouri, ca. 12-15 mi östlich der Stadt. An ihm liegen kommerzielle ***Campgrounds*** und der ***Black Sandy State Park***; https://fwp.mt.gov/stateparks/black-sandy. Etwas weiter im Süden erstreckt sich der **Canyon Ferry Lake** mit mehreren ***Campgrounds*** der Einfachkategorie an dessen Nordostufer.

Marysville

Der vor Ort gern empfohlene Abstecher zur 25 mi nordwestlich gelegenen, bewohnten (!) »Geisterstadt« Marysville lohnt selbst für eingefleischte *Ghost Town*-Fans kaum. In den 1880/90er-Jahren war Maryville zwar die bedeutendste Goldgräberstadt Montanas, viele Häuser sind aber aus der Zeit nicht übrig geblieben.

State Capitol of Montana in Helena

Butte
[*bjuut*]

Die Streckenführung der **I-15** beeindruckt auch südlich von Helena noch. **Butte** ist eine – mit dem Nachlassen der einst Reichtum bringenden Kupfervorkommen – etwas heruntergekommene Minenstadt. Das leicht chaotische, aber interessante ***World Museum of Mining*** ($10/$6) mit *Underground Tour* ($21/$16 inkl. Eintritt ins Museum; im Sommer So+Mo 10-15, Di-Sa 10-17 Uhr; www.miningmuseum.org) und der ***Butte Historic District*** veranschaulichen die Arbeit früherer Tage in den Minen und den mit der industriellen Monokultur verbundenen Aufstieg und Niedergang der Stadt.

Zum Picknicken oder zur Übernachtung (eher Zelte, für RVs ungünstig) eignen sich die diversen Plätze des ***Thompson Park***, ein paar Meilen östlich der Stadt an der wunderbar über den *Pipestone Pass* geführten Straße #2.

Fairmont Hot Springs

An den heißen Quellen der ***Fairmont Hot Springs***, ca. 18 mi westlich von Butte (I-90, Abfahrt 211) steht eine **Freizeitanlage** mit großen Warmwasserpools und einer langen Rutsche. Sie ist 7-22 Uhr geöffnet, aber nur zugänglich für Gäste der angeschlossenen ***Lodge*** (ab $180; ✆ 1-800-332-3272, www.fairmontmontana.com) sowie des ***Fairmont RV Resort***; *full hook-up* ab $61; 1700 Fairmont Road; ✆ (406) 797-3505, www.fairmontrvresort.com.

Von Butte zum Yellowstone

Der schnellste Weg von Butte zum *Yellowstone NP* führt über Bozeman, Livingston (beide an der I-90; toller Verlauf auf den ersten 50 mi!) und Gardiner (#89). In Cardwell könnte man die Interstate für einen Besuch der ***Lewis & Clark Caverns*** verlassen (Straße #2). Vom Besucherzentrum in malerischer Lage in den Tobacco Root Mountains sind es nur 15-20 min bis zum Eingang der Tropfsteinhöhle. Die 2-stündigen Besichtigungstouren ($15/$5-$10) starten üblicherweise alle halbe Stunde Juni-August 9.30-18.30 Uhr. Unten im Tal in der Nähe des Flussufers befindet sich der einfache *SP Campground*, die *sites* ($4-$34) und *cabins* ($60-$66) sind reservierbar: https://fwp.mt.gov/stateparks/lewis-and-clark-caverns.

Weitere Plätze findet man im ***Missouri Headwaters State Park*** rund 25 mi weiter östlich, wo sich drei Flüsse zum Missouri River vereinen; I-90/Exit 278 und dann die Frontage Road nach Osten; https://fwp.mt.gov/stateparks/missouri-headwaters.

Eher wenig ergiebig ist die rüttelige Fahrt ab Exit 283 zum ***Madison Buffalo Jump SP***, einem Büffel-Jagdgrund der Ureinwohner mit nur ein paar Schautafeln und Picknicktischen vor Ort; 13 mi retour; $6; https://fwp.mt.gov/stateparks/madison-buffalo-jump. Die Thematik wird in der *Head-Smashed-In Buffalo Jump Site* in Alberta/Kanada ungleich interessanter präsentiert (➤ Seite 685).

Bozeman

In Bozeman lohnt sich dafür der Besuch des ***Museum of the Rockies*** im Stadtsüden unweit der *University of Montana*; 600 W Kagy Blvd; 9-17 Uhr; $20/$12; https://museumoftherockies.org. Das Naturkundemuseum birgt neben wechselnden Ausstellungen, eine kleine *Living History Farm*, in der kostümierte Darsteller den Besuchern das Leben im späten 19. Jahrhundert etwas näher bringen.

Tyrannusaurus Rex und Triceraptus Skelette gefunden in Montana und jetzt zu sehen im »Museum of the Rockies« in Bozeman

Bekannt ist das *Museum of the Rockies* primär aber für seine umfangreiche Fossiliensammlung (eine der herausragendsten Einrichtungen entlang des ***Montana Dinosaur Trail***, ➤ Exkurs Seite 371). Zu den Exponaten zählt u.a. der weltgrößte *T-Rex*-Schädel.

Montana Grizzly Encounter

Im ***Grizzly Encounter Rescue & Education Sanctuary*** (östlich der Stadt bei der I-90 Abfahrt 319) wird – ähnlich wie in West Yellowstone (➤ Seite 329) – Grizzlybären, die aus unterschiedlichsten Gründen nicht mehr in der Wildnis überlebensfähig sind, ein sicheres Refugium geboten. Besucher können sie in ihren weiträumigen Gehegen aus der Nähe beobachten (tolle Fotomöglichkeiten!); geöffnet im Sommer Mi-Mo 10-18 Uhr, sonst kürzer; Eintritt $12,50/$10,50; http://grizzlyencounter.org.

Chico Hot Springs

Einen kleinen Umweg für Anhänger heißer Quellen sind die ***Chico Hot Springs*** auf jeden Fall wert – wenige Meilen östlich der Straße #89 (Verbindung Livingston–*Yellowstone NP*). Es handelt sich um eine nostalgische, eher einfache Hotelanlage mit **Warmwasser-*Pool*** ($10/$5) und einem – direkt damit verbundenen! – **Saloon**. Doppelzimmer ohne eigenes Bad ab ca. $100, mit Bad ab $120; ✆ (406) 333-4933, www.chicohotsprings.com.

Nevada & Virginia City

Eine ebenfalls **erwägenswerte alternative Strecke** von Butte zum Yellowstone Nationalpark ist die **Straßenkombination #41/#287**. Sie führt über Nevada und Virginia City, zwei besuchenswerte historische Städtchen im Wildwest-Look. In **Virginia City** sind noch über 100 Gebäude aus den Tagen des Goldrausches erhalten geblieben und sorgfältig restauriert worden, ➤ Foto rechts.

Als Prospektoren 1863 am Alder Creek auf eine Goldader stießen, war der Grundstein gelegt für eine bald 10.000 Einwohner zählende Glücksritter-Boomtown, die vorübergehend sogar zur Hauptstadt des einstigen *Montana Territory* avancierte, dann aber durch die Goldfunde in Helena schnell wieder verfiel. Mit einigen originellen Läden, Unterkünften und einem *brew pub* ausgestattet ist die denkmalgeschützte **Virginia City** heute bestens aufbereitet für den Besucherandrang; www.virginiacitymt.com.

Über 100 Häuser aus Goldgräberzeiten stehen noch heute in der *Old Town*. Das benachbarte, beschaulichere **Nevada City** wurde zum lebendigen Freilichtmuseum umgestaltet; nur von Ende Mai bis Anfang September 10-18 Uhr. An Wochenenden hauchen kostümierte Mitarbeiter dem Geisterstädtchen »echtes Leben« ein. Die preiswerte Alternative zu den ***Nevada City Cabins*** (www.aldergulchaccommodations.com) sind die Blockhäuser des gut geführten ***Just An Experience B&B*** (ab $130; www.justanexperience.com).

Die Bummelbahn ***Alder Gulch Railroad*** verbindet beide Orte. Der Rundtrip kostet $10/$8; mehrfach täglich 10-18 Uhr. Tickets im *Virginia City Depot & Visitor Center* an der 413 West Wallace St.

Das Eintrittsgeld allemal wert sind die Vorstellungen im ***Opera House*** in Virginia City. In den Sommermonaten findet allabendlich außer montags eine ***Vaudeville***-Show statt (Varietétheater ähnlich wie im ausgehenden 19. Jh.); www.virginiacityplayers.com.

Bannack State Park

Wer noch immer nicht genug vom alten Wildwest-Flair hat, findet ein weiteres Goldrausch-Örtchen in der Hügellandschaft östlich der I-15. Die teils renovierten, teils originalbelassenen Häuser bilden heute den für *Ghost Town*-Fans sehenswerten ***Bannack State Park***; im Sommer täglich 8-21 Uhr; $6/Auto; www.bannack.org. 80 mi *one-way* ab Virginia City (#287/#41/I-15 South/#278).

Weiterfahrt zum Yellowstone

Vom nächsten Wildwest-Relikt **Ennis** (www.ennischamber.com) führt die Straße #287 nach links über Bozeman zum **Nordwesteingang** des Yellowstone Nationalparks (131 mi). Nach rechts, in Richtung Süden, bleiben auf der #287 nur noch 85 Meilen Fahrt bis **West Yellowstone**, eine voll dem Park-Tourismus verschriebene Ortschaft (➤ Seite 329), vorbei an dem **Hebgen Lake**. Am Westende des Sees erläutert ein ***Visitor Center*** die Einzelheiten und Auswirkungen des ***Madison River Canyon Earthquake*** von 1959. Die Erdbebenschäden sind immer noch erkennbar.

Theater in Virginia City

2.4 Südrouten durch die Kaskaden: Von Seattle über Mount Rainier/St. Helens zu den Rockies

Während man bei Entscheidung für die in **Kapitel 2.3** beschriebenen Startrouten den Yellowstone Nationalpark von Norden oder Westen ansteuert, eignet sich die Mount Rainier Strecke auch für die Anfahrt von Süden her über Südidaho und den *Grand Teton NP*.

Entlang der Südroute besteht nach dem Besuch des Mount Rainier und St. Helens Gebiets die Möglichkeit, die Reise gleich nach Osten fortzusetzen (über Hood River und die I-84) oder – mit etwas mehr Zeit – noch länger in den Kaskaden zu verweilen, Portland und der *Columbia River Gorge* einen Besuch abzustatten und sich erst dort in Richtung Osten zu wenden. Ebenso denkbar wäre eine Durchquerung Oregons noch weiter südlich, z.B. ab Bend, ➤ **Kapitel 5.2** ab Seite 401ff in der Gegenrichtung.

2.4.1 Anfahrten zum Mount Rainier

Zum ersten Etappenziel, dem Mount Rainier Nationalpark, stehen ausgehend von Seattle oder Tacoma zwei meilenmäßig in etwa gleich weite Strecken zur Auswahl:

Über die Nordosteinfahrt in den Mount Rainer NP

Der ***Mather Memorial Parkway*** **(#410)** zur nordöstlichen *Park Entrance* ist im Allgemeinen nicht so stark belastet, und bei Anfahrt von Seattle umgeht man die oft hohe Verkehrsdichte im Bereich Tacoma durch Übergang vom Freeway #167 auf die #164 bei Auburn. Man passiert im Park zunächst das attraktive *Sunrise*-Gebiet und muss – bei Fortsetzung der Reise nach Süden zum *Mount St. Helens Monument* – auch im Bereich *Paradise* keine doppelten Strecken in Kauf nehmen. In diesem Fall führt die Rundfahrt von der #410/#123/#706 weiter über die #7 bis nach Morton an der #12 und von dort dann zur West- oder Ostseite des Mount St. Helens.

Zur Südwesteinfahrt des Mt. Rainier über die #161/#7/#706

Die Straßenkombination #7/#706 **ab der #161 oder ab der I-5** bei Tacoma zur südwestlichen Haupteinfahrt empfiehlt sich für alle, die das *Mount St. Helens Monument* auslassen oder bereits im Vorfeld besucht haben, um dann rascher über Yakima und die I-82/I-90 zum *Glacier NP* zu gelangen. Steht im Anschluss der Besuch der Ostseite des Mount St. Helens an, kann man die *Sunrise* Region auch links liegen lassen. Wobei sich der Umweg bis zur Zufahrtsstraße noch in Grenzen hält (29 mi retour) und auf der Strecke der wunderbare **Tipsoo Lake** mit tollem Bergblick liegt.

Auf dieser landschaftlich – gegenüber der Straße #410 – gleichwertigen Mount Rainier Anfahrt, befindet sich eine ganze Reihe kommerziell betriebener Attraktionen, darunter der ***Northwest Trek Wildlife Park*** an der #161 mit *Tram Tour* durch ein riesiges Wildtier-Gehege (Elche, Schneeziegen, Bisons u.v.m.); im Sommer 9.30-18 Uhr; $25/$14, online günstiger; www.nwtrek.org.

Am Ostende des Stausees **Alder Lake**, bereits an der #7, steht in Elbe das ***Mt Rainier Railroad & Logging Museum***, wo man von Mai bis Oktober Zugfahrten unternehmen kann. Beim *Scenic Train* steht eher die nostalgische Dampflok als die Landschaft im Fokus (überwiegend Wälder); Dauer 75 min; $34/$15. Darüber hinaus werden noch *Brunch, Dinner, Whiskey/Bear (Tasting) Trains* u.v.m. angeboten; https://mtrainierrailroad.com.

Interessant für Besucher mit Kindern könnte in Elbe eine Nacht in einer ausrangierten Eisenbahn sein (simple Zimmer ab ca. $150). Auch das Restaurant des ***Hobo Inn*** wurde in einem alten Waggon untergebracht; ✆ 1-888-773-4637, www.rrdiner.com.

Übernachten

Zwischen dem Alder Lake und der Parkeinfahrt passiert die #706 noch einige kleine **Motels** und **B&Bs**. Am Ufer des beliebten, oft aber sehr niedrig stehenden **Badesees** kann man auch **campen**. Weitere schlichte Plätze befinden sich am Weg zum Nationalpark. Den Sommer über, allen voran an Wochenenden, kommt man in diesem Bereich nur sehr schwer ohne Reservierung unter.

»Recycled Spirits of Iron« an der #706 auf dem Weg in den Mount Rainier NP

Rechter Hand der #706 fallen vor der Parkeinfahrt noch die ***Ex-Nihilo Sculptures*** auf. Dort kann man sich kurz die Füße vertreten und dabei die »Recycled Spirits of Iron« des Künstlers Dan Klennert bestaunen, der in seiner Gartenanlage allerhand originelle Skulpturen aus Eisen ausgestellt hat. Der Eintritt ist frei, eine kleine Spende aber erwünscht.

Es folgen der Mini-Ort **Ashford** mit der letzten Tankstelle und die *Nisqually Entrance Station* des Nationalparks, die als einzige ganzjährig geöffnet bleibt.

Zur Mowich Lake Area des Mt. Rainier

Ein von Besuchern meist außer Acht gelassener Bereich ist die ***Mowich Lake Area*** in der äußersten Nordwestecke des Nationalparks. Dorthin geht es nur über eine 27-mi-Stichstraße ab der #410: #165 bzw. *Mowich Lake Road*, die letzten 15 mi ungeteert und nur mit guter Bodenfreiheit. Wer die Wildblumenwiesen im Hochsommer abseits der großen Besuchermassen (*Paradise, Sunrise*) mit etwas mehr Ruhe genießen möchte, kann ausgehend vom Mowich Lake den ***Spray Park Trail*** entlang wandern. Die *Spray Park Meadows* (nach 4-5 km) sind meist von Mitte Juli bis Mitte August von Wildblumen übersät. Und im Hintergrund erhebt sich majestätisch der Mount Rainier – Bilderbuchmotive ohne Ende!

2.4.2 Mount Rainier National Park www.nps.gov/mora

Eintritt $30/Auto $15/Person oder Interagency Jahrespass

Der Stratovulkan **Mount Rainier**, mit 4.392 m höchster Berg der Kaskaden, bietet zu jeder Jahreszeit ein eindrucksvolles Bild. Der weiße, immer schneebedeckte Gipfel scheint bei klarer Sicht selbst im 100 km entfernten Seattle noch zum Greifen nah. Zu Füßen des majestätischen Bergs breiten sich unberührte Wälder und im Sommer bunte Blumenwiesen aus, auf denen sich dann jede Menge Murmeltiere sonnen und vereinzelt auch Hirsche, Schneeziegen sowie Schwarzbären blicken lassen.

Die Idylle soll aber nicht darüber hinwegtäuschen: Mount Rainier ist kein erloschener Vulkan, in seinem Inneren brodelt es und eines Tages könnte es auch hier – wie im Fall des Mount St. Helens – zum Ausbruch kommen. Dann wäre nicht nur die unmittelbare Umgebung bedroht, sondern auch die dicht bevölkerte Region rund um die Großstadt Tacoma.

Straßen durch den Park

Park-Karten

Die südlich des Mount Rainier durch den 953 km^2 großen Nationalpark verlaufende #706 erschließt den Hauptbereich rund um ***Paradise*** und mündet im Südosten in die #123, auf der es dann nordwärts zur #410 und nach ***Sunrise*** geht. Direkt in diese Region führt die #410, die aus Richtung Seattle außerhalb der Parkgrenze einen weiten Bogen um die Ausläufer des Bergs im Norden macht. Park-Karte: www.nps.gov/mora/planyourvisit/maps.htm.

Den ganzen Sommer über ist das Verkehrsaufkommen in beiden Bereichen gleichermaßen hoch. Es empfiehlt sich eine frühe Anreise, denn die Parkflächen bei *Paradise* und *Sunrise* füllen sich schon im Lauf des Vormittags. Besonders dramatisch ist es bei *Sunrise*: Gibt es beim *Visitor Center* am Straßenende keinen Platz mehr, wird man an der Zufahrt bei der *White River Entrance Station* nicht weitergelassen, bis Besucher wieder herunterkommen!

Anfang August wähnt man sich im Paradise Valley unterhalb des Mount Rainier im (Blumen-)Paradies (➤ Foto Doppelseite 4/5), aber auch der Herbst treibt es bunt: Ende September verfärben sich die Beerensträucher in den Höhenlagen knallrot

Paradise Valley und Sehenswertes im Süden/Osten des Parks

Nisqually bis Paradise

Von der Südwesteinfahrt geht es zunächst nach **Longmire** mit *Wilderness Info Center*, einem kleinen Museum und dem *National Park Inn*. Auf den darauffolgenden 11 mi bis zum *Paradise*-Besucherzentrum gewinnt die Parkstraße schnell an Höhe. Am Weg liegen der Aussichtspunkt ***Ricksecker Point*** sowie drei sehenswerte Wasserfälle: Die ***Christine Falls*** stürzen direkt unterhalb einer Brücke in die Tiefe und die ***Narada Falls*** (54 m) befinden sich wenig später rechter Hand der #706. Die 92 m hohen ***Comet Falls*** sind nur auf Schusters Rappen zu erreichen (6 km retour ab der Parkbucht 0,2 mi westlich von den *Christine Falls*; 270 HM).

Paradise Valley

Die 4 mi lange *Paradise Valley Loop Road* bringt die Besucher zum *Visitor Center* auf 1.650 m, zur rustikalen ***Paradise Inn Lodge*** und zu den **gletschernächsten Wanderrouten** des Parks. Dort sollte man sich als Minimalprogramm den Lehrpfad ***Nisqually Vista Trail*** vornehmen (2 km retour, 60 HM). Anspruchsvoller wäre der sehr schöne ***Skyline Loop*** (ca. 9 km, 500 HM), auf dem auch abkürzende Teilrunden möglich sind (z.B. mit ***Alta Vista Trail*** ca. 3 km). Er führt besonders nah an die Eisfelder und Gletscher heran (*Glacier Vista*!). Routenkarten im Besucherzentrum sowie unter www.nps.gov/mora/planyourvisit/maps.htm (➤ QR-Code Seite 234).

Wildblumen

Berühmt ist das »Paradies« für seine **sagenhaften Wildblumenwiesen**. Das Naturspektakel beginnt Mitte Juli und erreicht in der ersten Augustwoche meist seinen Höhepunkt. Aktuelle Infos dazu sowie einen *Wildflower Guide* findet man auch im Internet unter www.nps.gov/mora/planyourvisit/wildflower-status.htm.

Christine Falls

Tipp: Wer auf etwas weniger bevölkerten Pfaden zwischen mindestens so prächtigen Blumenteppichen wandeln möchte, kann die **Mazama Ridge** über den ***Lakes Trail*** erklimmen (ca. 6 km retour; ➤ Foto Seite 4/5). Der Ausgangspunkt (*4th Crossing*) liegt im östlichen Abschnitt der *Paradise Valley Loop Road*. Gute 3 km länger wird diese Wanderung mit Start beim *Paradise Inn* und über die ***Myrtle Falls*** (zwar nur 22 m hoch, aber dafür mit dem nahen Vulkan im Hintergrund).

Auf der Weiterfahrt in Richtung *Sunrise* lohnt sich ein Stopp am **Reflection Lake** gleich nördlich der Hauptstraße, in dem der Mount Rainier an windstillen Tagen sein perfektes Ebenbild zeigt. Ähnliches gilt für den **Bench Lake**, den man ab der Parkstraße nach nur 1,2 km Fußweg erreicht (ab *Snow Lake Trailhead*).

Einer der **besten Blicke auf den Mount Rainier** eröffnet sich unweit der Osteinfahrt des Nationalparks vom **Tipsoo Lake** nördlich oder vom kleineren **Upper Tipsoo Lake** (➢ Foto rechts) südlich der #410. Beim Tipsoo Lake startet der Rundweg um den Naches Peak, den man für das beste Panorama im Uhrzeigersinn abläuft (5,6 km, 150 HM). Im Hochsommer führt auch er durch ein Blumenmeer.

Abstecher in die »Sunrise« Region

Für die serpentinenreiche Auffahrt zur ***Sunrise***-Region auf knapp 2.000 m sollte man ein bisschen Extra-Zeit einplanen (14 mi ab der #410). Bei gutem Wetter wird man dort mit weiteren bunten Bergwiesen und schönen Ausblicken auf den Gipfel belohnt. Die sich auf dem Rückzug befindlichen Gletscher liegen in der Ecke des Parks zwar etwas weiter entfernt, aber vom Picknickplatz hinter dem *Sunrise Visitor Center* (nur Anfang Juli-Anfang September) genießt man **vormittags** dennoch ein Traumpanorama.

Von den Wanderwegen besonders zu empfehlen ist der *Loop Trail* zum **Frozen** und **Shadow Lake**; ca. 6 km; 60 Höhenmeter.

Übernachten und Versorgung

Unterkunft

In den zwei *NP*-Quartiere kosten selbst die Mini-Zimmer ohne Bad ordentlich Geld: Mit frühzeitiger Reservierung kommt man ab ca. $200 im nostalgischen ***Paradise Inn*** (Mitte Mai-September) unter oder im Tal des Nisqually River auf etwa halber Strecke zwischen Südwesteinfahrt und *Paradise Valley* im ***National Park Inn*** (ganzjährig geöffnet). Mit Bad zahlt man noch deutlich mehr; https://mtrainierguestservices.com.

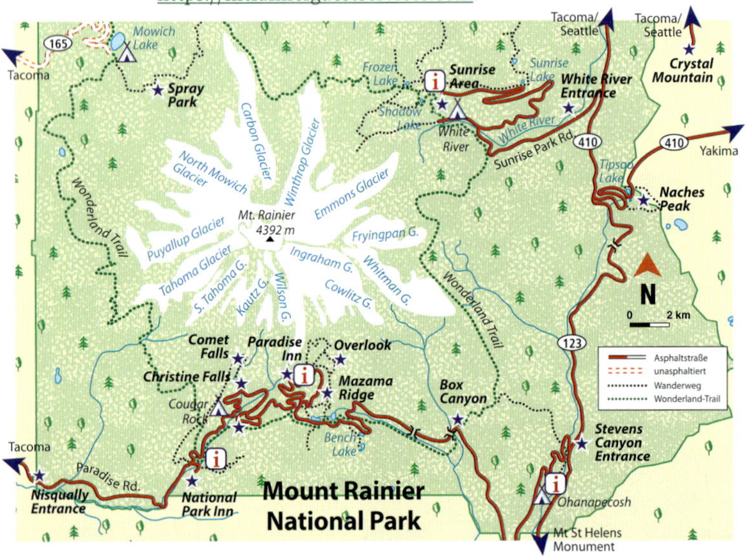

Der Tipsoo Lake am Osteingang des Mt Rainier NP

Für die Alternativen vor den Toren des Parks an der #706 (➤ Seite 233) oder in Packwood (➤ Seite 238) muss man etwas längere Anfahrtszeiten in Kauf nehmen. Wer für den Bereich *Sunrise* eine Bleibe für die Nacht sucht, wird ggf. bei den ***Crystal Mountain Hotels*** im gleichnamigen Skigebiet oder im 35 mi entfernten **Greenwater** fündig (das gemütliche ***Cozy Studio Apartment*** gibt es dort z.B. für $250).

Camping

Sowohl für ***Cougar Rock*** an der #706 (idealer Ausgangspunkt für den *Paradise*-Besuch!) als auch für den ***Ohanapecosh Campground*** (sehr hübsch in einem schattigen Wäldchen am gleichnamigen Fluss unweit an der Südosteinfahrt #123 gelegen) sollte man unbedingt lange im Voraus reservieren; $20; www.recreation.gov. *First-come, first-served* werden die teils etwas engeren Plätze des ***White River Campground*** an der *Sunrise*-Auffahrt vergeben ($20). Er ist nur von Ende Juni bis Ende September offen und selbst die Sommernächte können in der Höhe recht kalt sein.

Der weitläufige ***La Wis-Wis NF-Campground*** an der #12 liegt toll am Wildwasser; nach Einfahrt (nur 0,6 mi südlich des Straßendreiecks #12/#123) der Ausschilderung »*Tent Camping*« zu den schönsten Uferplätzen folgen ($24; reservierbar: www.recreation.gov).

Versorgung

Außer in Longmire (Laden mit begrenztem Sortiment) gibt es im Park **keine Einkaufsmöglichkeit**, sieht man ab von Snacks und Postkarten in den oben beschriebenen Bereichen. Über einen ***Dining Room*** verfügen die Hotels *Paradise* und *National Park Inn*, der Sunrise-Bereich hat nur eine kleine *eatery*.

Zur Ostseite des Mount St. Helens

Von der **Südosteinfahrt** des ***Mt. Rainier NP*** sind es rund 30 mi auf den Straßen #123/#12 am Cowlitz River entlang bis Randle, von wo ein Netz (von asphaltierten) Forststraßen die besonders reizvolle Ostseite des ***Mount St. Helens Volcanic Monument*** erschließt.

Packwood

Das kleine **Packwood** am Wege verfügt über eine Handvoll Unterkünfte; https://destinationpackwood.com. Dazu zählt auch das historische ***Hotel Packwood*** mit frisch renovierten Zimmern ab ca. $130; ✆ (360) 494-5431, www.packwoodwa.com.

Der Stadtpark besteht im Wesentlichen aus einem weitläufigen ***Campingplatz***. Die schönsten Plätzchen findet man dort im Grünen im hinteren Areal; Zelte $20, RVs bei *Hook-up*-Service ab $35; mit Duschen; ✆ (360) 494-5145, www.packwoodrv.com.

Randle

Randle, noch 17 mi weiter, ist schon mehr auf den Mount St. Helens-Tourismus ausgerichtet und verfügt über etliche Quartiere und RV-Plätze. Wer in diesem Bereich ans Campen denkt, sollte den ***NF-Iron Creek Campground*** ($26) unter riesigen Douglasfichten, 10 mi südlich von Randle, ins Auge fassen. Er ist nach *La Wis-Wis* der beste Platz weit und breit, füllt sich daher oft auch früh und sollte im Sommer lieber reserviert werden.

Anschluss an die Nordrouten zum Glacier Nationalpark

Vom Mount Rainier ist auch eine Weiterfahrt nach Spokane mit Anschluss an eine der Nordrouten zum Glacier Nationalpark im **Kapitel 2.3**, ➤ Seite 214ff, denkbar. Ab dem **Tipsoo Lake** geht es dafür über die #410/#12 zunächst nach **Yakima** und dann weiter zur Interstate #90 – entweder direkt über die I-82 oder durch ausgedehnte Obst-, Hopfen- und Weinanbaugebiete bis zu **Tri-Cities** (Kennewick, Pasco und Richland) und von dort weiter über die ***Palouse Falls*** und ***Palouse Fields*** (➤ Seite 201).

Weingüter

Die Weine des **Yakima Valley** machen den kalifornischen Konkurrenz und ähnlich wie im Napa Valley können die »edlen Tropfen« verkostet werden; www.yakimavalleywinecountry.com.

Toppenish

Einen kurzen Stopp verdient die kleine Ortschaft **Toppenish** südöstlich von Yakima mit ca. 80 beeindruckenden, großen ***murals*** (Wandgemälden). Jedes Jahr kommt mindestens ein neues hinzu. Einen Einblick verschafft das Portal www.visittoppenish.com.

Mount Rainier für ausdauernde Bergwanderer/-steiger

Viel Zeit und eine gute Kondition muss mitbringen, wer den Vulkan zu Fuß umrunden oder sich als Gipfelstürmer versuchen möchte: Auf dem beliebten ***Wonderland Trail*** geht es 150 km lang nahezu ununterbrochen bergauf/bergab (insgesamt 6.000 HM!). 2/3 der *wilderness camping permits* entlang des Rundwegs werden per Lotterie, der Rest *first-come, first served* vergeben: www.nps.gov/mora/planyourvisit/wilderness-permit.htm. Für das 50-km-Teilstück, das beide Hauptregionen (*Paradise–Sunrise*) des Nationalparks verbindet, benötigt man üblicherweise zwei Tage, für die gesamte Umrundung locker 9-13 Tage. Wer zudem Neigung zur Erklimmung des Mount Rainier verspürt, ohne selbst Bergspezialist zu sein, kann sich 4- oder 5-tägigen **Gipfeltouren** für $1.900 bzw. $2.600 anschließen. Zwei Tage dienen der Vorbereitung, 2-3 Tage dauert dann der eigentliche Trip. Die notwendige Ausrüstung wird weitgehend gestellt. Nähere Auskünfte und Buchung in Ashford bei ***Rainier Mountaineering*** im Westen des Parks an der #706: ✆ 1-888-892-5462 bzw. www.rmiguides.com.

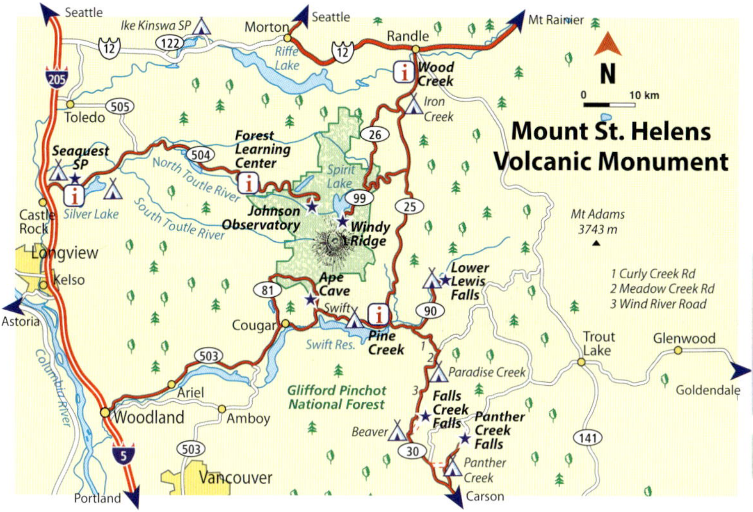

2.4.3 Mount St. Helens National Volcanic Monument

Ausbruch des Mount St. Helens

Im Jahr 1980 ereignete sich beim Mount St. Helens einer der stärksten Vulkanausbrüche des letzten Jahrhunderts. Drei Tage ununterbrochener Eruptionen und kleinere Nachbeben forderten 57 Menschenleben und verdunkelten den Himmel über Washington. Gletscher schmolzen und sorgten für Schlammfluten in der Umgebung. Viele Quadratkilometer Waldflächen im weiten Umkreis des Berges wurden total vernichtet, Lava ergoss sich auch nach Südosten. Das **Ergebnis** der vulkanischen Aktivitäten war **ein um 400 Höhenmeter reduzierter Berg** mit einem 1,5 km breiten, nach Norden aufgebrochenen Krater.

National Volcanic Monument (NVM)

Der Krater selbst und das von Zerstörung am stärksten betroffene Gebiet wurden zur Sperrzone erklärt und schon 1982 ein großes Areal rund um den Berg als ***Volcanic Monument*** ausgewiesen. Man wollte die sich überraschend schnell abzeichnende Erholung der Natur in der ***Desaster Area***, in der zunächst alles Leben untergegangen zu sein schien, unbeeinflusst von menschlicher Einwirkung beobachten und auswerten. Die großflächige Zerstörung ist auch heute noch nicht zu übersehen. Die Forststraßen des Gebiets wurden zur Besucherbewältigung weiträumig ausgebaut und erlauben problemlose Fahrten bis hinauf zur **Windy Ridge**.

Eintritt

Das ***Mount St. Helens Monument*** wird gemeinschaftlich vom *Nat'l Park* und *Nat'l Forest Service* verwaltet und betrieben. Inhaber des ***Interagency Pass*** haben kostenfreien Zugang. An der Ost- und Südseite bei der Windy Ridge und der *Ape Cave* gilt außerdem der ***National Forest Day Pass*** ($5/Pkw), an der Westseite (➤ Seite 242) am *Johnston Ridge Observatory* oder in der *Coldwater Recreation*

Tausende von Baumstämmen bedecken bis heute noch die Wasserfläche des Spirit Lake

Area wird ein ***Monument Pass*** ausgestellt ($8 p.P.; Kinder unter 15 frei). Das Besucherzentrum am Silver Lake bittet immer extra zur Kasse, da es von den *Washington State Parks* betreut wird ($5 p.P.).

Auf der **Westseite** existieren gleich **zwei *Visitor Center***, im **Osten** ein – nur im Sommer besetzter – ***Info Container*** an der Auffahrt zur Windy Ridge. Der ***Volcano Review***, die offizielle Zeitung des Monuments, informiert mit Karten und allen aktuellen Details; www.fs.usda.gov/recarea/giffordpinchot/recarea/?recid=34143.

Der Ost- und Südbereich des Mount St. Helens

Windy Ridge

Als Zufahrt zum Ostareal dient die Straße #25. Ca. 25 mi südlich von Randle geht es auf der #99 nach Westen hinauf zur **Windy Ridge** (nur im Sommer!). Der Gebirgskamm liegt über dem einst malerischen Bergsee Spirit Lake in größter Nähe zum Krater.

Die Fahrt und der Blick von den diversen Aussichtspunkten vermitteln einen plastischen Eindruck von den Naturgewalten, die hier einst im Spiel waren. Die enorme Druckwelle ließ alle Bäume wie Streichhölzer umfallen, sie liegen auch heute noch parallel ausgerichtet auf den Hängen oder treiben auf dem **Spirit Lake**. Ab dem *Harmony View Point* führt ein Pfad hinunter zum Ufer. Den besten Blick auf den Vulkan hat man vom Hügel über dem Parkplatz ganz am Straßenende (langer Treppenzug nach oben).

Ranger Talks

Sehr empfehlenswert ist es, eine der Info-Veranstaltungen beim Meta Lake oder im Amphitheater am Ende der *Windy Ridge Road* wahrzunehmen, im Juli/August meist täglich.

Wanderwege

Auf einer Vielzahl von Wanderpfaden kann man die im Hochsommer bisweilen stark frequentierten Zubringer und speziell die Windy Ridge rasch hinter sich lassen. Da man heute in die einst gesperrte Zone der größten Zerstörung hineinlaufen darf, sind diese Wege auch am interessantesten, zum Beispiel der Trail zu den beachtlichen ***Loowit Falls*** am Rand des Vulkankraters (ca. 15 km hin und zurück; 370 Höhenmeter).

Permit für Trails über 4800 ft

Auch den **Gipfel des Mount St. Helens** (8.325 Fuß = 2.540 m) darf wieder erklommen werden. Die letzte vulkanische Unruhe liegt bereits über 15 Jahre zurück (2004-2008).

Für alle Wege, die auf Höhen über 4.800 Fuß steigen, wird ein ***climbing permit*** ($20) benötigt. Im Zeitraum April bis Mitte Mai werden nur 350 Stück/Tag vergeben, im Anschluss bis Oktober sogar nur 110 Stück/Tag. Die Bewilligungen muss man sich vorab online besorgen. Ausführliche Infos dazu auf dem Portal www.mshinstitute.org/explore/climbing-permits/climbing-permits.html und Link für die Reservierung ➤ Seite 103.

Ape Cave

Der Gipfelpfad beginnt im Südbereich des Monuments; dort stößt man auch auf ein **Wegenetz** durch eine auf frühere Ausbrüche zurückgehende **Lavalandschaft**, wie sie ähnlich in Oregon und Nordkalifornien zu finden ist. Einen Besuch verdient auch die ***Ape Cave***, eine nach beiden Seiten hin offene, fast 1 km lange Lavahöhle. Die *Info Station* am Beginn des ***Ape Cave Trail*** verleiht 10-17.30 Uhr Laternen; nur 3 mi ab Abzweig in der Nähe vom *Swift Dam*; www.mountsthelens.com/ape-caves.html.

Wer in der Region eine Bleibe für die Nacht sucht, findet im ***Lone Fir Resort*** in **Cougar** an der Straße #503 einfache Zimmer, *cabins* und *RV sites*; ✆ (360) 238-5210, https://lonefirresort.com.

2023: Wegen Hangrutsch war die #25 an der Ostseite des Vulkans zw. Windy Ridge und Pince Creek gesperrt

Das Abfahren der nur scheinbar geringen Distanzen rund um den Mount St. Helens kostet wegen der kurvenreichen Straßenführung und Tempolimits relativ viel Zeit. Für einen Besuch, der eine Fahrt hinauf zur Windy Ridge und zur *Ape Cave* mit einschließt, benötigt man ab Randle leicht 5-6 Stunden. Einen ganzen sehr langen Tag dauert eine »Vollumrundung« inkl. Fahrt zum *Johnston Ridge Observatory* auf der Westseite.

*Unterwegs durch einst dicht bewaldetes Gebiet auf dem nördlichen Abschnitt des **Loowit Loop Trail** (51 km) rund um den 1980 entstandenen Krater des Mount St. Helens; Zugang am besten vom Windy Ridge Viewpoint (Windy Trail in Richtung Loowit Falls), ab etwa Mitte Juli blühen hier unglaublich viele Wildblumen*

Indian Paintbrush am Harry's Ridge Trail (Start beim Johnson Ridge Visitors Center)

Die Westzufahrten zum Mount St. Helens

Die schnellste Verbindung von Seattle nach Portland, die **Interstate #5** vorbei an Tacoma und Olympia (➤ Seite 191), schafft auch Zugang zu den Westarealen des Mount St. Helens.

#504 ab Castle Rock

Nur wenige Meilen von der Autobahnabfahrt 49 entfernt steht am **Silver Lake** bereits das erste Besucherzentrum des Monuments. Der Zutritt in das ***Silver Lake Visitor Center*** ist kostenpflichtig ($5; Kinder 7-17 $2,50; im Sommer täglich 9-17 Uhr, sonst kürzer). Die gezeigten Filme über den Vulkanausbruch sowie die interaktiven Exponate sind durchaus eindrucksvoll, aber die zwei zusätzlichen Besucherzentren weiter östlich an #504 haben auch einiges zu bieten und sind im *NVM*-Eintrittspreis (➤ Seite 239) inbegriffen.

Im schön bewaldeten ***Seaquest State Park*** gleich nebenan warten zahlreiche Picknick- und Stellplätze, full *hook-up* sowie Jurten (https://parks.wa.gov/find-parks). Am Silver Lake befinden sich außerdem einige privat betriebene ***Campgrounds***, z.T. mit Plätzen direkt am Wasser. Die Infrastruktur ist selbst in Castle Rock sehr dünn. Wer eine Unterkunft sucht, findet dort z.B. das einfache ***Mount St. Helens Motel*** (Zimmer ab $150; ✆ (360) 274-7721, www.mountsthelensmotel.com). Im 14 km entfernten **Kelso** gibt es mehr Optionen, darunter ein *BW, Comfort Inn* und *Motel 6*.

2023: Wegen Hangrutsch war die Zufahrt zum Observatory gesperrt. Aktuelle Infos:

Auf der einst zerstörten, heute wieder bestens ausgebauten #504 geht es weiter in Richtung Mount St. Helens mit Blick auf den aufgebrochenen Krater des Vulkans. Bei der Meile 33 passiert man das ***Forest Learning Center***, das bereits in der »Blast Zone« (Explosionszone) liegt und einen ersten Einblick in das Geschehen vom 18. Mai 1980 bietet (Eintritt frei).

Das unbedingt besuchenswerte ***Johnston Ridge Observatory*** befindet sich noch 19 Meilen näher am Berg. Das Museum und ein Film informieren über den Ausbruch und weiter bestehende vulkanische Aktivität; Eintritt $8 p.P. oder *Interagency Pass*. Auch von dort starten längere Wanderwege in Richtung Krater. Infos: www.fs.usda.gov/recarea/giffordpinchot/recarea/?recid=31562.

#503 ab Woodland

Weiter südlich an der I-5 geht es ab Woodland (Exit 21) über die #503 zur bereits beschriebenen Lavahöhle ***Ape Cave*** im Süden des Monuments sowie zur *Pine Creek Information Station* an der Forststraße #90 am östlichen Ende des Swift Reservoir.

Weiterfahrt in Richtung Portland oder gleich nach Osten

Die **schnellsten Routen** vom westlichen und südlichen Bereich des Mount St. Helens nach Portland verlaufen über die #504 bzw. #503 zurück zur I-5 *South*.

Umweg durch den Gifford Pinchot NF

Ausgehend vom ***Pine Creek Info Center*** am Osteende des Swift Reservoir könnte man die Mount St. Helens-Region aber auch in Richtung ***Columbia River Gorge*** verlassen über die Straßenkombination NF-90 (Abzweig vom Hwy 90 gleich östlich der *Info*!), *Curly Creek Road* und #30 (*Wind River Road*) bis Carson am Nordufer des Flusses. Die schöne Route durch den *Gifford Pinchot National Forest* ist Ausgangspunkt für einige tolle Foto- und Wanderziele, die einen guten Eindruck vermitteln, wie idyllisch die Wasserfälle auf der anderen Seite der *Gorge* in Oregon vor dem Großbrand im Sommer 2017 waren (➤ Seite 253).

Der erste Ausflug führt zu den fantastischen ***Lower Lewis Falls***. Hierfür bleibt man auf der Forststraße #90 bis zur gleichnamigen *Recreation Area* mit beliebtem Camping- und Badeplatz (ab der Pince Creek Info 14 mi auf der #90). Von dort geht es auf gleichem Weg wieder 10 mi zurück und danach auf der *Curly Creek Road* nach Süden bis zur Einmündung in die #30. Auf dieser sind es dann noch 12,3 mi bis zum Abstecher zu den ***Falls Creek Falls*** (16 mi vor Carson). Auf den *forest roads* #3062/#057 der Ausschilderung »*Lower Falls Creek*« ca. 2,4 mi folgen bis zum *trailhead* am Straßenende und dann zu Fuß weiter durch dichten Wald bergauf bis zu den (be)rauschenden, 3-stufigen Wasserfällen; 6,5 km retour und 240 HM. Ein tolles Ziel abseits der Touristenpfade!

Die zwei unteren Stufen der Falls Creek Falls (~80 m hoch; links) und die Panther Creek Falls (40 m; rechts), beide nördlich des Columbia River

Panther Creek Falls

Ein zweiter empfehlenswerter Abstecher vom Hwy #30 befindet sich nur 9,5 mi weiter südlich. Zunächst geht es dort nach Osten (links) auf die Old State Road, unmittelbar darauf abermals links auf die Panther Creek Road (FR-65, asphaltiert) und dort dann exakt 7,4 mi bis zu einem Geröllhang mit Parkmöglichkeit rechter Hand der Straße. Ca. 30 m zurück auf der anderen Straßenseite befindet sich der kurze Pfad hinunter zur Aussichtsplattform der ***Panther Creek Falls*** (nicht ausgeschildert!). An den Felsen im Wald in der Nähe der Plattform hängt manchmal ein Seil, mit dem Abenteuerlustige zu den Füßen der Wasserfälle (➤ Foto umseitig) oder weiter zu den *Lower Falls* gelangen.

An der Zufahrt liegt mitten im Wald der einfache, aber ruhige *Panther Creek Campground* fernab der lauten *Columbia River Gorge*; Reservierung der Stellplätze unter www.recreation.gov.

Weiter nach Portland

In **Carson** kann man nach den *Gorge*-Wanderungen in einem historischen Badehaus von 1930 relaxen. Das ***Carson Hot Springs Spa Resort*** bietet außerdem schlichte Zimmer ab $140; 372 St. Martin's Springs Road; www.carsonresort.com.

Nach Portland geht es am Nordufer des Columbia River entlang. Dort steht, wenige Meilen später in **Stevenson**, der Glaspalast des ***Columbia River Gorge Interpretive Center***, das sich den Ureinwohnern der Region widmet sowie der einheimischen Fisch- und Holzindustrie; Eintritt $10/$6; www.columbiagorgemuseum.org.

Es befindet sich unweit der Zufahrt zur noblen ***Skamania Lodge***, wo die Gäste die Wahl zwischen normalen Zimmern (ab $250) oder extravaganten Baumhäusern (ab $650) haben; ✆ 1-844-432-4748, www.skamania.com. Deutlich preiswerter übernachtet man in Stevenson im einfachen Kettenmotel ***Rodeway Inn***.

Die **#14** bis Portland kann mit dem *Historic Hwy* #30 südlich des Flusses (➤ Seite 253) nicht mithalten, am schönsten ist noch der Abschnitt zwischen dem Kletterfelsen ***Beacon Rock*** (mit einfachem *SP-Campground* gleich gegenüber im Wald) und Camas.

Weiter nach Osten ohne Portland

Von Carson führt unter **Verzicht auf Portland**, eine zwar ansehnliche City, aber **kein »Muss«**, der schnellste Weg nach Osten über die Brücke nach Hood River und weiter auf der I-84. Ein längeres Verbleiben am Nordufer des Flusses auf der #14, macht nicht viel Sinn, auch wenn einzelne Straßenabschnitte durchaus reizvoll sind. Man verbraucht dort aber zuviel Zeit.

Wer Interesse an **weiteren Wasserfällen** in der *Columbia River Gorge* hat, der könnte ab Carson der #14 einige Meilen nach Westen folgen bis zur *Bridge of the Gods* nach Cascade Locks und dann über die I-84 am Südufer des Columbia River die dort nicht weit entfernten *trailheads* ansteuern (➤ Seite 524f). Auch ein Ausflug zu den zahlreichen Wasserfällen weiter im Westen der Schlucht unweit des *Historic Columbia River Hwy* ist möglich, sollte aber lieber an Wochenenden vermieden werden (enormer Besucherandrang und verstopfte Parkplätze vor allem rund um das Aushängeschild »Multnomah Falls«!).

2.4.4 Portland

Geographie, Klima und Geschichte

Portland liegt unterhalb der Tualatin Mountains beidseitig des Willamette River kurz vor dessen Mündung in den mächtigen Columbia River. Insbesondere die Stadtteile am Westufer, die sich weit nach Süden und über die westliche Hügelkette erstrecken, haben Portlands Ruf als **Stadt mit hoher Lebensqualität** geprägt. Die nur 100 km entfernte Pazifikküste lockt als Tagesziel (oder für Besucher auch als 2-tägiger Abstecher ab Portland, ➤ Seite 430).

Das **Stadtzentrum** wird eingeschlossen von Fluss und der Umgehungsautobahn I-405. Die Ausläufer der Kaskaden reichen bis an die östlichen Vororte heran. Der immer schneebedeckte 3.700 m hohe Vulkan Mount Hood erhebt sich – bei klarem Wetter gut sichtbar – in rund 70 km Entfernung; Foto ➤ unten.

Klima

Portland erfreut sich trotz der Binnenlage deutlich höherer Niederschläge als Städte am Pazifik wie etwa San Francisco. Aber der Regen fällt im Wesentlichen zwischen Spätherbst und Frühjahr. Im Sommer ist Portland **sonnenreicher und wärmer** als der große »Nachbar« im Süden, ansonsten etwas kühler, aber dennoch insgesamt mild. Frost und Schnee sind eher seltene Ereignisse in dieser Stadt mit dem winterlichen Nordseeklima.

Geschichte

Gegründet wurde Portland im Jahr 1844 als Etappe auf einer Kanuroute zwischen den bereits bestehenden Handelsposten Oregon City (südlich der Stadt, zeitweise Hauptstadt, heute bedeutungslos, aber mit ***Oregon Trail Interpretive Center***, ➤ Seite 252) und Vancouver am Nordufer des Columbia River. Die Eisenbahn erreichte Portland 1883 und bewirkte eine rasante Entwicklung. Um die Jahrhundertwende besaß Portland eine Bevölkerung von 80.000 und war damit schon damals wichtigste Stadt zwischen San Francisco und Seattle. Die wirtschaftliche Kapitale Oregons hat heute 650.000 Einwohner im City- und rund 2,5 Mio. im Einzugsbereich, das sind über 50% aller Einwohner Oregons.

Portland und der Mount Hood (im Dunst) von der Anhöhe des Pittock Mansion, ➤ Seite 251

Die Portland Aerial Tram führt vom Flussufer hinauf zur Uniklinik. Wegen dem tollen Blick auf die Stadt und den Mt. Hood ist sie auch ein Ziel für Touristen; Talstation an der 3303 SW Bond Avenue, unweit der Ross Island Bridge; www.gobytram.com

Orientierung und öffentliche Verkehrsmittel

Die große ***Visitor Information*** befindet sich am westlichen Ende von Downtown an der 1132 SW Harvey Milk Street und hat wochentags 9-17 Uhr geöffnet. Die dort erhältliche kleine Broschüre ***Travel Portland*** mit Stadtplan und den wichtigsten Attraktionen lässt sich auch online durchblättern bzw. als PDF herunterladen: www.travelportland.com/travel-portland-magazine.

Orientierung

Die **Orientierung** in Portland ist ein »*piece of cake*«, wie die Amis sagen würden, leicht bzw. problemlos. Die Mehrheit aller touristisch interessanten Anlaufpunkte liegt entweder im weitgehend schachbrettartig aufgebauten Zentrum zwischen Willamette River und I-405 (Anfahrt über die I-5) oder im ***Washington Park*** oberhalb der City. Dorthin gelangt man am schnellsten auf dem Sunset Hwy #26, der von der I-405 abzweigt, oder auf kurviger Strecke durch schöne Wohnviertel über die Burnside Street.

Öffentlicher Transport

Portland verfügt über ein gut ausgebautes öffentliches Verkehrsnetz (https://trimet.org). Tagespasse für *Streetcar*, Busse und *MAX* (*Metropolitan Area Express*) kosten \$5,60/\$2,80, das 2,5-Std-Ticket \$2,80/\$1,40. Kinder unter 6 fahren umsonst.

Unterkunft, Camping, Essengehen

Am Airport

Im Bereich um ***Convention*** und ***Lloyd Center*** konzentriert sich die Hotellerie, ebenso in der **Umgebung des Flughafens** (verkehrsgünstig und gut von der I-205/I-84 erreichbar). Die Sommertarife bei der gehobenen Mittelklasse (*Sheraton, Hilton Garden* etc.) beginnen bei etwa \$180, in einfachen Häusern wie *Red Lion* oder *Super 8* bei ca. \$120. Zwischen Downtown und der I-205 liegen Motels u.a. am **Sandy Blvd** und Nebenstraßen (Exit *Bypass* #30) im Nordosten.

Zentral

Die Unterkünfte im zentralen Bereich sind mehrheitlich **hochpreisig**, selbst die ***Econo Lodge*** verlangt dort schon mal jenseits der $180 während der Sommermonate. Relativ zentral liegt das

- ***Inn at Northrup Station*** an der 2025 NW Northtrup St mit stylischen, großen Suiten ab $200 und *Streetcar*-Station gleich nebenan; ✆ 1-800-244-1180, www.northrupstation.com.

Preiswert

Günstiger, dafür etwas weiter weg, ist das

- ***Viking Motel***, 6701 N Interstate Ave (I-5/Exit 304), ***online specials*** ab $90; ✆ 1-800-308-5097, https://vikingmotelportland.com.

Darüber hinaus gibt es noch die zentral gelegene Jugendherberge:

- ***HI Northwest Portland***, 425 NW 18th Ave; Betten ab $42 und DZ ab $84; ✆ (503) 241-2783, www.nwportlandhostel.com.

Vororte

Auch nicht ganz so teuer und dennoch citynah schläft man an der Interstate #84 in den östlichen Vororten **Gresham** und **Troutdale**. Dort sind einige der bekannten Ketten (*Best Western*, *Holiday Inn Express* usw.) vertreten, wie auch ein recht einfaches *Motel 6* und eine *Travelodge*. Letztere locken mit Sommertarifen unter $100, sind allerdings etwas abgewohnt.

Besonders zu empfehlen sind die Standorte an den Ausfahrten 13, 16 und 17 der I-84 für Reisende, die einen Ausflug zu den Wasserfällen der *Columbia River Gorge* planen (➤ Seite 253f) oder in den ***Columbia Gorge Outlets*** ausgiebig (*tax free*/steuerfrei) shoppen gehen; 450 NW 257th Way in Troutdale (Exit 17).

Camping

Am besten schläft man außerhalb der Stadt auf den Campingplätzen rund um Gresham, Troutdale und Corbett, z.B. im gepflegten

- ***Sandy River Front RV Park*** am 1097 East Historic Columbia River Hwy; *full hook-up* $55, am Flussufer $63; ✆ (503) 665-6722, www.sandyrv.com).

Teehaus im Lan Su Chinese Garden

Etwa 15 mi östlich von Portland liegt zudem der

- ***Oxbow Regional Park*** mit *Campground* tief unten im Flusstal; I-84/Exit 17 und dann weiter über die 257th und Division Street zum Oxbow Parkway, $25; Duschen, aber kein *hook-up*; www.oregonmetro.gov/parks/oxbow-regional-park/camping-oxbow.

Die übrigen staatlichen Zeltplätze weiter östlich in der *Columbia River Gorge* sind zwar meist idyllisch im Regenwald gelegen (*Ainsworth State Park* oder *Eagle Creek*), aber aufgrund der nahen Interstate und Bahnlinie nachts unglaublich laut – so auch der Komfort-Platz ***Portland Fairview Park*** am 21401 NE Sandy Blvd (I-84/Exit 14); *full hook-up* $75; www.portlandfairviewrv.com.

Die für einen Portland-Besuch günstig gelegenen ***RV Parks Jantzen Beach*** (auf Hayden Island; www.jantzenbeachrv.com) und ***Columbia River*** (ebenfalls am Fluss; www.columbiariverrv.com) sind eng und leider auch relativ laut ($40).

Wer eine weite Anfahrt (ca. 45 min) nicht scheut, findet aber im ***Milo McIver State Park*** bei Estacada einen ruhigen und großartig angelegten *Campground* (Exit 12A von der I-205, dann Richtung Estacada; im Sommer Zelte $20, *hook-up* $29).

Essen

Zahlreiche Restaurants findet man in den ***Pioneer Place*** und ***Galleria Shopping Malls*** im Zentrum der Stadt. Vielfältige *food stands* sind auch ein wesentliches Element des ***Portland Saturday Market***, der – sein Name verrät es – jeden Samstag 10-17 Uhr stattfindet, aber i.d.R. von Weihnachten bis März eine Pause einlegt; 2 SW Naito Parkway; www.portlandsaturdaymarket.com.

Ein hippes Restaurant- und Kneipenviertel ist der ***Pearl District***, ein Dreieck begrenzt durch den Willamette River im Norden, der Interstate #405 im Westen und der West Burnside Street im Süden. Dort wurden ausgediente Lagerhallen der 1990er-Jahre von Künstlern mit viel Kreativität schön herausgeputzt und wiederbelebt.

Im Osten grenzt der *Pearl District* an ***Old Town Chinatown*** mit einer Vielzahl ethnischer Restaurants und einem klasse **Teehaus** im ***Lan Su Chinese Garden*** (239 NW Everett Street; im Sommer 10-18 Uhr; Eintritt $14/$11; https://lansugarden.org).

Bier

Portland gilt als die Stadt mit den meisten ***microbreweries*** der USA. Wem nach ***beer tasting*** ist, findet eine Adressenliste bei der *Visitor Info* und im Web: www.travelportland.com/culture/beer. Ende Juni/Anfang Juli steigt Portlands ***Craft Beer Festival*** mit rund 70 Brauereien; https://portlandcraftbeerfestival.com.

Eine der urigsten und ältesten Kneipen ist der ***White Eagle Saloon*** östlich des Willamette River; 836 North Russell St; oft Live-Bands.

Stadtbesichtigung

Am besten zu Fuß

In Portlands Innenstadt fällt es im Gegensatz zu vielen anderen US-Citys leicht, den Wagen stehenzulassen. Denn die Entfernungen sind gut **per pedes** zu überbrücken, und Bus- oder *MAX*-Haltestellen gibt es an jeder Ecke. In der Regel hat man gute Chancen auf einen Parkplatz am Naito Pkwy entlang des Uferparks.

2

Zentrum

Beginnt man eine Stadtbesichtigung von der *Visitor Information* aus (Salmon/Naito Pkwy), ist man mit wenigen Schritten im überschaubaren **Geschäftszentrum**. Es zeigt sich freundlich und einladend. Brunnen allerorten und viel Grün sorgen für eine angenehme Auflockerung des Stadtbilds. **Hochhäuser** konzentrieren sich auf die Blocks zwischen Main und Columbia Street bis zur 6th Ave und dominieren das Zentrum weit weniger als anderswo. 1% aller Neubau- und Renovierungskosten müssen in Downtown Portland für künstlerische Gestaltungsmaßnahmen ausgegeben werden. Der Erfolg ist nicht zu übersehen.

Den zentralen Bereich bilden ***Pioneer Courthouse Square*** und die ***Mall***, eine Fußgängerzone in der 5th und 6th Ave bis Jefferson St. Das Geschäftsviertel erstreckt sich von der First Street bis zum Broadway. Wer sich für **Bücher** interessiert, sollte unbedingt dort

Kneipen im Pearl District

in die ***Powell's City of Books*** schauen, ein gigantischer *book shop* mitsamt Lese-Café für antiquarische wie neue Bücher; 10-21 Uhr; 1005 W Burnside St/Ecke 10th Ave; www.powells.com.

Museen

An der Park Ave/Ecke Jefferson liegen sich ***Portland Art Museum*** **(PAM)** und ***Oregon History Center*** gegenüber. Im geschichtlichen Museum (Mo-Sa 10-17, So ab 12 Uhr, \$10/\$8; www.ohs.org) beeindruckt die Präsentation der historischen Phasen Oregons mehr als die Kollektion. Das **PAM** umfasst alle möglichen Epochen und Kulturkreise (1219 SW Park Ave; Mi-So 10-17 Uhr; \$25, unter 18 Jahre frei; https://portlandartmuseum.org). Südlich der Museen befinden sich die feinen ***South Park Blocks*** und die ***Oregon State University***.

Eisenbahn-Fans werden das ***Oregon Heritage Center*** nicht verpassen wollen. Neben einen Einblick in die Werkstätten werden März-Oktober und zu Weihnachten *train rides* angeboten; Do-So 11-15 Uhr; Eintritt frei; 2250 SE Water Avenue; https://orhf.org.

Im *Waterfront Park* (am östlichen Ende der Pine St) steht noch ein Schiffsmuseum, das ***Oregon Maritime Museum***; geöffnet Mi+Fr+Sa 11-16 Uhr; \$7/\$3-\$4; www.oregonmaritimemuseum.org.

Waterfront

Zwei Häuserblocks weiter in Richtung Norden sollte man sich samstags den ***Saturday Market***, einen bunten Kunst- und Lebensmittelmarkt mit Open-Air-Entertainment nicht entgehen lassen (➤ Seite 248). Südwärts entlang des Flussufers erstreckt sich der ***Tom McCall Waterfront Park*** mit großen Grünflächen und dem schönen Springbrunnen *Salmon Street Springs* nördlich der bereits über 100 Jahre alten Hubbrücke *Hawthorne Bridge*.

City of Roses

Anlässlich der *Fleet Week* des ***Rose Festival*** liegen an der *Waterfront* gleich etliche Schiffe der *US Navy* und *Canadian Maritime Forces* vor Anker, die kostenlos besucht werden können. Blumenparaden, Drachenbootrennen, Konzerte u.v.m. ergänzen das Programm. Während des alljährlichen **Mega-Events von Ende Mai bis Mitte Juni** herrscht Ausnahmezustand in der City; www.rosefestival.org.

Ihren Beinahmen »Stadt der Rosen« verdankt sie aber nicht dem Festival, sondern dem fantastischen ***International Rose Test Garden*** im *Washington Park* (eintrittsfrei). Die Rosen blühen zwar im Mai und Juni am schönsten, aber der Garten ist auch während der übrigen Zeit eindrucksvoll.

Warm Springs Native bei der Rose Festival Parade

Zu Besuch auf den Schiffen der US Navy während des alljährlichen Rose Festival

Unmittelbar gegenüber befindet sich der ***Japanese Garden***, der die Besucher vor allem im Herbst durch seine bunten Ahornbäume begeistert; 611 Kingston Ave; geöffnet im Sommer 10-19 Uhr, Eintritt \$22/\$16; www.japanesegarden.com.

Washington Park

Folgt man den Serpentinen in die höheren Regionen des Parks, gelangt man zum ***Hoyt Arboretum*** (Fairview Blvd), einem separaten **Edelpark** mit sehr schönem Baumbestand, Besucherzentrum, Spazierwegen und Picknicktischen; www.hoytarboretum.org. Unterhalb des Arboretums (unweit des Freeway #26, über den auch direkt anzusteuern) befinden sich ein **Zoo** und das ***World Forestry Center***, das über Forst- und Holzwirtschaft informiert. Das Hauptgewicht liegt auf den Besonderheiten Oregons und der Westküste; Mi-So 11-16 Uhr, \$8/\$5; www.worldforestry.org.

Timed ticket erforderlich

Im ***Oregon Zoo*** werden u.a. Tiere des US-Westens und des hohen Nordens präsentiert; im Sommer 9-18 Uhr, sonst 9/10-16 Uhr, \$24/\$19; www.oregonzoo.org. *Besuch nur mit Reservierung!*

Weitere City Parks

Die SW Vista Avenue führt südlich der Autobahn #26 und des *Washington Park* hinauf zum *Council Crest Park*, der mit grandiosen Aussichten über Portland und Umgebung aufwartet. Ungewöhnlich ausgedehnt sind auch der *Forest Park* in den westlichen *Tualatin Mountains* und die *Tryon State Natural Area* im Südwesten der Stadt mit Wildnischarakter und zahlreichen Wanderwegen.

Portland – Die schönsten Aussichtspunkte

Nicht nur mit der ***Aerial Tram*** geht es hoch hinauf (Foto vom *Oregon Health & Science University's Campus* ➤ Seite 246). Auch von der Gartenanlage (eintrittsfrei) des ***Pittock Mansion*** blickt man auf die Stadt und – Schönwetter vorausgesetzt – sogar hinüber bis zum Mount Hood und St. Helens (Foto ➤ Seite 245; nördlich des *Washington Park* am 3229 NW Pittock Drive). Für ein ähnlich tolles Panorama steht man selber auf einem vulkanischen Kegel, dem ***Rock Butte*** (187 m). Diese Anhöhe östlich des Zentrums unweit der Interstate-Kreuzung I-205/I-84 ist ebenfalls schnell und bequem mit dem Auto zu erreichen (Zufahrt über die NW Rocky Butte Road).

Oregon Museum for Science & Industry in Portland

OMSI

Das ***Oregon Museum for Science & Industry*** befindet sich in einem Bau unweit der *Marquam Bridge* am Ostufer des Willamette River, kompliziert anzufahren, aber von der I-5 gut ausgeschildert; 1945 SE Water Avenue; Di-So 9.30-17.30 Uhr, Eintritt $19/$14. Extra kosten *Empirical Theater*, Planetarium, Lasershows sowie die Besichtigung des U-Boots *USS Blueback* (45-min-Tour, filmbekannt aus »Jagd auf Roter Oktober« mit Sean Connery). Auf jeden Fall lohnenswert mit Kindern; https://omsi.edu.

The Grotto

Nur einen kleinen Abstecher von der I-84/I-205 erfordert ein Besuch im amerikanischen »Lourdes« ***The Grotto***, 85th Ave/Sandy Blvd, Haupteinfahrt Skidmore Street. Das schattige Gelände des ***Sanctuary of our Sorrowful Mother***, wie die Anlage offiziell heißt, wurde erst 1924 als Wallfahrtsort auserkoren und zu einem Park mit zahlreichen religiösen Skulpturen und Statuen umgestaltet. Das Herzstück der Anlage bildet eine künstlich geschaffene Grotte mit Altar unterhalb eines Steilhangs. Ein Fahrstuhl befördert die Besucher auf die obere Ebene, wo **Spazierwege** zu diversen Schreinen und Aussichtspunkte mit weitem Blick über den Columbia River warten. Logisch, dass da auch ein religiöser *gift shop* nicht fehlen darf; tägl. 9 Uhr bis zur Dämmerung; $10/$5; https://thegrotto.org.

Oregon City

Empfehlenswert ist der Besuch des ***End of the Oregon Trail Interpretive Center*** 20 mi südlich von Downtown Portland in Oregon City (1726 Washington St; I-5, dann I-205/Exit 10, ab dort ausgeschildert). Drei überdimensionale Planwagen symbolisieren das »Ende des Weges« nach Oregon. Das Innenleben der Wagen besteht aus Filmtheater und Museum. Besichtigung mit einführendem Vortrag (nur bei guten USA- und Englischkenntnissen verständlich) und daran anschließend **Multimediashow** über den beschwerlichen Weg der Siedler im 19. Jahrhundert in den Westen.

Oregon Trail Interpretive Center in Baker City, ➤ Seite 397

Zeitaufwand für den Umweg, ggf. Wartezeit und Besuch nicht unter 3 Stunden kalkulieren. Geöffnet täglich 9-17 Uhr, sonntags ab 10 Uhr; Eintritt $15/$11-$13; https://historicoregoncity.org.

2.4.5 Von Portland weiter in Richtung Osten

Columbia River Gorge

National Scenic Area an I-84

Zwischen Portlands Vorort **Troutdale** und Hood River durchbricht einer der mächtigsten Ströme der USA das Kaskadengebirge. Das als ***Columbia River Gorge National Scenic Area*** bezeichnete Flusstal mag auf ersten Blick enttäuschen, zumal dort nicht nur der breite Columbia River »durchrauscht«, sondern auch der rege Verkehr auf Interstate und Eisenbahntrassen. Wer sich aber zu Fuß in eine der Seitenschluchten begibt und dabei einige Höhenmeter überwindet, der taucht bald in einen »**Märchenwald**« ein, der es fast mit den berühmten *rain forests* im *Olympic National Park* (➤ Seite 182ff) aufnehmen kann. Es plätschern idyllische Bächlein zwischen üppigen Farnen und dichtes Moos überzieht gleichermaßen Steine wie Bäume. 77 Wasserfälle donnern allein auf der Oregon-Seite der *Gorge* über Felsen und hohe Klippen. Von ihrer besten Seite zeigen sie sich im späten Frühjahr, die meisten führen aber ganzjährig Wasser; www.fs.usda.gov/crgnsa.

Karte mit gesperrten Wegen

Im Sommer 2017 wütete jedoch ein **verheerender Waldbrand** zwischen Cascade Locks und den *Multnomah Falls*. Quasi über Nacht vernichtete er im Herzstück der *Gorge* einen Großteil der Regenwälder. Zwecks Renaturierung und wegen Hangrutschgefahr waren auch im Sommer 2023 noch immer einige Wanderwege und -ziele gesperrt. Am besten vor dem Besuch die *closure maps* anschauen: www.recreation.gov/camping/gateways/1102.

Historic Columbia River Hwy

Wer von Portland anreist, muss sich bereits recht bald entscheiden, ob er weiterhin auf der I-84 bleibt oder dem zwischen Troutdale und Dodson (Exit 18 und 35) parallel verlaufenden ***Historic Columbia River Highway* (#30)** folgt. Diese teils recht enge Straße beginnt kurz hinter der Brücke über den Sandy River (die Zufahrt über Exit 22 ist mit Pkws auch möglich, für Wohnmobile aber zu steil!). Nach etwa 8,5 mi auf der #30 (3 mi ab Exit 22) erreicht man den ersten Aussichtspunkt, ***Women's Forum*** (schön vor allem zum Sonnenuntergang) und wenig später das ***Vista House***.

Blick vom Women's Forum Viewpoint auf das Vista House und die Schlucht des Columbia River

Die Horsetail Falls stürzen aus über 50 m in einen Pool direkt neben dem Historic Columbia River Highway (#30)

In engen Serpentinen windet sich der *Historic Highway* langsam wieder hinunter zur Flussebene und den ***Latourell Falls***, die in unmittelbarer Nähe des Parkplatzes von den rund 75 m hohen Klippen stürzen. Für große RVs ist die Straße leider auch im weiteren Verlauf nicht ganz unproblematisch. Damit steuert man am besten gleich das **Besucherzentrum** bei den *Multnomah Falls* direkt von der Interstate an (Exit 31), wo man mit Infos und Karten versorgt wird. Für den Parkplatz ist jedoch tagsüber (9-18 Uhr) von Ende Mai bis Anfang September ein ***timed parking ticket*** nötig; ➤ www.recreation.gov/timed-entry/10089144 bzw. QR-Code.

Reservierung Permits und Camping

Multnomah Falls

Die 190 m hohen, zweistufigen ***Multnomah Falls***, die in ihrer Mitte von einer Brücke überspannt werden, gelten als Hauptattraktion der *Gorge* (Foto ➤ Seite 17). Der kurze Pfad hinauf zur Brücke lohnt sich, zum *Overlook* nicht, außer man möchte den kompletten *Loop Trail* über die ***Fairy*** und ***Wahkeena Falls*** in Angriff nehmen. Deutlich kürzer ist (via Exit 35) der Hike ab dem Parkplatz der ***Horsetail Falls*** hinauf zu den ***Ponytail Falls*** und unter ihnen hindurch (1,6 km retour, 100 Höhenmeter).

Parken

Zum **Parken** in der *Columbia River Gorge* wird mancherorts der *Interagency Pass* (➤ Seite 49) oder *Northwest Forest Pass* benötigt, andernfalls sind $5 *day-use fee* fällig. Wenn es sich einrichten lässt, sollte man den Besuch nicht auf ein Wochenende legen, da die Plätze an der #30 dann meist schon ab dem frühen Vormittag hoffnungslos überfüllt sind. Die Schlucht ist nicht nur unter den Einwohnern Portlands ein extrem populäres Ausflugsziel!

Elowah und Wahclella Falls

Auch weiter östlich an der I-84 befinden sich noch lohnenswerte Trails, darunter die 0,5 km zu den 88 m hohen ***Elowah Falls*** im *Yeon State Park* (ab Exit 35 ca. 2 mi auf der Frontage Road bis zum Parkplatz in der Nähe des nur von der I-84 West erreichbaren Exit 37) oder die 1,5 km zu den ausgesprochen pittoresken ***Wahclella Falls***, die in einen grünen Kessel stürzen (Exit 40; 100 HM).

Gute Wegbeschreibungen finden sich z.B. auf den Portalen www.oregonhikers.org/field_guide/Columbia_River_Gorge_Hikes und www.waterfallsnorthwest.com; Karte als PDF ➤ QR-Code oben.

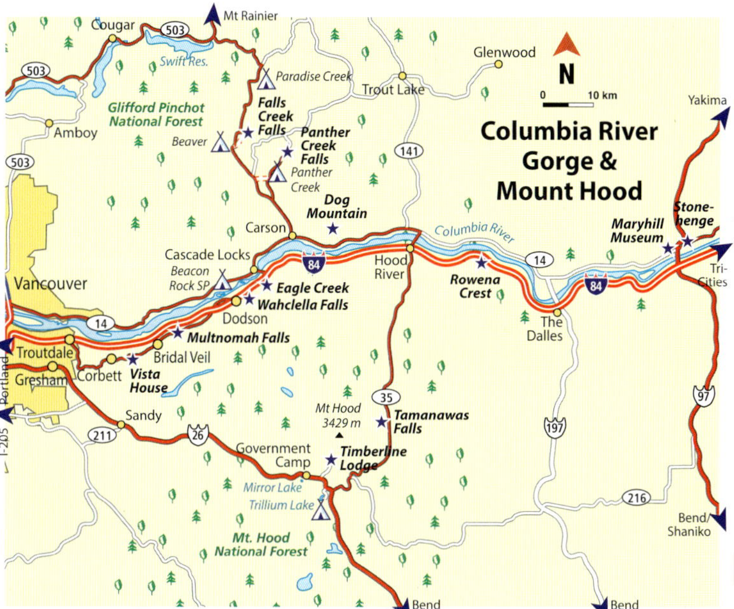

Wasserfälle am Eagle Creek

Der Wanderweg entlang des ***Eagle Creek*** (Exit 41) vorbei an zahlreichen Wasserfällen zählte zu den empfehlenswertesten in der *Gorge* (3,5 km/150 HM bis zu den ***Punch Bowl Falls***, 10 km/650 HM bis zu den ***Tunnel Falls***). Der dort einst besonders idyllische Regenwald wurde 2017 allerdings größtenteils vernichtet.

Quartiere für Gorge-Besuch

Die besten Unterkünfte der Region stehen in **Troutdale/Gresham** (➤ Seite 247) sowie in **Cascade Locks** (z.B. ein *Best Western Plus* beim Exit 44). Viele der insgesamt 19 *State Parks* in der *Gorge* verfügen über ***Campgrounds***. Diese liegen zwar meist schön, sind aber leider nachts recht laut (Interstate- und Zuglärm!).

Ausflüge mit dem Schaufelraddampfer

Zu Goldrausch-Zeiten galten Schaufelraddampfer in Nordamerika als eines der wichtigsten Transportmittel für Fracht und Passagiere. Ab Mitte des 19. Jahrhunderts verkehrten sie auf vielen großen Strömen im Westen der USA. Heute sorgen kleinere Replikas der alten *Sternwheeler* (Heckraddampfer) für Touristenspaß. So lädt z.B. die »*Willamette Queen*« zu Ausflügen auf dem gleichnamigen Fluss in Salem ein (➤ Seite 416) und die »*SS Moyie*« auf dem See im *Heritage Park* in Calgary (➤ Seite 681). Bis Anfang 2023 war auch der *Sternwheeler MV Columbia Gorge* zwischen Portland und Cascade Locks unterwegs. Nun fehlt das Budget für die notwendigen teuren Reparaturarbeiten, so dass vorerst keine Raddampferfahrten auf dem Columbia River angeboten werden. Aktuelles dazu unter https://portlandspirit.com/sternwheelernews.

Nordseite der Schlucht

Die *Bridge of the Gods* ($3 Gebühr) führt bei Cascade Locks an das Nordufer des Columbia River und zu den Unterkünften in Stevenson (➤ Seite 244). Ab Carson, nur wenig weiter östlich an der #14, geht es hinauf zu den *Falls Creek Falls* und *Panther Creek Falls* – **tolle Wasserfälle in regenwaldähnlicher Umgebung**, die vom Feuer verschont geblieben ist (➤ Seite 243f; Abzweig ca. 6 mi östlich der Brücke). In Richtung Westen führt die #14 zurück nach Portland.

Nur 6 mi östlich von Carson starten ab der #14 außerdem die drei steilen Pfade auf den **Dog Mountain** (860 HM). Im April/Mai/Juni wird der Berg regelrecht überrannt wegen seiner prächtigen Wildblumenblüte (➤ Seite 28). Dann muss man sich möglichst früh am Morgen einen Parkplatz sichern und an Wochenenden sowie Feiertagen ein Permit besorgen; alle Details dazu ➤ Seite 102 und unter www.fs.usda.gov/detail/crgnsa/fire/?cid=FSEPRD572962.

Mount Hood von der Day-use/Picnic Area am Südufer des Trillium Lake

Ausflug entlang des Mount Hood Scenic Byway

Auf der alternativen Verbindung zwischen Portland und Hood River über die gut ausgebaute #26 und #35 durch das ***Hood River County*** um den gleichnamigen, alles dominierenden Vulkan (www.mthoodterritory.com) ist man mindestens 1,5-2 Stunden länger als auf der Interstate 84 unterwegs (+40 Meilen). Der *Mount Hood Scenic Byway* lohnt sich somit vor allem für Leute, die nach oder vor einem Ausflug in die *Columbia River Gorge* (➤ Seite 253) eine neue Strecke abfahren oder ruhiger als in der Schlucht campen möchten (oder überhaupt von Süden z.B. von Bend , ➤ Seite 407, aus anreisen).

Die **US-26** beginnt an der I-5 Exit 299B bei der South Waterfront mitten in Portland, ebenso gut kann man ihr ab Troutdale/Gresham folgen. Das gesamte Gebiet südlich des Mount Hood erfreut sich großer Beliebtheit bei Wanderern, Sportfischern und Campern, entsprechend viele ***NF*-Plätze** liegen entlang der #26 und #35. Im Ort **Government Camp** stehen zudem ein ***Best Western*** sowie die von innen eindrucksvolle ***Timberline Lodge***. In diesem Nobelhotel wurde einst der Horrorfilm ***The Shining*** mit Jack Nicholson gedreht. Eine Übernachtung ist nicht ganz billig (im Sommer ab $250, *chalet* mit Doppelstockbett $240), dank des besonderen Ambiente aber vielleicht das Geld wert. Reservierung unter ✆ (503) 272-3410 bzw. www.timberlinelodge.com.

Auf der Stichstraße zur *Lodge* (6 mi) kommt man näher an den 3.427 m hohen, noch als »aktiv« eingestuften Vulkan heran als bei anderen Zufahrten. **Skifahrer und Snowboarder** können sich von dort aus selbst **im späten Frühling** noch auf präparierten Pisten in den ewigen oder auch künstlichen Schnee hinaufliften lassen. Die Anlagen weiter östlich beim *Mt Hood Meadows Ski Resort* sind in Abhängigkeit von den Schneefällen nur von etwa Mitte November bis April/Mai in Betrieb.

Unweit westlich der Kreuzung #26/#35 zweigt die kurze Forststraße zum **Trillium Lake** ab, von dessen Südufer man eine klassische Postkartenansicht mit dem sich im Bergsee spiegelnden Mt. Hood genießt oder einfach nur Anglern und Weißkopfseeadlern beim Fischen zuschauen kann. Der schöne ***NF Campground*** am Ufer ist sehr beliebt ($26, Jurten $100), am besten im Voraus reservieren! Ein ähnliches Motiv vor der Linse bietet der **Mirror Lake**, den man jedoch nur zu Fuß erreicht (2,5 km *one-way*, 200 HM), ausgehend von den *Yocum Falls* nahe der Meile 2 rund 2 mi westlich von Government Camp.

Die Wanderung zu den ***Ramona Falls***, die sich sanft über Basaltsäulen ergießen, ist nur etwas für hartgesottene Wasserfall-Fans; 11 km retour inkl. einer nicht ganz ungefährlichen Flussdurchquerung; Zufahrt über die Lolo Pass Road (#18) und Forststraßen ab der Siedlung **Zigzag**; Eine Karte sowie genaue Wegbeschreibung findet man unter www.fs.usda.gov/recarea/mthood/recarea/?recid=53460. 2

Die **Bergstrecke OR-35** führt weiter – mit dem Mount Hood als ständigen Begleiter zur Linken – vorbei an diversen *trailheads*, darunter der Ausgangspunkt zu den 30 m hohen ***Tamanawas Falls***. Für diese Wanderung benötigt man knapp 3 Stunden ab dem *NF Campground Sherwood* und zurück (6 km, 180 HM; www.fs.usda.gov/recarea/mthood/recarea/?recid=53300). Etwa 10 mi südlich der Stadt Hood River passiert der *Scenic Byway* den prima am Fluss liegenden ***Toll Bridge Park Campground***, der zwar angelegt ist wie ein Forstplatz, aber dennoch Vollkomfort bietet; Zelte $25; *hook-up* $30.

Von dort bis nach Hood River erstreckt sich entlang der sogenannten ***Fruit Loop*** ein großflächiges Obstanbaugebiet im Schatten des Berges (teilweise zum Selbstpflücken, »*u-pick*«). Im Frühling machen sich die Gärten auch toll als Fotomotiv, ➤ unten. Früher war die ***Mount Hood Railroad*** dort für den Obsttransport zuständig, heute sorgt sie für Unterhaltung. Neben *Brunch*-Fahrten werden auch Zugüberfälle wie im Wilden Westen, *Murder Mystery Dinners* und auch *Rides* speziell für Kinder angeboten; Start vom Bahnhof an der 110 Railroad Street in Hood River; ab $39/Person; www.mthoodrr.com.

Obstplantage an der Fruit Loop

Hood River

Hood River auf der Südseite der Schlucht (Exit 62 oder 63) ist im Sommer und an Wochenenden bis Mitte September ein **Mekka der Windsurfer**, entsprechend groß auch die Anzahl von **Motels** und ***Lodges*** zu einigermaßen moderaten Tarifen. Außerdem stehen hier etliche **B&Bs** sowie das nostalgische und gute ***Columbia Gorge Hotel*** im eigenen kleinen Park hoch über dem Fluss im Westen der Stadt. Zimmerpreise ab ca. $190; 4000 Westcliff Drive; ✆ (541) 386-5566, www.columbiagorgehotel.com.

Museum

Ein Muss für Oldtimer-Fans ist das ***Western Antique Aeroplane & Automobile Museum*** mit einer ausgesprochen liebevoll präsentierten Sammlung von alten Karossen, Bikes und Fluggeräten; 1600 Air Museum Rd; 9-17 Uhr; Eintritt $23/$12; www.waaamuseum.org.

Baden

Zwischen Brückenrampe und I-84 befindet sich das große *Mount Hood & Columbia Gorge* Besucherzentrum und westlich davon der ***Waterfront Park*** mit einem kleinen **Sandstrand** am Flussufer (Zufahrt über I-84/Exit 63); https://visithoodriver.com.

Rowena Plateau

Zur Obsterntezeit lohnt ein Abstecher nach Süden auf der #35 zur ***Fruit Loop*** (➤ Seite 257) und wer hier im April/Mai unterwegs ist, könnte einen Ausflug hinauf zum ***Rowena Plateau*** in Erwägung ziehen. Zu dieser Jahreszeit breitet sich ein Blütenmeer aus blauen Lupinen, sonnenblumenähnlichen Balsamwurzeln, roten *Indian Paintbrush* u.v.m. auf den Anhöhen oberhalb des Columbia River aus. Anfahrt von der I-84 *East*, Exit 69, und weiter auf der #30 durch die Ortschaft Mosier 6,5 mi hinauf bis zum *Rowena Crest Viewpoint* Parkplatz und dort dann am besten dem ausgeschilderten, kurzen Weg auf der gegenüberliegenden Straßenseite folgen; Vorsicht vor Klapperschlangen, sie sonnen sich gerne auf den Wiesen!

Blütenpracht bei Rowena Crest oberhalb des Columbia River

Felsritzungen und -malereien der Ureinwohner (***petroglyps/pictographs***) gibt es beim **Horsethief Lake** im *Columbia Hills Historical State Park* zu sehen. Für die Tour zum *She who watches*-Stein ist aber eine Vorabanmeldung erforderlich (nur Fr+Sa 9 Uhr April-Okt.); Zufahrt ab **The Dalles** über die #197/#14.

Maryhill

In **Biggs Junction** (*Exit* 104) bietet sich ein kurzer Abstecher zur Nordseite der Schlucht an. Gänzlich unerwartet thront dort das an italienische Renaissance erinnernde Gebäude des ***Maryhill Art Museum*** hoch über dem Fluss. Es entstand als Privatvilla des Millionärs ***Sam Hill*** Anfang des 20. Jahrhunderts. Nach seinem Tod wurde daraus ein Kunstmuseum mit durchaus bemerkenswerten Einzelstücken und Sondersammlungen, u.a. Skulpturen und Gemälde Auguste

Rodins, kunstvolle Schachspiele und russische Ikonen; 10-17 Uhr nur Mitte März-Mitte Nov; $12/$5; www.maryhillmuseum.org.

Derselbe *Sam Hill* ließ einige Meilen östlich ein Replikat des englischen ***Stonehenge*** als *Memorial* für Gefallene des 1. Weltkriegs errichten; Zufahrt geöffnet 7 Uhr bis zur Dämmerung, Eintritt frei. Unten am Fluss liegt der außergewöhnlich gute ***Campground*** des ***Maryhill State Park*** mit allem Komfort und Badestrand.

Routen in Richtung Glacier bzw. SLC/Yellowstone Park

Auf der I-84 weiter zum Yellowstone Nat'l Park

Hitze und Trockenheit kennzeichnen die Ebene zwischen Kaskadengebirge und nordwestlichen Höhenzügen der *Rockies*. Nur intensive Bewässerung ermöglicht hier wie im zentralen Washington die landwirtschaftliche Nutzung. Besonderes zu sehen gibt es an der I-84 am Columbia River entlang nichts mehr. Erst ab Erreichen der Blue Mountains hinter Pendleton, Zentralort im nordöstlichen Oregon, wird das Landschaftsbild erfreulicher. Die Verbindungsstrecke nach Osten zur Mormonen-Hochburg **Salt Lake City** ist im **Kapitel 5.1** beschrieben, ➢ Seite 377ff, weiter zum **Yellowstone Nationalpark** geht es im **Kapitel 4.3**, ➢ Seite 309ff.

Nordzufahrt zum Hells Canyon

Alternativ erreicht man auf der I-82 (I-84 Abfahrt 179) nach Norden und den Straßen #730/#12 nach Osten über Walla Walla die Kleinstadt **Lewiston** in Idaho, von wo **Jetboot-Touren** auf dem Snake River durch die tiefste Schlucht des nordamerikanischen Kontinents starten; ➢ ***Hells Canyon***, Seite 392.

Weiterfahrt zum Glacier Nat'l Park

An der I-82 liegen auch die »**Tri-Cities**« **Kennewick, Pasco und Richland**, über die es auf der #395 direkt weiter geht in Richtung I-90 mit Anschlussmöglichkeit an die Nordroute zum ***Glacier NP***, **Kapitel 2.3.1** und **2.3.4**, ➢ Seite 199ff bzw. 214ff. Deutlich schöner, allerdings um einiges länger, ist die Tour über den »Höllencanyon« und von dort dann über die Täler des Clearwater und Lochsa River hinauf zum Glacier Nationalpark; Details ➢ Exkurs Seite 396.

Nördlich der Tri-Cities liegt am Ufer des Columbia River das ***Hanford Reach Nat'l Monument***, das in erster Linie von historischem Interesse ist. Es umschließt *Hanford Site*, wo im 2. Weltkrieg das Plutonium für die Nagasaki-Atombombe produziert wurde. Auch zu Zeiten des Kalten Kriegs herrschte dort Hochbetrieb. Der letzte der insgesamt 9 Kernreaktoren wurde erst 1987 stillgelegt. Die umliegenden Areale sind z.T. noch schwer kontaminiert und für die Öffentlichkeit unzugänglich. Vom *White Bluffs Overlook* innerhalb des NMs reicht der Blick weit über die Militäranlage. Zufahrt ab Pasco über die #68, dann auf der Taylor Flats Rd und Ringold (River) Road, die in ihrem Verlauf einen Linksabzweig aufweist (das kleine Schild kann man leicht übersehen!), die letzten Meilen auf Schotter; Details: www.wta.org/go-hiking/hikes/white-bluffs-south.

Amerikanische Beton-Version von Stonehenge in Maryhill

Denver & Salt Lake City Startrouten in Richtung Yellowstone und Black Hills

Cowboy-Land Wyoming und Colorado im zentralen Nordwesten

CINCH

START IN DENVER oder SALT LAKE CITY

Routen durch den zentralen Nordwesten

Wer eine Reise plant, die im Wesentlichen durch den zentralen US-Nordwesten und den *Yellowstone NP* oder in Richtung Black Hills führen soll, für den bieten sich **Denver** (➢ Seite 264ff) oder **Salt Lake City** (➢ Seite 298ff) als ideales Flugziel an – mit Einbezug der kanadischen *Rockies* ggf. aber auch **Calgary** (➢ Seite 668ff; Anschluss z.B. über die angrenzenden Nationalparks Glacier/Waterton Lakes oder die *International Selkirk Loop*, ➢ Seite 658ff).

Ab Denver oder Salt Lake City?

Denver und Salt Lake City – beide abgesehen von ihrer Lage vor dem Panorama der Rocky Mountains und nahen Zielen im Westen nach Meinung der Autoren nicht überdurchschnittlich interessante US-Städte – eignen sich ähnlich gut als Startpunkt, wobei **Denver** über eine bessere internationale Fluganbindung verfügt. Hinzu kommt, dass fast alle großen Campervermieter dort ihre Stationen haben, während es in **Salt Lake City** nur eine Niederlassung von *Cruise America, El Monte* und *Escape Campervans* gibt. Dafür liegt die Mormonenhauptstadt am größten Autobahn-Verkehrsknoten im Herzen des US-Westens und punktet – bei knapp bemessener Reisezeit – durch kürzere Anfahrtswege (bei Ziel Yellowstone/Glacier Nationalpark mindestens ein Reisetag weniger); Anreise mit *KLM* über Amsterdam (selbst kurze Umsteigezeiten klappen dort meist reibungslos!) oder mit *Delta Airlines* über Paris.

Start in Denver

Die in **Kapitel 4** (➢ Seite 282ff) beschriebene **Basisroute** besitzt mit Denver/*Rocky Mountain NP*, Salt Lake City, den beiden Nationalparks Yellowstone/Grand Teton und der Black Hills-Region (zusammen mit dem *Badlands NP*) vier markante Eckpunkte. Zwischen ihnen führt sie abwechslungsreich durch überwiegend gebirgige, oft einsame Landschaften einschließlich Hochgebirge (Grand Teton, Bighorn und Rocky Mountains) und die hügeligen **Prärien** des immer noch unverkennbaren Cowboystaates **Wyoming**.

Entlang der Route oder über kurze Abstecher leicht erreichbar liegen eine Reihe **sehenswerter Nationalmonumente** (vor allem *Golden Spike, Devils Tower, Mount Rushmore* und *Dinosaur*) und attraktive ***Recreation Areas*** (*Flaming Gorge, Bighorn Canyon*). Die gesamte Region ist mit zahlreichen tollen Campingplätzen bestückt. Mit **Jackson**, **Cody**, **Deadwood**, **Black Hawk/Central City** und **Estes Park** gibt es in günstigen Abständen mehrere kleinere Ortschaften, in denen man (zumindest sommerliche) Betriebsamkeit (Kneipen, Musik, Theater, Rodeo etc.) und teilweise authentische **Wildwest-Kulissen** findet.

Erweiterung der Basisroute

Von den Black Hills führen einsame *backroads* hinauf in den nur wenig besuchten Theodore Roosevelt Nationalpark (**Route 4.4.5**, ➢ Seite 366ff), ein guter Tipp für alle, die zwischendurch etwas Abstand vom großen Trubel suchen, der den Sommer über in Parks wie dem Yellowstone oder Glacier unvermeidbar ist.

Eine wesentlich längere, aber sehr schöne **Erweiterung der Basisroute** führt durch Lavafelder und Vulkane der *Craters of the Moon* und den *Hells Canyon* des Snake River quer durch **Idaho** und **Montana** zum Glacier Nationalpark bis an die Grenze zu Kanada (**Route 5.1.2** und **Route 5.1.4**, ➢ Seite 386ff bzw. 319ff) und danach von Norden in den Yellowstone Nationalpark (**Route 2.3.6**, ➢ Seite 226ff). Sie folgt von der Reiseliteratur nur selten berücksichtigten Strecken (siehe hierzu auch **Routenvorschlag Nr. 4** im Anhang, ➢ Seite 735) und bietet neben den expliziten Highlights und wiederum herrlichen Gebirgslandschaften weniger beachtete Kleinode wie z.B. die **Täler des Payette, Salmon** und **Lochsa River**, das ***Russell Museum*** in Great Falls, den Verlauf der **Interstate #15** in Montana (zwischen Helena und Great Falls) und alte **Goldgräberstädtchen** wie Garnet, Nevada City oder Virginia City.

Start in Salt Lake City

Bei Start in Salt Lake City konzentriert man sich – mit nur zwei Wochen Reisezeit – am besten auf die spektakulärste Landschaft des zentralen Nordwesten (Yellowstone!) und auf das südliche Idaho. Mit etwas mehr Urlaub empfiehlt sich auch ab Salt Lake City der oben erwähnte Schlenker über die *Craters of the Moon*, die Sawtooth Mountains, den *Hells Canyon* und den *Glacier NP* mit anschließendem Besuch des Yellowstone Nationalparks und der Black Hills (mit oder ohne Abstecher hinauf zum Theodore Roosevelt Nationalpark).

Beste Reisezeit

Die Rocky Mountains-Region ist ein klassisches **Hochsommer-Ziel**. Im Juni und September ist das Wetter meist sehr wechselhaft und das Regenrisiko gegenüber Juli/August erhöht. Nachts muss dann ab 1.500 m Höhe mit Frost gerechnet werden. In den Nationalparks Yellowstone, Glacier und Rocky Mountain kann es manchmal sogar bis Mitte Juni und ab Ende September kritisch hinsichtlich Schneefälle sein. Ähnliches gilt für die *Sawtooth Wilderness* (Idaho) und Bighorn Mountains (Wyoming). Bei Start Ende Mai empfiehlt es sich daher, der Basisroute ab Denver (**Kapitel 4**) gegen den Uhrzeigersinn zu folgen. So besucht man die im Frühling schönen und noch nicht so heißen *Badlands* in South Dakota zu Beginn und kommt erst in der zweiten Reisehälfte in den Yellowstone Nationalpark.

Anschluss an die Oregon- und Kaskaden-Routen

Denkbar ist **ab Salt Lake City** auch eine Rundreise, die zunächst durch das südliche Idaho, über Baker City und die *Painted Hills* weiter bis in das **zentrale Oregon** rund um **Bend** und **Portland** (mit Anschlussoption an die Küstenroute, ➢ Seite 430ff) führt und von dort dann über eine der **Kaskaden-Routen** (**Kapitel 2.3**, ➢ Seite 197ff) hinauf zum *Glacier NP*. Wieder zurück zum Ausgangspunkt geht es – wie ➢ oben – durch die Nationalparks Yellowstone/Grand Teton und die Cowboy-Stadt Jackson. Auch für die Bergwelten rund um Bend ist der Sommer die ideale Reisezeit, in den Trockengebieten Südidahos und den *Owyhee Canyonlands* an der Grenze zu Idaho muss dann aber mit großer Hitze gerechnet werden.

Eine Plakette auf den Stufen zum State Capitol (ist innen absolut sehenswert!) weist auf deren Höhe exakt eine Meile über Meeresniveau hin

3. DENVER UND UMGEBUNG

3.1 Allgemeine Infos

3.1.1 Geschichte, Geographie, Klima, Besucherzentren

Denver ist die einzige *Big City* zwischen Kansas und der Westküste. Ihre Metropolenfunktion für ein Einzugsgebiet von der Größe Westeuropas hat für schnelles Wachstum gesorgt.

Geschichte

1858 führten **Goldfunde** am Cherry Creek und South Platte River zu einem vorübergehenden Boom und der Errichtung des ersten Saloons in Colorado dort, wo heute Denver steht. Zwar verließ die Mehrheit der Prospektoren nach der Entdeckung von Goldadern im nahen Central City bald die – wie sich herausstellte – ziemlich unergiebigen Flussbetten um Denver, aber die junge, verkehrsgünstig gelegene 5.000-Seelen-Gemeinde partizipierte am Reichtum des nahen Nachbarn in den Bergen und wurde **1861 Hauptstadt des *Colorado Territory***.

Dabei blieb es auch nach der Proklamierung des US-Bundesstaates Colorado im Jahr 1876. Bereits Ende des 19. Jahrhunderts hatte die Bevölkerung der Stadt die 100.000er-Marke geknackt. Heute leben dort über 700.000 Einwohner, im Großraum Denver sogar knapp 3 Millionen.

Geographie

Denver liegt 85 mi südlich von Wyoming im Zentrum der Westhälfte der USA in einer weitgehend ebenen Landschaft am Rande der **Prärien** des mittleren Westens. Zu ihnen gehören auch – für manche sicher überraschend – rund 40% des Territoriums von Colorado. Nur der Westteil des Staates wird von den Hochgebirgszügen der *Rockies* dominiert. Der Verlauf der **Nord-Süd-Interstate #25** markiert in etwa die Trennlinie zwischen den gegensätzlichen Landschaftsbildern.

Auf die sich fast ohne Übergang erhebenden ***foothills*** der Rocky Mountains stößt man in Nord-Colorado ca. 10-15 mi westlich der Interstate #25. Da die Prärien von Osten nach Westen stark ansteigen und vor Erreichen der Berge bereits eine Höhenlage von 1.600 m (= eine Meile) aufweisen, nennt sich die Hauptstadt Colorados auch gerne ***The Mile High City***.

Klima

Denver erfreut sich eines sonnenreichen Kontinentalklimas mit warmen, aber aufgrund der Höhenlage selten zu heißen Sommertagen. Die Winter sind wegen der Rocky-Mountain-Barriere gegen Westen relativ schneearm. Regentage konzentrieren sich auf das Frühjahr und den Frühsommer. Beste Besuchsmonate sind August, September und der (frühe) Oktober. Selbst wenn in Denver die Sonne scheint, kann das Herbstwetter in den Hochlagen von Colorado wechselhaft und ungemütlich sein.

Anfahrt

Aus welcher Richtung man auch anreist, ins Zentrum geht es mit dem Auto am schnellsten über die I-25, *Exit* »Colfax Avenue« (#40/#287 East). Das *Transit Center* des internationalen Flughafens (DEN) bietet Anschluss an die öffentlichen Verkehrsmittel: Die ***A Line*** ist in nur 37 min beim zentral gelegenen Hauptbahnhof ***Union Station*** (tagsüber im 15-min-Takt, sonst halbstündlich). Dort gilt das Tagesticket für Stadt und Umgebung ($10,50/$5,25). Zusätzlich verkehren ***SkyRide Busse*** zum Vorort Boulder, nach Thornton und Aurora; www.rtd-denver.com/airport.shtml.

Infos

In der 5. Etage des *Airport Main Terminals* werden Besucher mit Infos versorgt, ebenso am Hauptbahnhof (1701 Wynkoop Street). Die elegant renovierte ***Union Station*** von 1914 ist auch so einen Besuch wert. Der Bahnhof lädt zum Bummeln und Peoplewatchen ein. Neben Läden und Cafés findet man im 1. Stock noch die *Cooper Longue* mit schönem Blick und Brunch-Option.

Die offizielle Besucherbroschüre zum Durchblättern gibt es unter www.denver.org/about-denver/denver-resources/visitors-guide.

Union Station, der Hauptbahnhof von Denver

3

3.1.2 Unterkunft, Camping, Restaurants, Shopping

Airport

Rund um den Flughafen (I-70-Abfahrten 284/285) und auch im Kreuzungsbereich I-70/I-270 sind die Hoteltarife hoch. Ein relativ gutes Preis-Leistungs-Verhältnis (im Sommer ab ca. $120) haben die Zimmer u.a. in folgenden Kettenhäusern:

- ***Econo Lodge Airport***, 15900 E 40th Ave, *Exit* 283 von der I-70
- ***Microtel Inn & Suites***, 18600 E 63rd Ave, ✆ 1-800-337-0050.

Preiswertere Motels ballen sich an Denvers **Ausfallstraßen**, z.B. an der Arapahoe Road im Süden, *Exit* 197 von der I-25.

Downtown

In Downtown sind die Quartiere eher hochpreisig, im Hochsommer findet man aber auch dort gute Zimmer für ca. $200 z.B. im

- ***HI Express***, 401 17th Street, ✆ 1-800-181-7341.

Historischer Charme ab $350/Nacht wird geboten im

- ***Oxford Hotel***, 1600 17th Street, bei der *Union Station*; ✆ 1-833-524-0368, www.theoxfordhotel.com
- ***Brown Palace Hotel,*** 321 17th St, einem altehrwürdigen Haus aus 1892; ✆ 1-800-321-2599, www.brownpalace.com.

B&B

- ***Queen Anne Inn***, 2147-51 Tremont Place, gemütliches Haus mit ruhigen DZs und gutem Frühstück ab $165; gerade mal zwei Blocks vom *Capitol* entfernt; www.queenannebnb.com.

Hostels

- ***11th Ave Hostel***, 1112 Broadway, recht zentral, Betten $50, DZ $125; ✆ (303) 894-0529, www.11thavenuehotelandhostel.com
- ***Hostel Fish***, 1217 20th Street; Bett im 6er- bis 10er-Zimmer ab $47, DZ ab $180; ✆ (303) 954-0962, www.hostelfish.com
- ***Ember Hostel***, 857 Grant Street, südlich des Capitols (15 min Fußweg); schickes »Boutique«-Hostel; Bett $67, einwandfreie private DZ $220; ✆ (303) 942-1633, www.emberhostels.com.

Tabor Center an der 16th Street Pedestrian Mall; im Hintergrund erhebt sich der 100 m hohe, dem Campanile von Venedig nachempfundene Daniels & Fisher Tower

Camping

Fürs Camping im erweiterten City-Bereich geht nichts über den

- ***Cherry Creek Lake SP*** mit Bademöglichkeit im See (Anfahrt über I-225 *Exit* 4); Zelte $28, *full hook-up* $41.
- ***Chatfield Lake SP*** im Südosten der Stadt an der #85 eignet sich gut, wenn man das Wohnmobil in Denver übernimmt/abgibt.

SP-Stellplätze **müssen** reserviert werden, ➤ Hinweise Seite 124.

Essengehen & Kneipen

Für den schnellen Imbiss empfiehlt sich die ***16th Street Mall*** mit ihren hübschen Café-Terrassen. Ein besonderer Tipp ist der historische **Larimer Square** gleich ums Eck mit einer ganzen Reihe guter Restaurants der gehobenen Klasse.

Fleischspezialitäten sind im rustikalen ***Buckhorn Exchange Restaurant*** angesagt. Die Speisekarte ist so originell wie das Ambiente. Nur Vorsicht vor *Rocky Mountain Oysters*, sie sind zwar typisch für die Region, aber sicher nicht jedermanns Sache (Stierhoden ...). Als *appetizer* vor dem Rind-, Elch- oder Buffalo-Steak kann man auch noch Klapperschlange kosten. Do-Sa gibt's ***Folk Music* live** im **Saloon** im 1. Stock; 1000 Osage St unweit von Downtown mit *Light Rail*-Station vor der Tür; www.buckhorn.com.

In den Ziegelbauten von *LoDo* (➤ Seite 270) finden sich Dutzende Musik- und Bier-Kneipen, darunter Denvers erste Gasthausbrauerei (*brewpub*), die ***Wynkoop Brewing Company*** unweit der *Union Station* in der 1634 18th Street; https://wynkoop.com/brewery). Ein guter Tipp sind außerdem noch die Bars im Stadtviertel *LoHi* sowie der ***Avanti F&B*** *Food Court* (3200 N Pecos Street).

Erwähnenswert außerhalb des Zentrums wäre noch das ***Fort Restaurant***, ein feineres Steakhouse untergebracht im Adobe(nach)-bau eines Handelspostens aus dem 19. Jh. im Kreuzungsbereich #8/#285 ca. 30 min südlich von Downtown (www.thefort.com), sowie ***Casa Bonita***, ein mexikanisches Dorf mit rosa Glockenturm, Wasserfall und üppigem Essen zu *Mariachi*-Klängen an der 6715 Colfax Ave in Lakewood (~15 min; www.casabonitadenver.com).

Shopping

Neben der hübschen Fußgängerzone im Zentrum (***16th Street Pedestrian Mall***) locken vor den Toren der Stadt gleich drei Einkaufsparadiese mit Fabrikpreisen:

- ***Colorado Mills*** (I-70 West, Exit 262; nur 10 mi),
- ***Outlets at Castle Rock*** (I-25 South, Exit 184; 30 mi)
- ***Outlets at Silverthorne*** (I-70 W, Exit 205; 70 mi).

*Im September werden in Denver beim **Great American Beer Festival** die besten Biere der USA ausgezeichnet. Die Stadt zählt über 150 Brauereien, rund ein Drittel davon hat auch eine Schankstube (**tap room**). »Beer Trail Map« und Brewery-Tour-Angebote unter www.denver.org/food-drink/breweries. Im Vorort Golden steht zudem eine der größten Brauereien weltweit ➤ Seite 272.*

3.2 Stadtbesichtigung

Einen verbundenen Gesamtkomplex bilden das *State Capitol*, der *Civic Center Park* mit dem *Denver Art Museum*, das *Colorado History Museum* und auch noch die *US Mint*.

State Capitol

Die hübsche Parkanlage wird von der Goldkuppel des **Regierungspalastes** überragt. Das neoklassizistische Gebäude ist außen wie auch innen absolut sehenswert. Man darf es in Eigenregie besuchen, die **Rotunde** hinauf mit tollem Blick über die Stadt gelangt man allerdings nur im Rahmen kostenloser Touren; Start stündlich Mo-Fr 10-14 Uhr; www.leg.colorado.gov/node/1024591.

Die drei unterschiedlichen Markierungen auf der **Treppe** unterhalb des Capitols sind ebenso ein beliebtes Fotomotiv. Die 15. Stufe trägt die Aufschrift »***One Mile Above Sea Level***«. Spätere Messungen identifizierten jedoch die 18. als die »Richtige«, sie wurde daher 1969 mit einer runden Hinweistafel versehen. Seit 2003 ist man sich aber nun sicher, dass die 13. Stufe exakt eine Meile über dem Meeresspiegel liegt. Sie schmückt seither eine kleine Metallplakette mit der Silhouette der Rocky Mountains.

Denver Art Museum

Im Südosten des *Civic Center Park* erhebt sich der burgartige »Klotz« des **Kunstmuseums**, das 2006 um das avantgardistische und sehenswerte ***Hamilton Building*** erweitert wurde (➤ Foto rechts). Das *Denver Art Museum* ist eines der größten und besten seiner Art im US-Westen; täglich 10-17 Uhr, freitags bis 20 Uhr; $19, bis 18 Jahre frei; www.denverartmuseum.org. Die populäre und umfangreiche Kollektion zur Kunst der Ureinwohner musste jüngst geschlossen werden. Es mangelte ihr an »political correctness«. Das Datum der Wiedereröffnung ist noch unbekannt

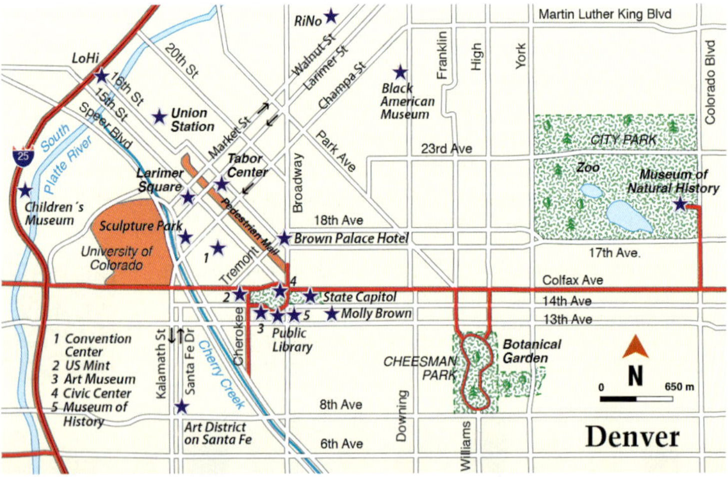

Hamilton Building, entworfen vom Star-Architekten Daniel Libeskind und Teil des Denver Art Museum

History Colorado Center

Ins **Museum zur Geschichte Colorados** gelangt man vom Kunstmuseum über den Broadway, Ecke 13th Avenue. Die Ausstellung vermittelt ein Bild von den Ursprüngen Denvers und der Pionierzeit in Colorado. Geöffnet täglich 10-17 Uhr; $14, Kinder frei; www.historycolorado.org/history-colorado-center.

US Mint

Großer Beliebtheit erfreut sich die ***US Mint***, eine von zwei Münzpräge-Anstalten der USA. Allein in Denver werden täglich Abermillionen von Münzen ausgestoßen. Die Tickets für die **75-min-Führungen** (Mo-Do 8-15.30 Uhr) sind **gratis** und werden an der 320 West Colfax Ave ab 7 Uhr morgens vergeben; www.usmint.gov/about/mint-tours-facilities/denver/visiting-the-denver-mint.

Molly Brown House

Zwei Blocks östlich des *State Capitol* befindet sich das viktorianische Haus von ***Molly Brown***, die nicht nur den Untergang der *Titanic* überlebte, sondern sich für die Gleichberechtigung stark machte in einer Zeit, als die Frauen noch kein Wahlrecht hatten. Besichtigung 9.30-17.30 Uhr *self-guided* ($16/$12) oder vormittags geführt (+$4); 1340 Pennsylvania St; https://mollybrown.org.

Downtown/16th Street

Zur zentralen **Shopping-Achse** der Stadt wurde die 16th Street ausgebaut, eine **Fußgängerzone** (*pedestrian mall*) von etwa 2 km Länge, die an der *Civic Center Plaza* ihren Ausgang nimmt. **Pendelbusse** (frei) sind die einzigen legal verkehrenden Fahrzeuge. Downtown lässt sich ohne Busbenutzung leicht in zwei Stunden »ablaufen«.

***Public Art**-Skulpturen stehen vielerorts in Downtown (auf dem Foto links »The Yearling« von Donald Lipski, roter Riesentuhl mit einem lebensgroßen (!) Pferd vor der Denver Public Library an der West 14th Ave); alle Details unter https://denverpublicart.org/tours*

3

Der 12 m große »Blue Bear« blickt neugierig durch die Fenster des Convention Centers an der 14th Street; das Kunstwerk trägt den Titel »I see what you mean«

Anschauen sollte man sich dort u.a. den ***Larimer Square*** mit aufpolierten, alten Fassaden, schicken Restaurants und teuren Shops. Südwestlich der *16th Street Mall* befinden sich Parkplätze, dahinter das *Performing Arts Center* und das *Colorado Convention Center* mit dem überdimensionalen, blauen Bären, Foto ➤ oben.

Brown Palace Hotel

Die Tarife im traditionsreichsten Hotel der Stadt eignen sich nicht für jedes Portemonnaie, aber dessen **Innenarchitektur** darf man auch kostenlos und ohne Übernachtung besichtigen. Es liegt an der 17th St/Ecke Broadway, eingebettet zwischen den Hochhäusern des ***Central Business District*** östlich der *16th Street Mall*.

LoDo/ LoHi

Das Gebiet nordöstlich der Shopping-Zone bis zur *Union Station* nennt sich *Lower Downtown* (***LoDo***) und beherbergt eine angesagte **Kneipenszene**. Ebenfalls im Visier der Nachtschwärmer ist der mit *LoDo* über Fußgängerbrücken verbundene Stadtteil *Lower Highlands*, kurz ***LoHi***, wo neben zahlreichen Bars, Cafés und Restaurants noch viele kleine **Kunstgalerien** zu finden sind. Zugang vom nördlichen Ende der *16th Street Mall* über den *Commons Park* bzw. die *Millenium* und *Highland Pedestrian Bridge*, die hintereinander Bahntrasse, South Platte River und I-25 überspannen.

Art Districts

Amerikaner lieben Abkürzungen, so grenzt *LoDo* im Nordosten an ***RiNo***. Das steht für *River North Art District*, einem aufstrebenden Stadtteil mit vielen Brauereien (➤ Seite 267), Weinlokalen und auffälliger ***Street Art***. Ihr widmen sich Sa+So die 2-stündigen *Graffiti Walking Tours*; www.denvergraffititour.com. Weitere »Spaziergänge« führen durch den ***Art District on Santa Fe***, etwa 2 km südwestlich von Downtown (Santa Fe Drive, Höhe W 9th Ave); immer am 1. Freitag des Monats (*First Friday Art Walks*, 17.30 Uhr).

Elitch Gardens

Der Park wird (bald?) in einen Vorort verlegt!

Ebenfalls jenseits des Speer Blvd erstreckt sich der ***Auraria Campus*** der ***University of Colorado***, und nördlich davon am Flussufer die ***Elitch Gardens***, ein großer ***Amusement Park*** mitten in der City mit alten Holzkonstruktions-*Rollercoaster* und **Wasserplanschpark** (im Hochsommer 10.30-20 Uhr, Fr+Sa bis 21 Uhr; Tickets online \$50, vor Ort \$70!); Parken \$25 (RVs \$30); www.elitchgardens.com.

Children's Museum

Ein lohnenswertes Ziel mit Kindern auf der gegenüberliegenden Uferseite ist das ***Children's Museum of Denver***, wo interaktiv und auf spielerische Art Wissen vermittelt wird. Täglich 9-16 Uhr; \$18; 2121 Children's Museum Dr; www.mychildsmuseum.org.

City Park

Im ***City Park***, etwa 2,5 mi östlich des Zentrums, befinden sich der (kleine und eher durchschnittliche) ***Denver Zoo*** sowie das hervorragende ***Museum of Nature & Science*** (mit ***Infinity Theater*** und Planetarium). Nur die naturkundlichen Museen in New York und Chicago bieten zur Thematik »Flora & Fauna Nordamerikas« Vergleichbares oder mehr. Die Abteilung zur indigenen Kultur ist ebenfalls gut. Von der Terrasse und dem 1. Stock fällt der Blick über den Park auf die Stadt mit *Rockies*-Panorama dahinter (➤ Foto unten); täglich 9-17 Uhr, \$23/\$18; 2001 Colorado Blvd; www.dmns.org.

Black American Museum

Zwischen *City Park* und *RiNo*, an der 3091 California Street, befindet sich noch ein interessantes Museum. Das ***Black American West Museum & Heritage Center*** widmet sich den (in der Geschichtsschreibung kaum beachteten) Pionierleistungen der »Men and Women of Color«. Was z.B. kaum jemand weiß: Ein Drittel aller Cowboys im amerikanischen Westen hatte schwarze Hautfarbe. Eintritt \$15/\$10; leider nur sehr begrenzte Öffnungszeiten (meist Sa 10-14 Uhr), am besten kurz vor dem Besuch die Webseite des Museums aufrufen: www.bawmhc.org.

Denver City Park und Skyline

3.3 Ziele in Denvers Umgebung

Westlich von Denver liegen gleich mehrere erwägenswerte Zwischenziele für kleine Abstecher. Auf der Weiterfahrt in Richtung Westen oder Norden lassen sie sich aber auch gut in die Reiseroute einbauen, ebenso bei der Rückkehr nach Denver.

Red Rocks Theatre

Von der **Ausfahrt 259** der I-70 führt die Straße #26 nach Süden hinauf zum (ausgeschilderten) ***Red Rocks Amphitheatre***, einer grandiosen **Open-Air-Bühne** zwischen roten Felsen. Von den Rängen blicken die Besucher auf das ferne Denver. Eine **Konzertveranstaltung** in diesem Rahmen unter klarem Nachthimmel und den *city lights* im Hintergrund ist ein Erlebnis; aktuelles Programm online unter www.redrocksonline.com. Der Besuch lohnt aber auch ohne Veranstaltung; *Visitor Center* im Sommerhalbjahr 7-19 Uhr.

Umgehung der I-70

Von dort gelangt man südlich auf die **Straße #74 durch den malerischen *Bear Creek Canyon***. Sie führt über das hübsche Städtchen **Idledale** nach Evergreen und dann zurück auf die I-70. Diese Strecke ist ideal für eine Rundfahrt, die über Golden – oder erweitert um einen Umweg bis Mount Blue Sky/Central City – wieder zurück nach Denver führt.

Lookout Mountain

Von der I-70 direkt oder auch von der #6 südlich von Golden geht es auf der ***Lookout Road*** zum gleichnamigen Berg (2.249 m). Oben befindet sich das Grab von ***Buffalo Bill*** (➤ Seite 342), außerdem ein **kleines, sehenswertes Museum** mit Gemälden zum Thema »Wilder Westen« und Ausstellungsstücken zum Leben des Helden. Im Sommer 9-17 Uhr, $5/$1; https://buffalobill.org. Abends überblickt man von dort das **Lichtermeer** von Denver und Umgebung.

Golden

Hübsch und grün präsentiert sich Golden am Fuße der *Rockies,* Hauptstadt des *Territory of Colorado* von 1862 bis 1867 und heute mit etwa 20.000 Einwohnern. Am dritten Wochenende im August findet dort immer ein **Kunstfestival** auf hohem Niveau statt; www.goldenfineartsfestival.org.

Tour durch die Molson Coors Brewery

Eine ganzjährige Attraktion ist die 1873 von deutschen Einwanderern gegründete *Coors Brewing Company*, die 2005 mit einer kanadischen Brauerei zur ***Molson Coors Brewery*** zum größten Brauereikonzern der Welt fusionierte. Vom Parkplatz (502 14th St) befördert ein Shuttlebus die Gäste zu den Werksgebäuden; 1,5-Std-Tour ($20/$10) durch die Brauerei mit anschließendem ***beer tasting*** (für alle über 21) meist Do-So 10-15.45 Uhr. Reservierung erforderlich: www.coorsbrewerytour.com.

Day Out With Thomas™ in Golden

Golden beherbergt außerdem ein beachtliches Eisenbahnmuseum, das ***Colorado Railroad Museum*** nordöstlich des Ortes. Es verfügt über ein Freigelände mit wunderbaren alten Lokomotiven, restaurierten Waggons und allerlei Schienenfahrzeugen. Im Museumsgebäude befindet sich außerdem eine große Modelleisenbahn-Anlage; 17155 W 44th Ave; geöffnet Di-So 9-17 Uhr; $10/$5 (2-17 Jahre); https://coloradorailroadmuseum.org.

Den Sommer über werden Do-So kurze Zugfahrten ($4/$2) angeboten, zusätzlich für die Kleinen Ausflüge mit der *Thomas*™-Lok im September sowie zur Weihnachtszeit im *Polar Express*™, wo dann auch Santa Claus höchstpersönlich anwesend ist. Bei Interesse reservieren, diese Spezialtickets sind schnell ausverkauft!

Central City/ Black Hawk

Eine **hübsche Abweichung** vom Verlauf der I-70 bietet die Straße #6 durch das Tal des malerischen Clear Creek. Von ihr zweigt die #119 ab hinauf ins ehemalige Goldrauschgebiet der **Doppelstadt Central City/Black Hawk**. Goldhaltiges Erz wird dort immer noch aus den Bergen geholt (Minenaktivitäten am Ende der Ortsdurchfahrt in Richtung Idaho Springs). Einige verbliebene Fassaden und Relikte aus dem vorletzten Jahrhundert sorgten dort früher für einen Rest Wildwest-Atmosphäre. Nachdem aber 1991 in Colorado (per Volksentscheid) das **Glücksspiel legalisiert** worden war, entwickelte sich in kürzester Zeit in Central City/Black Hawk ein neues **Spielerparadies**. Nahezu jedes Haus wurde mit ***Slot Machines*** und ***Black Jack***-Tischen vollgestellt und eine ganze Reihe von **Saloons**, ***gambling halls*** und **Kasinohotels** schoss aus dem Boden. Ein Zubringerbus ab Denver sorgt laufend für Gästenachschub.

Red Rock Amphitheatre

Man kann auch über Nacht bleiben: An **M/Hotels** mangelt es nicht in der Doppelstadt. Hübsche ***NF Campgrounds*** sind ebenso nicht weit: Ca. 6 mi nördlich an der Straße #119 (***Cold Springs*** mit Spielplatz) und 3 mi nordwestlich von Central City (ausgeschilderte *gravel road*); https://visitblackhawk.org.

»Oh-mein-Gott-Straße«

Die kürzeste Strecke (8 Meilen) zwischen Central City und Idaho Springs an der I-70 ist die ***Virginia Canyon Road*** (#279) vorbei an einigen noch intakten Goldminen. Von der lokalen Werbung wird die enge Serpentinenroute als ***Oh-my-Gawd Road*** propagiert. Aber der ungeteerte, teils leitplankenlose Abschnitt verursacht zumindest bei Trockenheit (!) – trotz der Bezeichnung – für Pkws kein ernstliches Kopfzerbrechen. Das Panorama des Mount-Big-Sky-Massivs belohnt die Mühe der etwas beschwerlichen Fahrt.

Idaho Springs

Das kleine Städtchen nördlich der I-70 war Schauplatz des ersten bedeutenden Goldfunds in Colorado (1859). Auch heute kann man dort Gold waschen und an Touren durch ehemalige Minen teilnehmen (*Phoenix Gold Mine Tour*; täglich 10-17 Uhr; $25/$20; www.phoenixgoldmine.com) und die schon von weitem sichtbare, rote Mühle zur Zerkleinerung des Erzes besuchen (*Argo Mill Tours*; https://argomilltour.com). Unterkünfte, Restaurants und Brauereien komplettieren die überschaubare Infrastruktur.

Neugierige Schneeziegen (mountain goats), das Empfangskomitee am Mount Blue Sky

Mount Blue Sky (ehemals Mt Evans)

Tickets unbedingt abspeichern, kein Handyempfang an der Mautstelle!

Ausgehend von Idaho Springs führen die #103 und ***Highest Road in the US*** (#5) zum Gipfel des **4.348 m** hohen **Mount Blue Sky**. Die Streckenführung enttäuscht anfangs, das letzte Teilstück entschädigt aber mit phänomenaler Fernsicht und durch die dort meist in großer Zahl anwesenden Schneeziegen sowie Dickhornschafe. Ab der I-70 (Exit 240) bis zum Mauthäuschen des *Scenic Byway* sind es 13 mi, danach noch weitere 14 mi bis zum Straßenende und von dort 500 m Fußweg und 40 Höhenmeter bis zum Gipfel; $15/Fahrzeug; durchgängig asphaltiert; Mitte Sept-Mitte Juni meist wegen Schnees gesperrt, die letzten 5 mi schon ab *Labor Day*.

Aufgrund der Beliebtheit musste bereits vor einigen Jahren ein ***day-use permit*** eingeführt werden, das im Voraus zu reservieren ist: www.recreation.gov/timed-entry/10087438 (➤ auch Seite 103). Wer ganz nach oben möchte, benötigt ein »*Summit Interpretive Area Ticket*«. Die Bezeichnung »*Summit Lake*« ist etwas irreführend, dieser See liegt deutlich tiefer (3.963 m). Das Gipfelticket beinhaltet auch den Stopp beim ***Dos Chappell Nature Center*** (10-17 Uhr) in der *Mt. Goliath Natural Area* auf 3.550 m. Dort gibt es ein paar uralte Grannenkiefern (*bristlecone pines*) und eine gute Ausstellung zum hochalpinen Ökosystem zu sehen.

Rund 45 mi von Downtown Denver entfernt und unmittelbar vor dem Beginn des *Byway* liegt auf 3.230 m ein im Sommer beliebter, einfacher ***NF Campground*** am hübschen Echo Lake ($23).

Parkplatz auf 4.307 m am Mt Blue Sky

Nostalgische Eisenbahnen im »Wilden Westen«

➤ Karte Seite 274

Hier schlägt das Herz der Eisenbahnfans höher: In Colorado dampfen und schnauben auch heute noch jede Menge Loks durch fantastische Canyonlandschaften und über abenteuerliche Brücken. Kaum zu toppen ist der Ganztagestrip mit der ***Durango & Silverton Narrow Gauge Railroad,*** die sich 3,5 Stunden lang – in teils schwindelerregender Höhe – durch die engen Schluchten des Animas River nördlich von Durango windet. Auch wer sich zufällig mittags beim Umkehrpunkt in Silverton befindet, wenn dort eine zweistündige Pause eingelegt wird, sollte unbedingt kurz in die recht unterschiedlichen Waggons dieser Museumseisenbahn hineinschauen. Tickets gibt es ab $105/$69; Dauer: 9 Stunden; Mai-Oktober, vereinzelt auch *Winter Trains*; Reservierung empfohlen: www.durangotrain.com.

Ähnliches gilt für die schwärzesten Ruß verqualmende ***Cumbres-Toltec Scenic Railroad***, eine Schmalspurbahn die an der Grenze zu New Mexico im Zuckeltempo durch die Schluchten und Passhöhen zwischen Antonito und Chama hin- und herpendelt (64 Meilen); ab $135/$80, in luxuriösen Waggons mehr; https://cumbrestoltec.com.

Kürzer und ohne Dampf, aber dennoch ein Erlebnis sind die Fahrten durch die enge ***Royal Gorge*** ab Cañon City (2-Stunden-Trips ab $84/$80; www.royalgorgeroute.com).

Viel Spaß mit Kindern bereitet auch die bunte Schmalspurbahn, die 10-17 Uhr *first-come, first-served* mit offenen Waggons zwischen **Cripple Creek** und dem nur 5 mi entfernten **Victor** verkehrt (45 min; Tickets $19/$14; https://cripplecreekrailroad.com). Noch kürzer (4,5 mi) ist die von der ***Georgetown Loop Railroad*** zurückgelegte Strecke. Dort werden $34/$28 für die 75-min-Rundtour fällig; www.georgetownlooprr.com. Zur Weihnachtszeit stehen Spezialfahrten auf dem Programm mit dem Weihnachtsmann an Bord. Tolle Fotomotive bieten sich auch allen, die sich die Ankunft/Abfahrt des Zugs am *Devil's Gate Depot* anschauen; von der I-70 westlich von Denver Exit 228, dann rechts auf die Argentine Street und kurz vor der Einfahrt nach *Historic Georgetown* wiederum rechts auf den Loop Drive, der unter der beeindruckenden Gerüstpfeilerbrücke an der Umkehrschleife hindurchführt (➤ Foto unten).

Eine wunderbare Übersicht mit weiteren Strecken und Videos liefert das Portal www.grandparkco.com/train-rides-in-colorado.

Georgetown Railroad

3.4 Rundtour durch die südlichen »Rockies«

Colorado Visitor Guide zum Durchblättern: www.colorado.com/guide-order

Bei Touristen aus Europa steht das Gebiet südwestlich von Denver etwas unter dem Radar – aus der Sicht der Autoren allerdings zu Unrecht. Hohe Berge kennt man von zu Hause, die Alpen liegen ja nicht fern. Aber der Vergleich hinkt. Denn wo kommt man in Europa so spielend leicht und sogar mit dem Auto auf einen 4.000er-Gipfel? Statt Almhütten und Kuhglocken finden sich in den südlichen Rocky Mountains lebhafte **Wildwest-Städtchen**, urige Saloons und auf Hochglanz polierte **Nostalgiezüge** (➤ links). Man trifft allerorten auf ***Ghost Towns*** und die Verlassenschaften ehemaliger Gold- und Silberminen. Und das gelb leuchtende **Herbstlaub** der Espenwälder sorgt Ende September/Anfang Oktober auch heute noch für einen wahren »Goldrausch« (➤ umseitig). Hinzu kommt eine **Fauna**, die ihresgleichen sucht. Elche, Schneeziegen und Dickhornschafe muss man weder im Zoo noch im Hinterland suchen, sie gehören zum Alltag, stehen oft mitten auf den Straßen und sorgen regelmäßig für Verkehrsbehinderung. Murmeltiere und Pfeifhasen sind Begleiter entlang der Wanderwege.

Nicht ohne Grund schätzen die Einheimischen Colorado als Ferienland. Es ist vielseitig und bietet weit mehr als Ranchurlaub mit Cowboy-Schnupperkursen. Im Winter wird in den *Rockies* Ski- und Snowboard gefahren; Tummelplätze der Hautevolee wie Aspen oder Vail sind weltberühmt. Und sobald der extrafeine, trockene *Champagne-Powder*-Schnee schmilzt, werden die versteckten Bergtäler und hohen Gipfel mit den Wanderschuhen oder **4WD-Vehikeln** erklommen. Im Sommer locken farbenfrohe Wildblumenwiesen, glasklare Bergseen wie der *Ice* und *Island Lake* bei Silverton und gleich nebenan am *Million Dollar Highway* eine ganze Reihe roter Berge (Red Mountain No. 1, 2 und 3 – *nomen est omen*!). Die *blue columbine* ist auch dort weitverbreitet, sie ist die Staatsblume Colorados (➤ Foto Seite 28). Für Wanderfreudige mangelt es nicht an **Postkartenansichten**, und selbst Gehbehinderte kommen den Gipfeln sehr nahe (u.a. den berühmtesten Bergen Colorados, die rötlichen Maroon Bells bei Aspen oder dem 4.348 m hohen Mount Blue Sky).

Westlich von Denver ist sogar die Autobahn spannend. Die **I-70** windet sich durch so schmale Täler, dass die Fahrspuren teils übereinander angelegt werden mussten. Vor den (südlichen) Toren der Stadt finden sich außerdem zwei *Red Rocks Parks* (*Roxborough SP* und *Garden of Gods*) und knapp außerhalb der Rocky-Mountains-Region liegen noch Nationalparks wie der ***Great Sand Dunes NP*** mit bis zu 230 m hohen Sanddünen und ***Mesa Verde*** mit etlichen attraktiven Klippendörfern der Ureinwohner.

Herbstlaub in den Rockies

Dieses Kapitel gehört nicht zum Kerngebiet des Buches (nördliche US-Küste und zentraler Nordwesten), wer jedoch **Ende September** in Denver und Umgebung unterwegs ist, sollte einen kurzen Abstecher in die *Rockies* zumindest in Erwägung ziehen. In der Folge werden die wichtigsten Anlaufpunkte kurz skizziert.

Goldrausch in den Rocky Mountains zum »Fall Foliage Peak«

Wenn der Herbst Einzug hält, setzt in Colorado auch heute noch Jahr für Jahr ein wahrer »Goldrausch« ein. Nicht das im Felsen verborgene Erz zieht Fotografen aus aller Welt in seinen Bann, sondern das goldene, manchmal auch rötlich leuchtende **Laub der Espen**, einer amerikanischen Zitterpappel mit weißen birkenähnlichen Stämmen. Der Herbstzauber in den *Rockies* steht seiner Konkurrenz im Osten des Landes kaum nach, zumal sich die bunten Blätter hier vor einer 4.000 m hohen Bergkulisse präsentieren. Das Naturspektakel beginnt Ende September im nördlichen Bereich der *Rockies* bei den berühmten **Maroon Bells** (*permits* erforderlich: https://aspenchamber.org/plan-trip/trip-highlights/maroon-bells) unweit von **Aspen** und zieht dann weiter nach Süden über **Crested Butte** (*Kebler Pass Road*, eine gut gepflegte, meist Pkw-taugliche Schotterstraße), **Ridgway** (*Owl Creek Pass Road,* landschaftlich besonders reizvolle Piste, oft aber höhere Bodenfreiheit und 4WD erforderlich) und die **Schneffels Range** in den **San Juan Mountains** bis hinunter zum Wald am ***Million Dollar Hwy*** (➢ Seite 280) zwischen **Ouray** und **Silverton**, der sich Ende Sept/Anfang Oktober »vergoldet«. Einige der schönsten Herbstlaub-Routen wurden nicht geteert und schlängeln sich abenteuerlich durch die Bergwelt, diese sind nur bei Trockenheit zu befahren und am besten mit **4WD** oder **ATV** (*rentals* in Silverton oder Durango). Ein langer, sehr abwechslungsreicher Rundparcours auf Asphalt ist der ***San Juan Skyway***, der die Ortschaften Ridgway, Ouray, Silverton, Durango und Telluride verbindet und beim *Red Mountain Pass* auf bis 3.358 m hinauf führt. Die Strecke über die Straßen #550/#160/#184/#145/#62 (insgesamt 230 Meilen) kann an nur einem Tag absolviert werden, besser aber in zwei Tagen. Mit Bahnfahrt (***Durango & Silverton Railroad***, ➢ Exkurs Seite 276) benötigt man drei Tage. In **Telluride**, einem wunderbar, nur 4 mi abseits der #145 gelegenen, historischen Bergbau-Städtchen, sollte man sich die **kostenlose (!) Fahrt mit der Seilbahn** nicht entgehen lassen (Ende Mai-Mitte Oktober; www.telluride.com/discover/the-gondola).

Zum Höhepunkt der Laubverfärbung empfiehlt sich in diesem Bereich der *Rockies* eine langfristige Reservierung. So kommt man am günstigsten unter; kurzfristig am ehesten noch – ohne die Reisekasse zu sprengen – in Durango oder in Montrose. Zu den empfehlenswerten Quartieren an der Strecke zählt auch das ***Bivvi Hostel*** bei Telluride mit außergewöhnlich guten DZ mit eigenem Bad für $170; www.thebivvi-telluride.com.

Gratis-Gondel in Telluride

I-70

Der schnellste Weg in die südlichen *Rockies* führt ab Denver über die Interstate 70. Dort passiert man zunächst die bereits beschriebenen Ziele bis Idaho Springs (Exit 240, ➤ **Kapitel 3.3**) und auf der Fahrt weiter in Richtung Westen noch Georgetown (mit hübscher Ausflugseisenbahn; Exit 228, ➤ Seite 276), die ***Silverthorne Outlets*** (Exit 205), den mondänen Skiort Vail (Exit 176) und den **Hanging Lake** (Exit 121; ➤ Seite 283). Bis Glenwood Springs bleibt der Verlauf der Autobahn abwechlungsreich. Vorsicht geboten ist auf dieser Etappe von Mitte September bis etwa Mitte Mai bei Wetterumschwüngen, dann besteht auf der I-70 mitunter **Schneekettenpflicht** (problematisch mit Mietautos; Details ➤ Seite 85).

Glenwood Springs

Die Kleinstadt am Rande der Rocky Mountains bei der Abfahrt 116 bietet die preiswertesten Unterkünfte weit und breit, außerdem einen originell gelegenen Abenteuerpark, den man per Gondelfahrt erreicht (***Glenwood Caverns Adventure Park*** mit Achterbahnen, Ziplines u.v.m.). Und – der Name deutet es schon an – im Zentrum befindet sich eine große ***Hot Springs***-Anlage.

Aspen

40 mi sind es von dort über die #82 bis nach **Aspen**, einem Nobel-Skiort, in dem man es aber auch den Sommer über gut aushält. Ausgesprochen hübsche Terrassen laden zum Einkehren ein (exzellent ist der Cappuccino z.B. in der *Local Coffee Bar*, 614 E Cooper Ave). In den umliegenden Boutiquen und Kunstgalerien wird man über die Preise staunen. Ende Sept/Anfang Okt ist auch noch ***leaf peeping*** (»Laubgucken«) angesagt. Ganze Heerscharen pilgern dann Tag für Tag zu den nahen **Maroon Bells** – angeblich die **meistfotografierten Gipfel der Rocky Mountains**. Stolze 4.317 m ragen sie empor und spiegeln sich im Bergsee nur wenige Schritte vom Parkplatz entfernt. Für die Zufahrt benötigt man ein zeitgebundenes Ticket oder eine Reservierung für den Shuttlebus, ➤ Seite 285.

Weiterfahrt #133/#50

Wer in Carbondale von der #82 auf die #133 abbiegt, folgt dem ***West Elk Loop Scenic Byway*** über den im Herbst sagenhaft bunten ***McClure Pass*** (2.669 m) weiter in Richtung Süden. Über Delta (mit guter Infrastruktur) erreicht man Montrose an der #50/#550.

Montrose

Die Kleinstadt eignet sich gut als Startpunkt für eine Herbstlaubtour (➤ Exkurs links) und ggf. sogar als mehrtägige Basis, zumal dort noch einige vergleichsweise günstige Quartiere stehen, darunter ein gutes *SureStay Plus* (ca. $115; 1655 E Main Street). In Richtung Osten bietet sich ein Abstecher in den ***Black Canyon of the Gunnison National Park*** an; 28 mi retour über die #50.

Weiter in Richtung Süden geht es ab Montrose auf der #550 vorbei an **Ridgway** und schön am Stausee gelegenen ***SP campsites*** ($28, *full hook-up* $41), die reserviert werden müssen, ➤ Seite 124.

Ouray

In einem Talkessel der **San Juan Mountains**, eines westlichen hochalpinen Ablegers der *Rockies*, liegt mit **Ouray** [*ju-REY*] eines der hübschesten Gebirgsstädtchen der USA; www.visitouray.com. Außer für die attraktive Lage zwischen Gipfeln und Steilwänden ist die einstige *Mining Town* bekannt für ***Hot Springs*** (großer öffentlicher **Pool** an der #550 gleich eingangs des Ortes).

Wer Hunger verspürt: Gute Burger serviert ***Maggie's Kitchen*** an der Main Street durch den Ort, das Bier dazu (z.B. ein *Red Ale*) holt man sich am besten gleich nebenan bei – entgegen dem Namen – meist gar nicht mürrischen ***Mr. Grumpy Pants*** (Mikrobrauerei).

Etwa 2 mi nördlich von Ouray (ausgeschildert) kann man eine stillgelegte Mine besuchen (***Bachelor-Syracuse Gold & Silver Mine***); Ende Mai-Anfang September 9-16 Uhr; interessante, 50-minütige Touren $20/$10; https://bachelorsyracusemine.com.

Unbedingt einen Halt verdient der ***Ouray Box Canyon Falls Park*** am südlichen Ortsausgang, wo der *Canyon Creek*, ein Zufluss des Uncompahgre River, tosend durch eine enge Felsspalte bricht. Wunderbar mit Blick übers *Ouray Valley* übernachtet man dort im ***NF Campground Amphitheatre*** ($24; RVs max. 26 Fuß; reservierbar).

Million Dollar Hwy

Die im Abschnitt bis Silverton **überwältigende Straße** durch die Berge von Ouray nach Durango trägt den schönen Namen ***Million Dollar Highway***. Sie entstand Ende des 19. Jahrhunderts, als in den Gold- bzw. Silberminen dieser Region unglaubliche Reichtümer erwirtschaftet wurden, und soll mit goldhaltigem Erzgeröll gepflastert gewesen sein. Eine andere Legende erzählt von einer Frau, die für kein Geld der Welt – auch nicht für eine Million Dollar – die enge Gebirgsstraße nochmals fahren würde. Die Strecke war früher noch um einiges abenteuerlicher, verläuft aber auch heute noch teils ohne Leitplanke hoch über dem Abgrund.

Die Spuren der einstigen Schürfarbeiten sind unübersehbar: Neben einer letzten noch intakten Mine säumen verlassene Schächte und verrostende Gerätschaften die Hänge beidseitig der #550.

Einen »Höhepunkt« im Wortsinn erreicht man kurz hinter dem ***Red Mountain Pass*** (3.358 m). Dort startet der Aufstieg auf den 3.929 m hohen **Red Mountain #3** mit einer **gigantischen Aussicht** über die bunte Bergwelt oberhalb der Baumgrenze; 9 km retour ab der kleinen Parkbucht an der #550 direkt bei Meile 80 (550 HM). Und das Beste: Diese Wanderung ist fast noch ein Geheimtipp!

*Drei **Red Mountains** sorgen für unwirkliche Farbtupfer entlang des Million Dollar Highway, hier im Bild der nördlichste (Red Mountain #1)*

Am Umkehrpunkt der Durango & Silverton Narrow Gauge

Zwei Meilen vor Silverton zweigt die 4-mi-Zufahrt (#585) zum ***South Mineral Creek*** ab, der hinter dem *NF Campground* mehrfach malerisch über rötliche Klippen stürzt; $34; *first-come, first-serve,* wegen der Höhe nachts sehr kalt. Dort ist der Ausgangspunkt eines zweiten empfehlenswerten Hikes, der weit hinauf zum glasklaren, farbenprächtigen *Island* und *Ice Lake* führt; anspruchsvolle 13,5 km retour und 900 Höhenmeter. Am schönsten ist es dort oben im Sommer, wenn die Wildblumen blühen.

Silverton

Den anstrengenden Wandertag ausklingen lassen kann man in einem der urigen **Saloons** in Silverton oder mit einem originellen Ski voller kleiner Bier»stiefel« von der *Avalanche Brewing Company* (unterschiedlich gefüllt damit man sich durchkosten kann). Der Ort hat reichlich Flair, verfügt aber nur über eine sehr begrenzte Anzahl an Betten. Ein gutes Preis-Leistungs-Verhältnis haben z.B. die großen Zimmer im ***Canyon View Motel***, auch wenn das Gebäude von außen eher abenteuerlich erscheinen mag; ca. $180.

Die 1874 gegründete **Silberminenstadt** liegt auf 2.800 m und besteht im Wesentlichen aus windschiefen Gebäuden und restaurierten (falschen) Fassaden im **Wildwest-Look**. Sie zielen samt Shops und Restaurants der Neuzeit primär auf die täglich mit der ***Durango-Silverton Railroad*** einfallenden Gäste ab. Dieser 9-Std-Rundtrip (➤ Seite 276) durch die engen Schluchten zwischen Durango und Silverton ist eines der Top-Erlebnisse in Colorado, vorzugsweise zum Höhepunkt der Laubfärbung Anfang Oktober.

Durango

Durango, das südliche Tor zu den *Rockies*, ist voll auf den Tourismus ausgerichtet mit *Old West Cowboy Show* und *Chuckwagon Supper* (*Bar D Ranch*), Rafting-Angeboten, 4WD-Vermietern und entsprechender Hotellerie (toll z.B. das nostalgische *Strater Hotel*).

San Juan Scenic Skyway

Zurück nach Montrose geht es im Westen der San Juan Mountains auf der #160/#184/#145/#62 über **Telluride** (Gratis-Gondelfahrt ➤ Seite 278) und über den ***Dallas Divide Pass*** (2.700 m) mit weitem Blick auf die bis zu 4.300 m aufragende **Mount Sneffels Range**.

3

4. STARTROUTEN AB DENVER IN RICHTUNG YELLOWSTONE NP/BLACK HILLS

4.1 Von Denver nach Salt Lake City

Bei Start der Rundreise durch den US-Nordwesten in Denver bietet sich gleich zu Beginn ein Abstecher in das Naherholungsgebiet der Großstädter an, den **Rocky Mountain Nationalpark**. Eine Passstraße (geöffnet Ende Mai-Oktober) führt auf 3.713 m hinauf und mitten durch dieses populäre Naturschutzgebiet. Von dessen Westseite geht es dann auf der #40 weiter in Richtung **Salt Lake City** – eine 2-3-Tagesetappe (550 mi), denn allein für die 40 mi durch den Park benötigt man knapp 2 Std, mit kurzen Stopps und Wanderungen auch schnell mal einen kompletten Tag.

Wer nicht sehr zeitig von Denver wegkommt, verbringt am besten die erste Nacht noch in Parknähe und fährt am Folgetag bis nach Vernal (*Dinosaur National Monument*). Von dort geht es dann weiter in Richtung Salt Lake City (170 mi) oder über die *Flaming Gorge* direkt hinauf nach Jackson (300 mi), wo der Grand Teton und Yellowstone Nationalpark nicht mehr fern liegen.

Nach einem mehrtägigen Aufenthalt in der *Yellowstone*-Region kann man entweder im Anschluss noch die abwechslungsreiche Black-Hills-Gegend ansteuern (➤ **Kapitel 4.4.3**, ➤ Seite 349ff) oder gleich direkt über eine der Routen im **Kapitel 4.3.5** (➤ Seite 332ff) nach Denver zurückkehren.

Direkt zum Dinosaur NM

Wer es etwas eiliger hat, erreicht – unter Verzicht des *Rocky Mountain NP* – das ***Dinosaur National Monument*** (➤ Seite 290) am schnellsten über die I-70 und die Straßenkombination #13/#64/#40 ab Rifle (Exit 90). Aber auch entlang dieser Strecke (300 mi) bietet sich eine Reihe reizvoller Abstecher an. Nur wenig abseits befindet sich z.B. südlich von Idaho Springs die bei Schönwetter

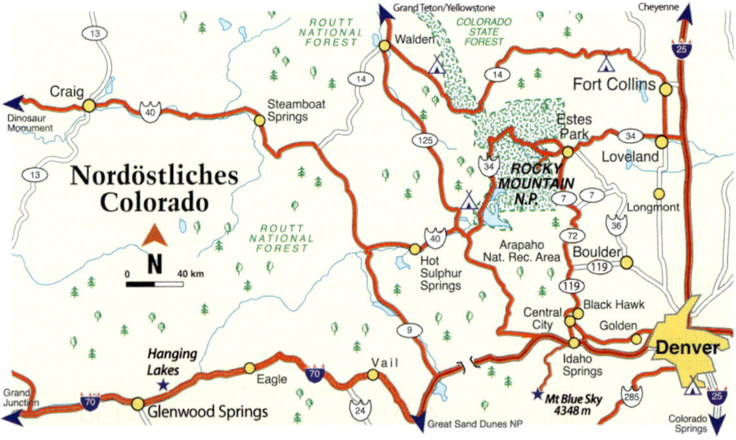

Hanging Lakes, ein Hauch von »Plitvice« im zentralen Colorado

empfehlenswerte Auffahrt zum **Mount Blue Sky** (➢ Seite 275) und östlich von Glenwood Springs der Wanderweg zum kristallklaren **Hanging Lake** mit Kaskaden und ungewöhnlichen Travertin-Formationen; 4,5 km retour, 330 Höhenmeter; Zeitbedarf 2-3 Stunden; Zufahrt zum *trailhead* auf der I-70 *West* über den Exit 121, dort geht es auf der I-70 *East* dann zurück bis zu dem nur aus dieser Fahrtrichtung erreichbaren Exit 125. Parkmöglichkeiten nur mit Permit und zur reservierten Uhrzeit ($12) möglich, Details unter https://visitglenwood.com/hanginglake.

Timed ticket erforderlich

Einen Zwischenstopp in ähnlich idyllischer Natur ohne Vorbuchen bietet nördlich vom Exit 90 der ***Rifle Falls State Park*** (13 mi ab der I-70 über die #13/#325; $7) mit einem kurzen Pfad (150 m bis zu den **Wasserfällen** in üppig grüner Umgebung) und super *campsites* ($20, *hook-up* $26). Wer dort nicht mehr unterkommt, findet 4 mi weiter an der #354/#217 in der engen Schlucht des ***Rifle Mountain Park*** weitere schöne Plätzchen ($15).

Direkt zu den Black Hills

Alle, die ausgehend von Denver als Erstes in die Black-Hills-Gegend (**Kapitel 4.4.3**, ➢ Seite 349ff) möchten, sind am schnellsten auf der I-70 *North* und #85/#18 unterwegs (über 300 mi, eine lange Tagesetappe). Bei mehr Zeit kommen auch die etwas attraktiveren Nebenstrecken in Nebraska mit einem zusätzlichen Reisetag dafür in Frage. Am besten wählt man diese aber wie in **Kapitel 4.4.6** (➢ Seite 371) für die Rückfahrt nach Denver ab der Ortschaft Hot Springs in Süddakota.

4.1.1 Anfahrt zum Rocky Mountain Nationalpark

Route ab Black Hawk/ Central City

Von Black Hawk/Central City findet man über die **Straßenkombination #119/#72/#7** Anschluss an die im Folgekapitel beschriebene Reiseroute durch den *Rocky Mountain NP*. Ohne ausgeprägtes Interesse an den Gold- und Spielrauschstädtchen ist diese Strecke aber in der Regel zu zeitaufwendig. Ab Golden und Denver ist daher die Direktverbindung über **Boulder** vorzuziehen, eine 100.000-Einwohner-Stadt 30 mi westlich von Downtown Denver.

Boulder

Wenn es bei landesweiten Umfragen ums Thema »Lebensqualität« geht, rangiert Boulder immer auf den vorderen Plätzen. Die entspannte Atmosphäre in der Fußgängerzone (***Pearl Street Mall***), die nahen Rocky Mountains mit ihren zahllosen Outdoor-Möglichkeiten und die große Universität tragen einiges dazu bei; www.bouldercoloradousa.com. Etwas ganz Besonderes ist auch das ***Mary Rippon Outdoor Theatre*** auf dem Unicampus, wo während der Sommermonate unter freiem Himmel auf einer kleinen urigen Bühne *Shakespeare*-Aufführungen stattfinden; meist Fr-So; aktuelles Programm unter: https://cupresents.org.

Von Boulder sind es nur noch rund 40 Meilen bis **Estes Park**, dem Einfallstor des Rocky Mountain Nationalparks.

Umweg über Loveland

Die landschaftlich **attraktivste Anfahrt** ab Denver führt über die I-25 nach Norden bis zur Abfahrt 257 und dann auf der **#34** durch das malerische Tal des Thompson River bis nach Estes Park. Sie ist nur geringfügig länger als die Strecke über Boulder (80 mi vs. 65 mi).

Estes Park

Die meisten Besucher des *Rocky Mountain NP* erreichen ihr Ziel über den Ferienort Estes Park (Sommerfrische und Wintersport). Im Vergleich zu anderen Hochburgen des Tourismus (auf dieser Route z.B. Jackson und Cody) ließ die einschlägige Infrastruktur das Erscheinungsbild ziemlich unbeschädigt. Touristische Angebote wie Planwagen- und Reitausflüge, *river rafting*, Seilbahn usw. fehlen dennoch nicht. Und selbst abends ist in Estes Park noch was los mit einem guten und vielfältigen Gastronomieangebot. Unweit der #34/#36-Kreuzung steht die ***Visitor Info***. Sie hat im Sommer täglich 9-17 Uhr geöffnet, die übrige Zeit Mo-Sa 9-17 und So 10-16 Uhr; 500 Big Thompson Avenue; www.visitestespark.com.

Die Zimmer in Estes Park sind den Sommer über immer knapp und relativ teuer. Ein gutes Preis-Leistungs-Verhältnis bietet u.a.:

- ***4 Seasons Inn on the Fall River***, 1130 West Elkhorn Avenue, DZ ab ca. $160; ✆ (970) 646-8234, https://4-seasonsinn.com
- ***YMCA of the Rockies***, 2515 Tunnel Rd; 4-Bett-Zimmer ab $140, *cabins* ab ca. $200; ✆ 1-888-613-9622, www.ymcarockies.org.

4.1.2 Rocky Mountain National Park

Eintritt $30/Auto oder Jahrespass

Kurz hinter der *Beaver Meadows Entrance* zweigt die ***Bear Lake Road*** in Richtung Süden ab. Die Parkplatzkapazität entlang dieser Stichstraße, die nach 10 mi am Bear Lake endet, war aufgrund der Nähe zum Raum Denver im Sommer und Ende September/Anfang Oktober (Herbstlaub!) immer früh morgens schon erschöpft.

Timed entry tickets:

Kürzlich wurden daher zwei Bereiche definiert, in denen von Ende Mai bis Mitte Oktober zwei unterschiedliche Reservierungen erforderlich sind: Ein *permit* gilt für die Einfahrt in den Park inkl. ***Bear Lake Corridor*** (**5-18 Uhr**), das zweite nur für alle anderen Areale des Parks (**9-14 Uhr**). Beide sind separat zu buchen auf dem Portal www.recreation.gov/camping/gateways/2907 (➤ QR-Code links). Es handelt sich noch um ein Pilotprojekt. D.h., die Modalitäten können sich 2024/25 erneut ändern, daher dann unbedingt vorher nochmals checken (➤ auch Infos Seite 102f).

Info Shuttles:

Die Alternative ist der ***Hiker Shuttle* ab dem Besucherzentrum in Estes Park**, aber auch diese Tickets ($2) sind zu reservieren und an den Stichtagen (jeweils am Monatsersten für den Folgemonat) schnell vergriffen. Diese Busse halten am *Park & Ride* an der Bear Lake Rd, wo es dann mit (kostenlosen) parkinternen Shuttlebussen weitergeht. Die *Trail Ridge Road* wird nicht bedient! Infos: www.nps.gov/romo/planyourvisit/shuttle-buses-and-public-transit.htm.

Bear Lake Area Trails

Vom Endpunkt am **Bear Lake** startet gleich eine ganze Reihe hübscher **Wanderwege** hinauf zu den Bergseen und über die Kammlinie der *Rockies* zur Westseite des Parks. Ein relativ kurzer Aufstieg führt zum **Dream Lake** (5,4 km retour; 130 Höhenmeter). Wem die Puste noch nicht ausgegangen ist, der kann von dort zusätzliche Abstecher zum **Emerald Lake** oder **Lake Haiyaha** machen (+ 2,2 km bzw. + 3,4 km retour) oder sogar den Rundtrip über die *Alberta Falls* in Angriff nehmen (alternativ 1,3 km ab der *Glacier Gorge Junction*). Abwechslungsreich ist auch die Ganztagestour zum **Fern Lake** (12 km retour ab *Bear Lake Trailhead*; 420 HM).

Wapiti-Hirsche sind in der Gegend rund um Estes Park allgegenwärtig, so auch auf den Wiesen vor einer Cabin des YMCA of the Rockies

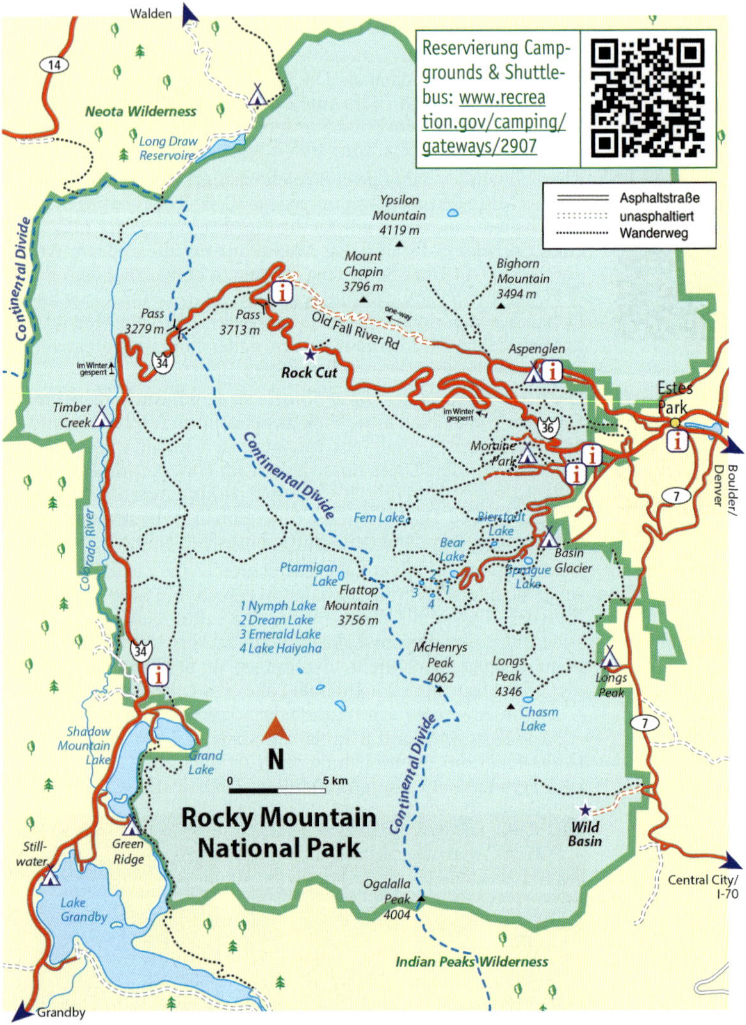

In Anbetracht der Höhenlage (3.000 m!) mag mancher die weniger anstrengenden ***Nature Trails*** in einer Ebene rund um **Bear** und **Sprague Lake** (beide ca. 800 m lang) vorziehen.

Wanderkarten und *Trail Guides* erhält man vor Ort in den Besucherzentren. Sie sind aber z.T. auch online abrufbar unter folgendem Link: www.nps.gov/romo/planyourvisit/brochures.htm.

Passstraße

Auch die durchgehende ***Trail Ridge Road*** nach Westen wird **stark befahren**, zumal sie Teilstück der 250-mi-Rundstrecke von Denver durch die Rocky Mountains und zurück über Granby und die I-70 ist; geöffnet meist von Ende Mai bis Mitte/Ende Oktober, schneefallabhängig. Noch bevor der höchste Punkt der Straße (**3.713 m**) kurz vor dem ***Fall River Pass*** erreicht ist, führt der kurze ***Tundra Communities-***Naturlehrpfad zu Felsformationen in der Nähe vom Parkplatz *»Rock Cut«* (Foto ➤ Seite 289). Perfekt zum Fußevertreten und Minimalprogramm.

Das ***Alpine Visitor Center*** am *Fall River Pass* (3.595 m) lässt kaum Wünsche offen: Infos und Souvenirs en masse. Die **Alternative** zur Hauptroute ist die alte, gelegentlich wegen Instandhaltung gesperrte ***Old Fall River Road*** (steile und kurvenreiche Schotter-Einbahnstraße bergauf mit bis zu 16% Steigung; für Campmobile nicht geeignet und meist nur von Juni bis Ende September geöffnet).

Beim ***Milner Pass***, nur wenige Meilen hinter dem Besucherzentrum, kreuzt die *Trail Ridge Road* die sog. ***Continental Divide***. Östlich der kontinentalen Wasserscheide strömen alle Flüsse zum Atlantik, westlich davon zum Pazifischen Ozean. Begleitet vom **Colorado River**, hier noch ein kleiner Gebirgsbach (er entspringt im Westen des Nationalparks!), geht die Fahrt weiter durch das **Kawuneeche Valley** bis zum Grand Lake, der bereits außerhalb der Parkgrenze liegt.

Im Westen des Parks

Auch an dieser Parkein-/Ausfahrt steht ein Besucherzentrum und am Ufer des **Grand Lake** häufen sich die Camp- und Übernachtungsmöglichkeiten. In der angrenzenden ***Arapahoe National Recreation Area*** mit den Seen Lake Granby und Shadow Mountain befindet sich noch eine Reihe von ***NF Campgrounds***.

Camping

Ohne Reservierung kommt man im Sommer innerhalb der Nationalparkgrenzen kaum spontan unter. Bis auf *Longs Peak* (nur Zelte) weit abseits in der Südostecke, sind sämtliche Campingplätze reservierbar. Der Kalender für die Sommersaison wird üblicherweise schon im Mai freigeschaltet: www.nps.gov/romo/planyourvisit/camping.htm; alle \$35 und ohne *hook-up*.

Sonnenaufgang am »Traumsee« Dream Lake unterhalb des Flattop Mountain

Bewertung

Die Region rund um den **Bear Lake** und **Dream Lake** ist zweifelsohne ein sehr schönes Wandergebiet. Dennoch löst der *Rocky Mountains NP* bei Touristen aus Mitteleuropa oft nicht ganz so große Euphorie aus wie andere Nationalparks im Westen Nordamerikas. Denn die meisten der vielgepriesenen Ausblicke von der *Trail Ridge Road* sind landschaftlich bei weitem nicht so beeindruckend wie vergleichsweise entlang der *Going-to-the-Sun Road* im *Glacier NP* (➤ Seite 219ff) und erreichen auch nur stellenweise die Attraktivität der Alpen.

Pfeifhase

Tierfreunde jedoch werden sicher von der im gesamten Park zahlreich anzutreffenden Fauna begeistert sein. Mal steht ein Reh neben der Straße, mal zeigt sich ein ganzes Rudel Dickhornschafe oder sogar ein Elch (*moose*) mit imposantem Geweih. Absolut beeindruckend ist auch das Röhren der Wapiti-Hirsche (*elk bugling*), das von Mitte September bis Mitte Oktober allabendlich durch sämtliche Täler hallt (in erster Linie im Westen des Parks). In höheren Lagen sonnen sich Gelbbauchmurmeltiere (*yellow-bellied marmots*) und kleine hamstergroße Pfeifhasen (*pikas*) flitzen – meist mit Grasbüschel im Mund – zwischen den Felsen hin und her. Wenn man sie nicht sieht, hört man sie. Denn Pfeifhasen tun auch das, was ihr Name schon verrät. Sie pfeifen – und das ganz schön laut!

Reizvoll könnte für eifrige Wanderer und Backpacker aber die extrem dünne Infrastruktur dieses Naturschutzgebiets sein. Wer die Zugänge an der **Straße #7 im Südosten** wählt, wird auch Ruhe und Einsamkeit finden. Noch mehr abseits der »Massen« bewegt sich, wer dort die 7 km *one-way* zum **Chasm Lake** hinaufwandert (760 Höhenmeter und etwas anstrengender). Der klare Bergsee liegt unterhalb des **Longs Peak**, die mit 4.345 m höchste Erhebung des Rocky Mountain Nationalparks.

So oder so, alle die nur kurz 'mal »Höhenluft schnuppern« möchten, sind in dem Park oder auf dem Gipfel des noch höheren **Mount Blue Sky** (➢ Seite 275) definitiv am richtigen Platz.

In der dünnen Luft auf knapp 3.700 m Höhe fühlt sich jeder kleine Schritt ungleich anstrengender an, so auch beim Rock Cut Trail an der Trail Ridge Road im Rocky Mountain NP

4.1.3 Vom Rocky Mountain NP zum Dinosaur NM

Straße #40 nach Westen

Weiter zum *Dinosaur NM* geht es auf schöner, nun verkehrsärmerer Strecke (**Straße #40**) zunächst am Colorado und Muddy River entlang und dann über die *Gore Range*, einen zum Nationalpark parallel verlaufenden Höhenzug der *Rockies*. Im *Routt National Forest* laden in grüner Gebirgsvegetation gelegene *Campgrounds* ein letztes Mal ein, bevor hinter Craig die im Sommer hitzeflimmernde Ebene zwischen White und Yampa River beginnt.

Steamboat Springs

Mit Steamboat Springs passiert man ein bekanntes *Ski Center*, das dank heißer **Mineralquellen** und leicht erreichbarer Bergwildnis auch im Sommer viele Gäste anzieht. Der Heißwasser-Badekomplex ***Old Town Hot Springs*** liegt an der Hauptstraße (136 Lincoln Ave); Tageskarte inkl. Fitnesscenter $29/$23.

Reizvoller ist jedoch die weitgehend naturbelassene, in die Landschaft eingebettete Poolanlage der ***Strawberry Park Hot Springs*** an der Straße #36 ca. 7 mi nördlich des Ortes; Zufahrt ab der #40 über die 7th Street/Missouri Ave/N Park Road. Man kann dort auch in *cabins* übernachten oder zelten (keine RVs); ✆ (970) 879-0342, https://strawberryhotsprings.com. Tipp: Reservieren und im Voraus bezahlen, vor Ort wird nur Bargeld akzeptiert!

Die *Fish Creek Falls Road* und ein 400 m langer Fußweg führen zu den 86 m hohen **Wasserfällen**; 3 mi östlich des Ortes, Parken $5.

4

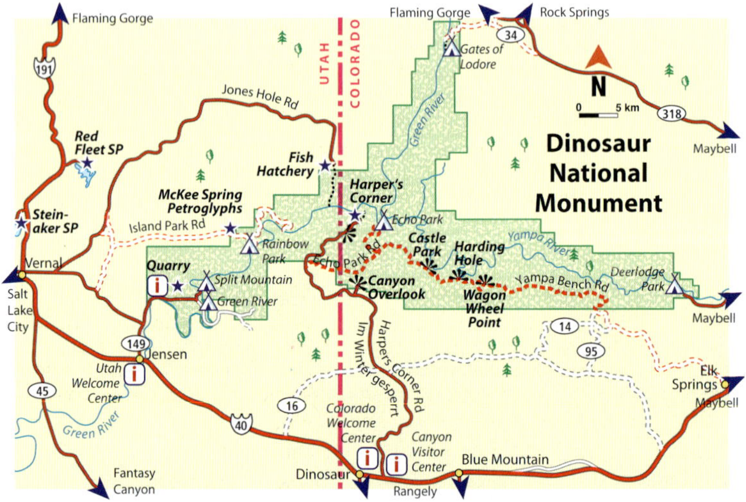

4.1.4 Dinosaur National Monument www.nps.gov/dino

Eintritt $25/Auto oder Interagency Jahrespass

Das Nationalmonument **im Grenzgebiet von Colorado und Utah** umschließt eine Fläche von rund 830 km^2, dessen Kerngebiet nur zu Fuß oder per Boot zugänglich ist. Die Bezeichnung ist daher ein wenig irreführend, denn gerade 'mal 30 ha beziehen sich auf Fundstellen von Dinosaurierskeletten. Trotzdem begnügt sich die Mehrzahl der Besucher mit der Besichtigung der ***Quarry Exhibit Hall*** im Westen des Parks mit der überbauten Felswand, aus der die meisten Knochen heraus gemeißelt wurden. Im Sommer verkehren 9.30-17 Uhr kostenlose Shuttlebusse im 15-Minuten-Takt zwischen dem *Quarry*-Besucherzentrum und der 400 m entfernten Ausgrabungshalle; Zufahrt über die #149, 7 mi ab Jensen.

Am Fluss, wenige Meilen hinten dem *Visitor Center*, liegen zwei *Campgrounds*: ***Green River*** ($18, einige *first-come, first-served*) und ***Split Mt*** (besser, aber den Sommer über Gruppen vorbehalten). Gleich in der Nähe starten ***Loop Trails*** durch ein reizvolles Wüstenareal: *Sound of Silence* (5,2 km mit teils nicht optimaler Wegmarkierung) und *Desert Voices* (2,5 km). Ihr klangvoller Name kommt nicht von ungefähr, der Park zählt zu den am wenigsten besuchten im US-Westen – ganz zu Unrecht finden die Autoren!

Der nördliche und östliche Bereich des Monuments

Gates of Lodore

Die größte Attraktion des *Dinosaur NM* sind die **Schluchten des Green und Yampa River** und die umgebende Felslandschaft. Ein erster Abstecher von der #40 bei Fahrt von Ost nach West bietet sich hinter Maybell an. Dort führt die **#318** rund 46 mi nach Nordwesten bis zur kurzen *gravel road* zu den ***Gates of Lodore*** (6 mi) mit Einfach-*Campground* und Zugang zum Green River.

Einsame Spitze sind die **Rafting-Touren** durch die *Lodore*-Schlucht, ebenso die Trips durch den *Split Mountain Canyon* (für Anfänger) oder am Yampa River (anspruchsvoller). Ab Vernal/Jensen: www.nps.gov/dino/planyourvisit/commercialguidedrivertrips.htm.

Deerlodge Park

Knapp 16 mi weiter westlich an der #40 passiert man die gut ausgebaute, 12 mi lange Stichstraße zum ***Deerlodge Park*** am Yampa River. Eine tolle Wanderung in dieser entlegenen Ecke des Parks ist der ***Steps Trail***, der oberhalb einer Flussbiegung endet. Der *Campground* am Flussufer besitzt zwar keinen Komfort, dafür aber allerfeinste **Wildwest-Kulisse** ($10, nur Zelte, *first-come, first-served*).

Yampa River Road

Die nächste Zufahrt ins *Backcountry* des Parks erreicht man in Elk Springs. Die holprige ***Yampa Bench Road*** ist 4WD-Fahrzeugen vorbehalten und führt durch raue Landschaft bis zur ***Echo Park Road*** (etwa 2 Stunden für ca. 40 Meilen; vor Fahrtantritt nach Straßenzustand erkundigen!). Der schönste Abschnitt der sonst eher eintönigen Strecke konzentriert sich um die **grandiosen Aussichtspunkte** *Wagon Wheel, Harding Hole* und *Castle Point*.

Über die Harpers Corner Road hinunter zum Echo Park

Echo Park

Die bessere Zufahrt zum ***Echo Park*** am Zusammenfluss von Green und Yampa River zweigt von der ***Harpers Corner Road*** ab, die beim Hauptquartier des Monuments in der Nähe der Ortschaft **Dinosaur** beginnt. Hochliegende Fahrzeuge können der *Echo Park Road* auch ohne 4WD folgen. Aber Vorsicht, bei Nässe werden die steilen Haarnadelkurven schnell problematisch. Mit RVs sind sie leider selbst bei Trockenheit nicht machbar. Als Lohn für die Mühe der holprigen Anfahrt wartet nach 11 mi **einer der umwerfendsten *Campgrounds* des US-Westens** am Ufer des Green River unterhalb hochaufragender Felswände; $10; 22 Zeltplätze, einige als *walk-in*. Zum Blick aus der Vogelperspektive (➤ unten) gelangt man nur abseits der offiziellen Wege (40.51666, -108.98888; Aufstieg aufs Plateau bei 40.510665, -108.99036; 3 km retour; unbedingt Karte und GPS mitnehmen!).

Flusschleife beim Echo Park

Aussichtspunkt Harpers Corner am Ende der gleichnamigen Parkstraße

Harpers Corner

Aber auch sonst empfiehlt sich die Fahrt entlang der ***Harpers Corner Road***. Einen ersten Höhepunkt bietet – 19 mi von der #40 entfernt und noch vor dem *Echo Park* Abzweig – der ***Canyon Overlook*** mit Aussicht auf den *Sand Canyon*. Weitere *Viewpoints* folgen, bevor man nach insgesamt 37 Meilen den Parkplatz am Straßenende erreicht. Von dort geht es zu Fuß (4 km retour, 50 Höhenmeter) hinaus auf ***Harpers Corner***, einem Felsvorsprung von dem der Blick beidseitig auf die fast 800 m tiefergelegene Flussschleife des Green River fällt – eine überwältigende Canyon-Szenerie!

Der westliche Bereich des Parks

Zwei weitere Stichstraßen, die nicht zum Pflichtprogramm gehören, führen noch vom Nordwesten in das *Dinosaur NM* hinein: die ***Jones Hole Road*** bis zur gleichnamigen *Fish Hatchery* (38 mi ab Vernal), dem Ausgangspunkt der schönen Wanderung zum *Whirlpool Canyon* (14 km retour), und die ***Island Park Road***, über die man an das Nordufer des Green River und zu den imposanten Auffaltungen beim ***Rainbow Park*** (mit Zeltplatz $6) gelangt. Letztere ist ungeteert, aber bei Trockenheit (!) auch gut mit Pkws zu meistern. Kurz vor dem »Regenbogenpark« befinden sich außerdem noch Felsritzungen (***McKee Spring Petroglyphs***, ➤ Foto rechts). Zufahrt ab der *Jones Hole Road* oder von der #149 nach Westen auf halbem Weg zwischen Jensen und dem *Quarry Visitor Center*, nach 5 mi von der 3500 South Street nach rechts abbiegen und nach weiteren 4 mi mit Ende des Asphalts abermals rechts.

4.1.5 Vom Dinosaur NM nach Salt Lake City

Vernal

Die verbleibenden 175 mi bis Salt Lake City führen über **Vernal**, der einzige Ort weit und breit mit nennenswerten Einkaufs- und Versorgungsmöglichkeiten, zahlreichen **Motels** und Restaurants sowie einem guten ***KOA***. Den 10-Meilen-Umweg wert sind auch die Plätze am Stausee im ***Red Fleet State Park***, ➤ Seite 296.

McKee Petroglyphen im Dinosaur NM, etwa 1000 Jahre alte Relikte der Fremont-Kultur

Die Kleinstadt steht ganz im Zeichen des benachbarten *National Monument*: Hinter jeder Ecke lauert ein bunter Betondino.

Das ***Utah Field House of Natural History Museum*** lohnt vor allem für Geologie- und Fossilien-Interessierte, der ***Dinosaur Garden*** des Museums bereitet aber auch Kindern Freude. Geöffnet täglich 9-17 Uhr; $8/$4; https://stateparks.utah.gov/parks/utah-field-house.

McConkie Petroglyph Site

Wer sich für Felszeichnungen der Ureinwohner begeistern kann, hat neben den *McKee*-Petrogplyphen im *Dinosaur NM* (lange Anfahrt!) ein leichter erreichbares Areal im ***Dry Fork Canyon*** 10 mi nordwestlich von Vernal. Die steilen Felswände der ***McConkie Ranch Petroglyph Site*** sind übersät mit Kunstwerken längst vergangener Tage. Das *Three Kings Panel* ist durchaus beeindruckend und zählt zu den besten seiner Art, ebenso die Felsritzungen auf dem Weg dorthin (vom Parkplatz nach rechts!); Zufahrt am besten über die N 3500 St. Die passende Broschüre im PDF-Format dazu findet man unter www.dinoland.com/play. Das Portal hält außerdem **gutes Informationsmaterial** zu lohnenswerten Ausflugszielen in Vernal und im umliegenden »Dinoland« bereit.

Die letzten Sonnenstrahlen tauchen die ansonsten gräulichen Felsgebilde des Fantasy Canyon in ein rötliches Licht

Fantasy Canyon

Ein weiterer toller Abstecher führt 35 mi südlich von Vernal in den kleinen ***Fantasy Canyon***, der ganz zu Recht solch klangvollen Namen trägt. Die Erosion hat dort unglaublich fragile Fantasiegebilde aus Stein und Lehm geschaffen. Anfahrt über die #40/#45 und die gut ausgeschilderte Glen Bench Road; nicht bei Nässe, denn die letzten 4,5 mi sind ungeteert; weitere Infos/Anfahrtskarte im *BLM Office* (170 South 500 East Street in Vernal) oder unter https://geology.utah.gov/map-pub/survey-notes/geosights/fantasy-canyon/ bzw. auf Deutsch unter www.synnatschke.de/fc/fc.html.

4

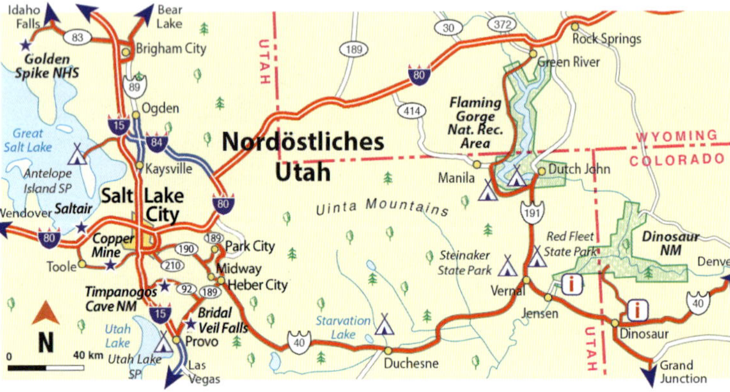

Von Vernal direkt nach Salt Lake City

Die Weiterfahrt in Richtung Salt Lake City auf der #40 bleibt westlich von Vernal zunächst mehr oder weniger langweilig. Aber immerhin liegt am Wege noch der **Starvation Lake**, der sich gut für eine Pause und ein erfrischendes Bad eignet; *day-use fee* $10. Am Ende der Zufahrt ab Duchesne befinden sich *SP campsites* mit *full hook-up* $35; https://stateparks.utah.gov/parks/starvation.

Mit zunehmender Höhe verändert sich bald das Landschaftsbild. Die Strecke bis **Heber City** bietet in ihrem Verlauf durch den *Uinta Nat'l Forest* wieder einiges fürs Auge. Vom schönen Heber Valley zwischen den Wasatch und Uinta Mountains sind es über die #189 North und I-80 West nur noch rund 45 mi bis Salt Lake City.

Route über die #190

Ein letztes kleines Abenteuer gönnt sich, wer stattdessen über Midway/Brighton (#113/#222) die steile, serpentinenreiche **#190** durch die Wasatch Mountains wählt (***Big Cottonwood Canyon Road***). Im Herbst ist diese Strecke sehr populär (➤ Exkurs rechts), sie eignet sich aber nicht für RVs größer als *Van Camper*.

Mount Ogden (2.920 m) in den Wasatch Mountains

Herbstlaub in den Wasatch Mountains

Die Wasatch Range bei **Salt Lake City** ist der westlichste Gebirgszug der Rocky Mountains mit dem Mount Timpanogos (3.582 m) und Nebo (3.636 m) als höchste Erhebungen. Noch bevor im Winter der »Greatest Snow on Earth« auf den Pisten rund um **Park City**, **Alta** und **Snowbird** Skifahrer aus aller Welt anlockt, strömen alljährlich von Mitte Sept bis Mitte Okt noch jede Menge ***leaf peeper*** (»Laubgucker«) in die Berge. An den populären Herbstlaubstraßen südöstlich von Salt Lake City ist dann an Wochenenden fast durchgehend mit Stau zu rechnen, so z.B. an der Route durch den ***Big Cottonwood Canyon*** (#190) oder im noch engeren ***Little Cottonwood Canyon*** (#210); beide ab I-215/Exit 6. Und es ist nicht verwunderlich, zumal die Hänge dort nicht nur golden, sondern wegen der vielen Ahornbäume vielerorts knallrot leuchten. Ähnliches gilt für den ***Provo Canyon*** (#189) zwischen Provo und Heber City, wo auch die *Heber Valley Historic Railroad* mit ihren nostalgischen Dampfloks verkehrt (www.hebervalleyrr.org). Zwischen dem *Provo Canyon* und Lehi an der I-15 umrundet die ***Alpine Scenic Loop*** (#92) den Mount Timpanogos und führt dabei durch den bewaldeten ***American Fork Canyon***.

Auch im nördlichen Bereich der Wasatch Range bleiben Herbstlaub und Bergkulisse attraktiv. Weitere reizvolle Routen führen dort durch den ***Logan Canyon*** (#89) oder ausgehend von Odgen der ***Ogden River Scenic Byway*** (#39) hinauf bis zum *Monte Cristo Campground* mit ggf. Abstecher zum ***East Fork Overlook*** an der #167 (➤ Foto unten).

Hwy #92

Kurvenreich ist auch die **#92**, die südlich von **Heber City** von der **#189** abzweigt. Nach Überwindung der Höhe passiert man den sehr gut angelegten, stark frequentierten ***NF Campground Little Mill*** ($24; reservierbar unter www.recreation.gov).

Timpanogos Cave NM

Timed ticket erforderlich

Keine 2 mi westlich der *campsites* folgt das *Timpanogos Cave National Monument.* Die ***timed entry tickets*** ($12) für die beliebten Führungen durch die **Tropfsteinhöhle** (ganzjährig) muss man sich im Voraus online besorgen: www.nps.gov/tica. Zeitbedarf: insgesamt 3,5 Std; mit 55 min im Höhlensystem (nur 7°C!) und 2,5 km Anmarsch (330 Höhenmeter). Über **Lehi** an der I-15 (Auf-/Abfahrt 284) geht es weiter nach Salt Lake City, ➤ Seite 298ff.

Hwy #189 nach Provo

Man kann ab Heber City auch der #189 durch den *Provo Canyon* nach Süden folgen. Diese Strecke führt vorbei an hübschen Picknickplätzen am Fluss sowie an den 185 m hohen *Bridal Veil Falls.* Mit Provo ist wieder die I-15 Richtung Salt Lake City erreicht.

Weiterfahrt über das Erholungsgebiet Flaming Gorge

Red Fleet Stausee

An der #191 passiert man 10 mi nördlich von Vernal den ***Red Fleet State Park*** mit Camp- und Bademöglichkeiten am warmen gleichnamigen Stausee (*day-use* $8; *full hook-up* $26-$28, *teepees* $30). Man kann vor Ort Boote und SUPs ausleihen; insgesamt schöner als am Stausee im ***Steinaker SP*** weiter südlich. An der kurzen Zufahrt startet außerdem der *Dinosaur Trackway Trail* zu den **Dinosaurierfußabdrücken** am Nordufer des *Red Fleet Reservoir*. Sie wurden von 3-zehigen Sauriern hinterlassen, die vor ca. 200 Mio. Jahren durch den feuchten Schlamm stapften; 4 km retour.

Flaming Gorge Nat'l Recreation Area

Schon bald verlässt man die niedriger gelegene Halbwüste Utahs und erreicht nach einer Stunde Fahrt (ab Vernal) den attraktiven Südbereich der ***Flaming Gorge***. Erste Ausblicke hinunter auf den von dunkelroten Steilwänden umgebenen tiefblauen Stausee belohnen für den Umweg; www.flaminggorgecountry.com.

Es empfiehlt sich die Weiterfahrt über **Manila** bzw. die Straßenkombination #44/#530. Über eine Stichstraße von der #44 gelangt man zum ***Red Canyon Visitor Center*** und ***Overlook***. Schön in Rim-Nähe liegt dort der ***NF Campground Red Canyon*** ($20, die meisten Plätze reservierbar) und gleich nebenan die ***Red Canyon Lodge*** (*cabins* ab $260; www.redcanyonlodge.com). Zusätzliche Übernachtungsmöglichkeiten findet man in Manila.

Besonders erfreulich verläuft die #44 entlang des ***Sheep Creek***. Mit einer **Extrastunde** Zeit kann man dort die 13 mi lange ***Geological Loop Road*** abfahren, die sich durch bizarre Felsformationen

schlängelt. Eine kurze Zufahrt führt von ihr zu den schönen *first-come, first-served campsites* ($14) am kleinen **Browne Lake**; www.fs.usda.gov/recarea/ashley/recreation/recarea/?recid=72185.

Schwimmen/ Rafting

Ins Wasser springen kann man in der Nähe der *NF Campgrounds Stateline Cove* (*first-come, first-served*, $12), *Lucerne* oder *Buckboard Crossing* (beide $20 oder mit Strom $28). Unterhalb des Staudamms sowie etwas weiter stromabwärts (*Little Hole*) dienen ruhige Ausbuchtungen des Flussbetts als Ausgangspunkte kurzer und längerer **Wildwasserfahrten** auf dem Green River, die zu den schönsten und aufregendsten Angeboten ihrer Art gehören. Geübte können Boote für ***Green River Trips* auf eigene Faust** in Dutch John und Cedar Springs ausleihen.

Green River

Green River bietet nicht viel Erwähnenswertes, fungiert aber – gemeinsam mit Rock Springs weiter östlich an der I-80 – als Eingangstor zur *Flaming Gorge National Recreation Area*, entsprechend hoch auch die Dichte an Motels in Interstate-Nähe.

Weiterfahrt nach SLC

Bis nach **Salt Lake City** sind es ab Green River noch gut 2,5 Stunden Fahrt. Im Westen von Green River verdienen eventuell noch die steilen Felswände der ***Palisades*** rund um Exit 89/I-80 sowie das imposante Massiv des ***Tollgate Rock*** Beachtung.

Von der Flaming Gorge direkt zum Yellowstone Park

Alternativ könnte man nach dem Besuch der ***Flaming Gorge*** auch auf einen Ausflug nach Salt Lake City verzichten und ab Rock Springs über die #191 gleich Jackson bzw. die beiden Nationalparks **Grand Teton** und **Yellowstone** ansteuern; Strecke nach Pinedale in der Gegenrichtung ➤ Seite 340.

Blick hinunter in die Flaming Gorge

4.2 Salt Lake City und Umgebung

4.2.1 Salt Lake City

Salt Lake City, kurz »SLC«, ist die mit Abstand größte Stadt zwischen San Francisco/Sacramento und Denver einerseits und Phoenix und Calgary/Kanada andererseits. Sie besitzt im zentralen Westen der USA, einem Gebiet von der Größe Westeuropas, Metropolenfunktion, hat jedoch nur run **200.000 Einwohner**.

Der **Großraum *Wasatch Metro*** einschließlich der Städte Provo und Ogden bringt es auf eine Bevölkerung von fast 2,7 Mio. Rund 80% der Menschen (insgesamt 3,3 Mio.) im 220.000 km^2 großen Utah leben in diesem 100 mi langen und lediglich rund 30 mi breiten Streifen westlich der **Wasatch Mountains**.

Unter den amerikanischen Großstädten nimmt SLC eine absolute Sonderstellung ein: so sauber und aufgeräumt, um nicht zu sagen »steril«, wie die Hauptstadt des Mormonenstaates Utah präsentiert sich keine andere US-City. Gleichzeitig aber herrscht dort auch, so hat es den Anschein, gepflegte Langeweile.

Die wichtigsten Sehenswürdigkeiten von Salt Lake City sind religiöse Monumente und historische Stätten der Mormonen. Für alle, die sich dafür nicht oder nur am Rande interessieren, ist SLC für sich kein besonders interessantes Reiseziel, sondern in erster Linie Ausgangspunkt oder Durchgangsstation.

Geographie, Geschichte und Klima

Geographie

Im Osten von Salt Lake City erheben sich die **Wasatch Mountains**, ein bis nach Wyoming hineinreichendes Teilgebirge der Rocky Mountains mit Gipfeln bis über 3.600 m Höhe. Nordwestlich liegt der 4.000 km^2 große, nur maximal 15 m tiefe **Great Salt Lake**, nach den Großen Seen im Osten flächenmäßig größter natürlicher Binnensee der USA. Sein Salzgehalt beträgt rund 25%.

Westlich und südwestlich davon erstreckt sich die Große Salzwüste (***Great Salt Lake Desert***), eine karge Landschaft zwischen den Rocky Mountains und dem Kaskadengebirge/Sierra Nevada mit heißen Sommer- und kalten Wintertagen. Hier befand sich der riesige prähistorische **Lake Bonneville**, der bis auf »kleine« Reste wie den Great Salt Lake und Pyramid Lake bei Reno während Jahrmillionen langsam austrocknete.

Geschichte Utah

Die Lage der Stadt geht auf eine Eingebung des Mormonenführers ***Brigham Young*** zurück. Als er – auf der Suche nach dem geeigneten Platz für das amerikanische Reich »Zion« – mit einer Vorhut seiner Anhänger der Kirche »Jesu Christi der Heiligen der letzten Tage« (***Church of Jesus Christ of the Latter Day Saints***) 1847 die Berge überquert hatte, sprach *Young* das geflügelte Wort ***»This is the place!«***. Ganz im Sinne einer eigenwillig interpretierten Verheißung des Alten Testaments brachten *Young* und mehrere Tausend weitere Neusiedler seiner Gefolgschaft bald »die Wüste zum

Blühen« und riefen den ***State of Deseret*** aus, den Staat der Honigbiene, das Symbol der Emsigkeit. Daraus entstand nach vielen Anfeindungen, die sich u.a. auf die Mehrehe bezog (*Young* selbst brachte es auf 27 Ehefrauen und 56 Kinder), **1896 der Bundesstaat Utah** mit Salt Lake City als Kapitale.

Mormonen

Die Stadt trägt den Beinamen »The City of the Saints«. Der Begriff **»Mormonen«** bezieht sich auf das *Book Mormon,* grundlegendes Werk des Sektengründers ***Joseph Smith***. Trotz offizieller Trennung von Staat und Kirche entwickelte sich in Utah ein von der Mormonenkirche total beherrschtes politisches und wirtschaftliches Leben. Die Kirche ist gleichzeitig Eigentümer eines Wirtschaftsimperiums, dessen Einfluss weit über die Staatsgrenzen hinausgeht. Nahezu 80% der Bevölkerung gehören dieser **Quasi-Staatskirche** an und leben mehrheitlich nach den von ihr gesetzten Regeln. Dazu gehören u.a. ein patriarchalisch geprägtes Familienleben und die Ablehnung von Kaffee, Tabak, Alkohol und Empfängnisverhütung.

Alkohol

Dennoch konnte sich in der Stadt eine erstaunliche **Brewpub-Szene** etablieren. Der Alkoholgehalt von Fassbier (*on tap*) wurde 2019 auf 5% erhöht und die strengen Reglementierungen konnten früher schon mit Flaschenbier (*bottled*) umgangen werden. Die *Uinta Brewing* braut und serviert sogar bis zu 13%iges Bier.

Klima

Salt Lake City erfreut sich zahlreicher Sonnentage und erheblicher Sommerhitze. In der trockenen **Wüstenluft** lassen sich aber auch Temperaturen über 30°C noch einigermaßen ertragen. Abends kühlt es auf der Höhenlage von ca. 1.300 m rasch ab. Die Winter sind kalt, Schneefälle häufig. Das größte *Ski Resort* der USA liegt praktisch um die Ecke. Nur eine halbe Autostunde entfernt warten in **Park City** über 250 Pistenkilometer mit allerfeinstem Pulverschnee, laut Eigenwerbung der »*Greatest snow on earth*«!

Utah State Capitol in Salt Lake City, im Hintergrund der Ensign Peak

Salt Lake City Connect Pass:

Wer in Salt Lake City etwas mehr unternehmen möchte als sich nur die (weitgehend kostenlosen) Mormonen-Sehenswürdigkeiten zu besuchen, kann sich einen ***Connect Pass*** holen (1 Tag $55, 2 Tage $65 usw.; Kinder 3-12 Jahre $45/$55) holen. Dieser »all-in-one pass« beinhaltet den Eintritt in nahezu alle große Attraktionen der Stadt; dazu zählen das National History Museum, Museum of Contemporary Art, Utah Museum of Fine Arts, This is the Place Heritage Park, Hogle Zoo und das Clark Planetarium; www.visitsaltlake.com/things-to-do/tours-experiences/visit-salt-lake-connect-pass.

Orientierung, Transport, Information

Schachbrettmuster

Die Orientierung in der Stadt ist einfach. Zentraler Punkt des Straßensystems ist die Kreuzung South Temple/State St. Südlich davon sind alle Straßen durchnummeriert und mit dem Zusatz *South* versehen. Je nachdem, ob ein bestimmtes Haus sich rechts (östlich) oder links (westlich) der State Street befindet, wird die Hausnummer um *East* oder *West* ergänzt. Nördlich der Zentralkreuzung werden die Straßen mit dem Zusatz *North* versehen. Die westlichen Straßen sind dort *North Streets*, die östlichen *North Avenues*. Die erste Ziffer der jeweiligen Hausnummer bzw. – bei 4- und 5-stelligen Nummern – die ersten beiden oder drei verraten die Entfernung von der State Street in Blocks. In Salt Lake City können daher Ortsfremde jede Adresse ohne einen Stadtplan lokalisieren.

Öffis

TRAX *(light rail)* und Busse verkehren in Downtown SLC innerhalb der ***Free Fare Zone*** gratis; Übersichtskarte unter www.rideuta.com/Fares-And-Passes/Free-Fare-Zone. Außerhalb dieses Bereichs kosten die einfachen Fahrten $2,50 und Tagespässe $5.

Vom internationalen Flughafen (https://slcairport.com) nordwestlich der Stadt ist die *Green Line* der *TRAX Rail* in knapp 20 Minuten am Temple Square und City Center. Wochentags verkehren außerdem die Buslinien 453 und 454 nach Tooele bzw. Grantsville.

Information

Das große ***Salt Lake Visitors Bureau*** befindet sich in der 90 South West Temple Street im Komplex des *Salt Palace* beim *Salt Lake Art Center* und hat Mo-Sa 10 bis 17 Uhr geöffnet; ✆ 1-800-541-4955; www.visitsaltlake.com. Eine **mormonenbezogene Besucherinformation** residiert am Temple Square, ➢ Seite 302.

Der Mormon Temple, zentraler Anlaufpunkt aller Salt Lake City Besucher und der Anhänger der Church of Jesus Christ of the Latter Day Saints

Unterkunft, Camping und Essengehen

H/Motels

Salt Lake City gehört zu den Städten mit einem saisonabhängig schwankenden Preisniveau für H/Motels; im Sommer kommt man oft preiswert unter. An der **West North** und **West South Temple** und entlang der **I-15**, die in Nord-Süd-Richtung zentrumsnah durch die ganze Stadt verläuft, findet man an vielen Exits Quartiere, z.B. bei #297 ein gutes *La Quinta Inn* u.a.m.

Im **Airport-Bereich**, nur ca. 5-10 mi vom Zentrum entfernt nördlich der Abfahrt 113/I-80 rund um das Autobahnkreuz I-215/I-80, stehen Häuser der Ketten *Super 8*, *Quality*, *Comfort*, *Holiday Inn* usw. Die Tarife beginnen dort bei ca. $110.

Auch in der **Innenstadt** ist die Auswahl groß. Zu den Preiswertesten gehören dort das *Motel 6* und das *Quality Inn*, sie sind aber beide nicht zu empfehlen. Etwas besser ist dort das

- ***Comfort Inn***, 171 West 500 South, ✆ (801) 325-5300, ab $110.

Etwas außerhalb liegt das ***University Guest House*** am 110 South Fort Douglas Blvd mit sehr guten Zimmern ab $165; ✆ 1-888-416-4075; www.universityguesthouse.com.

Hostels

- ***Avenues Hostel***, 107 F Street, in der Nähe von Downtown, Betten ab $35, DZ ab ca. $80; ✆ (801) 359-3855
- ***SLC Hostel***, 143 West 800 South, gehört zum
- ***Camelot Inn & Hostel***, 165 West 800 South, Betten ab ca. $40, DZ ab $150; ✆ (801) 688-6196, www.ut123.com.

B&B

Eine Übersicht aller B&Bs gibt's beim Besucherzentrum oder online: www.visitsaltlake.com/places-to-stay/bed-and-breakfast-inns.

Camping

Camping in/bei Salt Lake City ist nur auf Privatplätzen möglich. Zentrumsnah liegt der alles in allem akzeptable, aber sehr teure ***KOA*-Großcampground** an der 1400 W North Temple St; Zelt $60, *full hook-up* $80; https://koa.com/campgrounds/salt-lake-city.

Ein angenehmerer Platz befindet sich 20 mi nördlich der Stadt bei Kaysville auf dem ***Cherry Hill***: I-15, Exit 324; Zelte $42, *full hook-up* ab $53; ✆ (801) 451-5379, www.cherry-hill.com. Nicht viel weiter ist es zum ***Antelope Island State Park***, ➤ Seite 306.

Restaurants & Malls

Ein neueres Aushängeschild der Stadt ist das ***City Creek Center***, das sich über gleich drei Blocks südlich des Temple Square ausbreitet. In dem riesigen Komplex sind alle wichtigen amerikanischen Kaufhäuser vertreten sowie zahlreiche Cafés und Restaurants; https://shopcitycreekcenter.com. Ein weiteres großes Shoppingparadies im Zentrum, ***The Gateway***, liegt nicht weit entfernt an der 400 West Temple; https://atthegateway.com.

Bei Salt Lake City stehen außerdem zwei ***Factory Outlets***:

- ***Outlets at Traverse Mountain***, 25 mi südl. vom Zentrum beim I-25 Exit 284 in Lehi, mit Läden von *Calvin Klein*, *Levi's* u.v.m.
- ***Outlets Park City***, große *outlet mall* an der I-80, Abfahrt 145, rund 25 mi östlich von Downtown.

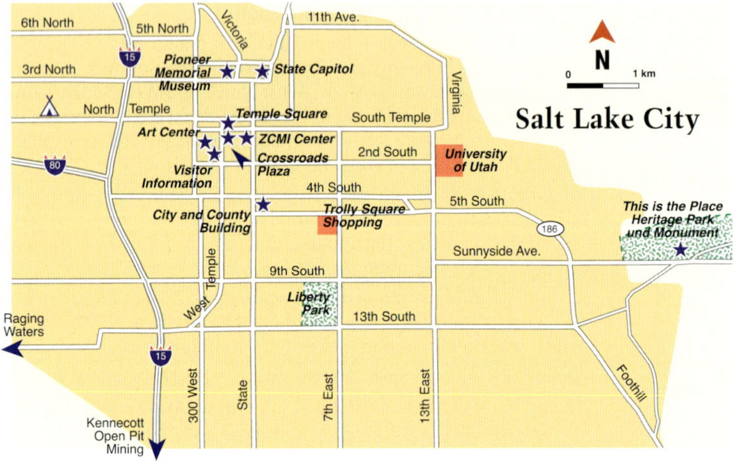

Besichtigung

Temple Square

Zentraler touristischer Anziehungs- und Anlaufpunkt ist das Herz der Mormonenbewegung, der ***Temple Square*** zwischen South und North Temple Street. In beiden ***Visitor Centers*** werden den Besuchern Hintergrund und Ablauf der Wanderung der ersten Mormonen nach Utah nahegebracht. Kostenlose, geführte Rundgänge finden von 9 bis 21 Uhr statt; Dauer 30-45 min; https://www.churchofjesuschrist.org/feature/templesquare?lang=eng.

Der ***Mormon Temple*** ist Hauptkirche der *Latter Day Saints*. Bei seiner Vollendung (1893) verschlang er seinerzeit unerhörte $4 Mio.; https://churchofjesuschristtemples.org/salt-lake-temple.

Vom 26. Stock des ***Church Office Building*** hat man einen tollen Blick auf den *Temple* und das *State Capitol* (➤ Foto Seite 299); im Sommer Mo-Fr 9-17 Uhr sonst bis 16.30 Uhr.

Tabernacle

Im ***Tabernacle*** singt der weltbekannte ***Mormon-Tabernacle Choir***. Die Orgel besitzt über 10.000 Pfeifen, das Gebäude (1867) eine hervorragende Akustik. Orgelproben finden Mo-Sa um 12 Uhr und So um 14 Uhr statt (freier Zugang), auch der Chor probt meist öffentlich jeden Donnerstag um 19.30 Uhr (Dauer 1,5-2 Stunden).

Zur 30-minütigen Radioübertragung der »Music and the Spoken Word«-Konzerte jeden Sonntagmorgen ist der Zutritt ebenfalls gratis (Kinder erst ab 8 Jahren). Die Türen schließen pünktlich um 9.15 Uhr; www.thetabernaclechoir.org.

Weitere Stätten

Auch außerhalb des *Temple Square* warten Mormonen-Stätten: Das ***Brigham Young Memorial*** für den Führer des Mormonenzuges nach Utah an der Ecke Main/South Temple Street, das ***Beehive House***, sein erstes Wohnhaus sowie das ***Lion House*** nebenan für seine stetig gewachsene Schar von Ehefrauen und Kindern.

Museen

Das ***Pioneer Memorial Museum*** an der 300 North Main Street, auch unter dem Namen *DUP Museum* bekannt, beleuchtet mit zahlreichen Artefakten das Wirken der ersten Siedler und das Leben im Wilden Westen; geöffnet Mo-Fr 9-16.30 Uhr bei freiem Eintritt; https://isdup.org/dyn_page.php?pageID=11.

Hoch oben in den Hügeln im Osten der Stadt thront das ***Natural History Museum of Utah***, ein Prachtbau mit wunderbarem Panorama und dem Themenschwerpunkt »Dinosaurier« – spannend aufbereitet auch für Kinder! 301 Wakara Way; geöffnet täglich 10-17 Uhr, Mi bis 21 Uhr; $20/$15-$18; www.nhmu.utah.edu.

Gleich nebenan wartet auf die Besucher noch der schön angelegte ***Red Butte Garden*** mit Arboterum; geöffnet im Sommer 9-21 Uhr; $14/$7; www.redbuttegarden.org.

This is the Place Park

Im Osten der City steht am Ende der Sunnyside Avenue das ***This is the Place Monument*** an jener Stelle, wo 1847 Brigham Young diesen denkwürdigen Satz sprach. Kostenlos ist der Eintritt ins *Pioneer Center*, eine Art Besucherzentrum (tägl. 9-17 Uhr). Gleich nebenan demonstriert man im relativ großen und mit viel Liebe zum Detail gestalteten Freilichtmuseum ***This is the Place Heritage Park***. Kostümierte Schauspieler demonstrieren in historischen Gebäuden aus der Gründerzeit das Leben der mormonischen Siedler. Viele der Häuser wurden originalgetreu nachgebaut, einige aber auch hierher transportiert; geöffnet im Sommer Mo-Sa 10-17 Uhr, $19/$15; www.thisistheplace.org. Sehenswert!

Capitol

Offiziell nicht religiös befrachtet ist das ***Utah State Capitol*** auf dem *Capitol Hill*, unübersehbar einige Blocks nördlich des Temple Square. Der steile und bei Sommerhitze anstrengende Aufstieg wird mit einer schönen Aussicht auf Downtown belohnt.

Ensign Peak

Der weiteste Blick auf Stadt und Umgebung eröffnet sich vom 1.650 m hohen ***Ensign Peak***. Zufahrt über den East Capitol Blvd und Ensign Vista Dr bis zum *trailhead* (GPS: 40.79178, -111.88822), dann zu Fuß weiter (1,4 km retour, 100 HM); am schösten nachmittags, wenn die Sonne schon tiefer steht, ➢ Foto nächste Seite.

Im Mormon Tabernacle am Temple Square in Salt Lake City gibt es täglich Orgelvorführungen

4

Planetarium & Ziele in Odgen

Interessant mit Kindern könnte noch das ***Clark Planetarium*** mit IMAX-Kino (110 400 West; https://slco.org/clark-planetarium) sein oder in **Odgen** nördlich von Salt Lake City der ***George S. Eccles Dinosaur Park*** mit Museum und über 100 lebensgroßen Replikas im Outdoor-Bereich an der #39 (I-15 Exit 344; Mo-Sa 10-19 Uhr, So 12-17 Uhr $8; www.dinosaurpark.org); für Flugzeugfans außerdem das ***Hill Aerospace Museum*** bei der Abfahrt 335 (Di-Sa 9-16 Uhr; Eintritt frei, aber Spende erwünscht).

4.2.2 Weitere Anlaufpunkte im Umkreis

Von den Zielen in der nahen **Wasatch Range** war bereits im **Kapitel 4.1.5** (➤ Seite 294) die Rede. Auf der anderen Seite der I-15 South versteckt sich – rund 30 mi südwestlich der Stadt in den Oquirrh Mountains – die gigantische ***Bingham Canyon Mine***, besser bekannt unter dem Namen ***Kennecott Copper Mine***.

Kupfermine bei Salt Lake City

Mit einer Tiefe von knapp einem Kilometer und 4 km Breite zählt sie zu den größten und ergiebigsten Kupferminen weltweit. Früher konnte man den Tagebau besuchen und den Monster-Trucks bei der Arbeit zuschauen. Nach massiven Hangrutschen (2013) war die Mine jahrelang gesperrt, kann aber seit 2019 wieder von **April bis Oktober** besucht werden. Ab dem Parkplatz an der #111 (Navi: 12732 Bacchus Hwy in Herriman) verkehrt 9.30-16 Uhr (wetterabhängig) ein Shuttlebus hinauf zum *Mine Overlook*. Tickets ($6) am besten im Voraus besorgen, da vor Ort mitunter ausverkauft: www.riotinto.com/operations/us/kennecott/visitor-experience.

Man kann aber auch auf eigene Faust einen Blick in das riesige »Erdloch« werfen. Hierfür geht es zunächst auf der I-15 nach Süden bis zur Abfahrt 295, dort auf der W 9000 Street nach Westen, die später in den New Bringham Hwy übergeht. Nach 8,5 mi dann links auf den Bacchus Hwy (#111) und 4,8 mi weiter in der Linkskurve hinter dem gesperrten *Bingham Visitor Center* auf die nach rechts abzweigende, unscheinbare Straße. Wer dort nach 200 m den Eingang zum »***Butterfield Canyon***« passiert, befindet sich auf dem richtigen Weg. Die Straße (Nov-Mai gesperrt) ist zwar geteert, wird aber zunehmend schlechter und windet sich schließlich einspurig und ohne seitliche Absicherungen den steilen Hang hinauf. Nur für SUV/PKWs – die engen Haarnadelkurven sind selbst für *Van Camper* zu gefährlich!

Sonnenuntergang am Ensign Peak, links im Hintergrund leuchten die Wasatch Mountains

Kennecott Kupfermine

Etwas weniger abenteuerlich ist die Anfahrt von Westen kommend **ab Tooele City** (an der #36, I-80 Exit 99). Hinter dem Postamt geht es nach links in die E Vine Street, die in ihrem Verlauf weiter nach Osten in die gut ausgebaute *Middle Canyon Road* übergeht; nur die letzten 1,5 mi sind nicht asphaltiert.

Auf der Anhöhe, wo beide Routen aufeinander treffen, gibt es eine kleine Parkbucht (*Butterfield Pass Trailhead*). Nur noch Fahrzeuge mit guter Bodenfreiheit schaffen die letzten holprigen 2,5 mi bis zum ***Bingham Mine Overlook***. Ganz so tief in die Grube wie auf der Luftaufnahme (➤ oben) sieht man von dort allerdings nicht hinein. Ziel-Koordinate: 40.50113, -112.17706.

Der Zeitbedarf ohne SUV ist hoch, allein für die Anfahrt ab Downtown bis zum *trailhead* sind für beide Strecken mind. 1,5 Std einzuplanen. Der Ausflug ist auch als Rundtrip möglich, beste Fahrtrichtung dann von SLC über den *Butterfield Canyon* hinauf zum Pass (34 mi) und zurück über den *Middle Canyon* und Tooele (42 mi). Gutes Wetter ohne vorangegangene Regenfälle ist für beide Strecken Voraussetzung, am besten man erkundigt sich vorher nach dem Straßenzustand!

Great Salt Lake, der große Salzsee

Der stadtnächste Zugang des Großen Salzsees befand sich einst bei ***Saltair Beach***, ein überaus beliebtes Baderesort zu Beginn des 20. Jahrhunderts (ca. 18 mi, I-80/Exit 104). Gleich 2x brannte der prunkvolle orientalisch anmutende Palast ab. Heute hat sich der See zurückgezogen und ***Saltair III*** wird nur noch für Konzerte genutzt. Eine weitaus bessere Möglichkeit zum »Schwimmen« im Salzsee bieten die Strände auf **Antelope Island**. Bei 25% Salzgehalt kann man dort den Korkeneffekt ausprobieren, ➤ umseitig.

Bisonskulptur auf Antelope Island

Antelope Island

Zum ***Antelope Island State Park*** ($15/Auto) mit Sandstrand an der ***Bridger Bay*** gelangt man über einen 7-mi langen Damm ab Syracuse (I-15/Exit 332) nordwestlich von Salt Lake City. Schöner aber als das meist unangenehm riechende Wasser sind die vielen dort lebenden Wildtiere, u.a. Bisons, Gabelböcke und Dickhornschafe. Das große und informative Besucherzentrum an der Zufahrt im Norden der 20 km langen Insel hat täglich 9-16/17 Uhr geöffnet; https://stateparks.utah.gov/parks/antelope-island.

An der *Bridger Bay* lässt sich auch gut übernachten. Die Stellplätze (Zelte $30, mit *hook-up* $40) mit Feuerringen und überdachten Picknicktischen sind reservierbar. Mini-Stechfliegen, sog. »no-see-ums« (man sieht sie praktisch nicht), können den Sommer über allerdings ein große Plage sein.

Bonneville Salt Flats

Endlose Salzflächen erstrecken sich am Rande des Great Salt Lake. Faszinierend sind – vor allem bei tiefstehender Sonne – die wabenförmigen Salzstrukturen, die sich ca. 100 mi westlich von Salt Lake City bei trockener Witterung direkt bei der I-80-Raststelle ausbreiten. Von dort sind es dann nur noch 10 mi bis zur Nevada-Grenze.

Auf den ***Bonneville Salt Flats*** wurden zahlreiche Geschwindigkeitsrekorde aufgestellt. Am sog. *International Speedway* darf man

Speed Week auf den Bonneville Salt Flats

sogar mit dem eigenen Fahrzeug hinaus auf die Salzflächen – *at your own risk*! In feuchten Randbereichen »versinken« immer wieder Autos; Zufahrt: 4 mi ab der I-80/Exit 4.

Tipp: Hautnah erleben kann man den Start kurioser »Raketenautos« alljährlich Mitte August während der ***Speed Week*** (https://scta-bni.org) oder einen Monat später bei dem ***World of Speed*** Event (www.saltflats.com). Die Zimmer in den Casinohotels und Motels in **West Wendover** (direkt hinter der Grenze zu Nevada) sind dann meist lange im Voraus ausgebucht.

Golden Spike National Historic Site www.nps.gov/gosp

Eintritt $20/Auto oder Interagency Jahrespass

Etwa 80 Meilen nördlich von Downtown Salt Lake City befindet sich die ***Golden Spike National Historic Site***; Zufahrt über die Straßen #13/#83 ab I-15/Exit 365.

1869 trafen sich am ***Promontory Summit*** die von den Eisenbahngesellschaften *Central* und *Union Pacific* gleichzeitig aus beiden Richtungen vorangetriebenen Trassen der **ersten Transkontinentalverbindung**. Der letzte Nagel war vergoldet und wurde **am 10. Mai 1869 um 12.47 Uhr** vom Gouverneur von Kalifornien in die Holzschwellen getrieben. Zum Festakt kam damals die Lokomotive ***Jupiter*** der *Central Pacific* vom Westen her »angedampft« und aus dem Osten die ***119*** der *Union Pacific*.

Die Zeremonie wird alljährlich zur gleichen Stunde wiederholt. Die Nachbauten der historischen Originallokomotiven *Jupiter* und *119* werden aber auch sonst von Anfang Mai bis Mitte Oktober unter Dampf gehalten und 2x täglich für 200 m in Bewegung gesetzt. Um 10 Uhr trifft die *Jupiter* ein, um 10.30 Uhr folgt die *119*, gegen 13 Uhr ist die große »Dampfshow« angesagt und um 16 bzw. 16.30 Uhr fahren die Loks wieder ab. Das kleine Museum im ***Visitor Center*** hat täglich 9-17 Uhr geöffnet.

Das Aufeinandertreffen der zwei blitzblank polierten, bunten Lokomotiven mit lautem Gebimmel und Getöse mitten im »Niemandsland« ist nicht nur für eingefleischte Eisenbahn-Fans ein tolles Erlebnis!

Immer blitzblank polierter Nachbau der Originallok der Central Pacific »Jupiter«

N
0
25 km
Idaho
Südosten
Challis
Mackay
Stanley
Carey
Arco
EBR-1
Atomic City
Craters of the Moon National Monument
Blue Dome
Dubois
Monida
MONTANA
IDAHO
St. Anthony Sand Dunes
Ashton
Mesa Falls
St. Anthony
Rexburg
Snake River
Idaho Falls
Blackfoot
Fort Hall
Pocatello
American Falls
Boise/
Portland
Rupert
Burley
Oakley
Malta
City of Rock NR
Almo
Lava Hot Springs
Soda Springs
Palisades Lake
Swan Valley
Victor
Jackson
Hoback
Alpine
Star Valley Ranch
Grassy Lake Road
Bechler Area
Bozeman
West Yellowstone
Canyon Village
Yellowstone NP
Yellowstone Lake
Grand Teton NP
Bridger-Teton NF
WYOMING
Montpelier
Preston
IDAHO
UTAH
Garden City
Bear Lake
Snowville
Park Valley
NEVADA
Tremonton
Logan
Kemmerer
Golden Spike NHS
Great Salt Lake
Flaming George
Ogden
Evanston
Antelope Island SP
Reno
Bonneville Salt Flats
West Wendover
Salt Lake City
Uinta-Wasatch-Cache National Forest

4.3 Von Salt Lake City zum Yellowstone NP

Die meisten USA-Besucher, die Salt Lake City in nördliche Richtung verlassen, haben vermutlich nur ein Ziel vor Augen: die zusammenhängenden Nationalparks **Grand Teton** und **Yellowstone** im äußersten Nordwesten Wyomings. Je nach Zeitbudget bietet sich am Weg nach **Jackson**, dem Tor zum *Grand Teton NP*, oder in Richtung ***Yellowstone*-Westeingang** noch der ein oder andere Zwischenstopp in Utah, Idaho und Wyoming an.

4.3.1 Routen zum Yellowstone NP

Über die I-15 und #20/#47 nach West Yellowstone

Die schnellste Verbindung von Salt Lake City zum *Yellowstone NP* über die I-15/#20 nach West Yellowstone ist zugleich die landschaftlich uninteressanteste. Die Hauptstrecke verläuft recht eintönig zunächst durch Farmland später durch dichte Wälder. Etwas Abwechslung bringen **Abstecher entlang der Route**, in Utah betrifft das in erster Linie die *Golden Spike*-Gedenkstätte und ggf. auch den *Antelope Island SP*; beide im vorigen Kapitel (➤ **4.2.2**, Seite 306) beschrieben. Auf jeden Fall einen kurzen Stopp einlegen sollte man wenige Meilen hinter der Utah-Idaho-Grenze beim bestens mit Info-Material ausgestatteten ***Idaho Welcome Center*** südlich von Malad City.

In den niedriger gelegenen Regionen des **Kartoffelstaats No.1** (südlich der Linie Boise–Idaho Falls und in den Tälern des Salmon und Snake River) setzen sich die durch Trockenheit und sommerlicher Hitze geprägten Klimabedingungen West-Utahs fort.

Fort Hall

In **Pocatello**, dem kommerziellen Zentrum im Südosten Idahos, steht die hübsche Rekonstruktion des ***Fort Hall***, das im 19.Jh. einer der bedeutendsten Handelsposten entlang des *Oregon Trails* war (➤ Seite 398); I-15, Exit 67, dann 5th Avenue 0,6 mi nach Norden.

Auf der Weiterfahrt nach Blackfoot durchquert man die *Fort Hall Reservation*, wo jedes Jahr im August eines der farbenprächtigsten ***Powwows*** des Nordwestens stattfindet, das ***Shoshone-Bannock Indian Festival***; http://shobanfestival.com.

Abstecher zu den Craters of the Moon

Mindestens einen vollen Tag würde auf dieser Route der Abstecher zum ***Craters of the Moon National Monument*** kosten; am besten mit Campingübernachtung vor Ort; insgesamt ca. **150 mi Umweg** ab Blackfoot (Exit 93) über die #26/#93 und zurück zur I-15.

An der Zufahrt, etwa 40 mi westlich der I-15, steht 2 mi abseits der #26 in flacher Prärie der **weltweit erste Atomreaktor**, der ***Experimental Breeder Reactor #1*** (kurz *EBR-1*) von 1951, der nuklear erzeugten elektrischen Strom nach Arco lieferte. 1976 wurde das Gebäude dekontaminiert und zu einem interessanten Museum umfunktioniert; täglich 9-17 Uhr vom *Memorial* bis *Labor Day*. Im Open-Air-Bereich beim Parkplatz stehen außerdem zwei Prototypen eines (noch viel zu großen) nuklearen Flugzeugantriebs; Eintritt frei; https://inl.gov/experimental-breeder-reactor-i.

Craters of the Moon

$20/Auto oder Jahrespass

Tiefschwarzes Vulkangestein empfängt Touristen bereits weit vor den Parkgrenzen. Aber erst die beim ***Visitor Center*** beginnende ***Loop Road*** (ca. 7 mi) führt voll hinein in die Welt der erstarrten Lavaströme. Die letzte vulkanische Aktivität liegt hier nur erdgeschichtlich unbedeutende 2.000 Jahre zurück. Geologie und Eigenart der bizarren Landschaft erschließen sich dem Besucher am besten auf den Fußwegen; www.nps.gov/crmo.

Spatter Cone

Das **Minimalprogramm** sollte den Aufstieg zum ***Inferno Viewpoint***, den Blick in die kleinen Krater ***Spatter Cones*** und ***Snow Cone*** und einen Abstieg in zumindest eine der (erstaunlich kühlen) **Lavahöhlen** beinhalten. Für ihre Erkundung benötigt man festes Schuhwerk, Pullover und eine gute Lampe.

Der einfache (*first-come, first-served*) ***Campground*** des Parks liegt mitten im Lavafeld zwischen schwarzen Felsbrocken und minimaler Vegetation; $15. Der Untergrund besteht aus steiniger Schlacke. Eine Handvoll **Motels** steht in **Arco**, von preiswert bis untere Mittelklasse. Auch ein ***KOA*** ist dort zu finden. Zurück zur I-15 geht es am besten über die #20 bzw. Idaho Falls.

Bear World

Einen weiteren Stopp könnte man 5 mi südlich von Rexburg in der ***Yellowstone Bear World*** einlegen. Neben einer Bären«safari« mit dem eigenen Fahrzeug ($25/$13) dürfen Besucher bei der Fütterung der **Kleinbären** mitmachen und diese sogar **streicheln** (kostet aber extra!); https://yellowstonebearworld.com.

St. Anthony Dunes

Im Norden von Rexburg führt die North Salem Road (N 1900 E) zu den ***St. Anthony Sand Dunes***, ein beeindruckendes, riesiges Dünengebiet und beliebter ATV-Tummelplatz westlich der gleichnamigen Stadt; *dispersed camping* erlaubt entlang der Red Road/ Salem Road und Stellplätze mit mehr Komfort finden sich bei den **Egin Lakes** (Zufahrt über die South Parker Road).

An manchen Stellen erstaunlich bunt, die Lava im Craters of the Moon NM

Mesa Falls Scenic Bwy

Ab Ashton empfiehlt es sich auf die **Straße #47** zu wechseln, deren Verlauf in der Folge deutlich attraktiver ist. Sie führt vorbei an den ***Lower Mesa*** und ***Upper Mesa Falls***, zwei recht eindrucksvolle Wasserfälle im engen Canyon des Snake River. Die *Lower Falls* sieht man bereits vom *Grandview Overlook & Campground*, zu den oberen Fällen führt 1,5 mi weiter ein kurzer Pfad ab dem Besucherzentrum. Nach rund 28 Meilen mündet der *Mesa Falls Scenic Byway* wieder in die #20 ein.

Bechler Area des Yellowstone NP

Noch in Ashton zweigen von der #47 zwei Schotterstraßen in Richtung ***Yellowstone NP*** ab: Die *Cave Falls Road* führt in die isolierte äußerste Südwestecke des Parks, in die kaum frequentierte ***Bechler Area***. Zahlreiche **Wasserfälle** sind dort die Attraktion, die meisten über Wanderwege **im Hinterland** zu erreichen. Die *Cave Falls* am Straßenende muss man nicht unbedingt gesehen haben. D.h., ein Abstecher in diese Gegend ohne längeren Hike lohnt nicht so recht. Wer ein einsames *Backpacking*-Gebiet sucht, ist dort richtig, sollte sich vorher aber gutes Karten- und Infomaterial besorgen.

Grassy Lake Road zum Südeingang des Yellowstone NP

Ab Ashton besteht zudem die Möglichkeit auch gleich die **Südeinfahrt des Nationalparks** anzusteuern über die ***Grassy Lake Road*** (*Forest Rd* #261), eine nur im Sommer geöffnete, ungeteerte und oft von Schlaglöchern übersäte Piste, die nach 48 mi bei der ***Flagg Ranch*** in die #89 einmündet. Sie führt mitten durch vorwiegend bewaldetes **Grizzlygebiet**, vorbei an zahlreichen primitiven, kostenlosen *campsites*. Sie ist oft 4WD-Vehikeln vorbehalten, daher unbedingt vor Fahrtantritt den aktuellen Straßenzustand in der *NF Ranger Station* in Ashton erfragen; 46 Hwy #20, ✆ (208) 652-7442.

Über die Idaho Falls und die #26 nach Jackson

Man kann ab Salt Lake City die I-15 auch nur für eine rasche Fahrt bis Idaho Falls nutzen und von dort über die Kombination #26/ #31/#33 Jackson ansteuern. Die Straßen #31/#33 führen durch herrliche Gebirgslandschaften. Rund 20 Meilen mehr benötigt, wer der #26 am **Palisades Lake** entlang folgt (dort gute **Campmöglichkeiten**) und dann der #89 durch den *Snake River Canyon* – ebenfalls eine erfreuliche Strecke. Gegenüber der in diesem Kapitel favorisierten #89 gleich ab Brigham City (➤ nächste Seite) sind damit jedoch insgesamt so viele Mehrmeilen verbunden, dass der Zeitvorteil aus der Autobahnfahrt wieder verloren geht.

Über die Lava Hot Springs nach Jackson

Überlegenswert wäre auch die Variante **I-15/#30/#34/#89**: Auf der I-15 geht es rund 50 mi nach Idaho hinein, dann nach **Lava Hot Springs** auf der #30. Ein richtig großes **Schwimmbad** befindet sich an der westlichen Ortseinfahrt, eine **Heißwasser-Poolanlage** vor der östlichen Ausfahrt; https://lavahotsprings.com.

Im Sommer wird das Flüsschen durch den Ort fleißig fürs ***Inner Tubing*** genutzt. Verleih von Schläuchen an der Main Street. Von Lava Hot Springs führt die Weiterfahrt nach Jackson über Soda Springs und die Straßen #34 sowie #89.

Über den Highway #89 nach Jackson

Bear Lake

Die Straße #89 **von Salt Lake/Brigham City** direkt nach Jackson, dem südlichen Einfallstor für beide Nationalparks, ist die alles in allem **schönste Route**. Sie führt aus der Ebene durch den ***Logan Canyon*** zunächst nach **Garden City** am **Bear Lake**, dessen Anblick schon fast allein die Wahl dieser Strecke rechtfertigen würde. Der über 300 km^2 große See an der Grenze zwischen Utah und Idaho beeindruckt durch seine ungewöhnlich **türkisblaue Wasserfärbung**. Er ist ein beliebtes Wassersport- und Angelrevier. Aber Baden im so einladenden Bärensee setzt Abhärtung voraus, das glasklare Wasser bleibt auch im Sommer kalt.

Zum Verweilen am Ufer eignet sich der Bereich zwischen Garden City und Laketown, wobei die zwei ***State Parks »Rendezvous Beach«*** (steiniger Strand) am Südende und ***»Marina«*** nördlich von Garden City (flaches und daher nicht so kaltes Wasser) den besten Zugang ermöglichen. Oberhalb Garden City in Richtung Idaho entfernt sich die #89 bald vom See; https://bearlake.org.

Rund 5 mi landeinwärts beim Städtchen **Paris** in Idaho befindet sich im *Caribou-Targhee NF* der gut angelegte ***Paris Springs Campground*** an der #427. Die Zufahrt ist ab dem südlichen Ortsende ausgeschildert ($17; nur Fahrzeuge bis 20 Fuß; reservierbar).

Wyoming

Hinter Montpellier erreicht man Wyoming. Wie es sich im **Staat der Cowboys** gehört, gibt es dort keinen gestandenen Mann, der nicht diverse Schusswaffen sein eigen nennt. Dass dieses Arsenal auch »zweckdienlich« zum Einsatz kommt, beweisen noch gründlicher als anderorts die unübersehbar durchsiebten Verkehrsschilder.

Snake River Canyon

Trotz gegenteiliger Kennzeichnung in vielen Karten ist der **Straßenverlauf** zwischen Bear Lake und Alpine Junction nicht herausragend. Höhepunkt der Strecke sind die folgenden 23 Meilen durch den ***Snake River Canyon***, wo man von Juni bis September immer zahlreiche Schlauchboote beobachten kann, die vollbesetzt über die Stromschnellen schießen. Der Fluss gehört mit seinen vielen ***Rapids*** geringen bis mittleren Schwierigkeitsgrades zu den beliebtesten ***White Water Rafting***-Revieren des US-Westens.

Wer beim Zuschauen Lust bekommen hat, kann hier gleich buchen und mit ins Boot steigen, wenn es zeitlich passt. In Hoback Junction sind die Stationen der ***River Rafters*** nicht zu übersehen. Ein 3-stündiger ***8 mi White Water Trip*** kostet ca. $95, Kinder (6-12 Jahre) $65; www.sandswhitewater.com.

Raften im Snake River Canyon

Im Canyonbereich am Wege liegen – z.T. hübsch zw. Fluss und Straße – mehrere ***NF campsites***. Als Standquartier für einen Besuch des *Grand Teton NP* sind sie aber noch zu weit entfernt.

4.3.2 Jackson/Wyoming

Mit **Jackson** erreicht man eine **Touristenhochburg par excellence**. Im Sommer ist die Kleinstadt die wichtigste Etappe im Umfeld der Nationalparks, im Winter Ziel für Skisportler. Nirgendwo sonst im US-Nordwesten gibt es eine ähnliche Konzentration an (teuren!) Unterkünften, Kneipen und Restaurants im engeren Ortsbereich. Bei nur 11.000 Einwohnern verfügt Jackson über ca. **60 Beherbergungsbetriebe** und über **50 Restaurants und Kneipen**. Gutes Info-Portal: www.jacksonholetraveler.com mit dem Magazin »*Jackson Hole Traveler*« zum Online-Blättern.

Die touristische Infrastruktur wird noch durch eine Wiederbelebung der (in Realität nie dagewesenen) Wildwest-Vergangenheit bereichert. Von *Memorial* bis *Labor Day* rauchen täglich (außer So) **pünktlich um 18 Uhr** die Colts am *Town Square* (gratis ***shootout***).

Gleichzeitig mit dem Pistolenduell beginnt auch die ***Dinner Show*** mit *Can-Can Girls* im ***Jackson Hole Playhouse***, auch dort fehlt der Bezug zu den angeblich wilden Tagen der Vergangenheit nicht. In perfekter *Old West*-Atmosphäre wird das Abendessen nicht von gewöhnlichen Kellnern serviert, sondern von kostümierten Darstellern. Sie singen, tanzen Cancan und stehen danach noch auf der Bühne und präsentieren eine *Western Comedy*. Nicht ganz billig, aber ein einmaliges Erlebnis ($105/$85, ohne *Dinner* $55/$45; unbedingt reservieren!). Auch außerhalb der Show-Zeiten lohnt sich ein Blick in Jacksons ältestes Gebäude an der 145 W Deloney Avenue; www.jhplayhouse.com.

Ebenso nicht wegzudenken aus der lokalen Kneipenszene ist die legendäre ***Million Dollar Cowboy Bar*** am *Town Square* (➤ unten ganz rechts im Bild). Aus Pferdesätteln gefertigte speckige Barhocker, Mo-Sa live *Country* & *Western*-Bands und Tanz sorgen meist bis spät in die Nacht für Hochbetrieb; 25 N Cache Street (Hwy 191); www.milliondollarcowboybar.com.

An allen vier Ecken des zentralen Town Square steht in Jackson ein aus jeweils 2.000 Geweihen zusammengesetztes Tor

4

Chuckwagon Dinner Show

Wie ein Cowboy in geselliger Runde speist man beim ***Chuckwagon Dinner***. Zuerst geht es im Planwagen zum Cache Creek Canyon, nach dem Essen wird noch eine *Western Show* geboten; $65/$55; Reservierung bei ***Bar T5*** erforderlich: www.bart5.com.

Auch in Wilson (➤ rechts) an der #22 werden *Chuckwagon Dinners* mit *Western Shows* angeboten: www.barjchuckwagon.com.

Übernachten

Zur Saison (Mitte Juni bis *Labor Day*) in Jackson ohne Reservierung anzureisen, ist trotz enormer Bettenkapazität keine gute Idee. Überhaupt ist dieser Ort nichts für schmale Geldbeutel. Denn im Sommer kosten die Zimmer in besseren *Inns & Lodges* kaum unter $400 pro Nacht. Und selbst eher nur **mittelmäßige Kettenmotels** verlangen mitunter **Tarife jenseits der $300**. Am günstigsten (ca. $250) sind dann das ***Motel 6*** (600 S Hwy 89) und das ***Super 8*** (750 S Hwy 89; AAA *rate* nicht vergessen!); beide im Südwesten des Ortes und meist langfristig ausgebucht. Ein vergleichsweise gutes Preis-Leistungs-Verhältnis (nur knapp über $200) bieten:

- ***Alpine Motel***, 70 S Jean Street; Zimmer etwas abgewohnt, aber groß, sauber und sehr zentral gelegen; ✆ (307) 739-3200
- ***Pony Express Motel***, 1075 West Broadway; erst kürzlich renoviert; ✆ (307) 733-3835, www.ponyexpresswest.com.

Die mit Abstand günstigste Bleibe war bislang immer ***The Hostel*** am 3315 Village Drive im nahen **Teton Village** (➤ rechts). Seit der Pandemie werden jedoch (vorübergehend?) keine Betten im Schlafsaal mehr angeboten. Zur Hochsaison wird dort jetzt auch $199 fürs Familienzimmer verlangt; ✆ (307) 733-3415, www.thehostel.us.

In Ortsnähe finden sich in Jackson nur extrem teure und oft knallvoll gestellte *RV Parks*. Empfehlenswerter sind da die Plätze im *Grand Teton NP* und ggf. am *Snake River Canyon*, ➤ Seite 312.

Visitor Center

Im Besucherzentrum am nördlichen Ortsausgang (532 N Cache St) erfährt man alles, was aktuell anliegt. Nebenbei dient es als Museum zu Flora, Fauna und Historie des ***Jackson Hole***. So nennt man das *Snake River Valley* zwischen der Teton und Gros Ventre Range der *Rockies*; im Sommer täglich 8-19 Uhr.

Aktivitäten

Jackson-Besucher können aus einer enormen Vielfalt kommerziell organisierter Outdoor-Angebote wählen. Neben ***Rafting*** über die Stromschnellen des Snake River kann man auch Sightseeing- und Tierbeobachtungstrips auf dem – im Nationalpark ruhigen – Fluss buchen. Auf dem Programm stehen außerdem noch Ausritte, Ausflüge mit dem Helikopter oder Heißluftballon u.v.m. Die **Rodeos** beginnen pünktlich um 20 Uhr (https://jhrodeo.com).

Spaß macht abends auch ein Bummel durch die zahlreichen **Galerien** im Ort. Neben allerhand Souvenirs und Kitsch, findet man viel Schönes und Teures. Lustige Fotomotive bieten die Metallskulpturen an der Nordostecke des *Town Square*. Dort kann man z.B. auf einer Bank neben Albert Einstein sitzen. Einer der renommiertesten Naturfotografen unserer Zeit, **Thomas Mangelsen**, zeigt seine großformatigen Aufnahmen (u.a. aus dem *Grand Teton NP*) an der 170 N Cache Street; www.mangelsen.com. Sehenswert!

Museum

Wildtiere aus aller Welt stehen im Fokus beim ***National Museum of Wildlife Art***. Es befindet westlich der #191, ca. 3 mi nördlich der Stadt; im Sommer tägl. 10-17 Uhr; $18/$8; www.wildlifeart.org. Vom ***Sculpture Trail*** überblickt man das *Nat'l Elk Refuge*, eine Winterzuflucht für Rotwild an der Südgrenze zum Nationalpark. Die hübschen Skulpturen passen perfekt ins Bild.

Zum Grand Teton NP über Teton Village (mit Pkw/SUV)

Wilson

Ein spannender Ausflug mit Kindern führt nach Wilson, wo ein Riesentroll von Thomas Dambo am Seeufer sitzt (➤ Foto Seite 53). Dafür folgt man ab dem Jackson *Town Square* der Hauptstraße #191 kurz nach Südwesten und biegt hinter der Tankstelle (*Philips 66*) nach rechts auf die #22 zum Teton Pass ab. Nach 4 mi geht es erneut nach rechts (#390) und dann nur 500 m später hinein in den ***Rendezvouz Park***. Wer den Teich in Richtung Snake River gegen den Uhrzeigersinn umrundet, kommt schon nach wenigen Schritten bei *Mama Mimi* vorbei.

Teton Village

Auf der #390 (Moose-Wilson Rd) weiter nach Norden erreicht man 12 mi von Jackson entfernt **Teton Village**, ein Retortendorf für den Tourismus. Der einzige Grund für den Besuch wären die zwei Gondelbahnen. Die ***Jackson Hole Aerial Tramway*** befördert die Passagiere auf den fast 3.200 m hohen **Rendezvous Mountain** – im Winter ein Mekka der Abfahrtsläufer, im Sommer Ausgangspunkt für ausgedehnte Wanderungen ins Hinterland der hochalpinen Teton Range; Mitte Juni-Mitte Sept 9-17 Uhr; Tickets $45/$28, online oft günstiger: www.jacksonhole.com/summer-activities/gondola.

Die ***Bridger Gondola*** bringt die Hiker von Teton Village auf knapp 2.800 m Höhe zum Ausgangspunkt des populären *Wildflower Trail*, der wieder zurück in das Tal führt (6,5 km). Der *Cirque Trail* (3 km) verbindet beide Bergstationen.

Zum Besucherzentrum des *Grand Teton NP* geht es ab Teton Village weiter über die nun deutlich engere, kurvenreiche **Wilson-Moose Road**. Wildtiersichtungen sind dort häufig, mit RV ist die Strecke aber tabu.

Alte Holzhütte an der Mormon Row vor der Kulisse der Teton Range

4.3.3 Grand Teton National Park www.nps.gov/grte

Eintritt $35/Auto oder Interagency Jahrespass

Im ***Craig Thomas Visitor Center***, 13 mi nördlich von Jackson, liegt die kostenlose Parkzeitung ***Grand Teton Guide*** aus mit detaillierter Karte und Hinweisen auf aktuelle Ranger-Veranstaltungen (geöffnet im Sommer 8-17 Uhr). Der Nationalpark wird stark frequentiert und in amerikanischen Publikationen immer enthusiastisch beschrieben. Da die im Mittelpunkt stehende Gebirgskette **Teton Range** [*TI-tohn*] an die Alpen erinnert, legen Besucher aus Mitteleuropa hier oft nur wenige kurze Stopps auf dem Weg zum nördlichen Nachbarn ein. Die Anzahl an **Wildtieren** ist aber schon in diesem Park überwältigend. Nicht nur im Hinterland der *Tetons*, sondern praktisch überall hat man die Chance auf Bisons, Elche, Biber, Weißkopfseeadler, Braun- oder Schwarzbären zu treffen. Grandios sehen auch die Wildblumen im Frühsommer aus (➤ Foto Seite 22).

Bei Zeitknappheit besitzt die ***Teton Park Road*** zwischen Moose und dem Jackson Lake keine besonderen Vorzüge gegenüber der **#89/#191**, die als **Hauptroute durch den Park** den Verlauf des Snake River begleitet – immer mit der grandiosen Bergkulisse im Hintergrund. Nicht auslassen sollte man den kurzen Abstecher zur ***Chapel of Transfiguration***, deren Fenster hinter dem Altar den Gipfel des Grand Teton (4.199 m) perfekt »umrahmt«; gleich beim Besucherzentrum in Moose, nur ca. 1,5 mi von der #89 entfernt.

Teton Park Road

Wer sich im Anschluss für die Weiterfahrt entlang der *Teton Park Road* entschließt, könnte z.B. 1,5-2 Stunden für den 5-km-Rundweg zum malerischen **Taggart Lake** einplanen mit fast durchgehend grandiosem Blick auf die hohen Berge (100 HM; Ausgangspunkt nur 3 mi nördlich des Besucherzentrums). Sehr empfehlenswert!

Am **Jenny Lake** bietet sich auch ein längerer Stopp mit Bootstour und Wanderung an. Von *South Jenny Lake Junction* sind es 4 km *one-way* bis zu den 60 m hohen ***Hidden Falls***. Mit Shuttlefahrt über den See lässt sich diese populäre Wanderung noch abkürzen auf nur 2 km retour (Tickets $20/$12). Die dadurch gesparte Zeit/Kraft kann man für eine erweiterte Tour bis zum Aussichtspunkt ***Inspiration Point*** (0,6 km von den Wasserfällen entfernt) und durch den ***Cascade Canyon*** nutzen. Schön ist auch die Ganztagestour zum **Lake Solitude** (ab Anleger 23 km retour; 800 HM).

Südlich des Jenny Lake führt noch eine schöne Tour hoch in die *Tetons* hinauf zum **Surprise** und **Amphitheater Lake**. Mit 16 km retour und gut 900 m Höhendifferenz ist sie eher geübten Wanderern vorbehalten (ca. 7 Stunden). Gute Wegbeschreibungen online unter www.tetonhikingtrails.com/grand-teton-trails.htm.

Einen Panoramablick über das Tal sowie auf die Gletscher und Berge verspricht noch die Auffahrt zum **Signal Mountain** (ab der *Teton Park Rd* 5 mi *one-way*; keine RVs!), aber mittlerweile versperren dort Bäume weitgehend den Blick. Am besten ist dort noch der ***Jackson Point Overlook*** (ca. 200 m ab der vorletzten Kehre).

Sehenswertes an der #89/#191

Viele der beliebtesten **Postkartenmotive** des Parks befinden sich für jedermann leicht zugänglich in unmittelbarer Nähe der Hauptstraße #89/#191: Sicherlich nicht allein wird man zum Sonnenaufgang bei den verlassenen Holzhütten an der ***Mormon Row*** sein, die von den ersten Siedlern im späten 19. Jahrhundert errichtet wurden (➢ Foto Seite 315); Zufahrt über die *Antelope Flats Road* ca. 1 mi nördlich von *Moose Junction*.

Balzendes greater sage-grouse

Ein besonderes Naturereignis trägt sich dort alljährlich im Frühling zu, wenn bis zu 75 cm große männliche Beifußhühner stolz ihr Gefieder und die dick aufgepumpten Luftsäcke präsentieren – beeindruckend nicht nur für die Weibchen! Am besten mit Rangerbegleitung, kostenlose *grouse strut programs* meistens an den letzten beiden Wochenenden im April.

Oxbow Bend im Herbst

Ein weiterer Tipp für Frühaufsteher ist ***Schwabachers Landing***, wo sich an windstillen Tagen die rotglühende Teton-Bergkette wunderbar in den kleinen Teichen spiegelt; Abzweig von der #191/#89 ca. 4 mi nördlich von Moose Junction. Schon etwas zugewachsen präsentiert sich der ***Snake River Overlook*** linker Hand der Hauptstraße auf der Weiterfahrt Richtung Norden.

Rund 3 mi hinter Moran und nur noch 1 mi vor der Einmündung der *Teton Park Road* zeigt sich der Mount Moran (3.842 m) oberhalb der ***Oxbow Bend***. Besonders populär ist diese Flussschleife Ende September/Anfang Oktober, wenn der Herbstzauber vor der imposanten Bergkulisse seinen Höhepunkt erreicht (➤ Foto oben). Dann stehen zum Sonnenaufgang die Fotografen meist dicht an dicht am Ufer und verscheuchen die dort an ruhigeren Tagen anwesenden Wildtiere wie Biber, Schwäne oder Elche.

Übernachten

Um eine große Marina am **Jackson Lake** und das ***Colter Bay Visitor Center*** erstreckt sich die komplette Versorgungsinfrastruktur (Supermarkt, großflächige Campingareale und ganze Siedlungen unterschiedlichster Unterkünfte). Einfachste ***tent cabins*** für zwei Personen kosten im Sommer $93/Tag, etwas schönere mit eigenem Bad ab $230; Reservierung am besten viele Monate im Voraus online auf dem Portal www.gtlc.com.

Denselben Zugang nutzt man auch für die Buchung der höherwertigen ***Jackson Lake Lodge*** mit Zimmern oder *cottages* ab $350. In der ***Jenny Lake Lodge*** kosten die »Luxushütten« noch mehr.

Die schönsten ***Campgrounds*** des Parks befinden sich am ***Jenny Lake*** (nur Zelte) sowie beim **Signal Mountain** (einige *sites* mit *hook-up*). Als Ausweichmöglichkeit bietet sich der große und ungemütliche ***Gros Ventre*** (mit mehr *hook-up sites*) im Südwesten oder der ebenfalls ausgedehnte Komfortplatz ***Colter Bay*** an (z.T. mit *full hook-up*). Eine günstige Lage besitzt ***Lizard Creek*** im Norden bereits in der Nähe des Yellowstone Nationalparks.

Alle Campingplätze im *Grand Teton NP* müssen im Voraus reserviert werden: www.recreation.gov/camping/gateways/13525.

Weiter zum Yellowstone

Für eine reine Fahrt ohne Stopps im *Grand Teton* benötigt man **von Jackson bis zur Einfahrt in den *Yellowstone NP*** nur in Ausnahmefällen über **zwei Stunden** (rund **70 mi**). Eine weitere Stunde fährt man noch bis zum Hauptgeysirfeld *Upper Geyser Basin*.

4.3.4 Yellowstone National Park www.nps.gov/yell

Kennzeichnung und Information

Eintritt $35/Auto oder Interagency Jahrespass

Der Yellowstone besitzt mit rund **10.000 km²** eine enorme Ausdehnung auf einem Hochplateau in über 2.000 m. **Geysire und heiße Quellen** sind die Hauptanziehungspunkte dieses ältesten (1872!) und neben dem *Grand Canyon* bekanntesten amerikanischen Nationalparks. Ohne wintertaugliches Fahrzeug ist er nur zeitlich begrenzt zugänglich. Häufig versperren **Schneefälle** noch bis in den Juni hinein und bereits ab Mitte September einige Zufahrtstraßen.

Nach der Einfahrt, gleich aus welcher Richtung, erreicht man beim nächsten größeren Geysirfeld, am Canyon Village oder am Kreuzungspunkt *Fishing Bridge* eines der **fünf Besucherzentren**, wo es die jeweiligen Detailinformationen und -karten gibt. Im **Canyon Village** steht zudem das ***Canyon Education Center***, das speziell den *Yellowstone Supervolcano* thematisiert.

Aktuelles zum Straßenzustand www.nps.gov/yell/planyourvisit/conditions.htm

Man wird durch die bei Einfahrt erhaltenen Unterlagen – ***Official Map and Guide*** und die aktuelle Parkzeitung ***Yellowstone Today*** (verkürzt auch auf Deutsch) – bereits gut informiert, aber die beste Begleitung auf den Rundwegen durch die einzelnen Geysirfelder sind die kleinen **A5-Broschüren/Faltblätter**, die in den Besucherzentren für wenig Geld erhältlich sind. Online findet man die Detailkarten einiger *Basins* unter http://npmaps.com/yellowstone und weitere Infos auch unter www.yellowstonenationalpark.com.

In der **Nationalpark-App** (gratis) wurden ebenfalls alle wichtigen Wege, Pools und Geysire eingezeichnet, sie funktioniert im Park-Funkloch meist nur nachdem man die Funktion »Download Offline Content« aktiviert hat; www.nps.gov/yell/planyourvisit/app.htm.

Rundkurs/ Zeitbedarf

Die Mehrzahl der *Geyser Basins* und der berühmte *Grand Canyon of the Yellowstone River* liegen entlang eines an eine 8 erinnernden Rundkurses – insgesamt ca. **140 mi**, auf denen man meist nur sehr langsam vorankommt (Geschwindigkeitsbeschränkungen, »Tierstaus« etc.). Selbst bei zügiger Besichtigung der wichtigsten Attraktionen benötigt man **leicht zwei Tage**. Dabei bleibt aber kaum Zeit, geduldig auf den Ausbruch bestimmter Geysire zu warten, um in

Riverside Geyser

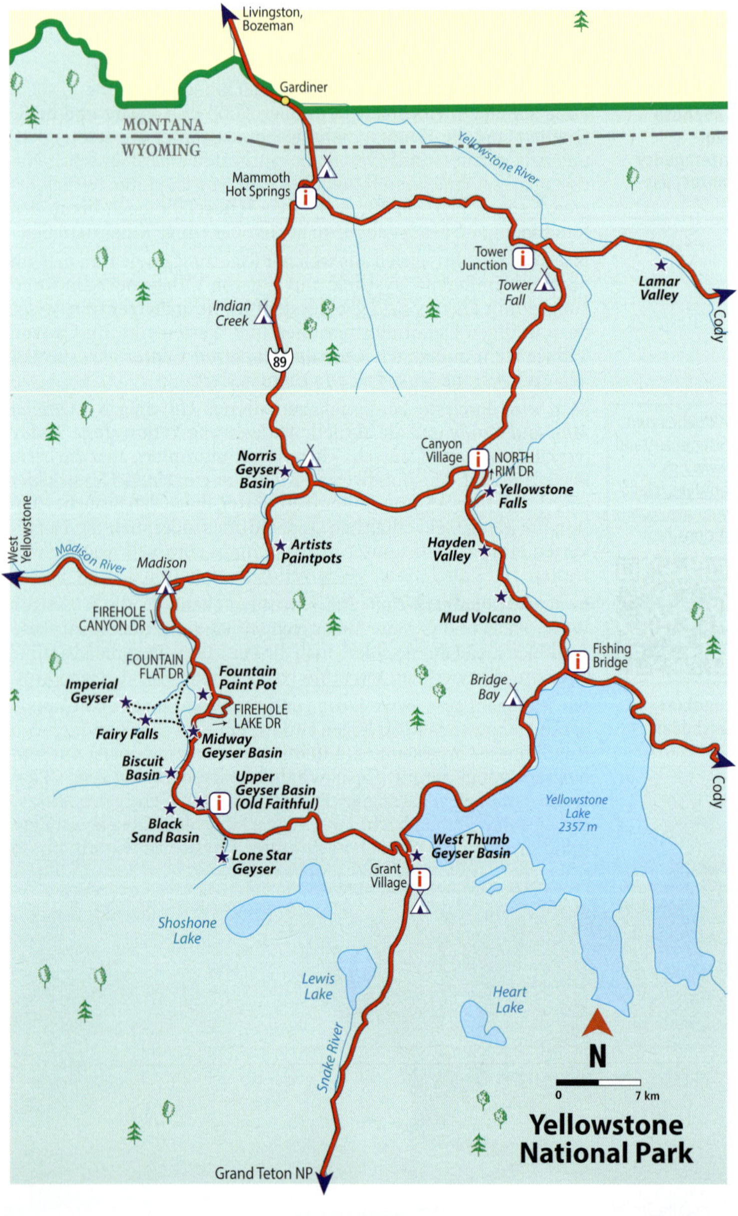
Livingston, Bozeman
Gardiner
MONTANA
WYOMING
Yellowstone River
Mammoth Hot Springs
Tower Junction
Tower Fall
Lamar Valley
Cody
Indian Creek
89
Norris Geyser Basin
Canyon Village
NORTH RIM DR
Yellowstone Falls
West Yellowstone
Madison River
Madison
Artists Paintpots
Hayden Valley
Mud Volcano
FIREHOLE CANYON DR
FOUNTAIN FLAT DR
Fountain Paint Pot
Imperial Geyser
Fairy Falls
FIREHOLE LAKE DR
Midway Geyser Basin
Biscuit Basin
Upper Geyser Basin (Old Faithful)
Black Sand Basin
Lone Star Geyser
Fishing Bridge
Bridge Bay
Cody
Yellowstone Lake 2357 m
West Thumb Geyser Basin
Grant Village
Shoshone Lake
Lewis Lake
Heart Lake
Snake River
N
0
7 km
Yellowstone National Park
Grand Teton NP

Ruhe die größeren Thermalgebiete abzulaufen, vielleicht mal eine Badepause einzulegen oder einfach die Natur des Parks zu genießen.

Wenn irgend möglich, sollte man **mindestens drei Tage Aufenthalt** einplanen. Auch mehr Zeit lässt sich im *Yellowstone* spannend gestalten, denn der Nationalpark gehört unbestritten **zu den allerbesten, die der amerikanische Kontinent zu bieten hat**.

Bei Einfahrt in den Park von Süden passiert man noch vor dem Erreichen der Rundstrecke **Grant Village** am (eiskalten) Yellowstone Lake. Ein Verweilen lohnt dort nicht, es sei denn zur Klärung der Übernachtungsfrage oder für Besorgungen/Restaurantbesuch (abends Reservierung nötig!).

West Thumb Geyser Basin

Von Grant Village sind es nur wenige Meilen, bevor die Dampfschwaden des kleinen ***West Thumb Geyser Basin*** unweit des Seeufers ins Blickfeld geraten. Der 800 m lange Rundparcours liefert einen Vorgeschmack dessen, was der *Yellowstone* weiter westlich noch zu bieten hat. Beeindruckend sind die grünblaue heiße Quelle ***Abyss***, mit ihren 16 m eine der tiefsten im Park, sowie der ***Fishing Cone*** am Ufer des Sees, wo Besucher einst fürs Mittagessen ihre Angelruten mit den frischgefangenen Forellen nur kurz hinüber in den 94°C heißen »Topf« schwenken mussten. Heute ist das Fischen an dieser Stelle nicht mehr erlaubt.

Lone Star Geyser

Der Ausflug zum ***Lone Star Geyser*** auf der Weiterfahrt in Richtung *Old Faithful* lohnt sich vor allem für Leute, die nach dem Besuch der großen Thermalfelder noch Lust auf eine etwas ruhigere Wanderung haben. Vom Parkplatz an den *Kebler Falls* (ca. 14 Meilen von *West Thumb* entfernt) sind es relativ ebene 4 km Wander-/Bikeweg dorthin. Der »einsame Stern« bricht im Schnitt **alle drei Stunden** aus und beeindruckt durch seinen kegelartigen Aufbau und die naturbelassene Umgebung.

Besucher beim Lone Star Geyser im Hinterland des Yellowstone NP

Square Pool, einer der vielen polychromen Pools auf dem Weg zur Morning Glory

Upper Geyser Basin

Old Faithful Geyser

Das wichtigste und ausgedehnteste **Feld von Thermalquellen** und regelmäßig ausbrechenden **Heißwassergeysiren** ist das ***Upper Geyser Basin***. Eine erhebliche Parkplatzkapazität und eine komplette Service-Infrastruktur (jedoch kein Campingplatz) tragen der großen Besucherzahl dort Rechnung. Alle Einrichtungen gruppieren sich um den ***Old Faithful Geyser***, der seine Fontänen in schöner Regelmäßigkeit – seit Dekaden im Mittel alle 60-90 Minuten – bis zu 55 m hoch ausbläst.

Visitor Center

Bevor man sich auf den Weg durch das von schwefligen Dämpfen und heißen Abflüssen durchzogene *Upper Basin* macht, empfiehlt sich ein kurzer Stopp beim Besucherzentrum (zwischen Parkplatz und *Old Faithful*) für einen Blick auf die Tafel mit den voraussichtlichen Ausbruchszeiten der Geysire und den Erwerb der A5-Broschüre mit **Umgebungskarte** (unverzichtbar!).

Rundwege

Man sollte unbedingt alle befestigten Wege (Asphalt und Holzbohlen) einschließlich der Schleife rund um den ***Geyser Hill*** oberhalb des *Old Faithful* bis zum sagenhaften ***Morning Glory Pool*** ablaufen (Gesamtdistanz ca. 6 km). Dazu benötigt man einschließlich der Fotopausen und Wartezeiten an einzelnen Geysiren mindestens 3 Stunden. Ein höherer Zeitbedarf ergibt sich sehr leicht.

Schönste Geysire

Kaum zu toppen sind die Ausbrüche des ***Beehive*** und ***Castle Geysers***. In beiden Fällen steht man ganz nah am Kegel, aus dem das Wasser 1-2x täglich mit unvorstellbarer Wucht herausschießt. Tipp: Der *Beehive* kündigt sich oft mittels »Indikator« an, ein kleiner Mini-«Spucker« direkt nebenan, der meist kurz vorher loslegt. Ebenfalls sehr imposant ist der bis zu 60 m hohe ***Grand Geyser*** (alle 6-7 Stunden) und auch beim ***Riverside Geyser*** (alle 5-7 Stunden; Foto ➤ Seite 319) lohnt sich das Warten!

Ein toller Blick über das *Upper Geyser Basin* und den ausbrechenden *Old Faithful* eröffnet sich vom **Observation Point** (Erweiterung der Rundwanderung um 1,6 km; 80 HM); Foto ➤ Seite 100.

Die heißen Quellen des Yellowstone und ihre Farben

Wie »heiß« eine Thermalquelle ist, lässt sich bereits gut anhand ihrer Farbgebung ablesen. Neben Mineralstoffen sind in erster Linie die darin lebenden hitzeliebenden Kleinstlebewesen ausschlaggebend. Erscheint ein Pool **himmelblau**, ist das Wasser zu heiß für Mikroorganismen. **Grüne** und **gelbe** Bereiche in den Quellen weisen eine Temperatur von über 70°C auf, kühlere sind **orange** oder **rötlich** und am kältesten sind **bräunliche** Pools – das erklärt den fantastischen, regenbogenartigen Farbverlauf bei der *Grand Prismatic Spring* im *Midway Geysir Basin*. Ihr Aussehen kann sich über die Jahre hinweg verändern – bedingt durch eine schwächere/stärkere geothermale Aktivität und mancherorts haben auch die Besucher ihre Spuren hinterlassen. So hat sich z.B. die einst strahlend blaue *Morning Glory* im *Upper Geysir Basin* dank des von »Glücksmünzen« blockierten/beschädigten Heißwasserzuflusses mittlerweile in einen grüngelben Pool verwandelt. Benannt wurde er aufgrund der Ähnlichkeit mit der Himmelblauen Prunkwinde, aber bereits Mitte des 20. Jahrhunderts mussten Ranger wegen der Farbveränderung regelmäßig eingreifen und den Müll aus dem Pool holen.

Black Sand & Biscuit Basin

Ein noch längerer Spaziergang führt vorbei am alle paar Stunden ausbrechenden *Daisy Geyser* hinüber zum ***Black Sand Basin***, einem kleinen Thermalfeld am Iron Spring Creek, wo sich u.a. die ausgesprochen attraktiven ***Opalescent*** und ***Emerald Pools*** befinden. Auch jenseits des *Morning Glory Pools* kann man etwas den Besuchermassen entfliehen und dem weniger frequentierten Pfad bergab zum ***Biscuit Basin*** folgen. Am Weg liegt das sagenhafte Becken des *Artemisia Geyser*. Diese beiden Geothermalgebiete sind indessen auch mit dem Auto erreichbar.

Old Faithful Inn

Eine Sehenswürdigkeit für sich ist die **Innenarchitektur** des im Blockhausstil errichteten ***Old Faithful Inn***. Die Konstruktion der Hotelhalle ist absolut einmalig. Wer sich für die Einzelheiten interessiert, kann an kostenlosen Führungen teilnehmen, die mehrfach täglich stattfinden (Zeiten in der Zeitung *Yellowstone Today*). Für eine Nacht im *Old Faithful* könnten sogar Camper einmal gut auf *open-air* verzichten. Das Hotel verfügt außerdem über die **einzig gute Kneipe** weit und breit (Foto ➤ Seite 328).

Opalescent Pool

Farbintensive Abflüsse der Grand Prismatic Spring

Midway & Lower Geyser Basin

Midway Basin

Auf der Weiterfahrt in nunmehr nördliche Richtung passiert man zahlreiche kleinere Thermalgebiete. Einen Stopp wert ist jedes davon, speziell das ***Midway Geyser Basin*** mit der sensationellen ***Grand Prismatic Spring*** (Durchmesser ca. 90 m). Sie sieht von den Bretterstegen der *Midway Basin* bereits grandios aus (Foto ➤ oben), noch beeindruckender ist aber der Blick von der erst 2017 errichteten **Aussichtsplattform** (➤ Foto Seite 18/19). Dafür stellt man das Auto am ***Fairy Falls Trailhead*** ab (südlich des offiziellen *Midway Basin* Parkplatzes!). Der kurze Aufstieg zum neuen *Overlook* zweigt vom Wanderweg zu den 61 m hohen Wasserfällen ab (nur ca. 1 km *one-way*, 30 Höhenmeter).

Folgt man dem Hauptpfad bis zu den *Fairy Falls* (8,4 km retour) und von dort noch weiter ins Hinterland, erreicht man nach knapp 5 km ein kleines Geothermalfeld mit dem daueraktiven ***Spray Geyser*** und dem ***Imperial Geyser***, der unmittelbar neben einem farbenprächtigen Pool 15 m hoch ausbrechen kann.

White Dome Geyser

Firehole Lake Drive

Wer den richtigen Zeitpunkt abpasst (Info im *Old Faithful Visitor Center*), kann sich am auch sonst attraktiven ***Firehole Lake Drive*** die Fontänen des ***Great Fountain Geyser*** oder einen der häufigeren Ausbrüche des ***White Dome*** ansehen.

Lower Basin

Das blubbernde ***Fountain Paint Pot*** »Matschloch« im ***Lower Geyser Basin*** hat schon bessere Tage gesehen, aber die aktiven Geysire wie etwa ***Clepsydra*** im hinteren Bereich der Rundwanderung sind durchaus sehenswert.

Badestelle

Eine halbe Meile vor Madison Junction geht es links ab zu den ***Firehole Falls*** (Einbahnstraße). Die kurze Rundstrecke verläuft durch die Schlucht des Firehole River, der hier dank des ein paar Meilen oberhalb zulaufenden heißen Wassers aus diversen Geysiren etwas angewärmt wurde. Zwischen den Felsen findet man kurz vor der Wiedereinmündung des *Firehole Canyon Drive* in die Hauptstraße noch eine prima **Badestelle** (Foto ➤ Seite 42). Die Strömung ist aber in einigen Bereichen recht stark!

Zwischen Madison und Norris

Bei einem mehrtägigen *Yellowstone*-Besuch bietet sich zwischen Madison und Norris noch ein Abstecher zu den ***Artist Paintpots*** an, einem – wie der Name schon andeutet – ausgesprochen farbenfrohen Thermalgebiet (1,6 km Rundweg), oder die etwas längere Wanderung steil bergauf in das nur wenig besuchte ***Monument Geyser Basin*** mit einer eigenwilligen Anhäufung an flaschenhalsähnlichen Kegeln ehemaliger Geysire (3,5 km retour; 200 HM).

Norris Geyser Basin

Im ***Norris Geyser Basin*** warten im Wesentlichen ähnliche Heißwasserpools und kleinere Geysire wie in anderen Feldern. Beeindruckend sind dort die bunten Pools in strahlend weißer Umgebung (***Porcelain Basin***) sowie der originelle ***Echinus Geyser***, der sich langsam mit heißem Wasser füllt und seinen Inhalt in wenigen Minuten wieder hinausbläst. Leider bricht er nur noch selten und unvorhersehbar aus.

Der ebenfalls im *Norris*-Becken befindliche mächtige ***Steamboat Geyser*** verharrte vor 2018 meist jahrelang inaktiv, nun zeigt er regelmäßig seine bis über 90 m hohen Wasserfontänen (die höchsten weltweit!); 2019 fast wöchentlich, in 2023 im Schnitt alle 50 Tage; www.nps.gov/yell/learn/nature/steamboat-geyser.htm.

Türkisfarbene Pools in der strahlend weißen Porcelain Basin

4

Mammoth Hot Springs

Bei knapp bemessener Zeit könnte der *Yellowstone*-Besuch sich auf die **kleine Rundstrecke** mit Weiterfahrt **von Norris zum Canyon Village** beschränken. Dabei verpasst man jedoch die *Mammoth Hot Springs* und die schöne Verbindungsstrecke dorthin, alles andere im oberen Bereich des Rundkurses ließe sich verschmerzen, denn der Verlauf der Parkstraße über Tower Junction zum Canyon Village hält keine »Sensationen« bereit und auch den *Tower*-Wasserfall muss man nicht zwingend gesehen haben.

Ganz anders als alle bisher beschriebenen Thermalfelder präsentieren sich die ***Mammoth Hot Springs*** am nördlichen Parkausgang. Das heiße Quellwasser wird dort auf dem Weg an die Oberfläche stark mit dem Kalziumkarbonat des Deckgesteins (Kalksandstein) angereichert, das sich bei Austritt an die Oberfläche um die Öffnung herum ablagert. Die durch diesen Prozess fortwährend gebildeten **Terrassen** sind weltweit die größten ihrer Art.

Bretterstege führen mitten durch die stufenartig übereinander liegenden Kalziumformationen der ***Main Terrace Area***; eine ***Loop Road*** umrundet die ***Upper Terrace Area***. Der Wasserzustrom hat sich in den 1990er-Jahren nach Erdstößen verringert, so dass Teile der Terrassen ausgetrocknet und nicht mehr so attraktiv wie früher sind. Ihr Erscheinungsbild ändert sich aber von Jahr zu Jahr.

Im **Besucherzentrum** ist ein nur mäßig interessantes **Museum** zu Natur & *wildlife* untergebracht. Die kleine Siedlung (mit einer schlichten *NP Lodge*) wird häufig von ***Wapiti*-Herden** aufgesucht, die die gepflegten Rasenflächen in den Gärten abgrasen.

Grand Canyon of the Yellowstone

Der Name des Parks geht auf den gelben Sandstein im ***Grand Canyon of the Yellowstone*** zurück, eine vom Yellowstone River tief ausgewaschene Schlucht. Ab Canyon Village führt der ***North Rim Drive*** als Einbahn dem Nordrand entlang. Einer der besten Blicke in den »gelben« Canyon eröffnet sich dort vom ***Inspiration Point***.

Mammoth Hot Springs

Lower Yellowstone Falls vom Lookout Point am North Rim Dr

Über zwei Fallstufen, die ***Upper*** und ***Lower Falls***, stürzt das Wasser mehrere hundert Meter weiter flussaufwärts in die Tiefe. Der **untere Wasserfall** ist mit 94 m **am spektakulärsten**. Das donnernde Schauspiel beeindruckt besonders vom ***Red Rock Point*** aus, vom ***Brink of the Lower Falls*** oberhalb der Fälle oder vom ***Artist Point*** am ***South Rim Drive*** auf der gegenüberliegenden Seite der Schlucht. Die *Upper Falls* sind vergleichsweise weniger aufregend.

Mud Volcano

Zwischen Canyon Village und *Fishing Bridge*/Lake Village liegt die recht überschaubare ***Mud Volcano***-Region. Im Gegensatz zu den Klarwassergeysiren brodelt im »Schlammvulkan« und seinen Nachbarn eine »Suppe« aus Regenwasser, geschmolzenem Schnee und Matsch, die durch Dämpfe vulkanischen Ursprungs erhitzt und in Bewegung gehalten wird. Am schönsten blubbert es im übelriechenden ***Dragon's Caldron*** am Ende des gut 1 km langen Rundweges auf Holzbohlen.

Hayden & Lamar Valley

Außer für seine Geysire ist der *Yellowstone NP* bekannt für seinen Fisch- und Wildreichtum. Um **Wapiti-Hirsche** (***elks***) oder **Bisons** zu sehen, braucht man die Hauptstraßen kaum zu verlassen, speziell nicht in den frühen Morgen- und Abendstunden. Als beste Spots zur **Wildtierbeobachtung** gelten das ***Hayden Valley*** zwischen *Mud Volcano* und Canyon Village sowie das ***Lamar Valley*** östlich der Tower Junction. Mit etwas Glück bekommt man dort auch **Elche** (***moose***), Kojoten, Biber und Gabelböcke zu Gesicht.

Schwarz- und **Grizzlybären** machen sich generell eher rar. Vorwitzige Exemplare, die sich auf Campingplätze verirren, werden in abgelegene Gebiete transportiert. Die **Verhaltensregeln für Begegnungen mit Bären und Bisons** werden in der Zeitung ***Yellowstone Today*** und auf dem Merkblatt »*Be Bear Aware*«, die jeder bei der Einfahrt in den Park erhält, genau erläutert; außerdem hier im Buch auf ➤ Seite 32ff. Im Jahr 1995 wurden im *Yellowstone NP* auch **Wölfe** wieder erfolgreich angesiedelt.

Eine **Problematik** des *Yellowstone* – wie ja auch anderer besonders populärer Parks – betrifft das Übernachten. Die Saison ist kurz, entsprechend voll und früh ausgebucht sind die Quartiere. Etliche öffnen ihre Pforten erst im Juni und schließen bereits Anfang September, dasselbe gilt für die Campingplätze.

Unterkunft im Park

Lodges/ Cabins

Auch wenn die neun Nationalpark-Lodges über insgesamt 2.000 Zimmer und Blockhütten verfügen, darf man den Sommer über nicht ohne Reservierung anreisen. Am besten sichert man sich sein Quartier schon **ein Jahr im Voraus**! Denn wer in der Lage ist, frühzeitig zu disponieren, kann nicht nur in den teuren Suiten im ***Old Faithful Inn***, sondern auch günstiger gleich nebenan unterkommen. Ein guter Tipp sind z.B. die ***Old Faithful Lodge Cabins*** ($127 ohne bzw. $211 mit Bad, ➢ Foto Seite 83) oder die ***Snow Lodge Cabins*** ($160 mit Bad). Auch beim *Grand Canyon*, in Mammoth Hot Springs, am Yellowstone Lake und in *Tower Junction* stehen schlicht eingerichtete Hütten mit bis zu 4 Schlafplätzen.

Wichtig zu wissen: Das zentrale Buchungsportal schaltet jeweils am **5. eines Monats pünktlich um 0 Uhr *Mountain Standard Time*** die Kontingente für den (gesamten) gleichen Monat im Folgejahr frei: www.yellowstonenationalparklodges.com. Telefonische Anfragen unter ✆ 1-866-439-7375.

Von den Orten außerhalb des Parks empfiehlt sich in erster Linie **West Yellowstone** mit guter Infrastruktur, ➢ rechts.

Camping im Park oder in der Umgebung

Im Park

Kaum besser ist die Situation bei den Campingplätzen. **Ohne Reservierung** kommt man im Nationalpark nicht unter, denn es gibt (Stand Ende 2023) **keine einzigen *first-come, first-served sites*** mehr – außer von Mitte Oktober bis April in *Mammoth* (im Nordwesten des Parks). Sämtliche Plätze für den Hochsommer müssen reserviert werden, am besten langfristig. .

Wer nicht ohnehin hier sein Zimmer gebucht hat, sollte unbedingt einen Blick hinein werfen in das historische Old Faithful Inn (kostenlose Führungen mehrfach täglich!); im Hintergrund macht sich der Old Faithful Geyser startklar

Alle unter der Obhut des *National Park Service* gehören zur Einfachstkategorie (ohne Duschen), kosten $20-$25 und sind bis zu 6 Monate im Voraus buchbar (manchmal ab einem bestimmten Stichtag im März): www.recreation.gov/camping/gateways/2988.

Die bestgelegenen Plätze im Park sind ***Norris*** ($25) und ***Madison*** ($36; ohne Duschen), etwas komfortabler *Canyon* und *Grant Village* (jeweils $42). Von denen ist derzeit nur *Norris* über das Portal oben abrufbar, die anderen drei sind über folgenden Link zu reservieren: www.yellowstonenationalparklodges.com. Man hat sie »outgesourct« und sie werden wie die *Lodges* von *Xanterra* verwaltet.

Letzteres gilt auch für die zwei riesigen *Campgrounds* am Yellowstone Lake: der einfachen *Bridge Bay* ($33) und *Fishing Bridge*, der zwar als einziger im Park über ***full hook-up*** verfügt, aber teuer (im Sommer $92-$103), eher unattraktiv und nicht für Zelte zugelassen ist, da nur die »harten« Wände der Wohnmobile ausreichend Schutz vor Bären bieten.

Weitere Optionen finden sich im Nordwesten des Parks (*Indian Creek*), an der Südeinfahrt (*Lewis Lake*) sowie im Nordosteck – fernab der großen Attraktionen – noch *Tower Fall*, *Pebble Creek* sowie *Slough Creek*. Diese sind wiederum über recreation.gov buchbar.

Außerhalb der Sommersaison (Ende Mai bis *Labor Day*) ist die Campingkapazität deutlich reduziert.

Übersichtsliste aller Campgrounds im Yellowstone Nationalpark unter: www.nps.gov/yell/planyourvisit/campgrounds.htm.

Im Umfeld des Parks

Die verkehrsmäßig günstigsten Ausweichmöglichkeiten sind die *National Forest Campgrounds* am **Hebgen Lake**:

- ***Bakers Hole*** an der #191 5 mi nördlich von West Yellowstone,
- der schönere ***Beaver Creek*** hoch über dem See an der #287 etwas weiter weg (25 mi bis zum Parkeingang).

Am südlichen Seeufer steht noch das ***Madison Arm Resort*** (9 mi entfernt); Zelte ab $47, *full hook-up* ab $70, *cabins* ab $250; ✆ (406) 646-9328, www.madisonarmresort.com.

Ähnlich teuer, aber gut fußläufig zu den Restaurants und Läden in **West Yellowstone** ist der hochkomfortable ***Yellowstone Grizzly RV Park*** mit *dry sites* für $70, *full hook-up* $130 und *cabins* ohne Bad ab $180; ✆ (406) 646-4466, www.grizzlyrv.com.

4

West Yellowstone

Der kleine Ort verfügt über das größte Zimmerangebot weit und breit, sogar eine Jugendherberge ist vorhanden:

- ***Madison Hostel*** bietet EZ ($89) und DZ (ab $115) mit Gemeinschaftsbad; ✆ (406) 646-7745, www.madisonhotelmotel.com.

Nicht zu toppen hinsichtlich Preis-Leistungs-Verhältnis ist das

- ***Alpine Motel***, 120 Madison Ave, gute saubere Zimmer ab $135; ✆ (406) 646-7544; www.alpinemotelwestyellowstone.com.

Wichtig ist für Juli/August, ähnlich wie bei den Park-Unterkünften, eine Buchung möglichst viele Monate im Voraus, sonst kommt man entweder gar nicht oder nur noch zu exorbitanten Tarifen unter. Auch die Mittelklasse (*Days Inn* usw.) verlangt dort gern jenseits der $300 pro Nacht.

Das Essensangebot in West Yellowstone ist ebenfalls groß, vielfältig und auch preislich für jede Brieftasche. Es reicht von etwas teureren Restaurants (*Madison Crossing Lounge*), *Microbreweries* (*Yellowstone Beer Company*), gutem BBQ (*Firehole*) bis hin zu den üblichen Fast-Food-Ketten oder aus einem Bus serviertem mexikanischen Essen (*Taqueria Las Palmitas*). **Tipp:** Sehr lecker sind auch das Eis und der Kaffee von der kleinen *Espresso West*-Bude an der ersten Ampel bei der östlichen Ortseinfahrt.

Besucherzentrum

An der Kreuzung steht auch die *Chamber of Commerce*, wo der Nationalpark einen eigenen Infoschalter unterhält; im Juli/August täglich 8-20 Uhr, sonst Mo-Fr 8-17/18 Uhr; 30 Yellowstone Avenue. Wer sich mit der Geschichte des Parks intensiver beschäftigen möchte, besucht im Anschluss für $10 Eintritt das ***Yellowstone Historic Center*** schräg gegenüber; im Sommer 9-21 Uhr; Kinder frei; https://museumoftheyellowstone.org.

IMAX-Kino/ Museum

Gleich südlich an derselben Straße kann man sich noch die Wunder des *Yellowstone* auch auf einer Superleinwand ansehen im IMAX-ähnlichen ***Giant Screen Theatre*** ($12/$9; www.yellowstonegiantscreen.com) und Bären in einem Freigehege beobachten (***Grizzly & Wolf Discovery Center***, ➤ Exkurs rechts).

Rundfahrten per Bus/Bike

In West Yellowstone, im *Canyon Village* und im *Old Faithful Inn* lassen sich **Rundfahrten** durch den Park buchen. Bei ausreichend Zeit ist für den Bereich *Norris* bis *Old Faithful* ein **Leihfahrrad** sicher für manchen eine reizvolle, aber zeitaufwendige Alternative (ab $40/Tag bei ***Freeheel & Wheel*** in West Yellowstone).

Das ehemalige Einfahrtstor in den Yellowstone bei Gardinier

Neue Heimat für »Problembären«

Das ***Grizzly & Wolf Discovery Center*** in West Yellowstone ist eine Auffangstation für sog. »Problembären«. Das sind in der Regel Tiere, die sich zu sehr an die Anwesenheit des Menschen gewöhnt haben und auf der Futtersuche wiederholt gefährlich in Erscheinung traten. Und wo letztlich selbst der Abtransport in weit von der Zivilisation entfernte Gebiete nicht half. Im *Center* werden die »schweren Brummer« versorgt und bei Laune gehalten. Sie dürfen mehrfach täglich gemeinsam mit anderen Leidensgenossen ein größeres Areal auf den Kopf stellen. Und das im wahrsten Sinne des Wortes, denn in den Pausen verstecken Mitarbeiter unter Felsbrocken und auf den Bäumen allerhand Nahrung. Die eifrige Suche erfolgt dann unter den neugierigen Augen der Besucher, die sich – gut gesichert – hinter einem Graben und Zaun versammeln. Mit etwas Glück gibt es sogar richtig Action, wenn die Bären nach dem Festmahl die Badeteiche aufsuchen und sich dort lautstark um die besten Plätze streiten. Wer während seiner Rundreise keine Grizzlys zu Gesicht bekommt im *Yellowstone NP* oder in den kanadischen *Rockies* (dort sind sie viel häufiger anzutreffen!), hat hier die Möglichkeit sie hautnah zu erleben. Jeder dieser Bären bringt auch seine eigene (Problem-)Geschichte mit, die man sich vorab schon online durchlesen kann: www.grizzlydiscoveryctr.org/animals/the-bears. Neben den Grizzlys leben im gemeinnützigen *Center* noch einige Wölfe sowie verletzte Eulen, Falken, Weißkopfseeadler u.v.a.m. Die Mitarbeiter sind meist engagiert und gegenüber Besuchern sehr auskunftsfreudig. Täglich geöffnet im Sommer 8.30-18 Uhr; $17, Kinder (5-12 Jahre) $12.

Gardiner und Cooke City

Gardiner/ Cooke City

Gardiner am Nordeingang (#89) ist ein – verglichen mit West Yellowstone oder Jackson – etwas ruhigerer Ort. Wirklich günstig kommt man auch dort nicht unter, das *Super 8* verlangt im Hochsommer jenseits der $200 (AAA *rate*). Und bis zum *Old Faithful*-Bereich bedeutet das erst recht viel Fahrerei. Bis Madison Junction ist man über eine Stunde unterwegs. Gardinier eignet sich daher nicht als Standquartier, sondern primär für die Nacht vor/nach dem Besuch von *Mammoth Hot Springs*.

Noch weiter entfernt von den Park-Highlights ist **Cooke City**, eine Siedlung rustikaler Blockhäuser bei der Nordost-Einfahrt an der #212 mitten im Nationalforst.

Auch die schön gelegenen ***NF Campgrounds* in Richtung Cody** (**#14/#16**) befinden sich weitab der Geysir-Felder und eignen sich eher nur für die Übernachtung vor oder nach dem Besuch des *Yellowstone*. Das gilt erst recht für die Plätze **östlich von Cooke City** an der #212, die obendrein nur wenig *NF*-Romantik bieten.

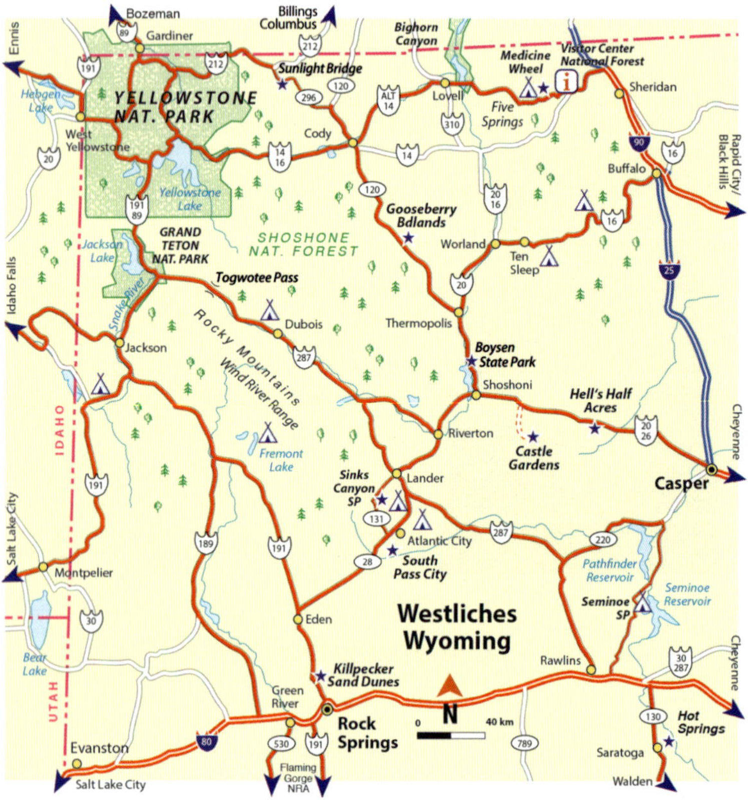

4.3.5 Von den Nationalparks zurück nach Denver

Nach dem Besuch des Yellowstone und Grand Teton Nationalparks stellt sich die Frage, in welche Richtung man die Reise fortsetzen möchte. Bei ausreichend Zeit empfiehlt sich die Weiterfahrt zu den **Black Hills** und dem **Badlands Nationalpark** über Cody (Straße #212 oder #20; Beschreibung im **Kapitel 4.4**, ➤ Seite 341ff) oder zum ***Glacier NP*** über die **Route 2.3.6** (Details dazu in der Gegenrichtung ab ➤ Seite 226) mit Anschlussmöglichkeit an die Routen durch die kanadischen *Rockies*.

Ist nach dem Yellowstone Nationalpark die Rückkehr nach Denver angedacht und wurde der bereits beschriebene Weg über Salt Lake City und das *Dinosaur National Monument* in Süd-Nord-Richtung gefahren, so stehen nun einige neue **Alternativrouten durch den Südwesten von Wyoming** zur Auswahl.

Auf kürzestem Weg vom Yellowstone NP nach Denver

Die Route vom Yellowstone Nationalpark über Cody in Richtung Osten vermeidet das doppelte Befahren von Streckenabschnitten für alle, die zunächst von Süden über Jackson angereist sind. Denver ist über Thermopolis und die **Straßenkombination #20/#26/ I-25** nach Casper bzw. Cheyenne in einer (sehr langen) Tagesetappe zu schaffen, besser aber in zwei Tagen (ca. 500 mi). Bis einschließlich **Thermopolis** gleicht die Strecke der Weiterreise zu den Black Hills, **Kapitel 4.4.1** und **4.4.2** ➢ Seite 341ff.

Die landschaftlich abwechslungsreichere Route **ab Shoshoni** (an der Straßenkreuzung #20/#26) **über Lander**, die #287 nach Rawlins und von dort dann auf der I-80 weiter nach Cheyenne nimmt etwas mehr Zeit in Anspruch; Beschreibung ➢ Seite 336.

Wind River Canyon

Ab Thermopolis führt der ***Wind River Canyon Scenic Byway*** **(#20)** südwärts zunächst durch die gleichnamige *Indian Reservation* und eine sehr hübsche Schlucht. Steile Klippen ragen beiderseits der Straße und des Wind River auf. Der ***Boysen State Park*** verfügt über Picknicktische am Flussufer sowie Bade- und Campingmöglichkeiten am aufgestauten Boysen Reservoir. An der Marina mit Bar & Restaurant kann der Hunger gestillt werden.

Hinter dem etwas verwahrlosten **Shoshoni** verflacht die Landschaft, die dann immer trostloser wird desto weiter man in Richtung Osten auf der **#20/#26** unterwegs ist.

Castle Gardens

Kurz hinter Moneta an der #26 zweigt eine gut ausgebaute **Piste** nach Süden ab und schafft Zugang zu den gelb-weißen Sandsteinformationen im ***Castle Gardens***. Der 50 Meilen lange Abstecher lohnt sich indes nur bei viel Zeit und großem Interesse an Erosionsgebilden oder an den dort ebenfalls vorhandenen *petroglyphs* (Felsritzungen der Ureinwohner); Eintritt frei; Infos unter www.blm.gov/visit/castle-gardens-petroglyph-site.

Südlich von Thermopolis windet sich der Scenic Byway #20 durch den engen Wind River Canyon

Der sagenumwobene »Jackalope«

Immer wieder begegnet man ihm, vielerorts ziert er Postkarten und die Wände als Jagdtrophäe. In **Dubois** sitzt er übergroß neben der Straße (➤ Seite 337). Dort wie auch in **Cheyenne** (➤ Seite 336) und beim ***Wall Drug Store*** (➤ Seite 362) kann man auf ihm reiten. Und das *Railroad Interpretive Center* in **Douglas** (121 Brownfield Road, I-25/Exit 140) erteilt sogar Jagdlizenzen für diesen Hasenbock. Er darf dann am 31. Juni zwischen Mitternacht und 2 Uhr morgens erlegt werden. Spätestens da sollte einem klar sein, dass es sich nur um ein (lustiges) Fabelwesen handelt. Diese Kleinstadt nördlich von Cheyenne ist die selbsternannte »Jackalope Capital of the World«. In den 1930er-Jahren sind zwei Brüder dort auf die Idee gekommen, derartige »Jagdtrophäen« an die Hotels in der Umgebung zu verkaufen. Halb Hase (*jackrabbit*), halb *antelope* und 100% Cowboyspaß. Und so mancher Tourist lässt sich tatsächlich auch heute noch einen ~~Bären~~ Hasen aufbinden.

Hell's Half Acre

Das wesentlich größere Highlight am Weg nach Casper wartet erst ca. 55 Meilen hinter Shoshoni: ***Hell's Half Acre*** mit *Badlands*- und ***Hoodoo*-Formationen** wie man sie sonst eher nur aus dem Südwesten der USA kennt. Nichts lässt von der Straße aus der Ferne die plötzliche Abbruchkante erahnen, von der sich ein faszinierender Blick hinunter in das von Wasser und Wind geschaffene Erosionswunderland eröffnet. Auch am einstigen Restaurant beim *Scenic Overlook* nagt mittlerweile der Zahn der Zeit.

Hinunter in die Senke geht es östlich des Gebäudes. Nach den ersten tollen Formationen braucht man dort nicht lange suchen, nach Einsamkeit in dieser weglosen Wildnis ebenfalls nicht.

Weiterfahrt über Casper

Die Weiterfahrt über Casper auf der I-25 South gestaltet sich eher eintönig, ohne nennenswerte Sehenswürdigkeiten am Straßenrand. Einen Stopp kann man noch in **Douglas** einlegen, ➤ Exkurs oben.

Im Sommer manchmal auch höllisch heiß: die Badlands bei Hell's Half Acre

Cheyenne

Schon nicht mehr weit vom Ziel entfernt, knapp 1,5 Std nördlich von Denver, befindet sich **Cheyenne**; www.cheyenne.org. Die kleine Kapitale, mit über 65.000 Einwohnern zugleich größte Stadt Wyomings vor Casper, Laramie und Rock Springs, unterscheidet sich von diesen im Wesentlichen durch das Regierungskapitol mit der unvermeidlichen goldenen Kuppel. Ansonsten wirkt sie genauso angenehm aufgelockert mit viel Grün im Mini-Zentrum wie langweilig. Denn »los« ist auch in der Hauptstadt nicht viel. Außer im Juni und Juli, dann rauchen mehrfach in der Woche die Colts. Der inszenierte ***gunfight*** startet meistens Do+Fr pünktlich um 18 Uhr, Sa um 12 Uhr, ab Mitte Juni auch Mo-Mi; aktuelle Zeiten am besten der Facebook-Seite der ***Cheyenne Gunslingers*** entnehmen.

Big Boot auf der Depot Plaza in Downtown Cheyenne

Big Boots

Etliche künstlerisch gestaltete, bunte **Cowboystiefel** sorgen für Abwechslung in der City. Eine gute Begleitbroschüre für die selbstgeführte ***Big Boot Tour*** mit Übersichtskarte kann man sich als PDF herunterladen unter www.cheyenne.org/cheyennebigboots.

Von Norden kommend passiert man das große Besucherzentrum erst auf der Weiterfahrt. Das ***Wyoming & Cheyenne Travel Information Center*** steht an der I-25 beim Exit 4 (5611 High Plains Rd).

Frontier Days

Höhepunkt des Jahres sind die ***Frontier Days*** vom vorletzten bis letzten Juliwochenende mit einem der größten und ältesten regelmäßigen **Rodeo-Events des Wilden Westens**. Zum täglichen Rodeo mit allen Schikanen wird ein umfassendes Beiprogramm auf Straßen, Plätzen und Showbühnen der Stadt abgezogen. Zur Ausnüchterung reichen am Morgen gastfreundliche Bürger Cheyennes das für jedermann kostenlose ***Cowboy Pancake Breakfast*** vom Planwagen. Tickets fürs Rodeo ab ca. $20; https://cfdrodeo.com.

Alle Unterkünfte sind zur Zeit der *Frontier Days* langfristig ausgebucht und die *Campgrounds* voll. Für **Wohnmobile** werden dann zusätzliche Plätze bereitgestellt am *Last Chance Camp* (11234 Coonrod Road; www.lastchancecamp.com).

Museum

Wer's Ende Juli nicht nach Cheyenne schafft, muss sich mit dem Besuch des ***Frontier Days Old West Museum*** im Frontier Park begnügen; 4610 Carey Ave; Mo-Fr 9-17 Uhr, während der *Frontier Days* länger geöffnet; Eintritt $12/$6; www.oldwestmuseum.org.

4

Übernachten

In Cheyenne stehen zahlreiche **H/Motels** am **Lincolnway** (#30), der die Stadt von Ost nach West durchläuft, ebenso an der **Central Avenue**, der Nord-Süd-Achse #85.

Fürs Campen kommen nur private Plätze in Frage, z.B. östlich der I-25 bei Exit 7 der ***A.B. Camping RV Park*** (1503 W College Dr; Zelte $27, *full hook-up* $61; https://campcheyenne.com) und bei Exit 2 die ***Terry Bison Ranch*** (*dry* $40, *full hook-up* $61; 3 mi bis zur 51 E I-25 Service Rd; https://terrybisonranch.com).

Für **Kinder** gibt es auf dieser ***Ranch*** jede Menge Tiere, darunter auch Lamas und Bisons (die man dort füttern darf!) sowie einen riesigen ***Jackalope***, (➤ Seite 334), auf dem sie fürs Foto nach Belieben herumturnen können.

*Im **Holliday Park** (zw. 5th St und I-80) in Cheyenne verbringt eine der weltgrößten Dampfloks, die **Big Boy No. 4004** der Union Pacific Railroad, ihren Lebensabend. Ein Muss für Eisenbahn-Fans!*

Vom Yellowstone/Grand Teton Park über Lander nach Denver

Vom südlichen Bereich des *Yellowstone* kann man vorbei am Jackson Lake im *Grand Teton* die Nationalparks in Richtung Südosten verlassen. Die **#287/#26** nach Lander ist weniger befahren, aber trotz ansprechender Abschnitte in den *Rockies* (Togwotee Pass, *TOH-guh-ti*) und hübschen Sandsteinformationen am Wind River südlich von **Dubois** insgesamt **weniger empfehlenswert** als die Strecke, die vom *Yellowstone NP* über Cody und Thermopolis nach Lander führt (**Kapitel 4.4.1** und **4.4.2**, ➤ Seite 341). Die #287 verläuft weitgehend durch eine monotone Ebene.

Ein schöner kurzer Abstecher auf Schotter führt ab der #26 jenseits des **Togwotee Pass** (2.943 m) zum zwischen hoch aufragenden Bergen eingebetteten **Brooks Lake** mit einem Luxus-Resort (www.brookslake.com) und herrlich ruhigen, einfachen *campsites* des *Shoshone National Forest*; 5-mi-Zufahrt über die #515, Abzweig 7,5 mi unterhalb des Passes.

Wenn Geschäfte in kleinen Ortschaften am Land um Aufmerksamkeit buhlen: ein Waschsalon am Hwy 287 durch Dubois; 408 W Ramshorn Street

Dubois

Die 7.000-Einwohner-Stadt (*du-BOYS* ausgesprochen) hat einige Quartiere, Restaurants, urige **Saloons** mit Live-Musik und für Touristen noch weitere »Attraktionen« entlang des Hwy 26 geschaffen: Im Zentrum hockt ein überdimensionaler ***Jackalope*** (➤ Seite 334) vor einer Tankstelle, im Inneren des Shops ein zweiter – beide mit Sattel zum »Reiten«. Und gleich neben diesem *World's Largest Jackalope Exhibit* (= Kuriositätenkabinett) kann man noch durch einen **XXL-Rinderschädel** in einen Waschsalon hineinspazieren.

Eine gute Schotterstraße (Bald Mountain Road) führt von Dubois ins Vorgebirge der *Rockies*. Etwa 12 mi nördlich liegen malerisch ein paar ***NF campsites*** ($10; nicht reservierbar) am **Horse Creek** und ein wenig bachaufwärts dessen »Mini-Canyon«.

Von Lander nach Rawlins

Mit **Lander** erreicht man eine weitere Kleinstadt mit zentraler Funktion für das ausgedehnte Umfeld. Der schnellere Weg nach Denver führt ab Lander über die #287 und **Rawlins** zur I-80. Die Fahrt am Nordhang der Green Mountains verläuft eher eintönig, aber ein kleiner Schlenker könnte den Stauseen weiter östlich gelten (über die #220). Einfache, in den meisten Camping-Führern nicht verzeichnete Plätze befinden sich am ***Alcova, Pathfinder*** und ***Seminoe Reservoir*** (dort auch ein schlichter ***State Park***). Die Straße zwischen Alcova an der #220 und Sinclair an der I-80 besteht zwar streckenweise aus Schotter, lässt sich aber bei Trockenheit gut befahren (ca. 75 mi).

Beim Pinnacles Campground am Brooks Lake

Route über den Sinks Canyon

Am meisten zu sehen gibt es **ab Lander** an der hier in der Folge beschriebenen **Straßenkombination #131/#28/#191**:

Etwa 7 mi südwestlich von Lander hält der ***Sinks Canyon SP*** an der #131 ein interessantes **Naturwunder** bereit: In der malerischen Umgebung der östlichen Ausläufer der Rocky Mountain Wind River Range verschwindet das Wasser des **Popo-Agie River** in einer höhlenartigen Felsöffnung und tritt einige 100 m tiefer in einem großen Teich wieder zutage. Nur während der Schneeschmelze, wenn die unterirdische Durchflusskapazität nicht ausreicht, fließt Wasser im Oberflächenbett. Ein ***Info Center*** (im Sommer 9-18 Uhr) erklärt alle Details; www.sinkscanyonstatepark.org.

Sehr schön am Fluss liegt der ***Popo Agie Campground*** ($18, weder Duschen noch *hook-up*). Der *NF*-Campingplatz etwas südlicher an der #131 ist vergleichsweise unattraktiv.

Die anfangs asphaltierte Straße wird weiter oben zur *gravel road* und führt an diversen Seen vorbei (meist mit *Campground*) in einem großen Bogen zur **Straße #28**. Eine Karte der ***Louis Lake Road*** (#300) steht an deren Beginn.

Alantic City

1,2 mi nördlich der Einmündung der *Louis Lake Road* (ca. 30 mi ab *Sinks Canyon*) zweigt von der #28 die Dickinson Ave in Richtung **Atlantic City** ab, eine nur noch spärlich bewohnte, ärmliche Siedlung in karger Einöde. An der östlichen Zufahrt passiert man einen **Campingplatz** der Einfachkategorie (BLM).

South Pass City

Nur wenige Meilen südwestlich von Atlantic City (Weiterfahrt über die Schotterstraße) befindet sich die sehenswerte ***South Pass City State Historic Site***, eine sehr authentische, museal restaurierte ***Ghost Town*** der jüngeren Vergangenheit; geöffnet tägl. 10-18 Uhr nur Ende Mai-Ende September; $8; www.southpasscity.org.

South Pass City State Historic Site, ein gut erhaltenes und sehenswertes Goldgräberstädtchen von 1867 im Südwesten Wyomings

Popo Agie River im Sinks Canyon State Park

Der kurze Abstecher dorthin von der *Sinks-Canyon*-Rundtour lohnt sich auf jeden Fall, ein größerer Umweg von der #191 (45 mi *one-way*) nur für Fans. Gute Info-Broschüre zu den einzelnen Holzhäusern (teilweise mit noch toller Inneneinrichtung!) als PDF unter https://wyoparks.wyo.gov/index.php/maps-south-pass-city.

Ab South Pass City geht es auf der #28 zurück nach Lander und von Rawlins nach Denver über die I-80/I-25. Eine willkommene Unterbrechung bietet hinter Laramie die ***Vedauwoo Recreation Area*** mit (gratis) *campsites* in malerischer Granitfelsen-Kulisse oder ein Bummel durch Downtown Cheyenne (➢ Seite 335).

Alternative Routen ab Rawlins

Mit etwas mehr Zeit könnte man auch eine gemütlichere Weiterfahrt über landschaftlich reizvolle *backroads* in Betracht ziehen:

In Walcott, 20 Meilen östlich von Rawlins, zweigt von der I-80 die **Straße #130** nach Süden ab zu den eintrittsfreien, rund um die Uhr geöffneten, kostenlosen ***Hobo Hot Springs*** in **Saratoga** mit heißen Pools am Ufer des North Platte River; 300 E Walnut Ave.

Folgt man der #130 nach Osten, führt diese weiter nach Centennial und von dort über **Laramie** zurück zur I-80. An dieser von Oktober bis Juni meist gesperrten und als ***Snow Range Scenic Byway*** ausgewiesenen Strecke liegen alpine Seen mit einem ausgedehnten Wegenetz durch die Medicine Bow Mountains sowie zahlreiche Camp- und Picknickplätze. Am ergiebigsten ist das Gebiet rund um den *Sugarloaf Campground*. Gute Info-Broschüre unter: www.visitlaramie.org/things-to-do/scenic-drives/snowy-range-scenic-byway.

Auch **ab Walden** an der #125 geht es je nach Zielsetzung auf unterschiedlichen Wegen weiter. Ohne unbedingte Präferenz für den *Rocky Mountain NP* bietet der ***Scenic Byway #14*** nach **Fort Collins** eine schöne Route über den 3.100 m hohen ***Cameron Pass*** und dann am Cache La Poudre River entlang, ist aber länger als die Kombination #125/#40/I-70 nach Denver. Die von Walden nach Süden führende #125 trifft bei Granby auf die #34 durch den **Rocky Mountain Nationalpark** (*Trail Ridge Road*, ➢ Seite 287).

Von Jackson (zurück) nach Denver

Eine weitere mögliche Durchquerung Südwest-Wyomings hat ihren Ausgang in der Cowboy-Stadt **Jackson** (➤ Seite 313) beim Grand Teton Nationalpark. Die **Straße #191** über **Pinedale** nach Rock Springs bietet eine Menge fürs Auge, solange es durch die Rocky Mountains geht; www.visitpinedale.org.

Bei Pinedale passiert man auch die Zufahrt zum **Fremont Lake**, einem beliebten, sogar badefreundlichen See vor der Kulisse der Wind River Mountains. Die Südufer reichen bis in die Prärie, während sein nördlicher Ausläufer im bewaldeten *National Forest* liegt. Die Stichstraße führt zum sehr schönen ***NF Campground Fremont Lake*** am Seeufer sowie zum ***Trails End Campground***.

Red Desert

Weiter südlich passiert die #191 Farson und Eden, zwei kleine Nester am Rande der ***Red Desert***. Das großflächige Wüstengebiet erstreckt sich zwischen der #191 und #287 (Green/Seminoe Mountains). Die hohen ***Killpecker Sand Dunes*** bei Eden erfreuen sich großer Beliebtheit unter ATV/ORV-Enthusiasten und sind nach dem Besuch der *Rockies* ein echtes Kontrastprogramm. Die Zufahrt ab der #191 über die *County Road 4-17* ist aber lang (20 mi *one-way*) und abenteuerlich, zumal ungeteert (SUV empfohlen!).

Rock Springs

In den einsameren Ecken der »roten Wüste« haben sich die letzten Herden **Wilddpferde** und frei lebender **Bisons** gehalten. In der Wildnis eingefangene, noch nicht zugerittene Pferde werden auf dem ***Red Desert Roundup*** weiter südlich in **Rock Springs** (letztes Wochenende im Juli) vorgeführt und widerstehen dort bockig den Reitversuchen; https://rdrrodeo.com.

Über die Interstates #80/#25 geht es zurück nach Denver (ca. 350 mi), in die andere Richtung sind es noch 180 mi bis zur Kapitale Utahs, Salt Lake City (➤ Seite 298). Bei Ziel *Dinosaur NM* (➤ Seite 290) folgt man am besten der #530 ab Green River nach Süden.

Blick von der Sunlight Bridge am Chief Joseph Hwy nördlich des Dead Indian Pass (2.460 m)

Killpecker Sand Dunes

4.4 Vom Yellowstone NP zu den Black Hills

4.4.1 Vom Yellowstone nach Cody

Neben der Strecke durch den *Grand Teton NP* ist die Straßenkombination **#14/#16/#20** über Cody die meistbenutzte Zufahrt zum *Yellowstone*, sie ist aber nur außerhalb des Parks attraktiv. Eine Reihe guter ***NF Campgrounds*** säumen dort den Shoshone River westlich von Wapiti. Im ***Wapiti Valley*** ballen sich komfortable ***Guest Ranches*** und neuere **Motels** im *Blockhouse Design*. Preiswertes, komfortables **Camping** in Cody-Nähe (ca. 8 mi) bieten drei ***State Park Campgrounds*** am **Buffalo Bill Reservoir**.

Ein Höhepunkt vor Erreichen der Stadt ist der ***Shoshone River Canyon***, durch den sich die Straße zwängt, mit dem ***Buffalo Bill Dam*** und einem Besucherzetrum; https://bbdvc.com. Den Blick von der Talsperre in die Schlucht sollte man sich gönnen.

Über die #296

Wer sich nach einer Runde durch den *Yellowstone NP* für die weite Nordostausfahrt über **Cooke City**/Montana, einem Nest im Blockhauslook, entscheidet (billigere Quartiere als in Jackson), wird für den Umweg (Richtung Cody) mit dem Erlebnis des ***Chief Joseph Highway* #296** durch die Absaroka Range der *Rockies* belohnt. Die Straße ist perfekt ausgebaut, weniger befahren und bietet wunderbare Ausblicke auf die Bergwelt (z.B. bei der *Sunlight Gorge* ➢ Foto links). An der Strecke liegen der ***NF Campground Hunter*** und am Hunter Creek der – trotz der martialischen Bezeichnung – idyllische Platz ***Dead Indian***.

Hwy #212

Die **Straße #212** weiter nach Osten führt über den **3.000 m hohen *Beartooth Pass*** und ist – in Verbindung mit der #78 nach Columbus – eine sehr schöne Strecke zum oder aus dem Nationalpark (Alternative zu Gardiner). Der ***Campground Itch-Kep-Pe*** im Stadtpark von **Columbus** hat zudem schöne, kostenlose Plätze am Yellowstone River mit Picknicktischen und Feuerringen.

Über Billings (➢ Seite 370), an der I-90 rund 40 mi östlich von Columbus, lässt sich ggf. die Reise in Richtung der beiden Dakotas fortsetzten: die I-94 führt zum *Theodore Roosevelt National Park* (➢ Seite 366; 280 mi) und auf den Straßen I-90/#212 sind es etwas über 300 mi bis zu den Black Hills; *Little Bighorn Battlefield NM* (➢ Seite 370) und *Devils Tower* (➢ Seite 350) liegen da am Weg.

Cody

Die **Hauptstadt des *Buffalo Bill*-Kultes** (Exkurs ➤ unten) lebt vom *Yellowstone*-Tourismus. Die entsprechende Infrastruktur (Motels, *Campgrounds*, Restaurants) prägt das Erscheinungsbild. Und auch hier gilt: Die Moteltarife und Restaurantpreise sind nicht ganz so hoch wie in Jackson. Ebenso aber wie dort existiert ein breites Angebot an **Outdoor-Aktivitäten**, darunter populäre Schlauchbootfahrten über die Stromschnellen des Shoshone River. Auch ***Chuckwagon Dinner*** mit Western-Show sind angesagt, z.B. ***2 Mules Chuckwagon*** und bei der ***Cody Cattle Company***.

Buffalo Bill Center

Pflicht in Cody ist der Besuch des ***Buffalo Bill Center of the West***. Der beachtliche Komplex präsentiert nicht nur eine breite **Ausstellung zu Leben und Legende von *Buffalo Bill***, sondern besitzt außerdem ein beachtliches **Museum zur Kultur der Prärievölker**, eine kaum zu überbietende Kollektion von Colts und Gewehren im ***Cody Firearms Museum*** sowie die ***Whitney Gallery of Western Art***. Die Gemälde- und Skulpturensammlung dieser Galerie wird in einer solchen Breite von keinem anderen Spezialmuseum für die Kunst des Westens erreicht. Das ***Draper Natural History Museum*** widmet sich vorrangig der Fauna der *Yellowstone*-Region. Das Kombiticket für alle Museen des *Buffalo Bill Center of the West* gilt für **zwei Tage** (kein Einzeleintritt): $23; 6-17 Jahre $16. Von Mai bis Mitte September 8-18 Uhr, sonst kürzer; 720 Sheridan Ave (an der Durchgangsstraße gegenüber dem grünen ***Town Square***, wo sich auch das ***Info Center*** der Stadt befindet); https://centerofthewest.org.

Alljährlich findet Mitte/Ende Juni das große Plains Indian Powwow im Außenbereich des Buffalo Bill Center in Cody statt; Tickets kosten $10.

Buffalo Bill, Western-Legende schon zu Lebzeiten

Bis in die 1930er-Jahre galt **William Cody**, genannt *Buffalo Bill*, weltweit als die Personifizierung des amerikanischen Westhelden. Wer ihn nicht in seiner Wildwest-Show erlebte, kannte die zahllosen Novellen und Comic Strips, in denen er die Rolle des Gerechten im wilden Land der Cowboys und Indianer spielte. Die von ihm selbst mitbegründete Stadt Cody und die *Buffalo Bill Memorial Association* sorgen bis heute dafür, dass ihr Held nicht in Vergessenheit gerät. Tatsächlich folgt William Codys Lebensweg der Eroberung des Westens bis zu den letzten *Indian Wars* und ist in erstaunlicher Weise immer wieder eng verbunden mit einer Vielzahl von Ereignissen und Namen, die später in die Geschichte eingingen.

Als Elfjähriger verlässt er nach dem Tod seines Vaters die Schule und trägt als reitender Bote, Fallensteller und Goldwäscher zum Familienunterhalt bei. Mit vierzehn heuert er beim legendären *Pony Express Service* an, der 1860/61 Briefe in 10 Tagen von St. Joseph in Missouri nach Sacramento in Kalifornien beförderte (3.200 km), und macht sich einen Namen, als er nach Ausfall von zwei Anschlussreitern drei 100-Meilen-Etappen in 22 Stunden durchgaloppiert. Nach dem Bürgerkrieg verdingt er sich als Pfadfinder bei der Armee und versorgt zeitweise über 1000 Gleisbauarbeiter mit einer täglichen Frischfleischration von 12 Büffeln, was ihm seinen Beinamen »***Buffalo Bill***« einbringt.

Als er 1872 bei einer Jagdpartie Fürst Alexander von Russland die begleitenden Journalisten mit seinen Schießkünsten beeindruckt, geht sein Name durch die gesamte Presse und ein Bühnenstück »*Buffalo Bill: King of the Border Men*« entsteht. Bei der nächsten Aufführung »*The Scouts of the Prairies*« spielt er seine Abenteuer selbst und feiert große Tourneeerfolge. Seine Idee von der Wildwest-Show verhilft William Cody 1883 auch zu internationalem Ruhm. Nach immer ausverkauften Vorstellungen in den USA transportiert er eine Crew von 600 Mitwirkenden sowie 500 Rindern, Pferden und Büffeln in die Alte Welt und führt den staunenden Europäern den »Wilden Westen« vor: Büffeljagden, Indianerüberfälle auf Wagenburgen, Schlachten zwischen Armee und dem Stamm der Sioux (ausgesprochen »*suh*«!) und nie gesehene Reit- und Schießkapriolen mit *Buffalo Bill* als Hauptakteur. Sogar der Adel ist begeistert, und Kaiser Wilhelm beglückt seine Offiziere mit Nachhilfestunden in Logistik durch den großen Organisator aus Amerika.

Das Aufkommen des Kinos läutete indessen den Niedergang der teuren Live-Show ein. Es konnte Wildwest-Abenteuer billiger und in rascher Folge produzieren. Hohe Tourneeverluste entstanden, und bald waren die einst verdienten Millionen aufgebraucht. 1913 kamen die Reste von Bill Codys Wildwest-Imperium unter den Hammer. Er selbst machte weiter bis zum 70. Lebensjahr und trat im Zirkus und auf Showbühnen auf, bevor er am 10. Januar 1917 in die ewigen Jagdgründe einging. *Buffalo Bill* wurde auf dem **Lookout Mountain** bei Denver begraben; ➢ Seite 272 und www.buffalobill.org.

Buffalo Bill Center in Cody

4

Old Trail Town in Cody

Gunfighters & Rodeo

Von Juni bis September treten Mo-Sa um 18 Uhr beim ***Irma Hotel*** an der Ecke Sheridan Ave/12th St die ***Cody Gunfighters*** auf und veranstalten ein gratis Pistolenduell (in vier unterschiedlichen Varianten, damit es auch beim zweiten Mal spannend bleibt!). Danach ist Zeit fürs *Dinner* und um 20 Uhr beginnt die **Rodeo-Show** im *Cody Stampede Park* ($23/$12; kein Muss, aber wer die Cowboy-Action noch nie live gesehen hat, kann sich das durchaus anschauen). Für die staubtrockene Kehle geht's danach zurück zum *Irma Hotel* in die ***$100.000 Bar***, ein Geschenk der Queen Victoria von England für *Buffalo Bill*. Für $220 kann man im historischen Haus auch gleich über Nacht bleiben, zur Nebensaison kostet das Zimmer nur die Hälfte; www.irmahotel.com.

Old Trail Town

Sehenswert ist im Westen von Cody noch die ***Old Trail Town***. Was wie eine Filmkulisse anmutet, wurde aus den unterschiedlichsten Ecken Montanas und Wyomings zusammengekarrt und hier wieder originalgetreu aufgebaut. Das Areal ist relativ klein, die Holzhäuser aus dem späten 19. Jahrhundert haben aber zum Teil eine erstaunlich gut erhaltene Inneneinrichtung. Geöffnet nur Mitte Mai bis Ende September 8-18 Uhr; $12/$6; www.oldtrailtown.org.

Kalksinterterrassen im Hot Springs SP

4.4.2 Von Cody durch das nordöstliche Wyoming

Zur Fortsetzung der Fahrt von Cody über die ***Bighorn Mountains*** nach Osten stehen mehrere entfernungsmäßig nicht sehr voneinander abweichende Routen zur Wahl.

Weiterfahrt über die Straße #120

Gooseberry Badlands

Dank schöner Sandsteinformationen ist die **#120** nach Thermopolis am eindrucksvollsten. Fans von Erosionslandschaften könnten am Weg, ca. 50 mi südlich von Cody, einen Abstecher (14 mi retour) zu den ***Gooseberry Badlands*** in Erwägung ziehen. Vom *trailhead* an der #431 führt ein 2,5 km langer Rundweg vorbei an rötlichen Lehmhügeln und Steintürmchen.

Thermopolis

Das Städtchen **Thermopolis** wirbt mit der **weltgrößten Mineralquelle**, den *Rainbow Terraces* am Ufer des Bighorn River, heute Teil des ***Hot Springs State Park***. Eine kleine Menge der dort täglich ausgeschütteten 30.000 Liter wird umgeleitet und auf Badetemperatur abgekühlt. Die Benutzung des ***Bath House*** ist kostenlos (geöffnet Mo-Sa 8-16 Uhr; Parkplatz an der 168 Tepee Street). Die kuriose ***Tepee Fountain*** gleich nebenan am Ufer des Bighorn River sollte man auch kurz anschauen; https://wyoparks.wyo.gov/index.php/places-to-go/hot-springs (➢ *maps & brochures*).

Auf jeden Fall einen Besuch wert ist das ***Wyoming Dinosaur Museum***, eines der besseren seiner Art in Nordamerika; am Ostufer, 110 Carter Ranch Road. Geöffnet im Sommer täglich 8-18 Uhr; \$12/\$10 oder inkl. 1-stündiger »*dig de-tour*« zu einer Ausgrabungsstätte \$22,50/\$18,50. Man kann auf der ***Wind River Ranch*** auch einen ganzen Tag lang bei der Fossiliensuche helfen. Dafür ist aber eine Anmeldung erforderlich (max. 10 Personen/Tag): https://wyomingdinosaurcenter.org, ➢ *Programs/Dig for a Day*.

Wer nach dem »Knochenjob« über Nacht bleiben möchte, findet die meisten Quartiere an der #20, der Hauptstraße durch den kleinen Ort, darunter auch zwei Kettenmotels, ein gutes *Best Western Plus* sowie ein *Quality Inn*.

Ringsum beuten weitere »Planschparks« die Quellen aus. Nördlich der Stadt (in Richtung Worland) dürfen sich Camper im ***Fountain of Youth RV Park*** zw. #20 und Eisenbahnschienen an Thermalschwimmbecken im Grünen erfreuen; RV/Zelt ab \$45 (2-3 Nächte Minimum); ✆ (307) 864-3265, https://camphotsprings.com.

Ten Sleep Canyon/#16

Ohne Umweg über Thermopolis erreicht man auf der **Straßenkombination #120/#431** die Ortschaft **Worland**. Die von dort weiterführende **#16** ist die am besten ausgebaute und gleichzeitig – im Abschnitt durch den ***Ten Sleep Canyon*** bis hinauf zum ***Powder River Pass*** in 3.000 m Höhe – **spektakulärste Strecke** über das Bighorn-Gebirge. Entlang der #16 liegen einige ***NF Campgrounds*** in schöner Lage an klaren Flüsschen sowohl im Tal als auch in der Höhe abseits der Durchgangsstraße. Ein ruhiger Platz ist z.B. *Leigh Creek*; \$20, reservierbar von Ende Mai bis Mitte September.

Ab Cody über die Straßen #14/#14A

Straße #14

Die **Straßen #14/#14A** verlaufen östlich von Cody eintönig durch die Prärien zwischen Rocky und Bighorn Mountains. Auch sie klettern über Passhöhen im 3.000 m-Bereich und führen durch einsame Gebirgslandschaften, in denen sich ***NF Campgrounds*** verstecken. Wer in den Hochlagen campen möchte, muss bedenken, dass **Nachtfröste** selbst im Juli/August nicht selten sind.

Straße #14A

Auf der nördlichsten Verbindung (**#14A**) passiert man die Zufahrt zur ***Bighorn Canyon National Recreation Area***. Der Stausee des Bighorn River erfreut sich wegen seiner abseitigen Lage an der Grenze zu Montana, der kargen Umgebung und der oft graubraunen Trübung des Wassers keiner allzu großen Beliebtheit. Der Blick vom ***Devil's Canyon Overlook*** tief hinunter auf das dort zwischen den Steilwänden eingezwängte *Bighorn Reservoir* ist dennoch reizvoll; Zufahrt über die #37, ca. 18 mi vom *NRA Visitor Center* in Lovell; Eintritt frei; www.nps.gov/bica.

Five Springs

Beim Aufstieg zu den Bighorn Mountains befinden sich, 22 mi östlich von Lovell, die hübschen ***Five Springs Falls*** mit einem einfachen *BLM Campground.* Die Handvoll Stellplätze (bis auf einen nur Zelte) sowie Picknick- und Grillmöglichkeiten fügen sich idyllisch in die Landschaft unterhalb der Fälle ein. Die enge, steile 2-mi-Zufahrt ist nicht für Fahrzeuge >25 Fuß geeignet.

Medicine Wheel

Etwa 6 Meilen weiter an der #14A zweigt hoch in den Bighorns eine *gravel road* zum ***Medicine Wheel*** ab, einem rätselhaften »Rad« mit zahlreichen aus Steinen zusammengelegten »Speichen« von 25 m Durchmesser auf einem Plateau beim Medicine Mountain. Rundherum befinden sich weitere künstliche Felsgebilde, deren Herkunft und Sinn im Dunkeln liegen. Nach kurzer Anfahrt erreicht man *Ranger Station* und Parkplatz; von dort geht es dann zu Fuß zum *Medicine Wheel* (noch ca. 2,5 km).

Bighorn Mountains

Wer **einsame Gebirgswelt** fern vom touristischen Hauptbetrieb sucht, wird mit den Bighorn Mts besser bedient als mit den Rocky Mountains im gleichnamigen Nationalpark oder den Grand Tetons. Nicht einmal in der **Höhe** stehen die Gipfel der *Bighorns,* einer Teilformation der nordamerikanischen Kordillere, den *Rockies* sonderlich nach. Ein **Geheimtipp** unter Outdoor-Enthusiasten ist die ***Cloud Peak Wilderness Area***, ein großes Gebiet rund um den 4.013 m hohen Gipfel des Cloud Peak; www.fs.usda.gov/bighorn.

Ein ***National Forest Visitor Center*** kurz nach dem Zusammentreffen der Straßen #14/#14A bei Burgess Junction hat Karten, und eine *Campground*-Übersicht; www.bighornmountains.com.

Östlich der Berge in Dayton sind die Nächte nicht mehr so kalt. Dort findet man im ***Foothills Motel & Campground*** einfache Stellplätze an einem Flüsschen mit Bademöglichkeit; $26-$32; ✆ (307) 655-2547, www.foothillscampground.com.

Ostseite der Bighorns/ Sheridan

Die größten Ortschaften im Einzugsbereich der *Bighorns,* aber bereits im Tiefland, sind **Sheridan** und **Buffalo** (gemeinsam nur knapp über 20.000 Einwohner). Keines der beiden *Western*-Städtchen verfügt über echte Sehenswürdigkeiten, aber als Zwischenstation sind sie mit ihrer dichten Infrastruktur gut geeignet.

Im größeren Sheridan gibt es gut **20 M/Hotels**, sie reihen sich entlang der Main und Coffeen Avenue zu recht moderaten Tarifen. Das historische ***Sheridan Inn*** am Broadway/5th Street mit einer langen Liste illustrer Gäste ist heute ein *Best Western* und ein ***National Historic Landmark***. Die Zimmer sind dort nicht ganz billig (im Sommer ca. $230). Im angeschlossenen Restaurant wird *American Cuisine* serviert; www.sheridaninn.com.

Buffalo

In Buffalo ist die **Moteldichte ebenfalls hoch**, vor allem an der #16 durch den Ort von/bis zur I-25/I-90. Eine Institution ist dort das ***Occidental Hotel*** mit viel Wildwest-Flair und nostalgischen Zimmern ab ca. $150 im Sommer, sonst ab $90; 10 N Main Street; ✆ (307) 684-0451, www.occidentalwyoming.com.

Eher ungewöhnlich für die USA ist der riesige Swimmingpool im ***Washington Park*** (gratis!).

Devils Overlook im Bighorn Canyon

Rodeos

Wie es sich für Wyoming gehört, finden im Sommer **Rodeos** statt, in **Sheridan** das große **Wyoming Rodeo** am 2. Wochenende im Juli, in **Buffalo** die ***Fair*** am 2. Wochenende im August, außerdem in **Buffalo** Mai-Juli jeweils dienstags *Cowgirls Rodeo* und mittwochs *Lions Club Rodeo* bis August, dann auch freitags Rodeo.

Weiterfahrt nach Süddakota

Keine 2,5-Std-Fahrt trennt Buffalo vom US-Bundesstaat South Dakota, wo die sog. »**Great 8**« warten: der **Missouri River**, der **Badlands Nationalpark**, in den Black Hills die Denkmäler ***Mount Rushmore*** und ***Crazy Horse***, zwei Höhlensysteme ***Wind Cave*** und ***Jewel Cave***, der ***Custer State Park*** sowie das historische **Deadwood**.

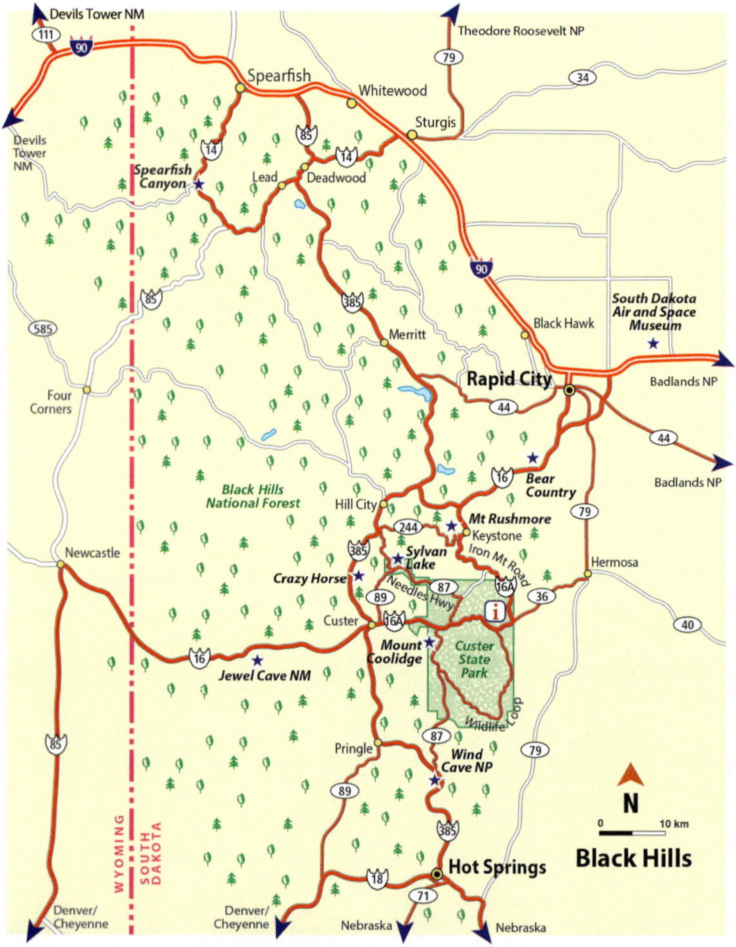

4.4.3 Die Black-Hills-Region

Anfahrt und die nördlichen Black Hills

Geschichte

Von Buffalo geht es auf der Interstate #90 rund 100 mi durch eintönige, hügelige Weidelandschaft (*grasslands*), bevor man die nordwestlichen Ausläufer der **Black Hills** erreicht, ein aus den umgebenden Prärien herausragendes, seenreiches **Mittelgebirge** im Grenzgebiet von Süddakota und Wyoming. Goldkieferwälder lassen die Berge aus der Ferne dunkel/schwarz erscheinen, was ihnen zu ihrem indigenen Namen »*He Sapa*« verhalf.

Einst waren die Black Hills heiliges Land der ***Sioux*** [*suh!*] und ***Cheyenne***. Es wurde ihnen 1868 von der US-Regierung in einem von zahlreichen, kurzlebigen Verträgen dieser Art als unantastbarer Landbesitz zugesprochen. Vorbei war es aber damit schon 1875, als in den »Schwarzen Bergen« **Gold** entdeckt wurde. Tausende von Prospektoren strömten ungehindert ins fremde Land und die Obrigkeit unternahm nichts gegen den **Vertragsbruch** durch die eigenen Bürger. Zwar wehrten sich die *Sioux* verzweifelt und errangen auch 1876 am ***Little Bighorn River*** gegen die US-Armee unter **General Custer** noch einmal einen großen Sieg, aber die Black Hills blieben verloren. Weitere Massaker folgten, bekannt wurde vor allem ***Wounded Knee* 1890**. Die überlebenden *Sioux* wurden in Reservate nach Montana und Süddakota zwangsumgesiedelt.

Situation heute

Heute ist die Region wieder eine wahre »Goldgrube« und zieht alljährlich **Millionen von Touristen** an. Für die Bevölkerung der benachbarten Präriestaaten sind die Black Hills im Sommer wie auch im Winter die attraktivste Landschaft weit und breit. Außerdem bilden die vier **Präsidentenköpfe im Granit des *Mount Rushmore*** einen Anziehungspunkt, den jeder aufrechte Amerikaner mindestens einmal in seinem Leben gesehen haben muss. Touristen aus Europa mag **Keystone und Umgebung** auf ersten Blick vielleicht nicht als vorrangiges Ziel erscheinen, ist aber durchaus ein Geheimtipp mit einer ganzen Reihe von Wildwest-Städtchen und landschaftlichen Höhepunkten.

Die »Needles« in den Black Hills, fotografiert vom Mount Coolidge

4

Heiliger Berg der Prärievölker, für die weißen Siedler ein »Teufelsturm«: Devils Tower

Devils Tower NM

Eintritt $25/Auto $15/Person oder Interagency Jahrespass

Gerade noch in Wyoming erreicht man das ***Devils Tower National Monument*** von der I-90 über die Straßen #14 und #24 (35 mi). Der Teufelsturm, ein abgeplatteter Klotz aus Säulenbasalt, erhebt sich weithin sichtbar **270 m** über die auslaufenden Black Hills. Die Geologen interpretieren ihn als ***volcanic plug***, den erkalteten Kern eines Vulkans, dessen umgebendes, weicheres Gestein nach und nach wegerodiert ist. Plastisch und detailliert wird dieser Vorgang im Besucherzentrum erläutert; www.nps.gov/deto. Einer *Lakota*-Legende zufolge wurden an der Stelle einst Kinder der Ureinwohner von einem Grizzly bedroht. Der »Große Geist« intervenierte und ließ die Erde unter ihnen anheben, so dass sich der Bär nur noch an den Flanken des neuen Turms festkrallen konnte (=die vielen Furchen, die man dort heute sieht). Im Film »Unheimliche Begegnung der dritten Art« von Steven Spielberg kommt ihm noch eine andere Bedeutung zu, als Landeplatz der Außerirdischen.

Besonders **beliebt** sind die Hänge des *Devils Tower* bei Kletterern. Der Normalbesucher begnügt sich mit dem Rundwanderweg am Fuße des Berges (ca. 2 km). Die dafür notwendigen kaum mehr als 30 min sollte man sich nehmen. An Sommertagen gibt es fast immer Kletterkünstler in den Steilwänden; sie zu beobachten ist ein Erlebnis. Auch die vielen possierlichen **Schwarzschwanz-Präriehunde** in Parkstraßennähe sorgen für reichlich Unterhaltung.

Die ***NM campsites*** ($20, *first-come, first-served*) liegen schön unter schattigen Bäumen am Belle Fourche River, einem klaren Fluss mit Schwimmlöchern und geeignet fürs *Inner Tubing*, ➤ Seite 55.

Man spart auf schöner Strecke einige Meilen, wenn man über die **Straße #24 *East*** und **#111** auf die I-90 zurückkehrt.

Spearfish Canyon Scenic Byway (#14A)

In den **nördlichen Black Hills** in South Dakota, nur wenige Meilen südlich der I-90, liegen Deadwood und Lead, zwei sehenswerte historische Goldrausch- und Minenstädte. Ab der I-90 steuert man Lead am besten über die **Straße #14A** durch den pittoresken ***Spearfish Canyon*** an. Sie führt gut 18 mi am gleichnamigen Creek (Picknickplätze am Ufer) entlang nach Cheyenne Crossing. Im *NF Office* in **Spearfish** liegt ein Faltblatt zu diesem ***Scenic Byway*** aus; Mo-Fr 8-16 .30Uhr; 2014 N Main St (I-90/Exit 10).

Kurz die Füße vertreten könnte man sich in Savoy. Zu den hübschen ***Spearfish Falls*** führt ein Pfad ab dem *Latchstring Restaurant* (1,2 km; 30 Höhenmeter). Noch schneller sind die Wasserfälle der ***Roughlock Falls State Nature Area*** an der Forststraße #222 erreicht; Abzweig unmittelbar vor der ***Spearfish Canyon Lodge*** (gute Zimmer im Hochsommer ab ca. $220; ✆ 1-877-975-6343, https://spfcanyon.com). Sehr schön und beliebt ist in diesem Schutzgebiet auch der 3 km lange Rundweg, der dem idyllischen Flusslauf folgt. Noch etwas höher an der #222 wartet der kleine ***NF Campground Rod & Gun*** ($18; 3 mi ab der #14A), einer der Schauplätze in »Der mit dem Wolf tanzt« (Oscar »bester Film« 1991).

Lead

Am Südende der *Mile High City* **Lead**, passiert man das »Riesenloch« der ***Homestake Goldmine***, die erst 2002 stillgelegt wurde. Einen Einblick in die *Black Hills Gold Rush*-Ära und in die heutigen Forschungsarbeiten in der Mine (u.a. mit Neutrinos) gibt die Ausstellung in der 160 W Main Street; Eintritt frei. Die *Trolley*-Touren kosten $16/$13; https://sanfordlab.org/slhvc.

Deadwood

Wer ein Quartier für die Nacht sucht, sollte gleich bis nach Deadwood fahren, z.B. zu den historischen Hotels ***Hickok's*** (685 Main Street; *wird 2023/24 renoviert*) und ***Bullock*** (633 Main Street; ✆ 1-800-336-1876, www.historicbullock.com), beide in Downtown und im Sommer ca. $170, sonst ab $70. Modernere Zimmer zu meist niedrigeren Tarifen bieten Kettenmotels wie das *Super 8* an der #85 südlich der Stadt. In der Nebensaison (z.B. im Mai) kostet selbst das sehr gute *Four Points Sheraton* unter $90 pro Nacht. Im *Historic Fairmont* (➢ Foto unten) »spukt« es, dort werden keine Betten, sondern *Ghost Tours* angeboten.

Seit 1888 verkehrt in Deadwood ein ***Trolley***. Auch die Hotelgäste von der westlichen Charles St (Hwy 85) kommen so bequem ins Stadtzentrum und wieder retour (Fr+Sa teils bis 2 Uhr morgens); Tickets $2, Tageskarte $5.

Main Street in Deadwood, typisch für die alten »Wildwest-Städtchen«; in Cody, Sturgis, Buffalo, Sheridan und sogar in Downtown Rapid City sieht es ähnlich aus

Die authentischen Fassaden und **urigen Kneipen** im Western-Look machen Deadwood zu einem ausgesprochen attraktiven Ziel in den Black Hills. Seit in der Stadt die (außer in *Indian Reservations*) sonst in South Dakota illegalen Glücksspiele ***Poker*** und ***Black Jack*** zur Abrundung der historischen Realität wieder zugelassen und auch ***Slot Machines*** aufgestellt wurden, sind die Besucherzahlen enorm gestiegen. In der ***Historic Main Street*** verbirgt sich nun so ziemlich hinter fast jeder Fassade eine kleine Spielhölle.

Shootouts

Im Beiprogramm gibt's auf den Straßen von Deadwood im Sommer Mo-Sa mehrere ***shootouts*** täglich ab 14 Uhr – allesamt historisch korrekte Nachstellungen versichert man. Hinzu kommt noch jede Menge Klamauk (***tomfoolery***). Fester Bestandteil der Touristensaison ist auch die unendliche Wiederbelebung der dramatischen Ermordung der Wildwest-Größe **Wild Bill Hickock**. Sein Mörder Jack McCall wird Mo-Sa pünktlich um 19.30 Uhr vor dem ***Saloon No.10*** (657 Main Street) festgenommen. Eintritt ($10/$6) zahlt man nur für seine anschließende Verurteilung im *Franklin Hotel Theatre*; Tickets vor Ort ab 18.15 Uhr oder online unter www.deadwoodalive.com/main-street-shootouts.html.

Wild Bill Bar, auch hier treten die Deadwood Alive Gunslingers auf

Den Beweis für die einst reale Existenz der Hauptakteure liefern die Gräber von *Wild Bill* und seiner ebenfalls im Wildwest-Ruhm unsterblichen Freundin ***Calamity Jane*** auf dem Friedhof ***Mount Moriah Cemetery*** am Ende der Lincoln Street.

Rodeo/ Museen

Ende Juli findet in Deadwood alljährlich das 5-tägige **Event »*Days of 76*«** mit Paraden und **Rodeo** statt. Ebenfalls den ersten Goldsuchern gewidmet, die 1876 in die Black Hills kamen, ist das ***Days of 76 Museum***; geöffnet Mai-September 9-17 Uhr, sonst Di-So 10-16 Uhr; $10/$5; www.daysof76.com/museum.

Schießereien stehen auf der Tagesordnung in Deadwood, aber nur den Sommer über und extra inszeniert für Touristen

Einen weiteren Einblick in die Geschichte der Stadt bieten das ***Adams Museum*** und sein ***Historic House***; auch Kombi-Eintrittstickets erhältlich; www.deadwoodhistory.com.

Sehenswerter ist der Skulpturenpark ***Tatanka: Story of the Bison*** von Kevin Costner an der #85 ca. 1 mi nördlich der Stadt mit kleinem Museum und im Sommer täglichen Führungen durch Angehörige des *Lakota*-Stammes; $12/$6; www.storyofthebison.com.

Straßenbild in Sturgis während der alljährlichen Motorcycle Rally

Routen ab Deadwood

Wer während seines Aufenthalts noch nicht ins ausgezeichnete ***Deadwood Welcome Center*** an der 501 Main Street/Ecke #14A hineingeschaut hat, sollte dies aber unbedingt vor der Weiterfahrt erledigen. Dort liegen Karten und umfangreiches Infomaterial zu allen Sehenswürdigkeiten in den Black Hills aus.

Black Hills Parkway

Ab Deadwood kann man über den ***Black Hills Parkway*** (#385) gleich in den Kernbereich der Black Hills vordringen. Rund um Keystone und Custer warten Höhepunkte wie das ***Mount Rushmore Nat'l Memorial***, der ***Jewel Cave Nat'l Park*** oder der ***Peter Norbeck Scenic Byway*** mit seinen zwei grandiosen Abschnitten *Needles Highway* und *Iron Mountain Road*. Im Sommer bei starkem Verkehrsaufkommen kostet diese Strecke aber viel Zeit.

Weiterfahrt über die I-90

Schneller voran in Richtung Rapid City und Badlands Nationalpark kommt man auf der Straßenkombination **#14A/I-90**, bei der es zunächst durch den *Boulder Canyon* geht und dann, 12 mi später, ab **Sturgis** auf der I-90 nach Osten (Auffahrt 30).

Sturgis

Die Kleinstadt ist ein Ziel, das *Harley*-Fahrer und andere Biker sicher keinesfalls auslassen möchten. Sturgis dient als Austragungsort der berühmten ***Motorcycle Rally***, die alljährlich Anfang August während 10 Tagen gut eine halbe Million *Easy Rider* und Schaulustige aus aller Welt anzieht. Das ganze Jahr über sind die tollsten historischen Maschinen im ***Sturgis Motorcycle Museum*** an der 999 Main St zu bewundern; $10/$5; https://sturgismuseum.com.

Ende August/Anfang September kommen dann auch Auto-Fans voll auf ihre Kosten bei der 1-wöchigen ***Sturgis Mustang Rally*** mit Rennen, Autoshows u.v.m.; www.sturgismustangrally.com.

Während beider Events sollte man besser sein Quartier in Sturgis (+Umfeld) lange im Voraus reserviert haben. Die Unterkunftsmöglichkeiten in der Stadt selbst lassen sich an einer Hand abzählen!

Rapid City

Rapid City Guide

Black Hills Guide

In Richtung Badlands Nationalpark führt kein Weg an **Rapid City** vorbei. Die 1876 von Goldgräbern gegründete Stadt fungiert damals wie heute als **östliches Eingangstor zu den Black Hills** und ist mit über 76.000 Einwohnern die mit Abstand größte in mehreren hundert Meilen Umkreis. Als Basislager für eine mehrtägige Erkundung des Nationalparks und der *Hills* eignen sich alternativ die Ortschaften **Custer** oder **Hill City** und allen voran **Keystone** (➤ Seite 357) mit einer ebenfalls größeren Auswahl an Unterkunftsmöglichkeiten.

Gleich zwei Büros sind für die Touristen zuständig: die ***Visitor Info*** der Stadt befindet sich mitten im Zentrum an der 512 Main Street (täglich 8-17 Uhr), das große ***Black Hills Info Center*** bei der Abfahrt 61 nördlich der I-90 (1851 Discovery Circle; täglich 8-17 Uhr, im Sommer oft auch länger; ✆ 1-800-487-3223).

Für die Planung hilfreich sind der ***Rapid City Guide*** (auch online: www.visitrapidcity.com/form/download-visitors-guide) sowie das Heft ***Exploring the Black Hills & Badlands*** (www.blackhillsbadlands.com/publications/black-hills-badlands-vacation-guide).

Unterkunft

Die Bettenkapazität von Rapid City ist überschaubar, so dass es im Sommer und generell an Wochenenden von *Memorial* bis *Labor Day* eng werden kann (ganz speziell während der großen **Events in Sturgis** im August, ➤ oben). Die meisten H/Motels ballen sich im Norden/Nordosten rund um die I-90 Exits 59 und 61 sowie an der Mount Rushmore Road (Hwy 16) bei der südlichen Stadtausfahrt. Die Ketten der Mittelklasse sind gleich mit mehreren Häusern vertreten. Die Tarife sind aber stark saison- und auslastungsabhängig (im Frühling ab $50, im Sommer ab $120). Zu den hinsichtlich Preis-Leistungs-Verhältnis empfehlenswerten Häusern zur Nebensaison (Preise im Mai) gehören das:

- ***Grand Gateway Hotel***, 1721 N Lacrosse Street (I-94/Exit 59), etwas älteres Haus aber mit ordentlichen Zimmern im Mai ab ca. $50; ✆ 1-866-742-1300, www.grandgatewayhotel.com
- ***Alex Johnson (Hilton) Hotel***, 523 6th St im Zentrum, historische Herberge mit (innen) Nostalgie-Western-Look; sehr gute Zimmer im Mai ab ca. $140; ✆ (605) 342-1210, www.alexjohnson.com.

Weitere Motels stehen in Wall an der I-90 beim *Badlands NP* (➤ Seite 362). In Rapid City und den Black Hills gibt es auch einige B&B-Unterkünfte, z.T. **auf schönen Ranches**; Übersicht unter www.blackhillsvacations.com/places-to-stay/lodges-resorts.

Camping

Für einen längeren Aufenthalt in dieser Gegend empfehlen sich die *Campgrounds* direkt in den Black Hills, z.B. am Sylvan Lake ➢ Seite 359. Wer in Stadtnähe verweilen möchte, findet eine ganze Reihe kommerziell betriebener Plätze an der Mount Rushmore Rd (#16). Kaum Wünsche offen lässt an der #79 südlich von Rapid City das

- ***Hart Ranch Camping Resort***, 23756 Arena Drive; riesige Anlage mit Schwimmbecken, *hot tubs*, Golf- und Minigolfplatz u.v.m.; im Sommer Zelte $35, *full hook-up* $80, auch hübsche *cabins* ab $120; ✆ 1-800-605-4278, www.hrresort.org.

Essen

Obwohl ein dichtes gastronomisches Angebot existiert, sind kulinarische Feste in Rapid City eher nicht zu feiern. In Downtown sitzt man aber im ***Independent Ale House*** (625 Saint Joseph St) oder in der ***Firehouse Brewing Company*** (610 Main St) schön und bekommt Bierspezialitäten sowie etwas Ordentliches zu essen.

Während der Sommersaison eine Alternative zum Üblichen bieten ***Chuckwagons*** wie in der ***Fort Hays Old West Town*** 6 mi südlich der Stadt an der #16. Nach Verzehr der rustikalen Cowboy-Kost läuft die *Country Western Show*; Beginn pünktlich um 18.30 Uhr; $39, Kinder (5-12) $22; https://mountrushmoretours.com. Eine zweite Option fürs *Chuckwagon Dinner* bietet ***Blue Bell Cookout*** am Hwy 87 beim *Custer State Park*; www.custerresorts.com.

Black Hills Souvenirs

Typische Produkte aus der Region sind Schmuckstücke, hergestellt aus ***Black Hills Gold***. Einen Souvenirshop ungeheuren Ausmaßes findet man beim *Visitor Center* des *Mount Rushmore*. Beeindruckend ist aber allen voran das **Kunsthandwerk der *Sioux***, erhältlich z.B. im Shop des Museums *The Journey* (➢ unten) oder in der ***Prairie Edge Gallery*** an der 606 Main Street/Ecke 6th Street; unübertroffenen, leider auch die Preise; https://prairieedge.com.

Downtown

Mount Rushmore hat nur vier von ihnen, Downtown Rapid City hat sie alle bis hin zu Barack Obama. Über 40 **lebensgroße Bronzeskulpturen** stehen an der Main und St. Joseph Street (zwischen 4th und 9th Street). Hübsch gemacht, aber sehr viel mehr hat die selbsternannte »The City of Presidents« nicht zu bieten. Erwähnenswert wären noch zwei Museen mit Wanderausstellungen:

Museen

The Journey unternimmt eine Reise durch die Zeit, von den Dinosauriern, die hier einst lebten, bis hin zu den ersten weißen Siedlern der Region. Die Geschichte der Black Hills und der *Western Great Plains* wird dabei auch aus der Sicht der Ureinwohner präsentiert; 222 New York Street; geöffnet im Sommer Do-Sa 10-17 Uhr und So ab 13 Uhr; $14/$9; www.journeymuseum.org.

Durch 200 Jahre (weißer) amerikanischer Geschichte bis hin zum Aufbruch ins Weltall führt auch – leicht naiv-verklärend – das 60 m lange Rundum-Wandbild (*mural*) des Malers Bernhard P. Thomas im ***Dahl Fine Arts Center***; 713 7th St; geöffnet Mo-Sa bis 10-17 Uhr; Eintritt frei, aber $10 Spende erbeten; www.thedahl.org.

Kommerzielle Attraktionen

Außer in Museen können sich die Besucher von Rapid City in kommerziell betriebenen Attraktionen der Umgebung die Zeit vertreiben. Ob in den ***Reptile Gardens*** mit Reptilien aller Art, im riesigen ***WaTiki Indoor Waterpark***, in **Goldminen** mit Waschpfannen (Erfolg garantiert) oder illuminierten **Höhlen** und bei Untergrund-Wasserfällen, die Möglichkeiten für ein volles Programm sind vielfältig, aber durchweg mit hohen Eintrittspreisen verbunden.

Unterhaltsam mit Kindern könnte vor allem ein Ausflug in den ***Wildlife Park Bear Country*** sein, wo man im eigenen Auto auf »Bärensafari« gehen und in einem kleinen Gehege den **Babybären** beim Herumtollen zusehen darf; an der #16 südlich der Stadt; im Sommer 8-17/18 Uhr; $20/$15; https://bearcountryusa.com.

Zwischen **Hill City** und **Keystone** verkehrt außerdem der beliebte ***1880 Train*** mit Dampflok auf den Gleisen der alten Goldgräberzüge. Das Rundtrip-Ticket kostet $39/$19. An ausgewählten Tagen im Juni/Juli/August kann man bei der Fahrt in Richtung Keystone sogar einen inszenierten Zugüberfall mit Schießerei und viel Action erleben: www.1880train.com/old-west-shootout.html.

Kostenfreie Besucherziele

Gratis ist der ***Dinosaur Park***. Seine knallgrünen Zementdinos beeindrucken zwar nicht einmal mehr die Kleinsten, aber dafür bietet sich von der Anhöhe ein weiter Blick über Rapid City; 940 Skyline Drive, Zufahrt über die Quincy Street (ausgeschildert ab der #16); im Sommer zugänglich 8-22 Uhr.

Für Familien mit Kleinkindern könnte noch der (gratis!) Freizeitpark ***Storybook Island*** interessant sein, in dem Märchen nachgestellt werden; im Sommer täglich 9-19 Uhr; 1301 Sheridan Lake Road; https://storybookisland.org.

Auch bei der Stabskirche ***Chapel on the Hills*** noch weiter westlich wird kein Eintritt verlangt; 3788 Chapel Lane (1 mi ab der #44).

Der Besuch des ***South Dakota Air and Space Museum*** ist ebenfalls kostenlos, dort stehen schon im Außenbereich etliche Flugzeuge u.a. ein *B1B Lancer*; beim I-90 Exit 67B, ➤ Seite 362.

Mit Volldampf voraus durch die Black Hills: der ***1880 Train*** *verbindet die Orte Hill City und Keystone*

Immer gut besucht, das 1941 fertiggestellte Denkmal am Mount Rushmore

Mount Rushmore Nat'l Memorial und Keystone

Mount Rushmore

Eintritt = Parkgebühr $10/Auto

Von Rapid City leitet die Ausschilderung den kontinuierlichen Strom der Fahrzeuge unverfehlbar durch **Keystone** zu den riesigen Parkplätzen/-häusern des ***Mount Rushmore National Memorial***. Über eine Allee von fahnengeschmückten Säulen für alle US-Bundesstaaten geht es in gerader Linie auf die von hoch oben die Szenerie überwachenden Köpfe der vier Präsidenten zu. Von links nach rechts: **George Washington** (1789-1797), **Thomas Jefferson** (1801-1809), **Theodore Roosevelt** (1901-1909) und **Abraham Lincoln** (1861-1865); www.nps.gov/moru.

Von der Aussichtsterrasse vor dem *Visitor Center* am Ende der Anmarschstrecke haben die Besucher freien Blick auf diese einzigartige bildhauerische Mammutleistung. Ein pausenloser Film erläutert die hehren Motive und die Arbeit (über 14 Jahre!) des von seiner Idee besessenen Schöpfers der über 20 m hohen Köpfe, Gutzon Borglum. Kritische Reflexionen über ein derartiges Monument ausgerechnet im ehemals sakrosankten *Sioux*-Gebiet kommen dort kaum jemandem in den Sinn, dafür umso mehr ausgiebiger Einkauf im bombastischen Souvenirshop.

Am günstigsten ist ein **Besuch am Vormittag**, wenn die Sonne auf die Bergfront fällt. Zusätzlich könnte man einen **Abendbesuch** mit Flaggenparade und Mitsingen der Nationalhymne vor den dann illuminierten Präsidenten erwägen. Ein lohnenswerter Fotostopp an der #244 mit Washingtons Seitenansicht und einem extra dafür geschaffenen Parkplatz liegt nur 0,3 mi westlich der Ausfahrt. Weitere tolle Blicke auf alle »Köpfe« eröffnen sich außerdem bei der Anfahrt von Osten auf der #244 sowie durch den ***Doane Robinson Tunnel*** am nördlichen Abschnitt der *Iron Mountain Road* (#16A).

Das nur 3 mi vom *Memorial* entfernte, kleine **Keystone** verfügt über eine gute, voll auf den Besucherandrang ausgerichtete Infrastruktur. Dort darf man im Sommer auch noch in die ***Big Thunder Gold Mine*** hinein (8-20 Uhr; $14/$10; www.bigthundermine.com) und die Kids können sich im ***Rushmore Tramway***-Abenteuerpark austoben

Engstelle entlang des Needles Highway unmittelbar östlich der Eye of the Needle Formation

Custer State Park und die südlichen Black Hills

Custer State Park

Südlich des *Mt. Rushmore* erstreckt sich der ***Custer State Park***, der einige der landschaftlichen Höhepunkte der Black Hills umfasst. Man erreicht ihn **ab Keystone** auf direktem Wege auf der kurvigen und engen *Iron Mountain Road* (Teil der #16A) oder **ab Rapid City** am schnellsten über die Straßen #79/#36 (keine 30 mi bis zur östlichen Parkgrenze); Eintritt $20/Auto für 7 Tage.

Restriktionen für RVs: Sowohl die ***Iron Mountain Road*** als auch die schönste Strecke im Park, der ***Needles Hwy*** (#87), winden sich serpentinenreich durch die Wälder der Black Hills und durch einige **einspurige Tunnel**, die für größere RVs problematisch sind. Die jeweiligen max. Abmessungen der Engstellen sind auf der *Park Map* vermerkt: https://gfp.sd.gov/parks/detail/custer-state-park. Zusammen mit der #16A zum Ort Custer, der *Horse Thief Lake Road* (#244) und der *Sylvan Lake Road* (#89) bilden sie den fantastischen ***Peter Norbeck Scenic Byway*** (insgesamt 70 mi).

Needles Highway durch den Custer State Park

Die oft bettelnden Wildesel (burros) an der Wildlife Loop durch den Custer State Park

Needles Hwy

Am spannendsten ist das nördlichste Teilstück des ***Needles Highway*** in der Nähe des **Sylvan Lake**, das durch ein Gebiet voller **spitzer Granitnadeln** führt, die auch *Rockclimber* magisch anziehen. Die besten Formationen konzentrieren sich im Bereich rund um das Felsloch ***Needles Eye*** und auf den nächsten paar Meilen östlich des engsten Straßentunnels der Black Hills (➤ Foto links).

Dem idyllischen, von Felsen überaus pittoresk eingefassten **Sylvan Lake** (➤ Foto umseitig) nähert man sich mit größeren RVs am besten ab Custer über die breite #89. Der See lässt sich **leicht zu Fuß umrunden** oder per Kanu, Kajak oder Tretboot entdecken. Seine Strände laden im Sommer zu einem erfrischenden Bad ein.

Für eine traumhafte Aussicht erklimmt man den historischen ***Fire Tower*** am **Black Elk Peak**; *Trail #9* ab Parkplatz im Osten des Sylvan Lake (13 km Loop, 420 HM; 4-5 Std). Mitten hinein ins wunderbare *Needles*-Amphitheater führt der ***Cathedral Spires Trail*** (2,5 km retour, 150 HM; *trailhead* 2 mi östlich des Sees).

Wildlife Loop

Beim **Besucherzentrum**, nur 2,5 mi von der Straßenkreuzung #36/ #16A und der Osteinfahrt entfernt, startet die 18 mi lange ***Wildlife Loop Road*** durch das südliche Parkareal. Bisons, Dickhornschafe, Gabelböcke und Präriehunde lassen sich dort gerne blicken und bettelnde Wildesel schauen auch schon mal ungebeten durchs Autofenster rein. Am besten abends oder zeitig morgens! Ende September findet alljährlich das große ***Bison Roundup*** statt.

Camping

Der ***State Park*** verfügt über einige ausgesprochen schön gelegene *campsites* ($26, *hook-up* $30, *cabins* $55) an der #16A zwischen dem Besucherzentrum und dem Dorf Custer (z.B. im großzügigen *Game Lodge Campground*) und am **Sylvan Lake**. Zusätzliche Möglichkeiten bieten die ***NF Campgrounds Bismarck Lake*** ($28; Abzweig von der #16A noch vor der Westausfahrt) und ***Comanche Park*** ($19, 6 mi hinter Custer); beide reservierbar. Erwähnenswert wären außerdem zwei kommerziell betriebene Campingplätze:

- ***Custer's Gulch RV Park*** südlich der #16A unmittelbar bei der westlichen Parkausfahrt; Zelte $33, *full hook-up* $84-$94, **Blockhäuser** ab $77; ✆ 1-800-531-5923, www.custersgulch.com.
- ***Rafter J Bar RV Park***, eine komfortable Camping-Superanlage in einem Wäldchen unweit der Kreuzung #16/#244 südlich von

Eingebettet in malerischer Granitfelsenkulisse, der Sylvan Lake am westlichen Ende des Needles Hwy

Hill City; im Sommer *full hook-up* ab \$74; einfache ***cabins*** für 6 Personen ab \$84; ✆ (605) 574-2527, www.rafterj.com.

In der Region »Black Hills« einen Stellplatz zu finden, ist nur selten schwierig, außer während der **Events in Sturgis** (➢ Seite 353). Dann muss man vorbuchen zu meist auch (viel höheren) Tarifen.

Custer

Dasselbe gilt für die Hotellerie im Ort Custer westlich des Parks; www.custersd.com. Zahlreiche Quartiere (etliche Kettenmotels), Restaurants und *Fast Food Places* säumen dort die #16. Schöner schläft man aber in den nostalgischen Häusern des *Custer State Park Resort* (✆ 1-888-875-0001, www.custerresorts.com):

- ***Sylvan Lake Lodge*** in allerbester Lage beim gleichnamigen See an der #87 mit Zimmern ab ca. \$200 und *cabins* ab \$220
- ***State Game Lodge*** an der #16A westlich des Besucherzentrums mit Zimmern ab \$160 und *cabins* ab \$200.

Crazy Horse Memorial

Das gigantische Gegenstück zum *Mt. Rushmore* lässt sich in Umrissen schon von der #16/#385, 5 mi nördlich von Custer, recht gut erkennen. Das ***Crazy Horse Memorial*** soll nach Fertigstellung (noch nicht absehbar) den ***Sioux*-Häuptling *Crazy Horse* samt Pferd** als 171 m hohe Felsskulptur zeigen. Der bereits verstorbene Bildhauer Korzcak Ziolkowski begann auf Einladung der Ureinwohner im Jahr 1948 mit der Sisyphusarbeit am harten Granit.

Mit den Eintrittsgeldern (ca. \$15 pro Person) und Spenden wird das Werkeln am *Memorial for all North American Indians* unterstützt, das der Tourist von einer Aussichtsplattform aus großer Distanz verfolgen darf. Auch inbegriffen sind der Besuch des *Indian Museum* sowie die **Lasershow**, die im Sommer abends auf den Berg projiziert wird. Näher ran an die laufenden Arbeiten kommt man im Rahmen einer 25-minütiger Bustour. Sie kostet nochmals \$5 extra pro Person; https://crazyhorsememorial.org.

Mt Coolidge

Wer beide *Memorials* auf einen Schlag (wiewohl aus weiter Ferne!) sehen und einen schönen Blick über den *Custer State Park* haben möchte, kann den ***Mount Coolidge Lookout Tower*** besuchen (➢ Foto Seite 349). Münzferngläser sind vorhanden; kurze steile, enge Anfahrt; 1,7 mi *gravel* ab der #87, Abzweig 1,5 mi südlich der #16A.

Jewel Cave National Monument

Die ***Jewel Cave***, ca. 12 mi westlich von Custer, ist Teil des bislang nur ansatzweise erforschten riesigen Höhlensystems der Black Hills. An »Juwelen« erinnern ihre kristallinen Kalzitablagerungen. Beim *Visitor Center* (geöffnet 8-17.30 Uhr) starten ganzjährig geführte ***Scenic Tours*** (1,5 Stunden; $16/$8); im Sommer 15x täglich zwischen 9 und 16 Uhr, sonst seltener. Besucher können dort auch mit einer *Historic Latern* auf Entdeckungstour gehen oder an abenteuerlichen *Wild-Caving*-Höhlenerkundungen mit Helm, Stirnlampe und Knieschutz teilnehmen; www.nps.gov/jeca.

Wind Cave Nat'l Park

Im Süden schließt der ***Wind Cave National Park*** direkt an den *Custer State Park* an. Auf dem Gelände dieses eher kleinen Naturschutzgebiets grasen Hunderte von Bisons und Präriehunde haben dort einige ***Prairie Dog Towns*** errichtet. Darunter erstrecken sich weitere Höhlenlabyrinthe, hier – anders als bei der *Jewel Cave* – mit wabenartigen *Boxwork*-Formationen. In der Begleitung von Rangern geht es durch den natürlichen Eingang in die *Wind Cave* ($16/$8) oder per Lift direkt hinunter in den »Garden of Eden« ($14/$7). Auch auf dem Programm: *Wild Cave Tours* oder mit *Candlelight* (wie die ersten Höhlenforscher); www.nps.gov/wica.

Der gute ***Elk Mountain Campground*** ($24) liegt in schöner Umgebung beim *Visitor Center* in der Südwestecke des Nationalparks.

Hot Springs https://hotsprings-sd.com

Ein letzter Abstecher von den Black Hills könnte der Ortschaft Hot Springs gelten. Die namensgebenden heißen Quellen rund um den Ort speisen den öffentlichen Badepool ***Evans Plunge*** mit Innen-/Außenbecken und Rutschen; im Sommer Mo+Mi+Do+Fr 6-19 Uhr, Sa+So 10-18 Uhr; $14/$10; www.evansplunge.com.

Bei naturhistorischem Interesse lohnt sich der Besuch der Ausgrabungsstätte ***The Mammoth Site*** an der südlichen Ortsumgehung #18. Die Knochenreste der vor 26.000 Jahren umgekommenen Mammuts wurden an ihren Originalfundplätzen belassen und präpariert; Mai-Mitte August 8-18 Uhr, danach bis 18 Uhr oder kürzer; Besichtigung $14/10; https://mammothsite.org.

Spannend für Pferdefreunde ist in der Gegend noch das ***Wild Horse Sanctuary*** und die ***Windcross Spanish Mustang Preserve***.

Zufahrt zum Crazy Horse Memorial; am Berghang in der Ferne erkennt man bereits die Gesichtszüge des berühmten Häuptlings

4

4.4.4 Abstecher zum Badlands National Park

Wer bis zu den Black Hills reist, sollte auf einen Abstecher zum *Badlands National Park* nicht verzichten. Am Weg zum Park befinden sich drei mögliche Zwischenziele:

Militärflugzeug-Museum

Rund 10 mi östlich von Rapid City (I-90/**Exit 67B**) die ***Ellsworth Air Force Base*** mit dem ***South Dakota Air & Space Museum***. Der Zutritt in die Ausstellungshalle sowie zum eindrucksvollen Open-Air Park mit zahlreichen ausgemusterten Militärflugzeugen und Raketen ist kostenlos; geöffnet Juni-September 8.30-18 Uhr, sonst bis 15/16.30 Uhr; www.sdairandspacemuseum.com. Zu den Bustouren durch die *Air Force Bas*e sind nur US-Amerikaner zugelassen. *Ellsworth* ist (auch heute noch) die Kommandozentrale einer weltweit einsatzfähigen Vernichtungskapazität von Interkontinentalraketen und einer Flotte von überschallschnellen Langstreckenbombern. Einige davon werden immer noch rund um die Uhr atomar bestückt startbereit gehalten.

Wall Drug

Das Dorf **Wall** beim I-90/**Exit 109**, nördlich der westlichen Zufahrt zum Badlands Nationalpark, ist Heimat des größten und kuriosesten *drug store* der USA und verdient einen Stopp. Der aus vielen Läden, Snack Bars und Ausstellungen zusammengesetzte Komplex ist wie ein Shopping Center mit Museen (u.a. *Western Art Gallery*). Im Hinterhof kann man fürs Foto einen *Jackalope* erklimmen (➤ Seite 334). Alles hat damit begonnen, dass die Gründer in den 1930er-Jahren die Idee hatten, Vorbeifahrende mit ***coffee for 5 cents*** und ***free ice cubes*** in ihr Geschäft zu locken. Beides gibt es heute noch; www.walldrug.com. Quartiere (u.a. *Best Western, Super 8, Econo Lodge*) sowie *Campgrounds* fehlen in Wall ebenfalls nicht.

Minuteman II Missile NHS

In Autobahn-Nähe verbergen sich die unterirdischen Silos der mit Nuklearsprengköpfen bestückten Interkontinentalraketen vom Typ ***Minuteman II*** aus der Zeit des Kalten Krieges. Einen guten Einblick in die Thematik vermitteln die Ausstellung und der 30-min-Film »Beneath The Plains« im Besucherzentrum der *National Historic Site* (**Abfahrt 131**; Mi-So 8-16 Uhr). Zwei Silos können auch besichtigt werden: ***Delta-09 Silo*** beim **Exit 116** (Dillon Pass Road; täglich 9-15 Uhr, kostenlose *self-guided tour*). Wer mehr sehen und wissen will, bucht eine 45-min-Ranger-Führung zum ***Delta-01 Silo*** (**Exit 127**; täglich 9-15 Uhr; $12/$8; Kinder erst ab 6 Jahre), Reservierung bis spätestens einen Tag im Voraus nötig (starke Nachfrage!). Alle Infos zu beiden Silos findet man online unter www.nps.gov/mimi/planyourvisit/placestogo.htm. Über 150 solcher Anlagen befanden sich einst östlich der Black Hills verteilt auf 35.000 km². Die Nachfolgemodelle *Minuteman III* stehen nach wie vor einsatzbereit in den *Great Plains*.

Badlands National Park www.nps.gov/badl

Eintritt $30/Auto oder Interagency Jahrespass

Gleich zwei I-90 Exits kommen für die Zufahrt in Frage: Die ***Badlands Loop Road*** (#240) macht einen Schlenker durch den nördlichen Teil des Nationalparks und verbindet dabei die Ausfahrten 110 (bei Wall) und 131. Das ***Ben Reifel Visitor Center***, wo alles über die Geologie und Geschichte dieser ungewöhnlichen Gegend vermittelt wird, steht am Osteingang. Es macht daher Sinn, die Erkundung dort zu beginnen, auch wenn Parkkarte und -zeitung an den Einfahrten ausgehändigt werden. Das gilt vor allem, wenn im Anschluss ohnehin die Rückkehr in die Black Hills ansteht.

Wenig Freude bereitete das Gebiet des heutigen Nationalparks den ersten Trappern und Abenteurern, die hier vor einer nahezu undurchdringlichen 100 km breiten und bis zu 60 m hohen Barriere standen. Auch für die nachfolgenden Siedler war es nichts als unfruchtbares »schlechtes Land« (=*badlands*). Im Sommer/Herbst wirkt die gesamte Gegend tatsächlich etwas trist. Im **späten Frühling** zeigt sich aber ein völlig anderes Bild, der Kontrast zwischen saftig grüner Prärie und den kargen Lehmhügeln ist dann überaus reizvoll. Im Mai/Juni regnet es hier allerdings auch am meisten.

Vor der Parkgrenze (3,5 mi südlich des **Exits 131**) passiert man eine Präriehund-Kolonie beim *Trading Post* und zwei kleine Freilichtmuseen: ***Oglala Lakota Living History Village*** der Ureinwohner ($8; www.oglalalakotahistoryvillage.com) und ***Prairie Homestead*** mit Grassodenhaus aus 1909 ($6; www.prairiehomestead.com).

Direkt hinter der Parkeinfahrt wartet dann der erste phänomenale Aussichtspunkt. Rote Bänder durchziehen die Hügel unterhalb des ***Big Badlands Overlook***. Am besten kommen sie im sanften Morgen- oder Abendlicht zur Geltung. 2 mi später taucht auch die #240 in die Mondlandschaft ein. Bei sengender Sommerhitze fällt dort das Wandern schwer. Dann empfehlen sich allenfalls kürzere Spaziergänge, z.B. in der Nähe des ***Cedar Pass*** auf dem gerade mal 400 m langen ***Window Trail*** oder ***Door Trail*** (1,2 km retour), beide mit tollen Ausblicken. Etwas anstrengender ist der ***Notch Trail*** (2,4 km retour), bei dem es über eine leiterähnliche Vorrichtung zu weiteren Aussichtspunkten geht. Ähnliches gilt für den ***Cliff Shelf Nature Trail*** jenseits der Passhöhe (nur 800 m lang, aber 60 HM).

Bei den »Yellow Mounds« zeigen sich die Badlands von ihrer buntesten Seite

Window Trail in der Nähe des Cedar Pass

Kurz darauf passiert man das *Ben Reifel*-Besucherzentrum und die einzige Unterkunft im Park, die ***Cedar Pass Lodge*** mit hübschen *cabins* ($220) und *campsites* (Zelte $28, *hook-up* $42; überdachte Picknicktische); ✆ 1-855-765-0737, www.cedarpasslodge.com. Zusätzliche Zimmer gibt es im ***Badlands Inn*** (ca. $190) an der #377 nur ca. 1 mi südlich der *Lodge* sowie in Wall (➢ Seite 362).

Badlands Loop Road

Hinter der *Lodge* wendet sich die **Parkstraße** dann nach Westen und folgt der Abbruchkante zwischen Prärie und *Badlands*. Zahlreiche Haltepunkte liefern immer wieder neue Eindrücke von der Vielfalt und -farbigkeit dieser bizarren Formationen. Unbedingt einen Stopp einlegen sollte man am ***Fossil Exhibit Trail*** (400 m retour), beim ***Panaroma Point*** (➢ Foto rechts) und ***Burns Basin Overlook*** (beide mit rotgestreiften Lehmhügeln) sowie im Bereich der gelb-roten ***Yellow Mounds*** (➢ Foto umseitig). Von dort führt eine Seitenstraße hinunter zur ***Conata Picnic Area*** zwischen den zerfurchten, ausgewaschenen Abhängen.

Sage Creek Rim Road

Westlich vom ***Pinnacles Overlook*** zweigt die ***Sage Creek Rim Road*** von der #240 ab. Diese bei Trockenheit gut befahrbare Schotterpiste verläuft weiterhin dicht an der Abbruchkante und bietet ständig neue, wenngleich nicht mehr ganz so spannende Ausblicke. Auf diesem Weg gelangt man auch zur ***Roberts Prarie Dog Town*** und zum *Sage Creek Campground* (*first-come, first-served*, gratis; kein Wasser!). Dort begegnen Besucher noch am ehesten den einst fast ausgerottteten, in den *Badlands* wieder heimisch gemachten ***Bisons*** (Büffel). Ungleich bessere Chancen bieten indes der *Yellowstone* oder *Theodore Roosevelt NP* (➤ umseitig). Die *Sage Creek Rim Road* mündet nach nur 25 mi in die #44 bei Scenic ein, die zurück nach Rapid City führt (43 mi).

Stronghold Unit

Alle, die einen SUV gemietet haben und noch mehr *Badlands* sehen möchten, können ab Scenic die etwas abenteuerlichere Fahrt auf den ***Sheep Table Mountain*** in der *Stronghold Unit* in Angriff nehmen (6,5-mi-Stichstraße **ab der #589/#27**). Das letzte Stück hinauf auf den Tafelberg (mit grandiosem Panoramablick in alle Himmelsrichtungen und einem **Felstürmchen-Amphitheater**) erfordert hohe Bodenfreiheit und ist daher nicht für Pkws geeignet.

Gestreifte Badlands im sanften Abendlicht (Panorama Point)

Zur **Fortsetzung der Reiseroute** geht es (ohne Abstecher nach *Wounded Knee*, ➤ unten) von Scenic wieder zurück nach Rapid City oder gleich weiter auf den Straßen #27/#2/#79/#18 über Hot Springs in Richtung Nebraska; ➤ Seite 372.

Liebhaber wenig frequentierter Landstriche könnten die *Badlands*-Runde auch noch erweitern (➤ umseitig). Im Hochsommer erscheint aber auch in North Dakota die Prärie etwas ausgedörrter und es ist meist zu heiß für längere Wanderungen.

4

Das Massaker von Wounded Knee

Auf dem Gebiet der heutigen Siedlung **Wounded Knee** (49 mi südlich von Scenic an der #27) hat die Kavallerie der US-Armee am 29. Dezember 1890 über 150 *Sioux* niedergemetzelt. Zu sehen gibt es vor Ort praktisch nichts außer einem Friedhof (➤ Foto Seite 64) und Gedenkstein. Mehr Einblick in die Geschehnisse bietet das ***Wounded Knee Museum*** in **Wall** (täglich 9-17.30 Uhr; Eintritt $6; 600 Main Street) an der I-90 oder das ***White River Visitor Center*** in der Südostecke des Badlands Nationalpark (auf dem entlegenen *Stronghold Table* hatten die *Sioux* zuvor ihren letzten *Ghost Dance* abgehalten).

4.4.5 Ausflug zum Theodore Roosevelt National Park

Eintritt $30/Auto oder Interagency Jahrespass

Übersichts- & Detailkarten www.nps.gov/thro/planyourvisit/maps.htm

Während das *Mount Rushmore Memorial* in den Black Hills jedes Jahr an die 2,5 Mio. Besucher verzeichnet, fährt nicht mal die Hälfte von ihnen weiter bis zum *Badlands NP*. Noch viel weniger ist im **Theodore Roosevelt Nationalpark** los. Seine **drei Abschnitte** (*South, North & Elkhorn Unit*) liegen südlich des Missouri River im US-Bundesstaat North Dakota. Das beschauliche **Medora**, zentrales Basislager für die Erkundung der *South Unit*, erreicht man ab Rapid City in unter 4 Std (I-90 bis Sturgis, dann weiter über die #34/#79/#168/#85 nach Norden und kurz auf der I-94 in Richtung Westen).

Sehr große landschaftliche Höhepunkte darf man im *Theodore Roosevelt NP* nicht erwarten, es sind allen voran die einsame Weite und die subtile Schönheit der Erosionslandschaften am Little Missouri River, die dort beeindrucken. Auch für alle, die sich für Wildtiere begeistern können, lohnt sich dieser Ausflug. Mindestens zwei ganze Tage sollte man dafür aber einplanen, besser sogar drei mit Besuch der *North Unit* und ggf. der *Hoodoos* im *Makoshika State Park* auf dem Rückweg nach Salt Lake City/Denver. Die beiden größeren Nationalpark-Teile sind über 70 mi voneinander getrennt (ca. 1,5 Stunden Autofahrt).

Elkhorn Ranch Unit

Die dritte Sektion rund um die *Elkhorn Ranch* aus 1884 liegt ebenfalls am Little Missouri River, aber in völliger Abgeschiedenheit zwischen der *South* und *North Unit*. Die *Ranch* ist primär von historischer Bedeutung, da es sich dabei um eine einstige Behausung von Präsident **Theodore Roosevelt** handelt. Nachdem er innerhalb weniger Stunden seine Mutter und seine Frau verlor, zog er sich zurück und entdeckte in North Dakota seine Liebe zur Natur. Während seiner späteren Präsidentschaft (1901-1909) wies er gleich 23 neue Nationalparks und -monumente aus.

Medora

Die Auswahl an M/Hotels ist in **Medora** äußerst beschränkt, im Sommer sollte man daher lieber nicht ohne Reservierung anreisen; Übersicht unter https://medora.com/stay. Für Familien mit Kindern kommt ggf. auch ein Planwagen mit 4 Betten in Frage ($200; *Conestoga Wagon* am *Campground*).

Der Little Missouri River schlängelt sich durch den Theodore Roosevelt NP

Postamt in Medora für die 100 Einwohner und ein paar mehr Touristen

Ausweichquartiere stehen in Belfield, ein 20 mi entferntes Nest, sowie in den Kleinstädten Dickinson (40 mi) oder Glendive (60 mi).

Besser sieht es hinsichtlich Essensmöglichkeiten aus. In Medora ist für jeden Geldbeutel etwas vorhanden – vom gediegenen ***Theodore's Dining Room*** im *Rough Riders Hotel* bis hin zu einfacheren *eateries* oder dem urigen *Little Missouri Saloon*.

South Unit

Medora befindet sich direkt an der Zufahrt in die *South Unit* des ***Theodore Roosevelt NP***. Entlang des 36-mi-Rundparcours ab dem *Visitor Center* (im Sommer tägl. 8-16 Uhr) reihen sich die Aussichtspunkte, Naturlehrpfade sowie eine kleine *Hoodoo*-Ansammlung und drei große, unterhaltsame **Präriehund-»Städte«**. Auch Bisonherden, Wildpferde, Dickhornschafe, Hirsche und Gabelböcke halten sich manchmal in der Nähe der Parkstraße auf.

Der ***Petrified Forest Trail*** (26 km) ist eine ausgedehnte Tagestour durch Grasland vorbei an mächtigen steinernen Baumstümpfen, die verstreut auf erodierten Lehmböden herumliegen/-stehen. Die Hölzer sind aber nicht so farbenprächtig wie im US-Südwesten.

Direkt hinter dem *Visitor Center* kann noch die ***Maltese Cross Cabin*** mit zeitgenössiger Inneneinrichtung besichtigt werden. Auch diese Hütte gehörte einst dem 26. Präsidenten der USA, stand aber ursprünglich auf seiner ersten Ranch südlich von Medora.

Eine Attraktion für sich sind die possierlichen, immerzu wachsam vor ihrem Bau stehenden **Schwarzschwanz-Präriehunde** im *Badlands* oder *Theodore Roosevelt National Park*. Mit schrillen Schreien (»yip«) kommunizieren die kleinen Tiere miteinander, wenn Gefahr droht oder erfolgreich abgewandt wurde, oft aber scheinbar auch nur aus Jux und Tollerei, wie man z.B. in diesem Video sehen kann: www.youtube.com/watch?v=MAkLJbK5JlE

Auf der Weiterfahrt in den Nordteil über die I-94 *East* und #85, empfiehlt sich noch ein kurzer Stopp beim ***Painted Canyon Overlook*** der *South Unit* (I-94/Exit 32; mit eigenem *Visitor Center*).

North Unit

In der nur wenig besuchten und noch ruhigeren *North Unit* des Nationalparks warten entlang der 14-mi-Stichstraße erneut schöne Ausblicke (***River Bend Overlook***, ➤ Foto Seite 366), aber auch kuriose Erosionskugeln, sog. ***Cannonball Concretions*** (unterhalb der Klippen direkt beim Abzweig zum *Juniper Campground*).

Keine 15 mi nördlich findet man in **Watford City** ein Quartier für die Nacht (preiswerter als Medora!), sofern man nicht gleich auf den ***campsites*** der *North* oder *South Unit* bleiben möchte. Sie sind alle reservierbar und verfügen über kein *hook-up*.

Watford City

Zwischen 2010 und 2015 vervielfachte sich die Einwohnerzahl, aus Watford City wurde eine Kleinstadt. Das keine 50 mi entfernte **Williston** bildete das »Epizentrum« des **Fracking-Booms** südlich der kanadischen Grenze, bei dem Öl und Gas unter Einsatz von Wasserdruck und Chemikalien aus tiefliegendem Schiefergestein gewonnen werden. Das einst vor allem als Agrarstaat und Kornkammer bekannte North Dakota kam in den letzten Jahren in Verruf, u.a. durch Unfälle und Pipeline-Lecks. Unübersehbar vielerorts sind die »Narben«, die das Fracking in der Landschaft hinterließ.

Cannonball Concretions in der nördlichen Einheit des Theodore Roosevelt Nat'l Park; die Steinkugeln haben ca. 1 m im Durchmesser

Nachdem der Ölpreis wieder fiel, ging es mit den *Boomtowns* bergab (geschlossene Infrastruktur). Aufgrund innovativer Fördertechnologien kündigte sich 2023 aber ein neuer Aufschwung an.

Makoshika State Park

Den ***Makoshika State Park*** im östlichen Montana erreicht man ab Medora direkt über die I-94 (Abfahrt 215 bei der Kleinstadt **Glendive** mit etlichen preiswerten Quartieren und Kettenmotels) oder ab Watford City über die Kombination #68/#23/#16. Auch hier stehen wiederum *Badlands* (»Makoshika« in der Sprache der *Lakota*) im Fokus. Diese sehen nicht nur interessant aus, sondern dienten als letzte Ruhestätte zahlreicher Urzeitriesen (*T-Rex, Triceratops* u.v.m.). Der Park ist daher auch Teil des ***Dinosaur Trail*** durch Montana (➤ Exkurs Seite 371).

Erosionslandschaften im Makoshika State Park

Ab dem Besucherzentrum (im Sommer täglich 9-17 Uhr) erschließt eine 5 mi *scenic (gravel) road* das Gebiet ($8/Fahrzeug); bei Trockenheit meist auch mit kleineren RVs machbar. Kurze Wanderwege führen mitten durch die Welt der Steinpilze und wundersamen Erosionsgebilde. Empfehlenswert sind u.a. der ***Cap Rock Trail*** (800 m *Loop*) und der ***Twin Sisters***-Pfad ab dem *Amphitheater* beim östlichen Straßenende; PDF-Karte unter https://fwp.mt.gov/makoshika. Die schönen und ruhigen *campsites, teepees* und Jurten im Park lassen sich reservieren, ➤ Seite 124.

Wer mit dem Besuch des ***Dinosaur & Fossil Museum*** in **Glendive** liebäugelt, sollte wissen, dass dort das Thema aus Sicht der Kreationisten präsentiert wird, die die Evolutionstheorie ablehnen. Laut ihnen lebten Saurier und Menschen gleichzeitig auf der Erde; $8/$7; www.creationtruth.org.

4

Alternative Rückfahrt zu den Black Hills (240 mi)

Medicine Rocks

Ein weiterer Ausflug in die Einsamkeit des südöstlichen Montanas könnte nach dem Besuch des *Makoshika State Park* dem kleinen ***Medicine Rocks State Park*** gelten. Er liegt direkt an der **Straße #7**, die auf halber Strecke zwischen **Medora** und **Glendive** von der I-94 nach Süden abzweigt (Exit 242/241). Wie Schweizer Käse erheben sich dort die gelbgrauen Sandsteinmonolithe aus den Grasländern, von den *Sioux* treffend »Inyan-oka-la-ka« (Steine mit Löcher) benannt. Eine kurze Stichstraße (ungeteert) und der schöne *Dalton Hiking Trail* führen durch das Parkareal. Eintritt $6 pro Fahrzeug (in bar); einfache *First-come, first-served*-Stellplätze vorhanden.

Über Nebenstraßen geht es weiter zum *Devils Tower* (#323/#112/#24; ➤ Seite 350) oder gleich nach Spearfish (#323/#212/#85). Wer sich für Dinosaurier interessiert, kann an der Kreuzung #7/#323 in **Ekalaka** noch dem kleinen *Carter County Museum* einen Besuch abstatten, das zum *Montana Dinosaur Trail* gehört; ➤ rechts.

Von Glendive zum Yellowstone National Park (400 mi)

Die schnellste Verbindung mit dem Yellowstone Nationalpark stellt die Interstate #94 dar. Interessante Stopps am Weg sind u.a.:

Terry Badlands

Mit einem 4WD-Fahrzeug lässt sich ab der Abfahrt 176 erneut in einsame Lehmhügellandschaften eintauchen. Nördlich des Yellowstone River erstrecken sich dort die ***Terry Badlands***; 6 mi *Dirt Road* ab der Straße #253 bis zu einem Aussichtspunkt oder ab Terry über die #10, Milwaukee Road, Calypso Bridge und den sehr abenteuerlichen *Calypso Trail* hinein ins Herz der *Badlands.* Sämtliche Pisten sind bei/nach Regenfällen unbefahrbar!

Little Bighorn Battlefield NM

Ein Umweg (+ 50 mi) führt ab Exit 49 über die #47/I-90 zu einem der bedeutendsten Schlachtfelder der Geschichte der Ureinwohner: Im Besucherzentrum des ***Little Bighorn Battlefield NM*** innerhalb der *Crow Reservation* an der I-90 südöstlich von Billings erfährt man alles über General Custers letzte Schlacht, bei der die Prärievölker 1876 unter *Sitting Bull*, *Crazy Horse* und *Gall* den Sieg davontrugen. Noch informativer sind die dort Mai-Sept 5x täglich stattfindenden ***Apsáalooke Tours*** ($15; 1 Stunde).

In Richtung Südosten führt die I-90 von dort nach Buffalo (➤ Seite 347) und gemeinsam mit der I-25 zurück nach Denver.

Piste durch den Medicine Rocks State Park

Westwärts geht es auf der I-90 direkt weiter nach **Billings** und dann nach **Columbus** (➤ Seite 341) und **Livingston** (➤ Seite 229), beide mit Anschlussrouten zum Yellowstone Nationalpark.

Pompeys Pillar NM

Ohne den Abstecher zum *Battlefield*, passiert man vor Billings noch ***Pompeys Pillar*** am Südfer des Yellowstone River (I-94/Exit 23). Der Sandsteinfelsen diente früher als Landmarke für die Ureinwohner, heute ist er eine Gedenkstätte, denn hier hinterließ William Clark seinen Namenszug mit Datum (25.07.1806). Zu dem Zeitpunkt befand sich der Begleiter von Meriwether Lewis bereits auf dem Rückweg von ihrer berühmten Expedition (➤ Seite 192).

THE MONTANA DINOSAUR TRAIL

Um den Tourismus in den weiten, wenig besuchten Prärieländern Montanas etwas anzukurbeln, wurde 2005 ein »**Dinosaurierpfad**« ins Leben gerufen, dem derzeit insgesamt 14 Museen, Parks und Ausgrabungsstätten angehören; https://mtdinotrail.org. Zu den größeren Highlights des ***Montana Dinosaur Trail*** zählen das *Museum of the Rockies* in Bozeman (➤ Seite 229), der *Makoshika State Park* (➤ Seite 369) sowie das *Two Medicine Dinosaur Center* in Bynum, wo Besucher unter Anleitung selber nach Knochen und anderen fossilen Überresten suchen dürfen (➤ Seite 227).

4.4.6 Von den Black Hills zurück nach Denver

Über den Highway #85 in Richtung Denver

Routen nach Süden

Von den Black Hills geht es auf der **#16** (etwa nach Besuch der *Jewel Cave*) oder über die Kombination #385/#89/#18 in Richtung Colorado. Beide Routen führen auf die **#85 nach Cheyenne**, ➤ Seite 335. Diese Strecke durch die Südostecke Wyomings, gleich ob über Torrington oder ab Lusk zur I-25, bietet keine besonderen Reize und kann rasch durchfahren werden. Das ***Fort Laramie***, eine *Historic Site* an der #26 nordwestlich von Torrington, ist auch nur mäßig interessant; www.nps.gov/fola. Bei Verbleib auf der I-25 schließt sich 100 mi südlich von Cheyenne in Denver (➤ Seite 262) der Kreis der Basisroute durch die *Rockies* und die Black Hills.

Über Nebraska zurück nach Denver

Toadstools/ Bisonfunde

Eine attraktivere, aber etwas zeit- und meilenaufwendigere Alternative wäre die #385 durch Nebraska. Hierfür folgt man ab Hot Springs/South Dakota **entweder direkt der #385** nach Süden **oder** – wer holprigen Schotter nicht scheut – **der #71/#2** mit einem Stopp am Rande der *Oglala*-Prärie im ***Toadstool Geologic Park*** nördlich von Crawford. Ein kurzer Naturlehrpfad führt ab den Picknicktischen und schattenlosem Einfachst-*Campground* ($15) durch die hellgrauen *badlands*. Größere »Steinpilze« wie im Südwesten der USA oder in Drumheller/Kanada (➤ Seite 684) darf man nicht erwarten. Abzweig der Toadstool Road an der Nebraska-Grenze (ca. 37 mi südlich von Hot Springs), dann 11 mi bis zur *forest road* #902 und noch 1,4 mi bis zum Ziel; bei Trockenheit Pkw-tauglich (auch die 12 mi vom Park nach Süden zurück zur #71/#2).

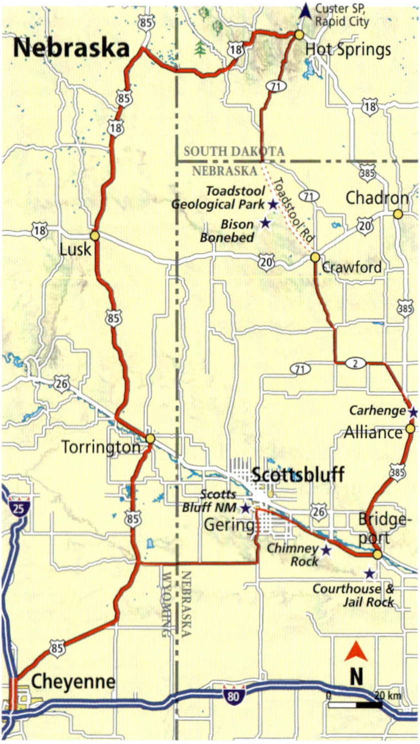

Paläontologieinteressierte können im Anschluss noch die Ausgrabungsstätte im ***Hudson-Meng Research Center*** besuchen (7-mi-Abstecher etwas weiter südlich ab der Toadstool Road). Überdacht in der Halle liegen dort die Überreste von rund 600 Bisons in einem beeindruckenden *»bonebed«*. Das Alter (10.000 Jahre) ist bekannt, die Todesursache (noch) nicht; geöffnet nur von Ende Mai bis Anfang Sept Fr+Sa 9-17 Uhr, $5/$3; www.fs.usda.gov/recarea/nebraska/recarea/?recid=10621.

Carhenge

Nicht versäumt werden sollte östlich von Alliance an der #87 das reichlich kuriose ***Carhenge***. Ähnlich wie in Maryhill, ➤ Seite 259, handelt es sich um eine Imitation des englischen Megalithkreises *Stonehenge*, der hier allerdings nicht aus Steinen besteht, sondern – wie der Name schon erahnen lässt – aus Autos. Die 38 in Einheitsgrau lackierten Oldtimer stammen vom örtlichen Schrottplatz und wurden im Sommer 1987 mitten auf einer Ackerfläche nur scheinbar »wild« übereinander gestapelt. Gleich nebenan befindet sich noch eine zusätzliche Reihe senkrecht im Erdboden versenkter Vehikel sowie weitere moderne »Kunstwerke«. Der Eintritt auf das Gelände ist frei; https://carhenge.com.

Oregon Trail Landmarken

Nach der Überquerung des North Platte River bei Bridgeport (#385) befinden sich etwa 6 mi südlich an der #88 die ***Courthouse & Jail Rocks***. Sehenswerter ist aber auf der Weiterfahrt nach Scottsbluff die hoch aus der Prärie herausragende Felsspitze des ***Chimney Rock*** unmittelbar südlich der Straße #26/ #92. Diese Felsen dienten, ebenso wie die Sandsteinklippen im ***Scotts Bluff National Monument***, als wichtige Landmarken entlang des ***Oregon Trail***; www.nps.gov/scbl.

Scotts Bluff National Monument

Oregon Trail Interpretive Center in Oregon, ➤ Seite 397

Von der größten Völkerwanderung in der Geschichte Nordamerikas (Ausführlicheres dazu ➤ Exkurs Seite 398) sieht man auch heute noch die Spuren, die die Planwagen der Siedler unterhalb der Klippen hinterlassen haben. Das ***Oregon Trail Museum & Visitor Center*** des *National Monument* hat im Sommer täglich 8-18 Uhr geöffnet, im Winter bis 16.30 Uhr; kein Eintritt; Zufahrt über die #92 südöstlich von Scottsbluff.

Nach Denver

Von der Kleinstadt **Scottsbluff** erreicht man Cheyenne/Denver am raschesten über die #71 direkt nach Süden und Weiterfahrt auf den Interstates #80 bzw. #25.

Carhenge, die amerikanische Antwort auf Stonehenge mit ausgedienten Autos

»Wide open spaces«, nahezu menschenleere weite Landschaften, prägen das zentrale Oregon. Mittendrin erheben sich die »Painted Hills« und sorgen für reichlich Farbtupfer im John Day County.

Durch das südliche Idaho & Oregon

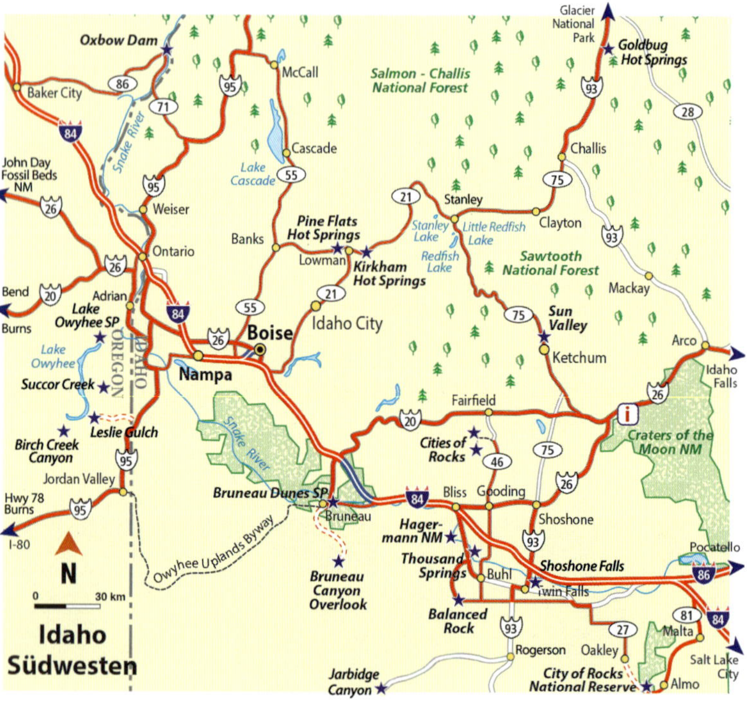

5. VON SALT LAKE CITY NACH SEATTLE, PORTLAND ODER AN DIE OREGON-KÜSTE

Wichtigste und schnellste Verbindungsstrecke zwischen Salt Lake City und Seattle oder Portland ist die **Interstate #84**. An ihr gibt es nicht ganz so viel zu sehen wie auf den nördlichen Routen durch die Kaskaden (➤ **Kapitel 1.5** und **1.6**), aber mit ein paar Abstechern lässt sich auch diese lange Fahrt (ca. 800 mi bis zu den beiden Hauptstädten) spannend gestalten.

Bei etwas mehr Zeit könnte man den Umweg über die spektakulären ***Painted Hills*** im *John Day Fossil Beds National Monument* im zentralen Oregon ins Auge fassen oder – mit einer entsprechend großen Anzahl an verbleibenden Urlaubstagen – im Anschluss noch einen Ausflug an die ganz zu Recht hochgelobte Oregon-Küste einplanen. Ist Portland oder Seattle der Abflughafen in Richtung Heimat, dann sind die teils traumhaften Pazifikabschnitte in Oregon oder ggf. auch auf der Olympischen Halbinsel (➤ Seite 179) der perfekte Ort, um die Reise entspannt ausklingen zu lassen.

5.1 Von der Mormonenhauptstadt nach Oregon

5.1.1 Auf der Interstate #84 nach Boise

Erstes Etappenziel an der I-84 in Richtung Nordwesten ist **Boise** (sprich: *Bói-si*). Idahos kleine grüne Hauptstadt erreicht man ab Salt Lake City leicht an einem Tag (ca. 350 mi) und das ggf. sogar mit einem kleinen Abstecher hinaus nach ***Antelope Island*** im Great Salt Lake (I-15/Exit 332; ➤ Seite 306) oder zu den Museumszügen bei der ***Golden Spike National Historic Site*** (I-15/Exit 365 und anschließend zurück zur Autobahn auf der #83 bis I-84/Auffahrt 26; ➤ Seite 307). Eine willkommene Abwechslung zur meist eher eintönigen Interstate bieten auch die **drei *City of Rocks*** im südlichen Idaho, die Sanddünen bei **Bruneau** sowie das Abfahren des ***Thousand Springs Scenic Byway*** westlich von Twin Falls.

City of Rocks Nat'l Reserve

Die erste »Felsstadt« versteckt sich mitten im Niemandsland zwischen der I-84 und dem Großen Salzsee. Ihr Besuch ist mit einem etwas größeren Schlenker verbunden. Ab Exit 245/I-84 sind es 40 mi bis zum **Besucherzentrum** in **Almo** an der #77 (täglich 8-16.30 Uhr, im Herbst/Winter nur Mi-So). Dort erhält man Karten und Infos zum aktuellen Zustand der holprigen, meist aber Pkw-tauglichen Piste durch die ***City of Rocks National Reserve***. Die mächtigen Granitbrocken der »Felsstadt« sind ausgesprochen beliebt unter Kletterern, sehen allerdings nicht ganz so bizarr wie jene bei Gooding aus, ➤ Seite 381. Wer sich die Füße kurz vertreten möchte, kann dies z.B. beim ***Window Arch*** (➤ links) zwischen den markanten Felsen *Bath* und *Elephant Rock* machen oder entlang des *Creekside Towers Trail*, einem Rundweg (2 km) durch die von zahllosen Felsnadeln durchsetzte »Inner City«.

Window Arch nur wenige Schritte hinter der campsite #37 in der City of Rocks

Die einfachen, hübsch zwischen Bäumen und Felsen angesiedelten Campingplätze mit Picknicktischen/Feuerstellen **müssen reserviert** werden, *walk-in* wird nicht angeboten ($14 für Zelte oder kleinere RVs; www.nps.gov/ciro/planyourvisit/camping.htm). Für die *backcountry sites* der *Indian Grove* wird ein *permit* benötigt. Ausweichmöglichkeiten rund um Alamo hat der ***Smoky Mountain Campground*** (mit elektrischem *hook-up* und Duschen Mai-Sept; $31+$7 Eintritt) sowie der ***Castle Rocks State Park*** (*hook-up* $35, teurere Jurten und *cabins*; https://parksandrecreation.idaho.gov). Im ***Almo Inn*** ist man ebenfalls gut aufgehoben (saubere Zimmer und Hütten; www.almoinn.com). Zum Baden bieten sich die Pools der ***Durfee Hot Springs*** an der #77 nördlich des Mini-Ortes an.

Weiterfahrt

Von der Westgrenze der *National Reserve* sind es noch 15 mi auf Schotter bis Oakley und 25 mi auf Asphalt bis zur I-84 Auffahrt 208 bei Heyburn/Burley. Mit Wohnmobilen geht es ab Almo weniger riskant über die Straße #77 zurück zur Autobahn.

5

Blick auf den Snake River und die Perrine Bridge vom Centennial Waterfront Park in Twin Falls

Twin Falls

Die *Shoshone Falls* bei der Stadt **Twin Falls** (gute Infrastruktur mit vielen Unterkünften/Restaurants) werden gern werbewirksam mit den Niagarafällen verglichen, können ihnen aber im wahrsten Sinne des Wortes »nicht das Wasser reichen«. Vor allem im Sommer/Herbst wird man – außer nach starken Regenfällen – eher nur wenig Nass über die 65 m hohen Klippen fließen sehen.

Die ***Shoshone Falls Viewing Area*** ($5/Auto) liegt östlich der Stadt: Anfahrt ab I-84/Exit 182 über die #50/3900 N Road (9 mi) oder ab Exit 173 über die #93/Falls Ave/4000 N/3300 E Road (10 mi).

Immer lohnenswert ist der Blick von der ***Perrine Bridge*** (Straße #93), die im Norden der Stadt in 150 m Höhe den ***Snake River Canyon*** überspannt. Die *Base Jumper*, die dort Tandem-Sprünge anbieten (www.tandembase.com), sieht man auch gut vom großen ***Twin Falls Visitor Center*** gleich südlich der Brücke (täglich 8-17/18 Uhr; 2015 Nielsen Point Pl; https://twinfallschamber.com).

In die Schlucht und näher ans Flussufer ran geht es über die Canyon Springs Road (Abzweig zum *Centennial Waterfront Park* von der #93 nur 0,4 mi südlich des Besucherzentrums).

Blick auf die Shoshone Falls von der Viewing Area östlich von Twin Falls zur Zeit der Schneeschmelze (April-Juni)

Lavahöhlen

Die nach den Ureinwohnern der Prärien benannte Ortschaft **Shoshone** liegt 20 mi nördlich von Twin Falls, die gleichnamige Lavahöhle nochmals 16 mi weiter an der #75. Die ***Shoshone Indian Ice Cave*** bietet ordentlich Abkühlung bei brütender Sommerhitze, drinnen gibt es eine Eisschicht zu sehen und das Thermometer zeigt -1°C an (im Juni-August 9-19, sonst 10-17 Uhr; 1-stündige Touren für $12/$8; https://shoshoneicecaves.com). Am Weg, rund 10 mi nördlich von Shoshone, liegt die ähnlich kühle ***Mammoth Cave***, die man auf eigene Faust erkunden darf (ca. 1/2 Std); $15/$9 inkl. Laternen-Nutzung; https://idahosmammothcave.com.

1000 Springs

Wer ab Twin Falls auf Nebenstraßen verweilt, passiert zwischen Buhl und Hagerman »Tausende« von kleineren und größeren Quellen, die am östlichen Steilufer des Snake River teils wasserfallartig aus dem Fels sprudeln und sich in den Fluss ergießen. Nach ihnen benannt wurde nicht nur die **Straße #30** (***Thousand Springs Scenic Byway*** zwischen Twin Falls und Bliss an der I-84/Exit 141), sondern auch der aus fünf unterschiedlichen Einheiten bestehende ***State Park*** (Eintritt $7/Auto). Etliche Zufahrten starten direkt an der Interstate, daher am besten vorher die detaillierte Übersichtskarte und die Broschüren herunterladen: https://parksandrecreation.idaho.gov/parks/thousand-springs/maps/.

Karte

Das offizielle *Visitor Center* befindet sich westlich der *Springs* in Hagerman, keine 5 mi südlich vom I-84 Exit 147 (➤ Seite 381).

In der östlichsten Einheit (***Niagara Springs Unit***) plätschern nur kleinere Kaskaden. Sehenswerter sind die Wasserfälle bei ***Ritter Island*** sowie der ***Box Canyon***, eine hufeisenförmige Schlucht mit glasklaren Pools. Beste Zufahrt für beide ab I-84/Exit 155: auf dem Hagerman Hwy 3 mi nach Westen, dann auf der 1500 East Road nach links (in Richtung Buhl) für 2,5 mi bis zur E 3200 S Road (Abzweig *Ritter Island*) bzw. 4,5 mi bis zum ausgeschilderten *Box Canyon*-Parkplatz rechter Hand der Straße. Zur Abbruchkante mit tollem Blick sind es von dort nur noch 800 m Fußweg.

Ritter Island im Thousand Springs SP

Bei den *1000 Springs* handelt es sich um das wiederaustretende Wasser eines bei Arco (➤ Seite 309) in Lavakanäle versickernden ***Lost River***. Da ein Teil allerdings inzwischen zu Bewässerungszwecken abgezweigt wird, sind die Quellen nicht mehr ganz so zahlreich und beeindruckend wie einst. Am schönsten ist es dort im späten Frühjahr. Das Foto ➤ links wurde direkt vom Highway 30 aufgenommen.

Ebenfalls ein lohnendes Ziel ist die 5. und nördlichste Einheit des *Thousand Springs State Park*, die ***Malad Gorge***. Man erreicht sie über den Exit 147 der I-84. Eine Fußgänger-Brücke führt über diese enge, bis zu 76 m tiefe Schlucht und gibt den Blick frei auf den im Frühjahr tosenden Wasserfall, der dort in den ***Devil's Washbowl*** stürzt. Ein hübscher Pfad folgt der Abbruchkante, nur die unmittelbare Nähe zur Autobahn trübt etwas die »Idylle«.

Balanced Rock

Ab Buhl am *Thousand Springs Scenic Byway* bietet sich außerdem noch der Besuch des ***Balanced Rock*** bei Castleford an (15 mi; ausgeschildert ab der Burley Avenue), einem knapp 15 m hohen und auf einem Podest balancierenden Felsen (mittlerweile allerdings etwas mit Beton verstärkt).

Der Ausflug lässt sich gut mit einer Picknickpause in der grünen, schattigen Schlucht des ***Balanced Rock Park*** kombinieren (nur 0,5 mi östlich des »Steinpilzes«). Wer möchte, kann dort am Ufer des Salmon Falls Creek gleich über Nacht bleiben (*first-come, first-serve* Einfachststellplätze vorhanden).

Hot Springs

Die Straße hinter dem *Balanced Rock* führt in einem großen Bogen wieder zurück zur #30. Zu den ***Miracle Hot Springs*** ist es ab der Einmündung ein sehr kurzer Abstecher (0,7 mi in Richtung Buhl). Bei den von heißen Quellen gespeisten Pool-Anlagen ($14-$16) kann man auch in schattiger Umgebung im Zelt/RV oder *Glamping Domes* übernachten; www.miraclehotspring.com.

Besucher unterhalb des Balanced Rock von der Straße aus gesehen

Hagerman Fossil Beds National Monument

Wer dem *Scenic Byway* in Richtung Norden (Hagerman) folgt und sich für Fossilien interessiert, könnte noch einen Stopp bei den ***Hagerman Fossil Beds*** erwägen. Die Überreste der ersten Pferde auf dem amerikanischen Kontinent aus dem Pliozän (vor 3,5 Mio. Jahren) sieht man dort allerdings nur im NM-Besucherzentrum, das sich an der #30 nördlich des Ortes befindet und gleichzeitig auch als offizielle Info für die *Thousand Springs* fungiert (geöffnet im Sommer täglich 9-17 Uhr, im Winter nur Fr-So 9-15 Uhr).

Südlich von Hagerman zweigt die Parkstraße nach Westen ab und schafft Zugang zu den Aussichtspunkten auf der anderen Uferseite des Snake River; Eintritt frei; www.nps.gov/hafo.

Bei **Bliss** mündet der Highway 30 wieder in die Interstate #84 ein.

Wanderziele bei Gooding

Ein etwas abenteuerlicher Abstecher führt von dort (I-84/Exit 141) oder ab Wendell (Exit 157) über die #26/ #46 zu zwei »Felsstädtchen« in den Bennett Hills:

Little City of Rocks

Pillar Arch in der Little City of Rocks bei Gooding

Ausgangspunkt für den Besuch der kleinen, aber zugleich sehenswerteren ***Little City of Rocks*** ist der Parkplatz am Ende des Feldwegs (nur 1 mi), der 13,2 mi nördlich der Kreuzung #26/#46 von der #46 unauffällig nach links abzweigt (GPS: 43.10651, -114.67112). Hinter einer dort errichteten Mauer ist man schon bald beidseitig von hohen dunklen Tuffsäulen und -türmchen umgeben. Der mächtige ***Pillar Arch*** steht rechter Hand noch ziemlich im Anfangsbereich, etliche weitere Felsbögen säumen den Pfad hinein in die immer höher und enger werdende Schlucht. Nach etwa 2 km kann man dann je nach Lust und Laune auf gleicher Strecke zurückkehren oder sich einen Weg hinauf an die Canyonkante suchen und dieser retour zum Auto folgen.

Gooding City of Rocks

Der Abzweig zur ***Gooding City of Rocks*** befindet sich nochmal 4,5 mi weiter nördlich an der #46 (GPS: 43.16895, -114.65882) und endet nach 9 Meilen *dirt road* (gute Bodenfreiheit erforderlich!) im zentralen Bereich der *Wilderness Study Area* mit weiteren kuriosen Steinbögen und *Hoodoos*.

Beide *City of Rocks* sind noch relativ unbekannt und genau das Richtige für Leute, die gern auf kaum sichtbaren Pfaden abseits des Trubels wandeln. Aber Achtung vor Klapperschlangen und im Frühjahr, wenn diese Gegend unwirklich grün ist (Mai/Juni), auch vor den dort dann zahlreichen *wood ticks*. Die Sommerhitze und Dürre vertreiben die Zecken wieder. Am besten vorher ein *BLM Office* für aktuelle Infos und Karten aufsuchen, z.B. in Shoshone (400 W F St) oder Twin Falls (2878 Addison Avenue E).

Blick in den tief eingeschnittenen Bruneau Canyon; nur im Frühjahr sind die Steilwände der Schlucht ähnlich grün wie auf dem Foto

Bruneau Dunes SP

Die ***Bruneau*-Sanddünen** erheben sich bis zu 140 m aus der kargen Landschaft zwischen dem Snake und Bruneau River; Zufahrt über die Straße #78, ca. 20 mi ab Exit #112/I-84. Ein **9,5 km langer Rundweg** führt durch das Dünenareal und vorbei an zwei kleinen Seen mit Picknick-Möglichkeiten (Eintritt $7 pro Fahrzeug).

Der *State-Park*-Campingplatz nördlich der Sanddünen wirkt wie eine **grüne Insel** in der ansonst braungrauen Umgebung; einfache Zeltplätze ab $14, *hook-up* ab $26. Die *cabins* kosten $60/Nacht; www.parksandrecreation.idaho.gov/parks/bruneau-dunes.

Weiterfahrt nach Boise

Für den *Bruneau Dunes State Park* fährt man – ähnlich wie für die *Thousand Springs* – ein kleines »Dreieck«, bei dem es auf der #51 wieder zurück zur Interstate geht. Dort trennen einen dann nur noch 40 Meilen von der **Metropolregion Boise-Nampa**.

Bruneau Canyon

Wer die Dünen besucht, könnte aber noch gleich ein paar Extrameilen bis zum ***Bruneau Canyon*** »dranhängen«, wo sich der gleichnamige Fluss durch eine enge, 240 m tiefe Schlucht zwängt. Der Abzweig von der #78 ist in der kleinen Ortschaft **Bruneau** ausgeschildert. Während der Anfahrt auf der geschotterten Hot Springs Road deutet jedoch noch nichts auf den spektakulären Abgrund hin, der sich 18 mi weiter im Süden unterhalb des *Overlook* auftut. Diese Schlucht ist bereits Teil der weitläufigen ***Owyhee Canyonlands*** (➤ Exkurs rechts). Zurück geht es auf gleichem Wege.

Bruneau Dunes im sanften Abendlicht

Ausflug in die Owyhee Canyonlands

Großflächige, auch heute noch vergleichsweise unbekannte Wildnisareale erstrecken sich im Südwesten Idahos, Osten Oregons und Norden Nevadas rund um die weitverzweigten Flusssysteme des **Bruneau**, **Owyhee** und **Jarbidge River**. Neben tief eingeschnittenen Canyons bergen sie Erosionslandschaften, die es durchaus mit jenen im US-Südwesten aufnehmen können. Das geologische Wunderland ist hier jedoch kaum besucht, denn viele Bereiche sind über abenteuerliche SUV-Pisten oder ausschließlich per Boot zugänglich. Wer Ziele fernab der Touristenmassen sucht und etwas Abenteuergeist mitbringt, kann sich hier mit dem passenden Fahrzeug (Vierradantrieb!) noch so richtig »austoben«. Vor jeder Tour sollte man aber unbedingt das aktuelle Wettergeschehen verfolgen, sich gute Karten besorgen und nach dem Straßenzustand erkundigen. Gute Anlaufstellen sind z.B. die *BLM Field Offices* in Boise (3948 Development Ave, ✆ (208) 384-3300 oder in Twin Falls (2878 Addison Ave East, ✆ (208) 735-2060). Frühling ist die beste Jahreszeit; dann sind die Temperaturen am angenehmsten und das viele Grün bietet einen herrlichen Kontrast zu den dunklen Felsformationen.

Einige Sehenswürdigkeiten sind sogar mit vergleichsweise wenig Aufwand zu erreichen. In diese Kategorie fällt u.a. der ***Jarbidge Canyon*** direkt an der Grenze zu Nevada: Nicht ganz 100 mi sind es von Twin Falls bis Jarbidge, einem kleinen Nest mit *Ghost Town*-Charakter. Man folgt zunächst der #93 (I-84/Exit 173) bis Rogerson und von dort geht es weiter über Nebenstraßen; die letzten 17 mi sind nicht asphaltiert. Mit dem Beginn der Schlucht wechselt der Belag zu *gravel/dirt* (bei gutem Wetter meist leicht zu befahren; bei Nässe sehr gefährlich). Der Stamm der Shoshone blieb dem Canyon fern, da sie in ihm ein großes, menschenfressendes Monster namens *Tsawhawbitts* vermuteten. Heute verleiten die dunklen, skurrilen Felsgestalten, die sich beiderseits der Straße erheben, aber eher zum Staunen als zur Furcht. Die schönsten Steintürmchen stehen gleich eingangs der Schlucht. Am südlichen Ende liegt **Jarbidge**, das über eine Tankstelle, einen Saloon, zwei im Sommer geöffnete Unterkünfte (*Tsawhawbitts B&B* und *Outdoor Inn*) sowie einen ***RV Park*** verfügt (nur für kleinere RVs; größere Modelle schaffen die Anfahrt durch den engen, teils einspurigen Canyon nicht!). Wer von **Wendover** (am Salzsee westlich von Salt Lake City; ➤ Seite 307) anreist, sollte auch mit normalen Fahrzeugen lieber die Anfahrt auf der #93 wählen und nicht die Route über Elko (I-80/Exit 301), denn die abenteuerliche Piste zwischen Jarbidge und der #225 schlängelt sich 47 mi lang durch die Berge und ist meist Okt-Juni wegen Schnee unpassierbar.

Noch empfehlenswerter ist der Ausflug in die fantastische ***Leslie Gulch***, wofür ebenfalls mindestens ein halber Tag benötigt wird. Hier folgt man ab Nampa (I-84/Exit 33B) zunächst den Straßen #55/#95 für 35,5 mi und dann der Ausschilderung nach rechts. Auf dieser meist gut gewarteten, staubigen Stichstraße sind es dann noch weitere 18 mi bis zum Beginn der Schlucht und insgesamt 24 mi bis zum *BLM Campground Slocum Creek* kurz vor dem Umkehrpunkt am Stausee **Lake Owyhee**. Aber Vorsicht, bei Nässe ist die Piste selbst mit 4WD unbefahrbar.

Fahrt durch die Leslie Gulch

5

Auf einer Strecke von 6 mi ist man dabei von hoch aufragenden, wabenartig durchlöcherten Skulpturen umgeben. Diese beigebraunen Tuffstein-Formationen aus verfestigter Vulkanasche sind selbst in der grellen Mittagssonne absolut sehenswert, im goldenen Abendlicht aber noch beeindruckender. Wer das Zelt dabei hat, kann sich einen der 12 kostenlosen Plätze mit Grillrost und überdachtem Picknicktisch sichern (*first-come, first-served*; kein Trinkwasser, aber Toiletten vorhanden; ➤ Foto Seite 123).

Felsbogen in der Leslie Gulch

Der links abgebildete Steinbogen befindet sich in unmittelbarer Straßennähe, ist aber nicht ganz leicht zu erkennen. Nachdem man die kleine Holzhütte passiert hat, sind es noch etwa 600 m bis zu dem Felsen auf halber Höhe am rechten Hang. Schöne Wege, wie der *Juniper Creek Trail* kurz darauf, führen in Seitencanyons und noch etwas weiter in die Wildnis hinein (ca. 5 km retour). Im Hochsommer kann es in der Region sehr heiß werden, bessere Wandertemperaturen herrschen im späten Frühjahr oder wieder ab September. Vorsicht ist auch geboten bei Regenfällen, dann verwandelt sich die Zufahrt in eine Lehmfalle und durch die Schlucht können gefährliche Sturzfluten (*flash floods*) rauschen.

Wer nicht auf selber Strecke retour fahren möchte, kann stattdessen über die ***Succor Creek State Natural Area*** mit weiteren Felsspitzen und einem grünen Picknick- und Campingplatz nach Nampa fahren (ausgewiesener Abzweig etwa auf halber Strecke zurück zur #95). Die meist gute *gravel road* durchquert das Schutzgebiet und mündet westlich von Nampa in die #201/#19 ein. Nach rechts geht es dort zur Interstate 84, links zu einem guten *State Park Campground* mit *first-come, first-served hook-up sites* in herrlicher Wildwest-Kulisse am Nordufer des **Lake Owyhee** (etwas anspruchsvollere 30-mi-Zufahrt ab Adrian, nicht für größere Wohnmobile!). Richtig schön ist es dort aber nur, wenn der 85 km lange Stausee ausreichend Wasser hat.

Alternativ lässt sich die Tour nach der *Leslie Gulch* auf der Straße #95 auch in Richtung Süden fortsetzen. Wer dort nach 17 Meilen auf die 4WD-Piste nach Westen abbiegt, gelangt erneut zum Owyhee River (29 mi *one-way*); am Weg liegt der tolle ***Birch Creek Canyon*** sowie ein größeres Lavafeld (den ***Coffeepot Crater*** kann man zu Fuß umrunden). Nur 8 mi weiter auf der #95 ist **Jordan Valley** erreicht (mit Hotel und Tankstelle). Dort beginnt der ***Owyhee Uplands Backcountry Byway***. Für diese 103-mi-Schotterpiste bis Grandview (westlich von Bruneau) benötigt man eine Begleitbroschüre: www.blm.gov/documents/idaho/public-room/brochure/owyhee-uplands-backcountry-byway-guide.

Wer von Jordan Valley der #95 nach Westen folgt, passiert beim »Nest« **Rome** die nicht gekennzeichnete 3-mi-Zufahrt zu den erodierten Klippen ***Pillars of Rome***.

Weiterfahrt nach Westen ab den Owyhee Canyonlands

Anstelle der im **Kapitel 5.2** verfolgten **Route über Baker City nach Bend**, kann auch von dieser Ecke aus die Reise gen Westen fortgesetzt werden, am besten ab Jordan Valley über Burns (Straßenkombination #95/#78/#20/#395), so dass auf den Besuch der einzigartigen ***Painted Hills*** (➢ Seite 402) nicht verzichtet werden muss. Steht Relaxen im Vordergrund, sind die ***Crystal Crane Hot Springs*** an der #78 eine willkommene Abwechslung oder sogar ein Etappenziel; Eintritt $10 bzw. im privaten *soaking tub* $15/Stunde. Zimmer, *cabins*, *teepees*, Zelt- und RV-Plätze auch vorhanden; ✆ (541) 493-2312, www.cranehotsprings.com. Nur 25 mi später liegt **Burns** an der Kreuzung #78/#20, die einzige Ortschaft weit und breit mit mehr als nur einer Handvoll Einwohner und mit guter Infratruktur (auch Kettenmotels wie z.B. *Best Western* und *OYO*).

Wer noch länger in den einsamen Wüsten(hoch)ebenen Oregons verweilen möchte, kann von dort einen Schlenker zum knapp 3.000 m hohen **Steens Mountain** in der Südostecke des Bundesstaats einplanen. Am besten hierfür vorab aktuelle Infos im *Burns BLM Office* einholen (28910 Hwy 20 West; Hines) und nur mit vollem Tank starten. Die 59 mi lange ungeteerte ***Steens Mountain Loop*** beginnt am ***High Desert Discovery Scenic Byway*** (#205), der von Burns nach Süden in Richtung **Fields** führt (Abzweig bei **Frenchglen**; der südliche *Loop*-Abschnitt ist SUVs vorbehalten). Quartiere und Restaurants sind in der Region kaum vorhanden, beides vereint findet man in der rustikalen *Frenchglen Hotel State Heritage Site*; geöffnet Mitte März-Oktober; ✆ 1-800-551-6949, https://stateparks.oregon.gov/index.cfm?do=park.profile&parkId=2.

Wenn Zugvögel sich im Frühling und Herbst auf den Weg machen und sich an großen Feuchtgebieten versammeln, ist es auch in der ***Malheur Nat'l Wildlife Refuge*** [*MALL-hur*] besonders spannend. Es handelt sich um einen ihrer bedeutendsten Rastplätze entlang des *Pacific Flyway* im US-Westen. Man steuert am besten zuerst das Besucherzentrum 26 mi südlich von Burns östlich der #205 an; Zufahrt über die Sodhouse Lane (6 mi). Alternativ geht es dorthin auch ab der #78 (z.B. nach dem Besuch der *Pillars of Rome*, ➢ links), dann sind es allerdings holprige 13 mi auf Schotter; Abzweig bei New Princeton. Karten/Broschüren lassen sich auch online abrufen: www.fws.gov/refuge/malheur.

Eine weite Anfahrt erfordert das zweite große Tierschutzgebiet, das ***Hart Mountain National Antelope Refuge***, wo in erster Linie *pronghorns* (➢ Foto Seite 31), Dickhornschafe, Hirsche und prächtige Beifußhühner (*greater sage-grouse*, ➢ Foto Seite 317) anzutreffen sind; Abzweig von der #205 rund 7 mi südlich von Frenchglen, insgesamt 110 mi *one-way* ab Burns, 50 mi auf Schotter; www.fws.gov/refuge/hart-mountain-national-antelope. In der Nähe der *Refuge Headquarters* laden die ***Hart Mountain Hot Springs*** mit *boondocking campsites* zum länger Verweilen ein. Eines der Badepools ist sehr tief und von einer hohen Mauer umgeben, das zweite herrlich naturbelassen.

Hot Springs am Borax Lake

Heiße Quellen sind zahlreich in Oregons *High Desert*, aber nicht alle zum Baden geeignet (zu warm oder arsenhaltig). Das gilt auch für die Ansammlung an kleinen, hübschen Pools am **Borax Lake** (➢ rechts).

Die *Borax Lake Hot Springs* sind dennoch einen Besuch wert. Diese Gegend fernab der Zivilisation am Rande der im Sommer meist ausgetrockneten ***Alvord Desert Playa*** erinnert entfernt an den Yellowstone Nationalpark, nur dass man hier anstatt von Touristenmassen von endlosen Weiten und einer unglaublichen Ruhe umgeben ist. Zufahrt ab der #205 über die East Steens Road (aka **Fields Denio Road**), nach 500 m unmittelbar bei den Strommasten rechts halten und 2 mi später links. Insgesamt sind es 4,8 mi auf Seitenpisten und dann noch 800 m zu Fuß (Zielkoordinate: 42.32896, -118.60290); Abzweig von der #205 nördlich von Fields (105 mi von Burns entfernt; das »Nest« besteht nur aus einer Handvoll Häusern).

Ein ähnliches Geothermalgebiet mit farbenprächtigen Pools befindet sich bei den ***Mickey Hot Springs*** noch etwas weiter nördlich an der Fields Denio Road (insgesamt 38 mi ab der #205). Am besten erkundigt man sich nach dem aktuellen Straßenzustand in den ***Alvord Hot Springs***, die am Weg liegen. Bis zu dieser kleinen Anlage in Privatbesitz sind es von der #205 ca. 22 mi Schotter. Neben einer (etwas verbauten) Badestelle werden dort noch rustikale *campsites*, einfache Betten im Container, Getränke und Snacks angeboten. Auch Tagesbesuchern wird empfohlen sich vorher telefonisch anzumelden: ✆ (541) 589-2282, www.alvordhotsprings.com. Bis zur #78 im Osten sind es von den *Alvord Hot Springs* noch 40 Meilen, davon 30 mi auf Schotter.

Wer es noch einsamer mag, fährt zu den völlig naturbelassenen ***Willow Creek Hot Springs***, die gelegentlich auch als *Whitehorse Ranch Hot Springs* bezeichnet werden (GPS: 42.27531, -118.26541). Anfahrt über die Whitehorse Ranch Lane, die zwischen der #205 und #95 verläuft; Abzweig von der #205 ca. 8 mi südlich von Fields, dann noch 25,5 mi auf *gravel/dirt*, ähnlich lang ab der #95. Für beide Wege trockene Witterung erforderlich! Man parkt und campt (ohne Komfort, aber immerhin mit einer Toilette) direkt an den zwei kleinen, unterschiedlich temperierten Pools. Nicht nur der sternklare Himmel nachts bleibt unvergesslich. Ein traumhaftes Plätzchen - »irgendwo mitten im Nirgendwo«!

5.1.2 Über die »Mondkrater« und »Sägezahnberge« in Richtung Boise

Wer auf der Etappe nach Boise noch 1-2 Extratage erübrigen kann, könnte auch einen größeren, zugleich landschaftlich reizvolleren Schlenker in Betracht ziehen. Hierfür folgt man ab Salt Lake City zunächst der I-15 weiter nach Norden (Route ➢ **Kapitel 4.3.1**, Seite 309), erkundet eine Lavahöhle sowie den *Inferno Cone* im ***Craters of the Moon National Monument*** (➢ Seite 310) und setzt dann die Fahrt durch die ***Sawtooth Wilderness*** zu Füßen der grandiosen Silhouette der »Sägezahnberge« fort. Im Anschluss führt die Straße #21 über die Wildwest-Town Idaho City wieder bergab und weiter in Richtung Boise.

Ketchum

Entscheidet man sich für diese Variante, so geht es von der #20 rund 40 mi westlich der Mondkrater auf dem ***Sawtooth Scenic Byway* (#75)** hinauf in die Sawtooth Mountains mit der gleichnamigen *National Recreation & Wilderness Area* in der Hochlage. **Ketchum** und dessen mondäner Vorort **Sun Valley** (das »St. Moritz« der USA) sind populäre, stark kommerziell bestimmte Ziele für Sommer- und Skiurlauber.

Ernest Hemingway verbrachte seine letzten Lebensjahre in Ketchum (nicht in Key West!) und schrieb dort »Wem die Stunde schlägt«. Er beging 1961 Selbstmord. Der kleine Friedhof mit seinem Grab liegt an der Hauptstraße etwas außerhalb des Ortes im Norden. Ein schlichtes Denkmal am Trail Creek erinnert an den berühmtesten Bürger der Stadt. Wer in Ketchum und Umfeld ein Zimmer sucht, findet ein breites Angebot vor – vom schlichten **Motel** bis zur piekfeinen ***Lodge***. Gut sind z.B. das *Best Western* sowie die Tamarack Lodge (beide ab ca. $150).

Hot Springs

Rund um Ketchum locken zahlreiche **heiße Quellen**, einige davon werden kommerziell betrieben und sind an der #75 nicht zu übersehen, andere blieben **naturbelassene Badepools**, so z.B. die *Frenchman's Bend Hot Springs* aka *Warfield Hot Springs* knapp 11 Meilen westlich der Stadt; Zufahrt über die etwas holprige, aber bei Trockenheit auch Pkw-taugliche Forststraße #227.

Info

Eine Liste mit den *Hot Springs* der Umgebung liegt im Besucherzentrum an der 491 Sun Valley Road aus; geöffnet tägl. 9-17 Uhr; https://visitsunvalley.com. Eine weitere gute Infostelle ist das große ***Visitor Center*** der *Sawtooth National Recreation Area* an der #75 nur wenige Meilen nördlich von Ketchum; geöffnet wochentags 9-15 Uhr. Gleich nebenan erstreckt sich der schöne *North Fork Campground* am Ufer des Big Wood River. Die einfachen *campsites* ($20) sind unter www.recreation.gov zu reservieren.

Sawtooth Wilderness

Die *NRA* mit der westlich angrenzenden Wildnisregion erfreut sich bei Naturfreunden zu Recht großer Beliebtheit. **Angeln** und **Gebirgswandern** sind dort die bevorzugten Aktivitäten. Auch ***Rafting*-Abenteuer** lassen sich in Stanley buchen. Familienfreundliche, 4-Std-Trips auf dem Salmon River kosten z.B. bei *White Cloud Adventures* ab ca. $85/$75; www.whitecloudrafting.com. Teurere Mehrtagestouren werden auf dem wilden Oberlauf des Middle Fork Salmon River angeboten, der zu den besten Wildwasser-Revieren der USA (*Class III+* bis *IV*) gehört.

Stanley

Stanley im Blockhaus-Look zählt nur knapp über 100 Einwohner, ist den Sommer über aber immer ein Tummelplatz für Outdoor-Enthusiasten. Hier steht die einzige Tankstelle weit und breit, außerdem eine Handvoll Kneipen sowie ein kleiner Supermarkt.

Sawtooth Range am Little Redfish Lake südlich von Stanley (ganz links im Bild der über 3.000 m hohe Mt Heyburn)

Das ***Stanley High Country Inn*** bietet gute Doppelzimmer ab $100 (https://stanleyinn.com), das ***Triangle C*** gemütliche Blockhütten ab $130 (https://triangleccabins.com) und der ***Stanley RV Park*** *Hook-up*-Stellplätze (✆ (208) 774-2202, https://stanleyrv.com).

Redfish Lake

Noch schöner übernachtet man südlich des Ortes am Nordufer des **Redfish Lake** in der gleichnamigen ***Lodge***; Zimmer und Blockhütten ab $150; https://redfishlake.com. Der See lockt mit glasklarem, badewarmen Wasser und einem hübschen Sandstrand und ist ein populärer Ausgangspunkt für Wildnistrips. An seinem flachen Ufer befinden sich einige wunderbare *NF sites*. Am besten aufgehoben ist man südlich der *Lodge* im ***Point Campground*** auf einer Halbinsel. Asphaltierte Zufahrt (#214), nur 3 mi ab der #75 rund 4 mi südlich von Stanley, die zuerst den ebenso hübschen Little Redfish Lake passiert (➤ Foto umseitig).

Stanley Lake

Empfehlenswert sind auch die Plätze am **Stanley Lake**, einem weiteren (Bade-)See nördlich der Ortschaft (3 mi über die #445 ab der #21). Das ***Visitor Center*** am Redfish Lake und die ***Stanley Ranger Station*** (an der #75 rund 3 mi südlich des Ortes) halten Karten und Infos bereit zu den zahlreichen schönen *NF*-Campingplätzen, die die **#75** und **#21** säumen; www.fs.usda.gov/sawtooth.

Von Stanley bis Lowman

Der ***Ponderosa Pine Scenic Byway*** (#21) von Stanley hinunter nach Lowman ist zwar nicht ganz so attraktiv wie der Verlauf des ***Salmon River Scenic Byway*** (#75) weiter nach Norden (➤ Exkurs rechts), dafür warten am Weg gleich zwei heiße Quellen: Rund 20 Meilen vor Lowman die ***Bonneville Hot Springs*** am Warm Creek River (knapp 500 m hinter dem gleichnamigen *NF Campground*) sowie 4 mi vor Lowman die ***Kirkham Hot Springs*** am South Fork Payette River mit naturbelassenen Mini-Pools und einem weiteren Campingplatz.

Weiterfahrt über #55/#95

Eine gut ausgebaute Straße führt **von Lowman** hinunter nach Garden Valley und Banks **zur #55** im schönen Tal des Payette River mit etlichen Badestellen. Auch an dieser Route locken wiederum heiße Quellen, am besten sind die ***Pine Flats Hot Springs*** mit *NF campsites*. In Garden Valley starten abenteuerliche Rafting-Trips über die Stromschnellen des Payette River; www.iwuraft.com.

Teepee bei Stanley

Ab Banks sind es auf der #55 noch knapp 40 mi bis Boise, in Richtung Norden geht es zur #95 mit Anschluss an die Route nach Lewiston bzw. zum *Hells Canyon*, **Kapitel 5.1.4** ➤ Seite 391.

Nach Boise über die #21

Wer in Lowman auf der #21 in Richtung Boise bleibt, erreicht nach zahllosen Kehren im Gebirgswald **Idaho City**. Diese in den 1860er-Jahren einwohnerreichste Stadt des US-Nordwestens ist heute eine »halbe« ***Ghost Town*** mit einem originellen *Visitor Center* und dem ***Boise Basin Historical Museum***, das ein Sammelsurium zu den Themen *Gold Rush* und »Wilde Vergangenheit« beherbergt. Zwischen Idaho City und Placerville (*gravel road*) zeugen durchwühlte Areale von den Aktivitäten der Prospektoren. Eine – im positiven Sinne – total verrückte Holzhütte steht an der Ecke Centerville/Main Street in Idaho City – nicht verpassen!

Einige Meilen südwestlich des Ortes liegt an der #21 ***The Springs Resort*** mit Zimmern ab $150 und Heißwasserpool (täglich ab 10.30 Uhr, Fr+Sa bis 22 Uhr; $25/$22); www.thespringsid.com.

Von der Sawtooth Range hinauf zum Glacier Nationalpark

Von der Sawtooth-Gebirgskette führt ab Stanley (➤ Seite 387) die schöne ***Salmon River Scenic Route* (#75)** nach Norden in Richtung *Glacier National Park* – eine abwechslungsreiche Fahrt mit dem Fluss als ständigem Begleiter. An toll gelegenen, ufernahen ***NF Campgrounds*** besteht kein Mangel. Mehrere Einfachplätze des BLM befinden sich weiter nördlich am Salmon River und verfügen teilweise über **Badestellen**.

Auch der Verlauf der **#93** ab Challis bleibt bis nach Montana hinein noch erfreulich (mit den tollen ***Goldbug Hot Springs*** bei Elk Bend; 400 Höhenmeter und 6,5 km retour ab dem Trailhead bei der Meile 282). Der einzig nennenswerte Ort zur Versorgung ist **Salmon**. Eine letzte **Campingempfehlung** vor Erreichen von Missoula gilt der ***Chief Looking Glass Recreation Area*** nördlich von Florence, etwa 1 mi westlich der Straße am Bitterroot River. Ab Missoula geht es dann auf einer der bereits beschriebenen Strecken in Richtung West Glacier weiter, ➤ Seite 216.

Eine Alternative zur #75 wäre ab **Sunbeam** (mit *Hot Springs* in Straßennähe!) der ***Custer Motorway*** am Rand der ***River-of-no-return-Wilderness*** durch ein ehemaliges **Goldrauschgebiet** (immer noch Molybdänerz- und Goldgewinnung) mit den »Geisterstädtchen« **Custer** und **Bonanza City**. Die 25 mi lange *dirt road* ist nur im Sommer befahrbar; vorher erkundigen, nicht mit RVs. Trotz fast identischer Meilen bis **Challis** muss man – inklusive kleiner Stopps – mind. 2-3 Std mehr einplanen. Etliche ***Campgrounds*** liegen auch dort am Weg.

Goldbug Hot Springs

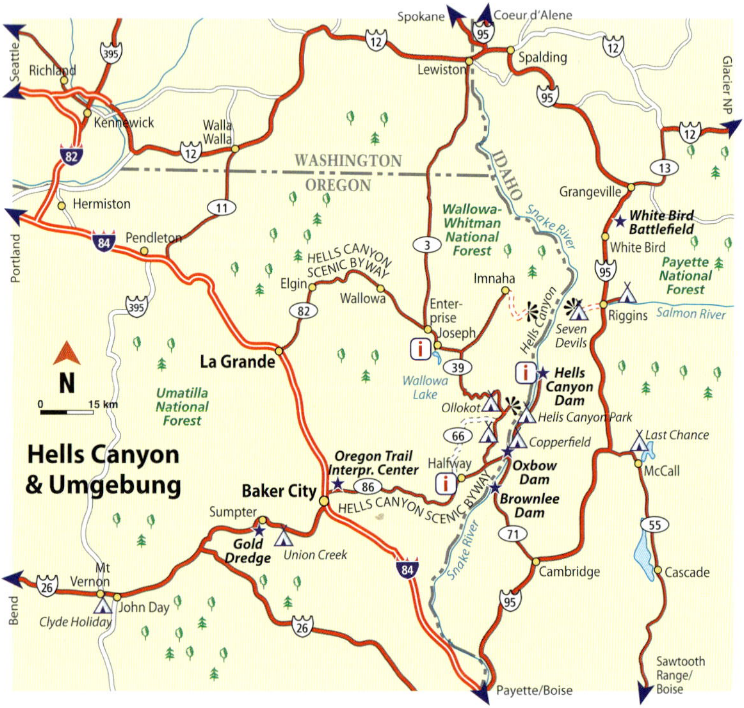

5.1.3 Boise

Im zügigen Tempo auf der I-84 ab Twin Falls/Bruneau oder serpentinengespickt ab Idaho City (➤ umseitig) erreicht man Idahos Kapitale, wo 250.000 der insgesamt 1,9 Mio. Einwohner leben. Boise [*BOI-sii*] wirkt aufgeräumt, sauber und fast schon langweilig. Zentraler Anlaufpunkt ist das ***State Capitol*** an der 700 W Jefferson Street. 2-3 Blocks südlich davon und beidseitig des Capitol Blvd finden sich hübsche Straßencafés und eine Ballung von Restaurants. Der Grüngürtel an den Ufern des Boise River erweitert sich in der Innenstadt zum ***Julia Davis Park***, der ein ***Historical*** und ***Art Museum*** (beide nur mittelmäßig), einen recht übersichtlichen **Zoo** sowie Picknicktische, Fahrradwege und Joggingpfade bietet – gut für eine Rast zwischendurch.

Basken haben sich im 19. Jahrhundert hier niedergelassen und bilden auch heute noch eine große Exklave (rund 16.000 Bürger). Einen Einblick in ihre Kultur und Geschichte gewährt der *Basque Block* im historischen Stadtkern sowie das dort angesiedelte ***Basque Museum & Cultural Center***; 611 W Grove St; geöffnet Di-Fr 10-16 Uhr und Sa 11-15 Uhr; $7/$5; https://basquemuseum.eus.

Für Touristen ist ein Aufenthalt in der Stadt kein Muss. Wer hier aber spät eintrifft und eine Bleibe für die Nacht sucht, findet eine größere Ansammlung an H/Motels rund um die I-84-Exits 53 & 46.

Info Die Besucherinfo an der 1101 West Front Street hat wochentags 8-16.30 Uhr geöffnet; https://visitboise.com.

Greifvogel-Shows Spannend (nicht nur mit Kindern) sind die Flugshows und das *Education Center* des großen ***World Center for Birds of Prey***, eine gemeinnützige Forschungs- und Auffangstation für kranke und bedrohte Greifvögel vor den Toren der Stadt (5668 West Flying Hawk Lane); geöffnet im Sommer täglich 10-17 Uhr, sonst montags geschlossen; $12/$7; www.peregrinefund.org/visit.

5.1.4 Umweg über die Hells Canyon Nat'l Recreation Area

Ausgehend von Boise Gut 1-2 Zusatztage werden für den Ausflug zum ***Hells Canyon of the Snake River*** an der Grenze der Bundesstaaten Idaho und Oregon benötigt. Wer am Weg in Richtung Pendleton bzw. Portland/Seattle nicht unter Zeitdruck steht, könnte einer Routenerweiterung über den ***Hells Canyon Scenic Byway*** zwischen den Exits #302/#261 mit Abstecher zum *Hells Canyon Dam* den Vorzug geben (**+200 mi** gegenüber der direkten I-84-Verbindung; Dauer mindestens 5-6 Stunden, aber am besten mit Übernachtung in der Schlucht am Flussufer oder im **Wallowa Valley**).

Die kürzeste Verbindung zum »Höllencanyon« ab Boise bildet die **Straße #95** (via Payette, Exit 3) gemeinsam mit der **#71**. Nach dem Abstecher zum *Hells Canyon*-Damm – dort kann man sich in ein *Rafting*- oder *Jetboat*-Abenteuer auf dem Snake River stürzen – geht es entweder auf der #86 zurück zur I-84/Auffahrt 261 bei Baker City (**+150 mi** gegenüber der direkten I-84-Verbindung) oder über den nördlichen Teil des *Scenic Byway* weiter.

Das pompöse State Capitol des US-Bundesstaats Idaho in Boise

Im Anschluss an den Besuch der Sawtooth

Wer sich für die Sawtooth Range-Route entschieden hat (**Kapitel 5.1.2**, ➤ Seite 386), kann Boise auch im Wortsinn »links liegen lassen« und ab Lowman (➤ Seite 388) über Cascade und Cambridge zum Damm fahren (#55 nach Norden/#95/#71) und ggf. mit Abstecher nach Riggins an der #95 noch tiefer in touristisch weniger frequentierte Gebiete vordringen (z.B. bei den Seven Devils Mountains mit etwas abenteuerlichen Pisten, ➤ Seite 395).

Hells Canyon

Karte und Broschüre: www.fs.usda.gov/detail/wallowa-whitman/recreation/?cid=stelprdb5238987

Der »Höllencanyon des Schlangenflusses« beeindruckt nicht nur durch seine Bezeichnung. Rechnerisch (Distanz höchste Randerhebung bei den Seven Devils Mountains bis zum Grund der Schlucht = 2.436 m) übertrifft er sogar den »nur« 1.857 m tiefen ***Grand Canyon***. Er lässt sich aber ansonsten mit dem berühmten Bruder vom Colorado River kaum vergleichen. In Idaho und Oregon »entfällt« der Blick von oben. Zwar sind beide Seiten in der Höhe zugänglich, jedoch nur über abgelegene Schotterpisten. Dafür existiert nirgendwo sonst im nordamerikanischen Westen eine Straße, die so weit in eine vergleichbar tiefe Schlucht hineinführt.

Die **25 Meilen** entlang des in diesem Bereich aufgestauten Snake River vom ***Oxbow Dam* zum *Hells Canyon Dam*** am Fuß der Steilwände sind **ein Erlebnis**!

Zu den Höhepunkten eines *Hells Canyon*-Besuchs zählen definitiv auch die rasanten **Schlauch- oder Jetboat-Touren** durch die mit Stromschnellen gespickte Schlucht. Die meisten Anbieter starten bei **Lewiston** an der Straße #95 am nördlichen Ende des Canyons und sind **ganz- oder sogar mehrtägig** unterwegs. Bei *Snake River Adventures* ist man ab $165/$125 für 6 Stunden oder $260/$190 für 9,5 Std dabei; https://snakeriveradventures.com. Von ***Pittsburgh Landing*** (Zufahrt über eine enge, steile Schotterpiste ab White Bird an der #95) sowie von der Anlegestelle beim Besucherzentrum am ***Hells Canyon Dam*** werden auch **Kurztrips** inkl. *Lunch*-Picknick angeboten. Eine gute Übersicht liefert www.gonorthwest.com/Idaho/Hells_Canyon/jetboattours.htm. Eine Reservierung wird dringend empfohlen.

Auch Angeln zählt zu den beliebten Freizeitsaktivitäten in der Hells Canyon Nat'l Recreation Area; die Steelhead-Forellen-Saison beginnt im Herbst und zieht sich bis in den Frühling hinein

Snake River Road zum Hells Canyon Dam

Nicht entgehen lassen sollte man sich die kurzweilige Fahrt entlang der *Snake River Road*, die unterhalb des *Oxbow Dam* von der #86 abzweigt (Zufahrt ab Cambridge/Idaho über die Straße #71 und den *Brownlee Dam*; alternativ ab Baker City über die #86). Die ***Snake River Road*** (geteert!) verläuft entlang des aufgestauten Flusses und endet nach knapp 25 mi spektakulär als Sackgasse am *Hells Canyon Dam* und *Info Center*. Gleich hinter der Staumauer beginnen die wilden 65 km der insgesamt über 200 km langen Schlucht. Wer dort nicht in ein Boot steigt, kann am Westufer noch etwas weiter hineinwandern. Ab dem Besucherzentrum bis zum Umkehrpunkt am Stud Creek sind es ca. 1,5 km.

Blick in den Hells Canyon

An der Stichstraße liegen einige *boondocking sites* sehr schön am Flussufer wie auch der ***Hells Canyon Park***, einer der zahlreichen für Zelte wie auch für Wohnmobile (mit *hook-up*) geeigneten, von *Idaho Power* betriebenen *Campgrounds*. Mehr Schatten und Komfort bietet der ***Copperfield Park*** gleich beim Abzweig der *Snake River Road* (Zelt $20, RV $35; reservierbar).

Liste mit allen Campingmöglichkeiten unter www.idahopower.com/community-recreation/recreation/parks-and-campgrounds.

Hells Canyon Scenic Byway

Der durchgehend asphaltierte ***Hells Canyon Scenic Byway*** umrundet ab Baker City und La Grande (I-84-Abfahrten 302/261) die **Wallowa Mountains**. Er ist meist nur von Ende Mai bis Oktober befahrbar; aktuelle Infos zum Straßenzustand am besten vorab in den *National Forest Offices* in Baker City (1550 Dewey Ave), La Grande (3502 Hwy #30), Joseph (201 East Second St) oder Halfway einholen. Eine gute Übersichtskarte findet sich unter https://hellscanyonbyway.com/the-byway/scenic-byway-map.

Wer über die Straßen #95/#71 zum *Hells Canyon Dam* angereist ist, hat **ab dem *Oxbow Dam*** zwei Optionen:

Südlicher Abschnitt (#86)

Der **südliche Teil** des *Scenic Byway* (**#86**) führt zurück zur Interstate #84 bei Baker City durch raue, abschnittsweise reizvolle Gebirgslandschaften am Pine Creek und Powder River entlang.

Die »Biggest Small Town« Rodeos

Wer gern 'mal live dabei sein möchte, wenn Wildpferde gezähmt und nicht minder gefährliche Bullen geritten werden, der muss nicht zwangsweise seine Reisezeit an dem mehrtägigen Mega-Event Mitte September in Pendleton orientieren (***Round-up***, ➤ Seite 399). Den ganzen Sommer über finden Rodeos in diversen Groß- und Kleinstädten im US-Westen statt (➤ Seite 62), so auch in der Umgebung des *Hells Canyon*. Anfang Juli geht es bei der *Haines Stampede* wie auch bei den *Grangeville Border Days* hoch her, in der zweiten Juliwoche tritt der Cowboy-Nachwuchs beim *Junior Rodeo* in Halfway an, eine Woche später dürfen etablierte Profis ihr Können zwei Tage lang beim *Baker City Bronc & Bull Riding* unter Beweis stellen und Ende Juli wird während der *Chief Joseph Days* in Joseph groß gefeiert.

Ein hübsches Etappenziel am Wege ist das Dorf **Halfway** mit guter Infrastruktur (Tankstelle, Supermarkt, Quartiere und Kneipen).

Nördlicher Teil (#39/#350)

Um das **nördliche Teilstück** des *Scenic Byway* zu befahren, biegt man einige Meilen südwestlich des *Oxbow Dam* von der #86 auf die ***Forest Road #39*** ab. Auf ihr erreicht man nach ca. 22 mi den ***Hells Canyon Overlook***. Serpentinenreich geht es weiter in Richtung Norden bis zur Einmündung in die #350.

Abenteuerlustige könnten von dort in Richtung Nordosten einen Abstecher zum ***Hat Point*** unternehmen. Die Zufahrt zum Aussichtsturm mit Blick hinunter auf den Snake River erfolgt über holprige *Forest Roads* ab **Imnaha** (mit Motel, *RV Park* und gemütlichem B&B, aber ohne Tankstelle!) an der #350 – ziemlich zeitaufwendig; 45 mi *one-way* ab der #39, 23 mi davon auf Schotter. An der Strecke, 6 mi vor dem *Hat Point*, lohnt ein Stopp beim ***Granny Viewpoint***, von dem man die Schlucht des Imnaha River überblickt. Die Pisten sind i.d.R. von Juni bis Oktober befahrbar – bei gutem Wetter meist sogar Pkw-tauglich, bei Nässe können die steileren Passagen allerdings gefährlich rutschig werden.

Westwärts führt die #350 ins nicht mehr weit entfernte **Künstler-Örtchen Joseph** am **Wallowa Lake** zu Füßen der gern als *Little Switzerland* vermarkteten **Wallowa Mountains** (bis zu 3.000 m hoch und mit dem grandiosen Wandergebiet ***Eagle Cap Wilderness***).

An Unterkunftsmöglichkeiten (*Lodges*, B&Bs und Motels) mangelt es in Joseph und im nahen **Enterprise** nicht; www.wallowalake.net. Das Südufer des Sees nimmt der *Wallowa Lake SP* ein mit einem großen Campingplatz, Bootsverleih und Badestrand (das kristallklare Gletscherwasser ist aber sehr frisch!). Die Gondeln der ***Tramway*** ($45/$39) befördern dort von Mitte Mai bis Ende September die Gäste in nur 15 min auf den Aussichtsberg **Mount Howard**.

Ende Juli werden beim Wallowa Lake die ***Chief Joseph Days*** zu Ehren des berühmten *Nez Perce*-Häuptlings (➤ Seite 65) zelebriert – mit Powwows, Rodeo u.v.m.; www.chiefjosephdays.com.

Der *Scenic Byway* folgt ab Joseph der #82 durchs fruchtbare **Wallowa Valley** und stößt bei La Grande schließlich wieder auf die I-84.

Aktionreich geht es dort zu, wenn »outlaws« den ***Eagle Cap Excursion Train*** entlang des *Wild & Scenic Wallowa River* zwischen Elgin und Minam überfallen; https://eaglecaptrainrides.com.

Ausflug in den nördlichen Bereich des Hells Canyon

Über die #3

Über die Straße #3 (Abzweig von der #86 westlich von Joseph bei Enterprise) erreicht man nach knapp 90 mi **Lewiston**, dem Startpunkt der meisten *Rafting-/Jetboat*-Touren.

Über die #95

Alternativ gelangt man zum Nordende des *Hells Canyon* auch auf der Idaho-Seite über die landschaftlich reizvolle **#95 ab Cambridge** am Straßendreieck #71/#95. Am Weg liegen einige hübsche Übernachtungsplätze, darunter der toll angelegte *NF Campground Last Chance* (etwa 6,5 mi von der #95 entfernt; von New Meadows 4 mi auf der #55 nach Osten und dann noch 2,5 mi Schotterpiste). Die *first-come, first-served sites* kosten $10/Nacht.

Riggins

Zeitzonenwechsel MT ➤ PT (Uhr 1h zurückstellen)

Das winzige Riggins, 80 mi nördlich von Cambridge, ist zentraler Ort des *Salmon River Country* mit entsprechender Infrastruktur (eine Handvoll rustikale Motels, *Campgrounds*, Café und Steakhouse; https://rigginsidaho.com). Für alle Outdoor-Urlauber ist es ein guter Ausgangspunkt für die Entdeckung des weitgehend unerschlossenen Hinterlandes – Ostseite der ***Hells Canyon Wilderness*** sowie ***Gospel-Hump Wilderness*** östlich von Riggins.

Seven Devils Mountains

Am südlichen Ortsrand gelangt man auf steiler, enger Piste (nicht für RVs größer als *Van Camper* geeignet) zum *Windy Saddle* und *Seven Devils Campground* in den gleichnamigen Bergen (rund 17 mi *one-way*). Dort kann man die spannende ***Seven Devils Loop*** in Angriff nehmen, ein 3-tägiger, 43 km langer *Backpacking*-Trip durch nahezu unberührte Wildnis, oder auf rauer Piste weiterfahren zum ***Heavens Gate Lookout*** mit weitem Blick über die »Höllenschlucht«. Am besten den aktuellen Straßenzustand vorab in der *Ranger (Info) Station* an der #85 in Riggins erfragen; geöffnet den Sommer über Mo-Fr 8-12 und 13-17 Uhr.

Ländliche Idylle im Wallowa Valley

5

Salmon River Valley

Der leicht zugängliche Teil des Salmon River Valley liegt östlich und nördlich von Riggins. Die ***Big Salmon Road*** führt als streckenweise recht schmale Schotterstraße schön am Fluss entlang in die *Gospel-Hump Wilderness* (*Forest Road* #1614; Abzweig im Süden der Ortschaft). 10,5 mi östlich von Riggins befindet sich der *NF Campground Spring Bar* ($12; *first-come, first-served*).

Entlang der #95 weiter in Richtung Norden laden bis White Bird **Flussstrände** zum Baden und teilweise zum gebührenfreien Campen ein. Das Klima im Flusstal ähnelt dem des zentralen Oregon. Im Juli/August ist es oft unerträglich heiß, und bis Ende September herrschen sommerliche Tagestemperaturen.

Nez Perce NHP

Hinter White Bird erklimmt die Straße #95 in scheinbar endlosem Anstieg wieder höher gelegene Zonen. Dabei passiert sie noch vor **Grangeville** (ehemalige *Gold Rush Town* mit Rodeo Anfang Juli; www.grangevilleborderdays.org) das ***White Bird Battlefield***, auf dem 1877 eine der letzten Kämpfe der Indianerkriege (Unterwerfung der *Nez Perce*) stattfand. Die hindurchführende *Auto Loop Road* ist Teil des ***Nez Perce National Historical Park***, der zahlreiche historische Punkte und Gebäude in der *Nez Perce Indian Reservation* zusammenfasst. Das dazugehörige **Besucherzentrum mit Museum** (gratis) befindet sich in **Spalding**, an der Straße #95 weiter nördlich ca. 10 mi vor Lewiston; www.nps.gov/nepe.

Rückkehr zur I-84 oder nach Seattle

Nach dem Ausflug in den Nordteil des *Hells Canyon* erreicht man die I-84 in Richtung Portland **ab Lewiston** über die Straßen #12/#730/I-82 South. Nach Seattle geht es am schnellsten über die #12/#261/#26/I-90 mit Picknickpause bei den tollen ***Palouse Falls*** (insgesamt 320 mi) oder alternativ auf den Straßen #95/#195/#23/I-90 (360 mi) über Uniontown und mit Panoramablick vom **Steptoe Butte**. Die Zwischenziele wurden auf ➤ Seite 201 beschrieben.

Verbindungsstrecke zwischen Hells Canyon und Glacier NP

Auch ab dem *Hells Canyon* führt eine landschaftlich sehr ansprechende Strecke mitten durch das nördliche Idaho in Richtung *Glacier National Park*. Hierfür folgt man **ab Grangeville** einige Meilen der schön angelegten **#13** bis nach Kooskia im ***Clearwater/Lochsa River Valley***. In diesem Tal verläuft die gut ausgebaute **#12** – vom Tourismus kaum entdeckt – über **100 einsame und fantastische Meilen** durch den ***Nez Perce*-Nationalforst**, bevor sie den Kamm der Bitterroot Mountains am ***Lolo Pass*** überquert. Zahlreiche ***NF Campgrounds*** säumen den Wege – kleine und auch größere wie z.B. der *Wilderness Gateway*. Für eine willkommene Abwechslung sorgen die populären ***Jerry Johnson Hot Springs***. Man erreicht die (Mini-)Pools jenseits der Hängebrücke über den Fluss nach ca. 2 km Fußmarsch (***Warm Springs Trail*** #49). Es handelt sich um drei natürliche Quellen, wobei die erste meistens im frühen Sommer noch vom Schmelzwasser überschwemmt wird. Kommerziell betrieben wird die Heißwasser-Badeanlage ***Lolo Hot Springs*** nördlich des *Lolo Pass*, sie ist aber nur mäßig attraktiv. Dafür lässt es sich dort gut übernachten: im *RV Park* mit *full hook-up*, auf Zeltplätzen oder in den *cabins*; ✆ (406) 273-2294; www.lolohotsprings.com. In Missoula stößt man dann auf die bereits im **Kapitel 2.3.4** beschriebenen Routen zum *Glacier National Park*, ➤ Seite 216.

5.1.5 Von Boise über die I-84 weiter in Richtung Oregon

Zeitzonenwechsel MT ➤ PT (Uhr 1h zurückstellen)

Ohne den Ausflug zum *Hells Canyon* bleibt man auch **ab Boise** auf der I-84. Mit Zielsetzung *Painted Hills*, Oregon-Küste oder Portland käme bereits ab Ontario (Exit 374) die Straße #26 in Frage, die durch das heiße, trockene Hinterland Oregons verläuft. Für alle Geschichtsinteressierte lohnt sich an dieser Stelle aber der **40-mi-Umweg über Baker City** mit Besuch des *Oregon Trail Center*.

Knapp 80 mi von Boise entfernt befindet sich, bereits in Oregon, die ***Farewell Bend State Recreation Area***, die über einen großzügig angelegten *Campground* mit Stellplätzen am Ufer des Snake River verfügt; I-84 Exit 353; im Sommer Zelte $14, Wohnmobile $24, *cabins* $43; www.oregonstateparks.org/park_7.php.

Baker City

Zwei Autostunden nördlich von Boise liegt **Baker City** mit knapp 10.000 Einwohnern und relativ preiswerten Zimmern in den üblichen Motelketten, darunter ein *Best Western*. Gleich nebenan steht dort das große Besucherzentrum des umliegenden *Baker County*; 490 Campbell St, I-84/Exit 304; www.visitbaker.com.

Die Kleinstadt verfügt über einen hübschen historischen Kern mit über 100 Gebäuden im *National Register of Historic Places*. Dank der Goldfunde in den umliegenden Bergen zählte Baker City im ausgehenden 19. Jh. mehr Einwohner als Spokane oder Boise.

Oregon Trail Interpretive Center

Vor den (nördlichen) Toren der Stadt befindet sich an der Straße #86, Exit 302, das hervorragende ***National Historic Oregon Trail Interpretive Center***. Im Außenbereich dieses Museums kann man – ähnlich wie in Nebraska im ***Scotts Bluff NM*** (➤ Seite 373) – auch heute noch den einstigen ***Oregon Trail*** hautnah erleben und die tief eingefurchten Spuren (*ruts*) der Planwagen der weißen Siedler sehen (➤ Exkurs umseitig). Sehr informativ, nicht auslassen!

Eintritt $8, kostenlos mit *Interagency Pass*; geöffnet im Sommer täglich 9-18 Uhr, im Frühling/Herbst bis 16 Uhr, im Winter nur Do-So; www.blm.gov/learn/interpretive-centers/national-historic-oregon-trail-interpretive-center.

Das Museum war 2023 noch wegen Renovierung geschlossen!

Der OREGON-CALIFORNIA TRAIL

Mitte des 19. Jahrhunderts brachen aus den Staaten östlich des Missouri River schier zahllose Siedler gen Westen auf. Ihr gesamtes Hab und Gut in einfachen Planwagen untergebracht, lösten sie die größte Völkerwanderung in der Geschichte Amerikas aus. Die genauen Zahlen lassen sich heute nicht mehr eruieren, Historiker schwanken bei ihren Angaben zwischen 250.000 und 650.000 Menschen. Ein besseres Leben und ein fruchtbares, immergrünes Paradies würde sie am Ende ihres beschwerlichen, **3.500 km langen Marsches** erwarten, das versprach ihnen die verheißungsvolle Werbekampagne der US-Regierung. Das *Oregon Territory* war erst kurz zuvor den USA zugesprochen worden (1846er-Vertrag mit Großbritannien) und sollte nun auch mehrheitlich von Amerikanern besiedelt werden.

Die ***Lewis & Clark*-Expedition** (1804/1806; ➢ Seite 192) hatte zwar den Weg nach Westen geebnet und die nötigen Karten für die Strecke von Missouri über Kansas, Nebraska, Wyoming und Idaho nach Oregon erstellt, aber das wilde, unwegsame Gelände wurde ab den 1830er-Jahren für Missionare und später für Großfamilien immer wieder zur Herausforderung. Mit Planwagen und viel Gepäck war die mächtige Gebirgskette der Rocky Mountains nur schwer zu überwinden.

Lewis & Clark

Ein Drittel der Emigranten – überwiegend Farmer – ließ sich im fruchtbaren Oregon nieder. Oregon City, südlich der heutigen Großstadt Portland, gilt als offizielles Ende des ***Oregon Trail***, ihm ist dort ein *Interpretive Center* gewidmet (➢ Seite 252). Ein weiteres Drittel – in erster Linie Abenteurer – zweigte bei ***Fort Hall***/Idaho nach Südwesten ab und folgte dem Lockruf des Goldes in Richtung Kalifornien (***California Trail***). Der Rest verteilte sich gleichmäßig auf die US-Bundesstaaten Utah, Colorado und Montana. Dazu zählten auch die Mormonen (Angehörige der »Kirche Jesu Christi der Heiligen der Letzten Tage«), die ab 1847 in Illinois starteten und sich von ***Fort Bridger***/Wyoming in Richtung Großer Salzsee wandten (***Mormon Trail***).

Anfangs wurden die Siedler von erfahrenen Pelzjägern begleitet, später wiesen die tiefen Spuren (*ruts*) der Planwagen im Erdboden den Nachfolgern den Weg. Zusätzlich dienten prominente Landmarken entlang der Strecke wie der ***Chimney Rock*** und ***Scotts Bluff*** in Nebraska, der ***Independence Rock*** und ***Devil's Gate*** in Wyoming oder Hindernisse wie **The Dalles** in Oregon als Orientierungshilfe. Heute stehen etliche von ihnen als historisches Wahrzeichen unter der Obhut des *National Park Service*. In den Jahren 1860/61 verkehrte außerdem die berühmte Post befördernde Reiterstafette des ***Pony Express*** auf ähnlicher Route. Ab *Fort Bridger* ging es allerdings weiter über den *Mormon Trail* bis Salt Lake City und danach westwärts bis nach Sacramento und San Francisco an der Pazifikküste.

Die große Völkerwanderung endete 1869 schlagartig mit der Vollendung der ersten transkontinentalen Eisenbahntrasse (*Golden Spike*, ➢ Seite 307).

Weiterfahrt ab Baker City

In **Baker City** scheiden sich nun endgültig die in Richtung Westen und Norden führenden Wege:

Route nach Bend/Oregon

Die **Nebenstraßen #7/#26** verlaufen von dort westwärts nach Bend, vorbei am *John Day Fossil Beds National Monument* (➤ im **Kapitel 5.2.1** verfolgte Route, Seite 401). Von Bend geht es dann weiter in Richtung Portland/Seattle, hinaus an die Pazifikküste oder in den Südwesten Oregons zum Crater Lake Nationalpark.

Auf direktem Weg nach Seattle/ Portland

Am schnellsten (zurück) **nach Seattle** gelangt man über die Interstate-Kombination #84/#82/#90 (ca. 380 mi) und **nach Portland** auf der I-84 (ca. 300 mi), beide Strecken führen **über Pendleton**. Am Weg dorthin passiert man hinter La Grande die Blue Mountains – der beste Abschnitt dieser Autobahn im östlichen Oregon.

Im ***Hilgard Junction State Park*** (Abfahrt #252) lässt sich zudem am Ufer des Grand Ronde River sehr schön picknicken oder über Nacht bleiben; *first-come, first-served sites* ohne Anschlüsse ($10); www.oregonstateparks.org/park_20.php.

Pendleton

Gäbe es nicht das ***Pendleton Round-up***, eine der **bekanntesten Großveranstaltungen Nordamerikas**, wäre diese Kleinstadt in der entlegenen Nordostecke des Bundesstaates Oregon kaum jemandem ein Begriff. Alljährlich seit 1910 verwandelt sich Pendleton in der zweiten vollen Septemberwoche vom Provinznest in den Rodeo-Nabel der USA. So richtig rund geht es von Mittwoch bis Samstag mit dem täglichen Rodeo am frühen Nachmittag und einer großen Wildwest-Show am Abend in der ***Happy Canyon Open Air Arena***. Im Anschluss finden Umtrunk und Tanz in der *Happy Canyon Dance Hall* bis zum frühen Morgen statt. Die Stadt »vibriert« in diesen Tagen mit *Cowboys Breakfast* und *Barbecue*, Umzügen (am besten ***Westward Ho! Parade*** Freitag vormittags) und Programm in der Main Street von nachmittags bis abends: ***Country Music, Square Dance*** und ***Gunfights.*** Der **Eintritt** ist moderat (Rodeo ab $26, *Happy Canyon* $15-$26), die **Tickets** sind daher fast immer lange vorher ausverkauft. Die Online-Vergabe startet meist früh im Jahr!

Sämtliche Infos rund ums *Pendleton Round-up* auf der offiziellen Webseite www.pendletonroundup.com sowie in der ***Chamber of Commerce*** (501 South Main St; Mo-Do 8.30-17 Uhr, Fr bis 15 Uhr, https://pendletonchamber.com.

Bullenreiten beim Pendleton Round-up

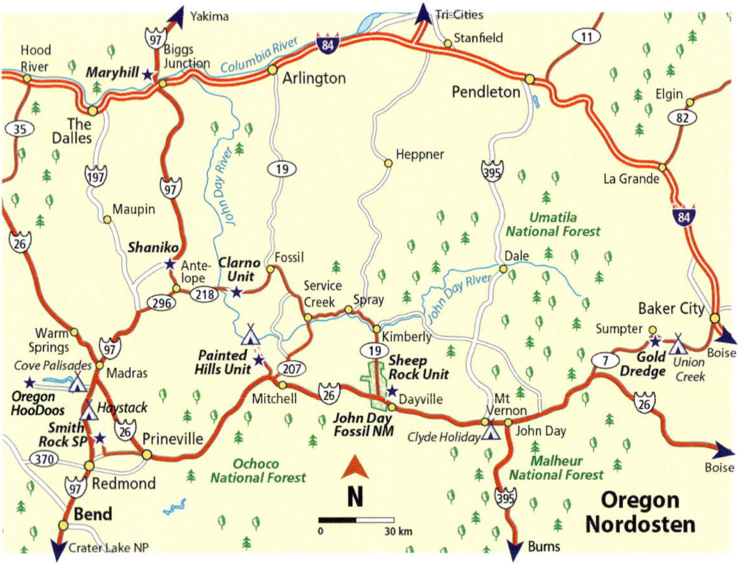

Übernachten

Die **Unterkunftsituation** während des *Round-up* ist chaotisch und eine frühzeitige Buchung sinnvoll. Tipp: Die *Chamber of Commerce* fungiert als zentrales Vergabebüro für die RV-Stellplätze, die extra fürs *Round-up* eingerichtet werden. Eine 20 mi entfernte Alternative bietet die *Emigrant Springs State Heritage Area* an der I-84 (Zelte $19, *full hook-up* $29, *cabins* ab $48). Eine Reservierung ist dann unumgänglich: https://stateparks.oregon.gov.

Zu anderen Zeiten übernachtet man in Pendleton im Allgemeinen eher günstig. **Motelzimmer** gibt es ab ca. $60. Besonders günstige Tarife bieten meist die einfachen Häuser südlich der Intertstate-Abfahrt 210, darunter ein ***Super 8***, ein ***Motel 6*** sowie das meist kaum teurere ***Red Lion Hotel*** mit großem Pool, angeschlossenem Restaurant und Weitblick von den Balkons vieler Zimmer.

Museum der Ureinwohner

Besuchenswert ist das ***Tamástslikt Cultural Institute*** im Osten der Stadt. Es widmet sich der Kultur der *Cayuse, Umatilla* und *Walla Walla*, die in der umliegenden *Umatilla Indian Reservation* leben; $12; Di-Sa 10-17 Uhr; 47106 Wildhorse Blvd; www.tamastslikt.org.

»Stadt unter der Stadt«

Ansonsten hat Pendleton nicht viel zu bieten, mit einer Ausnahme: Die ***Underground Tours*** ($20) geben einen guten Einblick in die Geschichte der Stadt mit ihrer unterirdischen »Parallelwelt«. In den 1880er-Jahren lebten chinesische Einwanderer und die Damen aus dem Rotlichtmilieu in einem (belüfteten) Tunnelsystem voller legaler und illegaler Geschäfte (Metzger, Wäscherei, Saloons, Bordellen, Opiumhöhle u.v.m.); 31 SW Emigrant Ave; Reservierung erforderlich unter www.pendletonundergroundtours.org.

5.2 Durch das zentrale Oregon

5.2.1 Von Baker City weiter in Richtung Westen

Die **#7/#26** ab Baker City verlaufen durch überwiegend spärlich besiedelte, einsame Landstriche mit abwechslungsreichem Verlauf durch Nationalforste, karge Canyons und durchwühlte **Goldrauschgebiete**. 1862 wurden dort die ersten *nuggets* gefunden. Verlassene Minen und *Ghost Towns* liegen weit verstreut in den Blue Mountains bei **Sumpter**, einem urigen »Nest« nur wenig nördlich der #7.

Sumpter Goldbagger

Einer von den **gewaltigen Schwimmbaggern**, die zwischen 1912 und 1954 im großen Stil Gold aus dem Powder River gefördert haben, kann bei der Ortseinfahrt in der ***Sumpter Valley Gold Dredge State Heritage Area*** besucht werden; frei zugänglich während der Sommermonate 8-17 Uhr; kurzweilig und interessant!

Sumpter Valley Railway

Zwischen Sumpter und McEwen ist außerdem zur Hauptsaison an Feiertagen und Wochenenden eine historische Schmalspurbahn im Einsatz; 2 Std. $27/$18. Gegen Aufpreis darf man im Führerstand mitfahren und an ausgewählten Tagen einen »Raubüberfall« live miterleben (➤ Foto Seite 63); www.sumptervalleyrailroad.org.

Übernachten

An den Straßen #7/#26 befinden sich zahlreiche ***NF Campgrounds***, empfehlenswert sind z.B. der große ***Union Creek*** am Phillips Lake östlich von Sumpter, ebenso die schönen, schattigen Stellplätze am Flussufer in der ***Clyde Holliday State Recreation Site*** zwischen John Day und Dayville. Dort stehen auch zwei *teepees*, die ebenfalls im Voraus reserviert werden können: https://stateparks.oregon.gov.

Unbedingt volltanken, Oregons Nordosten ist extrem dünn besiedelt

Unterkünfte sind entlang der gesamten Strecke echte Mangelware. In Sumpter wurde die alte Festungsanlage zum (einfachen) Motel umfunktioniert: https://sumpterstockade.com; ab $50. Die größte Auswahl weit und breit hat die Ortschaft **John Day** (1.700 Einwohner) mit u.a. einem *Best Western* und *OYO*.

Journey Through Time Scenic Byway

Der ***Scenic Byway*** (#7/26/19/218/97 zwischen Baker City und Biggs Junction) führt hinter Dayville in Richtung Norden. Den Abstecher zu den *Painted Hills* an der #26 sollte man aber nicht auslassen; Weiterfahrt von dort dann am besten über die #207 ab Mitchell.

In Sumpter steht einer der größten Goldbagger der USA

John Day Fossil Beds National Monument www.nps.gov/joda

Eintritt frei

Die drei Areale des ***John Day Fossil Beds NM*** bergen farbenprächtige Landschaften und ergiebige Fossilienfundstätten. Nicht nur pflanzliche Überreste wurden hier zuhauf ausgegraben, sondern auch die Skelette der Vorfahren der heutigen Kamele, Nashörner und Tapire.

Sheep Rock Unit

Knapp 120 mi von Baker City entfernt, erstreckt sich nördlich von Dayville beiderseits der #19 die ***Sheep Rock Unit*** mit dem *Thomas Condon Paleontology Center*, einem Fossilien-Museum (im Sommer 9-17 Uhr). Ins ***Blue Basin*** mit seinen grünlichen Tonsteinformationen sollte man unbedingt hineinschauen (*Island in Time Trail*, 2 km retour). Gute Ausblicke über die Senke und das umliegende Tal des John Day River bietet der Rundweg *Blue Basin Trail* (5 km, 180 Höhenmeter). Auch die dazugehörenden Teilbereiche ***Foree Deposits*** und ***Cathedral Rock***, noch etwas weiter nördlich an der #19, lohnen die paar zusätzlichen Meilen.

Painted Hills Unit

Unbestrittener Höhepunkt an der #26 sind aber die absolut fantastischen, »angemalten Hügel« der ***Painted Hills Unit***, Zufahrt westlich von Mitchell über die Burnt Ranch Road gut 35 mi von *Sheep Creek* entfernt. Aus den Grasebenen erheben sich dort sanfte Hügel aus verwitterter Vulkanasche und Lehm – bunt gestreift und mit den unglaublichsten Farbverläufen. Eine bei Trockenheit gut befahrbare *gravel road* verschafft Zugang zum kleinen *Info Center* sowie zum Ausgangspunkt des kurzen ***Overlook Trail*** (besonders schön am späten Nachmittag, ➢ Foto unten) und des ***Carroll Rim Trail***, von dem man nach 120 Höhenmetern aus der Vogelperspektive in das Amphitheater blickt (2,6 km retour). Nach leichtem Regen schimmern die Farben der *Painted Hills* noch kräftiger und Ende April-Mitte Mai sorgen zahllose kleine, gelbe Blümchen (*bee flowers*) für zusätzliche bunte Tupfer.

Die Parkstraße führt weiter zum 200 m langen ***Painted Cove Trail*** durch rostbraune *badlands* (7,5 mi ab der #26). Auch die Fahrt darüber hinaus ins Hinterland des Nationalmonuments bleibt spannend. Dort ragen noch weitere polychrome Hügel unwirklich aus der Landschaft, u.a. ein auffälliger ***Red Hill*** (➢ Foto Doppelseite 374/375).

Painted Hills im Abendlicht

Island in Time Trail durch die Sheep Rock Unit des John Day Fossil NM

Mitchell

In **Mitchell** unweit der *Painted Hills* stehen nur wenige Gebäude, darunter das schon etwas betagte ***Oregon Hotel***. Es bietet günstige Übernachtungsmöglichkeiten mit Frühstück und Bärenfell an den (recht dünnen) Zimmerwänden; ab $70, z.T. mit Gemeinschaftsbad; ✆ (541) 462-3027, www.theoregonhotel.net.

Der *City Park* von Mitchell verfügt außerdem über Zelt- und vier *Hook-up*-Plätze. Die $12 respektive $25 müssen dort bar in einen Umschlag gesteckt werden; www.mitchelloregon.us/camp.

Eine weitere Option ist der ***Ochoco Divide Campground*** im gleichnamigen Nationalforst an der #26, 16 mi westlich von Mitchell; einfach und ohne Wasser, aber mit viel Privatsphäre. Die $20/ Nacht sind auch dort an der *Self pay*-Station zu entrichten.

Boondocking

Im Umfeld der *Painted Hills* findet man zudem eine ganze Reihe von gratis *campsites* auf BLM-Land. Am einfachsten zu erreichen ist ***Bridge Creek*** an der Zufahrt, nur 1,2 mi von der #26 entfernt (kurzer Feldweg links der Burnt Ranch Rd). Wunderbar am Flussufer des John Day River liegen die drei BLM-Zeltplätze weiter nördlich. Dafür lässt man den Abzweig zu den *Painted Hills* im Wortsinn links liegen und bleibt auf der Burnt Ranch Rd (dann ungeteert) für weitere 9 mi (***Burnt Ranch***) bzw. 10 mi (***Lower Burnt Ranch***). Für ***Priest Hole*** geht es nach 3 mi rechts auf die Twickenham Cutoff Road und danach links bergab der Ausschilderung »Priest Hole« folgend. Beliebt bei Einheimischen zum Schwimmen und Angeln, aber Zufahrt zu abenteuerlich für Wohnmobile. Karte unter www.nps.gov/joda/planyourvisit/campgrounds.htm.

Karte des NM

Clarno Unit

Die Straßen #207/#19/#218 verbinden Mitchell mit dem dritten Teilbereich des *Nat'l Monument*. Die braunbeigen Tuffsteinwände und -spitzen der ***Clarno Unit*** sind reich an Fossilien, für Kamera und Auge aber deutlich unspektakulärer. Das gilt auch für den *Clarno Arch* hoch oben in den *Palisades*. Außerdem liegt das Areal weitab vom Schuss (60 mi ab Mitchell), so dass der große Umweg nicht so recht lohnt. Die drei kurzen Trails starten an der #218 sowie bei der *picnic area*; Besucherzentrum gibt's dort keines.

Fossil

Mit Kindern könnten am Weg zur *Clarno Unit* allerdings die ***Wheeler High School Fossil Beds*** in der Ortschaft **Fossil** interessant sein, wo man für $5/Person (4-köpfige Familie $15) selber nach Versteinerungen graben darf. Fachpersonal hilft beim Identifizieren der 33 Mio. Jahre alten Funde (meist Blätter oder andere pflanzliche Überreste); Infos dazu wie auch zum *Nat'l Monument* den Sommer über Do-So 10-17 Uhr im ***Oregon Paleo Lands Institute Center*** an der 333 West 4th St; www.oregonpaleolandscenter.com. Rund um Abzweig der #218 von der #19 stehen außerdem noch ein Motel, *RV Park* (*full hook-up*) und das gute B&B *Wilson Ranches*.

Shaniko, gegründet 1879, heute zählt man keine 30 Einwohner

Shaniko Ghost Town

Wer schon in dieser Ecke gelandet ist, kann im Anschluss an die *Clarno Unit* noch der einstigen »Wool Capital of the World« einen Besuch abstatten. **Shaniko** ist heute ein (Fast-)Geisterstädtchen an der Einmündung der #218 in die #97 mit hübschen Wildwest-Fassaden, verrosteten Oldtimern und kuriosem Trödelladen.

Die #97 stößt dann – bei Ziel Portland/Seattle – auf die I-84 West bei Biggs Junction (Auf-/Abfahrt 104).

Westwärts auf der #26 ab Mitchell/Painted Hills

Smith Rock SP

Day-use in allen Oregon State Parks $5/Fahrzeug, alternativ Jahrespass (SP) für $30

Knapp 50 Meilen sind es, bis man mit **Prineville** wieder in dichter besiedeltes Gebiet kommt. Am Westrand der Kleinstadt führt die #126 über den Crooked River und der dann kurz hinter der Brücke nach rechts abzweigende O'Neil Hwy (#370) zum nächsten sehenswerten Ziel, dem ***Smith Rock State Park***; *day-use* $5/Auto; www.oregonstateparks.org/park_51.php.Die Zufahrt ist leider nur vom Westen kommend (Smith Rock Way ab der #97 bei Terrebonne nördlich von Redmond) ordentlich ausgeschildert.

Hoch aufragende Steinwände aus verhärtetem Tuff (welded tuff) im Smith Rock SP

Monkey Rock mit weitem Blick über den Smith Rock SP

Die schönste Schleife des gebogenen (=crooked) Flusses befindet sich leicht zugänglich direkt bei den SP-Zeltplätzen, *➤ Foto Seite 51*

Karte des SP

Beim Abzweig der #370 von der #26 am besten Meilenzähler nullen: Nach 12,7 mi rechts auf die Lone Pine Rd, bei 13,9 mi links (Smith Rock Way), nach 14,5 mi rechts (Lambert Rd/NE Wilcox Ave) und bei 16,7 mi wiederum rechts (dort steht der erste Wegweiser).

Die NE Crooked River Road schafft Zugang zum *first-come-first-served* **Zeltplatz** ($8) und zu den großen Parkflächen unweit des Flusses. Die schroffen Felsen in diesem Naturschutzgebiet, die man eher im US-Südwesten vermuten könnte, bieten gute Fotomotive sowie ein ideales Terrain für Kletterer. Ein schöner **Picknickplatz** liegt hoch über dem Crooked River. Wanderwege verlaufen auf die gegenüberliegende Uferseite. Empfehlenswert ist z.B. der Aufstieg zum *Monkey Face*-Felsen über den *Misery Ridge Trail* (2 km). Mit Rückkehr über den *River Trail* sind es 6 km retour. Wanderkarte als PDF unter www.smithrock.com/explore, ➤ QR-Code).

Camping

Für Wohnmobile ist beim *Smith Rock* kein Platz. Hier empfehlen sich die zwei rustikalen, aber ausgesprochen attraktiven ***NF Campgrounds*** am **Haystack Reservoir** weiter nördlich an der #97; 2 mi bzw. 5 mi über die Jericho Lane/SW Haystack Drive. Am Westufer ($25; www.ccprd.org/haystack-reservoir), im Osten ($20; www.recreation.gov. Der ***KOA***-Platz an der Zufahrt bietet ungleich mehr Komfort, kann aber in puncto Naturkulisse nicht mithalten.

Lake Billy Chinook

Eine gute Alternative ist auch der **Lake Billy Chinook** aus gleich drei aufgestauten Flüssen. Der ***Cove Palisades SP*** umschließt dort die unter Wasser gesetzten, tief eingeschnittenen Schluchten des Deschutes und Crooked River; Zelte $23, *full-hook-up* $35. Den Sommer über sind die Stellplätze oft ausgebucht (Reservierung ➤ Seite 124), ebenso die *cabins* ($199; http://covepalisadesresort.com). In den drei *Day-use*-Bereichen ($5) kann man sich im (kalten) See etwas abkühlen. Der *State Park* liegt rund 10 mi westlich der #97; Anfahrt über Culver; www.oregonstateparks.org/park_32.php.

Besuchenswert ist auch der Seitenarm des aufgestauten Metolius River. Dafür folgt man ab dem *SP* der Straße noch 14 mi weiter über

5

Kajakfahrer auf dem Sparks Lake

Cascade Lakes Scenic Byway (bis Juni oft Schnee, Dez-März geschlossen)

Die 70 mi lange Strecke (#372/#46) durch die Kiefernwälder, hohe Prärien und Lavafelder des *Deschutes National Forest* wird von der lokalen Werbung stark propagiert. Lässt man ihren weniger spannenden südlichen Abschnitt bis zur Einmündung in die #58 aus und folgt jenseits des *Crane Prairie Reservoir* stattdessen der #42 bis nach Sunriver und dann der #97 zurück nach Bend, wird die Route zu einer **reizvollen Halbtagestour** (insgesamt 100 mi). Mit Wanderungen kann sich auch schnell ein Ganz- oder Mehrtagesprogramm ergeben.

Ab Downtown Bend geht es über den SW Century Drive und die #372/46 zunächst an der Nordflanke des Mount Bachelor vorbei. Kurz hinter dem großen Skiresort (oft bis Ende Mai in Betrieb) versteckt sich rechter Hand des *Byway* schon der erste kleine Bergsee. Die geschotterte Zufahrt zum **Todd Lake** ist zwar etwas rau, dafür aber nur 0,6 mi lang. Wer den Rundweg (1,7 km) bis zum Nordufer läuft, genießt einen schönen Blick zurück auf den gewaltigen Mt Bachelor – an windstillen Tagen mitsamt Ebenbild im See. Noch malerischer präsentiert sich der **Sparks Lake**, den man wenig später vom *Byway* über eine Stichstraße nach links ansteuert (ca. 26 mi von Bend entfernt).

Es folgen weitere idyllische Bergseen, in denen sich die Gipfel der *Three Sisters Wilderness* spiegeln: der **Devils**, **Elk**, **Hosmer**, **Lava**, **Little Lava** und **Cultus Lake**. Ein schöner *Loop Trail* geht vom Devils Lake hinauf zum **Moraine Lake** (12 km, 600 HM; im Spätsommer kann man dort im flachen Wasser sogar baden!). Der Gipfelaufstieg (South Sister) ist sehr anspruchsvoll (18 km, 1500 HM). Zu den **Green Lakes** zwischen den Vulkanen South Sister und Broken Top führt der *Fall Creek Trail* (Start westlich des Sparks Lake Abzweigs;13,5 km, 330 HM). Und die Anhöhe des **Broken Top** mit dem grünen Kratersee **No Name Lake** erreicht man ausgehend vom Todd Lake (21 km, 740 Höhenmeter). Alle Distanzen jeweils ab Parkplatz und retour! Die meisten Seen am *Scenic Byway* verfügen über einen ***NF Campground***, viele davon lassen sich reservieren; Karte: www.fs.usda.gov/recarea/deschutes/recreation/camping-cabins/recarea/?recid=38794&actid=29.

Wer vom *Scenic Byway* gleich in Richtung Crater Lake weiterfahren möchte, kann das ***Newberry National Volcanic Monument*** (➢ Seite 418) auch ab Sunriver noch besuchen: Zum ***Lava Lands Visitor Center*** sind es nur 3,5 mi nach Norden auf dem Hwy 97, die *Newberry Caldera* mitsamt *Paulina Peak* liegen bereits am Weg nach Süden.

Oregon HooDoos beim Lake Billy Chinook

die *Jordan Bridge* nach Westen. Nur wenige 100 m nach dem Wechsel von Asphalt auf Schotter (25 mi ab der #97), liegt der *trailhead* für die ***Oregon HooDoos***, eine sehenswerte Ansammlung von etwa 30, bis zu 8 m hohen Steinpyramiden (1 km retour). 3 mi weiter erreicht man wieder das Ufer und den dort angesiedelten *Perry South (NF) Campground*; $22, reservierbar.

Redmond bietet die größte Auswahl an Motels (darunter ein gutes *BW* und preiswertes *Super 8*), Ausweichoptionen noch im überschaubaren **Prineville** (➤ Seite 404) sowie im 25 mi entfernten Bend.

5.2.2 Bend im zentralen Oregon

Bend

Bend ist mit über 90.000 Einwohnern die größte und bedeutendste Stadt Oregons zwischen Kaskaden und Idaho, einem Gebiet von rund 170.000 km^2 Ausdehnung. Klimatisch begünstigt und hübsch am Deschutes River angelegt vermittelt sie dank ihrer Uferparks und gepflegter Wohnviertel einen überaus freundlichen Eindruck. Viel los ist das ganze Jahr: Im Winter wird im »Powder Heaven« an den Hängen des nahen Mount Bachelor Ski und Snowboard gefahren, und den Sommer über toben sich dort Mountain Biker aus.

Als Drehscheibe des Feriengebietes *Central Oregon* verfügt Bend – vor allem entlang der #97 und #20 – über eine **dichte touristische Infrastruktur** mit Motels aller Kategorien. Nahezu sämtliche nennenswerten Ketten sind vertreten. Das Tarifniveau ist nachfrageabhängig, aber eher hoch. Stilvoll und zentral übernachtet man in der alten Schule (***Old St. Francis School***; ab $185 oder *non-refundable* ab $140; 700 Northwest Bond St; ✆ (541) 382-5174, www.mcmenamins.com). Die preiswertesten Betten (ab $41 p.P.) finden sich, wie so meist, in der Jugendherberge: ***Bunk+Brew***, 42 NW Hawthorne Ave; auch DZ ab ca. $100; www.bunkandbrew.com.

Gemütliche Kneipen laden abends in Downtown und am Flussufer zum Chillen ein, darunter die Brauhäuser ***Bend Brewing Company*** (1019 NW Brooks St) oder ***Deschutes Brewery*** (1044 NW Bond St). Auch südlich des zentralen Bereichs lohnt ein Flanieren durch den attraktiven, weitgehend autofreien ***Old Mill District***. Auf dem Gelände des alten Sägewerks stehen heute, ebenfalls am Deschutes River, einige gehobenere Restaurants sowie zahlreiche Läden. Dort findet im August das ***Bend Brewfest*** statt, ein immer gut besuchtes, 3-tägiges *Craft Beer*-Event, sowie die große Künstler-Messe ***Art in the High Desert***; www.oldmilldistrict.com. Etwas weiter südlich laden die ***Bend Factory Stores*** zum Shoppen ein; 61334 S Hwy 97.

Info

Mit reichlich Info-Material über die Stadt und ihre Umgebung wird man im ***Visitor Center*** in Downtown versorgt; 750 NW Lava Rd; geöffnet Mo-Sa 10-16 Uhr; www.visitbend.com.

Pilot Butte

Ein **360°-Panorama über Stadt und Kaskadengipfel** (Three Sisters, Mt Bachelor und an guten Tagen Mt Hood im Norden) eröffnet sich vom ***Pilot Butte Viewpoint***. Die kurze Zufahrt ab der Greenwood Ave (#20), 1 mi östlich der #97, ist im Winter geschlossen. Dann erreicht man die Anhöhe nur auf Schusters Rappen (3 km retour, 140 HM); Eintritt frei und beliebt zum Sonnenuntergang!

Sehenswertes in der Umgebung von Bend

Das zentrale Oregon birgt eine ausgesprochen vielfältige, von vulkanischer Aktivität stark geprägte Gebirgslandschaft. Vor allem die Umgebung von Bend ist **reich an Sehenswürdigkeiten** und umfasst die ganze Palette von spektakulären Felskulissen (*Smith Rock SP*, ➤ Seite 404), über Wasserfälle in verwunschenen Regenwäldern (*Proxy Falls*, ➤ Seite 411), karge Basaltflächen rund um den *Newberry*-Vulkankrater bis hin zu glasklaren Bergseen, in denen sich die schneebedeckten Gipfel der Kaskaden spiegeln (*Cascade Lakes*, ➤ Seite 406) oder Lavahöhlen, in die zur Mittagszeit die Sonne beamartig hineinscheint. Außerdem steht nur 6 mi südlich der Stadt ein Museum der Extraklasse, ➤ Seite 418.

Tumalo Falls

Einen kurzen Abstecher wert sind auch die 30 m hohen **Tumalo Falls**. Der erste Ausblick liegt nur wenige Schritte vom Parkplatz entfernt und nach 5 min ist bereits die Wasserfallscharte erreicht; ca. 11 mi ab Downtown über die NW Galveston Ave und Skyliners Road (#4601). Die letzten 2,6 mi auf der ungeteerten Forststraße #4603 sind nicht für RVs geeignet; schneefrei meist Mitte Juni bis September. Ohne *Interagency*-Pass zahlt man dort $5 fürs Parken.

McKenzie Pass-Santiam Pass Scenic Byway (#242/#126/#20)

Ein **langer Tagesausflug ab Bend** führt zunächst in nordwestliche Richtung in das 22 mi entfernte **Sisters**, ein schmuckes Ferienörtchen mit Wildwest-Fassaden und zahlreichen Kunstgalerien. Dort startet **eine der schönsten Rundstrecken durch die Kaskaden**. Zunächst schlängelt sich der ***McKenzie Pass-Santiam Pass Scenic Byway*** über das Gebirge. Die vielen, engen Haarnadelkurven sind eine Herausforderung und für Wohnmobile nicht empfohlen! Im Anschluss folgt er 20 mi lang dem Verlauf des McKenzie River und kehrt nach 82 mi wieder nach Sisters zurück (Rundtour ab Bend 130 mi; Zeitbedarf mind. 6 Std, leicht deutlich mehr). Zwischen Mitte November und Juni/Juli bleibt die Straße über den *McKenzie Pass* üblicherweise gesperrt.

Ohne *Interagency*-Pass (➤ Seite 49) wird man auf den meisten Parkflächen am *Byway* zur Kasse gebeten. Wer in der Gegend gleich über Nacht bleiben möchte, dem fehlt es nicht an Optionen. ***NF Campgrounds*** säumen die #126 am McKenzie River. Sie sind überaus populär, verfügen aber auch über viele *First-come, first-served*-Plätze.

Start in Sisters

Die *McKenzie Pass Route* (#242) beginnt im Westen der Ortschaft, schraubt sich langsam bergauf, verlässt beim ***Windy Point*** den (2017 teilweise niedergebrannten) *Deschutes National Forest* mit einem ersten schönen Blick auf das riesige, 2.000 Jahre alte Lavafeld und der markanten Spitze des Mt. Washington (2.376 m) im Hintergrund. Weniger steil, dafür umso enger und kurvenreicher geht es weiter durch die Steinwüste hinauf zur Passhöhe (1.623 m). Oben wartet das aus Lavafelsen errichtete ***Dee Wright Observatory*** mit einem 360°-Panorama. Der Kontrast zwischen den im Frühsommer noch schön schneebedeckten Gipfeln und den umliegenden pechrabenschwarzen Mondlandschaften ist grandios.

Auf dem ***Lava River Trail*** kann man sich ein wenig die Füße vertreten und ausführlich über die Geologie der Gegend informieren. Hier haben einst NASA-Astronauten für ihre Mond-Mission trainiert.

Lavahöhlen – Ein faszinierender Blick in die »Unterwelt«

Ist die bei einem Vulkanausbruch abfließende Lava ausreichend dünnflüssig, können die Ströme an ihrer Oberfläche bereits erkalten und erstarren, während sie sich darunter noch weiter talwärts bewegen. Versiegt dann der Nachschub allmählich, bleiben röhrenartige Hohlräume zurück. Diese auf Englisch ***Lava Tubes*** genannten Tunnel findet man weit verteilt über den Westen der USA, einige davon können auch besucht werden, so z.B. im ***Craters of the Moon NM*** (➤ Seite 310), bei **Shoshone** (➤ Seite 379) oder die ***Ape Cave*** beim Mount St. Helens (➤ Seite 241). Beim ***Lost Lake*** verschwindet sogar der gesamte See jedes Jahr aufs Neue in einer Lavahöhle (➤ Seite 413). Und in der Umgebung von Bend wartet neben der ***Lava River Cave*** (➤ Seite 419) noch eine ganz besondere Höhle. Bei der ***Skylight Cave*** fällt durch Öffnungen in der Decke das Sonnenlicht ein und erhellt scheinwerferartig ihr Inneres. Den Sommer über können sich an sonnigen Tagen zw. 8 und 10 Uhr morgens dann bis zu drei *Beams* ausbilden.

Der Zugang in die »Dachluken«-Höhle über eine Stahlleiter ist unproblematisch, schwieriger gestalten sich die 12 mi lange Zufahrt ab der Ortschaft Sisters über ein Wirrwarr an rauen *Forest Roads*.; nur mit guter Bodenfreiheit (SUV) und ausführlicher Beschreibung, z.B.: www.theoutbound.com/oregon/chillin/explore-skylight-cave.

Lichtershow in der Skylight Cave bei Sisters

Unbedingt vorher Infos zum aktuellen Straßenzustand in der *National Forest* ***Ranger Station*** **in Sisters** einholen; an der Ecke #20/South Pine Street; geöffnet Mo-Fr 8-16.30 Uhr, ✆ (541) 549-7700.

Die Lavaröhre bleibt von Oktober bis Mai geschlossen, weil dort dann Fledermäuse überwintern.

Oregon Südwesten
N
0 25 km
Rockaway Beach
Garibaldi
Cape Meares
Oceanside
Tillamook
Portland
Columbia River
Hood River
Beaverton
Gresham
Mt. Hood 3429 m
Oregon City
McMinnville
Woodburn
MT. HOOD NAT. FOREST
Maupin
Pacific City
Lincoln City
Salem
Silver Falls SP
Abiqua Falls
Bagby Hot Springs
Depoe Bay
Opal Creek
Warm Springs
Albany
Madras
Mt. Jefferson 3199 m
Newport
Lebanon
Corvallis
Waldport
SIUSLAW NAT. FOREST
Sweet Home
Yachats
Smith Rock SP
McKenzie Pass
Sisters
Red-mond
Proxy Falls
South Sister 3157 m
Florence
Eugene
Springfield
WILLAMETTE NAT. FOREST
Sparks Lake
Bend
High Desert Museum
Dunes City
DESCHUTES NAT. FOREST
Lava Butte
Lava River Cave
Cottage Grove
Newberry NVM
Reedsport
Oakridge
Paulina Lake
Oregon Dunes Nat. Rec. Area
Lakeside
Salt Creek Falls
La Pine
Cape Arago
North Bend
Coos Bay
Sutherlin
Susan Creek Falls
Toketee Falls
Crescent
Fort Rock
Glide
Umpqua Hot Springs
Roseburg
Wolf Creek Falls
Green
Watson Falls
Bandon
UMPQUA NAT. FOREST
Remote
Silver Lake
Crater Lake
Collier Memorial SP
Port Orford
Rogue River
Jackson Kimball SP
Crater Lake NP
WINEMA NAT. FOREST
Chiloquin
Agness
Merlin
Wedderburn
Gold Hill
Eagle Point
Gold Beach
SISKIYOU NAT. FOREST
Grants Pass
Medford
Klamath Lake
Samuel H. Boardman SP
Cave Junction
Oregon Caves NM
Ashland
Klamath Falls
Brookings
OREGON
CALIFORNIA
KLAMATH NAT. FOREST
Dorris
Tulelake
Newell
Happy Camp
Crescent City
Yreka
Fort Jones
Klamath
San Francisco

Bei den Lower Proxy Falls fließt das Wasser besonders elegant über die sattgrün bemoosten Klippen und Steine der Three Sisters Wilderness

Auf der Weiterfahrt in Richtung Südwesten – jetzt in Serpentinen bergab und bald wieder durch dichte Wälder – liegt **Scott Lake** mit kleinem Badestrand und *Walk-in*-Zeltplätzen (kurze geschotterte Seitenstraße 5,6 mi hinter dem *McKenzie Pass*).

Proxy Falls

Rund 28 mi von Sisters entfernt befindet sich der *Trailhead* zu den beiden ***Proxy Falls***, von denen die ***Lower*** besonders hervorstechen. Wer den 2,5 km langen *Loop Trail* (45 Höhenmeter) gegen den Uhrzeigersinn abläuft, erreicht die 69 m hohen Wasserfälle am schnellsten; die *Upper Falls* am östlichen Abschnitt sind weniger spektakulär. Am schönsten ist es hier – wie generell entlang des *Byway* – wochentags oder im Herbst, wenn die kleinen Parkplätze nicht ganz so aus allen Nähten platzen. Hinzu kommt, dass im Oktober in den (Regen-)Wäldern die Ahornblätter herrlich golden leuchten.

Abstecher zu Hot Springs

Rund 9 mi später mündet die #242 in die #126 ein. In Richtung Westen führt die #126 weiter zur Universitätsstadt **Eugene** an der I-5. Im Anfangsbereich hinter dem kleinen Ort **McKenzie Bridge** (*Ranger Station*, Tankstelle, Unterkünfte, Kneipen etc.) zweigt die #19 mit dem wohlklingenden Namen *Aufderheide Scenic Byway* zu den ***Terwilliger Hot Springs*** ab (beim *Cougar Reservoir* rechts halten, ab Parkplatz dann noch 400 m entlang des *Rider Creek Trail)*. Die auch als ***Cougar Hot Springs*** bezeichneten, ausgesprochen populären heißen Quellen bestehen aus vier hintereinander angeordneten Pools; Foto ➤ Seite 56. Badesachen sind dort »*optional*«!

Am Weg versteckt sich die ***Belknap Covered Bridge*** bei Rainbow (ein 0,8-mi-Abstecher ab der #126; ca. 1 mi vor der *Hot Springs*-Zufahrt zweigt man dafür auf den McKenzie River Drive nach links ab; mehr zu dieser Brückenart ➤ Exkurs nächste Seite).

An der #126 nordwärts

Die hier beschriebene Rundtour folgt dem McKenzie River und der #126 nach Norden. Nach nur einer Meile kommt man zur Zufahrt zu den gut erschlossenen ***Belknap Hot Springs*** mit 2 Pools am Flussufer, *Lodge* und *campsites*. Auf der Weiterfahrt verschwindet der McKenzie im porösen Untergrund und tritt dann erst wieder nach 3 km in Form eines fantastisch blauen »Teichs« zutage.

5

Zum Ausgangspunkt der Wanderung zum ***Tamolitch Blue Pool*** (6,5 km retour; 90 HM) führen hinter dem *Trailbridge Reservoir* die Forststraßen #730 und #2672-655 (nur 0,5 mi; ausgeschildert).

Koosah/ Sahalie Falls

Jenseits des nächsten Stausees (*Carmen Smith Reservoir*) stürzt der McKenzie River knapp hintereinander gleich zwei Mal tosend über die Klippen: ***Koosah Falls*** und nur 700 m weiter flussaufwärts die ***Sahalie Falls***, zu denen man alternativ auch direkt ab einem zweiten Parkplatz weiter nördlich an der #126 kommt. Der nächste Abzweig nach rechts schafft Zugang zum glasklaren Gewässer des **Clear Lake** und wenig später mündet die #126 bereits in die #20 ein.

Covered Bridges

Shimanek Covered Bridge

Mit seinem Filmdrama hat Clint Eastwood 1995 den *Bridges of Madison County* Tribut gezollt. Aber nicht nur im Osten und Mittleren Westen der USA wurden Holzbrücken mit einem Dach zum Schutz vor Witterung versehen. Anfang des letzten Jahrhunderts zählte man 450 Brücken dieser Art in Oregon, davon erhalten sind heute nur noch etwa 50 Exemplare. Die meisten von ihnen befinden sich östlich der I-5 zwischen Salem und der Kleinstadt **Cottage Grove**, die sich selber als »*Covered Bridge Capital of the West*« vermarktet.

Ein besonderes Schmuckstück ist die rote ***Shimanek Covered Bridge*** auf dem Foto ➤ oben. Sie überspannt unweit des *Silver Falls State Park* (➤ Seite 415), südlich der #22, den Thomas Creek bei Scio (an der Ecke Richardson Gap Road/Shimanek Bridge Road). Sie ist aber vergleichsweise neu und wurde erst 1966 errichtet.

Ungewöhnlich lang ist die weiße ***Goodpasture Covered Bridge*** von 1938 über den Mc Kenzie River an der #126, 30 mi westlich des *McKenzie Pass-Santiam Pass Scenic Byway* am Weg nach Eugene (➤ Seite 411). Sie wird in Bezug auf ihre Länge nur übertroffen von der 55 m langen, knallroten ***Office Covered Bridge*** in Westfir (südöstlich von Eugene unweit des Hwy 58). Diese einspurige Brücke fällt außerdem durch ihren angeschlossenen, ebenfalls überdachten Fußweg auf.

Auch an den in diesem Buch beschriebenen Routen passiert man die ein oder andere gedeckte Brücke, u,a. die ***Cavitt Creek Bridge*** an der Little River Road südöstlich des *North Umpqua Scenic Byway* bei Glide (➤ Seite 424) und die ***Sandy Creek Bridge*** am Hwy 42 bei Remote. Teils sind aber ein paar Zusatzmeilen erforderlich wie beispielsweise für die ***Gallon House Bridge*** über den Abiqua Creek rund 3 mi nördlich von Silverton (➤ Seite 416) oder bei der ***North Fork Yachats Bridge*** in der Nähe von Yachats an der Oregon-Küste (➤ Seite 441).

Wer sich für das Thema interessiert, findet eine gute Übersichtskarte mit den *Covered Bridges* unter www.oregonlive.com/travel/2017/09/oregons_54_covered_bridges_a_r.html (➤ QR-Code links); weitere Details auch unter www.eugenecascadescoast.org/covered-bridges.

Lost Lake

Keine 5 Meilen ostwärts entlang der #20 passiert man eine richtige Kuriosität. Im Winter breitet sich linker Hand der Straße ein See aus. Jedes Frühjahr, wenn der meiste Schnee der Umgebung geschmolzen ist und die Zuflüsse des **Lost Lake** langsam versiegen, erreignet sich hier ein Naturschauspiel: Perfektes Timing vorausgesetzt – meist im April, manchmal noch Anfang Mai – kann man zusehen, wie der See **durch einen 2 m großen, kreisrunden »Gully« abfließt**. Dieser befindet sich am nördlichen Ufer des Sees, das man ganz leicht über eine kurze Forststraße erreicht. Den Sommer und Herbst über verteilt sich sein Wasser in unterirdischen Lavahöhlen, neben der Straße fehlt – *Nomen est omen* – dann jede Spur vom See.

Nur wenig später erklimmt der *Scenic Byway* seine zweite Passhöhe (***Santiam Pass***, 1.468 m). Dahinter geht es wieder langsam bergab – durch (teils abgebrannte) Wälder und mit dem Schildvulkan Mt. Washington immer wieder im Blickfeld. Zurück nach Sisters sind es dann noch 20 mi, nach Bend noch gut 40 Meilen.

Blue Pool so glasklar, dass man trotz seiner Tiefe von 9 m bis zum Boden hinab blicken kann

5.2.3 Routen zwischen Bend und Portland

Wer von Bend direkt nach Portland fahren möchte, hat die »Qual der Wahl«, denn die beiden Verbindungsrouten sind ähnlich lang (ca. 170 mi). Auf der **Straßenkombination #97/#26** nach Norden kommt man nah an den immer schneebedeckten Vulkankegel des Mount Hood heran, aber die Variante **#20/#22/I-5** ist mit einigen Stopps am Weg noch eine Spur attraktiver.

Über Mount Hood und den Columbia River nach Portland

Die Route nach Norden führt vorbei an der Zufahrt zum *Smith Rock SP* (➤ Seite 404), dann ab der Kleinstadt **Madras** (mit dichter Infrastruktur, Hotellerie & Gastronomie) weiter auf der #26.

Warm Springs

Der **Hwy 26** durchquert die ***Warm Springs Indian Reservation***, die sich seit 1855 gleich drei Stämme teilen (*Wasco, Warm Springs* und *Paiute*). Im kleinen Ort Warm Springs unterhalten sie ein größeres sehenswertes **Museum**; $7/$3,50-$4,50; geöffnet Di-So 9-17 Uhr; https://museum.warmsprings-nsn.gov.

Das beliebte *Kah-Nee-Ta Resort* an den heißen Quellen des Springs River wird zurzeit renoviert, eine Wiedereröffnung ist für 2024 geplant; aktuelle Infos unter https://kahneeta.com.

Weiterfahrt nach Portland

Weiter nach Portland geht es auf dem *Mount Hood Scenic Byway* (Exkurs in der Gegenrichtung ➢ Seite 256) oder wie beschrieben mit Umweg über Hood River und Abstechern in die nördliche (➢ Seite 243) oder südliche *Columbia River Gorge* (➢ Seite 253ff).

South Falls im Silver Falls State Park

Über die #20/#22/I-5 nach Portland

Entlang dieser Route folgt man der #20 über Sisters (➢ Seite 408), den *Santiam Pass*, den Lost Lake (➢ Seite 413) und später der #22 am Westhang der Kaskaden entlang. Höhepunkt an dieser Strecke sind zweifelsohne die kristallklaren Flüsse in der ***Opal Creek Wilderness*** sowie der Wasserfall-***State Park Silver Falls***.

Am Ufer des Santiam River laden diverse ***NF*-Plätze** zum Verweilen ein, ebenso der **Detroit Lake** mit dem gleichnamigen ***State Park*** und *Campground* am Wasser.

Opal Creek Scenic Recreation Area

Wer sich etwas länger abseits touristischer Pfade bewegen möchte, hat **ab Gates** an der #22 die Gelegenheit dazu. Der Ausschilderung »Little N Fork« nach rechts (Norden) folgend, 3,7 mi später wiederum rechts und nach weiteren 6 mi links auf die Forststraße #2209, gelangt man in die ***Opal Creek Scenic Recreation Area & Wilderness***. Die letzten 7 mi verlaufen über groben Schotter.

Wegen einiger verheerender Waldbrände muss noch bis 2025 mit gesperrten Trails gerechnet werden

Ein insgesamt 58 km langes Wegenetz erschließt das Erholungsgebiet und die umliegende Wildnis in den Kaskaden. Eine empfehlenswerte Wanderung verläuft ausgehend vom verschlossenen Tor beim Straßenende am Little North Santiam River entlang zu einer verfallenen Mühle und den ***Sawmill Falls*** (3,5 km *one-way*). Gleich dahinter wendet man sich am besten nach rechts und wählt den Trail über den Fluss, vorbei an den *Slide Falls* mit ihren im Sommer beliebten natürlichen Felswasserrutschen.

Auf den **Opal Creek** trifft man erst nach 6 km jenseits des gleichnamigen, smaragdfarbenen **Pools**. Von dort kann man den idyllischen Bachlauf noch beliebig lang aufwärts entlang wandern (*Kopetski Trail* in Richtung *Cedar Flats* mit einigen *backcountry tent sites*).

Aktuelle Infos und Karte:

Der Name des Schutzgebiets deutet es schon an: Die Farbe des Wassers ist unglaublich! Die üppig von Moos überzogenen Felsen und urwüchsigen, bis zu 500 Jahre alten Bäume tun ihr Übriges. *Opal Creek* wirkt wie ein Paradies und wird in erster Linie von Einheimischen besucht. Auch Kinder haben ihren Spaß dort, wenn sie sich an warmen Sommertagen bei den *Slide Falls* oder dem *Opal Pool* in die Fluten stürzen können. Eine weitere schöne Badestelle sind die ***Three Pools*** des Santiam River gleich neben der #2207 (nur 0,9 mi südlich der Zufahrtsstraße #2209). Karte: www.fs.usda.gov/recarea/willamette/recreation/recarea/?recid=4212.

Nach dem Besuch der *Opal Creek Wilderness* bleibt man am besten auf der N Fork Road, die bei Mehama in die #22 einmündet.

Silver Falls State Park

Wasser steht auch im Fokus beim ***Silver Falls SP***, den man auf dieser Route ebenfalls ab der #22 erreicht (Exit 13, zunächst Richtung Silverton, dann rechts auf die #214). Ein 14 km langer Rundweg führt durch wunderbaren Regenwald vorbei an zehn Wasserfällen und teils sogar dahinter (u.a. bei den *South Falls*, ➤ Foto links).

Wer die für den ***Trail of Ten Falls*** nötige Zeit (ca. 4 Std.; 250 HM) nicht mitbringt, gelangt zu den *South Falls* auch über einen kurzen Spazierweg ab der gleichnamigen *day-use area* (Parken $5).

Im Hoch-/Spätsommer gleichen die Wasserfälle des Parks nur noch einem Rinnsal. Am beeindruckendsten sind sie im Frühling, wenn noch reichlich Schmelzwasser die Felsen herunter stürzt, und im Oktober leuchtet das goldene Ahornlaub schön im Unterholz.

SP-Karten + Reservierung

Zum Übernachten stehen im Park rustikale *cabins* ohne Bad ($53) und ein reizvoll im Wald angelegter *Campground* (Zelte $21, *hook-up* $31) zur Auswahl. Oregons größter *State Park* ist ein immerzu gut frequentiertes Ausflugsziel, daher lieber reservieren unter www.oregonstateparks.org/park_32.php. Ebenfalls im Park befinden sich noch die Blockhütten (mit Bad) des *Smith Creek Village* (ab $128; ✆ (503) 894-7533, www.smithcreekvillage.com)

An imposanten Wasserfällen mangelt es in Oregon nicht, einige sind aber nicht ganz so leicht zu finden wie z.B. die Abiqua Falls bei Silverton; ➤ nächste Seite

5

Abiqua Falls

Wer sich jetzt noch immer nicht an Wasserfällen satt gesehen hat, auf den warten etwas versteckt im Hinterland bei **Silverton** die ***Abiqua Falls***, die besonders fotogen über hohe Basaltklippen stürzen. Dafür folgt man vom *State Park* einfach der #214 nach Norden (Ausfahrt bei den *North Falls*) und dann den Anweisungen unter www.oregonhikers.org/field_guide/Abiqua_Falls_Trailhead.

Salem

Oregons Hauptstadt lässt sich ab dem *State Park* am schnellsten über die Ausfahrt bei den *South Falls* und die #214/#22 ansteuern. Ins Zentrum von Salem geht es ab der #22 auf der 17th St nach rechts, anschließend links auf die State St und weiter auf der Court Street. Dort erhebt sich bald linker Hand das recht ungewöhnliche ***State Capitol*** aus dem Jahr 1938. Südlich davon erstreckt sich der großflächige Campus der ***Willamette University*** mit dem Freilichtmuseum ***Willamette Heritage Center*** aus 14 historischen Gebäuden rund um eine alte Mühle gleich nebenan; 1313 Mill St SE; Di-Sa 10-16 Uhr; Eintritt $10/$6; www.willametteheritage.org.

Das State Capitol of Oregon in Salem, seine zwei Vorgänger sind 1855 und 1935 abgebrannt

Einige Häuserblocks weiter in Richtung Willamette River befindet sich an der 630 Center Street das ***Visitor Center*** der 180.000-Einwohner-Stadt; Mo-Fr 9-17 Uhr; www.travelsalem.com. Von dort ist es nicht mehr weit bis zum *Riverfront City Park*, wo der hübsche Schaufelraddampfer ***Willamette Queen*** (➤ auch Exkurs Seite 255) für kurze Rundfahrten, *Lunch* oder *Dinner Cruises* bereit steht; www.willamettequeen.info.

Die Hotellerie konzentriert sich rund um die I-5 Exits 256 und 253.

I-5 nach Portland

Die Autobahn I-5 stellt eine rasche Verbindung zwischen Salem und Portland her (ca. 1 Stunde). Sie führt durch das fruchtbare ***Willamette Valley***, das sich südwärts bis nach Eugene erstreckt und bekannt für seine guten Weine ist. Vor allem am Westufer des Willamette River sind erstaunlich viele *vineyards* angesiedelt.

Auf der Weiterfahrt bieten sich noch folgende Stopps an:

Truck Museum

Im ***Pacific Northwest Truck Museum*** in Brooks sind alte Trucks mit bis zu 8 Mio.(!) Meilen auf dem Tacho ausgestellt; 3995 Brooklake Road; I-15/Ausfahrt 263; geöffnet nur an Wochenenden von April bis September; www.pacificnwtruckmuseum.org.

Woodburn Outlet

Auf halbem Weg zwischen Salem und Portland laden noch die beliebten ***Woodburn Premium Outlets*** (I-5, Exit 271) zu einer Schnäppchenjagd in über 100 Geschäften ein. Dort gelten die in Oregon üblichen ***tax-free*** (!) Fabrikpreise.

Tulip Fest

Bekannt ist Woodburn auch für seine riesigen, farbenfrohen Tulpenfelder, die von Ende März bis Anfang Mai blühen. Eine Windmühle sorgt auf der ***Wooden Shoe Tulip Farm*** für das perfekte Holland-Klischee; 9-18 Uhr; $5/Person; www.woodenshoe.com.

Bagby Hot Springs

Bagby war 2023 wegen Sanierung geschlossen

Ein längerer Ausflug führt ab Woodburn über die Straßen #211/ #224 bis Riplebrook. Von dort ist der Weg zu den entlegenen ***Bagby Hot Springs*** ausgeschildert (insgesamt 75 mi auf Asphalt, dann noch 2,5 km zu Fuß; Parkgebühr $5). Inmitten idyllischer Regenwald-Kulisse warten dicke, ausgehöhlte bzw. zu Badewannen umfunktionierte Baumstämme sowie große Bade-Fässer auf die Gäste. Wunderbar, aber oftmals Warteschlangen, da sehr beliebt!

Anschluss an die Oregon Coast-Route

Ab Salem (Straße #22) oder McMinnville (Straße #18) besteht eine der zahlreichen Anschlussmöglichkeiten an die Küsten-Route (**Kapitel 5.3**). Nach einem kurzen gemeinsamen Verlauf trennen sich die Straßen wieder. Die #18 mündet nördlich von Lincoln City (➤ Seite 438) in die #101 ein, die #22 stößt auf den längeren Inlandsabschnitt der #101 südlich von Tillamook (➤ Seite 435).

In **McMinnville**, 25 mi nordwestlich von Salem, gibt es noch zwei erwähnenswerte Attraktionen:

Flugzeug-Museum *(Spruce Goose)*

Im ***Evergreen Aviation & Space Museum*** werden zahlreiche seltene und ausgefallene Flugzeugmodelle präsentiert, darunter die aus Holz konstruierte und als »Fichtengans« (***Spruce Goose***) verspottete *Hughes H-4* von US-Tycoon Howard Hughes. Das größte Flugboot aller Zeiten mit einer Flügelspannweite von 98 m hob im November 1947 zu seinem 1,5 km (!) langen ersten und letzten Flug ab; 500 Northeast Captain Michael King Smith Way; tägl. 9-17 Uhr; $22 (minus $4 mit AAA), Kinder $12; www.evergreenmuseum.org.

Gleich nebenan sorgt der Indoor-Wasserpark ***Wings & Waves*** für feuchten Spaß und Abkühlung an heißen Sommertagen; toll gestaltet mit Space Shuttle und Virtual-Reality-Rutschen etc; Eintritt $37, online nur $30; www.wingsandwaveswaterpark.com.

UFO Festival

McMinnville ist zudem Austragungsort des ***UFO Festival***, bei dem Mitte Mai 3 Tage lang verrückte Kostümierte mit ihren fliegenden Untertassen im Stadtzentrum unterwegs sind; https://ufofest.com.

Auf jeden Fall einen Abstecher wert auf dem Weg von Salem nach Portland: das Flugzeugmuseum in McMinnville mit der berühmten Spruce Goose

5

5.2.4 Von Bend zum Crater Lake und an die Pazifikküste

Straße #97

Wie bereits in **Kapitel 5.2.2** beschrieben, lässt sich die Weiterfahrt ab Bend in Richtung Süden auch über den *Cascade Lakes Scenic Byway* starten (➢ Exkurs Seite 406). Bei knapp bemessener Zeit empfiehlt es sich jedoch auf den Umweg zu verzichten und das ***Newberry National Volcanic Monument*** auf kürzestem Weg über die #97 anzusteuern. Einen Besuch verdienen würde an dieser Strecke auch das ***High Desert Museum***, nur 6 mi südlich von Bend.

High Desert Museum

Diese große Anlage ist eine einzigartige Kombination aus Tierpark, Heimatkunde- und Freilichtmuseum. Neben den Schwerpunkten »Eroberung des Westens« und »Siedlerleben im 19. Jahrhundert«, widmen sich Schaukästen der Kultur der Ureinwohner des Nordwestens. Außerdem gibt es eine Galerie mit wechselnden Kunstwerken und im Außengelände zahlreiche einheimische Tiere sowie Raubvogel-Präsentationen. Alles auch für Kinder sehr spannend aufbereitet, sie werden laufend zum Mitmachen animiert! Zeitbedarf 3-4 Std; $20/$12 (mit AAA-Karte 10% Rabatt); Mai- Okt täglich 9-17 Uhr, sonst 10-16 Uhr; https://highdesertmuseum.org.

Newberry National Volcanic Monument

Eintritt $5/Auto oder Interagency Jahrespass

Erster Anlaufpunkt im Schutzgebiet rund um den *Newberry Crater* ist das ***Lava Lands Visitor Center*** (im Sommer 10-17 Uhr), westlich der #97 unterhalb des Aschekegels **Lava Butte**. Es unterrichtet im Stil großer Nationalpark-Besucherzentren umfassend über den geologischen Ursprung, Flora und Fauna des Gebietes; www.fs.usda.gov/recarea/deschutes/recarea/?recid=66159.

Unbedingt einplanen sollte man den nur 400 m langen ***Rim Trail*** auf der Anhöhe des *Lava Butte* vor dem Panorama der *Three Sisters*-Vulkanberge. Ein Shuttlebus verkehrt 10-16 Uhr von Ende Mai bis Anfang September dorthin (im Schnitt alle 20 min; Tickets $3/Person, exakt in bar!). Während der ruhigeren Nebensaison dürfen Besucher auch mit dem eigenen Auto zum Aussichtsturm fahren, allerdings nur mit einer im Besucherzentrum ausgestellten Bewilligung (*first-come, first-served*!). Die Alternative ist der Aufstieg per pedes (2,8 km, 155 Höhenmeter).

Noch etwas intensiver lassen sich die Lavalandschaften entlang des ***Trail of Molten Lands*** erkunden. Ähnlich wie am *McKenzie Pass* (➢ Seite 409) trainierten hier NASA-Astronauten einst für ihre *Apollo*-Missionen.

Ausgehend vom Besucherzentrum, schafft die Cottonwood Rd Zugang zur ***Lava River Cave***.

Aussichtsturm auf dem Lava Butte südlich von Bend

Trail durch die Lavawüsten im Inneren der Newberry Caldera

Lavahöhle

Diese 1,6 km lange Höhle (➤ auch Exkurs Seite 409) befindet sich knapp 20 m unter der Erdoberfläche, dennoch wird es schon nach wenigen Metern kalt (ca. 5°C). Man darf sie auf eigene Faust erkunden von Juni bis August 10-17 Uhr (im Mai+Sept kürzer und sonst geschlossen); $5/Auto, Laternenverleih ebenfalls $5. Für die Zufahrt wird aber Mai-Mitte Sept eine Reservierung benötigt.

Timed ticket erforderlich ➤ Seite 103

Newberry Caldera

Rund 10 Meilen weiter südlich an der #97 zweigt die Straße #21 zur zentralen Region des *National Volcanic Monument* ab. ***Newberry*** ist mit einem gigantischen Durchmesser von knapp 44 km der **größte Vulkan der Kaskaden**. Im Inneren seiner flachen, als solche kaum mehr erkennbaren und dicht bewaldeten Caldera (6x8 km) befinden sich die Freizeitseen **Paulina** und **East Lake**.

An der 18-mi-Stichstraße zu den Seen passiert man zunächst die ***Paulina Falls Day-use Area***. Dort startet der kurze Spaziergang (700 m) durch den Wald bis zu den gleichnamigen, 20 m hohen Wasserfällen (=Überlauf des Kratersees). Ein nächster Stopp bietet sich beim ***Paulina Lake Visitor Centre*** an (im Sommer 9-17 Uhr), wo auch nach Torschluss im Außenbereich Info-Material ausliegt. Im Südosten des Paulina Lake erstreckt sich der riesige und mit nur 1.300 Jahren noch relativ junge ***Big Obsidian Flow***. Ein Lehrpfad verläuft durch den pechschwarzen glasartigen Basalt (=Obsidian) bis zu einer Anhöhe, die die Umgebung um 50 m überragt (1,6 km). Bei guter Sicht lohnt sich auch die Auffahrt zum ***Paulina Peak***, die 4-mi-Waschbrettpiste ist allerdings nicht für RVs geeignet.

An den zwei Freizeitseen liegen vier traumhafte ***Campgrounds***; besonders empfehlenswert ist ***Little Crater*** mit Stellplätzen ($18) direkt am Südostufer des Paulina Lake. Abgehärtete wagen sich an heißen Sommertagen dort sogar ins (immerzu frische) Wasser. Der See liegt auf über 1.900 m! Wohltemperiert hingegen sind die **heißen Quellen**, die sich rund 2 km weiter nördlich des *Little Crater Campground* am Seeufer befinden. Im Frühsommer (bei höherem Wasserstand) sind die durch Baumstämme abgegrenzten Pools in der Regel überflutet. Ein schöner Abschnitt der insgesamt 13 km langen *Paulina Lake Loop*, die den See umrundet!

Auch am Ufer des East Lake gibt es *Hot Springs*, diese riechen aber meist penetrant nach Schwefel.

Weiterfahrt auf den Straßen #97 und #138

Auf gerader, weitgehend ebener Strecke geht es nach dem Besuch der *Newberry*-Gegend weiter in Richtung Süden. Die #97 zieht sich bis **Crescent** den malerischen Little Deschutes River entlang, der mit seinen überwiegend harmlosen Stromschnellen bei Schlauchbootfahrern sehr beliebt ist. Die ***La Pine Recreation Area*** (Camping abseits des Flusses) wird dabei gerne als Startpunkt genutzt.

Abstecher Straße #31

Die #31 (Abzweig südlich von La Pine) führt ins weitgehend unbewohnte ***Fort Rock Basin*** zu einem kleinen Freilichtmuseum (*Homestead Village*, 35 mi von der #97 entfernt; geöffnet nur Mai-Sept Do-So 11-17 Uhr; $6/$4; https://fortrockoregon.com) und zu einer ganzen Reihe von vulkanischen Gebilden, u.a. zu einem riesigen Tuffring (*Fort Rock*), einem Krater mit 1,6 km Durchmesser (*Hole-in-the-Ground*) sowie zu gewaltigen Erdspalten (*Crack in the Ground*). Aufgrund des doch recht weiten Umwegs eher nur für Leute mit starkem Interesse an Geologie!

Abstecher Straße #58

Jenseits von Crescent zweigt die #58 in Richtung Eugene ab. An ihr liegen das offizielle südliche Ende des *Cascade Lakes Scenic Byway* (➤ Seite 406) und die ***Salt Creek Falls***. Sie zählen mit 87 m Fallhöhe zu den höchsten in Oregon, wären aber auf der Route nach Süden ein sehr zeitaufwendiger Abstecher (60 mi retour).

Weiterfahrt Straße #138

Schön im üppigen Regenwald eingebettet präsentieren sich die zahlreichen Wasserfälle an der #138, auf die man 20 mi weiter südlich an der #97 trifft. Diese Straße empfiehlt sich nach dem Besuch des *Crater Lake NP* nicht nur für die Rückkehr nach Portland/ Seattle, sondern auch als Verbindungsstrecke in Richtung Pazifikküste. Auf ihr benötigt man allerdings leicht einen Tag mehr als über die direkte Route nach Süden über Gold Hill (#62/#234 am Rogue River entlang, ➤ Seite 427). Wer sich für letztere Variante entscheidet, könnte vor dem Nationalpark-Besuch noch bei den ***Toketee Falls*** und ***Umpqua Hot Springs*** vorbeischauen (➤ Seite 423f).

Zufahrt zum Crater Lake (meist nur Juni-Oktober) Die #138 schafft schnellen Zugang zum Nordeingang des Nationalparks (15 mi ab der #97), die *North Entrance Road* zum Kraterrand ist aber üblicherweise von Ende Oktober bis Anfang Juni verschneit und gesperrt. Dann muss man die Anfahrt weiter südlich über die #62 wählen. Aktuelle Straßen-Infos unter www.nps.gov/crla/planyourvisit/conditions.htm.

Crater Lake National Park www.nps.gov/crla

Eintritt $30/Auto (Nov-Ende Mai $20) **oder Interagency Jahrespass**

Der einst fast 3.700 m hohe Vulkan **Mount Mazama** stürzte nach einer Mega-Eruption vor über 7.700 Jahren in sich zusammen und bildete einen Krater von 11 km Durchmesser. Im Laufe der Jahre füllte sich der abflusslose Kessel mit Regen- und Schmelzwasser, so dass der heutige **Crater Lake** entstand. Die ungewöhnliche **dunkelblaue** Farbe seines glasklaren Wassers kommt vom schwarzen Untergrund und der enormen Tiefe des Sees (bis zu 594 m!). Die große Wassermenge speichert im Sommer so viel Wärme, dass er trotz des langen Winters selten zufriert. Der Pegel variiert nur geringfügig – Verdunstung und Frischwasserzufuhr halten sich in etwa die Waage. Als Folge eines jüngeren Ausbruchs innerhalb des Kraters erhob sich ***Wizard Island*** im Westen des Sees (➢ auf dem Foto unten links). Der sichtbare Teil der Insel ist sozusagen die Spitze eines Vulkans im Vulkan.

Information

Im ***Rim Village Visitor Center*** (am Kraterrand auf 2.165 m) sowie im ***Steel Info Center*** (an der Südzufahrt) werden alle Einzelheiten zur Entstehung des Crater Lake und von *Wizard Island* eindrucksvoll erläutert. Auch die Übersichtskarte, die man samt Parkzeitung *Reflections* üblicherweise gleich bei der Einfahrt erhält, zeigt die zugrunde liegenden vulkanischen Prozesse.

Schnee ist am Crater Lake bis in den Juni hinein keine Seltenheit

Sperrungen
➤ Link bzw. QR-Code umseitig

Infolge des erheblichen Schneefalls in den Kaskaden bleibt der hochgelegene Nordeingang und die Straße rund um den See meist bis in den Sommer hinein gesperrt: der ***West Rim Drive*** in der Regel bis Mai/Juni, der ***East Rim Drive*** manchmal sogar bis Mitte Juli. Und ab Oktober können beide jederzeit wieder geschlossen werden. Über die West- und Südzufahrt (Straße #62) bleibt der Bereich um ***Rim Village*** aber ganzjährig erreichbar.

Rim Drive

Im Hochsommer können die Nationalpark-Besucher den 33 mi langen ***Rim Drive*** rund um den Krater folgen, die kuriosen ***Pinnacles*** im *Wheeler Creek Canyon* anschauen, zu Aussichtspunkten wandern oder eine Bootsfahrt auf dem See unternehmen:

Bootstour/ Wizard Island

Die 2-stündigen ***Standard Lake Cruises*** finden mehrfach täglich 9.30-15.30 Uhr statt ($44, Kinder $30). Die ***Wizard Island Tours***, bei denen man auf der Insel aussteigen und dort den Kraterrand besteigen darf, kosten etwas mehr ($55 bzw. $37). Alle, die auf *Wizard Island* noch etwas länger verweilen möchten, können einen extra ***Shuttle Service*** buchen und etwa 3 Std vor Ort verbringen; www.travelcraterlake.com/things-to-do/boat-tours.

Den Bootsableger am Nordufer des Sees erreicht man nur nach einem Abstieg vom Kraterrand über den ***Cleetwood Cove Trail*** (1,8 km, 230 HM). Die Fahrt bis zum Parkplatz ist eine Alternative zur Gesamtumrundung des Sees (10,5 mi ab *Rim Village* über den *West Rim Drive*). *Cleetwood Cove* ist der einzige Platz an dem man – auch ohne Bootstour – ans Wasser kommt.

Aussichtspunkte

Bequem zu erreichen ist die Aussicht direkt vom Parkplatz am ***Discovery Point*** (unweit von der *Rim Village*; ➤ Foto umseitig), den tollen Blick vom ***Watchman Overlook*** muss man sich erst erarbeiten (2,5 km retour; 130 HM) ausgehend vom *West Rim*. Bis Juni ist er aber wegen der gesperrten Straße oft nur zu Fuß erreichbar. Dann sind es über 10 km retour ab dem *Discovery Point* !

Mehr Kondition erfordert östlich des Kraters der Aufstieg zum **Mount Scott**, mit 2.721 m höchster Punkt des Parks (8 km retour, 320 Höhenmeter). Der *Pacific Crest Trail* (von der Grenze Mexikos nach Kanada) verläuft am Westrand des Sees.

Unterkünfte

Direkt am Kraterrand steht die von außen schlicht wirkende, aber innen nostalgische ***Crater Lake Lodge*** (geöffnet nur Mitte Mai bis Mitte Oktober; einfache Zimmer ab ca. $245 oder mit Seeblick ab $260). Etwas günstiger schläft man in einer der 40 rustikalen *cabins* ($160; von Ende Mai bis Ende September) im ***Mazama Village*** an der #62, rund 7 mi südlich des *Rim Village*. Beide Quartiere müssen viele Monate im Voraus gebucht werden unter www.travelcraterlake.com.

Ende Mai an der Crater Lake Lodge, nur wenig später strahlte wieder die Sonne auf den frisch verschneiten Kratersee

Camping

Der ***Mazama Campground*** ($22, mit Stromanschluss $38) ist zwar gut angelegt und komfortabel, aber recht überlaufen. Als **Zelt-Camper** würden die Autoren daher die Plätzchen auf dem *Lost Creek Campground* an der Stichstraße zu den pittoresken ***Pinnacles*** im *Wheeler Creek Canyon* vorziehen ($5 exakt in bar; 16 *first-come, first-served sites*; keine RVs).

Tipp: Bei kühler Witterung ist es wegen der geringeren Höhenlage (800 m tiefer) im Zelt am angenehmsten beim **Diamond Lake**, ca. 20 mi nördlich des Parks an der #138 (➤ unten). Dort hat der *National Forest Service* für erhebliche Campingkapazitäten gesorgt, darunter viele *first-come, first-served sites* (ab $16). Die Stellplätze direkt am Wasser ($22-$27) sind auch für RVs empfehlenswert. Der ruhigste Platz liegt am Südufer (*Broken Arrow*). Wer einen Komplettanschluss benötigt, wird im privat geführten *Diamond Lake RV Park* fündig ($50; www.diamondlake.net/rv-park).

Über die North Umpqua Road weiter in Richtung Küste

Vom **Diamond Lake** führt der Highway #138 weiter in Richtung Westen bzw. Roseburg. Sie empfiehlt sich für alle, die nach dem Besuch des Crater Lake die Oregon-Küste als nächstes Ziel haben. Ihr Verlauf entlang des »*wild & scenic*« **North Umpqua River** ist äußerst erfreulich, zudem laden Picknick- und Campingplätze in bezaubernder Regenwald-Umgebung immer wieder zum Verweilen ein. Detaillierte Begleitbroschüren für den ***Rogue-Umpqua Scenic Byway*** lassen sich im PDF-Format downloaden unter www.blm.gov/or/districts/roseburg/recreation/ScenicByway.

Toketee Falls

Für Wasserfall-Fans ist dieser Streckenabschnitt ein Muss, er trägt nicht umsonst den Beinamen ***Highway of the Waterfalls***. Über ein Dutzend stürzen in Straßennähe über die sattgrün bemoosten Felsen und sind meist recht schnell und einfach von den Hwy-Parkplätzen zu erreichen.

In diese Kategorie fallen die ***Watson Falls*** (83 m) rund 17 Meilen westlich vom Diamond Lake linker Hand der #138. Gut 2 Meilen später zweigt die *Toketee-Ridgon Road* (Forststraße # 34) nach rechts ab. Wer sich dort anfangs 2x links hält, gelangt bereits nach 0,4 mi zum *trailhead* der ***Toketee Falls***. Der kurze Pfad endet nach 600 m an einer hölzernen Aussichtsplattform mit Blick hinunter auf den »schönen« Wasserfall (»*Toketee*« in der Sprache der *Chinook*).

Die kleinen Becken der Umpqua Hot Springs sind terrassenförmig oberhalb des Flusses angeordnet; das oberste hat 46°C, das unterste 37,8°C (Tipp: am besten wochentags früh morgens, da sehr beliebt)

Hot Springs

Für die ***Umpqua Hot Springs*** (*Umpqua* = tanzendes Wasser) geht es auf der *Toketee-Ridgon Road* weiter nach Norden: an der ersten Kreuzung (2,2 mi ab der #138) rechts auf die NF-3401 (nicht asphaltiert) und nach insgesamt 4,5 mi ist der Parkplatz erreicht ($5, gratis mit *Interagency Pass*). Von dort sind es noch 0,6 km zu Fuß zu den schönen heißen Pools, in denen jeweils 3-4 Leute Platz finden; nur das oberste ist überdacht und etwas größer.

Noch vor der kleinen Ortschaft **Glide**, häufen sich wieder die Wasserfälle: Zwischen den Meilen 33 und 32 startet der Weg zu den ***Fall Creek Falls*** (3 km retour) und zwischen 29 und 28 der ***Susan Creek Falls Trail*** (2,6 km retour). Vergleichsweise weniger aufregend sind die breiten und nicht sehr hohen ***Deadline Falls*** gleich neben der Straße. Dort kann man allerdings mit etwas Glück flussaufwärts wandernde bzw. springende **Lachse** beobachten (bester Blick von der anderen Uferseite; Brücke beim *Swiftwater Park*).

Bei der *Rock Creek Fish Hatchery* gleich nebenan gibt es außerdem ***steelheads*** zu sehen, Verwandte der Regenbogenforellen, die aber wie die Lachse im Meer leben und zum Laichen die Flüsse hochwandern (*self-guided* von 7.30 Uhr bis Dämmerung).

Entlang der Stichstraße ***Little River Road*** (#17; Abzweig in Glide) bieten sich zwei Stopps an: Knapp 7 mi südlich des Ortes überspannt eine weiße hölzerne ***Covered Bridge*** den Cavitt Creek (➢ Exkurs Seite 412) und 4 mi weiter befindet sich der *trailhead* für die 38 m hohen ***Wolf Creek Falls*** (3,7 km retour, 60 Höhenmeter).

Roseburg

Gut 100 mi westlich der #97 bzw. 80 mi ab Diamond Lake endet der ***Rogue-Umpqua Scenic Byway*** in **Roseburg** an der I-5. Mit nur 1-2 kurzen Stopps ist die Strecke in 3-4 Std zu bewältigen. Bei Besuch der *Umpqua Hot Springs* und einigen Wanderungen wird sie schnell zum Tagesprogramm. Wer den **nördlichen Teil** des *Scenic Byway* von Roseburg aus in Angriff nimmt, kann sich vorab im großen **Besucherzentrum** unweit der #138 an der 410 SE Spruce St mit Info-Material eindecken. Der **südliche Abschnitt** (80 mi) führt vom Diamond Lake nach Gold Hill (#230/#62; ➢ Seite 427).

Susan Creek Falls am Rogue-Umqua Scenic Byway

Roseburg bietet etliche Quartiere (gehäuft um den Exit 125; *Days Inn*, *BW* etc.), aber in der Umgebung gibt es nicht mehr allzu viel zu sehen außer ein paar *Covered Bridges* (➤ Exkurs Seite 412), einen ***Wildlife Safari Park*** mit Rundparcours zum Selberfahren (südlich in Winston, I-5/Exit 119; Einlass $18 pro Person; https://wildlifesafari.net) und 3 mi nördlich der Stadt (I-5/Exit129) die ***Winchester Fish Ladder***, wo man durch Fenster den Lachsen und *steelheads* bei ihrer Wanderung flussaufwärts zuschauen darf.

Nach Portland sind es ab Roseburg 180 mi, zurück nach Seattle knapp 350 mi Autobahn.

Von Roseburg an die Küste

Auf den Straßen #42/#42S über **Remote** (=abgelegen; der Name ist Programm!) ist eine rasche Verbindung mit der südlichen Oregon-Küste hergestellt (85 mi bis Bandon). So verpasst man allerdings den ***Samuel H. Boardman State Scenic Corridor*** sowie andere grandiose Pazifikabschnitte im äußersten Südwesten Oregons. Die hier verfolgte Route steuert daher die Küstenstraße #101 ab Crescent City an und beinhaltet neben dem **Abfahren der gesamten Oregon-Küste** auch noch den Kurzbesuch der beeindruckenden ***Redwood*-Wälder** jenseits der Grenze zu Kalifornien.

Weiterfahrt über Grants Pass

Vorbei am *Seven Feathers Casino* des *Umpqua*-Stammes geht es dafür zunächst auf der I-5 bis **Grants Pass** im ***Rogue River Valley***. Dort warten auf den Besucher zahlreiche Unterkünfte (*BW*, *Comfort Inn* etc.), die Glasbläserei *The Glass Forge* zum Zuschauen und Mitmachen (501 SW G St), jede Menge Weingüter sowie ein interessantes *Wildlife Rehabilitation & Education Center* für verletzte oder verwaiste einheimische Tiere (im Sommer tägl. 9-17 Uhr; $20/$12; 11845 Lower River Rd; https://wildlifeimages.org).

Taprock Northwest Grill (971 SE 6th St) in Grants Pass mit schöner Terrasse am Rogue River

Jetboot-Touren durch den Hellgate Canyon des Scenic Rogue River

Am populärsten sind in Grants Pass aber die rasanten ***Jetboat Excursions*** durch den ***Hellgate Canyon*** des Rogue River, die täglich von Anfang Mai bis Mitte September unweit des Straßendreiecks I-5/#199 starten; 2 Stunden ab $45/$32, *Lunch, Brunch* oder *Dinner Tours* kosten entsprechend mehr; www.hellgate.com.

Ab **Merlin** (nördlich von Grants Pass, I-5 Exit 66) wird auch ***White Water Rafting*** durch die Schlucht des Rogue River angeboten; Halb-, Ganz- und Mehrtagestouren im Schlauchboot, von kinderfreundlichen Varianten bis hin zum *Class IV*-Abenteuer bei den *Nugget Falls*; diverse Veranstalter u.a. www.orangetorpedo.com. Der *Indian Mary County Park* am Oberlauf des Flusses einige Meilen westlich des Ortes bietet komfortables *Full-hook-up*-Camping.

Zwischen **Merlin** und **Gold Beach** an der Pazifikküste verläuft eine attraktive, durchgehend asphaltierte *backroad* über Garlice und Agness. Aktuelle Infos zu diesen Strecken am besten vorab in Grants Pass einholen: ***Grants Pass Interagency Office*** an der 2164 Northeast Spalding Avenue, ✆ (541) 471-6500.

Oregon Caves NM

In **Cave Junction** an der #199, etwa 30 mi südlich von Grants Pass, befindet sich das ***Illinois Valley Visitor Center*** (201 Caves Hwy; ✆ (541) 592-5125). Da die beachtliche Tropfstein- und Marmorhöhle des ***Oregon Caves National Monument*** tief in den Siskiyou Mountains nur im Rahmen geführter Touren (90 min; im Sommer täglich Do-Mo 10-16 Uhr) zu besichtigen ist, sollte man sich dort unbedingt die dafür erforderlichen Tickets ($10/$7) besorgen; alternativ auch online unter www.nps.gov/orca. So wird vermieden, dass man die 20 mi lange Stichstraße (#46) zum Park umsonst fährt! Die letzten 8 mi sind für größere RVs nicht geeignet.

Zum Park gehört der schön im Wald gelegene *Caves Creek Campground* ($10; nur Ende Mai-September; nicht für große RVs). Der *NF*-Platz *Grayback* ($15) rund 8 mi westlich an der Zufahrt ist ebener und besser für RVs (allerdings nur bis 26 Fuß!). Für beide *Campgrounds* gilt das *First-come, first-served*-Prinzip.

Jedediah Smith Park

Die letzten 20 Meilen der #199 am malerischen Smith River entlang gehören zu den schönsten Teilabschnitten dieser Route. Je näher man dem Pazifik kommt, umso dichter stehen die *Redwoods*. Noch vor der Einmündung in die Küstenstraße #101 quert die #199 den Nordteil des sehr sehenswerten ***Jedediah Smith Redwoods SP*** (➤ Seite 520). Ab Crescent City (➤ Seite 519) folgt man dann der in **Kapitel 5.3** beschriebenen Oregon-Küsten-Route (➤ Seite 430ff) von Süden nach Norden und kehrt dann ab Cannon Beach oder Astoria wieder nach Portland bzw. Seattle zurück.

Über die #62 zum Crater Lake und weiter in Richtung Küste

Liegt die Nordzufahrt zum Crater Lake noch/bereits unter einer dicken Schneedecke und möchte man auf den Abstecher in den Park nicht verzichten (der Krater bietet auch **verschneit** fantastische Motive!), bleibt nur die Anreise über die ganzjährig geöffnete #62. Hierfür geht es zunächst auf der #97 weiter in Richtung Süden.

Am Weg liegt **Chiloquin** mit Kasino und ***Train Mountain Railroad Museum***, das zahlreiche Eisenbahnwagons, alte Schneepflüge und gelegentlich auch Rundfahrten in Miniatureisenbahnen bietet; Mo-Fr 10-15 Uhr; http://trainmtn.org. Kurz vor der Ortschaft befindet sich der ***Collier Memorial SP***. Er verfügt über ein kleines ***Logging Museum*** mit historischen Holzfäller-Gerätschaften (linker Hand der #97; im Sommer 8-20 Uhr) sowie über einen komfortablen ***Campground*** am Williamson River; Zelte $19, *full hook-up* $29; reservierbar. Weitere Plätze am Flussufer findet man gleich nebenan im einfachen ***NF Campground Williamson River*** ($10; *first-come, first-served*; Zufahrt über die *Forest Road* #9730).

Hübsch am glasklaren Quellteich des Wood River platziert wurden die 10 *first-come, first-served campsites* ($11-$14) der ***Jackson F. Kimball State Recreation Site*** 3,5 mi nördlich von Fort Klamath an der #624; ohne *hook-up*/Duschen. Die ***day-use area*** des Parks liegt ebenfalls am Fluss – ideal fürs Picknick und ggf. im Sommer auch für gute Schwimmer; dank der Quelle oberhalb führt der Fluss immer viel kühles Wasser. Zur Südeinfahrt des Nationalparks sind es von dort noch gut 17 mi, zum Kraterrand fast 25 mi.

Scenic Byway am Rogue River

Anschluss an die Route hinaus an die Oregon-Küste besteht ab dem *Mazama Village* des Nationalparks über die **Kombination #62/#234/I-5**. Die #62 mündet weiter westlich in den südlichen Abschnitt des ***Rogue-Umpqua National Scenic Byway***, der vom Diamond Lake nach Gold Hill verläuft (➤ Seite 424). An den Straßen #230/#62/#234 entlang des Rogue River finden sich – analog zum nördlichenTeil – schöne Picknick- und Campingplätze.

Ab Grants Pass geht es dann wie vorstehend beschrieben (➤ links) auf der Straße #199 über das *Oregon Caves National Monument* und die *Jedediah Smith*-Küstenmammutbäume zur Pazifikküste hinaus. Die Gesamtdistanz vom Crater Lake Nationalpark bis nach Crescent City beträgt ca. 200 mi und ist – ohne längere Bootstour auf dem Rogue River – leicht als Tagesetappe zu bewältigen.

Abendlicher Spaziergang vorbei am Haystack Rock von Cannon Beach, dem Wahrzeichen der nördlichen Oregon-Küste

Entlang der Oregon-Küste

5.3. Die traumhafte Oregon-Küste

Mile-by-Mile

Egal von wo man startet, ein Abstecher an die Oregon-Küste lohnt sich immer und sei es nur als **Tagesausflug ab Portland** ins 80 mi entfernte Cannon Beach (über die #26) oder als **2-tägige Tour** mit Weiterfahrt über den *Three Capes Scenic Drive*, Pacific City und Rückkehr auf der #18 (ggf. noch mit Besuch des Flugzeugmuseums in McMinnville oder der *Woodburn Premium Outlets* (ca. 250 mi).

Ab der in Nord-Süd-Richtung verlaufenden I-5 führen im US-Bundesstaat Oregon immer wieder kurze und gut ausgebaute Verbindungsstrecken hinaus ans Meer, so z.B. ab Eugene, Albany oder Salem.

Unübertroffen bleibt aber ein Abfahren der gesamten Oregon-Küste, entweder von Norden her ab Astoria an der Grenze zu Washington oder vom Süden ab Crescent City (➤ Seite 519) an der nordkalifornischen Küste. Die offiziell ausgewiesenen **363 mi Highway 101** summieren sich mit einigen Schlenkern und zusätzlichen Abstechern rasch zu 400 mi und mehr. Da man streckenweise wegen des kurvenreichen Verlaufs, der zahlreichen Sehenswürdigkeiten und herrlichen Aussichten nur sehr langsam vorankommt, sind dafür **drei Urlaubstage** das absolute Minimum. Mehr von der Oregon-Küste hat man mit **vier Übernachtungen**: eine bei Pacific City, eine weitere in Florence, dann bei Bandon und in Brookings (ggf. Crescent City). Zum Campen empfehlen sich wiederum Pacific City, die *Oregon Dunes* sowie die *State Parks Sunset Bay* und *Harris Beach*.

Die Oregon-Küste lässt sich in drei Abschnitte gliedern: einen nördlichen zwischen Astoria an der Mündung des Columbia River und dem *Tillamook County*, der zentrale umfasst den Bereich Lincoln City bis zu den *Oregon Dunes* und der südliche reicht vom *Cape Arago* bis hinunter an die Grenze zu Kalifornien.

Auf den ersten (nördlichen) Meilen zeigt sich der Hwy 101 noch nicht von seiner besten Seite. Er verläuft zunächst überwiegend abseits des Pazifiks, aber spätestens ab Cannon Beach werden selbst hochgesteckte Erwartungen erfüllt. Nicht nur die Küste (*Haystack* und *Ecola State Park*)

Empfehlenswerte Begleiter für die Oregon-Küste sind die ***Mile-by-Mile***-Broschüre sowie die fast DIN A3-großen ***Guides* »*101 Things to do*«**; in gedruckter Form in den Besucherzentren oder online unter www.oregoncoastmagazine.com/mile-by-mile-guide bzw. www.101things.com (*Southern OR* und *Western & Coastal OR*), ➤ auch QR-Codes.

beeindruckt, auch das gepflegte Ortsbild sticht hervor (malerische Fischerdörfer darf man sich ansonsten entlang der Oregon-Küste nicht erwarten!). Etwas Hippie-Flair strahlt Pacific City aus, das weiter südlich am nicht auszulassenden *Three Capes Scenic Drive* liegt. Es folgen einige hübsche *State Beaches* und *Waysides* sowie tolle Gezeitenbecken voller Meeresgetier, aber richtig spektakulär wird der Verlauf der #101 ab Yachats oberhalb steil abfallender Klippen. Zwischen Coos Bay und Port Orford warten die legendäre Brandung und kuriosen Sandsteinformationen des *Shore Acres SP* sowie ein mit Felsnadeln gespickter Strand bei Bandon.

Auf seinen letzten Meilen bis an die kalifornische Grenze folgt der Hwy 101 dem Auf und Ab der Küste und kann nochmal richtig auftrumpfen: Immer wieder führen kurze Pfade zu traumhaften Ausblicken und hinunter in verborgene, von Felsen umrahmte Buchten. Spätestens im *Samuel Boardman*-Park sollte man Teilabschnitte des Fernwanderwegs ***Oregon Coast Trail*** ablaufen, der sich 640 km entlang der gesamten Oregon-Küste windet.

Bei etlichen *State Parks* und *Beaches* wird eine Eintritts- oder Parkplatzgebühr fällig (meist $5 pro Auto), so dass sich der ***Oregon Pacific Coast Passport*** ggf. schnell auszahlt (5 Tage $10/Fahrzeug); Details ➤ Kasten Seite 433 oben.

Damit man der Beschreibung auch leicht in umgekehrter Richtung folgen kann, sind in diesem Kapitel die wichtigsten Anlaufpunkte in tabellarischer Form aufgelistet. Die Entfernungsangaben beziehen sich jeweils auf die **Meilensteine** (**MM**, *mile marker*) und sollen nur zur groben Orientierung dienen.

Mile-Marker	**Hwy 101 - Stopps an der nördlichen OREGON-KÜSTE**
0	Beginn des Oregon-Abschnitts des Hwy 101 auf der ***Columbia River Bridge*** in **Astoria**, einem heute eher bedeutungslosen Hafenstädtchen an der Kreuzung #30/#101. Sehenswert ist dort die ***Astoria Column*** mit einem *mural* zur Geschichte Oregons und tollem Rundumblick (1 Coxcomb Dr; Eintritt kostenlos) sowie das ***Columbia River Maritime Museum***, das u.a. die Strandung unglücklicher Schiffe auf den Sandbänken in/vor der Mündung des Flusses thematisiert (täglich 9.30-17 Uhr, \$16/\$13; www.crmm.org).
6,5	Abzweig zum ausgedehnten ***Fort Stevens State Park***. Die Befestigungen des Forts hatten nur einmal Feindkontakt: den Beschuss durch ein japanisches U-Boot, der aber kaum Schaden anrichtete. Das Interesse der meisten Besucher gilt eher der Küste mit den **Wrackresten** des 1906 dort gestrandeten Schiffs *Peter Iredale* und den kleinen **Süßwasserseen** mitten im Dünengürtel, die auf Badetemperaturen kommen, während der Ozean selbst im Hochsommer eiskalt bleibt. Die Popularität des Parks korreliert mit der Camping-Kapazität (knapp 500 Stellplätze!); Zelte \$28, *full hook-up* \$40; auch Jurten und *cabins*; www.oregonstateparks.org/park_179.php.  Peter Iredale Wrack
7	Die #101 *Business* nach Osten führt zum ***Fort Clatsop National Memorial*** (3 mi; ausgeschildert). An der Stelle, wo die erste amerikanische Überlandexpedition 1805 den Pazifik erreichte, wurde das Winterlager von ***Lewis & Clark*** (➤ Exkurs Seite 192) rekonstruiert. Für den Besuch der Ausstellung und der kleinen Befestigungsanlage benötigt man max. 1 Std (empfehlenswert!). Ein hübscher **Picknickplatz** ist auch vorhanden; ohne *Interagency* (➤ Seite 49) oder *Oregon Coast Pass* \$10 pro Person; www.nps.gov/places/fort-clatsop-or.htm.
7,5	Südliche Zufahrt zum ***Fort Stevens*** (siehe oben)
20	**Seaside** ist eines der beliebtesten Seebäder Oregons, den Sommer über wie auch während der »*Spring Break*«-Ferien herrscht Hochbetrieb auf der 2 km langen Strandpromenade, kurz ***The Prom***. Im August findet dort alljährlich das weltweit größte Amateur-Volleyballturnier statt. Landschaftlich reizvoller sind die Strände nur wenige Meilen weiter südlich bei Cannon Beach (➤ MM 28).
	An der #101 sowie in Strandnähe ballen sich **H/Motels**. Günstige Betten im Schlafraum oder DZ bietet das ***Seaside Hostel*** am 930 North Holladay Drive; ✆ (503) 738-7911, www.seasidehostel.net.

Der ***Oregon Pacific Coast Passport*** (**$10/Fahrzeug für 5 Tage** oder als Jahrespass $35) gilt in State Parks wie *Fort Stevens, Ecola, Heceta Head* und *Shore Acres*, außerdem in einigen NPS-/BLM-/NF-Gebieten (*Lewis & Clark NHP, Yaquina Head, Oregon Dunes* u.v.m.); Übersicht: www.fs.usda.gov/detail/r6/passes-permits/recreation/?cid=fsbdev7_007224.

20,8 ***Seaside Outlet Mall***, www.seasideoutlets.com, mit u.a. einem *Nike Outlet Store* (größeres *Outlet* steht in Lincoln City, ➤ **Meile 115,6**)

21,3 Besucherzentrum von Seaside; geöffnet Mo-Sa 9-17 Uhr, im Sommer auch So 12-16 Uhr; gute Broschüre unter www.seasideor.com

25 Einmündung der #26 in Richtung Portland; einige Meilen landeinwärts schöner Campingplatz im ***Saddle Mountain State Park***

28 Zufahrt zum ***Ecola State Park*** mit einem der **besten Aussichts- und Picknickplätze an der Oregonküste**. Hoch oben auf einem bewaldeten Felsvorsprung eröffnet sich ein traumhaftes Panorama gen Süden, mit rauer Steilküste im Vordergrund und den Felsen von Cannon Beach in der Ferne; ➤ Foto unten; Parken $5. An der *Indian Beach*, einem bei Surfern beliebten Sandstrand mit einem hübschen kleinen Felstor, folgt ein toller Abschnitt des *Oregon Coast Trail* den Klippen nach Norden durch den Wald und mit Blick hinüber zum weit draußen im Pazifik auf einem Minifelsen thronenden ***Tillamook Rock Lighthouse***.

28 Nördliches Ende von **Cannon Beach**, www.cannonbeach.org, mit eleganten *Inns*, Boutiquen und Kunstgalerien, darunter die *Jeffrey Hull Gallery*. Die malerischen Küstenstriche Oregons dienten dem Künstler als Vorlage für seine Ölbilder und XXL-Aquarelle. Gute *campsites* am Ecola River unweit der #101-Abfahrt (***Sea Ranch Resort***, auch *cabins*; https://searanchcannonbeach.com) sowie im ***Cannon Beach RV Resort*** (340 Elk Creek Rd; https://cbrvresort.com); beide in Gehdistanz zum Zentrum; *full hook-up* ab $80.

Die Hauptattraktion des charmanten, kleinen Ferienorts sind der *Ecola SP* sowie der markante ***Haystack Rock***, der am südlichen Ende des Ortes 72 m aus dem Wasser ragt (➤ Foto Seite 428/429). Bei Niedrigwasser bilden sich dort Gezeitenbecken mit bunten Seesternen und hoch oben auf dem »Heuhaufen-Felsen« nisten zahlreiche Vögel, u.a. zierliche Gelbschopflunde (➤ Foto Seite 36).

Blick nach Süden vom Ecola State Park

Küste am Hug Point

Mile-Marker — Hwy 101 - Stopps an der nördlichen OREGON-KÜSTE

28 Beliebt bei Jung und Alt sind in Cannon Beach die pedalbetriebenen Dreiräder, sog. ***Funcycles***, mit denen es sich herrlich über den Sand düsen lässt. Gesteuert wird durch Gewichtsverlagerung. Verleihstationen findet man im Ort wie auch in Seaside.

Mitte Juni gibt es während des 3-tägigen *Cannon Beach Sandcastle Contest* immer jede Menge Sandburgen zu bestaunen.

Ein Sommer- und Wochenendproblem ist das Parken. Vorschlag für einen ausgedehnten **Strandspaziergang zum *Haystack***: Von Cannon Beach der Uferstraße folgen und das Auto bei der *Tolovana Beach* abstellen (auch direkte Zufahrt ab **Meile 30,8** vom Hwy 101 möglich).

31,4 Der ***Silver Point Overlook*** bietet einen tollen Blick nach Süden und zurück auf den Strand von Cannon Beach.

33,7 Zufahrt zur ***Hug Point State Recreation Site***; bei Niedrigwasser kommt man dort um die nördliche Landzunge herum und in die nächste Bucht mit den kleinen *Hug Point Falls* (➤ Foto oben); www.oregonstateparks.org/park_191.php.

39 ***Oswald West State Park***, eine herrliche, autofreie Landschaft mit der kleinen, vor allem bei Surfern populären *Short Sand Beach* (900 m vom Parkplatz entfernt) und mit wunderbaren Pfaden durch moosbehangenen Regenwald, darunter ein reizvoller Abschnitt des *Oregon Coast Trail*, der Zugang zum exponierten ***Cape Falcon*** schafft (8 km retour; Abzweig nach rechts etwa 300 m vor der *Short Sand Beach*). In südliche Richtung führt der *Coast Trail* vorbei an den schroffen Klippen des *Devils Chaldron* bis zum nördlichen Startpunkt des ***Neah-Kah-Nie Mountain Trail*** (Parkplatz bei **Meile 40,2**). Den 512 m hohen Gipfel mit weitem Rundumblick erreicht man aber schneller ab dem *South Trailhead* (5 km retour, 260 Höhenmeter; Zufahrt **Meile 41,4**); Broschüre mit Karte unter www.oregonstateparks.org/park_195.php.

Eine Karte mit Link zu allen **Gezeitentabellen für die Oregon-Küste** findet sich unter https://tidesandcurrents.noaa.gov/map/index.html?type=TidePredictions&region=. Für den nördlichen Bereich Cannon Beach und Tillamook gilt die Station »North Jetty, Tillamook Bay«: https://tidesandcurrents.noaa.gov/stationhome.html?id=9437585.

Mile-Marker — Hwy 101 - Stopps an der nördlichen OREGON-KÜSTE

44 — ***Nehalem Bay State Park*** mit einem großzügig angelegten und komfortablen *Campground* inmitten ausgedehnter Dünen auf einer Nehrung (3-mi-Stichstraße ab der #101); RVs $35, Jurten $68; reservierbar unter www.oregonstateparks.org/park_201.php

Sind die *Parks* der Umgebung besetzt, bietet die kleine Anlage ***Jetty Fishery*** am Südufer der ***Nehalem Bay*** eine gute Alternative (durch eine Bahnlinie und abfallendes Gelände vom Hwy separiert); Zelte $30, *hook-up* $60; ✆ (503) 368-5746, https://jettyfishery.com. Dort werden Boote und das Equipment verliehen fürs ***crabbing*** (Fangen von *dungeness crabs*) und ***clamming*** (Ausgraben von essbaren Muscheln, ein Volkssport an der Oregon-Küste bei Niedrigwasser). Eine *shellfish license* ($28) ist dafür erforderlich!

dungeness crabs = Taschenkrebse

50,8 — **Rockaway Beach** mit etlichen Unterkünften und Kneipen sowie einem großen, vorgelagerten Meeresfelstor im Süden der Ortschaft; Hauptattraktion ist die ***Oregon Coast Scenic Railroad*** mit historischer Dampflok, die im Sommer mehrfach täglich vom *Rockaway Beach Depot* nach Garibaldi verkehrt; Tickets ab $25/$15; https://oregoncoastscenic.org.

Sunset an der Rockaway Beach

53,8 — *Full hook-up sites* ($44) und Zeltplätze ($33) am Wasser bietet der ***Barview Jetty County Park***; ✆ (503) 322-3522; Reservierung unter www.tillamookcounty.gov/parks/page/campground-facilities.

54 — Die ***Three Graces***, drei kleine Felsinselchen direkt neben der #101 in der Bucht vor Garibaldi, sind ein beliebtes Fotomotiv.

55,5 — **Garibaldi** bietet etliche Quartiere (u.a. das gute preiswerte *Harborview Inn* mit *RV Park*; https://harborviewfun.com); Auflistung aller Möglichkeiten an der *Tillamook Coast*: https://tillamookcoast.com.

63 — ***Tillamook Cheese*** findet man in fast jedem Supermarkt in den USA, frisch vom Hersteller aber nur im ***Creamery Visitor Center*** an der #101; kostenlose Besichtigung des Produktionsgeländes im Sommer 8-20 Uhr, sonst 10-18 Uhr; www.tillamook.com/visit-us.

65-90,4 — Zwischen Tillamook und der Nestucca Bay empfiehlt es sich dem ***Three Capes Scenic Drive*** über Oceanside zu folgen (➤ Exkurs umseitig), zumal der Hwy 101 hier im Landesinneren verläuft.

Three Capes Scenic Drive

Diese Route, die ihrem Namen (»*scenic*«) nur allzu gerecht wird, führt vorbei an drei Kaps – *Cape Meares*, *Lookout* & *Kiwanda* – und passiert dabei in herrlichem Wechsel **dichten Regenwald**, **Dünenlandschaften**, **hohe Klippen** und **wildromatische Buchten**. In Tillamook folgt man nur kurz der #131, ab der Bayocean Road dann der Ausschilderung zum ***Cape Meares***. Dort warten eine kleine Wochenendsiedlung und ein mit Treibholz übersäter Sandstrand. Beim anschließenden ***Cape Meares State Park*** erlaubt der 1 km kurze Rundweg zum kleinen Leuchtturm herrliche Blicke entlang der Steilküste. Der berühmte ***Octopus Tree***, eine mächtige Sitka-Fichte mit kandelaberartigen Verzweigungen, steht ebenfalls nicht weit vom Parkplatz entfernt.

Strandzugang in Oceanside

Das winzige **Oceanside** verteilt sich auf einem Hang etwas abseits der Straße. Die ***Ocean Front Cabins*** (kleine Häuschen teils mit Küchenzeile ab ca. $200; ✆ (503)-842-6081, www.oceanfrontcabins.com) sowie das ***Three Arch Inn*** (gute Zimmer, alle mit Meeresblick ca. $190; ✆ 1-888-406-8795, www.threearchinn.com) und eine Handvoll Restaurants bilden das Gros der Infrastruktur. Eine Kuriosität wartet auf die Strandbesucher: Durch einen engen, dunklen Tunnel (➤ Foto) geht es zu einer versteckten felsigen Bucht weiter im Norden, die man man treffend *Tunnel Beach* genannt hat. Stärken kann man sich vor oder nach dem Strandbesuch im kleinen *Blue Agate Cafe*.

Eine 8 km lange sandige Landzunge schützt die Netarts Bay vor den Wellen des Pazifiks. Dahinter erhebt sich die bis zu 150 m hoch aufragende Halbinsel des ***Cape Lookout State Park***. Den **Picknick-** und **Campingplatz** des Parks passiert man noch vor dem Kap. Er liegt wunderbar an einem »endlosen« Strand mit freiem Blick nach Norden bis zu den Ocenanside vorgelagerten *Three Arch Rocks*; Zelte $23, *full hook-up* $37, *deluxe cabins* $101-$111 und Jurten $58-$68; im Sommer unbedingt vorbuchen; www.oregonstateparks.org/park_186.php. Der Zugang zum Meer und zu den Dünen ist dort gebührenpflichtig (*day-use* $5/Auto oder *Coast Passport*, ➤Seite 433).

Die Spitze des *Cape Lookout* und die Aussichtspunkte unterwegs erreicht man über den rauen, oftmals matschigen ***Cape Trail*** (8 km retour; etwas weiter südlich am *Scenic Drive*; dem Schild *Trailhead Parking* folgen). Von Dezember bis Juni ist das Kap ein guter Ort (an Land) fürs *Whale Watching*. November-Februar ziehen die Grauwale nach Süden, März-Juni wieder nordwärts. Auf etwa halber Strecke zwischen dem *Cape Lookout* und *Cape Kiwanda* befindet sich die ***Sand Lake Recreation Area*** mit einem für ***ATVs*** freigegebenen Dünenbereich. Im Sommer geht es dort ähnlich »rund« wie in den *Oregon Dunes* (➤ Seite 444). Die mobilen Vermieter vor Ort verlangen für ihre *quads* und *dune buggies* ca. $110 für 2 Stunden (z.B. www.sandlaketsunamiatvrental.com). Zwischen Sanddünen und dem flachen Salzwassersee erstreckt sich der schöne ***Sandbeach Campground***. Die einfachen Plätze ($25) sind reservierbar und von Anfang Mai bis Oktober an Wochenenden so gut wie immer ausgebucht; www.recreation.gov/camping/campgrounds/231978. Die ***day-use area*** in Ufernähe abseits vom Motorenlärm ist ideal fürs **Picknick**: Kinder können im relativ warmen Wasser planschen oder allerlei Meeresgetier im sandigen Watt entdecken; Karte/Infos des Erholungsgebiets unter www.fs.usda.gov/recarea/siuslaw/recarea/?recid=42689.

Strand in Pacific City

Das dritte Kap befindet sich nördlich der kleinen Ortschaft **Pacific City**. Vom breiten Strand (unverfehlbar an der Hauptstraße) blickt man auf einen weiteren ***Haystack Rock***. Anders als jener nördlich in Cannon Beach (➢ Seite 433) ist dieser »Heuhaufen«-Felsen nicht bei Niedrigwasser zugänglich, birgt dafür aber einen deutlich sichtbaren, natürlichen Felsbogen. **Cape Kiwanda** ist berühmt für seine Brandung und beliebt bei Surfern. Eine tolle Aussicht bietet sich von den hohen Sandstein-Klippen hinter der riesigen **Düne** in der *State Natural Area* am nördlichen Ende des Strandes (➢ auf dem Foto im Hintergrund). Auch **Wale** lassen sich mit etwas Glück von dort oben gut beobachten. Zu Füßen der Klippen bilden sich bei Niedrigwasser Gezeitenbecken aus: https://tidesandcurrents.noaa.gov/noaatidepredictions.html?id=TWC0857.

Dory Boat und Haystack Rock

Parken ($10/Tag) für den Hike oder Strandbesuch kann man beim ***Pelican Brew Pub*** & ***Restaurant***; 33180 Cape Kiwanda Dr. Auf der Terrasse werden fangfrischer Fisch, Meeresfrüchte und Burger serviert, dazu noch selbstgebrautes Bier mit teils recht gewöhnungsbedürftigen Geschmacksrichtungen. Am besten ist die Aussicht auf die Bucht, wo die kleinen, spitzen Brandungsboote (*dory boats*) ins Wasser geschoben werden oder gerade von dem Heilbutt- und Lachsfang zurückkehren. Auch Touristen dürfen an den *Fishing Trips* teilnehmen. Ab $300/Person ist man dabei: www.haystackfishing.com.

Empfehlenswert und erschwinglich ist das ***Surf & Sand Inn*** an der südlichen Ortseinfahrt; im Sommer ca. $200, sonst ab $115; https://surfandsandinn.com. Einen exklusiven Meeresblick aus jedem Zimmer verspricht das ***Inn at Cape Kiwanda*** gleich gegenüber dem *Pelican Brew Pub*; im Sommer $300-$500; https://innatcapekiwanda.com.

Ebenfalls an der Hauptstraße und nicht weit von Strand und *Brew Pub* entfernt liegt das gut angelegte und gepflegte ***Cape Kiwanda RV Resort***; Zeltplatz mit Feuerring und Picknicktisch im Sommerhalbjahr $35-$55, *full hook-up* ab $70, nur mit Strom ab $50; ✆ (503) 965-6230, www.capekiwandarvresort.com.

Hinter Pacific City mündet der *Three Capes Scenic Drive* kurz vor der ***Nestucca Bay*** wieder in den Highway 101 ein (etwa auf der Höhe der **Meile 90,4**).

Mile-Marker — Hwy 101 - Stopps an der zentralen OREGON-KÜSTE

73 In bezaubernder Regenwald-Kulisse stürzen die ***Munson Creek Falls*** 97 m in die Tiefe; 400 m kurzer Trail ab der 2-mi-Zufahrt (mit normalen Pkws meist befahrbar, obwohl oft in miserablem Zustand).

92,6 ***Nestucca Bay National Wildlife Refuge***, Tierschutzreservat, das erst seit kurzem der Öffentlichkeit zugänglich gemacht wurde; Zufahrt zum Ausgangspunkt des Bretterstegs zum *Cannery Hill Overlook* über die Christiansen Road (nicht für größere RVs geeignet)

97,7 Kuriose Baumstümpfe ragen bei Niedrigwasser aus dem Sandstrand von **Neskowin**. Dieser ***Ghost Forest*** führt auf das Erdbeben von 1700 zurück, bei dem ein Tsunami an dieser Stelle zahlreiche über 2.000 Jahre alte Sitka-Fichten unter Schlammmassen begrub. Erst die Stürme im Winter 1997/98 brachten sie wieder ans Tageslicht.

101,3 Erste prominente Erhebung im zentralen Bereich der Oregon-Küste ist **Cascade Head** (knapp 400 m über dem Meeresspiegel). Die Forststraße #1861, die weit hinaus auf die Landzunge führt, bleibt aus Naturschutzgründen immer zwischen dem 1. Januar und 15. Juli gesperrt. Sie schafft Zugang zum Ausgangspunkt des abschnittsweise etwas steilen Pfads zur entlegenen ***Hart's Cove***, wo ein Wasserfall von den hohen Klippen ins Meer stürzt (9 km retour; 300 Höhenmeter). Schneller erreicht von dieser unasphaltierten Straße ist der *Upper Viewpoint* (3 km retour, 40 Höhenmeter) am ***Nature Conservancy Trail*** mit Blick auf die Mündung des Salmon River (alternativer Start ab dem *Knight Park* weiter im Süden an der Three Rocks Road bei **Meile 104**, dann 11 km retour und 400 Höhenmeter).

NF-1861 war 2023 wegen Hangrutsch gesperrt

Cascade Head

113 **Lincoln City**, Kleinstadt mit der größten Ansammlung von vergleichsweise günstigen Quartieren an der Oregon-Küste

115,6 ***Outlet Mall***, über 50 Geschäfte mit Markenware zu Fabrikpreisen (*Adidas, Nike, North Face* etc.); https://lincolncityoutlets.com

118 Im ***Lincoln City Glass Center*** darf man nicht nur Glasbläsern bei der Arbeit zuschauen, sondern – mit vereinbartem Termin – auch selber zerbrechliche Kunstwerke kreieren; im Sommer täglich 10-18 Uhr; www.lincolncityglasscenter.com.

Mile-Marker

Hwy 101 - Stopps an der zentralen OREGON-KÜSTE

119,2 Über die Drift Creek Road und *Forest Road* #17 gelangen Wasserfall-Fans nach knapp 12 Meilen zum ***Drift Creek Falls Trailhead***. Nach 2,5 km durch Regenwald lassen sich die 20 m hohen Fälle entweder von unten oder von einer Hängebrücke aus beobachten (100 HM).

120,3 Trotz dichter touristischer Infrastruktur ist es in der Region um **Lincoln City** und **Newport** im Sommer oft schwierig, einen freien RV- oder Zeltplatz zu finden. Gute Ausweichmöglichkeiten bieten die schön am Siletz River gelegenen ***Campgrounds*** an der #229 (ab Kernville nur einige Meilen landeinwärts).

128 **Depoe Bay**, ein winziges Fischerdorf mit riesiger Marina, wurde durch den Film »Einer flog über das Kuckucksnest« (1975) mit Jack Nicholson bekannt. Heute gilt der Ort wegen der vielen gern hier vor der Küste verweilenden **Grauwale** auch als »***Whale Watching Capital***«. Man kann dort das ***Whale Watching Center*** besuchen (im Hochsommer täglich 9-17 Uhr, sonst Mi-So 10-16 Uhr) und Touren buchen. Gut geeignet dafür ist der Zeitraum Juni bis Mitte November, dann halten sich die Wale meist besonders nahe an der Küste auf. Zusätzlich ziehen jedes Jahr von Mitte Dezember bis Mitte Januar Abertausende dieser Tiere vorbei um in Baja California/Mexiko zu überwintern und dann Ende März wieder die Küste in Richtung Alaska hinauf, darunter auch einige andere Arten wie Buckel-, Killer- und Blauwale.

129,5 Zufahrt zum ***Cape Foulweather*** 150 m über dem Meer mit schöner Aussicht und Souvenir-Shop; die oftmals treffende Bezeichnung (»Schmuddelwetter«) geht auf den Seefahrer James Cook zurück. Von dort kann man gleich dem **Otter Creek Loop** nach Süden folgen. Er führt zum ***Otter Crest Viewpoint*** (noch ein guter Ort um nach Walen Ausschau zu halten) und dann zum *Devils Punchbowl*.

Reich an Meerestieren sind auch die Gezeitenpools der ***Otter Crest Marine Gardens***, die aber nur bei gutem Niedrigwasser sichtbar sind. Auch hier gilt: »Timing ist alles beim ***tidepooling***!« Zufahrt wie zu *Devils Punchbowl*, dann beim nördlichen Ende der C Street (GPS: 44.74905, -124.06260) Abstieg zu den »Meeresgärten«, die sich nordwärts bis in die nächste Bucht unterhalb des guten *Inn At Otter Crest* (ab $129) ausdehnen.

Depoe Bay ist eine Top-Adresse fürs Whale Watching

Mile-Marker

Hwy 101 - Stopps an der zentralen OREGON-KÜSTE

132,5 Die ***Devils Punchbowl State Natural Area*** birgt einen riesigen, von der Meeresbrandung ausgehöhlten Kessel, der bei einer bestimmten Fluthöhe röhrende Geräusche verursacht. Bei ruhiger See und extremem Niedrigwasser gelangt man über die nördliche Bucht (versteckter Zugang ab der C Street) in ihr Inneres. Parkplätze werden tagsüber oft zur Mangelware; Gezeiten unter: https://tides.willyweather.com/or/lincoln-county/devils-punch-bowl.html.

134,1 Der lange breite Strand ***Beverly Beach*** gehört zum gleichnamigen *State Park* mit schön angelegtem ***Campground*** abseits des Straßenlärms; Zelte $23, *full hook-up* $37; Jurten $68; sehr beliebt und im Sommer oft ausgebucht; www.oregonstateparks.org/park_227.php.

137,6 ***Yaquina Head Outstanding Natural Area*** mit Leuchtturm, sehenswerten bunten Gezeitentümpeln *(tide pools)* sowie meist zahlreichen Seehunden und -vögeln; frei mit *Interagency* oder *Oregon Coast Pass*; nicht verwechseln mit ***Yaquina Bay Lighthouse*** (einziger in Oregon noch erhaltener Leuchtturm aus Holz; **Meile 142**)

141 Mit über 10.000 Einwohnern ist **Newport** nach Coos Bay bereits zweitgrößte Stadt an der Küste mit zahlreichen Motels und der üblichen Shopping- und Restaurant-Kulisse; www.discovernewport.com. Da der Hauptverkehr am Ortszentrum vorbei fließt, hat man als kleine Attraktion an der *Historic Bayfront* nördlich der *Yaquina Bay Bridge* viele Fassaden mit Wandbildern (*murals*) dekoriert. Auch die Seelöwen helfen Besucher anzulocken und versammeln sich – ähnlich wie am *Pier 39* in San Francisco – am Steg direkt neben dem auffälligen Gebäude der (ehemaligen) *Undersea Gardens*. Nur selten kommt man ihnen so nahe wie hier!

Seelöwen in Newport

Das ***Oregon Coast Aquarium***, unmittelbar südlich der Brücke, ist ein kleines, aber gut aufbereitetes Aquarium mit Haibecken-Unterwassertunnel und einem speziell für Kinder reizvollen Seestern-*Touch-Pool* (erstaunlich wie »watteweich« einige Arten sind!). Im Außenbereich tummeln sich Vögel, Seehunde, -löwen und -otter; im Sommer 10-18 Uhr, sonst bis 17 Uhr; $26, Kinder $16-$20; https://aquarium.org.

150,9 Eine Sägezahn-Felsbarriere schützt die Bucht des ***Seal Rock State Park*** – reichlich Wellen-«Action« bei Flut, bunte Gezeitenbecken bei Niedrigwasser und immer zahlreiche Seevögel/-hunde/-löwen.

Mile-Marker	Hwy 101 - Stopps an der zentralen OREGON-KÜSTE
156	**Waldport** mit einem *KOA* und einer Handvoll Ferienhäuser
159,3	Schöner schläft man im ***Beachside State Park***; $23, *hook-up* $35, kleine Jurten im Wald $62; www.oregonstateparks.org/park_122.php.
164,4	Im Besucherzentrum von Yachats erhält man Infos zu den *Covered Bridges* der Umgebung (➤ auch Exkurs Seite 412). Über die Yachats River Road (**Meile 164,8**) geht es zunächst 7 mi in Richtung Osten, dann nach links auf die North Yachats Road und nach 1,5 mi *gravel road* über/durch die kleine ***North Fork Yachats Covered Bridge*** (etwas verwittert, in grüner Umgebung). Nur wenige Meilen Luftlinie trennen sie von einer zweiten Brücke: ***Five Rivers Covered Bridge***, ebenfalls aus rotgestrichenem Holz; https://traveloregon.com/map/oregon/covered-bridges/?s=.
167	Den nächsten Höhepunkt bildet im wahrsten Sinne des Wortes das ***Cape Perpetua***, mit 240 m über dem Meer eine der höchsten Felsnasen an der Küste Oregons. Wer den beschwerlichen 5-km-Rundweg hinauf zur Kaphöhe nicht laufen möchte, kann auch mit dem Auto nach oben (ausgeschildert; grandiose Aussicht).
	Der Star am Kap ist aber der Ozean. Noch nördlich der Auffahrt befindet sich ***Devil's Churn***, ein tosender Wellenbrecher, und auf den vorgelagerten breiten Felsstufen legt die Ebbe jede Menge Gezeitenbecken frei. Dann kommt man auch dem beeindruckenden ***Thor's Well*** etwas näher, aus dem das Meereswasser bei Flut geysirartig empor schießt, um anschließend kaskadenartig wieder im Riesen»loch« zu verschwinden. Beeindruckend ist auch die Action am ***Spouting Horn***, die man vom gleichen Parkplatz verfolgen kann (GPS: 44.27801, -124.11194, nur 150 m südlich von der Zufahrt zum **Besucherzentrum**).
	Infos über Trails, Strände, Zufahrt und Camping und eine gute Broschüre auch unter www.fs.usda.gov/goto/siuslaw/cape.

Besuchermagnet am Cape Perpetua, an das gut 3 m breite Thor's Well wagen sich viele zu nahe ran

Mile-Marker	Hwy 101 - Stopps an der zentralen OREGON-KÜSTE
171	Eine feine Aussicht auf den Pazifik bieten die Plätze im ***Sea Perch RV Resort***, sie kosten aber \$100-\$130; www.seaperchrvresort.com.
176	***Carl G. Washburne Memorial SP*** mit Picknicktischen und *campsites* (Zelte \$23, *full hook-up* \$36) und zwei kleine Jurten (\$51-\$61); reservierbar unter www.oregonstateparks.org/park_123.php.
178,3	Noch schöner ist der (Picknick-)Stopp am von Felsen eingeschlossenen Strand beim ***Heceta Head Lighthouse Viewpoint*** unterhalb Oregons berühmtestem Leuchtturm (Parken: \$5). Von der Bucht verläuft ein kurzer Pfad hinauf zum *Lighthouse*, das tägl. 11-14 Uhr auch von innen besichtigt werden kann (➤ Foto Seite 26); www.oregonstateparks.org/park_124.php. Im Wärterhaus ist ein **Edel-B&B** untergebracht (DZ ab \$300; www.hecetalighthouse.com).
	Auch ab dem ***Hobbit Trail***-Parkplatz (kostenlos) kommt man zum Leuchtturm (**Meile 177,3**). Hierbei hält man sich links und wandert 2 km – immer von schönen Ausblicken auf die steil abfallenden Klippen begleitet – nach Süden. Der Hauptweg verläuft nach rechts, führt durch den namensgebenden »Märchen«-Wald und endet nach nur 600 m an einer sandigen Bucht nördlich der Landspitze.
179	Toller Blick zurück auf das *Heceta Lighthouse*
179,3	Eine weitere populäre Sehenswürdigkeit an der Oregon-Küste sind die ***Sea Lion Caves***. Hinter einem riesigen *gift shop* geht es per Fahrstuhl 63 m hinunter in eine gewaltige Höhle auf Meereshöhe, die über einen Durchbruch mit dem Ozean verbunden ist und sich im Herbst/Winter fest in der Hand Hunderter von Seelöwen befindet. Im Frühjahr/Sommer ist die »Besatzung« dünner, dann findet man sie im Freien auf den umliegenden Felsen. Besichtigung lohnenswert je nach Licht, Wetter und Jahreszeit; \$18/\$12; im Sommer meist 9-19 Uhr, sonst bis 16 Uhr; www.sealioncaves.com.

Seelöwen Höhle südlich vom Heceta Lighthouse

Volle Fahrt voraus und über jeden noch so hohen Dünenkamm – ungebremster Off-Road-Spaß in den ausgedehnten Oregon Dunes

Mile-Marker	Hwy 101 - Stopps an der zentralen OREGON-KÜSTE
190	Bei **Florence** (9.500 Einwohner), mit einer restaurierten *Old Town* (Straßenzeile am Siuslaw River), erreicht man das nördliche Ende der ***Oregon Dunes National Recreation Area***; ➤ Exkurs umseitig. Für Pferdeliebhaber könnte hier auch ein Ausritt auf den Dünen interessant sein: www.oregonhorsebackriding.com/rides/#beach. Das Besucherzentrum (https://florencechamber.com) steht direkt an der #101, außerdem gibt es in dem Städtchen ein *Casino Resort* sowie einige B&Bs und Motels (u.a. ein *Best Western*).
192	South Jetty Road – nördlichste Zufahrt zu den *Oregon Dunes*
193	***Jessie M. Honeyman Memorial State Park*** mit guten **Picknick-, Camp- und Bademöglichkeiten** am von Wäldern und Sanddünen umrahmten Cleawox Lake; *day-use* $5, Zelte $23, *full-hook-up* $36, Jurten $57-$67; große Kapazität, aber sehr populär, daher lieber reservieren: www.oregonstateparks.org/park_134.php
198	*Waxmyrtle NF Campground*
201	***Oregon Dunes Day-Use Area*** – der Blick von der Aussichtsplattform ist das Mindestprogramm in den Dünen; der dort startende Rundweg (8 km, 75 HM) führt vorbei an »Bauminseln« bis zum Ozean
203,5	*Tahkenitch NF Campground*
211,5	**Reedsport** mit dem offiziellen Besucherzentrum der *Oregon Dunes*, der Ort hat nur halb so viele Einwohner wie Florence (**Meile 190**)
215,5 -217	***Umpqua Lighthouse Loop*** – der Salmon Harbor Blvd schafft Zugang zum Leuchtturm mit Aussichtspunkt über die Küste sowie zum angeschlossenen *SP Campground* (Zelte $21, *full hook-up* $33, *cabins* $48 und besonders gut ausgestatte »Luxus«-Jurten $87)
222	*Eel Creek NF Campground*
222,3	Ausgangspunkt des *John Dellenback Dunes Trail*
224	*Spinreel NF Campground*

Oregon Dunes National Recreation Area

Zwischen Florence und North Bend erstreckt sich ein 60 km langer Wanderdünengürtel vom Hwy 101 bis zum Pazifik. Mit bis zu 150 m hohen Sandhügeln und enormen Flächen ohne jeden Bewuchs sind die *Oregon Dunes* ein prädestiniertes Terrain für den *Off-Road*-Spaß. Das erste von drei für ***Off-Road-Vehicles (ORV)*** freigegebenen Arealen (teilweise mit Strandanteilen!) liegt gleich südlich von Florence; Zufahrt über die *South Jetty Dune & Beach Access Road*. Die großen Parkplätze bieten den *ORV*-Fahrern genügend Platz für ihre Anhängergespanne und Dünenfahrzeuge. An guten Tagen ist allein schon der Besuch auf diesen »Staging Areas« ein Erlebnis, denn neben Serien-*ATVs* gibt es jede Menge kuriose, im Eigenbau entstandene Vehikel.

Beim Anbieter *Sandman Adventure* gleich südlich des Siuslaw River bei Florence lassen sich auch prima **Dünentrips** mit Fahrer in originellen kleinen und überdimensionalen »Passagier-*ORVs*« buchen. Ohne Übung in der Handhabung der *Offroad Vehicles* ist das vielleicht die beste Methode, durch die Dünen zu karriolen, speziell mit kleineren Kindern; $20-$40 pro Person für ca. 30 min. Quad-Verleihstationen finden sich auch bei Dunes City oder noch weiter südlich in North Bend (z.B. *Spinreel Dune Buggy*; 67045 Spinreel Road; inklusive Helm ab $90/Stunde); www.ridetheoregondunes.com.

Der *National Forest Service* sorgt aber auch dafür, dass einige Teilbereiche des breiten »Sandkastens« vom Einfall der *Off-Road-Vehicles* verschont bleiben. Dort kann man ohne Motorenlärm herrlich in den Dünen herumspazieren oder sogar bis ans Meer hinausgehen. Die unten aufgelisteten Campingplätze (bis auf *Honeyman)* dienen als Ausgangspunkte für **Dünenwanderungen**. Die beste Möglichkeit bietet sich vom Parkplatz 400 m südlich des *Eel Creek Campground*, von dort sind es 4,5 km bis zum Meer (*John Dellenback Dunes Trail*). Einen rascheren Eindruck von der Landschaft gewinnt, wer den ***Overlook*** bei der ***Oregon Dunes Day-Use Area*** zwischen Reedsport und Dunes City ansteuert (mit begrenzt geöffnetem Infostand).

Man kann bei den Dünen auch einen tollen **Badestopp** einplanen. Im ***Jessie M. Honeyman Memorial State Park*** wartet der im Sommer angenehm temperierte **Cleawox Lake**. Kinder können dort von den Sanddünen direkt in das Wasser rutschen! Auf dem *Campground* des Parks lässt es sich außerdem schön und ohne Krach der Dünenfahrzeuge im Grenzgebiet zwischen Wanderdünen und Tannenwald übernachten. In den Randbereichen der Dünen bieten auch großartig gelegene und angelegte ***NF-Campgrounds*** ein ruhiges Plätzchen für die Nacht, gut sind z.B. ***Tahkenitch*** und ***Eel Creek***; beide $22; mit Trinkwasser, aber sanitäre Einfachkategorie.

Einige der *NF Campgrounds* sind auch für *ORV*-Besitzer zugelassen und damit für andere Gäste wegen des Lärms bisweilen schwer erträglich. Empfehlenswert wären hier aber ***Spinreel*** und ***Waxmyrtle*** an der Grenze zwischen Natur- und *ORV*-Gelände. Auch an den landeinwärts gelegenen Seen östlich der #101 findet man weitere gute Plätze.

Infos: Das offizielle Besucherzentrum mit den umfassendsten Unterlagen zu Dünen, *ORV*-Regeln, Camping, Motels der Umgebung etc. liegt an der #101 am nördlichen Ortsausgang von Reedsport; www.fs.usda.gov/siuslaw.

Cape Arago Light

Mile-Marker

Hwy 101 - Stopps an der südlichen OREGON-KÜSTE

235,5 In North Bend empfiehlt es sich über die #540 (ausgeschildert) den ***Cape Arago Hwy*** anzusteuern. Vorbei an **Charleston**, einem kleinen Städtchen mit großer Hafenszenerie an der Coos Bay, geht es wieder hinaus ans offene Meer zum ersten der drei *State Parks*:

Im ***Sunset Bay SP*** warten prima *campsites* (Zelte, *full hook-up* und Jurten) sowie eine geschützte, etwas wärmere(!) Badebucht. Von dort kann man einen besonders schönen Teilabschnitt des ***Oregon Coast Trail*** entlang wandern bis in den südlich angrenzenden ***Shore Acres State Park*** und dabei auch einen Blick auf den (nicht zugänglichen) Leuchtturm am *Cape Arago* werfen. Auf dem Areal des heutigen *Shore Acres SP* hatte Mitte der 1950er-Jahre ein reicher Industrieller aus Coos Bay sein Anwesen. Die gepflegten Rhododendren- und Rosengärten können heute noch besucht werden. Im Okt/Nov/Dez bezaubert dort allabendlich eine aufwendige Lichterdekoration (kunstvolle Girlanden in Form von Meerestieren usw.); *day-use* $5 (in bar), www.oregonstateparks.org/park_97.php.

OREGON COAST TRAIL

Berühmt ist der Park aber für seine schroffe Küste und die »Monsterwellen«, die bei Stürmen oft über 50 m hoch in die Luft schießen und auf den hohen Klippen an Land donnern. Bei Schönwetter im Sommer ist der Zugang zu den stark verwitterten Felsen ungefährlicher. Dann lassen sich dort neben interessanten Gebilden nördlich des Parkplatzes jenseits des alten *tennis court* auch zahllose, kuriose ***concretions*** bewundern, die oberhalb des Wassers praktisch überall wie »Kanonenkugeln« aus dem hellen Sandstein herausragen – besonders toll an der *Simpson Beach* (aber auch beim *Yoakam Point* nördlich des *Sunset Bay SP*).

Auch verlgeichweise kleine Wellen sorgen schon für etwas Action bei Shore Acres

Face Rock Beach in Bandon; mit Sandlabyrinthen *➤Seite 742*

Mile-Marker

Hwy 101 - Stopps an der südlichen OREGON-KÜSTE

Beim darauffolgenden ***Cape Arago State Park*** ist dann Umkehren angesagt (Sackgasse), aber nicht bevor man am *Simpson Reef Viewpoint* nach **Seelöwen/-hunden** Ausschau gehalten hat. Meist ist der Lärm ihrer großen Kolonien schon von weitem nicht zu überhören.

Statt von Charleston wieder zur #101 zurückzukehren, kann man im Westen des Ortes auf die **Seven Devils Road** abbiegen, die dann in die **E Beaver Hill Rd** übergeht (der küstennahe südliche Abschnitt der Seven Devils Road ist eng und kurvenreich).

253 Einmündung der E Beaver Hill Road in die #101

259 Stichstraße zum kleinen ***Coquille River Lighthouse*** an einer von Treibholz übersäten Landzunge

273 Keinesfalls versäumen sollte man in Bandon den Abstecher ans Wasser zur dicht mit Felsnadeln gespickten ***Face Rock Wayside***, am besten über die 11th St SW und den Beach Loop Dr (Parken kostenlos). Einfache Zimmer bietet direkt nördlich davon an den Klippen das ***Sunset Motel*** (1865 Beach Loop Dr; ab $105; ✆ (541) 347-2453, www.sunsetmotel.com) und schöne Suiten das ***Best Western Inn at Face Rock*** 1,5 km südlich des Strandes (ca. $190; ✆ 1-800-638-3092, www.innatfacerock.com).

289 Empfehlenswert ist auch das **B&B *Floras Lake House*** an dem gleichnamigen beliebten Windsurfer-See. Zimmer im Sommer ab ca. $285; ✆ (541) 348-2573; https://floraslake.com. Die Zufahrt erfolgt über die Straßen #130/136 ab Langlois.

297 Ein weiterer hoher Leuchtturm sowie ein schöner **Campingplatz** (*hook-up* $28, *cabins* $56) warten im ***Cape Blanco State Park***; Touren $2/Person meist Mai bis Oktober Mi-Mo 10-15.30 Uhr, aktuelle Infos unter http://www.capeblancoheritagesociety.com.

298 Die ***Elk River Road*** (County Road #208) zweigt 3 mi nördlich von Port Orford von der #101 ab und führt in den *Siskiyou National Forest*. Dort ist es oft warm und sonnig, wenn Nebel und Kälte über der Küste liegen. Die Straße windet sich scheinbar endlos am Elk River entlang und passiert wilde Campplätze sowie Badepools, bis nach 18 mi die Asphaltierung am ***Campground Butler Bar*** endet.

Mile-Marker	**Hwy 101 - Stopps an der südlichen OREGON-KÜSTE**
301	**Port Orford** mit Versorgungsmöglichkeiten und Motels Südlich des Ortes zeigt sich die Küste wieder von ihrer besten Seite mit gleich einigen von der #101 nur schwer einsehbaren, von Felsen gesprenkelten Buchten.
305,5	Der ***Humbug Mountain State Park*** verfügt über schöne Stellplätze in Strandnähe; Zelte $21, *hook-up* $29; reservierbar online unter www.oregonstateparks.org/park_56.php. Sportliche können dort den 500 m hohen Humbug Mountain per pedes bezwingen und die grandiose Aussicht genießen (ca. 8,5 km Loop, 530 HM).
313	Die recht kleinen ***Prehistoric Gardens*** mit ein paar knallbunten Dinos sind kein Muss; noch am ehesten mit Kindern. Im Sommer geöffnet 9-18 Uhr; Eintritt $14/$10; www.prehistoricgardens.com.
314	Ein besonders hübscher Blick gen Süden eröffnet sich vom ***Sisters Rocks State Park*** (Parkplatz **Meile 314,6** oder besser noch **314,8**).
325	***Otter Point State Recreation Site*** – ab dem Parkplatz (kurze Zufahrt über die Old Coast Road) führt ein etwas steilerer Pfad nach Norden hinunter zur versteckten *Agate Beach* mit schroffen Felsen und Gezeitenbecken bei Niedrigwasser, in Richtung Süden gelangt man zu einem langen Sandstrand (*Bailey Beach*, leichter Zugang).
327	**Gold Beach** an der Mündung des Rogue River ist Ausgangspunkt populärer Jetboat-Touren. Die Kurztrips bis hinauf nach Agness bieten vergleichsweise wenig fürs Geld, denn erst der Oberlauf des Flusses verdient die ihm verliehene Bezeichnung *National Scenic Waterway*. **Tipp:** Besser sind die Ausflüge ab Grants Pass oder Merlin durch den ***Hellgate Canyon*** des Rogue River (➤ Seite 426).
330	Besucherzentrum von Gold Beach direkt am Strand mit auffälliger Ausschilderung; täglich 9-15 Uhr; https://visitgoldbeach.com

Selbst bei Nebel noch schön, die Oregon-Küste im Sisters Rocks State Park

Hwy 101 am Cape Sebastian

Mile-Marker

Hwy 101 - Stopps an der südlichen OREGON-KÜSTE

335 Das über 200 m hoch aufragende ***Cape Sebastian*** ist einer der besten **Aussichtspunkte** mit weiter Sicht über die südliche Oregon-Küste (kurze steile Zufahrt ab der #101 mit Wanderpfaden entlang der Klippen; ca 4 km retour + 220 HM).

346,5 Für den Blick auf dem Foto ➤ oben steuert man am besten den Parkplatz südlich des *Cape* an (*Meyers Creek Beach Viewpoint*) und wandert neben der Straße wieder etwas bergauf.

343-353 Frei nach dem Motto »*Save the best for last*« sind auch die letzten Meilen des Hwy 101 in Oregon kaum zu übertreffen. Nördlich von Brookings steht im ***Samuel H. Boardman State Scenic Corridor*** ein ganz besonders malerischer Küstenabschnitt unter Naturschutz. Von teils nur schlecht ausgeschilderten Parkplätzen führen schmale Pfade zu **Aussichtspunkten**, entlang der wild zerklüfteten Klippen oder hinunter in **verwunschene Buchten** mit zahlreichen Felsbögen und vorgelagerten, bewaldeten Inselchen – all das fernab des Trubels, denn in den äußersten Südwesten Oregons verirren sich deutlich weniger Touristen als zu den Küstenparks weiter nördlich.

Zum Minimalprogramm im *Samuel Boardman* zählt ein Stopp beim Meerestor ***Arch Rock*** (**Meile 344,7**) sowie bei den ***Natural Bridges*** (**Meile 345,9**). Dazwischen startet der etwas versteckte Pfad hinunter zur schönen ***Secret Beach*** mit gleich etlichen vorgelagerten bewaldeten Felsinselchen (**Meile 345,4**; Mini-Parkbucht unmittelbar nördlich des Miller Creek; GPS: 42.19696, -124.37047).

OREGON COAST TRAIL

Beeindruckend sind auch die Ausblicke entlang des Teilstücks des ***Oregon Coast Trail*** zwischen den *Natural Bridges* und der Landzunge nördlich von ***China Beach***, ➤ Foto rechts & Buchcover.

Empfehlenswert wäre außerdem noch der Weg zum großen Felsbogen bei ***Indian Sands*** (knapp 1 km retour ab **Meile 348,5**).

Arch Rock im Norden des Samuel H. Boardman Scenic Corridor

Wer das Gebiet erkunden möchte, sollte aber unbedingt eine Übersichtskarte mitnehmen (PDF unter ➢ *Brochures* auf der offiziellen Webseite: www.oregonstateparks.org/park_77.php). Vor Ort gibt es so gut wie keine Hinweisschilder oder Infos!

352,5 Für eine letzte Picknickpause in Oregon empfiehlt sich die ***Lone Ranch Beach*** an der Südspitze des *Scenic Corridor*, eventuell mit einer weiteren kurzen Wanderung hinauf zum ***Cape Ferrelo***.

355,6 Wer länger in der Gegend verweilen möchte, schlägt seine Zelte am besten in einem der ***State Parks*** auf: in Ozeannähe an der ***Harris Beach*** (www.oregonstateparks.org/park_79.php), alternativ im ***Alfred A. Loeb SP*** am Chetco River (9 mi landeinwärts an der #784 ab Brookings; www.oregonstateparks.org/park_72.php). Wie beim Elk River (➢ Seite 446) entkommt man dort auch ggf. dem Seenebel. Die Parks verfügen über *cabins* und Jurten, sie müssen aber rechtzeitig reserviert werden.

357 Hotelübernachter finden in der Kleinstadt **Brookings** eine ganze Reihe von Unterkünften, darunter das *Westward Inn* an der nördlichen Ortseinfahrt; einfach, aber mit ordentlichem Preis-Leistungs-Verhältnis; Zimmer ab ca. $110.

363 Grenze Oregon–Kalifornien

Steilküste im Samuel Boardman Scenic Corridor

Start in San Francisco

Morgendämmerung in der Bay Area mit der von Nebel umhüllten Golden Gate Brücke und Downtown San Francisco (aufgenommen von der Conzelman Road, ➤Seite 492)

6. SAN FRANCISCO MIT STARTROUTE

6.1 San Francisco

6.1.1 Geographie, Klima und Geschichte

»City by the Bay«

San Francisco (abgekürzt »SF«) liegt am Nordende einer Landzunge, die im Westen vom Pazifik und im Norden und Osten von der San Francisco Bay begrenzt wird. Im engeren fast quadratischen Stadtgebiet (ca. 120 km^2) an der Spitze der Halbinsel leben heute rund 900.000 Einwohner, rund um die gesamte Bucht herum in der sog. ***Bay Area*** (San Francisco, Berkeley und Oakland, Santa Clara, San José, Palo Alto u.a.) über 8 Mio. Menschen.

Die hügelige Topographie der Region tat der dichten Besiedelung keinen Abbruch. Nur einige Parkareale und die *Twin Peaks* blieben von der Bebauung verschont, wobei die Stadtplaner weitgehend die Eigenheiten des Terrains ignorierten und für die Straßenführung **Schachbrettmuster** zugrunde legten. Nur wo das beim besten Willen nicht durchzuhalten war, wich man davon ab. Zahlreiche schnurgerade **Straßen** mit bis zu 30% Steigung/Gefälle verlaufen daher **achterbahnähnlich**. Sie stellen recht hohe Ansprüche an den Durchhaltewillen bei Stadterkundungen per pedes, aber die Anstrengung wird an höhergelegenen Punkten immer wieder mit wunderbaren Blicken und Perspektiven belohnt, so in der Hyde, der Filbert und natürlich der berühmten Lombard Street, es sei denn, der berüchtigte Nebel liegt mal wieder über der Stadt.

Klima

Oft bleibt der **Seenebel** auf der Linie *Golden Gate Bridge/Twin Peaks* hängen. Im Stadtzentrum scheint dann die Sonne, während die westlichen Vororte unter Feuchtigkeit und Kälte leiden. Dieses Phänomen ist nicht etwa eine Wintererscheinung, sondern eher **im Sommer** anzutreffen. Die Temperaturen werden davon stark beeinflusst. Sie steigen selbst im Juli/August selten über 20°C. Erheblich kühlere Witterung bildet keine Ausnahme.

Relativ **sonnenreich** und damit angenehm warm sind der September und Oktober. Der spärliche Regen konzentriert sich auf die Wintermonate, deren mittlere Temperaturen nur um 8°C vom Sommerdurchschnitt abweichen.

Geschichte/ Gründung

San Francisco gehört zu den ältesten Städten der USA. Ursprünglich als **Missionsstation** (*Mission Dolores*) im Jahr 1776 von spanischen Franziskanermönchen unter dem aus Mallorca stammenden Pater Junípero Serra errichtet, fiel die später ***Yerba Buena*** (»gutes Kraut«) genannte Stadt 1846 im mexikanisch-amerikanischen Krieg ohne Kampfhandlungen an die USA. Sie erhielt ein Jahr später zu Ehren des Schutzheiligen ihrer Gründer den heutigen Namen. Während der Jahre des kalifornischen Goldrausches (im Gebiet der Sierra Nevada zwischen *Yosemite National Park* und Lake Tahoe) 1848-1851 ging es mit San Francisco steil bergauf. Bereits 1870 zählte die Stadt 150.000 Einwohner, bis Anfang des 20. Jahrhunderts verdoppelte sich diese Zahl.

Janis Joplin (1943-1970) war eine der größten Ikonen der Hippie-Generation; heute sitzt sie als Wachsfigur im »Madame Tussauds Museum« in San Francisco (➢ Seite 479)

Das **Erdbeben von 1906** mit anschließendem Großbrand traf die Stadt schwer (Exkurs ➢ umseitig), ihre Entwicklung gemeinsam mit der restlichen *Bay Area* zu der heutigen Metropolis wurde dadurch jedoch nur kurzfristig unterbrochen. San Francisco erholte sich bereits nach wenigen Jahren und feierte 1915 mit der *Panama Pacific Exposition* zur Eröffnung des Panamakanals zugleich seine mittlerweile vollendete Wiederauferstehung.

Flower Power

In der Nachkriegszeit bewies sich wieder die immer schon vorhandene Attraktivität San Franciscos für »Andersdenkende«: So erkor in den 1950er-Jahren die ***Beat Generation*** die Stadt zu ihrem Hauptquartier. Ab der zweiten Hälfte der 1960er-Dekade bevölkerten ***Hippies*** aus Nah und Fern das Stadtviertel ***Haight Ashbury*** und vertäuten bei Sausalito jenseits des *Golden Gate* eine ganze Armada abenteuerlicher Hausboote an der Richardson Bay.

LGBT Community

In den 1970er-Jahren erwarb sich San Francisco zudem den Beinamen »Welthauptstadt der Homosexuellen«. Die in der Hippie-Zeit ausgelöste Liberalisierung sorgte für eine ***»Lesbian, Gay, Bisexual & Transgender«-Community***, kurz LGBT, die heute auf 20% der wahlberechtigten Bürger der Stadt geschätzt wird. Als politischer und wirtschaftlicher Faktor – ihr Einkommen liegt in der Regel deutlich über dem Durchschnitt – ist die Homosexuellenbewegung nicht mehr wegzudenken. Als ihre »Hochburg« gilt ein Bereich unterhalb der Twin Peaks und des *Buena Vista Park* mit Zentrum in der Castro Street zwischen der 17. und 19. Straße.

Wirtschaft

Die sich schon vor dem 2. Weltkrieg abzeichnende Position der »City by the Bay« als wichtigstes **Finanzzentrum Kaliforniens** verstärkte sich nach wechselhaften 1960er- und 70er-Jahren in den letzten Dekaden des 20. Jahrhunderts. Der kontinuierliche Aufstieg der Stadt – wirtschaftlich wie bevölkerungsmäßig – wurde ab 2001/2002 vorübergehend vom Platzen der sog. *Dotcom*-Blase für einige Jahre gebremst. Der folgende Web 2.0-Hype sorgte erneut für Aufschwung, seit der Pandemie kämpft die Stadt aber wieder mit massiven Problemen, ➢ Exkurs Seite 460.

San Francisco in Schutt und Asche nach dem desaströsen Erdbeben von 1906

Waiting for »The Big One«

In den frühen Morgenstunden des **18. April 1906** erschütterte ein Erdbeben mit einer Stärke von geschätzten 7,9-8,3 auf der damals noch nicht existenten Richter-Skala die Küste Nordkaliforniens. Im Anschluss fegte noch eine Feuerwalze unaufhaltsam durch die Straßen von San Francisco. Über 3.000 Menschen kamen dabei ums Leben und gut 80% aller Gebäude wurden zerstört. Historische Bilder halten die Erinnerung an diese Naturkatastrophe wach, die zu den schlimmsten in der Geschichte der Vereinigten Staaten zählt.

Das ***Loma Prieta Earthquake*** (1989) dauerte nur 15 Sekunden und war mit 6,9 auf der Richter-Skala das letzte schwere Erdbeben in der Region. Dramatische Schäden wie die Einstürze der oberen Fahrbahn der *Bay Bridge* und Teile des I-880-Viadukts waren aber eher punktueller Natur. Die akribische Bebenvorsorge (Flexibilisierung von Hochhauskonstruktionen, Gas- und Wasserleitungen u.v.m.) wurde auf die harte Probe gestellt und zeigte aber auch Wirkung.

Dennoch werden die Bauverordnungen immer weiter verschärft. Ob all diese Maßnahmen ausreichen werden, um auch in Zukunft Katastrophen zu verhindern, weiß niemand. Nur eines ist gewiss: Das nächste Beben kommt, es ist nur eine Frage der Zeit! Die nordamerikanische Westküste ist Teil des sog. **Pazifischen Feuerrings**, der geologisch aktivsten Zone unseres Planeten, wo sich immer wieder schwere Erdbeben und Vulkanausbrüche ereignen. Entlang der 1.300 km langen **San-Andreas-Verwerfung**, die von San Francisco bis hinunter nach Mexiko reicht, kommt die Erde nicht zur Ruhe. Die Metropolen San Francisco und LA – auf unterschiedlichen tektonischen Platten gelegen – rücken jedes Jahr im Schnitt 6 cm näher zusammen. Kalifornier leben mit der Gewissheit, dass »**The Big One**«, ein Starkbeben der Magnitude »8« oder mehr, in nicht allzu weiter Ferne liegt. Aber ebenso wie der Zeitpunkt nicht vorhersagbar ist, so wenig lässt sich das künftige Epizentrum im Vorfeld lokalisieren.

Auch die Region rund um Seattle gilt als extrem gefährdet. Seismologen befürchten dort sogar einen »**Really Big One**« mit einer »9« oder mehr auf der (logarithmischen) Richter-Skala, d.h. noch 10x stärker.

IT & High-Tech

Der südliche Teil der San Francisco Bay rund um die Vororte San Mateo und San José ist einer der bedeutendsten IT- und High-Tech-Standorte weltweit. Im sogenannten ***Silicon Valley*** ist praktisch jedes Unternehmen, das in der Computertechnik und im Internet-Kontext Rang und Namen hat, vertreten – von *Apple*, *Google*, *ebay*, *Hewlett Packard* bis hin zu *Instagram/Facebook*. Viele wurden dort gegründet oder haben auch heute noch ihr Hauptquartier in diesem »*Cybervalley*«.

6.1.2 Orientierung

Zentrum

Die Orientierung **im zentralen San Francisco**, wo sich ein Großteil der Sehenswürdigkeiten und populären Attraktionen befindet, ist wegen des Stadtaufbaus **relativ einfach**. Gleich, aus welcher Richtung Besucher die Innenstadt erreichen (einschließlich der ersten Anfahrt vom *International Airport* »***SFO***« an der Bay bei San Bruno), fast unweigerlich geraten sie auf oder über die **Van Ness Ave**, ein mitten durch die City führendes Teilstück der Nord-Süd Küstenstraße #101. Diese sechsspurige Allee und die auf Pylonen geführte Interstate #80 (Verlängerung der *Oakland Bay Bridge*) trennen den in der nordöstlichen Ecke der Halbinsel gelegenen Kern vom weitläufigen «Rest« San Franciscos.

Innerhalb dieses Gebietes befinden sich auf nicht einmal 10 km^2 Fläche u.a. Downtown San Francisco mit dem Union Square und den für amerikanische Großstädte typischen Hochhäusern der Banken und Versicherungen des ***Financial District***.

Zentrale Neighborhoods

Außerdem liegen dort so bekannte *neighborhoods* wie das quirlige **Chinatown**, ***North Beach*** mit seinem italienischen Flair und die schönen Hügelviertel ***Nob Hill***, ***Russian*** und ***Telegraph Hill***, nicht zuletzt auch der erst in den letzten Dekaden zu Bedeutung gelangte Bereich ***South of Market***, kurz *SoMa*.

Cable Car an der Hyde Street

Die schönsten Aussichtspunkte in San Francisco

Wer sich vor **Beginn einer Stadterkundung** erst einmal einen Überblick verschaffen möchte, könnte zunächst einen der *Viewpoints* ansteuern. Dank seiner Topographie bietet San Francisco mehrere schöne Möglichkeiten:

- Vom ***Coit Tower*** (➢ Seite 473) auf dem Telegraph Hill hat man eine grandiose Aussicht über Downtown und die Bucht. Vom nahen, etwas versteckt gelegenen ***Jack Early Park*** schweift der Blick von *Alcatraz* bis zur *Golden Gate*.
- Von der Uferpromenade des ***Crissy Field***, vom ***Fort Point*** oder der ***Marshall's Beach*** ist die Sicht auf die *Golden Gate Bridge* immer eindrucksvoll, egal ob die Sonne scheint oder Nebelschwaden durch die Bucht ziehen (➢ Seite 481ff).
- Am jenseitigen Ufer warten eine groß ausgebaute Terrasse (***Vista Point***, ➢ Seite 492) sowie etliche Aussichtspunkte entlang der **Conzelman Road** in den *Marin Headlands* (➢ Foto Doppelseite 450/451) mit Blick über die Bay und auf die *Skyline* der Stadt.
- Sehr populär ist auch der ***Alamo Square***, ein begrünter Platz zwischen Innenstadt und *Golden Gate Park* (ab Van Ness Ave auf der Hayes Street acht Blöcke westlich, sofern man aus Downtown kommt). Den Vordergrund bilden dort hübsch bemalte viktorianische Häuser, die ***Painted Ladies***, dahinter erheben sich die *Skyscraper* von San Francisco; ➢ Seite 490 bzw. Foto unten.
- Die ***Twin Peaks*** (➢ Seite 488) sind am schnellsten mit dem Auto zu erreichen. Öffentlich geht es mit der Bahn bis zur Station »Forest Hill« (Linie K, L oder M), weiter mit dem Bus »36« bis »Marview Way« und von dort sind es noch 10 min Fußweg. Mit der Linie F bis Castro und dann »37« sind es sogar ein paar Schritte weniger. Bei klarem Wetter genießt man einen weiten Blick über ganz San Francisco und Teile der Bay.
- Letzteres gilt ähnlich auch für den kleinen ***Grand View Park***, der kaum von Touristen besucht wird; an der Noriega Street/14th Ave (Buslinie 66).
- Ein guter Blick auf die *Transamerica Pyramid* eröffnet sich auch vom *Rooftop Deck* in der 15. Etage des ***343 Sansome St Tower*** im *Financial District*; zugänglich meist nur wochentags 10-17 Uhr; www.343sansome.info. Tipp: Ein toller Platz fürs Picknick zwischendurch – Essen und Trinken muss man allerdings selber mitnehmen.

»Painted Ladies« am Alamo Square

Dazwischen fließen größere Lebensadern wie die **Market Street** oder **Columbus Ave** sowie unzählige kleine, deren Namen und Straßenecken an Szenen aus »*Malteserfalken*« oder »*Vertigo*« erinnern: Turk St, Macondray Lane oder der krumme Abschnitt der Lombard östlich der Hyde St. Das Nordufer der Bay zwischen Hyde St und *Pier 39* dominiert der Touri-Magnet ***Fisherman's Wharf***.

Westlich von Downtown

An die *Wharf* schließen sich westlich erst der ***Fort Mason Park***, dann der ***Marina District*** mit seinen Yachthäfen und pittoresk bunten Holzfassaden an. Es folgt das frühere Militärgelände ***Presidio of San Francisco*** mit dem Freizeitpark ***Crissy Field*** (heute Teil der *Golden Gate National Recreation Area*) am Ufer der Bay. Am Westende des *Crissy Field* steht das ***Fort Point*** direkt unter der ***Golden Gate Bridge***. Über sie führen in einem kurzen gemeinsamen Verlauf die Straßen #101 und #1. Südlich der Brücke geht es durch die Wohnviertel ***Seacliff*** und ***Richmond*** bis ans Nordwestende der Halbinsel mit den ***Lincoln*** und ***Sutro Heights Parks*** hoch über dem Pazifik.

Über die Market Street gelangt man in Richtung Südwesten in den ***Mission District*** mit seinem nach wie vor lateinamerikanischen Grundrhythmus sowie ins LGBT-Mekka ***Castro***. Nur wenig weiter westlich liegen die frühere Hippie-Hochburg ***Haight Ashbury***, der ausgedehnte ***Golden Gate Park*** sowie die höher gelegenen Stadtviertel ***Golden Gate Heights*** und ***Twin Peaks***.

49-mile Drive

Die interessantesten Ziele lassen sich durch einen Rundparcours gut miteinander verbinden, den sog. ***Scenic 49-Mile Drive***, ➢ Übersichtskarte Seite 477, Beschreibung ab Seite 475.

6.1.3 Information und öffentlicher Transport

Guide

Eine erste Anlaufstelle befindet sich gleich im **Ankunftsbereich des *International Airport***. Das ***California Welcome Center*** am *Pier 39* heißt Besucher täglich 9-20 Uhr willkommen.

Zur aktuellen Vorabinfo in Ergänzung dieses Buches eignet sich in erster Linie die offizielle Tourismusseite, wo man u.a. auch die neueste Ausgabe des Magazins ***San Francisco Traveler*** durchblättern kann: www.sftravel.com/article/visitors-guide.

Gute Portale in deutscher Sprache sind u.a. www.sfjourney.com oder www.sanfrancisco4you.com.

Erkundung am besten per pedes

San Francisco besitzt eine in den USA nur von wenigen Citys geteilte Sonderstellung: Das Zentrum einschließlich *Pier 39* etc. lässt sich **besser zu Fuß, mit öffentlichen Verkehrsmitteln oder mit *Uber/Lyft*** erkunden als mit dem Mietwagen. Einerseits liegt das an der Überschaubarkeit der Innenstadt, andererseits an der hohen Verkehrsdichte und dem Parkplatzmangel. Hinzu kommt aktuell die Gefahr eines **Autoeinbruchs**, ➢ Seite 460. Für längere Distanzen gibt es Busse und vor allem ***Cable Cars***, deren Benutzung ohnehin zum touristischen »Pflichtpensum« gehört. Eine Ausnahme bildet die **Lombard Street,** dort lohnt es sich mit dem eigenen Auto »rumzukurven«; ➢ Exkurs Seite 476.

Parken

Wer mit dem Mietwagen anreist, sollte in Anbetracht der vielen Straßen mit gewaltigen Steigungen bzw. Gefälle (bis über 30%!) bei gleichzeitigem *Stop-and-go* in das von Van Ness Avenue, Market Street und Wasser begrenzte Dreieck lieber gar nicht hineinfahren, erst recht nicht mit **Wohnmobilen**. Für die meisten Parkhäuser sind diese Fahrzeuge zu groß. RVs übernimmt man daher am besten erst, wenn man die Stadt besucht hat und mit der Rundreise beginnt. Pkws sind am sichersten auf dem überwachten Hotelparkplatz aufgehoben, alternativ in Parkhäusern, wo man aber immer ordentlich zur Kasse gebeten wird; Übersicht z.B. unter https://spothero.com.

Beim Parken an einer der vielen abschüssigen Straßen ist man verpflichtet, zusätzlich zum Anziehen der **Handbremse** die **Vorderräder** so zum Bordstein hin **einzuschlagen**, dass ein Wegrollen (*runaway*) des Wagens unmöglich wird. Wer das vergisst, bekommt wie bei Parkzeitverstößen ein »*ticket*«. Sogar kostenpflichtiges Abschleppen (*tow away*) droht, wenn die **Zeiten der Straßenreinigung** nicht beachtet werden (auf Schildern ausgewiesen!).

Öffentlicher Transport/ BART

Mit den Zügen von **BART** (***B**ay **A**rea **R**apid **T**ransit*) gelangt man von zentralen Stationen (z.B. Powell/Market Street oder *Embarcadero*) nach Oakland, Berkeley sowie in den Süden der San Francisco-Halbinsel; www.bart.gov.

Nur rund 30 min dauert die Fahrt vom *International Airport* ins Zentrum (Richtung »Antioch« ab der BART-Station des kostenlosen *AirTrain*) und sie ist ungleich günstiger als mit dem Taxi.

Streetcars

Nostalgische Straßenbahnen (***F-Market* & *Wharves Street Car Line***, Ticket $2,75) verkehren von *Fisherman's Wharf* entlang der Bay (*Embarcadero*) bis zum *Ferry Building* und dann via Stewart Street auf die Market Street und auf dieser hinunter bis zu den Stadtteilen Castro/Mission. Die ***Embarcadero Street Car Line*** führt weiter nach Süden bis zum *AT&T Park*; www.streetcar.org.

Cable Cars

Außer der *Streetcar* wird das System des öffentlichen Nahverkehrs von **MTA** (***M**unicipal **T**ransportation **A**gency*) unterhalten. Wer mehr als nur eine kurze Fahrt mit einer ***Cable Car*** im Auge hat, sollte sich die ***Muni Service Map*** besorgen, die alle Transport-Möglichkeiten detailliert darstellt, sowie einen **Tagespass** für **MUNI** (*Municipal Railway*): $24 (3- und 7-*Day Visitor Pass* $36/$47). Die Tagespässe schließen die Benutzung aller **MUNI**-Busrouten, der ***Street Cars*** und der ***Cable Cars*** mit ein. Für die einfache Fahrt in den Bussen zahlt man **$3** (in bar exakter Betrag nötig), in den *Cable Cars* sogar **$8**.

XING steht für Kreuzung

> Für **alle unter 19** sind Busse und Street Cars gratis (Cable Cars nicht!)

Tipp: Die **Tagespässe** mit der ***MuniMobile*-App kosten nur $13, ohne *Cable Car* $5!** Download sowie alle aktuellen Infos und Tarife unter www.sfmta.com/getting-around/muni/fares.

Wer sich allerdings zu weit außerhalb einquartiert und dort mangels Alternative in die Busse von ***samTrans*** (z.B. ab dem Airport-Bereich) steigt, kann die Pässe von MTA/Muni nicht nutzen und zahlt extra.

Sightseeing per Bus

Das Angebot unterschiedlichster Bustouren für Touristen ist speziell in San Francisco enorm, seien es konventionelle Stadtrundfahrten auf kleinem oder großem Radius ohne und mit Abstechern nach Sausalito, Tiburon und zu den *Redwood*-Beständen der *Muir Woods* oder inkl. *Alcatraz*-Trip.

Hop-on-hop-off Touren

Keine schlechte Idee sind Stadtrundfahrten mit **Doppeldecker-Bussen**, die auf einer vorgegebenen Route in kurzen Intervallen alle wesentlichen Sehenswürdigkeiten abfahren und dabei beliebige Fahrtunterbrechungen (***hop-on, hop-off***) zulassen:

- Bei ***Big Bus Tours*** werden 24- und 48-Std-Tickets für eine recht weite Runde inkl. *Golden Gate*-Aussichtspunkt und *Golden Gate Park* angeboten; ab $66, Kinder (3-12 Jahre) $57. Auf der offiziellen Seite im Internet gibt's meist über 10%-Rabatt: www.bigbustours.com/en/san-francisco/san-francisco-bus-tours.
- Auch ***Skyline Sightseeing*** offeriert Tagestickets für die *Hop-on, hop-off City Tour* inkl. *Golden Gate Bridge* ($73, Kinder $63) sowie 2-Tageskarten mit Nachttour ($120/$100). Online meist deutlich günstiger: www.sightseeingworld.com.

Movie Tour

Drei Stunden dauert die ***San Francisco Movie Sets & Locations Tour***. Für die besuchten Drehorte ist eine gute Kenntnis von Filmklassikern wie Hitchcock's »Vertigo« (1958), »Dirty Harry« (1971) oder »Mrs. Doubtfire« mit Robin Williams (1993) sehr von Vorteil; $67/$44; https://sanfranciscomovietours.com.

Bootstouren

Näheres zu Bootstouren, Fährverbindungen in der San Francisco Bay ab ***Fisherman's Wharf*** ➢ Seite 475.

Stadtrundfahrten open-air im Oberdeck

Die »sozialen Brennpunkte« der Stadt

Viel zu viele Obdachlose gab es schon immer in San Francisco. Das ganzjährig warme Klima lässt sie nach Kalifornien pilgern. Hinzu kommen zunehmend Einheimische, die sich die horrenden Mieten oder Kreditraten nicht mehr leisten können und Gefahr laufen irgendwann auf der Straße zu landen, wenn zugleich noch Drogen ins Spiel kommen. Schon in den 1990er-Jahren sah man sie in Downtown mit ihrem ganzen Hab und Gut im Einkaufswagen verstaut um die Häuser ziehen. Während der Pandemie sind jedoch entlang mancher Straßenzüge richtige Zelt- und Pappkartonstädte entstanden.

Die größten Sorgen bereitet derzeit Xylazin, ein Schmerz- und Beruhigungsmittel aus der Tiermedizin, das illegal Drogen wie Fentanyl beigemengt wird und deren Wirkung so massiv verstärkt, dass die Süchtigen stundenlang zu apathischen »Zombies« werden. Der Stoff ist auch unter dem Namen ***Tranq*** (von Tranquilizer) bekannt und hat schlimme Nebenwirkungen. Er lässt Gewebe absterben und verursacht klaffende, schwer behandelbare Wunden. Außerdem macht *Tranq* die Süchtigen noch schneller abhängig. Vor allem Kindern sollte man den Anblick ersparen. Es werden auf offener Straße Nadeln gesetzt und auch das »große Geschäft« (umgangssprachlich *poop*) verrichtet.

Eigens für die Stadt wurde aber nicht nur eine ***Poop*-Karte** veröffentlicht, sondern auch eine von der Polizei täglich aktualisierte Übersicht mit allen **Autoeinbrüchen** (***car break-ins***; ➢ www.sfchronicle.com/projects/sf-car-breakins). Denn San Francisco hat aktuell noch mit einem weiteren schwerwiegenden Problem zu kämpfen: **Kleinkriminalität**, sog. ***petty crimes*** mit klarer Differenzierung zu den *violent crimes*. Es sind jedoch nicht die Obdachlosen, sondern überwiegend organisierte Banden, die ihr Unwesen treiben. Bei zerschlagenen Fahrzeugscheiben belegt man landesweit Platz 1. Dabei handelt es sich fast immer um "***Smash & grab***"-Delikte, bei denen der Dieb aus einem nur kurz stoppenden Auto springt, zielsicher eine Seitenscheibe einschlägt und in weniger als 10 Sekunden mit dem Inhalt (auch des Kofferraums!) wieder verschwunden ist. Daher lautet die wichtigste Regel für den Besuch von San Francisco:

- **Im Auto grundsätzlich nichts liegen lassen**, auch keine Jacken usw. Und **auch nichts im Kofferraum**! Diebe erkennen Mietfahrzeuge und wissen, dass dort mit hoher Wahrscheinlichkeit etwas zu holen ist. Koffer sofort ins Hotel schaffen und dort dann auch länger aufbewahren, falls der Rückflug erst abends geht. Am besten das Auto auf dem hoteleigenen Parkplatz abstellen und überwiegend Öffis oder *Uber* nutzen.

Auch Taschendiebstahl (***pickpocketing***) und Ladendiebstahl (***shoplifting***) stehen auf der Tagesordnung. Die Vorsichtsmaßnahmen kennt man aus anderen Städten:

- Auf den Straßen und in Bussen, *Cable Cars* usw. unbedingt **Portemonnaie, Rucksäcke und Taschen gut festhalten**. Und das Handy möglichst nicht »griffbereit« haben, denn das wird unvorsichtigen Touristen gerne entrissen.

Zu den *NO GO Areas*, die man vor allem nachts besser großräumig meidet, zählen in erster Linie **Tenderloin** (die Häuserblocks südwestlich des Union Square), **Western Addition** (zwischen Alamo Square und Japantown), **South of Market** (südlich der Market St) und **Chinatown**. Wer auf Nummer sicher gehen möchte, klammert das zentrale San Francisco bei der Quartiersuche aus – mit Ausnahme der Lombard Street etwas stadtauswärts. Mittlerweile wurde an Orten wie *Fisherman's Wharf* und an der *Waterfront* die Polizeipräsenz deutlich aufgestockt, so dass Touristen möglichst sorgenfrei von einer Attraktion zur nächsten kommen. Das individuelle Sicherheitsempfinden ist jedoch sehr unterschiedlich, entsprechend schwanken 2023 auch die Rückmeldungen der Besucher – von »*Eine tolle Stadt!*« bis »*Es war schrecklich, nie mehr wieder!*« war alles dabei.

6.1.4 Übernachten

H/Motels und Jugendherbergen

Preisniveau

Die Angaben beziehen sich auf Sommer- und Herbstsaison. Im Winter und Frühjahr sind die Quartiere in San Francisco meist billiger.

Trotz der aktuellen Probleme (➤ Exkurs links) ist San Francisco immer noch ein teures (Hotel-)Pflaster. Unterkünfte aller Preisklassen ballen sich in der **Innenstadt** westlich und nördlich des Union Square und entlang der #101 (Lombard und Van Ness St). Höchsttarife werden insbesondere im Bereich *Fisherman's Wharf* fällig, selbst in der Mittelklasse sind es schnell $250 und mehr. Der durchschnittliche Zimmerpreis liegt bei **über $300/Nacht**.

Während die billigeren Hotels in Downtown nahezu ausschließlich in Straßen stehen, die man spätestens nach Einbruch der Dunkelheit besser meiden sollte, sind Van Ness, Lombard und Nebenstraßen relativ unproblematisch. Sie liegen außerdem verkehrsgünstig und verfügen über viel Gastronomie im Umfeld. Akzeptable Unterkünfte der unteren Mittelklasse fordern dort zur Hochsaison aber auch oft weit über $150 pro Nacht ohne überdurchschnittliche Qualitäten aufzuweisen. Hinzu kommen dann in der Innenstadt noch meist **Parkplatzkosten** sowie 14% Steuern.

Vorbuchung

Trotz der über 200 H/Motels und 33.000 Zimmer kommt es während der Sommermonate immer wieder zu Engpässen. Für **Freitag- oder Samstagabend** sollte grundsätzlich **reservieren**, wer in der Stadt und nicht irgendwo weit außerhalb logieren möchte. An Wochenenden mit hoher Nachfrage ist rund um das Zentrum auch noch die »allerletzte« Absteige hochpreisig ausgebucht. Wer seine Reise in San Francisco startet und/oder abschließt, wird – gleichgültig, ob Wochenende oder wochentags – ohnehin oft die ersten und/oder letzten Nächte vorbuchen wollen.

Hotels Airport-Bereich

Große Bettenkapazitäten existieren rings um den Flughafen vor allem am Airport Boulevard, gut 20 mi südlich des Zentrums, und südlich davon bis hinunter nach San Mateo. Die **Hotels in Flughafennähe** holen üblicherweise ihre Gäste per gratis Shuttlebus ab (der Fahrer bekommt mindestens $2 *tip* pro Gepäckstück). Sie liegen durchweg isoliert und bieten kaum mehr als sich selbst. Zu Fuß geht es von dort fast nirgendwohin. Mit den öffentlichen Verkehrsmitteln gelangt man aber ab dem Airport immerhin in nur 35 nach Downtown (www.bart.gov/planner).

Vergleichsweise »preiswert« (ab ca. $150) sind die einfachen Häuser der Ketten *Super 8* oder *Travelodge*. Ein für San Francisco noch akzeptables Preis-Leistungs-Verhältnis haben *HI Express* oder *Best Western* mit Sommertarifen zwischen $200-$250.

Empfehlenswert wären außerdem noch:

- ***The Millwood***, feines Boutique-Hotel westlich des Flughafens; $145-$250 (mit AAA 10% Rabatt); 1375 El Camino Real, Millbrae; ✆ (650) 583-3935, www.themillwoodsfo.com
- ***Vagabond Inn Airport Bayfront***, viele Zimmer mit Balkon an der Bay ab ca. $100; 1640 Old Bayshore Hwy, Burlingame; ✆ 1-800-522-1555, www.vagabondinn.com.

Pacifica

Einen guten **Kompromiss** zwischen Entfernung (Flughafen 10 mi/ 15 Autominuten bzw. City rund 16 mi/25 min), Niveau und Preisgestaltung bietet in Pacifica direkt am Ozeanstrand das

- ***Lighthouse Hotel***, 105 Rockaway Beach Ave, DZ ab $230; ✆ (650) 355-6300; www.pacificalighthouse.com.

Mittelklasse in der City

Einigermaßen zentral schläft man in der:

- ***Beck's Motor Lodge***, 2222 Market St unterhalb der Twin Peaks, ab etwa $200; ✆ (415) 621-8212, https://becksmotorlodge.com
- ***San Remo Hotel***, 2237 Mason St, nur 4 Blocks von *Fisherman`s Wharf*, aber ohne eigene Parkgarage; DZ im Retro-Stil ab $150 mit Gemeinschaftsbad; ✆ (415) 776-8688, www.sanremohotel.com.

Keine schlechte Option für alle, die nicht viel ausgeben und noch einigermaßen in Gehdistanz zu *Fisherman's Wharf* übernachten möchten, sind an der – in puncto Sicherheit – weitgehend unproblematisch eingestuften Lombard Street (Hwy #101):

- ***Coventry Motor Inn***, #1901; gute Zimmer ab ca. $145 (inkl. Parken); ✆ (415) 567-1200, https://coventrymotorinn.com
- ***Town House Motel***, #1650; alt und sehr schlicht, aber preislich attraktiv (selbst im Sommer nur $100-$130); Parkplatz kostenlos; ✆ (415) 885-5163, www.townhousemotelsf.com.

Luxustipp

Im höherklassigen Segment sind die Zimmer des ***Hyatt Regency*** in den oberen Stockwerken eine tolle Sache (im Sommer häufig über $400, aber an einzelnen Tagen auch ab $200 zu haben). Dieses Spitzenhotel mit Riesenatrium liegt ein wenig abseits an der Endstation der *Cable Car*, aber dafür gleich neben der *Embarcadero Shopping Mall* mit vielen Restaurants. Und zum *Ferry Building* (mit *Marketplace* voller Shops und *eateries*) sind es auch nur ein paar Schritte über die Herman Plaza und die Embarcadero Street; ✆ (415) 788-1234 bzw. https://sanfrancisco.regency.hyatt.com.

Absolut unübertroffen ist die Aussicht auf Downtown und die Bay von den Suiten im ***Four Seasons*** (➤ Foto unten), sie kosten allerdings auch entsprechend (ab ca. $500); 222 Sansome Street; ✆ 1-844-271-6289, www.fourseasons.com/embarcadero.

Blick auf Downtown San Francisco mit Transamerica Pyramid und Coit Tower (im Hintergrund)

Wer sich direkt am Union Square echte Nostalgie gönnen möchte, steigt in einem dieser beiden Hotels ab:

- ***Westin St. Francis*** (www.westinstfrancis.com) aus 1904, das von außen einem unscheinbaren graubraunen Klotz gleicht, im Inneren aber eher wie ein Palast wirkt, oder
- ***Beacon Grand*** (www.beacongrand.com), das ehemalige *Sir Francis Drake Hotel* von 1928 mit einem versteckten »Prohibitions«-Raum in einem Zwischengeschoss, in den man nur unter Überlistung der regulären Aufzugssteuerung gelangt. Bei Besichtigungsinteresse an der Rezeption nachfragen.

Hostels

Wirklich günstig kommt man in San Francisco nur in Jugendherbergen unter und selbst dort sind die Betten teurer als anderswo. Eine gute Übersicht aller Optionen (mitsamt Karte und Bewertungen) bietet das Portal https://san-francisco-hostel.com/hostels.

- ***Fisherman's Wharf Hostel (HI)***, beste Lage im *Fort Mason Park* unweit der *Wharf*, 160 Betten, schon älter, aber beliebt; ab $40, DZ ab $105; ✆ (415) 771-7277, www.hiusa.org
- ***Downtown Hostel (HI)***, 312 Mason Street/Union Square, Betten ab $58; DZ ab $140; ✆ (415) 788-5604, www.hiusa.org
- ***ITH Pacific Tradewinds***, 680 Sacramento Street, Betten ab $42, DZ ab $109; ✆ (415) 433-7970, https://ithhostels.com
- ***Orange Village Hostel***, 411 O'Farrell St, zentral, Betten $50, DZ ab $128; ✆ (415) 409-4000, www.orangevillagehostel.com
- ***Green Tortoise Hostel***, 494 Broadway; Betten ab $43; DZ ab $118; ✆ 1-800-867-8647, www.greentortoisesf.com
- ***Amsterdam Hostel***, 749 Taylor Street, zentrale Lage, ab $25 pro Person, DZ ab $95; ✆ (415) 673-3277, www.hostelsf.com.

B&B

Wer Lust hat sich in familiärer Atmosphäre oder in einem stilvollen viktorianischen Haus einzuquartieren, findet eine gute Auswahl an B&Bs unter https://bedandbreakfast.guide/san-francisco. Empfehlenswert ist z.B. im Mission District:

- ***Noe's Nest***, 1257 Guerrero Street, mit Zimmern im Sommer ab $225; ✆ (415) 821-0751, www.noesnest.com.

Sausalito

Wer lieber im ruhigen und edlen Vorort Sausalito (➤ Seite 493) jenseits der Bay nächtigen möchte (ähnlich kostspielig wie südlich der *Golden Gate Bridge*), findet sehr schöne Zimmer in den beiden folgenden Hotels (ab ca. $270):

- ***Gables Inn***, ein kleines, feines Haus in der 62 Princess Street; ✆ (415) 289-1100, www.gablesinnsausalito.com
- ***Hotel Sausalito***, kaum minder edles Haus in der 16 El Portal St; ✆ (415) 332-0700, www.hotelsausalito.com.

Mill Valley

Preiswerter und auch noch relativ citynah schläft man in den Nachbarorten **Corte Madera** (z.B. *Marin Suites Hotel* ab $140) oder **Mill Valley**, wo die *Travelodge* selbst im Hochsommer einfache DZ für $90 anbietet (an der #101, etwa 12 mi nördlich von Downtown).

Camping

In akzeptabler Nähe zur Innenstadt (~10 mi) sind folgende drei ***RV Parks*** gut geführt. Sie verlangen ähnlich hohe Tarife (ab ca. $80 für *dry sites*, $110 für *full hook-up*; keine Zeltplätze!):

- ***Treasure Island*** mit relativ guter Anbindung an öffentliche Verkehrsmittel; 1700 El Camino Real; I-208 Exit 46; ✆ (650) 731-6049, www.treasureislandrvpark.com
- ***San Francisco*** mit teils freiem Blick aufs Meer von den Stellplätzen; 700 Palmetto Avenue in Pacifica, Hwy #1/Exit 506; ✆ 1-877-570-2267, https://sanfranciscorvresort.com
- ***Marin Park***, nördlich der *Golden Gate Bridge* (2140 Redwood Hwy, Greenbrae); ✆ 1-888-461-5199, www.marinrvpark.com.

Der ***Candlestick RV Park*** südlich des *Hunter Point* ist seit geraumer Zeit nicht mehr zu empfehlen (sehr heruntergekommen, dreckige Duschen und unsichere Nachbarschaft).

Wer im Zelt schläft und die Nacht lieber in schönerer Umgebung als auf einem asphaltierten Platz verbringen möchte, findet nördlich der Bay mehrere Möglichkeiten in *State Parks*:

- ***China Camp State Park*** an der San Pablo Bay, ca. 25 mi; $35; ✆ (415) 456-0766, https://friendsofchinacamp.org
- ***Samuel Taylor State Park*** abseits der #1 unweit der *Point Reyes Seashore*. Ein schöner Platz für Zelte und Campmobile, aber bereits ziemlich cityfern; $35; www.parks. ca.gov/?page_id=469
- ***Mount Tamalpais State Park*** in der Nähe des *Muir Woods Nat'l Monument*; ***Pantoll*** und ***Bootjack Campground*** nur für Zelte; $25, *first-come, first-served*; www.parks.ca.gov/?page_id=471
- ***Angel Island State Park***, Miniplätze für Zelte ($30) auf der Insel in der *Bay*; Reservierung nötig: ✆ 1-800-444-7275, www.parks.ca.gov/?page_id=468; Fähre ab Tiburon ➤ Seite 494.

Über eine Handvoll Zeltplätze verfügen zwei *Campgrounds* auf den ***Marin Headlands*** in der *Golden Gate NRA* jenseits der *Golden Gate Bridge* (die maximale Verweildauer beträgt jeweils 3 Tage):

- ***Kirby Cove*** ($40 unweit der Brücke mit tollem Blick bei Sonnenschein und nervtötenden Nebelhörnern bei Schlechtwetter; steile Schotterzufahrt) und ***Bicentennial*** ($25, nur Zelte; am Ende der Conzelman Road unweit der Straße, ➤ Seite 493). Bei beiden langfristige **Reservierung erforderlich**: www.recreation.gov.

Jenseits von Oakland befinden sich – indessen weit abseits der Autobahnen – die folgenden beiden sehr schönen Parks:

- Für Pkw-Fahrer/Zelt und *Van Camper* hat der ***Mount Diablo State Park*** bei Danville (Anfahrt über I-680, von dort ca. 12 mi Serpentinen; aber absolut **nicht für RVs über 20 Fuß**) zwei prima Plätze an der Summit Road (am besten ist *Juniper*) über den Wolken oder bei klarer Sicht Weitblick über Oakland und bis nach San Francisco. Kein *hook-up*, aber Duschen; $30; Reservierung: ✆ 1-800-444-7275, www.parks.ca.gov/?page_id=517.

- Stadtnäher liegt der ***Anthony Chabot Regional Park*** südöstlich von San Leandro. Dessen Campingplatz im Eukalyptus Bergwald ist nur »rückwärtig« über die kurvige **Redwood Road** zu erreichen, entweder von Castro Valley (I-580) oder ab der #13 nördlich von San Leandro; $35, mit *hook-up* $45; Reservierung (sehr empfehlenswert bei *hook-up*-Bedarf): ✆ 1-888-327-2757, www.ebparks.org/parks/anthony_chabot.

Speziell für die **letzte Nacht vor der Rückgabe eines Wohnmobils** bietet der *Anthony Chabot Park* eine landschaftlich schöne stationsnahe Lösung für Kunden der *RV Rental Companies*, die auf der Ostseite der Bay (Oakland, San Leandro, Hayward) residieren.

6.1.5 Restaurants und Kneipen

San Francisco quillt über von Restaurants jeglicher Provenienz. Neben kulinarischen Einflüssen aus Europa, Amerika und Asien ist dort die pazifische Küche angesagt, eine Mischform, die besonders in hochpreisigen Gourmetrestaurants zelebriert wird. Aber auch für weniger Geld gibt es durchaus Essbares auf den Teller.

USA Grill

Amerikanische Klassiker zuerst: Der ***Tadich Grill*** in der 240 California Street rühmt sich, das älteste Restaurant der Stadt zu sein; https://tadichgrillsf.com. Und ***John's Grill*** in der 63 Ellis St ist ganz ähnlich mit nostalgischem Flair; www.johnsgrill.com.

Fisch & mehr

Seafood liegt in der *Bay Area* dermaßen nahe, dass man es in fast jedem Restaurant in irgendeiner Form bekommen kann. Im *Wharf*-Bereich sticht wegen der Aussicht über Bucht und *Golden Gate* am frühen Abend vor Sonnenuntergang das ***Fog Harbor Fish House*** auf dem ***Pier 39*** hervor. Reservierung empfohlen: ✆ (415) 969-2010, https://fogharbor.com.

Etwas günstiger speist man bei ***Bubba Gump***, das zur gleichnamigen kalifornischen Seafood-Restaurantkette gehört (am Ende des *Pier 39*). Ebenso großer Beliebtheit erfreut sich noch das ***Hard Rock Cafe*** gleich am Eingang; www.pier39.com.

Cliff House an der Ocean Beach

Am **Ghirardelli Square** (900 North Point St) dominieren wiederum Meeresbewohner die Karten der Restaurants: dort ist zu empfehlen ***McCormick & Kuleto's***; www.mccormickandschmicks.com.

An der Küste

Ganz grandios liegt das ***Cliff House*** über der Pazifikküste, ein Traditionshaus das zur Pandemie schloss. Dort soll aber spätestens 2025 wieder ein neues Restaurant eröffnen; 1090 Point Lobos.

Chinatown

In jedem zweiten Gebäude dieses kleinen Kontinents scheint man Touristen und Einheimische zu bekochen, doch das nicht immer in gleichbleibend hoher Qualität. Gut schmeckt es dort z.B. bei ***Brandy Ho's Hunan Food*** an der 217 Columbus Ave (mit glutamatfreier Küche). Allerhand zu entdecken gibt es auch im großen ***China Live***-Komplex mit gutem *Market Restaurant*, *Oolong Café* und *Bar Central*; 644 Broadway, https://chinalivesf.com.

North Beach

Für den Cappuccino am Vormittag oder den Espresso nach dem *Dinner* kann man gleich in dieser Ecke bleiben: Das angrenzende **North Beach** ist das, was »Little Italy« für New York ist, mit Cafés in denen man zu den Klängen einer Opernarie leicht die Zeit vergessen kann. Die meisten von ihnen warten in kurzer Distanz zueinander entlang der **Columbus Ave**, darunter das ***Caffe Greco*** (#423), ***Tosca Cafe*** (#242) oder ***Vesuvio Cafe*** (#255). In einigen haben sich schon Anhänger der *Beat Generation* der 1950er-Jahre getroffen, außerdem im ***Caffe Trieste***, dem vielleicht originellsten von allen mit Live-Musik; 601 Vallejo St; https://caffetrieste.com.

Wer auch gleich zum Essen an der Columbus Ave bleiben möchte, findet dort recht appetitanregende Speisekarten. Unweit der *Transamerica Pyramid* liegen im Häuserblock des grünbeturmten *Sentinel Building* nicht nur die *Zoetrope*-Filmstudios des Regisseurs Francis Ford Coppola, sondern auch das ***Café Zoetrope*** mit italienischer Küche, 916 Kearny Street; www.cafezoetrope.com.

Definitiv vor Vampiren sicher ist man in ***The Stinking Rose***, 325 Columbus Ave; dort verarbeitet man von der Vor- bis zur Nachspeise kiloweise Knoblauch; https://thestinkingrose.com.

Financial District

Vielfältige Snacks zu zivilen Preisen gibt es in den Lokalen des ***Embarcadero Center*** zur Mittagszeit.

Mission District

Große kalorienreiche Portionen werden in den überwiegend recht schlichten, aber preiswerten *Taquerias* an der Mission Street aufgetischt, z.B. in der ***Taqueria Cancún*** (#2288), ***Taqueria San Jose*** (#2830) oder ***La Taqueria*** (#2889; Favorit und fast immer voll).

Max's

Ein genereller Tipp bezieht sich auf die ***Max's Restaurants*** rund um die San Francisco Bay. In der Innenstadt wartet an der 601 Van Ness Avenue das ***Max's Opera Café*** mit singenden Kellnern, guter Küche und moderaten Preisen auf Gäste; www.maxsoperasf.com.

Deutsche Küche

Traditionelle bayerische Gerichte und deutsches Bier serviert die ***Suppenküche*** in der 525 Laguna Street zwischen *Civic Center* und Alamo Square; ✆ (415) 252-9289, www.suppenkuche.com.

Turm des Marriott Marquis Hotels mit Panorama-Cocktailbar ganz oben

Der Drink am Abend

Ein ganz besonderer Platz um den Tag ausklingen zu lassen, ist die ***View Longue*** in der obersten Etage des *Marriott Marquee*; täglich ab 16 Uhr; 780 Mission Street; www.theviewlounge-sf.com.

Bei ***Lizzie's Starlight*** in der 21. Etage des Luxus-Hotels ***Beacon Grand*** am Union Square gibt's zum (teuren) Drink eine tolle Aussicht gratis dazu; 450 Powell St; www.beacongrand.com. *Die Bar wurde erst kürzlich renoviert und war 2023 noch geschlossen.*

Durch die ***Anchor Brewery*** im Stadtteil Potreto Hill werden 1,5-Std-Touren mit anschließender Bierverkostung angeboten; $22, 11.30+13.30 Uhr; nur nach Anmeldung www.anchorbrewing.com/visit-us/book-a-tour.

6.1.6 Shopping & Entertainment

Shopping

Rund 160 Geschäfte warten gute 2 Meilen südlich des *Golden Gate Park* im ***Stonestown Galleria Center***, darunter die Kaufhäuser ***Macy's*** und ***Nordstrom*** sowie ein ***Apple Store*** (3251 20th Avenue; www.stonestowngalleria.com).

Outlet Malls

Die größten *Outlets* Nordkaliforniens befindet sich in **Milpitas**, die ***Great Mall of the Bay Area*** am 447 Great Mall Dr, gute 50 mi von der Innenstadt entfernt.

San Francisco ist außerdem umgeben von ***Premium Outlets***:

- im Osten an der I-580 (Ausfahrt 48; etwa 40 mi ab Downtown) in Livermore befinden sich die ***San Francisco Premium Outlets***,
- im Norden (ebenfalls 40 mi) stehen die ***Petaluma Village Premium Outlets*** an der #101 (Exit 476) in Petaluma.

- im Nordosten (jeweils rund 50 mi ab Downtown San Francisco) noch die ***Vacaville Premium Outlets*** (I-80/Exit 56) sowie die ***Napa Premium Outlets*** an der Straße #29 in Napa und
- im Süden die ***Gilroy Premium Outlets*** (#101/Exit 357; ca. 80 mi).

Bücher

Im Bereich Downtown deckt die Großbuchhandlung ***City Lights Booksellers*** zahlreiche Themenbereiche ab (261 Columbus Ave; https://citylights.com). Der größte Laden für gebrauchte Bücher ist ***Green Apple***, 506 Clement Street; www.greenapplebooks.com.

Musik

Musikfreunde jagen rund um die Bucht alten Platten, CDs, Videos und DVDs nach, die man woanders nur schwer auftreiben kann. Geheimtipps für nostalgische und seltene Aufnahmen in bestem Vinyl sind ***Grooves*** in der 1797 Market und der angestaubte ***Jack's Record Cellar*** in Haight-Ashbury an der 254 Scott/ Ecke Page Street, Mi-Sa 12-19 Uhr. Die größte Auswahl an Neu- und Gebrauchtware hat ***Amoeba Music*** an der 1855 Haight Street nahe beim *Golden Gate Park*; www.amoeba.com.

Entertainment

San Francisco ist eine rock- und pophistorisch bedeutende Stadt. Dort treten bekannte Größen der Szene auf, so im ***The Fillmore*** (1805 Geary Blvd), ***The Warfield***, 982 Market Street; www.thewarfieldtheatre.com) oder ***Great American Music Hall*** (859 O'Farrell Street; https://gamh.com). Wer gern Blues hört, ist im ***Biscuits & Blues Club***, 401 Mason St, oder ***Boom Boom Room*** (1601 Fillmore St; https://boomboomroom.com), gut aufgehoben.

SoMa zieht Clubgänger und Nachteulen an, populär sind u.a. die ***DNA Lounge*** an der 375 11th Street und ***1015 Folsom*** (der Name ist die Adresse).

Jazz, Swing und noch eklektischere Sounds hört man im ***Bimbo's 365 Club*** (1025 Columbus Ave) oder in der ***The View Lounge*** mit Bilderbuchblick über San Francisco (80 Mission St; im 39. Stock des *Marriott Marquis*).

Mit einer Theaterszene und -kultur wie der von New York kann San Francisco nicht ganz mithalten, aber allerhand Leben auf der Bühne gibt es trotzdem. Das ***American Conservatory Theater*** inszeniert seine Stücke in der 415 Geary Street. Im *Fort Mason Center* (*Building D*) bringt das ***Magic Theater*** nicht selten Kontroverses auf die Bühne.

Hinweis: Aufgrund der aktuellen Geschehnisse kann der Besucher einige der Orte und Attraktionen anders als in diesem Kapitel geschildert vorfinden. Zukünftige Entwicklungen (Verbesserung/Verschlimmerung der Lage) sind derzeit auch kaum absehbar.

6.1.7 Stadtbesichtigung Downtown

Market Street

Die diagonal durch die Innenstadt verlaufende, breite **Market Street** trennt Downtown von den südlichen **South of Market**-Straßenzügen (kurz **SoMa**). Die aktuellen Probleme (➤ Exkurs Seite 460) sind dort kaum zu übersehen. Gut ein Drittel der Gewerbeflächen steht leer und die Büroetagen sind verwaist. Seit der Pandemie haben sich immer mehr Unternehmen zurückgezogen. Nicht nur Läden wie *Nordstrom*, *Banana Republic*, *Saks Off 5th* sind aus dem Zentrum verschwunden, sondern auch Flagship-Stores und große Supermärkte wie *Target*, *Whole Foods Market* und sämtliche ***Amazon Go Stores***, wo man per App und ganz ohne Kasse einkaufen konnte (die entnommenen Waren wurden dort automatisch erfasst). Eine Trendwende ist (noch) nicht in Sicht. Die riesige ***Westfield Mall***, einstiges Shopping-Mekka an der 865 Market St, stand im Sommer 2023 praktisch leer. Und erst im Herbst schloss in dem Bereich gleich eine ganze Reihe von *Starbucks*-Filialen.

Museum of Modern Art und Pacific Telephone Building

SFMOMA

Das ***Museum of Modern Art*** an der 151 3rd Street in SoMa birgt eine absolut einzigartige Sammlung moderner und zeitgenössischer Kunst. Der Schwerpunkt liegt auf amerikanischen Künstlern, aber auch deutsche sind dort gut vertreten; Mo 10-17 Uhr, Do 13-20 Uhr und Fr-So 10-17 Uhr; $25, Kinder frei; www.sfmoma.org. Ohne spezifisches Interesse an diesem Museum ist SoMa kein prioritäres Ziel für San-Francisco-Kurzbesucher. Wer aber schon 'mal dort ist: Gegenüber dem Museum bieten die ***Yerba Buena Gardens*** eine schöne Ruheoase im Trubel der Stadt und eignen sich ideal für ein Picknick im Grünen. Beachtung hinter dem SFMOMA verdient noch das ***Pacific Telephone*** *Art Deco*-Hochhaus (1925) mit einer beeindruckenden Lobby und 4 m hohen Adler-Statuen auf der Turmspitze; 140 New Montgomery Street.

Powell Street/ Union Square

An der Einmündung der Powell in die Market Street befindet sich eine der **Wende- bzw. Endstationen der *Cable Cars***, die ihre – meist in langen Schlangen geduldig wartenden – Touristen von dort zu *Fisherman's Wharf* befördern. Auf der **Powell Street** erreicht man nach ca. 300 m den **Union Square**, eine palmenbestandene Plaza und Mittelpunkt der San Francisco Geschäftswelt.

Chinatown

Nur wenige Blocks weiter nördlich liegt die berühmte ***Chinatown*** San Franciscos, etwa zwischen Bush St und Broadway sowie Stockton und Kearney Street, www.sanfranciscochinatown.com. Am besten steuert man die Chinatown über die Grant Street an, auf der man sein Ziel durch ein buntes chinesisches Tor, das ***Dragon Gate***, betritt (Ecke Bush Street).

Zwar ist Chinatown mehr auf das Touristengeschäft eingestellt, als vielen gefallen dürfte, und immer fürchterlich zugeparkt und verstopft, aber dennoch sehenswert. Dort wird nicht nur chinesisches Amerika gespielt, sondern real gelebt. Einen Bummel vorbei an den farbenprächtigen Auslagen der 'zig Shops mit einem sagenhaften Angebotssammelsurium und an zahllosen Restaurants voller exotischer Wohlgerüche muss man unbedingt machen, und dabei auch einmal einen Blick auf die Fassaden oberhalb der Geschäftsebene werfen.

Shoppen ist in Chinatown auf jeden Fall drei Mal so spannend wie bei *Fisherman's Wharf*. Empfehlenswerte chinesische Restaurants stehen auf ➤ Seite 466.

Glückskekse

Ein Pflichtstopp für manchen Besucher ist die Geburtsstätte der Glücksplätzchen, die man aus jedem chinesischen Restaurant kennt: In der ***Golden Gate Fortune Cookie Factory*** (56 Ross Alley/ Jackson Street) sieht man, wie die Glücksbotschaften ins Gebäck kommen, und kann die Kekse natürlich auch kaufen; Mo-Fr 9-18:30 Uhr, Sa-So 9-19 Uhr; www.goldengatefortunecookies.com.

Chinesische Kultur

Wer dem Kulturphänomen »China in Amerika« weiter auf den Grund gehen möchte, sollte Nebenstraßen wie **Waverly Place** mit dem ***Tin How Temple*** (#125) besuchen und im ***Chinese Culture Center*** vorbeischauen (750 Kearny Street, www.cccsf.us), wo es Ausstellungen, geführte *Chinatown Walks* und allerhand Informationsmaterial gibt; Di-Sa 10-16 Uhr, kein Eintritt, aber Spende.

Café de la Presse

Wer nach einem Bummel durch Chinatown Entspannung in einer ganz anderen Welt sucht, findet im *Café de la Presse* an der 352 Grant Avenue (schräg gegenüber des *Dragon Gate*) auch deutsche Zeitungen und Magazine, mit etwas Glück sogar neuesten Datums; www.cafedelapresse.com.

Cable Car Museum

Für viele sicher interessant könnte die ***Cable Car Barn*** an der Ecke Mason/Washington St (westlich von Chinatown) sein. Dort gibt es eine Besuchergalerie und das ***Cable Car Museum*** im Stockwerk darüber, in dem Historie und Technik der Bahn eindrucksvoll präsentiert werden. Die Anlage stammt im Prinzip noch aus dem 19. Jahrhundert und demonstriert die – wenn auch mittlerweile modernisierte – Funktionalität von Großmechanik der industriellen Frühzeit. Geöffnet Di-So 10-17/18 Uhr; kein Eintritt, aber Spende erwartet; www.cablecarmuseum.org.

Beliebtestes Fortbewegungsmittel im zentralen San Francisco: an den Endhaltestellen werden die Waggons der Cable Cars über ein Drehkreuz zum Parallelgleis für die Rückfahrt geschoben

Financial District

Östlich von Chinatown beginnt das Finanz- und Bankenviertel mit einer verdichteten »Wolkenkratzer«-Bebauung im Dreieck zwischen der Washington, Kearney und Market Street. Am nördlichen Rand dieses Bereichs und am Endpunkt der diagonal zur *Fisherman's Wharf* verlaufenden Columbus Ave steht unübersehbar in seiner – 1989 bewiesenen – erdbebensicheren Eleganz die ***Transamerica Pyramid***. Im Erdgeschoss ersetzt ein **virtuelles *Observation Deck*** die einst mögliche Auffahrt. Eine Oase der Stille und ein Geheimtipp an der Pyramide ist ein Hain aus *Redwood*-Bäumen, die eigens aus Santa Cruz hierher umgesetzt wurden.

Nicht wegzudenken aus dem Stadtbild, die 1972 errichtete Transamerica Pyramid, und im Vordergrund erklimmt eine Cable Car die hügeligen Straßen von San Francisco

Seit 2017 prägt vor allem der ***Salesforce Tower*** (326 m) das Stadtbild; ➤ Foto Seite 474 im Hintergrund. Er steht an der 415 Mission Street. Öffentliche Touren hinauf in die 61. Etage wurden seit der Pandemie nicht mehr angeboten (Stand Ende 2023). Aktuelles unter: https://salesforcetower.com. Toll ist die weithin sichtbare Beleuchtung abends: die Spitze des Gebäudes dient als Leinwand für allerlei bewegliche Bilder.

Der Bau des zweithöchsten Wolkenkratzers, des ***Oceanwide Center*** (280 m) an der 50 1st Street wurde 2021 gestoppt.

Embarcadero

Zwei Blocks weiter östlich stößt man auf das ***Embarcadero Center***, einen enormen **Büro-Laden-Restaurant-Komplex** am Ostrand der City mit versetzten Ebenen, Terrassen, Grünanlagen, Wasserspielen und viel **Kunst am Bau**; https://embarcaderocenter.com.

Die ***Cable Car*** (*Washington Street Line*) endet/ beginnt am *Embarcadero Center*. Im Gegensatz zur *Powell Street Line* bilden sich dort eher selten Warteschlangen.

Fähren und Marketplace

Das *Center* erstreckt sich bis zur **Justin Herman Plaza** gegenüber dem ***Ferry Building*** mit ***Marketplace*** (Cafés, *eateries* etc.) und regelmäßigen Fährverbindung nach Sausalito und Larkspur im Norden der Bucht. Insbesondere zur werktäglichen Mittagspausenzeit, wenn sich Gänge und Miniparks des *Embarcadero Center* und auch das *Ferry Building* füllen, lohnt sich der Besuch.

Bei gutem Wetter finden auch auf der Herman Plaza vorm (einst) als avantgardistisch geltenden **Villancourt Brunnen** häufig Konzerte und allerhand Vorführungen statt.

Rincon Park Ein kurzer Abstecher (400 m) vom *Ferry Building* am Ufer der Bay entlang in Richtung Südwesten (Fußgängerpromenade) führt zum kleinen ***Rincon Park*** mit der überdimensionalen Pfeil-und-Bogen-Skulptur »**Cupid's Span**«, einem Kunstwerk von Claes Oldenburg und Coosje van Bruggen. Sie macht sich besonders gut im Vordergrund von Brückenfotos oder Aufnahmen der San Francisco-Hochhauszeile an und hinter der Straße Embarcadero.

Bay Bridge Der Park befindet sich fast schon unterhalb der gewaltigen doppelstöckigen, 8,3 km langen ***San Francisco-Oakland Bridge***. In mancher Hinsicht ist sie technisch noch spektakulärer, aber fürs Auge weniger attraktiv als die zur selben Zeit errichtete und nur wenig später eröffnete ***Golden Gate Bridge***. Die *Bay Bridge* besteht aus mehreren unterschiedlich konstruierten Brückenelementen mit langen Auffahrten auf beiden Seiten und wird mitten in der Bucht auf *Yerba Buena Island* durch einen Tunnel unterbrochen. Beide Decks haben je fünf Fahrspuren; die unteren laufen Richtung Oakland, die oberen von Oakland nach San Francisco; Foto ➤ Seite 500.

Hyatt Hotel In der äußeren Ecke der Herman Plaza an der Market Street beeindruckt das in dieser Umgebung äußerlich nicht besonders auffällige ***Hyatt Regency Hotel*** durch sein »Innenleben«, ein achtzehn Stockwerke hohes Atrium. In der Cafeteria sitzt man ausgesprochen angenehm (bei gehobenen Preisen).

Pier 7 Ein ikonischer Platz, mit dem man aus Film und Fernsehen vertraut ist, befindet sich am Ende des *Pier 7*. Dort stehen auch gerne Fotografen um die *Skyline* in der Dämmerung einzufangen.

Exploratorium *Pier 15*, etwas weiter nördlich, beherbergt das ***Exploratorium***, ein Wissenschaftsmuseum der experimentellen Art im Stil der sog. *Science Center*. Es richtet sich in erster Linie an Kinder und Jugendliche, deren Neugier, Kreativität und Lernfreude geweckt werden soll; Di-Sa 10-17 Uhr, So ab 12 Uhr und Do (für alle ab 18 Jahre) zusätzlich 18-22 Uhr; $40/$30; www.exploratorium.edu.

Coit Tower Gute 20 Minuten (rund 1,5 km) läuft man vom *Embarcadero Center* bis zum ***Coit Tower*** auf dem 100 m hohen ***Telegraph Hill***. Es handelt sich um ein 1934 dank einer wohlhabenden Spenderin mit Namen Lily Hitchcock Coit erbautes ***Memorial*** für die örtliche Feuerwehr, dessen Inneres durch Wandmalereien (*murals*) mit – teilweise sozialkritischen – Szenen aus dem Arbeitsleben der 1930er-Jahre geschmückt ist.

Coit Tower auf dem Telegraph Hill

Der 68 m hohe ***Coit Tower*** dient heute ausschließlich dem Sightseeing (geöffnet täglich 10-18 Uhr, im Winter kürzer; Eintritt $10, Kinder $3, Jugendliche $7). Die günstige Position des Turms sorgt für einen hervorragenden Blick über die Bay bis hinüber zur *Golden Gate Bridge* und *Transamerica Pyramid* ➢ Foto unten. Vor den Fahrstühlen bilden sich üblicherweise lange Warteschlangen; https://sfrecpark.org/facilities/facility/details/Coit-Tower-290.

Der Blick vom *Coit Tower* erlaubt nebenbei eine gute Vororientierung (bis zur *Golden Gate Bridge*) für alle, die den ***Scenic Drive*** abfahren wollen, ➢ nächste Seite. Der ***Telegraph Hill*** ist dafür ein guter **Ausgangspunkt**.

Zu Fuß vom Telegraph Hill zum Levi's Plaza Park

Der **Abstieg** vom Hügel nach Südosten führt über steile, ein bisschen verwunschene Treppen, z.B. die **Filbert Street** nach Osten zur *Levi's Plaza* und dem *Embarcadero* oder die Montgomery Street nach Norden und weiter über die ***Greenwich Steps***. Auf der Sansome oder Battery Street ist es von dort nicht mehr weit zur Uferstraße »The Embarcadero« und zur *Fisherman's Wharf*.

North Beach

North Beach ist das italienische Viertel von San Francisco, in etwa südwestlich des *Telegraph Hill* (Kearny St) bis zur Powell Street. Im Gegensatz zur südlich des Broadway angrenzenden Chinatown hat *North Beach* die Atmosphäre einer echten, hektikfreien *neighborhood*. Magistrale des Viertels ist die **Columbus Avenue** mit einer Vielzahl von Cafés und Restaurants.

Eine Institution von *North Beach* ist seit 1953 der Buchladen ***City Lights Booksellers*** des *Beat-Generation*-Poeten Lawrence Ferlinghetti an der 261 Columbus Avenue – bis heute nicht wegzudenken aus der literarischen Szene San Franciscos; (geöffnet meist täglich 12-20 Uhr, www.citylights.com.

Zum Lesen setzt sich bei gutem Wetter mancher in den nahen ***Washington Square Park*** (Columbus/Ecke Union und Filbert Street), der von der ***Saints Peter & Paul Church*** überragt wird.

Dämmerung vom Coit Tower, links im Hintergrund die Bay Bridge (in Richtung Oakland), in der Mitte der noch relativ neue Salesforce Tower

6.1.8 Entlang des Scenic Drive durch San Francisco

49-Mile Drive

Die im Folgenden gewählte Reihenfolge der Beschreibung der weiteren Sehenswürdigkeiten entspricht ab *Fisherman's Wharf* dem **Verlauf des *49-Mile Scenic Drive***, ➤ Karte Seite 477. Man kann ihn bei nur kurzen Zwischenstopps an den wichtigsten Anlaufpunkten innerhalb eines Tages bewältigen. Bei etwas gründlicherer Besichtigung der Zwischenziele werden aber leicht zwei volle Tage benötigt. Der Streckenverlauf hat sich jedoch im Lauf der Jahre mehrfach geändert und die ehemals narrensichere Ausweisung an allen wichtigen Kreuzungen existiert leider nicht mehr. Die Route ist aber nach wie vor sehr empfehlenswert fürs Sightseeing!

So gut ausgeschildert mit Seemöwenschild ist der 49-Mile Drive durch San Francisco nur noch an ganz wenigen Stellen

Auf dem Webportal www.sanfrancisco4you.com/sehenswuerdigkeiten-san-francisco/willys-49-mile-scenic-drive.html findet man nicht nur den *49-Mile Drive*, sondern zusätzlich Erweiterungen auf **66 Meilen** mit insgesamt 73 Sehenswürdigkeiten und einen Download-Link für das Navi.

Fisherman's Wharf

Erstes Ziel oder ein geeigneter Startpunkt ist das Hafenviertel von San Francisco ***Fisherman's Wharf*** (800 m Fußgängerdistanz vom *Coit Tower*). Es erstreckt sich beidseitig der Jefferson Street zwischen dem *Fort Mason Park* im Westen und dem *Pier 39* im Osten. Der ehemalige Fischereihafen der Stadt avancierte zum Besuchermagneten Nr. 1 und ist heute eine komplett kommerzialisierte »**Touristenfalle**«. Die Fischerboote und Werften sind lange verschwunden; an ihrer Stelle liegen Privatyachten und Charterboote fürs Hochseeangeln an den Stegen. An Land beherrschen zahllose Souvenirläden, Boutiquen, Bars und Seafood-Restaurants, dahinter Hotels und Parkplätze/-häuser das Bild.

Blue & Gold Bay Cruise

Ob ein **Bay-Rundtrip** mit oder ohne Unterdurchfahrt der *Golden Gate Bridge* interessant erscheint, hängt sicher von der subjektiven Bewertung solcher Bootstouren ab. Die *Blue & Gold*-Schiffsflotte bietet *Bay Cruises* sowie 1,5-stündige Exkursionen zum Sonnenuntergang an; www.blueandgoldfleet.com. Auf jeden Fall empfehlenswert ist die ***Alcatraz Tour***.

Die engen Serpentinen der Lombard Street

Die Stadt auf den 42 Hügeln

Die »Straßen von San Francisco« erlangten Weltruhm in den 1970er-Jahren durch die gleichnamige US-Krimiserie mit Michael Douglas und Karl Malden. Sie begeistern aber auch heute noch das Publikum. Besucher rattern die steilen Hügel in den ***Cable Cars*** rauf und runter oder erklimmen die Höhen über **bunte Mosaiktreppen**. Besonders auffällig sind an der 16th Avenue südlich des *Golden Gate Parks* z.B. die *Hidden Garden Stairway* und *16th Avenue Tiled Steps* (➤ Seite 487) oder die *Lincoln Park Steps* am westlichen Ende der California Street. Es macht auch immer wieder Spaß einige Straßen mit dem Auto zu befahren (Vorsicht beim Parken ➤ Seite 458!); zu den interessantesten zählen:

Der Abschnitt der **Lombard Street** fünf Blocks südlich von *Fisherman's Wharf* wird gerne als ***Crookedest Road of the World*** bezeichnet. Östlich der Hyde Street geht es in engen Einbahnserpentinen – vorbei an Blumenbeeten und gepflegten Anwesen – ca. 200 m steil hinunter zur Leavenworth Street (nur in einem Personenwagen oder mit kleineren *Vans* machbar). Dank der Popularität dieser Abfahrt müssen Autofahrer dort oft Wartezeiten in Kauf nehmen, bevor es im Schritttempo bergab geht. Wem auch ein Foto ohne den eigenen Mietwagen auf dem Parcours genügt: Von oben (Hyde Street) hat man einen besonders guten Weitblick die ganze Lombard entlang bis hinüber zum *Telegraph Hill* (➤ Foto oben). Dabei kommt jedoch der Charakter der *crooked road* nicht recht ins Bild. Wer den festhalten möchte, muss von der Leavenworth Street von unten nach oben fotografieren oder mit einem Teleobjektiv vom *Coit Tower*.

Die Steigung der Lombard Street ist mit 16% für San Francisco-Verhältnisse nicht ungewöhnlich. Nur zwei Blocks weiter südlich bringt es z.B. die Filbert Street auf über 30% und auf fast 30% kommt die Jones Street zwischen Filbert und Union Street. Rekordverdächtig mit 40% ist der südliche Abschnitt der **Bradford Street** in der Nähe vom Autobahnkreuz Hwy 101/Interstate 280; der Besuch lohnt allerdings nicht (extrem kurz und keinerlei schöne Häuser). Was kaum einer weiß: Die Nr. 1 in San Francisco hinsichtlich steiler Serpentinen ist die **Vermont Street** zwischen der 20th und 22nd Street in der Nähe des McKinley Square im Stadtviertel Potrero Hills. Sie ist allerdings grau betoniert und nicht ansatzweise so fein für Besucher herausgeputzt.

Alcatraz

Die **Boote** hinüber zu der berüchtigten, heute **unter Nationalparkverwaltung** (www.nps.gov/alca) stehenden Zuchthausinsel fahren ab ***Pier 33*** im 30-min-Takt 8.45-15.50 Uhr; letzte Rückfahrt um 18.30 Uhr; \$45/\$28 (Familie \$132). Geführte *»Night Tours«* starten am späten Nachmittag \$56/\$33. **Alle Trips sind i.d.R. im Sommer lange im Voraus ausgebucht**. Reservierung unter www.cityexperiences.com/san-francisco/city-cruises/alcatraz.

Blue & Gold Ausflugsboot vor der Gefängnisinsel »Alcatraz Island«

Pier 39

Am ***Pier 39*** (Ostende der *Wharf*) befindet sich auf den oberen Arkaden ein ***California Welcome Center*** mit jeder Menge Infomaterial; www.pier39.com. Als **Publikumsmagnet** gelten dort

- das ***Hard Rock Café*** gleich eingangs des Piers
- das ***Aquarium of the Bay*** gleich nebenan, wo man in transparenten Röhren die Unterwasserwelt aus der Taucherperspektive erlebt; geöffnet im Sommer meist 9-18 Uhr oder länger; Eintritt $32, Kinder $23; www.aquariumofthebay.org
- das Simulationstheater ***7D Experience*** mit virtuellen Achterbahn-Fahrten und 3D-Abenteuern, an denen man mit Laserpistolen aktiv teilnehmen kann; meist 11-21 Uhr; www.flyerthrillzone.com/7d-experience; $14, auch **Kombitickets** ($21) mit
- ***The Flyer***, bei dem neueste 3D-Technologie einen kurzen Flug über die Stadt und die Bay täuschend echt wirken lassen; meist 11-21 Uhr; $14; www.theflyer-sanfrancisco.com.

Für reichlich Unterhaltung sorgen bei gutem Wetter vielerlei **Open-Air-Darbietungen** (Artisten, Zauberer u.v.m.) sowie die **Seelöwenkolonie** auf Schwimmpontons an der Westseite des *Pier 39*. Im Winter versammeln sich am *K-Dock* gelegentlich bis zu 900 Tiere. Man bezeichnet sie spaßeshalber als ***Sea Lebrities*** (=*celebrities* bzw. Berühmtheiten).

Den *Wharf*-Bereich sollte man vorzugsweise nachmittags oder in den frühen Abendstunden erkunden, wenn auf den Straßen und Plätzen mehr »los« ist als am Morgen. Und kurz vor Sonnenuntergang sitzt man im ***Fog Harbor Fish House*** oder ***Bubba Gump*** – zwei Restaurants am äußersten Ende des *Pier 39* unmittelbar über dem Wasser – goldrichtig.

Ghirardelli

Unterhaltung durch Pantomimen, Musikgruppen und Puppentheater zum Nulltarif findet man in der Touristensaison und an Wochenenden auch am **Ghirardelli Square**, wo sich rund um eine Schokoladenfabrik ein lebendiges Laden- und Restaurantzentrum etabliert hat; www.ghirardellisq.com.

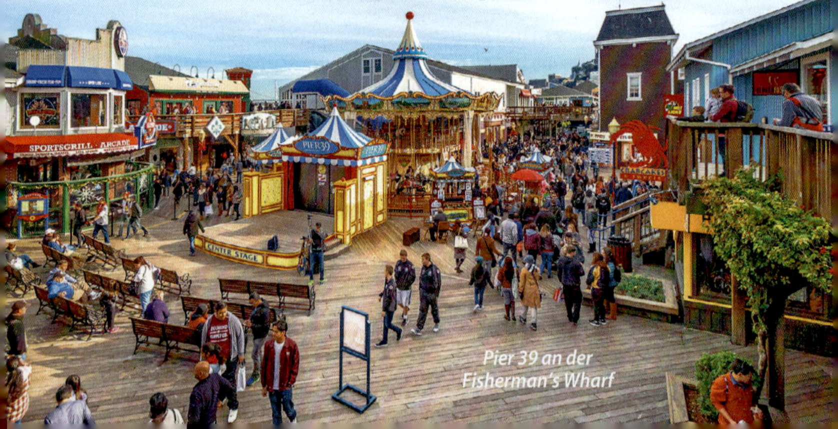

Pier 39 an der Fisherman's Wharf

Madame Tussauds Museum

Die Geschichte des erfolgreichen Londoner Wachsfigurenkabinetts mit Niederlassungen auf der ganzen Welt (in San Francisco unweit des ***Pier 45***) geht zurück auf die Französin Marie Tussaud. Ende des 18. Jahrhunderts führte der Schweizer Arzt Curtius die Tochter seiner Haushälterin in die Kunst des Modellierens ein. Sie erwies sich als ausgesprochen talentiert und durfte schon bald berühmte Zeitgenossen in Lebensgröße darstellen, darunter Voltaire und Benjamin Franklin. Mit dem Tod von Curtius erbte sie die gesamte Kollektion und wusste diese gut zu vermarkten. Da es damals weder Film noch Fotografie gab, boten ihre Wanderausstellungen die einzige Möglichkeit, sich ein Bild von großen Persönlichkeiten zu machen. Erst 1835 wurde die Wachsbildnerin sesshaft und eröffnete ein Museum in London. Eine Wachsfigur in San Francisco ist ihr gewidmet (➤ Foto oben). Das Museum zeigt außerdem zahlreiche Größen aus Film, Sport, Politik und dem aktuellem Geschehen. Es zelebriert außerdem den »**Spirit of San Francisco**« mit einflussreichen lokalen Künstlern und Sängern (➤ Foto Seite 453). Geöffnet im Sommer täglich ab 10/11 bis 19/20/21 Uhr, sonst kürzer; $30; 145 Jefferson Street; www.madametussauds.com/san-francisco. Online meist preiswerter oder als Kombi-Tickets mit dem Kuriositätenkabinett ***Ripley's Believe It or Not!*** gleich nebenan ($46 anstelle von 2x$30). Auf Kinder und Jugendliche wartet dort noch ein Spiegellabyrinth; www.ripleys.com/sanfrancisco.

Cartoon Art Museum

Für Comic-Fans unverzichtbar ist dort das recht originelle und witzige ***Cartoon Art Museum*** an der 781 Beach Street; geöffnet Do-Di 11-17 Uhr; Eintritt $10, Kinder 6-12 $4; www.cartoonart.org.

Hyde Street/ Municipal Pier

Dem Square gegenüber steht das wie ein Dampfer gestaltete ***Aquatic Park Bathhouse***, ein ehemaliges Badehaus, in dem derzeit lediglich einige Schiffsmodelle, Gemälde und Dioramen untergebracht wurden. Sehenswerter sind im ***San Francisco National Historical Park*** die nostalgischen Originale draußen am ***Hyde Street Pier***, der zusammen mit dem halbrunden ***Municipal Pier*** ein ruhiges Wasserbecken bildet. Grünflächen und ein schmaler **Badestrand** säumen das hier meist ruhige Ufer. Am Kai des Piers liegen der **Dreimaster *Balclutha*** von 1895, die alte **Fähre *Eureka***, der Raddampfer ***Eppleton Hall*** und weitere Schiffe; $15 pro Person oder *Interagency Pass*; www.nps.gov/safr. Besucherzentrum an der Ecke Hyde/Jefferson St.

Pier 45

Nicht zum Park gehört das vielleicht sehenswerteste Schiff an der *Wharf*, das **Pazifik-U-Boot *USS Pampanito***. Es liegt ein wenig weiter östlich vertäut am ***Pier 45***; meist ab 10 Uhr, Schlusszeiten variieren; $30/$15; https://maritime.org/uss-pampanito.

Schiffsfans können am ***Pier 45*** noch die ***Jeremiah O'Brien***, das letzte Exemplar eines *Liberty*-Frachters aus dem 2. Weltkrieg, besichtigen. Mi-Mo 9-16 Uhr; $20/$10; www.ssjeremiahobrien.org.

6

Golden Gate NRA (National Recreation Area)

Die Schaffung und schrittweise Erweiterung des Naturschutzgebiets *Golden Gate National Recreation Area* begann in den 1970er-Jahren zunächst mit dem Kauf der Zuchthausinsel ***Alcatraz*** und dem Gelände des ***Fort Mason*** unweit der *Fisherman's Wharf* durch den *National Park Service*. Jenseits der Bucht erwarb man die ***Marin Headlands***, über 200 km^2 weitgehend unerschlossene Hügel- und Waldlandschaft voller mittlerweile obsoleter Militäranlagen (u.a. *Nike Missile Site SF-88, Fort Cronkhite*) an der Steilküste nördlich des *Golden Gate*. Später wurde auch das Areal des ***Muir Woods National Monument*** ins *National Recreation Area*-Gelände integriert.

In den 1990er-Jahren kam noch das ***Presidio of San Francisco*** dazu, eine ausgedehnte Parkanlage, die dem *National Park Service* vom Militär übereignet wurde. Zum *Presidio* gehören die bis ans Ufer der Bucht reichenden ***Crissy Field***, das ***Fort Point*** unter der *Golden Gate Bridge* und die Uferbereiche am Pazifik bis zur *Baker* und *China Beach*. Auch das von Bebauung nahezu freie ***Land's End*** mitsamt vorgelagerten ***Seal Rocks*** (ehemalige Robbeninseln) in der Nordwestecke der Stadt wurde einschließlich des berühmten ***Cliff House*** (➤ Seite 466) vom *Park Service* übernommen. Mit der sich anschließenden ***Ocean Beach*** und dem Bereich ***Fort Funston*** hoch über dem Pazifik und weiteren Teilgebieten bis Pacifica erstreckt sich die *Golden Gate NRA* heute als breiter Grün- oder Strandstreifen von *Crissy Field* aus rund um die Stadt herum nach Süden. Einschließlich der *Marin Headlands* umfasst sie eine Fläche von rund 300 km^2.

Der Zugang zu den meisten Bereichen und Einrichtungen ist frei. Ausnahmen bilden das *Muir Woods National Monument* (Zutritt nur mit zeitgebundener Shuttle- oder Parkplatz-Reservierung ➤ Seite 494) und *Alcatraz Island* (Ticket für die Bootstour, ➤ Seite 477). Weitere Infos unter www.nps.gov/goga.

Nicht zur *National Recreation Area* sondern zur City of San Francisco gehört der unmittelbar an die *Ocean Beach* angrenzende ***Golden Gate Park***.

Die »Golden Gate-Ziele«

Marina Boulevard/ Fort Mason Center

Von *Fisherman's Wharf* führt der ***Scenic Drive*** durch schöne Wohnviertel voller verschnörkelter viktorianischer Holzhäuser zunächst in Richtung *Golden Gate Bridge*. Zwischen Marina Boulevard und Van Ness Ave liegt das mit dem *Maritime National Historical Park* über einen Fußweg verbundene Gelände des *Fort Mason*. Im Zweiten Weltkrieg diente dieser Bereich als Einschiffungsstation der Kampftruppen für den Pazifik. Dort befindet sich heute in beneidenswerter erhöhter Lage eine der Jugendherbergen San Franciscos. Die Gebäude an den Piers wurden als ***Fort Mason Center*** zu einem Kunst- und Kulturzentrum mit Galerien, Werkstätten, experimentellen Bühnen, kleinen Museen und Restaurants umfunktioniert. Auf der Bay-Seite des Marina Blvd dümpeln im *East* und *West Harbor* – getrennt durch den Park *Marina Green* – Hunderte von Yachten.

Der Weg ab dem *Hyde Street Pier* (➤ Seite 479) zum *Fort Mason Center* ist zugleich der **erste Abschnitt der *Golden Gate Promenade***, einem Spazier-, Jogging- und Bike-Weg (➤ unten).

Palace of Fine Arts

Weiter dem *Scenic Drive* folgend erreicht man über die Baker Street den bombastischen ***Palace of Fine Arts***. Das auf die Weltausstellung von 1915 zurückgehende Gebäude ähnelt einem griechisch-byzantinischen Tempel; https://palaceoffinearts.com.

Crissy Field

Das ***Crissy Field***, ein ausgedehntes Ufergelände zwischen San Francisco Bay und Doyle Drive (der ab Ende des Marina Blvd wieder autobahnmäßig ausgebauten Straße #101) ist Teil der *Golden Gaten Nat'l Recreation Area*, ➤ Kasten links. Dort verläuft die ***Golden Gate Promenade***, nachdem sie das *Fort Mason Center* und die Yachthäfen passiert hat, gute 3 km am Wasser entlang bis zum *Fort Point* unter dem Südende der *Golden Gate Bridge*. Wer sich diesen Weg vornimmt, behält die Brücke (oder den Nebel) jederzeit fest im Blick. Dafür und für weiterführende Touren per *Bike* findet man **Leihfahrräder** bei *Blazing Saddles* auf dem *Pier 41* oder an der 465 Jefferson St sowie im *Marina District*, z.B. *New Holiday Adventure*, 1937 Lombard Street (#101).

Palace of Fine Arts

Crissy Field östlich der Golden Gate Bridge diente einst als Flugplatz der US Army, heute ist es ein beliebtes Naherholungsgebiet

Fast am Ende des *Crissy Field* steht ein kleines ***Info Center*** mit Café (***The Warming Hut***). Ideal für die Pause zwischendurch oder auch zum Ansteuern per Auto (Parkplätze vorhanden). Ab Marina Blvd geht es dazu geradeaus weiter auf die Mason Street (nicht links ab in Richtung #101) und dann Marine Drive. Von der Mason Street erreicht man über die Long Ave und den Marine Drive auch die ***Fort Point National Historic Site***, ➤ unten.

El Presidio/ Fort Point

Der ***Scenic Drive*** (Lombard Street folgen, wenn die #101 nach Norden abknickt) führt weiter durch das parkartige Gelände ***El Presidio***, das schon von den Spaniern als Militärstützpunkt genutzt wurde und später der 6. US-Armee als Hauptquartier diente. Man gelangt von der Lombard St automatisch auf den Presidio Blvd und dann geradeaus weiter auf den **Lincoln Blvd**. Der Letterman Drive führt zu dem Brunnen mit ***Yoda***-Statue bei der *Lucasfilm Lobby*, einem populären *Selfie Point* und mündet anschließend ebenfalls in den Lincoln Blvd, auf dem man am Südende des einstigen Paradenplatzes das *Presidio*-Besucherzentrum passiert.

Wenig bekannt ist das ***Walt Disney Family Museum*** gleich hinter dem *Visitor Center*. Es widmet sich – in teils recht unterhaltsamer Weise – der Pionierleistung Walt Disneys; 104 Montgomery St; Do-So 10-17.30 Uhr, Eintritt $25/$15; www.waltdisney.org.

Den Abstecher vom Lincoln Blvd zur alten Befestigungsanlage ***Fort Point*** unterhalb der Auffahrt zur *Golden Gate Bridge* kann man leicht übersehen (nach Unterfahren der #101 Abzweig nach rechts auf die Long Ave). Beeindruckend sind dort neben den waghalsigen Surfern in der Bay und der ungewöhnlichen Perspektive auf die gewaltige Brückenkonstruktion auch das Innere der heute als ***National Historic Site*** (Teil der *Golden Gate NRA*, ➤ Exkurs Seite 480) ausgewiesenen Befestigung, die niemals Kampfhandlungen sah; geöffnet im Sommer Do-Di 10-17 Uhr; Eintritt frei; www.nps.gov/fopo.

Wer dem *Scenic Drive* nach Süden folgen will, bleibt weiter auf dem Lincoln Blvd und unterquert die #101, ➤ Seite 484.

Anfahrt Golden Gate Bridge

Zurück auf dem Lincoln Blvd muss man bei Ziel *Golden Gate Bridge* wieder aufpassen und vor der nochmaligen Unterführung unter die #101 nach rechts abbiegen hinauf zur Brücke. Für alle, die die Brücke zu Fuß in Angriff nehmen möchten, befindet sich bei der ehemaligen *toll plaza* ein Parkplatz.

Über die Brücke

Die Fahrt über die *Golden Gate Bridge* in Richtung Norden ist kostenlos, bei der Rückkehr wird ***toll*** fällig, die nicht bar vor Ort, sondern **extra gezahlt** werden muss, ➤ Kasten unten. Mautfrei ist die Brückenüberquerung mit dem **Bike** (Verleih ➤ Seite 481 bzw. 486) oder **zu Fuß** (nur bei Tageslicht erlaubt!). Sie sei allen ans Herz gelegt, die es schaffen eine Extrastunde dafür zu erübrigen. Vor der Zulassung als Passant/Biker steht ein *Security Check*; www.goldengatebridge.org/visitors.

Marin Headlands

Der bei guter Sicht immer äußerst betriebsame ***Vista Point*** auf der Nordseite des Goldenen Tors (ausgeschilderte Abfahrt nach der Überquerung) bietet bereits einen großartigen Blick auf die City, aber es gibt noch bessere Positionen entlang der Zufahrt zu den ***Marin Headlands***: Fürs »**Spitzenfoto**« verlässt man daher gleich hinter der Aussichtsterrasse erneut die Autobahn (Exit 442, Alexander Ave). Von mehreren Halteplätzen entlang der **Conzelman Road** fällt der Blick bei gutem Wetter durch und über das rote Wunderwerk auf die *Skyline* von San Francisco. Alle Details zu den Attraktionen auf den *Headlands* ➤ Seite 492ff. Der perfekte Platz um einen Sightseeing-Tag ausklingen zu lassen! Oder um ihn zu starten, falls man vom Jetlag früh aus den Federn getrieben wird. Das Foto ➤ Seite 450 ist vor Sonnenaufgang entstanden.

Die Golden Gate Bridge www.goldengate.org

Als Sehenswürdigkeit #1 San Franciscos gilt zu Recht die ***Golden Gate Bridge***. Sie war bei ihrer Einweihung im Mai 1937 die längste Hängebrücke der Welt (2,7 km). Wer nur wenig Zeit hat, sollte – gleich zu welcher Jahreszeit – zuerst zur Brücke fahren, wenn die Wetterverhältnisse gut sind, oder ansonsten die erstbeste Chance sofort nutzen. Nicht selten legt sich rasch wieder Nebel über die Bucht und bleibt gleich mehrere Tage hängen. Der schönste Blick auf das »Goldene Tor« eröffnet sich von den Stränden *Baker* oder *Marshall's Beach* (➤ Foto umseitig), vom *Fort Point* (➤ links) sowie von den höher gelegenen Aussichtspunkten an der Conzelman Road in den *Marin Headlands* (➤ Foto Seite 450). Wenn dichte Nebelschwaden vom Pazifik Bucht und Stadt fest im Griff haben, schauen oftmals nur die obersten Spitzen der 227 m hohen, orangeroten Pylonen hervor – ein von dort ebenfalls atemberaubender Anblick.

Die Überquerung der *Golden Gate Bridge* kostet für private Fahrzeuge mit zwei Achsen in südlicher Richtung **$9** (nach Norden ist sie gratis!). Die Maut (***toll***) wird **ausschließlich elektronisch** erhoben. Mit Leihwagen, vor allem bei Anmietung in einem anderen US-Bundesstaat, gilt es einiges zu beachten. Am besten man bezahlt die Gebühren selber online oder per Anruf; alle Infos dazu ➤ www.bayareafastrak.org/en/tolls/golden-gate-bridge.shtml (QR-Code oben) bzw. Kasten Seite 86. Auch einige andere Brücken in der Bay Area sind mautpflichtig: www.bayareafastrak.org/en/tolls/toll-locations.shtml.

Nach Sonnenuntergang an der Marshall's Beach

Abstecher zur Nordseite der Bay

Auf dieser Seite der Bay liegen mit **Sausalito**, **Tiburon** und ***Angel Island*** hübsche Ziele für einen etwas ausgedehnteren San Francisco-Besuch. Bei ausreichender Zeit sind auch die *Redwood-* Bestände des ***Muir Woods National Monument***, ***Mount Tamalpais***, ***Stinson Beach***, das »Aussteigerdorf« **Bolinas** und die ***Point Reyes National Seashore*** einen Abstecher wert, ➢ Seiten 492ff.

Coastal Trail

In San Francisco geht es weiter auf dem *Scenic Drive*: Man folge zunächst dem Lincoln Blvd, später dem Camino del Mar durch beste Wohnlagen oberhalb der Pazifikküste bis zum *Palace of the Legion of Honor*. Parallel zur Straße verläuft ein Fußweg, der ***Coastal Trail***, zunächst parallel zum Boulevard, dann bis zum *Cliff House* im Bereich *Land's End* hoch über dem Meer durch freies Gelände und weiter an Stränden und dem *Great Highway* entlang bis zu den Absprungdünen für Drachenflieger beim *Fort Funston*.

Marshall's & Baker Beach

Der Lincoln Boulevard passiert zunächst den Zugang zu zwei beliebten Stränden, die über einen steilen Pfad zugängliche ***Marshall's Beach*** direkt zu Füßen der *Golden Gate Bridge* und gleich darauf die langgestreckte ***Baker Beach***. Der auch im Hochsommer hier nur durchschnittlich 14°C kalte Pazifik lockt vor allem Sonnenhungrige und Fotografen an – ohne Nebel toller Blick auf die *Golden Gate Bridge* im Nachmittagslicht! Am Nordende der ***Baker Beach*** tummeln sich oft jede Menge Nudisten. Parkmöglichkeit für die *Marshall's Beach* befinden sich an der Ecke Lincoln Blvd/Storey Ave oder beim Langdon Court. Für den Besuch der *Baker Beach* fährt man zum eigens dafür vorgesehenen Parkplatz etwas weiter südlich am Lincoln Blvd.

Kunstmuseum

Im ***Lincoln Park***, durch den sich die Route nach links wendet, liegt der ***California Palace of the Legion of Honor***. Der Palast ist dem gleichnamigen Pariser Vorbild nachempfunden und wurde 1924 zu Ehren der im Ersten Weltkrieg gefallenen Kalifornier errichtet.

Er beherbergt heute ein sehenswertes Kunstmuseum, das überwiegend europäische Werke ab dem Spätmittelalter zeigt, darunter Werke von Rubens, Rembrandt und Picasso. Stark vertreten sind Impressionisten wie Manet oder Renoir. Beachtlich ist auch die große Zahl an Rodin-Skulpturen; schon im Vorhof erwartet Rodins »Denker« die Besucher; geöffnet Di-So 9.30-17.15 Uhr; www.famsf.org. Das Ticket ($20, unter 18 Jahren frei) gilt am selben Tag auch fürs *de Young Museum* (➤ Seite 486). Salate und Bio-Kost kommen im **Café** des Museums auf den Tisch.

Von der hochgelegenen Uferpromenade sieht man – dieses Mal pittoresk von oben – die Einfahrt in die San Francisco Bay mit der *Golden Gate Bridge.* Am hinteren Ende des Parkplatzes befindet sich ein kleines, aber sehr berührendes **Holocaust-Mahnmal**.

Cliff House

Nach dem »Palast der Ehrenlegion« erreicht man über Geary Blvd/ Point Lobos Ave das hoch über dem Strand und Pazifik gelegene ***Cliff House*** (➤ Foto Seite 466). Bis 2020 befand sich darin ein nobleres Restaurant, das bezüglich Ambiente, Aussicht, Service und Qualität schwer zu toppen war. Eine Wiedereröffnung unter neuem Betreiber ist 2024/25 geplant.

Gleich nördlich, über einen Fußweg zugänglich, liegen die ***Sutro Baths***, Ruinen der 1966 abgebrannten gleichnamigen Badeanstalt.

Seal Rocks

Der Küste vorgelagert sind dort die ***Seal Rocks***. Es handelt sich dabei aber um ehemalige Seehundfelsen. Seit dem *Loma-Prieta*-Erdbeben von 1989 halten sich die Tiere meist lieber in der auch vor Fressfeinden (Orcas) besser geschützten Bay beim *Pier 39* auf.

Zoo

In der Folge verläuft der Rundkurs südwärts auf dem *Upper Great Highway* schnurgerade an der breiten ***Ocean Beach*** entlang und passiert dabei das Westende des *Golden Gate Park*. Der 5,6 km lange Strand ist beliebt bei Surfern. An seinem Südende befindet sich der ***San Francisco Zoo*** mit einem erstklassigen Primatengehege (Gorillas und Orang-Utans), Koalas und Pinguinen. Auch die Landschaftsgestaltung des Tierparks ist eindrucksvoll, speziell im östlichen Bereich, wo der Weg um einen verwunschenen See herum durch die üppig baumbestandenen Grünbereiche »Südamerika« und »Bärenland« führt. Geöffnet meist 10-17 Uhr, Eintritt $29-$31, unter 18 Jahre $20-$22; www.sfzoo.org.

Drachenflieger

Südlichster Anlaufpunkt des *Scenic Drive* ist das zur *Golden Gate Recreation Area* gehörende Gelände des einstigen ***Fort Funston*** mit Steilhängen über dem Ozeanstrand, die **Drachenfliegern** als Absprung- und Übungsgelände dienen. Vor und über einer Beobachtungsplattform demonstrieren *Hangglider*-Piloten dem staunenden Publikum gelegentlich aus nächster Nähe, was sich mit den bunten Fluggeräten so alles anstellen lässt. Betrieb herrscht beim *Fort Funston* eher am späten Nachmittag und an Wochenenden, so das Wetter mitspielt. Denn über diesem Teil der Stadt hängt – wie bereits zuvor bemerkt – oft Nebel, selbst wenn jenseits der Hügel von Haight-Ashbury und Diamond Heights die Sonne scheint.

Der Golden Gate Park

Der rund 5 km lange, aber nur 800 m breite *Golden Gate Park* gilt als eine der ganz besonderen Sehenswürdigkeiten San Franciscos; https://sfrecpark.org/770/Golden-Gate-Park. Tatsächlich besitzt er durchaus hübsche Ecken, aber das hindurchführende, stark befahrene Straßennetz stört erheblich. Nur wenn **sonn- und feiertags** der Verkehr weitgehend unterbunden wird, zeigt der Park Flair. Eine ähnlich bunte Mischung seiner Besucher und ihrer Aktivitäten findet sich dann allenfalls noch in New Yorks *Central Park*.

Bikes mieten

Besonders an solchen Tagen lohnt sich der Besuch, idealerweise mit **Mietfahrrad**, z.B. *San Francisco Bicycle Rentals* an der 1816 Haight St im Osten des Parks oder *Golden Gate Park Bike & Skate* an der 3038 Fulton Street; ab ca. $25/Tag.

Westteil des Parks

Im **Westteil** befindet sich sogar ein **Büffelgehege** (*Bison Paddock*), aber für donnerndes Herumgaloppieren haben die zotteligen Viecher zu wenig Platz. Die beiden **Windmühlen** in der Nordwestecke begeistern zwar Amerikaner, wirken aber auf europäische Besucher wenig sensationell. Die nördliche ***Dutch Windmill*** ist ein Geschenk der niederländischen Königin Wilhelmina.

Von dort sind es keine 200 m zum ***Beach Chalet***, einem beliebten, wiewohl nicht ganz billigen Restaurant (Seafood, Steaks) mit Strandaussicht, wo zudem mehrere Biersorten gebraut werden; 1000 Great Hwy, ✆ (415) 386-8439, www.beachchalet.com.

Gewächshaus

Anziehungspunkt im Osten des Parks ist das ***Conservatory of Flowers***, ein nostalgisches Gewächshaus am 100 John F. Kennedy Drive; geöffnet Di-So 9-16.30 Uhr; Eintritt $11-$15, Kinder/Jugendliche $3-$7; https://conservatoryofflowers.org.

de Young Museum

Westlich des *Conservatory* steht das außen wie innen sehenswerte riesige Kunstmuseum ***de Young Museum of Fine Arts***. Beeindruckend sind die Ausstellungen zur – im Wesentlichen amerikanischen – Kunst des 20. Jahrhunderts, aber auch die Abteilungen zur *Native Art* aus aller Herren Länder überzeugen. Geöffnet Di-So, 9.30-17.15 Uhr, Fr bis 20.45 Uhr; $20, unter 18 Jahren frei.

de Young Museum

Tipp: Die Eintrittskarte gilt am selben Tag auch für das Kunstmuseum im *Palace of the Legion of Honor*; ➤ Seite 484. Nach dem Kunstgenuss wartet die große **Cafeteria** – an Gutwettertagen die Terrasse beim angrenzenden **Skulpturenpark**.

Aquarium und Science Museum

Aller guten Dinge sind drei im noch relativ neuen Bau (2008) der ***California Academy of Sciences*** (vis-à-vis dem *de Young Museum*) mit **Aquarium**, **Planetarium** und **Regenwald** unter einem Dach. Das an sich gut gemachte »Tropenhaus« enttäuscht etwas wegen der räumlichen Enge, aber die Vielzahl an Schmetterlingen beeindruckt. Die im Planetarium gezeigten Filme sind gut gemacht und interessant, ebenso das *Discovery Tidepool* im modernen Aquarium sowie die Gezeitenbecken mit Seeigeln und Seesternen zum Anfassen. Geöffnet Mo-Sa 9.30-17 Uhr sowie So ab 11 Uhr; Eintritt $36, Kinder $26-$31; www.calacademy.org.

Im hübschen ***Japanese Tea Garden*** mit einem echten japanischen Teehaus kann man nach den touristischen Anstrengungen des Tages gut pausieren; im Sommer täglich 9-17.45, sonst bis 16.45 Uhr; $13, Kinder $3-$7; www.japaneseteagardensf.com.

Boot mieten

Am **Stow Lake**, nur wenig westlich davon, warten Mietboote. Mit ihnen lässt sich der Strawberry Hill umrunden. Dabei sehenswert sind die Huntington Wasserfälle, eine farbprächtige chinesische Pagode (die SF 1976 von der Schwesterstadt Taipei erhielt) und eine 1893 errichtete mittelalterlich anmutende Steinbrücke.

Konzerte

Von April bis Oktober spielt die ***Golden Gate Park Band*** seit dem Jahr 1882 jeden Sonntag um 13 Uhr ein Potpourri aus populärer Klassik, Broadway, Swing und mehr im sog. ***Bandshell*** des ***Spreckel's Temple*** am *Music Concourse* zwischen *de Young Museum* und der *Academy of Science*. Manches Bandmitglied sieht dabei so aus, als sei es von Anfang an mit von der Partie gewesen. Ein Erlebnis, das sich Sonntagsbesucher nicht entgehen lassen sollten.

Mosaiktreppen

Südlich des Parks erreicht man über die **16th Avenue** die hübschen Mosaiktreppen im Stadtteil Golden Park Heights: die ***Hidden Garden Stairway*** mit ihren Blumenmustern (Ecke Kirkham St) und die durch Van Gogh inspirierten ***16th Ave Tiled Steps*** noch etwas weiter südlich.

Golden Gate Heights 16th Avenue Tiled Steps

Vom Golden Gate Park zurück in die City

Haight-Ashbury

Unmittelbar östlich des *Golden Gate Park* unterhalb der schmalen Parkverlängerung **Panhandle** liegt der in Hippiezeiten (ab Mitte der 1960er-Jahre) als Hochburg der Bewegung berühmt gewordene, zugleich aber verschriene Stadtteil **Haight-Ashbury**. Junge Menschen strömten mit Blumen im Haar von überall hierher, ganz wie es Scott McKenzie in seinem Song »*If you're going to San Francisco*« besungen hat. In den 1970er-Jahren wurde der Traum von der Leichtigkeit nach und nach zum Drogenalbtraum. Zur Jahrtausendwende war vorübergehend alles etwas »normaler« und amerikanisch kommerziell, seit der Pandemie droht aber nun die Lage auch in diesem Viertel wieder zu entgleisen. Allzu viel *Flower Power* ist zurzeit nicht mehr zu spüren, aber Reste der alten Blüte findet man noch im Bereich Haight/Ashbury Street in einer Reihe witziger Läden für psychedelische Souvenirs, Kaffeespezialitäten und gesunden Säften sowie Restaurants mit vegetarischer/veganer Kost.

Auf den großen Plattenladen ***Amoeba Music*** in der Haight Street (# 1855) wurde bereits hingewiesen (➤ Seite 468). Ein besonders begehrtes Fotomotiv sind die »**Dangling Legs**« (aus dem Fenster hängende Damenbeine) oberhalb der *Piedmont Boutique* in der 1452 Haight Street.

Twin Peaks

Der ***Scenic Drive*** führt vom *Golden Gate Park* auf etwas verschlungenen Wegen (Twin Peaks Blvd) zu den 300 m hohen **Twin Peaks**, eine gute Meile südlich des Parks bzw. von Haight-Ashbury. Die Aussicht von dieser höchsten Erhebung San Franciscos ist großartig. Auch wer nicht direkt den *Scenic Drive* abfährt, sollte den vom Zentrum kurzen Abstecher dorthin unbedingt machen.

360°-Panoramaanhöhe Twin Peaks

Mission Dolores Park

Weniger empfehlenswert ist die Auffahrt zu den Twin Peaks indessen ab einbrechender Dunkelheit, auch wenn dann vielleicht ein Nachtfoto von der beleuchteten City lockt.

Mission District

Bei der Rückfahrt in Richtung City (am besten zunächst über die Market Street) liegt die Wiege San Franciscos fast am Wege, die ***Mission Dolores*** (auch *Mission San Francisco de Asis*) an der Ecke 16th/Dolores Street, ein eher schlichter Bau aus dem Jahre 1776. Zwei Blocks weiter südlich gelangt man zum hübschen ***Mission Dolores Park*** mit einem guten Blick auf Downtown (am besten von der Ecke Church St/20th Street aus).

Murals

Im **Mission District** (wie auch im benachbarten Haight Ashbury) findet sich eine schier endlos erscheinende Fülle spektakulärer ***murals*** (großflächig bemalte Hauswände) mit tollen Motiven in der ***Clarion Alley*** zwischen Mission und Valencia St sowie 17th/18th St oder in der ***Balmy Alley*** zwischen 24th/25th Street und Folsom/Harrison St wie auch in der 24th St/Ecke Florida Street. Besonders beeindruckend ist z.B. die Gestaltung des *Women's Building* (3543 18th St) oder das *Golden Dreams of the Mission Mural* an der Ecke 24th St/South Van Ness Ave.

Wer sich näher dafür interessiert, schaut am besten im ***Precita Eyes Mural Arts & Visitor Center*** in der 2981 24th Street vorbei und bucht ggf. eine geführte Tour: www.precitaeyes.org.

»Schmelztiegel«

Eine kleine Kuriosität befindet sich an der 3134 22nd Street. Dort wurde eine hübsche evangelische Kirche in den buddhistischen ***Hua Zang Si Temple*** umgewandelt. Hinter den Bleiglasfenstern und neben den alten Orgelpfeifen sitzen seit 2004 buddistische Nonnen und eine übergroße Buddhastatue; https://huazangsi.org.

Castro District

Entlang der **Castro Street** schlägt das Herz der *»Lesbian, Gay, Bisexual & Transgender«*-Community, kurz *LGBT*. Die Ecke Market/Castro Street wurde nach dem ersten offen homosexuellen Lokalpolitiker San Franciscos, der 1978 zusammen mit Bürgermeister George Richard Moscone in der *City Hall* erschossen worden war, in **Harvey Milk Plaza** umbenannt.

Die viktorianischen Häuser

Am bekanntesten sind zweifelsohne die sieben »bemalten Damen« am Alamo Square (***Painted Ladies*** ➤ unten), schon allein wegen des tollen Kontrasts mit den sich dahinter erhebenden modernen Wolkenkratzern von Downtown. Die umliegenden Stadtviertel **Haight-Ashbury**, **Pacific Heights** und **Noe Valley** haben aber auch einiges zu bieten. Da diese hügelige Region vom verheerenden Großbrand nach dem 1906er-Erdbeben großteils verschont blieb, findet man dort heute noch die eine oder andere architektonische Perle aus viktorianischer Zeit. Farbenfroh und schön herausgeputzt reihen sie sich z.B. an der Central und Masonic Ave sowie entlang der Haight und Waller St. Die unten abgebildete Häuserzeile befindet sich an der Ecke Waller/Masonic. Für Interessierte werden 2,5-stündige ***Historical Walking Tours*** durch Pacific Heights angeboten; Mo+Sa 11 Uhr; $30; www.victorianhomewalk.com. Dabei geht es u.a. zum Haus des »stacheligen Kindermädchens« *Mrs. Doubtfire* (gespielt von Robin Williams) in der 2640 Steiner Street.

Viktorianische Schmückstücke

Sehens- und erlebenswert ist das ***Castro Theatre***, ein Kino mit Orgel, in dem schwerpunktmäßig Filmklassiker und Avantgarde in Originalsprache (oft auch Deutsch) auf die Leinwand kommen; 429 Castro Street, www.castrotheatre.com.

Abkürzung Scenic Drive/ Abschluss

Die Weiterführung des offiziellen *Scenic Drive* über die Dolores Street nach Süden und zurück über die I-280 nach Downtown leuchtet nicht ein. Von der *Mission Dolores* bzw. aus dem Bereich Castro nimmt man am besten die Dolores bzw. van Ness Ave nach Norden und schließt den Kreis der Rundfahrt über die Market Street in Downtown ab. In Frage kommen aber auch noch weitere Anlaufpunkte westlich des Zentrums, so ab Haight-Ashbury bzw. direkt ab *Golden Gate Park* der **Alamo Square** mit seinen *Painted Ladies*, ***Japantown*** und ***St. Mary's Cathedral***.

Painted Ladies

Egal, auf welcher Straße man zwischen *Golden Gate Park* und der Innenstadt unterwegs ist, zum hochgelegenen ***Alamo Square Park*** und den bunt angestrichenen »Damen« geht's am besten über die Steiner Street. Die hübsch exponierte viktorianische Häuserzeile ist dabei nicht zu verfehlen; ➤ Foto Seite 456.

Ihr Spitzname wurde dem späten 19. Jahrhundert entlehnt und ist nicht gerade schmeichelhaft. Als »Painted Ladies« bezeichnete man damals die Damen aus dem Rotlichtmilieu, die auffälliger geschminkt waren als jene aus der feinen Gesellschaft.

Japantown

Zwei Blocks westlich des Alamo Square verläuft die breite Webster St. Gut eine halbe Meile nördlich erreicht man auf ihr **Japantown** (zwischen Geary Blvd und Post bis Fillmore bzw. Laguna St). Der Bereich besteht im Wesentlichen aus einem ***Shopping Center*** mit einigen reizvollen architektonischen Akzenten, darunter die auffällige ***Peace Pagoda*** und die »Rainbow Stairs« im Bekleidungsgeschäft *Uniqlo*. Diese in Regenbogenfarben leuchtenden LED-Stufen sind ein recht beliebter Hintergrund für Selfies. Rund um die Friedenspagode finden an Sommerwochenenden folkloristische Veranstaltungen statt; www.sfjapantown.org.

St. Mary's/ Holy Virgin Cathedral

Von Japantown sind es bis zum modernen Marmorbau der ***St. Mary's Cathedral*** auf dem Geary Blvd je nach Ausgangspunkt nur zwei bis vier Blocks nach Osten. Diese Kathedrale kann Mo-Sa 9-17 Uhr und So nach der Messe besichtigt werden (Spende); 1111 Gough Street; https://smcsf.org. Wer sich für Kirchenarchitektur interessiert, wird auch noch die ***Holy Virgin Cathedral***, eine russisch-orthodoxe Basilica, eindrucksvoll finden, ebenfalls am Geary Blvd, aber weiter westlich (#6210). Leider ist das beachtliche Innere des Baus nur bei Teilnahme am Gottesdienst zugänglich; aktuelle Zeiten im Internet unter http://sfsobor.com.

Civic Center

Auf der Market Street passiert man unmittelbar östlich der Van Ness Ave das ***Civic Center***. Dort gruppieren sich die ***City Hall*** mit Säulenportal und einer dem Petersdom nachempfundenen Kuppel sowie Verwaltungsgebäude und Kulturtempel um eine zentrale, parkartige Plaza. Neben dem Rathaus verdienen außerdem das ***War Memorial Opera House*** und die Architektur der ***Symphony Hall*** Beachtung – beide liegen unverfehlbar an der Van Ness Ave (#101).

Asian Art Museum

Östlich der *City Hall*, getrennt durch die Civic Center Plaza, befindet sich das ***Asian Art Museum*** in der 200 Larkin Street. Es verfügt über eine außergewöhnlich große Sammlung asiatischer Kunstgegenstände, von denen immer nur ein Teil zu sehen ist; Fr-Mo 10-17 Uhr, Do 13-20 Uhr; $20, unter 12 frei; https://asianart.org. Zusätzlich werden immer wieder bedeutende Sonderausstellungen gezeigt (kosten $10 extra).

Zu unterschiedlichen Anlässen erstrahlt die San Francisco City Hall im farbenfrohen Gewand

6.2 Von San Francisco hinauf an die Oregon-Küste

Wer seine Reise durch den Nordwesten der USA in San Francisco beginnt, den trennen nach der Überquerung der *Golden Gate*-Brücke rund 400 mi Hwy #1/101 von der *Oregon Coast* (➤ Seite 430). Die Fahrt ist rein rechnerisch in nur 1-2 Tagen zu bewältigen. Die kurvenreiche Streckenführung bedingt allerdings geringe Durchschnittsgeschwindigkeiten, auch verdienen die nordkalifornischen Küstenabschnitte und Mammutbäume weitaus mehr Beachtung. Die **mindestens 2-3 Tage** bis Brookings/Oregon bedürfen einer guten Vorausplanung, denn in der Region sind Unterkünfte eher dünn gesät und während der Hochsaison immer gut ausgelastet. Camper finden entlang der Pazifikküste und in den Wäldern einige ruhige und landschaftlich sehr reizvolle *State Parks*.

Die gleich zu Beginn im **Kapitel 6.2.1** beschriebenen Ausflugsziele in der nördlichen *Bay Area* sind auch noch für alle von Interesse, die San Francisco lediglich im Zuge einer Städtereise besuchen.

6.2.1 Ziele nördlich von San Francisco

Marin Headlands, Sausalito und Tiburon

In den ***Marin Headlands*** jenseits der *Golden Gate* befindet sich eine ganze Reihe sehr lohnenswerter **Aussichtpunkte**, der erste gleich unmittelbar am Nordende der Brücke (Schild »***Vista Point***«).

Conzelman Road

Über die nächste Abfahrt »Alexander Avenue« gelangt man zu den besten Blicken. Es geht zuerst durch einen Tunnel und wenig später nach links auf der McCollough Road hinaus zur Küstenstraße **Conzelman Road**. Diese wurde abschnittsweise als Einbahn ausgewiesen. Wer zuerst ostwärts zum ***Battery Spencer Viewpoint*** (➤ Foto Seite 450) möchte, muss danach für die Ziele weiter im Westen auf den *Headlands* wieder die volle Runde (mit Tunnel) fahren. Dort befindet sich dann noch das ***Point Bonita Lighthouse*** in exponierter Lage hoch über dem Pazifik. Dieser Leuchtturm ist häufig nur Sa+So 12.30-15.30 Uhr zugänglich, gelegentlich noch Fr+Mo; aktuelle Zeiten unter www.nps.gov/goga/pobo.htm. Anschließend geht es auf der Field und Bunker Road vorbei an *Nike-*

TIPP: Wegen der Einbahnstraßen fällt die Orientierung nicht leicht in der Golden Gate Nat'l Recreation Area nördlich der Golden Gate Bridge. Hilfreich ist die detaillierte »**Marin Headlands Map**« als PDF unter www.nps.gov/goga/planyourvisit/maps.htm (➤ QR-Code unten).

Flugabwehrraketen aus dem Kalten Krieg. Die Abschussrampe ***SF-88*** kann in der Regel nur Do-Sa 12-15 Uhr besichtigt werden; www.nps.gov/goga/nike-missile-site.htm.

Kurz hinter dem in einer alten Militärkapelle untergebrachten ***Marin Headlands Visitor Center*** (9.30-16.30 Uhr) führt die Stichstraße Mitchell Road am Nordufer der *Rodeo Lagoon* entlang bis zum Parkplatz der ***Rodeo Beach*** beim *Fort Cronkhite*.

Einen guten Ausgangspunkt im Grünen für den Besuch von San Francisco bieten die Zeltplätze der *Golden Gate NRA* (*Bicentennial $25* und *Kirby Cove* $40; beide reservierbar).

Sausalito

Nach einem langen Tunnel stößt man bei Rückkehr von diesem Abstecher wieder auf die Alexander Ave. Sie führt in Richtung Nordosten nach Sausalito hinein, einem Vorort für Besserverdienende, der mit der größten **Yachthafenkonzentration** der Bay gesegnet ist. Die Durchgangsstraße Bridgeway, an der sich eine an **Yachtsport-** und ***Aprés Sail***-Bedürfnissen orientierte Infrastruktur drängt, verläuft gleich hinter den Marinas. Die Hafenluft macht Appetit; für mehr als Fast Food gut sind die Restaurants ***Saylors*** (2009 Bridgeway) und ***Scoma's*** (588 Bridgeway; hochpreisig auf einem eigenen Pier über der Bucht).

Eine richtige Sehenswürdigkeit von Sausalito ist die am Nordende des Ortes verankerte **Armada von Hausbooten**. Ordnungsgemäß vertäut an endlosen Stegen dümpeln dort neben vielen simplen Schwimmhäusern (*floating homes*) eigens fürs Wasser konzipierte Luxusvillen und auf Flöße oder alte Schuten gesetzte Fantasiekonstrukte. Genial ist das, was zum Teil am *Main*, *Liberty* und *Isaaquah Dock* an der Gate 5 Road liegt. Und der wacklige, alternative *Gate 5 Cooperative Pier* mittendrin trägt nicht ohne Grund die Aufschrift »*Enter at your own risk*«. Hin und wieder werden 3-stündige Rundgänge angeboten; $50; Anmeldung erforderlich: www.sausalitowoodenboattour.com.

Hausboot in Sausalito

Bay Model

Für technisch Interessierte ist das ***Bay Model*** des *U.S. Army Corps of Engineers* ein Leckerbissen, 2100 Bridgeway Blvd, Zufahrt ausgeschildert. Die Bucht von San Francisco mit allen Nebenarmen und Zuflüssen wurde in einer riesigen Halle maßstabsgerecht nachgebildet, um den Effekt von Ebbe und Flut zu simulieren. Ein 24-Std-Rhythmus wird dort in 14 min mit 500.000 Litern Wasser nachvollzogen. Das Besucherzentrum hat im Sommer meist Di-Sa 9-15/16 Uhr geöffnet; Eintritt frei. Ob und wann im Modell Wasser fließt, erfährt man unter ✆ (415) 332-3871 oder www.spn.usace.army.mil/Missions/Recreation/Bay-Model-Visitor-Center.

Tiburon

Noch einige Meilen weiter nördlich liegt der **Nobelvorort Tiburon**; Abfahrt 447 vom Highway 101, dann Tiburon Blvd (= Straße #131). Noch ca. 5 mi sind es bis zum kleinen Zentrum mit Fußgängerzonen an der Bucht Belvedere Cove. Am Yachthafen warten hübsche **Restaurantterrassen** auf hungrige Gäste.

Dort legt auch die Fähre nach San Francisco und zur gegenüberliegenden ***Angel Island*** ab, in Gänze ein ***State Park***, in dem man mit Weitblick auf San Francisco wandern, joggen, biken (Fahrradverleih vor Ort) und sogar zelten kann, ➤ Seite 464. Die Angel Island-Fähre kostet ab Tiburon $18 (Kinder $6-$15) retour inklusive Eintritt in den *State Park*. Ab dem *Ferry Terminal* in San Francisco zahlt man $16/$9, die Tour ersetzt glatt eine **Bay-Rundfahrt**.

Bei knapper Zeit sollte man einen Abstecher bis Tiburon nicht unbedingt ins Auge fassen, da reicht auch Sausalito.

Die **Conzelman Road** ist abschnittsweise eine Einbahn. Zu den Viewpoints gelangt man ab Exit 442/Alexander Avenue über die Bunker Road bzw. »Tunnel Route«.

Über Muir Woods und Point Reyes bis Bodega Bay

Muir Woods

Eintritt $15/Person oder Jahrespass

Die Küstenstraße #1 nach Norden, der Shoreline Highway, separiert sich oberhalb von Sausalito bei **Marin City** wieder vom Freeway #101. Auf ihm verlässt man die Autobahn und biegt nach ein paar Meilen auf den Panoramic Highway ab und folgt der Ausschilderung zum ***Muir Woods National Monument*** (➤ Foto Seite 27). Das Schutzgebiet birgt einen kleinen ***Redwood*-Bestand**, den man ausgehend vom *Visitor Center* (tägl. ab 8 Uhr) zu Fuß erkunden kann. Besucher haben die Wahl zwischen einem 0,5-, 1- oder 1,5-stündigen Rundweg.

Wer aber die viel eindrucksvolleren Küstenmammutbaum-Haine in Nordkalifornien (u.a. *Avenue of the Giants* und *Redwood NP*, ➤ Seite 509 bzw. 515) noch auf dem Programm hat, für den ist das *Muir Woods NM* keine Pflicht. Der Bestand in *Muir Woods* hat nur ein mittleres Alter; der höchste Baum misst dort 78 m. Anderorts können über 1.000 Jahre alte *Redwoods* bis zu 110 m hoch werden.

Reservierung erforderlich! (Tickets unbedingt abspeichern, vor Ort kein Empfang)

Hinzu kommt, dass sich die Anfahrt nicht spontan realisieren lässt. Der **Parkplatz** vor Ort ($9 mit unflexibler, im Voraus ausgewählter Ankunftszeit) oder die Sitze im **Shuttlebus** ($4, Kinder unter 15 Jahre frei) **müssen reserviert werden**. Die Busse starten an zwei unterschiedlichen Stellen in Sausalito sowie ab dem *Larkspur Ferry Terminal* (101 E Sir Francis Drake Blvd; dort Parkplätze vorhanden). Alle Details dazu unter www.nps.gov/muwo bzw. auf dem Buchungsportal https://gomuirwoods.com.

Mount Tamalpais

Von *Muir Woods* geht es (zurück auf dem Panoramic Hwy) weiter nordwestlich zum ***Mount Tamalpais State Park*** und von dort ggf. dann auf der Pan Toll Road und dem Ridgecrest Blvd bis zum Ostgipfel des Mount Tamalpais (ca. 800 m). Von der Höhe genießt man eine grandiose Aussicht, selbst wenn der typische Nebel über der *Golden Gate Bridge* und der San Francisco Bay liegt. Weiße Wolkenberge unterhalb des Beobachters und die ferne City in der Sonne sorgen dort oft für interessante Fotomotive.

Am ***Pantoll Campground*** in der Nähe der *Ranger Station* sind nur Zelte erlaubt (*first-come, first-served sites*; keine Duschen; $25), auf dem Parkplatz dürfen aber auch RVs über Nacht stehen.

Ein besonderer Tipp ist die herrliche Panoramaterrasse im Restaurant des ***Mountain Home Inn***; auch DZ ab $200; 810 Panoramic Hwy; ✆ (415) 381-9000, www.mtnhomeinn.com.

Nach Stinson Beach

Mit oder ohne Stopp an den *Redwoods* oder Abstecher zum Mount Tamalpais ist bei Weiterfahrt in Richtung *Stinson Beach* der ***Panoramic Highway*** die beste Route. Für den Rückweg wählt man dann die in diesem Sektor und dieser Fahrtrichtung spektakuläre Straße #1 (Shoreline Highway). Von den Serpentinen hoch über dem Pazifik fällt der Blick auf die ***Skyline*** von San Francisco.

Stinson Beach mit allen Einrichtungen fürs Badeleben gilt als **der Strand** von San Francisco. An Schönwetter-Wochenenden baden dort Tausende in der Sonne und Abgehärtete sogar im Wasser. Besonders beliebt ist *Stinson Beach* in der LGBT-Szene.

Bolinas

Wenige Meilen weiter nördlich am südlichen Rand der *Point Reyes National Seashore* liegt **Bolinas**, ein bis heute als solches noch erkennbares Dorf der **Alternativkultur** aus der Zeit der *Flower Power*-Bewegung (ca. 1 mi von der #1, jeder Hinweis an der Zufahrt Oleme-Bolinas Road ab dem nördlichen Ende der Lagune hinter *Stinson Beach* fehlt). Das hübsche Dorf zwischen Wald, Hügeln und Meer wird nach wie vor von Leuten bewohnt, die ein Leben etwas **außerhalb des *American Way of Life*** bevorzugen. Westlich des Ortes befindet sich im ***Agate Beach County Park*** der **beste Strand** weit und breit.

Alamere Falls, ein beliebtes Wanderziel im Point Reyes Naturreservat

Von **Olema**, auf dem Shoreline Highway #1 gut 15 mi nördlich von *Stinson Beach*, sind es noch 2 mi zum ***Bear Valley Visitor Center*** mit einem Informationsprogramm zu Flora und Fauna des Parks und zur **Erdbebenproblematik** der Region, verursacht durch die Nähe der San-Andreas-Verwerfung, ➤ Seite 454.

Point Reyes National Seashore

kein Eintritt

Die *National Seashore* ist ein weiteres beliebtes Naherholungsgebiet für den Großraum San Francisco und schützt interessante einsame Steilküstenabschnitte, die sich den Besuchern größtenteils nur auf längeren Wanderungen erschließen. Wer nur wenig Zeit hat, für den ist ***Point Reyes*** nicht der richtige Platz! Allein für die (eher eintönige) Fahrt vom Besucherzentrum zum ***Lighthouse*** (nur Do-Mo 10-16.30 Uhr geöffnet) am Ende des Sir Francis Drake Blvd braucht man schon eine gute 3/4 Stunde *one-way*.

Besuchern mit mehr Zeit steht ein Wanderwegenetz von knapp 250 km zur Verfügung. Eine empfehlenswerte Route startet am Parkplatz der ***Limantour Beach***. Von dort sind es 3 km in südöstliche Richtung bis zur ***Sculptured Beach***, die mit einigen Felsbögen und stark erodiertem Gestein aufwartet, aber nur bei Niedrigwasser begehbar ist (alternativer Zugang u.a. über einen Trail, der bei der *Lodge* beginnt, ➤ rechts).

Populär ist auch die Wanderung zu den ***Alamere Falls***, die von den Klippen auf einen einsamen Strand stürzen; 13,5 km retour ausgehend vom *Palomarin Trailhead* im Süden des Point Reyes Naturreservats. Der kurze Abstieg zum Strand ist aber nicht so ohne bzw. recht steil. Detaillierte Infos und Karten im Besucherzentrum oder im Web: www.nps.gov/pore/planyourvisit/maps.htm.

Übernachten

Im Naturschutzgebiet gibt es nur ***Walk-in-***Zeltplätze ($30). Einen schön gelegenen *Campground* auch für Wohnmobile hat der ***Samuel Taylor State Park***, einige Meilen landeinwärts von Olema auf dem Sir Francis Drake Blvd ($35; ✆ (415) 488-9897), ebenso die ***Olema Ranch*** an der #1 (Zelte $40-$52, *full hook-up* $57-$80; ✆ 1-800-655-2267, www.olemacampground.net).

Die hostelähnliche ***Limantour Lodge*** steht an der Limantour Rd. Neben Doppel- und Familienzimmer mit und ohne Bad (ab $150) werden dort auch Betten im *Bunkhouse* (ab $35) angeboten; ✆ (415) 663-8811, www.limantourlodge.com.

Weitere Unterkünfte bietet **Olema**, darunter einige B&Bs und das sehr komfortable ***Olema House***; Zimmer ab ca. $300 inkl. Frühstück; ✆ (415) 663-9000, https://olemahouse.com.

Weiter bis Bodega Bay

Rund 30 mi sind es auf der hier zunächst malerisch an der Tomales Bay entlang laufenden Straße #1von Olema nach Bodega Bay. Der Ort liegt am ***Bodega Harbor***, einer Bucht, die durch eine lange Sandnehrung vor den Wellen des Pazifiks geschützt wird und nur über eine schmale Ausfahrt verfügt. Bekannt wurde **Bodega Bay** durch *Hitchcocks* Horror-Klassiker »Die Vögel«, heute ist es vor allem durch Fischerei- und Yachthäfen gekennzeichnet. Die um die Bucht führende Westshore Road endet an einem kleinen von Felsen umrahmten **Sandstrand**.

Hinsichtlich Preis-Leistung überzeugt das einfache ***Bodega Harbor Inn*** mit Zimmern ab $85 (u.a. in einem Wasserturm) und *cottages* ab $150; ✆ (707) 875-3594, www.bodegaharborinn.com. Von den **Campingplätzen** ist der im ***Doran City Park*** auf der sandigen Nehrung unschlagbar; $39; reservierbar unter https://parks.sonomacounty.ca.gov/visit/find-a-park/doran-regional-park.

Von Bodega Bay zur #101

Von Bodega Bay lässt sich via Jenner (Straße #1) und die streckenweise sehr schön am Fluss entlang geführte Straße #116 durch die Region **Russian River Valley** eine Verbindung zur Autobahn #101 zurück nach San Francisco oder auch in die Weingebiete Sonoma und Napa Valley herstellen, ➤ Exkurs nächste Seite.

Point Reyes Lighthouse in exponierter Lage am Ende des Sir Francis Drake Boulevard

Die Weinanbaugebiete bei San Francisco

Die edlen Tropfen aus Kalifornien sind weltbekannt, allen voran der *Zinfandel*, die Rotweine *Cabernet Sauvignon* und *Merlot* sowie die Weißweine *Chardonnay* und *Sauvignon Blanc*. Bei knapper Reisezeit und ohne größere Weinkennerschaft/-begeisterung sollte man Folgendes bedenken: Das wichtigste Anbaugebiet, die **Region Napa Valley**, liegt zwar nur eine gute Autostunde nordöstlich von San Francisco, aber romantische Weindörfer oder landschaftliche Höhepunkte darf man nicht erwarten. Bei vielen der über 400 *wineries* handelt es sich um moderne Produktionsbetriebe mit teils recht ordentlichen Eintrittspreisen und nur begrenzten Öffnungszeiten (10-17/18 Uhr). Für das rationell abgewickelte ***wine tasting*** in überwiegend schlichten Probierstuben ist vielerorts eine **Anmeldung** erforderlich! Ähnliches gilt für die angrenzenden *wine valleys* **Sonoma**, **Russian River**, **Alexander** und **Dry Creek**. Eine Handvoll Weingüter mit guten Touren und Weinverkostungen verdient dennoch eine extra Erwähnung, dazu zählen:

- das ***Castello di Amorosa***, ein auf alt getrimmtes burgartiges Anwesen mit hübsch dekoriertem *Wine Tasting Room* 7 mi südlich von Calistoga; 4045 St Helena Highway (= Straße #29); https://castellodiamorosa.com
- das Landgut der ältesten noch betriebenen Kellerei ***Beringer Vineyards*** (seit 1876) in St. Helena an der 2000 Main St; www.beringer.com
- die ***Robert Mondavi Winery*** im spanischen Kolonialstil, der *Big Player* des kalifornischen Weinbaus; 7801 St Helena Hwy; https://robertmondaviwinery.com
- die ***Jarvis Estate*** mit ihrem beeindruckenden unterirdischen Weinkeller; 2970 Monticello Rd, Napa; www.jarviswines.com
- das italienisch angehauchte ***Sattui***, eines der beliebtesten Weingüter des Napa Valley an der 1111 White Lane in St Helena; www.vsattui.com.

Weniger bekannt und besucht sind die über 40 Winzerbetriebe an der vielleicht attraktivsten Strecke, dem zwischen Napa und Calistoga parallel zur #29 verlaufenden ***Silverado Trail***; www.exoticwinetravel.com/wineries-on-the-silverado-trail.

Für eine Übernachtung eignen sich die Orte Napa und Sonoma oder die *Spa*-Resorts mit heißen Quellen im attraktiven Calistoga. Fürs Campen empfiehlt sich der schön gelegene *Sugarloaf Ridge State Park*; www.napavalley.com.

Castello di Amorosa im Napa Valley

Anfahrt ab San Francisco über die *Golden Gate* oder die *Bay Bridge*: Von der #101 North geht es über Exit 460A auf die #37 und nach Überquerung des Petaluma River auf der #121 weiter in die beiden Zielgebiete. Durchs Sonoma Valley führt die #12 North, durchs Napa Valley die #29 North. Wer die ***Bay Bridge*** wählt, nimmt am besten I-80/Exit 33 und fährt auf der #37 nach Westen vorbei am Vergnügungspark *Discovery Kingdom* in Vallejo.

Oakland und Berkeley

Bay Bridge

Nach Oakland geht es über die doppelstöckige ***Bay Bridge***. Genaugenommen handelt es sich hier nicht um eine einzige Brücke, sondern um zwei hintereinander geschaltete Hängebrücken zwischen San Francisco und Yerba Buena Island auf etwa »halbem« Weg (3,2 km). Östlich der Insel folgen zwei Rampen- und eine weitere Hängebrücke (3,1 km). Das Teilstück über Land auf ***Yerba Buena Island*** führt durch einen 165 m langen Tunnel. Eine Unterbrechung der Fahrt dort (Abfahrt *Treasure Island*) wird mit **schönem Blick zurück auf die City** belohnt; auch über den *bike path* erreichbar. Die *toll plazas* stehen in Richtung San Francisco (Infos ➢ Seite 86). Wer nach Oakland fährt, zahlt daher zunächst nichts.

Oakland

Oakland, eine der wichtigsten Hafenstädte der US-Pazifikküste, hat über 400.000 Einwohnern, aber im Gegensatz zum Nachbarn auf der Westseite der Bay touristisch nur wenig zu bieten und seit Jahrzehnten mit massiver Arbeitslosigkeit und Gewaltkriminalität zu kämpfen. **Tagsüber** muss man in **Downtown** zwar nicht mehr Vorsicht als in anderen Städten vergleichbarer Größe walten lassen, aber nach Einbruch der Dunkelheit sollte man Oaklands Straßen zu Fuß besser meiden.

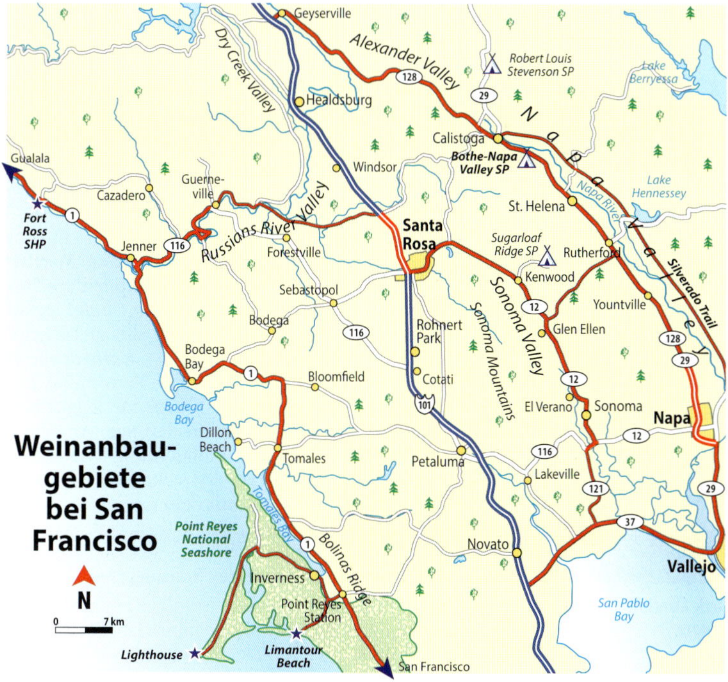

Weinanbaugebiete bei San Francisco

Bay Bridge nach Sonnenuntergang

Die offizielle **Touristeninformation** befindet sich im zentralen Bereich an der 481 Water St; im Sommer Mo-Fr 9-17 Uhr, Sa+So 10-17 Uhr, sonst kürzer; ✆ (510) 839-9000, www.visitoakland.org.

Sehenswert in Downtown Oakland ist das ***Paramount Theatre*** an der 2025 Broadway (Ecke 21st Street), ein wunderschöner ***Art-Deco Entertainment Palace*** aus den frühen 1930er-Jahren. Bis heute gibt es dort Filmklassiker, Konzerte von Rock, Soul und Jazz, Symphonien und Ballett. Führungen jeden 1. und 3. Samstag im Monat um 10 Uhr ($10/$5); www.paramountoakland.org/history_news/tours.

Oakland Museum of California

Wer sich für kalifornische (nicht nur lokale Oakland-) Geschichte interessiert, wird den Besuch im beachtlichen ***Oakland Museum of California*** lohnenswert finden; 1000 Oak Street, Mi-So 11-17 Uhr, Mo+Di geschlossen; Eintritt $10/$12, am ersten So eines Monats und Kinder unter 12 kostenlos; https://museumca.org.

Von dort sind es nur noch ein paar hundert Meter zum **Lake Merritt**. Am Seeufer stehen das populäre *Seafood*-Restaurant ***Lake Chalet*** (gehobene Preise) sowie die architektonisch beachtliche ***Cathedral of Christ the Light*** (➤ Foto links). Ein Uferweg (ca. 5 km) für Jogger und Biker umrundet den See. An seiner nördlichen Einbuchtung (Grand/Bellevue Ave) erstreckt sich der ***Lakeside Park*** mit dem *Children's Fairyland*, Badestrand, Bootsverleih u.a.m. Etwas östlich befindet sich noch ein sehenswerter **Bonsaigarten**.

Jack London Square

Da der Schriftsteller Jack London (Der Seewolf, Ruf der Wildnis u.a.) Kindheit, Jugend und einen Teil der späteren Jahre seines nur 40-jährigen Lebens in Oakland verbrachte, wird dieser Umstand kräftig vermarktet. ***Jack London Square &Village*** im Hafenbereich mit den Hauptachsen Embarcadero und Water Street zwischen Webster und Clay bis zur Wasserlinie bieten Shops, Restaurants und an Wochenenden im Sommer Open-Air-Programm; https://jacklondonsquare.com. Das einzig Originelle am *Square* ist genaugenommen nur der urige ***First and Last Chance Saloon*** an der Ecke Webster/Water St; www.heinoldsfirstandlastchance.com.

USS Potomac

An Oaklands große Schiffbauvergangenheit erinnert die 50 m lange »Büroyacht« ***USS Potomac***, die Präsident Franklin Delano Roosevelt als »schwimmendes Weißes Haus« nutzte. Der eindrucksvolle Nostalgiedampfer liegt am Ende der Clay Street und kann nicht nur besichtigt werden ($10, Kinder bis 9 frei), sondern sticht auch für kurze Bay-Rundtouren in See; *Dockside Tour*s vereinzelt Do+So 11-12.30 Uhr, Infos unter: https://usspotomac.org/events.

Berkeley

Nördlich von Oakland liegt **Berkeley**, Sitz einer der renommiertesten Universitäten der USA. Anfahrt über I-80/Exit University Avenue oder noch besser mit den Zügen des BART-Systems bis ***Downtown Berkeley***, denn Parkplätze sind in Berkeley Mangelware. Dort ist man mitten im quirligen Zentrum des von den Bedürfnissen der Studenten geprägten Business und der Gastronomie gleich östlich des Universitätsgeländes.

Berkeley Campus

Die staatliche ***University of California*** mit über 40.000 Studenten besitzt einen Campus, über den europäische Besucher nur staunen können. Wer sich dafür interessiert, steuert zunächst das ***Koret Visitor Center*** an. Es befindet sich am *California Memorial Stadium*

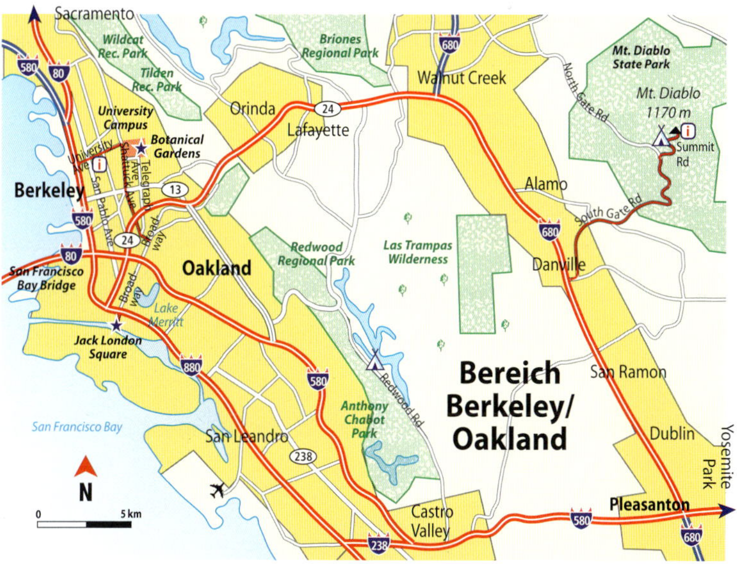

(2227 Piedmont Avenue/Ecke Bancroft Way) und hat wochentags 8.30-16.30 Uhr sowie Sa+So 9-13 Uhr geöffnet.

Mit **Lageplan** in der Hand fällt ein gezielter **Campus-Rundgang** nicht schwer. Für die beim *Info Center* startenden kostenlosen, geführten Besichtigungen (90 min) ist eine Anmeldung erforderlich: http://visit.berkeley.edu/category/campus-tours. Hilfreich für alle die lieber auf eigene Faust unterwegs sein wollen, sind die Infos zu einzelnen Anlaufpunkten sowie die interaktive Karte (auf der Webseite oben unter ➤ »*self-guided tours*«, dann »Campus Map«).

Campanile

Ob mit oder ohne Tour, nicht auslassen sollte man den Blick vom 94 m hohen ***Sather Tower*** (*Campanile*) über Universitätsgelände, Berkeley und die San Francisco Bay. Auffahrt Mo-Fr 10-16 Uhr; Sa bis 17 Uhr, So 10-13 und 15-17 Uhr; Eintritt $5, Kinder $4.

Kunstmuseum

Von den verschiedenen Museen der Universität sticht das ***Berkeley Art Museum*** (BAM) hervor mit überwiegend asiatischer und amerikanischer Gegenwartskunst (einschließlich 20. Jahrhundert); 2155 Center Street; geöffnet Mi-So 11-17 Uhr; Eintritt $14, Kinder frei; https://bampfa.org.

Botanischer Garten

Auch ohne ausgeprägtes Interesse an botanischen Gärten lohnt sich der ***UC Botanical Garden*** im *Strawberry Canyon*; tägl. 10-17 Uhr; $12; Anfahrt Mo-Fr von der BART-Station in Downtown Berkeley auch per Shuttle; https://botanicalgarden.berkeley.edu.

Kneipen

Zahlreiche kulturelle Veranstaltungen auf dem Campus wie im Umfeld und eine gute **Kneipenszene** sind für manchen sicher ein zusätzlicher Anreiz für den Abstecher nach Berkeley. Eine der ältesten Kneipenbrauereien Kaliforniens ist die ***Triple Rock Brewery*** mit etlichen Biersorten; 1920 Shattuck Avenue nördlich der University Ave; http://triplerock.com.

Nicht nur die weltberühmten Klippen am Big Sur südlich von San Francisco sind spektakulär, auch der nordkalifornische Pazifikabschnitt ist sehenswert; hier südlich von Jenner unweit des Duncan's Point

Der Name des Fort Ross leitet sich vermutlich von »Rossija« (=Russland) ab und zeugt ebenso wie der Russian River oder die Russian Gulch von der russischen Präsenz im 18./19. Jahrhundert

6

6.2.2 Die Küstenstraßen #101 und #1

Die in diesem Kapitel beschriebene Strecke folgt ab Marin City an der #101 (➤ Seite 494) dem Verlauf des **Hwy #1** durch weniger bekannte, ruhigere Küstenregionen, die landschaftlich aber durchaus mit populäreren Naturparks konkurrieren können. Erst nach knapp 200 mi wendet sich die #1 vom Meer ab und mündet bei Leggett in die dort nur noch zweispurige #101. Auf ihr geht es dann im Landesinneren weiter durch prächtige *Redwood*-Haine. Erst kurz vor Eureka erreicht man wieder die Pazifikküste, die auf ihren letzten 100 Meilen bis zur Oregon-Grenze wiederum einige reizvolle Abschnitte aufweist.

Wie an der Oregon-Küste ist auch hier der fast DIN A3-große ***Guide »101 Things to do«*** ein empfehlenswerter Begleiter, zu finden in den Besucherzentren oder online unter www.101things.com (zuerst *Sonoma*, *Mendocino County*, *Humboldt* und *Del Norte*, dann im *Drop-down*-Menü »digital magazine« anklicken).

Sonoma Coast

Sonoma Coast State Park

Der ***Sonoma Coast SP*** schützt einen schmalen, langgezogenen Küstenstreifen zwischen *Bodega Head* und der *Russian Gulch State Beach* (nicht zu verwechseln mit dem schöneren, gleichnamigen *State Park* bei Mendocino). Ein erster Stopp bietet sich schon nach wenigen Meilen bei der kleinen Parkbucht oberhalb der ***Rock Point Beach*** an für einen kurzen Blick zurück; ➤ Foto links.

Jenner

Keine 10 mi nördlich von Bodega Bay führt – noch vor der Brücke über den Russian River – eine Stichstraße hinunter zu den Picknickplätzen in der Bucht des ***Goat Rock*** mit einem hübschen vorgelagerten Felsbogen. Die Mini-Ortschaft **Jenner** verfügt nur über zwei teurere Unterkünfte, das gute ***Jenner Inn*** sowie die *cabins* des ***River's End Inn*** (das angeschlossene **Restaurant** ist perfekt für einen romantischen Sonnenuntergang am Meer!); https://ilovesunsets.com.

Im Park gibt es dafür zwei *Campgrounds* in Strand- oder Flussnähe – beide eher einfach und ohne *hook-up,* nur ***Bodega Dunes*** ganz im Süden hat warme Duschen; www.parks.ca.gov/?page_id=451.

Fort Ross State Historic Park

Über zahllose Kurven geht es weiter in Richtung Norden bis zum ***Fort Ross***, das 1812 von der Russisch-Amerikanischen Handelskompanie errichtet wurde. Zu besichtigen sind restaurierte bzw. rekonstruierte Gebäude, da die Originale beim Erdbeben von 1906 beschädigt wurden. Ein *Info Center* erläutert die Geschichte des einzigen russischen Handels- und Militärpostens an der Westküste; $10/Auto; im Sommer täglich 10-16.30 Uhr; www.fortross.org.

Salt Point State Park

Das erste **große Highlight** erreicht man 7 mi weiter: Derart schön und stark verwitterte Sandsteinformationen wie im ***Salt Point State Park*** kennt man sonst nur aus dem US-Südwesten. Der beste Bereich mit einem hübschen gelblichen Felsbogen (Foto ➤ Seite 50) befindet sich etwa 1,5 km nördlich der ***Gerstle Cove*** entlang des ***Salt Point Trail*** (in Richtung *Stump Beach Cove*). Dort sollte man sich unbedingt etwas die Füße vertreten und den Fotoapparat nicht vergessen!

Sandsteinformationen im Salt Point State Park

Gute Broschüre mit Karte unter www.parks.ca.gov/?page_id=453; *day-use fee* $8.

Die *Campgrounds* ($35) füllen sich rasch, von Mai bis Oktober empfiehlt sich daher eine rechtzeitige Reservierung.

Ende Mai/Anfang Juni lohnt sich dort auch ein Abstecher ins Landesinnere in die ***Kruse Rhododendron State Natural Reserve***, dann stehen die Rhododendren in dem Wäldchen meist in voller Blüte; Zufahrt ab Meile 43 über eine sehr schmale Straße (4 mi); www.parks.ca.gov/?page_id=448.

Sea Ranch Chapel

Richtiggehend »bezaubernd« ist rechter Hand des Hwy #1 bei Meile 55,5 die kleine ***Sea Ranch Chapel***, deren Form an einen Magierhut erinnert. Sie kann auch von innen besichtigt werden; https://www.thesearanchchapel.org.

6

Mendocino Coast

Gualala

Der Gualala River bildet die Grenze zwischen dem Sonoma und Mendocino County. Die meisten Unterkünfte an diesem Küstenabschnitt befinden sich kurz darauf in **Gualala**. Die Mini-Ortschaft eignet sich daher bestens als Ziel der ersten Tagesetappe und bietet auch gute Möglichkeiten den Proviant wieder aufzufüllen.

Im gemütlichen ***Gualala County Inn*** kosten die Zimmer ab $190 mit gutem Frühstücksbuffet; www.gualalacountryinn.com. Ein echter »Hingucker« ist das ***St. Orres*** an der #1 nördlich des Ortes mit seinen rustikalen Zwiebeltürmchen und bunten Fenstergläsern. Neben preiswerteren Betten (DZ mit Gemeinschaftsbad $110) und exklusiven *cottages* befindet sich dort ein Restaurant mit edlem Ambiente; ✆ (707) 884-3303, www.saintorres.com.

Erste Wahl fürs Campen ist der privat geführte ***Gualala River Redwood Park*** mit schönen ruhigen Plätzen und Bademöglichkeiten im nahen Fluss; *hook-up* $77, die *river sites* kosten $11 extra; https://gualalapark.com. Etwas kleinere Stellplätze bietet der ***Gualala Point Regional Park*** auf der anderen (steileren) Uferseite, er hat aber weder *hook-up* noch einen leichten Flusszugang.

Bowling Balls

Vom Nordende einer unscheinbaren Parkbucht mit dem Schild »*Park facing south only*« bei Meile 11,4 geht es zunächst in Richtung Strand, dann nach rechts über abenteuerliche Holzleitern hinunter zur ***Bowling Ball Beach*** und dort rund 1 km nach Norden bis zur namensgebenden **kuriosen Steinkugelansammlung** unterhalb der Klippen. Sie erinnern entfernt an die neuseeländischen *Moeraki Boulders*, weisen aber einen deutlich kleineren Durchmesser auf, circa 0,5-1 m. Der Besuch lohnt sich **nur bei Niedrigwasser**, denn bei einem Wasserstand von 3 Fuß und darüber sind keine Steine nicht sichtbar! Gezeiten entnimmt man am besten der NOAA-Website: https://tidesandcurrents.noaa.gov/noaatidepredictions.html?id=9416841.

Nur 3 mi weiter erreicht man die Ortschaft **Point Arena** mit dem gleichnamigen Leuchtturm kurz dahinter.

Küste bei Point Arena

Point Arena

Aus 35 m Höhe bietet das ***Point Arena Lighthouse*** eine grandiose Aussicht auf die wild zerklüftete *Mendocino Coast* (tägl. 10-15.30/16.30 Uhr). Das zum Schutz der Küstengewässer geschaffene ***California Coastal National Monument*** umfasst auch vier Einheiten an Land, darunter auch die ***Point Arena-Stornetta Public Lands*** beim Leuchtturm; ➤ Foto umseitig.

Elk

Die Küste präsentiert sich auch im Anschluss weiterhin spannend und lädt immer wieder zu Zwischenstopps ein. Bei **Elk** sollte man sich z.B. am Ende der ***Cuffey's Cove*** den Blick zurück auf eine Bucht voller grüner Inselchen nicht entgehen lassen (➤ Foto Seite 745) und der kurze Pfad direkt nördlich des *Greenwood State Beach Visitor Center* führt zu einigen Felsbögen (➤ Foto unten).

Camping

Unter den vielen staatlichen *Campgrounds* am Weg stechen hervor: die einfachen Plätze (*first-come, first-served*) in traumhafter Lage an der ***Navarro Beach*** unweit der Einmündung der #128 in die #1 sowie jene im ***Van Damme State Park***, die alle (mit Ausnahme der 9 Zeltplätze im Hinterland) reserviert werden können. Je geringer die Nummer der *campsite*, desto schneller der Zugang zum Meer, optimal sind #1-15; www.parks.ca.gov/?page_id=433.

Die Angebote an der ***Medocino Coast*** sind vielfältig, darunter ***Sea Cave Nature Tours*** im Kayak (www.kayakmendocino.com) und ***Whale Watching*** (mehrere große Festivals im März, wenn die Grauwale vorbeiziehen: https://mendocinocoast.com/whale-home).

Mendocino

Ein gleichnamiger Ohrwurm aus den späten 1960er-Jahren machte **Mendocino** über Nacht zum bekanntesten nordkalifornischen Küstenort. Dabei standen die Bewohner ein Jahrzehnt zuvor – nach dem Ende des Holz-Booms – fast vor dem Nichts, erst mit der Gründung des *Art Center* (1957) konnte die Siedlung als **populäres Künstlerrefugium** erfolgreich ihre Renaissance feiern. Das *Center* in der Little Lake Street vermittelt heute noch einen guten Eindruck vom Schaffen lokaler Künstler; www.visitmendocino.com.

In erster Linie ist Mendocino aber wegen seiner phantastischen Küste besuchenswert. Die schroffen ***Mendocino Headlands*** mit ihren zahlreichen Felsbögen und die Landschaft ringsum (u.a. das

Küste bei Elk

attraktive *Big River Valley*) gehören mit zum Besten zwischen San Francisco und der Oregon-Küste. Auch im ***Russian Gulch State Park***, 2 mi nördlich des Ortes, und in der idyllischen ***Jughandle State Natural Reserve*** noch etwas weiter im Norden schlängeln sich schöne Wanderpfade entlang der Küstenlinie oder durch verwunschene *Redwood*-Wälder.

Mendocino ist kein günstiges Pflaster, aber die Auswahl an gediegenen B&Bs, Inns, Resorts sowie an traumhaft gelegenen Ferienhäusern ist beachtlich; www.mendocino.com/lodging.html.

Eine gute Wahl wäre z.B. das ***SCP Mendocino Inn & Farm*** mit ruhiger Gartenanlage, gemütlichen Zimmern und außergewöhnlichem Frühstück (vom Bauernhof) ab $220; ✆ (707) 937-0083, https://scphotel.com/mendocino.

Das hübsche ***Point Cabrillo Light*** mit Zufahrt nördlich der Brücke über die *Russion Gulch* hat man im Jahr 1908 errichtet, um weitere Schiffbrüche zu verhindern. Als nach dem Erdbeben der Bedarf an Konstruktionsmaterial in San Francisco besonders groß war, wurde die *Mendocino Coast* zu einem wichtigen Umschlagplatz und das Holz von hier per Schiff weitertransportiert.

Die mit Abstand größte Ortschaft des *County* ist **Fort Bragg** mit knapp 7.300 Einwohnern – zwar unattraktiv, aber dafür mit etwas besserer Infrastruktur: *Safeway*, Kettenhotels (u.a. *Motel 6*) etc.

Von dort kämpft sich im Sommer täglich ein als ***Skunk*** (Stinktier) bezeichneter **Ausflugszug** durch die Küstenberge und *Redwood*-Bestände bis nach Willitis an der #101. Zusätzlich werden 1-stündige Kurztrips mit dem *Pudding Creek Express* angeboten; Tickets $50, Kinder auf dem Schoß dürfen kostenlos mit; Zufahrt zum Bahnhof ab der #1 über Pine oder Laurel Street; Fahrplan unter www.skunktrain.com.

Eine Meile südlich von Fort Bragg liegen die großen und liebevoll gepflegten ***Mendocino Coast Botanical Gardens***; täglich 9-17/16 Uhr; $20, Kinder 5-17 Jahre $8; www.gardenbythesea.org.

MacKerricher State Park

Die Klippen von Fort Bragg trugen einst den wenig schmeichelhaften Beinamen »***The Dumps***«. Alles, was keine Verwendung mehr fand, wurde dort noch bis Mitte des 20. Jh. einfach abgeladen. Die unermüdliche Kraft der Wellen spülte im Lauf der Zeit den Müll ins Meer und reduzierte die zahllosen Glasflaschen zu bunt schillernden, runden »Kieselsteinchen«. Sammeln darf man sie nicht mehr, denn die ungewöhnliche ***Glass Beach*** ist heute die größte Attraktion der Stadt und Teil des ***MacKerricher State Park***. Da sich aber nicht alle an das Verbot halten und es keinen »Nachschub« gibt, hat der Strand leider seine besten Zeiten schon hinter sich. Der Parkplatz am *trailhead* des kurzen Wegs hinunter zur *Beach* liegt am Ende der Elm St/Ecke Old Haul Rd; www.parks.ca.gov/?page_id=436.

Glass Beach, ein Strand voller »Abfall«

Das Areal bietet zudem zahlreiche *campsites* rund um den Lake Cleone 3 mi nördlich von Fort Bragg. Ein Brettersteg führt von dort hinaus zum *Laguna Point*, wo sich meist viele **Robben** (*seals*) tummeln.

Pferdeliebhaber können in Fort Bragg bei der ***Ricochet Ridge Ranch*** einen Aktivurlaub buchen oder nur kurz 'mal den Strand entlang galoppieren (1 Std. kostet ca. $65); https://horse-vacation.com.

Leggett

Hinter Rockport wendet sich die #1 vom Pazifik ab und mündet bei **Leggett** in den Hwy 101. In dieser kleinen Ortschaft hat man bereits für $15 die erste Gelegenheit einen »untertunnelten« Baumgiganten per Auto zu durchfahren (***Drive-Thru-Tree-Park***; www.drivethrutree.com). Eine preiswertere Möglichkeit bietet sich noch weiter nördlich an der #101 bei Klamath, ➤ Foto Seite 518.

Spätestens ab Leggett folgen auch alle, die sich in San Francisco für die schnellere #101 entschieden haben (eigentlich nur bei knapp bemessener Zeit, flauer Wetterlage oder mit Umweg über die Weinanbaugebiete Napa und Sonoma Valley empfehlenswert!), nun der beschriebenen Route durchs *Humboldt County*.

Für die Weiterfahrt in Richtung Norden gibt es vorerst keine vernünftige Alternative, es sei denn über abenteuerliche *backroads*, die viel Zeit kosten. Die folgenden 60 mi bis Stafford bilden aber ohnehin den besten Abschnitt der #101 abseits der Küste. Am Wege liegen, noch südlich von Garberville, das »weltbekannte« ***Tree House*** in einem 4.000 Jahre alten *Redwood* (nur noch von außen zu besichtigen) sowie zwei tolle ***State Parks***: ***Richardson Grove*** und ***Standish-Hickey***, beide mit Rotholz-Hainen, Bade- und Campingplätzen am im Sommer/Herbst warmen South Fork Eel River.

Humboldt County

Garberville

Das hochgelegene **Garberville** gilt bereits als südliches Einfallstor zur berühmten ***Avenue of the Giants***. Auffällig sind die vergleichsweise dichte gastronomische Infrastruktur sowie die Reste der in den 1970/80er-Jahre dort dominierenden Alternativkultur. Viele der Kneipen und Cafés entsprechen nicht dem *American Mainstream*. Nur die Zahl an Unterkünften ist auch hier sehr überschaubar (darunter ein gutes, nicht ganz billiges *Best Western*); https://garberville.org. Es waren aber nicht nur die *Redwood*-Giganten, die diesem Städtchen zu Ruhm verhalfen. In den Wäldern der Umgebung scheint Hanf ganz besonders gut zu gedeihen, so dass sein Anbau – schon lange vor der Legalisierung – die Holzfällerei als wichtigen Wirtschaftssektor ablöste; ➤ Exkurs umseitig.

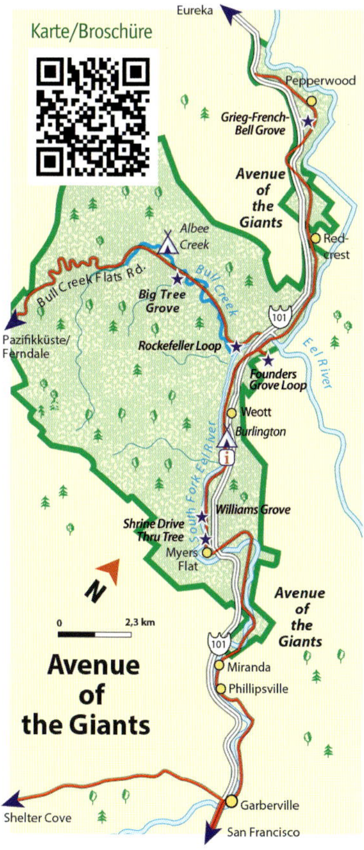

Avenue of the Giants

Die ***Avenue of the Giants*** **(#254)** beginnt nur 6 mi nördlich von Garberville als **Alternativroute zur #101** (Exit 645), die hier autobahnmäßig ausgebaut ist. Die #254 endet nach 31 mi bei Stafford (Exit 674), aber auch zwischendurch gibt es noch fünf #101 Auf-/Abfahrten; http://aveofthegiants.com. Die kurvenreiche Strecke am Eel River entlang führt durch mehrere Rotholz-Haine des ***Humboldt Redwoods SP***; kein Eintritt bis auf *Williams Grove* ($8); **Karte** (Broschüre): www.parks.ca.gov/?page_id=425.

150 km Wanderwege durchziehen das Naturschutzgebiet. Infos und Karten liegen im **Besucherzentrum** aus; täglich April-Sept. 9-17 Uhr, sonst 10-16 Uhr. **Tipp:** Bestens beschrieben werden sämtliche Wanderwege der Region sowie des *Redwood Nat'l Park* weiter im Norden auch unter www.redwoodhikes.com.

Rund 4 mi südlich des *Visitor Center* steht in Myers Flat der mächtig schiefe/ramponierte ***Shrine Drive Thru Tree***.

Die Höhepunkte der *Avenue* warten weiter im Norden, darunter der 2 km lange Rundweg ***Founders Grove Loop*** rechter Hand der Straße in der Nähe des Abzweigs der ***Mattole Road***. Wer nicht ohnehin dieser *backroad* bis Ferndale folgt (➤ Exkurs Seite 512), sollte sie bis mindestens ***Big Trees Grove*** (ca. 5 mi ab der #101) fahren. Schon der erste Teil – dort wird sie noch als ***Bull Creek Flats Road***

Die neue (Gold-)Rauschära

Über zwei Jahrzehnte lang gab es das *medical marijuana* auf Rezept für alle Kalifornier älter als 16 Jahre. Die modernen »Medizinmänner« sorgten für den passenden »Rausch« bei Kopfweh, Stress oder ähnlichem Leiden. Die Mengen waren aber begrenzt, auch der Anbau. Nur nahmen es Farmer und Behörden mancherorts nicht ganz so genau. Unter dem Deckmantel der Medizin verdienten sich die *Green Doctors* von Venice Beach eine goldene Nase, in aller Munde waren auch die »Schokotrüffel« aus dem *Golden Gate Park*. Heute wird landesweit nirgendwo so viel produziert wie im ***Emerald Triangle*** in den *Countys Humboldt, Mendocino* und *Trinity*. Aber schon lange vor der Legalisierung des Anbaus schätzte man dort die Anzahl der Cannabis-Büsche im praktisch unbesiedelten, schlecht zugänglichen Hinterland auf über 100.000, dabei durften auf dem Papier selbst lizenzierte Farmer nur wenige Pflänzchen sprießen lassen. Und im Herbst, wenn die große Ernte anstand (*pot harvest*), raschelte es besonders laut im Gebüsch. Nach **Garberville** verirrten sich dann zahllose, meist junge Abenteurer und verdienten an die $500 pro Tag. Bis Ende 2017 allerdings immer mit einem Bein im Gefängnis...

Mit der Legalisierung am 1. Januar 2018 änderte sich das schlagartig: Der weltgrößte legale Marihuana-Markt wurde eröffnet. Allerorts in Kalifornien ist es seither als Genussmittel zu bekommen. Ähnlich wie in einem *liquor store*, sucht man sich in sog. ***dispensaries*** (mit staatlicher Zulassung) seine feinsortierte und gut in Schaugläsern präsentierte Ware aus (ab 21 Jahre!). Bei *recreational marijuana* ist Kalifornien kein Vorreiter, einige andere US-Bundesstaaten haben sie schon etwas früher legalisiert: 2012 (Colorado, Washington), 2014 (Alaska, Oregon), 2015 (District of Columbia) und 2016 (Nevada, Massachusetts, Maine), jeder einzelne jedoch mit unterschiedlichen Grenzwerten und anderen gesetzlichen Feinheiten. Kurios bleibt vor allem die rechtliche Lage vor der obersten US-Justiz: Während in den jeweiligen Bundesstaaten der Cannabis-Anbau und Konsum legal sind, stehen ebensolche landesweit nach wie vor unter Strafe.

Das »Pot-Potential« darf nicht unterschätzt werden, hier hat sich eine neue Goldgrube aufgetan, die die Staatskassen verlässlich mit Steuermillionen versorgt. Je nach Bundesstaat werden **8%-25% *state sales tax*** beim *Weed*-Shoppen fällig, hinzukommen noch allerlei andere Gebühren. Nur »medizinisch Bedürftige« sind nach wie vor davon ausgenommen, ihnen ist es auch erlaubt größere Mengen zu kaufen und bei sich zu tragen.

Im **Herbst 2018** zog ein ganzes Land nach: **Kanada** setzte der Prohibition von Marihuana ein Ende, diesen Schritt hatte zuvor nur Uruguay gewagt. Durch die staatliche Regulierung von Produktion, Verkauf, Besitz und Konsum soll gezielt der Handel mit zweifelhafter Ware am Schwarzmarkt unterbunden und durch Aufklärungskampagnen die Jugend von sämtlichen Drogen fern gehalten werden. Trotz langer Vorlauf- und Vorbereitungszeit war das kanadische Vertriebs- und Lizenzsystem nach der Legalisierung dann doch überfordert und völlig überrumpelt ob des großen Ansturms. Landesweite Lieferengpässe waren die Folge. Inwieweit das »Gesetz zum Gesundheitsschutz« tatsächlich alle erwünschten Auswirkungen (u.a. Konsumreduzierung) zeigen wird, bleibt noch abzuwarten.

bezeichnet – ist beeindruckend. Die Fahrspuren sind viel enger als bei der *Avenue of the Giants*, die Küstenmammutbäume stehen äußerst dicht und wirken so fast noch gigantischer. Auch der 1 km lange ***Rockefeller Grove Loop Trail*** gleich zu Beginn dieser Strecke ist »touristische Pflicht«. Dort lassen sich die Bäume mit mehr Ruhe genießen als direkt an der stark befahrenen #101 oder #254.

Sehr hübsch, etwas weiter nördlich an der #254, ist dann noch das Wirwarr aus schmalen Pfaden durch den ***Grieg-French-Bell Grove***, der sich mit seinem üppig grünen Waldteppich deutlich von anderen Rotholz-Hainen unterscheidet. Startpunkt ist die eher unauffällige Parkbucht (nicht ausgeschildert!) linker Hand der Straße kurz vor dem *Drury-Chaney Grove*. Aber Achtung, in diesem Wäldchen kann man relativ leicht die Orientierung verlieren.

Übernachten

Entlang der *Avenue of Giants* gibt es gerade mal eine Handvoll Unterkünfte. Wer ein H/Motel sucht, hat die größte Auswahl weiter im Norden in **Fortuna**. Dort stehen auch Häuser der Ketten *Comfort Inn*, *Super 8* etc.

Ein recht guter privater Platz ist ***Giant Redwoods RV & Cabin*** in Myers Flat (*hook-up* $70, *cabins* $165; https://giantredwoodsrv.com), die mit Abstand beste Wahl ist aber der wunderschön teils im Rotholz-Wald, teils am Rande alter Obstgärten angelegte ***State Park Campground Albee Creek*** an der Mattole Road kurz hinter der *Big Trees Grove*; für die Sommermonate möglichst lange im Voraus reservieren unter www.reservecalifornia.com.

Ausweichoptionen bieten die ***SP Campgrounds Hidden Springs*** an der #254 bei Myers Flat (nur von Mai bis *Labor Day* geöffnet) sowie ***Burlington*** beim Besucherzentrum (eine herrliche Abkühlung an heißen Sommertagen verschaffen dort die nahen ***Gould Bar Swimming Holes*** am Eel River). Zelte oder RVs auf allen *State Park*-Plätzen $35; keine *Dump*-Möglichkeiten.

Avenue of the Giants

Abstecher an die »Lost Coast«

Der Tourismus an der nordkalifornischen Küste konzentriert sich voll und ganz auf die Straßen #1, #101 und #254. Einsame *backroads* durch kaum berührtes Hinterland bleiben Entdeckern vorbehalten. Wer sich etwas abseits der üblichen Pfade bewegen möchte, kann z.B. im *Humboldt County* anstatt der #101 von der *Avenue of the Giants* weiter in Richtung Norden zu folgen, Ferndale auch über die ***Lost Coast*** ansteuern. Die Route über die *Bull Creek Flats Rd* und **Mattole Road** ist fast doppelt so lang (75 mi anstelle von 40 mi), der Zeitbedarf aber wegen der vielen Schlaglöcher und engen Serpentinen gut 4x höher. Der extra Aufwand lohnt sich nur, wenn nicht gerade Seenebel die »verlorene Küste« verhüllt! Außerdem ist die Strecke mit größeren RVs eine arge Plackerei, bis zur Größe *Van Camper* sollte man aber in der Regel keine Probleme haben. Die nahezu unberührte *Lost Coast* reicht von Ferndale bis hinunter an die Kurve, in der sich der Hwy #1 bei Rockport vom Meer abwendet. Sie zeichnet sich vor allem durch ihre Steilheit und Unzugänglichkeit aus. Hartgesottene *Backpacker* und Abenteurer finden auf dem Abschnitt des ***Califonia Coastal Trail*** wilde, schroffe Klippen und Meeresbuchten, die es sogar mit dem berühmten *Big Sur* aufnehmen können und ihn in puncto Einsamkeit weit übertreffen.

Was man bei dem Ausflug aber unbedingt wissen sollte: Von der *Lost Coast* wird man entlang der *Mattole Road* nur wenig sehen, denn mit dem Auto zugänglich ist nur ein 6 mi kurzer Abschnitt beim ***Cape Mendocino*** nördlich vom winzigen Nest Petrolia, wo der erste Ölbohrturm Kaliforniens stand (1865). Ansonsten geht es nur auf Stichstraßen hinaus zum Meer: Auf der *Lighthouse Road* südlich von Petrolia sind es 6 Meilen (+5 km Strandwanderung ab dem einfachen *Mattole Beach Campground*) bis zum ***Punta Gorda*-Leuchtturm**. Ab Honeydew gelangt man über die *Wilder Ridge* und *Briceland Thorn Road* nach **Shelter Cove**, einem Fischerdorf mit immerhin knapp 700 Einwohnern, etlichen Kneipen, *Inns* und sogar einem eigenen Flugplatz (30 mi *one-way*). Am *Point Delgada* direkt neben dem *RV Park* (mit *hook-up*) steht das kleine ***Cape Mendocino Lighthouse***, das im Jahr 2000 vom Kap hierher übersiedelt wurde. Der Abstecher nach Shelter Cove ist ab Garberville/Redway deutlich kürzer, dann nur ca. 20 mi bzw. eine gute 3/4 Std. Fahrt auf der *Briceland Thorn Road* (mit ebenfalls mehr oder weniger gutem Asphaltbelag).

Außer dem etwas größeren *General Store* in Shelter Cove und zwei winzigen in Petrolia bzw. Honeydew gibt es unterwegs keine Versorgungsmöglichkeiten. Für Camper bietet der ***Arthur W. Way County Park*** zwischen Honeydew und Petrolia schöne Stellplätze auf großzügigem Gelände (*first-come, first-served*, einfach, keine Duschen; $25). Eine herrliche Abkühlung in den Schwimmlöchern am Mattole River können dort auch Tagesausflügler genießen ($5 *day-use*).

Rund 13 mi sind es auf der Straße #36 von Fortuna bis in den ***Van Duzen County Park*** mit Schwimm-Pools im warmen Flusswasser vor steilen Felswänden und herrlichen Picknick- und Campingplätzen unter hohen Küstenmammutbäumen; $25 oder $35 mit Stromanschluss, alle nur *first-come, first-served*.

Nur wenig östlich liegt der kleine ***Grizzly Creek Redwoods State Park*** mit weiteren schönen Badestellen am Van Duzen River und reservierbaren (*dry*) *campsites*; www.parks.ca.gov/?page_id=421.

Victorian Inn in Ferndale, im Jahr 1890 aus dem Holz der Küstenmammutbäume errichtet

Ferndale

Von Fortuna ist es nur noch ein Katzensprung bis nach **Ferndale** an der #211, einem **Städtchen wie aus dem Bilderbuch**. Der 5-mi-Abstecher von der #101 lohnt sich! Dort ist ausnahmsweise nichts nachgebaut, die pastellfarbenen viktorianischen Hausfassaden sind echt. Ende des 19. Jh. war Ferndale das agrarische Zentrum des *Humboldt County*. Aber die einseitige Ausrichtung auf die Landwirtschaft führte bald zum Niedergang, weitsichtige Leute sorgten später für die Erhaltung der alten Substanz; www.visitferndale.com.

Schwer zu toppen ist die museumsähnliche ***Gingerbread Mansion***. Das B&B ist eher im hochpreisigen Segment angesiedelt (Zimmer ca. $250), aber dafür nicht nur von außen, sondern auch hinsichtlich Innendekoration ein viktorianisches Juwel; 400 Berding Street; https://gingerbread-mansion.com. Sehr empfehlenswert!

Ähnlich stimmig ist die Atmosphäre im ***Victorian Inn***; inkl. Frühstück ab $250; 400 Ocean Avenue; https://victorianvillageinn.com.

Auf dem ***Fairground*** der Stadt campt man mit *hook-up* für $35, im Zelt kostet es $20; www.humboldtcountyfair.org/rv-park.

Rennen zw. Arcata und Ferndale

Ein Spaß ist die immer am *Memorial Day*-Wochenende ausgetragene ***Kinetic Grand***-Meisterschaft. Das große Rennen startet in Arcata, die Teilnehmer müssen auf dem Weg nach Ferndale in ihren selbstgebastelten, mit Muskelkraft angetriebenen Amphibienfahrzeugen auch allerlei unwegsames Gelände überwinden (Schlamm, Sand, Wasser etc.). Dabei kommen die skurrilsten Vehikel zum Einsatz, von vieläugigen Riesenmonstern bis hin zu fahrenden Untertassen oder Kloschüsseln; www.kineticgrandchampionship.com.

Wildlife Refuge

Für Naturinteressierte könnte sich auf der Weiterfahrt ein Zwischenstopp im ***Humboldt Bay National Wildlife Refuge*** lohnen mit *Visitor Center* an der 1020 Ranch Road in Loleta. Im Frühling und im Herbst legen Hunderttausende Zugvögel in den ausgedehnten Feuchtgebieten an der *Humboldt Bay* eine Rast ein.

Eureka

Die »Metropole« der Holzindustrie **Eureka** (27.000 Einwohner) liegt nur 20 mi nördlich von Ferndale an der #101 und ist Verwaltungssitz des *Humboldt County*; www.visitredwoods.com. Auch diese Stadt ist bekannt für ihre restaurierten viktorianischen Häuser, das ***Carson Mansion*** von 1880 an der Ecke M/2nd Street ist sicherlich das meistfotografierte von allen. Die ***Pink Lady*** gegenüber kann sich aber auch sehen lassen. Die denkmalgeschützte ***Old Town*** ist recht überschaubar und man hat dort schnell alles besucht. Das *Info Center* mit *Historical Museum* steht an der 240 E Street.

Neueste Attraktion von Eureka ist der ***Redwood Sky Walk***, ein gut 350 m langes Hängebrücken-Ensemble, das in 30 m Höhe durch den Wald verläuft und dabei das »Rotholz« aus einer neuen Perspektive zeigt. Der Zugang ist im Eintritt in den ***Sequoia Park Zoo*** inbegriffen; geöffnet Di-So 10-17 Uhr; $25, Kinder (3-12 Jahre) $13; 3414 W Street; https://redwoodskywalk.com.

Der Rest der Stadt ist wenig attraktiv. Ein Anlaufpunkt wäre noch der ***Fort Humboldt State Historic Park*** (Militärposten, der 1853 nach den Goldfunden am Trinity River errichtet wurde).

Eine Institution ist das ***Samoa Cookhouse*** auf der gleichnamigen vorgelagerten Halbinsel. Wie einst die Holzfäller, bekommt man auch heute dort noch sein gutbürgerliches Frühstück, Mittag- oder Abendessen auf Gemeinschaftstischen serviert.

Von den Quartieren ist das *Motel 6* meist das preiswerteste, besser aber das *Comfort Inn* oder das gepflegte ***Carter House Inns*** mit (teuren) DZ und viktorianischen *cottages*; www.carterhouse.com.

Auf Camper warten in Eureka der *Shoreline RV Park* (*full hook-up* $48-$55; www.shorelinervpark.com) und 7 mi weiter nördlich in **Arcata** noch der *Mad River Rapids RV Park* mit *full hook-up*, Jacuzzi und Pool für $59; https://madriverrv.com.

Die ***Azalea State Reserve*** bei McKinleyville schmückt sich im April/Mai mit einem Blütenmeer. Dann lohnt ein kurzer Spaziergang entlang der schön angelegten Naturlehrpfade.

Luffenholtz Beach

Noch südlich von Trinidad empfiehlt es sich ab Exit 726A dem *Scenic Drive* bis zum ***Luffenholtz Beach County Park*** zu folgen (eintrittsfrei; nach der Autobahnabfahrt links halten und dann sofort rechts; teils einspurig und kurvenreich, nicht für große RVs!).

Memorial Lighthouse in Trinidad

Ein kurzer, steiler Pfad führt hinunter in die malerische *Luffenholtz*-Bucht, wo sich bei Ebbe etliche Gezeitenbecken bilden.

Trinidad

Trinidad ist ein charmantes kleines Fischer- und Touristendorf mit einem ***Lighthouse*** an der Edwards St und einer versteckten ***State Beach*** mit vorgelagerten Felsen und Inselchen (Parkplatz am Ende der Leuchtturm-Straße unterhalb von *Trinidad Head*; www.parks.ca.gov/?page_id=418). Bei Niedrigwasser geht es am Nordende des Strandes durch ein Felstor in eine weitere idyllische Bucht. Zur ***College Cove*** gelangt man aber noch schneller über die enge Stagecoach Road (dort auch schöner Blick vom *Omenoku Point Trail*!).

Sue-meg SP (ehemals Patrick's Point SP)

Wer bei Trindad noch mehr von der Pazifikküste sehen möchte, wählt für die Weiterfahrt den 5,5 mi parallel zur #101 verlaufenden *Patrick's Point Drive*. Der ***Sue-meg State Park*** (*day-use* $8) birgt nicht nur einen Achatsandstrand, sondern auch noch das ***Sumeg Village***, eine rekonstruierte Siedlung der *Yurok Nation*. Außerdem bietet er tolle Stellplätze in einem Wäldchen; Mai-Sept reservierbar: www.parks.ca.gov/?page_id=417. Schön ist es auch kurz darauf an der #101 beim ***Big Lagoon County Park*** mit Bademöglichkeit; $5 *day-use*; *first-come, first-served* ($25) für Zelte oder kleinere RVs.

Humboldt Lagoons State Park

Bei den quellengespeisten Süßwasserlagunen *Stone* und *Big Lagoon* begleiten breite Parkspuren den Hwy 101 über Meilen. Nur wer dort auch anhält, bekommt die Schönheit dieses Küstenstreifens und des Naturschutzgebietes richtig mit. Zwischen den Lagunen und dem Pazifik befinden sich Dünen und Strände, mittendrin der *Walk-in*-Zeltplatz ***Dry Lagoon Beach*** (zwischen *Stone* und *Big Lagoon*); www.parks.ca.gov/?page_id=416.

Redwood Parks

Schilder am Cathedral Tree Trail

Nur wenige Meilen nördlich beginnt bei **Orick** eine ungewöhnliche Kombination von geographisch zusammenhängenden ***State*** und ***National Parks***, welche die letzten größeren Rotholz-Bestände Nordkaliforniens vor den Sägen der *Logging Companies* gerettet hat. Die Naturschutzgebiete reichen fast bis hinauf an die Oregon-Grenze bei Crescent City, dem nördlichen Tor zu den ***Redwood Parks***. Die Baumriesen, von denen einzelne ein Alter von bis zu 2.000 Jahren, über 100 m Höhe und 6 m Durchmesser am Boden erreichen können, säumen in wechselnder Dichte den gesamten Verlauf der #101. Die größten Exemplare stehen jedoch in besonderen Hainen (*groves, »GRO-fs«*) abseits der Straßen.

Die *Redwood Parks* besitzen einen breiten, weitgehend unberührten Küstenstreifen. Mit dem Auto befahrbar sind nur die 9 mi lange ***Coastal Drive Loop*** bei Klamath (keine RVs!) sowie die Stichstraße zur *Gold Bluffs Beach* und *Fern Canyon* im *Prairie Creek Redwoods State Park*. Rund 50 km ***Coastal Trail*** verlaufen durch urwüchsige Uferlandschaften und verbinden dabei die verschiedenen Parkbereiche. Gute Übersichtskarten findet man im Web unter www.nps.gov/redw/planyourvisit/maps.htm oder im großen ***Thomas H. Kuchel Visitor Center*** mitten in den Dünen kurz hinter der letzten *Humboldt Lagoon* (ausgeschildert; im Sommer täglich 9-17 Uhr). Auch ein toller Platz fürs Picknick zwischendurch!

Bald Hills Road

Sie erschließt den südöstlichen Bereich des *Redwoods NP* (Abzweig von der #101 rund 1 mi nördlich von Orick). Schnell und leicht zu erreichen ist der ***Lady Bird Johnson Grove*** im Anfangsbereich der Straße ohne Zufahrtsrestriktionen; 2,3 km *Loop Trail* durch mäßig hohe Rotholz-Bäume.

Eine enge, ungeteerte Stichstraße ab der *Bald Hills Road* bringt Besucher etwas näher an die **höchsten Küstenmammutbäume** in der ***Tall Trees Grove***, durch den ein *Loop Trail* (6 km) führt. Dafür ist ein *permit* nötig und bis zu 6 Monate im Voraus zu erwerben: www.nps.gov/redw/planyourvisit/talltreespermits.htm. Es werden max. 65 Stück/Tag ausgestellt.

Die Alternative ist ein langer Fußmarsch ab der *Bald Hills Rd* (***Redwood Creek Trail***, 25 km retour).

Davison Road

Zurück an der #101 führt kurz darauf die größtenteils nicht asphaltierte, kurvenreiche *Davison Road* zur ***Gold Bluffs Beach*** und zum ***Fern Canyon*** im ***Prairie Creek Redwoods SP*** (aktuelle Infos zum Straßenzustand im Besucherzentrum; $8/Auto; RVs bis zu 24 Fuß!). Das *day-use permit* (Mai-Sept) für die Zufahrt ist spätestens am Vorabend zu beantragten: www.redwoodparksconservancy.org/permits/fern-canyon-permits (➤ QR-Code rechts). Vom Parkplatz am Ende der 8 mi langen *Davison Road* sind es noch 400 m bis zum Canyon-Eingang. Von dort folgt ein verwunschener Pfad dem kleinen Bachlauf durch die engen, über und über mit Moosen und Farnen bewachsenen Wände (3,5 km retour; 1-2 Std.).

Permits:

Der bis zu 20 m hohe *Fern Canyon* ist nicht natürlichen Ursprungs. Der Name der ***Gold Bluffs Beach*** deutet es bereits an: Hier wurde im 19. Jahrhundert mehr oder weniger erfolgreich mit Wasserdruckanlagen nach Gold geschürft. Übrigens: Wer sich eine *campsite* auf dem Strand sichern konnte, braucht kein zusätzliches *day-use permit*. Der wunderbare Zeltplatz in den Dünen ist aber überaus beliebt und 6 Monate vorab zu reservieren.

Immer wieder ein toller Anblick sind die imposanten *Roosevelt Elks*, eine *Wapiti*-Hirsch-Unterart, die dort oft direkt am Strand stehen oder sich auch gerne beim ***Elk Prairie Campground*** aufhalten; $35, *cabins* $80; sehr hübsch, teils unter *Redwoods* angelegt; am besten vorab reservieren: www.parks.ca.gov/?page_id=415.

Newton B. Drury Scenic Parkway

Der Campingplatz liegt unweit des **Besucherzentrums** (im Sommer täglich 9-17 Uhr) am ***Scenic Parkway***, der mitten durch den *Prairie Creek Redwoods SP* führt. Er ist ein Teil des alten Hwy 101, der neue läuft als 4-spurige Umgehung um den Park herum.

Das *Prairie Creek Visitor Center* ist Ausgangspunkt für einige empfehlenswerte Ausflüge: Alle, die in einem größeren Wohnmobil unterwegs sind, gelangen auch auf Schusters Rappen zum *Fern Canyon* (***James Irvine Trail*** durch urwüchsige Rotholz-Wälder; 8 km *one-way*). Sehr schön ist die **5-km-Rundwanderung**, bei der es über den *Prarie Creek Trail* zur ***Big Tree Wayside*** und zurück auf dem *Cathedral Tree Trail* geht. Die *Wayside* ist allerdings auch leicht über die Parkstraße mit dem Auto zu erreichen.

Ein besonders tolles Erlebnis ist das Abfahren der ***Cal-Barrel Road***, die nördlich des Besucherzentrums vom *Parkway* abzweigt und sich als enger Waldweg 1,5 mi durch die Baumgiganten schlängelt – neben der *Mattole Road* (➢ Seite 512) und *Howland Hill Road* (➢ Seite 521) eine der besten Möglichkeiten die *Redwoods* durch das Autofenster zu erleben (nur mit Pkw/SUV machbar!). Zu Fuß kann die Strecke mit dem ***Rhododendron Trail*** und einem Teil des *Cathedral Tree Trail* zu einem 14-km-Tagestrip kombiniert werden – am schönsten ist es dort zur Blütezeit Anfang/Mitte Juni!

Nach der Einmündung des *Newton B. Drury Scenic Parkway* in den Hwy 101 ist auch schon bald die Grenze des *Del Norte County* und die Siedlung Klamath erreicht.

Del Norte County

Coastal Drive

Noch vor der Überquerung des Klamath River können Pkw- oder SUV-Fahrer einen Abstecher hinaus an die Küste unternehmen. Vom Exit 768 folgt man dafür zunächst der Ausschilderung »Kamp Klamath« bis zum *Bridge Memorial*, das an die Flutkatastrophe von 1964 erinnert, die 98% der Siedlung Klamath zerstörte. Dort biegt man nach links ab und folgt dem ***Coastal Drive*** im Uhrzeigersinn, denn der mittlere abenteuerliche Abschnitt zwischen *Alder Camp* und *Klamath Beach* ist als Einbahn ausgewiesen.

Die *Coastal Drive Loop* ist in etwa 9 mi lang und bietet zwar einige schöne Ausblicke, aber nichts, was man anderorts in Kalifornien nicht schon gesehen hätte. Für RVs oder Anhänger ist sie verboten.

Vom Tourismus noch weitestgehend unberührte *Redwood*-Wälder findet man auf den ersten 3 km der ***Flint Ridge Section*** des ***Coastal Trail***, die gleich zu Beginn der *Coastal Loop* startet; Karte und Details unter www.redwoodhikes.com/RNP/Flint.html.

Klamath

Im Mini-Nest **Klamath** und im benachbarten **Klamath Glen** steht eine Handvoll Quartiere, darunter ein gutes *HI Express;* mehr Auswahl in Crescent City, 20 mi weiter, ➤ rechts. Das Besucherzentrum dient auch als Museum der ***Yurok (Oohl) Native Americans***, dem größten indigenen Stamm Kaliforniens; 101 Klamath Blvd; Di-So 10-15/16 Uhr; www.visityurokcountry.com.

Über 1.200 Stellplätze gibt es rund um Klamath, die Vielfalt ist entsprechend groß: am Strand, mitten im Regenwald oder am Klamath River. Abseits des lauten Highway 101 liegt z.B. der ***Kamp Klamath RV Park*** an der 1661 Klamath Beach Road (Abfahrt #768); Zelte $40, RVs mit *full hook-up* $55; www.kampklamath.com. Besonders gut ist auch der ***Klamath River RV Park*** südlich des Flusses mit einer ordentlichen Wiese für Zelte ($39) oder RVs ($55); https://klamathriverrvpark.com.

Östlich des Hwy 101 und oft in der Sonne, wenn die Küste im Nebel steckt, befindet sich das ***Terwer Park Resort*** (641 Terwer Riffle Rd; Exit 769, dann 4 mi auf der #169). Man kann dort in der Nähe aber z.T. auch **kostenfrei** am Ufer des Klamath River übernachten. Noch besser fürs *boondocking* eignet sich aber das südliche Flussufer; Zufahrt gleich bei der #101-Brücke. Die *National Forest*-Webseite hat eine interaktive Karte und Infos zu allen Möglichkeiten: www.fs.usda.gov/activity/klamath/recreation/camping-cabins/.

Beim Exit 769 steht der ***Tour Thru Tree***, ein weiterer für Fahrzeuge untertunnelter, lebender Küstenmammutbaum ($5). Er ähnelt dem *Chandelier Tree* in Leggett (➤ Seite 508) und eignet sich ebenso bestens für ein schnelles Souvenirfoto.

Nördlich von Klamath starten ***Jet Boat*-Touren** für 2-stündige Trips flussaufwärts $59. Kinder $39-$44; www.jetboattours.com. Interessanter sind aber die Ausflüge durch den *Hellgate Canyon* ab Grants Pass, ➤ Seite 426.

Del Norte SP

Hinter Klamath verläuft der Hwy 101 durch den ***Del Norte Coast Redwoods State Park*** mit weiteren Rotholz-Beständen. Von den Wanderwegen dieses Parks besonders zu empfehlen ist der ***Damnation Creek Trail***, auf dem es zunächst durch einen außergewöhnlich schönen *Redwood*-Hain geht, bevor man zu einem unberührten Küstenstrich absteigt, wo u.a. ein dreieckiger Felsbogen wartet (800 m relativ eben bis zur Kreuzung mit dem *Coastal Trail*, dann steilere 2,5 km hinunter zum Strand; rund 350 Höhenmeter). Anfang Juni beginnen sich die zahlreichen Rhododendron-Sträucher entlang des Weges mit rosaroten Blüten zu schmücken und bieten viele tolle Motive für die Kamera, ➤ Foto links.

Blühender Rhododendron

Schön untergebracht im Landesinneren zwischen relativ jungen Küstenmammutbäumen sind die 143 Stellplätze des ***Mill Creek Campground***; ohne *hook-up*; reservierbar unter ✆ 1-800-444-7275 bzw. www.parks.ca.gov/?page_id=414. Wegen der 2 Meilen langen, serpentinenreichen Zufahrt ist er selbst im Sommer manchmal nicht voll belegt.

Trees of Mystery

Im kurzen parkfreien Bereich zwischen Klamath und dem *Del Norte State Park* finden sich diverse H/Motels, einige private *Campgrounds* sowie das kommerzielle *Redwood*-Paradies ***Trees of Mystery***. Für $25 Eintritt (Kinder 6-12 Jahre $13) spaziert man dort durch ein hübsches Wäldchen mit ein paar recht ungewöhnlich gewachsenen Bäumen, originellen Schnitzfiguren und einem kleinen *Native American Museum*. Anschließend schwebt der Besucher noch in einer Gondel 9 Minuten lang über die Baumwipfel, zwischendurch mit Blick auf den nahen Pazifik. Der Park hat im Sommer 8.30-18.30 Uhr geöffnet, das Museum 9-17 Uhr (sonst kürzer); https://treesofmystery.net.

Crescent City

Crescent City, ein Städtchen am Meer mit ca. 6.700 Bewohnern und einer voll auf den *Redwood*-Tourismus ausgerichteten Infrastruktur, eignet sich insbesondere für **Motelübernachter** gut als Basis- oder Zwischenstation für den Besuch der nördlichen Parks.

Wer aus Oregon anreist und noch Infomaterial benötigt, kann die ***Headquarter Information*** an der 1111 2nd Street aufsuchen (im Sommer 9-17 Uhr) oder das ***Visitor Center*** der Stadt und des *Del Norte County* an der Hafenbucht (1001 Front Street; Mo-Fri 8.30-12 und 13-15.30 Uhr; https://visitdelnortecounty.com). Fürs kurze Picknick zwischendurch oder zum Austoben mit Kindern (schöner Spielplatz!) eignet sich der ***Beach Front Park*** gleich nebenan an der (treffend benannten) Play Street.

Übernachten

An der Durchgangsstraße #101 (Redwood Hwy), zugleich innerörtliche Hauptstraße als L- und M-Street, findet man unabhängige Quartiere und die Häuser der bekannten Ketten, darunter ein *Quality Inn* und *Motel 6*. Nur das ***Crescent Beach Motel***, ca. 1 mi südlich des Zentrums, steht direkt am Strand mit Terrassen zur Seeseite; einfache DZ ab $130; www.crescentbeachmotel.com.

Ein gutes Preis-Leistungs-Verhältnis (im Sommer ca. $150 inklusive Frühstück) bieten auch das ***Lighthouse Inn*** (✆ (707) 464-3993, https://thelighthouseinncrescentcity.com) und das ***Oceanview Inn*** (✆ 1-855-623-2611, https://oceanviewinncrescentcity.com).

An der durch lange Molen künstlich geschaffenen Bucht befindet sich der ***Shoreline RV Park*** mit etwas holprigen Grasplätzen direkt am Wasser und Blick auf den Sonnenuntergang; *hook-up* $41; ✆ (707) 464-2473, www.shorelinervpark.com. Landschaftlich reizvoller sind die Möglichkeiten im nahen *Jedediah Smith SP*, ➤ rechts.

Battery Point Lighthouse

Eine kleine Sehenswürdigkeit in der »Stadt des Halbmonds« ist das hübsche ***Battery Point Lighthouse*** samt Wärterhaus auf einer winzigen Insel ca. 50 m vor der Küste. Bei Niedrigwasser kann man hinüberlaufen. Man erreicht es über die Front St, dann nach links zum Parkplatz am Beginn des Lighthouse Way, der über die ca. 1 km lange die Bucht schützende Westmole verläuft. Was nur wenige wissen: Crescent City ist in der Vergangenheit so heftig und oft wie kaum eine andere US-Westküstenstadt von Tsunamis heimgesucht worden. Das Karfreitagsbeben 1964 vor der Küste Alaskas hinterließ hier verheerende Schäden und zahlreiche Todesopfer. Auch die vom Fukushima-Beben 2011 ausgehenden Wellen zerstörten Teile des Hafens von Crescent City und rissen fünf Leute in den Tod.

Scenic Drive

Wer ab dem *Lighthouse* weiter am Meer entlang fahren möchte, kommt via West 6th Street zum **Pebble Beach Drive**, der vorbei an Villen der hier »ausgefransten« felsigen Küste folgt. Über die Pacific Ave geht es dann zurück ins Zentrum, auf dem West Washington Blvd zum Hwy 101 und weiter in Richtung Norden.

Jedediah Smith State Park

Nicht auslassen sollte man einen kürzeren oder längeren Abstecher ab Exit 794 in den Nordteil des ***Jedediah Smith Redwoods SP***, in dem es einige der beeindruckendsten Rotholz-Wälder Kaliforniens zu sehen gibt. Der Haupteingang des Parks liegt an der #199, nur einige Meilen landeinwärts von Crescent City; www.parks.ca.gov/?page_id=413.

Leuchtturm am Battery Point in Crescent City

Howland Hill Road

Der größte Teil des Areals erstreckt sich südlich des Smith River. Der in einer Flussbiegung untergebrachte ***Jedediah Smith Campground*** hat die schönsten Plätze weit und breit; $35 (mit Feuerstellen, Picknicktischen und Bademöglichkeiten, aber ohne *hook-up*), rustikale *cabins* $80; unbedingt im Voraus reservieren! Über eine wacklige Fußgängerbrücke gelangt man den Sommer über (wird im Herbst abgebaut!) schon von dort zum ***Stout Memorial Grove*** am gegenüberliegenden Flussufer. Ein 1 km kurzer Rundparcous führt durch die in diesem Hain besonders eng stehenden Baumriesen.

Mit Info-Material kann man sich im kleinen *Campground*-Besucherzentrum versorgen oder im ***Hiouchi Visitor Center*** in unmittelbarer Nähe an der #199; beide im Sommer 9-17 Uhr. Ausführliche Trail-Beschreibungen mit Karte finden sich auch im Web unter www.redwoodhikes.com/JedSmith/JedSmith.html.

Unbestrittenes Highlight des Parks ist die ungeteerte ***Howland Hill Road***, die sich durch einen großartigen *Redwood*-Regenwald windet (10 mi abschnittsweise enge Schotterpiste, ungeeignet für *Motorhomes* über 24 Fuß!). Los geht es 2 mi östlich des *Hiouchi Info Center* beim Abzweig hinter der Brücke über den Myrtle Creek (den Schildern zur »Stout Grove« folgend). Wer die ***Stout Memorial Grove*** (➤ oben) noch nicht gesehen hat, kann dies nun nachholen. Die meisten Besucher werden aber auch an diversen anderen Stellen kurz anhalten, um das scheinbar winzige, von Mammutbäumen eingezwängte Fahrzeug abzulichten. Zusätzliche Farbtupfer verleihen den Wäldern die **Ende Mai-Mitte Juni blühenden (wilden) Rhododendren**. Zurück in die Stadt geht es über die Elk Valley Road, die ebenso gut auch als Startpunkt der **Rundtour** dienen kann (Abzweig von der #101 beim *Quality Inn*). Zeitbedarf: mind. 1-2 Stunden, leicht auch noch etwas länger.

Anschluss an die Oregon-Routen

Attraktiv sind auch noch die nächsten 20 Meilen auf der #199 im malerischen Tal des Smith River in Richtung Oregon. Rund 180 mi sind es von Crescent City bis zum **Crater Lake Nationalpark**, am Weg liegen u.a. das *Oregon Caves National Monument* und die Stadt Grants Pass (Route **Kapitel 5.2.4**, ➤ Seite 418ff).

Noch schneller gelangt man von Crescent City nach Oregon über den Hwy 101. Er passiert nach nur 20 mi die Grenze und wenig später bereits den **ersten Höhepunkt**, den *Samuel Boardman SP*. Die Fortsetzung der **Reise ab Brookings** entlang der traumhaften ***Oregon Coast*** findet sich in **Kapitel 5.3** (➤ Seite 430ff).

Vancouver aus der Luft, links im Hintergrund der Vulkan Mount Baker in den USA

Start in Vancouver/ Südwest-Kanada

1. VANCOUVER

Vancouver ist für viele die attraktivste Metropole Kanadas – ihre Lage zwischen Küstengebirge, Fraser River und Meer bleibt unübertroffen. Strände und grüne Parks prägen das Bild und vor den Toren der Stadt beginnt bereits die einzigartige Natur Kanadas – Wildnis zum Greifen nah. Hier kann man an nur einem Tag surfen, Ski fahren und durch gemäßigte Regen(ur)wälder spazieren. Und die Vielseitigkeit setzt sich in der Bevölkerung fort. Dieser Multikulti-Schmelztiegel und die vorherrschende lockere Atmosphäre tragen ebenso dazu bei, dass Vancouver stets hoch oben im Ranking der »lebenswertesten Städte der Welt« zu finden ist.

1.1 Klima und Geschichte

Klima

Da ein Großteil der vom Pazifik kommenden Wolken schon an den vorgelagerten Bergen von Vancouver Island abregnet, bleibt Vancouver von den ärgsten Niederschlägen verschont – zumindest im Sommer. Im Juli/August hält sich die Anzahl der Regentage (7) in Grenzen. Eine durchschnittliche Tageshöchsttemperatur von 22°C sorgt dann für ein recht warmes Klima. Auch Juni und September sind i.A. angenehme Monate, wenn auch mit ein wenig mehr Regen und kühleren Abenden. Dabei differieren die Witterungsbedingungen oft erheblich: Während etwa an der *Wreck Beach* im Südwesten der Stadt Sonnenschein und Wärme vorherrschen, kann North Vancouver am Fuße der Küstenberge wolkenverhangen und ungemütlich kühl sein. Bis zu 21 Tage mit Niederschlägen zählt man in den Monaten November bis Januar. Aber im ganzen Winter gibt's nur rund 25 Tage Schneefall. Deshalb fanden die Ski- und Rodeldisziplinen der Olympischen Winterspiele 2010 nicht etwa im Skigebiet oberhalb von North Vancouver statt, sondern im meistens schneesicheren Whistler, gut 100 km weiter in den Bergen.

Geschichte

Bereits **1792** steuerte der britische Kapitän **George Vancouver** auf der Suche nach der legendären Nordwestpassage sein Schiff in das Burrard Inlet, eine tief ins Land reichende Bucht zwischen der heutigen Downtown und North Vancouver. 1808 erforschte der Pelzhändler **Simon Fraser** den Fluss, der nun seinen Namen trägt, und gelangte dabei auch an sein Mündungsdelta im Süden der Metropole. Die erste Siedlung gründeten erfolglose Goldsucher 1858 am Ufer des **Burrard Inlet**.

Als »Stadtgründer« gilt ***Gassy Jack*** (John Deighton), der bei seinem Eintreffen 1867 ein Fass Whisky im Reisegepäck hatte und sogleich einen Saloon eröffnete. Die zunächst nach ihm benannte Siedlung Gastown erhielt drei Jahre später die offizielle Bezeichnung Granville. An den geschwätzigen (=*gassy*) *Jack* erinnerte ein Denkmal im Stadtteil Gastown. Da er aber seinerzeit eine 12-jährige Ureinwohnerin ehelichte, kam es Anfang 2022 zu heftigen Protesten. Seine Statue wurde gestürzt und wenig später komplett entfernt.

Im Jahre 1886 wurden dem mittlerweile 1.000 Einwohner zählenden Granville die Stadtrechte und der ehrenvollere Name des ***Captain Vancouver*** verliehen. Nur wenige Wochen später zerstörte ein Feuer die Kleinstadt, ein zur damaligen Zeit, als noch alle Gebäude überwiegend aus Holz bestanden, keineswegs seltenes Unglück. Die Siedlung erholte sich jedoch rasch und besaß bald mehr Einwohner als vor der Brandkatastrophe.

Entwicklung

Als im folgenden Jahr der erste Zug aus den Ostprovinzen in Vancouver einlief, waren wortwörtlich die Weichen für den wirtschaftlichen Aufschwung der jungen Stadt gestellt. Viele Chinesen, die beim **Bau der Eisenbahn** mitgewirkt hatten, wurden in Vancouver sesshaft und begannen erste Handelsbeziehungen mit Asien. Bereits 1891 segelten drei Schiffe der *Canadian Pacific Line* regelmäßig von Vancouver zu fernöstlichen Märkten. Gleichzeitig entwickelte sich die rasch wachsende Stadt zum wichtigsten Verkehrsknotenpunkt im westlichen Kanada.

Für Abertausende von Goldsuchern war Vancouver in den Jahren 1897/98 neben Seattle der Ausgangspunkt und die Hauptversorgungsbasis für die Schiffsreise zu den Goldfeldern am Klondike River im *Yukon Territory*. Zur Jahrhundertwende besaß Vancouver daher bereits knapp 40.000 Einwohner.

Altstadt

Gastown, der ursprüngliche Ortskern, verkam im Laufe der ersten Hälfte des 20. Jahrhunderts allmählich zu einem slumartigen Stadtteil am Rande des Geschäftszentrums. Nur knapp entging er Ende der 1960er-Jahre einer »Totalsanierung«, und man erklärte ihn zur **denkmalgeschützten *Heritage Site.*** Nach seiner – mittlerweile abgeschlossenen – Restaurierung gehört er zu den touristischen Hauptanziehungspunkten.

Expo 1986 und Stadtentwicklung

Vancouver war 1986 Schauplatz einer Weltausstellung/EXPO. Sie bescherte der Stadt gleich eine ganze Reihe architektonischer Highlights wie z.B. das Kongresszentrum ***Canada Place*** und den ***SkyTrain,*** ein modernes U- und S-Bahn-System.

Nach der Expo entstand dort ***Concord Pacific Place*** mit 50 türkisfarbenen gläsernen Hochhäusern am Ufer des False Creek (*Yaletown*), ein Glanzpunkt der Stadtsilhouette (➢ Exkurs umseitig).

Metropolitan Vancouver

Das Wachstum der Stadt hält unvermindert an. Mittlerweile konzentriert sich über die Hälfte der Bevölkerung von British Columbia im Großraum von *Metropolitan Vancouver* (2,6 Mio. Einwohner), der die *City of Vancouver* und über 20 Vorstädte umfasst. Davon lebt rund ein Viertel im eigentlichen Citybereich.

Bevölkerungsentwicklung

Diese Entwicklung ging einher mit einer **Umstrukturierung der Bevölkerung**. Während der letzten drei Dekaden, besonders nach der Wiedereingliederung Hongkongs in China, wuchs der Anteil der chinesischen Einwohner massiv. Und man geht davon aus, dass diese Zahlen noch weiter steigen werden: Derzeit stammen ca. 65% aller Einwanderer nach British Columbia aus Asien.

1

Vancouver auf dem Weg zur chinesischen Stadt?

Die ersten Chinesen lockten 1858 der ***Fraser*** und 1862 der ***Cariboo Gold Rush*** (➤ Seite 560) nach Britisch-Kolumbien. Ab 1880 halfen sie beim Bau der ersten Transkontinentalverbindung. Bis zu 16.000 Chinesen lebten dabei unter miserablen Bedingungen in Zeltstädten und verrichteten die gefährlichsten Arbeiten für einen Bruchteil der Löhne für Weiße. Viele von ihnen kamen dabei um. Als das letzte Gleis verlegt war, gab es für die verbliebenen Chinesen keine Arbeit mehr. Um zu überleben, nahmen sie jeden Job zu Minimallöhnen an. Wegen dieses Lohndumpings entstanden immer wieder Unruhen mit der Folge des ***Chinese Exclusion Act***, der 1923-1947 jede Einwanderung von Chinesen nach Kanada untersagte. Die Bevölkerung in Vancouvers **Chinatown** halbierte sich dadurch auf 6.000 Einwohner bis zum Ende des 2. Weltkrieges.

Mit der Lockerung der Einwanderungsgesetze in den Nachkriegsjahren, als man dringend Arbeitskräfte benötigte, und der im Zeitablauf immer weiteren Spezifizierung der Voraussetzungen für eine Einwanderung nach Kanada verschob sich die Herkunft der chinesischen Immigranten, die nun vor allem aus Taiwan und Hongkong kamen und kommen. Sie brachten berufliche Qualifikation und/oder genug finanzielle Mittel zum Aufbau einer selbständigen Existenz mit. Die neue Generation der betuchten Immigranten sucht nicht mehr preiswerten Wohnraum in der engen Chinatown Vancouvers, sondern – wie die weiße Bevölkerung – Apartments und Eigenheime in den Vororten. So entstanden z.B. in **Richmond** und **Burnaby** ganz **neue Chinatowns**.

Die tagsüber lebhafte, aber nachts eher verlassen wirkende **alte Chinatown** hat nur noch nostalgischen Charakter. Pompöse Festivitäten, wie die Einweihung des neuen Stadtbogens (***Millennium Gate***) widersprechen gelegentlich diesem Anschein, aber die Entwicklung der Bewohnerstruktur und der Zustand der Bausubstanz oberhalb der Farbenpracht und Wohlgerüche der Läden im Erdgeschoss spricht eine andere Sprache. Selbst Chinesen machen heute eher einen Bogen um Chinatown wie etwa der Hongkonger Multi-Milliardär Li Ka-Shing. Er investierte Ende des 20. Jh. das Kapital seines Immobilienfonds ***Concord Pacific*** lieber in ein riesiges seit der Weltausstellung 1986 ungenutztes Areal am False Creek (in Yaletown) nur einen Kilometer von Chinatown entfernt. Chinesen stellen heute die zahlenstärkste Minderheit; im Vorort Richmond sind 75% asiatischer Herkunft. Dort erlebt man – eine Querstraße von der *SkyTrain*-Station *Richmond-Brighouse* entfernt – auf dem ***Public Market*** chinesisches Einkaufsflair (8260 Westminster Hwy). Fr-So empfiehlt sich für asiatische Köstlichkeiten der ***Night Market*** an der 8351 River Road; Mai-Okt). Zwischen beiden Märkten verläuft der »Teigtaschen-Pfad« (***Dumpling Trail***) mit leckeren Kreationen: www.dumplingtrail.com.

Neujahrsparade in Chinatown Vancouver

1.2 Information, Orientierung und Verkehrsmittel

Information

Virtual Guide:

Kartenmaterial und Broschüren zu den Sehenswürdigkeiten der Stadt und British Columbia liegen unweit des *Canada Place* im ***Visitor Centre*** aus (Plaza Level, 200 Burrard Street; ✆ (604) 683-2000). *Hinweis: Auch im Sommer 2023 arbeitete man dort noch ausschließlich online (Mo-Fr 9-16 Uhr):* www.destinationvancouver.com/plan-your-trip/our-visitor-centre. Unter »*Maps& Guides*« finden sich Karten und unter »*Virtual Guides*« die offizielle Broschüre zum Durchblättern.

Verkehr und Straßen

Zur hohen Lebensqualität der Stadt trägt insbesondere der autobahnlose Innenstadtbereich bei. Während in anderen Städten Downtown zwischen Bürotürmen und Freeway-Schluchten abends und am Wochenende häufig verödet, kennt Vancouver diese Problematik nicht.

Von Südosten und von Norden her ist die Stadt bequem über den ***Trans-Canada Highway*** (kurz: **TCH**) zu erreichen. Er läuft über die *Second Narrows Bridge*, eine der beiden Brücken, die nach North Vancouver hinüberführen. Mit den südwestlichen Vororten ist Downtown durch die *Burrard Bridge* und die *Granville Bridge* verbunden. Zur ***rush hour*** ist in den Brückenbereichen oft alles »dicht«. Man sollte Autofahrten in die City von 7-9 Uhr und 15-18 Uhr daher möglichst vermeiden.

Die wichtigste **Nord-Süd-Achse** ist die **Straße #99**, eine Fortsetzung der US-amerikanischen Interstate #5, die von der mexikanischen bis zur kanadischen Grenze verläuft. Der Autobahnausbau endet in der Vorstadt Richmond. Danach führt die #99 als Granville Street in die Innenstadt und weiter über die *Lions Gate Bridge*, North Vancouver und West Vancouver (verlaufsidentisch mit dem TCH) bis Horseshoe Bay und weiter nach Nordosten.

Orientierung

Die im Schachbrettmuster angeordneten Straßen von Downtown heißen alle ***Street*** und werden meist als Einbahn geführt. Die außerhalb der Innenstadt in Nord-Süd-Richtung verlaufenden ***Streets*** tragen immer einen Namen, die ***Avenues*** von Osten nach Westen sind lediglich nummeriert. Den Anfang macht die 1st Avenue südlich der City.

Flughafen

Der ***Vancouver International Airport*** (*YVR*) liegt im Vorort Richmond, rund 12 km südwestlich des Zentrums; www.yvr.ca. In weniger als 30 Minuten verbindet die ***Canada Line*** des ***SkyTrain*** ($8,10) den Flughafen und Downtown.

Öffentlicher Nahverkehr

Das öffentliche Nahverkehrssystem ***TransLink*** ist gut ausgebaut. Innerhalb des Stadtgebiets (Zone 1) gilt bei Bus, Bahn oder Schiff der **Einheitstarif** von $3,10. Kontaktloses Zahlen mit Kreditkarte, *Apple Pay* oder *Google Pay* ist dort möglich. ***TransLink*** bedient neben Downtown noch diverse Vororte wie North Vancouver, Horseshoe Bay und Burnaby mit weiteren Tarifzonen. Den Tagespass für $11 (gültig im Zentrum und in den Vororten) erhält man u.a. im Supermarkt (*Safeway, Save on Foods* etc.), im *7-Eleven Mini Mart* sowie an den *SeaBus/SkyTrain Ticket Machines*.

SkyTrain

Die drei Linien des *SkyTrain*-Systems starten von der ***Waterfront Station*** in der Nähe des *Canada Place*:

Die ***Expo Line*** verkehrt im 6-min-Takt (zur *rush hour* alle 2-4 min) über New Westminster bis zur **Endstation *King George*** in Surrey südlich des Fraser River. Zwischen den ersten vier Haltestellen im Zentrum verläuft der *SkyTrain* unterirdisch, dann aber oberirdisch *(elevated)*. Die ***Canada Line*** zum Airport fährt tagsüber im 7-min-Takt, die ***Millennium Line*** dreht einen *Loop* um Burnaby & New Westminster alle 6 min.

Der ***SkyTrain*** lohnt sich **auch für Touristen** allein schon wegen der während der Fahrt oft tollen Aussicht auf Meer, Berge und die *Skyline*, z.B. von der *Suspension Bridge* über den Fraser River (östlich *Columbia Station*), westlich der *Namaimo Station* oder östlich der *Stadium Station*. Unbedingt einplanen!

Parken in der City

In diesem Fall parkt man das Fahrzeug am besten bei einer ***SkyTrain Station*** außerhalb von Downtown und fährt per Bahn ins Zentrum. Das spart Zeit und Geld, denn die Parkgebühren für einen ganzen Tag übersteigen in der Innenstadt leicht die Kosten fürs Ticket oder sogar eines *day pass* für mehrere Personen.

Per Boot nach Downtown

Relativ citynah liegt u.a. der **Parkplatz** des *Vancouver Museum* an der English Bay. Von dort gelangt man per Bus oder ***False Creek Ferry*** vom Anleger am *Maritime Museum* rasch ins Zentrum. Auch **North Vancouver** ist ein guter Ausgangspunkt für die Stadtbesichtigung: Die Personenfähre ***SeaBus*** pendelt tagsüber alle 15 min (abends im 30-min-Takt) vom ***Lonsdale Quay*** (Restaurant-/Shoppingkomplex, *Info Centre* + Parkplätze) über das Burrard Inlet nach Downtown zur ***SeaBus Station*** an der Waterfront Road (östlich vom *Canada Place*). Dieser 12-min-Trip mit Blick auf die *Skyline* gehört zu den Höhepunkten eines Besuchs.

Der »Horror on Hastings« - Kanadas Drogenhochburg

Schockierende Bilder bieten sich all jenen, die sich in Chinatown oder Gastown zu weit nach Osten wagen. Das dort angrenzende ***Downtown Eastside*** gleicht einem Slum. Nur wenige Schritte von Touristenbrennpunkten dominiert die Obdachlosigkeit und Sucht. An der **East Hastings Street** wird ganz offen mit harten Drogen gedealt, vor den Hauseingängen setzt man sich die Spritzen an den Hals und die leeren Gesichter sind von Crystal Meth und synthetischen Opioiden gezeichnet. Es handelt sich keineswegs um ein Problem neueren Datums. Schon um die Jahrtausendwende versuchte man der Lage Herr zu werden und scheiterte letztlich an der liberalen Drogenpolitik Kanadas. 2021 starben dort im Schnitt jeden Tag sechs Menschen an einer Überdosis. An die 10.000 Süchtige leben in *Downtown Eastside*, viele davon auf der Straße und mit HIV infiziert. Fakten, die so gar nicht zum ansonsten so makellosen Image Vancouvers passen, das immer wieder weit oben im Ranking der lebenswertesten Städte der Welt gelistet wird ...

Der »Horror on Hastings« ist nicht zu übersehen, auch nicht in den angrenzenden Straßenzügen. Dies sollte man u.a. auch bei der **Unterkunftswahl** berücksichtigen. **Downtown** zählt da nicht zu den empfehlenswerten Adressen.

Neben den False Creek Ferries befördern auch regenbogenfarbene Aquabusse Besucher zwischen den Anlegestellen im schmalen Meeresarm: von der Science World über Yaletown und Granville Island bis zur Hornby Street

1.3 Unterkunft und Camping

Wie in vielen Großstädten sind auch in Vancouver freie Zimmer zu halbwegs erschwinglichen Preisen im Hochsommer meist ausgebucht. Für Juli/August sollte man daher langfristig reservieren, aber auch sonst ist es ratsam.

Hostels

In der Innenstadt stehen gleich vier Jugendherbergen mit zahlreichen Kneipen direkt vor der Haustür:

- die ***HI Vancouver Downtown***, modernes Haus an der 1114 Burnaby Street; im 4-Bett-Schlafsaal $73, DZ $169; www.hihostels.ca
- die ***The Cambie Hostels*** (***Downtown***, 515 Seymour St) und ***Gastown*** (300 Cambie St; mit Saloon); beide mit Betten ab $58, DZ ab ca. $150; www.cambiehostels.com
- das ***Samesun Backpacker Lodge***, 1018 Granville St; Betten ab $44, DZ ab $180; ✆ (604) 682-8226, https://samesun.com.

In Toplage am *Jericho Beach Park* direkt am Meer, ca. 6 km vom Zentrum entfernt (Zufahrt mit Buslinie #4 UBC - Powell, Ausstieg an der West 4th Avenue/NW Marine Dr.) befindet sich das

- ***HI Vancouver Jericho Beach***, 1515 Discovery St; $45/Bett, DZ ab $110; betagtes Haus, aber Preis-Leistung gut, nur Mai-Sept geöffnet; mit Radverleih; ✆ 1-866-762-4122, www.hihostels.ca.

YWCA Hotel

Eine **Sonderrolle** spielt das zum fast normalen Hotel umgestaltete ***YWCA***, das in Vancouver nicht nur Frauen offen steht; gute City-Randlage an der 733 Beatty St; DZ ab $240, EZ/DZ mit Gemeinschaftsbad $110/$130; ✆ 1-800-663-1424, www.ywcahotel.com.

Universities

Ebenfalls preiswert sind die EZ/DZ in den Wohnheimen (*dormitories*) bei den Universitäten. Sie sind allerdings nur Mitte Mai-Mitte August zu haben und weit von Downtown entfernt:

- ***University of British Columbia, Pacific Spirit Hostel***, 51935 Lower Mall; DZ und kleine Apartments ab $70, ✆ 1-888-822-1030, https://suitesatubc.com.

- ***Simon Fraser University*** in **Burnaby**, 8888 University Dr; EZ mit Bad ab $65; ✆ (778) 782-4503, www.sfu.ca/stayhere.html.

H/Motels

Im zentralen Bereich der Stadt findet man hauptsächlich Hotels der gehobenen Preisklasse. Etwas preiswerter sind dort:

- ***Victorian Hotel***, 514 Homer St; Boutique Hotel mit kleinen, aber schicken DZ ab ca. $350, mit Gemeinschaftsbad schon ab $195; ✆ 1-877-681-6369, https://victorianhotel.ca
- ***Barclay Hotel***, 1348 Robson St; älter, aber Top-Preis für die Lage; DZ $160; ✆ (604) 688-8850; www.barclayhotel.ca.

Vororte

In den südlichen und östlichen Vororten stehen vergleichsweise wenig Häuser der Mittelklasse. Die Mehrheit konzentriert sich entlang der beiden großen **Einfallstraßen #99** (in Flughafennähe) und **#1A/99A/Kingsway** (im Bereich Metrotown). Auch in den nördlichen Stadtteilen ist das Angebot recht überschaubar. Relativ citynah und etwas preiswerter als im Zentrum ab etwa $150 kommt man in **North Vancouver** unter (vor allem am Marine Dr).

B&B

- Eine Alternative sind B&Bs wie z.B. ***Windsor Guest House***, 325 W 11th Ave; im Sommer ca. $230; in einer ruhigen Nachbarschaft, 1,5 km südlich des False Creek; https://dougwin.com.

Camping

Campingplätze in City-Nähe sind ziemlich teuer, die besseren liegen relativ weit außerhalb. An der Nordwest-Zufahrt zur tagsüber oft verstopften *Lions Gate Bridge* befindet sich der oft sehr volle

- ***Capilano River RV Park***, 295 Tomahawk Avenue, recht enge Stellplätze mit *partial* oder *full hook-up* ab ca. $60 im Sommer; ✆ 1-866-477-4722, www.capilanoriverrvpark.com.

Etwa günstiger in **Surrey**, rund 30 km südöstlich der Innenstadt:

- Ein etwas lauter, aber guter Platz ist der kleine ***Plaza RV Park***, 8266 King George Blvd (Hwy 99A); *full hook-up* ca. $50; ✆ (604) 594-4440, www.plazarvpark.ca. Mit Anbindung ans Busnetz!
- Etwa 10 km vor der US-Grenze liegt der ***Peace Arch RV Park*** (14601 40th Ave, Exit 10 von der Autobahn #99); Zelte $50, *full hook-up* $57-$67; ✆ (604) 594-7009, www.peacearchrvpark.ca.

Ein komfortabler Platz in relativer City-Nähe ist der

- ***Burnaby Cariboo RV Park*** am 8765 Cariboo Place in Burnaby (Abfahrt 37 vom TCH); großer Platz, aber viele Stellplätze sind recht eng, zudem kommt es zu nächtlicher Ruhestörung durch die nahe Eisenbahnlinie; Zelte ca. $50, *full hook-up* ca. $70; ✆ (604) 420-1722, http://bcrvpark.com.

Nördlich von Horseshoe Bay (Straße #99) und über 40 km vom Zentrum entfernt liegt sehr schön am Howe Sound der

- ***Porteau Cove Provincial Park*** mit Stellplätzen überwiegend am Wasser ($35, mit Strom $43) und *Walk-in*-Zeltplätzen auf einer Landzunge ($20). Auch in diesem Park stören nachts die vorbei fahrenden Güterzüge gleich hinter den Stellplätzen. Den Sommer über ist eine Reservierung notwendig: ✆ 1-800-689-9025, www.env.gov.bc.ca/bcparks/explore/parkpgs/porteau.

1.4 Stadtbesichtigung

1.4.1 Citybereich

Stanley Park

In Vancouver kann man großstädtischer Hektik rasch entfliehen. Nur wenige Gehminuten westlich von Downtown liegt der über 4 km² große ***Stanley Park***. Die von dichter Regenwaldvegetation bedeckte Landzunge zwischen English Bay und Burrard Inlet wurde 1889, wenige Jahre nach Stadtgründung, als Erholungsraum reserviert und nach dem Gouverneur **Lord Stanley** benannt.

Wegesystem

Im östlichen Teil wirkt der Park heute wie ein gepflegter Stadtwald, im Westteil dagegen blieb der Urwald weitgehend erhalten. Das Wegesystem des Parks besitzt eine Länge von 81 km und wird von Joggern, Skatern und Bikern stark genutzt. Mietstationen findet man im Bereich Denman St/Robson Street z.B. ***Jo-E Bike Rentals***, 768 Denman St; ab $32/Tag; www.jo-e-cycles.com.

Auf der ***Seawall Promenade***, einem ausgebauten Rad- und Wanderweg von 9 km Länge am Wasser entlang, genießt man wunderbare Ausblicke auf City und Hafen, auf die Coast Mountains und über die English Bay. Schöne **Strände** befinden sich an der Westseite des Parks; besonders beliebt ist die ***Third Beach***.

Totem Poles im Stanley Park

Der *Stanley Park* lässt sich auch mit dem Auto erkunden. Der Einbahn-Rundkurs verläuft gegen den Uhrzeigersinn teils am Ufer entlang; Anfahrt auf der Georgia St (#99), am *Vancouver Rowing Club* rechts ab. Noch vor dem Ostende befindet sich der Parkplatz für den *Hallelujah Point* mit Blick auf die Innenstadt (Foto ➢ Seite 533) sowie für die Besichtigung der **Totempfahl-Sammlung**. Die meisten von ihnen sind Replikas alter *Totems* der *Haida*-Ureinwohner aus dem Nordwesten von British Columbia. Von dort erreicht man noch die ***9 O'Clock-*****Kanone**, die seit 1898 allabendlich um 21 Uhr abgefeuert wird. Östlich davon liegt noch der ***Brockton Point*** mit einem Leuchtturm und eigenem Parkplatz. Nach dem Überqueren der *Lions Gate Bridge* lohnt sich der kurze Fußweg zum ***Prospect Point*** mit schöner Aussicht auf die Brücke und hinüber nach North Vancouver, ➢ Foto Seite 543.

An der Parkwestspitze beim ***Ferguson Point*** serviert das ***The Teahouse*** gutes Essen in einem gemütlichen Ambiente; 7501 Stanley Park Drive; www.vancouverdine.com/teahouse.

Aquarium

Im Park befindet sich noch das ***Vancouver Aquarium***. Die Stars dort sind Seelöwen, Seeotter, Belugawale und Delfine; ein Haifischbecken fehlt ebenfalls nicht. Als weitere Attraktion prasselt im üppigen »Amazonas-Regenwald« stündlich ein Gewitter auf Pflanzen und Schmetterlinge herab; im Sommer 9.30-18, sonst 10-17 Uhr, tagesabhängig ab $40/$25; 845 Avison Way; www.vanaqua.org.

City of Vancouver

Downtown Vancouver ist begrenzt durch den *Stanley Park*, das Burrard Inlet, die English Bay und – östlich – den False Creek. In den letzten Jahren wurde die City völlig umstrukturiert. Nicht so sehr Museen oder einzelne herausragende Bauten machen den Reiz der Stadt aus, als vielmehr das **Arrangement neuerer Glashochhäuser** (vornehmlich für Wohnzwecke), die mit dem Tageslicht ihre Farbe wechseln. Die Investoren mussten sich verpflichten, Grünanlagen, breite Gehwege und **Spazier-/Skate-/Rad-Wege in den Uferzonen** am False Creek und am Burrard Inlet zu schaffen. Auf etwa 29 km kann die gesamte Innenstadt verkehrsfrei zu Fuß oder per Bike umrundet werden, ➤ Kasten unten. Am Wege liegen zahlreiche Cafés und Restaurants mit Open-Air-Terrassen.

Ausflugsboote

Direkt neben dem *Stanley Park* startet ab der *Harbour Cruise Marina* (501 Denman St) die 60-minütige ***Vancouver Harbour Tour*** durch das Burrard Inlet; Abfahrten Mai-September tägl. 11, 12.15, 13.30, 14.45 Uhr; Tickets $49/$22-$43; https://boatcruises.com.

Seaside Bicycle Route: 29 km rund um die City

Vom *Canada Place* verläuft die Uferpromenade – vorbei an *Coal Harbour* und großen Marinas – bis zum *Stanley Park*. Gegen den Uhrzeigersinn wird der Park auf der *Seawall* umrundet, danach geht es weiter an der English Bay und *Sunset Beach* entlang bis Yaletown. Dort wurden ehemalige Lagerhallen zu Kneipen/Restaurants und schicken Boutiquen umgestaltet – eine Art kleineres »*Soho*« (wie in New York City). Anschließend folgt man dem *False Creek* über die *Plaza of Nations* zur *Science World* und – auf dem südlichen Ufer des Flusses am olympischen Dorf der Winterspiele 2010 vorbei – bis nach *Granville Island*. Weiter geht es entlang des südlichen Ufers der English Bay. Westlich der *Burrard Bridge* passiert man den *Vanier Park* mit seinen Museen, dann *Kitsilano Beach* und weitere populäre Strände bis zum Endpunkt an der *Spanish Banks Beach*.

Radfahrer und **Skater** schaffen die Runde ohne Weiteres an einem Tag. Von vielen Punkten entlang der Strecke hat man die hübsche Skyline im Blick. Infos & Karten online unter www.translink.ca/rider-guide/bike-and-ride-on-transit/cycling-in-metro-vancouver bzw. https://vancouver.ca/parks-recreation-culture/seawall.aspx.

Seawall Promenade im Stanley Park

Canada Place ist Anlegestelle für Kreuzfahrtschiffe sowie Austragungsort von Messen und Konferenzen, rechts der Harbour Tower mit Dreh-Restaurant (vom Stanley Park aus fotografiert)

Canada Place

Am Nordrand der City fällt vor allem der an ein riesiges Segelschiff erinnernde Komplex ***Canada Place*** (www.canadaplace.ca) an der *Waterfront* auf (Nordende Howe St). Dieses Wahrzeichen der Stadt, als kanadischer Pavillon zur Expo 1986 eingeweiht, beherbergt das ***Convention Centre*** mit dem luxuriösen ***Pan Pacific Hotel*** – unbedingt hineingehen! Längsseits machen die Kreuzfahrtschiffe fest; www.panpacific.com/vancouver.

An der Spitze des *Canada Place* bietet der Flugsimulator ***FlyOver Canada*** die Möglichkeit die Nation von Küste zu Küste in der Vogelperspektive zu überqueren – eine originelle Idee. Täglich 10-20/21 Uhr; Kinder müssen größer als 102 cm sein; Tickets vor Ort $40/$30, online meist günstiger: www.flyovercanada.com.

Ein knallig bunter Selfie-Spot versteckt sich unweit an der 439 Seymour Street, die schmale Seitengasse ***Pink Alley***.

Shopping/ Nightlife

Zahlreiche Läden und Shoppingzentren konzentrieren sich auf die Robson St und den Bereich zwischen Burrard und Seymour St von der *Waterfront* bis zur Nelson St. Der ***Commodore Ballroom*** an der 868 Granville St ist ein angesagter Live-Musik- und Tanzclub. Der ***Granville Street Entertainment District*** bis zur Brücke über den False Creek rühmt sich zu Recht als **Vancouvers bester Nightspot** (auch empfehlenswert: die *Kits Region*, ➤ Seite 539).

Die besten ***Farmers Markets*** der Region findet man in Trout Lake und Kitsilano; https://eatlocal.org. In den Außenbezirken sind insbesondere die ausgedehnte ***Metropolis at Metrotown*** in Burnaby (größte *Mall*) und der ***Richmond Public Market*** tolle Shopping-Ziele.

Und für die Stunden vor dem Abflug ist das ***McArthurGlen Designer Outlet*** unweit des Airports ein guter Tipp. Mit Coupon von der *Mall Info* gibt's nochmals zusätzlichen Rabatt auf die Fabrikpreise.

Robson Square

Als populärer Treffpunkt gilt der größtenteils unter Straßenniveau angelegte Robson Square zwischen Hornby und Howe St. Bunte Blumenbeete, Kaskaden und Springbrunnen schmücken diesen Platz, der sich über zwei City-Blocks erstreckt.

Kunstmuseen

An seinem nördlichen Ende steht die ***Vancouver Art Gallery*** mit einer permanenten Gemälde-Kollektion, die sich insbesondere auf die aus Victoria stammende Emily Carr und nordamerikanische Maler der Gegenwart konzentriert. Wechselnde Programme ergänzen die Ausstellung; 750 Hornby St; tägl. 10-17 Uhr, Di+Do+Fr bis 20 Uhr; $29 (unter 19 frei); www.vanartgallery.bc.ca. Auf der Terrasse des ***Gallery Café*** speist man stilvoll zu klassischer Musik.

Gleich in der Nähe, an der 639 Hornby Street, befindet sich noch die sehr sehenswerte ***Gallery of Northwest Coast Art*** des Haida-Künstlers **Bill Reid** (1920-1998); im Sommer 10-17 Uhr, im Winter Mo+Di geschlossen; $13/$6-$8; www.billreidgallery.ca.

Auf der anderen Seite des Robson Square haben die ***Law Courts*** (Gerichte) ihren Sitz in einer Konstruktion aus Stahl und Glas.

Robson Street

Die Robson St westlich des gleichnamigen Square etwa bis Höhe Broughton St ist mit Boutiquen und Restaurants eine Art **»Flaniermeile«** für einen Schaufensterbummel, den Nachmittagskaffee und einen Drink zur Abendstunde in einem der dort zahlreichen Straßencafés. Östlich des Robson Square steht im *Theater District* an der 350 W Georgia St die dem Kolosseum von Rom nachempfundene ***Central Library***, die einer der bedeutendsten Architekten Kanadas (Moshe Safdie) entworfen hat; www.vpl.ca.

Das 1941 erbaute ***Vogue Theatre*** zählt zu den letzten verbliebenen Kinos in der berühmten neonschimmernden *Theatre Row* und wird heute vor allem für Film- und Musik-Events genutzt, u.a. Ende September für das *Vancouver International Film Festival* und Ende Juni für das große *Jazz Festival* der Stadt; 918 Granville Street, www.voguetheatre.com.

Shopping Mall

Mehrere ***Underground Shopping Malls*** bieten Einkaufsvergnügen bei jedem Wetter. Die mit Abstand größte von ihnen ist das ***Pacific Centre***, das sich mit über 100 Geschäften (u.a. *Holt Renfrew* und *Nordstrom*) zwischen Granville, Howe, Robson und Pender Street erstreckt; 701 W Georgia Street.

»Weitblick«

Vergleichsweise klein ist die ***Harbour Centre Mall*** gegenüber dem *SeaBus*-Anleger (555 West Hastings; www.harbourcentre.com). Zum Gebäudekomplex gehört der 167 m hohe ***Harbour Tower*** mit Aussichtsplattform (***Vancouver Lookout***) im 40. Stockwerk; im Sommer meist täglich ab 10 Uhr; Tickets $18/$13 inklusive *self-guided audio tour*; https://vancouverlookout.com.

Den Eintritt spart, wer die Aussicht vom Dreh-Restaurant ***Top of Vancouver*** aus genießt (eine Runde/Std). An Wochentagen nach der üblichen *lunchtime* so ab ca. 13.30 Uhr ist es nicht mehr voll. Die Küche dort oben ist ausgezeichnet für die Qualität und Aussicht auch nicht zu teuer; www.topofvancouver.com.

Die *Skyline* von Vancouver hat sich in den letzten 15 Jahren stark gewandelt. Es entstanden einige der höchsten Wolkenkratzer, darunter *Living Shangri-La* (201 m), *Trump Tower* (188 m) und *Private Residences at Hotel Georgia* (159 m). *Vancouver House* von 2019 ist nur 150 m hoch, aber einzigartig vom Design, ➤ Foto links. Es steht »auf dem Kopf« an der 1480 Howe St (nahe *Granville Bridge*). Aus übereinander gestapelten Quadern besteht das *Detoilette Building* (99 m) von 2023 gleich neben der Zentralbibliothek (➤ links).

West End

Die Robson Street endet in ***West End***. Das Herz dieses Wohnviertels schlägt in der **Denman Street**, einer Flaniermeile mit vielen Restaurants auf acht Straßenblocks zwischen English Bay und Burrard Inlet. Das **Davie Village** (Davie St zwischen Jervis und Burrard St) mit seinen Kneipen, Clubs und regenbogenfarbenen Zebrastreifen (*Rainbow Crosswalks*) ist ein beliebter **LGBT-Szenetreff**.

Westlich des Canada Place starten am Coal Harbour die Wasserflugzeuge nach Vancouver Island

Gastown

Der älteste Bezirk Vancouvers, die **Gastown**, umfasst den Bereich Water St östlich des *Harbour Centre* bis zur Columbia St. Dieser 1886 bis auf zwei Häuser niedergebrannte und heruntergekommene Stadtteil wurde im späten 20. Jh. für Touristen aufpoliert. Hinter den auf nostalgisch getrimmten neuen Fassaden finden sich jede Menge Krimskrams-Souvenir-Shops und eine attraktive gastronomische wie Nachtclub-Szene; https://gastown.org.

Dampf betriebene Standuhr in Gastown

An der Water St/Eckie Cambie St steht die vom zentralen Heizungssystem angetriebene ***Steam Clock***, die in der Stunde 4x pfeift und 1x Dampf ablässt. Das zweite ehemalige Gastown-»Wahrzeichen«, die Statue des Stadtgründers ***Gassy Jack***, sucht man seit 2022 vergeblich, sie wurde beseitigt; ➤ Seite 524. Wenige Schritte neben der *Steam Clock* befindet sich der Laden ***Hill's Native Art***, mit einer Ausstellung indigenen Kunsthandwerks der Spitzenklasse. Leider gilt das auch für die dortigen Preise. Aber »Gucken« ist kostenlos; 165 Water Street; www.hills.ca.

Ganz in der Nähe speist man in aufwendig gestalteten Räumlichkeiten recht preiswert in der ersten (1970) kanadischen Filiale der Kette ***Old Spaghetti Factory***; 53 Water Street; ➤ Foto Seite 135.

Chinatown

An Gastown grenzt südöstlich **Chinatown** mit dem Hauptbereich an der Pender Street zwischen Carrall und Gore St; www.vancouver-chinatown.com. Sie ist nicht mehr das Zentrum der Chinesen, die heute überall in der Stadt (hauptsächlich in Richmond) ihre Einkaufszentren und Supermärkte besitzen, ➤ Exkurs Seite 526. Tagsüber kann man dennoch in den verwinkelten chinesischen Läden stöbern und in vielen **Restaurants** unverfälschte fernöstliche Küche probieren.

Abends nach Ladenschluss sollte man das Viertel aber meiden und auch tagsüber auf keinen Fall über die East Hastings Street zurückgehen (Stichwort »**Drogenhochburg**« ➤ Seite 528).

Chinese Garden

Der ***Dr. Sun Yat-Sen Classical Chinese Garden*** (578 Carrall St) ist eine Idylle inmitten von Geschäftigkeit und bildet einen Kontrast zu den Beton- und Glasstrukturen der City. Für den Eintritt ($16/ $12) ist er aber verhältnismäßig klein; Mitte Juni-August täglich 9.30-19 Uhr, sonst kürzer; https://vancouverchinesegarden.com.

Nebenan befindet sich noch ein ***Chinese Garden*** mitsamt ***Cultural Centre Museum***, in dem oft interessante Kunstausstellungen zu sehen sind; 555 Columbia Street; geöffnet Di-So 11-17 Uhr, Eintritt frei; www.cccvan.com/chinese-cultural-centre-museum.

Nebenan in der 555 Columbia Street befindet sich ein ***Chinese Garden*** mitsamt ***Cultural Centre Museum***, in dem oft Kunstausstellungen laufen (Di-So 11-17 Uhr, Eintritt frei www.cccvan.com). Die Problemviertel östlich von Chinatown entlang der Hastings Street (Straße #7A) sollte man besser meiden.

Granville Island

Südlich der City mitten im False Creek Meeresarm liegt unter der ***Granville Bridge*** die gleichnamige künstlich aufgeschüttete (Halb-) Insel, die bis in die 1970er-Jahre hinein als Industriestandort diente. Der 1979 in den alten Lagerhallen eröffnete ***Granville Island Public Market*** entwickelte sich rasch zu einem Feinschmecker-Markt, der heute an 7 Tagen die Woche 9-18 Uhr Einheimische wie auch Touristen aus aller Welt anlockt. Der Komplex umfasst neben Restaurants mit Open-Air-Terrassen und Blick auf die *Vancouver Skyline* auch noch Kunstgalerien (mit schönen Werken indigener Künstler) sowie eine Kunsthochschule (*Emily Carr University of Art & Design*); https://granvilleisland.com.

Yachthafen, Parkanlage samt Abenteuerspielplatz, Wohnquartiere an und auf dem Wasser und das ***Granville Island Hotel*** (ab $500 im Sommer; https://granvilleislandhotel.com) mit eigener Hausbrauerei (*Dockside Brewery*, https://docksidevancouver.com) ergänzen das facettenreiche Ambiente.

Aquabus nach Granville Island

Von einer Anfahrt mit dem eigenen Auto (unterhalb der *Granville Bridge* über die W 2nd Ave auf die Anderson St) ist abzuraten, da die Parkplätze auf Granville Island und in der Umgebung immer überfüllt sind. Von der Innenstadt nimmt man daher am besten:

- den ***Aquabus*** ab Anleger *Hornby Street Dock* (südlich vom Ostende der *Burrard Bridge*) oder Davie St Yaletown ab 7 Uhr alle 5-15 min. Tickets kosten *one-way* $4-$8, für Kinder $2,50-$6 und Tagespässe $19/$17; https://theaquabus.com) oder
- die ***False Creek Ferries*** ab dem *Aquatic Centre* hinüber zur Anlegestelle am *Public Market* (jeweils Pendelverkehr alle 5-15 min tägl. ab 7 Uhr; Tickets *one-way* $4-$11, für Kinder $2,50-$9; Tagespässe $18/$16; https://granvilleislandferries.bc.ca.

Tipp: Ein besonderes Erlebnis ist die Fahrt mit dem *Aquabus* von Yaletown bis English Bay kurz vor Sonnenuntergang, wenn die ***»City of Glass«*** wie 1.000 Diamanten funkelt.

Blick von der Granville Bridge auf die Marinas am False Creek und die Burrard Street Bridge

Vanier Park

Am Ufer des False Creek eingangs der English Bay liegt der *Vanier Park* mit drei interessanten Museen. Zu Fuß ist man dorthin ab dem *Aquatic Centre* und über die *Burrard Bridge* etwa 15 min unterwegs, ab dem *Granville Island Market* ähnlich lange.

Museen

Das ***Museum of Vancouver*** (***MOV***) informiert lebendig über die Geschichte der Stadt. Permanente Galerien thematisieren die Gründung, das Leben der Einwohner (*Vancouverites*) sowie die Kultur der *First Nation*, hinzukommen zahlreiche Sonderausstellungen. Im Sommer 10-17 Uhr, Do+Fr+Sa bis 20 Uhr; $15/$10; 1100 Chestnut Street; https://museumofvancouver.ca. Sehenswert!

Das benachbarte ***H.R. MacMillan Space Centre*** birgt eine Weltraum-Ausstellung, das *Ground Station Canada Theatre* und das moderne ***Planetarium Star Theatre***; Tickets $18; Zeiten variabel, aktuell unter: www.spacecentre.ca.

Im Mittelpunkt des ***Vancouver Maritime Museum***, nur wenig weiter westlich im Park, steht das originalgetreu restaurierte *RCMP*-Patrouillenboot ***St. Roch***. Mit diesem kleinen Holzschiff wurde Anfang der 1940er-Jahre erstmalig die Nordwestpassage in West-Ost-Richtung bezwungen und nach der Panama-Kanal-Durchquerung hatte es Nordamerika voll umrundet. Ansonsten bietet das betagte Museum eher wenig; Di-So 10-17 Uhr, Eintritt $13,50/$10-$11; 1905 Ogden Avenue; https://vanmaritime.com.

False Creek/ Science World

Am südöstlichen Rand von Downtown Vancouver liegt das ehemalige Expo-Gelände (1986) am **False Creek** zwischen *Granville Bridge* und Main Street, heute ein attraktives Wohnviertel mit zahlreichen Hochhäusern und Stadtparks. Neben *Sky Train* und *BC Place Stadium* blieb nur das *Expo Center* von den Gebäuden der Weltausstellung übrig (1455 Quebec Street). Es beherbergt das sehr anschauliche naturwissenschaftliche Museum ***Telus World of Science***. Geöffnet im Sommer täglich 10-18 Uhr, die übrige Zeit meist nur bis 17 Uhr; $30/$20-$24; www.scienceworld.ca. Lohnenswert in erster Linie mit wissbegierigen Kindern!

Zum Gebäudekomplex gehört noch der auffällige *Geodesic Dome*, eine kreisrunde Konstruktion nach Art des Brüsseler Atomiums. Das Innere der Kugel dient als riesige Projektionsfläche für tolle **OMNIMAX**-Filme ($13 oder mit Museumseintritt +$6,50). Aktuelles Programm unter www.scienceworld.ca/omnimax.

BC Place Stadium

Im *BC Place*, einem knapp 55.000 Zuschauer fassenden geschlossenen Stadion mit einer Zeltkonstruktion als Dach, fanden die eindrucksvollen Eröffnungs- und Schlusszeremonien der olympischen Winterspiele 2010 statt (777 Pacific Blvd, www.bcplace.com). Das ***BC Sports Hall of Fame and Museum*** gleich nebenan ist eher nur etwas für absolute Fans (Eingang Gate A), im Sommer täglich 10-17 Uhr, sonst Mo geschlossen; $18/$12; https://bcsportshall.com.

Eisenbahn

Alle, die sich für Eisenbahnen interessieren, könnten noch im *Roundhouse Centre* vorbeischauen. Dort steht die ***Engine No. 374***, die im Mai 1887 mit den ersten Passagierwaggons in Vancouver ankam; 181 Roundhouse Mews; www.wcra.org/engine-374.

Geodesic Dome des Omnimax Kinos als Teil der Telus Science World; im Hintergrund das BC Place Stadion

1.4.2 Südwestliche Vororte

Kitsilano Beach

Im Westen geht der *Vanier Park* (➤ links) über in den *Hadden Park* und nach nur wenigen hundert Metern gelangt man schon zum populärsten Strand der Stadt (keine 10 min zu Fuß ab dem *Museum of Vancouver*). ***Kitsilano Beach*** bietet alle erdenklichen Einrichtungen für aktive Freizeitgestaltung: Basket- und Volleyballplätze, Tenniscourts, Surfschule, Duschen, Picknicktische sowie ein geheiztes Salzwasser-Schwimmbad für alle, denen es im Meer zu kalt ist (***Kitsilano Pool***, 2305 Cornwall St; geöffnet Mai-Mitte Sept; im Hochsommer 9-20.30 Uhr, sonst kürzer; $7/$3-$5).

Die Umgebung der ***Kits Beach*** gehört zu den besseren Vierteln der Stadt. Shops, Restaurants und Kneipen, sog. in Wohngebieten anderswo selten vorhandene *neighbourhood pubs,* sind zahlreich. Man findet sie vor allem in der 4th Ave, der Hauptstraße der *Kits Region,* zwischen Burrard und Highbury.

West Marine Drive

Westlich der *Kits Beach* stößt man am Ufer des ***Jericho Beach Park*** auf Yachthäfen und auf eine der *HI*-Jugendherbergen der Stadt (➤ Seite 529). Ab der ***Locarno Beach*** rund um die ***University Peninsula*** verläuft der Marine Drive. Die Küstenstraße passiert zunächst die langgestreckte ***Spanish Banks Beach***. Ab hier beginnt die Steilküste und es geht hinauf zum Campus der ***University of British Columbia*** (UBC; www.ubc.ca). Oben versperrt dichter Regenwald den Blick über die Strait of Georgia, die Meeresstraße zwischen Festland und Vancouver Island.

Museum of Anthropology

> Das MOA bleibt bis Juni 2024 wegen Renovierung geschlossen!

An der Spitze der Halbinsel thront das ***Museum of Anthropology***, eine Konstruktion aus Glas und Beton über den Klippen des *Point Grey*. Glanzstücke des **MOA** sind **einige der schönsten und ältesten Totempfähle** Kanadas. Sie als solche und ihre eindrucksvolle Präsentation in der hohen lichten Halle allein lohnen schon den Besuch. Besonderes Gewicht liegt auf den Arbeiten von **Bill Reid,** einem bekannten Haida-Schnitzer und Kanubauer. Ein ganzer Raum (Rotunda) ist seinem Werk »*The Raven and the First Men*« gewidmet. Den Schwerpunkt der Ausstellung bildet die umfangreiche Kollektion von Kunst- und Gebrauchsgegenständen

der Küstenureinwohner. Mit begrenzteren Sammlungen sind auch Zivilisationen anderer Kontinente vertreten; Mitte Mai-Mitte Oktober, tägl. 10-17 Uhr, Do bis 21 Uhr, sonstige Zeit Mo geschlossen; $18/$16, Familie $47; 6393 NW Marine Dr; https://moa.ubc.ca.

Gärten

Zu einer Pause im Grünen lädt der hübsche japanische ***Nitobe Memorial Garden*** der Universität ein (direkt am NW Marine Dr südlich des Museums, ca. 300 m zu Fuß). Geöffnet April-Oktober täglich 10-16.30 Uhr, sonst Mi-So 10-14 Uhr; Eintritt $7/$4.

Wreck Beach

Vom steilen Südwestufer der *University Peninsula* führen Pfade vom Marine Drive durch die üppige Vegetation hinab zur 8 km langen *Wreck Beach,* dem inoffiziellen **Nacktbadestrand** von Vancouver, wo sich zwischen angeschwemmten Holzstämmen Badeleben, Grillpartys und ein bisschen Kommerz abspielen. Der ***Beach Trail #6*** (Start schräg gegenüber der Einmündung des University Boulevard in den Marine Drive) führt in den belebteren Strandbereich.

Die ***Trails* #3** und **#4** beiderseits des *Museum of Anthropology* enden in ruhigeren Arealen.

Universitätsparks

Die *University of British Columbia* (UBC), der diese Halbinsel ihren Namen verdankt, ist nicht nur Eigentümer von Grund und Boden des Campus, der mitsamt ausgedehnten Wohnanlagen für Studenten und Einfamilienhaus-Siedlungen für den Lehrkörper über 400 ha bedeckt. Ihr gehören darüber hinaus ausgedehnte unbebaute ***University Endowment Lands*** weiter südlich und östlich der genutzten Fläche. Ein Teil davon bildet ein durch Spazierwege und (wenige) Straßen erschlossenes **Parkgelände** größer als der citynahe *Stanley Park*, der Rest bildet eine Art »ökologische Nische«.

Am südwestlichen Rand der *Endowments Lands* passiert man beidseitig des Marine Drive den **Botanischen Garten der UBC**. Die Areale sind durch eine Unterführung (nur für Fußgänger) miteinander verbunden. Speziell der ***David C. Lam Asian Garden*** lohnt einen Spaziergang. Er ist weit mehr als die Bezeichnung vermuten lässt: nämlich eher ein **Arboretum** voller im Regenwald heimischer Bäume und Sträucher; 6804 SW Marine Drive; April-Okt täglich 10-16.30 Uhr, $10/$5; https://botanicalgarden.ubc.ca.

Van Dusen Garden

Auf dem Weg zum unverzichtbaren *Queen Elizabeth Park* kann man noch einige Kilometer östlich der UBC im ***Van Dusen Botanical Garden*** einen Stopp einlegen. Er ist größer und insgesamt noch attraktiver; geöffnet im Sommer täglich 9-20.30 Uhr; Eintritt $11/$5,50. Wer Hunger verspürt, findet dort das ansprechende ***Shaughnessy Restaurant*** mit einer zwar kleinen, aber guten Auswahl an Gerichten; 5251 Oak St, www.vandusengarden.org.

Queen Elizabeth Park

Der (kostenlose) Besuch des ***Queen Elizabeth Park*** ist Programmpunkt aller geführten Stadtrundfahrten. Fein und mit herrlichem Weitblick über Vancouver (dafür gar nicht mal übermäßig teuer) speist man dort im ***Seasons in the Park Restaurant*** (33rd Avenue) mit kreativer Westküstenküche und Sonnenterrasse. Eine Reservierung ist selbst zur *lunchtime* zu empfehlen: ✆ (604) 874-8008 bzw. www.vancouverdine.com/seasons.

Oben auf dem **Little Mountain**, der mit 150 m höchsten Erhebung der Stadt, steht mit dem ***Bloedel Conservatory***, ein architektonisch reizvolles Gewächshaus mit vielen tropischen Pflanzen; 4600 Cambie Street; im Sommer täglich 10-20 Uhr, sonst kürzer; $7,20, Kinder $4-$5. Der schönste Aussichtspunkt mit tollem Panorama auf Downtown versteckt sich zwischen Restaurant und *Conservatory*, viele übersehen den unscheinbaren Zugang.

Downtown Vancouver und dahinter der Grouse Mountain

Burnaby Village Museum

1.4.3 Sehenswertes östlich der City

Burnaby

Von der ***Burnaby Mountain Conservation Area***, rund 15 km östlich von Downtown Vancouver (erreichbar auf der Hastings Street/ Straße #7A in Richtung Coquitlam), fällt der Blick aus größerer Entfernung über ganz Vancouver und die Strait of Georgia nach Westen. Am Aussichtspunkt an der Westseite des Parks (100 Centennial Way) belohnt bei Schönwetter ein herrlicher Sonnenuntergang die weite Anfahrt. Am *Kamui Mintara*, dem Spielplatz Gottes, ragen japanische *Totems* in die Höhe.

Eine gute Übersichtskarte mit allen Anlaufpunkten und Wanderwegen findet sich unter: www.burnaby.ca/explore-outdoors/walking-hiking-and-biking/burnaby-mountain-conservation-area-trails.

Auf dem 370 m hohen Berg liegt außerdem das Gelände der ***Simon Fraser University***. Von Lage und Großzügigkeit dieses Campus' können deutsche Studenten und Professoren nur träumen.

Village Museum

Vom Mountain Park ist es nicht sehr weit zum ***Burnaby Village Museum***. Es liegt unweit des *Trans-Canada Hwy* durch Burnaby (Exit 33/Kensington Ave South). Das regionaltypische Dorf im Stil des ausgehenden 19. und frühen 20. Jahrhunderts ist im Vergleich zu anderen »lebenden Museen« zwar recht klein, vermittelt aber mit liebevoll gepflegter Kulisse und kostümierten Darstellern ein stimmiges Bild der Zeit; 6501 Deer Lake Ave; im Sommer meist Mo-So 11-16.30 Uhr; Eintritt frei; www.burnabyvillagemuseum.ca.

Deer Lake Park

Ebenfalls im Stadtpark am Deer Lake präsentiert die ***Burnaby Art Gallery*** im ***Ceperley House*** Werke des 20. Jh. unter Berücksichtigung der lokalen Kunstszene; 6344 Deer Lake Ave unweit des *Village Museum* am See; Di-Fr 10-16.30 Uhr, Sa+So 12-17 Uhr; Spende $5; www.burnabyartgallery.ca. Gleich nebenan lohnt im ***Century Gardens*** ein Spaziergang durch die Rhododendren.

Metrotown

Für einige sicher ein Grund nach Burnaby zu schauen: Dort befindet sich an der 1A/99A der **größte Shopping- und Entertainment-Komplex** von British Columbia. Die ***Metropolis at Metrotown*** besteht aus drei mehrstöckigen, durch Fußgängerbrücken verbundene

Malls mit fast 400 Läden und bietet neben dem totalen Konsumtrip auch noch Vorstellungen in den 10 Kinosälen der *Silver City Metropolis Cinemas* sowie eine Auswahl an Restaurants. Jede Menge Parkraum und eine eigene *SkyTrain Station* erleichtern die Anfahrt; 4700 Kingsway; www.metropolisatmetrotown.com.

Rodeo in Surrey

Ende Mai (*Victoria Day Weekend*) findet das 4-tägige ***Cloverdale Rodeo*** in **Surrey** statt, einem südöstlichen Vorort. Es handelt sich um das größte Rodeo in BC. Wer zu dieser Zeit gerade in Vancouver weilt, sollte es nicht verpassen; https://cloverdalerodeo.com. Näheres zum Ablauf und den typischen Rodeo-Wettbewerben ➤ *Calgary Stampede*, Kasten Seite 670.

Nadelöhr Lions Gate Bridge, die »Rush Hour« früh morgens und spätnachmittags sollte man dort besser meiden

1.4.4 North Vancouver und Umgebung

Lions Gate Bridge

In die nördlichen Vororte Vancouvers jenseits der tief ins Land reichenden Bucht, die je nach Standort Burrard Inlet, Second Narrows Inlet oder Indian Arm heißt, geht es von **Downtown** durch den *Stanley Park* über die ***Lions Gate Bridge***. Die von der *Guinness*-Familie einst als »Privatunternehmung« errichtete, heute **gebührenfreie** Brücke sorgt erst seit 1938 für die verkehrstechnische Anbindung des nunmehr dicht besiedelten Stadtnordens an die City. Bis dahin war er nur per Boot erreichbar. Die mit nur drei Fahrspuren relativ schmale und daher häufig verstopfte *Lions Gate Bridge* führt in North Vancouver direkt auf den Marine Drive, die schönste Küstenstraße der Stadt.

Second Narrows Bridge/ Deep Cove

Die zweite Brücke nach North Vancouver, die ***Ironworkers Memorial Second Narrows Bridge***, nimmt 9 km weiter östlich die Autobahn des bis Horseshoe Bay laufenden *Trans-Canada Highway* auf. Von ihrer Nordseite (Exit 23) führt der ***Dollarton Highway*** am *Cates Park* vorbei nach **Deep Cove** am Indian Arm. Der Ort am Südwestzipfel des 18 km langen, tief eingeschnittenen Fjords eignet sich bestens für einen Bummel und ein Picknick am Strand. Im bunten Hafen dümpeln Fischerboote neben vielen eleganten Yachten.

Baden-Powell Trail

In Deep Cove beginnt bzw. endet der sehr schöne ***Baden-Powell*** **Höhenwanderweg** (42 km) durch die *North Shore Mountains*. Er steigt zunächst auf in den ***Mt. Seymour Provincial Park*** und läuft über dem ***Lynn Canyon***, ***Capilano River*** und ***Cypress Park*** bis **Horseshoe Bay**. Da man diese Parks alle per Auto ansteuern kann, lassen sich auch überschaubare **Teilabschnitte** ablaufen.

Mount Seymour Provincial Park

Der ***Mount Seymour PP*** liegt hoch über dem Indian Arm nordöstlich der Wohngebiete von North Vancouver. Vom TCH (Exit 22B) geht es zunächst auf dem Mount Seymour Parkway bis zum Eingang (kein Eintritt!) und von dort dann über zahlreiche Serpentinen zum großen Parkplatz des Winterskigebiets in ca. 1.000 m Höhe, wo auch tolle Nacht-Abfahrten mit Flutlicht und Blick auf das Lichtermeer von Vancouver möglich sind; 18 km *one-way* ab dem TCH; https://bcparks.ca/explore/parkpgs/mt_seymour.

Das Besucherzentrum ganz oben (mit ***Rock Chute Bar & Grill*** nebenan) ist Ausgangspunkt für eine Reihe von ***Trails***. Minimalprogramm wäre dort die 20-minütige Kurzwanderung zum Aussichtspunkt am 1.117 m hohen **Dinky Peak** (1,3 km retour; 50 HM). Bis zum Gipfel des **Mount Seymour** (1.455 m) sind es 4 km *one-way* und 500 HM. Tipp: Auf der Zufahrtsstraße ist das Panorama von den Picknickplätzen nicht so schön wie etwa im gleich hohen *Cypress PP* (z.B. beim *High View Lookout*, ➤ Seite 546).

Lynn Canyon

Vom TCH Exit 19 führt die Lynn Valley Road zum ***Lynn Canyon Park***. Dort überspannt eine 50 m hohe **Hängebrücke** eindrucksvoll die Schlucht und das ***Ecology Centre*** (Spende $2) informiert über den Umweltschutz in Kanada. Die Tore des Parks haben im Sommer täglich 7-20 Uhr geöffnet (sonst meist nur bis 18 Uhr), das *Centre* 10-16/17 Uhr; https://ecologycentre.ca. Eine **kostenlose (!) Alternative zur *Capilano Bridge***.

Capilano Bridge

Von der Abfahrt 14 des *Trans-Canada Hwy* bzw. vom Marine Dr östlich der *Lions Gate Bridge* gelangt man auf die **Capilano Road** und zur gleichnamigen, 70 m tiefen Schlucht. Touristenmagneten sind dort die alte, 137 m lange **Hängebrücke** (erstmals 1888 errichtet, 1956 erneuert), ein Baumkronen-Pfad (***Treetop Adventure***) und der ebenso schwindelerregende, erst 2011 hinzugefügte ***Cliffwalk***. Hierbei handelt es sich um einen nur 50 cm schmalen, freitragenden Holzsteg, der sich auch 'mal in einem großen Bogen von den Canyonwänden entfernt. Außerdem darf man im Park noch indigene Holzschnitzer bei der Arbeit und rund zwei Dutzend Totempfähle bewundern. Der Eintrittspreis ist beachtlich: $67/$27-$37. Von Mitte Mai bis Anfang Sept. tägl. 8.30-20 Uhr; sonst von 9/10 Uhr bis zur Dämmerung; Weihnachtliche Beleuchtung (*Canyon Lights*) von Mitte Nov bis Mitte Januar; www.capbridge.com.

Capilano River Regional Park

Hauptattraktion des *Regional Park* weiter oben an der Capilano Road ist die eintrittsfreie ***Capilano River Hatchery***, wo jedes Jahr mehr als eine Million Lachse aufgezogen und freigelassen werden. Kurze Zufahrt auf der Capilano Park Road (ausgeschilderte Straße durch den Regionalpark).

Spaziergang über den Capilano Canyon, Zwischenziel aller Stadtrundfahrten; eine Hängebrücke zum Nulltarif gibt es im Lynn Canyon Park

1

Hinter Glasfenstern an der Fischleiter (***fishway***) im Fluss kann man auch die aus der Wildnis zurückkehrenden Lachse beobachten; *Coho Salmon* von Juni bis November und *Chinook* im Okt/Nov. Das ***Hatchery Interpretive Centre*** hat täglich geöffnet Juni-August 8-20 Uhr, im September 8-19 Uhr, sonst kürzer. Dort startet auch die 1 km lange, ebene ***Coho Loop*** entlang des Capilano River. Noch besser aber ist die Rundwanderung flussaufwärts bis zum *Cleveland Dam*, der den Fluss zum Trinkwasserreservoir für Vancouver aufstaut. So spaziert man gut 3 km durch Regenwald und hat unterwegs immer wieder schöne Blicke in den *Capilano Canyon*; 100 HM; www.vancouvertrails.com/trails/capilano-canyon.

Den Damm erreicht man alternativ auch bequem per Auto. Dafür lässt man an der Capilano Road die südliche Parkeinfahrt »links liegen« und folgt der Straße noch ein paar Kilometer bis kurz vor dem Übergang in den Nancy Greene Way. Dort zweigt die 300-m-Stichstraße zum *Cleveland Dam* ab.

Grouse Mt

Am Ende der verlängerten Capilano Rd (6400 Nancy Greene Way) liegt die Talstation des ***Grouse Mountain Skyride*** (9-22 Uhr, alle 15 min; www.grousemountain.com). Wer den Blick über die Umgebung aus 1.231 m Höhe genießen möchte, muss etwas tiefer ins Portemonnaie greifen: Tickets für Gondelfahrt und Sessellift zum Gipfel kosten \$69/\$36-\$49, Familien zahlen \$179 (vier Personen). Neben der Aussicht warten dort noch Ziplines, Kletterpark sowie ein kleines *Wildlife Refuge* mit **Grizzlybären**, Eulen, Kolibris und *Ranger Talks* 4x täglich den Sommer über. Das **Restaurant *The Observatory*** (angesichts der Lage nicht überteuert) bietet oft Menu inkl. Auffahrt bei Reservierung: www.observatoryrestaurant.ca.

Grouse Mountain Seilbahn

Cypress Provincial Park

Über den Exit 8 des TCH, der dort hoch über der Küste verläuft, und die serpentinenreiche Zufahrt ***Cypress Bowl Road*** erreicht man den obersten Parkplatz im ***Cypress Provincial Park*** in rund 1.000 m Höhe über dem Meer (kein Eintritt). Ein Besuch lohnt wegen des weiten **Blicks über Vancouver** und die Meerenge Strait of Georgia bis hinüber nach Vancouver Island. Im Südosten erkennt man die immer schneebedeckte Spitze des Vulkans Mount Baker im US-Bundesstaat Washington. Deshalb sollte man auf jeden Fall rund 5 km bis zur ersten Kehre der Cypress Bowl Road fahren. Dort zeichnet sich der ***High View***-Picknickplatz als einer der besten Aussichtspunkte über Downtown und das Tal des Fraser River aus – vielbesucht zum Sonnenuntergang. Das Panorama eine Kehre höher ist ebenfalls sehr schön. Am Straßenende beginnen diverse **Wanderwege**, darunter der ca. 1,5 km lange Weg bis zum *Bowen Lookout*, wo der Blick gen Westen schweift (160 HM).

Lighthouse Park

Auf dem Headland/Marine Drive ab Exit 4 des TCH erreicht man den urwüchsigen ***Lighthouse Park*** auf einer Landzunge in der südwestlichsten Ecke von West Vancouver. Eine Rundwanderung durch unberührten Regenwald führt zum alten, malerisch gelegenen Leuchtturm (ca. 3 km).

Horseshoe Bay

Durch traumhafte Wohngebiete mit vielen kleinen und großen Yachthäfen lässt sich nun – statt dazu wieder auf den TCH zurückzukehren – die Fahrt bis **Horseshoe Bay** fortsetzen. Dort sollte man den Abstecher zum ***Whytecliff Park*** nicht auslassen. Unter den vielen schönen Parks im Bereich Vancouver ist diese Anlage hoch über dem Meer eine der reizvollsten. Bereits die (ausgeschilderte) Anfahrt lohnt den kleinen Abstecher.

Fähren nach Vancouver Island

In Horseshoe Bay legen die **(Auto-)Fähren nach Vancouver Island** zur *Departure Bay* in Nanaimo ab. Auch mit der Fähre nach Langdale gelangt man über den Umweg ***Sunshine Coast*** (➤ Exkurs rechts) hinüber nach Vancouver Island.

Abfahrt von Horseshoe Bay in Richtung Vancouver Island oder Sunshine Coast

Britannia Beach

Ein beliebter Ausflug führt nach **Britannia Beach** am oberen Howe Sound (30 km *one-way* ab Horseshoe Bay). Dort befindet sich Kanadas einstmals größte Kupfermine mit dem interessanten ***Britannia Mine Museum***; geöffnet Mai-Mitte Okt täglich 9-17 Uhr; Eintritt $40, Kinder $22-$31; www.britanniaminemuseum.ca.

Hauptattraktionen dieses Museums sind die Show *BOOM!*, die das Geschehen in den 1920er-Jahren actionreich simuliert, sowie die alte Minenbahn, mit der es 45 Minuten lang in die Bergwerksstollen geht. Bei 12°C vermittelt die Untertagefahrt hautnah das Bild harter Bergwerksarbeit. Eindrucksvoll ist die tösende Demo klassischer und moderner Abbautechniken. Als Draufgabe gibt es noch einen im Übertagebau (*open pit mining*) eingesetzten *Giant Haul Truck* sowie **Goldwaschen** mit Erfolgsgarantie.

Britannia Beach liegt auch am Weg für alle, die ihre Rundreise ab Vancouver entweder über den *Sea to Sky Hwy* starten oder auf dieser Strecke zum Ausgangspunkt zurückkehren, ➢ Seite 553ff.

Ausflug an die Sunshine Coast

https://sunshinecoastcanada.com

Der Name ist Programm: Der klimatisch begünstigte Küstenabschnitt nördlich von Vancouver gehört noch zum BC-Festland, versprüht aber mit seinen malerischen Buchten und langgezogenen Fjorden bereits Insel-Flair. Überdurchschnittlich viele **Künstler** haben sich dort niedergelassen. Mit lila Flaggen kennzeichnen sie ihre geöffneten Ateliers und Galerien. Oft dürfen Besucher ihnen dann sogar bei ihrer Arbeit zuschauen. Baden und Wassersport stehen im Sommer an der *Sunshine Coast* ebenfalls hoch im Kurs. Zu den spannendsten Paddeltouren der Provinz zählt die ***Powell River Forest Canoe Route***, eine 57 km lange, 5-tägige Tour von See zu See und durch entlegene Wildnis (beste Zeit: Juni-Oktober). Und auf alle, die gerne länger zu Fuß unterwegs sind, wartet noch Kanadas längster Hütten-Wanderweg, der ***Sunshine Coast Trail***, der auf einer Länge von 180 km einsame Küsten, urwüchisge Regenwälder, glasklare Seen und lachsreiche Flüsse passiert. Kürzere Etappen ab Powell River oder Saltery Bay sind ebenso möglich; https://sunshinecoast-trail.com.

Rund 40 min dauert die Fährfahrt über die nicht selten nebelverhangene Meerenge Howe Sound, die **Horseshoe Bay** von der *Sunshine Coast* trennt. Von der Anlegestelle **Langdale** führt der *Sunshine Coast Highway* (#101) zunächst vorbei am Fischer- und Touristenstädtchen **Gibsons** mit zahlreichen Unterkunftsmöglichkeiten und einem attraktiven Hafen (weit in die Bucht hineinreichender *Boardwalk*-Pier am Ende der School Road). Nach 26 km ist das ebenfalls hübsch gelegene **Sechelt** erreicht, das durch seine **sehenswerte Totempfahl-Sammlung** hervorsticht. Eine gute Info-Broschüre dazu liegt im Besucherzentrum an der 5790 Teredo Street aus; im Hochsommer 9-17 Uhr, sonst kürzer (auch online einsehbar unter http://fliphtml5.com/kjno/lqix).

Von **Earls Cove**, 80 km von Langdale entfernt, legen die Fähren nach **Saltery Bay** ab. Wer danach noch Vancouver Island besuchen möchte, fährt ab **Saltery Bay** weitere 31 km auf dem nördlichen Abschnitt des *Sunshine Coast Hwy* bis **Powell River** und setzt von dort mit der Fähre nach Comox/Courtenay über. Alle, die in Powell River (mit 13.000 EW größter Ort an der Sonnenschein-Küste) über Nacht bleiben, können auch noch dem charmanten Fischerdorf **Lund** am nördlichsten Ende des Hwy 101 einen Besuch abstatten (56 km retour). Für Tagesausflügler ab Vancouver geht es auf gleichem Wege zurück.

Mt Robson (3.954 m) vom Yellowhead Highway

Routen durch den Südwesten Kanadas

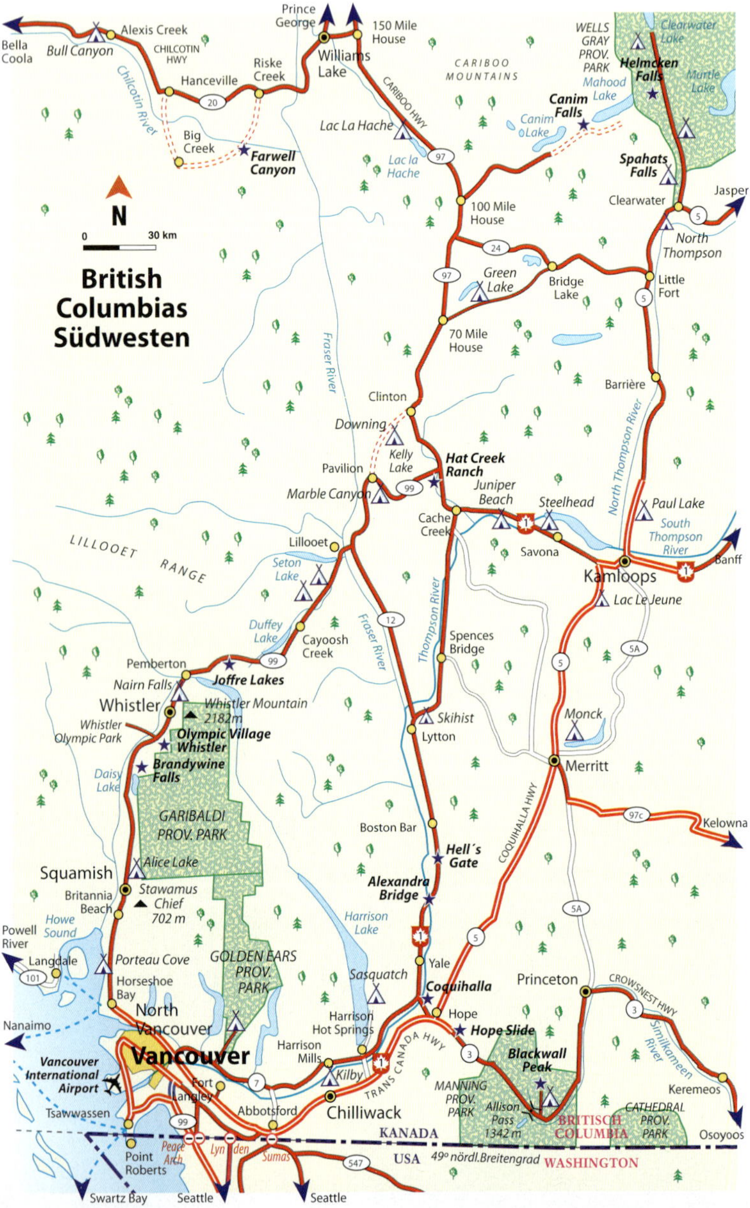
British Columbias Südwesten
N
0
30 km
Bella Coola
Bull Canyon
Alexis Creek
CHILCOTIN HWY
Chilcotin River
Hanceville
20
Riske Creek
Big Creek
Farwell Canyon
Prince George
Williams Lake
150 Mile House
CARIBOO HWY
Lac La Hache
Lac la Hache
97
CARIBOO MOUNTAINS
WELLS GRAY PROV. PARK
Clearwater Lake
Helmcken Falls
Murtle Lake
Mahood Lake
Canim Falls
Canim Lake
Spahats Falls
Clearwater
Jasper
5
North Thompson
100 Mile House
24
Green Lake
Bridge Lake
Little Fort
70 Mile House
Barrière
North Thompson River
Fraser River
Clinton
Downing
Kelly Lake
Pavilion
Marble Canyon
99
Hat Creek Ranch
Juniper Beach
Steelhead
Paul Lake
South Thompson River
Cache Creek
1
Savona
Kamloops
Banff
Lac Le Jeune
LILLOOET RANGE
Lillooet
Seton Lake
Duffey Lake
Cayoosh Creek
12
Thompson River
Spences Bridge
5A
Pemberton
Joffre Lakes
Nairn Falls
Whistler
Whistler Mountain 2182 m
Whistler Olympic Park
Olympic Village Whistler
Brandywine Falls
Daisy Lake
Skihist
Lytton
Monck
Merritt
GARIBALDI PROV. PARK
Boston Bar
97c
Kelowna
COQUIHALLA HWY
Squamish
Alice Lake
Stawamus Chief 702 m
Britannia Beach
Hell´s Gate
Alexandra Bridge
Howe Sound
Powell River
Harrison Lake
Langdale
101
Porteau Cove
GOLDEN EARS PROV. PARK
Yale
Horseshoe Bay
Sasquatch
Princeton
CROWSNEST HWY
Coquihalla
North Vancouver
Nanaimo
Harrison Hot Springs
Hope
Hope Slide
Similkameen River
TRANS CANADA HWY
Vancouver
Harrison Mills
3
Blackwall Peak
Vancouver International Airport
Kilby
Fort Langley
7
MANNING PROV. PARK
Keremeos
Tsawwassen
Abbotsford
Chilliwack
Allison Pass 1342 m
BRITISCH COLUMBIA
CATHEDRAL PROV. PARK
KANADA
Osoyoos
Point Roberts
Peace Arch
Lyn den
Sumas
547
USA
49° nördl.Breitengrad
WASHINGTON
Swartz Bay
Seattle
Seattle

2. REISEROUTEN AB VANCOUVER

2.1 Routen ab Vancouver in die Rocky Mountains

Vancouver (oder auch Seattle/USA) ist dank seiner guten internationalen Fluganbindung der perfekte Ausgangspunkt für eine Rundreise durch den Südwesten Kanadas. Ziel der meisten Besucher sind die **Nationalparks in den Rocky Mountains**, allen voran der *Banff* und *Jasper Nat'l Park*, die sich ab Vancouver auf unterschiedlichen Routen ansteuern lassen:

Trans-Canada Highway (TCH)

Die schnellste und zugleich mit unter 800 km kürzeste Verbindung – ***Trans-Canada Hwy* #1** gemeinsam mit dem ***Coquihalla Hwy* #5** – führt über Hope direkt nach Kamloops und weiter zum **Banff Nationalpark**. Schöner und nur 70 km länger ist – bei Verbleib **ab Hope** auf dem TCH – die Fahrt entlang des Fraser River über Cache Creek nach Kamloops (➤ **Route 2.3.1**, Seite 566) und von dort dann weiter in Richtung Lake Louise (Beschreibung der Sehenswürdigkeiten zwischen Kamloops und dem Banff Nationalpark ➤ **Kapitel 4.1**, Seite 635ff). Die Gesamtstrecke ist in nur zwei Tagen zu schaffen, am besten mit Übernachtung am Three Valley Lake oder in Revelstoke. Mehr Zeit benötigt aber, wer en route noch etwas unternehmen möchte wie z.B. einen Ausflug zu den alpinen Blumenwiesen beim Mount Revelstoke oder Wanderungen im nahegelegenen Glacier Nationalpark.

Über die Straße #99

Landschaftlich noch reizvoller wird die Tour, wenn man **zwischen Vancouver und Cache Creek/Kamloops** nicht den TCH wählt, sondern ab North Vancouver den ***Sea to Sky Hwy*** (Straße #99) über Whistler und Lillooet folgt; ➤ **Route 2.2.1**, Seite 553ff. Kilometermäßig sind beide Optionen nahezu identisch.

2

Icefields Parkway, Traumstraße und -ziel der meisten Kanada-Urlauber

Über den Yellowhead Highway

Empfehlenswert ist auch die Fortsetzung der Reise über **Tête Jaune Cache**. Dafür geht es ab Kamloops (am TCH) auf der Straße #5 weiter nach Norden und im Anschluss auf dem ***Yellowhead Hwy*** (#16; ➢ Seite 576ff) direkt **in den *Jasper NP*** und von dort über den *Icefields Parkway* hinunter **zum *Banff NP***; ➢ **Route 3.3**, Seite 585ff. Entlang dieser Strecke empfiehlt es sich mindestens (!) drei Übernachtungen einzuplanen, u.a. in dem Örtchen **Clearwater** (Besuch des *Wells Gray Provincial Park*!) und beim Mount Robson. Bis **Jasper** sind es ab Vancouver bei dieser Variante etwas über 1.000 km.

Crowsnest Highway

Die südlichste Alternative, der ***Crowsnest Highway***, der sich ab Hope/TCH durch die Bergwelten an der Grenze zu den USA in Richtung Osten schlängelt, sollte nur wählen, wer sehr viel Zeit mitbringt (➢ **Route 4.4**, Seite 654ff). Die Fahrt (1.000 km) bis zum *Crowsnest Pass* in den *Rockies* »zieht sich«, und dann ist man noch lange nicht im »Kerngebiet« rund um Banff/Lake Louise.

Vancouver Island

Gerne in Veranstalterkatalogen angepriesen werden Rundreisen mit einem großen »Umweg« über **Vancouver Island**. Für diese Insel werden allerdings weitaus mehr Urlaubstage benötigt, als die Nord-Süd-Ausdehnung vermuten ließe. Ein reines »Abspulen« der 500 km zwischen den Fähranlegestellen Victoria–Port Hardy bringt nicht viel, die Ziele an der schönen Westküste sind nur über zeitraubende Stichstraßen zu erreichen. Und im Anschluss an die teure 16-stündige Fährverbindung durch die oft nebelverhangene *Inside Passage* gilt es ab Prince Rupert noch knapp 1.000 km bis Tête Jaune Cache zu bewältigen, davon zählt der überwiegende Teil nicht zu Kanadas landschaftlich herausragendsten Strecken. In allen Details beschrieben wird diese Route im Reise Know-How Titel »Kanada Westen mit Alaska«, zumal es von Prince Rupert auch gleich weiter in den Hohen Norden geht.

Bei begrenzter Urlaubszeit ist der in diesem Buch geschilderte Schlenker über den südlichen Bereich von Vancouver Island lohnenswerter – am besten **am Anfang/Ende der Reise als mehrtägiger Abstecher** mit Nutzung beider Fährhäfen im Süden der Insel (Swartz Bay + Nanaimo) und Aufenthalt in Victoria, in der Umgebung von Port Renfrew sowie in der *Pacific Rim National Park Reserve* (Ucluelet/Tofino); ➢ **Kapitel 6**, Seite 688ff.

Beste Route in Richtung »Rockies«

Wählt man ab Vancouver zunächst die #99 über Lillooet, die #5 ab Kamloops und dann ab Tête Jaune Cache den *Yellowhead Hwy* zum *Jasper National Park* und für die Rückkehr vom *Banff NP* nach Vancouver den schnelleren *Trans-Canada Hwy* (ggf. in Verbindung mit einem Aufenthalt im Okanagan Valley, wo man beim (Sonnen-)Baden den Urlaub gemütlich ausklingen lassen kann, vermeidet man jegliches doppeltes Abfahren. Das ist neben der besonders dichten Konzentration an Highlights entlang dieser Route mit ein Grund, warum in diesem Buch bei der Fahrt in Richtung *Rockies* die Kombination #99/TCH/#5/#16 favorisiert wird.

Sea to Sky Gondola in Squamish

2.2 Nordroute: Von Vancouver zum Jasper NP

2.2.1 Von Vancouver über Lillooet nach Cache Creek

Die schönste Route ab Vancouver in Richtung Rocky Mountains oder in den Norden entspricht zunächst dem Verlauf der **Straße #99**. Bis Whistler/Pemberton trägt sie die Bezeichnung ***Sea to Sky Highway*** und im Anschluss daran bis Lillooet ***Duffey Lake Road***.

Routenbeginn

Die anfangs 4-spurig ausgebaute #99 schlängelt sich teils spektakulär zwischen Howe Sound und steilen, bewaldeten Coast Mountains nach Norden. Sie passiert dabei den bereits fürs Camping in der Umgebung von Vancouver empfohlenen ***Porteau Cove PP*** und **Britannia Beach** mit dem *Mine Museum* (➤ Seite 547).

Shannon Falls/ Stawamus Chief PP

Es folgen zwei weitere Provinzparks: Die ***Shannon Falls*** stürzen in Straßennähe über mehrere Stufen 335 m in die Tiefe und an den Wänden des Granitmonolithen **Stawamus Chief** (702 m) sind oft **Kletterer** in atemberaubender Position zu beobachten. Leichter gelangt man auf diesen Bergrücken über steile Wege mit Treppen und Leitern (1,8 km, 630 Höhenmeter). Von oben genießt man ein tolles Panorama, bei Morgennebel über den Wolken.

Sea to Sky Gondola

Am bequemsten geht es in die Höhe mit der ***Sea to Sky*-Gondel**, deren Talstation genau zwischen den beiden *Provincial Parks* liegt. In nur 15 Minuten ist das ***Summit*-Restaurant** erreicht, südlich des Stawamus Chief auf 885 m Höhe und mit herrlicher Aussichtsterrasse über den Howe Sound. Diese ist über eine 100 m lange Hängebrücke mit einer weiteren *viewing platform* verbunden. Die Auffahrt (im Sommer Fr + Sa 9-20 Uhr bzw. So-Do bis 18 Uhr, sonst kürzer) ist aber nicht ganz billig: $62, Kinder $24-$37 inklusive Zugang zur *Sky Pilot Suspension Bridge*. Tickets am besten online besorgen: www.seatoskygondola.com. Die Höhenwege verlaufen dort durch dichten Wald, für Tageswanderungen empfiehlt sich daher die Gegend rund um Whistler, ➤ Seite 556.

Watersprite Lake

Versteckt im Hinterland liegen noch etliche »Juwelen«, dazu zählt auch der idyllische Watersprite Lake mit zwei Inselchen unterhalb der gleichnamigen markanten Bergspitze. Zufahrt über die *Mamquam Forest Road* ab dem *Stawamus Chief*-Parkplatz (nur mit SUV), dann noch 8,5 km/660 Höhenmeter zu Fuß. Die 20 Zeltplätze der *Watersprite Lake Recreation Site* müssen reserviert werden. Ausführliche Anfahrt- & Trail-Beschreibung z.B. unter: www.outdoorvancouver.ca/watersprite-lake-hike-squamish.

Squamish

44 km nördlich von Horseshoe Bay liegt **Squamish** (19.500 Einwohner). Der Ort macht seinem Namen alle Ehre: In der Sprache der *Coast Salish Nation* bedeutet *Squamish* »Mutter des Windes« – die Region zählt zu den besten kanadischen Windsurfing-Revieren.

Squamish Days

Ende Juli/Anfang August finden die ***Squamish Days*** mit 5-tägigem *Loggers Sports Festival* statt; www.squamishdays.ca. Die Teilnehmer balancieren auf schwimmenden Baumstämmen, sägen um die Wette, werfen mit Äxten und klettern auf Bäume. Alle Details dazu erfährt man im ***Squamish Adventure Centre*** an der 38551 Loggers Lane; im Sommer täglich 8.30-17.30; www.exploresquamish.com.

In schöner Lage am Wasser und in Gehdistanz zum Zentrum befindet sich das moderne ***HI Squamish***; 38220 Hwy 99; Bett $45, Familienzimmer ab $120; ✆ (604) 892-9240, www.squamishhostel.com.

Im ***Railway Museum of British Columbia*** stehen u.a. die mächtige Dampflok *Royal Hudson* von 1940 mit alten Waggons, die noch bis 2011 zwischen North Vancouver und Squamish verkehrte und weitere Dampfloks aus den Jahren 1910-29 – insgesamt 95 alte Lokomotiven und Waggons. Es ist die **zweitgrößte Kollektion** dieser Art in Kanada; 39645 Government Rd; täglich Mai-September 10-17 Uhr, sonst bis 16 Uhr; $25, Kinder $10-$18; www.wcra.org.

Alice Lake PP

Etwa 13 km nördlich von Squamish passiert man die Zufahrt zum ***Alice Lake Provincial Park***, eine perfekte Anlage rund um einen schönen warmen Badesee mit Sandstränden, Spielplätzen und großem Campingareal ($35). Der Park liegt gut 1,5 Fahrstunden von Vancouver entfernt und wäre bei Reisestart/-ende ein geeigneter erster/letzter Übernachtungsort. Aber die Plätze sind oft früh belegt. Der schöne ***Four Lakes Trail*** führt dort durch einen »Märchenwald« und vorbei an vier Seen (6 km Rundweg).

Am Ufer des Garibaldi Lake

Brandywine Falls PP

Gut von der #99 – auf der Weiterfahrt nach Whistler – zu erreichen sind die 70 m hohen ***Brandywine Falls*** im gleichnamigen *Provincial Park*. Vom Parkplatz am Nordende des Daisy Lake führt ein kurzer Fußweg zu einer Aussichtsplattform (10 min). Zu Füßen der imposanten Fälle gelangt man nur mit etwas »Kraxelei«.

Brandywine Falls

Garibaldi Provincial Park

Östlich der beiden Provinzparks und bis hinauf in das Hinterland von Whistler erstreckt sich die nahezu unerschlossene zerklüftete Gipfelwelt des ***Garibaldi PP***. Seine Bergseen und alpinen Wiesen sind ein populäres Ziel für Backpacker. Auch als Tageswanderung zu bewältigen sind die 18 km (retour) und 810 Höhenmeter bis zum Ufer des **Garibaldi Lake**, sehr sportliche Hiker können es sogar bis hinauf auf die **Panorama Ridge** oder auf den Gipfel des Stratovulkans **Black Tusk** schaffen (dann 30 km/1400 HM bzw. 25 km/1700 HM retour; schneefrei meist ab Mitte/Ende Juli). Am besten schlägt man aber gleich sein Zelt am Seeufer auf. Ausgangspunkt ist der *Rubble Creek Trailhead* am Ende der kurzen Zufahrtsstraße, Abzweig von der #99 am Südende des Daisy Lake. Den für den Besuch benötigten (gratis) ***day-use pass*** holt man sich 2 Tage vorab (https://reserve.bcparks.ca/dayuse), der Zeltplatz muss langfristig reserviert werden, da sehr populär (https://camping.bcparks.ca; $10 p.P.); https://bcparks.ca/garibaldi-park.

Day-use pass
Mitte Juni-Okt erforderlich!

Blick hinunter auf den Garibaldi Lake von der Panorama Ridge, ➚ Details umseitig

Höhenweg

Der ***High Note Trail*** führt ebenfalls in den *Garibaldi PP* hinein und umrundet dabei den Whistler Mountain (11 km zusammen mit dem *Harmony Meadows Trail*; 750 HM). Der Blick auf den im angrenzenden Tal parallel verlaufenden Lake Cheakamus ist grandios; Trailhead an der Bergstation des *Peak Express* (➤ unten); Karte: www.whistler.com/pdf/maps/whistler-hiking-trail-map.pdf.

Whistler

Whistler (knapp 12.000 Einwohner) war 2010 eine der Wettkampfstätten während der Olympischen Winterspiele in Vancouver und ist heute noch Kanadas Wintersportdestination Nr. 1. Die beiden Hausberge sind aber auch für Sommerbesucher interessant. Vom Stadtzentrum führt zunächst die ***Village Gondola*** hinauf zum *Roundhouse Lodge Restaurant* auf 1.850 m. Wer will, kann von dort mit dem ***Peak Express*** den **Whistler Mountain** (2.182 m) ganz bezwingen, muss aber dafür noch etwas bergwandern. Auf dem sog. »Top of the World Summit« wartet dann noch die 130-m-Hängebrücke *Cloudraker Skybridge* mit tollem Ausblick. Alternativ erreicht man mit der ***Blackcomb Gondola*** das *Rendezvous Lodge Restaurant* (1.860 m) des **Blackcomb Mt** (2.440 m). Zwischen den zwei Gaststätten pendelt die ***Peak-2-Peak Gondola***. Das **Tagesticket** ($85/$43-$76) beinhaltet die uneingeschränkte Nutzung sämtlicher Lifte und Gondeln; Ende Mai-Mitte Oktober i.d.R. täglich von 10-17 Uhr. Auch für die Mountainbiker-Areale am Whistler gibt es Liftkarten; www.whistlerblackcomb.com.

Auf dem ***Horstman Glacier*** unterhalb des Blackcomb Peak kann man zudem **im einzigen Sommerskigebiet Nordamerikas** von Anfang Juni bis Mitte Juli skilaufen und snowboarden.

Whistler Village

Das Infozentrum der Kleinstadt steht am 4230 Gateway Drive; ✆ 1-877-991-9988; www.whistler.com. Die großen zentrumsnahen Parkplätze P4/P5 am Blackcomb Way kosten im Sommer $8/Tag.

Absolut sehenswert ist das von der *First Nation* betriebene ***Squamish Lil'wat Cultural Centre*** am 4584 Blackcomb Way. Unbedingt Führung mitmachen (täglich 10-16 Uhr). Sie ist im Eintritt inbegriffen: $18, Kinder ab 6 Jahre $5; www.slcc.ca.

Im **autofreien *Whistler Village*** gibt es mehrere Anbieter, die Ausritte, Wildwassertrips, Drachenflüge und *Backcountry*-Expeditionen organisieren und zudem Fahrräder ab ca. $55/Tag vermieten, u.a. bei *Whistler Sports Rentals* (https://whistlersports.com).

(Mountain) Biken

Whistlers Umgebung wird im Sommer regelrecht von **Mountainbikern** gestürmt. Aber nicht nur die Berge sind gut erschlossen, ein ausgedehntes Radwegenetz durchzieht auch das Tal; Karte unter: www.whistler.com/pdf/maps/whistler-hiking-biking-map.pdf.

Restaurants und Kneipen sind in der Stadt reichlich vorhanden, darunter auch eine Filiale der ***Old Spaghetti Factory*** (in der *Crystal Lodge*; 4154 Village Green).

Übernachten

An Quartieren mangelt es ebenso nicht, die Tarife für ein einfaches Motelzimmer starten bei etwa $200. Auch ***Bed & Breakfast***-Unterkünfte sind zahlreich. Erste Adresse am Platz ist das ***Fairmont Chateau Whistler*** am 4599 Chateau Boulevard mit Zimmern ab $400; ✆ 1-866-540-4424, www.fairmont.com/whistler.

Jugendherbergen mit Schlafsälen und DZ stehen südwestlich von Whistler in Creekside (***Whistler Lodge Hostel***, 3 km vom Zentrum entfernt), im olympischen Dorf (***HI Whistler***, 9 km) und nördlich der Stadt in Alpine Meadows (***Alpine Lodge Hostel***, 4 km).

Einziger Campingplatz in (nördlicher) Ortsnähe am Fluss ist das komfortable ***Riverside RV Resort***; 8018 Mons Road; Wohnmobile im Sommer $72, Zelte $48, rustikale Jurten ab $90, Blockhütten für vier Personen mit Dusche und Küche $140; ✆ (604) 905-5533, www.parkbridge.com/en/resort/resort-detail/riverside.

Als schöne Alternative bietet sich 17 mi weiter nördlich der ***Nairn Falls Provincial Park*** an; alle Plätze ($22) reservierbar. Das Campingareal liegt in einem Bogen des Green River. Flussaufwärts führt ein Wanderweg (1,5 km) zu den 60 m hohen Wasserfällen.

Fußgängerzone in Whistler

Pemberton

Pemberton (2.500 Einwohner) besitzt alle Serviceeinrichtungen und vergleichsweise preisgünstige Unterkünfte (ebenso das benachbarte Mt Currie). Das ***Visitor Centre*** liegt an der Ecke #99/ Portage Rd; täglich 9-17 Uhr; https://tourismpembertonbc.com.

Ein guter Tipp ist die ***Blackbird Bakery*** (7424 Frontier St). Dort ist man beim Backen hautnah dabei – und schmecken tut's auch!

Joffre Lakes

Das Highlight dieser Route Richtung *Rockies* ist östlich von Pemberton die heute durchgehend asphaltierte ***Duffey Lake Road*** mit ihrem besten Abschnitt ab dem ***Joffre Lakes PP*** am *Cayoosh Pass* (1.279 m). Dort startet der tolle, 5 km lange Wanderweg (400 HM) über den **Lower** zu **Middle** und **Upper Joffre Lake**. Die türkisblauen Seen liegen sehr pittoresk vor der Kulisse steiler, gletscherbedeckter Berge (gutes Fotolicht am Nachmittag!).

Day-use pass Mai-Oktober erforderlich!

Den ***day-use pass*** muss man sich **2 Tage vorab pünktlich zur Freigabe um 7 Uhr** unter https://reserve.bcparks.ca/dayuse besorgen (Stand 2023). Dasselbe gilt für die Zeltplätze am Upper Lake ($5), diese sind am Stichtag (meist früh im Jahr) auch heiß umkämpft: https://bcparks.ca/reservations/backcountry-camping/joffre-lakes.

Die *Duffey Lake Rd* folgt im weiteren Verlauf dem Cayoosh Creek und windet sich später durch die Lillooet Range. Auf kurzer Distanz hintereinander – etwa auf halber Strecke zwischen Duffey Lake und Lillooet – laden vier kleine *Recreation Areas* am Wildbach zum Übernachten ein; www.sitesandtrailsbc.ca. Ein besonderer Reiz dieser Etappe ist der dramatische Klimawechsel innerhalb geringer Entfernung. Aus dem Grün der mit Niederschlägen reich bedachten Berge geht es hinab in die karge Salbeibuschprärie im Tal des Fraser River. Im Sommer überwiegen dort heiße Tage mit Spitzenwerten über 30°C. Kurz vor Lillooet passiert man den **Seton Lake** mit Badestrand und *picnic area* (am Südende).

Bilderbuchzeltplatz am Upper Joffre Lake

Pavilion Lake direkt an der #99 östlich der gleichnamigen Ortschaft

Auf der seeabgewandten Seite der Straße betreibt der Stromerzeuger *BC Hydro* den weitläufigen und tollen ***Seton Dam Campground*** mit 45 kostenlosen Plätzen; www.bchydro.com/recreation.

Lillooet

Lillooet, ein kleines Städtchen mit 2.300 Einwohnern, liegt über dem Fraser River, umgeben von einer imposanten Gebirgskulisse. An der Ortsdurchfahrt stehen einige H/Motels. Überraschend gut ist die ***Abundance Bakery*** in der 77 8 Avenue South, und am nördlichen Ende der Main Street (Hausnummer 155) befindet sich ein kleiner **Supermarkt** (*Buy-Low Foods*).

Der städtische *Cayoosh Campground* liegt gleich westlich der Brücke über den Fraser River; Zelte $30, *full hook-up* $50; ✆ (250) 256-9394, https://lillooet.ca/Recreation-Activities.aspx.

Sollte das winzige **Museum** mit einem Sammelsurium aus alten Tagen (+***Tourist Info***), untergebracht in einer ehemaligen Kirche, geöffnet haben, kann man sich dort ein wenig umschauen; Juli/August Di-Sa 9-17 Uhr; So+Mo sowie Nov-April geschlossen; Eintritt frei; 790 Main Street; ✆ (250) 256-4308, www.lillooetbc.ca.

Pavilion Mountain Road

Die Hauptroute führt weiter direkt nach Hat Creek Ranch. Wer stattdessen der alten ***Cariboo Wagon Road*** (➤ Exkurs nächste Seite) folgen möchte, verlässt in Pavilion die Straße #99 und wechselt auf die ***Pavilion-Clinton Road***. Diese Schotterpiste beinhaltet einige etwas steilere Passagen und ist daher nur bei trockenem Wetter zu empfehlen – am besten mit einem SUV oder *Truck Camper*. Der schönste Abschnitt der Strecke sind die ersten 4 km bis zur Passhöhe mit ca. 12% Steigung und mit einem herrlichen Panoramablick zurück ins Tal des Fraser River. Nördlich des Passes liegt noch der ***Downing Provincial Park*** mit einem langen Sandstrand, Picknickareal und 14 *Walk-in*-Zeltplätzen ($18) am hübschen **Kelly Lake**.

Etwa 1 km östlich des Badesees zweigt die **Jesmond Road** nach Norden ab. An ihr liegt – umgeben von Bergen, Canyons, Wäldern und Weiden – die ***Echo Valley Ranch***, ein dort kaum erwartetes Luxusresort für Stressgeplagte. Das kostet natürlich einige Dollar extra; ✆ 1-800 253-8831, https://evranch.com.

Die Cariboo Wagon Road

Während des *Fraser Goldrush* (Höhepunkt 1858) und des *Cariboo Goldrush* (1862-66) boomte Lillooet und war eine der größten Städte nördlich von San Francisco. Dort befand sich die ***Mile 0*** der *Cariboo Wagon Road*, die weiter über Pavilion nach 47 Mile House (heute Clinton) verlief. Viele neue Ansiedlungen entlang dieser Straße bestanden nur aus Mautstation und ***Roadhouse*** (Raststätte), in denen die Goldsucher auf dem Weg nach Barkerville Verpflegung und einen Schlafplatz suchten. Einige davon – von 70 Mile House über 100 Mile House bis 150 Mile House – haben ihre ursprüngliche Bezeichnung als **Entfernungsangabe ab Lillooet** bis heute behalten. Dem Aufstieg von Lillooet folgte – nach Erschöpfung der Erzlagerstätten – ein rascher Niedergang. Zudem verlor die Stadt ihre Rolle als Verkehrsknotenpunkt. Eine neue Route umging Lillooet durch das Thompson-River-Tal und lief ab 1863 über Cache Creek; fortan musste man sich auf der *Cariboo Wagon Road* nicht mehr über den *Pavilion Mountain* nach Clinton quälen. Von Clinton bis Soda Creek, rund 30 km nördlich von Williams Lake, verkehrten Postkutschen. Bis Quesnel, von wo es auf dem Landweg nach Barkerville weiterging, übernahmen *Paddlewheeler* auf dem Fraser River den Transport. 1865 wurde dann auch schließlich die *Wagon Road* zwischen Quesnel und Barkerville fertiggestellt.

Marble Canyon

Wer in **Pavilion** auf der #99 bleibt, kommt weiter östlich an einer Reihe idyllischer **türkisfarbener Seen** vorbei. Das meist ziemlich kühle Wasser eignet sich aber bei Hitze zum Baden. Gut 6 km lang begleitet der **Pavilion Lake** den Straßenverlauf. Anschließend passiert man noch den etwas kleineren **Crown** und **Turquoise Lake**. Zwischen diesen beiden Seen befindet sich der einfache *Campground* des ***Marble Canyon Provincial Park***, ein Natur-Kleinod trotz enger Stellplätze ($18; 30 *first-come, first-served sites*).

Hat Creek Ranch

Am östlichen Ende der #99 – an deren Einmündung in die Hauptstraße #97 – liegt die museal ausgebaute ***Historic Hat Creek Ranch***. Sie diente ab 1863 als *Roadhouse* auf der neuen Route der ***Cariboo Wagon Road*** (➤ Exkurs oben), die Lillooet entlang des Thompson River umging, und war Postkutschenstation der *British Columbia Express Company*. Täglich geöffnet von Mai bis September 9-17 Uhr; Eintritt $15/$9, Familien $40.

Man kann das gut erhaltene, historische Gelände besichtigen und einen Blick in Küche, Saloon, Haus und Schmiede werfen, wo zeitgenössisch gewerkelt wird, auch Postkutschenfahrten unternehmen oder übernachten: RVs $35, Zelte $30, Planwagen $70, *cabins* $45-$95; ✆ 1-800-782-0922, www.historichatcreek.ca.

Weiterfahrt in Richtung Rockies

Ab Hat Creek Ranch geht es weiter zum **Jasper Nationalpark** über **Cache Creek** (am TCH, nur eine 10-min-Fahrt entfernt) und die **Straßen #5/#16**; alle Details zu der Strecke im Kapitel 2.2.2 ➤ rechts. Alternativ gelangt man **ab Cache Creek** auch über den ***Trans-Canada Hwy*** direkt nach Lake Louise und zum *Banff NP*. Entlang dieser Route liegen dann die Nationalparks *Mount Revelstoke, Glacier* und *Yoho*, ➤ Beschreibung in der Gegenrichtung im **Kapitel 4.1**, Seite 635ff.

2.2.2 Von Cache Creek nach Tête Jaune Cache

Die Streckenführung **Cache Creek/*Trans-Canada Highway* #1 bis Kamloops** und dann über **die Straße #5 nach Tête Jaune Cache** besitzt mit dem 70-km-Abstecher in den ***Wells Gray Provincial Park*** ein attraktives Zwischenziel, das vor allem für Wasserfall-Fans ein »Muss« ist – am besten mit einer (Camping-)Nacht vor Ort bzw. in einem H/Motel in Clearwater.

Cache Creek

Von Cache Creek, dem einst bedeutenden, aber seit Eröffnung des ***Coquihalla Hwy*** (#5) heruntergekommenen Kreuzungspunkt von **TCH** und ***Cariboo Highway*** sind es noch ca. 80 km bis Kamloops durch eine im Sommer von Trockenheit und Hitze gekennzeichnete Landschaft. Zum Picknicken/Campen bieten sich unterwegs zwei *Provincial Parks* an: ***Juniper Beach*** ist erstaunlich grün, aber laut (Zug!) und der ***Steelhead PP*** (überwiegend eng + schattenlos) hat einen Sandstrand; beide $23-$28, *Juniper* z.T. reservierbar.

Ab **Savona** (dort hübsches *Lakeside Country Inn* mit Zimmern ab $150) folgt der TCH einem zum Kamloops Lake parallel verlaufenden Höhenrücken mit immer wieder schönen Aussichten.

Kamloops

Am mit 90.000 Einwohnern wichtigsten Industriestandort und Verkehrsknoten stoßen TCH, *Southern Yellowhead Hwy* #5 und *Coquihalla Hwy* #5 aufeinander. Die beiden großen Eisenbahnlinien trennen sich: Der Schienenweg von *Canadian Pacific* verläuft über den *Kicking Horse Pass* nach Calgary und *Canadian National* folgt der Route über den *Yellowhead Pass* nach Edmonton.

Der Name der Stadt ist indigenen Ursprungs – *Cumcloups* bedeutet »Zusammentreffen der Wasser«. Hier mündet der North in den South Thompson River ein. Während Ersterer in den Bergen östlich des Wells Gray Provinzparks entspringt, hat der zweite Fluss seinen Ursprung beim Little Shuswap Lake.

Am westlichen Stadtrand passiert die hochgelegene TCH-Trasse den *Hillside Main Entrance* zum ***Kenna Cartwright Park*** (Abfahrt 366). Nach kurzem Anstieg auf das breite Gipfelplateau mit weitläufigem Wegenetz genießen Wanderer einen schönen Blick auf die Stadt am Flussdreieck.

Das **Besucherzentrum** wurde durch mobile Kioske (*BOLD Street Team*) ersetzt; www.tourismkamloops.com. Der *Trans-Canada Hwy Exit* 369 führt zur Columbia Street, an der diverse ***Shopping Malls*** und eine ganze Reihe von **H/Motels** liegen. Viele Unterkünfte findet man auch östlich des zentralen Bereichs am TCH. Die Übernachtungstarife in Kamloops sind moderat.

Downtown

Einmal im Zentrum, könnte man in das ***Kamloops Museum and Archives*** hineinschauen. Die Geschichte der Stadt wurde dort recht interessant aufbereitet; 207 Seymour Street; Di-Sa 9.30-16.30 Uhr; Eintritt $3 Spende; https://kamloopsmuseum.ca.

Baden

Mit durchschnittlichen Höchsttemperaturen im Sommer von über 28°C zählt Kamloops zu den wärmsten Städten Kanadas. Da freut man sich auf Abkühlung: Der *Riverside Park* am Thompson River am Rande der recht überschaubaren Innenstadt bietet Badestellen, einen Kinderspielplatz, sowie Picknick- und Sportanlagen. Einen noch besseren Strand hat der gepflegte ***Paul Lake PP*** nordöstlich der Stadt (erst 5 km Hwy #5, dann Pinantan Rd 19 km). Der *Campground* des Provinzparks liegt etwa 500 m abseits des Sees. Von den insgesamt 90 Plätzen ($18) ist etwa die Hälfte reservierbar.

Ski/MTB

Gute 60 km nordwestlich der Stadt liegt das Skigebiet ***Sun Peaks***, das den Sommer zum Mountainbiker-Mekka wird.

Kamloops Heritage Railway Park

Für Eisenbahn-Fans ist der ***Kamloops Heritage Railway Park*** ein tolles Ziel, auch wenn die Normalspur-Dampflok ***Spirit of Kamloops*** von 1912 nicht mehr verkehrt; Touren ($10/$5) durch die Ausstellung im Sommer stündlich 10-15 Uhr; 510 Lorne Street; https://kamrail.com.

Wildlife Park

Am TCH, 20 km östlich der Stadt, beherbergt der ***BC Wildlife Park*** die einheimische Fauna; Fütterungen und Greifvogelshows tägl. 9.30-17 Uhr; $17/$13; 9077 Dallas Dr, www.bcwildlife.org.

Yellowhead Hwy South

Weiter in Richtung Jasper geht es ab Kamloops auf dem ***Southern Yellowhead Highway #5***, der Verbindung zwischen TCH und dem »originalen« *Yellowhead Hwy #16*, auf den die #5 in Tête Jaune Cache stößt. Auf fast ganzer Länge (rund 340 km) folgt diese Straße dem Tal des North Thompson River. Zunächst führt sie durch sommertrockene Gebiete vorbei an kargen, oft nur mit Wüstensalbei *(sagebrush)* bewachsenen Berghängen, bevor die Vegetation weiter nördlich grüner wird.

Verbindung zur #97

In **Little Fort** zweigt die **Straße #24** nach Westen ab. Sie ist eine ideale Verbindungsstrecke durch das Seengebiet (*Interlakes Area*) zwischen der #5 und dem *Cariboo Highway* (#97).

Clearwater

Der einzig nennenswerte Ort (2.300 EW) auf der Strecke, **Clearwater**, liegt überwiegend abseits der Hauptstraße. Am Ostende beginnt die Zufahrt zum »Wasserfall-Provinzpark« ***Wells Gray*** (Clearwater Valley Road). Aktivitäten im Park wie z.B. Kanutouren oder Reit-

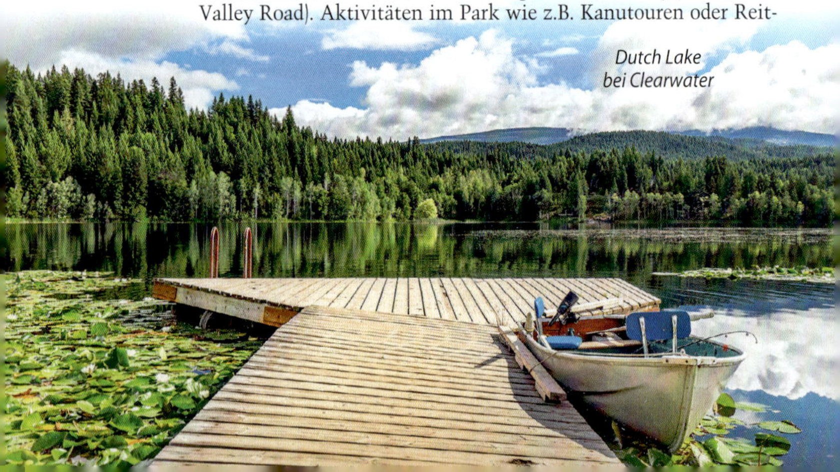

Dutch Lake bei Clearwater

ausflüge lassen sich schon im ***Info Centre*** buchen, das sich direkt am Abzweig befindet; https://wellsgraypark.info.

Auf dem Clearwater River, der seinen Namen zu Recht trägt, werden ***rafting trips*** angeboten, z.B. bei *Riverside Adventures*. Drei Stunden kosten dort ab $120/$100; www.wellsgrayrafting.ca.

Zwei Übernachtungsmöglichkeiten finden sich am kleinen **Dutch Lake** (mit Bootsverleih) im Nordwesten der Ortschaft:

- ***Dutch Lake Resort*** am Westufer; *camping* $50-$54, *cabins* ab ca. $175, 361 Ridge Dr; ✆ 1-888-884-4424, www.dutchlake.com
- ***Dutch Lake Motel & Campground*** am Südufer; Zelte/RVs ($45) stehen z.T. am Wasser, aber etwas eng; einfache DZ ab $150; 333 Roy Road; ✆ 1-877-674-3325, www.dutchlakemotel.com

und südlich von Clearwater an einem Privatsee:

- ***Alpine Meadows Resort*** mit RV-Plätzen ($65), geräumigen *chalets* (ab $245) und *glamping tents* ($165); 3400 Dunn Lake Road; ✆ 1-866-587-6368, www.alpinemeadowsresort.com.

2

Zwischenziel Wells Gray Provincial Park

Zum Wells Gray PP

Der 5.400 km^2 große ***Wells Gray Provincial Park*** besteht weitgehend aus unerschlossener Wildnis. Er ist vor allem für seine Wasserfälle und die verbundenen Seen zwischen den Hochgebirgsgipfeln der Cariboo Mountains bekannt. Nur die **Hauptzufahrt ab Clearwater** führt etwas tiefer in das Naturschutzgebiet hinein.

Wasserfälle

Knapp 10 km nördlich von Clearwater wartet kurz hinter dem Parkeingang bereits der erste Wasserfall, der aus einem schmalen Durchlass in der hohen Canyonwand 75 m tief in den Abgrund stürzt. Zur Aussichtsplattform der ***Spahats Creek Falls*** sind es nur wenige hundert Meter Fußweg.

Etwas mehr Zeit benötigt der Besuch der 35 m hohen ***Moul Falls***, dafür kann man dort sogar hinter den Wasservorhang schauen – herrlich erfrischend an heißen Tagen (5,8 km retour ab der Parkbucht linker Hand der Straße; nur ein kleines Schild vor Ort!).

Jenseits der ***Helmcken Falls Lodge*** (rustikale Zimmer im Sommer ab ca. $260; Zelte/RVs $45, recht enge Plätze mit Wasser-/Stromanschluss (15 Ampere); ✆ (250) 674-3657, www.helmckenfalls.com) geht es auf Schotterserpentinen (etwas schmal für RVs!) hinauf zum ***Green Mountain Viewing Tower*** mit Rundumsicht auf die weite Waldlandschaft dieses Gebiets.

Dawson Falls

Einige Kilometer weiter passiert die Parkstraße die ***Dawson Falls***, den ersten der sieben Wasserfälle des Murtle River, die sich weniger durch ihre Höhe (ca. 18 m) als ihre Breite (ca. 90 m) auszeichnen. Auf der gegenüberliegenden Seite des Flusses befindet sich der einfache, aber schöne ***Pyramid Campground*** ($20; nicht reservierbar). Ein Pfad führt von dort hinunter zu den Katarakten.

Helmcken Falls des Wells Gray PP

Helmcken Falls

Der wohl spektakulärste Anziehungspunkt des *Wells Gray PP* sind die ***Helmcken Falls***, 46 km von Clearwater entfernt. Der Murtle River donnert dort 141 m über die steilen Klippen hinunter in einen Kessel. Ein **Weg führt nordseitig** am Wasserfall vorbei an den Rand der steilen Schlucht. Vor allem nachmittags, wenn die Sonne im Westen steht, gelingen von dort Fotos mit Regenbogen. Wer sich die Zeit nehmen möchte, erreicht die **vierthöchsten Wasserfälle Kanadas** auch zu Fuß auf einem schönen **Trail**. Dafür geht es ab den *Dawson Falls* 4 km am Südufer entlang bis zu einem herrlichen Aussichtspunkt direkt am oberen Rand der *Helmcken Falls* (dort besteht allerdings kein Zugang zur Nordseite).

Lachsauftrieb

Bis zum Straßenende am Clearwater Lake sind es von den *Helmcken Falls* noch 30 km Schotter. Ab Ende August wandern riesige Lachse zum Laichen in den Oberlauf des Clearwater River – die ***Bailey's Chute***-Stromschnellen können sie dabei nur mit Hilfe weiter Sprünge überwinden. Dieses Schauspiel sollte man sich nicht entgehen lassen. Ein kurzer Weg führt etwa 17 km nördlich der Murtle River Brücke zur ***Salmon Viewing Platform.***

Bärenskulptur bei Blue River (Hwy #5)

Kurz vor dem Clearwater Lake passiert man dann noch den sehr schönen ***Falls Creek Campground*** mit Plätzen am Fluss und wenig später den ebenfalls erfreulich angelegten ***Clearwater Lake Campground*** (beide $23; im Sommer z.T. reservierbar). Dort beginnt ein **Trail**, der mehrere attraktive Zielpunkte kombiniert: einen Aussichtspunkt über dem See (***Osprey Falls Lookout***), die ***Dragon's Tongue***, ein Feld mit Lavagestein, und die ***Sticta Falls***; 4 km retour; ca. 2 Stunden.

Am hügeligen Ufer des **Clearwater Lake** existiert für die ersten 5 km ein ***Trail.*** In die Einsamkeit des Hinterlandes geht es nur per Boot. Besonders reizvoll ist die **Kanutour** über die volle Länge von Clearwater Lake und Azure Lake. Die beiden jeweils 25 km langen Seen verbindet der Clearwater River (2 km, flussaufwärts mit 500 m Kanu-*Portage*). Dahinter säumen den pittoresken **Azure Lake** Steilufer **mit**

Wasserfällen wie den *Rainbow Falls*. Motorboottour inklusive *Lunch* kostet $250/$200 (10.30-17 Uhr), das Mietboot $75-$90 pro Tag und das Wassertaxi $200 pro Person bis zu den *Rainbow Falls*; www.clearwaterlaketours.com.

Eine relativ preiswerte Unterkunft ist das ***Wells Gray Inn*** 1 km südwestlich der Parkzufahrt mit DZ ab ca. $150; 228 E Yellowhead Hwy; ✆ 1-800-567-4088, https://wellsgrayinn.com.

Raft River

Auch die Weiterfahrt in Richtung Tête Jaune Cache bleibt landschaftlich reizvoll. 5 km östlich von Clearwater lohnt sich ein erster Stopp an der ***Raft River Viewing Platform***. An diesem tollen Platz zur Lachsbeobachtung bedienen sich Adler am Fischüberangebot. Die ***Simpcw First Nation*** feiert dort Ende August die *First Fish Ceremony* und im Oktober den *Coho Day*; www.simpcw.com.

Blue River

Zu einer 1,5-Std-Bärentour geht es im Katamaran und *speed boat* ab Blue River; $110; www.blueriversafari.com. Spannend!

Murtle Lake

Wer Zeit hat, könnte von Blue River außerdem auf einer holprigen Stichstraße am gleichnamigen Fluss entlang noch einmal in den *Wells Gray Park* zum hochgelobten **Murtle Lake** fahren. Der mit über 100 km Uferlänge größte nur für Kanus freigegebene See Nordamerikas erfreut sich großer Beliebtheit als Ausgangspunkt für Ein- oder Mehrtagestouren in die Einsamkeit.

Valemount

Die letzte Ortschaft vor Erreichen des *Yellowhead Hwy #16* ist Valemount (1.000 Einwohner). Die **H/Motels** und **Restaurants** sind dort bereits auf den Nationalparktourismus eingestellt, aber deutlich preiswerter als im 120 km entfernten Jasper. Neben der Bahnlinie in Downtown liegt die ***Valemount Swiss Bakery***, 1020 Main St.

George Hicks Park

Unmittelbar nördlich des ***Info Centre*** (785 Cranberry Lake Rd, im Sommer Mo-Sa 8.30-16.30 Uhr; https://visitvalemount.ca) lohnt Anfang/Mitte August ein Abstecher in den ***George Hicks Regional Park***, wenn **Königslachse** im flachen Wasser ihre Eier ablegen. Der Laichgrund am Swift Creek ist einer der kilometermäßig entferntesten vom Pazifik (1.300 km), so dass nur die allergrößten und stärksten von ihnen es bis dorthin schaffen.

Ca. 20 km nördlich von Valemount ist **Tête Jaune Cache** und zugleich der *Yellowhead Highway* #16 erreicht, auf dem es dann ostwärts zu den ***Rearguard Falls*** mit noch einer Lachs-Aussichtsplattform und weiter in Richtung »Rocky Mountains« geht.

Die Fortsetzung der Route ab Tête Jaune Cache findet sich im **Kapitel 3.1**, ➤ Seite 576f.

Lachs beim Überwinden von Kaskaden und Wasserfällen

2.3 Von Vancouver auf direktem Weg in die Rockies

2.3.1 Trans-Canada Highway nach Cache Creek

Trans-Canada Highway

Während der Highway #99 abwechslungsreich, aber zeitraubend durch Hochgebirge führt, geht es auf dem ***Trans-Canada Highway*** (**TCH**) rasch voran. Er führt zunächst bis Hope als Autobahn durch das breite Tal des Fraser River und weitläufiges Farmland. Nördlich der Kleinstadt folgt der TCH dann dem enger werdenden, streckenweise schluchtartigen Flusstal, bleibt aber gut ausgebaut. Bei Lytton wechselt er das Gewässer und begleitet fortan den Thompson River bis Cache Creek.

Straße #7

Die #7 nördlich des Fraser River bietet zwar mehr »fürs Auge«, erfordert aber viel Extrazeit – reges Verkehrsaufkommen, zahlreiche Ampeln. Im Juli/August stehen entlang dieser Route Verkaufsstände mit frisch geerntetem Obst und Gemüse (***fresh produce***). Bei Pitt Meadows zweigt die 12 km lange Zufahrt zum ***Golden Ears Provincial Park*** ab, einem Naherholungsziel mit überaus beliebten *Campgrounds* und einem Badesee (**Alouette Lake**). Ein ***day-use permit*** muss vorab im Internet besorgt werden ➤ links.

Day-use pass: https://bcparks.ca/explore/parkpgs/golden_ears/

Eine gute Tagesetappe könnte schon im Erholungsort **Harrison Hot Springs** (➤ Seite 568), aber ebenso in Hope enden. Durchaus sinnvoll ist es auch dafür, zunächst bis Abbotsford auf dem TCH zu bleiben, dort dann über die #11 auf die #7 zu wechseln und erst von da an dem ruhigeren Nordufer des Fraser River zu folgen.

Die Hudson's Bay Company

Die Geschicke des kanadischen Pelzhandels lagen lange Zeit allein in den Händen der 1670 in London gegründeten ***Hudson's Bay Company*** (**HBC**). Von *König Charles II* mit den exklusiven Handelsrechten für den gesamten Zuflussbereich der Hudson Bay ausgestattet, kontrollierte sie ein riesiges Territorium, das seinerzeit – zu Ehren des Firmengründers Prince Rupert – *Rupert's Land* genannt wurde und 40% der Fläche des heutigen Kanadas umfasste. ***York Factory*** war die erste Handelsstation an der Hudson Bay, weitere Stützpunkte entstanden entlang der Küste unweit der ertragreichsten Pelzjagdgebiete. Das Leben der Besatzungen in diesen Handelsposten bot wenig Annehmlichkeiten; längere Exkursionen in die Umgebung galten als gefährlich – und so wartete man lieber in den geschützten Forts die Ankunft der Ureinwohner ab, die mit pelzbeladenen Kanus aus den unendlichen Weiten des Hinterlandes anreisten.

Knapp ein Jahrhundert arbeitete *The Bay* mit erheblichem Erfolg und ohne ernsthafte Konkurrenz, bis Pelzhändler aus Montréal 1783 mit der ***North West Company*** (**NWC**) eine neue Gesellschaft ins Leben riefen. Die NWC schickte *Voyageure* mit großen Transportkanus zu monatelangen Trips direkt zu den Dörfern der Ureinwohner und schnappte der in den Forts wartenden Konkurrenz die besten Felle weg. Zügig dehnte die *NWC* ihr Handelsgebiet aus und initiierte damit sogar neue Entdeckungen. Forscher wie **Alexander Mackenzie**, **David Thompson** und **Simon Fraser**, deren Namen heute die Landkarten des kanadischen Westens zieren, wurden von der NWC entsandt, um das Gebiet jenseits der Rocky Mountains zu erkunden.

Die Reaktion der um Einfluss und Gewinn besorgten HBC ließ nicht lange auf sich warten. Sie begann nun ebenfalls, Transportkanus zu bauen und Inlandsposten an strategisch wichtigen Orten zu errichten. Da die »*Nor'Westers*« auf ihrem Rückweg von ergiebigen Pelzgebieten am Mackenzie und Yukon River nach Montréal stets auch das Land der HBC durchqueren mussten, blieben Konfrontationen nicht aus. Die Auseinandersetzungen führten letztlich zu einer Schwächung beider Gesellschaften, die ohnehin schon wegen einer zurückgehenden Nachfrage aus dem krisengeschüttelten Europa in finanzielle Schwierigkeiten geraten waren. Auf Druck aus London wurde die Konkurrenz schließlich 1821 durch eine Fusion beendet, die *North West* ging in der *Hudson's Bay Company* auf. Im Jahr 1869 forderte die junge, auf Erweiterung und Sicherung ihres kanadischen Territoriums bedachte britische Regierung die HBC auf, *Rupert's Land* an das *Dominion of Canada* abzutreten. Der Gesellschaft blieb nichts anderes übrig, als dem für 300.000 britische Pfund zuzustimmen. Ihre Handelsposten blieben allerdings auch nach dem Verkauf des alten Stammlandes bestehen. Sie versorgten nun die stetig steigende Zahl von Siedlern mit Gütern. Die HBC entwickelte sich zu einem in vielen Sparten und global tätigen Handelsunternehmen, zu dem z.B. die Nobelkaufhauskette *Saks Fifth Abe* gehört. Neuerdings schreibt das Unternehmen jedoch Verluste – in erster Linie durch eine nicht geglückte Expansion in Europa (u.a. Kauf und Verkauf der *Galeria Kaufhof*).

2

Fort Langley

Entlang des TCH passiert man 45 km östlich von Vancouver zunächst die Abfahrt zum ***Fort Langley***. 1827 als Handelsposten der ***Hudson's Bay Company*** (➢ Kasten oben) gegründet, entwickelte sich das Fort bald zu einem wichtigen Stützpunkt. Als 1858 der Goldrausch am oberen Fraser River ausbrach, war es Ausgangspunkt und Versorgungsetappe für das Gros der 30.000 nach Norden ziehenden Goldsucher. Im selben Jahr wurde dort der zum Festland gehörende Teil der heutigen Provinz BC offiziell zur britischen Kronkolonie erklärt. Im rekonstruierten **Palisadenfort** steht heute nur noch eine Handvoll mäßig interessanter Gebäude, die Kulisse wird aber immer wieder gern für Hollywood-Produktionen genutzt. Die Zufahrt zum Fort erfolgt über die Mavis Ave ab der Glover Rd (Hauptstraße durch den kleinen Ort); tägl. 10-17 Uhr; Erwachsene $8,50; https://parks.canada.ca/lhn-nhs/bc/langley.

Fort Langley

Internationale Flugschau in Abbotsford

Nicht verpassen sollte man im Anschluss einen kurzen Bummel entlang der abschnittsweise recht hübschen **Glover Street**, wo Cafés, Kunst- und Antiquitätsläden auf Besucher warten.

Wer vor Ort über Nacht bleiben möchte, hat die größte Auswahl an H/Motels südlich des TCH im Kreuzungsbereich #10/Fraser Hwy bei **Langley** und in Gehdistanz zu Fort und Restaurants den gut gepflegten Privatplatz ***Fort Camping*** mit Pool an der 6451 Glover Road; Zelte $42, *full hook-up* $50, *tent cabins* ab $100; ✆ 1-866-267-3678, www.fortcamping.com.

Flugschau

In **Abbotsford** findet immer am 2. Wochenende im August eine der größten Flugschauen ganz Nordamerikas statt, die dreitägige *Abbotsford Int'l Airshow*. Hundertausende von Zuschauern pilgern alljährlich dorthin, um die Vorführungen der Kunstflugstaffeln live mitzuerleben; https://abbotsfordairshow.com

Cultus Lake

Die Campingareale der meisten *Provincial Parks* im Großraum Vancouver sind an allen Wochenenden und im Sommer auch an Wochentagen spätestens ab Nachmittag voll besetzt. Besonderer Beliebtheit erfreuen sich der **warme Badesee** sowie die vier *Campgrounds* im ***Cultus Lake PP*** ($35, fast alle reservierbar; 11 km südlich des TCH *Exit* 119). Ein toller Tipp mit Kindern ist außerdem der große **Wasser- und Abenteuerpark *Cultus***; www.cultus.com.

Kilby Historic Site

Rund 2 km vom Hwy #7 entfernt bei Harrison Mills präsentiert das Museum der ***Kilby Historic Site*** ein Sammelsurium von Objekten aus der »guten alten Zeit« – in Kanada die 1920er- und 1930er-Jahre. Zufahrt vom TCH Ausgahrt 135 über die #9; geöffnet Juni-Anfang Sept Do-Mo 11-16 Uhr, sonst nur Do/Fr-So und Nov-März geschlossen; $12/$9; www.kilby.ca. Nebenan befindet sich ein Hausmannskost-Restaurant sowie der kleine ***Kilby Park Campground***, der schmale Stellplätze direkt am Ufer des Harrison River (mit langem Sandstrand) bietet; $30, sanitär eher einfach.

Harrison Hot Springs

16 km vom TCH entfernt liegt am Ende der Straße #9 Harrison Hot Springs. Der kleine Ferienort (1.500 Einwohner) am Südufer des **Harrison Lake** wird wegen seiner 39°C warmen, schwefelhaltigen Quellen gern besucht. Sie speisen am Strand die Pools (nur für Hotelgäste) des edlen ***Harrison Hot Springs Resort***, 100 Esplanade Ave; $199; ✆ 1-888-870-8889, www.harrisonresort.com.

Das benachbarte, schlichte Hallenbad ***Public Pool*** hat Mo-Fr 10-20, Sa+So 9-20 Uhr geöffnet; Eintritt $9, Kinder $7.

Gutes Tagesziel

Harrison Hot Springs eignet sich gut als Übernachtungsplatz am Ende des ersten Tages nach Übernahme eines Campers, die oft erst am frühen Nachmittag erledigt ist. Mehrere kommerziell betriebene Campingplätze befinden sich in Gehdistanz zu Schwimmhalle und Strand an der Hauptstraße, darunter erfreuliche Anlagen.

Die Touristeninformation residiert an der 499 Hot Springs Road; ✆ (604) 796-5581, https://tourismharrison.com.

Sasquatch Provincial Park

Zu den drei ***Campgrounds*** des ***Sasquatch Provincial Park*** mit über 170 Stellplätzen ($23; fast alle reservierbar) geht es von Harrison Hot Springs 6 km am Ostufer des **Harrison Lake** entlang. Der *Hicks Lake Campground* liegt malerisch an und oberhalb des glasklaren gleichnamigen Sees: Kanada, wie es im Buche steht! Dasselbe gilt auch für den *Lakeside Campground* am **Deer Lake**. Hinzu kommt, dass der *Sasquatsch PP* meist nicht so schnell belegt ist wie z.B. der *Cultus Lake Provincial Park* (➤ links).

Ein 4 km langer ***Loop Trail*** umrundet den Hicks Lake, sehr empfehlenswert! Kurz vor dem *Campground* beginnt der ***Beaver Pond Interpretive Trail*** um einen Teich mit Biberdämmen (500 m).

Weiterfahrt

Für die Weiterfahrt in Richtung Hope bleibt man auf der verkehrsarmen und sehr schön geführten **Straße #7** diesseits des Fraser River. Sie stößt nördlich von Hope auf den *Trans-Canada Hwy*. Durch die Vermeidung des TCH auf dem Teilstück bis Hope verpasst man zwar die ***Bridal Veil Falls*** (3 km östlich der Abfahrt Straße #9), aber die 122 m hohen, im Sommer meist eher dünnen »Brautschleier-Fälle« muss man nicht unbedingt gesehen haben. Im weiteren Verlauf der Reise liegen auf nahezu allen Routen spektakulärere Wasserfälle am Wege.

Hope

Beim hübsch gelegenen, verschlafen wirkenden **Hope** (6.000 Einwohner) endet der als Autobahn ausgebaute Abschnitt des TCH. In der Südostecke der von hohen Bergen umgebenen Kleinstadt zwischen Fraser und Coquihalla River mündet der *Hope-Princeton Hwy* (Teil des ***Crowsnest Hwy #3***, ➤ Seite 654) in den TCH ein. Ab Hope läuft auch der ***Coquihalla Hwy #5*** über Merritt nach Kamloops als Entlastungsstrecke und Abkürzung des TCH. Abgesehen von den ersten Kilometern durch den *Coquihalla Canyon* ist die Fahrt auf dieser Autobahn touristisch eher unergiebig.

Harrison Hot Springs

Othello Tunnel

Entlang des Flusses verliefen auch die ersten Kilometer der *Kettle Valley Railway*-Trasse von Hope über Penticton nach Midway. Wegen ständiger Probleme mit Gesteins- und Schneelawinen wurde dieser Abschnitt der Strecke 1961 stillgelegt und die Schienen samt Brücken entfernt. Verblieben ist als größte Attraktion Hopes der ***Coquihalla Canyon Provincial Park*** mit den ***Othello Quintette Tunnels***, fünf in kurzen Abständen hintereinander angelegte Tunnel durch nackten Granit direkt am tosenden Fluss. Heute führt vom Park- und Picknickplatz am Ende der Zufahrt ein Fußweg über neue Brücken durch die Tunnel.

Dank der pittoresken Umgebung ist der Abstecher dorthin lohnenswert – Umweg und Spaziergang kosten nicht mehr als eine Stunde. Man erreicht die Tunnel durch Hope auf der Kawkawa Lake Road (Stadtpark und schöner **Badesee** mit Campingplatz), dann Othello Road. Schneller ist unterwegs, wer beim *Coquihalla Hwy* die Ausfahrt #183 nimmt (Kawkawa Lake).

Information

Mit Broschüren und Karten wird man im ***Hope Hope, Cascades & Canyons Visitor Centre*** an der 919 Water Avenue täglich 10-16 Uhr versorgt; www.hopebc.ca.

Auch Hope eignet sich für eine **erste oder letzte Übernachtung** nach/vor Vancouver. Die meisten H/Motels stehen am TCH und *Old Hope-Princeton Way*. Mehrere gute Campingplätze befinden sich in der Umgebung: *Coquihalla Campground*; 800 Kawkawa Lake Road, Zelte $40, *hook-up* $45, *full hook-up* $50; ✆ (604)-860-5330, www.coquihallacampground.ca.

Fraser River Canyon

Der TCH verlässt in Hope die Ebene und folgt dem Lauf des Fraser River, der sich in diesem Bereich tief ins Gebirge eingegraben hat, stromaufwärts bis Lytton. Eindrucksvollster Abschnitt sind die 40 km zwischen Yale und Boston Bar. **Yale** war zu Fraser- und Cariboo-Goldrauschzeiten eine der größten Städte Westkanadas und Ausgangspunkt der *Cariboo Wagon Road* (➢ auch Lillooet, Seite 560). Ein kleines historisches Museum an der 31187 Douglas St erinnert an diese Zeit; Do-Mo 10-17 Uhr Mai-September, sonst nur Fr-Mo; Eintritt $10/$8). Hinter Yale »klebt« der TCH förmlich an den Berghängen hoch über dem Fluss, während die

Schienen der *Canadian Pacific Railway* und der *Canadian National Railway* unten an den Ufern entlang führen.

Auf der ***Alexandra Bridge*** (1962) überquert der *Trans-Canada Hwy* den *Fraser River Canyon.* Dort befindet sich ein Parkplatz, von dem aus man auf der alten Straße (gesperrt für Fahrzeuge) über die *Alexandra Bridge* von 1926 gelangt.

Hell's Gate

Zwischen *Alexandra Bridge* und Boston Bar passiert man das ***Hell's Gate***, eine Verengung des *Fraser Canyon*. Im Frühjahr donnern dort bis zu 15 Mio. Liter Wasser pro Sekunde durch den 34 m breiten Engpass. Die ***Hell's Gate Airtram*** transportiert Besucher zum 153 m tiefer gelegenen jenseitigen Flussufer; im Sommer tägl. 10-17 Uhr; www.hellsgateairtram.com. Wer sich die $31/$27 für Seilbahn und Aussichtsplattformen sparen möchte und die Höhenmeter nicht scheut, kann von einem unauffälligen (gratis) Parkplatz rund 500 m weiter südlich an der Westseite des TCH auch zu Fuß hinunter in die Schlucht gehen. Auf der Hängebrücke, die das – im Sommer nicht mehr ganz so – wilde Wasser überspannt, gelangt man hinüber zum Museum und den Shops an der *Airtram*-Talstation; ca. 3 km retour und 280 Höhenmeter.

Bis zu 350.000 Lachse/Tag passieren die **Fischleitern**, die man an beiden Ufern anlegen musste, nachdem sich die Flussrinne wegen Sprengungen für den Bau der zweiten Eisenbahnlinie 1914 so sehr verengt hatte, dass viele Lachse nicht gegen die starke Strömung zu ihren Laichgründen ziehen konnten. Aufgrund des trüben Wassers sind die Tiere dort oftmals aber nur schwer zu erkennen.

Die Stromschnellen des *Hell's Gate* lassen sich auch hautnah auf **Wildwasserfahrten** mit Schlauchbooten der *Fraser River Raft Expeditions* (6,5 Stunden für etwa $200 pro Person; www.fraserraft.com) ab Yale oder weiter nördlich ab Lytton; ➤ Seite 573.

Brücke und Gondel über den Fraser River

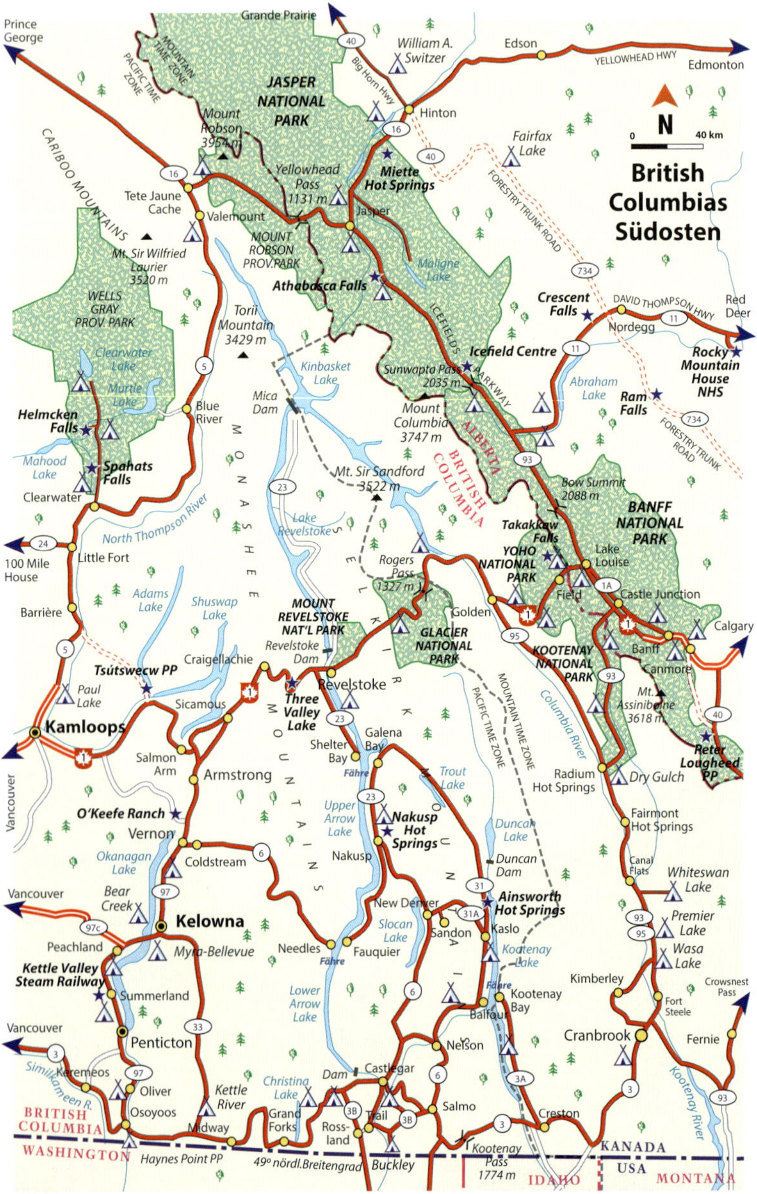
British Columbias Südosten
N
0
40 km
Prince George
Grande Prairie
Edson
Edmonton
YELLOWHEAD HWY
William A. Switzer
Big Horn Hwy
Hinton
MOUNTAIN TIME ZONE
PACIFIC TIME ZONE
JASPER NATIONAL PARK
Mount Robson 3954 m
Fairfax Lake
FORESTRY TRUNK ROAD
CARIBOO MOUNTAINS
Yellowhead Pass 1131 m
Miette Hot Springs
Jasper
Tete Jaune Cache
Valemount
MOUNT ROBSON PROV. PARK
Mt. Sir Wilfried Laurier 3520 m
Maligne Lake
Athabasca Falls
WELLS GRAY PROV. PARK
Torii Mountain 3429 m
ICEFIELDS PARKWAY
Crescent Falls
DAVID THOMPSON HWY
Red Deer
Nordegg
Icefield Centre
Rocky Mountain House NHS
Clearwater Lake
Murtle Lake
Kinbasket Lake
Sunwapta Pass 2035 m
Abraham Lake
Ram Falls
Mica Dam
Mount Columbia 3747 m
Blue River
Helmcken Falls
MONASHEE MOUNTAINS
ALBERTA
BRITISH COLUMBIA
Mahood Lake
Spahats Falls
Mt. Sir Sandford 3522 m
Bow Summit 2088 m
Clearwater
BANFF NATIONAL PARK
North Thompson River
Lake Revelstoke
SELKIRK MOUNTAINS
Takakkaw Falls
Little Fort
100 Mile House
YOHO NATIONAL PARK
Lake Louise
Rogers Pass 1327 m
Field
Castle Junction
Adams Lake
Shuswap Lake
MOUNT REVELSTOKE NAT'L PARK
Golden
Barrière
GLACIER NATIONAL PARK
Calgary
Revelstoke Dam
KOOTENAY NATIONAL PARK
Banff
Craigellachie
Canmore
Tsútswecw PP
Paul Lake
Sicamous
Three Valley Lake
Revelstoke
Mt. Assiniboine 3618 m
Kamloops
Galena Bay
Columbia River
Salmon Arm
Shelter Bay
Peter Lougheed PP
Armstrong
Fähre
Trout Lake
Radium Hot Springs
Dry Gulch
Vancouver
Upper Arrow Lake
O'Keefe Ranch
Nakusp Hot Springs
Duncan Lake
Fairmont Hot Springs
Vernon
Nakusp
Duncan Dam
Okanagan Lake
Coldstream
Canal Flats
Whiteswan Lake
Bear Creek
Ainsworth Hot Springs
New Denver
Premier Lake
Kelowna
Slocan Lake
Sandon
Kaslo
Peachland
Myra-Bellevue
Needles
Fauquier
Kootenay Lake
Wasa Lake
Kettle Valley Steam Railway
Kimberley
Crowsnest Pass
Summerland
Lower Arrow Lake
Kootenay Bay
Balfour
Fort Steele
Penticton
Cranbrook
Fernie
Nelson
Keremeos
Castlegar
Similkameen R.
Dam
Christina Lake
Oliver
Kettle River
Salmo
Kootenay River
Osoyoos
Grand Forks
Trail
Creston
Midway
Ross-land
WASHINGTON
Haynes Point PP
49° nördl.Breitengrad
Buckley
Kootenay Pass 1774 m
KANADA
USA
IDAHO
MONTANA

Cisco Bridges

10 km südlich von Lytton überspannen unmittelbar hintereinander zwei hohe Eisenbahnbrücken den engen Fraser River Canyon. Gerade mal 100 m sind die *Canadian National* und die *Canadian Pacific Bridge* voneinander entfernt. Mit etwas Glück erwischt man dort zwei der für Kanada üblichen langen Züge, wie sie gleichzeitig die Brücken queren – ein tolles Fotomotiv!

Lytton

An der Kreuzung TCH/Hwy #12 gelangt man zu den Überresten des ehemaligen **Lytton**. Die kleine Ortschaft hatte Ende Juni 2021 an drei Tagen hintereinander einen neuen **kanadischen Temperaturrekord** aufgestellt (**49,6°C!**) und ist kurz darauf durch ein Flammeninferno nahezu vollständig zerstört worden. Die Ursache des Feuers, das auch zwei Menschenleben gefordert hat, blieb unklar.

Straße #12

Auch wer nicht vorhat, die #12 über Lillooet zum *Cariboo Hwy* nördlich von Cache Creek zu nehmen, sollte den ersten Kilometer bis zur Brücke über den Thompson River fahren. Dort lässt sich der **Zusammenfluss** des grün-blauen Thompson und meist sedimentbeladen braunen Fraser River sehr gut beobachten.

Wildwasser-Trips

Neben dem Fraser ist der Thompson River zwischen Lytton und dem 40 km entfernten Spences Bridge ein beliebtes ***White Water Rafting***-Revier. Bei Lytton starten die meisten Mehr-, Halb-, und Tagestrips. Im Schlauchboot durch das berühmte *Hell's Gate* auf dem Fraser geht es z.B. für $229/$169 mit ***Kumsheen Rafting***; 40 km, 7 Std; Kinder erst ab 12; https://kumsheen.com.

Backpacking Trips

Eine Erwähnung verdient noch der ***Stein Valley Nlaka'pamux Heritage Park***, der mit seinen Wanderwegen und entlegenen *wilderness campsites* zum Verweilen einlädt. Die Bergkulisse ist hier überaus reizvoll und deutlich weniger überlaufen als in den *Rockies*. Zufahrt zum *trailhead* mit der Lytton Autofähre; Karte und ausführliche Beschreibung des Mehrtagestrips unter https://bcparks.ca/stein-valley-nlakapamux-heritage-park.

Direkt östlich von Lytton verfügt der großzügige ***Skihist Provincial Park Campground*** ($23) über weitläufige *loops* auch in der Höhe abseits von Straße und Eisenbahntrasse.

Weiterfahrt in Richtung Rockies

Ab Cache Creek, 85 km nördlich von Lytton, folgt die Route in Richtung Rocky Mountains dem TCH über Kamloops und die Nationalparks Mount Revelstoke und Glacier (➤ Seite 281) bis nach Lake Louise oder – wie bereits in **Kapitel 2.2.2** (➤ Seite 561ff) beschrieben – über den *Wells Gray Provincial Park* oder Barkerville nach Jasper.

*Bei den Stromschnellen von Hell's Gate am Fraser River wird deutlich wie das »**White** Water Rafting« zu seinem Namen kam (weiße Schaumkronen)*

Durch die Rocky Mountains

Aussicht vom Opabin Prospect im Yoho Nat'l Park

3 DURCH DIE ROCKY MOUNTAINS

3.1 Der Yellowhead Highway

Am Straßendreieck #5/#16 bei **Tête Jaune Cache** ist der ***Yellowhead Highway*** erreicht. Mit einer Gesamtlänge von 2.853 km ist er nach dem *Trans-Canada Hwy* die **zweitwichtigste kanadische Ost-West-Route**, wiewohl keine Transkontinentalverbindung. Ab Graham Island verläuft der *Yellowhead Highway* über Prince Rupert, durch den *Jasper National Park* und weiter nach Edmonton bis Winnipeg/Manitoba. Anders als die sonst übliche *Hwy*-Kennzeichnung in British Columbia in blauer Schrift und mit dem Landeswappen wurde die Straße #16 mit einem »Gelbkopf« versehen. Diese Schilder sieht man allerdings schon ab Kamloops an der #5, dem *Southern Yellowhead Hwy*, der eine wichtige Verbindungsstrecke zwischen TCH und *Yellowhead Hwy* darstellt.

Die Bezeichnung »*Yellowhead*« geht auf Pierre Bostonais zurück. Der Mestize irokesischer Abstammung wurde wegen seines blonden Schopfs von französischen Trappern *Tête Jaune* (=Gelbkopf) genannt. Als Scout für die *Hudson's Bay Company* erkundete er 1820 den *Robson Pass* und 1825 den *Yellowhead Pass* über die Rocky Mountains. Auf solchen Touren pflegte er unterwegs zur Zwischenlagerung von Pelzen Verstecke (französisch: *caches*) anzulegen. Der Ort **Tête Jaune Cache** (»Versteck des Gelbkopfes«) liegt in der Nähe eines derartigen Lagers.

Rearguard Falls

Von **Tête Jaune Cache** geht es weiter in Richtung *Jasper NP*. Nach wenigen Kilometern bietet sich ein kurzer Stopp im ***Rearguard Falls Provincial Park*** an. Von einer vom Parkplatz schnell (200 m) und gut zugänglichen Aussichtsplattform fällt der Blick auf die breiten Wasserfälle des Fraser River, die für die meisten *Chinook*-Lachse ein unüberwindbares Hindernis auf ihrer langen Reise flussaufwärts darstellen. Beste Zeit: für den Besuch: Mitte August bis in den September hinein; https://bcparks.ca/rearguard-falls-park.

River Rafting

Bei der ***Mount Robson Lodge***, noch 5 km vor dem gleichnamigen *Provincial Park*, kann man in ***cabins*** übernachten oder 3-stündige *Class III+* ***White Water Rafting Trips*** auf dem Fraser River buchen; Kosten: $109 pro Person, Start täglich 9.30, 13 und 16.30 Uhr; https://mountrobsonlodge.com.

Nur noch 2 km vor der Einfahrt in den *Mount Robson Provincial Park* steht die ***Mountain River Lodge*** mit Zimmer und *cabins* ab ca. $190; ✆ 1-888-566-9899, https://mtrobson.com.

Mount Robson PP

Der **Mount Robson** (3.954 m) ist der **höchste Berg in den kanadischen Rocky Mountains**. Sein schneebedeckter Gipfel – sofern nicht von Wolken verhüllt – bietet ein imposantes Bild. Den *Mount Robson Viewpoint* passiert man am westlichen Parkeingang, ebenso schön ist der Blick vom ***Visitor Centre*** und von der Terrasse des benachbarten *Café Mount Robson.*

Großzügig angelegt sind die *Campgrounds* des Provinzparks: ***Robson Meadows*** im Wald südlich des Hwy ($28) sowie ***Robson River***

Berg Lake Trail ab Kinney Lake wegen Flutschäden aus dem Sommer 2021 noch bis 2024 gesperrt, aktuelle Infos:

deutlich kleiner und in Wassernähe ($28, mit Strom $36). Zur Saison jeweils nur wenige *first-come, first-served sites.*

Zu den schönsten Wege in den *Rockies* zählt zweifelsohne der ***Berg Lake Trail***, der entlang des Robson River durch das »Tal der 1.000 Wasserfälle« meist sachte ansteigt und am Ziel, dem **Berg Lake**, einen herrlichen Panoramablick eröffnet auf die bis in den See hinunterreichenden und in der Nachmittagssonne schillernden Gletscher. **Tageswanderer** benötigen zwar kein *Permit*, werden aber die ca. 40 km retour mit 800 HM kaum schaffen. Doch schon die ersten 5 km mit nur 130 HM bis zum **Kinney Lake** lohnen sich!

Wer entlang des Weges auf einem der sieben Zeltplätze ($10 p.P.) übernachten möchte, sollte sich seine *site* möglichst lang im Voraus bzw. pünktlich zur Freigabe sichern. Der Stichtag variiert allerdings (meist schon im Januar/Februar). Aktuelle Infos auf der offiziellen Website: https://bcparks.ca/mount-robson-park.

Zum Jasper NP

Auch nach dem langgestreckten Moose Lake folgen der *Yellowhead Hwy* und die Schienen der *Canadian National Railway* noch dem Lauf des Fraser River, jenseits des ***Yellowhead Pass*** dann dem des Miette River. Mit der Passhöhe (1.131 m) ist die **Provinz Alberta** und zugleich der ***Jasper Nat'l Park*** erreicht, nach weiteren 24 km der Ort Jasper, das touristische Zentrum des Parks.

Zeitzonenwechsel am Yellowhead Pass PT ➢ MT (Uhr 1h vorstellen)

Die Durchfahrt auf dem *Yellowhead Hwy* zwischen dem *West* und *East Park Gate* des Nationalparks ist frei, aber sobald man (mit Ausnahme von *Jasper Town*) innerhalb der Parkgrenzen anhalten und parken möchte, wird Eintritt fällig: $10,50 pro Tag und pro Person (gratis für alle unter 18!). Bei Weiterfahrt auf dem *Icefields Parkway* und einem längeren Aufenthalt in Lake Louise oder Banff lohnt sich ggf. ein Jahrespass, ➢ Seite 49.

Gemeinsam mit den drei aneinander grenzenden Nationalparks *Banff*, *Yoho* und *Kootenay* steht hier in den kanadischen *Rockies* eine zusammenhängende Fläche von über 20.000 km^2 unter Naturschutz (größer als das deutsche Bundesland Rheinland-Pfalz!).

Blick vom Yellowhead Hwy auf den majestätischen Mount Robson

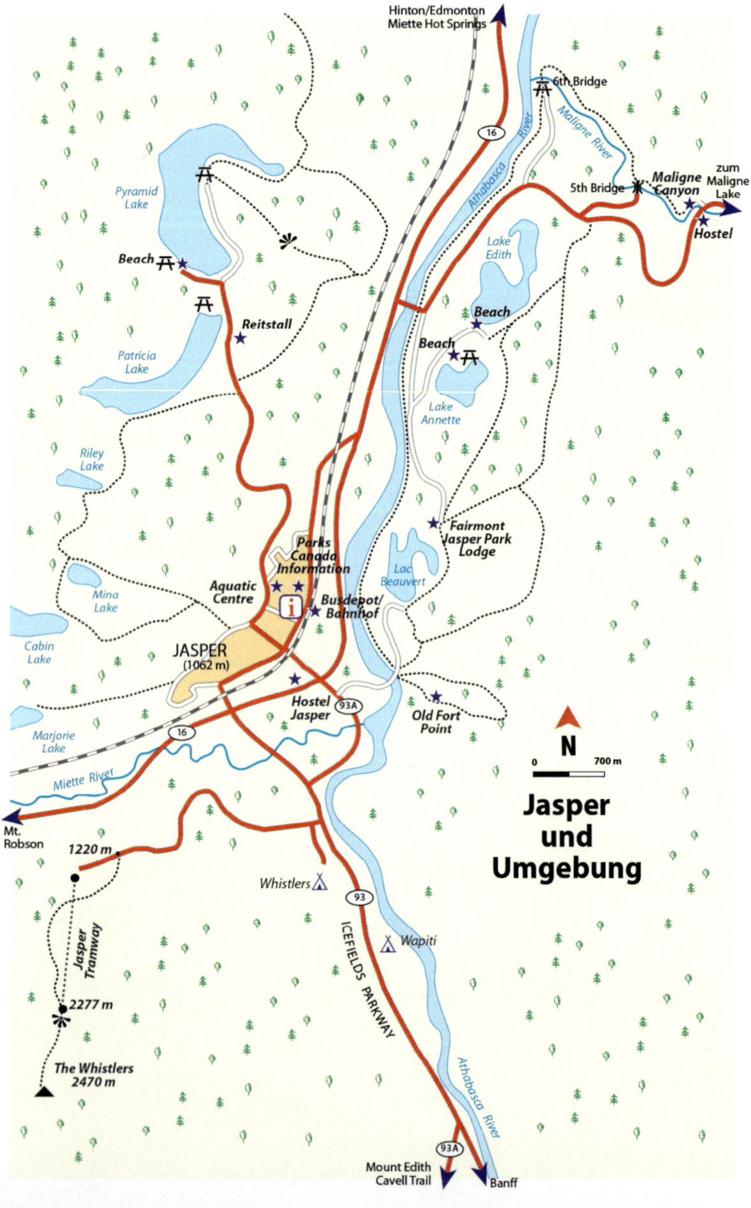
Hinton/Edmonton
Miette Hot Springs
16
6th Bridge
Maligne River
Athabasca River
Pyramid Lake
5th Bridge
Maligne Canyon
zum Maligne Lake
Hostel
Lake Edith
Beach
Reitstall
Beach
Patricia Lake
Lake Annette
Riley Lake
Fairmont Jasper Park Lodge
Parks Canada Information
Lac Beauvert
Aquatic Centre
Busdepot/ Bahnhof
Mina Lake
Cabin Lake
JASPER (1062 m)
Hostel Jasper
93A
Old Fort Point
Marjorie Lake
16
N
0
700 m
Miette River
Jasper und Umgebung
Mt. Robson
1220 m
Whistlers
93
Jasper Tramway
Wapiti
ICEFIELDS PARKWAY
2277 m
The Whistlers 2470 m
Athabasca River
93A
Mount Edith Cavell Trail
Banff

3.2 Jasper Town & National Park

3.2.1 Jasper Town

Als breit ausgebaute Umgehungsstraße führt der *Yellowhead Hwy* um Jasper herum. Die davon abzweigende #16A verläuft als Hauptstraße mitten durch den beschaulichen Ort (4.600 EW). An ihr liegen schräg gegenüber vom Bahnhof das **Besucherbüro** der Stadt und des Nationalparks (500 Connaught Dr; im Sommer tägl. 9-19 Uhr; www.jasper.travel). Dort liegen jede Menge hilfreiche Broschüren aus zu den fünf *Rocky Mountain*-Nationalparks (*Banff, Jasper, Kootenay, Yoho* und *Waterton Lakes*) sowie dem *Glacier* und *Mount Revelstoke NP* in den Selkirk Mountains, außerdem der »***Day Hiking Guide Jasper NP***« für Tageswanderungen (➤ QR-Code links). In Bahnhofsnähe gibt es zwar Parkflächen für größere RVs, dennoch kann es zur Saison und an Wochenenden oft eng werden.

Broschüren https://parks.canada.ca/pn-np/ab/jasper/visit/depliants-brochures

Die Nationalparks *Banff* und *Jasper* sind die größten Besuchermagnete in den kanadischen Rocky Mountains. Während aber der *Jasper NP* alljährlich »nur« 2,5 Mio. Gäste anzieht, hat sein südlicher Nachbar schon 2017 die 4-Millionen-Marke geknackt.

Unterkunft

Entsprechend verzeichnet auch das Städtchen Banff einen deutlich höheren Ansturm als das vergleichsweise ruhigere Jasper. Dennoch reicht die Bettenkapazität im Hochsommer dort nicht aus. Hotelzimmer und *cabins* werden nicht selten bereits viele Monate im Voraus zur Mangelware. Empfehlenswerte Adressen sind u.a. die:

- ***Patricia Lake Bungalows*** rund 5 km nördlich von Jasper am gleichnamigen See; Zimmer und *cabins* ab ca. $225; ✆ 1-888-499-6848, https://patricialakebungalows.com
- ***Becker's Roaring River Chalets*** in toller Lage am Beginn des *Icefields Parkway*; Zimmer ab $170, Holzbungalows mit Küche + Kamin ab $215; ✆ (780) 852-3779, https://beckerschalets.com.

Hostels

Im Zentrum stehen das ***Downtown Jasper Hostel*** (400 Patricia St, https://jasperdowntownhostel.ca) und das ***HI Jasper*** (708 Sleepy Hollow Rd), weit außerhalb mitten in der Natur noch vier *HI*-Jugendherbergen: in Jasper-Nähe (***Mount Edith Cavell*** und ***Maligne Canyon***) sowie in Toplage am *Icefields Parkway* (u.a. ***Athabasca Falls*** und ***Beauty Creek***). Alle Hostels innerhalb des *Banff* oder *Jasper NP* sind sehr beliebt und sollten möglichst im Voraus reserviert werden: https://hihostels.ca.

Last Minute

Eine tolle Adresse, um noch in letzter Minute ein Kissen für die Nacht zu finden, ist https://stayinjasper.com/last-minute-vacancy. Dort werden die nach kurzfristiger Stornierung wieder frei gewordenen **B&B-Zimmer** gelistet (darunter aber auch etliche die nur Barzahlung akzeptieren!).

Alles voll? Dann kann man es noch im 80 km entfernten **Hinton** probieren (etwa 1 Std Fahrt auf breiter, weitgehend ebener Strecke). Tête Jaune Cache und Valemount, beide westlich des Parks, liegen noch weiter weg.

Auch die ***Miette Hot Springs Bungalows***, 60 km östlich von Jasper, sind eine Option – sofern nicht ebenfalls ausgebucht (➤ Seite 583). Am Weg dorthin stehen noch die hübschen, aber teureren ***Miette Mountain Cabins***; ab ca. $290; www.banffjaspercollection.com.

Camping

Der riesige ***Whistlers Campground*** des Jasper Nationalparks liegt nur 2 km südlich der Stadt in einem lichten Wald. Er hat **781 (reservierbare) Stellplätze**, gute sanitäre Anlagen mit Duschen und Feuerholz; Zelte $23-$39, *full hook-up* $41-$50). Wer eines der 21 *oTENTik* (»Zelthäuser«) beziehen möchte, sollte früh buchen. Wapiti-Hirsche suchen – ohne große Scheu – das Gelände gerne zum Äsen auf. Die Alternativen zu ***Whistlers*** sind ***Wapiti*** und ***Wabasso*** in 4 km bzw. 16 km Entfernung an der #93 bzw. #93A – beide mit hoher Kapazität und Stromanschlüssen (*Wabasso* aber ohne Duschen). Gute Übersicht unter https://parks.canada.ca/pn-np/ab/jasper/activ/passez-stay/camping.

First-come, first-served

Die freien Kapazitäten auf den ortsnahen Plätzen sind im Sommer immer knapp. Aber selbst dann kommt man – nicht zu späte Ankunft vorausgesetzt – meist noch auf *first-come, first-served campgrounds* unter. Dazu zählen ***Snaring*** in schöner Lage 16 km nördlich am *Yellowhead Hwy* (62 *sites*) oder ***Lucerne*** 36 km westlich von Jasper (38) sowie folgende Plätze am *Icefields Parkway*: ***Kerkeslin*** (42), ***Honeymoon Lake*** (35), ***Jonas*** (25), ***Wilcox*** (46), ***Waterfowl Lakes*** (116), ***Mosquito Creek*** (32). Gute Chancen hat man auch am ***Icefield Centre*** (100 RV, 33 Zelte). Alle zählen zur Einfach-Kategorie ohne Duschen/Strom ($17-$26).

Aktivitäten

Zur Infrastruktur von Jasper gehört ein ***Fitness & Aquatic Centre*** mit Poolanlage, Wasserrutsche und *hot tub*, in dem man nach anstrengenden Hikes gut entspannen kann; $14/$11; www.jasper-alberta.com/p/aquatic-centre. Bis zu den ***Miette Hot Springs*** – heiße Quellen in toller Umgebung – sind es 60 km; ➤ Seite 583. Rings um Jasper locken außerdem kleine, von Wanderwegen gesäumte Seen mit hübschen Badestränden. Am wärmsten (18°C) sind der **Annette** und **Edith Lake** nordöstlich vom Zentrum.

Ein guter Plan mit den **Nationalpark-Wanderwegen (auch in Ortsnähe)** befindet sich im *Day Hiking Guide*, online unter: https://parks.canada.ca/pn-np/ab/jasper/activ/experience/sentiers-trails.

Vom Whistlers Mountain fällt der Blick hinunter auf Jasper

RED CHAIR EXPERIENCE

Red Chairs am Wilcox Pass/Icefields Parkway

2014 hat *Parks Canada* begonnen in den Nationalparks und *National Historic Sites* rote Stühle aufzustellen. Die »***Red Chair Experience***« soll an bedeutsamen Plätzen, am Ende von Wanderwegen oder bei tollen Aussichtspunkten zum Verweilen einladen. Viele von ihnen wurden auch mit speziellen Infotafeln versehen, die die Tier- und Pflanzenwelt beleuchten oder andere Besonderheiten. Für die meisten Besucher sind sie inzwischen aber vor allem ein begehrtes Fotomotiv! In der Nähe von Jasper stehen sie u.a. auf dem Berggipfel des Whistler, beim *Old Fort Point* sowie am *Pyramid Lake Overlook Trail*. Alle Standorte der roten Stühle samt Übersichtskarte unter: https://parks.canada.ca/voyage-travel/chaises-chairs.

Aussichtspunkte

Die Rundwanderung zum ***Old Fort Point*** bietet eine schöne Sicht auf Jasper und den Athabasca River (3,7 km, 130 HM). Ein noch beeindruckenderes Panorama eröffnet sich aus fast 2.500 m Höhe vom Hausberg **The Whistlers**, den man vom Endpunkt der Seilbahn ***SkyTram*** nach einem nur kurzen Aufstieg erreicht (1,4 km; 200 HM; ca. 30 min). Benannt wurde der Berg nach den dort häufig anzutreffenden, pfeifenden (»*to whistle*«) Murmeltieren. An klaren Tagen reicht der Blick bis hinüber zum Mount Robson. Zufahrt zur Talstation ab dem *Icefields Parkway* (#93), ➤ Seite 586. Von Ende Juni bis Anfang September 8-21 Uhr, sonst kürzer; Tickets $60/$33; www.jasperskytram.com.

Patricia & Pyramid Lake

Zwei **landschaftlich reizvolle Bergseen** liegen an der Pyramid Lake Road: Etwa 5 km nördlich vom Ortszentrum passiert man zunächst den **Patricia Lake** und nur 0,5 km später den malerischen **Pyramid Lake**. Vom Parkplatz Nr. 7 am Straßenende startet der *Pyramid Overlook Loop Trail* (5,5 km, 75 Höhenmeter). Am Ufer des Sees versammeln sich gerne Fotografen zum Sonnenaufgang.

Reiten

An der Pyramid Lake Road kann man außerdem geführte Ausritte buchen; ab $86/Std; ✆ (780) 852-7433, https://jasperstables.com.

Rafting

Für das Kennenlernen des ***river rafting*** eignen sich einstündige Schlauchbootfahrten (z.B. *White Water Rafting Company*, $84/$42; https://whitewaterraftingjasper.com) auf dem bei Jasper relativ zahmen Athabasca. Ausreichend Wasser vorausgesetzt, geht es auf dem Sunwapta ein wenig härter zur Sache (ca. 1,5 Std $114).

Restaurants

Den erlebnisreichen Tag kann man z.B. mit Seeblick im ***The Pines at Pyramid Lake Resort*** (am gleichnamigen See 6 km nördlich der Stadt) gemütlich ausklingen lassen oder auch in Downtown in der ***Jasper Brewing Company***, eine der über 100 Hausbrauereien Albertas (624 Connaught Drive; https://jasperbrewingco.ca.

3

3.2.2 Ausflug in die östlichen Parkbereiche

Zwei Hauptattraktionen innerhalb des Jasper Nationalparks liegen an der 43 km langen ***Maligne Lake Road*** (Aussprache »*mah-LI-in*«), die nördlich von Jasper vom *Yellowhead Hwy* abzweigt.

Maligne Canyon

Knapp 11 km vom Zentrum entfernt geht es noch vor dem ***HI Maligne Canyon*** ($36/Bett) nach links ab zum ***Maligne Canyon***. Vom Parkplatz (mit Restaurant und *gift shop*) sind es nur wenige Minuten bis zur Abbruchkante. Der Naturlehrpfad führt weiter bergab immer entlang der engen, bis zu 50 m tief eingeschnittenen Kalksteinschlucht. Nach ca. 1 km bzw. jenseits der ***4th Bridge*** wird sie allmählich flacher und breiter. Wer dort umdreht, hat den beeindruckendsten Abschnitt gesehen. Alternativ kann man auch am Rückweg bergab gehen, indem man mit dem Auto bis zur ***5th Brigde*** fährt (ausgeschilderter Abzweig 3 km vor dem Hauptparkplatz) und von dort aus startet (zur *1st Bridge* 4 km retour; 100 HM).

Auf seinem Weg durch den Maligne Canyon stürzt der gleichnamige Fluss gleich mehrfach in die Tiefe

Im Winter werden geführte Wanderungen (***Icewalks***) im Inneren dieser dann herrlich vereisten Schlucht angeboten.

Der **Maligne River** speist auf seinem Weg nach Norden zunächst den gleichnamigen See mit Gletscherwasser und im Anschluss den **Medicine Lake**, ein scheinbar abflussloses Gewässer westlich der *Maligne Canyon Road*, das im Sommer bis zu 25 m tief sein kann und im Spätherbst/Winter fast austrocknet. Schuld an diesem Naturphänomen ist ein großes unterirdisches Karstsystem, in das der See versickert. Erst gut 16 km weiter nordwestlich, tritt das Wasser im Verlauf des *Maligne Canyon* nach und nach aus Höhlen wieder ans Tageslicht. So erklärt sich auch, warum der Fluss am Schluchtanfang signifikant weniger Wasser führt als bei der fünften Brücke.

Maligne Lake

Wer den Bilderbuch-See am Ende der Stichstraße besuchen möchte, sollte sich unbedingt im Voraus einen Platz für den 90-min-Bootstrip bei ***Maligne Tours*** sichern. Auf der kleinen ***Spirit Island*** nahe der engsten Stelle des Sees, den *Samson Narrows*, dürfen sich die Passagiere ein wenig die Füße vertreten, bevor es wieder zurückgeht. Abfahrten Ende Juni-Anfang September tägl. 10-18 Uhr, bis Mitte Okt dann kürzer; Tickets ab $78/$51 (Kinder bis 5 Jahre frei); www.banffjaspercollection.com/attractions/maligne-lake-cruise.

Fürs **Pursuit Pass (Value)**-Kombiticket mit Columbia Icefield Tour, Skywalk, Banff Gondola, Lake Minnewanka Cruise und Golden Skybrigde zahlt man $200-$285, Kinder (6-15 J.) $130-$185.

Die individuelle Alternative zum schnellen Ausflugsschiff ist das **Leihkanu** ($80/Std, $160/Tag). Wegen des auch im Sommer **4°C kalten Wassers** ist selbst bei gutem Wetter warme Kleidung anzuraten. Knapp 28 km sind es bis *Spirit Island* und zurück, in der Regel eine 2-Tages-Tour. Der See ist insgesamt 22 km lang. Die ***Wilderness Campsites*** am Ufer müssen vorab reserviert werden.

Vor der Tour kann man sich noch im Selbstbedienungsrestaurant ***The View Restaurant*** stärken oder bei Schönwetter sich den (guten) Espresso auf der Sonnenterrasse schmecken lassen.

Ohne Bootstrip lohnt sich der Ausflug nur bedingt, denn die Schönheit des glasklaren, von schroffen Gipfeln eingerahmten *Maligne Lake* lässt sich von der breiten Bucht am Nordende des Sees nur erahnen. Wer vor Ort noch etwas wandern gehen möchte, der findet an der Westseite des Sees entlang des ***Bald Hills Trail*** (5,2 km, 500 Höhenmeter) einige schöne Aussichtspunkte. Am Ostufer verläuft der bequemere ***Mary Schaeffer Loop Trail*** (3 km, 60 HM), und der relativ steile, 8 km lange ***Opal Hills Loop Trail*** führt hinauf zu weiteren *Viewpoints* (8,2 km retour, 460 HM).

Miette Hot Springs

Ein zweiter Abstecher im Nationalpark könnte den ***Miette Hot Springs*** unweit der Osteinfahrt gelten. Von Jasper sind es zunächst 44 km bis **Pocahontas**, dann vorbei an den ***Punchbowl Falls*** (nordwestlich vom *Campground*) und durch das wundervolle Fiddle Valley noch einmal 17 km. Das schwefelhaltige Wasser der heißen Quellen kann man in **Open-Air-Pools** genießen (geöffnet nur Mai-Mitte Oktober im Hochsommer tägl. 12-20 Uhr, Eintritt $17/$14; https://hotsprings.ca). Die *cabins* mit offenem Kamin bei ***Miette Hot Springs Bungalows*** kosten ab $265, Motelzimmer $155 (+$10 mit Küche); ✆ (780) 866-3750, https://miettebungalows.com.

Der ***Skyline Trail*** (8 km retour) führt ausgehend vom Parkplatz bei den Quellen auf die 2.070 m hohe Sulphur Ridge; knapp 700 Höhenmeter mit wunderbarem Panorama und nicht überlaufen.

Bilderbuch-Idylle bei Spirit Island, Ziel der Bootstour am Maligne Lake

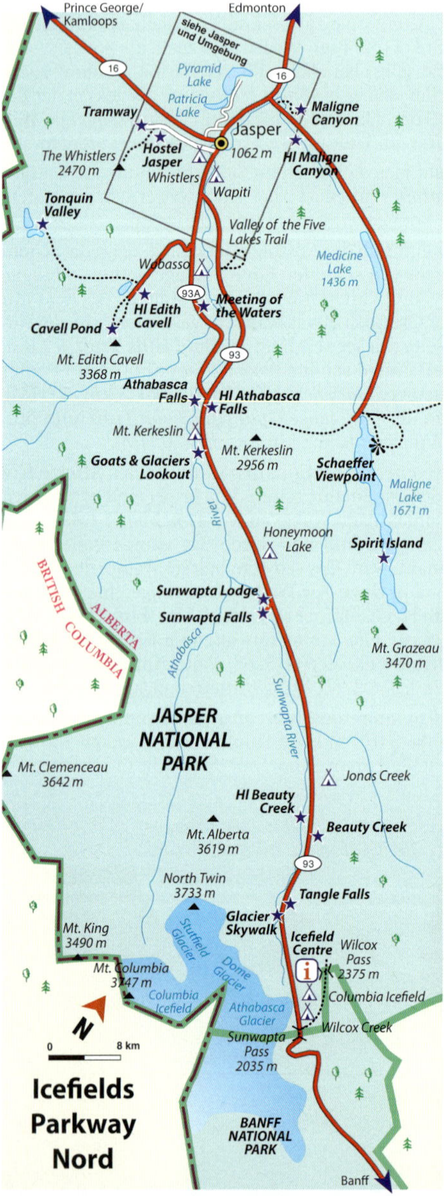

Valley of the Five Lakes

Athabasca Falls

Goats & Glaciers Lookout

Beauty Creek

3.3 Panoramastraße »Icefields Parkway«

Von Jasper geht es in südlicher Richtung auf dem *Icefields Parkway* zunächst durch den **Nationalpark Jasper** und jenseits des *Sunwapta Pass* dann weiter durch den ***Banff NP*** bis Lake Louise am *Trans-Canada Hwy*. In den 1930er-Jahren im Zuge von Arbeitsbeschaffungsmaßnahmen erbaut, gelten die 230 Kilometer heute als die **schönste Gebirgsstrecke Kanadas**. Und tatsächlich sind der südliche Abschnitt im *Jasper Nat'l Park* mit seinen gletscherüberzogenen 3.000ern und der Großteil im *Banff NP* mit einer ganzen Reihe leicht zugänglicher türkisblauer Bergseen absolut grandios.

Durch die breit ausgebauten Fahrspuren und zunehmende Popularität hat die Straße etwas an Ursprünglichkeit verloren. Starker Verkehr, sogar Staus und Parkplatzmangel an den vielen Haltepunkten stehen in den Sommermonaten auf der Tagesordnung.

Übernachten

Ähnlich die Problematik bei den Unterkünften entlang der Strecke, die sechs **Jugendherbergen** und die vier ***Lodges*** sind üblicherweise lange im Voraus ausgebucht. Die Campingkapazität reicht aber in der Hauptsaison meist aus, nur Sa+So könnte es eng werden. Im Gegensatz zum Umfeld von Lake Louise und Banff, wo man schon am späteren Vormittag nicht mehr unterkommt, findet sich wochentags auf den ***Parkway Campgrounds*** oft nachmittags noch ein freies Plätzchen. Beim Zelten macht sich das klassische Hochgebirgsklima bemerkbar mit kühlen Nächten und Frost im Früh-/Spätsommer. Aber auch im Juli/August muss man bei Wetterstürzen mit jederzeit einsetzenden Schneefällen rechnen.

Für Kurzentschlossene finden sich am Parkway auch zahlreiche ***first-come, first-served sites***, ➤ Seite 580

In der Regel ist der *Icefields Parkway* nur von Mai bis Mitte Oktober eis- und schneefrei. Winterreifen sind von November bis Ende März Pflicht, manchmal sogar Ketten. Die **einzige Tankstelle** entlang der Strecke bei *The Crossing* hat dann geschlossen und die Strecke wird von 15.30 bis 7 Uhr nicht gewartet; aktuelle Straßenbedingungen unter https://511.alberta.ca/#:Alerts.

Eintritt

Wer keine Jahreskarte (➤ Seite 49) besitzt, wird am *Parkway* zur Kasse gebeten. Der ***daily pass*** ($10,50/Person; bis 18 Jahre gratis) gilt bis **16 Uhr (!) des Folgetags** in allen **vier Nationalparks** (*Jasper, Banff, Yoho* sowie *Kootenay*). Begleitbroschüren unter https://parks.canada.ca/pn-np/ab/jasper/visit/depliants-brochures bzw. https://parks.canada.ca/pn-np/ab/banff/visit/brochures.

QR-Codes ➤ umseitig + Seite 590

Zeitbedarf

Vom *Parkway* hat am meisten, wer sich **2-3 Tage Zeit** lässt und sich – besonders im Hochsommer – ein wenig abseits der touristischen Brennpunkte bewegt. Auch ein zusätzliches **Abfahren in der Gegenrichtung** oder zu unterschiedlichen Tageszeiten bringt neue Eindrücke. Der Hauptblick richtet sich fast immer gen Westen, so dass sich die Bergkulisse vormittags meist von ihrer schönsten Seite präsentiert. Damit man der Beschreibung auch leicht in umgekehrter Richtung folgen kann, werden die wichtigsten Stopps am *Parkway* in tabellarischer Form dargestellt. Die Kilometer-Angaben beziehen sich jeweils auf die Entfernung von Jasper und vom TCH bei Lake Louise.

Cavell Pond unterhalb des Angel Glacier

km ab Jasper	km ab TCH	Stopps entlang des ICEFIELDS PARKWAY (#93)
0	**230**	Besucherzentrum in Jasper Town
2	**228**	Die hier abzweigende **Syktram Road** endet nach nur 4 km an der Talstation der Seilbahn zum Aussichtsrestaurant (2.263 m) unterhalb des **The Whistlers** (➤ Seite 581). Sportliche Besucher erklimmen den Gipfel per pedes: Der *trailhead* befindet sich ca. 1,5 km vor der Station (nur mit einem Wandersymbol ausgeschildert!). Der Aufstieg (ca. 8 km, 1.200 HM) ist in 4 Stunden zu schaffen. Wer auf den Rückmarsch auf identischem Weg verzichtet, kann mit der ***SkyTram*** zum halben Preis zurück ins Tal fahren.
6	**224**	Über die nach Westen führende **#93A** (mündet bei den *Athabasca Falls* bei »Km 30« wieder in den *Parkway* ein) ist die kurvenreiche, 14 km lange **Mount Edith Cavell Road** schnell erreicht, an der ein ***HI Hostel*** ($38/Bett; https://hihostels.ca/en/destinations/alberta/hi-mount-edith-cavell) und der Ausgangspunkt für die Kurzwanderung zum ***Cavell Glacier*** liegen (Camper nur bis 20 Fuß empfohlen!). Der ***Path of the Glacier Trail*** (1,6 km retour, 70 HM) zählt zu den besten im *Jasper NP*. Er führt zum *Cavell Pond* (meist auch noch im Sommer voller Eisblöcke) über dem sich die (mittlerweile recht kleinen) »Flügel« des ***Angel Glacier*** ausbreiten. Der Parkplatz füllt sich rasch, möglichst früh dort eintreffen! Von der Jugendherberge brechen Mehrtageswanderer zu den traumhaft gelegenen Amethyst Lakes im **Tonquin Valley** auf; 20,4 km *one-way*; 1.050 HM; *backcountry permit* zum Zelten erforderlich oder eine Reservierung in einer der zwei ***Lodges*** (https://tonquinadventures.com oder www.tonquinvalley.com) bzw. in der ***Wates-Gibson Hut*** des *Alpine Clubs*. Auch 3- bis 5-tägige Reitausflüge werden dorthin angeboten.

Broschüren Jasper NP

km ab Jasper	km ab TCH	Stopps entlang des ICEFIELDS PARKWAY (#93)
		Tipp: Wer nach dem Abstecher zum *Cavell Pond* der #93A nach Süden folgt, versäumt nicht viel auf dem parallel verlaufenden *Parkway* und kann außerdem bei der kleinen ***Meeting of the Waters Picnic Area*** (ca. 21 km von Jasper entfernt) am Zusammenfluss von Athabasca und Whirlpool River die dort vorbei gleitenden ***River Rafter***-Gruppen beobachten.
9	221	Hier startet der schöner Rundweg zu fünf kleinen Seen im **Valley of the Five Lakes**. Bei Umrundung des größten (First Lake) lässt sich der relativ ebene Trail von 4 km auf 7 km verlängern. Zwei »rote Stühle« warten auch dort; ➤ Seite 581.
30	200	Die ***Athabasca Falls***, die an der südlichen Einmündung der #93A 23 m tief in eine enge Schlucht donnern, gehören zum Pflichtprogramm am *Parkway*. Die Treppen bergab führen zum Canyon-Ende, dahinter fließt der Athabasca wieder als breiter Fluss.
32	198	***HI Athabasca Falls***, Betten $65; Doppel-/Familienzimmer ab $233; www.hihostels.ca/en/destinations/alberta/hi-jasper
34	196	Der kleine, ruhige ***Kerkeslin Campground*** liegt mitten in einem Wald und nicht weit weg vom Flussufer ($17).
37	193	Am ***Goats & Glaciers Lookout*** lohnt sich ein Stopp. Die Abbruchkante oberhalb des Athabasca River ist in nur wenigen Schritten erreicht. Schneeziegen lecken dort (oder auf der gegenüberliegenden Straßenseite) gerne Salz.
50	180	***Honeymoon Lake Campground*** in schöner Lage am Ostufer des gleichnamigen Sees ($17)
54	176	Hier wartet ein weiteres bekanntes Fotomotiv, ein bewaldetes Inselchen mitten im Fluss oberhalb der ***Sunwapta Falls***. Von der Brücke entlang des offiziellen Trail ist der Blick allerdings schon etwas zugewachsen! Am Abzweig zu den Wasserfällen steht die ***Sunwapta Lodge*** (ab ca. $300; ✆ 1-888-828-5777; www.sunwapta.com). **Tipp:** Wer vom Parkplatz dem Nordufer des »reißenden« (=Sunwapta) River ca. 2,5 km flussabwärts folgt, genießt etwas mehr Ruhe und ein herrliches Gebirgspanorama mit Stromschnellen und weiteren Wasserfällen.

Sonnenuntergang bei den Sunwapta Falls

COLUMBIA ICEFIELD / ATHABASCA GLACIER

Westlich des *Parkway* erstreckt sich ein gigantisches Eisfeld, das 325 km^2 große ***Columbia Icefield***, von dem allerdings nur drei Gletscher (*Athabasca, Dome* und *Stutfield)* von der Straße aus sichtbar sind. Es speist einige der bedeutendsten nordamerikanischen Flusssysteme: Über den ***Athabasca River*** und den 4.200 km langen ***Mackenzie River*** gelangt das Schmelzwasser ins Polarmeer. Der ebenfalls im Eisfeld entspringende ***North Saskatchewan River*** fließt zum Lake Winnipeg in Manitoba und bahnt sich von dort als ***Nelson River*** seinen Weg bis in die Hudson Bay. An der Westseite des *Icefield* führen die Gletscherbäche in den ***Columbia River***, der nach 2.000 km in Oregon/USA in den Pazifik mündet.

Die Höhenlage und Kälteausstrahlung der bis zu 365 m dicken Eismassen wirken sich spürbar auf das lokale Mikroklima aus. Im Juli beträgt die durchschnittliche Höchsttemperatur am *Parkway* in diesem Bereich nur 15°C. Bei schlechtem Wetter kann es selbst im Hochsommer kurze Schneeschauer geben.

Wer den 6 km langen ***Athabasca Glacier***, die bekannteste Attraktion des Jasper Nationalparks, hautnah erleben möchte, hat drei Optionen:

- Bei der 1,5-stündigen ***Ice Explorer Glacier Tour*** fährt man im *Snowcoach* (Spezialbus mit mannshohen Reifen) über die südöstliche Gletschermoräne ca. 3 km die Gletscherzunge hinauf und darf dort etwas im Eis herumzuspazieren. Abfahrten ab *Icefield Centre* im Sommer meist 10-17 Uhr. Wer aber echtes »Naturerlebnis« sucht, ist hier jedoch fehl am Platz. Die Touren sind so gut wie immer ausgebucht und die reinste Massenabfertigung (die Warteschlangen im Inneren des *Centre* erinnern eher an ein Flughafenterminal!). Kombi-Tickets inklusive *Skywalk* (➤ rechts) bekommt man ab $97/$63, online manchmal noch mit Rabatt; Reservierung auf dem Portal www.banffjaspercollection.com/attractions/columbia-icefield.
- Geführte ***Icewalks*** bieten die Möglichkeit etwas länger auf dem ewigen Eis zu verweilen. Sie werden Juni-September angeboten. 3-stündige Touren kosten $124/$65, das ganztägige Abenteuer $194/$95; Kinder erst ab 7 Jahre; www.icewalks.com.
- Vom Parkplatz unterhalb des *Athabasca Glacier* kann man aber auch **individuell und völlig kostenlos** die Gletscherzunge erreichen. Bereits auf der kurzen Zufahrt und weiter entlang des ***Toe of the Glacier Trail*** (1,8 km, 60 HM) verdeutlichen Schilder mit Jahreszahlen den sukzessiven – in den letzten Dekaden rapiden – Rückzug des *Athabasca*. Noch in den 1950er-Jahren bedeckten die Eismassen diesen Parkplatz, im 19. Jh. reichte die Gletscherzunge sogar bis zum heutigen *Icefield Centre*. In den letzten 125 Jahren hat der *Athabasca Glacier* rund die Hälfte seines Volumens eingebüßt.

km ab Jasper	km ab TCH	**Stopps entlang des ICEFIELDS PARKWAY (#93)**
77	153	***Jonas Creek Campground***, schöne *Walk-in*-Zeltplätze ($17)
85	145	***HI Beauty Creek***, idyllisch am Ufer des Sunwapta River gelegen; $31; www.hihostels.ca/en/destinations/alberta/hi-beauty-creek
87	143	Von der (nicht ausgewiesenen!) Parkbucht geht es nach Osten und dann auf der ehemaligen Banff-Jasper-Verbindung nach rechts, wo man ca. 600 m später auf den **Beauty Creek** trifft. Der Weg folgt dem engen Canyon mit zahlreichen Kaskaden bergauf bis zu den ausgeschilderten *Stanley Falls* (➤ Foto Seite 584); 1,6 km *one-way*; 100 HM. Für alle, die am *Parkway* einen etwas ruhigeren Wanderpfad suchen!
96	134	***Tangle Falls***, mehrstufiger Wasserfall direkt neben der Straße
97	133	Seit 2014 ragt die hufeisenförmige Glasplattform des ***Glacier Skywalk*** 35 m über den Felsrand hinaus mit Blick auf das 280 m tiefer liegende Sunwapta Valley; täglich Ende Mai bis Ende August 10-18 Uhr, dann bis Mitte Oktober 11-17 Uhr; Tickets: $37/$24 (oder als Kombi mit Glacier Tour ➤ links). Die Anfahrt erfolgt ausschließlich per Bus ab dem *Icefield Centre*; www.banffjaspercollection.com/attractions/columbia-icefield/skywalk. Bewertung: Lange Wartezeiten und viel Geld für eine Aussicht, die es anderorts am *Parkway* kostenlos und besser gibt. Allein die Glasfläche mag bei dem ein oder anderen für etwas Nervenkitzel sorgen.
Pursuit Pass Kombitickets mit Bootstouren, Banff Gondola usw. ➤ Seite 582		
103	127	Einen Zwischenstopp verdient das ***Columbia Icefield Glacier Discovery Centre*** des Nationalparks mit Ausstellungen und ausgiebigem Info-Material zum riesigen Eisfeld (➤ links) sowie zur Geschichte, Geologie, Fauna und Flora der Region.

Das *Centre* ist Ausgangspunkt für Touren zum ***Glacier Skywalk*** (➤ oben) und der Gletscherwanderung auf dem *Athabasca Glacier* (➤ links).

Glacier Skywalk

Im zweiten Stockwerk des ***Icefield Centre*** verwöhnt das ***Glacier View Inn*** seine Gäste mit tollem Gletscherblick, kostet aber entsprechend (meist jenseits von $500); ✆ 1-866-606-6700, www.banffjaspercollection.com/hotels.

km ab Jasper	km ab TCH	Stopps entlang des ICEFIELDS PARKWAY (#93)
103	127	***Icefield Centre Campground*** (RVs stehen über Nacht auf einer großen Parkfläche beim *Centre*, Zelte 1,5 km weiter; $16-$23) Gegenüber des *Icefield Centre* führt die Stichstraße zum Ausgangspunkt des ***Toe of the Athabasca Glacier Trail*** zur Gletscherzunge; ➤ Foto unten bzw. Kasten Seite 588
106 Broschüren Banff NP	124	Beim höchstgelegenen *Campground* des Parks (***Wilcox Creek***; $26) beginnt der empfehlenswerte ***Wilcox Pass Trail***, der Ende des 19. Jahrhunderts der Umgehung des *Athabasca Glacier* diente, als dieser noch über die Trasse des heutigen *Parkway* reichte. Von der Passhöhe (2.375 m) lassen sich ***Athabasca*** und ***Dome Glacier*** besser überblicken als vom Besucherzentrum aus und oberhalb der Baumgrenze eröffnet sich ein super Panorama. Dauer 3-5 Stunden und 9,5 km retour, ca. 450 HM. Nach 1,2 km ist der erste Aussichtspunkt erreicht.
108	122	***Sunwapta Pass*** (2.035 m), Grenze zwischen *Jasper* und *Banff National Park*; https://parks.canada.ca/pn-np/ab/banff. Die Auf- bzw. Abfahrt beim *Sunwapta Pass* bildet einen der **attraktivsten Abschnitte** des *Icefields Parkway*.
111	119	Südlich der Passhöhe liegt grandios – unterhalb der Gletscher – das recht rustikale ***HI Hilda Creek*** mit nur 6 Betten ($33; www.hihostels.ca/en/destinations/alberta/hi-hilda-creek).
112	118	Ausgangspunkt des großartigen ***Parker Ridge Trail***, auf dem man zunächst herrliche Ausblicke auf das Tal mit dem *Icefields Parkway* genießt und jenseits der Parker-Kammhöhe hinüber auf den 13 km langen *Saskatchewan Glacier* (anfangs etwas steilere Serpentinen, oben dann eben; 5,4 km retour, 250 HM; wegen Schnee meist erst ab Juli begehbar!).
117	113	Etwas versteckt vom südlichen Parkplatzende am ***Bridal Veil Falls Viewpoint*** führt ein 1 km langer, stellenweise gischtnasser Weg hinab zu den beeindruckenden, von der Straße nicht einsehbaren ***Panther Falls*** (66 m).

Fußweg zum Columbia Glacier (➤ Seite 588)

Blick von der Brücke in Richtung Osten bei Saskatchewan Crossing

km ab Jasper	km ab TCH	Stopps entlang des ICEFIELDS PARKWAY (#93)
		Nur 200 m südlich in der nächsten Straßenkurve gibt es einen noch besseren, exponierten Aussichtspunkt mit weitem Blick über das U-förmige North Saskatchewan Valley.
142	88	In ruhiger, idyllischer Waldlage befindet sich das ***Rampart Creek Hostel*** ($36 im 6-Bett-Zimmer; www.hihostels.ca/en/destinations/alberta/hi-rampart-creek), auf der gegenüberliegenden Straßenseite der gleichnamige ***Campground*** ($19) und die hübschen ***Rampart Ponds*** (➤ Foto Seite 592).
153	77	Am Straßendreieck *Icefields Parkway/David Thompson Hwy* (#11) unweit des ***Saskatchewan River Crossing*** liegt das ***The Crossing Resort*** (ältere, einfache Zimmer ab $270; ✆ 1-800-387-8103, www.thecrossingresort.com) mit der **einzigen Tankstelle** zwischen Jasper und Lake Louise. Die 50 km von dort nach Osten bis zum **Abraham Lake** (an der #11) können mit dem Panorama des *Parkway* mithalten. Toll sind auch die ***Campgrounds*** in Ufernähe dieses vom Massentourismus noch weitestgehend verschonten Sees (***Kootenay Plains*** ➤ Seite 594). Tipp: ***Thompson Creek*** ist *first-come, first-served* ($28) und liegt nur 9 km vom *Parkway* entfernt.
153	77	Südlich des Abzweigs der #11 steht nur wenige Schritte vom Parkplatz entfernt ein toller Picknicktisch mit Aussicht auf den milchigen North Saskatchewan River und seine Mäander (***Howse Valley Viewpoint*** westlich des *Parkway*).
155	75	Von der **Brücke** über den Gletscherfluss eröffnet sich ebenfalls ein hübscher Blick. Von der kurzen unbefestigten Stichstraße gleich südlich davon kann man manchmal auch Schlauchboote oder Kajaks beim Ablegen beobachten.
159	71	***Mistaya Canyon Trail*** zu einer glattpolierten Kalksteinschlucht, durch die der gleichnamige Fluss rauscht (0,5 km, 35 HM)

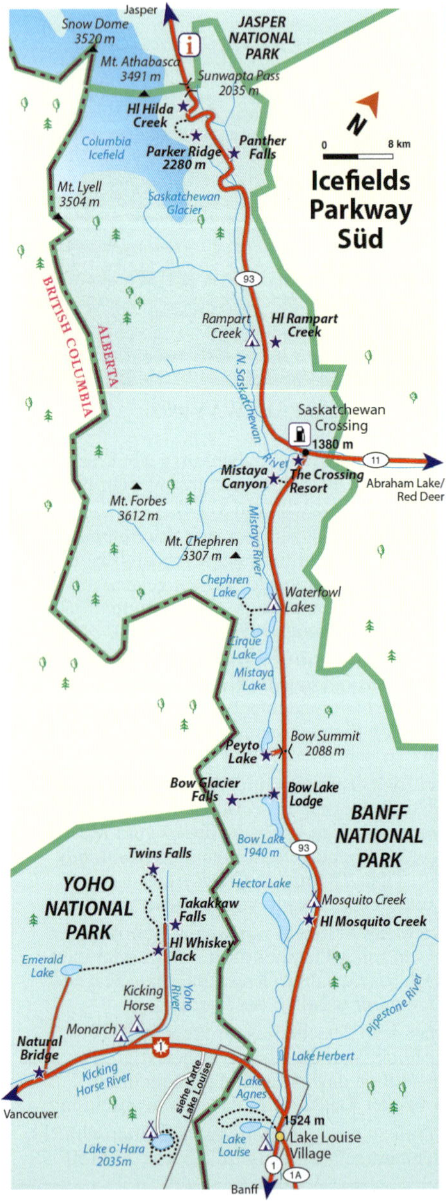

Rampart Ponds

Mistaya Canyon

Peyto Lake

Bighorn Sheeps

km ab Jasper	km ab TCH	Stopps entlang des ICEFIELDS PARKWAY (#93)
173	57	In der Nähe des **Lower Waterfowl Lake** unterhalb des majestätischen **Mount Chephren** (3.307 m) breitet sich der ***Waterfowl Lakes Campground*** aus ($23; mit Feuerstellen und besser als *Rampart Creek*!). Dieser Campingplatz ist gleichzeitig Ausgangspunkt für zwei schöne Wanderungen zu den Bergseen **Chephren** oder **Cirque Lake** (2,4 km bzw. 2,9 km *one-way*).
190	40	Am ***Bow Summit***, dem mit 2.088 m höchsten Punkt des *Parkway*, zweigt eine kurze Stichstraße ab. Sie führt zum Parkplatz, wo es – Ende Juli bis Anfang August umgeben von blühenden Blumen – zum ***Peyto Lake Viewpoint*** geht (1,5 km retour; 40 HM; sprich: »*pí-tou*»). Der Blick auf den unten im Tal liegenden milchig-türkisen See ist ein »Muss« am *Parkway*. Wer den Besuchermassen etwas entfliehen möchte, kann noch dem Weg hinauf bis zum ***Bow Summit Lookout*** folgen (6 km retour ab dem Parkplatz; 245 HM) oder über einen recht steilen, unmarkierten Pfad zum Seeufer absteigen (5 km retour; 300 HM).
193	37	Am Nordende des **Bow Lake** bietet die gleichnamige ***Lodge*** Zimmer für $400 sowie ein Restaurant mit Blick auf den See & *Bow Glacier*; ✆ (403) 522-2167, https://lodgeatbowlake.com. Ab dem Parkplatz verläuft der ***Bow Glacier Falls Trail*** (4,6 km; 155 HM) zunächst am Seeufer entlang und dann durch eine Schlucht steil bergauf. Er endet unterhalb der 150 m hohen Abbruchkante, über die das abrinnende Wasser aus dem **Iceberg Lake** stürzt. Die Zunge des *Bow Glacier* und der obere See sind von dort nicht sichtbar. Man erreicht den Iceberg Lake nur über eine etwas anspruchsvollere »Kraxelei«.
206	24	An der Einmündung des Mosquito Creek in den Bow River liegen der ***Mosquito Creek Campground*** ($19) sowie das gleichnamige ***Hostel*** (Betten $36, Familienzimmer $88).
227	3	Im hübschen **Herbert Lake** (mit **Picknickplatz**) kann man im Gegensatz zu den eiskalten gletschergespeisten Seen weiter nördlich am *Parkway* im Hochsommer sogar baden.
230	0	Ab-/Auffahrt *Trans-Canada Highway*

Bow Lake

3

Ende September am Abraham Lake

Über die Kootenay Plains nach Calgary

Noch sind die ***Kootenay Plains*** unter Kanada-Touristen so etwas wie ein »Geheimtipp«. Der dorthin führende ***David Thompson Highway*** **(#11)** liegt meistens abseits der üblichen Routen und bleibt daher wenig beachtet, allerdings ganz zu Unrecht, denn die 90 Kilometer zwischen dem *Banff National Park* und Nordegg gehören zu den **schönsten in ganz Alberta**. Diese Route bietet sich z.B. an, wenn es nach dem Besuch des Jasper und Banff Nationalparks weiter in Richtung Calgary gehen soll. Das dabei jeweils erforderliche doppelte Abfahren des *Icefields Parkway* bis *Saskatchewan River Crossing* (➢ Seite 591) bringt neue (tolle) Eindrücke und ist daher kein Fehler.

Aber selbst wenn im Anschluss die Reiseroute nicht weiter nach Calgary verläuft, ist ein Abstecher bis zum nördlichen Ende des **Abraham Lake** sehr lohnend (ca. 60 km *one-way* ab dem *Parkway*). Im Sommer verspricht der See Erholung in idyllischer Kulisse, im Herbst verzaubert er mit goldenen Blätterwerk und im Winter ist er berühmt für seine zahllosen, vom Eis umschlossenen **Methan-Gasblasen**. Von Anfang Januar bis Mitte Februar verwandelt sich der Abraham Lake oft in ein riesiges Kunstwerk! Dann werden Heli-Touren und *Ice Walks* dorthin angeboten.

Abraham Lake mitten im Winter

Crescent Falls in der gleichnamigen Provincial Recreation Area

Im klimatisch begünstigten Übergangsbereich zwischen Prärie und Bergen schützt eine ***Ecological Reserve*** zahlreiche seltene Pflanzen- und Tierarten. Die *Kootenay Plains* sind zudem ein wichtiges Rückzugs- und Überwinterungsgebiet für Hirsche. Warme *Chinook*-Winde sorgen dort für ein mildes Klima und überdurchschnittlich viele Sonnenstunden verwöhnen auch die Besucher während der Sommermonate.

Ab *Saskatchewan River Crossing* (➢ Seite 591) am *Icefields Parkway* folgt der ***David Thompson Hwy*** **(#11)** dem Verlauf des North Saskatchewan River und führt – immer begleitet von traumhafter Bergkulisse – mitten durch die *Kootenay Plains*. Rund 27 km vom *Parkway*-Abzweig entfernt, befindet sich der Ausgangspunkt für die Wanderung zu den ***Siffleur Falls***. Der 4 km lange Trail (150 HM) folgt nach der Hängebrücke über den North Saskatchewan River dem malerischen Flusscanyon bis zum 15 m hohen ***Lower Fall***. Der Hike kann von dort zu den ***Middle*** und ***Upper Falls*** mit *tent site* fortgesetzt werden (dann 16 km retour und etwas anspruchsvoller).

Bald darauf, kurz vor dem Südende des **Abraham Lake**, gelangt man zum kleinen, einfachen ***Two O'clock Creek Campground*** mit *walk-in* und *RV sites*; $27; ✆ (403) 721-3975. Am Ufer des türkisfarbenen Stausees gibt's außerdem Zimmer ab ca. $230 in der guten ***Aurum Lodge*** (✆ (403) 721-2117, www.aurumlodge.com) und im ***David Thompson Resort*** (auch *cabins* $150, Camping $30-$55 und **Restaurant**; ✆ 1-888-810-2103, https://davidthompsonresort.com). Eine ganze Reihe ***Provincial Recreation Areas*** (*PRA*) mit einfachen, hübschen *campsites* im Bereich bis Nordegg bieten sich als Ausweichmöglichkeit an, wenn in der Hochsaison am *Icefields Parkway* bereits alles voll besetzt sein sollte.

Nördlich des Abraham Lake führt eine Stichstraße in die ***Crescent Falls PRA***. Die 6 km Schotter *one-way* lohnen sich für den Blick in den tiefen ***Bighorn River Canyon*** und auf die über zwei Stufen hinab stürzenden ***Crescent Falls***. Spätestens hier, 72 km vom *Icefields Parkway* entfernt, ist der Umkehrpunkt für Tagesausflügler aus Banff/Lake Louise.

In dem einst bedeutenden Kohlebergbauort **Nordegg** (www.nordegg.info) stehen heute nördlich der #11 u.a. die guten ***Expanse Cottages*** (im Sommer ab $190; ✆ 1-877-706-5701, https://expansecottages.com) und gleich nebenan bietet die **Jugendherberge *HI Shunda Creek*** Betten für $36 sowie Doppelzimmer für $92 an (321 Shunda Creek Rd; ✆ 403-721-2140). Empfehlenswert ist auch das ***Miners' Cafe*** im Ortszentrum südlich des Highways (geöffnet nur Do-Mo 9-16.30 Uhr).

Kurz vor **Rocky Mountain House** (mit etlichen H/Motels) geht es, 170 km vom *Parkway* entfernt, von der Straße #11 nach rechts auf der #11A zur gleichnamigen ***National Historic Site*** (vor Ort ausgeschildert). Dort gibt es restaurierte Fragmente von fünf Forts aus der Pelzhändlerzeit zu sehen; geöffnet Mitte Mai-Anfang September täglich 10-17 Uhr; $8,50 oder mit NP-Jahrespass; https://parks.canada.ca/lhn-nhs/ab/rockymountain.

Die #11/#2 ist ab Rocky Mountain House die schnellste Straßenkombination für die Weiterfahrt. Wer nicht an einem der beiden Badeseen (**Sylvan** und **Gull Lake**) nordwestlich von **Red Deer** eine Pause einlegt, ist in knapp zwei Stunden in Calgary.

3

Shuttlebusse für Lake Louise & Moraine Lake

Nur bei sehr zeitiger Anreise (lange vor Sonnenaufgang!) hat man im Sommer am **Lake Louise** eine realistische Chance auf einen freien Parkplatz ($21/Tag). Die beste Lösung sind die Zubringer von *Parks Canada*, die Mitte Mai-Mitte Oktober vom riesigen ***Park & Ride*** bei der Seilbahn abfahren (1 Whitehorn Road). Dort starten von Juni bis Mitte Oktober auch die Busse zum **Moraine Lake**. Beide verkehren täglich 6:30-18 Uhr im 20-Minuten-Takt. Im Preis inbegriffen ($8; bis 18 Jahre frei) ist jeweils der ***Lake Connector Bus***, mit dem man *first-come, first-served* bei der Rückfahrt noch den zweiten See besuchen darf (Frequenz alle 15 min). So gelangen die Besucher selbst mit dem *Lake Louise Shuttle* zum Moraine Lake. Die Tickets, die den Zustieg innerhalb eines 1-stündigen Zeitfensters erlauben, werden an einem Stichtag früh im Jahr vergeben, weitere **zwei Tage vorab pünktlich um 8 Uhr** unter https://reservation.pc.gc.ca. Alle Unterlagen lieber auf dem Smartphone abspeichern, denn die Netzabdeckung lässt beim *Park & Ride* sehr zu wünschen übrig. Lesertipp 2022: Auch mit Nachmittagstermin darf man wegen »*no-shows*« oftmals vormittags schon mit einem Bus mitfahren!

Alternativ gelangt man von Lake Louise auch **zu Fuß** zum See, entweder entlang eines Baches (*Louise Creek Trail*, 3 km) oder auf dem etwas längeren *Tramline Trail* (5 km), der einer ehemaligen Schmalspurbahn-Trasse folgt.

Alle, die in **Banff** übernachten, können Lake Louise (Ort+See) für wenige $ über die ***Roam Transit***-Routen 8X (*Express*) oder 8S (*Scenic*) ansteuern. Route 10 ist eine Direktverbindung zum **Moraine Lake** im Herbst. Tipp: Der *Roam Super Pass* ($25/$12,50) beinhaltet den oben erwähnten *Lake Connector* von *Parks Canada*. Alle am besten vorher reservieren: https://roamtransit.com/reservations-2. Auch der ***HopOnBanff*** hält an beiden Seen; $76/$62; www.hoponbanff.com.

Die Modalitäten wurden während der letzten Jahre immer wieder geändert, daher sicherheitshalber vorab noch einmal checken ➤ QR-Code (https://parks.canada.ca/pn-np/ab/banff/visit/parkbus/louise).

3.4 Lake Louise & Banff

3.4.1 Lake Louise

Lake Louise (Ort)

Nördlich von **Lake Louise (Village)**, neben Banff der Touristenmagnet des Nationalparks, endet der *Icefields Parkway* am *Trans-Canada Hwy*. Der Ort besteht aus mehreren separaten Villen- und Ferienhausvierteln und einem kleinen **Versorgungsbereich** mit Einkaufszentrum direkt an der TCH-Abfahrt. Gleich neben der *Samson Mall* befindet sich das ***Visitor Centre*** mit einem guten Ausstellungsbereich (u.a. zur Tierwelt) und mit reichlich Informationsmaterial; geöffnet im Sommer 8.30-19 Uhr; 201 Village Road. Zur Übersicht und für Wanderungen im Bereich Lake Louise gibt es nichts Besseres als das dort erhältliche Faltblatt »***Day Hiking Lake Louise, Castle Junction, Icefields Parkway***«; auch unter https://parks.canada.ca/pn-np/ab/banff/visit/brochures.

Westlich der Bahnschienen stößt man auf die ***Lake Louise Station***. Der stillgelegte, 1910 erbaute Bahnhof ist das älteste Gebäude der Ortschaft. Heute beherbergt das eindrucksvolle Holzhaus ein Restaurant; 200 Sentinel Road; www.lakelouisestation.com.

Weltberühmtes Skigebiet Auf der Ostseite des *Trans-Canada Hwy* erstreckt sich unterhalb des Gipfels des Whitehorn Mountain eines der höchstgelegenen (2.637 m) und schneesichersten Skigebiete Kanadas. Bekannt war es vor allem als Austragungsort von Super-G- und Abfahrtsrennen. 2023 verabschiedete man sich wegen Finanzierungsproblemen (vorübergehend?) aus dem Ski-Weltcup. Zufahrt zum Parkplatz über den *Bow Valley Parkway* #1A und die Whitehorn Rd; 3 km ab TCH.

Seilbahn Eine Gondelbahn dient als Zubringer. Sie befördert auch Sommergäste zum Aussichtsrestaurant; Mitte Mai-Anfang Oktober täglich 8-18 Uhr; $60/$25, mit **Coupon** (oft in Broschüren) preiswerter.

Morgens wirkt dort das Gebirgspanorama am besten. Für einen Aufpreis von gerade mal $10 gibt's im Gasthaus der Talstation **Frühstücks-** bzw. **Lunchbuffet inklusive Seilbahn**; www.skilouise.com.

Übernachten Die *Hook-up*-Plätze ($35) des sich am Bow River entlang ziehendem ***Lake Louise Trailer*** sind relativ laut (Zugnähe!); Anfahrt über die Fairview Rd (nach Bahnunterführung gleich links). Ruhiger ist der separate, ebenfalls riesige ***Lake Louise Tent*** jenseits des Flusses, wo man hinter einem Bärenschutzzaun gut zelten kann ($30); beide reservierbar: https://reservation.pc.gc.ca. Wer zur Saison dort nicht mehr unterkommt, weicht auf den ***Overflow***-Platz am TCH (5,5 km südlich der Stadt; 51.38813, -116.12965) aus oder – generell schöner – in die Umgebung von Banff (Shuttle ➤ links).

Eine prima »Alpenvereinshütte« (und Hostel) ist das ***Lake Louise Alpine Centre*** mit Sauna, Restaurant und Betten ab $58 oder DZ ab $190; langfristig vorzubuchen: www.hihostels.ca/lakelouise.

Die Auswahl an Quartieren ist in Lake Louise äußerst beschränkt. Es gibt gerade mal eine Handvoll Hotels, gleich am Ortseingang steht die ***Mountaineer Lodge***; gute Zimmer mit Frühstück ab ca. $350; ✆ 1-855-556-8473, https://mountaineerlodge.com.

Auch im Winter ist immer viel los in Lake Louise, die Skiregion zählt zu den Top-Winterdestinationen in Nordamerika; hier die Abfahrt mit Blick auf den zugefrorenen See (weiße Fläche direkt unterhalb der hohen Berge)

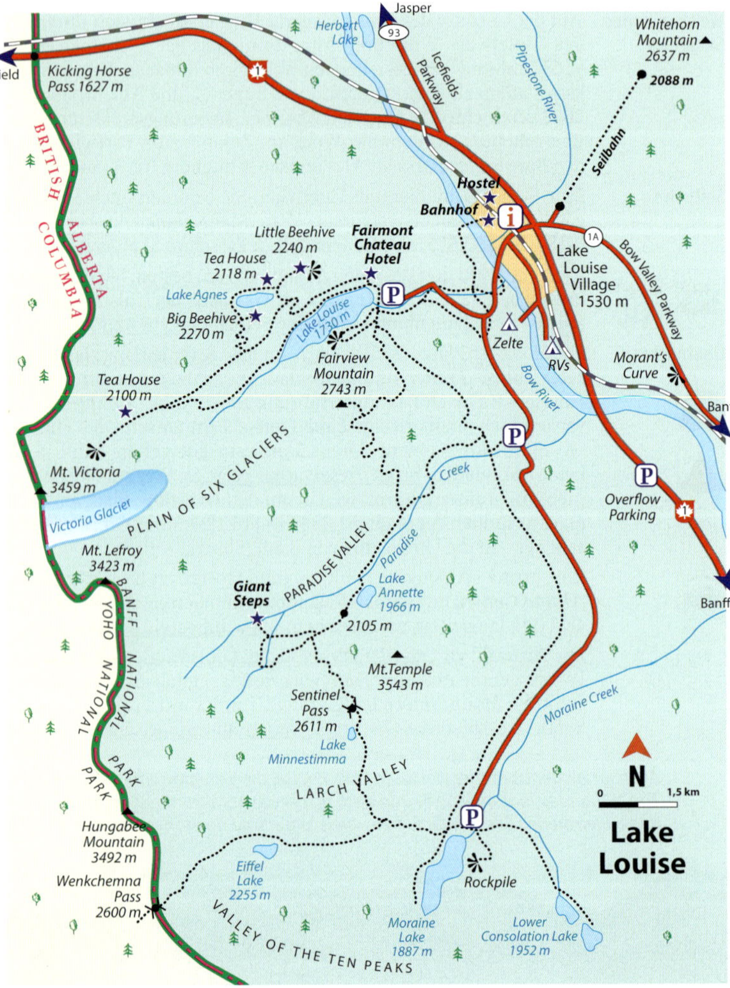

Der meistbesuchte Bergsee der Welt

Die Zufahrt zum Lake Louise endet vor dem Luxushotel ***Fairmont Chateau Lake Louise*** bzw. auf einem Mammutparkplatz, von dem unerhörte Besuchermassen tagtäglich in die Parkanlage zwischen »Schloss« und See strömen. Das Gros der Touristen genießt das Panorama und besucht vielleicht noch den architektonisch 1913-1925 eher fantasielos gestalteten 10-stöckigen Bau mit seinen Terrassen, Restaurants, Souvenirshops und Zimmern ab $1.500 im Sommer.

So darf man sich ein »Teahouse« in den Rockies vorstellen – wie unsere Almhütten, getrunken wird dort aber ausschließlich Tee, Kaffee, Limo oder Wasser

On top kommen dann noch gut $200 an Steuern und *resort fees*! Details unter ✆ 1-800-257-7544, www.fairmont.com/lakelouise. Dabei ist es auch von innen bei weitem nicht so eindrucksvoll wie das *Fairmont Banff Springs*, ➤ Seite 609.

»Flucht« vor den Massen

Wer nicht zur absoluten Nebensaison nach Lake Louise kommt, könnte den Ort und den See als »viel zu touristisch« empfinden. Eine »Flucht« gelingt schnell per **Kanu**, der Preis dafür ist jedoch beachtlich: die $145/Stunde muss man sich erst leisten können/wollen. Abhilfe schaffen auch längere **Wanderungen** beidseitig des Sees, dort verteilen sich die »Massen« dann etwas besser:

Plain of Six Glaciers

Der ***Plain of Six Glaciers Trail*** zählt zu den besten im Banff Nationalpark. Er verläuft zunächst am Nordufer des Sees entlang und bietet immer wieder schöne Blicke zurück auf das Hotel (➤ Foto unten). Nach 6,5 km und 420 Höhenmetern endet der Wanderweg an einem Aussichtspunkt über der »Ebene der 6 Gletscher«. Einen guten Kilometer vor dem Ziel steht ein ***Teahouse*** (➤ Foto oben). Die Sandwiches, Suppen, Salate und den Tee/Kaffee kann man auch mit der Kreditkarte bezahlen, im Sommer 2023 allerdings mit $4-Aufpreis. Geöffnet im Juli/August täglich 9-17 Uhr.

Gletschermehl»strand« am Lake Louise; im Hintergrund das Hotel Fairmont Chateau

3

Die unvergleichlichen Farben der Gletscherseen und -flüsse

Es gibt wohl kaum einen Besucher, den die unwirklich schönen Farbnuancen in den kanadischen Gletscherseen und -flüssen im Sommer nicht begeistern. Sie sind allen voran der unermüdlichen Arbeit der großen Gletscherüberreste geschuldet. Kontinuierliche Reibungs- und Zerkleinerungsprozesse führen dort zur Bildung von sog. **Gletschermehl**, das während der wärmeren Jahreszeit als Schwebfracht in die Flüsse und Seen abtransportiert wird. Diese leichten, feinkörnigen Partikel schweben anfangs im Wasser und absorbieren alle Wellenlängen aus dem sichtbaren Spektrum des Lichtes außer den Grün- und Blauanteilen. Da jedes Gewässer unterschiedliche Mengen an suspendierten Körnchen und auch andere Mineralstoffkonzentrationen aufweist, schimmert auch jedes in einem ganz individuellen Blau-, Grün- oder Türkiston. Zudem variiert die Konzentration an Schwebepartikeln mit den Jahreszeiten. Im Frühjahr, bevor die Gletscher zu schmelzen beginnen, unterscheiden sich die Seen und Flüsse in den kanadischen Rocky Mountains nicht wesentlich von anderen und sind klar und tiefblau. Erst im frühen Sommer nehmen sie allmählich ihre reizvolle, z.T. milchige Verfärbung an. Mit dem Ende der wärmeren Jahreszeit sinken alle Partikel langsam zu Boden und setzen somit auch dieser Illusion ein Ende – bis im nächsten Frühling der Zyklus aufs Neue startet.

Was im Hochsommer am westlichen Ende des **Lake Louise** beinahe wie ein weißer Sandstrand anmutet, ist in Wirklichkeit feinstes Gletschermehl, das an dieser Stelle in den See fließt. Weitere kaum zu überbietende Farbspektakel kann man u.a. beim berühmten **Peyto Lake** oder beim **Moraine Lake** bewundern sowie in der Gegend rund um den **Lake O'Hara** (➢ Foto Doppelseite 574/575) im Yoho Nationalpark.

Am Rückweg vermeidet man über den ***Highline Trail*** sowie **Big Beehive** und Lake Agnes ein doppeltes Ablaufen bei nur geringfügig verlängerter Wegstrecke (insgesamt dann 17 km) und entgeht unterwegs dem »Volkswandertagsrummel« zum Teehaus.

Lake Agnes Trail

Der gut ausgebaute ***Lake Agnes Trail*** (3,4 km; 380 Höhenmeter) windet sich ausgehend vom *Chateau* in langen, aber nicht allzu steilen Kehren hinauf zum Lake Agnes, wo auf 2.118 m ein weiteres kleines ***Tea House*** mit Terrasse wartet – ein herrlicher Rastplatz nach dem Aufstieg! Geöffnet von Anfang Juni bis Mitte/Ende Nov täglich 9-17 Uhr. Es wird nur Bargeld (CAD/USD) akzeptiert!

Man kann den Weg auch fortsetzen um den Lake Agnes herum jeweils mit Aussichtspunkten hinunter auf das Bow Valley: **Big Beehive** (+1,6 km, +150 HM) oder entgegengesetzt zum **Little Beehive** (+1,0 km, +120 HM) mit einem ebenso guten Weitblick.

Fairview Mt

4,5 km lang ist der schöne, deutlich weniger überlaufene Pfad auf den **Fairview Mountain** (2.745 m). Von dessen Gipfel blickt man 1.000 m hinab zum Lake Louise und hinüber zu den Gletschern am Mount Victoria mit dem *Plain of Six Glaciers Trail*.

Reiten

Mehrstündige Panorama-Ausritte beginnen ab den ***Brewster Stables*** neben dem *Chateau*, z.T. auf eigens ausgewiesenen Reitwegen, aber auch auf belebten Wanderpfaden: am Seeufer entlang ($167) oder hinauf zum Lake Agnes ($209) und der *Plain of Six Glaciers* ($270); Reservierung nötig: www.brewsteradventures.com.

Moraine Lake

Broschüren Banff NP

Noch reizvoller als der Lake Louise ist sein südlicher Nachbar. Der **Moraine Lake** liegt 14 km entfernt und 150 m höher, umrahmt von gleich zehn 3.000ern im **Valley of the Ten Peaks**. Die Zufahrtsstraße ist jedes Jahr nur kurz – von Anfang Juni bis Mitte Oktober – geöffnet, wurde aber 2023 **bis auf Weiteres für den Privatverkehr gesperrt**. Nur mit einem Behindertenausweis darf man selber anreisen, alle anderen haben die Wahl zwischen den **Shuttlebussen** des Nationalparks (*Moraine Lake Bus*, ➤ Kasten Seite 596), den öffentlichen Verkehrsmitteln (*Roam Transit Bus 8X + 8S* zum Lake Louise, dann weiter mit *Lake Connector Bus*), teureren privaten Touranbietern oder sportlich per **Bike** (15 km, 385 Höhenmeter; ab $50/Tag z.B. bei *Wilson Mt Sports*, www.wmsll.com).

Wer den **Sonnenaufgang** am Moraine Lake erleben will, muss einen privaten Shuttledienst buchen, der um 4 Uhr von der *Samson Mall* startet (https://morainelakebus.com) oder – mit prall gefülltem Portemonnaie – sich in dem noblen Haus am Seeufer einquartieren; (*Moraine Lake Lodge* ab $1.000/Nacht; https://morainelake.com).

Trails

Auf dem Wasser (Kanu-Verleih bei der *Lodge*; $140/Stunde) oder auf Schusters Rappen entkommt man etwas dem Hauptbetrieb:

- Erster Anlaufpunkt sollte der Aussichtshügel ***Rockpile*** am Nordufer sein, den man über einen breiten Weg erreicht, der vom Parkplatz in Richtung See aber dann nach links (also nicht zur *Lodge*!) führt (500 m; 30 Höhenmeter). Der »Steinhaufen« ist ein äußerst beliebter Fotospot (Sunrise-Shuttlebus, ➤ oben).
- Empfehlenswert wäre auch der etwas längere Wanderweg hinauf zum ***Sentinel Pass*** (2.611 m). Vom Westufer geht es zügig bergauf und dann durch die ausgedehnten, im Herbst golden gefärbten Lärchenwälder des **Larch Valley**. Jenseits der Baumgrenze spiegeln sich die 3.000er malerisch im **Lake Minnestimma** – bei Windstille ein absolutes Postkartenmotiv! Über steilere Kehren wird die Bergwand gleich dahinter erklommen.

Sonnenaufgang am Rockpile oberhalb des Moraine Lake

Mitte/Ende September verfärben sich die Lärchen oberhalb des Moraine Lake

Nach 5,8 km und 720 Höhenmetern steht man auf einem der höchsten Pässe im Nationalpark. Der Blick nach Norden fällt auf das Paradise Valley und in Richtung Süden auf die *Ten Peaks*. Dauer: ca. 5-6 Std. Die Kurzvariante bis zum **Larch Valley** ist **im Herbst eine der populärsten Touren in den *Rockies***!

Auf knapp halber Strecke, noch vor dem Larch Valley, zweigt der weniger frequentierte, dennoch sehr schöne Trail zum **Eiffel Lake** oberhalb der Baumgrenze ab (ab Tal 5,6 km, 370 HM).

- Fast eben geht es am Südwestufer des Sees zu einem Wasserfall (1,5 km) bzw. östlich des Moraine Lake zum gleichfalls von Bergriesen eingerahmten **Lower Consolation Lake** (2,9 km).
- Ein weiteres hübsches Wanderziel startet am Beginn der Moraine Lake Road (nach nur 2,5 km beim *Paradise Valley Trailhead*): Der **Lake Annette** liegt direkt unterhalb der steilen, eisbedeckten Nordflanke des Mount Temple im Paradise Valley. »Paradiesisch« sind im oberen Tal sowohl das Panorama als auch die Einsamkeit; 13 km retour, 380 Höhenmeter.

GROUP ACCESS ONLY – Unterwegs in der Heimat der Grizzlys

Immer wieder stößt man in der Gegend rund um Lake Louise und Banff auf Tafeln mit dem Hinweis »***Hiking in (tight) groups of 4 or more required***!« oder auf temporär gesperrte Wanderwege. Dies dient zum Schutz der Menschen und der Grizzlybären (➤ auch Seite 32f), wenn die Pfade mitten durch deren Revier führen. Wer zu zweit unterwegs ist, muss meist auch nicht lange am *trailhead* warten, bis sich zwei weitere Gleichgesinnte finden. Die Zahl »4« beruht auf der langjährigen Erfahrung der Parkverwaltung. Grizzlys meiden üblicherweise Begegnungen/Konfrontationen mit Wandergruppen ab dieser Größe. Dabei sollten unbedingt alle immer **eng beisammen** bleiben, nur dann zeigt diese Vorsichtsmaßnahme auch die gewünschte Wirkung. Verstöße gegen die Anweisungen von *Parks Canada* werden mit Strafen bis zu $25.000 geahndet. Übersicht der aktuellen Bärensichtungen/-warnungen in den Rocky Mountains Nationalparks unter https://parks.canada.ca/pn-np/mtn/ours-bears/miseajour-update.

Hinweis: Der kleine, meist überfüllte Parkplatz des *Johnston Canyon* wird ab Banff von der *Roam Transit*-**Route 9** bedient; Tickets $5/$2,50. Die Busse starten von Mitte Mai bis Mitte Okt. tägl. 9-18.30 Uhr beim *High School Transit Hub* (330 Banff Avenue; https://roamtransit.com). Unbedingt aktuelle Infos beachten (➢ http://pc.gc.ca/banffnow bzw. QR-Code), im Frühling+Herbst 2023 war der **Bow Valley Parkway** östlich der Schlucht einige Monate ausschließlich für Fußgänger und Radfahrer geöffnet!

3.4.2 Bow Valley Parkway (50 km)

Daily pass auf allen Parkplätzen erforderlich ➢ Seite 585

Bei der Weiterfahrt nach Banff genießt man auf der TCH-Autobahn ab Lake Louise einen freien Blick auf die Rocky-Mountain-Gipfelwelt. Entlang des parallel verlaufenden, eigentlich reizvolleren ***Bow Valley Parkway* #1A** (»alter« TCH) bleibt heute das weite Bergpanorama meist hinter dem Blätterdach der Bäume verborgen. Dafür ist er in den Morgen- und Abendstunden ein recht guter Platz für **Tierbeobachtungen**. Nicht nur bei Eisenbahnfans beliebt ist südlich von Lake Louise der ***Morant's Curve Viewpoint*** (GPS-Koordinate: 51.39982, -116.12858; ➢ Foto Seite 641). Es folgen die ***Campgrounds*** *Protection* und *Castle Mountain* (je $23, beide ohne Duschen). Beim **Castle Mountain** stehen außerdem das gleichnamige ***HI Hostel*** ($38/Bett) sowie schöne ***Chalets*** (für vier Personen ab ca. $400); https://castlemountain.com.

Johnston Canyon

Rund 25 km nordwestlich von Banff passiert der *Bow Valley Parkway* den Eingang zum klammartigen ***Johnston Canyon***: Schmale Stege führen die steilen Felswände entlang zu den ***Lower Falls***. Nach insgesamt 2,7 km und 120 Höhenmeter erreicht man die oberen Wasserfälle und nach weiteren 2,9 km (plus 100 HM) die ***Ink Pots***, sieben teils türkisfarbene Quellen. Eine tolle Halbtageswanderung!

Wer Parkplatzprobleme umgehen möchte, kann mit öffentlichen Bussen anreisen ➢ Kasten oben.

Der große ***Johnston Canyon (NP) Campground*** ($29) in schöner Lage ist reservierbar, aber wegen Bahnnähe nachts relativ laut. Die ***Resort Cabins*** kosten ab $360; ✆ 1-888-378-1720, www.johnstoncanyon.com.

Lower Falls im Johnston Canyon

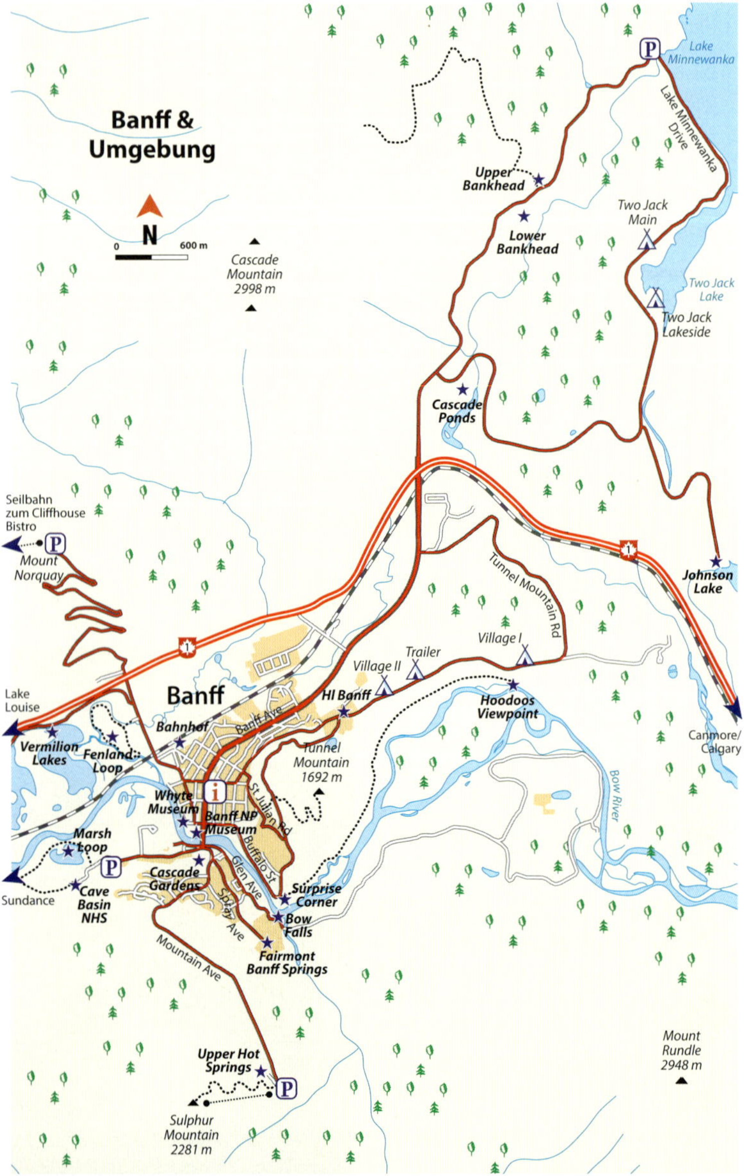
Banff & Umgebung
N
0
600 m
Lake Minnewanka
Lake Minnewanka Drive
Upper Bankhead
Lower Bankhead
Two Jack Main
Two Jack Lake
Two Jack Lakeside
Cascade Mountain 2998 m
Cascade Ponds
Seilbahn zum Cliffhouse Bistro
Mount Norquay
Tunnel Mountain Rd
Johnson Lake
Village I
Trailer
Village II
HI Banff
Hoodoos Viewpoint
Banff
Lake Louise
Bahnhof
Banff Ave
Vermilion Lakes
Fenland Loop
Tunnel Mountain 1692 m
Canmore/ Calgary
Bow River
St Julian Rd
Whyte Museum
Banff NP Museum
Marsh Loop
Buffalo St
Cascade Gardens
Glen Ave
Sundance
Cave Basin NHS
Spray Ave
Surprise Corner
Bow Falls
Fairmont Banff Springs
Mountain Ave
Upper Hot Springs
Sulphur Mountain 2281 m
Mount Rundle 2948 m

3.4.3 Banff

Banff (knapp 8.000 Einwohner) liegt malerisch eingebettet in einem Talkessel umgeben von den Gipfeln Mount Norquay (2.523 m) und Rundle (2.948 m) sowie dem Sulphur (2.451 m) und Cascade Mountain (2.998 m). Zur Ferienzeit und an Schönwetterwochenenden herrscht in dem schmucken Städtchen mit fußläufiger Innenstadt nach europäischem Vorbild immer Hochbetrieb, im Winter zieht es Skifahrer dorthin. Calgary, die größte Stadt Albertas, ist nur 130 TCH-Kilometer entfernt und der umliegende, gleichnamige Nationalpark ist der beliebteste der kanadischen *Rockies*.

Geschichte

Die Entwicklung der Stadt nahm ihren Anfang 1883, als man bei den Bauarbeiten an der Transkontinentaltrasse auf die heißen Quellen am Fuße des Sulphur Mountain stieß. Nur zwei Jahre später wurde das Areal um die ***Cave and Basin Hot Springs*** (➤ Seite 608) bereits unter Naturschutz gestellt und der Grundstein für den ersten Nationalpark Kanadas gelegt, den *Banff National Park*.

Van Horne, der damalige Chef der *Canadian Pacific Railway*, erkannte schon früh das touristische Potential der Region. Frei nach dem Motto »*If we can't export the scenery, we'll import the tourists*« beförderte er ab 1888 Wohlbetuchte per Eisenbahn zu den Bergen bzw. in sein neu eröffnetes »Luxus-Schlösschen«, das *Banff Springs Hotel*. Anfang des 19. Jahrhunderts wurde Banff dank der Nähe zu den drei großen Skigebieten *Sunshine Village*, *Ski Norquay* and *Lake Louise Mountain Resort* auch zum beliebten Wintersportort. Seither scheint der Boom unaufhaltsam.

Aussicht vom Sulphur Mountain: Linker Hand des kleinen Tunnel Mountain breitet sich Downtown Banff aus, rechts unten steht das Fairmont Hotel, im Hintergrund leuchtet der Lake Minnewanka

Übernachten

Unterkunft

Hotelbetten sind in Banff während der Hauptsaison sommers wie winters **extrem teuer**. Das generelle Preisniveau dort gehört zu den höchsten im ohnehin nicht billigen Kanada.

- Das Nonplusultra ist das ***Fairmont Banff Springs*** »Schlösschen« mit Luxuszimmern ab $.1000. Es zählt zu den Sehenswürdigkeiten der Stadt, ➤ Seite 609; www.fairmont.com/banffsprings.

An der **Banff Avenue** reihen sich die *Inns* und *Lodges* mit Tarifen jenseits der $350 zur Hochsaison. Etwas günstiger kommt man dann meist in folgenden Quartieren unter:

- ***Bow View Lodge***, 228 Bow Avenue, wunderbar zentral gelegen am Bow River; ✆ 1-800-661-1565, https://bowview.com
- ***Douglas Fir Resort***, 525 Tunnel Mountain Drive; knapp 2 km nach Downtown; ✆ 1-800-661-9267, https://douglasfir.com
- ***The Juniper Hotel***, 1 Juniper Way, am TCH ca. 2 km vom Zentrum entfernt; ✆ 1-866-551-2281, https://thejuniper.com.

Preiswert sind in Banff nicht 'mal die Betten in Jugendherbergen:

Hostels

- ***Banff Int'l Hostel***, 449 Banff Ave, ab $69/Bett; fußläufig zur Innenstadt; ✆ 1-855-546-7835, www.banffinternationalhostel.com
- ***HI Banff Alpine Centre***, 801 Hidden Ridge Way, Bett ab $62, DZ ab $140; moderne Herberge am Tunnel Mt Dr, ✆ 1-866-762-4122
- ***Samesun Hostel***, 433 Banff Ave, ab $100 p.P. im 6- bis 14-Bettschlafsaal, DZ ab $280; ✆ 1-877-972-6378, https://samesun.com
- ***YWCA Banff Hotel***, 102 Spray Ave, DZ ab ca. $200; südlich des Bow River; ✆ 1-800-813-4138, https://ywcabanff.ca/hotel.

Canmore

Reichlich Ausweichmöglichkeiten bietet das nur 25 TCH-Kilometer entfernte **Canmore** (➤ Seite 625), wo sich oft selbst im Sommer noch ein Zimmer für unter $250 finden lässt.

Camping

Über mehr als 1.000 Stellplätze verfügen die drei beieinander liegenden ***Tunnel Mountain (NP) Campgrounds*** (sanitär gut) an der Tunnel Mountain Rd, rund 3 km vom Zentrum entfernt: *Village I* $29 (ohne Service), *Village II* $29-$35 und *Trailer* $41 *full hookups* für lange Camper; Anfahrt zum Einchecken am besten über den östlichen Banff-Exit des TCH; https://reservation.pc.gc.ca. Öffentliche Busse (*Route 2*) verkehren ins Zentrum, bis zum *Fairmont Springs Hotel*, Shuttlebusse nach Lake Louise, ➤ Seite 596.

Camping außerhalb

Über dieselbe TCH-Abfahrt erreicht man auch die ***Campgrounds Two Jack Main*** ($23; keine Duschen) und ***Two Jack Lakeside*** ($29) nördlich der Autobahn, beide rund 12 km von der Stadt entfernt in ruhiger, schöner Umgebung (➤ Seite 610). Insbesondere *Lakeside* ist empfehlenswert. *Elks* (Hirsche) und *ground squirrels* (Erdhörnchen) gehören zu den häufigen Besuchern. Der ***Johnston Canyon Campground*** bei der gleichnamigen Klamm (➤ Seite 603) zeichnet sich ebenfalls durch seine gute Lage aus.

Privat betriebene Campingplätze mit *hook-up* findet man erst in Canmore außerhalb des Nationalparks; ➤ Seite 625.

Orientierung, Information, Essen

Information

Alle Besucher, gleich aus welcher Richtung sie kommen, landen unweigerlich auf der **Banff Avenue**. Auf der Flaniermeile südlich der Moose Street befindet sich das gemeinsame ***Info Centre*** des Nationalparks und der Stadt. Neben Karten, *Banff NP*-Zeitung und lokaler Werbung erhält man dort das Faltblatt ***»Day Hikes in the Banff Area«*** mit Erläuterungen zu den wichtigsten Wanderungen in der Umgebung von Banff; 224 Banff Ave, im Sommer täglich 8-20 Uhr, sonst kürzer; www.banfflakelouise.com.

Broschüren Banff NP

Tagsüber ist das Abstellen des Fahrzeugs in Downtown Banff oft eine Herausforderung. **Tipp:** In Gehdistanz, nur etwa 500 m entfernt, dürfen beim Bahnhof **Wohnmobile bis zu 9 Stunden parken**. Gute Karte zur Orientierung unter https://banff.ca/93/Parking.

Essen

Das kulinarische Angebot der Stadt ist vielfältig und deckt so ziemlich alles ab – vom modernen Gourmetrestaurant (***The Bison***, 211 Bear Street, ist sehr gut!) bis hin zur preiswerteren ***Old Spaghetti Factory*** in den *Cascade Shops* (317 Banff Ave). Im selben Häuserblock finden Selbstversorger den **Supermarkt *IGA*** (318 Marten St). Mexikanisches in gemütlicher Atmosphäre wird im ***Magpie & Stump*** serviert (203 Caribou St). Live-Musik gibt's abends im ***Wild Bill's Saloon*** (*war 2023 wegen Betreiberwechsel geschlossen*).

Sehenswertes in Banff

Nationalpark Museum

Südlich des Zentrums liegt unmittelbar vor der Brücke über den Bow River die ***Banff Park Museum National Historic Site*** mit Exponaten zu Flora und Fauna des Nationalparks; 91 Banff Ave; im Sommer Do-Mo 9.30-17 Uhr, sonst kürzer; Erwachsene $4,50 oder Jahrespass (➢ Seite 49); https://parks.canada.ca/lhn-nhs/ab/banff.

Whyte Museum

Das nur wenige Schritte davon entfernte, kleine ***Whyte Museum of the Canadian Rockies*** gewährt einen Einblick in die Geschichte der Stadt und der Besiedlung der Rocky Mountains; 111 Bear St; Do-So 10-17 Uhr; $10, Kinder unter 12 frei; www.whyte.org..

Museum der Ureinwohner

Die Kunst und Kultur der *First Nations* wird im Palisadenfort des ***Buffalo Nations Luxton Museum*** am gegenüberliegenden Flussufer thematisiert (1 Birch Avenue). Nachgestellte Szenen demonstrieren das Leben der Ureinwohner vor Ankunft des weißen Mannes.

3

Geöffnet Mai bis September täglich 10-18 Uhr, sonst kürzer, Eintritt $9/$4; www.buffalonationsmuseum.com. Mitte/Ende Juni ist Banff Austragungsort des ***Iiniskim Cross-Cultural Powwow***.

Cascade Gardens

Bereits bei der Fahrt über die *Bow River Bridge* fällt das eindrucksvolle, Mitte der 1930er-Jahre errichtete *Park Administration Building* auf, das von den ***Cascades of Time Gardens*** umgeben wird. Von den liebevoll treppenförmig angeordneten Blumenbeeten, Teichen und Pavillons eröffnet sich ein schöner Blick zurück auf die Banff Ave mit dem mächtigen Cascade Mountain im Hintergrund.

Die Brücke muss auch überqueren, wer zu den Mineralbädern, zum ***Fairmont Banff Springs*** und auf den **Sulphur Mountain** möchte.

Cave & Basin NHS

Die ***Cave & Basin Hot Springs*** befinden sich am Ende der Cave Avenue #311, ca. 2 km westlich der *Bow River Bridge*. Im ***Cave & Basin National Historic Site*** lassen sich heiße Quellen besichtigen. Zudem liegt hier der ***Birthplace of Canada's National Parks***, so dass sich einiges zur Geschichte des Nationalpark-Systems lernen lässt, im Sommer tägl. 9.30-17 Uhr, sonst nur Mi-So 11-17 Uhr; Erwachsene $8,50; https://parks.canada.ca/lhn-nhs/ab/caveandbasin.

Marsh Loop/ Sundance Canyon

An die alte Anlage grenzt ein Sumpf- und Naturschutzgebiet, das vom ***Marsh Loop Trail*** umrundet wird (2,7 km). Zur Tierbeobachtung (viele Vogelarten) dient eine Plattform unweit des Pools.

Anfangs identisch mit dem *Marsh Loop Trail* folgt der ***Sundance Trail*** zunächst einer für Fahrzeuge gesperrten Straße und dann einem breiten Weg bis zu einem Picknickplatz (4 km). Er eignet sich daher am besten für eine Radtour – mehrere *bike rentals* befinden sich im Ort. Erst dahinter beginnt der eigentlich reizvolle Teil des Weges: der *Loop Trail* (2 km, keine Fahrräder) durch und um den ***Sundance Canyon***.

Hot Springs

Wer nach dem Überqueren des Bow River links auf die **Spray Avenue** und kurz darauf rechts auf die Mountain Ave abbiegt, gelangt noch vor dem Parkplatz der Sulphur-Mountain-Seilbahn zu dem ganzjährig geöffneten, großen Open-Air-Pool der ***Upper Hot Springs*** (39°C); im Sommer meist tägl. 8-19.30 Uhr, sonst kürzer; Eintritt $9,25/$8; www.hotsprings.ca. Wer seine Badesachen vergessen hat, kann sich dort für wenig Geld ein nostalgisches Badekostüm ausleihen. Besonders **am Abend** bei klarem Himmel, wenn der Betrieb nachgelassen hat, sind diese im Stil der 1930er-Jahre erhaltenen *Hot Springs* empfehlenswert.

Seilbahn

Kombiticket Optionen ➢ Seite 582

Die ***Banff Gondola*** befördert die Fahrgäste vom Ende der Mountain Avenue zur Bergstation des **Sulphur Mountain** in 2.281 m Höhe; $67/$44, Juli-Anfang Sept. täglich 8-22 Uhr, sonst kürzer, www.banffjaspercollection.com/attractions/banff-gondolabrewster.ca/attractions-sightseeing/banff-gondola. Die schöne Rundumsicht sollte man sich nicht entgehen lassen; ➢ Foto Seite 605. Leute mit Kondition machen den Aufstieg zu Fuß (5,5 km; 655 Höhenmeter). Von der Bergstation führt ein weitgehend ebener **Panoramaweg** (ca. 1 km) zum *Sulphur Mountain Weather Observatory* auf dem benachbarten Sanson's Peak.

Bow Falls & River Tours

Die **Spray Avenue** führt außerdem zu den 30 m breiten und gerade mal 9 m hohen ***Bow River Falls*** (ausgeschildert). Dort starten die Schlauchboote der 1- oder 2,5-stündigen ***Floating Tours***; ab $70/$30; www.banffrafttours.com. Die Parkplätze bei den Wasserfällen stellen auch eine gute Option für Campmobile dar während des Besuchs des *Fairmont Banff Springs*, zumal die Straße vor dem Hotel meist voll ist, ebenso die hauseigenen Stellplätze.

Fairmont Banff Springs Hotel von der Surprise Corner

The Fairmont Banff Springs

Das nostalgische Luxushotel wirkt zwar vom *Overlook* am *Tunnel Mountain Drive* (➤ unten) eindrucksvoller, aber das »Innenleben« muss man gesehen haben. Die Edelherberge wurde 1888 von der *Canadian Pacific Railway Company* errichtet, bis 1928 ausgebaut und war lange Zeit das beste Hotel in Westkanada mit einer beeindruckenden Anzahl von 764 Zimmern.

Einen feinen ***Afternoon Tea*** (täglich 12-16 Uhr) und einen tollen Blick über das Bow River Valley und den gepflegten Golfplatz genießt die internationale Gästeschar von der Terrasse der hochgelegenen, verglasten ***Rundle Lounge***.

Tunnel Mt Drive

Über die Buffalo Street, die unmittelbar nördlich vom *Banff Park Museum* von der Banff Avenue abzweigt, steuert man die Wanderwege und Sehenswürdigkeiten entlang des ***Tunnel Mountain Drive*** an. Alternativ erreicht man diese Straße über die östliche Banff-Ausfahrt vom TCH (und dann nach 500 m links abbiegen).

Vom Zentrum kommend lohnt sich ein Stopp gleich in der ersten Kehre an der ***Surprise Corner***. Von der Plattform oberhalb der Straße fällt der Blick auf das schlossartige Anwesen des ***Fairmont Banff Springs Hotel*** am gegenüberliegenden Flussufer (➤ Foto oben).

Nur 1,2 km weiter kreuzt der ***Tunnel Mountain Trail*** die Straße (3,6 km retour). Wer in der Parkbucht linker Hand des *Drive* keine freie Lücke mehr findet, kann den Hike auch ab dem größeren Parkplatz an der 137 St Julien Road in Angriff nehmen (+700 m). Vom Gipfel, 260 m über der Stadt, genießt man einen tollen Panoramablick. Die Bezeichnung »Tunnel Mountain« für einen Berg, an dem kein Tunnel zu entdecken ist, verwundert. Sie geht auf frühere nicht realisierte Pläne für einen Eisenbahntunnel zurück.

Bei der Kreuzung Tunnel Mt Dr/Rd hält man sich rechts und passiert kurz darauf die Zufahrt zur *HI*-Jugendherberge und die weitläufigen *Tunnel Mt Campgrounds*. An einer nicht ausgeschilderten Parkbucht rechts der Straße stehen zwei ***red chairs*** (➤ Seite 581).

3

Sonnenaufgang am Hoodoo Viewpoint mit dem Bow River Valley und den Mount Rundle im Blickfeld

Noch malerischer präsentiert sich die Kulisse aber vom ***Hoodoo Viewpoint*** nur wenig später (rund 400 m vor der Einfahrt zum *Tunnel Mountain Village I Campground*). Ein kurzer Fußweg führt dort zu einer kleinen Ansammlung von Gesteinsskulpturen am Hang oberhalb des *Bow River*. Ein weiterer Pfad verläuft ab dem *Trailer Court* auf der Ostseite um den *Tunnel Mountain* herum und zurück zur ***Surprise Corner*** am *Tunnel Mountain Drive* (ca. 4 km).

Lake Minnewanka Rundfahrt (13 km ab TCH)

Picknick- und Badeseen

Ein prächtiges Fotomotiv bietet auch der sich im **Two Jack Lake** oder **Cascade Ponds** spiegelnde **Mount Rundle**. Diese Seen liegen am *Lake Minnewanka Scenic Drive* jenseits des *Trans-Canada Hwy* (von Downtown der Banff Avenue nach Nordosten folgen) und sind an ihren Ufern mit hübschen Grill- und Picknicktischen ausgestattet. Die »Ponds« verwandeln sich an warmen Sommerwochenenden allerdings in einen überlaufenen Badeplatz – ähnlich wie der benachbarte **Johnson Lake**.

Lake Minnewanka

Als »Haussee« von Banff (14 km entfernt) gilt der schön gelegene, aber ansonsten nicht weiter aufregende **Lake Minnewanka** (24 km lang). Er ist der einzige im Nationalpark auf dem Motorbootverkehr erlaubt ist (Verleih vor Ort). Am Staudamm starten außerdem **Ausflugsboote** zur 1-1,5 stündigen *Cruise* (ab $61/$40) am Übergang der *Rockies* ins flache Vorgebirge; beide beinhalten gratis Tickets für die Anreise per *Roam Transit*-Bus (#6). Der Parkplatz vor Ort ist nicht selten überfüllt; www.banffjaspercollection.com/attractions/lake-minnewanka-cruise.

Pursuit Pass
Kombitickets mit Bootstouren, Banff Gondola usw.
➢ Seite 582

Bankhead Trail

Von der ehemaligen **Kohlenmine *Bankhead*** sind nur noch ein paar Ruinen und verbarrikadierte Gruben zu sehen, dafür überschaut man von der alten Abraumhalde die tief unten liegenden Seen. Wer einigermaßen gut zu Fuß ist, läuft den ***C-Level Cirque*** bergauf (3,9 km *one-way*; 450 HM; Start bei der *Upper Bankhead Picnic Area* ca. 2 km westlich des Lake Minnewanka). Bequemer ist der 1,1 km lange ***Bankhead Interpretive Loop Trail*** (ab dem *Lower Bankhead Trailhead* noch rund 500 m weiter in Richtung TCH).

Mount Norquay Scenic Drive (6 km one-way ab TCH)

Vermilion Lakes

Ein weiterer toller Blick auf das schräge Massiv des Mount Rundle eröffnet sich von den Vermilion Lakes. Zufahrt über die Vermilion Lakes Road, die unmittelbar südlich der Auf-/Abfahrt des TCH von der Mt Norquay Road abzweigt. Auf dem *Fenland Loop Trail* (2 km) kann man sich dort etwas die Füße vertreten.

Mount Norquay

Nördlich des TCH führt die Mt Norquay Road in Serpentinen zur Talstation des mächtigen Gipfels (2.133 m). Dickhornschafe am Weg und der Blick zurück auf Banff lohnen die Auffahrt. Grandios ist die Aussicht auch vom ***Cliffhouse Bistro*** (Mitte Juni-Mitte Okt. meist täglich 12-18.30 Uhr), das man mit dem Sessellift erreicht.

Weitere Aktivitäten rund um Banff

Biking

Banff besitzt ein ausgezeichnetes Netz an markierten ***Mountain Bike Trails*** mit einfachen Wegen für Anfänger entlang der Täler und anspruchsvollen Pfaden in den Bergen. Radverleih bei *Banff Adventures Unlimited*, 211 Bear Street; Tarife ab $48/Tag inkl. Helm und Karten; www.banffadventures.com.

Reiten

Banff Trail Riders bietet **Ausritte** in die Umgebung an, u.a. kurze *Bow River Rides* (1 Stunde à $82) oder *Sulphur Mountain Rides* (4 Stunden à $249); ✆ 1-800-661-8352, https://horseback.com.

Sunshine Village & Meadows

Zum »Sonnenscheindorf« auf 2.160 m Höhe geht es den Sommer über mit der ***Sunshine Village Gondola*** ($59/$29; 8-18 Uhr). Zur Talstation am Ende der Sunshine Rd (TCH-Exit 8 km westlich der Stadt) verkehrt 7-18.30 Uhr auch ein Gratisbus mit Stopps am Bahnhof und bei einigen Hotels; www.banffsunshinemeadows.com.

Oben angekommen führen Wanderwege durch die *Meadows*, eine herrliche, im Sommer von bunten Blumen und wilden Erdbeeren übersäte alpine Hochebene. Empfehlenswert und in 3-4 Stunden (ohne Pausen) leicht zu bewältigen ist die 9 km lange Kombination aus ***Rock Isle Trail*** und ***Grizzly Lake-Larix Lake Loop***.

Mount Standish

Lauffaule gelangen vom *Village* bequem per ***chairlift*** (Sessellift) auf den **Mount Standish** (2.420 m) mit fantastischem 360°-Rundumblick. An guten Tagen zeigt sich dort (oberhalb des Rock Isle Lake) sogar die Spitze des Mount Assiniboine. Ab *Sunshine Village* führt ein Backpacking-Trip ins Kerngebiet dieses Provinzparks (30 km *one-way*, ➤ Seite 627).

Im September leuchten die Lärchen auf den Sunshine Meadows

Polarlichter im Sommer

Beim Thema »Polarlichter« denkt man primär an den hohen Norden, an Yukon oder Alaska und an klirrend kalte Nächte. Man muss allerdings nicht zwingend so weit nach Norden und im Winter unterwegs sein, um die bunten Leuchterscheinungen am nächtlichen Firmament tanzen zu sehen. Im Banff und auch im Jasper Nationalpark ist es im Sommer ausreichend lange dunkel und die Sonne ruht auch zu dieser Jahreszeit nicht. Ganz im Gegenteil, der nächste Höhepunkt des 11-jährigen Zyklus, »**Solarmax**« genannt, steht praktisch vor der Tür und wird für **2024/25** erwartet. Wer sich also für Polarlichter interessiert, der kann auch während seines Aufenthalts in den *Rockies* die Vorhersagen verfolgen und – mit etwas Glück – in klaren Nächten ein wahres Feuerwerk am Himmel erleben. Verantwortlich für die Entstehung der ***Aurora Borealis*** (=Polarlichter) sind Eruptionen auf der Sonne. Treffen die dabei herausgeschleuderten elektrisch geladenen Partikel in unserer Atmosphäre ein, stoßen sie mit den dort anwesenden Gasen zusammen und regen diese zum Leuchten an. **Grün** ist dabei am häufigsten, außerdem noch **rosa** und **violette** Farbnuancen.

Polarlichter lassen sich am häufigsten in einem ringförmigen Areal rund um den magnetischen Nord- und Südpol beobachten. Dieses sog. »**Aurora Oval**« weitet sich bei starker Aktivität in Richtung Äquator aus. Das Portal www.gi.alaska.edu/monitors/aurora-forecast zeigt das breite Oval, unter dem schöne Polarlichter zu sehen sein sollten. Der schmale grüne Strich in der Grafik markiert dabei die südliche Grenze, wo sie nur noch schwach und weit unten am **nördlichen Horizont** in Erscheinung treten können.

Angegeben wird die Stärke der durch die Sonne verursachten geomagnetischen Störungen als **kp-Index** auf einer Skala von 0-9. Je höher die Zahl, desto wahrscheinlicher wird eine Aurora-Aktivität in tieferen Breitengraden. Bei einem Wert von 3 (*moderate*) oder 4 (*active*) können in Jasper bereits gut erkennbare Polarlichter am nördlichen Horizont auftreten, ab 5 (*high*) tanzen sie dort schon oft im Zenit und ihre Sichtbarkeit reicht dann bis in die US-Bundesstaaten Washington, Idaho und Montana.

Man sollte sich aber dabei im Klaren sein, dass die Polarlichter nicht immer grün für das menschliche Auge erscheinen. Oft sehen sie eher wie **schleierähnliche Gebilde** oder wie seltsam pulsierende **graue Wolken** aus, die sich beim Blick auf die (deutlich empfindlichere) Kamera als grün, gelb, rosa- oder lilafarben entpuppen.

Die **Vorhersagen** der US-Behörde NOAA werden laufend aktualisiert: www.swpc.noaa.gov/products/aurora-30-minute-forecast bzw. www.swpc.noaa.gov/products/3-day-forecast. Ist ein Sonnensturm mit kp=4 oder mehr prognostiziert, darf man hoffen! Dann braucht man nur einen offenen **Blick nach Norden** und **wolkenfreien Himmel** an einem dunklen Ort **fernab der (störenden) Lichterglocken der Städte**. Leider kann man sich auf Vorhersagen nicht immer verlassen. Die Teilchenströme können uns viel schneller erreichen, deutlich schwächer sein als zunächst angenommen oder die Erde sogar verfehlen. Ein Quäntchen Glück gehört also immer dazu und das wünschen wir allen Lesern. ***Best of luck***!

3.5 Yoho & Kootenay National Park

Bei einem mehrtägigen Aufenthalt in Lake Louise oder Banff bietet sich auch ein Abstecher in die an den *Banff NP* angrenzenden Nationalparks **Yoho** und **Kootenay** an. Backpacker können außerdem noch eine mehrtägige Wanderung in den ***Mount Assiniboine Provincial Park*** (➤ Seite 627) in Erwägung ziehen.

Abstecher Yoho NP

Ohne das doppelte Abfahren einiger Strecken sind diese zwei Nationalparks aber gar nicht so leicht in die Reiseroute einzubauen. Auf keinen Fall auslassen sollte man den kurzen Ausflug in den ***Yoho National Park***, denn dort befinden sich die entscheidenden Highlights bereits auf den ersten 30 km ab Lake Louise.

Abstecher Kootenay NP

Der ***Kootenay NP*** bietet vergleichsweise weniger »Must Sees«, dafür aber umso mehr Ruhe/Erholung und wäre somit gut geeignet als Ausklang eines mehrtägigen Rocky-Mountains-Besuchs vor der Weiterfahrt nach Calgary oder zum *Waterton Lakes NP* bzw. vor der Rückkehr nach Vancouver über den *Trans-Canada Highway* oder den *Crowsnest Hwy* an der Grenze zu den USA.

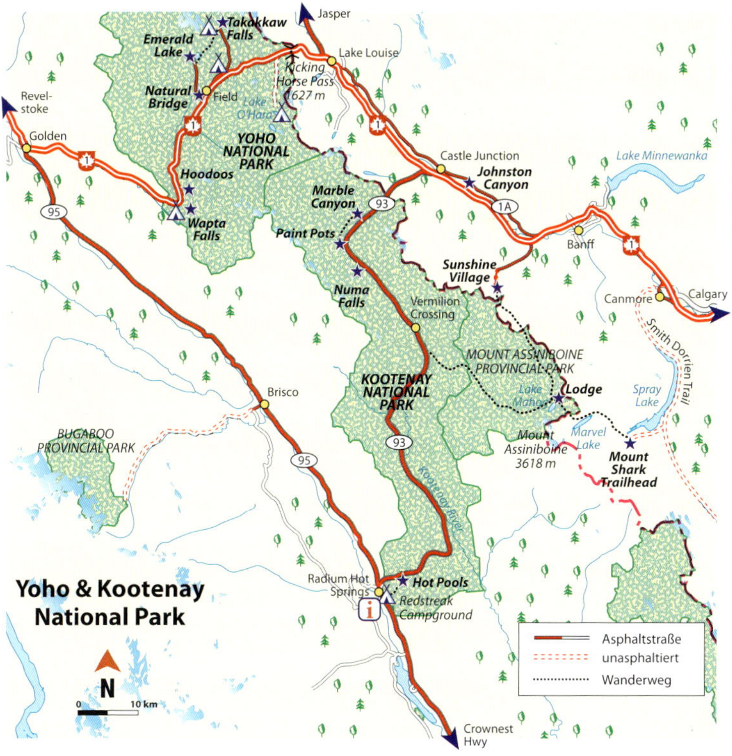

Rundtour durch den Kootenay + Yoho NP

(ohne Zeitzonenwechsel!)

Beide Nationalparks lassen sich auch im Rahmen einer längeren Rundtour miteinander kombinieren. Der **320 km Loop** ab Lake Louise ist zwar an nur einem Tag machbar, empfehlenswerter ist aber ein Zwischenstopp mit Übernachtung in Radium Hot Springs. Hierbei geht es ab Castle Junction zunächst auf der Straße #93 in und durch den ***Kootenay National Park***.

Von Radium Hot Springs an der Südausfahrt des Parks sind es dann auf der parallel zum Columbia River verlaufenden #95 knapp 100 km bis nach Golden am *Trans-Canada Highway*. Auf den verbleibenden 80 km zurück nach Lake Louise gibt es dann in der Umgebung von Field im *Yoho NP* noch einiges zu sehen.

3.5.1 Yoho National Park

Westlich von Lake Louise verläuft der *Trans-Canada Hwy* durch den unmittelbar an den *Banff Park* anschließenden ***Yoho Nat'l Park***. Die Einfahrt in den *Yoho* markiert gleichzeitig die Grenze zwischen den Provinzen Alberta/British Columbia und die Wasserscheide (***Continental Divide***) zwischen Pazifik und Atlantik.

Das Gebiet des heutigen Nationalparks wurde erst Ende des 19. Jh. im Zusammenhang mit dem Bau der ersten transkanadischen Eisenbahn erforscht. Die damals für die Schiene gewählte Route über den ***Kicking Horse Pass*** (1.647 m) erwies sich Jahrzehnte später auch für die Trassenführung des TCH als geeignet; Eintritt: Tagesticket $10,50 für Erwachsene oder Jahrespass (➤ Seite 585).

Lake O'Hara

Südlich des TCH erstreckt sich der Glanzpunkt des Nationalparks, die vom Massentourismus weitestgehend abgeschottete, idyllische Bergseenlandschaft rund um den **Lake O'Hara**, die man nur per 11-km-Anmarsch auf der wenig spannenden *Lake O'Hara Fire Road* (keine Fahrräder) erreicht oder per **Shuttlebus**, der lange im Voraus reserviert werden muss (➤ Exkurs rechts).

Spiral Tunnels

Da sich das 4,5%ige Gefälle der ersten Eisenbahntrasse westlich des ***Kicking Horse Pass*** als zu steil erwies (viele Züge entgleisten!), wurde es bereits 1909 mit Hilfe von zwei spiralförmig angelegten Tunneln, die einen Bogen von 226° bzw. 288° schlagen, auf 2,2 % verringert. Weil kanadische Güterzüge oft weit über 100 Waggons mitführen, sieht man gelegentlich die Loks bereits am unteren Tunnelausgang herauskommen, während die letzten Wagen oben noch hineinrollen. Der ***Lower Spiral Tunnel*** ist gut vom TCH zu erkennen, zum weniger interessanten ***Upper Spiral Tunnel Viewpoint*** muss man ein Stück der Straße ins Yoho Valley hinein folgen. Die Zugfrequenz ist relativ hoch, so dass die Chance, Züge in die Tunnel ein- und ausfahren zu sehen, groß ist. Das durchdringende Pfeifen der Züge signalisiert ihre Tunnelnähe.

Yoho Valley

Rund 4 km vor der Ortschaft **Field** zweigt beim *Monarch Campground* ($19) die ***Yoho Valley Road*** vom TCH ab. Der benachbarte und weitläufige ***Kicking Horse*** ($29) ist klar die bessere Wahl.

Alpine Circuit im Yoho National Park

Der rund 12 km lange Höhenweg um den **Lake O'Hara** zählt zu den größten Juwelen der kanadischen Rocky Mountains (schneefrei meist ab Juli). Er bietet durchgehend einen Panoramablick auf die umliegenden Berggipfel und die in unterschiedlichen Wasserfarben leuchtenden Seen. Für die besten Fotobedingungen startet man im Uhrzeigersinn am Vormittag über den *Wiwaxy*-Aufstieg (500 Höhenmeter) und genießt dann *Opabin Prospect* mit traumhafter Aussicht auf den türkisblauen Lake O'Hara und den grünlich schimmernden Mary Lake im Nachmittagslicht (➢ Foto Doppelseite 574/575). Mitte September neigt sich die Wandersaison dem Ende zu, dann lohnt sich vor allem der Besuch des mit Lärchen bestandenen *Opabin Plateau*. Zu der Jahreszeit muss man so hoch oben in den Bergen allerdings schon mit ersten Schneefällen rechnen.

Für die Fahrt zur *Le Relais*-Schutzhütte, dem Ausgangspunkt des *Alpine Circuit*, wird ein ***Shuttle Bus Ticket*** benötigt ($17; sehr limitierte Anzahl pro Tag!). Ohne Sitzplatz muss man 11 km und 400 Höhenmeter auf der *Fire Road* zurücklegen. Mitunter können auch diese fleißigen Wanderer abends einen freien Platz im Shuttle für den Rückweg ergattern, aber im *worst case* sind es so insgesamt zusätzliche 22 km.

Vergeben werden die **Bustickets** unter https://reservation.pc.gc.ca, neuerdings **per Losverfahren**. Dafür bewirbt man sich bereits früh im Jahr (üblicherweise im Feb/März) und hofft dann auf sein Glück. Um Schnelligkeit geht es bei der Vergabe der **30 *tent sites***. Sie sind am Stichtag (oft schon im Januar) in Sekundenschnelle ausgebucht. D.h., das Benutzerkonto für das Portal (Link ➢ oben) sollte man dann unbedingt schon vorher angelegt haben. Der Transport per Shuttle ist bei den Zeltplätzen inbegriffen. Sämtliche Details zum über die Jahre sich immer wieder ändernden Prozedere unter: https://parks.canada.ca/pn-np/bc/yoho/activ/randonnee-hike/ohara/visit.

Das Busticket ist auch allen garantiert, die das nötige »Kleingeld« für eine Übernachtung in der ***Lake O'Hara Lodge*** haben. Die Zimmer und Chalets am Seeufer kosten $860-$1.215; www.lakeohara.com. Die Matratzen für den Schlafsack in der schlichten ***Elizabeth Parker Hut*** ($65; 500 m im Hinterland) sind ebenfalls heiß begehrt und werden oft schon im Herbst verlost; www.alpineclubofcanada.ca/elizabeth-parker-hut.

Cabins am Lake O'Hara

3

Takakkaw Falls

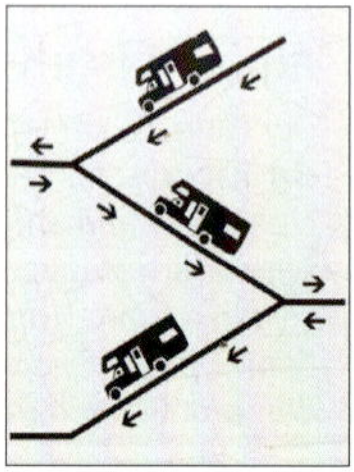

Der Abstecher zu den *Takakkaw Falls* auf der ***Yoho Valley Road*** (nur Ende Juni-Mitte Okt.) sollte das Minimalprogramm im *Yoho Nat'l Park* sein. Bis zum Straßenende sind es 13 km. Auf halber Strecke machen enge Serpentinen Fahrzeugen über 7 m/23 Fuß Länge zu schaffen. Größere Campmobile und Busse überwinden das Hindernis durch **abwechselndes Vorwärtsfahren und Zurücksetzen**, wenn sie die Kurven sonst nicht meistern können.

Vom Parkplatz geht es auf einem kurzen Pfad über den *Yoho River* bis zum Fuß der ***Takakkaw Falls*** (254 m). Gespeist wird der zweithöchste kanadische Wasserfall vom nur wenig oberhalb gelegenen ***Daly Glacier***. Die schönen, aber einfachen *walk-in campsites* am Straßenende sind im Sommer meist schon vormittags belegt ($19).

Wanderwege

Der Parkplatz an den *Takakkaw Falls* bildet eine Art Knotenpunkt im Wegenetz des Parks. Ein 4 km langer, ebener Trail führt zu den ***Laughing Falls***. Von dort aus erreicht man die (unbewirtschaftete) ***Stanley Mitchell Hut*** (26 Betten, $30), eine Hütte des ***Alpine Club of Canada*** im Little Yoho Valley nach 5 km, Reservierung unter www.alpineclubofcanada.ca.

Takakkaw Falls im Nachmittagslicht

Der Weg (ca. 4 km) von den *Laughing Falls* zum ***Twin Falls Chaalet*** mit ***Tea House*** mit Blick auf die 80 m hohen ***Twin Falls***, Kanadas neunthöchstem Wasserfall, gehört zu den populärsten Wanderrouten im Park. Zurück folgt man dem kaum längeren ***Marpole Lake Connector*** (am gleichnamigen kleinen See vorbei) oder dem herrlichen ***Whaleback Trail*** (+5 km) mit einem ebenso spektakulären Höhenpanorama. *Das Chalet war 2023 geschlossen!*

Ein weiterer schöner Wanderweg überquert, ausgehend vom toll gelegenen ***HI Whiskey Jack*** (Betten $35, Veranda mit Blick auf die *Takakkaw Falls*; ✆ 1-866-762-4122; www.hihostels.ca) auf der westlichen Talseite den *Yoho Pass* zum Emerald Lake (direkt 11 km, am besten in Verbindung mit ***Burgess Pass Trail***, rund 18 km).

Auf dem ersten Kilometer identisch mit dem *Yoho Pass Trail* verläuft der ***Iceline Trail***, der eine 6,5 km entfernte Passhöhe (2.210 m) oberhalb der Baumgrenzen anvisiert. Der Aufstieg lohnt sich selbst für 2 km wegen der fantastischen Ausblicke auf die ***Takkakaw Falls***, Berggipfel und Gletscher. Mit dem *Iceline Trail* beginnt auch die mit Abstand attraktivste Rundwanderung (26,5 km) über ***Lake Celeste Connector*** ins **Little Yoho Valley**, dann ***Whaleback Trail*** zum *Twin Falls Chalet*; zurück auf dem ***Laughing Falls Trail***.

Guided Tours

Ausgehend vom Parkplatz an den *Takakkaw Falls* werden im Sommer außerdem von Wissenschaftlern geführte Wanderungen zum ***Walcott Quarry*** angeboten, eine weltweit bedeutende Ausgrabungsstätte. In den Schiefer-Platten der ***Burgess Shale*** lagern auch heute noch **zahllose Fossilien**, dessen Bergung/Präparation man vor Ort »live« mitverfolgen kann (11 Std, 21 km retour, 825 HM; $111/$75, max. 12 Personen). Ähnliches steht auch beim ***Mount Stephen*** ab Field auf dem Programm (7,5 Std, 8 km, 800 HM). Eine etwas weniger anstrengende Alternative ist der Hike zu den Fossilienfunden am ***Stanley Glacier*** im *Kootenay NP*, ➤ Seite 620. Reservierung der Touren meist ab Anfang Januar möglich, Infos unter https://parks.canada.ca/pn-np/bc/yoho/activ/burgess.

Field

In Field, einer 1885 bei der Konstruktion der *Canadian Pacific Railway* entstandenen Eisenbahnersiedlung 4 km westlich des *Yoho Valley Road*-Abzweigs, passiert man das ***Yoho Visitor Centre***, zugleich offizielles ***Alberta & BC Welcome Centre***. Dort gibt es u.a. den ***Backcountry Guide to Yoho NP***, eine nützliche Broschüre mit allen Trails; im Sommer täglich 10-19 Uhr; www.pc.gc.ca/yoho.

In und rund um Field steht eine ganze Reihe von *Guesthouses*, die deutlich preiswerter als die Quartiere in Banff/Lake Louise sind. Eine gute Übersicht liefert www.field.ca/accommodations.

Emerald Lake Road

Rund 3 km westlich von Field zweigt die Emerald Lake Road vom TCH ab. Gleich eingangs dieser Stichstraße befindet sich eine natürliche Felsbrücke (***Natural Bridge***) über den Kicking Horse River, nur wenige Schritte vom Auto entfernt. Bis zum wunderschönen **Emerald Lake**, dessen Farbe seinem Namen (»Smaragd«) alle Ehre macht, sind es ca. 8 km auf guter, ganzjährig geöffneter Straße. Ein Naturlehrpfad (5 km) führt rund um den See, ein Kurztrail zu den ***Hamilton Falls***. Leihkanus kosten dort $90/Stunde.

Paddeln in traumhafter Umgebung am Emerald Lake im Yoho Nat'l Park

Lodge am Emerald Lake, links hinten am Berghang die Fossilienlagerstätte Walcott Quarry

Die ***Emerald Lake Lodge*** bietet Zimmer mit Seeblick ab ca. $420; ✆ 1-800-663-6336, https://crmr.com/resorts/emerald-lake.

Hoodoos

Nahe der Westgrenze des Parks liegt etwas abseits der Hauptstraße der *Hoodoo Creek Campground* (30 Plätze, $17), dessen rückwärtiger Teil hübsche Plätzchen bietet. Ein steiler Pfad (5,2 km retour; 325 HM) führt zu den ***Leanchoil Hoodoos***, die beeindruckender als die Sandsteintürmchen in Banff sind (➤ Seite 610).

Wapta Falls

Jenseits der Autobrücke über den Kicking Horse River befindet sich die kurze Zufahrt zum ***Wapta Falls Trailhead***. Nach relativ ebenen 2,3 km Waldweg sind die breiten, tosenden Wasserfälle erreicht.

Kicking Horse River

Für Tagesausflügler ab Lake Louise/Banff ist spätestens hier der Umkehrpunkt, außer man möchte noch den Kicking Horse River bezwingen, einer der rauesten ***White Water Rafting***-Flüsse in British Columbia. Nur wenig außerhalb der Parkgrenzen kann man eine Tour auf dem *Middle River* (Grad III-IV) mit dem unbändigen *Lower River* (7 km, Grad IV+) zum 26-km-Trip ausdehnen, 5 Stunden $169. Auch 4-stündige *Gentle Family Rafting*-Touren werden angeboten ($99/$79); ✆ 1 877-344-7238, https://alpinerafting.com.

Golden

Bei **Golden**, einem 3.700-Einwohner-Städtchen mit guter Infrastruktur (zahlreiche Motels) aber ohne jeglichen Reiz, mündet der Kicking Horse in den Columbia River. Das *Visitor Centre* steht am TCH unweit des #95-Abzweigs; www.tourismgolden.com.

Erste Wahl ist der sehr schön am Fluss gelegene, weitläufige ***Municipal Campground*** (1407 9th Street South, Zelte $35, *hook-up* $42-$55; ✆ (250) 344-5412, www.goldenmunicipalcampground.com). Anders als beim ***Whispering Spruce Campground***, der östlich von Golden in TCH-Nähe liegt, stört der Bahn- und Highway-Lärm dort kaum. Zum Baden eignet sich der **Cedar Lake** südlich des Ortes (2 km Forststraße ab Kicking Horse Drive/Trail).

Wer auf seiner Rundreise durch die *Rockies* noch keinem Grizzly begegnet ist, kann dies im ***Grizzly Bear Refuge*** beim *Kicking Horse Mountain Resort* westlich von Golden nachholen. Dort lebt Grizzly »Boo«, der seine Mutter früh verloren hat ($35/$30).

Die neueste Attraktion ist die ***Golden Skybridge*** nördlich der Ortschaft mit gleich zwei schwindelerregenden Hängebrücken, Zipline usw.; 503 Golden Donald Upper Rd; ➤ auch Kombitickets Seite 582.

Weiterfahrt auf dem TCH

Im weiteren Verlauf durchquert der TCH die **Nationalparks Glacier** und **Mt. Revelstoke**. Nähere Ausführungen zur Strecke Richtung Kamloops/Vancouver finden sich im **Kapitel 4.1**, ➤ Seite 635ff.

3.5.2 Kootenay National Park

Straße #93

Tages- oder Jahrespass an Parkplätzen erforderlich ➤ Seite 585

Die bei Castle Junction auf halber Strecke zwischen Lake Louise und Banff vom TCH abzweigende **#93** führt durch den am wenigsten frequentierten Nationalpark der kanadischen Rocky Mountains. Das Besucherzentrum des ***Kootenay NP*** befindet sich an der Südeinfahrt in Radium Hot Springs. Daher besorgt man sich die Parkkarte am besten vorab in Banff oder Lake Louise oder speichert sich das PDF-file auf dem Handy ab: https://parks.canada.ca/pn-np/bc/kootenay/visit/depliants-brochures/cartes-maps (QR-Code).

Der Nationalpark verdankt seine Entstehung im Wesentlichen der einstigen Finanzschwäche der Provinz British Columbia. Bereits 1911 wurde der Bau des ***Banff-Windermere Highway*** in Angriff genommen, auf dem Obst und Gemüse in die Prärieprovinzen transportiert werden sollten. Aber Finanzierungsprobleme behinderten die Fertigstellung. Als die kanadische Regierung einsprang, erhielt sie als Gegenleistung einen Streifen Land von jeweils 8 km beiderseits der Straße, der 1920 noch vor Ende der Bauarbeiten (1922) zum ***Highway National Park*** erklärt wurde. Seinen endgültigen Namen erhielt der Park nach den *Ktunaxa*, die vor Ankunft der Weißen dort gesiedelt hatten.

Das Klima im östlichen Bereich des *Kootenay NP* unterscheidet sich stark von dem im Westteil. Die Barriere der *Rockies* sorgt für größere Niederschlagsmengen in den östlichen Höhenlagen, während die westliche, tiefer gelegene Parkregion – etwa ab *Kootenay Crossing* – relativ trocken und warm bleibt.

Der Highway #93 ist keine wichtige Hauptstraße wie der *Trans-Canada Hwy* und daher verkehrsmäßig viel angenehmer. So sind auch die ***Campgrounds*** nicht so stark frequentiert: Ein klimatisch eher ungünstiger Platz befindet sich im Osten beim hochgelegenen ***Marble Canyon***, empfehlenswerter ist der großzügig angelegte ***McLead Meadows*** (beide $23 und reservierbar: https://reservation.pc.gc.ca) oder ***Redstreak*** bei der Südausfahrt, ➤ Seite 621.

»Paint Pots«, Quelltümpel im Kootenay Nat'l Park

Trails

Unweit des ***Vermilion Pass*** (1.651 m), 10 km westlich des TCH, schlängelt sich der ***Fireweed Nature Trail*** (1 km) durch ein bereits 1968 von einem Waldbrand (*Vermilion Pass Burn*) geschädigtes Areal. Der Baumbestand erholt sich wegen der in der Höhe nur kurzen jährlichen Wachstumsperiode langsam. Dafür haben sich viele Wildblumen ausgebreitet, vor allem *fireweed*, das in prächtigem Rosa blühende »Schmalblättrige Weidenröschen«.

Der ***Stanley Glacier Trail*** (8,4 km retour, 360 HM) führt etwas weiter westlich durch dasselbe Waldbrandgebiet und endet unterhalb des Gletschers. Tolle Blumenblüte im Frühsommer!

An diesem *trailhead* starten von Mitte Juni bis Mitte September auch die geführten Touren zu den **Fossilienfundstätten** unterhalb des *Stanley Glacier*; Dauer: 7,5 Stunden, 10 km retour, 360 Höhenmeter; Kosten \$75/\$51. Reservierung (\$11,50 Gebühr) und Infos: https://parks.canada.ca/pn-np/bc/yoho/activ/burgess/stanley.

Marble Canyon & Paint Pots

Durch starken Wasserdruck wurde der Kalkstein im Bett des *Tokumm Creek* zu Marmor (*Marble*) gepresst. Der empfehlenswerte ***Marble Canyon Trail*** verläuft abwechselnd über sieben Brücken zu beiden Seiten einer bis zu 40 m tiefen Schlucht (1 km, 25 HM). Tosende Wasserfälle, Engpassstellen und eine natürliche Steinbrücke sind die Hauptattraktionen dieses Weges, für den man einen knapp einstündigen Zwischenstopp einkalkulieren muss.

Die ***Paint Pots***, runde, rot-gelbe Erdkuhlen, verdanken ihre Entstehung dem ständig zufließenden eisenhaltigen Wasser aus mineralhaltigen Quellen (➢ Foto umseitig). Bevor weiße Einwanderer die Ockergruben kommerziell ausbeuteten und den Sand als Grundstoff für Färbemittel nach Calgary transportierten, verwendeten bereits die Ureinwohner die Erde für Körperbemalung und Verschönerung ihrer *teepees*. Noch heute künden verrostete Maschinenteile von den Aktivitäten der Weißen. Der Weg zu den *Paint Pots* ist nur 1 km lang (25 Höhenmeter) oder ausgehend vom *Marble Canyon Trailhead* 6,8 km retour (40 HM).

Beeindruckender als die eher unscheinbaren ***Numa Falls***, 4 km weiter südlich an der #93, ist ihr glattpoliertes, canyonartiges Flussbett sowie das intensive Türkis des dort durchrauschenden Wassers.

Blick hinunter in den tiefen Marble Canyon von der letzten Brücke; ganz in der Nähe stehen dort zwei »rote Stühle« mit Infos zu den verheerenden Waldbränden von 2003

Übernachten

In Vermilion Crossing, wo man den Vermilion River quert, steht die ***Kootenay Park Lodge***. Das Nationalpark-Hotel verfügt über etliche Blockhütten (im Sommer ab $280) sowie über ein rustikales Restaurant; ✆ (250) 347-2662, www.kootenayparklodge.com. In der Nähe lassen sich unterhalb des Mt Wardle oft Schneeziegen oder Hirsche beim **Salzlecken** direkt neben der Straße beobachten.

Sinclair Canyon

Die noch vor dem *Viewpoint Kootenay Valley* abzweigende Settlers Road führt zum ***Cross River Wilderness Centre*** mit Blockhütten und *Teepees* in herrlich einsamer Lage; Übernachtung ab ca. $300; https://crossriver.ca.

Im weiteren Verlauf entfernt sich die #93 vom Kootenay River und klettert über den ***Sinclair Pass*** (1.486 m). Schautafeln an den Aussichtspunkten informieren über die Namen der im Blickfeld liegenden Rocky Mountains-Gipfel. Wenige Kilometer vor der südlichen Parkeinfahrt passiert man noch die roten Klippen der *Redwall Fault* und die ***Radium Hot Springs***, bevor sich die #93 durch den pittoresken ***Sinclair Canyon*** zwängt.

Radium Hot Springs

Die heißen Quellen werden von Regenwasser gespeist, das bis in 3.000 m tiefe Erdschichten vordringt, dort verdampft und sich auf dem Weg nach oben wieder verflüssigt. Sie erhielten ihre Bezeichnung wegen der (geringen und medizinisch unbedenklichen) Spuren an radioaktivem Radium. Ein erstes Badehaus wurde schon zu Beginn des 20. Jh. gebaut, heute befinden sich dort ein großer *Aquacourt* mit Spa und Cafeteria. Ein ***outdoor pool*** ist mit 27°C zum Schwimmen geeignet, der andere enthält 39°C heißes Wasser. Geöffnet Mitte Mai-Mitte Oktober Mo-Fr 11.30-21 Uhr und Sa+So ab 10.30, sonst kürzer; Eintritt $8/$7; https://hotsprings.ca.

Die heißen Quellen Radium & Fairmont liegen an der **Hot Springs Circle Route**, ➤ Seite 644

Unmittelbar an den südlichen Parkausgang grenzt der Touristenort **Radium Hot Springs** (www.radiumhotsprings.com). Das gemeinsam mit dem Nationalpark unterhaltene ***Visitor Centre*** an der 7556 Main Street East hat jede Menge Parkkarten und Infobroschüren wie z.B. den *Kootenay Backcountry Guide* mit sämtlichen Wander- und Radwegen sowie Zeltplätzen im Hinterland; den Sommer über geöffnet 9-17 Uhr.

Preiswertestes Quartier in Radium Hot Springs ist die Jugendherberge in der ***Misty River Lodge***; 5036 Hwy #93; Zimmer ab $135; ✆ (250) 347-9912, www.mistyriverlodge.ca.

Der sehr schöne ***Redstreak Campground*** auf einem sonnigen Plateau an der Parkgrenze – über einen Fußweg (2,7 km) mit den *Hot Springs* verbunden – ist der komfortabelste Campingplatz des *Kootenay NP*; $29, *full hook-up* $41; *oTENTiks* $128 (bis zu 6 Personen); Reservierung: https://reservation.pc.gc.ca.

Fortsetzung der Rundtour bis nach Golden (TCH)

Straße #95

Der Highway #95 verbindet die Ortschaften Radium Hot Springs und Golden (ca. 100 km). Die Straße verläuft durch das breite **Columbia River Valley** unterhalb der Gipfel der *Rockies* und wird begleitet von der schroffen **Purcell Range** der Columbia Mountains im Westen. Abseits ihres Verlaufs gibt es eine ganze Reihe von ***Campgrounds***, die meist nicht in Campingführern verzeichnet sind. Auskunft dazu erhält man beim *Visitor Centre* oder auf der Internetseite www.sitesandtrailsbc.ca.

Weiterfahrt durch das südliche Columbia River Valley (Anschluss an den Crowsnest Hwy)

Auch wer sich in Radium Hot Springs südwärts in Richtung ***Crowsnest Highway*** wendet, verliert entlang der #95 das **Panorama der Rocky Mountains** – bis nach Fort Steele – nicht aus den Augen.

Der kleine ***Dry Gulch Provincial Park*** ($25), 5 km südlich von Radium Junction, empfiehlt sich nicht nur, wenn der *Redstreak Campground* im *Kootenay NP* belegt ist. Trotz des Namens ist die »trockene Schlucht« eine Vegetationsinsel. Nur der kleine Bachlauf quer durch den Park führt im Sommer kein Wasser.

Windermere Lake

Während die kalten Seen der *Rockies* eher nicht zum Schwimmen einladen, findet man in dieser klimatisch begünstigten Region Badeseen wie z.B. den **Windermere Lake**. Beliebt sind dort die Sandstrände ***Kinsmen Beach*** im gleichnamigen Park und im ***James Chabot Provincial Park***, beide bei **Invermere**.

*Eine 50 km lange Staubpiste führt ab der #95 zu den **Bugaboos** im gleichnamigen Provincial Park, ein anspruchsvolles Wander- und Klettergebiet voller spektakulärer Granitspitzen, von denen gleich einige die 3.000 m überschreiten (Abzweig 27 km nördlich von Radium Hot Springs)*

Fairmont Hot Springs

Rund um die heißen Quellen hat sich ein kleines touristisches Zentrum mit Hotels etabliert, darunter das Prunkstück ***Fairmont Hot Springs Resort*** (DZ ab $160) mit Golf-/Tennisplätzen und zwei ***Campgrounds*** (Zelte $35, RVs ab $55). Das Wasser der vier Freibädern ist 40°C-43°C warm; 9-21 Uhr; im Juli+August $20 (für Camper preiswerter); ✆ 1-800-663-4979, www.fairmonthotsprings.com.

Südlich des Ortes an der Mündung des Dutch Creek in den Columbia Lake ragen die grauen, 100 m hohen ***Dutch Creek Hoodoos*** auf. Nachmittags stehen die Klippen im besten Fotolicht.

Canal Flats

Eine kaum merkliche Anhöhe am Südufer des **Columbia Lake** (auch mit Badestrand) bildet die **Wasserscheide** zwischen Kootenay und Columbia River. Ein Kanal mit Schleuse, die 1888-1902 nur kurz in Betrieb war, gab der Siedlung **Canal Flats** ihren Namen.

Baden

Rund 5 km weiter südlich geht es auf Schotter 18 km nach Osten zu den herrlichen Pools der ***Lussier Hot Springs*** (bis 46°C; kostenlos, sehr beliebt) und zum ***Whiteswan Lake PP*** mit Picknicktischen und fünf einfachen *Campgrounds* in Seenähe ($20-$23; nicht reservierbar). Noch etwas südlicher schafft eine weitere Stichstraße bei **Skookumchuck** Zugang zu zwei weiteren Bilderbuchseen: **Premier Lake** mit sehr schönen *PP campsites* ($25; einige davon *first-come, first-served*) und **Quartz Lake** am Ende der 16 km langen Zufahrt.

Kurz vor Wasa gabelt sich die Straße: Die **#93/#95** nach links führt in Richtung Fort Steele, die **#95A** nach Kimberley:

Kimberley an der #95A

Wer Appetit auf *sauerkraut* & *frankfurters* verspürt, wird in der *Bavarian City* **Kimberley** fündig. Neben Fachwerkhäusern und einer Fußgängerzone im Alpen-Look wartet noch das »**Platzl**« mit Kanadas größter **Kuckucksuhr**, aus der nach Münzeinwurf der jodelnde »Happy Hans« erscheint (Info: 270 Kimberley Ave; https://tourismkimberley.com). Alles erinnert ein wenig an die »Bayernstadt« Leavenworth im US-Kaskadengebirge (➤ Seite 209).

Bis zu ihrer Schließung 2001 war die ***Sullivan Mine*** bei Kimberley eine der weltgrößten Blei- und Zinkuntertageminen. Heute befördert die ***Kimberley's Underground Mining Railway*** nur noch Touristen – vom Ortskern zum *Mine Powerhouse* und ***Underground Interpretive Center***. Touren im Sommer Do-Mo 11, 13 und 15 Uhr; $40; https://kimberleysundergroundminingrailway.ca.

In Kimberley unterzukommen, ist kein Problem. **Motels** der mittleren/unteren Preisklasse sind zahlreich vorhanden. Der beste Campingplatz weit und breit ist der ***Kimberley Riverside*** hoch über dem Fluss Abzweig ca. 6 km südlich auf der #95A im Vorort Marysville, dann 3 km Zufahrt; Zelte ab $40, *hook-up* ab $60; Glamping-Zelt ab $104; ✆ 1-877-999-2929, www.kimberleycampground.com..

Fahrt über die #93/#95

Die **#93/#95** über Wasa/Fort Steele ist wegen der *Heritage Town* vorzuziehen. Camper könnten sich bereits 21 km davor im ***Wasa Lake PP*** einen Platz sichern ($30; warmer Badesee!). Der ***Fort Steele RV Park*** befindet sich bei der Einmündung Wardner-Fort Steele Rd in Hwy #95; $55-$65, ✆ (250) 489-4268; www.fortsteele.com.

Ein weiterer Badestrand wartet im ***Norbury Lake PP***; Camping $20; Anfahrt über Wardner-Fort Steele Rd parallel zur #93.

Fort Steele

Die weiße Besiedlung der Region begann mit dem ***Kootenay Gold Rush*** im Jahre 1864. Ein erster Posten der *North West Mounted Police* entstand 1887 und daraus das Fort Steele. Den *Mounties* gelang es, bewaffnete Auseinandersetzungen zwischen Einwanderern und Ureinwohnern weitgehend zu verhindern.

Ende des 19. Jahrhunderts war aus Fort Steele eine Stadt geworden. Mit dem Bau einer Eisenbahnlinie, die Fort Steele umging und 1898 einen Bahnhof in Cranbrook erhielt, begann jedoch ihr Niedergang, und bereits 1910 wurde sie zur Geisterstadt.

Heritage Town

An der ***Fort Steele Heritage Town*** beeindruckt zunächst die Lage am Kootenay River. Die über 60 Gebäude des weitläufigen Geländes – Wohnhäuser, Werkstätten, Polizeiwache und Läden – wurden mit viel Liebe zum Detail hergerichtet; 9851 Highway #93/95; geöffnet im **Juli/August täglich 9-16 Uhr** ($25, Kinder $20), **sonst nur Mi-So** bis 15 Uhr bei reduziertem Angebot und nur $10/$7 Eintritt; www.fortsteele.ca.

Zeitgenössisch kostümierte Bewohner spielen überall im Dorf Episoden vom Aufstieg und Niedergang der Stadt *open-air* nach. In den Häusern kann man traditionelle Handwerkstechniken bewundern und in der Bäckerei jede Menge Spezialitäten genießen.

Fort Steele ist eines der besten »Living Museums« in ganz Kanada

Im Juli/August gibt es meist noch Zusatzprogramm (kostet extra), darunter Aufführung im ***Wild Horse Theatre*** und für den Kinderspaß sorgen Postkutschenrunden und Fahrten mit einer Dampflok aus 1923 (Abfahrt meist 11, 12, 13.30 und 14.30 Uhr); als Kombiticket »*Steele of a Deal*« etwas preiswerter. **Restaurants** und **Souvenirshops** fehlen im Fort natürlich auch nicht.

Anschluss an den Crowsnest Highway

Nur knapp 8 km südlich der *Heritage Town* erreicht man den *Crowsnest Hwy* #3 und nach weiteren 9 km die Kleinstadt **Cranbrook**, wo auch die #95A in die #3 einmündet. Nach Westen geht es von dort zurück nach Vancouver (alle Details ab ➢ Seite 655ff) und in Richtung Osten weiter zum *Waterton Lakes NP* (➢ Seite 631ff) oder über die #22/#2 hinauf nach Calgary (➢ Seite 668ff).

Wedge Pond am Kananaskis Trail (#40) südöstlich von Canmore

3.6 Von Banff nach Calgary oder zum Waterton NP

An der Strecke (130 km TCH) zwischen Banff und Calgary bietet sich noch ein Stopp in **Canmore** an oder ein Abstecher in das ***Kananaskis Country***, einem etwas ruhigeren Erholungsgebiet in den Ausläufern der Rocky Mountains; https://kananaskis.com. Der **spektakuläre *Kananaskis Trail*** (Straße #40) östlich der gleichnamigen Bergkette und der ebenfalls schöne, unasphaltierte ***Smith-Dorrien/Spray Trail*** (#742), der sich zwischen den *Rockies* und *Kananaskis* südwärts bis zum sehenswerten *Peter Lougheed Provincial Park* schlängelt, lassen sich zu einer abwechslungsreichen **Tagestour ab Canmore** kombinieren.

Auch eine Fortsetzung der Reise in Richtung Süden (*Crowsnest Hwy* und *Waterton Lakes NP*) ist über eine der beiden Panoramastraßen ab Canmore denkbar – die Verbindung über den ***Highwood Pass*** ist aber meist erst ab Mitte Juni durchgängig befahrbar!

3.6.1 Canmore

Bus #3 verbindet Banff und Canmore (25 min): https://roamtransit.com

Unmittelbar am Osteingang des ***Banff NP*** im breiten Tal des milchig-grün dahinfließenden Bow River erstreckt sich **Canmore** (14.000 EW; Info: 2801 Bow Valley Trail; www.explorecanmore.ca). Die Stadt entstand im späten 19. Jh. als Bergwerkssiedlung und Bahnhof der *Canadian Pacific Railway*. Das ***Nordic Centre*** war ein Austragungsort bei den Olympischen Winterspielen von 1988.

Canmore eignet sich gut als **Quartieralternative** zum teuren Banff aufgrund seines großen Angebots an **H/Motels**, **B&Bs** sowie einer beachtlichen Café- und Restaurantansammlung rund um die 8th Street. Außerdem unterhält der ***Alpine Club of Canada*** in der Stadt eine Talherberge, das ***HI Canmore*** (201 Indian Flats Rd; Betten $50). Der Verein betreut sonst vor allem unbewirtschaftete Berghütten.

Für die Parkplätze im *Kananaskis Country* (➤ umseitig) wird ein ***day-use pass*** ($15) benötigt; erhältlich in allen *PP*-Besucherzentren, in der *Canmore Nordic Centre Day Lodge* (1988 Olympic Way) und unter www.alberta.ca/kananaskis-conservation-pass.aspx.

3

3.6.2 Kananaskis Country

Smith-Dorrien/Spray Trail (#742)

Day-use pass auf allen Parkplätzen erforderlich ➢ Seite 625

Jenseits der Brücke über den Bow River in Canmore (immer der Ausschilderung »*Nordic Centre/Spray Lakes*« folgen) beginnt der ***Smith-Dorrien/Spray Trail*** durch das ***Kananaskis Country***, der nur bis zum Abzweig der Stichstraße zum *Grassi Lakes Trailhead* am Ufer des seeähnlichen *Rundle Canal* asphaltiert ist. Dort beginnt die schöne **Wanderung** unterhalb des *Ha Ling Peak* zu den **Grassi Lakes**, einer kleinen Seenkette mit steilen Kletterfelsen rundherum (4 km retour; 250 Höhenmeter).

Die darauffolgenden 34 km zum und im *Peter Lougheed Provincial Park* sind zwar staubig, aber meist gut mit allen Fahrzeugen machbar (vorher im Besucherzentrum in Canmore den aktuellen Straßenzustand erfragen!). Anders als am *Icefields Parkway* hat man hier die Bergkulisse entlang der Strecke selbst im Hochsommer fast für sich alleine. 20 km südlich von Canmore passiert man den ***Spray Lakes West Campground*** am gleichnamigen Stausee ($31, nicht reservierbar; 5 km Stichstraße). Dieser Platz ist ein guter Ausgangspunkt für Ausflüge abseits touristischer Hauptpfade.

Kurz hinter der teuren ***Mount Engadine Lodge*** (DZ oder *tent glamping* ab $400; https://mountengadine.com) und der Zufahrt zum *Mt Assiniboine Trailhead* (➢ Exkurs rechts) eröffnet sich gleich am Beginn des ***Peter Lougheed Provincial Park*** eines der schönsten Panoramas entlang der #742 (am besten im Morgenlicht!).

Peter Lougheed PP

Vom Abzweig in den Kernbereich des Parks, 65 km südlich von Canmore, sind es noch 9 km bis zu den **Kananaskis Lakes** und 2 km bis zum ***Visitor Centre*** mit sehenswerten Programmen zu Gebirgswelt, Flora und Fauna; www.albertaparks.ca/peter-lougheed.

Dass dieser *Provincial Park* sowohl von der Hochgebirgslage her als auch bezüglich seiner Campingplätze zu den schönsten überhaupt gehört, wissen auch die Städter aus Calgary. An Wochenenden ist der ***Boulton Creek*** daher immer ausgebucht (Zelte $31, *full hookup* $55; https://reserve.albertaparks.ca). Unter den fünf weiteren ragt noch der ***Interlakes*** heraus mit ruhigen *first-come, first-served sites* (*dry* $31), Seezugang und Blick auf das Gebirgspanorama; Übersicht und Infos: http://kananaskiscountrycampgrounds.com.

Kananaskis Lakes von der Sarrail Ridge

Postkartenansicht vom Nub Peak im Mount Assiniboine PP

Das »Matterhorn« der Rocky Mountains

Fernab aller Straßen erhebt sich der **Mount Assiniboine** 3.618 m inmitten einer 390 km^2 großen, hochalpinen *Wilderness Area*, die sich nahtlos an die Nationalparks *Banff* und *Kootenay* anschließt – zugänglich nur über *Backpacking*-Routen oder per Heli-Flug. Der auch als »**kanadisches Matterhorn**« bekannte Gipfel (➤ auf dem Foto oben links im Hintergrund) ist Namensgeber und Hauptattraktion des *Mount Assiniboine Provincial Park*, aber auch die Bergszenerie ringsum kann sich sehen lassen. Ein ausgesprochen attraktives Wegenetz durchzieht das Schutzgebiet. 75 *Walk-in*-Zeltplätze stehen den müden Wanderern zur Verfügung. Auch Hütten und eine *Lodge* gibt es im zentralen Bereich, müssen aber meist lange im Voraus reserviert werden.

Startpunkt der mehrtägigen Touren zur ***Assiniboine Lodge*** ist u.a. ***Sunshine Village*** westlich von Banff (30 km *one-way*; ➤ Seite 611) oder der *Mount Shark Trailhead* an der Stichstraße bei der *Engadine Lodge* am *Smith Dorrien/Spray Trail*, ca. 39 km südlich von Canmore (27,5 km *one-way* zu Fuß). Ausführliche Infos zu den Zugangsrouten und den Helikopter-Flügen (ab Canmore oder *Mountt Shark Helipad*) finden sich auf der Webseiten www.assiniboinelodge.com und www.env.gov.bc.ca/bcparks/explore/parkpgs/mt_assiniboine.

Ein etwas anspruchsvollerer *Trail* startet beim *Upper Kananaskis*-Parkplatz und führt zunächst zu dem von hohen Bergflanken eingekesselten **Rawson Lake**. Der Aufstieg von dort bis zur **Sarrail Ridge** ist steil (Wanderstöcke empfohlen!) und schweißtreibend, aber oben wird man mit einer absolut famosen Rundumsicht belohnt (insgesamt 11 km retour, knapp 700 HM; Karte: www.alltrails.com/explore/recording/sarrail-ridge-via-rawson-lake-trail--112). Bärenspray schadet hier nicht, da man sich in Grizzly-Gebiet aufhält.

Anschluss an die #40

Jenseits des *PP*-Abzweigs mündet die #742 in den *Kananaskis Trail* (#40), auf dem es nordwärts zurück nach Canmore geht (ca. 80 km) oder in Richtung Süden zum *Highwood Pass* (➤ Seite 629).

Alberta Südwesten
Dawson Creek
Whitecourt
Grande Prairie
William A. Switzer
Edson
Yellowhead Hwy
16
Hinton
40
Miette Hot Springs
Fairfax Lake
FORESTRY TRUNK RD
Prince George
Jasper
Maligne Lake
Jasper NP
734
Lac Ste Anne
Wabamun Lake
Devon
Edmonton
Elk Island NP
North Saskatchewan River
Vegreville
Ukrainian Village
Beaverhill Lake
Leduc #1
Leduc
39
Pigeon Lake
Reynolds-Alberta Museum
2
Wetaskiwin
Ponoka
22
Gull Lake
Battle River
Buffalo Lake
Nordegg
DAVID THOMSON HWY
Crescent Falls
Icefield Centre
ICEFIELDS PARKWAY
Sunwapta Pass 2030 m
Mt Columbia 3747 m
Rocky Mt House
11
Red Deer
Stettler
752
Rocky Mt House NHS
Sylvan Lake
Ram Falls
Abraham Lake
Red Deer River
Sullivan Lake
56
21
Sir Sandford 3522 m
93
Bow Summit 2088 m
734
27
Kinbasket Lake
Takakkaw Falls
Horsethief Canyon
Orkney
Rogers Pass 1327 m
1
Yoho NP
Banff NP
Lake Louise
Acme
575
Drumheller
Hoodoos
Field
72
Beiseker
Wayne
East Coulee
Golden
Glacier NP
Banff
Cochrane
1A
Calgary
Kootenay NP
Mt Assiniboine 3618 m
Canmore
Strathmore
36
Kamloops
Trout Lake
Columbia River
Kananaskis Village
Okotoks
Carseland
Dinosaur PP
Galena Bay
93
Peter Lougheed PP
40
Highwood Pass 2206 m
Wyndham Carseland
Bow River
Brooks
23
31
Duncan Lake
Radium Hot Springs
Mountain Time Zone
Pacific Time Zone
Longview
Bar U Ranch NHS
Lake Newell
Duncan Dam
Fairmont Hot Springs
ALBERTA
BRIT.-COL.
McGregor Lake
Kinbrook Island PP
Medicine Hat
Nakusp Hot Springs
Canal Flats
Denver
Whiteswan Lake
Claresholm
31A
Ainsworth Hot Springs
Slocan Lake
Premier Lake
22
Sandon
Kaslo
Wasa Lake
Head-Smashed-in-Buffalo Jump
Lethbridge
CROWSNEST HWY
Vernon
Fähre
Kimberley
Coleman
Fort Macleod
Coal-dale
6
Kootenay Bay
Crowsnest Pass 1396 m
Frank Slide
3
Redcoat Trail
Balfour
Cranbrook
Nelson
Pincher Creek
2
Dam
Castlegar
Kootenay Lake
93
Beauvais Lake PP
4
Writing-on-Stone PP
Vancouver
Salmo
95
Elko
6
Cardston
Woolford
Warner
Waterton Lakes NP
Milk River
Trail
3
Creston
Kootenay Pass 1774 m
Police Outpost
KANADA
USA
Buckley
WASHINGTON
IDAHO
Eureka
31
Bonners Ferry
Kootenai NF
Glacier NP
St Mary
Milk River
Colville NF
Priest Lake
GOING-TO-THE-SUN RD
Browning
95
93
West Glacier
2
Libby
East Glacier
395
Sandpoint
Whitefish
Kaniksu NF
Columbia Falls
2
89
Newport
Kalispell
Lake Pend Oreille
MONTANA
2
15
Coeur d'Alene
N
Kennewick
Spokane
0
50 km
90
Lewiston
Missoula
Missoula
Great Falls

Kananaskis Trail (#40)

Day-use pass auf allen Parkplätzen erforderlich ➤ Seite 625

Landschaftlich noch reizvoller ist die Anfahrt zum *Peter Lougheed PP* auf dem asphaltierten *Kananaskis Trail* (#40), der rund 30 km östlich von Canmore vom TCH abzweigt und dem **malerischen Tal des Kananaskis River** folgt. Beim *Barrier Lake Dam* lohnt es sich die Wanderschuhe anzuziehen für die Aussicht entlang des ***Prairie View Trail*** (13 km bis *Barrier Lake Lookout Tower* retour, 600 HM). Weitere lohnenswerte Stopps unterwegs sind noch die Picknickplätze an den **Mt Lorette Ponds** und beim **Wedge Pond** (südlich der Straße unterhalb des *Mt Kidd*, ➤ Foto Seite 625).

Kananaskis Village, auf etwa halber Strecke, ist ein Komplex aus Hotels, Reitställen und Golfplatz. Die Jugendherberge ***HI Kananaskis Wilderness*** liegt 20 Gehminuten vom *Village* entfernt an der 1 Ribbon Creek Road; Betten $36, auch 3-Bett-Zimmer $88.

Rund 50 km südlich des TCH zweigt die Zufahrt zu den **Kananaskis Lakes** ab (➤ Seite 626) und 12,5 km später passiert die #40 den Ausgangspunkt des schönen ***Elbow Lake Trail***, der auch noch zum *Peter Lougheed PP* gehört (nur 1,3 km *one-way* mit toller *backcountry campsite* am Ufer des smaragdfarbenen Bergsees).

Kurz darauf folgt der **höchste Straßenpass Kanadas**, der ***Highwood Pass*** (2.206 m). Dieser Bereich der #40 bis *Highwood House Junction* ist in der Regel **von Dezember bis Mitte Juni gesperrt**! Auf der Passhöhe startet der Naturlehrpfad ***Ptarmigan Cirque Trail*** mit großartigen Ausblicken (4,5 km Loop; 210 HM). Noch einmal die Füße vertreten kann man sich weiter südlich auf dem ***Cat Creek Interpretive Trail***. Er endet nach 1,3 km und 180 Höhenmeter bei einem kleinen Wasserfall, der sich umgeben von steilen Canyonwänden über zwei Stufen in einen natürlichen Pool ergießt.

Weiterfahrt nach Süden (Anschluss an den Crowsnest Hwy)

Schotterstraße #940

Bei Highwood House, 38 km südlich des *Highwood Pass*, zweigt die meist gut befahrbare #940 nach Süden ab und verläuft weiter an der Ostseite der *Rockies* entlang. An ihr gibt es eine Reihe einfacher, traumhaft gelegener *campsites*. Besonders empfehlenswert sind die ruhigen Plätze an den (nicht ganz so spektakulären) ***Livingstone Falls*** fernab der Zivilisation ($26).

Die Straße besitzt auch hier im südlichen Bereich noch landschaftlich reizvolle Abschnitte. Nach 106 km trifft die #940/#40 bei Coleman auf den *Crowsnest Hwy*. Die Strecke ist Teil der ehemaligen »Hauptforststraße« ***Forestry Trunk Road*** und bildet gemeinsam mit dem *Smith-Dorrien/Spray* oder *Kananaskis Trail* die **beste Verbindungsroute zwischen *Crowsnest* und TCH**.

Kombination #541/#22

Deutlich schneller ist man Richtung Süden ab *Highwood House* auf der durchgehend asphaltierten Straßenkombination #541/#22 unterwegs. Diese eher wenig spannende Strecke führt durch **Longview**, eine Mini-Ortschaft mit Tankstellen, Hotels, Café und *liquor store*, und weiter durch ausgedehntes Weide- und Ackerland.

Turner Valley Gas Plant

Mit dem *Turner Valley* ***Dingman No. 1*** wurden 1914 die Ölbohrungen in West-Kanada initiiert. Die äußerst informativen 1,5-stündigen Touren durch diese *Nat'l Historic Site* (nur im Sommer an Wochenenden 10-17 Uhr; $12/$6) können mit einer *Eau Claire Distillery Tasting Tour* kombiniert werden. 15 km-Zufahrt ab der #541 noch vor Longview; www.turnervalleygasplant.ca.

Bar U Ranch

Eine übergroße Cowboy-Figur rechter Hand der #22 kündigt südlich von Longview die ***Bar U Ranch*** an. Bis 1950 zählte sie zu den größten Farmen des Landes mit zeitweise bis zu 30.000 Rindern und 1.000 Pferden. Heute werden auf dem Gelände der *National Historic Site* die Geschichte und die alten Cowboy-Traditionen am Leben gehalten. »City slickers« dürfen in diesem »Living Museum« selber mal das Lasso schwingen oder beim Pferdesatteln helfen; tägl. 10-16.30 Uhr Mitte Mai-Ende Sept; Erwachsene $12,50 oder *Discovery Pass*; https://parks.canada.ca/lhn-nhs/ab/baru.

Anschluss an den Crowsnest Highway

Bei Lundbreck erreicht man den ***Crowsnest Highway*** (#3). Nach rechts geht es dort zu den ***Lundbreck*** **Wasserfällen** mit dem gleichnamigen ***Campground*** am Crowsnest River und anschließend vorbei am *Frank Slide Interpretive Center* (➤ Seite 654), der Einmündung der *Forestry Trunk Road* (#40) und des Hwy #95 (Columbia River Valley) weiter in Richtung Westen/Vancouver.

Wer sich in Lundbreck auf der #3 nach links wendet, den trennen über die #6 ab Pincher Station/Creek (mit hübschem Freilichtmuseum ***Kootenai Brown Pioneer Village***; Mo-Fr 10-16.30 Uhr; frei) nur noch 1 Std Fahrzeit vom ***Waterton Lakes NP*** mit Anschlussmöglichkeit an den wunderbaren *Glacier NP* jenseits der Grenze.

3.6.3 Waterton Lakes National Park

Schon während der Anfahrt über die Straßen #6/#5 eröffnet sich dem Reisenden das großartige Panorama der Rocky Mountains mit den Waterton Lakes im Vordergrund. Nirgendwo sonst in Kanada sieht man einen derart abrupten Übergang zwischen Prärie und Hochgebirge. Entsprechend verdoppelt sich der Jahresniederschlag vom Parkeingang bis zum 24 km entfernten Cameron Lake – mit 1.520 mm regenreichster Punkt Albertas.

Bison Paddock

Hinter der nördlichen Parkgrenze, zweigt der kurze Rundparcours durch ein **Büffelgehege** von der #6 ab. Dort lassen sich die mächtigen Tiere meist in hübscher Kulisse beim Grasen beobachten.

Über die **Straße #5**, nur 2 km weiter, geht es in den zentralen Bereich des Nationalparks (erst dort wird Eintritt kassiert) sowie nach Waterton *Townsite* (100 Einwohner) am Upper Waterton Lake.

Waterton Town

Auf einer Landzunge zwischen Emerald und Cameron Bay ballt sich die recht überschaubare Infrastruktur des Ortes. Ruhige und ordentliche Zimmer ab ca. $230 (teils mit Küche) bietet dort u.a. das ***Waterton Lakes Lodge Resort*** an der 101 Clematis Ave; ✆ 1-888-985-6343, www.watertonlakeslodge.com.

Der große ***Waterton Townsite Campground*** südlich des Zentrums mit über 200 Plätzen gehört zum Nationalpark; *dry* $29; *full hook-up* $41; ✆ 1-877-737-3783, https://reservation.pc.gc.ca.

Das altehrwürdige ***Prince of Wales Hotel*** (1927) thront gleich am Ortseingang auf einer Anhöhe zwischen Upper und Middle Waterton Lake. Das Personal trägt Schottenrock und serviert 12-16 Uhr den ***Afternoon Tea*** in der Lobby mit riesigem **Aussichtsfenster**. Fürs Zimmer mit Seeblick werden dort ab $260 verlangt; ✆ 1-844-868-7474, www.princeofwaleswaterton.com.

Eine grandiose Aussicht auf das Hotel, den Ort und die Seen eröffnet sich von **Bear's Hump** (2,4 km retour; 225 HM). Nicht zu übersehen sind die Spuren des ***Kenow***-Waldbrands, dem 2017 große Teile des Nationalparks zum Opfer fielen. Selbst *Townsite* und das *Prince of Wales* sind nur knapp den Flammen entkommen.

Infos

Das ***NP*-Besucherzentrum** steht im Ortszentrum (404 Cameron Falls Dr; tägl. 8-19 Uhr); https://parks.canada.ca/pn-np/ab/waterton. Vom Parkplatz am westlichen Ende dieser Straße erreicht man nach einem kurzen Fußweg die zwar nicht sehr hohen, aber dennoch sehenswerten ***Cameron Falls*** am Ortsrand von Waterton.

Prince of Wales Hotel am Ufer des Waterton Lake; links beim Afternoon Tea in der Lobby

Der absolut fantastische Red Rock Canyon im Waterton Lakes National Park

Upper Waterton Lake

Zu den populärsten Aktivitäten im Park zählt die 2-stündige, grenzüberschreitende **Bootstour** auf dem mit 148 m tiefsten See in den Rocky Mountains inkl. 30-min-Stopp an der *Goat Haunt Ranger Station* am Südende des Sees im Glacier Nationalpark/USA. Abfahrten im Hochsommer täglich um 10, 12, 14, 16 und 18 Uhr; Tickets $61, Kinder bis 12 Jahre $30; www.watertoncruise.com. Wer möchte, kann den Rückweg auch auf Schusters Rappen zurücklegen. Der 13 km lange ***Lakeshore Trail*** folgt dem Seeufer bis Waterton Town (3-4 Stunden; 125 Höhenmeter).

Nur **zwei Stichstraßen** führen weiter in den Nationalpark hinein (Erwachsene $10,50/Tag oder *Discovery Pass*, ➤ Seite 49):

Red Rock Canyon

Ausgehend vom Parkplatz am Ende des ***Red Rock Parkway*** (15 km) führt die ***Red Rock Canyon Loop*** (0,7 km) entlang einer anfangs breiten Schlucht mit pittoresk ausgewaschenem Bachbett. Der Name ist Programm! Wer das kalte Wasser nicht scheut, kann auch in das Innere der Schlucht vordringen. Die immer höher werdenden, gestreiften dunkelroten Wände sind absolut **überwältigend**!

Auf der gegenüberliegenden Seite vom Parkplatz beginnt der Weg zu den ***Blakiston Falls*** mit *Viewing*-Plattform; 2 km retour.

Auf halber Strecke liegt am *Red Rock Parkway* der beste per Auto zugängliche *Campground* des Parks: ***Crandell Mountain*** ($22) *war allerdings 2023 noch wegen Waldbrandschäden geschlossen.*

Cameron Lake

Schwer in Mitleidenschaft gezogen wurden 2017 auch die Wälder entlang der Stichstraße ***Akamina Parkway*** durch das Cameron Valley, die nach 16 km am gleichnamigen See auf 1.646 m endet. Dort kann man wunderbar am Westufer des **Cameron Lake** entlang spazieren oder einen der **schönsten Bergpfade Albertas** in Angriff nehmen: Der ***Carthew-Alderson Trail*** (18 km, 650 HM) führt hinauf zum Summit Lake, über *Carthew Summit* (2.311 m) und von dort weiter durch bunte Bergwelten, vorbei am Carthew und Alderson Lake (mit *Backcountry*-Zeltplatz) zurück nach Waterton. Mit Shuttlebus auch als (anstrengende) Tagestour möglich.

Crypt Lake Trail

Bei *Crypt Landing* am Ostufer des Upper Waterton Lake, das man ab Waterton per Boot erreicht (Juli/August tägl. 8.30 +9 Uhr, Juni und Sept nur 9 Uhr; $31 retour; www.watertoncruise.com), hat eine **sehr beliebte, etwas anspruchsvollere Wanderung** ihren Ausgangspunkt (insgesamt 17 km). Vorbei an gleich vier Wasserfällen – *Hell Roaring Falls* (nach 1 km), *Twin Falls* (3,5 km), *Burnt Rock Falls* (5,6 km) und *Crypt Falls* (8 km; 175 m hoch) – geht es hinauf zum **Crypt Lake** an der US-Grenze, der oft selbst im Hochsommer noch voller Eisschollen ist. Der Clou der Strecke ist der 25 m lange *Crypt Tunnel*, durch den sich die Wanderer z.T. auf Knien zwängen müssen, um das Ziel zu erreichen. Einschließlich Bootsfahrt und Marsch über 700 m Höhendifferenz bis auf 1.955 m benötigt man für diesen Trip einen vollen Tag.

Glacier National Park/USA

Nach dem Besuch des *Waterton Lakes NP* bietet sich ein Abstecher in den angrenzenden **Glacier Nationalpark** in den Vereinigten Staaten an, ggf. mit Weiterfahrt über die US-Bundesstaaten Montana, Idaho und Washington. Von Waterton *Townsite* sind es gerade mal 80 km bis St. Mary, dem östlichen Eingangstor zum *Glacier NP* mit einer der schönsten Hochgebirgsstraßen Nordamerikas, der ***Going-to-the-Sun Road*** (➤ Seite 219).

Der Grenzübergang ***Chief Mountain*** an der #6 hat Oktober-Mitte Mai geschlossen und ist auch im Hochsommer nur tagsüber besetzt (7-22 Uhr; im Mai und Sept. nur 9-18 Uhr). Alternative: *Piegan/Carway Border Station* an der #2 (ganzjährig 7-23 Uhr).

4 VOM BANFF NP ZURÜCK NACH VANCOUVER

Da weder die Provinzhauptstadt **Edmonton** noch die größte City Albertas **Calgary** (➤ Seite 668) als absolutes »Must See« gilt, besteht **bei An- und Abflug von Vancouver** und knapp bemessener Urlaubszeit nach dem Besuch der Nationalparks *Jasper* und *Banff* kein Anlass die Route an dieser Stelle noch nach Osten zu erweitern. Ähnliches gilt bei An-/Abflug in Seattle oder wenn man im Anschluss noch einen Abstecher in die USA machen möchte, z.B. zum *Glacier National Park* in Montana oder zu den Geysiren und farbigen heißen Quellen des *Yellowstone NP*.

Trans-Canada Hwy (TCH)

Die kilometermäßig kürzeste und auch schnellste Verbindung zwischen Banff/Lake Louise und Vancouver stellt der ***Trans-Canada Hwy*** her, der mit *Banff, Yoho, Glacier* und *Mount Revelstoke* gleich vier kanadische Nationalparks hintereinander durchquert. Der **Abschnitt zwischen Banff und Revelstoke (280 km)** ist der **landschaftlich attraktivste** der gesamten Kontinentalroute, auch wenn der oft sehr starke Verkehr das Naturerlebnis in Straßennähe erheblich beeinträchtigen kann. Meist merkt man allerdings nur wenig abseits des TCH schon kaum mehr etwas von seinem Lärm und Betrieb.

Sofern man diese Strecke nicht bereits auf dem Weg in die *Rockies* eingeschlagen hat, lässt sich der TCH nun auf der Rückreise als 2-oder 3-Tages-Etappe in die Reise einbauen (**Kapitel 4.1**, ➤ rechts). Ab Revelstoke oder Sicamous besteht zudem die Möglichkeit die Route auszudehnen und weitere Ausflugsziele anzusteuern: die einsamen Seenlandschaften südlich des TCH (**Kapitel 4.2**, ➤ Seite 644ff) oder das fruchtbare **Okanagan Valley** mit zahlreichen populären Badestränden (**Kapitel 4.3**, ➤ Seite 648ff).

Crowsnest Hwy #3

Die mit Abstand längste Fahrzeit erfordert der ***Crowsnest Hwy***, der sich nördlich der US-Grenze durch die Rocky Mountains und über weitere hohe Bergpässe in Richtung Westen schlängelt. Erst in der Nähe von Hope (150 km östlich von Vancouver) mündet er in den TCH ein. Bereits in den **Kapiteln 3.5.2** und **3.6.2** wurde auf die zwei Anschlussrouten vom *Banff National Park* hinunter zum *Crowsnest Highway* (#3) hingewiesen:

- über die **Straße #93** durch den *Kootenay NP* und ab Radium Hot Springs weiter auf der #95 (Beschreibung ➤ Seite 622ff) bzw.
- über den ***Smith-Dorrien/Spray Trail*** (unasphaltiert) oder den ***Kananaskis Trail*** mit Weiterfahrt in südlicher Richtung auf den Straßen #940/#40 oder #541/#22 (➤ Seite 626ff).

Im **Kapitel 4.4** wird nur auf den touristisch relevantesten Bereich des *Crowsnest Highway* zwischen dem Waterton Lakes Nationalpark und dem TCH näher eingegangen. Entlang dieser Fernstraße bieten sich auch immer wieder Gelegenheiten zu einem **Abstecher in die USA** ggf. sogar mit Weiterfahrt in Richtung Seattle über eine der Kaskaden-Routen, z.B. die Straße #20 durch den *North Cascades Nat'l Park* (➤ Seite 202ff) oder weiter südlich über Leavenworth und die #2 (➤ Seite 209ff).

4.1 Von Lake Louise nach Vancouver

Rund 860 km *Trans-Canada Hwy* trennen Lake Louise und Vancouver (die Abkürzung über die #5 ab Kamloops bringt zwar 70 km Ersparnis, aber keine landschaftlichen Höhepunkte). Die ersten 80 km bis Golden mit allen Sehenswürdigkeiten im *Yoho NP* wurden bereits ausführlich im **Kapitel 3.5** beschrieben (➢ Seite 613), zumal diese Ortschaft noch als Basislager für einen Aufenthalt in den Rocky Mountains dienen kann und an dem Rundparcours durch die Nationalparks *Yoho* und *Kootenay* liegt.

Kinbasket Lake

Wer **westlich von Golden** auf dem Weg zum *Glacier Nat'l Park* noch eine Pause einlegen möchte, folgt der Forststraße zu den südlichen Ausläufern des **Kinbasket Lake**, ein gut 260 km langes Reservoir, das sich fast bis nach Valemount am *Southern Yellowhead Hwy* erstreckt. Sein meist türkisfarbenes Gewässer wird Ende Juli bis zu 23°C warm. Die Stellplätze im ***Kinbasket Lake Resort*** sind in der Regel nur mäßig belegt und wegen der Bahnnähe etwas lauter (www.kinbasketlakeresort.com), weitere einfache *campsites* finden sich unter www.sitesandtrailsbc.ca.

4.1.1 Glacier National Park

Der kanadische *Glacier National Park* umfasst ein Areal von 1.349 km^2 mit ca. 140 Gletschern in den nördlichen Ausläufern der **Selkirk Mountains** und **Purcell Mountains**, beides Bergketten der **Columbia Mountains**. Über 10% seiner Fläche liegen auch im Sommer unter Schnee und Eis. Vom quer durch den Park führenden TCH ist von den Gletschern aber fast nichts mehr zu sehen. Man muss dazu schon ins Hinterland wandern.

Zeitzonenwechsel an der Ostgrenze des Glacier NP MT ➢ PT (Uhr 1h zurückstellen)

Innerhalb der Nationalparkgrenzen wurde mit der Schienentrasse über den ***Rogers Pass*** kanadische Eisenbahngeschichte geschrieben. Die Witterungsverhältnisse (statistisch gesehen regnet oder schneit es dort oben an 3 von 5 Tagen; im Winter fallen durchschnittlich über 9 m Schnee) und extreme Lawinengefahr behinderten den Betrieb jedoch derart, dass man den Pass 1916 mit dem 8 km langen ***Connaught Tunnel*** umging, der 1988 durch

Rogers Pass am TCH im Glacier NP

TCH durch den Glacier NP

den ***Mount MacDonald Tunnel*** ersetzt wurde. Mit 14,7 km ist er auch heute noch der längste Eisenbahntunnel Nordamerikas. Im Prinzip ist der Autoverkehr (erst seit 1962!) über den *Rogers Pass* ebenso lawinengefährdet, wie es einst die Züge waren. Aber dank teilweiser Betonüberdachung der Straße und intensiver Lawinenkontrollmaßnahmen einschließlich gezielter künstlicher Auslösung läuft der Verkehr auch im Winter weitgehend störungsfrei.

Rogers Pass

Eintritt in den Glacier NP $10,50 für Erwachsene

Das ***Rogers Pass Discovery Centre*** des *Glacier NP* steht samt kleiner Versorgungsinfrastruktur direkt am TCH, rund 1 km östlich der Passhöhe (https://parks.canada.ca/pn-np/bc/glacier). Die Ausstellung und Filme erläutern Konstruktion von Straße und Eisenbahn durch die Berge und Methoden der Lawinenbekämpfung gestern und heute. Außerdem liegen dort Info-Broschüren zu den Wanderwegen im Nationalpark aus. Ein Monument mit zwei sich kreuzenden Bögen markiert die Passhöhe (1.327 m). Ein guter Kurztrail zum Fußevertreten (***Abandoned Rails***, ca. 1 Std.) führt vom Besucherzentrum zu der alten Eisenbahntrasse aus der Zeit vor dem Tunnelbau.

Wanderwege

Der ***Hermit Trail*** (3,2 km, 819 Höhenmeter) noch östlich des *Rogers Pass* bietet eine prima Aussicht (auch auf den TCH im Tal).

Die drei panoramareichsten **Höhenwege** im *Glacier NP* beginnen am *Illecillewaet Campground* (Zufahrt 2 km westlich der Passhöhe; großzügig angelegt; $23). Sie führen bis über die Ausläufer der *Illecillewaet* und *Asulkan Glacier*:

- ***Perley Rock Trail*** – 10,8 km retour, 1140 Höhenmeter
- ***Glacier Crest Trail*** – 11,4 km retour, 870 HM, grandioser Weg mit herrlicher Rundumsicht auf Berge und Gletscher)
- ***Asulkan Valley Trail*** – 6,9 km *one-way* und 870 HM bis zur *Asulkan Cabin* des *Alpine Club of Canada* (reservierbar!)

Am ***Loop Brook Campground*** (hübscher, einfacher Platz ca. 5 km westlich des Passes; $23), startet ein weiterer Weg auf der ehemaligen in Schleifen aufsteigenden Bahntrasse. Der ***Loop Brook Trail*** (1,6 km *Loop*) führt durch dichten Regenwald. 1 km weiter westlich am *Trans-Canada Highway* liegt der einfache ***Mount Sir Donald Campground***, der aber vor einigen Jahren wegen Borkenkäferbefall bis auf Weiteres geschlossen wurde (Stand: Ende 2023).

Canyon Hot Spings

Nur wenige Kilometer trennen den *Glacier* vom *Mount Revelstoke National Park*, an dessen Ostrand die ***Canyon Hot Springs*** liegen. Sie besitzen neben Heiß- und Warmwasserpool (40°C bzw. 26°C) auch einen großen Campingplatz (Zelte $42, *hook-up* ab $58, *cabins* ab $145). Eintritt *Hot Springs* $12, Familie $30; Mai-Sept täglich 9-19 Uhr, im Juli/August bis 20 Uhr; www.canyonhotsprings.com.

4.1.2 Mount Revelstoke National Park

Am zweitkleinsten Nationalpark in West-Kanada (260 km^2), fahren viele Touristen – zu Unrecht – achtlos vorbei, da der TCH dessen Hochgebirgsareal auf relativ uninteressanter Strecke südlich umgeht. Seine Gipfel gehören zur **Clachnacudainn Range** der Selkirk Mountains, einem Gebirge der Columbia Mts, die auf der Westseite auch im Sommer von starken Regenfällen heimgesucht werden. Jährliche Niederschlagsmengen von im Schnitt 2.000 mm gibt es in Kanada sonst nur an der Pazifikküste. Auch ein Abstecher zum Gipfelplateau des **Mount Revelstoke** lohnt sich, wenngleich die Höhenwege dort weniger spektakulär verlaufen als im benachbarten *Glacier NP*, https://parks.canada.ca/pn-np/bc/revelstoke.

Trails

Zunächst aber passiert der TCH kurz nach Erreichen der Parkgrenzen den Ausgangspunkt des ***Giant Cedars Trail***. Dieser kurze Weg (500 m) ist den Zwischenstopp wert: Auf einem *Boardwalk* geht es durch einen schummrigen Regen«urwald« mit bis zu 800 Jahre alten Rotzedern. 3 km weiter westlich führt der ***Skunk Cabbage Trail*** auf Holzplanken durch ein Sumpfgelände am Illecillewaet River (ca. 1,2 km Loop). Die Riesenkohlart, die für die Bezeichnung des Weges sorgte, steht im Juli am höchsten. So unerträglich wie das namensgebende Stinktier (*skunk*) riecht der Stinkkohl zum Glück aber nicht. Schön und ruhig ist auch die *picnic area* direkt beim Parkplatz (besser als bei *Giant Cedars*).

Parkzufahrt

Der kurvenreiche ***Meadows-in-the-Sky Parkway*** zweigt nördlich von Revelstoke vom TCH ab; geöffnet Mitte Mai-Ende Oktober. Im obersten Abschnitt ist er die meiste Zeit des Jahres über verschneit und daher oft nur von Anfang Juli bis September befahrbar, (8-20 Uhr). Gleich zu Beginn wird Eintritt kassiert ($10,50 für Erwachsene, kostenlos für Kinder bzw. mit *Discovery*-Jahrespass).

Gipfelplateau des Mount Revelstoke

Die Stichstraße (26 km) führt – als eine der ganz wenigen in Kanada – fast bis auf den Gipfel hinauf und durchquert dabei unterschiedliche Vegetationszonen: Ein Regenwald aus Hemlocktannen und Rotzedern macht sich im unteren Bereich breit und in der mittleren Region (ab 1.300 m) dominieren schlanke Engelmann-Fichten, die weiter oben immer weniger werden. Ca. 50% der Nationalparkfläche befindet sich jenseits der Baumgrenze (2.000 m).

Hochalpines Gebiet

Vom Parkplatz beim Straßenende am **Balsam Lake** geht es per gratis Shuttlebus oder auf dem ***Upper Summit Trail*** (1 km) noch 90 Höhenmeter nach oben. Ein enggeknüpftes Wegenetz erschließt das wenig profilierte Gipfel-Plateau. Die meisten der Kurztrails erfordern keine besondere Anstrengung und verlaufen durch hochalpine Wiesen, die **Ende Juli/Anfang August** in voller Blüte stehen.

Vom ***Fire Lookout*** hat man eine großartige Aussicht auf das 1.500 m tiefer gelegene Columbia River Valley, Revelstoke und hinüber zu den Monashee Mts auf der anderen Flussseite. Ganz in der Nähe des Feuerwachturms steht ein Picknicktisch in bester Lage. Entlang des ***First Footsteps Trail*** östlich des oberen Shuttle-Stopps gibt es noch Kunstwerke der *First Nation* zu entdecken (750 m *Loop*).

Auf einem längeren, aber nicht sehr anstrengenden Wanderweg geht es durch ausgedehnte Blumenwiesen zum 7 km entfernten, idyllischen **Eva Lake** (200 HM, mit *backcountry campsite* am See).

Gute Übersichtstafeln vor Ort erleichtern die Orientierung, ebenso die Wanderkarte in der Broschüre, die man von den Rangern gleich zu Beginn der Auffahrt erhält. Zusätzliche Infos gibt es im Nationalpark-Büro in Revelstoke an der 301B 3rd Street West oder im Besucherzentrum der Stadt (301 Victoria Road West; geöffnet täglich 8.30-16.30 Uhr; ✆ 1-800-487-1493, https://seerevelstoke.com).

Stadt Revelstoke

Revelstoke am Zusammenfluss von Illecillewaet und Columbia River ist in weitem Umkreis der einzige größere Ort mit Unterkünften. Der gemütliche Altstadtbereich rund um die *Grizzly Plaza* lädt zum Bummeln ein – und samstags findet dort der ***Farmers & Craft Market*** statt (8.30-13 Uhr). Für Eisenbahnfans lohnt sich der Besuch des ***Railway Museum*** vor allem wegen der prächtig restaurierten *CP 5468*, einer der größten Dampfloks in Kanada; 719 Track Street West (am inneren Stadtring), Mai-Mitte Oktober täglich 9-17 Uhr, sonst 11-16 Uhr, $14/$8; www.railwaymuseum.com. Fürs Picknick eignen sich die Parks am Fluss.

Wer bei Revelstoke einen ***Campground*** sucht, sollte den gut gelegenen Komfortplatz am **Williamson Lake** ins Auge fassen mit Duschen, Strand, Bootsverleih und Minigolf; rund 5 km südl. der Stadt über 4th St und Airport Way; Zelte $37, *full hook-up* $48; eng, wenn voll; ✆ (250) 837-8806, www.williamsonlakecampground.ca.

Columbia River Dämme

Über die #23 nach Norden ist nach nur 5 km der 175 m hohe ***Revelstoke Dam*** erreicht. Ein *Visitor Centre* (10-16 Uhr, $8/$7) informiert über die Talsperre und die Stromerzeugung entlang des Columbia River. Rund 15 km nördlich des Staudamms liegt am **Lake Revelstoke** der *Martha Creek PP* mit Bade-/Campingplatz; $28.

Three Valley Lake Chateau am TCH

Wer der Straße noch ca. 140 km weiter nach Norden folgt, gelangt zum **Kinbasket Lake** und dem höchsten Staudamm Nordamerikas (***Mica Dam***, 244 m). Bereits 1964 hatten Kanada und die USA die mehrfache Aufstauung des Flusses vereinbart, um Überflutungen zu verhindern und die Wassermassen z.B. am größten Kraftwerk der USA in Grand Coulee zu regulieren; www.bchydro.com/recreation.

Alternativen zum TCH

Die **Straße #23** ab Revelstoke in Richtung Süden schafft Anschluss an die landschaftlich reizvollen Routen über den Arrow Lake oder durch die Selkirk Mountains; ➤ Seite 644 bzw. 646.

4.1.3 Weiterfahrt auf dem TCH ab Revelstoke

Three Valley

Der *Trans-Canada Hwy* läuft bald durch ein dichtes Waldgebiet und überquert beim **Summit Lake** die Wasserscheide zwischen *Fraser* und *Columbia River Basin*. Am **Three Valley Lake** liegt der Komplex des ***Three Valley Lake Chateau*** mit auffällig rotem Dach und originellen Felszimmern (ab $150), Sandstrand und Restaurant; ein guter Platz für die Nacht zwischendurch; ✆ 1-888-667-2109, www.3valley.com.

Enchanted Forest

Ein Stopp lohnt sich bei der zur Anlage gehörenden ***Heritage Ghost Town*** mit 25 historischen Gebäuden und einem kleinen Oldtimer-Museum; täglich ab 9 Uhr; Eintritt $16/$8-$11.

Kleinkindern könnte der ***Enchanted Forest*** gefallen, wo auf einem kurzen Parcours durch den Wald allerlei Märchen nachgestellt wurden, teils mit liebevoll gestalteten Hexen- und Baumhäusern; $14/$9. Die Größeren dürfen sich nebenan im Hochseilgarten ***Skytrek Adventure Park*** austoben; Eintritt $56/$49; beide im Sommer 9-19 Uhr. https://enchantedforestbc.com bzw. https://skytrekadventurepark.com.

Wenig später wartet schon die nächste »Touri-Attraktion«, die 70 m lange ***Crazy Creek Suspension Bridge*** oberhalb der gleichnamigen Kaskaden. Sehr viel bekommt man dort für $11 nicht geboten. Die Benutzung der ***Hot Pools*** kostet noch einmal $18 pro Person extra.

Last Spike

Bei **Craigellachie**, 45 km westlich von Revelstoke, wurde am 7. November 1885 der letzte Nagel in die Schwellen der ersten kanadischen transkontinentalen Eisenbahn geschlagen. Heute befinden sich dort neben dem ***Last Spike***-Denkmal, ein Eisenbahnwaggon und Andenkenladen; www.railwaymuseum.com/the-last-spike.

Rund 11 km weiter bietet der ***Yard Creek Provincial Park*** ruhige *first-come, first-served sites* ($25) und jede Menge vorbeiziehender Lachse im Sept/Okt; https://bcparks.ca/yard-creek-park.

Auf der Nordseite des TCH verlaufen dort gleich etliche, einfache Rundwege durch den schönen Wald des ***Eagle River Nature Park***. In Summe sind es in etwa 6 km; PDF-Übersichtsarte unter https://shuswaptrails.com/trails/system/24/Eagle-River-Nature-Park.

In Craigellachie am TCH wurde 1885 der symbolische „letzte Schienennagel" der transkanadischen Eisenbahnverbindung gesetzt

Sicamous und Salmon Arm

Shuswap Lake/ Sicamous

Über 1.000 km einsame, bewaldete Uferlinie mit ungezählten Buchten haben den **Shuswap Lake** für **Hausbootferien** populär gemacht. Der See zeichnet sich durch eine ungewöhnliche Form aus. Vier lange »Arme« sind über eine einzige Engstelle miteinander verbunden. Der ***Salmon Arm*** gilt als der attraktivste. An seinem Ostufer mit Verbindung zum **Mara Lake** liegt der kleine Ort **Sicamous**, die ***Houseboat Capital of Canada***.

Houseboat Rental

Verleihstationen findet man an der Engstelle zwischen den Seen an der **Riverside Avenue**. Minimumleihe drei Tage ab ca. $2.000, www.twinanchors.com Nähere Auskünfte auch beim ***Sicamous Visitor Information Centre*** in der 446 Main St; im Sommer Mo-Fr 8.30-16.30, Sa/So 11-16 Uhr; www.sicamouschamber.bc.ca.

Durchreisende finden neben der TCH-Brücke Richtung Kamloops einen schönen **Badestrand** im ***Sicamous Beach Park***.

Die Straße folgt der Uferlinie des *Salmon Arm* über den gleichnamigen größten Ort der Region **Salmon Arm** (*Info Centre*: 20 Hudson Ave) und erreicht in **Squilax** das Westende des Sees.

Canadian Pacific Railway

Noch im späten 19. Jahrhundert war British Columbia nahezu von den östlichen Provinzen des Landes isoliert. So führte die Reise einer Parlamentsdelegation nach Ontario 1870 zunächst mit dem Schiff nach San Francisco und von dort mit der Eisenbahn über Omaha und Chicago nach Toronto. Nach US-Vorbild entschied man sich für den Bau einer transkontinentalen Eisenbahntrasse, und am 7.11.1885 wurden in Craigellachie, 45 km westlich von Revelstoke am heutigen TCH, die letzten Schwellen der *Canadian Pacific Railway* gelegt (eine *rest area* mit Denkmal erinnert daran, ➤ links). Um die Bahn durch die *Rockies* und weiter zu bringen, schufteten vor allem chinesische Bauarbeiter unter miserablen Bedingungen. Die *Chinatowns* von Vancouver und Victoria gehen auch auf diese asiatischen Einwanderer zurück. Konkurrenzlos bis zur Ankunft der zweiten Transkontinentallinie (*Canadian Northern Railway*, heute *Canadian National*) 1915 fuhr die *Canadian Pacific Railway* in den ersten Jahrzehnten ihres Bestehens beachtliche Gewinne ein. Sie beeinflusste die Wirtschaftsstruktur ganzer Landstriche (➤ auch Seite 605). Doch das Schienennetz der einst so bedeutenden Eisenbahn ist heute nur auf den Güterstrecken gut ausgelastet. So erfolgt in den Agrarregionen der Getreidetransport überwiegend per Bahn: nach Zwischenlagerung in *grain elevators*, den unübersehbaren Lagertürmen in der Prärie, zu den Häfen am Pazifik (Vancouver und Prince Rupert), am Lake Superior (Thunder Bay) oder an der Hudson Bay (Churchill). Die 1881 gegründete Muttergesellschaft *Canadian Pacific Limited* wurde 2001 in fünf Unternehmen aufgespalten: u.a. in die *Canadian Pacific Railway*, *EnCana* (Erdgas) sowie *Fairmont Hotels and Resorts* mit Luxusherbergen wie dem *Banff Springs Hotel*, der *Victoria Empress* und dem *Chateau Lake Louise*.

Canadian Pacific Railway bei Morant's Curve im Banff National Park, ➤ Seite 603

4

Eine empfehlenswerte Adresse in Salmon Arm ist die ***Swiss Lodge*** (ruhiges B&B mit DZ ab $135; www.swisslodge.ca), in Squilax bietet das ***HI Shuswap Lake*** Betten ($24) und DZ ($60) in drei ausgedienten Waggons der *Canadian National*-Eisenbahn sowie Radverleih und Sauna; ✆ (250) 675-2977, https://hihostels.ca.

Salmon Run

Der Adams River steht vom **Adams Lake** bis zu seiner Mündung in den **Shuswap Lake** mit seinen Uferbereichen als ***Tsútswecw Provincial Park*** unter Naturschutz (»tschu-twach« ausgesprochen). Bis 2018 trug er den Namen *Roderick Haig-Brown PP*. Alle vier Jahre (2024, 2030,...) steigen dort **Anfang Oktober** Millionen von knallroten *Sockeye*-Lachsen zu ihren Laichgründen flussaufwärts. In anderen Jahren sind es auch noch Hunderttausende, vor allem in den sog. *sub-dominant years* (2027, 2031,...).

Campingplätze gibt es dort nicht, wohl aber in den nahen ***Provincial Parks Shuswap Lake*** ($32, mit *hook-up* $40; attraktiv + populär, lieber reservieren) und ***Adams Lake*** (*Bush Creek Site* $13, einfach).

Wer vom *Tsútswecw PP* die Schotterstraße vorbei am **Adams Lake** nimmt, erreicht bei Barriere den ***Southern Yellowhead Hwy #5***. Sie besitzt allerdings einige »haarige« Teilstücke hoch über dem See und ist daher mit Wohnmobilen nicht zu empfehlen.

Optionen für die Weiterfahrt nach Westen

Über das Okanagan Valley

Salmon Arm und **Sicamous** befinden sich am Nordende des Gutwetter-Tals **Okanagan Valley** (➢ Seite 648). Die landschaftlich reizvolle Zone im »Obst- und Gemüsegarten Kanadas« beginnt allerdings erst **bei Kelowna**. Die Straßen dorthin (#97A bzw. #97B) verlaufen abseits des Badesees **Okanagan Lake** und sind extrem ausgebaut bzw. befahren. Die Westuferstraße, die südlich von Kelowna wieder auf die #97 und den besten Abschnitt bis Okanagan Falls stößt, lohnt vor allem für Besucher, die im gepflegten ***Bear Creek PP*** schwimmen oder campen möchten (➢ Seite 650).

Konkurrenz macht erfinderisch, im Okanagan Valley lockt so mancher Verkaufsstand mit zusätzlichen »Attraktionen«, die Fruit Log Barn in Armstrong z.B. mit allerlei Dinos und dem »World's longest Goat Walk«, einer Vorrichtung bei der Besucher die Ziegen mit Futter anlocken

Badesee Allison Lake

Wenn die Zeit für eine Fahrt durchs **Okanagan Valley** nicht mehr reicht, ist die verbleibende Strecke **von Salmon Arm zurück nach Vancouver** über Kamloops innerhalb eines Tages gut zu schaffen.

In etwa 460 km sind es auf dem *Coquihalla Hwy* #5, schöner ist aber die Route auf dem *Trans-Canada Highway* dem Verlauf des Fraser River folgend (530 km; in der Gegenrichtung bereits im **Kapitel 2.3.1** beschrieben, ➤ Seite 566).

Über den Connector #97C

Wer trotz knapper Zeit noch einen Eindruck von dem *Okanagan*-Gebiet »mitnehmen« möchte, hat ab Sicamous oder Salmon Arm außerdem die Option die Reise über Vernon/Kelowna und den ***Okanagan Connector*** **#97C** fortzusetzen, der bei Merrit ca. 90 km südlich von Kamloops in den *Coquihalla Hwy* (#5) einmündet. Diese insgesamt 500 km lange Route beansprucht, je nach Verkehrsaufkommen, nur wenig mehr Fahrzeit.

Dabei lohnt der Umweg über den ***Kentucky-Alleyne PP***; 11 km ab der #97C, Abfahrt »Loon Lake Road«, dann 2 km westwärts parallel zur Schnellstraße bis zur zweiten Unterführung, dort durch und noch ca. 9 km. Die zwei glasklaren Seen (**Kentucky** und **Alleyne Lake**) verfügen über schöne Picknick- und Stellplätze teils direkt am Ufer ($18, im Sommer lieber reservieren, da nur wenige *first-come, first-served sites*); https://bcparks.ca/kentucky-alleyne-park.

Eine ähnliche Kulisse bietet der **Allison Lake** im gleichnamigen Provinzpark an der #5A in Richtung *Crowsnest Hwy* (ab dem Kentucky Lake sind es 6 km bis zur #5A und dann noch 25 km nach Süden; schattige *first-come, first-served campsites* am Südufer des Sees; $18). Von dort fährt man dann am besten gleich über Princeton und den sehenswerten *E.C. Manning Provincial Park* (➤ Seite 664) an der Straße #3 bis zum TCH bei Hope weiter. Die zurückzulegende Fahrstrecke zwischen Salmon Arm und Vancouver beträgt so 550 km (am besten als 2-Tages-Etappe).

BC's Hot Springs Circle Route (850 km, 4-6 Tage)

Wohltuende heiße Quellen stehen im Fokus dieser Rundstrecke, die ausgehend von Revelstoke über die #23 zu den ***Halcyon*** und ***Nakusp Hot Springs Resorts*** führt und dann weiter über die #6/#31A/#31 zu den ***Ainsworth Hot Springs*** mit ihrer einzigartigen Höhlenanlage. Östlich von Creston und Cranbrook, beide am *Crowsnest Highway* #3, geht es dann wieder nordwärts auf der #93/#95, an der noch die ***Lussier***, ***Fairmont*** und ***Radium Hot Springs*** liegen. Und kurz bevor man wieder den Ausgangspunkt erreicht, ist noch ein letztes Mal Relaxen in den ***Canyon Hot Springs*** am TCH angesagt.

4.2 Alternativrouten ab Revelstoke: über den Arrow Lake nach Vernon oder zum Crowsnest Hwy

Alternative zum TCH

Statt dem TCH zu folgen, könnte man ab Revelstoke eine in mancher Beziehung noch **attraktivere Route nach Westen** wählen. Bis **Vernon** eingangs des Okanagan Valley benötigt man auf den **Straßen #23 und #6** einschließlich zweier Fähren mind. einen vollen Tag (300 km). Verglichen mit dem stark befahrenen TCH und der Straße #97 ist diese Route eine reine Idylle und bietet mit ***Nakusp Hot Springs*** den idealen Zwischenstopp für eine Nacht.

Arrow Lakes

Upper und **Lower Arrow Lake** im Tal zwischen Selkirk und Monashee Mountains sind keine natürlichen Seen, sondern der durch den Damm bei Castlegar (➤ Seite 656) bis Revelstoke über 232 km gestaute Columbia River. Auf der Strecke liegt mit **Nakusp** nur ein kleines Städtchen (sehr schön am See) mit Versorgungsmöglichkeit. Die auf den Karten verzeichneten »Orte« Shelter Bay, Galena Bay, Fauquier und Needles sind lediglich Fähranleger.

Die #23 von Revelstoke nach Shelter Bay verläuft zunächst hoch über dem sich langsam zum Upper Arrow Lake erweiternden Columbia River. Der nördliche Stausee ist kaum zugänglich außer am ***Blanket Creek PP*** ($28; 2/3 der schönen *campsites* sind reservierbar). Im Park hat der attraktive, künstlich oberhalb des Stausees geschaffene Pool mit Sandstrand fast Karibikflair. Über dem Ufer unweit des Anlegers bietet der kleine *Campground Shelter Bay* des **Arrow Lakes PP** gute *First-come, first-served*-Plätze für die Nacht; bei später Ankunft im Sommer aber oft voll ($20).

Fähre nach Galena Bay

Die gratis *Upper Arrow Lake Ferry* von **Shelter Bay** nach **Galena Bay** braucht 20 min für die Überfahrt, während der man das Gebirgspanorama genießen kann (ab Shelter Bay täglich 5-24 Uhr, ab Galena Bay 5.30-0.30 Uhr). Von Mai bis Oktober kommt tagsüber eine zweite Fähre zum Einsatz. Sie sind nur selten voll ausgelastet – was eine Menge über die Verkehrsdichte auf der #23 aussagt.

An den Arrow Lakes

Weiterfahrt über Nakusp und den Lower Arrow Lake

Halcyon Hot Springs

Bis Nakusp folgt die #23 ab Galena Bay in schönem Verlauf dem Ostufer des **Upper Arrow Lake**, aber nur selten ist eine Zufahrt vorhanden. Drei 32°C-42°C warme Thermalbecken wurden 17 km südlich von Galena Bay perfekt oberhalb des Sees angeordnet; geöffnet So-Do 9-21 Uhr, Fr+Sa 9-22 Uhr; $30, Kinder (5-12 Jahre) $20-$27. Zum komfortablen ***Halcyon Hot Springs***-Komplex gehören außerdem ein Restaurant, etliche kleinere *cottages* (ab $350 inklusive Pool-Nutzung) sowie Mehrfamilien-Chalets; ✆ 1-888-689-4699, https://halcyon-hotsprings.com.

Nakusp Hot Springs

2,5 km nördlich von Nakusp gelangt man auf der **Hot Springs Road** (12 km) zu einer weiteren schön gelegenen und preiswerteren Poolanlage ($11/$10). Ebenfalls unter freiem Himmel aalt man sich dort in zwei warmen Becken 36°C-40°C; April-Okt tägl. 9.30-21.30 Uhr, sonst kürzer. Übernachten kann man vor Ort in den ***Nakusp Hot Springs Cedar Chalets*** (auch zur Hochsaison ab $109). Auf dem noch dazugehörenden *Campground* sind die Plätze direkt am Ufer des wilden Kuskanax River oft früh besetzt; Zelte $30, *hook-up* $37; ✆ 1-866-999-4528, www.nakusphotsprings.com.

Wanderwege

Der ***Kuskanax Mountain Trail*** startet bei »km 4« der Hot Springs Road und folgt den Serpentinen einer schmalen Forststraße bergauf. Nach 1,5 km bietet der Aussichtspunkt ***Vicky's View*** einen netten Blick auf Nakusp und den langgestreckten See.

Auch auf der anderen Uferseite wartet eine sehr empfehlenswerte Wanderung: Hierfür folgt man der #6 ab Nakusp gut 22 km nach Süden bis zum schmalsten Seeabschnitt, wo der Upper zum Lower Arrow Lake wird, und setzt dort mit der ***Arrow Park Ferry*** über (nur 5 min; kostenlos, täglich 5-12.05 sowie 14.15-21.20 Uhr). 17 km nordöstlich der Anlegestelle befindet sich der Ausgangspunkt des ***Saddle Mountain Trail*** (5,3 km, 860 HM). Bei der attraktivsten Wanderung der gesamten Region genießt man vom einstigen Feuerwachthaus auf dem Gipfel (2.304 m) ein unvergleichlich tolles Rundumpanorama auf den Upper Arrow Lake und Nakusp; Broschüre mit Hiking-Karte unter https://nakusptrails.ca/trails.

Nakusp

Die weit und breit größte Ortschaft **Nakusp** (1.600 EW) besitzt ein gemütliches Ambiente, einen schönen Sandstrand im Stadtpark, eine Reihe von Motels, eine ausreichende Infrastruktur zur Versorgung und einen großzügigen, guten *Municipal Campground* nur drei Blocks vom Strand entfernt (4th St/10th Ave NW; Zelte $26, *hook-up* $33; www.nakuspcampground.com). Der ***McDonald Creek PP*** (14 km weiter südlich; $30, + Strom $37) mit kilometerlangem Strand ist ebenso empfehlenswert wie der idyllische ***Summit Lake PP*** ($26, teils reservierbar; ➤ auch Seite 647).

Nach Vernon

Von Nakusp folgt man der #6 am Ufer des Arrow Lake weiter nach Süden bis zur kostenlosen ***Needles Cable Ferry*** in **Fauquier** (5 min Überfahrt bis Needles, 5-22 Uhr alle 30 min). Jenseits des Sees geht es auf schön geführter, ruhiger Straße quer durch die Monashee Mountains nach Vernon am Nordende des Okanagan Valley.

Weiterfahrt durch die Selkirk Mountains

Ab Galena Bay gibt es neben der Asphaltstraße #23 in Richtung Nakusp eine alternative – ebenfalls attraktive – Route. Der **Highway #31** führt zunächst durch die Selkirk Mountains und anschließend über Kaslo bis zur *Balfour Ferry* eingangs des Westarms des Kootenay Lake. Dabei geht es rund 70 km über Schotter. Mit einem Tag **Extrazeit** könnte man auch ab Kaslo über die Straßen #31A und #6 zurück nach Nakusp fahren (185 Mehrkilometer im Vergleich zur Direktroute auf der #23) und von dort – entsprechend der Beschreibung oben – der Straße #6 in das Okanagan Valley folgen.

Der aufgestaute Columbia River (Upper & Lower Arrow Lake) im Westen sowie die zwei Stauseen im Osten (Kootenay und Duncan Lake) umschließen die extrem dünn besiedelten **Selkirk Mountains**, die sich nordwärts bis zum *Glacier Nat'l Park* ausdehnen und in Richtung Süden bis in die US-Bundesstaaten Washington und Idaho hineinreichen (➤ auch *Selkirk Loop*, Seite 658ff).

10 km östlich von Galena Bay befindet sich der 3,2 km lange ***Hill Creek Spawning Channel***. Schautafeln an der umlaufenden Piste erläutern den Lebenszyklus der *Kokanee*-Lachse, die in diesem künstlichen Kanal Ende August bis Ende September laichen.

Wenige Kilometer weiter südlich geht es bergauf, und die Straße führt hoch über dem **Trout Lake** am Hang entlang, aber wegen des dichten Waldes nur mit wenigen Aussichtspunkten. Ab dem Südende des Sees folgt sie dem Lauf des eiskalten, aber malerischen **Lardeau River**. Auf diesem – weiterhin geschotterten – Abschnitt begegnet man außer Holzlastern kaum anderen Fahrzeugen.

An der Flussmündung in den Duncan River lohnt es sich die kurze Stichstraße zum Südende des **Duncan Lake**. Am Endpunkt befindet sich ein Picknickplatz mit Aussicht auf die 39 m hohe Dammkrone. Südwestlich der Staumauer dient der 3,3 km lange ***Meadow Creek Spawning Channel*** (Straße um den Kanal mit Infotafeln) als künstlicher Ersatz für die seit dem Dammbau 1967 weitgehend verloren gegangenen *Kokanee*-Laichgründe. Im September ist das Wasser dort meist rot vor lauter Fischen!

Kootenay Lake

Am attraktiven Nordarm des **Kootenay Lake** liegt der *Kootenay Lake PP* mit guten Picknick- und Stellplätzen im kleinen *Lost Ledge* ($23; vor allem an Wochenenden unbedingt früh anreisen!) und *Davis Creek Campground* ($21, zum Teil reservierbar).

Kaslo

Kaslo, eine Ende des 19. Jh. blühende Silberminenstadt und heute nur noch 1.000-Seelen-Gemeinde, ist der einzige »echte« Ort am oberen Kootenay Lake und Lardeau Valley. An der Kaslo Bay steht der ausgemusterte **Raddampfer *SS Moyie***, der einst zwischen Nelson und Siedlungen am Nordarm des Sees verkehrte. Der Passagier-Schaufelraddampfer zählt zu den ältesten noch erhaltenen der Welt und beherbergt ein kleines Museum mit Objekten und Fotos aus den aktiven Jahren des Schiffes (1898 bis 1957); Mitte Mai-Mitte Okt tägl. 10-17 Uhr; $12/$5. Dort befindet sich auch das **Besucherzentrum** von Kaslo; 10-18 Uhr; 324 Front Street; www.klhs.bc.ca.

Am kleineren und daher recht warmen Badesee **Mirror Lake**, rund 5 km südlich des Ortes, kann man wunderbar im Grünen übernachten. Auch Stellplätze mit *hook-up*)sind vorhanden; 5777 Arcola Rd; ✆ (250) 353-7102, www.mirrorlakecampground.com.

Nach Nakusp

Die **#31A** nach New Denver (ca. 50 km) führt in fantastischem Verlauf durch die Selkirk Mountains. Ein Stopp könnte der 1900 zunächst durch einen Großbrand und 1955 von Hochwasser zerstörten ***Ghost Town*** **Sandon** gelten, die nur 5 km abseits der Hauptstraße liegt. Von dort führt eine enge *logging road* (für RVs ungeeignet) zu einem Parkplatz unterhalb des ***Idaho Peak Lookout*** (2.273 m): Zum Gipfel geht es über einen schönen, ab Juli schneefreien Fußweg (1,4 km). Dort hat man eine brillante Sicht auf die umliegende Bergwelt und den langen Slocan Lake 1.700 m tiefer.

In **New Denver** erreicht man die **Straße #6**. Nordwärts auf dem Weg nach Nakusp (50 km) liegt auf der Passhöhe zwischen Slocan Lake und Upper Arrow Lake der ***Summit Lake PP*** mit einem wunderbaren, idyllisch von Bäumen eingerahmten *Campground* ($26).

In Richtung Süden ist die #6 ab New Denver kaum zu überbieten: Gespickt mit **wunderbaren Aussichtspunkten** verläuft sie streckenweise bis zu 300 m hoch über dem glasklaren **Slocan Lake**, berührt aber auch **Badestrände**. In New Denver und Silverton kann man sie nicht verfehlen, in **Slocan** (Strand neben Holzlager) ist ein Abstecher von der #6 durch den Ort nötig. Campen kann man am etwas kalten See in New Denver (der Platz erstreckt sich am Südwestufer zwischen Bäumen neben dem Stadtpark; $25-$40, 217 3rd Ave, ✆ (250) 358-2361, http://newdenver.ca/campground-2) und in Silverton (erstaunlich hübsche, kleine Uferanlage; $25-$50, Westende Leadville St, ✆ (250) 358-2472, www.silverton.ca/rec/Camping.html).

Anschluss an den Crowsnest Highway

Mit Ziel **Castlegar** (➤ Seite 656) und Weiterfahrt auf dem ***Crowsnest Hwy*** ist diese Route (ab Kaslo) insgesamt noch attraktiver und nur 35 km länger als die #31 und #3A über Nelson.

4.3 Das Okanagan Valley von Vernon bis Osoyoos

Über #97A ab Sicamous bzw. #97B ab Salmon Arm (beide am TCH) oder auf der #6 von Nakusp am Upper Arrow Lake erreicht man **Vernon** und die Hauptverkehrsachse #97 durch das **Okanagan Valley**. Das langgestreckte Tal wird als nördlichster Ausläufer des trockenen intramontanen Beckens definiert, das sich von Mexiko zwischen Sierra Nevada und Kaskaden im Westen sowie Rocky Mountains im Osten durch den gesamten Westen der USA zieht. Und tatsächlich passt an der US-Grenze das trockenheiße Wetter im *Okanagan* so gar nicht zum sonst vorherrschenden Kanada-Klima. Geringe Niederschläge und tägliche sommerliche Höchsttemperaturen von jenseits der 30°C lassen eine wüstenähnliche Vegetation gedeihen und sogar *rattlesnakes* klappern.

Im größten kanadischen Weinanbaugebiet am unteren Arm des langgestreckten **Okanagan Lake** – auf derselben geographischen Breite wie etwa der Rheinabschnitt zwischen Mainz und Karlsruhe – fühlt man sich wie nach Südeuropa versetzt. **Verkaufsstände** für alle Sorten von Obst und Gemüse säumen die Straßen. Zwischen Vernon und Osoyoos laden zudem über **100 *vineyards*** zu Weinproben ein; www.bcwine.com.

Ferienhochburg

Obst und Wein würden kaum so gut gedeihen, wäre das Okanagan Valley nicht auch noch mit unerschöpflichen Wasserreserven gesegnet. Touristische Hauptattraktion des Tales sind daher auch die angenehm warmen Stauseen Kalamalka, Skaha, Vaseux, Osoyoos und besonders der über 110 km lange **Okanagan Lake**. Alle Arten von Wasser- und Angelsport sowie kommerziell organisierte Aktivitäten sorgen dort für Urlaubsspaß.

Weil das Okanagan Valley **Ferienfreuden wie an Italiens Gardasee** bietet, ist es ein sehr populäres Urlaubsziel. Dazu gehören im Sommer früh ausgebuchte Quartiere und volle Campingplätze. Wer nach kühlen, speziell regnerischen Tagen im Gebirge in dieses Tal kommt, wird das Klima genießen.

Weinberge im Okanagan Valley

*Entlang der #97 reihen sich die Obststände mit einem bunten tollen Angebot, noch preiswerter zur Erntezeit die **U-Pick**-Variante zum »Selberpflücken«*

Vernon

Vernon mit über 40.000 Einwohnern, einer der Zentralorte der Region, liegt nicht unmittelbar am **Okanagan Lake**, sondern abseits seines nördlichen Ausläufers und partizipiert daher weniger am Tourismus. Der **Seezugang** ist weit entfernt: 25th Avenue in Richtung Okanagan Lake. Auch zum ***Ellison PP***, ca. 16 km südwestlich von Vernon hoch über dem See, folgt man zunächst dieser Straße. Der *Campground* liegt dort besonders idyllisch mitten im Wald und verfügt über großzügige Stellplätze ($32, nur wenige *first-come, first-served*). Über Treppen geht es hinunter zum Strand.

Die offizielle ***Vernon Info*** war im Sommer 2023 nur telefonisch zu erreichen (Di-Sa); ✆ 1-800-665-0795, www.tourismvernon.com.

Am Westufer des Okanagan Lake entlang

Von Vernon könnte man statt die #97 nach Süden alternativ die ruhige Strecke am **Westufer** wählen, müsste dazu aber erst einige Kilometer in nördliche Richtung fahren (nur bei viel Zeit sinnvoll!).

Silver Star Mountain

Am nördlichen Ortsausgang zweigt die 22 km lange Zufahrt zum ***Silver Star Mountain Resort*** ab, einem beliebten Skigebiet. Im Sommer (Ende Juni-September) bleibt der Sessellift für Wanderer und Mountainbiker in Betrieb; www.skisilverstar.com.

Wasserspaß

Auf der Weiterfahrt (Hwy #97/Pleasant Valley Road) passiert man 1 km südlich des Abzweigs #97/97A den Planschpark ***Splashdown*** mit vielen Rutschen; geöffnet im Juli/August 10-18 Uhr, im Juni bis 17 Uhr; Halb- oder Tagestickets kosten $25/$30; 7921 Greenhow Road; https://splashdown.ca.

O'Keefe Ranch

Ebenfalls an der #97 (#9380, 1 km vor der Westside Road) war die von Cornelius O'Keefe gegründete ***O'Keefe Ranch*** Ende des 19. Jahrhunderts eine der größten im Okanagan Valley. Mit zwölf zeitgenössischen Gebäuden, Kutschfahrten, Tieren, Sattlerei und Töpferei ist es zwar das beste Museum im Okanagan Valley, kommt aber nicht an die Qualität von Fort Steele (➤ Seite 624) heran; geöffnet Mai-Anfang September Mi-So 10-16 Uhr, danach bis Ende Oktober nur Sa+So; Eintritt $13,50/$8,50; https://okeeferanch.ca.

Baden & Campen

Auf etwa halber Strecke am Westufer des Sees, rund 35 km nördlich von Kelowna, passiert man den ***Fintry Provincial Park*** mit Sandstrand, Wanderwegen und *campsites* ($32 mit Duschen, alle sind reservierbar, liegen aber überwiegend nicht direkt am Ufer). Ebenfalls über Bade- und Campingareale verfügt der ***Bear Creek Provincial Park*** 7 km nördlich von Kelowna. Die Plätze, hervorragend in üppiger Vegetation angelegt ($35, mit Strom $43-$45), müssen dort immer reserviert werden: https://camping.bcparks.ca.

Im Osten des Okanagan Lake direkt nach Kelowna

Östlich des Okanagan Lake verläuft die Straße #97 ab Vernon oberhalb des Kalamalka Lake mit nur wenigen Seezufahrten. Im *Kekuli Bay Provincial Park* findet man mit etwas Glück auch noch freie *first-come, first-served sites* ($32).

Kelowna

Die Touristenhochburg Kelowna [*Ki-LOH-na*] ist das *Heart of the Okanagan* und die größte Stadt im Tal mit über 130.000 Einwohnern. Wer dort eine **Unterkunft** sucht, hat unweit der Durchgangsstraße #97 eine gute Auswahl an H/Motels. Fürs Campen in City-Nähe geht nichts über den Provinzpark ***Bear Creek***, ➤ oben.

Nach dem Abzweig der #33 kommt man vorbei am ***Orchard Park Shopping Centre***, dem größten seiner Art zwischen den *Rockies* und Vancouver mit über 170 Geschäften; 2271 Harvey Avenue.

Uferparks

Es folgt der zentrale Bereich Kelownas, der sich nördlich der #97 erstreckt, und der populäre ***City Park*** mit ***Public Beach***. Markant ragt dort die Skulptur ***Spirit of the Sail*** des Künstlers Robert Dow Reid empor und gleich nebenan windet sich die **Seeschlange *Ogopogo*** aus dem Pflaster, eine nach »Augenzeugenberichten« angefertigte Skulptur. Das Tier wird in den Tiefen des Sees vermutet, ähnlich wie das Ungeheuer von *Loch Ness*; www.ogopogoquest.com.

Unmittelbar nördlich davon am 238 Queensway befindet sich das Besucherzentrum (tägl. 8.30-20.30 Uhr; www.tourismkelowna.com) und die Ablegestelle der 1,5- bis 2-stündigen ***Kelwona Cruises*** (mit oder ohne *lunch/dinner buffet*; www.kelownacruises.com).

Seeschlange Ogopogo in Kelowna

Ein schöner Abstecher führt (auf der Ellis St einige Kilometer nach Norden) auf den **Knox Mountain**. Stadt und See sind von mehreren Parkplätzen mit ***Viewpoints*** gut zu überblicken. Der Berg ist ein populäres Wandergebiet mit vielen unterschiedlichen Wegen. Zu Fuß geht es auf dem ***Apex Trail*** hinauf (3 km, 300 m HM).

Myra Canyon

Südöstlich der Stadt gehört die Trasse der stillgelegten ***Kettle Valley Railway*** (KVR) durch den fantastischen ***Myra Canyon*** zu den besten kanadischen Hike- und Bike-Revieren. Beim *Myra Station Parking Lot* (Anfahrt 8 km, gute Schotterstraße) gibt es einen Fahrrad-Verleih; 1/2 Tag $44, www.myracanyonrental.com. Dort startet die nur 12 km lange, recht ebene Tour durch den ***Myra-Bellevue Provincial Park*** und führt im Herzstück des *Myra Canyon* am Weg zum *June Springs Rd Parking Lot* über 18 KVR-Brücken und durch zwei Tunnel. Die ersten 8 Brücken lassen sich aber auch gut zu Fuß erkunden; Kartenmaterial: www.myra-trestles.com.

Das ***Chute Lake Resort*** liegt direkt am KVR (24 km bis Myra) auf einem einsamen Hochplateau – nicht nur Radler genießen den frischgebackenen Obstkuchen; Zimmer, *cabins*, Glamping-, Zelt- und RV-Plätze; ✆ (250) 496-5262, https://chutelakelodge.ca.

Weiterfahrt nach Süden

Auch südlich von Kelowna bleibt die #97 ausgebaut und stark befahren. Der Verkehr vermindert sich ab Peachland, da der ***Okanagan Connector*** (Autobahn #97C) in Richtung Merritt/*Coquihalla Hwy*/Vancouver einen Teil seines Volumens aufnimmt. Von Kelowna sind es auf dieser Route noch knapp **400 km bis Vancouver**.

Lachs-wanderung

Im September/Oktober, zur Zeit der Lachswanderung, ist ein Stopp im ***Hardy Falls Regional Park*** (4 km südlich von Peachland) ein Muss. Dann wimmelt es dort von ***Kokanee*-Lachsen**, die bachaufwärts zu einem Pool unterhalb des Wasserfalls schwimmen. Auch sonst lohnt dieser 1 km lange schattige Weg als **Kurzwanderung**.

Prima gepflegte *campsites* mit viel Privatsphäre und Weitblick bietet die in mehreren Terrassen über dem See anlegte *North Unit* im ***Okanagan Lake Provincial Park***, die *South Unit* hat auch engere Stellplätze sowie einige *walk-in sites* direkt am Ufer. Große Anlage aber nur zwei Plätze *first-come, first-served*; $35.

Aussicht

Bei Summerland erhebt sich der **Giant's Head Mountain** 500 m über den See, der beste **Aussichtsberg** im Okanagan Valley. Die Anfahrt erfolgt über ***Prairie Valley Road*** und ***Giant's Head Road*** auf die Gipfelstraße (zum Schluss Serpentinen). Das letzte Stück zum Gipfel geht es nur zu Fuß. An der Straße und oben passiert man mehrere **Picknicktische** mit Superblick.

Blick vom Knox Mountain auf Kelowna mit der Brücke über den Okanagan Lake

Summerland

Ca. 5 km südlich von Summerland befinden sich die ***Ornamental Gardens***. Der kleine Abstecher von der Hauptstraße (#4200 Hwy 97) lohnt schon fast allein wegen der idyllisch platzierten Picknicktische im grünen Park. Geöffnet im Sommer 8-20 Uhr, sonst kürzer; Eintritt frei (Spende $5); https://summerlandgardens.org.

Proviant könnte man sich vorher in Summerland bei der **Bäckerei *True Grain Bread*** besorgen an der 10108 Main Street; gutes »europäisches« Bio-Körnerbrot; Di-Sa 8-17 Uhr; www.truegrain.ca.

Kettle Valley Steam Railway

In Summerland starten die Dampfloks der ***Kettle Valley Steam Railway*** im Hochsommer immer Do-Mo jeweils um 10.30 + 13.30 Uhr; Dauer: 90 min; Tickets $30/$25. Für die Touren **mit Raubüberfall** und *BBQ* an ausgewählten Tagen zahlt man $65 (Kinder 3-12 Jahre $38); 18404 Bathville Road; www.kettlevalleyrail.org.

Penticton

Zwischen dem Südende des Okanagan Lake und Skaha Lake liegt **Penticton**, eine weitere **Tourismushochburg** des Okanagan Valley mit überaus populären Badestränden. Zentraler Bereich ist die Uferstraße am Okanagan Lake mit der ***SS Sicamous*** von 1914. Der Schaufelraddampfer wurde bereits nach 22 Jahren außer Dienst gestellt und ist nun größte Attraktion des Ortes; 1099 Lakeshore Dr W, im Sommer Do-Mo 10-16 Uhr; $10/$5; www.sssicamous.com.

Ein Superlativ jagt den nächsten ...

Der Hang der Nordamerikaner zu Übertreibungen ist vielerorts kaum zu übersehen. Sehenswürdigkeiten – seien sie noch so bescheiden – werden als ***world famous*** oder mit anderen außerordentlichen Attributen beworben. Aus einem kleinen, mittelmäßigen Museum wird schnell eine ***major tourist attraction***, und eine Ansammlung von Blockhäusern macht aus einem an sich unscheinbaren Dorf eine ***Log Cabin Capital of BC***. Vielleicht ist eines davon auch das größte, älteste oder schönste Blockhaus komplett aus Kiefer-, Fichten- oder anderem Holz in der Region oder auch das höchste, breiteste oder kleinste einräumige Haus der Provinz, des westlichen oder östlichen Kanadas oder eben der ganzen Welt. Ist an dem Gebäude selbst absolut nichts erwähnenswert, könnte zumindest der legendäre *Trapper Jim* oder *John* hier seinen *first* oder *last* Wohnsitz gehabt haben. Vielleicht besaß er damit sogar die am längsten ununterbrochen bewohnte Blockhütte diesseits der *Rockies*. Auch das Okanagan Valley bildet hier keine Ausnahme, mit Superlativen wird nicht gegeizt: In der *Largest City in the Okanagan-Similkameen* **Kelowna** führen Touren durch die *Oldest Vinery in British Columbia*. **Keremeos** preist sich an als *Fruit Stand Capital of Canada*, während sich **Oliver** als Weinhauptstadt Kanadas feiern lässt. **Osoyoos** rühmt sich den *Warmest Fresh Water Lake* im Land und *Canadas only true Desert* zu besitzen. **Armstrong** hat zudem den »sensationellen« *World's longest Goat Walk* (➤ *Log Barn*, Foto Seite 642) zu bieten und **Penticton** zweifelsohne das *Best Climate in Canada*. Nicht weiter verwunderlich, schließlich ist die Provinz British Columbia »***The Best Place on Earth***«!

Ausflug mit der Kettle Valley Railway

Einige Häuserblocks weiter südlich steht das ***Penticton & Wine Country Visitor Centre*** an der 120-888 Westminster Ave West; tägl. 9-17 Uhr; ✆ 1-800-663-5052, www.visitpenticton.com.

Inner Tubing

Den Okanagan Lake und Skaha Lake verbindet – parallel zur #97 – der 6 km lange ***Okanagan River Channel***. Als Sommervergnügen lässt man sich dort mit Schläuchen aus Lkw-Reifen zwei Stunden lang flussabwärts treiben. ***Tube***-Miete inklusive Schwimmweste und Rücktransport per Bus kostet bei *Coyote Cruises* $19 p.P.; Start ab 215 Riverside Drive; Mitte Juni bis Mitte September täglich 10-16 Uhr; www.coyotecruises.ca.

Südliches Okanagan Valley

Am Endpunkt des *Channel* trifft man auf die Sandstrände des **Skaha Lake**, einem populären Familienziel mit vielen Hotels an der Skaha Lake Road. Zwei eher kleine staatliche Campingplätze liegen an der #97: 1 km südwestlich des Skaha Lake im ***Sx̌ʷəx̌ʷnitkʷ Falls PP*** (ehemals »*Okanagan Falls PP*«; Zufahrt über die Green Lake Road, $25) und 7 km weiter im ***Vaseux Lake PP*** (nur *first-come, first-served*; $18; direkt am Hwy #97, daher laut, einige Plätze aber auch am Wasser; das *Bird Sanctuary* ist ein Paradies für Vogel-Liebhaber).

Für $36/Bett übernachtet man im ***HI Penticton*** an der 464 Ellis Street nicht weit entfernt von der *Okanagan Lake Beach*. Doppelzimmer kosten dort ab $90; ✆ 1-866-782-9736, www.hihostels.ca.

Das Gebiet zwischen Oliver und der Grenze zu den Vereinigten Staaten wird als ***Pocket Desert*** bezeichnet. Bei trockener Sommerhitze von nahezu täglich 30°C macht sich dort eine karge, wüstenähnliche Vegetation aus Feigenkakteen und Salbeibüschen breit. Unterbrochen wird sie von üppig grünen Inseln künstlich bewässerter Felder und Plantagen. Abends ist es dort spürbar wärmer als im zentralen Okanagan.

Knapp 180 km südlich von Vernon endet das Okanagan Valley in **Osoyoos** (➤ Seite 661), eine Stadt an der US-Grenze mit Anschlussmöglichkeiten an den ***Crowsnest Highway*** (➤ nächste Seite) in Richtung Vancouver oder Rocky Mountains sowie an eine der Routen durch den Nordwesten der USA.

4.4 Crowsnest Highway #3

Die südlichste Verbindung über die Rocky Mountains stellt der »Krähennest«-Highway dar. Die Fernstraße startet in den Prärien Albertas am *Trans-Canada Hwy* in Medicine Lake und führt auf ihrem Weg nach Westen – teils eng an der Grenze zu den USA – über fünf hohe Gebirgspässe: ***Crowsnest Pass*** (1.358 m) in den *Rockies*, ***Kootenay Pass*** in den Selkirk Mountains (mit 1.774 m höchster Pass im Straßenverlauf), ***Phoenix Mountain Summit*** (1.105 m) und ***Bonanza Pass*** (1.535 m) in den Monashee Mountains sowie der ***Allison Pass*** (1.342 m) in den Kaskaden. Die Route trifft nach insgesamt 1.160 km südlich von Hope wieder auf den TCH.

Das Teilstück im Süden Albertas ist aus touristischer Sicht nicht sehr ergiebig, sieht man mal ab von dem UNESCO *Site* ***Head-Smashed-in Buffalo Jump*** etwas abseits des Highways an der #785 (➤ Seite 685). Daher erfolgt die Beschreibung des *Crowsnest Hwy* in diesem Kapitel erst ab der Zufahrtsstraße zum Waterton Lakes Nationalpark bei den Orten Pincher Station/Creek.

4.4.1 Crowsnest Hwy von Pincher Station nach Cranbrook

Hinter Lundbreck (mit den 12 m hohen ***Lundbreck*-Wasserfällen** und dem ruhigen, gleichnamigen ***Campground*** am Crowsnest River südlich des Highways) beginnen die Rocky Mountains und der Verlauf der #3 wird schlagartig um vieles attraktiver. In dieser Region begann 1898, nachdem die Gleise der *Canadian Pacific Railway* verlegt worden waren, die Ausbeutung von Kohlevorkommen. Der Ort **Crowsnest Pass** besteht aus dem Zusammenschluss etlicher einstiger Bergwerkssiedlungen (Bellevue, Hillcrest, Frank, Blairmore, Coleman und Hillcrest Mines; www.crowsnestpass.com).

Bellevue

In Sichtweite des Turtle Mountain kann man in der 1962 stillgelegten ***Bellevue Mine*** (21814 28th Ave) mit Helm und Lampe ausgerüstet an einer 1-stündigen Führung durch einen dunklen Stollen teilnehmen. Nur von Mai bis Anfang September täglich 10-17 Uhr; Tickets \$25, Kinder \$5-\$20; www.bellevuemine.com.

Frank Slide

Bei der Ortschaft **Frank** führt die #3 durch ein mehrere Quadratkilometer großes Geröllfeld, das 1903 durch den folgenschwersten Bergsturz Kanadas entstand. Das ***Frank Slide Interpretive Centre***, ein beachtliches Besucherzentrum etwas abseits des Highways, erläutert Hintergrund und Folgen des Sturzes vom Turtle Mountain, der seinerzeit in der Bergarbeitersiedlung Frank (daher *Frank Slide*) 70 Menschen in den Tod riss. Geöffnet Mitte Mai-Mitte Okt tägl. 10-17 Uhr, sonst Mo geschlossen; \$15/\$9; https://frankslide.ca.

Auch wer sich für die Einzelheiten des *Frank Slide* und die Geschichte des Kohlebergbaus nicht so sehr interessiert, sollte kurz zum Besucherzentrum hinauffahren. Der Blick von dort oben über die auch nach so langer Zeit immer noch fast vegetationslose Steinwüste ist eindrucksvoll.

Dort, wo heute das Frank Slide Besucherzentrum steht, ereignete sich vor über 100 Jahren ein gewaltiger Erdrutsch, der ein ganzes Bergarbeiterdorf unter sich begrubt

Westlich von Frank dominiert der Namensgeber des *Hwy* das Panorama, der **Crowsnest Mountain** (2.785 m). In der Folge passiert die Route noch die Einmündung der ungeteerten *Forestry Trunk Road* #940/#40, die nordwärts zum *Peter Lougheed Provincial Park* im *Kananaskis Country* (➢ Seite 626) führt, den ***Crowsnest Pass*** (niedrigste Passhöhe in den südlichen *Rockies* an der Alberta-British-Columbia-Grenze) und den Wintersportort **Fernie** (attraktiver Stadtkern rund um die 2nd Avenue). Bei **Elko** zweigt die #93 in Richtung Glacier Nationalpark/USA (➢ Seite 218) ab. Kurz vor Cranbrook vereinigt sich für gut 70 km gemeinsamen Verlauf die #95 mit dem *Crowsnest Highway*.

4.4.2 Crowsnest Hwy von Cranbrook nach Osoyoos

Cranbrook

Cranbrook ist mit 20.000 Einwohnern die größte Stadt im südöstlichen British Columbia (Besucherzentrum: 800C Baker Street; Mo-Fr 9-17 Uhr; https://cranbrooktourism.com).

Ein Anlaufpunkt für alle Eisenbahnfans ist das ***Cranbrook History Centre*** am Hwy #3 (Navi: 57 Van Horne Street), wo im Rahmen von ***Historic Railcar Tours*** etliche restaurierte Wagen präsentiert werden (*The Grand Tour*, Dauer 110 min). Bei der 45-min-Tour ($20, Kinder $16) stehen nur die sieben *railcars* eines *Trans-Canada*-Luxuszuges von 1929 im Fokus; im Sommer meist Di-Sa, aktuelle Zeiten unter www.cranbrookhistorycentre.com/visit/tours.

Übernachten

Neben den vielen Motels an der Hauptstraße bietet die Universität (*College of the Rockies*) im Sommer Zimmer für $60-$200 an; 2700 College Way; https://cotr.bc.ca (»*short term accommodations*«).

Zum Campen hat man die Wahl zwischen:

- ***Jimsmith Lake Provincial Park*** in schöner Lage mit Sandstrand ($23, keine *first-come, first-served sites*; sanitär einfach); die 4 km lange Zufahrt zweigt am südlichen Ortsausgang von der #3 ab
- ***Moyie Lake Provincial Park*** mit großzügigen Stellplätzen und einem 1,3 km langen Sandstrand; ebenfalls an der #3, ca. 20 km südwestlich von Cranbrook; $33, großteils reservierbar.

4

Creston

In Creston werden die Uhren nie umgestellt: Im Winter gilt MT, im Sommer PT

Die Obststände an der Hauptstraße verraten, dass in **Creston**, der nächsten Ortschaft am *Crowsnest Highway*, die Landwirtschaft eine wichtige Rolle spielt. Das Besucherzentrum der Stadt und des *Creston Valley* hat täglich 9-17 Uhr geöffnet; 121 Northwest Boulevard; www.explorecrestonvalley.com.

Creston verfügt über ein Dutzend Unterkünfte, überwiegend unabhängige Häuser. Wer eine Ferienwohnung sucht, ist in ***The Walnut Tree*** gut aufgehoben ($110); www.walnuttreesuite.com.

Rund 11 km westlich der von Creston liegt an der #3 das ***Kootenay-Columbia Discovery Centre***; im Hochsommer tägl. 9-16 Uhr, sonst meist Di-Sa (Eintritt Spende). Im Sumpf des Vogelschutzgebiets leben viele Tiere, darunter Kolibris und Fischadler. Ein Holzplankenweg führt hindurch, man kann sich auch *Guided Walking Tours* anschließen und/oder geführte Kanutrips buchen (meist 9.30, 10.30, 13 und 14 Uhr; $10/$5); https://discovery-centre.ca.

Alternative Weiterfahrt

Zeitzonenwechsel am Kootenay River/Lake MT ➤ PT (1h zurück)

Für alle, die etwas mehr Zeit mitbringen, empfiehlt sich ab Creston die **Weiterfahrt** über den nördlichen Teil der ***International Selkirk Loop***. Die Strecke ist landschaftlich viel abwechslungsreicher als der Abschnitt des *Crownest Highway* über den *Kootenay Pass* (1.774 m) und Salmo bis Castlegar, erfordert aber ein Plus von 50 Kilometern. Auf dieser Route folgt man zunächst der Straße #3A am Ufer des Kootenay Lake nach Norden, setzt dann mit der Gratis-Fähre nach Balfour über und fährt von dort über Nelson weiter bis Castlegar (**Exkurs ➤ Seite 658ff**).

Castlegar

An der Mündung des Kootenay in den Columbia River liegt die Kleinstadt **Castlegar** (*Info*: 1995 6th Ave, ✆ (250) 365-6313; www.destinationcastlegar.com). Auf einer kleinen Insel am Zusammenfluss eignet sich der schattige Rundweg (ca. 20 min) im ***Zuckerberg Island Heritage Park*** gut zum Füßevertreten. Es warten Erläuterungen zur Botanik und das historische *Chapel House* mit russisch-orthodoxem Zwiebelturm; Zugang über eine Hängebrücke ab der 9th Street (zweigt von der #22 am Westufer ab). Geöffnet Di-Sa 10-17 Uhr; Eintritt frei, aber empfohlene Spende $2 pro Person.

Camping- und Badeplätze abseits des Crowsnest Hwy

Die zwischen Creston und Castlegar vom *Crowsnest Hwy* nach Südwesten abzweigende Straße #3B schafft Zugang zu weiteren *Campgrounds*: Ein besonders hübscher Platz ($25) erstreckt sich zwischen dem Second und Third Lake im ***Champion Lakes PP***. Der Provinzpark umfasst ein dicht bewaldetes Areal mit drei Seen und zwei Sandstränden am Third Lake am Ende der 12 km langen Stichstraße, ca. 8 km südlich des *Crowsnest Hwy*. Gratis campt man noch weiter im Süden unweit der US-Grenze auf dem *Buckley Campground* von *BC Hydro* am ***Pend d'Oreille Reservoir***; knapp 40 km von der #3, Zufahrt über die Columbia Gardens/Seven-Mile-Dam Road ab Fruitvale. Die Straßen #22A/#3B führen von dort ins nur 28 km entfernte Städtchen **Trail**, wo man dann dem Verlauf der #22 am Columbia River nach Norden bis nach Castlegar am *Crowsnest Hwy* folgen oder die Reise über **Rossland** fortsetzen kann (#22/#3B; ➤ rechts).

Castlegar am Zusammenfluss des Kootenay und Columbia River

Ein erster toller Blick auf Castlegar bietet sich vom ***Mel De Anna Viewpoint*** direkt am Hwy #3 rund 5 km südlich der Stadt (nur als *rest area* ausgeschildert; GPS: 49.24816, -117.63748; ➤ Foto oben).

Empfehlenswert ist auch der ***Brilliant Overlook Trail***, der auf der Südostseite des Kootenay River ab dem *trailhead* am Umspannwerk (unmittelbar nördlich des ***Castlegar Golf Club & RV Park***) in 3 km und 330 HM hinauf zum gleichnamigen Aussichtsfelsen führt, von dem man ein tolles Panorama auf den Columbia River und *Brilliant Dam* des Kootenay River genießt. Der *RV Park* bietet Plätze zwischen Bäumen in ruhiger, toller Lage; Zelte $22, *hook-up* $38; 1602 Aaron Rd, ✆ 1-877-352-1750, https://golfcastlegar.com.

Staudamm

Nordwestlich von Castlegar steht die Betonmauer (52 m) des ***Hugh Keenleyside Dam***, der seit 1968 den Columbia River zum **Arrow Lake** aufstaut, ein riesiges Reservoir, das sich nordwärts bis nach Revelstoke erstreckt. Die Straße am Nordufer passiert das etwas tiefer gelegene Kraftwerk. Ihre Fortsetzung am Arrow Lake führt zum ***Syringa Provincial Park***, dessen *Campground* wegen seiner sehr schönen Lage am Badesee oft belegt ist (überwiegend reservierbar!); Zelte $26, mit Strom $33; https://bcparks.ca/syringa-park.

Über Trail/ Rossland

Sofern man nicht ohnehin schon der Route über den *Champion Lakes PP* und Trail gefolgt ist (Exkurs ➤ links) empfiehlt sich diese Strecke nun spätestens ab Castlegar: Die **attraktive Straße #22** am Columbia River führt nach **Trail** und die #3B weiter nach **Rossland**, von wo es dann wieder nordwärts zurück zum *Crowsnest Hwy* geht. Dieser Schlenker nach Süden ist nur rund 35 km länger als der direkte Weg nach Westen auf der #3. Beide Orte verfügen – ebenso wie Castlegar – über etliche Motels, in Rossland steht auch eine Jugendherberge, das ***Mountain Shadow Hostel***.

Trail

Trail ist eine kleine Industriestadt beiderseits des Columbia River mit einer der weltgrößten Blei- und Zinkhütten, aber sonst ohne wesentliche Besonderheiten. Bei Interesse kann man im Sommer die ***Teck*-Schmelzerei** kostenlos besichtigen (2 Std); Start wochentags um 10 Uhr ab dem ***Teck Trail Interpretive Centre*** an der 1199 Bay Ave; www.trailchamber.bc.ca/teck-interpretive-centre. Näheres dazu auch im ***Visitor Info*** der Stadt an der 1505 Bay Avenue.

4

The International Selkirk Loop (450 km)

Die Orte Creston und Salmo am *Crowsnest Hwy* liegen an der grenzüberschreitenden ***International Selkirk Loop***. Ab Creston verläuft diese Rundtour zunächst am Ostufer des Kootenay Lake nach Norden, beinhaltet die Fährverbindung zwischen Kootenay Bay und Balfour sowie Weiterfahrt nach Nelson. Im Westen der namensgebenden Bergkette (**Selkirk Mountains**), wendet man sich dann nach Süden und macht einen Schlenker über die US-Bundesstaaten Washington und Idaho, um nach insgesamt 450 km wieder zum Startpunkt zurückzukehren. Karte, App und PDF-Begleitbroschüre unter: www.selkirkloop.org. Für die gesamte Strecke werden leicht 2-3 Tage benötigt, am besten mit Übernachtung bei Balfour/Nelson und einer weiteren am Nordende des Priest Lake (im Zelt/RV).

Details zur Rundtour: Ab Creston folgt die Straße #3A der Uferlinie des **Kootenay Lake** mal in Wassernähe, mal hoch über dem See mit herrlichen Ausblicken. Einige hübsche Orte mit kleinen Yachthäfen und Badestränden liegen am Weg. Ein schöner, aber etwas schwierig zugänglicher (Parken abseits) öffentlicher **Sandstrand** liegt an der ***Twin Bays Beach***. 3 km südlich von Boswell passiert man das burgähnliche ***Glass House***. Die spleenige Idee des Leichenbestatters David H. Brown, mit einer halben Million Balsamflaschen ein Haus zu bauen, wird dort als Touristenattraktion vermarktet. Weitere Strände mit Bademöglichkeiten befinden sich auf der Weiterfahrt im ***Lockhart Beach Provincial Park*** ($23, teils *first-come, first-served*), beim ***Kokanee Chalets Resort*** in Crawford Bay (Zimmer im Motel ab $100, *chalet* ab $130; Zelte ab $29 und *hook-up* ab $33; 15 min Fußweg zur *Beach*; ✆ 1-800-448-9292, www.kokaneechalets.com) sowie im ***Soul's Paradise Resort***; ✆ (250) 227-9441, www.soulsparadise.ca.

Ca. 5 km südlich des Fährterminals **Kootenay Bay** endet die Pilot Bay Road im ***Pilot Bay Provincial Park***, wo ein kurzer Spaziergang zum hübschen ***Lighthouse*** (1905) mit Aussichtsplattform führt, dem einzigen Inlandsleuchtturm in BC.

Die Autofahrt unterbricht die ***Kootenay Lake Ferry*** nach **Balfour**, wo dann schon die *Pacific Time* gilt. Die lokale Werbung versichert: »Längste (ca. 35 min) kostenlose Fahrt per Fähre in ganz Nordamerika«! Im Sommer 7.10-22.20 Uhr. Neben dem üblichen Außenpool dürfen die Gäste der ***Ainsworth Hot Springs*** an der #31, 15 km nördlich von Balfour, noch in eine einzigartige 60 m lange, hufeisenförmige **Grotte** mit von der Decke hängenden Stalaktiten; Mi-So 10-19.30 Uhr (*2023 nur mit Reservierung*!), $18/$12; DZ ab $250; www.ainsworthhotsprings.com.

Ohne Umweg geht es von Balfour weiter auf der #3A nach Nelson. Am Wege liegt der ***Kokanee Creek Provincial Park*** mit schönen Wanderwegen, Kinderspielplatz und Sandstränden. Er verfügt außerdem über drei gute *Campgrounds*: *Redfish*, *Sandspit* und *Friends*; jeweils $32, mit Strom $39. Der Park ist auch ein gutes Standquartier für Ruhetage und/oder Ausflüge, etwa zum ***Kokanee Glacier PP***. Die Zufahrt (16 km Schotter) endet am Gibson Lake; von dort verläuft ein schöner Trail über den *Kokanee Pass* zum Kaslo Lake (7 km, 500 HM; sehr lohnenswert!). Am See findet man zudem eine »Alpenvereinshütte«.

Südlich der Brücke über den Westarm des Kootenay Lake liegt der ***Lakeside Park*** mit großem Strand und Picknickplatz und kurz darauf ist Downtown **Nelson** erreicht. Ende des 19. und Anfang des 20. Jahrhunderts sorgte eine Silber-Boomperiode für Reichtum in dieser Gegend. Zahlreiche Gebäude aus dieser Zeit – darunter manches architektonische Schmuckstück – sind in bestem Zustand.

Brücke über den Kootenay Lake bei Nelson

Das Ortsbild von **Nelson** (knapp 11.000 Einwohner) unterscheidet sich erfreulich von dem anderer vergleichbar großer Städte. Dort sollte man sich nicht aufs Sightseeing durchs Autofenster beschränken, sondern unbedingt einen Spaziergang über die Baker Street (viele Straßencafés und Läden) machen, am besten nach Besuch der *Visitor Info*; 91 Baker St; www.discovernelson.com.

Von 1899 bis 1949 waren in Nelson Straßenbahnen in Betrieb. Die alte ***Streetcar #23*** verkehrt noch Mitte Juni-Mitte Okt. tägl. 11-17 Uhr zwischen *Lakeside Park* und *Hall Street Station*; $3/$2. In der 171 Baker Street steht außerdem die gemütliche Jugendherberge ***HI Dancing Bear Inn***; Betten $29, DZ $72; ✆ 1-877-352-7573, https://dancingbearinn.com. Zentrumsnah liegt auch der städtische ***Nelson City Campground*** (90 High Street; Zelte $26, *full hookup* $45; ✆ (250) 352-7618, www.nelson.ca/680/City-Campground) und gleich nebenan der ***Gyro Park*** mit einem schönen Aussichtspunkt.

Für die Fortsetzung der Reise **in Richtung Westen** empfiehlt sich die Weiterfahrt auf der nicht ganz so attraktiven #3A in Richtung **Castlegar** am *Crowsnest Hwy*. An der Strecke wird das Gefälle des Columbia River durch sieben kurz aufeinanderfolgende Staudämme zur Stromproduktion genutzt. Bereits 1897 errichtete man dort das erste Wasserkraftwerk, u.a. für die Energieversorgung der Goldminen in Rossland (➤ Seite 660). Die ***Selkirk Loop*** hingegen, verläuft entlang der #6 über Salmo am *Crowsnest Hwy* weiter nach Süden, die jenseits der *US Border* zur #31 wird. Der kl. Grenzposten **Nelway/Metaline** war im *Sommer 2023* nur 8-16 Uhr besetzt; aktuelle Zeiten: www.ezbordercrossing.com/list-of-border-crossings.

Im US-Bundesstaat Washington führt die Route dann vorerst fernab der Bergkette durch bewaldete und nur spärlich besiedelte Gebiete und sie ist auch im weiteren Verlauf **nicht so beeindruckend wie ihr kanadischer Konterpart**.

Ione, die erste größere Ortschaft, zählt gerade mal 450 Einwohner. Direkt am Ufer des Pend Oreille River steht dort eine recht passable Unterkunft, das ***Riverside Motel*** (120 Riverside Rd; https://riverviewmotelionewa.com). Im ***Big Meadows Lake Wildlife Observatory*** kann man kostenlos am Seeufer campen und sich etwas die Füße vertreten (Zufahrt ab der 8th St über die *Forest Service Roads* #2688 + #2695). Südlich von Ione, bei der Einmündung der #20 in die #31, bietet sich ein kurzer Stopp beim kleinen urigen ***Tiger General Store & Museum*** aus dem Jahr 1912 an. Anschließend folgt man der #20 nach Süden, wo 30 Meilen später beim Mini-Ort **Usk** auf den Weiden des *Kalispel Tribe* östlich des Flusses größere Bisonherden grasen.

Mit **Newport** an der Kreuzung #20/#2 ist der erste größere Ort (über 2.000 Einwohner) und die Grenze zu Idahos »*Panhandle*« erreicht. Die *Tourist Info* befindet sich an der Hauptstraße durch die Stadt (#2) gleich neben dem ***Pend Oreille County Museum*** mit vielen Relikten aus der »guten alten Zeit« und einem kleinen Freilichtareal; Eintritt $5; 402 S Washington Ave; www.pochsmuseum.org.

4

Idyllische Ruhe am Priest Lake

Ab **Priest River** an der #2 führt die Stichstraße #57 zum großen kristallklaren Badesee **Priest Lake** (lange Sandstrände im gleichnamigen *State Park* am Ostufer!). Der See wird gern als Idahos »Kronjuwel« vermarktet. So eine grandiose Bergkulisse wie in den kanadischen *Rockies* darf man nicht erwarten, der ruhige, einfache *Lionhead Unit Campground* ist aber sehr empfehlenswert (50 mi ab der #2).

Vorbei an **Sandpoint** – mit guter Infrastruktur, Skigebiet am nahen Schweitzer Mountain und **Sandstrand** (*City Beach Park*) am **Lake Pend Oreille**, dem größten See Idahos – wendet man sich auf der #2 nun wieder nordwärts und folgt ab der Kleinstadt Bonners Ferry der #95 und ab Copeland der #1. Bei Bonners Ferry können Interessierte noch das ***Kootenai National Wildlife Refuge*** besuchen. Dort warten einige Naturpfade sowie eine 7 km lange Auto-Tour.

Jenseits des Grenzübergangs bei **Porthill/Rykerts** (nur 7-17 Uhr geöffnet) ist bald wieder Creston, der Ausgangspunkt der *International Selkirk Loop*, erreicht.

Rossland

Rossland liegt nur wenige Kilometer südwestlich von Trail und über 600 m höher. Das von Bergen ganz eingeschlossene einstige **Goldrauschstädtchen** besitzt Reste eines alten Ortskerns entlang der #3B. Nach der Entdeckung von Gold in der *Le Roi Mine* 1890 am Red Mountain erfolgte später ein Untertagebau in großem Stil. Das offizielle **Besucherzentrum** steht direkt an der Einmündung der #22 in die #3B; Mo-Sa 10-18 Uhr; http://tourismrossland.com.

Der ehemalige Goldberg wurde umfunktioniert zum Winterskigebiet *Red Mountain Resort*. Obwohl ohne Sommerliftbetrieb und ohne Seilbahn ist die Region ein populäres **Mountainbike-Revier**.

Straße #3B

Auf landschaftlich erfreulicher Strecke (Straße #3B) geht es von Rossland wieder zurück zum *Crowsnest Highway*.

Christina Lake

Der langgestreckte Christina Lake am Hwy #3 jenseits des *Bonanza Pass* (1.535 m) zählt zu den **wärmsten Badeseen** Kanadas und ist im Sommer stark frequentiert. Der öffentliche Zugang ist nur an zwei Stellen möglich: am Picknickplatz im ***Christina Lake PP*** sowie im ***Gladstone PP*** mit dem *Texas Creek Campground* hoch über dem See (schöne Badestellen etwas abseits der Stellplätze des Campingplatzes; $27, alle reservierbar).

Grand Forks

Der historische Ortskern von der ehemaligen Minenstadt Grand Forks besitzt noch einen Hauch von Wild-West-Romantik. Das ehemalige *Court House* beherbergt heute das Besucherzentrum; 524 Central Avenue (Hwy #3).

Grand Forks verfügt über eine **größere Auswahl an Quartieren** und einen ganz ordentlichen ***Municipal Campground*** am Kettle River auf einer schattigen Wiese im *City Park* mit Sandstrand; 7162 5th St; $18-$33; ✆ (250) 442-5835, www.grandforks.ca/campground.

In die USA

Im Westen des Ortes zweigt die #41 (**#21** im US-Bundesstaat Washington) nach Süden ab. Die Straße führt über Republic bis zum Lake Roosevelt und gehört zu den **schönsten, aber dennoch nur wenig befahrenen grenzüberschreitenden Strecken** zwischen British Columbia und den USA; ➤ auch Kasten Seite 208.

Midway

Midways Namensgebung beruht angeblich auf dem Umstand, dass der kleine Ort »auf halbem Weg« zwischen den Rocky Mountains und dem Pazifik liegt. Im Bahnhof von 1900 sind das ***Info Centre*** und ein kleines **Eisenbahnmuseum** untergebracht, das *Kettle River Museum* (Eintritt $5). Eine Badestelle am Flussufer bietet der städtische ***Frank Carpenter Memorial Campground***; 620 Fifth Avenue; Zelte $30, mit Stromanschluss $35; ✆ (250) 449-2467, https://midwaybc.ca/campground.

Straße #33

Bei **Rock Creek** zweigt die relativ verkehrsarme **Straße #33** ab. Mit Ziel Kelowna/Okanagan Valley ist man auf dieser Route rascher und zügiger unterwegs (130 km) als auf der meist überlasteten #97 ab Osoyoos. Nur 5 km nördlich an dieser Straße befindet sich in der ***Kettle River Recreation Area*** ein weiterer Badestrand sowie ein ausgesprochen guter und großzügig angelegter Campingplatz am Fluss ($30, größtenteils reservierbar). Der Kettle River ist auch ein populäres ***Inner Tubing***-Revier, wo sich Jung und Alt in Autoschläuchen oder auf Luftmatratzen mit der Strömung treiben lassen (leider gibt es aber vor Ort keinen *Tube*-Verleih).

Osoyoos

Rund 9 km vor der nächsten größeren Ortschaft, Osoyoos, lohnt sich entlang der #3 ein Stopp beim ***Anarchist Mountain Lookout*** mit weitem Blick über das südliche **Okanagan Valley** (➤ Seite 648).

Anschließend geht es in Serpentinen bergab vorbei an Weingütern und Obstständen. Unten angekommen führt die 45th Street zum ***Nk'mip Resort*** (ausgeschildert). Neben dem *Hyatt*-Hotel ***Spirit Ridge*** mit *Spa*, Golfplatz Reitstall und exklusiven Suiten (im Hochsommer ab $400, sonst ab ca. $200; www.spiritridge.ca) steht am Straßenende das sehenswerte ***Nk'mip Desert Cultural Centre***. Das Museum präsentiert in modernem Ambiente die alte Kultur und Lebensweise der *Okanagan People*, die sich selbst als *Syilx* bezeichnen. Ein **Lehrpfad** verläuft dort durch die Halbwüste (*Pocket Desert*) am Hang oberhalb des Osoyoo Lake, wo es schon mal »klappern« kann (*rattlesnakes*!). Empfehlenswert sind auch die Führungen, die meist um 10 Uhr im *Centre* starten; im Sommer geöffnet Mo-Sa 9-16 Uhr; $16/$12; https://nkmipdesert.com.

Zum Resort gehört außerdem ein guter ***Campground*** mit Stellplätzen direkt am Ostufer des Osoyoos Lake. Bei voller Belegung wird es dort allerdings etwas eng; Zelte ab $40, *full hook-up* ab $50; *cabins* $300; ✆ (250) 495-7279, https://campingosoyoos.com.

In Osoyoos (an der Grenze zur USA) steht ein großes BC Visitor Centre

Etwas günstiger ($32) und ebenfalls am Wasser campt man im ***sẁiẁs Provincial Park*** (sprich: *soo-yoo*s) in einmaliger Lage an der Spitze einer schmalen Halbinsel (***Haynes Point*** am westlichen Seeufer, 3 km südlich der Kleinstadt). Dort sind alle Plätze reservierbar, selbst in der Vor- und Nachsaison ist eine zeitige Buchung angeraten: https://bcparks.ca/swiws-park. Von April bis Oktober darf man dort auch ohne Anschlüsse auf einem *Overflow*-Areal stehen.

Preislich liegen die Quartiere in Osoyoos im oberen Mittelfeld. Zahlreiche *Resorts* mit Seezugang säumen das Ufer des **Osoyoos Lake**. Er ist einer der **wärmsten Badeseen** Kanadas und bis in den Spätherbst hinein sehr beliebt. Im ***Best Western*** in unmittelbarer Nachbarschaft zum Mini-Vergnügungspark ***Rattlesnake Canyon*** (die holländische Windmühle an der #3 ist nicht zu übersehen) oder *Super 8* zahlt man im Sommer schnell $200 oder mehr fürs DZ. Günstiger sind nur die meist einfacheren unabhängigen Häuser.

Desert Centre

Von der Straße #97 zweigt, etwa 3 km nördlich der #3, die 146th Ave zum ***Desert Centre*** ab. Ein 1,5 km langer Rundweg gibt eine Einführung zur Flora, Fauna und Ökologie der Region (eher nur mit Führung interessant!); geöffnet Mitte Mai-Mitte September täglich 9-16 Uhr, sonst kürzer; $8/$6; www.desert.org.

Information

Das Besucherzentrum von Osoyoos fungiert gleichzeitig auch als ***British Columbia Visitor Centre*** und ist an der Straßenkreuzung #3/#97 nicht zu übersehen. Es hat eine besonders große Auswahl an Karten sowie Info-Broschüren und Di-Sa 9-15.30 Uhr geöffnet; www.destinationosoyoos.com.

US-Grenze & Anschlussrouten

Nur 4 km südlich des *Visitor Centre* befindet sich die 24 Std geöffnete *Border Control*. Auf US-Seite liegt dort **Oroville** im sog. ***Okanogan County*** (jenseits der Grenze wird das »A« durch ein »O« ersetzt!). Die #97 (die Straßen-Nr. bleibt erhalten) führt von dort weiter in Richtung Süden und verschafft ab dem nur 50 mi entfernten **Okanogan** Anschluss an die #20 durch den *North Cascades NP* (➤ Seite 202) oder ab **Wenatchee** (130 mi) an die südliche Kaskaden-Route (Straße #2, ➤ Seite 209) in Richtung Pazifikküste/Seattle.

4.4.3 Crowsnest Hwy von Osoyoos nach Hope

Spotted Lake

Ab Osoyoos gewinnt der Hwy #3 wieder langsam an Höhe und erreicht nach knapp 10 km den sog. ***Spotted Lake***, einen »gepunkteten« **abflusslosen Sodasee**. Von einer Parkbucht linker Hand der Straße fällt der Blick hinunter in einen rund 600 m langen, 200 m breiten, weißen Talkessel mit einem Mosaik aus gelben und manchmal auch grünen oder blauen Pools. Das, was wie ein abstraktes Kunstwerk anmutet, ist aber natürlichen Ursprungs. Eine hohe Konzentration an Mineralien sorgt für die facettenreiche Farbgebung der »Spots«; Feuchtigkeit/Niederschläge lassen sie in ihrer Größe schwanken (ca. 5-10 m im Durchmesser).

Der See ist eine heilige Stätte der *Sylix Nation*, die den Zugang zum Ufer leider verbietet (Stand Ende 2023). Das Foto ➤ unten zeigt den Blick vom Highway. Nach Niederschlägen verwandelt sich der Spotted Lake in ein »normales« Gewässer.

Mount Kobau

Kurz darauf führt ein Abstecher zum **Mount Kobau** in der ***South Okanagan Grasslands Protected Area***. Über eine 17 km lange, auch für Wohnmobile gut befahrbare Schotterstrecke und den moderat ansteigenden ***Mount Kobau Lookout Trail*** (600 m) durch Salbeiwiesen und Wald erreicht man den Gipfel (1.873 m) mit tollem Rundumpanorama und Aussicht auf das 1.600 m tiefer gelegene Okanagan Valley. Vom 3 km langen ***Chopaka Lookout Trail*** schaut man auf die andere Talseite.

Similkameen Valley

Im **Similkameen Valley** rund um die zwei kleinen Orte **Cawston** und **Keremeos**, nur 30 km weiter am Hwy #3, ballen sich – mehr noch als im Okanagan Valley – bunte Obst- und Gemüseverkaufsstände an den Straßenrändern. Die Gegend weist die größte Dichte an ökologischer Landwirtschaft auf. Cawston schmückt sich daher sogar mit dem Titel ***Organic Capital of Canada*** (»bio« = *organic*). Wer einen köstlichen Bio-Tropfen oder Bio-Fruchtwein probieren möchte, wird dort auch fündig, u.a. in der *Forbidden Fruit Winery* und *Rustic Roots Winery*.

Osoyoos kurioseste Attraktion, der Spotted Lake am Highway #3 westlich der Stadt

In der liebevoll instandgesetzten Wassermühle ***Old Grist Mill*** nordöstlich von **Keremeos** erläutern zeitgenössisch gekleidete Führer die Wirkungsweise dieser Mühle von 1877; Zufahrt über die #3A; im Sommer tägl. 10-16 Uhr, sonst kürzer; $15/$10. Zum Komplex gehören ein attraktiver Garten mit ***Tearoom*** sowie ein kleiner ***Campground*** ($20, mit Strom $30); www.oldgristmill.ca.

Cathedral Provincial Park

Die 36 km lange ***Ashnola River Rod*** (Abzweig 4 km westlich von Keremeos) verschafft Zugang zum ***Cathedral Provincial Park*** (+***Protected Area***). Nur die ersten 10 km sind asphaltiert, dann folgen weitere 9 km Schotter bis zur Parkgrenze. Ein Wegenetz erschließt das **Wanderparadies** und führt zu rauen Berggipfeln und azurblauen Seen. Tiefer hinein in dieses Wildnisgebiet an der US-Grenze geht es per *Unimog-Shuttle* (teuer!), allerdings nur mit Reservierung und nur für Hiker mit Zelt (*Quiniscoe Lake Campground*) oder Gäste der ***Cathedral Lakes Lodge***. Der Komfort in der Einsamkeit am Quiniscoe Lake in 2.072 m Höhe kostet $650/Person inklusive Vollverpflegung, Kanubenutzung und Transport ab/bis Parkgrenze; ✆ 1-888-255-4453, https://cathedrallakes.ca.

Übernachten

Westlich von Keremeos folgt der *Crowsnest Hwy* auf reizvoller Strecke dem Lauf des Similkameen River. Wer unterwegs einen kleinen *Campground* sucht, wird in den Provinzparks ***Stemwinder*** ($18) und ***Bromley Rock*** ($23) fündig. Die nächsten H/Motels stehen in Princeton. **Hedlye** verfügt über eine Jugendherberge, das ***Hedley Inn & Hostel*** (Betten $45, DZ $90; www.hedleyinn.ca).

Princeton

Princeton war Zentrum eines bis in die 1950er-Jahre bedeutenden Gold-, Kupfer- und Kohlereviers (*Visitor Centre*: 169 Bridge Street, tägl. 9-17/18 Uhr). Die Kleinstadt büßte nach dem Niedergang des Bergbaus auch noch seine Funktion als Verkehrsknotenpunkt ein: Seit der Eröffnung des *Coquihalla Hwy* und der Anschlussautobahn *Okanagan Connector* (#97C) fließt der Hauptverkehr von Vancouver ins Okanagan Valley nicht mehr über Princeton.

Geisterstädte

In der Umgebung der Stadt gibt es diverse ***ghost towns*** aus Goldrauschzeiten. Überwiegend handelt es sich dabei allerdings um wenig sensationelle, verfallene Holzhäuser.

E.C. Manning Provincial Park

Ab Princeton führt die Straße #3 hinauf ins Kaskadengebirge und in den ***E.C. Manning PP***. Am Wege passiert man die kleinen ***Similkameen Falls*** (ausgeschildert) des gleichnamigen Flusses. Zwar läuft der *Crowsnest Hwy* 60 km lang durch den Provinzpark, aber die Schönheit des Areals erschließt sich nur abseits des Durchgangsverkehrs. Mindestens einen Tag extra Zeit kann man hier durchaus einplanen. Nach der Osteinfahrt passiert man zunächst die zwei straßennahen *Campgrounds Mule Deer* und *Hampton*, beide großzügig und erster mit attraktiven Plätzen am Ufer des Similkameen.

Nur 1 km westlich des ***Visitor Centre*** (Mitte Juni-Mitte September täglich 9-18 Uhr) bietet das ***Manning Park Resort*** an der #3 selbst zur Hochsaison Doppelzimmer ab ca. $160 an – kein schlechtes Preis-Leistungs-Verhältnis in Anbetracht der super Lage; ✆ 1-800-330-3321, www.manningpark.com.

Blackwall Road

Jeder Parkbesucher sollte zumindest die beim *Resort* in Richtung Norden abzweigende Stichstraße zum **Blackwall Peak** hinauf fahren (Anfang/Mitte Okt-Mitte Juni wegen Schnee gesperrt). Vom ***Cascade Lookout*** (8 km von der #3) reicht der Blick bis zu den schneebedeckten Gipfeln der **Cascade Range** (USA). Im frühen Sommer führt dort der ***Dry Ridge Trail*** durch herrliche Blumenwiesen (3 km, 50 HM). Jenseits des *Lookout* wechselt der Straßenbelag zu Schotter und endet – auch für RV gut befahrbar – nach 8 km bei den *Subalpine Meadows*. Entlang des 1,5 km langen Rundwegs ***Paintbrush Nature Trail*** erfährt man alles zur Flora der Region und genießt den Blick auf die andere Talseite Richtung Princeton. Wanderkarten unter: https://bcparks.ca/ec-manning-park.

Lightning Lake

Über die *Gibson Pass Road* (Stichstraße vom Resort nach Südwesten) gelangt man zum **Lightning Lake** mit Kanu-/Kajakverleih ($44/4 Stunden oder $75/Tag) und dem schönsten *PP Campground* abseits der Hauptstraße ($35, alle *sites* reservierbar unter ✆ 1-800-689-9025 bzw. https://camping.bcparks.ca). Am See beginnen mehrere völlig ebene Wanderwege. Besonders der ***Lightning Lake Chain Trail*** ist zu empfehlen, der gleich an drei weiteren, lustig benannten Seen vorbeiführt: **Flash**, **Strike** und **Thunder Lake** (20 km retour ab der *Spruce Bay Beach* beim Campingplatz, 24 km ab der *Lightning day-use area*). Ein Rundweg führt außerdem um den Flash Lake (4 km) und den Lightning Lake (9 km) herum. Populär ist auch der ***Frosty Mountain Trail*** (11 km) zum höchsten Berg des Parks (2.408 m). Der 1.150 m Höhenanstieg auf der Nordseite bleibt lange schneebedeckt.

Lightning Lake im Manning PP

An der #3 passiert man weiter westlich noch den ***Coldspring (PP) Campground*** ($23; einige *first-come, first-served sites*; teils im Wald).

Bergsturz

Eine letzte Sehenswürdigkeit vor Erreichen des *Trans-Canada Hwy* bei Hope sind die Auswirkungen des ***Hope Slide***. Der Bergrutsch von 1965 verschüttete 3 km Straße. Unter 48 Mio m^3 bis 80 m hoch aufgeschüttetem Felsgeröll liegen noch Autos samt Insassen. Auf Schautafeln wird das Unglück erläutert.

Abstecher in die USA

Von der Flood Hope Road direkt bei der Einmündung der #3 in den TCH zweigt im Westen der Ortschaft Silver Creek die Silver Skagit Road ab, die zu zwei entlegenen Provinzparks führt: ***Silver Lake*** und ***Skagit Valley*** mit schönen Picknick- und Campmöglichkeiten. Die unasphaltierte, aber meist gut gewartete Stichstraße endet erst nach 62 km jenseits der US-Grenze beim *Hozomeen Campground* am Ufer des **Ross Lake** im ***North Cascades National Park*** (➢ Seite 204).

Nach Vancouver

In Hope liegen die Häfen am Pazifik schon nicht mehr fern. Auf dem TCH sind es noch knapp 2 Std (150 km) **bis Vancouver**, auf der gleich langen Strecke über die attraktivere #7 am Nordufer des Fraser River braucht man locker eine halbe Stunde mehr, ➢ Seite 566.

Startrouten ab CALGARY

Mehrzweckarena Scotiabank Saddledome und Downtown Calgary von der Anhöhe des Scotsman's Hill; über die Treppen geht es hinunter ans Ufer des Elbow River

Zureiten wilder Pferde bei der Calgary Stampede, dem World's Largest Outdoor Rodeo

5. CALGARY UND STARTROUTEN

Die Öl- und Gasmetropole Albertas in den westlichen Ausläufern der kanadischen Prärien ist gleichzeitig **touristische Hauptstadt** der Provinz mit guter Anbindung an den internationalen Luftverkehr. Die **Rundreise durch die Rocky Mountains** kann man daher auch ausgehend von Calgary in Angriff nehmen. Für Ausflüge in die kanadischen *Rockies* liegt die Stadt sogar etwas günstiger als Vancouver. Der Ort Banff ist in weniger als 1,5 Stunden Fahrzeit erreicht. Nach einem mehrtägigen, ausgiebigen Besuch der Nationalparks *Banff, Jasper* und *Yoho* (➤ Seite 579ff) geht es dann über die ***Kootenay Plains*** zurück zum Ausgangspunkt (➤ Seite 594f). Zeitbedarf: mit Jasper, Maligne Lake usw. mindestens 4-5 Tage.

Zusätzlich besteht eine Anschlussmöglichkeit an südlichere Routen: zum ***Crowsnest Highway*** in Richtung Vancouver (➤ Seite 654ff) oder über den ***Waterton Lakes National Park*** ggf. weiter in die USA (➤ Seite 631ff). Auch Abstecher zum Yellowstone Nationalpark lassen sich ab Calgary realisieren.

Automieter und eifrige Shopper sparen bei Start in Calgary gegenüber Vancouver 7% *Provincial Sales Tax*, da Alberta (aufgrund des Ölreichtums) **keine Umsatzsteuern** erhebt.

5.1 Klima und Geschichte

Klima

Die Prärien rund um Calgary auf knapp über 1.000 Höhe erfreuen sich eines trockenen, sonnig-warmen Sommerwetters mit Tageshöchstwerten um die 25°C. Im Hochsommer herrschen Westwinde vor, aber die Wolken vom Pazifik regnen bereits überwiegend in den Coast und Rocky Mountains ab. Regenperioden sind daher von Juli bis September in Calgary eher die Ausnahme. Bisweilen kann es aber zu kräftigen Gewitterschauern kommen und der Juni fällt mitunter noch ziemlich wechselhaft aus.

Geschichte

Traditionell siedelte die ***Blackfoot Nation*** im Gebiet des südlichen Alberta und des heutigen US-Staates Montana. Erst in der zweiten Hälfte des 19. Jahrhunderts kamen Weiße in nennenswerter Zahl in diesen Teil Kanadas. Als Whiskyschmuggler aus den USA die »kanadischen« Ureinwohner mit Alkohol versorgten, schickte die Zentralregierung Einheiten der ***North-West Mounted Police***, um diese Machenschaften zu unterbinden. 1875 errichtete diese Polizeitruppe am Zusammenfluss von Bow und Elbow River ein Fort, was eine Art Signalwirkung für den Zustrom weiterer Siedler hatte.

Viehzucht

Aber erst als die Bautrupps der kanadischen transkontinentalen Eisenbahn 1883 Alberta erreichten, begann der eigentliche Aufstieg. ***Fort Calgary***, benannt nach einem schottischen Schloss und inmitten reichen Weidelandes gelegen, entwickelte sich zum Zentrum der wichtigsten Viehzuchtregion Kanadas, und aus der einstigen reinen ***Cowboy Town*** rund um das Fort wurde rasch eine Stadt.

Stampede

1912, als die Rinderzucht Hauptwirtschaftsfaktor war und das Cowboyleben noch eine wichtige Rolle spielte, fand erstmalig die ***Calgary Stampede*** statt. Das seither alljährlich im Juli abgehaltene Rodeo gewann schnell an Popularität und begründete den Ruf Calgarys als attraktives touristisches Ziel. Heute wird die *Stampede* gerne als ***Greatest Outdoor Show on Earth*** vermarktet.

Erdöl

Das moderne Industriezeitalter hielt 1914 in *Turner Valley*, gut 50 km südwestlich von Calgary, Einzug. Die Anlage ***Dingman #1 Oil Well***, heute als Nachbau im *Heritage Park* zu besichtigen, förderte damals das erste Öl; ➢ Seite 630.

Der Bau einer ersten Raffinerie ließ noch bis 1923 auf sich warten, aber danach war kaum ein Halten mehr: Calgarys Ölindustrie sorgte für einen anhaltenden Boom bis zu den Ölkrisen der 1970er-Jahre. Seither folgt die Wirtschaftsentwicklung der Stadt dem Auf und Ab des internationalen Ölpreises. Aber selbst in sogenannten »schlechten« Jahren bringt das Öl- und Gasgeschäft Calgary weit mehr ein als Weizen und Steaks.

The Bow

Die Prosperität seit den 1980er-Jahren verhalf Calgary zu einem starken Bevölkerungsanstieg auf heute **1,30 Mio. Einwohner**, **im Großraum 1,48 Mio. Einwohner**. Die **Olympischen Winterspiele von 1988** brachten der Stadt einen weiteren Bauboom. Calgary übertrifft die Provinzhauptstadt Albertas, Edmonton, nicht nur wirtschaftlich, sondern strahlt auch durch das von modernen Hochhäusern geprägte Stadtbild größere Bedeutung aus. Alle Top-Unternehmen der kanadischen Energiewirtschaft sowie 90% der umsatzstärksten Unternehmen Albertas haben ihren Firmensitz in Kanadas Ölmetropole.

Calgary Stampede, die »Greatest Show on Earth«

Die Top-Attraktion der Stadt zieht alljährlich weit über eine Mio. Besucher an. Nachdem die *Stampede* 1912 erstmalig veranstaltet worden war, sind die **zehn Tage** des **größten Freiluft-Rodeos der Welt** Pflicht für Fans, Profi- und Freizeit-Cowboys. Es ist mit über $2 Mio. Preisgeld auch das höchstdotierte. Ein besonderer Zuschauermagnet ist dabei der größte **Jahrmarkt** Albertas. Er findet gleichzeitig während des Rodeos und einer klassischen Landwirtschaftsmesse im *Stampede Park* statt.

Traditionell eröffnet die »***Greatest Outdoor Show on Earth***« am Freitagvormittag um 9 Uhr mit einem großen Festumzug durch Downtown. In einem farbenfrohen Spektakel präsentieren sich Musik- und Tanzgruppen, Reiterstaffeln und Ureinwohner, aber auch Bürgermeister und Vereine. Imbiss-Stände servieren allen, die Schlange stehen, **gratis *pancakes*** (Pfannkuchen) zum Frühstück. Bier wie andere Alkoholika sind auch bei größter Hitze verpönt. Die Stimmung unter den Besuchern ist gleichwohl prächtig.

Die Rodeo-Wettbewerbe werden im ***Stampede Park*** ausgetragen (Anfahrt am besten mit dem *C-Train*). Die klassischen Disziplinen im Nachmittagsprogramm sind ***Bareback Riding*** (ohne Sattel), ***Tie-Down Roping*** (Lassowurf und Fesselung eines Tiers), ***Barrel Racing*** (Frauen reiten um einen Tonnen-Parcours), ***Steer Wrestling*** (Umwerfen eines Stiers mit bloßen Händen) und ***Bull Riding*** (Bullenreiten mit nur einem Arm am Haltestrick). Für Abwechslung sorgt der ***Musical Ride*** mit 36 Pferden der *Mounted Police*, die dazu in ihren roten Uniformen ein prächtiges Reiterspektakel bieten. Höhepunkt der Abendvorstellung (***Evening Show***) sind die ***Chuckwagon Races***, unter großem Lärm und enormer Staubentwicklung absolvierte Rennen von vierspännigen (Renn-)Planwagen. Danach findet auf einer Open-Air-Bühne vor der Tribüne die ***Bell Grandstand Show*** statt mit Musik, Tanz, Zirkus und modernem Entertainment. Den Abschluss bildet ein großes Feuerwerk.

Ticketverkauf unter www.calgarystampede.com. Bei im Voraus erworbenen Tickets für die Haupttribüne (***Grandstand***) für Nachmittagsrodeo (ab $45) oder *Evening Show* (ab $52) ist der Eintritt ins Ausstellungsgelände ($23/$14) meist schon dabei.

Die **10-tägige *Stampede*** findet vom ersten Freitag im Juli bis einschließlich Sonntag der Folgewoche statt. Fällt der Staatsfeiertag ***Canada Day*** (1. Juli) auf Fr-So, beginnt sie am zweiten Freitag: • **05.07.-14.07.2024** • **04.07.-13.07.2025.**

Die Stampede, Rodeo & großes Volksfest

5.2 Infos, Orientierung und Verkehrsmittel

Mit Broschüren und Flycrn können sich Besucher gleich an den Infostellen in der Ankunftshalle des Airports eindecken, außerdem in Downtown beim *Calgary Tower* (101 9 Avenue SW) oder im *Welcome Hub*-Kiosk (120 8 Avenue SW; geöffnet wetterabhängig Di-Fr 9.30-17 Uhr sowie Sa 11-17 Uhr).

Karten und ein *Visitor Guide* zum Durchblättern stehen auch online zur Verfügung: www.visitcalgary.com/visitor-guide.

Airport

Der ***Calgary International Airport*** (YYC) liegt 17 km nordöstlich der Innenstadt. Die beste und schnellste Verbindung (30 min) stellt der Expressbus »***Route 300***« her, der von 5 bis 24 Uhr alle halbe Stunden startet: beim *International Terminal* (Ausgang bei Tür 15 zur Säule 32) und beim *Domestic Terminal* (zuerst Tür 7, dann quert man die Straße bei Tür 2 und geht zur Säule 32).

Die Tickets beinhalten bereits die Tageskarte für alle Busse und *CTrains* (➤ unten). Am besten vorab am Automaten (*vending machine*) holen, denn im Bus werden exakt $11,25 in bar benötigt.

Straßensystem

Die Orientierung in Calgary fällt relativ leicht. Das Straßennetz ist im Wesentlichen schachbrettartig angelegt. In Nord-Süd-Richtung verlaufende Straßen sind *Streets*, im Ost-West-Verlauf *Avenues*. Die Zählung beginnt jeweils im Stadtzentrum mit dem Zusatz des Himmelsrichtungs-Quadranten, in dem sich der jeweilige Straßenabschnitt befindet, also zum Beispiel SE für Südost, NW für Nordwesten etc. Größere, überwiegend als Autobahn ausgebaute Durchgangsstraßen tragen die Bezeichnung **Trail**.

Die wichtigste Nord-Süd-Verbindung ist die Autobahn #2 bzw. der ***Deerfoot Trail***, der von der US-Grenze durch Calgary hindurch bis Edmonton führt. Der ***Trans-Canada Highway*** durchquert die Stadt als 16th Ave nördlich des Bow River in Ost-West-Richtung. Die **#201** (***Stoney Trail***) dient als großräumige Entlastungsroute für die #2 und den TCH.

Parken

In Calgarys Innenstadt südlich des Bow River ist das Parken an vielen Straßenabschnitten werktags ab 18 Uhr gratis, an Sonn- und Feiertagen sogar ganztägig. Allerdings herrscht grundsätzlich **Parkplatzmangel**. Die Parkhäuser und Großparkplätze rund ums Zentrum sind in der Regel teuer und Mo-Fr oft schon früh morgens belegt. Die besten Chancen hat man noch südlich des *Calgary Tower* (z.B. an der 10 Avenue) oder im Bereich des *Fort Calgary*. Parkplätze gibt es oft auch beim *McHugh Bluff Park* nördlich des Bow River. Von einem der schönsten Aussichtspunkte der Stadt steigt man die zahlreichen Treppenstufen hinab, spaziert über den Fluss zur *Prince's Island* und über die nächste Flussbrücke hinein ins Zentrum; ca. 1,5 km Fußweg.

Öffentlicher Nahverkehr

Für Fahrten nach Downtown kann man gut auf öffentliche Transportmittel ausweichen. Busse und elektrische Straßenbahnen verkehren auf einem recht dichten Netz mit relativ hoher Frequenz.

CTrain in Calgary, eine Light Railway (LRT)

Wichtigstes Transportmittel um in Calgary schnell von A nach B zu gelangen sind die ***CTrains*** der *red* und *blue line*. An der dritten Stadtbahnstrecke wird noch gebaut (*green line*). **Kostenlos** verkehren die roten und blauen ***CTrains*** **entlang der 7th Ave** (Haupteinkaufsstraße im Zentrum) zwischen den Stationen *City Hall* (2nd Street SE) und *West/Kerby* (9th St SW). Außerhalb dieses Bereichs zahlt man für **Einzeltickets $3,60/$2,45** und Tagespässe $11,25/$8,25; jeweils erhältlich in *Service Centres*, etlichen Supermärkten sowie online unter www.calgarytransit.com.

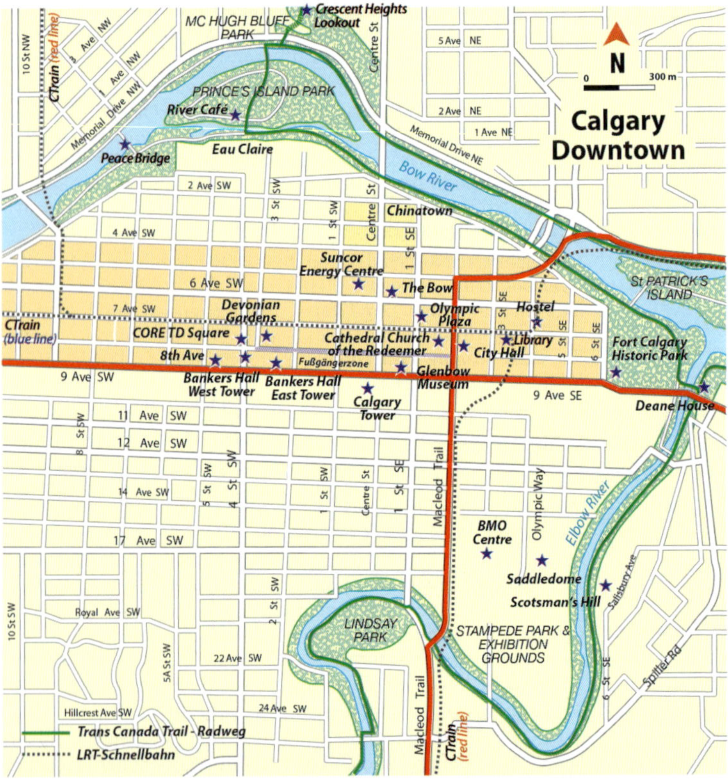

5.3 Unterkunft und Camping

H/Motels

Auffällig viele Quartiere stehen am **TCH in Universitätsnähe**, am ***Macleod Trail***, der Haupteinfahrt in die Stadt von Süden her, und in den Außenbezirken am Flughafen. Die **Sommertarife** sind in Calgary kaum niedriger als in Vancouver. In Flughafennähe verlangen die bekannten Ketten (*Comfort Inn, Best Western, Days Inn* usw.) dann $150 und mehr, die übrige Zeit kommt man aber im Normalfall etwas preiswerter gut unter. Ausgebucht ist die Stadt meist während der *Calgary Stampede* (➤ Seite 670).

Ein elegantes und edles Haus steht in bester Downtown-Lage:

- ***Fairmont Palliser***; 133 9th Ave SW; mit AAA-Rabatt ab $280; ✆ 1-866-540-4477, www.fairmont.de/palliser-calgary.

Bed & Breakfast

Ebenfalls keine günstige Option sind die B&Bs im städtischen Einzugsgebiet (www.bbcalgary.com), dafür nächtigt man gemütlich im familiären Ambiente und mit prima Frühstück z.B. im

- ***Westmount River Inn***, 1840 Westmount Blvd (etwa 3 km westlich des Zentrums am Bow River); ab ca. $200; ✆ (403) 764-2764.

Preiswerte Unterkünfte

In den zwei, zentral gelegenen Hostels werden fürs Bett im 4- bis 10-Personen-Schlafsaal $45-$60 pro Nacht verlangt:

- ***HI Calgary City Centre***, 520 7th Ave SE; auch DZ ab $130 + Radverleih vorhanden; ✆ 1-866-762-4122, www.hihostels.ca.
- ***Wicked Hostels***, 811 7 St SW; gut geführte, moderne Herberge; ✆ (403) 265-8777, www.wickedhostel.com.

Camping

Mehrere private Campingplätze liegen relativ citynah:

- ***Mountainview Camping***, 244024 Range Road 284, recht großer Komfortplatz nur 3 km östlich der Stadtgrenze am TCH; *full hook-up* ab $50, ✆ (403) 293-6640, https://calgarycamping.com.

Campgrounds unter staatlicher Obhut (✆ 1-877-537-2757, https://albertaparks.ca/) findet man nur fernab der Innenstadt:

- ***Wyndham-Carseland PP***, südöstlich an der #24 nahe Carseland (70 km), schön grün am Flussufer; nur *dry sites* ($31)
- im Südwesten an der #66 etliche Plätze, aber alle über 50 km entfernt (https://visitbraggcreek.com/where-to-stay/camping)
- ***Sibbald Lake PRA*** am Hwy #68 westlich der Stadt, Zufahrt ab TCH Exit 118 bzw. 143 (70 km); nur *dry sites* ($31).

In **Okotoks**, ca. 40 km südlich von Downtown Calgary, gibt es noch zwei ordentliche und ruhige Plätze am Sheep River:

- ***Lions Sheep River Campground***, 99 Woodhaven Dr ($30, *full hook-up* $45, ✆ (403) 938-4282, https://okotokslionscampground.com) und ***Okotoks Riverbend***, 48033 370 Ave East (Zelte $35, RVs $40-$50; ✆ (403) 938-2017, https://riverbendcampground.ca

und in Black Diamond, 20 km westlich von Okotoks, außerdem den

- ***Foothills Lions Park***, 303 5th Street, ein großzügiger Komfortcamping am Flussufer; Zelte $30, mit allen Anschlüssen $45; ✆ (403) 933-5785, https://foothillslionsclub.ca/campgrounds.

5.4 Stadtbesichtigung

5.4.1 Downtown

Plus 15

Das zentrale Calgary ist vergleichsweise überschaubar und lässt sich problemlos zu Fuß erkunden – insbesondere die tagsüber (meist 11-18 Uhr) **autofreie Zone** der zu Geschäftszeiten belebten 8th Avenue SW (***Stephen Avenue Walk*** zwischen 2nd Street SE/ Olympic Plaza und 3rd St SW/*TD Square*). An kälteren oder verregneten Tagen freuen sich die Einwohner über ein ausgeklügeltes Indoor-***Skywalk***-Wegenetz, das sogenannte ***+15***, bei dem sie in 4,5 m Höhe mitten durch viele Gebäude sowie über verglaste und offene Straßenbrücken spazieren (***enclosed*** und ***open walkways***).

Die offizielle Downtown-Karte mit diesem *Skywalk* findet sich unter https://calgaryplus15.com.

Calgary Tower

Als Ausgangspunkt für den Stadtrundgang eignet sich besonders gut der ***Calgary Tower*** an der 101 9th Avenue SW. Per Schnellaufzug geht es zum *Observation Deck* **mit Glasboden** (!) und herrlicher Rundumsicht über die Stadt. Bei gutem Wetter lassen sich im Westen sogar die Gipfel der Rocky Mountains erkennen. Auffahrten $21/$10, im Juli und August täglich 9-22 Uhr, die übrige Zeit 9-21 Uhr; www.calgarytower.com.

Das Drehrestaurant ***Sky 360*** serviert in luftiger Höhe zum Menu ein tolles Panorama; www.sky360.ca.

Wolkenkratzer

Der 1968 fertiggestellte Turm (191 m), einst herausragender Punkt in der *City Skyline*, wird heute umringt von den höchsten Wolkenkratzern West-Kanadas. Dazu zählen das ***Suncor Energy Centre West*** (1984, 215 m; 150 6 Avenue SW), ***Eighth Ave Place*** (2012, 212 m; 525 8 Ave SW) sowie die Neuzugänge ***Brookfield Place*** (2017, 247 m; 210 7 Avenue SW) und ***Telus Sky*** (2018, 222 m; 619 Centre St S). Ebenfalls über 200 m hoch sind noch das *Shangri-La* in Vancouver oder der *Stantec Tower* in Edmonton.

Aussichtsturm Calgary Tower

Die »White Trees« entlang der exklusiven Einkaufsstraße Stephen Avenue Walk

Public Art

The Bow (2011; 236 m) an der 500 Centre St sticht nicht nur wegen seiner Höhe hervor, zu seinen Füßen steht die *Wonderland Sculpture* des spanischen Künstlers Jaume Plensa (➤ Foto Seite 669). Calgary ist reich an *Public Art*; https://maps.calgary.ca/PublicArt hilft bei der Orientierung. Auch die ovale ***Central Library*** mit eigener *CTrain*-Station ist ein Hingucker (800 3 Street SE).

Südlich des *Calgary Tower* spielt sich das Nachtleben der Stadt vor allem entlang der **17th Avenue** ab (westlich der 4th Street). Auch an der 10th und 11th Ave stehen etliche Bars und Clubs.

Glenbow Museum

Der Straßenblock zwischen *Bow* und *Tower* beherbergt das ***TELUS Convention Centre***, in dem das brillante ***Glenbow Museum*** untergebracht ist. Die Ausstellung über die **Kultur der Ureinwohner** (auch von der Arktis) zählt zum Besten, was Kanada in dieser Beziehung zu bieten hat. Auch die **mineralogische Kollektion** ist einen Besuch wert. Eine weitere Abteilung widmet sich der Wirtschaftsgeschichte des westlichen Kanada vom Pelzhandel der Gründerzeit bis zur modernen Ölindustrie; 130 9th Ave SE; Di-Sa 9-17 Uhr, Fr bis 20 Uhr, So ab 12; **Eintritt frei**; www.glenbow.org.

Fußgängerbereich

Verlässt man das Museum in Richtung 8th Avenue, gelangt man automatisch ans Ende des ***Stephen Avenue Walk*** mit der *Olympic Plaza*. Der Platz zeigt sich umrahmt von einem sehenswerten Architekturmix: Auf seiner östlichen Seite steht kontrastreich das alte Backstein-Rathaus unmittelbar vor der gläsernen *City Hall*. Schräg gegenüber hinter den Straßenbahnschienen fällt der Blick auf die 1905 erbaute anglikanische ***Cathedral Church of the Redeemer*** in der 604 1st Street.

Devonian Gardens

Bei Schlechtwetter kann man noch eine Runde durch die ***Devonian Gardens*** drehen, ein ruhiger Indoor-Park mit über 500 Bäumen, kanadischen und tropischen Gewächsen, Fischteichen, Springbrunnenanlagen und einem Spielplatz. Die Gärten befinden sich im 4. Stock des Einkaufs- und Bürokomplexes ***Core TD Square Holt Renfrew***, der von der 2nd St bis 5th St SW und 7th Ave und 8th Ave SW drei komplette Blöcke einnimmt; https://coreshopping.ca.

Die Royal Canadian Mounted Police

Die Geschichte der »königlichen kanadischen berittenen Polizei« (umgangssprachlich ***Mounties***) geht auf die Übernahme von *Rupert's Land* durch das *Dominium of Canada* zurück. Zur Einführung und Aufrechterhaltung kanadischen Rechts in den erweiterten Northwest Territories schuf die Regierung 1873 eine paramilitärische Polizeitruppe, die ***North-West Mounted Police***. Ihr wurde neben der Exekutive auch Verwaltung und Rechtsprechung übertragen, so dass die NWMP im Westen mit Ausnahme British Columbias viele Jahre die faktische Regierungsgewalt besaß.

1874 fand der 1.300 km lange Marsch der »*Redcoats*« nach Westen statt, die in ***Fort Macleod*** den ersten Stützpunkt in West-Kanada gründeten zur Unterbindung amerikanischer Grenzverletzungen, speziell des Alkoholschmuggels in ***Fort Whoop-up*** sowie in den Cypress Hills. An bestehenden Standorten der *Hudson's Bay Company* wurden Polizeiposten installiert und mit ***Fort Calgary*** sogar der Grundstein zu einer Metropole gelegt. Zu den größten Verdiensten der *Mounted Police* zählte die friedliche Beilegung aufkeimender Konflikte zwischen Neuankömmlingen und Ureinwohnern während der Besiedlung des kanadischen Westens. Derart blutige *Indian Wars* wie nur wenig südlich der Grenze zu den USA gab es in Kanada kaum. Mit dem Abebben der ersten Einwanderungswelle reduzierten sich die Aufgaben der NWMP auf die originäre Polizeifunktion. Lediglich im Norden konnte sie noch einmal eine ähnliche Rolle als ordnende Kraft übernehmen wie in den Gründerjahren. Kaum war 1895 *Fort Constantine* in der Nähe von Dawson City als erstes NWMP-Fort im Yukon errichtet, erscholl 1896 der Ruf des Goldes. Die *Mounted Police* regelte den Strom der Prospektoren von den Landeplätzen Skagway und Dyea (in der *Alaska Inside Passage*/USA) nach Atlin und Dawson City. Während in Skagway/Dyea oft der Colt regierte, symbolisierte die NWMP im Moment der Grenzüberschreitung allseits Sicherheit und Gerechtigkeit. Auf kanadischem Boden wurden Pistolen eingepackt und nicht benutzt. In Anerkennung militärischer Verdienste einer NWMP-Truppe im Burenkrieg 1899-1902 verlieh ihr der britische König Edward 1904 das Recht, sich »königlich« zu nennen. Auch nach Erlangung des Provinzstatus durch Alberta und Saskatchewan 1905 blieb die nunmehr *Royal North West Mounted Police* (RNWMP) dort offizielle Polizeitruppe. Sie vereinigte sich 1920 mit der in anderen Provinzen tätigen *Dominion Police* zur neuen Bundespolizei ***Royal Canadian Mounted Police*** (RCMP, www.rcmp-grc.gc.ca).

Pferde und Hundegespanne wurden zwar endgültig durch Autos und Motorschlitten ersetzt und auch die roten Jacken zumindest bei der Ausübung der täglichen Pflichten abgeschafft, aber der Begriff *mounted* (=beritten) in der Bezeichnung blieb erhalten. Die rotberockten stolzen *Mounties* – inzwischen Teil des touristischen Image Kanadas wie Kanus und Bären – sieht man immer noch vor dem Parlamentsgebäude in Ottawa, bei Paraden und anderen besonderen Anlässen, z.B. während der *Calgary Stampede* und beim »Drill« vor Museen wie in Fort Macleod (➤ Seite 685).

Peace (Foot) Bridge über den Bow River westlich von Prince´s Island (kein Zugang von der Insel!)

Eau Claire

Anstelle des in die Jahre gekommenen *Eau Claire Market* wird in naher Zukunft eine neue Stadtbahn-Station zu finden sein. Der **grüne *CTrain*** (➤ Seite 672) verkürzt dann den Weg in Richtung ***Prince's Island Park***, einem Freizeit- und Erholungsgebiet nur 1,5 km nordwestlich von Downtown.

Prince's Island

Auf die Insel im Bow River geht es nur zu Fuß. Dort steht fernab des Großstadttrubels das exquisite ***River Café Restaurant***, das bei Schönwetter auf der Sonnenterrasse feine kanadische Gerichte mit regionalen Bioprodukten serviert; https://river-cafe.com.

Von der Insel führt die *Bow River Pathway*-Fußgängerbrücke zum Nordufer des Flusses. Dort befindet sich der Endpunkt beliebter 2- bis 4-stündiger Kajak- oder Tubing-Trips auf dem Bow River; Start & Verleih bei ***Lazy Day Rentals*** flussaufwärts beim ***Baker Park***: 4320 Bow River Pathway, www.lazydayraftrentals.com.

Die Treppen, die man von der Brücke sieht, führen hinauf in den ***McHugh Bluff Park***, wo man dann nach nur 300 m und 40 Höhenmetern einen tollen Panoramablick genießt; ➤ Kasten umseitig.

Fort Calgary

Für Geschichtsinteressierte lohnt sich der Besuch der ***NWMP*-Kaserne** (➤ links). Sie befindet sich östlich des Zentrums (nur etwa 15 min zu Fuß ab der *City Hall*) an der Einmündung des Elbow in den Bow River auf dem Areal des ehemaligen ***Fort Calgary***.

Vom Fort Calgary ist nicht viel übrig geblieben, auch die North-West Mounted Police-Kaserne ist nur eine Rekonstruktion

Der schönste Blick auf Downtown Calgary

Von der Anhöhe zwischen Zoo und *Telus Science Centre* zeigt sich Calgarys Skyline von ihrer besten Seite. Im recht überschaubaren ***Tom Campbell's Hill Natural Park*** liegt der ***Kevin Conroy Lookout*** mit herrlichem Blick auf die Hochhäuser und – an Tagen mit klarer Sicht – erheben sich direkt dahinter die gut 60 km entfernten Rocky Mountains. Wer nicht beim Zoo oder *Telus* parkt, sollte einen freien Platz im Westen an der Centre Ave NE oder einer der Nebenstraßen finden. Für die eindrucksvolle Aussicht vom ***Scotsman's Hill*** muss man nicht einmal das Fahrzeug verlassen; Details ➤ rechts. Ebenso schnell zugänglich ist der ***Crescent Heights Lookout Point*** nordwestlich des Zentrums im *McHugh Bluff Park*; per Auto (240 Crescent Rd NW) oder zu Fuß (➤ umseitig).

Das große ***Interpretive Centre*** vor Ort vermittelt alle Details zur Errichtung des Forts (=Stadtgründung) im Jahr 1875; 750 9 Avenue SE. Geöffnet im Sommer Mi-So 10-17 Uhr; Eintritt $10, Kinder $5; www.fortcalgary.com.

Die 9 Ave SE-Brücke führt ans Ostufer des Elbow River, wo man noch zwei weitere Gebäude besichtigen kann, u.a. das älteste der Stadt am Originalstandort. Das ***Hunt House*** diente Ende des 19. Jahrhunderts zur Unterbringung der Angestellten der *Hudson's Bay Company*. Das feinere ***Deane House***, in dem der Kommandant der Festungsanlage residierte, wurde erst nachträglich hierher übersiedelt. Heute wird dort Mittag- und Abendessen in historischem Ambiente serviert; www.deanehouse.com.

Calgary Zoo

Der zweitgrößte Tierpark des Landes erstreckt sich auf St. George's Island und entlang des Nordufers des Bow River; Zufahrt zum Parkplatz am Memorial Drive. Seine sechs Bereiche umfassen Kanada, Afrika, Eurasien, Pinguine, Botanischen Garten sowie einen Rundweg durch ein Modell des prähistorischen Alberta zur Zeit der Dinosaurier. Zwischen *hoodoos*, Gebirgen und Sümpfen stehen dort 30 lebensgroße Plastik- und Zementdinos. Geöffnet im Sommer täglich 9-18 Uhr, sonst bis 17 Uhr; Eintritt $35; Kinder (3-15 Jahre) $25; www.calgaryzoo.org.

Science Calgary

Am Ostende der Stadt (220 St. George's Dr NE) befindet sich das ***Telus Spark – The New Science Centre***. Interaktive Ausstellungen und Demonstrationen erhellen naturwissenschaftliche Phänomene; täglich 10-16 Uhr, Fr bis 21 Uhr; $26, Kinder $19-$22; Parken $10; www.sparkscience.ca. Zum Komplex gehört das ***Dome Theatre***, in dem Multimedia-Shows stattfinden (kostet extra).

Aussichtspunkt

Wer beim Zoo oder *Telus Spark Science Centre* sein Fahrzeug abgestellt hat, sollte sich den Blick vom ***Tom Campbell's Hill Natural Park*** nicht entgehen lassen; Details ➤ Kasten oben.

Bird Sanctuary

Etwas weiter flussabwärts liegt das ***Inglewood Bird Sanctuary***, eine kleine ruhige Oasis mitten in der Großstadt. Wanderwege führen durch das kostenlos zugängliche **Vogelschutzgebiet** und im ***Nature Centre*** (geöffnet von Mai bis September 10-16 Uhr; 2425 9th Ave SE) erfährt man Näheres über die rund 270 Vogel- und 20 Säugetierarten des *Sanctuary*.

5.4.2 Sehenswürdigkeiten außerhalb des Zentrums

Saddledome

Weltweites Interesse zog Calgary durch die **Olympischen Winterspiele 1988** auf sich. Der in der Form eines Pferdesattels errichtete ***Scotiabank Saddledome***, ehemals *Olympic Saddledome*, ist eine überdachte Multifunktionsarena für bis zu 20.000 Zuschauer unweit der *Stampede Grounds*. Die Eishockey-Mannschaft *Calgary Flames* absolviert dort ihre Heimspiele. **Tipp:** Für tolle Aufnahmen mit der Stadtsilhouette im Hintergrund wie eingangs des Kapitels (➤ Seite 666) begibt man sich am besten zum höher gelegenen ***Scotsman's Hill***; Adresse fürs Navi: 2102 6 Street SE.

Olympic Park

Ein weiterer Austragungsort der **Winterspiele 1988** war der ***Canada Olympic Park*** in Calgarys äußerstem Westen am TCH. Unübersehbar sind die drei heute wenig genutzten Sprungschanzen. In ***Canada's Sports Hall of Fame*** werden ruhmreiche Sportler gewürdigt; 169 Canada Olympic Road SW; im Juli/August täglich 10-17 Uhr, sonst nur Mi-So; Eintritt $12/$8; www.sportshall.ca.

Riverside Biketrails: Fahrradwege rund um die City

Die Ufer von Bow River, Elbow River und Fish Creek sind in Calgary bestens über ***Bike & Jogging Trails*** miteinander verknüpft. Auf ihnen lernt man die Stadt aus einer ganz anderen Perspektive kennen. Ein guter Einstieg in dieses Wegesystem sind die Pfade entlang des Bow River in Downtown. Von dort aus schlängelt sich der ***Trans-Canada Trail*** über *Fort Calgary*, den Zoo und das *Inglewood Bird Sanctuary* am Bow River entlang bis zum ***Fish Creek Provincial Park*** (19 km). Anschließend durchquert der Weg auf 18 km Länge den Provinzpark, um dann – abseits von Wasserläufen – nach weiteren 7 km das Glenmore Reservoir zu erreichen. Im Stausee (man passiert hier u.a. den ***Heritage Park***, ➤ Seite 681) mündet der Elbow River, an dessen Ufern es über den *Stampede Park* zurück zum Ausgangspunkt nach Downtown Calgary geht (weitere 20 km). Fahrradverleih (ab ca. $40 pro Tag) z.B. bei ***Sports Rent*** an der 4424 16th Avenue NW; https://sportsrent.ca.

Naherholungsgebiet Elbow River

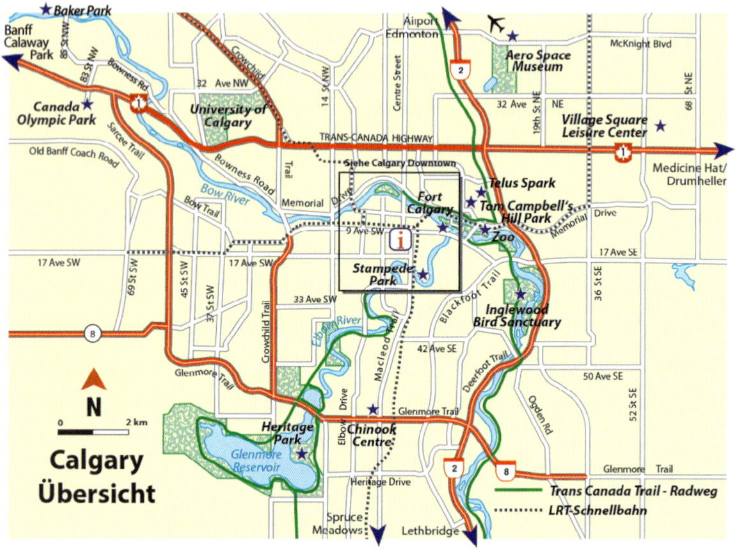

Im rasanten Tempo talabwärts geht es per Schlittenfahrt auf der **Bob-/Rodelbahn *Skyline Luge*** (www.skylineluge.com) oder mit der ***Zipline*** – mit über 100 m Höhenunterschied auf 500 m Länge die schnellste *Line* dieser Art Kanadas. An einem Drahtseil »fliegt« man gut gesichert vom Sprungturm in die Tiefe ($84). Die Tageskarte für die **25 km *bike trails*** kostet $30; Radmiete extra; Verleih an der 88 Canada Olympic Road SW; www.winsport.ca.

University of Calgary

Die ***University of Calgary*** mit einem großen Campus im Nordwesten der Stadt (30.000 Studenten) beherbergt u.a. die ***Nickle Galleries*** mit Kunst- und Numismatikausstellung; 435 Campus Lane NW; Mo-Fr 12-16 Uhr; Eintritt frei; https://nickle.ucalgary.ca. Die Sportanlagen der Universität – darunter Pool, Squashplätze, Eislaufbahn, Kraftraum – stehen auch Besuchern offen mit einem sog. *drop-in pass* ($11); https://active-living.ucalgary.ca.

Family Fun

Über ganz ähnliche Sportanlagen samt Wellenbad, Wasserrutschen, Whirlpool und *Drop-in*-Option verfügt nordöstlich der Stadt das ***Village Square Leisure Centre***; 2623 56th Street NE; www.calgary.ca/csps/recreation/leisure-centres/village-square.html.

Calaway Park

Am TCH, westlich des *Olympic Park* und etwa 20 km vom Zentrum entfernt, bietet der größte ***Outdoor Amusement Park*** im Westen Kanadas jede Menge Entertainment und Fahrgeschäfte, u.a. Looping-Achterbahn, Riesenrad und Bootstouren, dazu noch Souvenirshops und Fast Food. Geöffnet im Sommer tägl. 10-19 Uhr, den Winter über geschlossen; $50/$40, online häufig 20% Rabatt; 245033 Range Road 33; www.calawaypark.com.

Heritage Park

Ein besonders lohnendes Ausflugsziel ist der ***Heritage Park*** am Glenmore Reservoir südlich der City (1900 Heritage Drive SW). Für ein im Stil des 19. Jahrhunderts errichtetes **Museumsdorf** wurden Gebäude aus ganz Kanada Stück für Stück demontiert und dort wieder aufgebaut. Wohn- und Geschäftshäuser, Schule, Rathaus und Kirche vermitteln ein der Gründerzeit entsprechendes Stadtbild und außerdem – dank Goldmine, Ölbohrturm und Fort der *Hudson's Bay Company* – Wildwest-Flair.

Das Personal sorgt in zeitgenössischen Kostümen für authentische Atmosphäre. Eine **historische Dampflok** aus den 1940er-Jahren (1,5 km-Runden), Fahrten mit Postkutschen und mit einem **Raddampfer** (Replika des historischen ***SS Moyie***, ➤ Seite 646) ergänzen das Programm. Ein halber Tag ist dort kurzweilig verbracht! Geöffnet von Mitte Mai bis Anfang September täglich 10-17 Uhr, sonst kürzer; $30, Kinder $15-$20; https://heritagepark.ca.

Saloon

Keine 3 km weiter südlich am Macleod Trail (# 9615) steht die ***Ranchman's Cookhouse*** **&** ***Dancehall***. Der recht große, aber urige Saloon verwandelt sich zu später Stunde meist in einen Tanz- und Nightclub. Freitag- und Samstagabend treten dort häufig Country-Bands auf; www.ranchmans.com.

Spruce Meadows

Südlich von Calgary an der Straße #22X, etwa 3 km westlich der Kreuzung #201/*MacLeod Trail*, liegt ***Spruce Meadows***, ein international bekanntes **Springreiterzentrum**. Zur Zeit der *Stampede* misst sich dort beim ***North American*** die Reiterelite des Kontinents. Zu den mit $2,34 Mio. dotierten ***Masters***, dem bedeutendsten Reitturnier Nordamerikas, reisen Anfang September die weltbesten Springreiter an. Außerhalb von Wettbewerben sind Besichtigungen auf eigene Faust möglich. Täglich 9-18 Uhr; Eintritt frei; 18011 Spruce Meadows Way SW; www.sprucemeadows.com.

Freilichtmuseum »Heritage Park«

Kontroversen rund um den Nationalfeiertag »Canada Day«

Die Geburtsstunde Kanadas, als sich britische und französische Kolonien am **1. Juli 1867** zu einem sich selbst verwaltenden Herrschaftsgebiet zusammenschlossen, wird jedes Jahr landesweit groß gefeiert. Von den sonst üblichen Paraden, Shows und Konzerten war 2021 aber nur wenig zu sehen. Kurz zuvor hatte man die sterblichen Überreste von über 1000 indigenen Kindern in Saskatchewan und British Columbia entdeckt. 150 Jahre lang und noch bis Mitte der 1970er-Jahre wurden sie systematisch ihren Familien entrissen und in von Kirchen geführten ***Residential Schools*** zwangsassimiliert. Die unmarkierten Massengräber in den Internaten brachten einmal mehr das Leid und die Gewalt ans Tageslicht, die junge Ureinwohner erdulden mussten. Sie wurden ihrer Kindheit, ihrer Identität und ihrer Kultur beraubt. Tausende von ihnen kehrten nie zurück.

Erst 2022 wurde wieder gemeinsam der ***Canada Day*** zelebriert (➢ unten im Fort Calgary). Bei den Feierlichkeiten durfte auch die Kultur der *First Nations* eine tragende Rolle spielen. Kanada gilt als multikulturelles Vorbild, trotzdem prägen Diskriminierung und struktureller Rassismus noch den Alltag. Die Lage spiegelt sich in den aktuellen Zahlen wider: Von den seit der Pandemie auch in Calgary allgegenwärtigen Obdachlosen haben fast ein Drittel indigene Wurzeln. Der Weg bis zur Chancengleichheit ist noch ein langer.

Canada Day im Fort Calgary

Luftfahrtmuseum

In einer 1940er-Jahre-Halle der *Royal Air Force* ist das ***The Hangar Flight Museum*** untergebracht (4629 McCall Way NE, Südende des Airports im Nordosten der Stadt). Es thematisiert den kanadischen Beitrag zur modernen Luft- und Raumfahrt. Geöffnet tägl. 10-16 Uhr; $15, Kinder $8-$10; https://thehangarmuseum.ca.

Shopping

Designerware zu Fabrikpreisen wird in der *Outlet Mall* ***CrossIron Mills*** nördlich des Flughafens angeboten (Abfahrt 273 von der #2). Das Sortiment reicht von A wie *Adidas,* über L wie *Levi's* bis V wie *Victoria's Secret* in über 200 Läden; www.crossironmills.com.

Die **größte *Shopping Mall*** der Stadt mit über 250 Geschäften und Restaurants, das ***Chinook Centre***, befindet sich im Süden von Calgary an dem 6455 Macleod Trail SW www.chinookcentre.com.

5.5 Rundtour durch die Badlands Albertas

Östlich von Calgary geht es mitten hinein ins **Reich der Dinosaurier**. Dort wo die Urzeitgiganten vor 75 Mio. Jahren durch tropische Sümpfe stapften, erstrecken sich heute riesige Agrarflächen bis zum Horizont. Aber der Schein trügt, denn immer wieder werden diese abrupt von tief ins Gelände eingeschnittenen, wild zerklüfteten *Badlands* unterbrochen – durch **Erosionslandschaften** mit Lehm- und Sandsteinformationen, die man eher im Südwesten der USA als in Kanada erwarten würde.

Diese Gegend ist nicht nur landschaftlich reizvoll, sie brachte auch zahlreiche vollständige Dinosaurierskelette zutage. Die Fundstellen zählen zu den ergiebigsten weltweit und das *Royal Tyrrell Museum* in Drumheller ist eine Klasse für sich.

Der Abstecher dorthin kann ab Calgary auch als **sehr langer Tagesausflug** geplant werden (260 km retour; unbedingt früh morgens starten!). Dafür wählt man am besten die nördliche Route, die zunächst über den 4-spurig ausgebauten Highway 2 in Richtung Edmonton und ab Airdie der #567/#9 folgt.

Pioneer Acres

Auf dem Weg liegt in Irricana ***Pioneer Acres***, ein gutes Freilichtmuseum zur Geschichte der Landwirtschaft in Alberta. Das Modell eines Getreidespeichers (***grain elevator***) zeigt z.B. die Funktionsweise der für die kanadischen Prärien typischen Lagerhäuser. Im Hochsommer geöffnet Do-Mo 9-17 Uhr; Eintritt $16/$9; 263204 Township Road 274; https://pioneeracres.ab.ca.

Red Deer River Valley

Wer sich etwas mehr für die Natur interessiert, kann auf halber Strecke nach Drumheller noch einen kleinen Schlenker einbauen und in Beiseker auf die #806 in Richtung Acme wechseln und von dort auf der #575 nach Osten fahren. Im Tal des Red Deer River erreicht man mit der #837 den sog. ***Dinosaur Trail***, einen 48 km langen Rundparcours mit den Sehenswürdigkeiten rund um Drumheller. Eine gute Karte mit Infos findet sich im offiziellen *Travel Drumheller Guide*: https://traveldrumheller.com.

Orkney Hill

In Richtung Norden bietet der ***Orkney Viewpoint*** rechter Hand der #837 einen ersten schönen Blick über den überraschenden Abbruch der Landschaft am **Red Deer River**, der von saftigem Grün und Sandsteinhügeln in vielfältigen Farbnuancen umgeben ist.

Noch auf der Westseite des Flusses liegt in der ***Bleriot Ferry Provincial Recreation Area*** eine kleine Idylle mit 28 schattigen *first-come, first-served (dry) sites* am dicht bewachsenen Ufer; $25; https://albertaparks.ca/parks/central/bleriot-ferry-pra.

Fähre

Die Kabelfähre ***Bleriot Ferry*** (seit 1913 in Betrieb) verschafft Anschluss an die Straße #838 jenseits des keine 100 m breiten Red Deer River. Sie verkehrt kostenlos in kurzen Abständen meist 8-23 Uhr (*Victoria* bis *Labour Day*, sonst kürzer); keine Fährverbindung im Winter. Am östlichen Flussufer wendet man sich nach rechts und folgt dem ***Dinosaur Trail*** von nun an in südlicher Richtung.

5

Eines der besten Paläontologie-Museen der Welt steht unweit von Drumheller

Horsethief Canyon

En route liegt der kurze Abzweig zum ***Horsethief Canyon*** mit dem tollsten Aussichtspunkt der Region. Von der Abbruchkante überblickt man die ausgedehnten *Badlands* am Ostufer des Red Deer River. Das weitverzweigte Labyrinth aus graubraun gestreiften Hügeln war einst ein beliebtes Rückzugsgebiet für Schmuggler und Pferdediebe, daher auch der Name.

Dinosaurier Museum

Auf der Straße #838 erreicht man automatisch das ***Royal Tyrrell Museum of Palaeontology***, eines der weltweit führenden Museen seiner Art, etwa 6 km nordwestlich von Drumheller im *Midland Provincial Park* (kein Camping!). Thematischer Schwerpunkt ist dort die gut verständlich präsentierte »Erd- und Menschheitsgeschichte«: Dinosaurierskelette, Flora und Fauna aus dem Devon und Exponate zum Anfassen; 1500 North Dinosaur Trail; Mitte Mai-August tägl. 9-21 Uhr, sonst kürzer und von September bis Mai montags geschlossen; $21/$10; https://tyrrellmuseum.com.

Drumheller

Die 8.000-Einwohner-Stadt vermarktet sich als ***Dinosaur Capital of the World***, so ist es nicht weiter verwunderlich, dass im Zentrum der mit 25 m Höhe »**weltgrößte künstliche Dinosaurier**« steht. Sein Inneres wird gleich doppelt genutzt: Das Maul dient als Aussichtsplattform ($5), während die Füße das Büro der Touristeninfo beherbergen; 60 1 Avenue West; geöffnet im Juli/August täglich 9-21 Uhr, sonst kürzer; https://traveldrumheller.com.

Wer es ruhiger angehen möchte und die Badlands-Tour als **2-Tages-Ausflug** anlegt, kann den ersten Abend in **Wayne** ausklingen lassen, einer urigen *ghost town* an der **Straße 10x** rund 14 km südlich von Drumheller. Neben dem ***Last Chance Saloon*** finden sich dort noch ein paar (einfache) Betten für die Nacht sowie Zelt- und RV-Parkplätze; ✆ (403) 823-9189, https://visitlastchancesaloon.com.

Alternativ kommt man in Drumheller in Kettenmotels (*SureStay, Travelodge* etc.) oder im hübschen ***McDougall Lane B&B*** unter (ab ca. $150; ✆ (403) 823-5379, www.mcdougalllane.com).

Hoodoo Trail

Südlich der Stadt verlässt man den Dinosaur»pfad« und folgt dem ***Hoodoo Trail*** (#10). Er widmet sich den eigenwillig geformten und durch eine Steinkappe vor Verwitterung geschützten Erdpyramiden (=*hoodoos*). Die originellsten Exemplare stehen zwischen Rosedale und Lehigh unweit des Willow Creek. Auch wer seinen

Tagesausflug in Drumheller beenden möchte, sollte den Abstecher bis zur ***Hoodoos Provincial Recreation Area*** nicht verpassen. Ein kurzer Naturlehrpfad windet sich dort den Hang hinauf und vorbei an hübschen »Steinpilzen« (➤ Foto unten). GPS Parkplatz: 51.380471, -112.53445; 16 km südlich von Drumheller.

Dinosaur Provincial Park

Das nächste interessante Ziel bei einer mehrtägigen Rundtour wäre der ***Dinosaur PP***. Von East Coulee an der #10 verläuft der kürzeste Weg dorthin über die #570/#36/**#544** durch weite, menschenleere Prärie (ca. 170 km). Der Provinzpark zählt zum **UNESCO-Welterbe** und schützt eine der bedeutendsten Fundstellen. Über **300 vollständig erhaltene Skelette** wurden dort schon geborgen und dabei über 40 neue Saurierarten entdeckt. Im Rahmen ganztägiger *Guided Excavations* dürfen auch Besucher die laufenden Ausgrabungen des *Tyrrell Museum* hautnah miterleben; $200 pro Person, unbedingt reservieren: https://albertaparks.ca/parks/south/dinosaur-pp.

Der Park ist zwar weitgehend Forschungszwecken vorbehalten, aber es werden auch Ausflüge zu ehemaligen Fundstellen, Bustouren und Familienprogramm angeboten, außerdem Filme und interaktive Exponate im *Visitor Centre* (im Sommer 9-17 Uhr), fünf kürzere Naturlehrpfade sowie *glamping tents* und schattige *campsites* ($31, mit Strom $39). Schon vom Aussichtspunkt am Parkeingang überblickt man die *badlands* des Red River Valley, die hier noch deutlich eindrucksvoller als flussaufwärts sind.

Rückkehr nach Calgary oder weiter zum Waterton Lakes NP

Rund 220 km sind es vom *Dinosaur PP* zurück zum Ausgangspunkt Calgary. Bei der Fahrt in Richtung Süden (Waterton, 330 km) kommt man an einer weiteren UNESCO-Welterbestätte vorbei:

Head-Smashed-in Buffalo Jump

20 km westlich von **Fort Macleod** (mit *Mounties*-Museum, ➤ Seite 676), befindet sich an der #785 ein 10 m hoher Steilabbruch, der von den Prärievölkern schon vor 6.000 Jahren für die Bisonjagd genutzt wurde. Im großen Stammesverband versetzten sie die Herden in Panik und trieben sie auf Abgründe zu, in die sich die Tiere zu Tode stürzten. Einen Besuch wert ist vor allem das ***Interpretive Centre***, in dem das Leben dieser Ureinwohner und ihr ganz besonderer Jagdstil eindrucksvoll veranschaulicht werden. Geöffnet Ende Mai bis Anfang Oktober 10-17 Uhr, sonst kürzer; $15/$10; www.headsmashedin.ca.

Drumheller Hoodoos

Ausflug nach Vancouver Island

Abends am Inner Harbour von Victoria; im Hintergrund das beleuchtete Parlamentsgebäude von British Columbia

HARBOUR TOURS & HOPS

Auch schon während der Anreise mit der Fähre darf man auf Walsichtungen hoffen, Orcas (Schwertwale) leben in den Gewässern rund um Vancouver Island

6. AUSFLUG NACH VANCOUVER ISLAND

6.1 Überblick & Anreise

Mit einer **Fläche von über 31.000 km²** ist Vancouver Island die größte Pazifikinsel Nordamerikas (https://vancouverisland.travel). Naturerlebnis steht dort ganz im Vordergrund. Man schätzt die Insel für ihre üppig grünen, nahezu undurchdringlichen Regenwälder und unberührten Küstenstriche. Auch ein Hochgebirge mit Bergseen, Gletschern und Wasserfällen fehlt dort nicht (darunter die höchsten Kanadas: *Della Falls* mit einer Fallhöhe von 440 m). Die umliegenden Gewässer gelten als Hotspot fürs *Whale Watching*. Mit der königlichen Provinzhauptstadt Victoria birgt Vancouver Island auch ein »britisches« Juwel, hinzu kommen malerisch gelegene Fischerdörfer wie Tofino oder Ucluelet, die »Stadt der Totempfähle« Duncan sowie das sehenswerte Chemainus mit seinen zahlreichen kunstvoll bemalten Hausfassaden (*murals*).

Klima

So gar nicht »britisch« präsentiert sich das Klima. Kein Fleckchen in Kanada wird vom Wetter so verwöhnt wie **Victoria**. Von April bis September bleibt die Stadt von Niederschlägen weitgehend verschont, selbst dann wenn es an der Westküste der Insel in Strömen regnet. Strenge Winter sind unbekannt, Schneefälle extrem selten, da der Pazifik die Kaltluft des Festlands zurückdrängt. Wenn weite Bereiche des Landes im Frühjahr noch unter einer dicken Schneedecke verborgen liegen, blühen in Victoria bereits die Blumen.

Der vor der Küste nordwestwärts fließende **Alaskastrom** sorgt auch auf der übrigen Insel für ein gemäßigteres Klima, als es auf gleicher Höhe auf dem Festland herrscht. Im Winter gibt es in den Hafenstädten nur selten Dauerfrost und die sommerlichen Höchsttemperaturen liegen im Schnitt bei nicht einmal 20°C. Lediglich die Region um Nanaimo verzeichnet angenehme 24°C.

Während an der südöstlichen Trockenseite der Insel lange Sandstrände Badegäste anlocken, ist das Wetter an der Westküste selbst im Hochsommer oftmals durchwachsen. 60 km nördlich von Tofino liegt am *Estevan Point* im *Hesquiat Peninsula Provincial Park* sogar **der regenreichste Punkt Kanadas** (3.200 mm/Jahr).

Anreise und Zeitbedarf

Auf dem Seeweg

Vom Fährhafen Tsawwassen im Süden von Vancouver verkehren die *BC Ferries* im Stundentakt nach Swartz Bay, 30 km nördlich von Victoria. Ein **Kurzausflug nach Vancouver Island** beinhaltet den Besuch der Hauptstadt, mindestens 2-3 Übernachtungen auf der Insel und Rückfahrt von Nanaimo nach einem Stopp in Duncan und Chemainus.

Die Fähre ab der treffend benannten Departure Bay in Richtung Horseshoe Bay (nördlich von Vancouver) ist sogar offizieller Teil des *Trans-Canada Highway*. Alternativ geht es vom Duke Point, ebenfalls bei Nanaimo, wieder zurück nach Tsawwassen.

Perfekt in den Reiseverlauf einplanen, lässt sich solch eine Stippvisite z.B. als Ausklang des Urlaubs vor dem Rückflug ab Vancouver und sie ist auch eine bedenkenswerte Option für die Fortsetzung der Tour **nach dem Besuch der Olympischen Halbinsel, wenn im Anschluss das Ziel Vancouver lautet** (direkte Fährverbindung zwischen Port Angeles und Victoria) – ungleich spannender als die 450 km auf dem Festland (Port Angeles–Vancouver).

Zeitbedarf

Richtig lohnend ist der Besuch von Vancouver Island erst dann, wenn die Zeit für eine **kleine Rundfahrt** reicht. D.h., mindestens eine Wanderung an der Küste des *Juan de Fuca Provincial Park* und eine zusätzliche Nacht in Port Renfrew sollte man schon einplanen. Noch empfehlenswerter ist ein Aufenthalt in der Gegend rund um Tofino. Für die Tour (ca. 550 km) ausgehend von Vancouver oder Port Angeles über Victoria zum ***Pacific Rim National Park*** mit abschließender Fährfahrt von Nanaimo zurück nach Vancouver werden schnell **4-5 Urlaubstage** benötigt.

Mit dem Flugzeug

Victoria kann ebenso gut über den *International Airport* (*YYJ*) u.a. ab San Francisco und Seattle angesteuert werden oder alternativ über den *Inner Harbour Airport* (*YWH*) per Wasserflugzeug ab *Coal Harbour* (Vancouver) sowie ab dem Lake Union in Seattle (*Kenmore Air*, ca. 45 min).

Direktverbindung ab Seattle: Katamaran-Schnellfähre Victoria Clipper legt am Inner Harbour von Victoria an

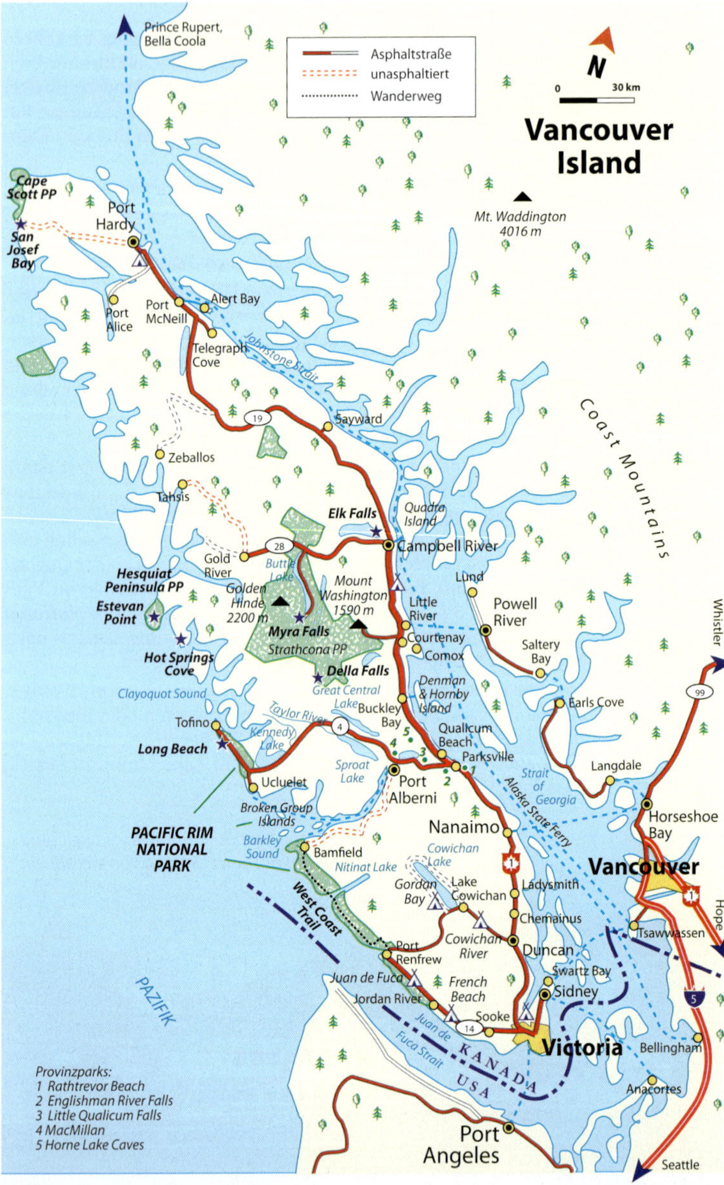

Vancouver Island
Asphaltstraße
unasphaltiert
Wanderweg
N
0
30 km
Prince Rupert, Bella Coola
Mt. Waddington 4016 m
Coast Mountains
Cape Scott PP
San Josef Bay
Port Hardy
Port Alice
Port McNeill
Alert Bay
Telegraph Cove
Johnstone Strait
19
Sayward
Zeballos
Tahsis
Elk Falls
Quadra Island
28
Campbell River
Gold River
Buttle Lake
Golden Hinde 2200 m
Mount Washington 1590 m
Myra Falls
Strathcona PP
Hesquiat Peninsula PP
Estevan Point
Hot Springs Cove
Della Falls
Lund
Powell River
Little River
Courtenay
Comox
Saltery Bay
Whistler
99
Earls Cove
Clayoquot Sound
Great Central Lake
Denman & Hornby Island
Buckley Bay
Taylor River
4
Tofino
Long Beach
Kennedy Lake
Qualicum Beach
Parksville
Sproat Lake
Port Alberni
Ucluelet
Strait of Georgia
Alaska State Ferry
Langdale
Horseshoe Bay
Broken Group Islands
Nanaimo
PACIFIC RIM NATIONAL PARK
Barkley Sound
Bamfield
Nitinat Lake
Cowichan Lake
1
Vancouver
West Coast Trail
Gordon Bay
Lake Cowichan
Ladysmith
Chemainus
Cowichan River
Duncan
Tsawwassen
Hope
Port Renfrew
Juan de Fuca
French Beach
Swartz Bay
Sidney
Jordan River
Sooke
14
5
PAZIFIK
Juan de Fuca Strait
KANADA
USA
Victoria
Bellingham
Anacortes
Port Angeles
Seattle
Provinzparks:
1 Rathtrevor Beach
2 Englishman River Falls
3 Little Qualicum Falls
4 MacMillan
5 Horne Lake Caves

Fähren ab der Olympischen Halbinsel oder Seattle

- Personenfähre ***Victoria Clipper*** ab *Pier 69* in Seattle; 2:45 Std; ganzjährig; Juli-Anfang Sept täglich 7.30, Do-Mo zusätzlich 15.15 Uhr; ab Victoria Do-Mo 11.30 und 19 Uhr, Di-Mi 17 Uhr; sonst seltener; ab ca. $200 retour, variable Tarife, bei langfristiger Buchung Rabatt; ✆ 1-800-888-2535, www.clippervacations.com
- Autofähre ***MV Coho*** der privaten Reederei *Black Ball Ferry Line* ab Port Angeles; 1,5 Std; ganzjährig 3-4 Abfahrten/Tag; immer etliche *First-come, first-served*-Plätze, aber im Sommer ohne Reservierungen oft lange Wartezeiten; $76 Pkw/SUV mit Fahrer + $23/ $11 für zusätzliche Passagiere; Rufnummer in Port Angeles ✆ 1-888-993-3779, in Victoria ✆ 1-800-264-6475, www.cohoferry.com
- ***Washington State Ferry*** ab Anacortes, 90 Meilen nördlich von Seattle; Ende Juni bis Ende September, kein Service im Winter; mit Fahrzeug **Reservierung angeraten**, da nur 25% der Plätze auf *First-come, first-served*-Basis vergeben werden; ✆ 1-888-808-7977, https://wsdot.wa.gov/travel/washington-state-ferries.

2023 wurde die Verbindung Anacortes – Sidney wegen Peronalmangels nicht angeboten!

Die Fähre ab Anacortes bietet auch landschaftlich einiges fürs Auge, da sie auf ihrer Fahrstrecke das Archipel der San Juan Islands durchquert. **Walsichtungen** sind dabei keine Seltenheit. Nach einem Zwischenstopp in Friday Harbour legt das Schiff in Sidney an, ca. 25 km nördlich von Victoria.

Grenzkontrollen

➢ Details Seite 72

Die *US Immigration* und Zollabfertigung findet in Victoria **vor dem Einstieg** statt, so dass man dort **extra Zeit** einplanen muss. In Richtung Kanada verläuft das Prozedere meist unkomplizierter ab. Die Reisepässe werden bereits kurz in Port Angeles gecheckt und nach der Ankunft im *Inner Harbour* von Victoria muss man bei der Wiedereinreise oft nicht einmal den Mietwagen verlassen.

Fähren ab/zum kanadischen Festland

Bei einigen kurzen Fährfahrten erhält man mit **BC Experience Card** bis zu -40% Rabatt

Für sämtliche Überfahrten zwischen Vancouver Island und dem kanadischen Festland ist die Staatsreederei ***BC Ferries*** zuständig; buchbar (mit Reservierungsgebühren) unter: www.bcferries.com. Die schönste Fährverbindung ab Vancouver führt von Tsawwassen vorbei an den Inseln des Gulf Islands Nationalparks zur Swartz Bay, rund 30 km nördlich von Victoria. **Gratis *Whale Watching*** ist während der 1,5-2 Stunden häufig inklusive.

Autofähre in der Strait of Georgia auf dem Weg nach Vancouver Island

Das Parliament Building in Victoria, passend zum Stadtnamen im viktorianischen Stil errichtet

6.2 Victoria

Charakter der Stadt

Am südlichen Zipfel von Vancouver Island liegt Victoria, die ausgesprochen attraktive Kapitale von British Columbia. Ihr Name erinnert an die britische Königin, die Architektur und die roten Doppeldeckerbusse an London. Die Bewohner pflegen die Tradition und es heißt, dass es dort mitunter sogar »britischer« zugeht als in Großbritannien. Der ***Afternoon Tea*** z.B. wird heute kaum woanders so stilvoll zelebriert wie in Victoria.

Der zentrale Bereich rund um den geschützten Naturhafen ist überschaubar und versprüht einen unverwechselbaren Charme. Hier vermischt sich altmodisches Flair mit modernem Lebensgefühl. Am geschäftigen *Inner Harbour* legen nicht nur Fähren, Luxus-Yachten und *Whale Watching Zodiacs* an, es tummeln sich auch noch jede Menge Wasserflugzeuge und schmucke »*H2O*«-Taxis. Von den blumengeschmückten Terrassen an der Hafenpromenade könnte man stundenlang das bunte Treiben verfolgen!

Geschichte

Die Eroberung der von Ureinwohnern besiedelten Insel durch Weiße begann erst Mitte des 19. Jahrhunderts: *James Douglas* erkundete 1842 ihre Südspitze für die Pelzhandelsgesellschaft *Hudson's Bay Company*. Im Folgejahr entstand ***Fort Victoria*** und 1849 ernannte die britische Krone Vancouver Island zur Kolonie. Ein florierender Pelzhandel, Holzfällerei, Kohleabbau, Fischerei und Landwirtschaft sorgten für hohe Erträge. Als einzige damals existierende »richtige« Stadt übernahm Victoria 1868 Hauptstadtfunktion für die zusammengelegten Kolonien Vancouver Island und British Columbia. Dabei blieb es auch nach dem Anschluss von BC als Provinz an das *Dominion of Canada* 1871, wiewohl Vancouver – nach Fertigstellung der transkanadischen Eisenbahn – Victoria wirtschaftlich schnell den Rang ablief.

Einwohner

Der Großraum Victoria, zu dem die 30 km lange *Saanich Peninsula* bis Swartz Bay und Sidney gehört, zählt heute rund 400.000 Einwohner; im Stadtgebiet leben über 90.000 Menschen.

6

Transport

Verkehrsanbindung

Der ***Victoria International Airport*** (*YYJ*, www.victoriaairport.com) liegt 30 km nördlich der Innenstadt. Der schnelle Shuttlebus ins Zentrum wurde Ende 2022 eingestellt. Der öffentliche Nahverkehr bietet nur Verbindungen mit Umsteigen (Buslinie #88 bis McTavish, dann #70, #71 oder #72); Dauer ca. 1.15 Stunden.

Vom ***Victoria Inner Harbour Airport*** (*YWH*) starten Wasserflugzeuge nach Vancouver und zum Lake Union in Seattle. **Kreuzfahrtschiffe** legen westlich von Downtown am *Odgen Point* an.

Im Süden von Victoria befindet sich außerdem der **westliche Endpunkt** des ***Trans-Canada Highway*** mit einem entsprechenden Denkmal (»Mile 0 Marker« im *Beacon Hill Park*).

Die Orientierung in Victoria ist einfach. *TransCanada Highway* und die Straße #17 von den Fährterminals Swartz Bay/Sidney leiten Besucher automatisch bis zur Innenstadt. Der *Victoria Clipper* aus Seattle und die Fähre aus Port Angeles legen direkt am *Inner Harbour* an. Von dort lassen sich die meisten Sehenswürdigkeiten der Stadt gut an einem Tag zu Fuß erkunden.

Nahverkehr

Victoria besitzt mit dem ***Regional Transit System*** ein dichtes öffentliches Nahverkehrsnetz; Einzelfahrten $2,50, 10-er Block $22,50, Tagesticket $5; www.bctransit.com/victoria.

Wassertaxi (H2O Taxi) und Wasserflugzeuge am Inner Harbour Airport

Übernachten

Am Inner Harbour

Am schönsten schläft man mit Blick auf den *Inner Harbour*, wo man schon früh morgens aus dem Zimmerfenster den Wasserflugzeugen beim Starten und Landen zuschauen kann:

- Im altehrwürdigen ***The Fairmont Empress*** (721 Government St) zahlt man dafür im Sommer mind. $500; ✆ 1-866-540-4429, www.fairmont.com/empress. Foto und Infos ➢ Seite 695.
- Deutlich günstiger kommt man unweit des *Empress* auf der Südseite der Hafenbucht im ***Days Inn*** unter; 427 Belleville St; ab $250; ✆ 1-800-665-3024; www.daysinnvictoria.com.

- Ähnliches gilt für das ***Huntingdon Manor Hotel*** im viktorianischen Stil nur wenig weiter westlich; DZ mit warmen Frühstück ab $250; ✆ 1-800-663-7557, www.huntingdonmanor.com.
- ***The Embassy Inn***, zwei Blocks von der Uferpromenade, entfernt (520 Menzies Street) bietet moderne Zimmer ab ca. $300; ✆ 1-800-268-8161, www.embassyinn.ca.

B&Bs

Victoria verfügt zudem über ein vielfältiges Angebot an **B&B-Quartieren** mit Tarifen fürs Doppelzimmer ab ca. $200. Preisintensiv, aber empfehlenswert ist u.a. die originelle und gute Hausbootunterkunft bei der *Fisherman's Wharf*:

- ***A Float Home B&B***, B2 1 Dallas Road, zwei moderne Zimmer mit eigenem Bad im Hochsommer ca. $300, die übrige Zeit ab $200; ✆ (778) 676-0300, www.floatingbandb.com.

Preiswerte Unterkünfte

Zentral und in Fußgehdistanz zum *Inner Harbor* stehen zwei Jugendherbergen:

- ***Ocean Island Backpackers Inn***, 791 Pandora Ave; gut geführt; Betten ab $36, DZ $54 bzw. mit eigenem Bad $141; ✆ 1-888-888-4180, www.oceanisland.com
- ***Turtle Hostel***, 1608 Quadra St, Betten $30, EZ $43, DZ $60-$65; ✆ 1-877-381-3210, www.turtlehostel.ca.

Camping

- Der schönste Campingplatz weit und breit befindet sich im ***Goldstream Provincial Park*** (➤ Seite 702) am TCH gut 20 km von Downtown entfernt; $35; von Mai bis September reservierbar: www.env.gov.bc.ca/bcparks/explore/parkpgs/goldstream (nur wenige *first-come, first-served sites*).
- Ist der Platz im *Goldstream Park* besetzt, kann man es im etwas weniger frequentierten ***Bamberton Provincial Park*** mit Bergblick und nahegelegenen Badestrand versuchen (knapp 12 km weiter nördlich zwischen TCH und *Saanich Inlet*); $20; www.env.gov.bc.ca/bcparks/explore/parkpgs/bamberton.
- Der ***Salish Seaside RV Haven*** in Zentrumsnähe und mit vielen Stellplätzen direkt am Ufer der West Bay ist zur Hauptsaison entsprechend kostspielig: *full hook-up* ab $98; ✆ (250) 590-5995, www.salishseasidervhaven.com. Mit den kleinen Fährschiffen ist man von dort ab der Station *West Bay* schnell beim *Inner Harbour*; Abfahrten alle halben Stunden.
- 25 km südwestlich von Downtown Victoria erstreckt sich das ***Weir's Beach RV Resort*** zwischen Strand und Lagune; 5191 William Head Road; etwas günstiger als in der Stadt (*full hook-up* ab ca. $70); ✆ 1-866-478-6888; www.weirsbeachrvresort.bc.ca.
- Für alle, die spät abends mit der Fähre in Sidney oder Swartz Bay ankommen, ist auch der gepflegte ***SMONEĆTEN Campground*** mit schattigen Zelt- und RV-Plätzen (ohne *hook-up*) eine gute Option; $19; 10740 McDonald Park Rd; Info und Reservierung: https://parks.canada.ca/pn-np/bc/gulf/activ/camping/camping lavantpays-frontcountrycamping; ➤ auch Seite 701.

Stadtbesichtigung

Inner Harbour

Idealer Ausgangspunkt zur Erkundung der Innenstadt ist das ***Information Centre*** am nördlichen Ende der Uferpromenade des ***Inner Harbour***, das über jede Menge Material zu Victoria und Vancouver Island verfügt und Buchungsschalter für Hotels, Mietwagen und touristische Aktivitäten unterhält; 812 Wharf Street, ✆ 1-800-663-3883; www.tourismvictoria.com.

Wer sich für die »Geheimnisse« der Stadt interessiert, kann sich auf eine *Heritage Walking Tour* begeben (selbstgeführt: https://victoriaheritagefoundation.ca/walkingtours/walkingtours.html) oder sich einer organisierten 1,5-stündigen *Discovery Walks History Tour* anschließen ($21/$11-$16; https://discoverthepast.com).

Wassertaxis/Hafenfähren

Ein Highlight sind die ***Harbour Ferries***. Die 45-min-Rundfahrt in den grünen Bötchen, die zwischen *Empress Hotel*, *West Bay Marina* und *Selkirk Landing* unentwegt durch den *Inner*, *Middle* und *Upper Harbour* schaukeln, kostet $40/$20; Mai-August meist täglich 9-21 Uhr. Wer es individueller mag, kann auch in einem gelben ***Victoria H2O Taxi*** Platz nehmen und eine der 14 Anlegestellen direkt ansteuern; https://victoriaharbourferry.com.

An Wochenenden sollte man sich das kostenlose, 12 min dauernde »***Water Ballet***« nicht entgehen lassen, bei der die kleinen Boote zu klassischen Tönen im *Inner Harbour* »Pirouetten« drehen; den Sommer über meist Sa+So um 10.45 Uhr.

The Fairmont Empress

Schräg gegenüber der *Tourist Info* erhebt sich das efeuumrankte, 1908 errichtete Nobelhotel ***The Fairmont Empress*** mit einem sehenswerten Interieur. Beim ***Afternoon Tea*** – täglich 11-16 Uhr – geht es »*very british*« zu. Wer es Winston Churchill oder King George VI. gleichtun und sich *biscuits* oder *cucumber sandwiches* bis zum Abwinken reichen lassen möchte, muss trotz des stolzen Preises (**$95 pro Person!**) »seinen« Tisch reservieren: www.fairmont.com/empress-victoria/dining/tea-at-the-empress.

Vor dem Empress Hotel am Inner Harbour starten die Hop-on-hop-off-Doppeldeckerbusse (721 Government Street)

Parliament Building

Auffälligster Bau an der Südseite des Hafens ist das BC-Parlament. Abends werden seine Fassaden mit einer festlichen Lichterkette beleuchtet, aber mit der vergoldeten ***George Vancouver* Statue** auf der Kuppel ist es schon tagsüber ein Blickfang; www.leg.bc.ca.

Besichtigung mit/ohne Führung von Mitte Mai bis Anfang September täglich 8.30-16.30 Uhr, sonst nur Mo-Fr; Eintritt frei; 501 Belleville Street. Große Wohnmobile stellt man dafür am besten auf dem Parkplatz an der Kingston Street/Ecke Menzies St ab.

Museum

Das ***Royal BC Museum*** in der 675 Belleville Street sollten sich auch Museumsmuffel ansehen. Natur- und Kulturhistorie der Provinz wurden dort vorbildlich aufbereitet. Glanzpunkte sind ein **kompletter Straßenzug aus dem frühen 20. Jahrhundert** sowie die beste Totempfahl-Präsentation in ganz British Columbia. Auch die Dioramen der nordischen Fauna im dazugehörigen Habitat sowie die Szenen aus dem Leben der Westküsten-*First Nations* sind beeindruckend; https://royalbcmuseum.bc.ca.

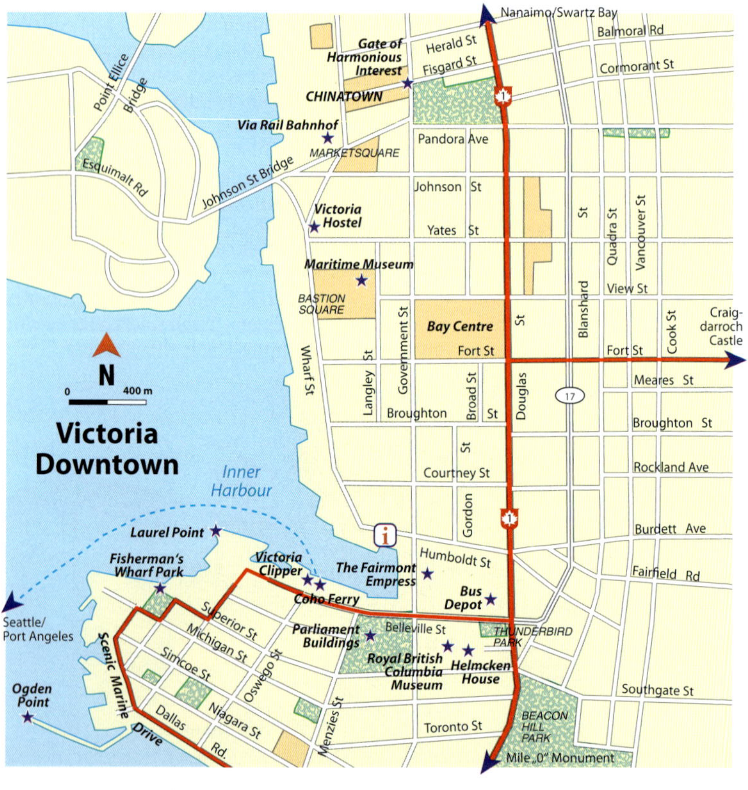

Royal BC Museum in Victoria

Minimaler Zeitbedarf für den Museumsbesuch: 3 Stunden; geöffnet tägl. 10-18 Uhr; $30/$17 (Kinder unter 5 Jahre frei). Auch ein IMAX-Kino ist vorhanden, dort zahlt man dann nochmal $12/$10 extra.

Gleich nebenan, im ***Thunderbird Park***, stehen einige Totempfähle der Nordwestküste. Im Sommer arbeiten dort oft Schnitzer an neuen indigenen Kunstwerken. Auch Teil des *Royal BC Museum* ist das **Helmcken House** (1852). Es ist das älteste, am Originalstandort verbliebene Gebäude der Provinz und birgt eine Sammlung furchteinflößender chirurgischer Instrumente aus der Zeit, als *Dr. Helmcken* hier noch praktizierte.

Miniaturen Museum

Rund um den Hafen buhlen diverse kommerzielle »Attraktionen« um Aufmerksamkeit. Dazu zählt die ***Miniature World*** im *Empress Hotel*, die so mancher auch als »Touristenfalle« bezeichnen wird ($19). Mit Kindern ($9-$11), die sich für Märchen, historische Ereignisse und Eisenbahnen in Miniaturform interessieren, könnte man das kleine Museum aber einen Besuch abstatten; geöffnet Mai-Sept 9-20 Uhr, sonst kürzer; https://miniatureworld.com.

Schifffahrts-museum

Die relativ kleine Ausstellung im ***Maritime Museum of British Columbia*** schräg gegenüber wird in erster Linie Schiffsfans ansprechen; 634 Humboldt Street; geöffnet Di-Do 10-17 Uhr; Eintritt $10, Kinder $5-$8; https://mmbc.bc.ca.

Pub im Strathcona Hotel

Eine klare Empfehlung hingegen ist nur einen Häuserblock weiter nördlich das kleine ***Big Bad John's*** (919 Douglas Street; 12-2 Uhr). Der Pub mit der ersten Schanklizenz in British Columbia (1954) ist heute noch Kult – legeres Wildwest-Ambiente, die Erdnussschalen schmeißt man einfach auf den Boden und an den Wänden und Decke hängen die Hinterlassenschaften der Gäste (darunter BHs in allen Farben und Größen). Und auch sonst darf sich jeder dort kreativ betätigen und verewigen.

Craft Beer/ Wein-Touren

Für Liebhaber von *craft beer*, *cider* (Apfelschaumwein) und/oder Wein werden in Victoria auch spezielle ***Brewery*** und ***Vineyard Tours*** angeboten: www.westcoastbrewerytours.ca.

Shopping

Das Geschäftsviertel von Victoria erstreckt sich östlich des *Inner Harbour* (Government Street und Nebenstraßen) mit vielen bunten Läden und dem großen *Bay Centre* (1150 Douglas Street; www.thebaycentre.ca). Rund um die Fußgängerzone ***Bastion Square*** reihen sich hübsche **Restaurants und Kneipen** mit abendlicher Live-Musik. Von Mai bis September findet dort sonntags außerdem ein Kunst-, Trödel- und Kulinarikmarkt statt (11-16 Uhr).

Chinatown

Victorias kleines Chinesenviertel besaß 1911 an die 3.500 Einwohner, die für den Eisenbahnbau und die Arbeit in Kohleminen und Goldbergwerken in die damals größte Chinatown Kanadas emigriert waren. Hinter dem bombastischen, anlässlich der Altstadtsanierung 1981 errichteten Tor ***Gate of Harmonious Interest*** (Ecke Government/Fisgard St) erinnert heute nicht ganz so viel an eine »echte« Chinatown wie etwa in Vancouver oder San Francisco.

Nicht verpassen sollte man dort aber den Abstecher in die ***Fan Tan Alley***: Nur wenige Schritte westlich des Torbogens geht es links rein in die **engste Straße Kanadas** (stellenweise nur 0.9 m breit), die von dort bis zur Pandora Ave verläuft. Ein zweites schmales Gässchen, die ***Dragon Alley***, zweigt nur wenig später von der Fisgard St nach rechts ab und führt zum ***Union Pacific Coffee***, einem gemütlichen Ort für die Kaffeepause zwischendurch (537 Herald Street).

Scenic Marine Drive

Einen schönen Eindruck vermittelt der ausgeschilderte *Scenic Marine Drive* ausgehend von der Belleville Street am *Inner Harbour*. Am Weg zur Cadboro Bay passiert man (gegen den Uhrzeigersinn) zunächst den *Laurel Point* (Übergang zum *Middle Harbour*) und die ***Fisherman's Wharf***. Dieses kleine, farbenfrohe Kunterbunt an

Whale Watching Touren ab Victoria

Im ***Inner Harbour*** starten die meisten *Whale Watching Trips* auf Vancouver Island. Ziel sind vor allem die zahlreichen bis zu 9 m langen **Orcas** (Schwertwale), die sich von Ende Mai bis Mitte Oktober permanent am Südzipfel der Insel aufhalten, etwa im Bereich der *Haro Strait* (kurze, nur 15 km-Anfahrt). In der Regel sind sie in Familienverbänden mit bis zu 25 Tieren unterwegs, spätestens alle 15 min müssen die Meeressäuger auftauchen um Luft zu holen. Bei ***Orca Spirit Adventures*** z.B. verlangt man $139 für 3 Std im ruhigeren Ausflugsschiff oder im flotten »Zodiac« (Kinder $99-$109). »*Whale guarantee*« – wer keine sieht, darf an einer weiteren Tour teilnehmen. Täglich mehrere Abfahrten April-Oktober; https://orcaspirit.com.

Letzte Instruktionen vor der Whale Watching Tour im Zodiac

An der Fisherman's Wharf in Victoria liegen zahlreiche bunte Hausboote vor Anker

Hausbooten befindet sich noch in Gehdistanz zum Parlamentsgebäude (ca. 15 min), ist aber auch gut per *H2O Taxi* erreichbar.

Von dort führt die Dallas Rd über den *Odgen Point* (Anlegestelle der Kreuzfahrtschiffe) und den ***Ogden Point Breakwater*** (bester Aussichtspunkt an der Spitze einer 750 m langen Mole) rund um die Landzunge bis zum ***Beacon Hill Park***. In der Südwestecke des Stadtparks steht der **Kilometerstein »0«** des *Trans-Canada Hwy* und im Ostteil ein 39 m hoher **Totempfahl**.

Der *Scenic Drive* führt anschließend weiter zum ***Clover Point*** (mit schönem Blick auf die Olympic Mountains jenseits der *Juan de Fuca Strait*), durch Victorias ältesten Golfplatz, vorbei an alten Herrenhäusern, dem beliebten Sandstrand ***Willows Beach*** bis zum ***Uplands Park***. Diese naturbelassene Anlage eignet sich gut für einen Zwischenstopp mit kurzem Spaziergang. Vom felsigen Ufer überblickt man dort die vorgelagerten Inseln und bei klarer Sicht ist sogar der Mount Baker in der Ferne zu erkennen.

Der eindrucksvolle Campus der ***University of Victoria*** liegt oberhalb des Badestrands an der **Cadboro Bay**. Als Alternativstrecke für den Rückweg eignet sich die Kombination Cadboro Bay Road und Fort/Yates Street. Kurz vor Downtown führt ein Abstecher im Stadtteil *Rockland* zum ***Craigdarroch Castle***. Das schlossartige Anwesen von 1890 gehörte einst dem Großindustriellen und »Kohlebaron« Robert Dunsmuir, einem der reichsten Unternehmer Kanadas. Das pompöse Interior kann meist Mi-So 10-16 Uhr besichtigt werden, ist aber für Europäer kein absolutes »Must See«; \$21/\$10-\$15; 1050 Joan Crescent; https://thecastle.ca.

Tipp: Ausführliche Beschreibungen der beliebtesten Wanderwege in der Umgebung von Victoria finden sich auf dem Webportal www.victoriatrails.com/trails.

Nebliger Tag in den Butchart Gardens

Sehenswertes im Großraum Victoria

Fort Rodd Hill Nat'l Historic Site

Ein hübsches Ziel im Westen der Stadt ist das ***Fort Rodd Hill***; Zufahrt über den Hwy #1A und Ocean Blvd. Diese Sperrfestung am Meer wurde von 1878 bis 1956 militärisch genutzt. Nach Abzug der britischen Truppen 1906 kam sie unter das Kommando der kanadischen Streitkräfte; für Besucher geöffnet im Sommer tägl. 10-17 Uhr; $8,50 (ab 18); https://parks.canada.ca/lhn-nhs/bc/fortroddhill.

Wer sich für Festungsanlagen und alte Kriegsgerätschaften weniger interessiert, kann dort zum weiß-roten ***Fisgard Lighthouse*** von 1860 schauen, das malerisch auf dem vorgelagerten Felsen thront. Es war das erste ununterbrochen betriebene Leuchtfeuer an Kanadas Westküste und ist bis heute in Betrieb.

Hatley Castle & Gardens

Folgt man vom Fort dem auf einer 2 km langen Landzunge zwischen *Esquimalt Lagoon* und Meer verlaufenden Ocean Blvd (Baden und **Picknicktische** am treibholzübersäten Strand), erkennt man jenseits der Lagune die Anlagen der *Royal Roads University* mit der *Hatley Park National Historic Site* an der Straße #1A (2005 Sooke Road). Der Komplex besteht aus dem ***Hatley Castle*** im Stil eines englischen Schlosses aus dem 15. Jahrhundert (Führung $24/$15) und ***Hatley Gardens***, einem botanischen Garten (täglich ab 10 Uhr; Eintritt frei); https://hatleypark.ca.

Butchart Gardens

Noch etwas weiter nördlich auf der **Saanich-Halbinsel** liegen in Brentwood Bay die ***Butchart Gardens*** mit Café und Restaurant. Im milden Klima blüht und gedeiht hier alles prächtigst. Der **größte botanische Garten** West-Kanadas zieht alljährlich 1 Mio. Besucher in seinen Bann und stößt damit im Hochsommer an seine Kapazitätsgrenzen; tägl. ab 9 Uhr, Schließzeiten abends variabel.

Fisgard Lighthouse

Wer bunte Illuminationen mag, kommt Juni-Mitte Sept am Fr oder Sa nachmittags und bleibt bis zur Dunkelheit; Sa zusätzlich oftmals Feuerwerk; Eintritt $40/$3-$20; www.butchartgardens.com.

Butterfly Garden

Die ***Victoria Butterfly Gardens***, an derselben Straße (Benvenuto Ave) nur 2 km weiter östlich, sind ein spannendes Ausflugsziel mit Kindern. Zwar ist die Gartenanlage relativ klein, aber die Menge an unterschiedlichen Schmetterlingen durchaus beachtlich. Flamingos und unterhaltsame Papageien gibt es als Zugabe; im Sommer 10-16 Uhr, sonst kürzer; $19/$8-$15; https://butterflygardens.com.

Mount Work Regional Park

Südlich der Gärten erhebt sich der **Mount Work**. Auf den höchsten Berg (449 m) der Saanich-Halbinsel, mit Aussichtsklippen unterhalb des bewaldeten Gipfels, führen zwei Wanderwege: Es sind 230 Höhenmeter und ca. 4,5 km retour mit Start an der Munn Road oder 300 Höhenmeter und 6,5 km ab der Willis Point Road. Karte und Beschreibung ➤ Kasten Seite 699 unten.

Fährterminals

Am Nordende der Halbinsel befinden sich der **Internationale Flughafen** von Victoria (*YYJ*) sowie **zwei Fähranlegestellen**: Von der Kleinstadt **Sidney-by-the-Sea** starten die Autofähren in Richtung Anacortes/USA (*2023 wurde die Route nicht bedient!*) und von der Swartz Bay geht es nach Tsawwassen (Vancouver).

Gulf Islands

Der nur wenige Minuten vom Fährterminal an der Swartz Bay entfernte *SMONEĆTEN Campground* (Details ➤ Seite 694) gehört zur ***Gulf Islands National Park Reserve***, das restliche Schutzgebiet verteilt sich über die vorgelagerten Inseln.

Aquarium in Sidney

Klein, aber hübsch aufbereitet ist das ***Shaw Centre for the Salish Sea*** am Seaport Place in Sidney, das die Meeresbewohner der kanadischen Küsten präsentiert, inkl. *touch pools* mit Seesternen; Do-Di 10-16.30 Uhr; $18/$9-$13; www.salishseacentre.org.

Bademöglichkeiten

Wem der Pazifik selbst an heißen Sommertagen z.B. bei **Cordova Bay** (oder weiter südlich, ➤ Seite 699) mit max. 15°C zu kalt ist, der findet im Großraum Victoria **in TCH-Nähe** auch angenehm temperierte Badeseen (**Thetis, Langford** und **Glen Lake**), zwei gute Sandstrände (*Beaver/Eagle Beach*) im ***Elk/Beaver Lake Regional Park***, der sich entlang der **Straße #17** in Richtung Sidney erstreckt, sowie die ***Sooke Potholes*** unweit der **#14** (➤ Seite 704).

Aussichtsberge

Ein 360°-Panoramablick über die Saanich-Halbinsel eröffnet sich vom **Mount Douglas** (225 m), der sich bequem per Fahrzeug erklimmen lässt, allerdings immer nur nachmittags. Vor 12 Uhr ist der enge Churchill Drive Radfahrern und Wanderern vorbehalten; Zufahrt ab der Cordova Bay Road nördlich der Universität.

Vom **Mount Finlayson** (419 m) reicht die Sicht an schönen Tagen bis hinüber nach Vancouver, manchmal sogar bis zum schneebedeckten Mount Baker/USA. Den Blick muss man sich aber erst hart erarbeiten; 6 km retour, 330 HM und stellenweise recht steiler Aufstieg. Start beim Parkplatz der Besucherinfo des ***Goldstream Provincial Park*** an der Ecke *Trans Canada Hwy*/Finlayson Arm Road, etwa 20 km nordwestlich von Downtown Victoria.

Goldstream Provincial Park

Der Provinzpark erstreckt sich beiderseits der dort durch Betonschutzwände separierten Fahrbahnen des TCH. Nördlich der Finlayson Arm Rd sind es 7,5 km bis zur nächsten Umkehrmöglichkeit (als »*U-Turn*« gekennzeichnet). Zur Orientierung am besten vorab Parkkarte herunterladen: https://bcparks.ca/goldstream-park.

Das Schutzgebiet verdankt seinen Namen Goldspuren im Fluss, die Mitte des 19. Jahrhunderts einen Mini-Goldrausch auslösten. Tafeln informieren vor Ort außerdem über ein Naturschauspiel, das jedes Jahr etwa Mitte Oktober startet und bis zu 9 Wochen andauern kann. Tausende von Ketalachsen (***chum salmon***) suchen dann den »Goldstrom« zum Laichen auf, was auch meist zahlreiche hungrige **Weißkopfseeadler** anlockt.

Niagara Falls im Goldstream Provincial Park

Etwas die Füße vertreten kann man sich auf dem *Upper Goldstream Trail*, der unmittelbar südlich des wunderbaren Campingplatzes (➤ Seite 694) zwischen alten Douglasien und Zedern am Fluss entlang zu den kleinen ***Goldstream Falls*** führt (2,6 km retour, 80 HM). Wesentlich imposanter sind weiter nördlich im Park die 47,5 m hohen ***Niagara Falls***. Sie befinden sich gerade mal 200 m vom TCH entfernt, aber die Parkbucht mit dem *trailhead* (GPS: 48.48275, -123.55098) ist nur in Fahrtrichtung Süden erreichbar. Im Internet wird daher noch auf einen zweiten Zugang hingewiesen: ab dem Haltepunkt bei 48.484097, -123.55168 unweit des Besucherzentrums geht es flussaufwärts durch eine Tunnelröhre unterhalb des TCH. Nasse Füße sind auf diesem Weg unvermeidbar und die Sache hat noch einen Haken: Entweder die Röhre ist voller Wasser und unpassierbar oder der *Niagara Creek* plätschert kaum, dann lohnt sich aber der Besuch auch nicht so recht. Ordentlich viel Wasser führen die Fälle auf Vancouver Island im Allgemeinen meist nur von **Oktober bis April/Mai**.

Malahat Aussichtsturm

Etwa 30 km von Downtown Victoria – und noch 2 km vor dem Parkplatz mit dem gratis (!) *Viewpoint* am ***Malahat Summit*** – gelangt man zur neuesten Inselattraktion, dem ***Malahat Skywalk***, wo Besucher zunächst auf einem erhöhten Pfad durch die Baumwipfel spazieren, bevor es spiralförmig den Turm hinauf geht. Oben wartet dann neben einem grandiosen Rundumblick noch ein federndes Netz mit freier Sicht nach unten. Für den Rückweg steht eine Wendeltreppe oder 50m-Rutsche zur Auswahl; im Sommer täglich 9.30-17 Uhr; $37/$23; https://malahatskywalk.com.

Malahat Skywalk

6.3 Rundtour ab Victoria über Port Renfrew

6.3.1 Die Strecke bis Jordan River

Wer nach dem Besuch von Victoria keine Gelegenheit für einen längeren Vancouver Island Aufenthalt hat, gewinnt auf der Fahrt nach Port Renfrew – ggf. mit Fortsetzung über Lake Cowichan, Duncan und Rückkehr über den TCH – zumindest einen ersten Eindruck vom Charakter der Westküste sowie vom Inneren der Insel. Die Entfernung zwischen Victoria und Port Renfrew beträgt 110 km; die gesamte Rundstrecke (270 km) ist als längerer Tagesausflug zu schaffen, aber gemütlicher in zwei Etappen.

East Sooke Park

Zunächst geht es ab Victoria für rund 15 km auf dem TCH in Richtung Nordwesten und dann weiter auf dem ***West Coast Hwy #14*** (Abfahrt 14). Ein erster kurzer Abstecher bietet sich bereits nach 16 km, noch vor der Kleinstadt Sooke, an. Die Gillespie Road führt dort nach Süden in den ***East Sooke Regional Park***, der nicht nur urwüchsige Regenwälder schützt, sondern auch einen überaus malerischen Küstenabschnitt. Der einfachste und schnellste Weg hinaus ans Meer startet am *Aylard Farm Trailhead* im Südosten des Parks. Nach nur 5 Minuten sind die Picknicktische am Strand erreicht mit Zugang zur hübschen felsigen Halbinsel ***Creyke Point***. Im Westen des Parks gelangt man vom *Pike Road Trailhead* zur geschützten ***Iron Mine Beach*** (1,5 km). Ein 10 km langer, 6-8 Std in Anspruch nehmender ***Coast Trail*** verbindet beide Ecken des Parks (gute Wanderschuhe empfohlen!). Karte: www.crd.bc.ca/parks-recreation-culture/parks-trails/crd-regional-parks/park-maps.

Sooke »Badelöcher«

Hoch in der Gunst der einheimischen Bevölkerung steht der kleine ***Sooke Potholes Regional Park*** mit seinen zahlreichen Badepools in malerischer Canyon-Kulisse. Linker Hand der Straße wechseln sich breite Flussabschnitte mit engen, felsigen Passagen ab; Parken $2; 5-km-Zufahrt über die Sooke River Rd, Abzweig von der #14 noch vor der Brücke über den Fluss.

Bade-»Potholes« im glattpolierten Felscanyon bei Sooke

In einem Wäldchen im Norden des Parks betreibt die *T'Sou-ke First Nation* den Sommer über den ***Spring Salmon Place Campground***; $25 **in bar**, *first-come, first-served.*

Zur Schneeschmelze im Frühjahr sind der Fluss und die Pools meist noch zu kalt zum Baden, dafür lohnt dann der Besuch der breitgefächerten ***Mary Vine Falls***, zu denen ein kurzer Spazierweg ab dem *parking lot* #2 führt. ***Charters Creek***, außerhalb des Parks südlich der *Potholes*, ist im Oktober/November ein guter Platz, um **Keta- und Silberlachse** beim Laichen zu beobachten.

Sooke

Jenseits der Brücke über den Sooke River fällt rechter Hand der #14 der rote Leuchtturm im Areal des *Region Museum* auf, wo auch das ***Visitor Centre*** der Stadt untergebracht wurde (im Sommer tägl. 9-17 Uhr).

Hinter **Sooke** wird die Straße zunehmend kurvenreicher und einsamer. Zu einem weiteren Zwischenstopp laden die **Picknicktische**, der Strand und die wunderbaren Campingplätze ($26, teils reservierbar) des ***French Beach Provincial Park*** ein.

Jordan River

Einziger Ort am Weg nach Port Renfrew ist das Nest **Jordan River** mit Strandzugang direkt vom *West Coast Hwy*. Lohnenswerter ist aber kurz davor der etwa 10-minütige Fußweg durch dichten Wald hinunter zur ***Sandcut Beach***. Der Parkplatz befindet sich 3,7 km östlich der Brücke über den Jordan River. Der kleine Wasserfall, der über einen Felsvorsprung auf den Kiesstrand stürzt, bietet im Frühjahr ein schönes Motiv für die Kamera; im Sommer fließt meist nur wenig Wasser (am Strand nach links wenden).

Küste im East Sooke Regional Park

Canyon an der Sombrio Beach entlang des San Juan de Fuca Trails nordwestlich von Victoria

6.3.2 Juan de Fuca Provincial Park

Marine Trail

Der Jordan River markiert die Grenze zu dem langgezogenen Provinzpark. Immer parallel zur Küste verläuft dort der ***Juan de Fuca Marine Trail*** (47 km), der als südliche Verlängerung des *West Coast Trail* (➤ Kasten Seite 708) gilt. Er verfügt über vier offizielle Zugänge: *China Beach* im Osten, *Sombrio Beach*, *Parkinson Creek* sowie *Botanical Beach* am westlichen Ende. Die Teilstrecken dazwischen können separat als Tagesetappen erwandert werden, wobei nur die 2 km von *China Beach* bis zur *Mystic Beach* ausgebaut sind. Der überwiegende Rest des *Marine Trail* gleicht einem etwas anspruchsvolleren Küstenpfad – mal geht es durch dichten Regenwald über Hängebrücken und ohne Strandzugang, mal direkt am Ufer entlang mit gleich einigen bei Flut unpassierbaren Abschnitten; Karte unter https://bcparks.ca/juan-de-fuca-park.

China Beach

Wenige Kilometer hinter Jordan River passiert man zunächst den Campingplatz ***China Beach*** (auch für Wohnmobile; $20; reservierbar unter https://camping.bcparks.ca bzw. ✆ 1-800-689-9025, zusätzlich noch einige *first-come, first-served sites*). Er liegt bereits im dichten Regenwald und in seiner Nähe befinden sich gleich zwei Strände: Die ***Second Beach*** erreicht man direkt vom *Campground* (1 km) aus und die eigentliche ***China Beach*** über eine kurze Zufahrt nur wenig weiter westlich an der #14.

Mystic Beach

Ebenfalls vom *China Beach* (*day-use*)-Parkplatz startet ein verwunschener Waldpfad mit einer wackligen Hängebrücke in westliche Richtung zur ***Mystic Beach***. Der Name klingt vielversprechend und tatsächlich steht man dort nach 2 km (*one-way*) auf einem besonders hübschen **Sandstrand** des *Juan de Fuca PP*. Von den 25 m hohen Klippen stürzt ein Wasserfall auf die *Beach*, bei Flut sogar direkt ins Meer. Es warten außerdem jede Menge kleine Höhlen sowie eine Baumschaukel, mit der man über das Wasser schwingen kann. Mit ***Backcountry Camping Permit*** darf am Strand auch gezeltet werden ($10; erhältlich am *trailhead* oder im Web ➤ oben).

Zelten am Strand

Ähnliches gilt für die weiteren ***walk-in campsites*** entlang des *Juan de Fuca Trail* z.B. an der ***Bear Beach*** und ***Chin Beach***, die nur über längere, anspruchsvollere Wanderungen zugänglich sind.

Sombrio Beach

Ein ungewöhnlicher Canyon versteckt sich bei der ***Sombrio Beach***. Wer vom (ausgeschilderten) Parkplatz 10 min bis zum Strand geht, sich dort für etwa 20 min nach Osten (links) wendet und dann beim ersten gut erkennbaren Wasserlauf kurz landeinwärts schaut, taucht bald in eine **dunkle grünbemooste Schlucht** ein. Sie ist zwar kurz, aber an ihrem Ende befindet sich ein schöner, erfrischender **Wasserfall**. Dieser Strand ist auch bei Zeltcampern sehr beliebt ($10). Für größere Wohnmobile ist die kurze, steile und kurvenreiche Zufahrt zum *trailhead* nicht geeignet.

Auf der Weiterfahrt gibt es noch einige schöne Regenwaldabschnitte. Lohnenswert ist ein Spaziergang beim **Parkinson** oder **Payzant Creek** – vorzugsweise im Frühling (Mai/Juni), im Sommer sind die idyllischen Bachläufe manchmal ein Schatten ihrer selbst und fallen mitunter sogar trocken.

Botanical Loop Trail

Am populärsten ist der Bereich am Nordzipfel des *Juan de Fuca Provincial Park*. Hierfür fährt man in das kleine Örtchen **Port Renfrew** (➢ Seite 708) und folgt dort der Cerantes Road bis an ihr Ende. Dort starten zwei Wege in Richtung Küste, nach links geht es zur ***Botanical Beach*** (15 min), wo man an den Klippen herrlich herumwaten und bei Ebbe in den tiefen, wassergefüllten Felslöchern die Meeresflora und -fauna erkunden kann. Gezeitentabelle online unter www.waterlevels.gc.ca/en/stations/8525.

Über den Pfad nach rechts ist in nur 10 Minuten eine kleine hübsche Bucht, die ***Botany Bay***, erreicht. Manchmal trifft man dort auch Schwarzbären an, die den Uferbereich nach Nahrung absuchen. Beide Wege lassen sich zu einem netten Rundweg kombinieren (insgesamt dann 2,8 km und 70 Höhenmeter; Parken $5).

Beurteilung

Dem direkten Vergleich mit den Stränden des *Olympic National Park* kann die *PP*-Küste nicht standhalten. Jenseits der Juan-de-Fuca-Straße sind meist nicht nur die *tide pools* ungleich spannender (➢ Seite 182), auch die höheren Klippen und vielen vorgelagerten Felsinselchen machen die Strände des US-Nationalparks um einiges attraktiver.

Botanical Beach am westlichen Ende des Juan de Fuca Provincial Park

Hier hat sich die Pazifikküste ihre wilde, raue Schönheit bewahrt. Nur hartgesottene Wanderer meistern den 75 km langen West Coast Trail

West Coast Trail in der Pacific Rim National Park Reserve

Anfang des 20. Jahrhunderts diente der ***West Coast Trail*** **(WCT)** als Rettungspfad für schiffbrüchige Seeleute. Mit Einführung moderner Navigationshilfen verlor er diese Funktion und galt dann lange als Geheimtipp für Wildnis-Enthusiasten. Heute sind die sehr anspruchsvollen 75 km zwischen der **Pachena Bay bei Bamfield** und dem **Gordon River bei Port Renfrew** Teil der *Pacific Rim National Park Reserve* und eine der populärsten Fernwanderrouten Kanadas. Mit Hilfe eines ***Permit*-Systems** ($136 pro Person + Fährtickets!) hat man die Anzahl der Abmärsche quotiert: nur 75 Wanderer pro Tag sind zugelassen ab Port Renfrew oder vom Nordende des WCT. Wer den *West Coast Trail* in der Hochsaison in Angriff nehmen möchte, sollte sich daher am Stichtag (meist früh im Jahr!) online um ein ***overnight use permit*** bemühen (Reservierungsgebühr $25,75). Vor Ort in den ***Info Centres*** (Pachena Bay ✆ (250) 728-3234, Gordon River ✆ (250) 647-5434) werden nur noch die ggf. nicht genutzten Bewilligungen vergeben. Selbst für Tagesausflüge ohne Übernachtung wird ein ***day hike permit*** benötigt!

Backpacker dürfen sich nur zwischen dem 1. Mai und dem 30. September auf den Weg machen. Bis auf einige Hilfen bei Flussüberquerungen ist der Küstenpfad nicht weiter ausgebaut und durch eine urtümliche, von Menschen kaum angetastete Landschaft gekennzeichnet. Am End-/Anfangspunkt in Port Renfrew und den *Nitinat Narrows* verkehren **Fährboote** (zusätzlich 2x$24).

Der WCT ist je nach Kondition und Wetter in **5-7 Tagen** zu bewältigen. Abbrechen lässt sich der Trip nur per Wassertaxi bei den *Nitinaht Narrows*. Wer die Wanderung in East Bamfield beendet, kann mit dem Schiff *Frances Barkley* über den Barkley Sound in die Zivilisation bzw. nach Port Alberni zurückkehren und dort einen Linienbus nach Victoria/Nanaimo nehmen. Bei Ankunft in **Port Renfrew** reserviert man für den Weitertransport am besten den ***West Coast Trail Express***, der Victoria-Port Renfrew-Bamfield, Nanaimo-Bamfield, Port Renfrew-Nanaimo miteinander verbindet; ✆ 1-888-999-2288, https://trailbus.com.

Alle Details unter https://parks.canada.ca/pn-np/bc/pacificrim, topographische Karten auch bei den Infos an den *trailheads* erhältlich.

6.3.3 Port Renfrew

Das geschützt an der tief ins Land reichenden San Juan Bay gelegene Port Renfrew galt zu Hippie-Zeiten als Aussteigerparadies. Ein wenig von diesem Flair ist heute noch zu spüren, die Uhren scheinen dort etwas langsamer zu ticken. Während so manch westkanadischer Ort im Hochsommer von Touristen regelrecht »überquillt«, wirkt diese keine 150 Seelen zählende Siedlung wie eine letzte Ruhebastion. Wer seinen Urlaub entspannt ausklingen lassen möchte, ist in Port Renfrew am richtigen Platz. Bis 2017 gab es dort nur eine saisonal geöffnete Zapfsäule; von Okt bis April mussten Bewohner wie Besucher zum Tanken erst 1,5 Std fahren.

Zu erforschen gibt es östlich der Ortschaft die schönen Küstenabschnitte des *Juan de Fuca Provincial Park* (➤ Seite 706) und etwas nördlich warten spannende urwüchsige Wälder wie der *Avatar Grove* (➤ umseitig). *Backpacker* stürzen sich ausgehend von Port Renfrew in das *West Coast Trail*-Abenteuer. Dieser kräftezehrende Hike (➤ Kasten links) beginnt am Nordufer der Bucht, das bereits zur ***Pacific Rim National Park Reserve*** gehört.

Übernachten

Die Auswahl an Quartieren ist nicht groß, dafür lassen die gut ausgestatteten ***Handsome Dan's Cabins*** in Pub- und Ufernähe keine Wünsche offen; ab ca. $280; https://handsomedans.ca. Auf jeden Fall lohnt sich ein Blick auf www.airbnb.de, denn in Port Renfrew werden etliche schöne Blockhäuser privat vermietet.

Die außergewöhnlichste Unterkunftsmöglichkeit des Ortes sind aber die gemütlich eingerichteten **Jurten** der ***Soule Creek Lodge*** mit eigenem Bad und *WiFi*. Vom Außenbereich genießt man z.T. einen tollen weiten Blick über die Bucht; ab ca. $180 inklusive *hot breakfast*; ✆ 1-866-277-6853, www.soulecreeklodge.com.

Am schönsten, aber ohne jegliche Annehmlichkeiten, campt man *first-come, first-served* am Ufer des **Fairy Lake** mit einem kleinen sandigen Strand (➤ umseitig). Näher am Ort liegen der Einfachst-***Campground*** der ***Pacheedaht First Nation*** mit breitem Strand an der Bay. Der schlichte ***Marina RV Park*** an der *Gordon River Rd*, die nördlich von Port Renfrew von der Hauptroute zum Cowichan Lake abzweigt, bietet Plätze ohne ($25) und mit Strom ($30) nur gegen Barzahlung; www.portrenfrewmarina.com.

*Gemütliche Sonnenterrasse des **The Renfrew Pub** (Haus mit der Aufschrift »Port Renfrew Hotel« an der Zufahrt zur Botanical Beach; 17310 Parkinson Road) mit einigen Craft Beer-Sorten und leckerem Birnenschaumwein (Okanagan Valley Harvest Pear Cider, wird aber in Dosen serviert)*

Besucher im Avatar Grove

Zu den neuesten Attraktionen von Port Renfrew zählt der ***Avatar Grove***. Erst 2010 wurde diese besondere Regenwald-Parzelle entdeckt und vor den Kettensägen der Holzfäller bewahrt. Der Name kommt nicht von ungefähr, die Kulisse könnte einem Fantasyfilm entsprungen sein und so fiel die Wahl auf den damals aktuellen *Hollywood*-Blockbuster. Zum **knorrigsten Baum Kanadas** (***Gnarliest Tree***), einem Riesenlebensbaum mit einer unglaublich dicken Wucherung am Stamm im *Upper Avatar Grove*, gelangt man über die ***Gordon River Main Road*** (noch 6 km nordwestlich des *Marina RV Park*). Die letzten 2 km sind ungeteert, aber meist Pkw-tauglich. Vom Parkplatz läuft man dann noch rund 10 min über Wald- und Bohlenwege (80 Höhenmeter).

Über 85% der Urwälder auf Vancouver Island wurden bereits abgeholzt – umso erfreulicher, dass man in der Umgebung von Port Renfrew noch einige weitere von Flechten und Moosen überwucherte **Rekordhalter** antrifft, darunter die größte Sitka-Fichte Kanadas und die weltgrößte Douglasie. Eine gute Begleitbroschüre mit Karte und Wegbeschreibung (auch für *Avatar Grove*) findet sich unter https://ancientforestalliance.org/learn-more/port-renfrew-big-trees-map/.

6.3.4 Über Lake Cowichan zum TCH

Entlang der sog. ***Pacific Marine Circle Route*** weiter in Richtung Lake Cowichan passiert man östlich von Port Renfrew zunächst den **Fairy Lake**, der nicht nur gute Bade- und Campmöglichkeiten, sondern auch ein kurioses Fotomotiv bietet: Als schöner Kontrast zu all den Kaventsmännern der Umgebung wächst dort auf einem Stamm mitten im See ein kleiner »Bonsai«-Tannenbaum; $20; einfache Plätze, teils direkt am Ufer, mit Feuerringen, Picknicktischen, Toiletten, aber kein Wasser; nur Mitte Mai bis Anfang Oktober; www.sitesandtrailsbc.ca/search/search-result.aspx?type=Site&site=REC0268.

Fairy Lake Tree

Ein zweiter *BC Forest Campground* liegt am Badesee **Lizard Lake** direkt an der *Pacific Circle Route* ca. 19 km östlich von Port Renfrew. Von Mitte Mai bis Anfang Oktober kosten beide $18-$20.

Cowichan Lake

Die Straße passiert im weiteren Verlauf den beachtlichen ***Harris Creek Spruce Tree*** (ein kurzer Spazierweg führt zu dem 4 m breiten, 80 m hohen Baum) und stößt dann auf den Binnensee **Cowichan Lake** (sprich: »*kau-it-schan*«) und die kleine Ortschaft **Lake Cowichan** an dessen Ostufer. Eine Info-Blockhütte steht dort im zentral gelegenen *Saywell Park* (125 South Shore Rd); im Sommer meist 10-16/17 Uhr; www.tourismcowichan.com.

Der warme, 30 km lange **Cowichan Lake** lässt sich (überwiegend auf Schotterstraße) komplett umrunden. Am Wege liegen einige einfache ***Forest Campgrounds*** ($18). Etwas komfortabler sind der städtische ***Lakeview Park Campground*** ($37, mit *hook-up* $50; www.town.lakecowichan.bc.ca/camping.shtml) sowie die *campsites* im ***Gordon Bay Provincial Park*** ($35; im Sommer meist ausgebucht, reservierbar unter https://bcparks.ca/explore/parkpgs/gordon_bay); beide mit Duschen, Toilette und **Badestrand** am Südufer (der *PP* liegt westlich der Honeymoon Bay).

Der See ist ein populäres Ausflugsziel für Wassersportler und der Cowichan River, der dort entspringt und durch den Ort fließt, ein beliebtes ***Tubing***-Revier. Zur »Reifen«-Miete für den 2,5-Std-Trip vom *Saywell Park* bis zur *Little Beach* ($20) kommt noch der Rücktransport per Bus dazu ($10 p.P.); www.cowichanriver.com.

Cowichan River

Auf der Weiterfahrt in Richtung TCH bietet der ***Cowichan River Provincial Park*** zusätzliche schöne Bade- und Stellplätze (*Stoltz Pool*) im Regenwald in Flussnähe, $20, im Sommer z.T. reservierbar: https://bcparks.ca/explore/parkpgs/cowichan_rv; Zufahrt über die Cowichan Lake Road (*Hwy 18 Connector*) und Stoltze Road/ Riverbottom Road West; ca. 5 km ab der Straße #18, asphaltiert.

Bei der »**City of Totem**« (Duncan, ➤ nächste Seite), keine 20 km weiter östlich, erreicht man wieder den *Trans-Canada Highway*; zurück nach Victoria sind es von dort 60 km.

Totempfähle in Duncan

Großflächiges Mural auf der Fassade der Subway-Filiale in Chemainus

6.4 Von Victoria nach Nanaimo

6.4.1 Entlang des Trans-Canada Highway

Der ***Trans-Canada Hwy*** von Victoria nach Nanaimo (110 km) ist 4-spurig ausgebaut. Bereits seit 1862 gab es hier einen *Cattle Trail*, auf dem das Vieh von den Farmen an der Küste nach Victoria getrieben wurde. Höchster Punkt ist der ***Malahat Summit*** (356 m) nördlich des ***Skywalks*** (➤ Seite 703). Von beiden überblickt man *Saanich Inlet* mitsamt *Peninsula* sowie die vorgelagerte Inselwelt. Anschließend verliert die Strecke schnell an Höhe und gleichzeitig an Reiz.

Duncan/ Totempfähle

Duncan macht viel Werbung für seine zahlreichen ***Totem Poles*** und nennt sich »Stadt der Totempfähle«. Allein im Ortskern in der Nähe des Bahnhofs stehen über 40 Stück (➤ Foto umseitig); Zufahrt vom TCH am besten über die Trunk Rd. Gelbe Fußabdrücke kennzeichnen den selbstgeführten Rundparcours zu den bunt bemalten, geschnitzten Pfählen der *Cowichan First Nation*.

Die ***Tourist Info*** der Stadt und der *Cowichan*-Region ist in einem auffälligen rötlichen Haus ca. 2 km nördlich des Zentrums auf der Ostseite des *Trans-Canada Hwy* untergebracht; 2896 Drinkwater Road. Details zu den einzelnen *Totems* gibt es auch online unter https://duncan.ca/visitors/totems-tour/totem-tour-walk.

Forest Museum

Für Eisenbahnfans sehenswert ist gleich nebenan das etwas altmodische ***British Columbia Forest Discovery Centre***, das sich dem Thema »Mensch und Waldnutzung« widmet. Geöffnet im Sommer Do-Mo 10-16.30 Uhr, sonst oft nur an Wochenenden; $16/$12-$14; https://bcforestdiscoverycentre.com. Die Schmalspurdampflokomotive »Samson« von 1910 verkehrt ebenso wie Diesel- und Gasloks auf der Museumsstrecke (meist Do-Mo 11-15.30 Uhr).

Kinsol Trestle

Zu den neueren Besucherattraktionen im *Cowichan Valley* zählt die ***Kinsol Trestle***, eine stillgelegte Eisenbahnbrücke über den Koksilah River. Die gewaltige Holzkonstruktion ist Teil des Rad- und Fernwanderwegs ***Trans Canada Trail***, der die West- und Ostküste Kanadas miteinander verbindet. Rund 25 km südlich von Duncan, Zufahrt ab dem TCH über die Shawnigan Lake Road und Renfrew Road, dann ab Parkplatz noch ca. 1,2 km Fußweg.

Salt Spring Island

Dem Festland vorgelagert ist die Inselgruppe der **Southern Gulf Islands**, zu denen auch die San Juan Islands (➤ Seite 194) zählen. Flächenmäßig am größten ist **Salt Spring Island**, zu der die Autofähre ab Crofton in nur 25 min übersetzt (*first-come, first-served*). Eine zweite Verbindung besteht zwischen Fulford Harbour und Swartz Bay nördlich von Victoria. Wohlhabende Kanadier und Künstler fühlen sich auf Salt Spring Island (»***Island of the Art***«) wohl, entsprechend hoch die Dichte an *Artist Studios* und *Art Galleries*. Besuchenswert ist u.a. der bunte **Kunstmarkt** im *Centennial Park* von **Ganges** an der Ostseite; immer Sa 9-16 Uhr (April-Oktober).

Begehrt als Souvenir ist die eigene Insel-Währung. Die ***Salt Spring Dollars*** im Wert von $$1 bis $$100 sind besonders kunstvoll gestaltet und werden dort von den meisten Händlern als offizielles Zahlungsmittel akzeptiert. Zur besseren Unterscheidung tragen sie gleich zwei $-Zeichen.

Chemainus/ Murals

Das hübsche 3.000-Seelen-Städtchen **Chemainus** liegt 13 km nördlich von Duncan etwas abseits des TCH-Hauptverkehrs, der Abstecher dorthin lohnt sich aber. Es ist berühmt für seine großflächigen Wandbilder (***murals***). Fußabdrücke auf den Straßen und Gehwegen weisen auch dort wieder den Weg zu den Kunstwerken.

Wer sich einen Stadtplan und ausführlichere Infos zu den **über 40** ***murals*** besorgen möchte (https://muraltown.com), steuert am besten zuerst das ***Info Centre*** im *Waterwheel Park* im Zentrum an. Eine Reihe von Lokalen mit Open-Air-Terrassen lädt nach dem kurzen Spaziergang zu einer Kaffee- oder Essenspause ein.

Im ***Chemainus (Dinner) Theatre***, in einem auffälligen Gebäude an der 9737 Chemainus Rd untergebracht, werden den Sommer über bekannte Musicals und Theaterstücke aufgeführt. Vor den Vorstellungen darf man sich zu Piano-Musik beim Buffet im *Playbill Dining Room* satt essen; https://chemainustheatrefestival.ca.

Wer gleich über Nacht bleiben möchte, findet gute Doppelzimmer für ca. $200 inkl. Frühstück im:

- ***Best Western Plus Chemainus Inn*** an der 9573 Chemainus Road, knapp 800 m südlich des *Theatre* sowie im
- ***Eagle Rock B&B*** in Meeresnähe, 2,5 km nördlich des Zentrums; 10150 Island View Close; nur für Erwachsene; ✆ 1-855-333-0555, https://eaglerockbedandbreakfast.com.

Ladysmith

Ladysmith, nur 10 km nördlich von Chemainus, liegt exakt auf dem **49. Breitengrad,** der auf dem Festland die Grenze zwischen den USA und Kanada bildet. Aber im »*Oregon Treaty*« von 1846 wurde die Insel nicht zweigeteilt, sondern zur Gänze Kanada zugewiesen. Die Kleinstadt war Siedlungsgebiet der *Chemainus First Nation* und ist auch bekannt als Geburtsort von Pamela Anderson.

Ziplines

Am TCH in Richtung Nanaimo liegt der Freizeitpark ***WildPlay*** mit Ziplines und anspruchsvollem Abenteuerparcours durch den Wald – ein Spaß mit größeren Kindern (erst ab 5 Jahren zugelassen); geöffnet täglich 9/10-20 Uhr; www.wildplay.com/nanaimo. Dieser Standort ist besser und vielfältiger als *WildPlay Victoria*!

6.4.2 Nanaimo

Nanaimo ist mit über 90.000 Einwohnern die größte Stadt auf Vancouver Island. Arbeit in den ab 1852 fördernden Kohlegruben hatte schon bald nach Erschließung der Insel zahlreiche Immigranten dorthin gelockt. Bereits 1874 erhielt die Siedlung Stadtrechte. Die letzten Zechen wurden Anfang der 1950er-Jahre geschlossen.

Heute erinnert fast nichts mehr an diese Vergangenheit bis auf das ***Nanaimo Museum***, das die Stadtgeschichte und die rauen Umstände des Kohleabbaus beschreibt; 100 Museum Way; Mitte Mai bis Anfang September meist nur Di-So 10-16 Uhr; Eintritt $2, Kinder $0,75-$1,75; https://nanaimomuseum.ca.

Downtown

Der TCH führt mitten durch Downtown Nanaimo. Die zentrale Shopping- und Restaurant-/Kneipenzone an der parkähnlichen ***Waterfront*** ist sehr überschaubar und nicht umwerfend. Vom ***Seaplane Terminal*** starten die Wasserflugzeuge nach Vancouver.

Für etwas Unterhaltung sorgen die in zeitgenössischer Bekleidung täglich antretenden *Bastion Guards*, die gleich nebenan beim Yachthafen um 12 Uhr unter Dudelsackklängen einen **Kanonenschuss** abgeben. Das dazugehörige, recht winzige ***Fort The Bastion***, das 1853 von der *Hudson's Bay Company* zum Schutz der Neusiedler gegen die Ureinwohner errichtet wurde, dient heute als Mini-Museum und *Tourist Info* (98 Front St; geöffnet nur Mitte Mai bis Anfang Sept Sa+So 10-15 Uhr und an Feiertagen; Eintritt Spende).

Ganzjährig betrieben wird das ***Visitor Centre*** an der #19/Exit 21; 2450 Northfield Road; Di-Sa 10-16.30; https://tourismnanaimo.com.

Badewannenrennen

Ein großes Spektakel ist das seit 1967 alljährlich am 4. Sonntag im Juli zum Abschluss des 4-tägigen ***Nanaimo Marine Festival*** stattfindende ***World Championship Bathtub Race***, bei dem sich »motorisierte Badewannen« ab dem *Nanaimo Harbour* auf eine 58 km lange Seefahrt begeben; Infos unter www.bathtubbing.com.

Unterkunft

Zahlreiche H/Motels säumen den TCH, so z.B. das:

- ***Buccaneer Inn***, gut geführtes Motel im Familienbesitz südlich des *Departure Bay*-Fährterminals; DZ ab ca. $250; 1577 Stewart Ave; ✆ 1-877-282-6337, www.buccaneerinn.com.

In zentraler Lage steht eine Jugendherberge:

- ***Painted Turtle Guesthouse*** mit Betten in den Schlafsälen für ca. $60, zusätzlich noch schlichte Doppel- und Familienzimmer; 121 Bastion Street; ✆ 1-866-309-4432, www.paintedturtle.ca.

Camping

Erste Wahl fürs Campen ist der

- ***Living Forest Oceanside Campground*** an der 6 Maki Rd, 4 km südlich des Zentrums unweit des TCH am Wasser (großzügige Anlage mit Badestrand; im Sommer Zelte ab $44, *hook-up* ab $62; ☏ (250) 755-1755, www.livingforest.com) sowie
- ***Westwood Lake***, 380 Westwood Road, 6 km westlich der Stadt; Anfahrt über den Nanaimo Pkwy und die Jingle Pot Road; Zelte $44, *full hook-up* $52 und *cabins* $120-$130; ☏ (250) 753-3922, www.westwoodlakecampgrounds.com. An dem klaren, warmen **Badesee** sind auch Picknick- und **Tagesgäste** willkommen.

Fährverbindungen ab Nanaimo

Fähren zum Festland

Nur wenig nördlich von Nanaimo endet der Verlauf des *Trans-Canada Hwy* auf Vancouver Island in der treffend benannten ***Departure Bay***. Dort legen mehrfach täglich die Autofähren nach Horseshoe Bay, nördlich von Vancouver, ab. Diese Verbindung ist sogar offizieller Teil des *Trans-Canada Hwy*. Die zweite Autofähre zum kanadischen Festland verkehrt zwischen *Duke Point* (auf einer Landzunge südöstlich von Nanaimo) und Tsawwassen.

Bei ausreichend Zeit vor der Fährabfahrt lohnt sich, nördlich der *Departure Bay* (3600 Place Road), ein Spaziergang zu einer Landspitze mit herrlichem Blick aufs Meer im ***Pipers Lagoon Park***.

Newcastle/ Gabriola Island

Fährverbindungen bestehen ab Nanaimo außerdem zu den vorgelagerten Inseln. Lohnenswert ist der Abstecher nach **Newcastle Island**, einem ganz zum *Marine Provincial Park* erklärten Eiland mit Wanderwegen und Badestrand an der malerischen Kanaka Bay (2 km ab Bootsanleger). Zeltcamper ($18) finden dort schöne und citynahe Übernachtungsplätze. Die Überfahrt mit der Passagierfähre ab *Maffeo Sutton Park* (am nördlichen Ende der Front Street) dauert ca. 15 Minuten; alle 1/2 Stunden 9-21 Uhr im Sommer; $15 retour; https://newcastleisland.ca.

Sandstein-Welle auf Gabriola Island

Gabriola, eine der größeren **Gulf Islands** (14 km lang), wird vom *Terminal* am südlichen Abschnitt der Front St per Autofähre angesteuert (ca. 20 min). Sehenswert sind dort vor allem die Sandsteinformationen an den Uferbereichen, darunter eine große, vom Wind und Meer geschaffene überhängende Welle (***Malaspina Galleries***) sowie die Bienenwaben ähnlichen Gebilde in den Provinzparks ***Gabriola Sands*** und ***Drumberg***; am besten bei Niedrigwasser besuchen; https://hellogabriola.ca.

6.5 Abstecher zur Pacific Rim Nat´l Park Reserve

6.5.1 Anfahrt ab Nanaimo

Gute 3 Stunden reine Fahrzeit sind es ab Nanaimo bis in den bekanntesten Nationalpark auf Vancouver Island: 180 km bis nach Ucluelet und 205 km nach Tofino. Dafür folgt man zunächst der **Küstenstraße #19** nordwärts in Richtung Campbell River/Port Hardy bis zur Ausfahrt 60 auf der Höhe Qualicum Beach und dann den Highways #4/#4A nach Westen.

Ziele an der Straße #19

An der geschützten Ostküste der Insel verbringen viele Kanadier gern die Wochenenden und den Urlaub mit ihren Kindern. Hinter Nanaimo verdichtet sich die touristische Infrastruktur. **Parksville** (12.500 Einwohner) bildet den ersten großen Ferienschwerpunkt mit hohem Verkehrsaufkommen entlang seiner Hotel-, Fast Food- und *Beach*-Meile. Die Strände sind dort zwar lang und sogar das Meerwasser ist einigermaßen warm, aber besonders schön sind sie nicht. Zudem befindet sich der Küstenstreifen überwiegend in Privatbesitz. Aber immerhin bietet der ausgedehnte *Community Park* im zentralen Bereich von Parksville Badestrände (frei) und Mitte Juli jede Menge Sandburgen bei der *Sand Sculpting Competition*.

Erwähnenswert ist der ***Rathtrevor Beach Provincial Park*** östlich von Parksville (Exit 46). Er punktet durch gute *Day-use*-Anlagen und enorme Campingareale. Wanderpfade führen dort entlang teils felsiger Küstenabschnitte und über den 2 km langen Sandstrand, der sich mit seichtem, vergleichsweise warmem Wasser besonderer Beliebtheit erfreut; $35 bzw. $22 bei *walk-in*; alle Plätze im Sommerhalbjahr reservierbar unter ✆ 1-800-689-9025 bzw. https://bcparks.ca/explore/parkpgs/rathtrevor.

Wer dort zur Hochsaison nicht mehr unterkommt, kann es im nahegelegenen *Englishman River Falls* oder *Little Qualicum Falls PP* (➤ unten bzw. rechts) probieren, auch deren *campsites* können reserviert werden.

6.5.2 Highway #4/#4A

Der **Highway #4/#4A** ab Exit 60 führt über Port Alberni weiter zur ***Pacific Rim Nat'l Park Reserve***. In seinem auf der Insel von keiner anderen Route übertroffenen Verlauf durchquert er zunächst dichten Nadelwald, passiert glasklare Seen und Flüsse und windet sich dann durch die Mackenzie Range hinunter zur Küste.

Englishman River Falls

Eine 8 km lange Stichstraße zweigt bei Errington von der #4A zum ***Englishman River Falls Provincial Park*** ab. Ein schöner Spaziergang führt dort vom Parkplatz zu den zwei Fallstufen und zurück (1,6 km; 50 Höhenmeter). Vor allem die *Upper Falls* bieten ein tolles Bild, sie »verschwinden« als breiter Vorhang in einer engen Erdspalte. Unterhalb der *Lower Falls* befindet sich eine Badestelle mit traumhaft klarem Wasser. Eine größere *day-use area* und Picknicktische laden zu einem längeren Verweilen ein.

»Goats on the roof« sieht man nicht alle Tage – außer beim Old Country Market in Coombs

Im Herbst lassen sich außerdem wiederkehrende Lachse beobachten; https://bcparks.ca/explore/parkpgs/englishman_rv.

Campen in dieser wildromantischen Umgebung kostet $23 (nicht verwechseln mit dem gleichnamigen *Regional Park* ohne Übernachtungsmöglichkeiten direkt an der #19 bei Parksville!).

Coombs

In **Coombs**, wenig später an der #4A, steht der Gemischtwarenladen ***Old Country Market***, eine »Touri-Attraktion« mit grasenden Ziegen auf dem Dach (https://oldcountrymarket.com), sowie die gemütliche ***Cuckoo Trattoria*** gleich nebenan.

Little Qualicum Falls

Im ***Little Qualicum Falls Provincial Park***, etwas weiter westlich an der #4, steht erneut eine Schlucht mit tosenden Wasserfällen und Stromschnellen im Mittelpunkt. Der Abstecher zum Little Qualicum River (2 km *Loop Trail*) ist sehr empfehlenswert, der *Campground* großzügig angelegt ($23, auch *first-come, first-served sites* vorhanden).

Little Qualicum Falls

Cameron Lake

Auf halbem Weg nach Port Alberni erstreckt sich in einem bewaldeten Talkessel der 6 km lange **Cameron Lake** mit Bademöglichkeiten. Die #4 folgt seinem Südufer, wo die *Beaufort Picnic Site* zu einer Pause einlädt.

MacMillan Regenwald

Am sehenswertesten ist aber der ***MacMillan Provincial Park*** am Westende des Sees, der bereits 1947 eingerichtet wurde und einen größeren Bestand an sog. *old-growth forest* mit bis zu 800 Jahre alten und 75 m hohen Douglasien schützt. Diese Art Regenwald, die man dort noch im ursprünglichen Zustand erleben kann, dominierte früher einmal das Landschaftsbild der Insel. Heute sind solche Wälder nur noch selten anzutreffen und fallen immer noch Axt und Säge zum Opfer.

Waldweg durch den MacMillian PP

Der Spaziergang durch den ***Cathedral Grove*** beidseitig der #4 ist ein »Muss«. Südlich der Straße stehen einige der mächtigsten Baumriesen (u.a. eine Douglasie mit 9 m Umfang), nördlich davon führt der Rundweg zum Ufer des Cameron Lake mit beeindruckenden Riesenlebensbäumen und Westamerikanischen Hemlocktannen.

Das Gebiet ist meist gut besucht und die Parkflächen stoßen häufig an ihre Grenzen. Campen kann man im *MacMillan PP* nicht; https://bcparks.ca/explore/parkpgs/macmillan.

Port Alberni

Port Alberni (18.000 Einwohner) liegt umrahmt von Bergen bereits am Ostende eines 50 km tief ins Landesinnere reichenden Fjords. Am von den *Paper Mills* ausgehenden Geruch lässt sich das Hauptgewerbe rasch identifizieren. Als weitere Einnahmequelle kommen der Fischfang und Tourismus hinzu. Die große ***Visitor Info*** steht unübersehbar am Hwy #4 gleich am Osteingang der Stadt; Mo-Fr 10-16 Uhr; https://portalbernivisitorcentre.ca.

Noch vor dem Besucherzentrum und schräg gegenüber des Süßwarenladens *Coombs* startet der unauffällige Pfad in Richtung ***Hole in the Wall***, einem von der Wasserbehörde künstlich geschaffenen und bis 1967 genutzten Felsloch, durch das sich heute eine hübsche Kaskade ergießt (während niederschlagsarmer Perioden fließt wie auf dem ➤ Foto rechts oben allerdings weniger Wasser). An der ersten Weggabelung rechts halten, danach links; knapp 1 km *one-way*. Gute Beschreibung mit Karte findet man online z.B. unter https://bestever.guide/hole-in-the-wall-port-alberni.

Übernachten

Port Alberni dient vielen als preiswerter Ausgangspunkt für Besuche im nahen *Pacific Rim NP*. An **Motels** und ***B&Bs*** herrscht kein Mangel. Auch ein gutes **Hostel** wartet dort auf Gäste: ***Char's Landing***; 4815 Argyle St; ✆ (250) 730-1636, www.charslanding.com.

Hole in the Wall

Einige Kilometer westlich von Port Alberni quert die #4 in Richtung Ucluelet/Tofino den ***Sproat Lake Provincial Park*** mit einem beliebten **Badesee**. Entsprechend ausgelastet ist – trotz seiner teils etwas engeren Stellplätze – den Sommer über der *Campground;* $25. Exzellent dagegen sind die *sites* im weitläufigen ***Stamp River PP***, sie liegen im Norden der Stadt und zur Hälfte am Flussufer; $18.

6

Ein großer Zelt- und RV-Park mit vielen Plätzen unmittelbar am Wasser befindet sich gute 15 km südlich von Port Alberni bei der ***China Creek Marina*** am *Alberni Inlet*. Etwas enger steht man am *Lower Campground*, weitläufiger ist der *Upper;* Zelte $36 (mit Duschen), *full hook-up* ab $48; ✆ (250) 723-9812 bzw. https://campchinacreek.com. Die Zufahrt erfolgt über die breite, aber holprige Schotterstraße in Richtung **Bamfield** (➢ Kasten Seite 720).

Harbour Quay

Zentraler Anlaufpunkt in Port Alberni ist der *Harbour Quay* am westlichen Ende der Argyle Street mit einer kleinen Laden- und Restaurant-Ansammlung, dem Aussichtsturm ***Clock Tower*** und dem ***Maritime Discovery Centre***, das in einem Leuchtturm die maritime Welt präsentiert (im Sommer meist Di-Sa 10-16 Uhr; www.portalbernimaritimeheritage.ca).

McLean Mill

Ein dampfbetriebenes Sägewerk kann in der ***McLean Mill National Historic Site*** nördlich der Stadt besichtigt werden (5633 Smith Road; Touren $18/$3-$9). Toll ist die nostalgische Lok »No 7« von 1929, die nun schon seit einigen Jahren leider nicht in Betrieb ist. Alle aktuellen Infos unter https://mcleanmill.ca. Auch übernachten kann man vor Ort (Zelte $21, *hook-up* $38).

Della Falls

Von der #4 zweigt westlich der Stadt beim ***Sproat Lake Provincial Park*** eine Stichstraße zum **Great Central Lake** ab. Wer sein Kanu/Kajak dorthin transportiert, kann zum westlichen Ende des Sees paddeln (33 km) und von dort den *Della Falls Trail* (16 km) im ***Strathcona Provincial Park*** in Angriff nehmen. Mit einer Fallhöhe von 440 m sind die ***Della Falls*** die höchsten Kanadas. Am einfachsten ist die Anreise mit dem Wassertaxi bis zum *trailhead* (Dauer 55 min; Shuttle hin und zurück ab $150 pro Person, Kinder $100): www.dellafallswatertaxi.com.

Zur Pacific Rim Nat'l Park Reserve

Die Straße über die Berge der Mackenzie Range bildet den Höhepunkt der Anfahrt zum ***Long Beach***-Bereich der ***Pacific Rim National Park Reserve***. Zunächst geht es an dem Sproat Lake und Taylor River entlang zur Passhöhe und dann auf kurvenreicher Strecke parallel zum Kennedy River und Lake an die Küste. Die Fahrt ist schön, aber zeitraubend. Für rund 100 km bis *Long Beach* benötigt man ohne Pausen leicht 2 Stunden und mehr.

Südlich von West Bamfield erstreckt sich Brady's Beach (ca. 20 min zu Fuß), ein besonders malerischer und ruhiger Küstenabschnitt mit zahlreichen bewaldeten Felsinselchen, bunten Gezeitenbecken bei Ebbe und einem »Blowhole«, aus dem bei Flut das Wasser bis zu 6 m empor schießt

Ausflug zu den Broken Group Islands und nach Bamfield

Südlich von Ucluelet erstrecken sich die **Broken Group Islands**, ein unüberschaubares Archipel aus mehr als 100 unbewohnten Kleinstinseln im Barkley Sound. Sie gelten nicht nur als **Paddler-Paradies**, sieben von ihnen verfügen sogar über *campsites* und man kann dort (fast) wie Robinson Crusoe übernachten. Einziger Luxus ist ein Plumpsklo, Trinkwasser gibt es keines. Der Trip bedarf einiger Vorbereitung: Die Inseln sind Teil der *Pacific Rim National Park Reserve*, daher ist ein ***camping permit*** erforderlich, das man sich meist früh im Jahr besorgen muss: https://reservation.pc.gc.ca.

Paddler können sich auch in der ***Broken Island Lodge*** einquartieren auf einer weit in den Barkley Sound hineinragenden, nur per Wassertaxi zugänglichen Halbinsel (Transportkosten: $70/Person retour ab der *Secret Beach Marina*, von der Straße #4 ca. 14 km auf Schotter); www.brokenislandslodge.com. Bootsverleih auch bei der *Lodge* (ab $55/Tag).

Von Juni bis Mitte September startet das kombinierte Fracht- und Passagierschiff ***MV Frances Barkley*** vom Anlegeplatz an der 5425 Argyle Street in **Port Alberni** (beim *Harbour Quay*) früh morgens um 8 Uhr in Richtung **Bamfield** (4,5 Stunden, $95 retour; https://ladyrosemarine.com). Zurück geht es ab Bamfield täglich um 13.30 Uhr. *Bis 2020 wurde zusätzlich auch noch Ucluelet angesteuert*. Im Hochsommer sollte man die Fahrt möglichst vorab reservieren. Alternativ kann man einen Anbieter in Ucluelet wählen, dort ein Kajak mieten, per Wassertaxi zu den Broken Group Islands anreisen oder sich einer organisierten Tour anschließen.

Bamfield lässt sich auch mit dem Auto auf einer breiten, meist gut gewarteten Schotterstraße ab Port Alberni (90 km) oder über ein abenteuerliches Wirrwarr an *logging roads* ausgehend vom Cowichan Lake (120 km) erreichen bzw. im Sommer auch mit dem Bus ab Victoria, Nanaimo oder Port Renfrew (*West Coast Trail Express*, https://trailbus.com). Die wenigen *Lodges*, B&Bs und Restaurants dieser entlegenen, keine 200 Seelen zählenden Ansiedlung im Herzen der *Pacific Rim NP Reserve* verteilen sich auf beide Ortsteile (*East/West Bamfield*), die nur über Wassertaxis miteinander verbunden sind. Auf dem Weg zum *Pachena Bay Campground* ($45-$69; https://pachenabaycampground.ca) steht die einzige Tankstelle weit und breit. Nur wenig südlich davon starten/beenden Wanderer ihre mehrtägigen ***West Coast Trail*** Backpacking-Touren (➢ Exkurs Seite 708).

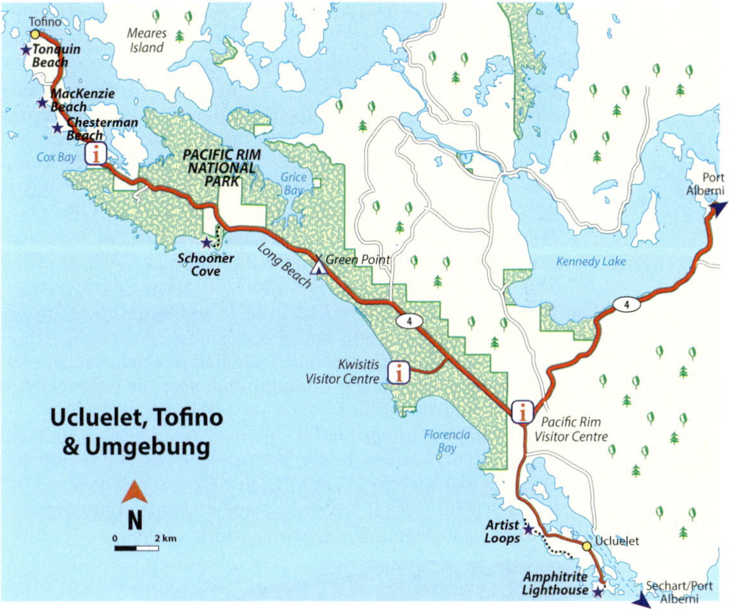

Ucluelet

Kurz vor der Küste zweigt von der #4 die Straße nach Ucluelet ab (noch ca. 8 km). Direkt an der Kreuzung steht das ***Pacific Rim National Park Reserve Visitor Centre*** mit gutem Kartenmaterial und Gezeitentabellen (*tide charts*); geöffnet im Sommer meist täglich 9.30-19 Uhr, www.discoverucluelet.com.

Ucluelet (sprich: *Ju-CLU-let*; 1.700 Einwohner) lebt zwar heute überwiegend vom Tourismus, ist aber ein altes Fischerdorf und etwas ruhiger als das weiter nördlich gelegene Tofino, das als Kanadas »Surf Capital« gilt und wo im Sommer immer entsprechend viel los ist. Beide Orte sind gute Ausgangspunkte fürs ***Whale Watching*** im Barkley Sound, Ulcuelet auch für Kajaktrips durch die Broken Group Islands (➤ Exkurs nebenstehend).

Am Hafen von Ucluelet

Das ***Aquarium*** des Ortes ist sehr klein, gefällt aber wegen der vielen *touch pools* Kindern meist sehr gut; geöffnet täglich 10-17 Uhr; Eintritt $17/$10; https://uclueletaquarium.org.

Übernachten

Für Nationalparkbesucher bietet Ucluelet neben Verköstigung (in erster Linie Seafood-Restaurants und ein größerer Supermarkt an der Peninsula Road) jede Menge Quartiere, Campingplätze und das **Hostel *C&N Backpackers*** (2081 Peninsula Rd; im Hochsommer Bett $49, DZ $200, sonst $39/$139; ✆ (250) 726-7416, www.cnnbackpackers.com). Gut untergebracht ist man außerdem bei:

- ***Cabins West*** mit hübschen 6-Personen-Apartments beim südlichen Ende der Halbinsel; im Juli/August ca. $350, sonst ab $139; 258 Boardwalk; ✆ 1-888-726-7770, www.cabinswest.ca
- ***Wya Point Resort*** mit *chalets* (ab $350) und Jurten (ca. $250; Gemeinschaftsbad und teils kein Strom!) in fantastisch abgeschiedener Lage und mit eigener Bucht nördlich von Ucluelet. Die Anlage umfasst auch einen ***Campground***, aber die holprige enge Zufahrt ist nicht gut für RVs geeignet; www.wyapoint.com.
- Der ***Ucluelet Campground*** beim *Small Boat Harbour* in Gehdistanz zum Zentrum an der 260 Seaplane Base Rd (nördlicher Ortseingang) hat relativ enge Plätze ($50, mit *full hook-up* $67 -$72); ✆ (250) 726-4355, https://uclueletcampground.com.

Am schönsten campt man im Nationalpark, ➤ rechts.

Für jedermann leicht zu erreichen, das Amphitrite Lighthouse mit behindertengerechten Parkplatz am südlichsten Ende der Ucluelet-Halbinsel

Für eine kurze Wanderung bietet sich in Ucluelet die 2,6 km lange *Lighthouse Loop* des ***Wild Pacific Trail*** an. Im Süden des Ortes wird die Halbinsel im dichten Regenwald durchquert und entlang der wilden Felsenküste umrundet. Unterwegs bieten sich tolle Ausblicke auf die vorgelagerten **Broken Group Islands** (➤ Foto Seite 15). Um einiges länger und etwas steiler ist der zweite Abschnitt dieses Küstenwanderwegs im Westen von Ucluelet, der über die *Brown's Beach* bis zu den *Rocky Bluffs* verläuft (8 km *one-way*). Die Route kann aber auch beliebig abgekürzt oder nur abschnittsweise abgelaufen werden. Besonders lohnend ist der Bereich *Artist Loops* mit tollen Aussichtsdecks zwischen windgebeugter Vegetation und grandioser Felskulisse. Hilfreich bei der Orientierung ist die PDF-Broschüre unter www.wildpacifictrail.com.

Long Beach Unit

Long Beach

Wer ab dem *Pacific Rim Visitor Centre* (➤ Seite 721) der #4 weiter in nordwestliche Richtung folgt, erreicht bald die ***Long Beach***, die nördlichste Einheit der ***NPR*** (Eintritt $10). Von Nanaimo fährt man etwa 3,5 Std bis hierher, ab der Provinzhauptstadt Victoria sind es sogar knapp 5 Std. Von Mai bis September ist das Besucheraufkommen bei *Long Beach* immer hoch, allen voran an verlängerten Wochenenden (*Victoria/Canada/Labour Day* und *Civic Holiday*; ➤ Seite 138). Abseits der Parkplätze und *picnic areas* verlieren sich die Menschen aber selbst in der Hochsaison rasch. Auf dem 10 km langen, mit Treibholz übersäten Sandstrand liegen vergleichsweise wenige »Sonnenanbeter«. *Long Beach* zeigt sich, auch wenn jenseits der Berge an der Ostküste der Insel die Sonne scheint, nicht selten von dichtem **Seenebel** eingehüllt. Mit etwas Glück klaren Küstenbrisen den Himmel im Sommer aber schnell wieder auf.

Camping

Das einzige Quartier im Nationalpark ist der ***Green Point Campground*** mit Duschen/Toiletten wunderbar im Regenwald gelegen. Für die Unterbringung im *oTENTik* zahlt man $128 für max. 6 Personen und für den RV-Stellplatz $35 inklusive Stromanschluss. *Walk-in tent sites* kosten etwas weniger ($30). Alle in der Saison lieber rechtzeitig reservieren: https://reservation.pc.gc.ca.

Infos

Sich die Füße vertreten kann man auf acht gut ausgebauten kurzen Pfaden. Eine Übersichtkarte mit Details liefert u.a. das Portal www.longbeachmaps.com/pacific-rim-national-park.html. Ausführliche Infos und *Trail Guides* erhält man außerdem im Nationalpark-Besucherzentrum beim Abzweig nach Ucluelet sowie im ***K^W^isitis Visitor Centre*** bei der ***Wickaninnish Beach*** am Südende der *Long Beach* (geöffnet im Sommer täglich 10-17 Uhr).

Whale Watching Touren ab Tofino und Ucluelet

Grauwale, die im März und April vor der Küste Vancouver Islands auf ihrem Weg von Mexiko nach Alaska vorbeiziehen und im September/Oktober in umgekehrter Richtung, legen in den weitverzweigten Buchten der Insel gern eine Rast ein. Über 200 Tiere bleiben sogar den ganzen Sommer über. **Buckelwale** zeigen sich dort von Juni bis September. Bei ***Adventure Tofino Wildlife Tours*** zahlt man $129/$109 für die 2,5-3 Std im abenteuerlichen *Zodiac*-Schlauchboot; Kinder erst ab 8 Jahren; www.adventuretofino.com. Es gibt aber noch viele weitere Anbieter, darunter ***Jamie's***, der von Tofino oder Ucluelet startet und neben *Zodiacs* auch größere Schiffe im Einsatz hat (3 Std, $129/$119; www.jamies.com). Selbst bei anderen Ausflügen, wie z.B. zur ***Hot Springs Cove*** (➤ Seite 727), sind mit etwas Glück Walbeobachtungen möglich. Seehunde, -löwen, -otter, Weißkopfseeadler, Gelbschopflunde sowie Schwarzbären ergänzen das *Wildlife*-Programm. **Schwertwale** lassen sich am besten bei den Touren ab Victoria (➤ Seite 698) beobachten.

Schwarzbären sind kein seltener Anblick an den Küsten von Vancouver Island; ab Tofino werden auch »Bear Watching« Bootstouren angeboten

Surf-Unterricht an den Stränden südlich von Tofino

Kultur der Ureinwohner

Eine Ausstellung im *K^W^isitis*-Besucherzentrum beleuchtet die Kultur und Geschichte der ***Nuu-chah-nulth First Nation***, die seit Tausenden von Jahren an der Westküste der Insel lebt, auch heute noch kleinere Siedlungen innerhalb der Nationalparkgrenzen unterhalten und maßgeblich bei der Parkverwaltung sowie bei Lehrprogrammen mitwirkt. Zu ihrer Stammesgruppe gehören in Kanada insgesamt 15 Ethnien und in den USA kommen noch die auf der Olympischen Halbinsel ansässigen *Makah* hinzu.

Schooner Cove

Schooner Cove war 2023 noch nicht zugänglich wegen Reparaturarbeiten (Sturmschäden aus 2018)

Eine besonders empfehlenswerte Wanderung beginnt am nördlichen Ende der *Long Beach*. Der ***Schooner Cove Trail*** führt dort auf Holzplankenwegen durch einen märchenhaften Regenwald und endet nach 336 Stufen und 1 km an einer breiten sandigen Bucht. Linker Hand erstreckt sich *Long Beach* und wer sich nach rechts wendet und die Landzunge umrundet, gelangt nach einem weiteren Kilometer in jene Bucht, die dem Trail seinen Namen gab. Unbedingt Gezeiten beachten, da bei Flut der Rückweg möglicherweise blockiert ist: www.waterlevels.gc.ca/eng/station?sid=8615.

Zum **Schwimmen** laden bei *Long Beach* weder Wasser noch Wogen ein, Unentwegte halten aber auch die eiskalten Temperaturen (selbst im Hochsommer maximal 14°C) nicht davon ab.

Surfen

Neben dem populären ***beachcombing*** (Wandern und Strandgut erforschen) ist – dank der langen Wellen aus der Weite des Pazifik – **Surfen** (im Neoprenanzug) eine beliebte Aktivität. Auch auf den Stränden weiter nördlich (*Cox Bay* und *South/North Chesterman Beach*) wird fleißig auf den Brettern gestanden. Allerorts sieht man Neulinge bei ihren »Trockenübungen« auf dem Strand (➤ Foto oben) und wie sie sich anschließend zuversichtlich – oder auch mal weniger geschickt – in die Fluten stürzen.

Surf Sister Surf School rühmt sich die größte rein weibliche Surfschule der Welt zu sein. Dort weiht »*frau*« zur Not auch Männer in die Kunst des Wellenreitens ein. Am besten bucht man gleich das 2-tägige Training (ca. $180; 2x 3 Stunden). Treff- und Startpunkt ist in Tofino an der 625 Campbell St; www.surfsister.com.

Im Zeitraum Mitte Juni bis Anfang Sept hier lieber nicht ohne Reservierung anreisen!

Tofino

Am Ende der Straße – außerhalb des Nationalparks am Clayoquot Sound – liegt das im Sommer immer gut besuchte **Touristenstädtchen Tofino** (1.900 Einwohner) mit vielen Quartieren, Restaurants und Campingplätzen. Die ***Info*** an der 1426 Pacific Rim Hwy hat im Juli/August 9-17 Uhr geöffnet; https://tourismtofino.com.

Rund 3 km südlich des Ortes an der ***MacKenzie Beach*** (mit faszinierenden Gezeitenbecken bei Niedrigwasser) stehen die besten Unterkünfte (teuer zur Saison $350-$900, sonst ab $150):

- ***Ocean Village***, 555 Hellesen Drive; Suiten und *cabins* direkt beim Strand; ✆ 1-866-725-3755, https://oceanvillageresort.com
- ***Best Western Tin Wis Resort***, gleich nebenan am 1119 Pacific Rim Hwy; ✆ 1-800-780-7234.

Last Minute

Etwas preiswerter (im Sommer $230) ist die fabelhaft am nördlichen Ende des Strandes gelegene

- ***Middle Beach Lodge***, sehr gemütliches Haus an der 400 Mac Kenzie Beach Rd; ✆ 1-866-725-2900, www.middlebeach.com.

Eine hilfreiche Adresse für *Last-Minute*-Buchungen ist https://tourismtofino.com/places-to-stay/current-vacancies.

Hostel

Mit Abstand am günstigsten ist die Unterbringung im direkt am Ufer errichteten ***HI Tofino***; Betten $70, DZ ab $169; ✆ 1-855-725-3443, www.tofinohostel.com. Der ultimative Tipp für Wildnis-Fans ist das ***Lone Cone Hostel*** auf der vorgelagerten Insel **Meares**; Bett $35, DZ $90-$120, Zeltplatz für 2 Personen $55; die 15 min-Wassertaxi-Fahrt dorthin ist inklusive; https://loneconetrail.ca).

Camping

- Das ***Crystal Cove Beach Resort*** an der MacKenzie Beach umfasst einen Komfortplatz für RVs ($75) sowie *cabins* (ab $380); 1165 Cedarwood Place; ✆ 1-877-725-4213, www.crystalcove.ca.
- Noch teurer ist der ***Bella Pacifica Campground*** am Südende des Strands (400 MacKenzie Beach Road); zur Saison zahlt man dort selbst für Zelte ab $80, die übrige Zeit ab $50; ✆ (250) 725-3400, www.bellapacifica.com.

Ocean Village Cabins an der MacKenzie Beach bei Tofino

- Für die Stellplätze mit *full hook-up* im ***MacKenzie Beach Resort*** gleich nebenan zahlt man $85, mit Zelt im Wald oder mit Ozeanblick $70; ✆ (250) 725-3439, https://mackenziebeach.com.

»Tacofino«, eine Kult-Imbissbude am Küsten-Highway #4

Essen

Kultstatus genießt der kleine orangefarbene Hippie-Bus ***Tacofino*** unweit der *MacKenzie Beach*, wo neben *Tacos* auch *Burritos* und andere leckere mexikanische Spezialitäten über den Tresen gereicht werden; 1184 Pacific Rim Hwy. Lange Warteschlangen mit hungrigen Surfern (und Touristen) gehören dort zum üblichen Bild. Der lokale Erfolg führte dazu, dass zahlreiche weitere *Tacofino*-Filialen in Vancouver und Victoria eröffneten, www.tacofino.com.

Wer bei Schlechtwetter indoors oder auch sonst etwas gediegener sitzen möchte, für den ist ***The Schooner Restaurant*** eine gute Option. Dort stehen vor allem fein zubereitete Steaks und Seafood auf der Karte; 331 Campbell St; www.schoonerrestaurant.ca.

Eine herrliche Aussicht zum exquisiten *dinner* oder *brunch* verspricht ***The Pointe Restaurant***, das auf einer Klippe direkt über dem Meer thront und zum *The Wickaninnish Inn* gehört (500 Osprey Lane). Zur Hochsaison unbedingt reservieren: ✆ (250) 725-3106, www.wickinn.com/eat-drink.

Die ***Tofino Brewing Company*** mit gutem *craft beer* ist in einer alten Lagerhalle am 681 Industrial Way untergebracht (zu Fuß ca. 30 min vom Zentrum entfernt) und hat täglich 12-21 Uhr geöffnet; https://tofinobrewingco.com.

Supermarkt

Einen **Supermarkt** (*Co-op*) findet man in »Downtown« an der 140 First Street, er ist deutlich größer und besser sortiert als der *Beaches Grocery*-Laden bei der *Chesterman Beach*.

Aktivitäten

Ein lohnenswertes Ziel bei Tofino (z.B. für den Sonnenuntergang) ist die nur wenig besuchte ***Tonquin Beach*** im Südwesten der Ortschaft. Ein schöner Waldweg führt vom Parkplatz an der *Community Hall* dorthin (800 m) und weiter zur *Second Beach* und *Middle Beach* (1,7 km *one-way*). Übersichtskarte: https://tourismtofino.com/plan-your-trip/business-directory/tonquin-trail-connector.

Die ***Naa'Waya'Sum Gardens*** sind eine Mischung aus botanischem Garten und Kunstaustellung mit zahlreichen Skulpturen lokaler Künstler; geöffnet meist 9-17 Uhr; $30/$15 (Kinder unter 12 Jahre frei); www.clayoquotcampus.ca. Das angeschlossene, gemütliche *Little Costa Rica Cafe* lädt zum Verweilen ein.

Ab Tofino werden auch Ausflüge zur von der *Tla-o-qui-aht First Nation* bewohnten **Meares Island** angeboten; Eintritt: $10/Person mit Regenwald-Trail (3,5 km) und grandioser Aussicht vom **Lone Cone** (6,5 km retour, 730 HM). Wer dort nicht gleich übernachtet (»Camping« ➤ Seite 725), bucht am besten für die Überfahrt ein Wassertaxi (https://tofinowatertaxi.com) oder schließt sich einer Tour an (www.oceanoutfitters.bc.ca).

Hot Springs

Für noch mehr Abwechslung sorgen bei einem Tofino-Aufenthalt die heißen Badepools und Wasserfälle der ***Hot Springs Cove***. In die völlige Einsamkeit des ***Maquinna Marine Provincial Park*** gelangt man nur per Wasserflugzeug (20 min) oder Bootstrip (75 min). Von dem Anlegeplatz, 50 km nördlich von Tofino, geht es auf einem Plankenweg 2 km durch Regenwald zu einer schönen Schlucht mit natürlichen übereinanderliegenden Felspools, die durch einen Wasserfall gefüllt werden. Der obere Pool hat 50°C, die unteren werden sukzessive kühler und bei Flut teilweise überspült – **TOLL!**

Mit *Adventure Tofino* (www.adventuretofino.com) sind es $229 für den 6-stündigen Trip (vor Ort bleiben etwa 2 Stunden für das Bad). Kinder müssen mindestens 8 Jahre alt sein und zahlen den vollen Preis. $220 p.P. verlangt das ***Tofino Water Taxi*** (ebenfalls 6 Stunden; https://tofinowatertaxi.com). Alternativ kann mit dem Wasserflugzeug anreisen und dabei den Blick aus der Vogelperspektive auf Tofino und die umliegenden Inselchen genießen; ab $375; Buchung und Infos unter www.tofinoair.ca.

Beim Anflug auf Tofino

Verlauf des Hwy #1 nördlich von Jenner in Kalifornien

Routenvorschläge für 2, 3 oder 4 Wochen Reisezeit

1. ROUTENVORSCHLÄGE

Routen im Reiseteil und individuelle Reiseroute

Wie eingangs der Reisekapitel erläutert (➤ Seite 148f) existieren wegen der großen Dichte an attraktiven Strecken durch den Nordwesten der USA und Südwesten Kanadas vielfältige Möglichkeiten zur Gestaltung einer individuellen Tour. Die vorhergehenden Kapitel sind so aufgebaut, dass die jeweils beschriebenen Routen in unterschiedlichster Weise über die vorhandenen Berührpunkte und Verbindungen – je nach Urlaubszeit und Interessen – leicht zur persönlich optimalen Reise miteinander kombiniert werden können, ➤ Routenübersicht in der vorderen Umschlagklappe.

Die folgenden Vorschläge reduzieren die in den Reisekapiteln bereits überwiegend als Rundfahrten angelegten Routenbeschreibungen auf eine vorgegebene Reisezeit von 2-4 Wochen und beinhalten möglichst viele attraktive Ziele und Straßenverläufe. Für kürzere Aufenthalte sind die Möglichkeiten in Abhängigkeit vom Startpunkt begrenzter; Erweiterungen hingegen kein Problem.

Distanzen

Die **Kilometer-/Meilenangaben** beziehen sich auf die Summe der Entfernungen zwischen allen Punkten einer Route. **Die effektiv zurückgelegten Distanzen** werden deutlich über dieser Zahl liegen, da Stadtverkehr, Unterkunfts- und/oder Campingplatzsuche, Fahrten innerhalb von Nationalparks und zum Einkauf/für Unternehmungen nicht berücksichtigt wurden. Dafür fallen leicht zusätzlich 15%-30% der Entfernungskilometer an.

Zeitbedarf

Die Angaben zum Zeitbedarf beinhalten nur einen »Akklimatisierungs«tag am Ankunftsort – in Seattle, San Francisco bzw. Denver (ggf. Salt Lake City) oder in Vancouver/Calgary – und beziehen sich auf Rundfahrten ohne längere Zwischenaufenthalte. Zwar bleibt auf Basis der jeweiligen Wochenangaben durchaus Zeit für Aktivitäten wie kurze bis zu Halbtageswanderungen, für ein Entspannen in heißen Quellen und den Besuch eines Museums, auch für volle Tage etwa in Banff oder Jasper, aber nicht für ausgedehnteres,

Die 130 m lange Peace Bridge für Fußgänger mit Blick auf Downtown Calgary bei Nacht

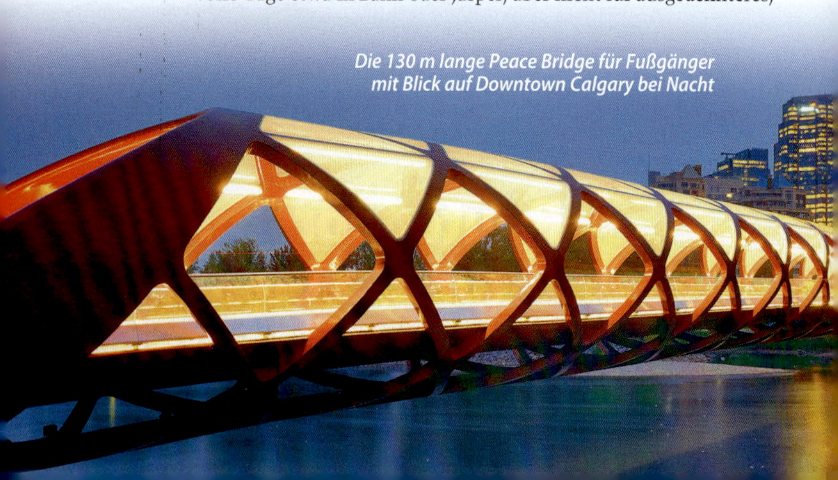

spontanes Verweilen etwa an einem einsamen See während einiger Schönwettertage, einen längeren Trip per Kanu oder Pferd etc. Wer diese Art einer ruhigen und erholsamen Reise vorzieht, braucht für die vorgeschlagenen Routen 25%-40% mehr Zeit als hier vorkalkuliert oder muss sie kürzen bzw. Abstriche machen.

Route 1: 2 bis 4 Wochen – Durch den Südwesten Kanadas

Ausgangspunkte: **Vancouver**, **Calgary**
ggf. auch Seattle/USA

Eckpunkte der Route:

Vancouver – Whistler – Duffey Lake Road – Lillooet – 100 Mile House – Clearwater – Wells Gray Provincial Park – Mt. Robson PP – Jasper Nationalpark – Abstecher Maligne Lake – Icefields Parkway – Banff Nationalpark – Lake Louise – Banff – Rundfahrt Kootenay/Yoho Nationalpark – Calgary – Head-Smashed-In Buffalo Jump – Waterton Lakes Nationalpark – Fort Steele – Cranbrook – Creston – Balfour – Kaslo – Nakusp Hot Springs – Vernon – Okanagan Valley – Osoyoos – E. C. Manning Provincial Park – Vancouver

Streckenlänge: mit allen Abstechern rund 3.500 km/2.200 mi. Bei Start/Ende in Seattle folgt man am besten nach Osoyoos der Strecke durch den North Cascades Nationalpark (Hwy 20).

Zeitbedarf: 3 Wochen

Empfohlener Reisebeginn: Da am Icefields Parkway bis Mitte Juni noch und ab Mitte September wieder mit widrigen Witterungen zu rechnen ist, lieber nicht vor Juni und auch nicht später als Anfang September in Angriff nehmen. Ideal wäre die zweite Augusthälfte, wenn der Reiseverkehr langsam abnimmt. Die Tage im September verbringt man dann im warmen Süden von British Columbia.

Bemerkungen: Der Hauptakzent dieser Route liegt auf dem Besuch der kanadischen »Rocky Mountains«-Nationalparks mit viel Natur »am Wege«, auf heißen Quellen und Badeseen. Die Rundfahrt lässt sich bequem in drei Wochen bewältigen.

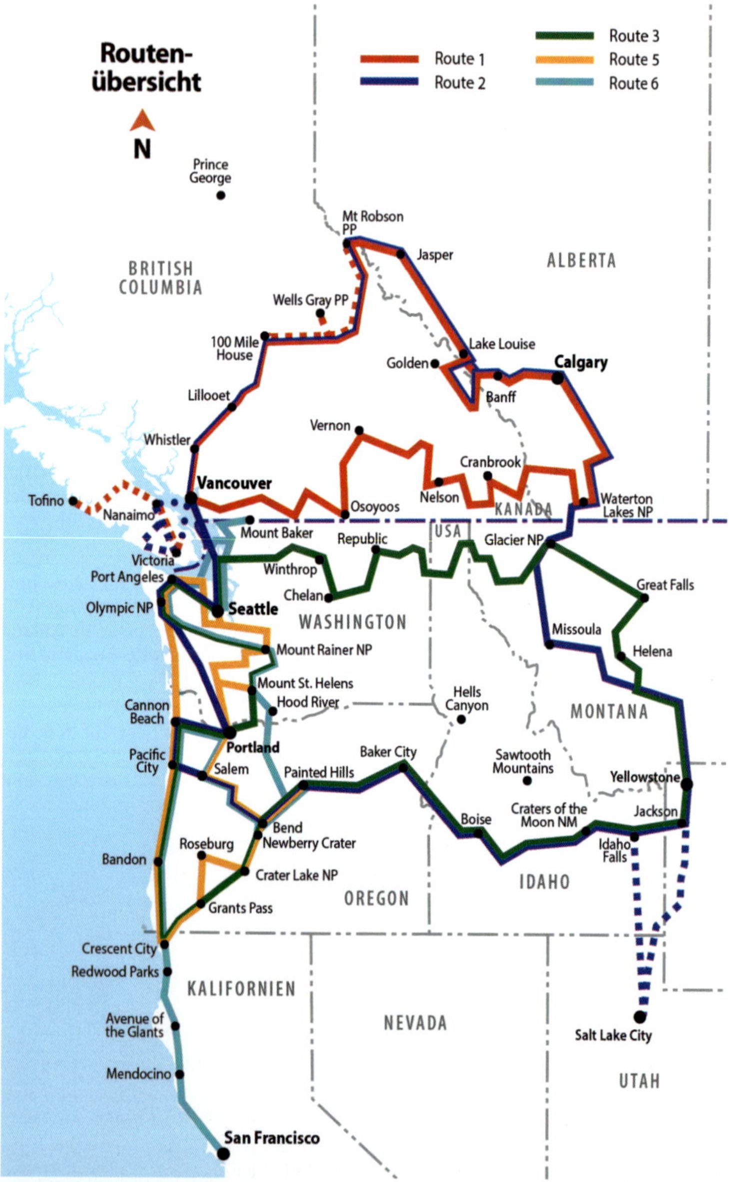
Routen-
übersicht
N
Route 1
Route 2
Route 3
Route 5
Route 6
Prince George
BRITISH COLUMBIA
ALBERTA
Mt Robson PP
Jasper
Wells Gray PP
100 Mile House
Lake Louise
Golden
Calgary
Banff
Lillooet
Vernon
Whistler
Cranbrook
Vancouver
Nelson
Tofino
Nanaimo
Osoyoos
KANADA
Waterton Lakes NP
USA
Mount Baker
Republic
Glacier NP
Victoria
Port Angeles
Winthrop
Great Falls
Chelan
Olympic NP
Seattle
WASHINGTON
Missoula
Mount Rainer NP
Helena
Mount St. Helens
Hood River
Hells Canyon
Cannon Beach
MONTANA
Portland
Baker City
Pacific City
Salem
Sawtooth Mountains
Painted Hills
Yellowstone
Craters of the Moon NM
Jackson
Boise
Bend
Newberry Crater
Idaho Falls
Roseburg
Bandon
Crater Lake NP
IDAHO
Grants Pass
OREGON
Crescent City
Redwood Parks
KALIFORNIEN
Avenue of the Giants
NEVADA
Salt Lake City
Mendocino
UTAH
San Francisco

Abweichungen: Auf dem Rückweg nach Vancouver könnte man die Ziele südlich von Calgary (Head-Smashed-In Buffalo Jump und Waterton Lakes NP) zu Gunsten der Nationalparks Mount Revelstoke und Glacier (Kanada!) streichen. Dies empfiehlt sich vor allem zur Blütezeit am Meadows-in-the-Sky Parkway des Mount Revelstoke (Ende Juli/Anfang August!).

Rückfahrt ab den Rocky Mountains dann z.B.: Banff – Calgary – Kootenay Nationalpark – Glacier Nationalpark – Mount Revelstoke Nationalpark – Nakusp Hot Springs – Vernon – Okanagan Valley – Osoyoos – Vancouver.

Ähnliches gilt bei nur **zwei Urlaubswochen**, in diesem Fall folgt man am besten auch westlich von Revelstoke dem Trans-Canada Highway zurück bis nach Vancouver.

Erweiterungsmöglichkeiten (4 Wochen):
Jede Reise ab Vancouver/Seattle kann mit einem Abstecher nach Vancouver Island schön abgerundet werden. Dabei sollte man zumindest Victoria und den Pacific Rim Nationalpark ansteuern. Der minimale zusätzliche Zeitbedarf beträgt 4-5 Tage, die Streckenlänge erweitert sich um rund 550 km bzw. ca. 750 km, wenn man sich für die Rückfahrt über die »Sunshine Coast« nördlich von Vancouver entschließt.

Route 2: 4 Wochen – Grenzübergreifende Route

Ausgangspunkte: **Seattle, Vancouver**, **Calgary**
ggf. auch Salt Lake City

Eckpunkte der Route:
Seattle –Vancouver – Whistler – Duffey Lake Road – Lillooet – 100 Mile House – Clearwater – Wells Gray Provincial Park – Mt. Robson PP – Jasper Nationalpark– Abstecher Maligne Lake – Icefields Parkway – Banff Nationalpark – Lake Louise – Banff – Rundfahrt Kootenay/Yoho Nationalpark – Calgary – Head-Smashed-In Buffalo Jump – Waterton Lakes Nationalpark – Glacier NP (USA) – Yellowstone Nationalpark – Grand Teton NP – Jackson – Craters of the Moon NM – Oregon Trail Interpretive Center – John Day Fossil Beds NM – Bend – Salem – Oregon-Küste (Cape Kiwanda & Cannon Beach) – Portland – Olympic Nationalpark – Seattle

Streckenlänge:
Mit allen oben aufgeführten Abstechern rund 6.400 km/4.000 mi. Ab und bis Salt Lake City verlängert sich die Strecke um 800 km.

Zeitbedarf: 4 Wochen

Empfohlener Reisebeginn: Mitte Juni bis Ende August

Diese Rundtour sollte man möglichst nicht zu spät im Jahr starten, denn ab Mitte/Ende September muss im Yellowstone Nationalpark bereits mit ersten Schneefällen gerechnet werden.

Erweiterungsmöglichkeiten: Nach dem Aufenthalt im Grand Teton NP kann – bei Interesse – noch die Mormonenhauptstadt Salt Lake City besucht werden (eine zusätzliche Übernachtung erforderlich): Grand Teton NP – Jackson – Bear Lake – Salt Lake City – Antelope Island – Golden Spike Nat'l Historic Site – und wie angeführt dann weiter über Craters of the Moon NM usw.

Wer gegen Ende des Urlaubs noch 2-3 Tage übrig hat und von Vancouver die Heimreise antritt, könnte einen Umweg über Vancouver Island in Betracht ziehen (Fährverbindung ab Port Angeles beim Olympic NP und dann ab Nanaimo weiter bis nach Vancouver).

Route 3: 4 Wochen – US-Nordwesten ab Seattle

Ausgangspunkte: **Seattle**, ggf. auch Vancouver/Kanada

Eckpunkte der Route:
Seattle – North Cascades NP – Winthrop – Lake Chelan – Grand Coulee Dam – Republic – südlicher Abschnitt der International Selkirk Mts Loop – Glacier NP (USA) – Yellowstone NP – Grand Teton NP – Jackson – Craters or the Moon NM – Oregon Trail Interpretive Center – John Day Fossil Beds NM – Bend – Newberry

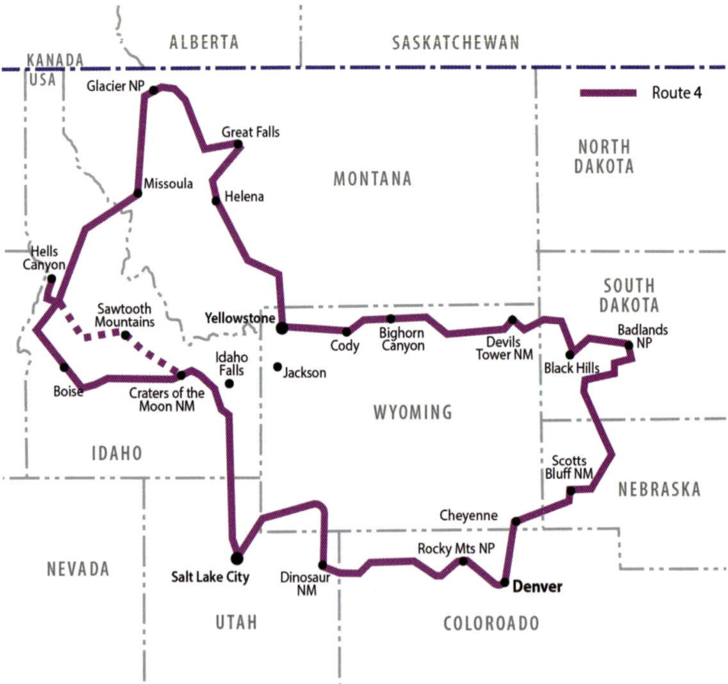

Crater – Crater Lake NP – Grants Pass – Oregon Caves NM – Jedediah Smith Redwoods SP – Crescent City – Brookings – Samuel Boardman State Scenic Corridor – Bandon – Cape Arago & Shore Acres SP – Oregon Dunes – Zentrale Oregon-Küste – Three Capes Scenic Drive – Cannon Beach – Portland – Mount St. Helens (Windy Ridge) – Mount Rainier NP – Olympic NP – Seattle

Streckenlänge: über 6.300 km/3.900 mi

Zeitbedarf: 4 Wochen

Empfohlener Reisebeginn: Mitte Juni-Ende August; ähnlich wie bei der »Route 2« aufgrund des Yellowstone NP am besten vor Mitte August starten. Perfekt getimt hat die Rundtour, wer den Mount Rainier Nationalpark in der ersten Augustwoche erreicht (meist Höhepunkt der alpinen Wildblumenblüte bei *Paradise*).

Bemerkungen: *NP Lodges* sowie Unterkünfte in der Umgebung der Nationalparks Glacier, Yellowstone, Crater Lake und Mount Rainier müssen unbedingt langfristig im Voraus reserviert werden.

Erweiterungsmöglichkeiten: Ab Port Angeles auf der Olympischen Halbinsel, ist mit ein paar Reisetagen mehr, ein Abstecher nach Vancouver Island realisierbar – ein kurzer mit Besuch von Victoria, des Juan de Fuca PP und Rückfahrt ab Nanaimo mit der Fähre nach Vancouver und dann auf dem Landweg zurück nach Seattle (plus drei Tage mindestens) oder inklusive Tofino (Pacific Rim Nationalpark), dafür werden aber insgesamt fünf Tage und mehr benötigt.

Route 4: 3 oder 4 Wochen – Zentraler Nordwesten ab Denver

Ausgangspunkte: Denver, alternativ auch Salt Lake City

Eckpunkte der Route:

Denver – Rocky Mountains NP – Dinosaur NM – Flaming Gorge – Salt Lake City – Antelope Island – Golden Spike NHS – Craters of the Moon NM – Shoshone/Twin Falls/Boise (alternativ durch die Sawtooth Mountains) – Hells Canyon – Nez Perce Nat'l Historic Park – Lolo Pass – Missoula – Nat'l Bison Range – Glacier NP – Yellowstone NP – (Buffalo Bills) Cody – Bighorn Canyon – Devils Tower NM – Spearfish Canyon – Black Hills (mehrtägiger Aufenthalt mit Badlands NP) – Scotts Bluff NM – Cheyenne – Denver

Streckenlänge: über 6.000 km bzw. 3.700 mi

Zeitbedarf: 4 Wochen (bei 3 Wochen ohne Hells Canyon-Umweg, sondern über die #93 von den Sawtooth Mts direkt zum Glacier NP)

Empfohlener Reisebeginn: Mitte Juni bis Anfang September, ➢ dazu auch »Route 2«

Bemerkungen: Glacier und Yellowstone-Quartiere langfristig vorbuchen, in den Black Hills Anfang August (Motorcycle Rally).

Route 5: 3 Wochen – Pazifikküste & Vulkane ab Seattle

Eckpunkte der Route:
Seattle – Mount Rainer NP – Mount St. Helens (Johnston Ridge Observatory) – Portland – Salem – Silver Falls SP – Opal Creek Wilderness – Sisters (ohne RV mit Abstecher MacKenzie Pass) – Bend – Abstecher Smith Rock SP & Painted Hills – Newberry Crater – Crater Lake NP – Grants Pass – Oregon Caves NM – Jedediah Smith Redwoods SP – Crescent City – Brookings – Samuel Boardman State Scenic Corridor – Bandon – Cape Arago & Shore Acres SP – Oregon Dunes – Zentrale Oregon-Küste – Three Capes Scenic Drive – Cannon Beach – Olympic NP – Seattle

Ausgangspunkte: Seattle, ggf. auch Vancouver

Streckenlänge: rund 3.000 km/1.900 mi

Zeitbedarf: 4 Wochen

Empfohlener Reisebeginn: Ende Juni bis Anfang September
Idealer Start Ende Juli/Anfang August aufgrund der Wildblumenblüte im Mount Rainier NP

Bemerkungen: *NP Lodges* sowie Quartiere beim Mount Rainier und Crater Lake lange im Voraus reservieren.

Erweiterungsmöglichkeiten: ab Port Angeles ➤ »Route 3« (Vancouver Island) oder »Route 6« (Mount Baker Scenic Drive).

Route 6: 3 Wochen – Küste & Vulkane ab San Francisco

Eckpunkte der Route:
San Francisco – Mendocino – Avenue of the Giants – Redwood Parks – Crescent City – Jedediah Smith Redwoods SP – Brookings – Oregon-Küste bis Cannon Beach – Portland – Salem – Silver Falls SP – Sisters (ohne Wohnmobil mit Abstecher MacKenzie Pass) – Bend – Newberry Crater – Smith Rock SP – Abstecher Painted Hills – Hood River – Wasserfälle im Gifford Pinchot Nationalforst – Mount St. Helens (Windy Ridge) – Mount Rainier NP – Olympic NP – Port Angeles – Bellingham – Mount Baker Scenic Drive (Straße #542) – Everett (Boeing) – Seattle

Ausgangspunkt: San Francisco **Endpunkt: Seattle**

Streckenlänge: 3.700 km bzw. rund 2.300 mi

Zeitbedarf: 3 Wochen; bei 2 Wochen ohne den Schlenker über Salem/Bend, sondern dann gleich von Portland direkt Mount St. Helens ansteuern

Empfohlener Reisebeginn: Ende Mai bis Mitte September

Bemerkungen: Bei dieser Route entfällt bei manchen Vermietern die Einwegmiete. Unbedingt die ersten zwei Nächte in San Francisco vorbuchen sowie die Unterkünfte an der kalifornischen Küste und im Mount Rainier NP (nicht nur zum Höhepunkt der Wildblumenblüte in der ersten Augustwoche).

Erweiterungsmöglichkeiten: ➤ dazu »Route 3«

ANHANG

Chihuly Glaskunst in Seattle

Steckbrief USA

Unabhängigkeitsjahr	1776 von Großbritannien	
Staatsform:	Präsidialsystem	
Staatsoberhaupt:	Präsident Joseph Biden	
Staatsflagge:	*Stars & Stripes*, seit 1960	
Nationalfeiertag:	4. Juli, Independence Day	
Fläche:	9.833.520 km^2 (einschl. 685.930 km^2 Binnengewässer)	
Einwohner:	325,7 Mio.	
Bevölkerungsdichte:	33 Einwohner/km^2	
Hauptstadt:	Washington D.C.	
Größte Städte:	New York	18,4 Mio. Einwohner
(jeweils Einzugsbereich)	Los Angeles	12,1 Mio. Einwohner
	Chicago	8,6 Mio. Einwohner
im Nordwesten	San Francisco	3,3 Mio. (Platz 13)
	Seattle	3,1 Mio. (Platz 14)
	Denver	2,4 Mio. (Platz 18)
US-Bundesstaaten (50):	Alabama, Alaska, Arizona, Arkansas, **Colorado**, Connecticut, Delaware, Florida, Georgia, Hawaii, **Idaho**, Illinois, Indiana, Iowa, **Kalifornien**, Kansas, Kentucky, Louisiana, Maine, Maryland, Massachusetts, Michigan, Minnesota, Mississippi, Missouri, **Montana, Nebraska**, Nevada, New Hampshire, New Jersey, New Mexico, New York, North Carolina, **North Dakota**, Ohio, Oklahoma, **Oregon**, Pennsylvania, Rhode Island, South Carolina, **South Dakota**, Tennessee, Texas, **Utah**, Vermont, Virginia, **Washington**, West Virginia, Wisconsin, **Wyoming**	
Amtssprache:	Englisch	
Höchste Berge:	Denali (Alaska)	6.190 m
Längste Flüsse:	Missouri River	3.768 km
	Mississippi River	3.544 km
Größte Insel:	Hawaii (Big Island)	10.433 km^2
Größter See:	Lake Superior	82.100 km^2
Hauptexportländer:	Kanada 16% Mexiko 14% China 9,2%	
Hauptimportländer:	China 21% Mexiko 14% Kanada 13%	
Exportprodukte:	Flugzeuge, Autos, Refined Petroleum	
Importprodukte:	Autos, Crude Petroleum, Computer	

California, ***The Golden State*** Staat der USA seit 1850
Hauptstadt: Sacramento; **Fläche**: 424.000 km^2; **Bevölkerung:** 39,5 Mio.
Besucherinformation: California Office of Tourism; www.visitcalifornia.com

Colorado, ***The Centennial State*** Staat der USA seit 1876
Hauptstadt: Denver; **Fläche**: 270.000 km^2; **Bevölkerung:** 5,8 Mio.
Besucherinformation: Colorado Tourism Office; www.colorado.com

Idaho, ***The Gem State*** Staat der USA seit 1890
Hauptstadt: Boise; **Fläche**: 217.000 km^2; **Bevölkerung:** 1,9 Mio.
Besucherinformation: Idaho Tourism; https://visitidaho.org

Montana, ***Big Sky Country*** Staat der USA seit 1889
Hauptstadt: Helena; **Fläche**: 381.000 km^2; **Bevölkerung**: 1,1 Mio.
Besucherinformation: Travel Montana; www.visitmt.com

Nebraska, ***The Cornhusker State*** Staat der USA seit 1867
Hauptstadt: Lincoln; **Fläche**: 200.000 km^2; **Bevölkerung:** 1,96 Mio
Besucherinformation: Nebraska Tourism; https://visitnebraska.com

North Dakota, ***Peace Garden State*** Staat der USA seit 1889
Hauptstadt: Bismarck; **Fläche**: 184.000 km^2; **Bevölkerung:** 775.000
Besucherinformation: Department of Tourism; www.ndtourism.com

Oregon, ***The Beaver State*** Staat der USA seit 1859
Hauptstadt: Salem; **Fläche**: 255.000 km^2; **Bevölkerung:** 4,2 Mio.
Besucherinformation: Oregon Tourism; https://traveloregon.com

South Dakota, ***Mount Rushmore State*** Staat der USA seit 1889
Hauptstadt: Pierre; **Fläche**: 200.000 km^2; **Bevölkerung:** 895.000
Besucherinformation: Department of Tourism; www.travelsouthdakota.com

Utah, ***The Beehive State*** Staat der USA seit 1896
Hauptstadt: Salt Lake City; **Fläche**: 220.000 km^2; **Bevölkerung:** 3,3 Mio.
Besucherinformation: Utah Office of Tourism; www.utah.com

Washington, ***Evergreen State*** Staat der USA seit 1889
Hauptstadt: Olympia; **Fläche**: 185.000 km^2; **Bevölkerung**: 7,7 Mio.
Besucherinformation: WA State Tourism; https://stateofwatourism.com

Wyoming, ***The Equality State*** Staat der USA seit 1890
Hauptstadt: Cheyenne; **Fläche**: 254.000 km^2; **Bevölkerung**.: 580.000
Besucherinformation: Wyoming Travel; https://travelwyoming.com

Touristische Infos für alle US-Staaten: www.visittheusa.de

ANHANG Steckbrief Kanada

Unabhängigkeitsjahr

1867 de facto im *Britisch North America Act*
1931 nominell im *Statute of Westminster*
1982 eigene Verfassung im *Constitution Act*

Staatsform:	Parlamentarische Monarchie	
Staatsoberhaupt:	Queen Elizabeth II.	
Premierminister	Justin Trudeau	
Staatsflagge:	Ahornblatt, seit 1965	
Nationalfeiertag:	1. Juli, Canada Day	
Fläche:	9.984.670 km^2 (einschl. 891.163 km^2 Binnengewässer)	
Einwohner:	36,3 Mio.	
Bevölkerungsdichte:	4 Einwohner/km^2	
Hauptstadt:	Ottawa (seit 1857)	
Größte Städte:	Toronto	5,9 Mio. Einwohner
(jeweils Einzugsbereich)	Montréal	4,1 Mio. Einwohner
im Westen	Vancouver	2,5 Mio. (Platz 3)
	Calgary	1,4 Mio. (Platz 4)
	Edmonton	1,3 Mio. (Platz 6)
Provinzen (10):	**Alberta, British Columbia**, Manitoba, New Brunswick, Newfoundland, Nova Scotia, Ontario, Prince Edward Island, Québec und Saskatchewan	
Territorien (3):	Northwest Territories, Nunavut, Yukon	
Amtssprachen:	Englisch und Französisch	
Höchste Berge:	Mount Logan	5.959 m
Längste Flüsse:	Mackenzie River	4.241 km
	Yukon River	3.185 km
Größte Insel:	Baffin Island	507.451 km^2
Größter See:	Lake Superior	82.100 km^2
Hauptexportländer:	USA 76% China 4% Großbritannien 2%	
Hauptimportländer:	USA 53% China 12% Mexiko 5,9%	
Exportprodukte:	Maschinen, Kraftfahrzeuge/teile, *Aircraft*	
Importprodukte:	Maschinen, Kraftfahrzeuge/teile	

Alberta, Motto: ***Fortis et liber (strong and free)***
Hauptstadt: Edmonton; **Fläche**: 626.000 km^2; **Bevölkerung:** 4,3 Mio.
Besucherinformation: Alberta Tourism; www.travelalberta.com

Riesige, seenreiche Waldgebiete bedecken etwa zwei Drittel der Fläche Albertas nördlich und westlich von Edmonton, wohingegen die Prärien nur ein Drittel ausmachen. Die Hochgebirgsregion spielt flächenmäßig kaum eine Rolle. Ausgedehnte Badlands mit kargen Sandsteinformationen und tiefeingeschnittene Täler entlang des Red Deer und Milk River verhindern vor allem im Südosten die großflächige agrarische Nutzung der Prärie. Neben den Badlands unterbrechen zahlreiche Flussläufe, Seen und kleinere Hügelgebiete die Landschaft – am markantesten die Cypress Hills an der Grenze zu Saskatchewan. Der überwiegende Teil der Bevölkerung Albertas lebt entlang der Nord-Süd-Achse Lethbridge–Calgary–Red Deer–Edmonton. Sieht man ab von der Handvoll kleinerer Städte wie Medicine Hat, Fort McMurray und Grande Prairie und ihrem jeweiligen Umfeld ist der gesamte Rest der Provinz nur spärlich, der Norden so gut wie gar nicht besiedelt. In den Sommermonaten sind in der Prärie – einschließlich Calgary und Edmonton – Tageshöchsttemperaturen von 25°C die Regel, aber am Icefields Parkway in den Nationalparks Jasper und Banff kommen selbst im Juli Frost und Schnee vor. Im an sich bitterkalten Winter sorgt gelegentlich der Chinook, ein vom Pazifik über die Berge ins südliche Alberta steigender Föhn, innerhalb weniger Stunden für Temperaturwechsel von über 20°C.

British Columbia, Motto: ***Splendor sine occasu (Splendour without diminishment)***
Hauptstadt: Victoria **Fläche**: 955.000 km^2; **Bevölkerung:** 5,0 Mio.
Besucherinformation: BC Tourism; https://britishcolumbia.com

Als Provinz trat British Columbia dem Dominion of Canada 1871 bei. Hauptstadt wurde Victoria, damals einzige nennenswerte Stadt. Die Felsbarriere der Rocky Mountains und weiterer Gebirgszüge erschwerte lange Zeit die Kommunikation zwischen BC und dem restlichen Kanada. Die Situation änderte sich 1885 nach Fertigstellung der transkontinentalen Canadian Pacific Railway. Bald florierte auch der Handel mit Asien. British Columbia stieg zur wirtschaftlich bedeutendsten Provinz des Westens auf und wurde zu einer Art kanadischem Kalifornien. Heute ist die Wirtschaft mehr denn je auf den pazifischen Raum ausgerichtet. Die Region Vancouver gilt als die reichste Kanadas. Die Geographie der Provinz wird durch zahlreiche Gebirgszüge bestimmt, die überwiegend parallel und hintereinander in Südost-Nordwest-Richtung verlaufen. Zwischen den Gebirgen erstrecken sich bewaldete Ebenen, durchzogen von Seenplatten und Flüssen, darunter das riesige Interior Plateau. Das von mildem Klima begünstigte Seengebiet im Okanagan Valley ist nach den Nationalparks meistfrequentierte Touristenregion der Provinz. Vor der zerklüfteten Küste liegen fast 7.000 Inseln, darunter mit Vancouver Island die größte Nordamerikas. Die Bevölkerung konzentriert sich auf den Süden der Provinz. Zwei Drittel der Einwohner leben in den Großräumen Vancouver und Victoria und weitere 20% im Einzugsbereich des Okanagan Valley einschließlich Kamloops und in Orten am Crowsnest Highway entlang der US-Grenze.

Touristische Infos für Kanada: https://travel.destinationcanada.com/de-de

Neben den Großveranstaltungen begeistern auch zahlreiche kleinere Events die Besucher; so kann man z.B. mehrfach die Woche von Ende April bis Anfang August durch Sandlabyrinthe an der Face Rock Beach bei Bandon spazieren

Interessante Veranstaltungen/Großevents im Westen Nordamerikas

(Powwows der Ureinwohner ➤ Seite 67)

Januar

- Mitte Januar: ***National Western Stock Show***, Rodeos+Paraden in Denver/CO
- Ende Januar: ***Sundance Film Festival*** in Park City bei Salt Lake City/UT

Februar

- Beginn des ***Oregon Shakespeare Festival*** in Ashland/Oregon (bis Oktober)

März

- Ende März ***Spring Whale Watching Week*** in Depoe City/OR

April

- ***Tulip Festival*** in Mount Vernon/WA (Anfang-Ende April)

Mai

- **5. Mai:** Cinco de Mayo buntes Festtreiben in zahlreichen Städte Latinos feiern mit viel Essen, Spaß und Kultur
- *Victoria Day*: bunte Paraden in einigen kanadischen Städten, allen voran in Victoria/BC
- Mitte/Ende Mai: ***Cloverdale Rodeo*** in Surrey bei Vancouver/BC
- Mitte Mai: ***UFO Festival*** (2 Tage) in McMinnville/OR
- *Memorial Day*: zahlreiche Paraden in vielen US-Städten
- *Memorial Day Weekend*: ***Swiftsure Race***, Segelregatta bei Victoria/BC
- *Memorial Day Weekend*: ***Sasquatch!***, Indie-Musik-Event bei der Columbia River Gorge in George/WA
- *Memorial Day Weekend*: ***Kinetic Grand Championship***, verrücktes Rennen mit selbstgebastelten/-betriebenen Amphibienfahrzeugen bei Arcata/CA

Juni

- Ende Mai-Mitte Juni: ***Rose Festival*** in Portland/OR
- Ende Juni: ***Dragon Boat Festival*** in Vancouver/BC
- Ende Juni: ***International Jazz Festival*** in Vancouver/BC
- Ende Juni/Anfang Juli: ***Williams Lake Stampede***, größtes Rodeo in BC

Juli

- *Canada Day*: Straßenfeste allerorten in Kanada (1. Juli)
- Anfang Juli: ***Calgary Stampede***, 10-tägige »Greatest Show on Earth«
- Anfang Juli: ***Cody Stampede***, 4-tägiges Rodeo in Cody/WY
- *Independence Day*: viele Straßenfeste in den USA (4. Juli)
- Mitte Juli: ***Snake River Stampede***, großes Rodeo in Nama/ID
- Mitte Juli: ***Bathtub Race***, Badewannen-Rennen in Nanaimo/BC
- Mitte Juli: ***Sheridan WYO Rodeo***, 4 Tage Rodeo-Wettbewerbe in Sheridan/WY
- Ende Juli: ***Oregon Brewers Festival*** in Portland/OR
- Ende Juli: ***Last Chance Stampede***, 4-tägiges Rodeo-Event in Helena/MT
- Ende Juli: ***Frontier Days***, 10-Tage Rodeos, Powwows usw. in Cheyenne/WY
- Ende Juli: ***Red Desert Roundup Rodeo*** (2 Tage) in Rock Springs/WY
- Ende Juli: ***Chief Joseph Days Rodeo*** (6 Tage) beim Wallowa Lake/OR
- Ende Juli: ***Days of 76,*** 5-tägige Event mit Paraden, Rodeo in Deadwood/SD
- Ende Juli/Anfang August: ***Vancouver Celebration of Light***, Feuerwerkswettbewerb am Hafen von Vancouver/BC

August

- Anfang August ***Motorcycle Rally*** in Sturgis/SD
- Anfang August: ***Squamish Days Loggers Sports*** in Squamish/BC
- Mitte August: ***Caldwell Night Rodeo*** in Caldwell/ID
- Mitte August: ***International Airshow*** in Abbotsford/BC
- Mitte August: ***Speed Week*** auf den Bonneville Salt Flats/UT
- Mitte/Ende August: ***Pacific National Exhibition***, 2-wöchige Landwirtschaftsausstellung mit *Country*-Musik, Jahrmarkt etc. in Vancouver/BC

Nordamerikas größtes Rodeo-Event Calgary

ANHANG

Whale Watching mal etwas anders im Shore Acres State Park zur Weihnachtszeit

- Ende August: ***Whoop-Up Days***, 4 Tage Volksfest mit Rodeo in Lethbridge/AB
- Ende August: ***Interior Provincial Exhibition*** mit Rodeo in Armstrong/BC
- Ende August/Anfang September: ***Mustang Rally*** in Sturgis/SD

September

- Anfang September: ***Bumbershoot Arts Festival*** in Seattle/WA
- Anfang September: ***Ellensburg Rodeo*** großes Event in Ellensburg/WA
- Mitte September: ***Pendleton Round-up***, 4 Tage langes Rodeo-Event, eines der größten überhaupt; in Pendleton/OR
- Mitte September: ***World of Speed*** auf den Bonneville Salt Flats/UT
- Ende September-Anfang Okt.: ***Fall Wine Festival*** in Kelowna/BC
- Ende September-Anfang Okt.: ***Great American Beer Festival*** in Denver/CO

Oktober

- *Thanksgiving*: ***Yellowstone Ski Festival*** in West Yellowstone/WY
- Mitte Oktober: ***Litquake Festival***, Literatur-Fest in San Francisco/CA
- 31. Oktober: ***Halloween***, Feierlichkeiten und verrückte Dekos allerorten

November

- Anfang November: ***Canadian Finals Rodeo***, Meisterschaft in Red Deer/AB
- Ende November: ***Wine Country Thanskgiving***,Tag der offenen Türen/Tore bei den Weingütern im Willamette Valley/OR

Dezember

- **Weihnachtsbeleuchtungen** allerorten, zu den buntesten und verrücktesten gehören sicherlich jene im *Shore Acres State Park*/Oregon und in den *Butchart Gardens* auf Vancouver Island/BC
- ***Christmas Ship Parade*** in Portland mit rund 50-60 kleinen, festlich beleuchteten Schiffen am Columbia und Willamette River (mehrfach in der Woche)
- *New Year's Eve*: spektakuläre Feuerwerksshow aus (!) der *Space Needle* in Seattle und an der *Waterfront* in San Francisco

Fotonachweis

Illustrationen Fisch von istock/seamartini, ATV von Alexander Brandt (München)

Heiko Boeck, Zwickau: Seiten 42 und 303
Bernhard Czermak, Wien: Seite 654 unten
Horst Deuerlein/Petra Pokar, Schwarzenbruck: Seiten 269u, 313o, 334u, 338 und 341
Tilman Früh, Erlangen: Seiten 405, 610, 611 und 746
Rainer Gerhard, Wielenbach (www.flywest.de): Seite 95
Björn Göhringer, Karlsruhe (www.westernskies.de): Seiten 363, 377 und 381
Hans Grundmann, Westerstede: Seiten 202, 398 unten und 444
Thomas Löffler, Dresden: Seiten 265, 458 oben, 459, 484 und 500 oben
Yvette Paul (www.yp-travel-photography.de): Seiten 55, 66, 118, 515, 546, 722, 724 und 726
Andreas Scheidle, Augsburg (https://trailheads.de): Seiten 194 und 211
Peter Schickert (www.schickert.info): Seite 35 (#2)
Steffen Synnatschke, Dresden (www.synnatschke.com): Cover und 50, 176/177, 221 oben, 243 unten rechts, 293u, 322, 323, 324u, 402, 434, 710 unten
Jürgen von Wirth, Monschau: Seiten 536, 543, 595, 606, 616 oben und 624

Media Images Seite
Boulder CVB/Rich Grant 284
Buffalo Bill CotW 342, 343o
Cody County Chamber of Commerce 343 unten
Crab Pot 161
Ivar's Salmon House 172
Lady of the Lake 213
Pendleton Round-up 399
Portland Rose Festival 251
Thomas Dambo 53, 198 (2x)
Tillicum Indian Village 134
Travel Alberta 655
Travel Oregon/Jak Wonderly 425 unten
Visit Baker City 63o, 397
Visit Cheyenne 335
Visit Ouray/CO-Outfitters 57

©iStockphoto.com Seite
jonmccormackphoto 35 (#4), joshbeckner 59, robertcicchetti 100, Matthew Singer 138, phudui 160, T.Girondel 174, fdastudillo 183, RobynPhoto 195, dszc 196, csfotoimages 214, MABroussard 216, Bkamprath 223, creativephoto 241, benkrut 269o, RondaKimbrow 287, kjschoen 289, hwho 326, CrackerClips 330, DC_Colombia 349-360, SL_Photography 357, PatHH 358o, Wirepec 359, Lynnae_Lowe 364, StefaniePayne 357u, scampdesigns 423, rmchb 439, wbgorex 443, Lenin_RzSz462, DavidCallan 466, elf0724 473, DNY59 498o, Arthurpreston 506, peterspiro 532, kavram 551, Derek Galon 565, drial7m1 568, IMNATURE 573, CSNafzger 597, ImagineGolf 639, MrPants 648, BrendanHunter 663, jewhyte 685

©shutterstock.com Seite
2009fotofriends: 201, 700o, 703o, 717u, 718, 719
Bob Pool 193, 395, 407, 417, 426, 519
Everett Historical: 65u, 227, 454
f11photo 157, 166o, 254, 264, 318, 474
Josef Hanus: 542, 553, 569, 647, 651, 653 und 657
Joshua Rainey: 669 249, 252, 424
Jeff Whyte: 621, 670, 672, 674, 677o, 677u, 681, 682, 743
Lucky-photographer 16 rechts oben, 492, 601
melissamn 231, 337o, 339, 389
Nick Fox 17 270u, 420, 548/549, 557, 684

Roman Khomlyak 4/5, Esteban Martinena Guerrer 7, Mana Arabi 8/9, Lindsay Kate10/11, canada-stock 12/13, FrankHH 15, Sean Xu 16 Mitte rechts, Pung 16 unten links, Zack Frank 17 3. Links, Sveta Imnadze 21, Andrew S 22, Stas Moroz 26, MNStudio 27, Kelly vanDellen unten links, Chris Augliera unten rechts, Rostislav Stach 30o, Dennis W Donohue 32 unten links, Pi-Lens 32 unten rechts, Rachel Lambert 36o, Maks Ershov 43, Refluo 44, i viewfinder 47, Sharon Day 48u, Ellen V Baker 56, Christos Georghiou 61, Anton Brand 63u, BC Images 64, Lilkin 65o, Gregory Johnston 68/69, alexmillos 72, GTS Productions 73, Vladimir Sazonov 74o, Montri Nipitvittaya 74u, Pixel-joy 76, Eric Buermeyer 80, Sergey Novikov 85, iviewfinder 93, EdwinM 106/107, Bram Reusen 109, 30550174 110, Mike Focus 112, natmac stock 120, Wright Studio 139, Albert Pego 148, Sean Pavone 154/155, ARTYOORAN 158, Checubus 163, Mlenny 164l, lembi 164r, lenic 165o, Valentyn Volkov +Extarz 166u, Darryl Brooks 167, oksana.perkins 173, Elena_Suvorova 175, OmegaRainForest 180, Eric Isselee 187u, Susan Ridley 190o, Robert Mullan 190u, John Kropewnicki 192, Leksele 199, Andrew Bertino 203, Modern Meta Photography 204, Asif Islam 205o, Edmund Lowe Photography 205u, Pierdelune 206, Robert Brown Stock 215, Nagel Photography 218, Megan Elisabeth 218u

PaulienDam 220, Robert Larsen 221u, OLOS 224, Hugh K Telleria 230, chrisontour84 234, frankazoidtrvl 235, Roman Khomlyak 242, EQRoy 246, ARTYOORAN 248, Png Studio Photography 250, OLOS 256, saraporn 257, kan_khampanya 258, JPL Designs 259, Georgia Evans 260/261, Oscity 266, Chones 267, photo.ua 270o, Infinite_Eye 272, CHRISTIAN DE ARAUJO 273o, Radomir Rezny 273u, Dr. Alan Lipkin 275o, John Couture 275u, anirbandas08081986 276, Jose de jesus Perez 283, Eric Francis 285, Colin D. Young 288o, moosehenderson 288u, Zack Frank 292, SNEHIT PHOTO 294, Galyna Andrushko 296, Moonborne 299, Nagel Photography 300, Johnny Adolphson 304, Lee Prince 305, Ritu Manoj Jethani 306o, languste 307, Astrid Hinderks 310o, Jason Patrick Ross 310u, VDB Photos 313u, saraporn 315, Tom Reichner 317, Bertl123 327, Tami Freed 333, Tami Freed 334u, Cheri Alguire 336, Real Window Creative 337u, Kurt Nichols 340, Joseph Sohm 344o, Sascha Burkard 344u, Alberto Loyo 347, David Harmantas350o, Nagel Photography 351, Michael Gordon 352o, Jess Kraft 352u, Peek Creative Collective 353, sideb.world 355, MihaiDancaescu 356o, Jim Parkin 356u, trent mayer 358u, Steve Cukrov 361, Paul R. Jones 362, BMJ 365, NaturePhotoStock 366, Michael Gordon 367o, Steve Bower 369o, Laurens Hoddenbagh 369u, Christopher Boswell 370, Zack Frank 373o, marekuliasz 373u, Jef Wodniack 378, Zack Frank 379, Gary Gilardi 380o, DM Larson 382o, Gregory Johnston 382u, lacheur 385, JMY Photography 387, christiannafzger 388, txking 391, CSNafzger 392, Gene Lee 393, Tony Baggett 398, Quinn Aikens 401, Sam Strickler 403, DmitryVMironov 404o, Maralee Park 406, Victoria Ditkovsky 408, Fractal7 409, JPL Designs 412, Marisa Estivill 413, jared ropelato 414, Michal Balada 415, James Curzio 416, Timothy Epp 418, Tristan Brynildsen 419, Heartwood Films 425o, Andrew S 428/429, Mike Trachtenberg 441, B Norris 442, Zhukova Valentyna 445o, Albert Pego 448, Abbie Warnock-Matthews 449, Phitha Tanpairoj 450/451, Anton_Ivanov 453, Pius Lee 455, ventdusud 456, cdrin 465, Joseph Sohm 457, f8grapher 468, Richard Langs 459, Christophe Testi 472, EQRoy 475o, Naeblys 476, Alfred Sonsalla 477, Diego Grandi 478, Anton_Ivanov 479, TanyaBird 481, Oscity 482o, Joseph M. Arseneau 482u, Checubus 486, Mariusz S. Jurgielewicz 467, Uladzik Kryhin 488o, thetahoeguy 488u, Gang Liu 489, Tono Balaguer 490, Nickolay Stanev 491, Christophe Testi 496, Andrew Zarivny 498u, cdrin 500u, travelview 502, JNP 503, Sherry Scholl 505, Wollertz 508, Kelvin Wong 510, 4kclips 511, Radoslaw Lecyk 513, Russ Heinl 522/523, Sergei Bachlakov 526, Autumn Sky Photography 529, 1Roman Makedonsky 531, Anton Uralev 533, Viktorishy 535o, Max Lindenthaler 535u, Dan Breckwoldt 537, Frank Fell 539, Dan Breckwoldt 541, Ronnie Chua 545o, Hugo Sena 545u, EB Adventure Photography 554, John Crux 555, Marina Poushkina 556, Pierre Leclerc 558, Harry Beugelink 559, EdwinM 562, David J. Mitchell 567, Timothy Yue 570, chbaum 571, Kelly vanDellen 581, Corey Chi-Chung Tse 582, Brian Lasenby 584 (#1), Don Mammoser 584 (#4), Stas Moroz 586, Regien Paassen 588, Leonard Zhukovsky 589, Yongyut Kumsri 592 (#1), Vladislav-Pichugin 592 (#4), TRphotos 593, kavram 594o, CoolPhoto2 594u, Andrew S 602, FloridaStock 612, r.classen 617, TRphotos 618, jlazouphoto 619, Sarka Kocourova 622, SNEHIT 625, AutumnSkyPhotography 626, Pavel Tvrdy 627, achinthamb 630u, Lijuan Guo 635, R.M. Nunes 641, MagicVova 643, Gregor McDougall 644, Jessie Eldora Robertson 659, Justin Kral 660, karamysh 665, Carey Jaman 666/667, steve estvanik 668, Bill Perry 669, i viewfinder 675, Phil McDonald 676, Rachel YIN 679, AlbertPego 686/687, Tory Kallman 688, John Crux 691, meunierd 699, Steve Boyko 700u, Mr.Nikon 703u, Russ Heinl 705o, poemnist 705u, Anton Bielousov 708, GagliardiImages 711, Ronnie Chua 714, karamysh 715, Ohanaphotography 7170, poemnist 720, JeniFoto 721, P Sahota 723, riekephotos 725, Rachel Lambert 727, yhelfman 728/729, Songquan Deng 730, cdrin 737, SLdesign 738+740, Nature's Charm 742, Victoria Ditkovsky 744, Designua 767, zschnepf 768, Victor Lazarev Umschlag oben

Alle anderen Fotos von Isabel Synnatschke (knapp 200)

Cuffey's Cove bei Elk/ Nordkalifornien

Die bekanntesten Schutzgebiete auf einen Blick

(Nationalparks, National Monumente, State Parks, Provincial Parks usw.)

Ein spannender Tag neigt sich dem Ende zu am Point of Arches im Olympic Nationalpark

Wichtige Kurzformen und englische Begriffe

Alle $-Preise in CAD im Reiseteil Kanada (**blaue Griffmarken**) und in USD in den USA-Kapiteln (**grüne Griffmarken**)

Kurzbezeichung der Bundesstaaten und Provinzen

AB	Alberta	MT	Montana	SD	South Dakota
BC	British Columbia	ND	North Dakota	UT	Utah
CA	Kalifornien	NE	Nebraska	WA	Washington
CO	Colorado	NV	Nevada	WY	Wyoming
ID	Idaho	OR	Oregon		

Abkürzungen bei Naturschutzgebieten

BLM	Bureau of Land Management	NWR	National Wildlife Refuge
NCA	National Conservation Area	PP	Provincial Park
NF	National Forest	SB	State Beach
NHS	National Historic Site	SNA	State Natural Area
NHP	National Historical Park	SP	State Park
N(V)M	National (Volcanic) Monument	SHP	State Historical Park
NP(R)	National Park (Reserve)	SRA/S	State Recreation Area/Site
NPS	National Park Service	SVRA	State Vehicular Recreation Area
(N)RA	(National) Recreation Area	W(S)A	Wilderness (Study) Area

Kurzformen bei Adressen und geographischen Angaben

Ave	Avenue	Hwy	Highway	Mt(s)	Mountain(s)
Bldg	Building	I	Interstate	Rd	Road
Blvd	Boulevard	Jct	Junction	SF	San Francisco
CR	County Road	Pkwy	Parkway	SLC	Salt Lake City
Dr	Drive	Pl	Place	Sq	Square
ft	foot (Fuß)	Pt	Point	St	Street
FR	Forest Road	mi	mile (Meile)	TCH	Trans-Canada Hwy
Fwy	Freeway	MM	Mile marker		

Nr./No. **N/W/S/E** Himmelsrichtungen EW Einwohner HM Höhenmeter

Englische Begriffe rund ums Camping

black water	Abwasser aus Toilette	backcountry	im Hinterland
boondocking	gratis Campen	coin laundry	Münzwaschsalon
dispersed camping	gratis Campen	dry camping	ohne Anschlüsse
dump station	Abwasserentsorgung	fee	Gebühr
fire pits	Feuerstellen	firewood	Feuerholz
first-come, first-served	Vergabe in der Reihenfolge der Ankunft,	full hook-up	Vollanschluss (Strom Wasser & Abwasser)
grey water	Abwasser Dusche/Spüle	hook-up	nur Strom & Wasser
host	Platzwart	plug	Stecker
pull-through site	Stellplatz bei dem man vorwärts rein-/rausfährt	RV	Wohnmobil
		tent	Zelt
sewage	Abwasser	shower	Dusche

Kurzformen im Alltag

24/7	24 Stunden, 7 Tage die Woche	mart	market (Markt)
4 rent/sale	zu vermieten/verkaufen	MT/PT	Zeitzonen
4WD/AWD	four wheel drive (4-Rad-Antrieb)	nite	night (Nacht)
AAA	Amerik. Automobilclub (triple A)	RV	Wohnmobil
A/C	Air Condition	U-Pick	zum Selbstpflücken
AM/PM	vormittags/nachmittags	w/	with (mit)
ATM	Geldautomat	w/o	without (ohne)
ATV/ORV	All Terrain/Off-road Vehicle (Quad)	Xing	Kreuzung; PedXing (Fußgängerkreuzung)
BLT	Speck-Salat-Tomaten-Sandwich		
BBQ	Barbecue		
ID	Identity Card (Ausweis), »ai-dí«	XP	Extra Person

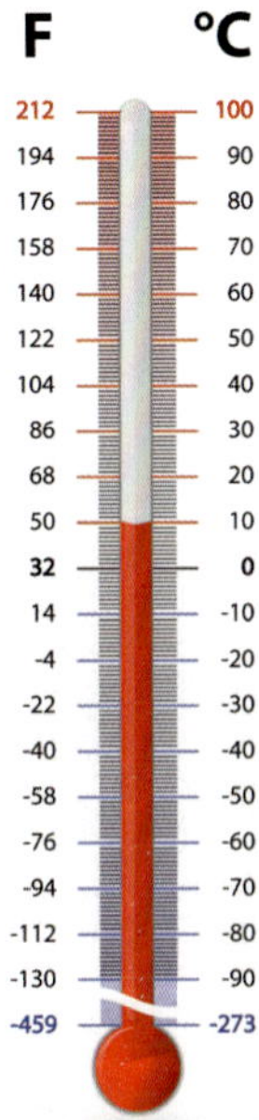

ANHANG

ANHANG

ANHANG

Alphabetisches Register – Index

Im Register finden sich alle Ortsnamen, Sehenswürdigkeiten und geographischen Bezeichnungen ebenso wie alle wichtigen Sachbegriffe. Egal, wonach man sucht, seien es Infos zur Automiete, zu einer Stadt oder einem Nationalpark, alles ist alphabetisch eingeordnet.

Das ist
noch nicht alles!
Mehr Reise Know-How gibt es hier:
www.reise-know-how.de
@ReiseKnowHow
@reiseknowhowverlag
@Reise_KnowHow
auf www.reise-know-how.de
für den Newsletter anmelden
Zugspitze, Foto: Aneta Niemitz
Reisen? We know how!